ENCYCLOPÉDIE DE LA PLÉIADE

LE LANGAGE

CE VOLUME, LE VINGT-CINQUIÈME DE L'« ENCYCLOPÉDIE DE LA PLÉIADE », PUBLIÉE AUX ÉDITIONS GALLIMARD SOUS LA DIRECTION DE RAYMOND QUENEAU, A ÉTÉ RÉIMPRIMÉ, SUR BIBLE BOLLORÉ, ET ACHEVÉ D'IMPRIMER LE VINGT-CINQ SEPTEMBRE MIL NEUF CENT SOIXANTE-TREIZE, SUR LES PRESSES DE L'IMPRIMERIE SAINTE-CATHERINE À BRUGES.

PRÉFACE

L'UTILISATION du langage est si intimement mêlée à toutes les activités de l'humanité que l'homme est constamment tenté d'identifier les mots et les choses, les phrases qu'il prononce et les réalités qu'elles sont censées reproduire, bref, le langage et le monde. C'est ce qui explique qu'il ait fallu attendre jusqu'au XXe siècle pour que se fonde une véritable science du langage pratiquée par des chercheurs bien décidés à étudier ce phénomène en lui-même et pour lui-même, et non plus comme la manifestation d'une activité logique, comme le cadre de la pensée, comme le support de l'art poétique et littéraire, ou encore, par le biais de la comparaison des langues, comme une source de renseignements sur les migrations ou les conditions de vie de l'humanité préhistorique. Cette dissociation concertée du langage et de ce qui fait sa valeur pour l'homme qui parle, peut légitimement troubler tous ceux — et ils représentent encore la masse du public cultivé — à qui il n'a pas été donné de saisir qu'elle conditionne tout progrès dans notre connaissance de l'homme. Le lecteur du présent volume s'étonnera peut-être de n'y point trouver de concessions à ce qu'on est tenté, en France, d'identifier avec la culture. L'idéal strictement scientifique qu'on a cherché à faire prévaloir ici et qui paraîtrait bien naturel s'il s'agissait de géographie ou de botanique, ne manquera pas de choquer lorsqu'on traite de ce qui s'identifie, pour la plupart des gens, avec les éléments les plus intimes de leur personnalité. Cette distance que les linguistes responsables veulent maintenir entre leur discipline et la totalité de l'homme n'est pas d'ailleurs sans rebuter certains esprits qui, attirés vers la linguistique par l'engouement dont elle est l'objet un peu partout, voudraient, sans plus attendre, établir, entre elle et les disciplines voisines, des contacts qui ne manqueraient pas, pensent-ils, d'être fructueux. Les mêmes, ou d'autres, brûlent de renouer, sur le plan de la linguistique appliquée, des liens traditionnels que leurs prédécesseurs avaient consciemment, et non sans peine, relâchés pour être bien sûrs que la conscience de buts pratiques à atteindre ne vînt pas affecter la sérénité du chercheur. Même dans un exposé destiné, en principe, à des non-spécialistes, on n'a pas cru devoir céder à des pressions susceptibles d'estomper les contours d'une discipline qui pourra conserver le rôle de pionnier qu'on lui reconnaît dans la mesure seulement où sera assurée son intégrité.

Si, oubliant un instant le lecteur, c'est-à-dire celui qui s'intéresse au langage sur un plan assez général pour tenter d'assimiler un chapitre ou plusieurs, nous pensons à l'usager épisodique, celui qui ouvre une encyclopédie en quête d'une réponse à une question spécifique qu'il s'est posée, il nous faut reconnaître qu'il risque, lui aussi, de ne pas trouver, dans le présent volume, tout ce qu'il en attend. Ce n'est certes pas que les auteurs se soient jamais écartés de leur dessein qui était de présenter le langage humain sous tous ses aspects. Mais on peut croire que beaucoup d'utilisateurs penseront trouver, sous la rubrique « langage », maints développements que le linguiste d'aujourd'hui, dans son désir de marquer avec rigueur les limites de sa science, n'est pas prêt à leur fournir. Ah! vous êtes linguiste? Eh bien, que ne vaut-il pas mieux dire... ? Quelle est la prononciation correcte... ? Faut-il accorder tel participe ? N'est-il pas plus logique... ? A toutes ces questions mille fois entendues, et de la bouche de gens par ailleurs bien informés, le spécialiste du langage oppose une incompétence qui n'est pas feinte, parce qu'il s'est toujours refusé à envisager les problèmes dans ces termes. A la question cent fois réitérée: « Combien parlez-vous de langues ? » le linguiste est tenté de répondre : « Une seule et très mal », même s'il se trouve que, pour des raisons qui valent souvent pour d'autres chercheurs, il est capable de s'entretenir dans une ou plusieurs langues autres que la sienne.

Tout ceci témoigne de l'existence, dans le public, d'une incompréhension fondamentale de ce qu'est proprement le langage et de ce que sont les préoccupations et la compétence de ceux qui l'étudient. Il ne saurait être question, pour le linguiste, de la lui reprocher : il sait que la structure de la langue, qui l'intéresse, lui, au premier chef, est un faisceau d'habitudes dont les plus fondamentales sont acquises très tôt et dont on n'a guère intérêt à prendre conscience si tout ce qui importe est la facilité des échanges. Pour l'usager ordinaire, ce qui compte est moins, d'ailleurs, cette facilité des échanges qui, dans sa propre langue, lui semble définitivement acquise, que la réaction d'autrui à la façon dont il manie cette langue. Celle-ci est donc, essentiellement, pour lui, l'objet de jugements de valeur : il y a des façons de parler qui sont correctes et d'autres qui ne le sont pas. De *longues années d'école, plus encore que les réactions de ses interlocuteurs, l'ont convaincu que les problèmes de langage ne sauraient se poser qu'en termes prescriptifs. Une des ambitions des auteurs de ce volume a été de faire comprendre à des lecteurs attentifs que les langues peuvent être l'objet d'observations impartiales qui ne se laissent troubler par aucun* a priori *normatif ou esthétique. Il aurait été désobligeant de dénoncer un point de vue dont on savait qu'il était au départ celui de presque tous les lecteurs. Mais on estimera, je l'espère, que la présente mise en garde n'était pas inutile.*

Après avoir, avec quelque insistance, indiqué ce qu'on ne trouvera pas dans les pages qui suivent, il n'est pas inutile de préciser un peu ce qu'on a cherché à y faire entrer. Sans respecter l'ordre des chapitres, mais en allant du concret à l'abstrait, on dira tout d'abord que la présentation des langues du monde, connues ou moins connues, parlées aujourd'hui ou disparues à jamais, a fait l'objet de trois chapitres distincts. Les langues, ou, plus exactement, certaines d'entre elles, y sont envisagées chaque fois d'un point de vue différent.

Dans une première section, on a présenté, de façon rapide, certes, mais non sans précisions, une dizaine de langues choisies parmi toutes les autres parce que chacune illustre un type caractérisé. Certaines d'entre elles ont été choisies pour leur structure interne, phonologique et grammaticale, le chinois représentant par exemple ce qu'on a longtemps appelé les langues monosyllabiques et le grec ancien illustrant le type traditionnellement désigné comme flexionnel. Dans d'autres cas, ce qui a surtout retenu l'attention sont les conditions dans lesquelles la langue s'est développée et s'emploie aujourd'hui : ainsi le créole qui dérive sans doute d'un ancien sabir, le peul, langue de nomades, l'hébreu moderne qui est l'exemple le plus extraordinaire d'une renaissance linguistique.

Une seconde section vise à faire connaître la situation linguistique dans le monde actuel. Dans l'esprit du directeur de l'ouvrage, elle devait être la partie la plus originale du volume : pour la première fois, il ne s'agissait plus de se limiter aux langues, dans le sens où ce mot désigne les usages linguistiques que les hasards de l'évolution de l'humanité ont promu au rang d'idiome officiel d'un État organisé, de support d'une littérature importante ou, tout au moins, de parler commun à des groupes humains possédant des vernaculaires distincts. On désirait retrouver, derrière l'emploi que font, ou que croient faire, les classes dirigeantes, d'un idiome officiel standardisé, une réalité beaucoup plus complexe comportant des modalités très variées : langue commune employée sous des formes partiellement divergentes ; situations bilingues comportant l'usage de variétés dialectales ou d'idiomes bien distincts comme le sont, en France, le breton et le basque, en concurrence avec la langue commune ; patois, employés seuls par ceux qui restent encore en marge de la coopération à l'échelle nationale, ou concurremment avec la langue commune par ceux que l'école et le service militaire ont fait participer à des échanges plus vastes que ceux qui se pratiquent au village. Nous nous sommes malheureusement heurtés ici à de sérieuses difficultés : le détail de la situation linguistique de chaque pays est en fait très imparfaitement connu. Les services d'une administration centrale ont rarement intérêt à mettre l'accent sur les divergences linguistiques qui se manifestent dans les zones soumises à sa compétence. Il est rare qu'un État organisé voit d'un bon œil le maintien — pour ne rien dire de l'expansion — d'usages linguistiques divergents sur lesquels peuvent se greffer des mouvements autonomistes ou séparatistes. Les autorités tendront à ignorer tout ce qui peut porter atteinte à l'unité nationale. En revanche, elles n'auront guère d'objections à ce qu'on recueille des informations sur l'hétérogénéité linguistique de pays voisins. A grande échelle, une documentation comme celle dont nous avions besoin, résulte presque nécessairement d'une activité qu'on pourrait, si l'on était malveillant, qualifier d'espionnage linguistique : une diplomatie peut tirer grand profit de la connaissance de tout ce qui peut affecter la cohésion nationale de ses adversaires ; une armée en campagne a, naturellement un intérêt pressant à savoir dans quel idiome le contact pourra être établi avec la population locale. Il est donc naturel que les puissances qui jouent sur l'échiquier mondial cherchent à se procurer le genre de renseignements qui pourrait nous permettre de présenter le tableau du comportement linguistique réel de l'humanité contemporaine. Nous n'avons pu, malheureusement, accéder aux sources d'information existantes. Nous nous sommes donc contentés d'illustrations détaillées choisies dans une gamme assez large. Quant au reste du monde, il a fait l'objet du seul traitement possible sur la base de la documentation réunie par les linguistes à des fins proprement scientifiques.

Une troisième section où l'on traite des familles de langues présente les différents idiomes, disparus ou toujours pratiqués, sous un angle parfaitement traditionnel. On y trouvera groupées les langues qu'on a des raisons de tenir comme les produits d'une divergence à partir d'une même langue plus ancienne. Il y a des familles identifiées depuis longtemps, comme la famille indo-européenne, même si certains de leurs rejetons, comme le tokharien et le hittite, n'ont été retrouvés ou identifiés qu'à date récente. Il y en a d'autres dont l'identité et l'extension restent hypothétiques. Les unes et les autres ont été présentées, car notre intention était, dans cette section, moins d'offrir des certitudes que de faire prendre conscience de l'état de nos connaissances en la matière.

La partie proprement linguistique de l'ouvrage est celle où, partant de la communication en général et du langage humain, on cherche à montrer comment celui-ci se manifeste sous forme de langues diverses, comment fonctionne chacune de ces langues, quels troubles peuvent en affecter la pratique, comment elles s'acquièrent au cours de l'enfance et plus tard, comment elles évoluent, divergent et convergent. Cette partie est la plus centrale de l'ouvrage. Elle conditionne la compréhension en profondeur de tout ce qui peut être dit des langues et des familles de langues particulières. C'est pourquoi elle vient en tête. Les points de vue et les doctrines sont, dans la linguistique contemporaine, assez divergents pour qu'il ne soit pas recommandable de tenter une synthèse qui aurait nécessairement pour résultat de faire croire à une unité de vues qui n'existe pas. Une telle synthèse ne pourrait que compliquer l'accès à une discipline qui s'est développée depuis une quarantaine d'années sur un rythme tel qu'on ne peut plus espérer que la culture générale traditionnelle permette de l'aborder de plain-pied. Le point de vue qui a été retenu comme cadre de la présentation se place sur l'axe de la pensée issue de l'enseignement genevois de Ferdinand de Saussure fécondé par des suggestions venues de l'Est européen. Elle a plusieurs points en commun avec la linguistique structurale généralement pratiquée en Grande-Bretagne, et ne s'éloigne pas trop des positions de la glossématique danoise du fait d'une base saussurienne commune. Les présupposés théoriques qui la distinguent des structuralismes américains pris dans leur ensemble, n'aboutissent pas à rendre impossible le dialogue, ni réellement difficile l'utilisation des résultats pratiques obtenus de part et d'autre.

L'opposition est, en revanche, irréductible avec les développements relativement récents connus sous les rubriques de linguistique transformationnelle et de grammaire générative. Ceux-ci représentent, en un sens, une réaction américaine contre l'étroitesse stérilisante du structuralisme bloomfieldien, mais on n'en comprendra vraiment la genèse et les fondements que si on les replace dans le cadre des recherches qui, depuis une vingtaine d'années, visent à réaliser la traduction mécanique. Ces recherches sont poursuivies par une majorité de chercheurs qui n'ont abordé l'étude du langage que lorsqu'il s'est agi pour eux de trouver les moyens de passer d'énoncés d'une langue aux énoncés équivalents d'une autre langue, les différences de structure ne se révélant que là où le passage mot-à-mot faisait difficulté. La solution qui s'imposait alors consistait à rechercher, au-delà des différences de langue à langue, une sorte de dénominateur commun. Une telle recherche ne pouvait que conduire à une conception unitaire du langage humain, les langues différant les unes des autres, non dans leurs structures profondes, mais du fait de variations tout à fait superficielles qui s'imposent au premier abord à l'attention, mais que d'habiles manipulations doivent permettre d'éliminer afin de retrouver une réalité linguistique universelle sous-jacente.

En face de constructions qui ne s'appuient sur aucune observation objective du comportement linguistique des sujets parlants, qui se fondent sur des a priori qu'on ne cherche même pas à justifier, et qui sont le fait de gens qui croient que l'utilisation de traitements mathématiques assure à elle seule le caractère scientifique d'un type d'opérations, on ne peut que rappeler certains principes qui se sont dégagés de l'examen objectif des langues les plus diverses et dont personne n'a montré jusqu'ici qu'ils dussent être rejetés : le fait que les langues diffèrent n'est pas à considérer comme un accident regrettable, mais doit être considéré comme une conséquence inéluctable de la nature du langage ; si les langues divergent au cours du temps, c'est que chacune représente un ensemble de valeurs conventionnelles qui peuvent être progressivement remises en question et qui ne sont remises en question de la même façon que par l'ensemble des individus qui continuent à coopérer et à constituer la même communauté linguistique. Ce n'est pas en comparant les langues deux par deux qu'on peut dégager la structure de chacune, mais en relevant tout ce qui caractérise en propre une langue reconnue comme telle parce qu'elle présente les traits qu'on attend d'un objet pour qu'on le considère comme une langue.

André MARTINET.

NOTE DE L'ÉDITEUR

Suivant l'exemple des livres que comporte déjà l'*Encyclopédie de la Pléiade,* chacun des chapitres de ce volume est terminé par une bibliographie sommaire qui peut orienter d'éventuelles recherches sur un sujet particulier.

Dans cette étude du *Langage,* nous avons utilisé la translittération, en italique, et, accessoirement, la transcription phonétique, entre crochets droits, ou la transcription phonologique, entre barres obliques.

A la fin du volume, le lecteur pourra consulter :

1º) Un index des noms de personnes.

2º) Un index des langues citées.

3º) Une table analytique des chapitres.

4º) Une table générale.

LISTE DES COLLABORATEURS

MM. Emilio ALARCOS LLORACH, Pierre ALEXANDRE, Robert AUSTERLITZ, Louis BAZIN, Mme Suzanne BOREL-MAISONNY, MM. Eric BUYSSENS, Jean CAUDMONT, David COHEN, Émile DELAVENAY, Joshua A. FISHMAN, Jean FOURQUET, Mme Denise FRANÇOIS, MM. Frédéric FRANÇOIS, Pierre GUIRAUD, Henri HECAEN, Pierre-Francis LACROIX, Bertil MALMBERG, Benoît MANDELBROT, Daniel MANDIN, Mme Jacqueline MANESSY-GUITTON, MM. François MARTINI, Luis MICHELENA, Thomas PENCHOEN, Pierre PEREGO, Jean PERROT, Bernard POTTIER, Luis J. PRIETO, Alexis RYGALOFF, Henry G. SCHOGT, Douglas Rae TAYLOR, David TÉNÉ, Mme Nada TOMICHE, MM. Joseph VERGUIN, Jean-Paul VINAY, Hans VOGT, Uriel WEINREICH.

LE LANGAGE

LE LANGAGE

LE LANGAGE ET SES FONCTIONS

LA LINGUISTIQUE ET LE LANGAGE

Quels que soient leurs techniques, leurs institutions et leurs modes de vie, tous les groupes humains ont à leur disposition au moins un système de signes qui se rapproche suffisamment de ceux utilisés dans les autres groupes pour qu'on puisse tous les appeler du nom commun de langues. Ces langues se distinguent toutes, par ailleurs, des « langages » animaux ainsi que des langues artificielles inventées par l'homme. Ce qui est remarquable, c'est à la fois l'universalité du phénomène et la diversité des formes qu'il prend. Son universalité, parce qu'il n'est pas évident que tout groupe reconnu par ailleurs comme humain doive se servir d'une langue. Sa diversité, parce qu'on ne comprend pas *a priori* pourquoi ces langues doivent être aussi différentes qu'elles le sont.

Lorsqu'il étudie le langage humain, ce sont justement les traits communs à toutes les langues que le linguiste veut considérer, mais découverts à partir de la diversité des langues. Il reconnaît qu'au moins deux autres approches du langage sont possibles. On peut en effet penser qu'étudier le langage, c'est étudier « en amont » tout ce qui rend l'homme capable de parler et de comprendre; mais cette étude ne peut se poursuivre que si on a correctement défini le langage en lui-même. On peut aussi, « en aval », s'intéresser non tant au langage qu'à l'utilisation qui en est faite et attribuer au langage des pouvoirs qui sont plutôt ceux de l'homme qui s'en sert. Mais la compréhension de tel ou tel pouvoir particulièrement remarquable du langage suppose aussi que celui-ci soit d'abord analysé dans son usage ordinaire. Par rapport à d'autres, l'étude du langage par le linguiste est donc à la fois limitée et centrale.

Il s'agira donc de rechercher inductivement les traits qu'on retrouve en toute langue ou les différentes possibilités entre lesquelles chaque langue constitue comme un choix. On objectera que nous sommes loin de connaître toutes les langues passées, présentes ou à venir. En fait, cette objection n'est pas aussi importante qu'elle semble. On constate, en effet, que la convergence des résultats est suffisante pour que, quelles que soient les divergences entre linguistes, ils soient, dans l'ensemble, d'accord sur les questions qu'ils poseront à une langue qu'ils vont étudier et sur celles qu'ils ne lui poseront pas, ce qui constitue bien une définition au moins implicite du langage. Par exemple, tous les linguistes chercheront à isoler des unités phoniques minimales et à trouver leurs règles de combinaison : ils s'attendront à ce que ces unités soient en petit nombre et à ce que toutes les combinaisons n'en soient pas réalisées. Inversement, aucun chercheur ne commencera par s'interroger sur la valeur représentative des sons de la langue qu'il étudie. S'il ne s'agit pas d'une déduction : on ne peut pas prouver que le langage devait nécessairement être tel qu'il est, il ne s'agit pas non plus ici d'une pure induction aveugle, qui se contenterait de noter la constance de certains traits sans comprendre leurs rapports. On voit par exemple que la liberté de combiner les sons est liée à leur caractère non directement représentatif. De tels liens contribuent à permettre de parler du langage, même si l'inventaire des langues n'est pas exhaustif.

On ira donc des langues au langage. Mais ces langues elles-mêmes ne constituent pas des données immédiates évidentes. Tout d'abord parce que deux sujets censés parler la même langue n'ont jamais en fait exactement le même comportement linguistique. Ensuite, parce que la langue, comme ce dont la possession rend capable d'émettre et de comprendre un nombre infini d'énoncés, n'est jamais connue qu'indirectement à partir d'un nombre fini d'énoncés. Enfin, parce que, dans ces énoncés, la séparation entre ce qui fait partie de la langue et ce qui n'en fait pas partie n'est pas manifeste. Ainsi, si beaucoup de linguistes ont cru devoir écarter comme non linguistique l'étude du sens, c'est qu'ils pensaient ne pas pouvoir isoler le sens, en tant que phénomène linguistique, de l'ensemble des phénomènes neurologiques, psychologiques, sociologiques, etc., qui contribuent à ce qu'une suite de sons puisse valoir pour autre chose qu'elle-même. Qu'il s'agisse du langage ou des langues, le problème est donc d'abord de savoir s'il y a un principe qui permette de distinguer clairement ce qui est linguistique de ce qui ne l'est pas. Cette question n'est pas du tout de simple rhétorique : nombreuses sont les sciences qui accumulent un grand nombre de connaissances, sans qu'on sache exactement ce qui constitue leur dénominateur commun.

LE CRITÈRE FONCTIONNEL

Or, il semble bien qu'un tel principe soit effectivement à la disposition du linguiste. Que l'on prenne par exemple le problème de la détermination des unités phoniques. Parce que nous nous servons de notre langue avant de l'étudier, également parce que nous avons l'habitude d'une écriture alphabétique, l'existence de ces unités nous semble aller de soi. Mais cette impression disparaît dès que nous entendons parler une langue que nous ne connaissons pas. Et en effet, nous n'avons pas de critère physique certain qui nous permette de dire si deux émissions de voix constituent ou non le même phénomène linguistique. Car, d'une part, le flux de la parole forme une réalité physique continue; d'autre part, la réalisation d'un « même » son varie en fonction de ceux qui parlent ainsi que du contexte phonique où apparaît ce son. En revanche, le critère linguistique, formulé pour la première fois par N. S. Trubetzkoy, principal animateur de l'École de Prague, permettra de trouver une solution. Selon ce critère, deux réalités phoniques constituent deux réalités linguistiques différentes (ou phonèmes) à la double condition de contribuer tout d'abord à distinguer le message par rapport aux autres, et de constituer ensuite la plus petite différence isolable dans la chaîne suffisante pour ce faire. Ainsi les sons *u* de *pus* et *ou* de *pou* constituent en français les réalisations de deux phonèmes différents, parce qu'ils suffisent à distinguer deux unités de sens différent. La proximité ou l'éloignement physiques n'entrent pas en ligne de compte ici : la différence est évidente pour un francophone, difficile à reconnaître et à réaliser pour celui qui n'en a pas l'habitude. On voit donc que c'est en se référant, explicitement ou implicitement, à leur fonction (ici la fonction distinctive) que le linguiste définit les unités sur lesquelles il opère. Si on peut considérer actuellement la linguistique comme plus avancée que d'autres sciences de l'homme, c'est que cette analyse de son objet à partir de ses fonctions lui permet à la fois d'échapper aux dangers du physicisme et du mentalisme : le danger physiciste consiste à croire qu'il existe un seul modèle d'intelligibilité, à l'extrême celui des séquences causales. Or le fait linguistique disparaît, on l'a vu, dans une telle description physiciste. Le danger mentaliste réside au contraire dans l'assimilation de « fait humain » et de « description d'un contenu de conscience », avec tout ce que le fait psychique peut avoir de variable, voire de difficilement analysable. Or, dire que deux messages ont un sens différent n'est pas noter un fait physique, mais cela ne fait pas non plus appel à un savoir psychologique spécial : les réactions d'un individu, verbales ou non, sont aussi objectivement différentes que peuvent l'être celles d'un animal en face d'une odeur qui l'attire et d'une autre qui le fait fuir.

Sur l'exemple de la fonction distinctive des phonèmes, on voit qu'ici « fonction » a davantage le sens qu'il a en biologie lorsqu'on parle de la fonction d'un organe que le sens mathématique de correspondance entre deux ensembles ou celui qu'il a quand on dit qu'un phénomène est fonction d'un autre. Mais, pas plus qu'en biologie, ceci n'implique de profession de foi finaliste. En effet, comme dans l'étude d'un organisme, l'attitude fonctionaliste se distingue d'une vision du monde finaliste sur deux points essentiels. Tout d'abord, il n'est pas question d'affirmer la réalité d'une fonction en dehors de sa réalisation dans une certaine structure dont elle rend compte. Ainsi n'est-il pas question de se demander en général si la langue est bien ou mal faite par rapport à un idéal posé par ailleurs de clarté, d'économie ou de valeur évocative. Comme le biologiste, le linguiste est réaliste : il ne veut pas seulement construire le modèle de la langue le plus simple possible ; il pense que la structure est dans la langue et non simplement dans sa propre pensée et il veut arriver à faire apparaître une fonction comme éclairant un certain fonctionnement. D'autre part, dire que l'étude d'une langue doit être fonctionnelle ne signifie pas qu'on puisse rendre ainsi raison de tous les faits qu'on constate. D'abord parce que toute langue est soumise à une évolution, ce qui l'empêche de se présenter sous forme de tableaux simples et harmonieux, comme le savent bien ceux qui ont à apprendre le français, où à un même signifié correspondent tant de formes grammaticales différentes, dont les différences ne sauraient s'expliquer par les besoins actuels des locuteurs. Ensuite, et ceci nous écarte d'une certaine vision organiciste, les besoins qui font pression sur la langue pour la faire être ce qu'elle est sont divers : tous les usages de la langue, par exemple l'appel au secours et le discours descriptif ne lui demandent pas les mêmes qualités. Celles-ci sont même opposées, dans la mesure où les exigences d'économie de l'émetteur s'opposent aux exigences d'intelligibilité du récepteur.

Enfin, pour préciser le sens de « fonction » en poursuivant le parallèle avec la biologie, le seul exemple qu'on ait donné jusqu'ici concerne la fonction distinctive des phonèmes, comparable à la fonction d'un organe dans l'organisme. Peut-on parler aussi avec des critères précis, non plus d'une fonction dans la langue, mais des fonctions de toute langue, autrement dit du langage, ce qui, en quelque sorte, replacerait le langage comme organe dans la vie de ceux qui s'en servent ?

LA FONCTION DE COMMUNICATION

Chacun se sert chaque jour du langage de multiples façons, pour interroger, commander, attirer l'attention sur soi, accompagner son action, etc. On peut parler à une ou plusieurs personnes, on peut se parler à soi-même pour exprimer ce qu'on ressent, sans viser d'abord à être compris d'autrui, à tel point qu'on peut ne pas rendre son discours audible (ce qui avait permis aux behavioristes de définir la pensée comme « un comportement laryngé sub-vocal »), on peut aussi inversement entendre sans pouvoir répondre, on peut jouer ou parler sérieusement. On peut faire tellement de choses qu'il n'existe aucun relevé systématique de tous ces usages et qu'on ne voit pas même très bien selon quel principe le constituer. La question que se pose le linguiste est en somme de savoir ce qu'il y a de commun à tous ces usages et on peut dire que la linguistique a acquis son autonomie le jour où elle a cessé de privilégier un de ces usages, penser, s'exprimer ou représenter la réalité en particulier, pour poser en principe que même dans ses usages les plus relevés, l'organisation d'une langue ne s'expliquait que si on la considérait comme un instrument de communication propre à un groupe, sans s'occuper d'abord de l'objet et des modalités de la communication.

Certes, il est pour une large part métaphorique de définir la langue comme un instrument. D'abord, parce que, comme on vient de le dire, elle a beaucoup plus d'utilisations que n'en a d'ordinaire un instrument. À tel point qu'une des caractéristiques qui opposent les langues aux autres systèmes de signes est leur caractère universel : il n'y a rien qui ne puisse être dit en quelque langue que ce soit. Cela en précisant que « dit » ne signifie pas « rendu parfaitement explicite » et que cette universalité peut être parfois extrêmement coûteuse, tellement qu'il peut être préférable, pour telle fin, en particulier scientifique, d'utiliser un système fabriqué *ad hoc*.

Ensuite, le langage n'est pas à notre disposition comme un instrument est censé l'être. En particulier, étant donné que la première langue est uniformément apprise dès la première enfance, en même temps qu'une certaine organisation du réel, on peut se demander s'il ne faut pas préférer l'image des lunettes déformantes à celle du simple instrument.

Reste que cette métaphore aide à saisir des traits remarquables du langage. D'abord, il sert à satisfaire des besoins non linguistiques; selon les termes de Bloomfield, promoteur d'une vision behavioriste du langage, il rend possible qu'une personne réagisse quand c'est une autre qui ressent le stimulus, c'est un moyen de combler l'intervalle entre leurs deux systèmes nerveux. Or, comme pour un instrument, nous nous intéressons spontanément aux services qu'il nous rend et seulement secondairement à la façon dont il est fait. Ainsi peut-on savoir se servir d'une langue sans savoir l'analyser (la réciproque étant en partie vraie : il y a loin de savoir analyser une langue à savoir s'en servir). Et cela beaucoup plus encore qu'on ne le croit d'ordinaire : il n'est évidemment pas nécessaire de savoir définir un mot pour pouvoir l'utiliser, mais on peut aussi bien communiquer sans savoir en quelles unités le message doit se découper. Enfin, est-il besoin de dire qu'aucune connaissance théorique portant sur les sons de la langue, leur qualité acoustique ou leur mode de réalisation, n'est nécessaire pour les employer ? Il faut même dire que le maniement de la langue doit être en grande partie inconscient pour pouvoir s'effectuer normalement. C'est parce que la langue est avant tout une somme d'habitudes normalement inconscientes que s'impose dans son étude une distinction entre appel au témoignage du sujet et appel à sa conscience linguistique. Vouloir se passer du premier allongerait démesurément les enquêtes, si tant est que cela ne les rende pas impossibles. Il n'y a aucun subjectivisme à demander : « comment appelez-vous cela ? » ou « entendez-vous un ou deux sons » ? Il sera en revanche dangereux de croire pouvoir résoudre le problème du sens en posant des questions du type : « Ce mot a-t-il le même sens ici et là ? » Ce qui importe, ce n'est pas ce que croient les sujets, mais leur comportement linguistique effectif. L'appel à leur témoignage sert à constituer l'objet de la science, il ne suffit pas à constituer un savoir sur cet objet.

Dire que le langage est un instrument social de communication, c'est aussi dire que, quelle que soit l'importance des usages solitaires qu'on en fait, ils ne rendent pas compte de la façon dont une langue est organisée. Inversement, qu'il n'y ait de langue que d'un groupe apparaît en ceci que ce ne sont pas des données biologiques ou psychologiques différentes, mais le seul éloignement de ces groupes qui aboutit à ce qu'une langue, identique à l'origine, parlée dans deux groupes qui ont perdu contact, subisse inévitablement un processus de divergence. Qu'il n'y ait là aucun déterminisme « présocial » ou « non-social » se manifeste également en ceci qu'aucun enfant n'est prédéterminé à la naissance à parler telle ou telle langue.

Que le langage-outil soit une institution qui dans l'ensemble ne dépend pas des individus, cela veut dire qu'il s'impose par contrainte : il suffit de voir pour s'en assurer les enfants se moquer de ceux qui n'ont pas les mêmes habitudes linguistiques qu'eux. Il faut seulement ajouter que nous pouvons comprendre un grand nombre de façons de parler qui ne seront jamais les nôtres, c'est-à-dire que la contrainte linguistique effective se manifeste par l'étonnement, le rire ou l'incompréhension mais est plus souple que la norme que certains cherchent à imposer par goût ou par profession.

COMMUNICATION — ORGANISATION DU RÉEL ET TRANSMISSION

Si le sens de « communiquer » est clair, par opposition en particulier aux « usages privés » du langage, il faut cependant préciser ce qui caractérise ce moyen de communication, tant à l'égard de ce qu'il communique que par comparaison avec d'autres moyens de transmission.

Certes, on peut vouloir décrire la réalité à l'aide de mots. Mais la seule idée de préciser quelle devrait être la longueur du message qui serait adéquat à la réalité en question apparaît absurde; ce n'est pas « le réel » qui impose leur dimension aux messages. Ce n'est pas lui non plus qui impose l'extension du lexique. Ainsi est-il impossible de décider en fonction du réel combien une langue devrait posséder par exemple de noms de couleurs, et il se trouve qu'effectivement une opposition aussi familière pour nous que celle du vert et du bleu n'a pas de correspondant lexical en breton et qu'inversement, là où nous opposons seulement du noir et du blanc, les Latins distinguaient *niger* et *ater* d'une part, *albus* et *candidus* de l'autre. Ce n'est pas non plus la réalité qui oblige le français à distinguer *fleuve* de *rivière,* là où l'anglais ne parlera que de *river*. De même, les différents sens d'une unité identique se regrouperont différemment selon les langues, sans qu'on puisse en rendre compte par une quelconque proximité réelle ou psychique : une *nature morte* n'est pas plus morte qu'une *still life*. Enfin, on sait qu'il n'y a pas de parallélisme strict entre fonctions grammaticales et description de la réalité : le nom ne désigne pas forcément un être, ni le verbe une action ou un état. On ne veut pas dire ici qu'il n'y a aucun lien entre la réalité et le découpage linguistique, mais seulement qu'on ne peut pas déduire directement le second de la première.

Plutôt qu'un calque du réel, le langage nous fournit une certaine analyse du réel : l'anglais opposera *I like* et *I love,* là où le français dira *j'aime*. Mais si cette analyse est pour une part obligatoire : on ne choisit pas entre les mêmes inventaires dans les différentes langues, les langues nous donnent aussi les moyens de corriger cette analyse et de l'affiner : on dira *j'aime, pas ainsi, mais ainsi*. Le découpage linguistique est fait à la fois de contraintes (choix obligatoires) et de possibilités.

Cependant, si des traits communs tels que « valoir pour autre chose » ou « être composés d'unités combinables » permettent de rapprocher langues naturelles et codes de transmission, une différence s'impose : c'est justement parce qu'il existe une langue naturelle que dans l'étude des codes artificiels, les termes de codage et de décodage prennent un sens précis : il s'agit de transformer pour pouvoir les transmettre mieux (plus vite, plus loin, avec plus de sécurité, etc.) des messages déjà structurés, puis de les retransformer afin de les rendre intelligibles à la réception. Au contraire, la langue peut servir à nous renseigner directement sur la réalité extra-linguistique (le référent) : si l'on parle alors de codage, il faudra se souvenir que c'est dans un sens large, tout à fait différent du premier. Il ne s'agit plus en effet de passer d'un message à un autre mais d'une expérience globale à un message.

En somme, il faut ici distinguer le cas des unités minimales non signifiantes (phonèmes) et celui des unités signifiantes (monèmes). Pour les premières, on peut assimiler nécessités de la communication et nécessités de la transmission. Elles s'organisent en effet en fonction de la recherche d'un équilibre entre la tendance au moindre effort pour celui qui parle et la facilité à décrypter pour celui qui entend. S'il y a système, c'est qu'il ne suffit pas que les phonèmes aient une fonction distinctive : il faut encore que leur différence se maintienne aisément. De même, la seconde fonction que pourront remplir les unités sans signification (les phonèmes, leur ordre ou les phénomènes accentuels), la fonction démarcative : indiquer le passage d'une unité signifiante à une unité suivante, est commune à la langue et aux codes artificiels. Pour les unités signifiantes, l'organisation de la langue s'explique en partie de la même façon : l'existence de modèles de phrases très fréquents économise l'effort des sujets, de même que les liaisons statistiques trouvées dans le lexique entre la longueur moyenne des mots, leur fréquence et le nombre de sens différents de chacun d'eux. Pour dire la même chose autrement, les messages seront organisés d'une façon identique, qu'on ait quelque chose à dire ou non, qu'ils soient vides ou pleins, vrais ou faux.

Les ressemblances entre la langue et les codes de transmission permettent une même analyse en termes d'information : une unité porte d'autant plus d'information qu'elle constitue un choix entre un plus grand nombre d'unités et qu'elle est rendue moins probable par les unités qui l'entourent; dans l'étude des codes comme dans celle des langues on pourra calculer des relations entre information et coût ou établir le degré de prévisibilité souhaitable pour diminuer les erreurs possibles en apportant cependant suffisamment d'information. Reste qu'il est légitime de se demander comment à ces nécessités de la transmission se combinent les nécessités de l'analyse du réel ou plus précisément de la pensée (car un discours sensé ne porte pas forcément sur le réel).

LE LANGAGE ET LA PENSÉE

En effet, si le langage n'est pas simplement l'instrument de transmission d'une information déjà structurée et si le découpage linguistique n'est pas déterminé par l'organisation du réel perçu, dans quelle mesure doit-on voir en lui l'instrument privilégié de la pensée et corrélativement, car sinon leurs différences devraient s'expliquer autrement, dans la diversité des langues l'effet ou la cause d'une diversité de pensée ou de « mentalités »? Certes, il y a un certain lien entre la présence d'un langage propre à l'homme et le fait qu'il soit « doué de pensée », ne serait-ce que comme moyen de rendre présent à soi-même ou à autrui ce qui n'est pas dans le champ de la perception actuelle ou ce qui est même absolument irreprésentable. D'autre part, il semble bien qu'on trouve en toute langue les moyens d'exprimer ce qu'on s'accorde à reconnaître comme opérations de la pensée : conjonction, disjonction, négation, expression de l'hypothèse, etc. De même peut-on en toute langue parler sur le discours lui-même et les procédés que cela suppose sont sûrement de précieux instruments de réflexion si on les compare à un système de communication qui n'offrirait que la possibilité de se rapporter directement au réel.

Toutefois on ne peut, semble-t-il, établir un parallélisme strict entre faits de langue et faits de pensée. Si l'on se donne d'abord la pensée, qu'on la considère comme saisie de rapports, abstraction ou invention, il est manifeste qu'il existe une pensée sans langage. Si l'on restreint même « pensée » à « pensée conceptuelle », le langage n'apparaît ni comme nécessaire, ni comme suffisant. Pas nécessaire, parce qu'un algorithme peut être inventé qui rendra de meilleurs services : ainsi les logiciens ont été amenés à remplacer les signes opératoires ambigus du langage ordinaire : c'est le signe en général qui est nécessaire, non le langage. Pas suffisant, parce qu'on sait bien qu'il y a une différence entre connaître le maniement linguistiquement correct du langage et être capable de s'en servir pour exprimer une pensée.

La réflexion sur le sens même d'un mot comme le mot *pensée,* nous fait voir qu'il y a une différence entre savoir manier ce mot et savoir ce que c'est que l'objet « pensée ». Paradoxalement, c'est la neutralité des éléments de la langue à l'égard de la pensée qui leur permet d'être un moyen de pensée : si les mots disaient la réalité, la manifestaient en quelque sorte par nature, on ne voit pas comment il serait possible de se servir des mots existants pour dire une vérité nouvelle. Par bonheur, les mots en eux-mêmes ne nous disent rien sur la réalité : ainsi des thèses opposées pourront être exprimées aussi facilement l'une que l'autre. En somme, la pensée n'est pas localisée dans les unités linguistiques, mais dans l'usage qu'on en fait. Ajoutons qu'elle n'est pas davantage localisée dans les règles de groupement de ces unités : on a déjà dit qu'à l'analyse syntaxique ne correspondait pas une analyse du réel; il n'y correspond pas non plus une analyse en termes d'organisation de la pensée. Ainsi, pour prendre des exemples banals, ni dans *il neige,* ni dans *Pierre bat Paul,* le sujet grammatical n'est l'argument, ce dont on parle. On dira qu'ailleurs il peut l'être, et fréquemment. Certes, mais qu'il ne le soit pas forcément montre bien que l'analyse linguistique ne doit pas se faire en termes de relations de pensée.

On retrouve le même type de conclusions si l'on part de la diversité des langues. On peut remarquer tout d'abord avec R. Jakobson que les langues diffèrent davantage par ce qui doit y être dit que par ce qui peut y être dit : ainsi pour reprendre l'exemple qu'il utilise, le français écrit devra distinguer entre *j'ai vu mon ami* et *j'ai vu mon amie,* alors que l'anglais ne sera pas obligé d'introduire une telle distinction mais pourra le faire. Il y aura certes des faits plus ou moins faciles à communiquer selon les langues mais rien qui soit radicalement indicible dans une langue, si l'on écarte naturellement le cas des messages qui ne peuvent être compris dans une communauté non pour des raisons linguistiques, mais parce que rien dans l'expérience des sujets auxquels on s'adresse ne correspond à la réalité qu'on veut communiquer : qu'on s'imagine par exemple la difficulté de traduire l'Évangile dans la langue d'un peuple qui ne connaît ni le pain ni le vin. À l'opposé de ce qu'on pourrait penser, le difficile dans la traduction n'est pas d'aller d'une langue riche à une langue pauvre; tout ce qu'on risque c'est l'allongement du texte. Au contraire, quand on passe d'une langue qui n'introduit pas une différenciation à une langue qui l'introduit obligatoirement, on risque alors d'être obligé de transformer la pensée. Il n'y a donc pas de lien direct entre richesse lexicale et richesse de pensée, un même élément pouvant, en fonction des besoins, prendre selon les contextes un nombre indéfini de sens différents.

Il faut enfin noter que les expériences faites sur l'organisation de la perception en fonction des catégories linguistiques n'ont pas donné de résultats concluants : les sujets sont peut-être poussés, non obligés à ranger les objets suivant les catégories de leur langue. Et, pour simplifier, il y a plus de ressemblance entre la pensée d'un Français et d'un Japonais contemporains, surtout s'ils ont le même métier, qu'entre la nôtre et celle d'un Français d'il y a cent ans.

On ne nie donc pas que le langage puisse servir à la pensée. On a simplement voulu dire que la pensée se trouvait bien davantage dans un certain maniement des signes que dans la constitution du système de ces signes et qu'on ne pouvait par les nécessités de la pensée rendre compte ni de l'organisation générale du langage, ni de celle de telle langue. Ce que montre bien l'inanité des tentatives faites pour classer les langues selon que leur syntaxe ou leur vocabulaire étaient plus ou moins propices à la pensée : en fait, il n'est pas plus « conforme aux exigences de la pensée » de mettre le sujet avant le prédicat que l'inverse. De même une plus grande facilité à créer des composés peut faciliter l'expression ou aider à créer de pseudo-notions; ce n'est pas directement là l'affaire du linguiste.

FONCTION DE COMMUNICATION ET DIVERSITÉ DES USAGES

En revanche, ce qui le concerne directement, c'est de savoir dans quelle mesure la différence des usages se traduit par une différence linguistique. Si on considère les variations lexicales, on pourra évidemment trouver un nombre infini de sous-groupes; par exemple l'action sur autrui pourra se distinguer en convaincre, séduire, effrayer, etc. Non seulement le vocabulaire mais la syntaxe peuvent varier, ainsi l'usage des subordonnées ne sera pas le même dans un discours qui accompagne l'action et dans une démonstration hors situation. Mais on se heurte dans une telle analyse à une double difficulté : tout d'abord, on ne sait où chercher un principe de classement cohérent de ces usages; ce qui importe ensuite, ce n'est pas de constater des différences d'éléments linguistiques (vocabulaire de l'amour différent de celui de la peur), mais des différences dans l'organisation même de la langue qui dépendraient de la diversité de ces usages.

Face à la première difficulté, la meilleure solution

consisterait à constater empiriquement des dissociations. Ainsi, dans l'étude de l'aphasie, a-t-on remarqué une dissociation frappante entre langage en situation et hors situation, les malades ne pouvant plus par exemple répondre à une question sur le nom de leurs parents mais pouvant les appeler lorsqu'ils se présentent. Il y aurait donc bien là deux niveaux différents d'utilisation du langage. De même, en étudiant le développement linguistique de l'enfant, a-t-on constaté combien l'appel ou l'accompagnement de l'action étaient indépendants de l'usage rationnel qui transmet des informations et surtout tient compte de la réponse pour se modifier à son tour. Cette dissociation est comme la précédente utile à noter pour nous faire saisir ce qui distingue le langage d'autres systèmes de communication, par exemple, ceux des langages animaux où seuls l'appel ou l'information sans dialogue sont possibles. Mais ces études du comportement ne peuvent pas directement servir de guide au linguiste; elles ne nous disent pas en effet si les raisons de ces différenciations sont linguistiques ou non. Si on constate par exemple que l'enfant ne manie le langage abstrait et ne comprend les plaisanteries que très tard, seul un critère linguistique pourra nous dire si ces deux activités doivent être rapprochées ou s'il ne s'agit que d'une coïncidence. Il ne faut donc pas trop attendre des dissociations « de fait » : les divers usages sont d'ailleurs ordinairement mélangés.

Parmi les classifications qui se veulent linguistiques, c'est-à-dire répondant au moins à la deuxième difficulté, il faut d'abord citer celle de Trubetzkoy inspirée par Bühler. Elle se fonde sur une distinction entre trois fonctions : la représentation, l'expression de celui qui parle, au sens d'extériorisation (et non comme parfois d'usage du langage pour soi), et l'appel à autrui, visant à faire sur lui une certaine impression. Mais en fait, dans la mesure où l'expression vise à agir sur autrui (et est même un moyen privilégié de cette action), ces deux dernières fonctions ne peuvent être distinguées selon des critères précis. D'autre part, on l'a déjà vu, toute une part de l'expression, ne serait-ce que son vocabulaire, obéit aux règles de la communication en général. Finalement, sous le nom de procédés expressifs, on recouvre un inventaire très limité de procédés, laissés libres par les usages de la communication proprement dite. Il peut s'agir de variations phoniques de la longueur : l'allongement de *schön* en allemand, ou de l'intensité, comme l'accent mis sur la première syllabe d'*admirable*, en français. Il peut aussi s'agir de déplacements d'unités signifiantes, comme dans *ce sale type, heureusement qu'on ne le voit plus !* ou de leur réduplication : *c'est très, très, très, joli*. Mais ces procédés sont en nombre limité et surtout ils sont seconds par rapport au reste du maniement linguistique : ainsi le déplacement d'accent n'est possible que s'il n'entraîne pas de confusion; de la même manière, le changement de place n'est possible que si cette place n'est pas la marque unique de la fonction grammaticale. Notons enfin que s'ils font partie de la langue, c'est que ces procédés se sont distingués de procédés plus naturels encore, comme crier lorsqu'on est en colère. Ainsi que les autres procédés linguistiques, ils constituent des systèmes d'oppositions; leur seul caractère propre est sans doute d'être signifiants tout en appartenant à des inventaires très limités et d'autre part, quoique variant selon les langues, d'être très proches de l'expressivité naturelle de la voix (variations d'intensité, de hauteur, de longueur qui sont utilisées en dehors de la langue) ou de ce qui est en somme commun au geste et au langage (mettre en avant, recommencer).

L'intérêt de la classification proposée plus récemment par R. Jakobson vient de ce qu'il cherche à la fonder, non sur une liste des usages, mais sur l'inventaire des éléments nécessaires à toute communication. Il en distingue six : — un émetteur, — un récepteur, — un contact entre eux, — un code commun, — un message, — enfin, un référent sur lequel porte ce message. Une fonction correspondrait à chacun de ces éléments :

1) émotive, centrée sur le sujet;
2) « conative » ou d'action sur autrui;
3) « phatique » ou de maintien de la communication, comme lorsqu'on dit : « *allo* » ou que l'on chante pour assurer à autrui que l'on est réveillé;
4) métalinguistique, lorsqu'on parle sur le code lui-même, par exemple lorsqu'on donne une définition;
5) poétique lorsque c'est la structure du message lui-même qui est objet d'attention;

6) référentielle enfin lorsque l'analyse du discours se fait en fonction de ce qu'on a à dire.

Mais, en fait, une telle classification n'est pas aussi systématique qu'on pourrait le penser : sans parler de la séparation, déjà critiquée, entre expression et action sur autrui, rien ne permet d'affirmer qu'à chacune de ces fonctions correspond un maniement linguistique particulier : ainsi, une proposition organisée de la même façon pourra être référentielle ou métalinguistique. Il y a en fait un certain artifice dans la correspondance des deux tableaux des éléments de la communication et des fonctions : ainsi, la fonction poétique n'est pas tant centrée sur le message qu'elle ne correspond à l'utilisation de procédés signifiants (rythmes, sonorités, etc.) ordinairement écartés par la prose quotidienne. Surtout, cette classification ne tient pas assez compte du fait qu'une hiérarchie s'impose entre ces différentes fonctions : ainsi l'existence de signes discrets et combinables est un phénomène d'une autre importance que la possibilité d'utiliser les variations de la voix pour impressionner autrui.

Il semble donc que d'un point de vue linguistique, on doive plutôt proposer une analyse de la communication en trois niveaux :

1) un niveau proprement linguistique, le fait massif étant ici que quelle que soit la nature de ce qu'on veut communiquer, le système des phonèmes comme celui des unités douées de sens reste le même avec ou sans émotion, qu'il s'agisse de demander le temps qu'il fait ou de parler de Dieu;

2) un niveau qu'on peut appeler expressif, qu'il est peut-être plus clair d'appeler « d'utilisation linguistique à des fins de mise en relief de traits laissés disponibles au niveau précédent »;

3) un niveau enfin d'élaboration linguistique où l'on utilise les moyens verbaux pour les faire signifier autrement qu'ils ne signifient d'ordinaire, qu'il s'agisse de poésie ou de jeux de mot.

Il est en somme remarquable que le langage ne soit pas une superstructure, c'est-à-dire qu'on retrouve les mêmes traits généraux et qu'on puisse appliquer les mêmes principes de description à toutes les langues, quelles que soient les civilisations dans lesquelles elles sont utilisées. La raison en est sans doute que les nécessités de la communication humaine sont plus constantes que la nature de ce qu'on a à communiquer. Corrélativement, c'est l'existence de ces nécessités qui explique que la linguistique puisse se développer comme une discipline autonome, sans avoir à se fonder sur une étude du besoin de communiquer, de l'objet à communiquer ou des groupes où l'on communique.

Frédéric FRANÇOIS.

Bibliographie : voir p. 44.

CARACTÈRES GÉNÉRAUX
DU LANGAGE

Que l'organisation des langues s'explique davantage par les nécessités de la communication que par la nature des objets sur lesquels on communique apparaîtra plus précisément si on considère les traits qu'on retrouve en toute langue. Mais il existe aussi de multiples systèmes de communication non linguistiques; étudier les traits généraux du langage, c'est en même temps chercher à voir ce qui le différencie de ces derniers.

ARBITRAIRE DU SIGNE LINGUISTIQUE

On dit d'un objet qu'il est un signe, au sens le plus large, lorsqu'il manifeste autre chose que lui. Une chose est ce qu'elle est; dire qu'elle est un signe, c'est dire qu'on peut distinguer en elle son aspect signifiant et son aspect signifié. C'est ce qu'il y a de commun à la relation de la fumée au feu, du feu rouge à l'ordre de s'arrêter, de l'expression *un éléphant !* à l'éléphant. Il est évident que l'utilisation de signes quels qu'ils soient est la condition de la libération de l'organisme à l'égard du champ restreint des besoins et des objets actuellement perçus : on comprend que les progrès des animaux supérieurs et de l'homme dépendent uniformément de leur usage. Cependant tous les signes ne valent pas pour autre chose de la même façon ni ne rendent les mêmes services. Ils se distinguent d'abord en naturels et artificiels : d'un côté, le nuage annonce la pluie ou la pâleur la peur, de l'autre, une flèche indique la direction à suivre. Une première différence est évidente : les premiers ne sont signes que pour celui qui les perçoit, les seconds pour celui qui les perçoit comme pour celui qui les émet. D'autre part, les premiers se fondent forcément sur une relation de contiguïté ou de causalité; même si les signes artificiels utilisent parfois de telles relations, ils en préfèrent plutôt d'autres : ici celle de ressemblance.

Mais tous les signes artificiels n'utilisent pas la ressemblance : F. de Saussure propose de les diviser en motivés et immotivés; les premiers seront nommés symboles, les signes linguistiques feront partie des seconds. En reprenant ses termes : « est motivée la relation qui tire sa valeur au moins d'un rudiment de lien naturel entre ce qui signifie et ce qui est signifié : le symbole de la justice, la balance, ne pourrait pas être remplacé par n'importe quoi, un char par exemple ». Au contraire, rien dans l'examen des sons qui composent le mot *justice* n'indique quoi que ce soit sur ce qu'il signifie. Dire que le signe linguistique est arbitraire, c'est dire qu'il est immotivé. Certes, les symboles peuvent être plus ou moins clairement motivés, être fondés sur une relation de ressemblance simple (la croix du croisement), sur une relation de contiguïté comme celle de la croix et du Christ ou sur une relation métaphorique comme celle de la balance et de la justice. Que cette relation soit plus ou moins facile à saisir n'empêche pas qu'elle ne soit tout à fait différente de celle du signifiant linguistique à ce qu'il signifie.

Il est vrai qu'on a parfois discuté ce caractère arbitraire du signe linguistique. Mais les arguments apportés sont fondés soit sur une mésinterprétation, soit sur des caractères très secondaires du langage. On a voulu le remettre en cause en notant que l'habitude en nous était telle d'associer une suite de sons et un signifié, le signifiant *vache* et le signifié « vache », que ce qui était arbitraire, c'était l'association de l'ensemble du signe à la réalité, non celle du signifiant au signifié. Mais « arbitraire » ne veut pas dire « laissé à la libre fantaisie des sujets » et que le lien du signifiant et du signifié soit particulièrement fort, à tel point que les usagers d'une langue le trouvent tout naturel, cela ne retire rien à son caractère arbitraire. Ainsi, quoique évidemment la diversité des langues nous pousse à en prendre conscience, même si une seule langue était parlée sur terre, le lien du signifiant *table* au signifié « table » resterait tout aussi arbitraire. Il en serait de même si les langues, utilisant des signifiants différents, découpaient cependant la réalité de façon identique.

Qu'il puisse y avoir une certaine valeur symbolique des sons d'une langue, c'est certain. Ainsi associons-nous spontanément plutôt le son *i* à une figure aux angles aigus et le son *ou* à une figure circulaire que l'inverse. Mais, tout d'abord un tel fait d'association phonique ne suffit pas à donner une valeur de signe au son. Les onomatopées même les plus « naturelles », phénomène au demeurant rare qu'il serait paradoxal de vouloir prendre comme modèle des faits linguistiques, varient selon les langues et ont des formes fixées dans chacune d'elles. Ce symbolisme constitue en somme un phénomène second qui peut être utilisé, sans que ce soit nécessaire. Sa présence nous frappe lorsque nous le remarquons, comme lorsque les sons de *glisser* nous semblent en eux-mêmes glissants, mais nous ne notons pas les cas contraires, comme lorsque nous négligeons la proximité phonique de mots dont le sens est très différent, *graisse* et *grâce,* par exemple.

Ce qu'il faut en revanche noter, c'est que, si tous les signifiants linguistiques sont également arbitraires dans leur relation à leurs signifiés, on doit avec Saussure distinguer dans les relations entre signes un arbitraire absolu et un arbitraire relatif. Il n'y a aucun rapport de ressemblance entre le signifiant *trois* et son signifié, non plus qu'entre le signifiant *troisième* et son signifié. Mais, alors que rien ne permet de saisir dans la forme de *premier* sa relation à *un* (arbitraire absolu), il n'en est pas de même dans le cas de la relation de *troisième* à *trois* (arbitraire relatif).

Comme les procédés phoniques, des procédés syntaxiques symboliques sont à la disposition des sujets, par exemple celui qui consiste à faire se succéder des propositions portant sur des événements successifs plutôt qu'à les énoncer dans un ordre indifférent. Les faits de syntaxe ne sont pas pour autant généralement fondés sur une relation de ressemblance avec la réalité.

De même que, par leur forme, certains signes sont absolument arbitraires et d'autres relativement motivés, de même la relation des différents sens d'un même signifiant est-elle plus ou moins prévisible, relativement motivée quand on compare *homme grand* et *grand homme*, beaucoup moins lorsqu'on confronte *train de vie* et *train pour Marseille*.

On peut donc distinguer deux niveaux différents d'arbitraire; d'une part, l'arbitraire constitutif du signe : l'absence de relation de ressemblance entre signifiant et signifié; d'autre part, les différences d'organisation linguistique ainsi rendues possibles, qu'il s'agisse de la forme des signifiants, des procédés syntaxiques ou de l'abstraction d'unités signifiées face à la complexité du réel. Retrouver des parentés entre les langues en relation avec la communauté des besoins et des situations des hommes, retrouver même des procédés communs de groupement de signifiés ne change rien à l'arbitraire au premier sens.

Si le lien signifiant-signifié n'est pas naturel, quel est-il? Certes, il est juste de dire qu'il est conventionnel, transmis de génération en génération. De même, il est juste de noter que l'enfant apprend un mot dans certaines situations, qu'il l'étend par analogie puis apprend à restreindre son application, tous les hommes ne s'appelant plus alors *papa*. Si le sens était association d'un groupe de sons et d'un objet unique (une seule réalité papa pour un signifiant *papa*), l'enfant commettrait peut-être moins d'erreurs, mais une telle acquisition ne présenterait non plus aucun intérêt, car le nombre des signes nécessaires serait alors infini. Au contraire, un signe donné s'applique dans un nombre infini de situations et son sens n'est donc limité que par l'existence d'autres signes. (Que pourrait signifier un signe qui serait le seul à pouvoir être émis?). Autrement dit, un signe linguistique n'est pas défini par son rapport direct à une réalité mais latéralement en quelque sorte par ceci qu'à la distinction de divers signifiants correspond une distinction homologue entre signifiés. Cela n'implique d'ailleurs pas qu'à un signifiant doive correspondre un seul signifié. Au contraire, l'extension, par exemple, des formes du présent en français (instant, durée, fait atemporel, présent historique, etc.) n'est pas déterminée par un concept préexistant; elle n'est possible que parce qu'il n'existe pas d'opposition en français entre un « actuel » et un « éternel », etc. Si on peut cependant distinguer diverses valeurs du présent, ce sera par leurs relations avec d'autres éléments dans la chaîne de l'énoncé, le « présent éternel » ne pouvant pas être associé aux mêmes éléments que le « présent ponctuel ». C'est par ces deux moyens : relation d'opposition aux éléments qui pourraient occuper la même place qu'eux dans l'énoncé (relations paradigmatiques) et aux autres éléments qui peuvent les entourer dans la chaîne parlée (relations syntagmatiques) que les signes linguistiques, privés de valeur symbolique, peuvent cependant signifier. Mais il faut remarquer que les éléments constituants du signifiant eux-mêmes (les phonèmes) se définissent eux aussi uniquement par opposition. L'exemple d'un autre système arbitraire plus simple, l'alphabet Morse, pourra servir ici : ses unités sont des brèves et des longues séparées par des silences. Ce n'est pas la nature physique des brèves et des longues qui les fait telles, mais leur relations : il suffit que la brève soit reconnue comme plus brève que la longue, même si dans tel message, les brèves sont plus longues que les longues dans tel autre. En revanche, la longueur des silences n'importera pas, sauf s'il est convenu qu'ils auront une valeur particulière, les longs servant par exemple à indiquer les limites de certains groupes d'unités.

Mais, dira-t-on, pourquoi l'humanité a-t-elle adopté ce mode indirect de la signification ? Il est certain qu'il y a là quelque chose de « contre nature », si ce qui est naturel, c'est une certaine proportionnalité de l'excitation et de la réaction : on crie plus fort quand la douleur est plus grande et quelque chose de semblable se retrouve vraisemblablement dans le mécanisme plus élaboré de la danse des abeilles : si une danse plus lente signifie une nourriture plus lointaine, c'est sans doute non une relation arbitraire, mais le fruit d'une association entre proximité, force de l'excitation et rapidité de la danse. Nous ne savons pas s'il y a eu passage d'un mode de communication symbolique à un système de signes arbitraires, car on n'a pas de documents sur un stade prélinguistique de l'humanité. On doit donc se contenter de constater ce dont l'arbitraire du signe est condition :

1) — seul, un signe arbitraire peut être fixe, indépendant des conditions de l'excitation, qui sinon le feraient varier en intensité;

2) — c'est cette fixité qui le rend combinable;

3) — son caractère arbitraire le rend beaucoup plus économique : Swift nous a raconté les malheurs de ceux qui n'ayant pas de signes, devaient transporter dans un sac tout ce qu'ils voulaient manifester. Heureusement le signifiant *tigre* n'est pas plus difficile à manier que le signifiant *lapin;*

4) — enfin, seul un système de signes arbitraires peut être utilisable universellement. D'abord parce que tout ce qui n'est pas spatial est difficilement symbolisable, comme en témoigne l'exemple de la justice-balance dont on doute qu'il aurait pu être compris s'il n'avait été soutenu par le langage. Mais on doit ensuite noter que même des concepts « concrets » comme ceux d'ustensilité ou de couleur, sont difficiles à représenter symboliquement : il est facile de représenter un outil ou une couleur, non l'outil ou la couleur.

CARACTÈRE VOCAL DU LANGAGE

Que les signes se définissent par opposition a pu faire penser que leur matière était indifférente et que, en particulier, il était secondaire de s'occuper de la nature auditive ou visuelle du signifiant linguistique. Et certes, c'est un fait remarquable que le signifiant vocal soit relativement transposable en signifiant visuel, alors qu'une telle transposition n'est pas possible pour tout système de signes. Reste que certains aspects fondamentaux du langage ne peuvent se comprendre que par ce caractère vocal et tout d'abord le caractère linéaire du message, qui n'est évidemment pas un trait nécessaire de toute communication, en particulier visuelle, mais bien de la communication orale. En plus de cette contrainte de la linéarité, ce caractère vocal présente des inconvénients évidents : l'absence de fixation limite la longueur de ce qui peut être présent à la mémoire de l'auditeur; les sons sont aussi moins aisément combinables que les signifiants visuels. Enfin on peut noter que l'univers humain est bien plus caractérisé par la coordination de l'œil et de la main que par la richesse de l'information acoustique, ce qui contribuerait encore à rendre incompréhensible ce caractère universellement oral du langage. Mais il faut noter que si la perception acoustique ne présente pas d'avantages sur la perception visuelle, sauf en quelques cas, en revanche, l'émission vocale présente plus de facilité que la fabrication de signaux visuels, que ce soit la mimique gestuelle forcément limitée ou la pictographie, qui doit avoir recours à des outils extérieurs. Surtout, c'est en devenant des transcriptions de la langue orale que les systèmes d'écriture se sont libérés des contraintes du symbolisme, pour devenir systèmes de signes. L'inconvénient lié à la moindre valeur représentative des sons par rapport aux symboles visuels était devenu un avantage.

Cette référence de la langue écrite à la langue orale ne doit pas faire oublier : *a)* que la transcription orthographique peut être plus ou moins proche de la réalité phonique : l'écriture peut être, avec plus ou moins d'exactitude, phonologique ou syllabique. Elle peut même parfois, dans tel ou tel cas, être morphologique : on peut orthographier identiquement des unités dont la fonction morphologique est la même alors que la prononciation est différente. (*s* du pluriel en français); *b)* elle peut parfois s'en écarter complètement : il y en a de nombreux exemples en français; *c)* davantage, la langue écrite peut dans une certaine mesure se séparer de la langue orale, les nécessités de la communication n'y étant pas entièrement les mêmes : les usages en situation y sont en particulier moins fréquents; les pressions normatives s'y exercent davantage; *d)* enfin la langue écrite peut parfois, faiblement, influer sur le développement de la langue orale, ainsi que l'attestent certaines prononciations de *gageure* ou de *dompter*.

De toute façon, que les hommes utilisent dans certains cas des systèmes de transposition approximative de la langue orale ne doit pas faire oublier que celle-ci, dans de nombreux cas, existe seule, qu'elle est acquise la première, qu'elle se développe par ses lois propres et que souvent les faits de la langue écrite ne font que nous cacher la réalité de la langue parlée (absence de correspondance entre une lettre et un son, valeur problématique de la division en mots par des blancs). Le linguiste étudiera donc par priorité la langue orale.

CARACTÈRE DISCRET DES UNITÉS LINGUISTIQUES

Dire que les unités linguistiques ont un caractère « discret », c'est dire qu'aussi bien les unités minimales dépourvues de sens (phonèmes) que les unités qui contribuent directement à établir un message doué de sens varient de façon discontinue, alors que dans le premier cas leur appartenance au monde physique, la variété de leurs utilisations dans l'autre, entraînent une variation à peu près continue, n'ayant pas en tout cas un caractère discret clairement assignable. C'est l'étude des sons de la langue, telle qu'elle a été développée tout d'abord par la phonologie pragoise, qui a mis en lumière ce caractère discret. On a déjà dit que des signes arbitraires ne pouvaient fonctionner que par leur opposition. Des signes non arbitraires peuvent être discrets. Des signes arbitraires le sont nécessairement. Donc ce qui importe, c'est que les phonèmes n'existent pas d'abord, comme des réalités données, pour s'opposer ensuite. Leur réalité n'est que dans leur opposition, ce qui signifie qu'en un point de la chaîne, le sujet parlant doit choisir entre un nombre limité d'unités qui n'existent que grâce à cette opposition. Il y a deux phonèmes *a* en français, ou plus exactement dans l'usage de ceux qui font une distinction entre le *a* de *patte* et celui de *pâte,* alors que des différences physiquement semblables n'auront pas pour résultat de faire poser deux unités, là où, comme en espagnol, elles ne servent pas à faire se distinguer deux unités de sens différents. Ce n'est donc pas la ressemblance qui permet de regrouper un certain nombre de sons sous un nombre plus petit de phonèmes : la phonologie n'est pas de la phonétique grossière ; elle se fonde sur un critère linguistique et non physique. Mais les phonèmes ne sont pas non plus une fiction commode inventée par le linguiste ; c'est, même s'ils n'en sont pas conscients, ce qui permet à ceux qui savent une langue d'identifier deux sons alors qu'ils sont physiquement très différents, prononcés par un homme ou par une femme, par un adulte ou un enfant, etc., (variantes individuelles). L'identité des phonèmes doit encore être reconnue malgré la variation des unités en fonction du contexte, la réalisation de chaque son étant toujours modifiée par les sons qui l'entourent (variantes contextuelles) : une telle variation continue de caractère physique ne doit pas être confondue avec le fait linguistique d'autant que, dans toutes les positions, l'inventaire des phonèmes possibles n'est pas le même. Cette identité doit enfin être reconnue malgré les variantes situationnelles : un phonème ne se réalise pas de la même façon selon qu'on parle à voix haute ou qu'on chuchote. Ainsi, l'identité du phonème se réalise malgré la variété des sons et on ne devrait donc pas dire que tel son *est* tel phonème mais qu'il constitue une réalisation de tel phonème, car, à proprement parler, ce ne sont jamais des phonèmes qu'on prononce. Que la langue soit composée d'unités discrètes se voit bien dans le cas d'un phénomène qui varie naturellement de façon relativement continue : le mouvement mélodique de la phrase; pour pouvoir donner à un tel mouvement le nom de signe, il faut qu'il ne soit pas simplement naturel. S'il est physiquement conditionné que la courbe intonative monte puis redescende, en fonction d'une mise en tension puis d'une détente de l'appareil phonatoire, ce mouvement obligatoire ne saurait être considéré comme signifiant, non plus même que son interruption, qui pourra certes manifester, comme les pleurs, un nombre indéterminé d'attitudes : l'étonnement, le sentiment d'évidence, le désir de voir l'interlocuteur continuer sa phrase, sans avoir pour autant valeur de phénomène linguistique. Pour que ce mouvement naturel ou son interruption puisse valoir comme signe linguistique, il faut que, quelles que soient les variations continues de la réalisation, il soit d'abord objet de choix et que ce choix mette ensuite en correspondance un nombre fini de signifiants et de signifiés, ce qui sera seulement le cas de *tu viens ?* question, opposé à *tu viens,* affirmation.

Si la réalité phonique n'est pas naturellement discrète, les unités minimales signifiantes le sont par leur forme, c'est-à-dire parce qu'elles sont composées d'une suite d'unités phonologiques. Ainsi n'y a-t-il pas en français de réalité signifiante intermédiaire entre *bout* et *but*. Mais un tel caractère discret se retrouve-t-il dans la face signifiée de ces unités? Comme celle des faits phoniques, l'analyse du signifié se heurte tout d'abord à l'existence des variantes individuelles. L'effet produit par un terme sur un sujet dépend de l'habitude qu'il en a, des circonstances dans lesquelles ce terme a été acquis, de n'importe quelle association, qui feront que l'univers de sens de chacun variera peut-être encore plus largement que sa façon de parler. Il y a d'autre part des « variantes signifiées contextuelles » : de même qu'une occlusive ne se prononcera pas de la même façon à l'initiale et à la finale, de même nos connaissances sur le cheval et le lapin feront que *court* ne produira pas le même effet dans *le cheval court* et *le lapin court*. Il y a également des variantes situationnelles du sens : un énoncé semblera plus ou moins bizarre, il changera même de sens — ainsi *il fait beau* selon qu'en fait il pleut ou non —. De même qu'on a distingué variantes contextuelles et différences d'inventaires de phonèmes, de même y a-t-il ici d'une part un phénomène non linguistique : si je connais la démarche de l'un et de l'autre, *Pierre court* pourra ne pas faire sur moi le même effet que *Paul court*. Ce fait est tout à fait différent de ce qui se passe quand on note que si le sens de *prendre* varie linguistiquement, c'est qu'en différents contextes, les éléments entre lesquels on choisit ne sont pas les mêmes. C'est cette différence de choix qui explique linguistiquement la différence de sens d'une même unité. Dans *prendre de l'argent*, *prendre* pourra commuter avec un grand nombre de verbes indiquant des opérations concrètes, ce ne sera pas le cas dans le contexte *prendre peur* où la limitation du sens de *prendre* se marquera par le fait qu'il s'oppose à peu de termes : *avoir* ou *faire*. Quelles que soient donc les difficultés pratiques de l'analyse, on peut dire qu'en principe, les faits linguistiques dans leur ensemble se définissent par ce fonctionnement en unités discrètes.

LA PREMIÈRE ARTICULATION
(EN MONÈMES)

Les différents messages que nous émettons pourraient être des unités indécomposables, chacune applicable à une classe de situations. Les premiers comportements linguistiques de l'enfant nous en donnent une image.

Un tel système, étendu à l'ensemble des cas où nous communiquons, aboutirait, par sa rigidité, si même il était envisageable, à un coût mémoriel considérable. Dire que le langage est articulé, c'est dire d'abord qu'avec un nombre donné de signes, on peut construire un nombre beaucoup plus grand de messages différents. On dit un nombre donné de signes : l'erreur serait de croire que l'existence de ces signes minimaux (ou monèmes) est manifeste. Le plus souvent, il n'y a pas de marque obligatoire qui servirait de « signe intervalle ». Et même si ces limites sont marquées, comme en phonologie le critère est ici fonctionnel et non physique. Un monème correspondra à un choix signifiant unique, qu'il puisse se présenter isolément : *vite, demain,* etc., ou que sa présence soit conditionnée par celle d'un autre, comme dans *aimons,* où il y a deux monèmes : *aim-* opposé à *travaill-, gout-* ... et *-ons* opposé à *-ez, -ais,* ... Quelle que soit la variété des formes qu'ils peuvent prendre : monèmes discontinus, amalgamés, etc., le critère permettant de les établir est l'existence d'un choix indépendant. L'intérêt d'une telle combinatoire est évident : au maximum, le nombre de combinaisons possibles de n signes dans un message de longueur m est de n^m messages. Certes un grand nombre de ces combinaisons sont ou tout à fait impossibles ou en tout cas inutilisées. D'un point de vue tout formel, c'est-à-dire sans chercher à examiner la raison de ces relations, on peut vouloir exposer la grammaire d'une langue comme une somme de restrictions à la combinaison de ses unités : existence de classes d'éléments nécessaires dans tout énoncé, de relations d'implication et d'incompatibilité entre classes. En termes de probabilité, ceci se traduit par le fait que certaines unités étant données, on en attend d'autres : on dit que le système d'une langue est redondant par rapport à celui qui serait composé uniquement d'unités équiprobables.

Mais qu'elles sont articulées signifie aussi que les langues présentent deux autres procédés informatifs. Tout d'abord l'ordre des éléments peut être également porteur d'information, linguistiquement pertinent. *Pierre bat Paul* s'oppose à *Paul bat Pierre.* Ceci nous indique immédiatement l'artifice qu'il y aurait à n'exposer une grammaire qu'en termes d'implications ou de compossibilités, en risquant de mêler ainsi les cas où l'ordre est pertinent et ceux où il ne l'est pas, *Pierre bat Paul* opposé à *Paul bat Pierre* d'un côté, *dimanche il est venu* en face d'*il est venu dimanche* de l'autre.

D'autre part, que je dise *2 + 1* ou *2 — 1,* le sens de 2 et de 1 reste le même dans les deux cas. Il n'en est pas de même lorsque *poignée* entre en combinaison avec *de main* ou avec *de porte*. Ceci n'est pas le cas pour tous les éléments du lexique, les termes scientifiques qui ont pour fonction de nommer une opération ou un objet précis échappant en principe à ce sort. Mais on peut dire que c'est la règle générale dans l'usage ordinaire de la langue, comme dans ses usages élaborés. On voit donc ce que peut avoir d'insuffisant la description des faits linguistiques comme composés d'une part de rapports dans la chaîne (syntagmatiques), d'autre part en chaque point de la chaîne d'un certain nombre de choix (rapports paradigmatiques) : il faut ajouter que les inventaires paradigmatiques varient selon les autres éléments de la chaîne, que chacun de ces éléments n'a pas un sens fixe et déterminé avant son emploi. Seuls les messages ont un sens actuel, les unités qui les composent n'ont qu'un sens potentiel. Cette interaction des deux axes pourra être explicitement indiquée, l'un pouvant assimiler, en les manifestant dans un syntagme deux termes (*vrai* et *évident* par exemple) que l'autre opposera. Le plus souvent, l'ambiguïté corrélative de cette souplesse provient de ce que rien n'indique suffisamment à celui qui reçoit le message qu'il n'oppose pas les unités selon le même paradigme que celui qui l'a émis. Mais ce risque d'ambiguïté, qui rend sur ce point les langues inférieures aux codes artificiels techniques, est la contrepartie inévitable de la multiplicité de leurs usages.

LA DOUBLE ARTICULATION

Un système non articulé est un système où les unités signifiantes ne se combinent pas : ainsi les feux rouge, jaune et vert de la circulation. Un système comme celui de la numération où 701 diffère de 107 sera au contraire articulé, mais la langue présente en plus universellement cette caractéristique que l'unité *cent* où un signifiant et un signifié se correspondent peut à son tour être analysée en éléments articulables, non signifiants mais distinctifs (ou phonèmes).

Sans qu'on puisse absolument déduire sa nécessité, un tel système universel présente des avantages évidents. Tout d'abord un petit nombre de phonèmes (de vingt à quarante le plus souvent) permettent par leurs combinaisons de construire un nombre beaucoup plus élevé de monèmes. Or, il serait sans doute difficile, du point de vue acoustique mais surtout articulatoire, de vouloir maintenir distinctes un beaucoup plus grand nombre d'émissions vocales de base, ce qui serait nécessaire pour un langage simplement articulé et suffisamment riche cependant.

Ensuite, les mêmes phonèmes entrent dans la composition des mots les plus différents tant par leur sens que par les autres phonèmes qui les composent. Ni une pression expressive, ni une pression phonique ne peuvent, sauf dans certains cas contraires bien précis, transformer rapidement un signe : l'articulation en phonèmes est donc une condition de la fixité du signe.

Enfin de nombreux faits phonologiques peuvent jouer un rôle contrastif, c'est-à-dire nous aider à découper le message en unités signifiantes. Citons : les phénomènes accentuels, la distribution exclusive de phonèmes dans une position donnée, l'existence de chaînes de succession de phonèmes (alternance des consonnes et des voyelles, par exemple). Une langue simplement articulée ne pourrait avoir recours qu'à des silences ou à des signes particuliers pour remplir cette fonction.

Nul ne nie l'existence de cette double articulation, mais on s'est demandé si elle constituait vraiment un caractère fondamental de l'organisation du langage. Il semble bien que, comme au sujet du caractère arbitraire, les discussions proviennent essentiellement de malentendus.

I — Dire que les monèmes sont « composés de » phonèmes n'empêche tout d'abord pas que la première articulation obéisse à des lois qui lui sont propres et qu'on puisse parler de syntaxe sans s'occuper de phonologie.

II — Il existe certes des manifestations non articulées directement signifiantes, comme la valeur interrogative d'une phrase finissant sur une montée de voix. Mais de tels phénomènes, du fait justement qu'ils ne sont pas même simplement articulés, présentent de faibles latitudes d'utilisation ainsi qu'un caractère marginal par rapport à l'organisation générale du langage.

III — Ne doit-on poser que deux articulations ou dire au contraire que la langue doit être analysée en un nombre beaucoup plus grand de plans ? Disons tout de suite qu'il y a bien effectivement plus de deux niveaux d'analyse mais que ces niveaux ne constituent pas des articulations au sens propre. Ainsi, on verra que les phonèmes peuvent à leur tour être analysés en un plus petit nombre de traits, mais ces traits ne sont pas des traits directement articulables, c'est-à-dire réalisables isolément et combinables dans la chaîne et, de plus, ils ne jouent pas comme les phonèmes une fonction constitutive de la communication mais seulement de son économie : des phonèmes non analysables en traits comme *l* et *r* français ont la même fonction que les autres.

Mais c'est surtout du côté des éléments plus grands que le monème qu'on a cherché à multiplier les niveaux. On en poursuivra l'analyse dans le chapitre consacré à la *Description linguistique*. Disons seulement que ces niveaux n'introduisent pas de nouvelles relations, en plus de celles que les monèmes entretiennent dans la phrase. Ainsi la possibilité de construire des propositions subordonnées donne certes beaucoup de souplesse à la langue, mais ce qui importe dans l'analyse, c'est qu'une subordonnée joue toujours une fonction qui peut être remplie par un monème unique. On ne parlera donc pas d'articulation en propositions. À l'opposé, quelles que soient les relations sémantiques entre deux phrases, elles ne peuvent que se succéder, la seconde pouvant au plus contenir un terme se référant à l'existence de la première : *or, mais,* etc. On ne parlera donc pas non plus d'articulation en phrases, mais on dira plutôt que la phrase constitue la plus grande unité linguistique. Il semble donc juste de dire que cette double articulation en unités distinctives mais non signifiantes (phonèmes) et en unités signifiantes (monèmes) ainsi que l'organisation particulière de leurs rapports syntagmatiques et paradigmatiques soit la condition principale du langage comme système de signes arbitraire, discret et universel par son objet.

L'ÉCONOMIE PHONOLOGIQUE

Mais si l'organisation linguistique s'explique d'abord par le besoin de communiquer, elle s'explique ensuite par le besoin de réaliser cette communication de façon relativement économique. Et, de fait, on trouve dans toutes les langues des procédés dont la fonction est de rendre la communication plus économique. Mais le sens du mot doit être précisé. Tout d'abord, une telle économie constitue un optimum et non l'économie absolue qui consisterait simplement à réduire l'effort au maximum. En effet, les exigences de l'économie articulatoire et de l'économie de réception sont opposées, un plus grand effort articulatoire étant nécessaire pour que les sons dans la chaîne gardent leur identité.

Ensuite, l'économie paradigmatique et l'économie syntagmatique sont en raison inverse l'une de l'autre : si on diminue le nombre de phonèmes entre lesquels la distinction doit être maintenue en un point de la chaîne, on est amené à allonger la longueur du message, exactement comme un nombre est plus long exprimé en numération binaire qu'en numération décimale.

De plus, il s'agit évidemment d'une économie moyenne, les efforts consentis variant en fonction des sujets et des circonstances.

Enfin, il n'y a pas une mesure physiologique exacte de l'effort fourni, sauf dans des cas précis où on peut par exemple estimer qu'il est plus facile d'émettre une simple que la géminée correspondante. Mais en général, il faut poser que les sons ne sont pas tant difficiles à prononcer en eux-mêmes qu'en fonction des habitudes articulatoires des sujets; surtout qu'il ne s'agit pas de la difficulté à prononcer un son mais de la difficulté à garder des phonèmes distincts les uns les autres. En somme, un système économique est un système dans lequel l'économie articulatoire se réalise parce qu'un petit nombre de traits se combinant permettent de réaliser un plus grand nombre de phonèmes qui soient cependant suffisamment différents les uns des autres afin d'éviter les risques de confusion. Il s'agit bien entendu ici d'un optimum, mis sans cesse en cause par des facteurs de tous ordres, difficulté phonétique à combiner des traits, emprunts, succession fréquente de deux phonèmes dans la chaîne liée à des faits grammaticaux, etc. Cet optimum n'implique évidemment pas des langues parfaites qui n'évolueraient pas.

Sans entrer dans le détail, on peut préciser un peu ce type d'économie. On pourrait par exemple concevoir une langue comportant neuf consonnes occlusives qui ne se distingueraient les unes des autres que par le point d'articulation d'avant en arrière de la bouche mais qui seraient toutes articulées de la même façon, occlusives sonores par exemple. Un tel système, en fait non attesté, serait peu rentable à tous les points de vue, parce qu'il demanderait neuf habitudes articulatoires distinctes, mais aussi parce que la différence entre ces phonèmes serait difficile à maintenir à l'audition comme à l'émission. Ce qui explique l'universalité de l'organisation phonologique en plusieurs traits sur le modèle :

	labial	apical	dorsal
sourd	*p*	*t*	*k*
sonore	*b*	*d*	*g*
nasal	*m*	*n*	*ŋ*

Il importe de noter que si ces faits obéissent à un conditionnement physique (ainsi il sera moins facile d'associer une occlusion vélaire qu'une occlusion bilabiale à la nasalité, ce qui s'explique bien par la conformation des organes), leur définition reste purement linguistique : un trait n'est défini que par opposition; ainsi dans une langue où il n'y aurait qu'une série d'occlusives orales, il serait inutile de préciser si leur réalisation est sourde ou sonore.

La réalité d'un tel système (entièrement inconscient pour les usagers de la langue) se manifeste plus particulièrement dans deux phénomènes : en premier lieu la rareté relative des phonèmes « hors-système », c'est-à-dire ne partageant le trait qui les caractérise avec aucun autre; ensuite la fréquence des cas où l'on constate une tendance à la différenciation maxima; ainsi dans les systèmes qui comportent peu de voyelles, ne va-t-on pas rencontrer uniquement trois voyelles d'avant, *i, e, ɛ,* (*e* ouvert comme dans *laid*) mais plutôt une voyelle fermée, d'avant, écartée : *i;* une voyelle fermée, d'arrière, arrondie : *u;* une voyelle d'ouverture maxima : *a.* Il ne s'agit là que d'une tendance, cependant suffisamment générale pour montrer la réalité de la recherche de l'économie maxima et de la distinction maxima dans l'organisation des langues.

L'ÉCONOMIE DE LA PREMIÈRE ARTICULATION

On vient de voir que l'économie phonologique ne saurait être considérée comme une simple parcimonie ; la mise à jour de l'économie sera encore plus difficile ici, d'abord parce qu'il ne s'agit pas seulement pour les unités de se distinguer mais de signifier, ensuite parce qu'il est impossible de faire une liste exacte des besoins des individus lorsqu'ils emploient ces unités et enfin de préciser ce qui est économique : le sera-t-il plus de trouver le mot juste ou de faire une longue périphrase ? Néanmoins, ici comme en phonologie, on retrouve ce qu'on pourrait appeler la coïncidence des deux sens du mot économie : économie comme diminution de l'effort et économie comme existence d'un système. L'ordre d'un tel système se manifeste dans tous les chapitres ordinairement reconnus de l'étude linguistique : dans la distribution des formes lexicales ; dans les relations entre les formes des signes (économie morphologique) ; dans le passage du sens abstrait du monème au sens concret du message (par la syntaxe) ; enfin, dans le jeu des différents sens d'une même unité. Sans étudier ici complètement ces quatre types d'économie, on peut indiquer leur principe.

I — L'économie lexicale apparaît d'abord par comparaison entre le système réalisé et les systèmes possibles. On peut imaginer des langues où tous les monèmes seraient équiprobables, ce qui serait économique en ce sens qu'aucun élément ne pouvant être prévu à partir de ceux qui le précèdent, l'information qu'il apporterait serait maxima. D'autres systèmes sont également possibles, ainsi celui où la distribution des signes affecterait la forme d'une courbe en cloche, avec peu de monèmes très fréquents, peu de monèmes très peu fréquents et un grand nombre de monèmes de fréquence moyenne. Or ces systèmes ne sont pas ceux qui se réalisent dans nos langues. Dire que c'est parce qu'ils sont impossibles, c'est préjuger que le réel ne peut être analysé que comme le font nos langues, ce qui serait affirmer bien plus que ce que nous savons. Tout ce qu'on peut faire, c'est d'essayer de comprendre l'organisation telle qu'on la constate. Ce qu'on constate, c'est qu'en première approximation, il y a très peu de mots très fréquents et un grand nombre de mots très peu fréquents. (On parle ici de mots, car la grande majorité des relevés a porté sur le mot graphique, isolé par deux blancs, et non sur le monème défini par le choix signifiant unique). Cette relation peut se formuler en disant qu'en moyenne, le produit du rang de classement d'une unité, classée par ordre de fréquence et de cette fréquence est une constante : ainsi, que si la dixième unité se rencontre cinq mille fois, la centième se rencontrera environ cinq cents fois et qu'on aura donc :

$$\text{rang} \times \text{fréquence} = \text{constante}.$$

Il ne s'agit là que d'une première approximation parce que, d'une part, la relation n'est pas aussi simple, la courbe s'aplatissant aux deux extrémités, les unités les plus fréquentes étant encore plus fréquentes et les moins fréquentes encore moins que ne le traduit l'image de la droite. D'autre part, la forme de la courbe varie évidemment selon le type d'usage considéré. Ainsi, dans un texte scientifique, rencontre-t-on plus de mots peu fréquents que dans la moyenne des textes. En elle-même, une telle relation semblerait relever de la simple économie parcimonie : dès qu'on le peut, on utilise tout le temps les mêmes mots, ce que renforcerait une seconde considération statistique : en général, il y a une relation inversement proportionnelle entre la longueur des mots et leur fréquence. Une autre relation vient cependant compliquer celles-ci : ces termes les plus fréquents peuvent appartenir à un inventaire limité de termes auxquels ils s'opposent (on les appelle alors grammaticaux) ou à des inventaires indéfinis (lexique). Dans les deux cas, l'économie de leur emploi provient de ce que le simple calcul des probabilités veut qu'ils entrent en relation dans la chaîne avec un nombre élevé de termes différents. Dans le cas du lexique, c'est ce qu'on traduit en disant que le nombre des sens d'une unité est proportionnel à sa fréquence. (Cette expression est peut-être malheureuse, dans la mesure où elle pourrait faire croire que cette multitude de sens est *dans* l'unité alors qu'elle n'est rien d'autre que la multitude de ses relations). Les conséquences de la fréquence des termes grammaticaux sont plus complexes à analyser, dans la mesure où leur paradigme est limité et ne se modifie pas en fonction des contextes autant que celui des unités lexicales. L'économie de leur emploi ne provient donc pas de la variété de leurs sens mais plutôt de leurs fonctions particulières. On peut en effet remarquer, sans qu'une telle classification puisse se prétendre exhaustive, que la plupart d'entre eux se rangent en trois catégories : monèmes fonctionnels reliant les termes les uns aux autres à l'intérieur de l'énoncé; en dehors de ce rôle syntaxique, ils semblent avoir pour fonction de faire l'économie d'une expression plus longue (anaphoriques, pronoms au sens propre); enfin le troisième rôle qu'ils semblent remplir est de référer les lexèmes à une expérience particulière, en les replaçant par rapport au dialogue, (personnels), à l'expérience (démonstratifs ou *shifters* du type *ici*) ou à l'expérience en général (marques du temps, du nombre, etc.) Le tableau qu'on en dresse est au reste variable, puisque nous n'avons pas par devers nous une liste des cadres généraux de l'expérience obligatoirement grammaticalisés. Ces termes grammaticalisés n'ont pas non plus une importance nécessaire pour les sujets mêmes qui parlent la langue considérée : le caractère obligatoire du choix contribuant à le rendre inconscient. On ne peut que constater que par exemple dans telle langue, ce pourra être la dimension des objets (navaho), dans telle autre la distinction entre faits directement constatés et appris par ouï-dire (bulgare).

II — On considérera sous le nom d'économie morphologique ce qu'on a considéré précédemment sous le nom d'arbitraire relatif. Rien ne s'opposerait, sauf l'économie, à ce que des signifiants sans aucune ressemblance soient utilisés à la place de *trois* et de *troisième*. Mais en fait cette économie par la motivation morphologique se rencontre dans toutes les langues, il est vrai à des degrés divers, à tel point qu'on a pu songer à se servir de son extension pour classer ces langues. Mais partout, les procédés utilisés se ramènent à deux : composition de deux monèmes, du type *porte-feuille,* ou dérivation par un affixe ne fonctionnant pas comme monème isolé (du type *troisième*). L'extension de ces procédés se trouve principalement limitée par l'absence d'économie qu'elle entraînerait sur un autre plan. L'excès de composés à partir d'un nombre très limité de racines aboutirait en effet d'une part à un allongement excessif des composés, d'autre part à un risque élevé de confusions entre des composés qui seraient peu distincts phoniquement alors que la distinction des signifiés serait d'importance primordiale.

L'ÉCONOMIE SYNTAXIQUE

On regroupera sous le nom de syntaxe tous les procédés qui permettent de faire passer du sens potentiel des éléments signifiants isolés au sens actuel du message, en marquant les relations entre ces éléments. Une telle définition peut sembler, pour une large part, arbitraire; ne vaut-il pas mieux exposer des faits qu'on appellera syntaxiques, parce qu'ils concernent la façon dont les monèmes sont disposés ensemble, sans prétendre répondre à la question : pourquoi y a-t-il une syntaxe ? Ici, la réponse ne peut être qu'empirique : les procédés utilisés par les langues sont en nombre limité et en quelque langue que ce soit, analyser une phrase, c'est toujours trouver des relations dans ce qui apparaît d'abord comme une simple succession. L'existence, universelle, de tels procédés de mise en relation constitue une économie considérable par comparaison avec un système de signes qui n'aurait pas à sa disposition de tels procédés et ne pourrait que juxtaposer des signifiants correspondant chacun à un état de fait ou à un aspect de cet état de fait : qu'on imagine une langue obligée de disposer d'un signifiant différent selon qu'on considère la maison comme l'objet dont on parle, l'endroit où on va, celui dont on vient, etc. Une autre source de rendement des procédés syntaxiques vient paradoxalement de ce qu'ils sont indépendants des relations sémantiques. D'une part, on peut parler « petit nègre » : dans *amour moi vin,* une certaine relation est au moins probable entre les éléments. D'autre part, la relation syntaxique est la même, qu'une relation sémantique assignable existe ou non entre les éléments : la relation est aussi bien marquée dans *le noir est blanc* que dans *le noir est une couleur.* Cette indépendance de la syntaxe est une des conditions essentielles de l'universalité des usages du langage; on sait combien la décision : « cette phrase n'a pas de sens » varie selon les sujets. Ainsi dans l'exemple cité, il peut s'agir d'un homme de couleur pâle ou d'une couleur brillante plutôt qu'opposée au noir. Il est même finalement impossible de citer un énoncé qu'un auditeur, prêt à faire un effort, ne déclarera pas sensé. On voit combien serait pauvre au contraire une langue à « syntaxe sémantique » qui fixerait *a priori* en fonction de ce qui serait considéré comme sémantiquement correct les types d'énoncés qui peuvent être construits.

On étudiera plus loin la description syntaxique. Notons seulement ici un certain nombre de faits à l'appui de cette définition de la syntaxe. On doit d'abord remarquer, avec A. Martinet, qu'il n'y a dans toutes les langues que trois procédés syntaxiques. Premièrement, un certain nombre d'unités marquent elles-mêmes leurs relations au reste de l'énoncé, *ici* par exemple, ce qui se traduit par la possibilité de les déplacer : même si un tel déplacement peut être utilisé à des fins de mise en relief, la relation d'*ici* au reste de l'énoncé est la même dans *ici Napoléon est mort* et dans *Napoléon est mort ici.* Notons que ce procédé ne concerne qu'un petit nombre d'unités, son extension universelle équivalant à la suppression de la syntaxe. Deuxièmement, certains monèmes ont pour fonction de marquer la relation des autres : on les appellera fonctionnels. Ainsi la préposition française *chez* qui, indiquant la fonction de *le voisin,* fait de *chez le voisin* un syntagme déplaçable par rapport au reste de l'énoncé : *il y a des pommes* par exemple. On verra que ce procédé peut varier dans sa forme : ainsi on distinguera les prépositions et les déclinaisons; leur fonction reste la même, ainsi qu'en témoignent les latitudes de déplacement communes au nom décliné et au groupe prépositionnel. Enfin troisièmement, on a déjà vu que l'ordre des termes pouvait indiquer leur fonction.

L'existence de ces trois procédés syntaxiques constitue un fait linguistique universel. Les langues varient en revanche beaucoup en ce qui concerne les restrictions à la combinaison des unités. On peut dire que ces restrictions prennent trois formes principales.

SPÉCIALISATION DES MONÈMES

Il y a, plus ou moins selon les langues, des classes de monèmes qui ne peuvent accomplir telle ou telle fonction. Il y a là une restriction considérable par rapport à une langue où lexèmes et morphèmes non fonctionnels seraient aptes à remplir toutes les fonctions possibles, différenciées seulement par des fonctionnels ou la position. Par exemple, en français, *aime,* ainsi qu'un grand nombre d'autres formes identifiées comme ne pouvant être que verbales, pourra être prédicat et non sujet. Un des résultats majeurs des progrès de l'étude linguistique a été de faire voir que les classes traditionnelles : nom, verbe, adjectif, etc., ne constituaient nullement des instruments nécessaires de toute description. Ainsi, en malgache, n'y a-t-il pas, tout au moins pour toute une série de termes, d'opposition verbo-nominale, *fivoriana* devant être traduit selon les cas par « réunion » ou par « il y a réunion ». Peut-être saisit-on mieux la raison de la non universalité de ces catégories lorsqu'on les comprend comme de simples restrictions à la combinatoire et non comme la base de la description syntaxique. Il est aisé d'imaginer une langue sans noms ni verbes, non une langue sans fonctionnels.

IMPLICATION

Parmi les monèmes qui n'indiquent pas eux-mêmes leur fonction, certains, qu'on appellera déterminants, supposent l'existence d'un autre terme pour pouvoir faire partie d'un énoncé; ainsi l'article *le* ou la marque de l'imparfait *-ais.* Que ces morphèmes puissent contribuer à l'identification des monèmes qu'ils déterminent n'empêche pas leur caractère conditionné.

IMPLICATION RÉCIPROQUE

Enfin, les énoncés minimaux présentent fréquemment l'obligation d'un certain nombre de termes, l'obligation leur retirant tout caractère informatif, alors qu'il serait plus simple de concevoir un terme unique, centre d'énoncé dont tous les autres seraient des déterminants. Un exemple de telles contraintes à première vue sans fonction est donné par le français où *la pomme belle* ne constitue pas un énoncé, sans qu'on voie néanmoins ce que l'introduction de *est* ajoute d'information à l'énoncé.

Mais dire que l'étude de la syntaxe doit être fonctionnelle signifie qu'on doit y distinguer les faits selon leur fonction, non que tout y a une fonction, ce qui serait finalisme et non fonctionnalisme. Ainsi, parmi les restrictions à la combinatoire caractéristiques de la grammaire d'une langue qu'on vient d'énumérer, certaines relèvent d'une explication diachronique, comme lorsqu'un radical verbal et un radical nominal se sont différenciés à partir d'une même racine. D'autre part, en synchronie, il ne faut pas confondre recherche de l'information maxima et économie : pour qu'une langue fonctionne, il faut que soient prévenues les ambiguïtés possibles et pour cela un des procédés les plus généraux est le maintien de l'organisation de l'énoncé élémentaire ou dans les rapports déterminé-déterminant, moyens essentiels au découpage de l'énoncé, même s'ils n'apportent pas d'information. De tels rapports constants augmentent aussi évidemment l'économie brute du codage.

L'ÉCONOMIE SÉMANTIQUE

Par économie sémantique, on entend celle qui provient de la diversité des sens d'une même unité selon les contextes et les situations. On y a déjà fait allusion au sujet de l'économie lexicale, mais il s'agissait là plutôt de la constatation d'un fait brut (relation entre fréquence et nombre de sens) que d'une analyse des procédés sémantiques corrélatifs. Ajoutons qu'une telle étude est très peu avancée et qu'on ne sait presque rien du comportement des différentes langues à cet égard.

On partira tout d'abord de l'affirmation saussurienne selon laquelle la face signifiante et la face signifiée du signe sont inséparables comme le recto et le verso d'une feuille de papier. L'expérience est tout aussi diverse que la chaîne sonore est continue; les sons se distinguent par leur fonction; les signifiés sont isolés seulement par l'identité d'un signifiant : une sémantique sans critère correspondant dans l'organisation du signifiant ne peut rien démontrer. Mais que ces deux faces soient inséparables ne signifie pas qu'à un signifiant corresponde un signifié. La loi générale serait plutôt celle de l'absence de correspondance stricte. Si, avec Prieto, on entend par sens ce qui doit être transmis dans une situation particulière et par signifié l'ensemble des sens possibles correspondants à un signifiant, on peut poser comme universel :

1) — que jamais un énoncé n'a qu'un seul sens, puisque cela signifierait à la limite qu'il ne serait applicable qu'à une seule situation;

2) — qu'une communication de même sens peut être établie avec des signes différents. Dans une situation donnée, on pourra dire indifféremment : *passe-moi la table, passe-moi les logarithmes, passe-moi le bouquin,* etc. On peut dire qu'il y a là équivalence paradigmatique; il y aura équivalence syntagmatique, si on peut dire indifféremment devant un objet qui tombe : *n'aie pas peur, c'est du papier* ou *n'aie pas peur, c'est léger;*

3) — ces deux faits dépendent de l'utilisation des énoncés en différentes situations; l'exemple de *table* rappelle qu'il n'y a pas seulement passage au sens concret par l'actualisation d'un signifié abstrait grâce au contexte mais aussi polysémie : dans tous les contextes, *table* n'est ni opposable aux mêmes termes, ni remplaçable par les mêmes.

La synonymie vraie semble être au contraire beaucoup plus rare sinon inexistante : on voit l'utilité de la polysémie, on voit mal l'utilité d'un système synonymique généralisé. (L'exemple donné sous 2 nous fournit en effet une identité de référence, de sens non de signifié). De même on voit également l'intérêt qu'il y a, selon la situation, l'interlocuteur et les connaissances qu'on lui suppose, à pouvoir utiliser, non des synonymes mais un mot unique ou une formule développée et à pouvoir indiquer l'équivalence des deux façons de faire.

4) — Si la polysémie est la règle et si bâtir un tableau complet des signifiés d'un mot est sans doute une tâche infinie, en revanche, on peut noter que les rapports possibles entre deux signifiés correspondant à un même

signifiant peuvent être considérés comme s'établissant selon un nombre limité de types : *a)* ils seront identiques, même si les représentations évoquées diffèrent : *court* aura le même sens dans *Pierre court* et *Paul court,* si leur paradigme est identique; *b)* il y aura désémantisation si, en fonction des unités qui entourent l'unité considérée, le paradigme s'appauvrit. Ce sera le cas déjà cité de *prendre peur* opposé à *prendre un objet; c)* dans la mesure où tous les signifiés ne sont pas aussi fréquents, on peut dire que le procédé du sursémantisation n'est pas seulement le même que le précédent, considéré dans l'autre sens, mais vraiment un processus inverse; *d)* les signifiés seront dits exclusifs dans la mesure où ils sont disjoints comme dans *j'ai mon argent à la banque* et *j'ai découvert une mine d'argent; e)* enfin il y a idiomaticité lorsque le sens de l'ensemble constitué par la réunion de plusieurs éléments est imprévisible à partir du sens des éléments. Ce sera le cas dans *œil-de-bœuf* incompréhensible à partir de la connaissance du sens de *œil* et de *bœuf*. Ce sera également le cas de *faire le* dans *faire le pitre,* non déductible à partir du sens de *faire* et de *le*.

On pourra trouver peu nombreux et peu intéressants les traits retenus ici comme caractéristiques du langage. En fait on aurait pu en considérer davantage, mais il se serait agi alors soit de constantes statistiques (présence de tel type d'unités phoniques ou monématiques), dont l'absence ne nous empêcherait pas de considérer un système de signes comme une langue. Ou bien il se serait agi de faits d'utilisation de la langue à divers niveaux d'élaboration qui ne correspondent pas nécessairement à des types d'organisation différents.

Frédéric FRANÇOIS.

BIBLIOGRAPHIE

La plupart des ouvrages consacrés à la linguistique générale abordent les problèmes auxquels il est fait allusion dans ces deux chapitres. Parmi les ouvrages connus, facilement accessibles, on indiquera :

L. Bloomfield, *Language,* New York, 1933.

L. Hjemslev, *Prolegomena to a Theory of Language,* tr. américaine, Baltimore, 1953.

R. Jakobson, *Essais de linguistique générale,* tr. française, Paris, 1963.

A. Martinet, *Éléments de linguistique générale,* 2e édition, Paris, 1961.

E. Sapir, *Le Langage,* tr. française, Paris, 1953.

F. de Saussure, *Cours de linguistique générale,* Paris, 1915 et rééditions.

N. S. Trubetzkoy, *Principes de phonologie,* Paris, 1949.

On consultera également les ouvrages indiqués dans la bibliographie du chapitre *la Description linguistique*.

LES CONSTANTES CHIFFRÉES DU DISCOURS

Le problème dont va vous entretenir le linguiste d'adoption que nous sommes appartient à cette zone marginale de questions concernant le discours humain, dont le linguiste d'hier ne se préoccupait pas, et dont on ne sait encore si ceux qui s'en occuperont demain choisiront de se faire appeler linguistes. Nous voudrions par conséquent commencer par quelques remarques philosophiques.

Qu'est-ce donc que la linguistique ? La réponse à cette question a perdu ces derniers temps la clarté qu'elle paraissait autrefois avoir. Le poète, le philologue, le philosophe et leurs associés traditionnels ont cessé d'être les seuls à s'occuper de la structure du langage humain. De plus en plus nombreux, des mathématiciens et des ingénieurs se font linguistes d'adoption. Ce qui les attire tous, ce sont ces problèmes technologiques qui, hier encore insoupçonnés ou jugés dépourvus d'importance, deviennent soudain si urgents qu'ils écrasent toutes les barrières traditionnelles entre les disciplines, même celles devant lesquelles la simple curiosité intellectuelle avait pris l'habitude de s'incliner poliment. Peut-on dire que la linguistique est de ce fait devenue une « science-carrefour » ? Nous hésiterions beaucoup à le faire. Dans une saine relation entre sciences et technologies, ces dernières ne doivent pas déterminer les limites des domaines de la science. Les techniques peuvent bien rester — souvent en permanence —, à des carrefours de sciences, mais pas réciproquement. Cependant, lorsque les applications d'une science sont en flux rapide, sa définition devient douteuse. Nul ne peut dire, par exemple, ce que la linguistique est aujourd'hui. Nul ne peut prévoir ce que seront demain la science ou les sciences qui sortiront des gestations dont nous sommes les témoins. Nul ne devrait donc s'aventurer à prescrire *a priori* ce que « linguistique » devrait idéalement signifier.

Nul ne peut, en particulier, prévoir la place future de la très étonnante loi mathématique dont Jean-Baptiste Estoup, George Kingsley Zipf et d'autres ont montré qu'elle régit les fréquences relatives des mots dans le discours, loi à laquelle nous avons trouvé plusieurs explications théoriques et qui va faire le principal sujet de ce chapitre.

D'abord, deux mots d'histoire. Parmi les problèmes technologiques qui concernent le discours, les plus anciens sont sans aucun doute celui de la cryptographie et ceux de la sténographie et de la télégraphie qui, en un sens, n'en font qu'un. Certains contesteraient déjà qu'il s'agisse là de problèmes linguistiques. Pour démontrer qu'ils le sont bel et bien, rappelons les buts que se proposent le cryptographiste ou le sténographiste, lorsqu'ils transforment les signes habituels — bien entendu tout à fait arbitraires — de la graphie et de la phonie. Le cryptographiste désire obtenir un « code » aussi dépourvu que possible de structures susceptibles d'éclairer l'adversaire dont il se cache. Quant au sténographiste, ou au télégraphiste, son but est d'aboutir à un « code » que la main ou l'appareil Morse permettent de noter en aussi peu de temps que possible.

Négligeons d'abord les restrictions technologiques qui s'imposent dans l'un ou l'autre cas; c'est-à-dire, supposons que les machines à encoder et décoder puissent être aussi compliquées que l'on veut, et que l'on dispose d'un sténographiste dont la mémoire — au sens habituel de ce terme — soit infinie. Il est clair dans ces conditions que toute amélioration de notre connaissance de la structure de la langue et du discours se traduira par une amélioration de la performance du cryptographiste ou du sténographiste. Par exemple, une meilleure connaissance de la grammaire permettra d'affirmer que telle ou telle phrase ne se rencontrera jamais et il sera donc inutile de posséder un code pour la représenter. De même, une bonne connaissance de la statistique du discours permettra de représenter par des signes spéciaux les clichés les plus usuels, de façon à raccourcir encore le sténogramme et à rendre encore plus difficile la recherche de la clef du cryptogramme (étant donné que cette recherche est beaucoup aidée par les clichés). Donc, le cryptographiste ou le sténographiste idéaux devraient utiliser à fond la connaissance linguistique. Réciproquement, les observations empiriques faites par les ingénieurs du langage devraient contribuer à élargir notre connaissance de la structure du langage et du discours. (Ce que nous avons dit n'implique toutefois en aucune façon que l'on doive s'attendre que les faits les plus utiles aux ingénieurs du langage soient les mêmes que ceux qui ont le plus intéressé les linguistes traditionnels.)

En réalité, le cryptographiste et le sténographiste sont soumis à des restrictions pratiques si évidentes que pendant longtemps leurs rapports avec la linguistique restèrent une possibilité théorique inexploitée. Toutefois, ces ingénieurs ont fait de nombreuses observations empiriques, dont certaines ne restèrent pas enfouies dans une littérature peu accessible aux autres savants. Considérons en particulier leurs observations relatives aux fréquences dans le discours, soit dans le « discours usuel », mélange de sources diverses, soit dans le discours dû à un auteur bien déterminé. Ce qui frappe ici, c'est la différence entre les résultats relatifs aux deux articulations les plus étudiées, celle de la lettre ou du phonème et celle du mot.

Les fréquences des lettres et des groupes de deux ou trois lettres se suivant dans le discours sont fondamentales, aussi bien pour la résistance du cryptogramme au décodage, que pour la brièveté du sténogramme et du télégramme. Bien avant que la théorie leur donnât raison, les praticiens savaient que l'un et l'autre buts sont servis si l'on attribue les codes les plus brefs aux signes les plus fréquemment rencontrés dans le message original. Mais les tables des fréquences des lettres n'ont guère d'autre intérêt que pratique.

Il n'en est pas de même du niveau suivant. Il s'est trouvé que le premier — à notre connaissance — à s'occuper des fréquences relatives des mots dans le discours a été un sténographe à l'esprit scientifique, Jean-Baptiste Estoup. Ses résultats ont été incomparablement étendus par George Kingsley Zipf, qui enseigna à Harvard University un bizarre mélange de folles élucubrations et de faits très importants et négligés par ses contemporains, parce que trop difficiles à classer. Ce que l'on peut appeler la loi des fréquences des mots est l'observation suivante. Prenez un long échantillon du discours d'un individu déterminé et classez tous les mots de cet échantillon dans l'ordre des fréquences relatives décroissantes: le mot mis au premier rang est celui qui apparaît le plus souvent dans l'échantillon; le mot mis au deuxième rang est le plus fréquent si on fait exception du premier; le troisième mot est le plus fréquent si on fait abstraction des deux déjà classés, etc. Désignons par $W(r)$ le mot qui occupe le rang numéro r dans ce classement. Précisons qu'un « mot » est toute suite de lettres contenues entre deux signes « intervalle » successifs, indépendamment de toute question de sens. Notons aussi le fait suivant: lorsque l'on arrive aux mots rares, on trouve qu'il y en a plus d'un qui figure disons i fois dans l'échantillon; donc l'ordre dans lequel il faut ranger ces mots est indéterminé; il est dans ce cas permis de ranger les mots de façon tout à fait arbitraire.

Dans ces conditions, on note ceci:

En première approximation: Le rapport $i(r,k)/k$, qui est le nombre relatif des répétitions de $W(r)$ dans un échantillon de k mots, est inversement proportionnel à dix fois r, indépendamment aussi bien de la langue dans laquelle le texte est écrit que de l'auteur de ce texte. Supposons donc que l'on représente les données empiriques sur ce que l'on appelle le papier doublement logarithmique, c'est-à-dire sur un graphique sur lequel les coordonnées sont respectivement le logarithme $\log r$ et le logarithme $\log [i(r,k)]$. On observera que le graphique est sensiblement une ligne droite parallèle à la deuxième bissectrice de l'angle des axes, *(fig. 1)*.

En deuxième approximation: Si on regarde les graphiques empiriques plus soigneusement, on trouve qu'ils ne deviennent droits que si l'on néglige les fréquences des quelques mots les plus fréquents, par exemple des cinq premiers mots. On trouve aussi que ces lignes droites ne sont pas tout à fait parallèles à la deuxième bissectrice, et que leur pente dépend de façon très directe et évidente de ce que l'on appellerait en termes vagues la « richesse du vocabulaire du sujet en question ». Ces observations peuvent se traduire symboliquement par la formule suivante (si le lecteur la saute, il pourra quand même suivre le reste de notre argument, bien qu'il n'en puisse pas apprécier complètement la signification):

$$i(r,k) = Pk(r + V)^{-B}$$

Ici, P, V et B sont trois paramètres, c'est-à-dire ne dépendent pas du rang r. Mais, bien entendu, les discours de sujets différents peuvent être caractérisés par des valeurs différentes de ces constantes. La plus aisée à mesurer est la constante B, qui est la pente de la partie droite du graphique doublement logarithmique des fréquences.

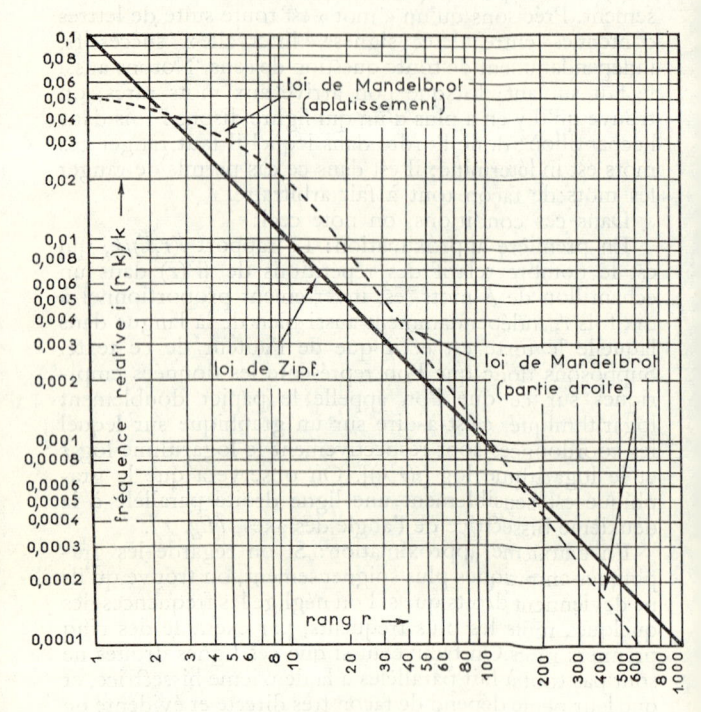

FIG. 1.

Bien que le résultat que nous qualifions de deuxième approximation soit parmi les mieux établis de la statistique, il se trouve encore des gens pour le qualifier de faux ou d'absurde. D'autres auteurs le qualifient d'évident. D'autres encore le qualifient de faux, d'absurde et d'évi-

LES CONSTANTES DU DISCOURS

dent en diverses parties d'un même travail! Et pourtant, il ne peut être évident. Bien sûr, l'indice r est par définition même tel que $i(r)$ varie « en sens inverse » de r; mais ceci est tout autre chose que de dire qu'il varie « en proportion inverse », comme l'affirme la première approximation ci-dessus. De même, le résultat étant expérimentalement

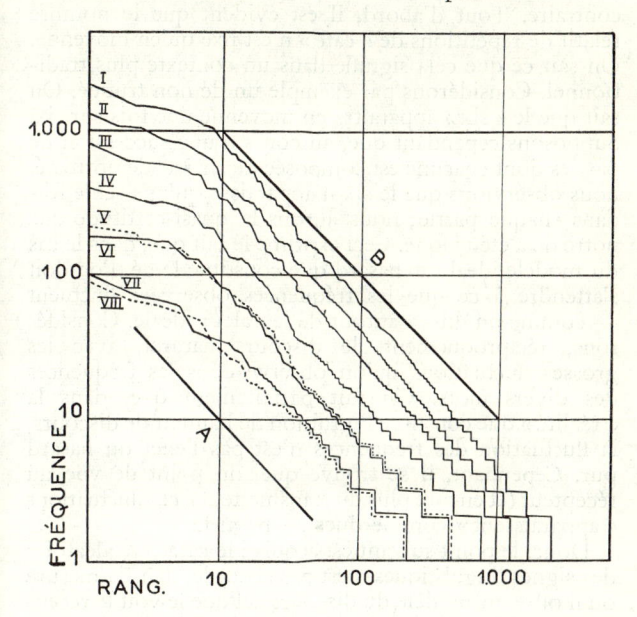

Fig. 2 — Plusieurs graphiques empiriques rang-fréquence, relatifs à des textes d'un même individu, de longueur croissante lorsqu'on va de la courbe VIII a la courbe I.

(Cette figure a pour objet de montrer que la pente B est indépendante de l'échantillon considéré).

établi, on ne peut dire qu'il soit absurde, bien qu'il paraisse effectivement très bizarre que l'on soit en mesure d'énoncer quelque résultat que ce soit, concernant les fréquences des mots. Montrons donc qu'il n'y a aucune contradiction entre notre intuition et les faits concernant les fréquences des mots.

Pour fixer les idées, considérons le mot « café ». Bien sûr, si nous utilisons ce mot à un certain moment, c'est sans doute dû à ce qu'il exprime ce que nous voulons exprimer, et non pas au désir d'utiliser la suite de lettres « c-a-f-é » avec quelque fréquence que ce soit. Empressons-nous donc de préciser que personne n'a prétendu le contraire. Tout d'abord, il est évident que le nombre relatif de répétitions de « café » n'est fixé qu'en moyenne. On sait ce que cela signifie dans un contexte plus traditionnel. Considérons par exemple un dé non truqué. On sait que le « six » apparaîtra en moyenne une fois sur six. Supposons cependant que, au cours d'une succession de parties dont chacune est composée de six jets de notre dé, nous observions que le six n'apparaisse qu'une seule fois dans chaque partie; nous aurons la quasi-certitude que notre dé a été truqué. Ceci exprime le fait que, dans le cas du modèle idéal du hasard que constitue le dé, l'on doit s'attendre à ce que les fréquences observées fluctuent — comme on dit — autour de la valeur idéale. Considérons, réciproquement, le discours naturel, avec les grosses fluctuations qu'on observe dans les fréquences des divers mots. On sait parfaitement que, dans la « réalité » que constitue l'intuition de l'auteur de discours, la fluctuation des fréquences n'est pas l'effet du hasard pur. Cependant, il se trouve que, du point de vue du récepteur (et encore plus du transmetteur), ces fluctuations « apparaissent » comme dues au hasard.

Donc, le point suivant est acquis : le caractère aléatoire des signes linguistiques n'est pas absurde, dans la mesure où il offre un modèle du discours tel que le voit le récepteur et non l'expéditeur. Mais la loi des fréquences des mots ne dit pas seulement que « café » a une fréquence en moyenne bien déterminée; elle décrit aussi une relation entre la fréquence de « café » et celle des autres mots. N'est-ce pas absurde? Non! Tout d'abord, et il faut insister là-dessus, la loi ne dit rien de la fréquence de « café », « thé » ou « chocolat ». Elle dit ceci: Paul me dit avoir établi que « café » possède le rang 177 dans son discours; Pierre, qui préfère le thé (sans guillemets) et le prend chez soi, a établi que « café » est pour lui de rang 315. En utilisant la première approximation de la loi des fréquences des mots, je déduis de ces observations que Paul utilise « café » une fois sur 1 770 mots, tandis que

LES CONSTANTES DU DISCOURS

Pierre l'utilise une fois sur 3 150 mots, en moyenne. C'est dire que la loi des fréquences des mots ne dit rien de chaque mot en particulier, mais donne une propriété globale du système complet des mots utilisés par Pierre ou Paul. Il ne faut pas non plus entendre « système des mots » par « système des idées ». La représentation des idées par des mots est suffisamment arbitraire pour que

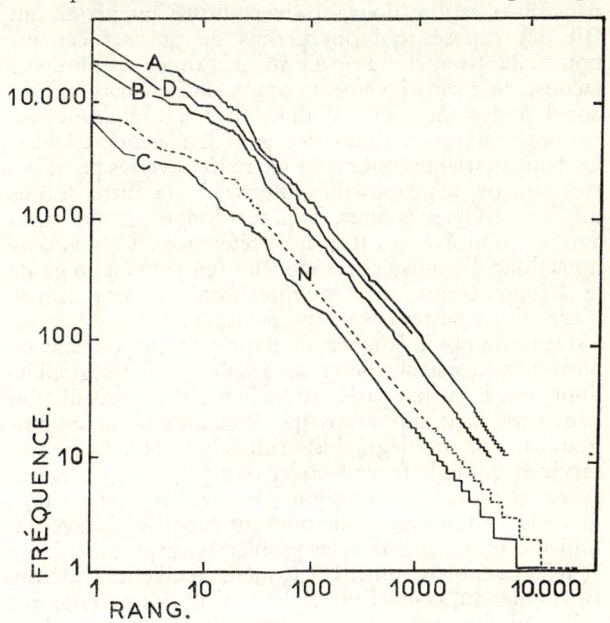

Fig. 3 — Plusieurs exemples de graphiques empiriques rang-fréquence, tirés de Zipf.

l'on conçoive très bien qu'un même système de mots puisse représenter une variété de systèmes d'idées, et réciproquement.

Nous avons ainsi établi pas à pas qu'il n'est pas *a priori* absurde qu'une relation existe entre le rang d'un mot et sa fréquence. Mais cela n'explique pas pourquoi cette relation prend la forme indiquée ci-dessus. Bien que la loi observée soit formellement parmi les plus simples de la statistique, il s'est trouvé qu'elle a résisté à l'analyse de façon tout à fait inattendue, plusieurs explications se révélant même contenir des fautes mathématiques grossières. Jusqu'ici, il semble que la seule famille d'explications qui ait résisté à la critique est celle que nous avions esquissée en 1951, dans une Note à l'Académie des Sciences. Nous l'avons ensuite développée dans diverses directions, et divers autres auteurs en ont fait des exposés qui ont permis de préciser certains points. Notre méthode peut être exprimée de plusieurs façons, mathématiquement équivalentes, mais faisant appel à des intuitions si différentes que chacune des variantes a ses partisans et ses détracteurs décidés. Certaines variantes ont même été redécouvertes par d'autres auteurs, à propos de critiques d'une autre de nos méthodes. Quant à nous, il y a fort longtemps que nous avons renoncé à émettre des préférences. Contentons-nous donc d'esquisser nos modèles (en mettant en garde le lecteur contre une interprétation de notre ordre d'exposition en termes de préférences).

Deux de nos méthodes s'interprètent élégamment en termes de problèmes de cryptographie et de télégraphie, dont nous avons parlé au début de ce travail. On démontre ceci: supposons que l'on impose au cryptographiste ou au télégraphiste l'alphabet dont il devra se servir et qu'on le force à coder mot par mot, en faisant suivre chaque mot d'un signe « intervalle » (qui est ainsi une « lettre impropre », ne pouvant jamais se trouver au milieu d'un mot). Alors, les problèmes cryptographiques et télégraphiques admettent la même meilleure solution. Bien entendu, celle-ci est en général moins parfaite que celle qui correspond au problème qu'on pose en négligeant d'imposer le codage mot par mot. Il existe toutefois un cas, et un seul, où la restriction au codage mot par mot n'impose aucun sacrifice. Supposons que les fréquences des mots suivent la loi effectivement observée, et que les mots successifs sont indépendants les uns des autres. On démontre alors que le meilleur cryptogramme mot par mot est une suite de « lettres » ne possédant aucune structure qui puisse servir à briser la clef du secret. On démontre aussi que ce même cryptogramme constitue la transcription la plus économique du message, dans le sens que le nombre de signes requis en moyenne pour coder un tel texte atteint le minimum non nul, dont l'existence est un des résultats de base de la théorie de l'information.

Le critère « télégraphique » ci-dessus peut s'écrire en disant que le discours naturel a une structure optimale, du point de vue de la transmission de l'information mot par mot. Le critère « cryptographique » peut s'écrire en disant que toute structure est éliminée du discours naturel, dans la mesure toutefois où les mots successifs sont indépendants les uns des autres. Les deux interprétations sont toutes deux exactes, tenant compte de ce qu'elles interprètent différemment le terme très ambigu de « structure ».

Un autre de nos critères a un caractère diachronique : il tient compte de ce que, à mesure que le temps avance, la structure du système des fréquences des mots se modifie lentement mais sûrement. Si l'on fait certaines hypothèses, simples mais plutôt raisonnables, sur la loi de ce changement, on constate que la loi des fréquences des mots deviendra rapidement identique à la loi effectivement observée.

Nous pensons que les travaux cités dans la bibliographie sont suffisamment accessibles pour nous dispenser de donner plus de détails, sauf en ce qui concerne l'aspect suivant, curieux et controversé, de nos modèles. Indépendamment de la variante que l'on choisit, notre méthode repose essentiellement sur la décomposition des mots en segments encore plus élémentaires. Par exemple, en dernière analyse, l'optimalité cryptographique ou télégraphique implique une représentation des mots au moyen des combinaisons de point et de tiret de l'alphabet Morse. Mais il serait absurde de croire que les fréquences des mots dépendent en quoi que ce soit de l'alphabet Morse. On s'attendrait plutôt à ce qu'elles dépendent de la représentation au moyen des phonèmes ; en première approximation, on s'attendrait même à ce qu'elles dépendent de la représentation au moyen des lettres. Pour être plus précis, nos modèles impliquent tous un certain concept de « coût », et il serait tentant d'identifier le coût d'un mot au nombre de lettres qu'il contient. Malheureusement, cela ne mène qu'à des paradoxes. Nous avons été, par suite, amené à faire intervenir le recodage dont le discours fait l'objet au sein du système nerveux supérieur de l'émetteur ou du récepteur. Nous avons considéré comme acquis que ce recodage ultime n'est effectué ni lettre par lettre, ni phonème par phonème, ni « idée » par « idée », mais en utilisant des unités linguistiques intermédiaires entre le phonème et l'idée. Nous sommes parti du postulat que ces unités sont précisément les mots, et que les codes des divers mots et leurs fréquences finissent par s'« adapter » mutuellement. Dans cette optique, le code cérébral supérieur est ce qui compte dans la théorie.

Malheureusement, les seules expériences permettant d'atteindre le codage cérébral supérieur sont les mesures au tachistoscope du temps minimum nécessaire à la lecture d'un mot. Ces mesures confirment nos inférences. Mais nous ne nous cachons pas que tout recours aux fonctions supérieures du cerveau peut paraître n'être qu'une sorte d'assurance contre toute vérification sérieuse. Il est donc heureux que — si l'on ne s'intéresse qu'à la loi des fréquences des mots — l'on puisse éviter ce point controversé.

Benoît Mandelbrot.

BIBLIOGRAPHIE

Jean-Baptiste Estoup, *Les Gammes sténographiques,* Paris, 1916.

Benoît Mandelbrot, *Linguistique macroscopique,* premier essai de l'ouvrage collectif, *Logique, Langage et Théorie de l'information,* par Léo Apostel, Benoît Mandelbrot et Albert Morf, Paris, 1957.

Benoît Mandelbrot, *On the Theory of Word Frequencies and on Related Markovian Models of Discourse,* un essai figurant dans l'ouvrage collectif *Structure of Language and its Mathematical Aspects,* dirigé par Roman Jakobson, Providence (Rhode Island), 1961.

George A. Miller et A. Noam Chomsky, *Finitary Models of Language Users,* un essai du deuxième volume de *Handbook of Mathematical Psychology,* dirigé par R. D. Luce, R. R. Bush, E. Galanter, New York, 1963.

George Kingsley Zipf, *Human Behavior and the Principle of least Effort,* Reading, Massachusetts, 1949.

LE CIRCUIT DE LA PAROLE

La parole est la réalisation concrète d'un modèle phonologique dans un acte de communication. Elle suppose l'existence d'un système phonologique, ou système d'expression. L'analyse de la structure de ce système relève de la phonologie; celle de sa manifestation concrète dans l'acte de la parole relève de la phonétique dans le sens restreint de ce mot. La parole est donc un phénomène physique et concret qu'on peut analyser ou bien de manière auditive (à l'aide de l'oreille humaine), ou bien avec des méthodes et des instruments empruntés aux sciences naturelles (surtout à la physique et à la physiologie). La langue, au contraire, est un phénomène abstrait qui se laisse analyser seulement à l'aide des méthodes de la linguistique (laquelle, à son tour, peut compléter ses propres méthodes par celles des sciences sociales, historiques, psychologiques, logiques et autres). La langue est la condition nécessaire de la parole. C'est le modèle qui en assure l'organisation et la formation.

L'acte de la parole comprend trois phases: la production de la chaîne sonore par les organes dits de la parole; la transmission du message à l'aide d'une onde sonore; la réception de cette onde sonore par une oreille humaine. La première de ces phases comprend la phonation et l'articulation; la deuxième, la structure physique des phénomènes vibratoires ou l'acoustique de la parole; la troisième, la perception de la chaîne sonore, c'est-à-dire son interprétation comme une série d'éléments de valeur distinctive. Il y a donc lieu de traiter ces trois phases du circuit de la parole une à une.

L'APPAREIL PHONATOIRE ET LA PRODUCTION DES SONS DU LANGAGE

L'homme n'a pas à proprement parler d'organes de la parole. Les organes qu'on a l'habitude d'appeler ainsi ont tous des fonctions purement biologiques (de respiration, de consommation de nourriture, etc.) et ont été adaptés secondairement à la fonction communicative.

Notre appareil phonatoire comporte trois parties : l'appareil respiratoire qui fournit le courant d'air nécessaire à la production de la plupart des sons du langage ; le larynx qui crée l'énergie sonore utilisée dans la parole ; et les cavités supraglottiques qui jouent le rôle de résonateurs et où se produisent la plupart des bruits utilisés dans la parole. Ce sont surtout ces cavités-là qui, en modifiant le courant d'air et le ton laryngien, permettent la modulation et l'extrême variation du matériel sonore qui conditionnent le mécanisme même du langage. C'est donc à ces trois niveaux qu'il faut chercher les conditions physiologiques de la différenciation de l'onde sonore utilisée dans la parole.

La respiration est le point de départ de toutes les articulations utilisées dans la parole, exception faite des dits *clics*, assez répandus dans certaines langues exotiques. A part quelques cas exceptionnels, c'est toujours l'expiration qui est à la base de la parole. Les muscles respiratoires (intercostaux) forment avec le diaphragme l'organe actif de la respiration.

Le larynx est une espèce de boîte cartilagineuse qui forme la partie supérieure de la trachée. Il est composé de quatre cartilages, le cricoïde, qui sous forme de bague en constitue la base, le thyroïde qui est attaché au cricoïde à l'aide de deux cornes, ouvert en haut et en arrière, et les aryténoïdes, deux petites pyramides placées sur le chaton du cricoïde, sur lequel ils sont mobiles grâce à un système de muscles. Les cordes vocales sont deux lèvres placées symétriquement à droite et à gauche de la ligne médiane et constituées par un muscle et un tissu élastique. Elles sont attachées en avant à l'angle du thyroïde, en arrière à la partie interne de la base des aryténoïdes (l'apophyse vocale). La partie postérieure des aryténoïdes (l'apophyse musculaire) est le point d'appui des muscles qui mobilisent les aryténoïdes et commandent, par là, l'ouverture et la fermeture de la glotte, c'est-à-dire l'espace circonscrit par les deux cordes vocales et leur prolongement dans les apophyses vocales. C'est grâce aux cartilages aryténoïdes et aux muscles qui les commandent qu'il est possible de rapprocher les cordes vocales

les unes des autres et de fermer la glotte. Pendant la respiration, la glotte est ouverte. Pour la phonation, elle se ferme tout le long de la ligne médiane. La pression d'air sous-glottique les sépare en commençant par la partie basse. Grâce à leur propre tension, les cordes vocales ferment de nouveau la glotte qui s'ouvre une seconde fois et ainsi de suite. Le courant d'air est ainsi mis en vibrations dont la fréquence dépend du nombre d'ouvertures et de fermetures par unité de temps et dont l'amplitude est déterminée par la force du courant d'air expulsé. C'est de la fréquence des vibrations que dépend la hauteur du ton émis. Son intensité dépend en principe de leur amplitude mais aussi du degré de fermeture de la glotte pour chaque vibration. Si la fermeture reste incomplète et si une partie du courant d'air passe sans être transformée en vibrations, le ton devient plus faible. Enfin, l'intensité est liée aussi à la fréquence, dont nous aurons à parler plus loin.

C'est donc au niveau de la glotte que se trouve la première possibilité de différenciation du courant d'air et, par là, du son émis. Si les cordes vocales vibrent, l'air sortant de l'appareil phonateur contiendra des vibrations périodiques, et le son sera sonore. Ce ton émis pourra donc varier en hauteur (fréquence) ou en intensité. Si les cordes vocales ne vibrent pas, l'air sortant des organes phonateurs sera composé uniquement de vibrations non périodiques, ou bruits, à condition toutefois que, dans la glotte même ou dans les cavités supraglottiques, il se forme quelque part un obstacle au passage d'air (rétrécissement ou occlusion momentanée). Il est par conséquent possible d'établir sur cette base une grande division des sons du langage en sonores (produits avec vibrations glottales) et sourds (sans participation de vibrations de la glotte). Cette distinction joue un grand rôle dans de nombreux systèmes phonologiques.

Les cavités supraglottiques sont le pharynx, la cavité de la bouche et les fosses nasales. La cavité formée par la projection et l'arrondissement des lèvres peut être regardée comme un quatrième résonateur. C'est essentiellement grâce aux mouvements de la langue qu'il est possible de changer la forme et le volume, et par là l'effet résonateur, du pharynx et de la cavité buccale. Il faut distinguer, au point de vue des possibilités articulatoires, entre la pointe et le dos de la langue (articulations apicales et dorsales; nous mettons entre parenthèses dans le texte les dénominations respectives des articulations y formées). Le plafond de la bouche connaît les régions suivantes : les dents (dentales), les alvéoles (alvéolaires), le palais dur (palatales, divisées en prépalatales, médiopalatales et postpalatales) et le palais mou, ou voile du palais (vélaires), avec la luette, ou *uvula* (uvulaires). En arrière, il y a enfin la paroi postérieure du pharynx (pharyngales). Une articulation avec participation des fosses nasales est appelée nasale, ou nasalisée. Les articulations exécutées à l'aide des lèvres sont appelées labiales, et plus spécialement bilabiales, si les deux lèvres sont en jeu, labiodentales si la lèvre inférieure articule contre les incisives supérieures (ou parfois inversement). C'est en se servant de combinaisons de ces termes qu'on arrive à définir assez exactement la plupart des types articulatoires utilisés dans la parole : apico-dentales, dorso-palatales, dorso-vélaires, etc., où le premier terme indique l'organe articulant, le deuxième le point d'articulation.

D'après la façon dont le courant d'air est modifié dans les cavités supraglottiques, il y a lieu de distinguer le passage libre et le passage rétréci ou (momentanément) arrêté. Quand le passage est libre, les cavités supraglottiques modifient le timbre du ton laryngien sans l'interrompre, et sans en détruire la structure périodique. On appelle ces articulations voyelles ou plus exactement types vocaliques (ou parfois vocoïdes). Si le passage est rétréci ou momentanément arrêté, l'obstacle réalisé, à un endroit quelconque du passage, amène un bruit (vibrations non périodiques) occasionné ou bien par le frottement du courant d'air en passant par la mince ouverture formée au lieu d'articulation, ou bien par l'occlusion complète, suivie d'une ouverture brusque (l'explosion), réalisées par l'organe articulant contre le point d'articulation. On appelle ces articulations consonnes ou types consonantiques (parfois contoïdes). Dans le deuxième de ces cas, on obtient une occlusive (*p, b, t, d,* etc.), dans le premier une fricative (ou spirante). On a des types intermédiaires au point de vue articulation, si le passage par le nez est libre et le passage buccal fermé (consonne nasale), et s'il y a une ouverture latérale avec fermeture au milieu du canal buccal (consonne latérale). Un type un peu spécial, également mixte dans un certain sens, est la consonne vibrante, caractérisée par une série de battements de l'organe articulant (normalement la pointe de la langue ou la luette) contre le point d'articulation. Il faut mentionner aussi pour finir le type composé qu'est l'affriquée, c'est-à-dire une occlusion suivie d'une spirante ayant le même point d'articulation.

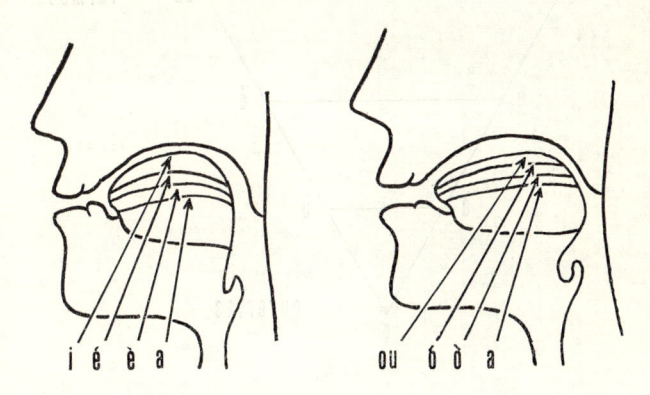

Fig. 1 — Positions de la langue pour les principaux types vocaliques.

Les voyelles (ou vocoïdes; terme souvent utilisé en phonétique moderne en parlant de types articulatoires ou acoustiques indépendamment de leur fonction linguistique) sont différenciées, nous l'avons dit, essentiellement à l'aide des mouvements et des positions de la langue. Nous allons donner un bref aperçu des principales possibilités. Il y a lieu de distinguer entre les mouvements horizontaux et les mouvements verticaux de la langue. Ceux-là permettent d'établir une division entre (voyelles) palatales (ou antérieures; relèvement du dos de la langue vers le palais dur), moyennes (ou mixtes) et vélaires (ou postérieures; relèvement du dos de la langue vers le palais mou). Ceux-ci sont responsables du groupement en fermées et ouvertes (avec des degrés d'ouverture variant selon les langues; en français il y a par exemple les types fermés, mi-fermés, mi-ouverts, ouverts, aussi bien palataux que vélaires). Il est donc possible d'établir, en partant de ces distinctions de base, un schéma vocalique ayant l'aspect de la figure 2.

```
palatales                    vélaires
  i ─────────────────── ou   fermées
        é           ó
           è     ò
                                ouvertes
              a
```

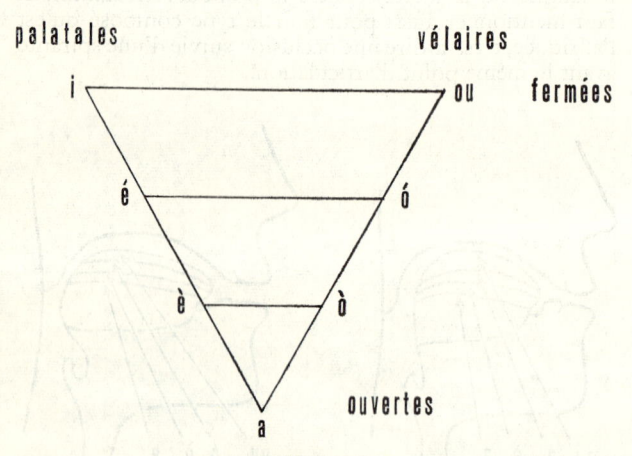

Fig. 2.

Il reste un facteur important dont il n'a pas été tenu compte encore: le jeu des lèvres. Les types articulatoires de ce schéma obtiennent tous un effet résonateur différent selon que les lèvres sont indifférentes (ou étirées) ou qu'elles sont projetées et arrondies. Tous les types vocaliques distingués ci-dessus peuvent donc être labialisés (arrondis) ou délabialisés (non arrondis). La position de la langue propre à [i] (antérieure, fermée) combinée avec labialisation donne un [y] (la voyelle française de *mur*). De même, un *é* arrondi devient [φ] (de *feu*), et ainsi de suite. Dans la plupart des langues occidentales de l'Europe, les voyelles vélaires sont en même temps labialisées (fr. *ou*, de *fou*, *ó* de *beau*, etc.), ce qui n'empêche nullement que le type postérieur non arrondi puisse exister (la voyelle anglaise de *cup*, postérieure, mi-ouverte, non arrondie en fournit un exemple).

En principe, toutes les articulations vocaliques exemplifiées jusqu'ici peuvent être orales ou nasales, selon que le passage de l'air par le nez est fermé (par le voile du palais qui est levé) ou ouvert (le voile du palais baissé). En réalité, il n'y a pas de langues où toutes ces possibilités soient réalisées. Les voyelles à proprement parler nasales sont rares, et leur nombre, dans les langues qui en connaissent, est plus restreint que celui des voyelles orales. En français, il y en a quatre : les voyelles de *vin,* de *vent,* de *bon* et de *brun.* Dans la plupart des cas, une légère nasalité vocalique, telle qu'on en constate dans toutes les langues, surtout en combinaison avec des consonnes nasales, n'affecte pas, ou seulement très peu, le timbre d'une voyelle. Parfois, une nasalité générale de la parole est un vice de prononciation chez certains individus, dû à des défectuosités des organes, et surtout du voile du palais.

On peut enfin établir une division des voyelles en monophtongues et diphtongues, selon que les organes articulants se trouvent pendant toute la tenue de l'articulation dans une position constante ou que les organes — ou l'un d'entre eux — changent successivement de position. Dans ce dernier cas, on obtient un timbre vocalique qui change successivement.

Les consonnes — articulations consonantiques — (on fait souvent une distinction entre consonne ou phonème consonantique de valeur distinctive, et contoïde aux types articulatoires ou acoustiques indépendamment de la fonction), se groupent d'après leur lieu d'articulation en bilabiales, labio-dentales, apico-dentales, apico-alvéolaires, dorso-palatales, dorso-vélaires, dorso-uvulaires, dorso-pharyngales et laryngales, etc., d'après leur mode d'articulation, en occlusives, nasales, latérales, vibrantes, spirantes (ou fricatives) et affriquées. La plupart de ces groupes admettent des divisions d'après la sonorité (vibrations des cordes vocales) en sonores et en sourdes, d'après la force articulatoire en fortes et en douces. Les occlusives (surtout les sourdes) peuvent être aspirées ou non aspirées (selon qu'il se produit un souffle après l'explosion ou non). Les spirantes peuvent être produites avec un passage d'air plat ou arrondi, etc. Le tableau de la page suivante des consonnes françaises donne des exemples des principaux types.

		Labiales	Dentales	Prépalatales	Palatales	Vélaires	Uvulaires	Laryngales
Occlusives	sourdes	p [1]	t	—	k' [2]	k	—	ʔ [3]
	sonores	b [1]	d	—	g' [2]	g	—	—
Nasales		m	n	—	ɲ	ŋ [4]	—	—
Latérales		—	l	—	λ [5]	—	—	—
Vibrantes		—	r [6]	—	—	—	R [7]	—
Spirantes	sourdes	f [8]	s	ʃ [9]	—	—	—	h [14]
	sonores	v [8]	z [10]	ʒ [10]	j [11], γ [12]	w [13]	—	—

1) Bilabial. 2) k, g antérieurs de *qui*, *Guy*. 3) Le coup de glotte qui s'entend parfois devant une initiale vocalique même en français (en allemand, cette occlusive glottale est de règle). 4) Le *ng* (anglais) de *smoking*, etc. 5) Le *dit l* mouillé, disparu du français (*fille, billet*) depuis le siècle passé (s'entend encore dialectalement). 6) Le *r* antérieur (du Midi, etc.). 7) Le *r* postérieur. 8) Labiodental. 9) La consonne de *chou*. 10) La consonne initiale de *jour*. 11) L'initiale de *hier*. 12) Le *u* consonantique de *lui*. 13) L'initiale de *oui* (labio-vélaire). 14) Le *h* prononcé dans certaines régions de France (Normandie, etc.), le *h* anglais ou allemand.

L'ONDE SONORE

L'onde sonore émanant de l'appareil phonatoire de l'homme parlant est le résultat du travail de cet appareil, de ses différentes parties. Cette onde sonore est en elle-même un phénomène entièrement physique et peut par conséquent être analysée comme tel. Mais en l'analysant — même d'un point de vue physique ou acoustique —, il est légitime de le faire en partant de son rôle dans le processus communicatif et en considérant en premier lieu les qualités et les distinctions susceptibles d'être utilisées dans ce processus — donc comme porteuses d'information. Il est vrai que cette onde sonore peut être variée à l'infini, mais de l'autre côté il est évident que les variations perceptibles à une oreille humaine sont limitées par la capacité physiologique de celle-ci et que seules celles-là intéressent la phonétique proprement dite.

On distingue d'abord entre vibrations simples et vibrations composées. La vibration simple — celle exécutée par exemple par un diapason — comporte un seul mouvement vibratoire répété, qui peut être illustré par la figure 3. Le mouvement du corps vibrant du point de

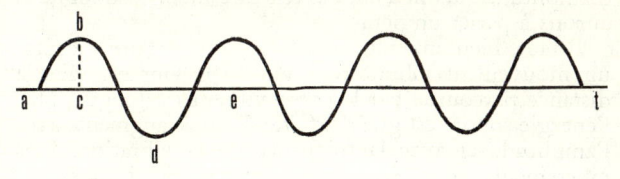

Fig. 3.

repos (a) jusqu'à une extrémité (b) et puis, en passant par le point de repos, à l'autre (d), et son retour au point de repos (e), est une période (ou un cycle). Le nombre de périodes par unité de temps (seconde) — abrégé: p/s — est la fréquence. La distance $b - c$ est l'amplitude de la vibration. t est l'axe du temps. Une vibration de ce genre est appelée sinusoïdale.

La vibration composée, au contraire, consiste en deux ou en plusieurs vibrations sinusoïdales superposées. Elle se laisse toujours analyser en un nombre de vibrations simples. La figure 4 donne un exemple de deux vibrations superposées.

Un complexe de vibrations de fréquence différente peut être périodique ou non périodique, selon que les vibrations plus rapides sont des multiples entiers de la fréquence la plus basse — le fondamental —, ou non. Dans le deuxième cas, il n'y a pas de rapport fixe entre les composants. Le mouvement périodique est un ton, le mouvement non périodique un bruit.

On peut donc classer d'abord les différents types de sons en tons et en bruits d'après la régularité ou l'irrégularité de leur structure. Il faut ensuite tenir compte des

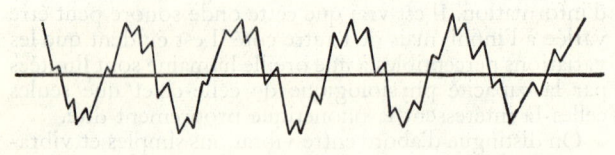

Fig. 4.

différences de fréquence qui sont responsables des distinctions de hauteur musicale, et des différences d'amplitude qui ont à faire avec ladite intensité dont nous aurons à parler un peu.

Il faut, bien entendu, de l'énergie pour faire exécuter un mouvement vibratoire à un corps vibrant. Plus la distance parcourue par le corps vibrant est longue, plus l'énergie sonore est grande. Cette distance augmente avec l'amplitude et avec la fréquence de la vibration. Plus exactement, cette énergie — appelée aussi puissance sonore — est proportionnelle au carré de l'amplitude et de la fréquence. La puissance sonore, ou intensité physique, est une qualité purement acoustique (mesurée en watts). Cette intensité n'est pas encore en rapport directement proportionnel avec celle qui est perçue par notre oreille, dont la sensibilité à la pression varie avec plusieurs facteurs. Toutes conditions égales d'ailleurs, un changement de la pression sonore (de l'amplitude ou de la fréquence) amène pourtant toujours aussi, au-dessus d'un certain niveau d'audibilité, un changement d'intensité perçue, le seul qui intéresse la phonétique proprement dite. C'est en utilisant, en les variant et en les combinant, ces trois paramètres, à savoir la périodicité, la fréquence et l'intensité que l'homme arrive à réaliser les différences acoustiques dont il se sert dans la communication orale.

On appelle timbre la qualité du son qui est due à l'audibilité des composants de celui-ci. Le son laryngien tel qu'il se présenterait sans l'influence résonatrice des cavités supraglottiques aurait le spectre représenté sur la figure 5 (le spectre étant ici la présentation graphique de la composition d'un son): c'est-à-dire le fondamental est

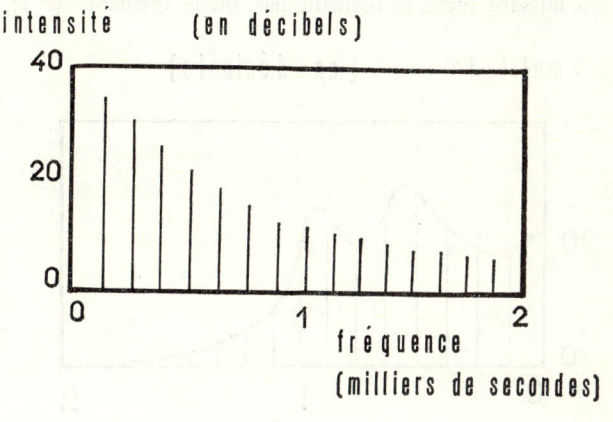

FIG. 5.

le plus fort et les harmoniques de plus en plus faibles, plus leur fréquence est haute.

C'est en modifiant le degré d'audibilité des différents harmoniques du ton composé laryngien que les cavités supraglottiques arrivent à réaliser les différents timbres vocaliques utilisés dans les systèmes phonologiques. Les possibilités de modifier ainsi le timbre du son laryngien sont théoriquement illimitées. En réalité, il n'y a qu'un nombre relativement restreint de types, et de variantes de ceux-ci, qui soient utilisés dans les langues, types qui sont conditionnés par le nombre et la configuration des résonateurs contenus dans notre appareil phonatoire (et par la sensibilité de notre oreille aux différences respectives).

Le timbre vocalique est réalisé essentiellement par le

renforcement, à l'aide de résonateurs, de deux zones de fréquences, l'une plus haute — et référée à titre de simplification pédagogique à la cavité buccale — l'autre plus basse, référée de façon analogue à la cavité du pharynx.

On appelle ces zones, constitutives pour le timbre, formants ou zones de formants. C'est en bougeant la langue en sens horizontal (d'avant en arrière et inversement) qu'on augmente et diminue le formant haut — appelé aussi formant 2(F 2), ou parfois de la bouche, en laissant intact le formant bas, ou le formant 1(F 1),

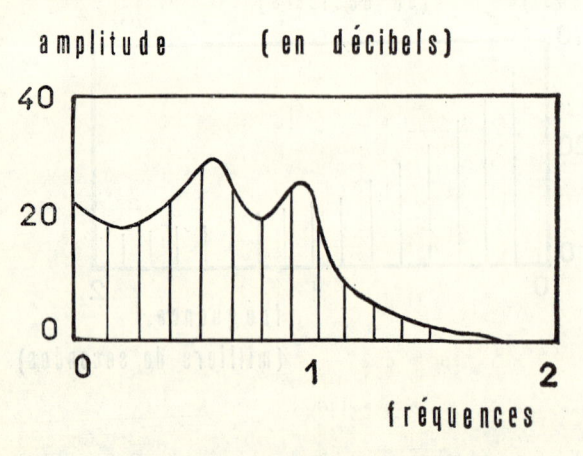

Fig. 6 — Spectre d'un son a deux formants, modulé par des résonateurs. (Comparer avec la figure 5.)

formant du pharynx. Ces variations conditionnent la distinction fondamentale entre voyelles aiguës et voyelles graves (correspondant à la distinction articulatoire entre voyelles palatales et voyelles vélaires). C'est grâce aux mouvements verticaux de la langue que l'on peut éloigner ou rapprocher les formants les uns des autres et obtenir des timbres appelés respectivement diffus (voyelles fermées) et compacts (voyelles ouvertes). Enfin en ajoutant à ces variations dues aux mouvements de la langue le jeu des lèvres, on obtient encore une distinction

de timbre, selon que le formant 2 est légèrement abaissé
ou non. Cet abaissement s'explique par l'arrondissement
labial et par la diminution de la fréquence propre de la
cavité buccale, due à son tour à l'ouverture plus petite du
résonateur. C'est cette division secondaire conditionnée
par la labialisation (distinction entre respectivement
obscurcies et non obscurcies) qui correspond à la distinction
articulatoire entre voyelles labiales et non labiales,
(fig. 6).

Le formant bas (F 1) varie *grosso modo* entre 300 et
800 p/s. Le formant haut (F 2) varie entre 600 et 2 400 p/s.
Pour certaines des voyelles les plus aiguës (*i*, etc.), il est
probable qu'un troisième formant (F 3) contribue aussi
au timbre. On peut illustrer le jeu des formants 1 et 2, dans
la formation des types vocaliques, par un schéma où l'on
trouvera sur l'abscisse le F 1, sur l'ordonnée le F 2,
(fig. 7).

FIG. 7.

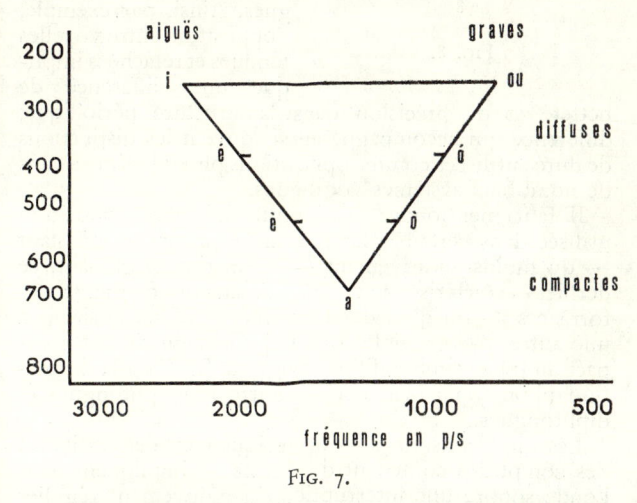

Les distinctions entre aiguës et graves d'un côté,
diffuses et compactes de l'autre — ou, en termes articulatoires,
antérieures (palatales) et postérieures (vélaires),
fermées et ouvertes respectivement — sont les
oppositions de base, les oppositions pour ainsi dire les

plus élémentaires du langage humain. C'est ce minimum qu'on retrouve dans presque toutes les langues du monde. Ce sont les voyelles qui sont les premières à paraître chez les enfants et les dernières à disparaître chez les aphasiques, *(fig. 8)*.

Presque tous les systèmes vocaliques du monde sont construits sur cette base et élargis par l'introduction de distinctions intermédiaires plus subtiles (mi-fermées, mi-ouvertes, labialisées, moyennes, etc., voir ci-dessus).

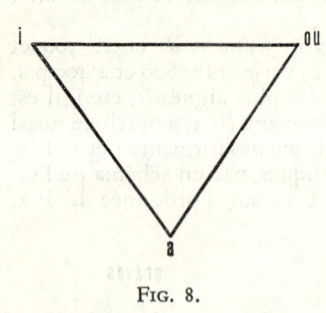

Fig. 8.

A part ces distinctions de timbre pures, il y a encore des possibilités de différenciation acoustique utilisées dans certaines langues. Ainsi, par exemple, l'opposition entre voyelles tendues et relâchées implique une différence de netteté et de précision dans la structure périodique, différence qui accompagne aussi souvent les distinctions de durée utilisées comme oppositions phonologiques dans de nombreux systèmes vocaliques.

Il faut mentionner aussi pour finir une opposition utilisée dans certaines langues entre un timbre constant — du moins auditivement — et un timbre glissant, ce dernier caractérisé par un glissement constant des formants — ou d'un des formants — d'une position à une autre, par exemple dans [ai] allant du timbre compact du [a] au timbre diffus et aigu du [i]. C'est la distinction phonétique bien connue entre monophtongues et diphtongues.

Les dites consonnes — acoustiquement des bruits ou des complexes contenant des bruits — impliquent dans l'onde sonore une interruption du mouvement régulier et périodique du timbre vocalique, ou bien sous forme d'une interruption complète (occlusion articulatoire) du son, suivie d'un bruit de courte durée (explosion articulatoire), ou bien sous forme d'une introduction de vibrations non périodiques (donc sans structuration formantielle nette). Les bruits consonantiques, à leur tour, sont différenciés entre eux par la concentration plus ou moins grande de l'énergie sonore à différentes zones sur l'échelle des fréquences. Ils obtiennent par là un timbre plus ou moins grave ou aigu, selon que le domaine de fréquences mis en relief est haut ou bas. Ainsi par exemple le bruit d'explosion du [p] est plus bas que celui du [t] et par là plus grave. Le [p] est une consonne grave, le [t] une consonne aiguë, tandis que le [k] est intermédiaire. Le [s] est plus aigu que le [ʃ] (de *chat*, etc.), et ainsi de suite.

Mais puisque les consonnes impliquent acoustiquement l'interruption d'un timbre, et physiologiquement une fermeture du passage d'air, il faut tenir compte aussi de la transition de timbre qui a lieu pendant ce passage. Au fur et à mesure que le passage d'air se ferme, la résonance change. Les formants changent de direction, montent ou descendent selon les cas. Aucun état acoustique n'est parfaitement stable. La combinaison des sons dans la chaîne sonore implique des influences réciproques des uns sur les autres. Ces phases transitoires ne sont normalement pas perçues comme telles par l'oreille mais peuvent contribuer à l'audibilité des consonnes et même parfois peuvent suffire à elles seules à l'identification des éléments consonantiques. Des recherches récentes faites à l'aide de parole synthétique ont démontré le rôle considérable des transitions pour la perception des consonnes, plus importantes que les voyelles pour l'identification de la parole.

LA RÉCEPTION DE L'ONDE SONORE

Pour que l'onde sonore produite par un appareil phonatoire humain ait une fonction communicative, il faut encore qu'elle soit interprétée par une oreille humaine. Cette interprétation a pourtant deux aspects qu'il ne faut pas confondre : un aspect de physiologie auditive pure, et un aspect plutôt psycho-linguistique.

L'étude du premier de ces aspects implique l'étude de la sensibilité de notre oreille aux variations de fréquence (de hauteur musicale), d'amplitude (d'intensité, dont nous avons parlé) et de périodicité du stimulus acoustique. Il faut noter d'abord que les phénomènes vibratoires sont perçus par l'oreille seulement à l'intérieur d'un domaine de fréquence allant approximativement d'une vingtaine de périodes par seconde aux environs de 15 000 à 16 000, avec des variations individuelles considérables, en bas et en haut. Les enfants entendent les hautes fréquences mieux que les adultes. La faculté de les entendre diminue avec l'âge. La parole normale utilise un domaine de fréquences entre, *grosso modo*, 70-80 p/s (les voix d'homme les plus basses), et 9 000-10 000 p/s, les fréquences les plus hautes des consonnes spirantes.

Notre oreille entend l'augmentation de la fréquence selon une échelle logarithmique, de telle sorte qu'une vitesse de vibration deux fois plus rapide est perçue comme le même intervalle: l'octave de la musique. La différence entre 100 et 200 p/s est auditivement la même qu'entre 1 000 et 2 000, ou entre 2 500 et 5 000 p/s.

Les variations d'intensité sonore sont aussi perçues selon une échelle de ce type, plus exactement selon la fameuse loi de Weber-Fechner qui implique que, plus un stimulus est fort, plus l'augmentation doit être grande pour qu'on perçoive la même différence. Mais la sensibilité d'une oreille aux différences d'intensité sonore varie aussi beaucoup selon la hauteur du ton. Elle atteint son optimum entre environ 600 et 4 000 p/s et diminue assez brusquement au-dessus et au-dessous de ces limites. Une fréquence de 30 p/s doit avoir une intensité physique mille fois plus grande qu'une vibration de 1 000 p/s pour donner à l'oreille la même impression d'intensité. Les différences d'intensité perçue sont calculées en décibels, *(fig. 9)*.

L'interprétation de l'onde sonore comme un fait de parole ne s'arrête pas à la perception physiologique des stimuli contenus dans cette onde. Physiquement l'onde est un continu sans limites absolues entre ses différents éléments. Pour être « comprise », elle doit être segmentée et chaque segment être référé à une unité fonctionnelle d'un système linguistique. C'est dire que celui qui écoute doit, pour comprendre, reconnaître les différents éléments comme représentants (variantes) des phonèmes connus du système. Par « comprendre » nous n'entendons ici que l'identification de la chaîne sonore comme une suite d'éléments connus. Pour « comprendre » dans le sens strict du mot, il faut encore connaître la valeur symbolique (ou affective, emphatique, etc.) des segments, leur valeur sémantique, grammaticale ou autre (leur « sens »). L'analyse de cet aspect du langage relève de la grammaire, de la sémantique et de la stylistique. C'est un fait connu de psychologie générale que toute perception implique une catégorisation. On choisit, parmi toutes les innombrables qualités présentes, celles qui sont pertinentes, c'est-à-dire qui servent à opposer l'objet en cause à

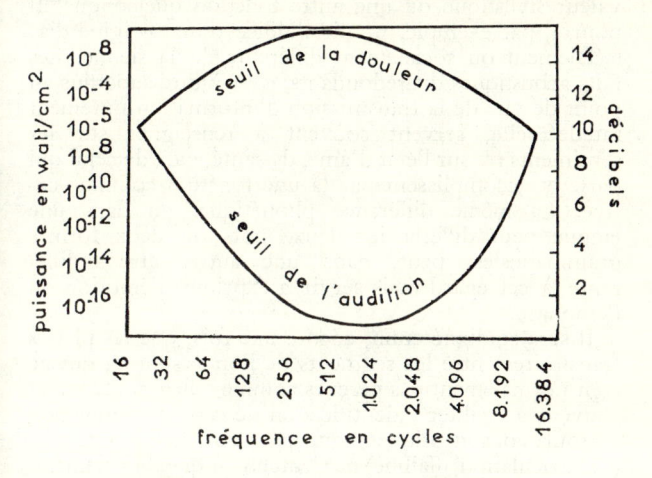

FIG. 9 — LE CHAMP AUDITIF DE L'HOMME.

En abscisse : les différentes fréquences depuis la limite inférieure (16 p/s) jusqu'à la limite supérieure (aux environs de 16 000 p/s).
En ordonnée : l'intensité.

d'autres types et catégories. Celui qui identifie un chien comme un chien le fait en faisant abstraction de nombreuses qualités, telles que la couleur, la longueur de la queue, etc., et en tenant compte des caractéristiques qui distinguent le chien du chat, du renard, etc. Notre façon d'identifier les phonèmes est en principe identique. C'est en tenant compte des qualités distinctives et en négligeant les autres que nous percevons l'onde sonore comme une suite de phonèmes. Et puisque ce sont, d'un système à l'autre, des qualités différentes qui sont distinctives, la structure de notre système phonologique devient décisive pour la façon dont nous percevons la parole. En principe, l'homme sans formation linguistique et sans connaissance d'autres langues que la sienne propre n'entend que les traits distinctifs des phonèmes, malgré le fait que de nombreux autres phénomènes acoustiques sont parfaitement perceptibles physiologiquement à son oreille. Dans la mesure où il perçoit pourtant d'autres qualités acoustiques, il leur attribuera par exemple une valeur stylistique ou une autre fonction quelconque. Il pourra, par exemple, y voir l'indice d'une origine dialectalement ou socialement différente de la sienne. Les faits acoustiques dit redondants, c'est-à-dire superflus au point de vue de la transmission d'information purement intellectuelle, servent souvent à renseigner sur les sentiments ou sur l'état d'âme, de santé, etc., de celui qui parle et accomplissent par là une fonction communicative. La même différence phonétique, qui dans une langue peut différencier deux mots ou deux formes grammaticales, peut, dans une autre, être indifférente à cet égard mais servir à exprimer l'émotion ou l'emphase.

Il sera souligné enfin, encore une fois, que les phases transitoires entre les segments de l'onde sonore, qui ne sont normalement pas perçues comme telles, contribuent souvent à faciliter l'identification de certains phonèmes, surtout consonantiques, qui par leur faible intensité (ou articulation affaiblie) ne s'entendent que difficilement. Il est important de rappeler encore ici, à propos de la réception auditive de la parole, que ces faits, normalement redondants, peuvent servir aux durs d'oreille d'indicateurs des phonèmes dont les traits distinctifs normaux ne leur sont pas perceptibles.

Le résultat de ladite audition de la parole est donc l'effet de toute une série de facteurs. Deux « oreilles » ayant les mêmes possibilités purement auditives n'entendent pas nécessairement les mêmes *stimuli* de la même façon. Plus notre expérience linguistique et auditive s'enrichit, plus notre faculté d'entendre des différences et des nuances acoustiques augmente. Cependant même les possibilités de discrimination du phonéticien le plus qualifié sont limitées par ses expériences antérieures. Il interprétera plus facilement et plus sûrement les nuances qui lui sont familières que celles qui étaient auparavant inconnues de lui.

Les règles valables dans un système phonologique quant aux possibilités de grouper les phonèmes dans la syllabe et dans le mot constituent aussi un facteur important pour l'identification des phonèmes. Plus les possibilités, dans une position donnée, sont réduites, plus l'identification du phonème est facile. Si, dans une langue, il ne peut y avoir que des consonnes sourdes à la finale des mots, le [t] est identifié comme un [t], même si le trait qui différencie normalement le [t] du [d] manque ou est faiblement réalisé. On entend [t] pour la simple raison que, dans la position en cause, le [d] est impossible. Dans une certaine mesure, l'homme perçoit ce à quoi il s'attend. Et il s'attend à ce qu'il peut prévoir grâce aux règles et aux habitudes de son système phonologique.

Bertil Malmberg.

BIBLIOGRAPHIE

P. Fouché, *Traité de prononciation française*, Paris, 1956.

E. Garde, *La Voix*, collection « Que sais-je ? », Paris, 1954.

Maurice Grammont, *Traité de phonétique*, Paris, 1933.

R. M. S. Heffner, *General Phonetics*, 3e éd., Madison, 1960.

L. Kaiser, *Manual of Phonetics*, Amsterdam, 1957.

P. Ladefoged, *Elements of Acoustic Phonetics*, Edimbourg et Londres, 1962.

Bertil Malmberg, *La Phonétique*, collection « Que sais-je ? », 4e éd., Paris, 1962.

J.-J. Matras, *Le Son*, collection « Que sais-je ? », Paris, 1948.

G. Straka, *Systèmes des voyelles du français moderne*, Strasbourg, 1950.

G. Straka, *La Prononciation parisienne*, Strasbourg, 1952.

J. Tarneaud, *Traité de phonologie et de phoniatrie*, Paris, 1941.

LE LANGAGE ET LA LOGIQUE —
LE LANGAGE ET LA PENSÉE

Lorsque les linguistes parlent de logique, ils songent à la pensée exprimée; par exemple, la décomposition d'une phrase en éléments syntaxiques a été appelée analyse logique parce qu'on croyait que les rapports entre mots correspondaient aux rapports entre idées; de même on parlait autrefois d'accord logique lorsqu'on constatait qu'un sujet au singulier était associé à un verbe au pluriel: par exemple, dans *la plupart périrent;* on préfère aujourd'hui parler d'accord selon le sens; ce changement montre que « logique » équivaut à « se rapportant à la pensée exprimée ».

D'autre part, lorsqu'on parle des rapports entre le langage et la pensée, on donne à ce dernier terme un sens très large: on considère non seulement la réflexion et la connaissance, mais aussi l'imagination, l'affectivité, l'espoir, la volonté, bref, toute la vie psychologique qui peut être manifestée par le langage. L'existence de cette vie cachée, mal connue, n'est d'ailleurs que l'hypothèse indispensable pour expliquer le comportement en général, et principalement le comportement linguistique.

Trois points de vue s'offrent pour étudier les rapports entre le langage et la pensée:

I) Le point de vue social; le langage est un moyen d'agir sur autrui; la vie en société se réduirait à peu de chose si l'homme ne parlait pas.

II) Le point de vue du locuteur; tout homme peut, lorsqu'il est seul, se parler mentalement ou écrire afin d'objectiver ses idées; cela lui permet de les étudier, de les coordonner, de bâtir des théories.

III) Le point de vue de l'auditeur; en entendant parler les autres, nous constatons que chacun a sa façon personnelle d'utiliser le code linguistique; ce style personnel permet à l'auditeur de connaître certains aspects de la psychologie du locuteur.

LE POINT DE VUE SOCIAL

Avant d'acquérir notre langage articulé, le bébé utilise un langage inarticulé : il constate très rapidement que ses cris font venir sa mère, c'est-à-dire que ses cris ont une influence sur elle ; dès lors il se met à crier dans l'intention de faire venir sa mère. Ainsi il transforme un rapport de cause à effet en un rapport de moyen à but : c'est cela le langage. Une fois qu'il a découvert son pouvoir sur son entourage, c'est-à-dire la signification de son langage, l'enfant est prêt à acquérir le langage articulé, la langue de ses aînés. Puisque la fonction primordiale du langage est d'influencer l'entourage, il faut définir le langage comme un moyen d'agir sur l'auditeur, non comme un moyen d'expression.

Cette définition se confirme lorsqu'on recherche ce qu'il y a de commun à tous les actes de langage articulé. Toute phrase remplit l'une des quatre fonctions suivantes : informer l'auditeur, l'interroger, lui donner un ordre, le prendre à témoin d'un vœu ; il n'existe pas d'autre possibilité. Or ces quatre fonctions ont ceci de commun qu'elles constituent trois façons d'agir sur l'auditeur. Même celui qui, croyant à l'envoûtement, profère des imprécations alors qu'il est seul, s'adresse aux forces de la nature dans l'espoir qu'elles lui obéiront.

Le rôle social du langage est rendu possible par une convention tacite : lorsque l'enfant a compris, par exemple, que ses parents disent *Viens ici !* quand ils désirent qu'il se rapproche d'eux, il se met à dire à son tour *Viens ici !* à l'auditeur dont il souhaite la proximité ; il ne lui vient pas à l'idée d'utiliser un autre procédé linguistique ; il se soumet à l'usage ; c'est en cela que consiste la convention linguistique.

Cette convention a, par définition, un caractère limitatif : elle ne concerne que son objet ; tant qu'une convention particulière n'a pas lié tel procédé linguistique à telle situation sociale, il est impossible de parler de cette situation. Supposons, par exemple, qu'un peintre désire faire reproduire l'un de ses tableaux par un copiste professionnel, qu'en conséquence il téléphone à un tel copiste et lui décrive son tableau : il lui sera impossible de trouver les paroles capables de transmettre au copiste une idée du tableau permettant de le reproduire sans l'avoir vu. La même limitation se présente dans le cas du policier à la recherche d'un criminel : s'il lance un signalement sous forme de description linguistique, il lui sera impossible de décrire exactement le criminel; aussi ajoute-t-il une ou plusieurs photographies. Les échantillons des commerçants sont nés de la même difficulté : plutôt que de décrire une étoffe au moyen de mots, on en détache une partie; c'est le seul moyen de faire connaître l'étoffe avec précision.

A priori, il semble que l'on puisse compléter les conventions linguistiques afin d'obtenir un moyen capable de tout communiquer; mais la preuve n'en a jamais été faite. Il semble, au contraire, que l'on sente confusément qu'il serait très difficile de faire admettre des conventions plus perfectionnées : les individus bien doués les utiliseraient, mais les autres ne les comprendraient pas. C'est ce qui se passe sur certains chantiers de construction; plutôt que de décrire linguistiquement l'appareil selon lequel les briques ou les pierres doivent être assemblées, on assemble dans un coin du chantier quelques briques ou pierres selon cet appareil : c'est un échantillon auquel les maçons peuvent se référer *de visu;* on évite ainsi des malentendus résultant d'une description linguistique trop savante. Il faut tenir compte du fait que les individus qui parlent la même langue en ont une connaissance extrêmement variable.

Ces divers faits montrent que le caractère conventionnel, c'est-à-dire social, du langage restreint singulièrement les rapports entre le langage et la pensée : tout ne peut pas être dit; la pensée est plus riche que le langage.

Le caractère social du langage impose encore une autre restriction à l'expression de la pensée. Supposons que j'écrive une lettre pour m'excuser de ne pas participer à une réunion, et que je justifie cette absence par la phrase : « Ma femme a dû être opérée d'urgence »; tout le monde comprendra parfaitement la signification de cette phrase, mais cette signification n'est pas ma pensée. En écrivant cette phrase, j'ai pensé à ma femme : je me la suis représentée telle que je la connais; j'ai pensé à l'opération : bien que je n'y aie pas assisté, je sais *grosso modo* en quoi elle consiste; j'ai pensé à la maladie qui a nécessité cette opération, à la consultation des médecins; j'ai pensé au transport en clinique, aux préparatifs et aux conséquences; enfin j'ai pensé au caractère urgent de l'opération, au danger imminent. Mais ceux qui ont compris la phrase ci-dessus sont incapables de se représenter tout ce qui flottait dans mon esprit: ils ne connaissent pas ma femme, ils ignorent de quel mal elle souffre et quelle opération elle a subie, à quelle clinique on l'a transportée; tout au plus peuvent-ils se souvenir de cas similaires qu'ils ont connus: mais alors leur pensée ne s'identifie pas à la mienne. Et pourtant ils ont parfaitement compris la signification de ma phrase. Cette signification est constituée par ce qu'il y a de commun à toutes les situations dans lesquelles divers individus ont employé cette phrase ou pourraient l'employer; la signification a un caractère éminemment abstrait. Prenons par exemple le mot « femme » et demandons à un peintre de nous représenter sur une toile la signification de ce mot; il refusera: il lui est impossible de représenter la femme en général; il ne peut représenter qu'une femme concrète, ayant un certain âge, une certaine taille, une certaine attitude, etc. Le langage n'est pas fait pour exprimer le concret, le fait particulier; il n'exprime que le général, l'abstrait.

En disant à une mère : « Votre enfant va mourir », on peut bouleverser une vie; mais la réalité est seule responsable : « mourir » est l'étiquette d'une idée pure, si bien que : « Louis XIV est mort en 1715 » nous laisse tout à fait froids (Bally, *le Langage et la vie,* p. 115).

Ce qui est vrai pour les mots l'est aussi pour le ton. Toutes les nuances d'accent ou d'intonation ont une valeur abstraite: ce qu'elles signifient, c'est ce qu'il y a de commun dans la pensée de tous les individus qui les ont employées ou qui pourraient les employer. Si une intonation exprime l'anxiété, ce n'est pas telle variété concrète d'anxiété ressentie à tel moment par tel individu, mais l'anxiété en général.

Les procédés linguistiques ont une signification abstraite et froide; seule la réalité nous émeut, parce qu'elle est concrète, vivante.

On a parfois prétendu qu'il existait une sorte de mots permettant d'exprimer le concret: les noms propres; on attacherait des mots comme Jean, Dupont, Paris, à des objets particuliers. Les noms propres sont effectivement le résultat d'un effort pour désigner le concret; mais rares sont les noms propres qui s'attachent à un objet unique. Il y a plus d'un homme qui s'appelle Jean ou Dupont, plus d'une ville qui s'appelle Paris. Pour qu'un nom propre désigne un individu particulier, il faut en limiter l'usage à un petit groupe d'individus: dans telle famille le mot Jean peut ne désigner qu'un seul homme; dans tel bureau, le mot Dupont peut ne désigner qu'un seul employé; pour que Paris désigne la capitale de la France, il faut que la phrase contenant ce mot soit utilisée dans un contexte où il soit question de la France ou de l'Europe. Si le mot Dijon est aujourd'hui attaché à une seule ville, rien n'empêche que demain on donne ce même nom à une autre ville, dans un autre pays.

Dans tout cela, le nom propre ne se distingue pas du nom commun: dans telle famille particulière, la phrase « Va chez le boulanger » concerne un individu particulier; dans telle région particulière, la phrase « Je vais en ville » concerne une ville particulière.

De ces considérations se dégage la conclusion que nous cherchons un moyen pour désigner le concret, que nous y arrivons si les circonstances nous y aident, mais que le langage est par nature incapable d'exprimer le concret, l'individuel. Lorsque quelqu'un nous dit « Je vais en ville », nous savons qu'il pense à une ville particulière et nous cherchons à concrétiser la signification de sa phrase, c'est-à-dire à retrouver le cas concret auquel il pense; mais ce n'est pas dans la signification de la phrase que nous trouvons les éléments concrets: c'est dans la réalité extra-linguistique qui enveloppe cet usage linguistique.

H. Delacroix a fait remarquer que la communication ne peut se faire que sur la base d'expériences communes; Fr. Paulhan a écrit: « Personne ne comprend tout à fait personne ». Et plus d'un poète s'est plaint de l'impossibilité d'exprimer le moi. C'est ce que l'on constate aussi en peinture. Il arrive qu'un artiste ne soit pas compris de son public; ce dernier est parfaitement disposé à admettre *a priori* que le peintre a voulu exprimer quelque chose, mais il se demande si le peintre y est arrivé. Le peintre aura beau assurer qu'il a exprimé une idée, on lui répondra qu'on ne le comprend pas et que, par conséquent, il n'a pas trouvé le moyen de s'exprimer. On n'exprime que ce qu'on communique. Le drame de l'artiste est notre drame à tous : nous luttons contre les moyens d'expression à valeur sociale ; nous cherchons à exprimer notre moi ; si nous créons des moyens d'expression nouveaux, ce sont tout au plus des moyens de communication, c'est-à-dire des moyens exprimant ce qui est commun à nous et à nos interlocuteurs, des moyens exprimant l'abstrait et non le concret.

Mais le caractère abstrait de la signification fait du langage un instrument idéal pour la science. Celle-ci consiste précisément à dégager des faits ce qu'ils ont de commun : sa méthode est l'induction. La science ne s'intéresse pas à tel cheval plutôt qu'à tel autre ; elle s'intéresse à toute l'espèce chevaline ou aux diverses races chevalines ; le concret n'est pas son objet. D'autre part, la science cherche la prévision : étant donné qu'un certain fait s'est produit dans le passé chaque fois que tel concours de circonstances s'est réalisé, la science dégage d'abord ce fait commun ; ensuite elle procède par extrapolation et prédit que ce même fait se reproduira chaque fois que le même concours de circonstances se reproduira. Nous faisons de même en parlant ; après avoir constaté que l'expression « force de dissuasion » avait été employée chaque fois qu'un certain armement était en cause, nous nous sommes mis à employer cette expression pour que notre auditeur pense à cet armement.

D'autre part, le langage est le principal moyen que possèdent les savants pour établir la vérité, c'est-à-dire l'accord des connaissances individuelles : nous disons que telle affirmation est vraie si nous sommes prêts à la répéter pour notre compte ; derrière cet accord des déclarations verbales, nous supposons qu'il existe un accord des connaissances individuelles ; mais ce dernier accord est invérifiable directement : il nous est impossible de contempler la connaissance qui se trouve dans la mémoire d'un autre individu et de la comparer avec la nôtre ; nous devons recourir au détour du langage. Prenons le cas du daltonien : au début, il croit connaître les couleurs comme tout le monde ; mais un certain jour, il constate que ce qu'il dit de certaines couleurs ne s'accorde pas avec ce qu'en disent les autres individus ; il en conclut que sa connaissance des couleurs ne s'accorde pas avec celle que les autres en ont. Tout savant scrupuleux, après avoir élaboré une théorie, s'empresse de la soumettre à ses confrères; si aucun d'eux ne formule d'objection irréfutable, il considère qu'il ne se trompe pas. Dès lors sa théorie peut s'intégrer dans la science.

Nous pouvons révéler nos connaissances autrement que par des paroles: si Dupont soulève son chapeau en croisant Durand, tout le monde conclut que Dupont connaît Durand; mais il est évident que c'est la parole qui révèle le mieux la connaissance cachée dans notre mémoire. La parole joue donc un rôle essentiel dans l'établissement de la vérité; et la vérité, c'est-à-dire l'accord des paroles traduisant l'accord des connaissances, est indispensable à la science: une connaissance qui n'existerait que dans l'esprit d'un seul individu ne ferait pas partie de la science; celle-ci se veut sociale, universelle.

LE POINT DE VUE DU LOCUTEUR

Dans le passé, le théoricien du langage se plaçait uniquement au point de vue du locuteur: il s'isolait dans son cabinet de travail et considérait le rapport entre sa propre pensée et ses propres paroles; il étudiait le langage en tant que moyen d'expression, et il définissait le langage comme un moyen d'expression. Il y a lieu d'examiner ce que l'on entend par expression: on implique à la fois qu'on dit à quoi l'on pense et qu'on dit ce qu'on pense.

Supposons que je discute de linguistique avec un confrère; tout en parlant, je sens un courant d'air désagréable, je tourne la tête pour voir d'où il vient, j'aperçois une fenêtre ouverte, je me lève, je vais la fermer, je reviens m'asseoir; tout le travail mental impliqué par ces mouvements s'est effectué sans que je cesse de parler de linguistique; je n'ai rien dit concernant le courant d'air et sa suppression. Je n'ai exprimé qu'une partie de ma pensée; d'ailleurs on n'exprime jamais toute sa pensée. Il est donc exagéré de définir le langage comme un moyen d'exprimer sa pensée; il faudrait dire qu'il permet d'exprimer des pensées, de mentionner certains faits de pensée.

Considérons à présent le renard de la fable. Quand il dit au corbeau « Que vous êtes joli! Que vous me semblez beau ! », il est loin de dire ce qu'il pense. Mentir, c'est dire le contraire de ce qu'on pense. L'existence du mensonge nous interdit donc radicalement de définir tout fait de langage comme un moyen d'exprimer ce qu'on pense. On a d'ailleurs dit que la parole avait été donnée à l'homme pour déguiser sa pensée. D'autres faits prouvent la même chose: l'élève qui récite un poème et l'acteur qui remplit son rôle expriment les pensées d'un autre individu; même l'élève qui récite sa leçon de sciences n'exprime pas nécessairement ce qu'il pense: il peut être d'un avis opposé à celui de son professeur, sans pour cela le laisser paraître.

Qu'on la prenne donc dans un sens ou dans l'autre, la formule « exprimer sa pensée » ne convient pas pour définir le rôle que le langage joue aux yeux de celui qui l'utilise.

Si l'on étudie l'organisation interne du langage, c'està-dire la composition de la phrase, on découvre quantité de faits qui sont en désaccord avec ce que nous savons des processus de la pensée. Considérons d'abord le mot. Il arrive souvent qu'un mot puisse désigner un être ou une chose; plus exactement: que son sens corresponde à l'idée née de la connaissance d'un être ou d'une chose; dans ce cas, l'unité de l'idée est déterminée par l'unité de l'être ou de la chose, et l'on considère que le sens du mot forme aussi une unité: par exemple le mot « cheval » se présente comme une unité linguistique correspondant à l'unité de l'animal en question. En conséquence on a longtemps défini l'unité du mot par l'unité de ce qu'il permettait de désigner: on a dit que le mot était un ensemble de phonèmes associés à une unité de sens, ce qui supposait un accord entre l'unité de sens et l'unité d'idée. Mais beaucoup de mots ne présentent pas ce caractère; il faut les trois mots « chambre des représentants » pour désigner un objet qui a autant d'unité que celui qu'on désigne par l'unique mot « sénat ». D'autre part, le sens de certains mots les implique dans un réseau de relations qui rend l'unité de ce sens insaisissable: le mot « père » désigne un être humain mâle ayant procréé au moins un autre être humain en collaboration avec une femme; autrement dit, l'idée de père ne se conçoit pas sans celle de mère et de progéniture. Enfin certaines combinaisons de mots posent des problèmes insolubles : le mot « père » peut entrer dans la combinaison « frère du père », dont le sens peut être évoqué par l'unique mot « oncle ». Si l'on admet que « oncle » est un mot parce qu'il évoque une unité de sens, on doit admettre que l'ensemble « frère du père » qui évoque le même sens, ne forme qu'un mot, ce qui est faux; si, au contraire, on admet que l'ensemble « frère du père » est un ensemble de mots parce qu'il évoque un ensemble de sens, on doit admettre que « oncle », qui évoque le même ensemble de sens, forme aussi un ensemble de mots, ce qui est également faux. La définition donnée ci-dessus du mot ne peut donc pas être juste. D'ailleurs on arrive au même résultat en comparant les deux phrases « Comment allez-vous ? » et « Comment vous portez-vous ? ». Elles ont la même signification, mais non le même nombre de mots; il est impossible de savoir combien elles contiennent de mots si l'on définit le mot comme un élément formel correspondant à un élément unitaire de sens. Il y a enfin des mots pour lesquels on a contesté l'existence de tout sens; dans une phrase comme « La maison s'est écroulée », le pronom « se » ne peut être rattaché à aucun sens qui lui soit propre.

Le fait que les phrases soient composées de mots entraîne que les mots se succèdent dans le temps : nos organes phonateurs nous obligent à prononcer un mot après l'autre; le mot précédent doit cesser totalement d'exister avant que le mot suivant puisse commencer d'exister. Or on ne peut pas dire que dans notre pensée la présence d'une idée exclue celle de toute autre idée; au contraire, la pensée est inconcevable sans l'association d'idées présentes simultanément à l'esprit. D'autre part, la succession des mots se fait dans un certain ordre; or cet ordre ne lie pas notre pensée : l'adjectif se place devant le substantif dans « un grand parc », mais après le substantif dans « un parc public »; rien dans la pensée ne justifie cette différence.

Il est même possible de montrer que la pensée de l'auditeur ne fonctionne pas comme celle du locuteur. Celui qui dit « La police doit être prévenue » sait très bien ce qu'il veut dire; mais son auditeur hésite entre deux interprétations : « Il faut prévenir la police », ou bien « Il est certain que la police a été prévenue »; supposons qu'il opte pour la première; si le locuteur ajoute alors :

« Car elle m'a téléphoné », l'auditeur découvrira son erreur et sera obligé de revenir en arrière afin de remplacer son interprétation de la première phrase par une autre : le déroulement de sa pensée n'a donc pas suivi le déroulement des mots qu'il a entendus ; mais le locuteur n'a pas dû faire le même retour en arrière.

D'après la façon dont ils se combinent en phrases, on a classé les mots en substantifs, adjectifs, pronoms, adverbes, verbes, prépositions et conjonctions ; on croyait autrefois que ces classes de mots correspondaient à des classes d'idées : les substantifs auraient désigné les êtres ou les choses, les adjectifs les qualités, les verbes les actions et les états, etc. Ce parallélisme entre le langage et la pensée doit être abandonné : une idée comme celle de l'antériorité peut s'exprimer par le substantif « antériorité », par l'adjectif « antérieur », par l'adverbe « antérieurement », par le verbe « précéder », par la préposition « avant », par la conjonction « avant que ».

On définit généralement le sujet d'une phrase comme l'être ou la chose qui fait l'action exprimée par le verbe, ou qui est dans l'état exprimé par le verbe ; ce faisant, on cherche à définir le sujet par la relation qui existerait dans notre pensée entre l'idée de l'être ou de la chose et l'idée de l'action ou de l'état. C'est encore une erreur : que l'on dise « Le chat a mangé la souris » ou bien « La souris a été mangée par le chat », le fait désigné est le même ; pourtant l'être qui fait l'action est désigné une fois par le sujet, l'autre fois par le complément.

Enfin, il y a quantité de phrases qui heurtent la logique. Dans la phrase : « Mes aïeux furent tous amiraux », la notion de pluriel est exprimée par chacun des cinq mots utilisés, alors qu'en réalité on ne peut compter que les aïeux. Nous disons « Le vent souffle », mentionnant ainsi deux fois le même fait atmosphérique : une fois par le substantif « vent », l'autre fois par le verbe « souffle ». Nous disons « Un franc, c'est un franc » pour souligner le fait que la valeur d'un franc n'est pas méprisable ; nous disons : « Un franc n'est plus un franc », alors que nous voulons dire que le pouvoir d'achat du franc a diminué.

Les penseurs scientifiques ont été frappés depuis longtemps du caractère illogique des langues et ont cherché à y remédier ; en particulier, les mathématiciens ont créé des chiffres et autres symboles ; dans ce langage écrit, tout signe représente toujours la même idée, et toute idée est toujours représentée par le même signe. L'homonymie et la polysémie sont exclues de ce langage, qui de ce fait constitue une expression plus fidèle de la pensée.

Les considérations qui précèdent concernent les mots et la façon dont nous les combinons en phrases : il s'agit de vocabulaire et de syntaxe, bref du langage en tant qu'il est articulé ; il est étrange de constater que précisément cette articulation, qui distingue le langage humain du langage animal, est tellement en désaccord avec les processus de la pensée. Mais si nous faisons abstraction de l'organisation interne des phrases, nous constatons qu'en dépit de ses bizarreries le langage remplit un rôle qu'il est seul à remplir : il nous permet d'objectiver nos idées, de les rendre conscientes.

Ce rôle précieux apparaît à quiconque a cherché à formuler les conclusions de ses études, à quiconque a dû rédiger une dissertation scolaire. Ce travail se fait généralement par écrit parce que l'écriture permet de fixer de façon permanente les idées qui nous viennent ; mais cela ne change rien au travail mental. Pour bien saisir en quoi consiste ce travail, il faut songer à l'homme qui veut exprimer une idée qu'il n'a jamais exprimée ou entendu exprimer auparavant ; il ne connaît pas de formule linguistique adéquate, il en doit construire une ; mais il ne sait pas d'avance ce qu'il dira, ses idées sont subconscientes ; et ce sont elles qui par un travail mystérieux font surgir une première phrase. Une fois cette formule écrite, l'homme la considère comme si elle émanait d'une autre personne ; il examine s'il la comprend, si elle répond à son idée ; éventuellement, il la replace par une autre, qu'il traite de même ; et le travail progresse ainsi par tâtonnements et recommencements. Le véritable travail psychologique n'est pas conscient : lorsque nous rejetons une phrase, il nous est difficile de dire pourquoi elle ne convient pas. Et pour obtenir de notre pensée des phrases nouvelles, le mieux est de repartir à zéro.

Ce soutien conscient que constitue la parole par rapport à la pensée subconsciente est évident dans le cas de la numération. La notion de nombre existe chez les animaux, mais dans des limites extrêmement restreintes : aucun animal n'atteint dix. Mais l'homme peut compter à l'infini grâce aux noms de nombre; compter, c'est réciter par cœur les noms de nombre dans l'ordre croissant; la table de multiplication est un autre artifice verbal qui nous permet de gagner du temps: il nous dispense d'additionner les unités une par une. Et ce verbalisme nous permet même de travailler sur les nombres négatifs, alors que ceux-ci sont inconcevables. De même les savants ont donné des noms à tous les objets qu'ils connaissent et aux relations entre ces objets: cela leur permet d'édifier des théories abstraites.

Mais cela ne veut pas dire que la pensée soit impossible sans la parole; dans toutes les opérations, la pensée est en avance sur la parole: elle découvre les relations et invente les appellations. La parole est le point d'appui à partir duquel la pensée s'élève par ses propres forces.

On dit parfois que nous pensons dans notre langue maternelle; il est vrai que notre pensée s'accompagne le plus souvent d'un monologue intérieur dans notre langue maternelle; mais on a vu plus haut que nous n'exprimons pas tout ce à quoi nous pensons: certains faits de pensée se produisent tandis que nous parlons d'autres. D'autre part, le langage a toujours une signification abstraite: il nous serait impossible de concevoir le concret si nous pensions dans notre langue.

On a dit aussi que pour bien parler une langue étrangère, il fallait penser dans cette langue. On veut dire que le Français qui veut, par exemple, parler anglais doit éviter de formuler son idée en français pour la traduire ensuite en anglais; le Français qui parle convenablement l'anglais est capable d'associer une même idée à une formule française ou à une formule anglaise; cela veut dire que l'idée considérée n'a aucun caractère français ou anglais; elle est distincte, indépendante de la formule française ou anglaise qui l'exprime. Quant à la pensée qui choisit entre les deux formules, elle doit nécessairement être autre chose que l'exercice d'une langue puisqu'elle doit choisir entre deux langues; elle doit les connaître comme elle connaît les idées à exprimer. Ce qui connaît n'est pas ce qui est connu. On ne pense donc jamais dans une langue; si on le faisait, on serait incapable d'apprendre une autre langue. C'est le fait de ne parler qu'une langue qui crée parfois l'illusion qu'on pense dans cette langue.

LE POINT DE VUE DE L'AUDITEUR

L'auditeur interprète les paroles qu'il entend de deux façons différentes, encore qu'il ne s'en rende pas toujours compte. La première interprétation consiste à retrouver l'intention du locuteur, la signification de son message; il s'agit du fait social étudié plus haut. L'autre interprétation consiste à traiter la parole comme un autre comportement et à y chercher une manifestation involontaire de la personnalité du locuteur.

Cette distinction est bien connue en ce qui concerne l'écriture. Lorsque nous recevons une lettre, nous la lisons : aux caractères écrits nous substituons des phonèmes et ainsi nous reconstituons des paroles, dont nous pouvons retrouver la signification grâce à la convention linguistique. Mais si nous sommes graphologues, nous pouvons négliger le message et nous attacher à la forme des lettres; cela nous permet de voir dans l'écriture une manifestation involontaire de la personnalité de l'auteur; il ne s'agit plus d'un fait social : celui qui écrit ne donne pas volontairement à ses lettres une forme destinée à nous signaler sa personnalité.

De même que l'étude de l'écriture relève de la linguistique lorsque nous y cherchons le message transmis, mais relève de la graphologie lorsque nous y voyons une manifestation psychologique, ainsi la parole relève de la linguistique lorsque nous y cherchons un message, une intention, mais relève de la psychologie lorsque nous y cherchons une manifestation involontaire de la personnalité.
Le grand stylisticien Bally en a donné un exemple :

> Supposez un ouvrier qui se présente au guichet de la Caisse d'épargne et informe « qu'il vient déposer de la *galette* »; il donne une preuve de non-adaptation au milieu social où il est entré; et de l'autre côté du guichet, l'employé de banque pourra penser : « Il parle argot, c'est un homme du peuple » (Bally, *le Langage et la vie*, p. 89.)

Lorsque Colette parlait, elle roulait les *r* et aspirait les *h*, révélant ainsi son attachement à sa province d'origine. Lorsqu'on entend parler une personne inconnue derrière une porte, on peut établir à quel sexe elle appartient;

dans certaines limites on peut même présumer quel est son âge et son humeur. Quand une personne bien connue nous téléphone, nous devinons souvent si elle est en mauvaise santé, si elle est malheureuse, etc. Dans cette perspective, le comportement linguistique ne se distingue pas des autres comportements. Si un homme tremble en parlant, alors qu'il ne parle pas de la cause de ce tremblement, l'auditeur interprète ce comportement: il suppose que le locuteur est sous le coup d'une forte émotion ou d'une maladie. Les décisions que nous prenons sont également interprétables: le choix de nos fréquentations, de nos vêtements, de nos distractions renseigne nos amis et contribue à former notre portrait dans leur esprit.

Le plaisir que nous goûtons à lire les œuvres littéraires est double: d'une part nous apprécions le message que le littérateur veut nous apporter, d'autre part nous apprécions la forme dans laquelle il nous l'apporte. Dans certains poèmes modernes, le message compte pour peu; c'est le maniement de la langue qui constitue l'essentiel: nous admirons le génie ou la virtuosité dont témoignent le choix des mots et de leurs combinaisons, les rencontres de sons et de rythmes.

Mais de même que la graphologie tâtonne encore dans son interprétation de l'écriture et cherche ses lois, ainsi la psychologie du langage attend encore son statut scientifique.

Bien des stylisticiens considèrent que cette étude leur appartient; mais la question est loin d'être réglée:

La tâche la plus urgente de la stylistique est de définir son objet, sa nature, ses buts et ses méthodes, à commencer par la notion même de style (P. Guiraud, *la Stylistique*, p. 107).

CONCLUSIONS

Du point de vue social, le langage nous apparaît comme un moyen conventionnel d'agir sur autrui; il est incapable d'exprimer ce qui est concret; si nous pensions dans une langue, nous serions incapables de concevoir le concret. Mais ce caractère abstrait du langage en fait un instrument adéquat pour la science.

Pour le locuteur, l'articulation des phrases ne correspond pas à l'articulation de ses pensées; mais la signification globale des phrases lui permet d'objectiver ses idées et de bâtir des théories.

Pour l'auditeur, le langage est un des moyens qui lui permettent de se faire un portrait psychologique du locuteur.

Dans ces trois perspectives, il faut tenir compte du mensonge: bien que le langage soit un automatisme invétéré au point qu'il semble parfois s'identifier avec la pensée, il nous est facile de rompre cet automatisme et de simuler ce qui nous plaît. Le comportement linguistique n'est pas lié à la vie psychologique comme le symptôme est lié à la maladie.

Eric BUYSSENS.

BIBLIOGRAPHIE

Ch. BALLY, *Le Langage et la vie*, 3ᵉ éd., Genève, 1952.

L. BLOOMFIELD, *Language*, New York, 1933.

K. BÜHLER, *Sprachtheorie*, Iéna, 1934.

E. CASSIRER, *Philosophie der symbolischen Formen*, 3 vol., Berlin, 1923-1929.

H. DELACROIX, *Le Langage et la pensée*, Paris, 1930.

A. GARDINER, *The Theory of Speech and Language*, Oxford, 1932.

F. GUIRAUD, *La Stylistique*, Paris, 1954.

W. von HUMBOLDT, *Über die Verschiedenheit der menschlichen Sprachen*, Berlin, 1838.

Ch. MORRIS, *Signs, Language and Behavior*, New York, 1946.

C. K. OGDEN et I. A. RICHARDS, *The Meaning of Meaning*, Londres, 1923.

F. PAULHAN, *La Double fonction du langage*, Paris, 1929.

K. PIKE, *Language and Life*, Glendale, 1956.

E. SAPIR, *Language*, Londres, 1921.

F. de SAUSSURE, *Cours de linguistique générale*, Lausanne-Paris, 1916.

Ch. SERRUS, *Le Parallélisme logico-grammatical*, Paris, 1933.

J. VENDRYES, *Le Langage*, Paris, 1923.

L. WEISGERBER, *Muttersprache und Geistesbildung*, Göttingen, 1929.

LA COMMUNICATION

LA SÉMIOLOGIE

La sémiologie est la science qui étudie les principes généraux régissant le fonctionnement des systèmes de signes ou codes et établit leur typologie.

Le premier à concevoir cette science semble avoir été F. de Saussure qui, en 1908, enseignait à l'Université de Genève que « la linguistique entre dans une science plus générale, la sémiologie, qui a pour objet les systèmes de signes, dont la langue est le type le plus important » (Godel, *les Sources manuscrites du Cours de linguistique générale de F. de Saussure*, p. 66). La sémiologie, dit Saussure dans le *Cours de linguistique générale*, doit nous apprendre « en quoi consistent les signes, quelles lois les régissent »; « elle n'existe pas encore [...] mais elle a droit à l'existence, sa place est déterminée d'avance » (p. 33).

Depuis l'époque de Saussure, les progrès de notre science n'ont cessé de s'accumuler d'une façon pour ainsi dire latente : d'une part, beaucoup de principes que les linguistes ont établis pour les langues ne concernent pas spécifiquement celles-ci, mais tout code, et relèvent donc, en rigueur, de la sémiologie plutôt que de la linguistique; et, d'autre part, les linguistes, pour délimiter l'objet de leurs études, ont été amenés à déterminer quelles particularités distinguent des autres codes les codes traditionnellement appelés « langues » et, ce faisant, ils ont posé les fondements de la typologie sémiologique. Les travaux qui se font de l'exécution du projet saussurien un propos explicite sont par contre plutôt rares. Il a fallu attendre jusqu'à 1943 pour que paraisse le premier, le livre d'E. Buyssens, *les Langages et le discours*, qui est aussi le premier représentant d'une des deux tendances qui semblent se partager la recherche sémiologique actuelle. Quant à l'autre tendance, l'ouvrage qui la représente le mieux est le long article de R. Barthes, *Éléments de sémiologie*, publié en 1964. Ces deux tendances se distinguent surtout par les faits que chacune considère comme formant des systèmes de signes ou des codes et par la différente extension qu'elles attribuent en conséquence à l'objet de la discipline. D'après Buyssens la sémiologie doit s'occuper des faits perceptibles associés à des états de conscience, produits expressément pour faire connaître ces états de conscience et pour que le témoin en reconnaisse la destination; son objet se limiterait donc aux faits que nous appelons « signaux ». Barthes, par contre, étend le domaine de la discipline à tous les faits signifiants, y incluant ainsi des faits comme le vêtement, par exemple, que Buyssens laisse expressément en dehors. La distinction, dont l'importance est emphatiquement mise en relief par les auteurs mentionnés, entre la « véritable communication » et la « simple manifestation », ou entre la « communication » et la « signification », peut également nous fournir la clé de la différence qui sépare les tendances qu'ils représentent. Pour Buyssens ce serait la communication, pour Barthes la signification, qui constituerait l'objet de la sémiologie.

L'intérêt d'une sémiologie de la signification semble être évident sans plus. Quant à celui d'une sémiologie de la communication, il est beaucoup plus grand qu'on ne pourrait supposer si on le fondait exclusivement sur l'importance des moyens de communication non linguistiques. Seulement dans le cadre d'une étude des faits communicatifs en général, des plus rudimentaires aux plus complexes, il est possible en effet de saisir la véritable nature de ceux qui se placent dans le domaine spécifiquement linguistique. Il s'agit en d'autres termes du besoin de savoir ce qu'est la communication en général pour pouvoir interpréter dûment la forme que ce phénomène prend dans le cas particulier des faits de langue. De cette façon, c'est l'importance des moyens de communication linguistiques eux-mêmes qui confère à la sémiologie de la communication son principal intérêt.

Il semble, d'autre part, que la sémiologie de la signification devra trouver dans la sémiologie de la communication un modèle beaucoup plus approprié que celui que lui fournit la linguistique, et que si elle s'est jusqu'à présent servie, pour amorcer ses recherches, de concepts dégagés de la linguistique, c'est exclusivement à cause de l'inexistence d'une sémiologie de la communication suffisamment développée. L'intérêt de la sémiologie de la signification rebondit ainsi sur la sémiologie de la communication et accroît l'intérêt que celle-ci présente déjà par elle-même.

Le présent travail se propose d'exposer quelques notions de base de la sémiologie de la communication. C'est donc à cette tendance de la discipline que nous ferons référence dans la suite lorsque nous emploierons des termes tels que « sémiologie », « sémiologique », etc.

L'ACTE SÉMIQUE, LE SIGNAL ET LE SENS

Les faits concrets qui constituent le point de départ des recherches du sémiologue se trouvent dans ce qu'on appelle l'« acte sémique ». Un acte sémique a lieu, par exemple, lorsqu'une personne demande l'heure à une autre en prononçant les sons [kèl œr é t il] *(Quelle heure est-il?),* lorsqu'on indique le parcours d'un autobus au moyen de chiffres, lorsqu'un aveugle fait connaître son infirmité en portant un bâton blanc, lorsqu'en frappant à une porte on annonce sa présence, etc. On a encore affaire à un acte sémique — un peu spécial, comme on le dira — lorsque, par exemple, des traits inscrits sur un agenda nous rappellent un rendez-vous.

Ce qui définit l'acte sémique est la présence d'un signal, lequel, dans les exemples ci-dessus, est constitué respectivement par les sons [kèl œr é t il], par les chiffres, par le bâton blanc, par les coups donnés sur la porte, par les traits inscrits sur l'agenda. Le signal, comme nous le verrons, appartient à la catégorie des indices, c'est-à-dire qu'il est un fait immédiatement perceptible qui nous fait connaître quelque chose à propos d'un autre qui ne l'est pas. Mais tout indice n'est pas un signal: la couleur sombre du ciel, par exemple, est l'indice d'un orage imminent, les symptômes des maladies sont des indices de celles-ci, le geste fait par quelqu'un de mettre la clé dans la serrure est indice de sa volonté d'ouvrir la porte, etc. Or il est évident qu'aucun de ces indices ne constitue un signal.

La distinction entre un signal et un indice qui n'est pas un signal semble pouvoir être toujours faite sans difficulté dans la pratique; mais, en l'état actuel des connaissances, il est malaisé de donner une définition rigoureuse du signal en déterminant quelle est la différence spécifique qui le caractérise à l'intérieur de la classe des indices. La solution la plus satisfaisante de ce problème me semble être pour l'instant celle qu'on trouve dans les deux premiers chapitres du livre de Buyssens mentionné ci-dessus. Pour qu'un fait perceptible constitue un signal il faut, d'abord, qu'il ait été produit pour servir d'indice. Les phénomènes naturels, donc, comme la couleur du ciel ou les symptômes des maladies, ne sauraient être des signaux, et il en va de même pour certains actes humains comme le geste de mettre la clé dans la serrure qui, bien qu'étant des indices, n'ont nullement été produits pour cela. Mais un fait perceptible n'est pas un signal du seul fait d'avoir été produit pour servir d'indice. Supposons que quelqu'un, sachant que certains traits de l'écriture révèlent au graphologue une façon d'être déterminée, adopte, pour affecter cette façon d'être, les traits en question. Ceux-ci seraient produits certainement pour servir d'indice, mais ils ne constitueraient pas pour autant un signal: pour avoir affaire à un signal, il faut encore que celui à qui l'indication est destinée puisse reconnaître, sans que le succès de l'opération en soit compromis, le but pour lequel le fait perceptible en question a été produit. Or il est évident que si quelqu'un, pour donner le change au graphologue, adopte dans son écriture les traits en question, ceux-ci n'atteignent leur but que s'ils apparaissent comme spontanés. Tous les faits perceptibles: sons, chiffres, etc., qu'on a considérés ci-dessus comme des signaux, satisfont, par contre, les deux conditions: en effet, ils ont été produits pour servir d'indice et cette destination peut être reconnue sans inconvénient.

Dans tout acte sémique ou, du moins, dans tout acte sémique réussi, il s'établit, grâce à l'indication fournie par le signal, un rapport social entre l'émetteur et le récepteur, c'est-à-dire entre celui qui produit le signal et celui qui le perçoit et à qui est destinée l'indication. Dans l'acte sémique considéré ci-dessus, par exemple, dont le signal est constitué par les sons [kèl œr é t il] *(Quelle heure est-il?)*, il s'établit entre l'émetteur et le récepteur un rapport social qu'on peut décrire comme: « demande de M. Dubois relativement à l'heure qu'il est ». De même, grâce au bâton blanc porté par l'aveugle, il s'établit entre celui-ci et les gens qui l'entourent un rapport social qu'on décrirait: « information à ceux qui m'entourent que je suis aveugle ». Dans d'autres cas, le rapport social consiste en un ordre: au moyen du signal que représente la figure 1, par exemple, la police routière ordonne de suivre la direction de la flèche; ou à une interdiction: ainsi elle interdit, au moyen du signal de la figure 2, de rouler à plus de 50 km/h. Remarquons que le rapport social peut s'établir entre une personne à un moment donné, pendant lequel elle se comporte comme émetteur, et la même personne à un autre moment, où elle assume le rôle du récepteur. C'est ce qui fait un cas spécial de l'acte sémique où l'on se rappelle un rendez-vous en consultant l'agenda: en notant le rendez-vous sur l'agenda, on se fait signal soi-même, et grâce à ce signal on établit un rapport social avec soi-même.

Quelle que soit sa nature, ce rapport social entre émetteur et récepteur ne manque jamais, comme il a été dit, dans un acte sémique réussi. Il est appelé le « sens » du signal. Dans la suite, on parlera également de « sens » pour se référer à un rapport social quelconque en tant que susceptible de constituer le sens d'un signal.

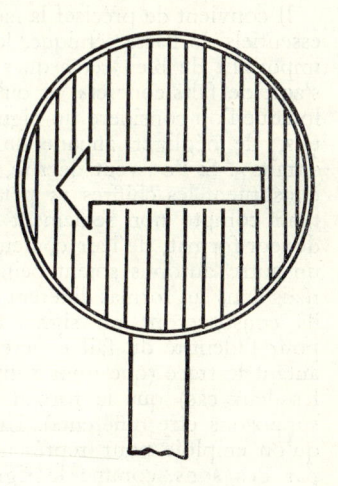

Fig. 1.

Fig. 2.

Il convient de préciser la nature de ces deux éléments essentiels de l'acte sémique, le signal et le sens. Il est important de bien remarquer que dans les deux cas il s'agit de faits concrets, et qu'on n'a donc pas le droit, lorsque l'on considère un signal ou un sens en tant que tels, de négliger aucune de leurs caractéristiques ou « traits ». Si l'on veut décrire, par exemple, le signal que constituent les chiffres 75 peints sur un autobus, il faut tenir compte non seulement de leur tracé, mais aussi de leur format, de leur couleur, etc. Supposons que sur un autre autobus soient peints les mêmes chiffres, 75, mais dans un format différent, ou en une autre couleur : ils constitueront un signal différent de celui-là, car, pour l'identité du fait concret qu'est le signal, compte autant le tracé (que nous supposons être le même dans les deux cas) que le format ou la couleur (que nous supposons être différents). La transcription phonétique qu'on emploie pour représenter les signaux constitués par des sons, comme le signal [kèl œr é t il], laisse forcément de côté une partie des traits de ceux-ci. Mais il doit être entendu qu'au moyen de cette transcription on se réfère à des sons concrets, présentant non seulement des traits comme « occlusif », « dorsal », « sourd », etc., dont la transcription tient compte, mais d'autres aussi, dont la transcription ne tient pas compte, par exemple, une durée déterminée, un timbre particulier qui est celui de la voix du locuteur, etc.

Les mêmes considérations peuvent être faites à propos du sens. Le sens d'un acte sémique est un fait concret, un rapport social concret, et tous ses traits comptent pour son identité en tant que sens. Supposons par exemple que M. Durand prononce, avec le timbre particulier de sa voix, la phrase *Quelle heure est-il?* pour demander l'heure à M. Dubois et que, d'autre part, M. Dupont prononce la même phrase, avec — naturellement — un timbre de voix différent, pour demander l'heure à M. Duparc : on a affaire non seulement, d'après ce qui a été dit ci-dessus, à des signaux différents, mais aussi à des sens différents, car dans le premier cas, par exemple, le rapport social qui constitue le sens est une demande de M. Durand à M. Dubois, tandis que dans le dernier il s'agit d'une demande de M. Dupont à M. Duparc. Comme la transcription des sons, la description qu'on fait du sens ne peut tenir compte que d'une partie de ses traits. On ira même, pour la commodité de l'exposé, jusqu'à décrire parfois un sens, par exemple simplement comme « demande du cahier ». Mais il est convenu avec le lecteur que lorsqu'on parle de « sens », on se réfère dans tous les cas à un rapport social concret.

LA SITUATION

L'ensemble des faits connus par le récepteur au moment de l'acte sémique et indépendamment de celui-ci constitue la « situation » où cet acte a lieu.

Parmi les faits qui constituent la situation, il y en a un qui occupe une place tout à fait à part et mérite en conséquence une considération spéciale. Il s'agit de l'emploi d'un type déterminé de signaux ou, ce qui revient au même, l'emploi d'un code déterminé. Ainsi, l'emploi du code appelé « langue française » est un des faits qui constituent la situation où a lieu un acte sémique dans lequel M. Durand émet le signal [doné mwa lə kréjõ] *(Donnez-moi le crayon)* pour demander à M. Dubois son crayon noir. Exactement dans la même situation — bien que, naturellement, pour un

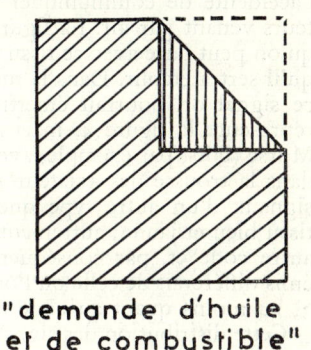

"demande d'huile et de combustible"

Fig. 3.

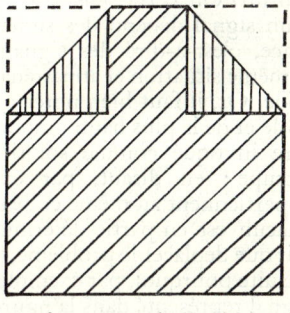

" demande de vêtements lourds"

Fig. 4.

autre but — M. Durand aurait pu émettre, par exemple, le signal [doné mwa lə livr] *(Donnez-moi le livre)*, puisque ce signal-ci est du même type, c'est-à-dire appartient au même code que le signal [doné mwa lə kréjõ], mais non, par exemple, le signal [giv mi: ðə buk] *(Give me the book)*, qui appartient à un autre code. Un autre exemple: dans la trousse des aviateurs figure une pièce de tissu, bleu d'un côté et jaune de l'autre, laquelle, en cas de chute, permet à l'accidenté de communiquer avec des éventuels sauveteurs venant par air. La figure 3 montre un des signaux qu'on peut faire avec ce tissu et le type de rapport social qu'il sert à établir. Dans la même situation où l'on émet ce signal on pourrait émettre, par exemple, celui que représente la figure 4, mais non des signaux lumineux Morse (faits, par exemple, avec le miroir qui figure aussi dans la trousse des aviateurs): ceux-ci sont en effet des signaux d'un autre type que les signaux faits avec le tissu bleu et jaune; autrement dit, ils appartiennent à un autre code et, par conséquent, la situation où ils sont émis différerait de celle où l'on émet le signal de la figure 3, au moins quant au code employé.

Cette distribution des signaux dans des différents types ou codes, il faut pour l'instant l'admettre comme un fait donné. Dans l'état actuel des connaissances, en effet, il ne semble pas possible d'en donner une explication — que, d'ailleurs, ce n'est pas nécessairement à la sémiologie de fournir. On verra plus tard que la valeur sémiologique d'un signal dépend des signaux pouvant être émis à sa place, c'est-à-dire des signaux pouvant être émis dans la même situation et appartenant par conséquent au même code. Or, il faut bien noter que ce fait, qui est incontestable et de la plus haute importance, ne saurait cependant être invoqué comme solution du problème qui nous occupe : en disant, par exemple, que deux signaux appartiennent au même code si la valeur sémiologique de chacun est en partie déterminée par l'autre, on n'aurait fait que déplacer le problème, puisqu'on peut se demander ensuite pourquoi, par exemple, la valeur sémiologique du signal représenté dans la figure 3 est déterminée en partie par le signal de la figure 4 et non par un signal Morse.

L'appartenance de deux signaux au même code ou à des codes distincts n'est d'ailleurs pas toujours également évidente et, dans certains cas, il sera même difficile de se prononcer pour l'une ou l'autre éventualité. Par exemple, les signaux: feu vert, feu jaune, feu rouge, qui règlent la circulation aux croisements des rues, font-ils partie du même code que le signal représenté dans la figure 5 ? J'inclinerais à répondre négativement, mais de toute façon les limites semblent dans ce cas beaucoup moins nettes que, par exemple, dans le cas des signaux [doné mwa lə kréjõ] *(Donnez-moi le crayon)* et [giv mi: ðə buk] *(Give me the book)*.

Le lecteur pourrait se demander d'autre part si en comptant l'emploi d'un code déterminé parmi les faits qui constituent la situation on ne contredit pas la définition de celle-ci. Les faits qui constituent la situation, en effet, doivent être connus par le récepteur indépendamment de l'acte sémique: or, dans la plupart des cas, c'est le signal lui-même qui permet au récepteur de reconnaître quel est le code employé. La contradiction, pourtant, n'est qu'apparente. Par « indépendamment de l'acte sémique », il faut entendre « indépendamment de l'indication pour laquelle le signal est produit ». Or le signal peut certainement indiquer au récepteur quel est le code employé, mais il n'est pas produit pour fournir cette indication et partant ce qu'elle apprend au récepteur, celui-ci le sait indépendamment de l'acte sémique.

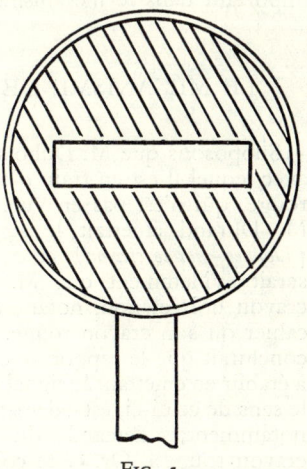

FIG. 5.

Les autres éléments de la situation constituent ce qu'on appelle les « circonstances ». Soit, par exemple, un acte sémique dans lequel M. Durand demande à M. Dubois son crayon noir en émettant le signal [doné mwa lə kréjõ] *(Donnez-moi le crayon)*. Le fait, par exemple, que Dubois écrit, au moment où M. Durand émet le signal, M. avec son crayon noir, constitue une des circonstances dans lesquelles a lieu l'acte sémique en question; il en va de même pour le fait qu'il n'y a pas d'autre crayon en vue, pour le fait que M. Durand et M. Dubois n'ont jamais parlé auparavant de crayons, etc. Nous verrons tout à l'heure que les circonstances peuvent jouer un rôle important dans le mécanisme de l'acte sémique.

LE MÉCANISME DE L'ACTE SÉMIQUE

Supposons que M. Dubois ait deux crayons, un noir, avec lequel il est en train d'écrire dans son cahier, et un rouge, qui n'est pas en vue. Si, dans ces circonstances, M. Durand émettait le signal [doné mwa lə kréjõ] *(Donnez-moi le crayon)*, ce que M. Dubois comprendrait serait évidemment que M. Durand lui demande son crayon noir et non, notamment, qu'il lui demande son cahier ou son crayon rouge. Autrement dit, M. Dubois conclurait que le rapport social que M. Durand cherche à établir en émettant le signal en question, et qui constitue le sens de celui-ci, est « demande du crayon noir » et non, notamment, « demande du cahier » ou « demande du crayon rouge ». Or, cette conclusion de M. Dubois, en ce qui concerne le sens « demande du cahier », ne dépend en rien des circonstances dans lesquelles on a supposé que l'acte sémique a lieu. On peut, en effet, modifier celles-ci comme on veut : quelles que soient les circonstances, le sens du signal [doné mwa lə kréjõ] ne saurait jamais être « demande du cahier ». Autrement dit, le sens « demande du cahier » est exclu par le signal mentionné. Par contre, le signal n'est pour rien dans la conclusion de M. Dubois en ce qui concerne le sens « demande du crayon rouge ». Ni ce sens, en effet, ni, naturellement, le sens « demande du crayon noir », ne sont exclus par le signal émis par M. Durand, c'est-à-dire qu'ils sont tous deux admis par ce signal. A la différence donc du sens « demande du cahier », qui ne saurait l'être en aucun cas, le sens « demande du crayon noir » et le sens « demande du crayon rouge » peuvent, l'un aussi bien que l'autre, être le sens du signal [doné mwa lə kréjõ]. Si M. Dubois conclut cependant, dans l'acte sémique en cause, que M. Durand lui demande le crayon noir et non le crayon rouge, c'est exclusivement du fait des circonstances qu'on a supposées. Celles-ci, en effet, « favorisent » davantage, c'est-à-dire présentent plus directement à l'attention du récepteur, le sens « demande du crayon noir » que le sens « demande du crayon rouge », et ce n'est que de ce fait que M. Dubois attribue celui-là et non pas celui-ci au signal émis par M. Durand. Si les circonstances étaient autres en ce qui concerne les crayons en question, par exemple si M. Dubois était en train d'écrire avec son crayon rouge et si c'était son crayon noir qui n'était pas en vue, elles favoriseraient davantage le sens « demande du crayon rouge » et ce serait alors ce dernier, et non « demande du crayon noir », que M. Dubois attribuerait au signal. Si enfin les circonstances étaient telles que les deux sens mentionnés: « demande du crayon noir » et « demande du crayon rouge » étaient également favorisés, par exemple si les deux crayons de M. Dubois étaient sur la table, il y aurait « ambiguïté » et M. Dubois ne saurait lequel, des deux rapports sociaux en question, est celui que M. Durand cherche à établir avec le signal.

Tout sens imaginable autre que « demande du crayon noir » se trouve, dans l'acte sémique en cause, soit dans le cas de « demande du cahier », soit dans le cas de « demande du crayon rouge »; ou bien, donc, il est exclu par le signal, ou bien il est admis par celui-ci mais moins favorisé par les circonstances que le sens « demande du crayon noir ».

Des constatations analogues peuvent être faites à propos de n'importe quel acte sémique, qu'il

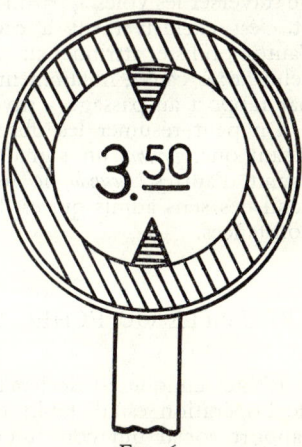

FIG. 6.

soit linguistique, comme celui que l'on vient de considérer, ou non. Ainsi, si le signal représenté dans la figure 6 se trouve placé sur le côté droit de la route, 50 mètres avant le passage à niveau d'une ligne électrifiée et 200 mètres avant l'arche d'un viaduc, l'automobiliste avançant vers le signal conclura, en le voyant, qu'il est interdit de traverser les voies aux véhicules mesurant plus de 3,5 mètres de hauteur et non, par exemple, qu'il est interdit de klaxonner ou qu'il est interdit aux véhicules mesurant plus de 3,5 mètres de hauteur de passer sous l'arche du viaduc. Autrement dit, l'automobiliste attribuera au signal le sens « interdiction aux véhicules mesurant plus de 3,5 m de hauteur de traverser les voies » et non pas le sens « défense de klaxonner » ou « interdiction aux véhicules mesurant plus de 3,5 m de hauteur de passer sous le viaduc ». Or le sens « défense de klaxonner » est exclu par le signal en question, et par conséquent les circonstances ne jouent aucun rôle dans le fait que l'automobiliste attribue au signal, non ce sens, mais « interdiction aux véhicules de plus de 3,5 m de hauteur de traverser les voies ». Le sens « interdiction aux véhicules de plus de 3,5 m de hauteur de passer sous le viaduc », par contre, figure, de même naturellement que le sens « interdiction aux véhicules de plus de 3,5 m de hauteur de traverser les voies », parmi les sens admis par le signal, et c'est exclusivement à cause des circonstances que l'automobiliste attribue au signal celui-ci et non pas celui-là : à cause, notamment, de la position du signal par rapport au passage à niveau et au viaduc.

On peut résumer les observations qui précèdent en disant que, *primo,* un signal admet certains sens et en exclut d'autres, *secundo,* le récepteur attribue au signal celui des sens admis qui est le plus favorisé par les circonstances.

RÉUSSITE OU ÉCHEC DE L'ACTE SÉMIQUE

L'acte sémique est déclenché par l'émetteur, et le but de l'opération est d'établir entre lui et le récepteur le rapport social qui constituera le sens. L'acte sémique réussit donc si le rapport social que l'émetteur cherche à établir arrive effectivement à s'établir. Pour cela il faut naturellement, d'abord, que le récepteur puisse attribuer au signal un sens déterminé, c'est-à-dire, il faut qu'il n'y ait pas d'ambiguïté et, ensuite, que le sens que le récepteur attribue au signal et celui que l'émetteur cherche à établir soient un seul et même sens. D'après ce qu'on a vu dans le paragraphe précédent, il faut donc, pour que l'acte sémique réussisse, que le sens que l'émetteur cherche à établir, tout en figurant parmi ceux que le signal admet, soit plus favorisé par les circonstances que tout autre sens également admis.

Si le sens que l'émetteur cherche à établir ne figure pas parmi les sens que le signal admet, il est clair que le récepteur ne saurait jamais le lui attribuer ; il attribuera au signal un autre sens, savoir celui des sens admis qui est le plus favorisé par les circonstances et, par conséquent, l'acte sémique échouera par mauvaise compréhension. Un échec de ce type est concevable seulement comme la conséquence d'un lapsus de l'émetteur ou de sa méconnaissance du code. Il se produirait, par exemple, si M. Durand émettait le signal [doné mwa lᵊ kréjõ] *(Donnez-moi le crayon)* pour demander à M. Dubois son cahier, ou si l'on plaçait le signal de la figure 6 à un endroit déterminé de la route pour interdire l'emploi de l'avertisseur sonore.

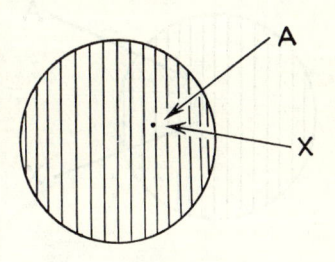

FIG. 7.

X figure parmi les sens admis, et est = à A. Il n'y a pas de A'. L'acte sémique réussit, car le sens que le récepteur attribue au signal (A) est celui que l'émetteur cherche à établir (X).

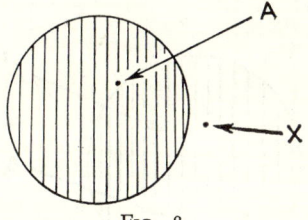

FIG. 8.

X ne figure pas parmi les sens admis, et partant est ≠ A. Il n'y a pas de A'. L'acte sémique échoue par mauvaise compréhension, car le sens que le récepteur attribue au signal (A) n'est pas celui que l'émetteur cherche à établir (X).

Si le signal admet le sens que l'émetteur cherche à établir mais ce sens n'est pas plus favorisé que tout autre sens également admis, l'acte sémique échoue soit par mauvaise compréhension, soit par ambiguïté. L'échec, dans ce cas, est plus vraisemblable puisqu'il peut être la conséquence, non d'un lapsus ou de la méconnaissance du code, mais de la fausse appréciation des circonstances par l'émetteur. Supposons, par exemple, que M. Dubois écrive avec son crayon rouge et que M. Durand, croyant que c'est du crayon noir dont M. Dubois est en train de se servir, émet, pour le lui demander, le signal [doné mwa lə kréjõ] *(Donnez-moi le crayon)* : le sens « demande du crayon rouge » est plus favorisé par les circonstances que le sens que l'émetteur cherche à établir, c'est-à-dire que « demande du crayon noir » ; c'est donc celui-là, et non pas celui-ci, que le récepteur attribue au signal, et l'acte sémique échoue en conséquence par mauvaise compréhension. Supposons, d'autre part, que les deux crayons de M. Dubois soient sur la table et que M. Durand, croyant que M. Dubois est en train d'écrire avec son crayon noir, émet, pour le lui demander, le signal [donémwa lə kréjõ] *(Donnez-moi le crayon)* : la mauvaise appréciation des circonstances par l'émetteur, dans ce cas, fait échouer l'acte sémique par ambiguïté,

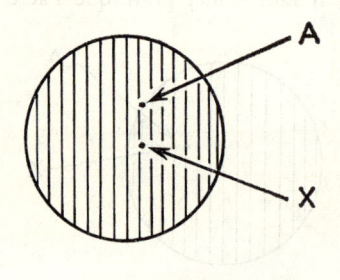

Fig. 9.

X figure parmi les sens admis, mais est ≠ A. Il n'y a pas de A'. L'acte sémique échoue par mauvaise compréhension, car le sens que le récepteur attribue au signal (A) n'est pas celui que l'émetteur cherche à établir (X).

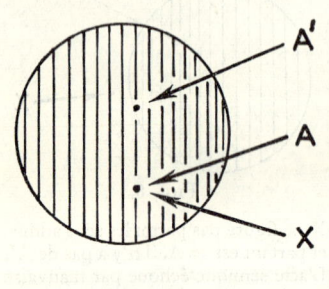

Fig. 10.

X figure parmi les sens admis, et est = A, mais il y a A'. L'acte sémique échoue par ambiguïté, car le récepteur ne sait pas si l'émetteur cherche à établir le sens A ou le sens A'.

car le récepteur ne sait s'il doit attribuer au signal le sens « demande du crayon noir » ou le sens « demande du crayon rouge ».

Des échecs comme ceux que nous venons de considérer sont moins vraisemblables pour les actes sémiques non linguistiques. Un tel acte sémique qui échoue par ambiguïté ne serait guère concevable; mais on peut en imaginer qui échouent par mauvaise compréhension. Supposons, par exemple, que pour interdire le passage sous un viaduc aux véhicules de plus de 3,5 mètres de hauteur on place le signal représenté dans la figure 6 à un endroit déterminé de la route, sans remarquer qu'entre le signal et le viaduc il y a le passage à niveau d'une ligne électrifiée : l'automobiliste conclut qu'il y a limitation de hauteur, non pour passer sous le viaduc, mais sous la caténaire, et l'acte sémique échoue par mauvaise compréhension.

Les graphiques des figures 7 à 10 résument les principales possibilités de réussite ou d'échec d'un acte sémique. Le cercle représente les sens admis par le signal, le point A représentant celui de ces sens qui est le plus favorisé par les circonstances. Si au lieu d'un sens il y en a deux également favorisés et plus favorisés que tout autre, on les représente par A et A'. Enfin, le point X représente le sens que l'émetteur cherche à établir.

LE SIGNIFIÉ ET LE CHAMP NOÉTIQUE

On se souviendra que le signal est un indice, à caractéristiques spéciales certes, mais en tout cas un indice, et que, comme tel, il fournit une indication. Ce qu'on a vu dans les deux derniers paragraphes montre en quoi consiste cette indication : le signal indique au récepteur que le sens que l'émetteur cherche à établir figure parmi ceux qu'il admet.

On n'a pas tout dit, cependant, à propos d'une indication lorsque, comme ci-dessus, on a déterminé ce qu'on peut appeler son aspect positif : elle a aussi un aspect négatif, dont il faut également tenir compte. Un indice, en effet, se rapporte toujours à un ensemble d'au moins deux possibilités, et c'est seulement du fait qu'il en élimine une partie, c'est-à-dire indique qu'une ou plusieurs de ces possibilités ne sont pas celle qui se réalise, qu'il indique que cette dernière figure parmi les autres possibilités, parmi les non éliminées. Supposons, par exemple, qu'on ait entendu passer un animal et que cet animal ne puisse être que le cheval, l'âne ou le bœuf de la ferme voisine. Les traces qu'il a laissées fournissent une indication : par exemple, les empreintes d'un fer à cheval indiquent que cet animal est le cheval ou l'âne. Or, s'il peut y avoir indication, c'est qu'il y a plus d'une possibilité en jeu : le bruit remarqué peut avoir été provoqué par le passage du cheval, de l'âne ou du bœuf. Et c'est seulement du fait que les traces éliminent une possibilité (= le bœuf) qu'elles indiquent que celle qui se réalise (= l'animal qui est effectivement passé) est une des deux autres. Il ne suffit donc pas de dire que les traces indiquent que l'animal dont elles proviennent est le cheval ou l'âne : pour déterminer l'indication que ces traces fournissent, il faut tenir compte aussi des possibilités éliminées ou, ce qui revient au même, de l'ensemble initial de possibilités; bref, d'une façon ou d'une autre, il faut, dans l'exemple, tenir compte aussi du bœuf.

Le double aspect, positif d'un côté et négatif de l'autre, de toute indication, s'explique du fait qu'une indication est toujours l'indication d'une classe de possibilités à laquelle appartient la possibilité qui se réalise effectivement : ainsi les traces en forme de fer à cheval indiquent, dans l'exemple considéré ci-dessus, que l'animal échappé appartient à la classe des « équidés ». Or, une classe n'est pas une entité absolue, puisqu'elle n'existe que par rapport à une autre classe, appelée son « complément » et composée de tous les individus pris en considération qui n'appartiennent pas à la première. La conséquence de ce fait fondamental est qu'une indication ne saurait jamais être l'indication d'une classe et seulement d'une classe : en indiquant une classe à laquelle appartient la possibilité qui se réalise, l'indice indique aussi, nécessairement, une autre classe, à laquelle la possibilité mentionnée n'appartient pas et qui est le complément de la première. Les individus pris en considération, lors de l'indication, sont les possibilités en jeu. La classe à laquelle l'indice indique qu'appartient la possibilité qui se réalise est celle que forment les possibilités non éliminées, et le complément de cette classe est par conséquent la classe que forment les possibilités en jeu qui sont éliminées par l'indice. En indiquant, par exemple, que l'animal échappé appartient à la classe des « équidés », les traces indiquent aussi nécessairement la classe des « bovins », à laquelle l'animal échappé n'appartient pas et qui est le complément de la première, puisque toutes les possibilités en jeu, c'est-à-dire tous les animaux pouvant être celui qui s'est échappé, appartiennent soit à l'une soit à l'autre.

Ces considérations sont bien entendu valables dans le cas du signal et de l'indication qu'il fournit : comme tout indice, le signal se rapporte à un ensemble de possibilités et indique une classe à laquelle appartient la possibilité qui se réalise, c'est-à-dire le sens que l'émetteur cherche à établir. Cette classe se compose des possibilités non éliminées par le signal qui sont, naturellement, les sens qu'il admet, et elle constitue ce qu'on appelle le « signifié » du signal. Un signal indique donc que le sens que l'émetteur cherche à établir appartient à son signifié mais, comme tout indice, il indique aussi, nécessairement, une autre classe à laquelle ce sens n'appartient pas.

Cette classe-ci, qui est le complément du signifié d'un signal, n'est pas cependant, comme on peut le croire à première vue, celle que forment tous les sens exclus par le signal, puisque l'ensemble des possibilités en jeu auquel un signal se rapporte en tant qu'indice n'est pas constitué par tout sens imaginable et, par conséquent, les sens exclus par le signal ne sont pas tous à compter comme des possibilités éliminées. Parmi les sens exclus il faut distinguer, en effet, ceux qui sont également exclus par tous les autres signaux appartenant au même code, et ceux qui, bien qu'exclus par le signal en question, sont au contraire admis par d'autres signaux appartenant au même code. Soit, par exemple, le signal représenté dans la figure 11, appartenant au code « feux des navires à la mer ». Parmi les sens que ce signal exclut figurent : « information qu'un navire déterminé et qui n'est pas l'émetteur est un voilier »; et « information que l'émetteur est un navire à moteur ». Or, le premier des sens mentionnés est également exclu par tous les autres signaux appartenant au même code que le signal de la figure 11 : aucun des signaux de ce code, en effet, n'admet un sens qui consiste en une information à propos d'un navire autre que l'émetteur. Le second des sens mentionnés, par contre, est exclu par le signal en question mais il est admis par d'autres appartenant au même code, par exemple par le signal que montre la figure 12.

Dans les graphiques des figures 7 à 10, les sens admis et les sens exclus par un signal étaient représentés, respectivement, à l'intérieur et à l'extérieur d'un cercle. Or, en tenant compte de la distinction qu'on vient de faire, on peut tracer à l'extérieur de ce cercle, comme le montre la figure 13, un autre cercle plus grand, en

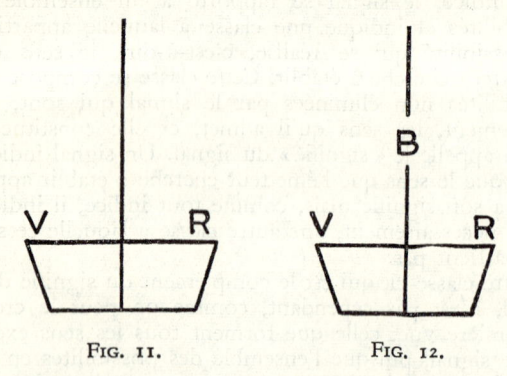

Fig. 11.   Fig. 12.

V : feu vert; R : feu rouge; B : feu blanc.

dehors duquel resteraient les sens exclus par le signal en question qui sont également exclus par tous les autres signaux appartenant au même code. A l'intérieur du grand cercle se trouveraient donc les sens qui sont admis soit par le signal en question (lesquels se trouvent alors à l'intérieur aussi du petit cercle), soit par d'autres signaux appartenant au même code. Ainsi si le signal dont il s'agit est celui de la figure 11, le sens « information qu'un navire déterminé et qui n'est pas l'émetteur est un voilier », qui est exclu par ce signal et par tous les autres appartenant au même code, se trouve en dehors du grand cercle. Par contre le sens « information que l'émetteur est un navire à moteur », qui est exclu par le signal en question mais admis par d'autres appartenant au même code, et le sens « information que le navire émetteur est un voilier », qui est admis par le signal en question, se trouvent l'un et l'autre à l'intérieur du grand cercle : l'un bien entendu à l'extérieur et l'autre à l'intérieur du petit cercle, comme il est indiqué sur la figure 14.

Les sens qui se trouvent à l'intérieur et à l'extérieur du petit cercle peuvent naturellement ne pas être les mêmes pour deux signaux, même si ces signaux appartiennent au même code. On a vu, par exemple, que si le signal dont il s'agit est celui de la figure 11, les sens « information que l'émetteur est un navire à moteur » et « information que l'émetteur est un voilier » se trouvent respectivement à l'extérieur et à l'intérieur

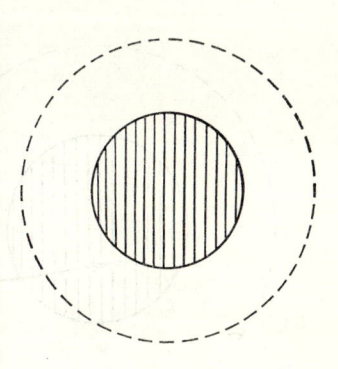

Fig. 13.

du petit cercle *(figure 14)* ; or, si le signal dont il s'agit est celui de la figure 12, les choses se passent exactement à l'inverse en ce qui concerne les deux sens mentionnés. Tant qu'il s'agit de deux signaux appartenant au même code, par contre, les sens qui se trouvent en dehors du grand cercle sont, par définition, toujours les mêmes, et il en va de même, de leur côté, pour ceux qui se trouvent à l'intérieur. Ainsi, qu'il s'agisse du signal de la figure 11 ou de celui de la figure 12 ou d'un autre signal quelconque appartenant au code « feux des navires à la mer », le sens, par exemple, « information qu'un navire déterminé et qui n'est pas l'émetteur est un voilier » se trouve à l'extérieur du grand cercle, les sens « information que l'émetteur est un navire à moteur » et « information que l'émetteur est un voilier » se trouvent à l'intérieur.

Les sens qui se trouvent à l'intérieur du grand cercle et qui, comme nous venons de le voir, sont les mêmes pour tous les signaux d'un code donné, constituent ce qu'on appellera le « champ noétique » de celui-ci. Font partie du champ noétique d'un code les sens qui sont admis au moins par un de ses signaux. Au contraire, les sens qui sont exclus par tous les signaux d'un code donné restent en dehors du champ noétique de ce code.

Ayant ainsi défini le champ noétique, revenons au signal et à l'indication qu'il fournit. L'ensemble initial des

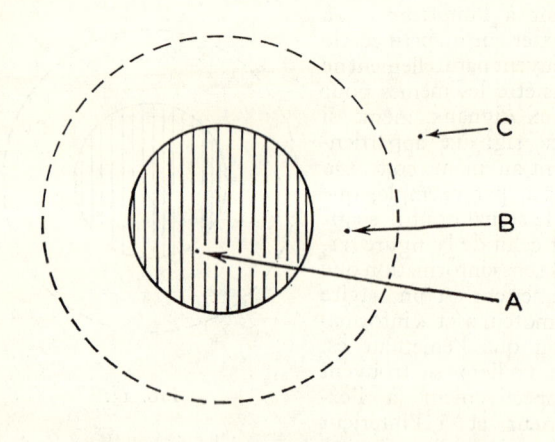

Fig. 14.

A : « information que le navire émetteur est un voilier »;
B : « information que le navire émetteur est un navire à moteur »;
C : « information qu'un navire déterminé et qui n'est pas l'émetteur est un voilier. »

possibilités auquel un signal se rapporte en tant qu'indice, avons-nous dit, n'est pas constitué par tout sens imaginable : or cet ensemble de possibilités est constitué seulement par les sens faisant partie du champ noétique du code respectif. On se souviendra, en effet, que l'emploi d'un code déterminé est un des éléments qui constituent la situation où l'acte sémique a lieu. Les sens qui se trouvent en dehors du champ noétique d'un code étant ceux qui sont exclus par tous les signaux appartenant à ce code, ils ne sauraient jamais, dans une situation où l'on emploie celui-ci, être le sens que l'émetteur cherche à établir et, par conséquent, ne sauraient constituer des possibilités auxquelles le signal se rapporterait et qu'il éliminerait. En aucun cas, par exemple, dans une situation où l'on emploie le code « feux des navires à la mer », le sens que l'émetteur cherche à établir ne pourrait être « information qu'un navire déterminé et qui n'est pas l'émetteur est un voilier », et, par conséquent, ce sens ne saurait constituer une possibilité à laquelle un signal du code en question se rapporterait en tant qu'indice. Au contraire, un sens faisant partie du champ noétique d'un code donné, puisqu'il est admis au moins par un signal de ce code, peut parfaitement, dans une situation où l'on emploie celui-ci, être le sens que l'émetteur cherche à établir. On a vu, par exemple, que le sens « information que l'émetteur est un voilier » fait partie du champ noétique du code « feux des navires à la mer »; or il n'est pas impossible, dans une situation où l'on emploie ce code, que le sens mentionné soit celui que l'émetteur cherche à établir, et ce sens constitue en conséquence une possibilité à laquelle chaque signal du code en question se rapporte en tant qu'indice.

Nous avons dit, d'autre part, que les possibilités que le signal élimine ne sont pas simplement les sens qu'il exclut. Or, après avoir déterminé quel est l'ensemble initial des possibilités, on découvre quelles sont ces possibilités éliminées : les possibilités que le signal élimine sont les sens qu'il exclut et qui appartiennent au champ noétique du code en cause.

Puisque le signifié d'un signal, comme toute classe d'ailleurs, n'est ce qu'il est que par rapport à son complément, s'il est identique au signifié d'un autre signal, leurs compléments respectifs sont eux aussi identiques. Il s'ensuit que deux signaux ont des signifiés identiques seulement si les sens admis (= possibilités non éliminées) et les sens exclus et appartenant au champ noétique (= possibilités éliminées) sont dans les deux cas les mêmes. Autrement, les signifiés en question sont différents. Cela explique pourquoi, même si le signal représenté par la figure 6, par exemple, et la pancarte que montre la figure 15, admettent pratiquement les mêmes sens et, dans un emploi concret, par exemple, devant l'arche d'un viaduc, peuvent avoir le même sens, leurs signifiés sont différents : le champ noétique du code constitué par les signaux routiers est relativement très restreint, celui du code linguistique auquel appartient un signal écrit est pratiquement illimité; autrement dit, on peut « dire » beaucoup plus de choses en parlant ou en écrivant une langue qu'au moyen du code de la route et, par conséquent, les possibilités éliminées par la pancarte de la figure 15 sont beaucoup plus nombreuses que les possibilités éliminées par le signal de la figure 6.

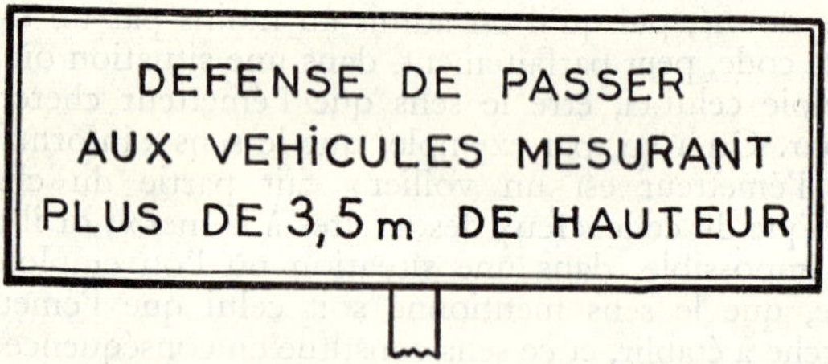

```
DEFENSE DE PASSER
AUX VEHICULES MESURANT
PLUS DE 3,5 m DE HAUTEUR
```

Fig. 15.

On comprend maintenant aussi que le sens et le signifié d'un signal sont deux choses bien différentes : le sens est un rapport social concret, le signifié par contre est une classe de rapports sociaux, c'est-à-dire une entité abstraite. Dans deux actes sémiques, les sens respectifs peuvent être identiques et les signifiés différents, comme, par exemple, dans le cas de la pancarte et du signal routier que l'on vient de considérer. Ou bien, à l'inverse, les sens peuvent différer et les signifiés être identiques ; on a vu, par exemple, que lorsque M. Durand prononce la phrase *Quelle heure est-il ?* pour demander l'heure à M. Dubois, et lorsque M. Dupont prononce la même phrase pour demander l'heure à M. Duparc, on a affaire à des sens différents ; or le signifié est évidemment le même dans les deux cas.

Lorsque les champs noétiques des codes auxquels appartiennent deux signaux sont identiques et que ces signaux admettent exactement les mêmes sens, les sens qu'ils excluent et qui appartiennent au champ noétique sont nécessairement eux aussi les mêmes. Cela veut dire que, lorsque les champs noétiques des codes respectifs sont identiques, on peut déterminer si les signifiés de deux signaux sont identiques ou non en tenant compte seulement des sens admis par ces signaux. Or, en général, c'est lorsque deux signaux appartiennent au même code qu'il est intéressant de déterminer si leurs signifiés sont identiques ou différents et, dans ces cas, puisqu'il s'agit de deux signaux d'un même code, on n'a affaire pour les deux signaux qu'à un seul et même champ noétique. Pour conclure donc à l'identité ou à la différence des signifiés de deux signaux appartenant au même code, il suffit de tenir compte du seul facteur qui peut varier, c'est-à-dire des sens qu'ils admettent : s'ils admettent les mêmes sens, les sens appartenant au champ noétique qu'ils excluent sont eux aussi les mêmes et leurs signifiés sont par conséquent identiques ; sinon, leurs signifiés sont différents.

LES TRAITS PERTINENTS DU SENS

On a vu que la condition indispensable pour qu'un indice soit tel est d'éliminer une partie des possibilités auxquelles il se rapporte. Or cette élimination se produit de la façon suivante : l'indice suppose la présence, dans la possibilité qui se réalise, de traits que toutes les possibilités en jeu ne présentent pas. Les possibilités éliminées sont celles qui se trouvent dans ce cas, c'est-à-dire qui ne présentent pas les traits en question ; les possibilités non éliminées, parmi lesquelles l'indice indique que se trouve celle qui se réalise, sont les possibilités qui, au contraire, présentent ces traits. Reprenons, pour illustrer cela, l'exemple considéré précédemment : l'animal qui est passé par le sentier ne peut être que le cheval, l'âne ou le bœuf de la ferme voisine ; la forme des traces qu'il a laissées élimine une de ces possibilités, le bœuf, et indique ainsi que celle qui se réalise (= l'animal qui est effectivement passé) est une des deux autres : le cheval ou l'âne. Or cette élimination se produit du fait que la forme des traces fait supposer que l'animal dont elles proviennent est un équidé ; en d'autres mots, elle suppose la présence du trait « équidé » dans la possibilité qui se réalise ; la possibilité éliminée, le bœuf, est celle qui ne présente pas ce trait et les possibilités non éliminées, parmi lesquelles la forme des traces montre que se trouve celle qui se réalise, sont les possibilités qui présentent le trait en question.

Les choses ne se passent pas différemment pour les indices qui sont des signaux. Si le signal élimine une partie des possibilités auxquelles il se rapporte en tant qu'indice, c'est-à-dire s'il exclut une partie des sens appartenant au champ noétique, c'est parce qu'il suppose, dans le sens que l'émetteur cherche à établir, la présence de traits que tous les sens du champ noétique ne présentent pas. Les sens du champ noétique exclus par le signal sont ceux qui ne présentent pas les traits en question ; les sens admis, parmi lesquels le signal indique que se trouve celui que l'émetteur cherche à établir, sont ceux qui appartiennent au champ noétique et présentent ces traits. Le sens « information que l'émetteur est un navire à moteur », par exemple, est un des sens exclus par le signal de la figure 17 et qui appartiennent au champ noétique du code correspondant (voir *figure 14*). Or, s'il est exclu, c'est parce que le signal en question suppose, dans le sens que l'émetteur cherche à établir, la présence du trait « voilier », que le sens mentionné ne présente pas. Le sens « information que l'émetteur est un voilier », au contraire, est admis par le signal de la figure 16 (voir aussi *figure 14*) ; et cela du fait qu'il appartient au champ noétique et présente le trait « voilier » et tous les autres traits qui sont dans le même cas par rapport au signal en question. Soit encore un autre exemple, linguistique celui-ci : le sens « demande du cahier », qui appartient au champ noétique du français, est exclu par le signal [doné mwa lə kréjõ] *(Donnez-moi le crayon)*, du fait qu'il ne présente pas le trait « crayon » que ce signal suppose dans le sens que l'émetteur cherche à établir ; le sens « demande du crayon noir », au contraire, est admis, puisqu'il présente le trait « crayon » et tous les autres qui sont dans le même cas par rapport au signal mentionné.

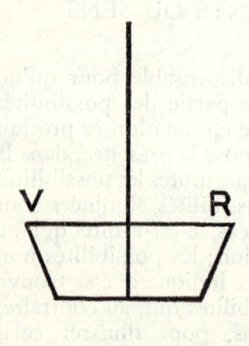

Fig. 16.

De ces traits, qu'un signal suppose dans le sens que l'émetteur cherche à établir et qui ne figurent pas dans tous les sens du champ noétique, on dira qu'ils « composent » le signifié du signal en question. Le trait « voilier », par exemple, est un de ceux qui composent le signifié du signal que montre la figure 16; le trait « crayon », un de ceux qui composent le signifié du signal [doné mwa lᵊ kréjõ].

Le signifié d'un signal peut être déterminé en tenant compte du champ noétique du code correspondant, et des traits qui le composent. En effet, lorsque ces deux facteurs sont identiques pour deux signaux donnés, les sens appartenant au champ noétique du code correspondant que chacun admet ou exclut sont nécessairement les mêmes, et par conséquent leurs signifiés sont identiques. Il suffit, par contre, qu'un des facteurs mentionnés soit différent pour que les sens admis ou exclus et appartenant au champ noétique ne soient pas les mêmes pour les deux signaux en question et, par conséquent, pour que leurs signifiés soient différents. L'identité des champs noétiques des codes respectifs va de soi lorsqu'il s'agit de deux signaux appartenant au même code. Il suffit donc, pour constater l'identité ou la différence des signifiés de deux signaux appartenant au même code, de tenir compte seulement des traits qui les composent.

Le sens d'un acte sémique présente nécessairement les traits qui composent le signifié du signal. Ainsi le sens d'un acte sémique dont le signal est celui de la figure 16 présente nécessairement le trait « voilier »; le sens d'un acte sémique dont le signal est [doné mwa lᵊ kréjõ] présente nécessairement le trait « crayon », etc. Mais il peut, naturellement, présenter d'autres traits en plus. Par opposition à ces derniers, qu'on appelle traits « non pertinents », ceux qui composent le signifié sont appelés traits « pertinents ». Les linguistes appellent « commutation » le procédé qui permet de déterminer les traits pertinents du sens d'un acte sémique. Il consiste à remplacer les traits du sens et observer le rapport où se trouve, vis-à-vis du signal, le sens qui en résulte. Un trait est pertinent lorsqu'en le remplaçant on peut obtenir un sens appartenant au champ noétique et exclu par le signal.

Selon la nature du problème dont on traite, il sera plus aisé de déterminer le signifié du signal en considérant, en plus du champ noétique du code correspondant, soit les sens que le signal admet, soit les traits qui composent le signifié en question. Mais, bien entendu, cela n'est qu'une question de commodité, et tout ce qui est dit à propos du signifié d'un signal en tenant compte des sens admis, on peut le dire également en tenant compte des traits qui le composent et vice versa.

TYPES DE DIFFÉRENCE POSSIBLES ENTRE DEUX SIGNIFIÉS

Dans tous les cas où deux signaux appartenant au même code n'admettent pas les mêmes sens, leurs signifiés, d'après ce qu'on a vu, sont différents. La différence, cependant, n'est pas toujours de même nature; trois possibilités sont à distinguer.

Il est possible, en premier lieu, que les signifiés de deux signaux diffèrent du fait qu'aucun des sens admis par l'un de ces signaux n'est admis par l'autre. La figure 17 illustre graphiquement ce type de différence : le grand cercle pointillé représente le champ noétique du code auquel les signaux en question appartiennent et les deux petits cercles à trait uni l'ensemble des sens que chacun admet. Puisqu'il n'y a pas de sens admis par les deux signaux, ces deux petits cercles n'ont aucune partie commune. Ce type de différence se rencontre, par exemple, entre les signifiés des signaux [doné mwa lə kréjõ] *(Donnez-moi le crayon)* et [doné mwa lə kajé] *(Donnez-moi le cahier)* : aucun sens qu'on puisse établir avec l'un, en effet, ne saurait être établi avec l'autre. Par exemple, M. Durand peut, avec le premier, demander à M. Dubois son crayon noir, ce qu'il ne pourrait évidemment pas faire avec l'autre; et avec celui-ci M. Durand peut demander à M. Dubois son cahier, ce qu'il ne pourrait évidemment pas faire avec le

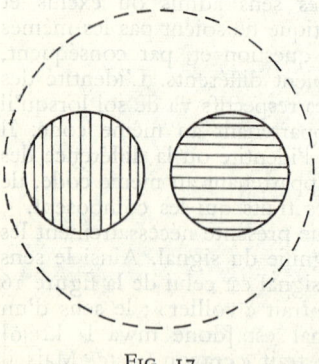

FIG. 17.

premier. Un exemple non linguistique de signaux dont les signifiés sont en opposition est fourni par les signaux que montrent les figures 18 et 19: ce qu'on « dit » au

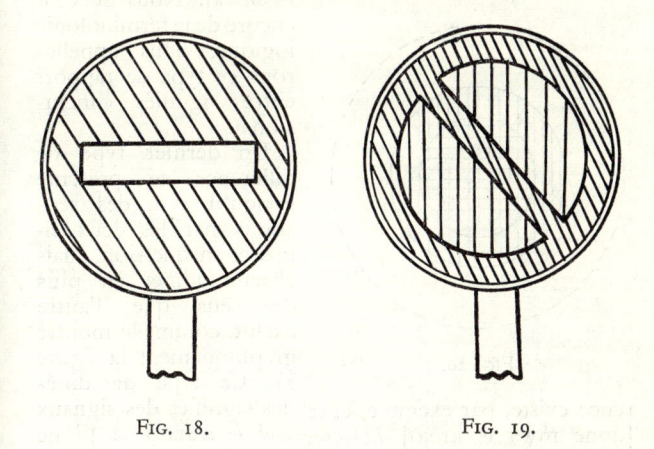

Fig. 18. Fig. 19.

moyen de l'un ne pourrait évidemment, en aucun cas, être « dit » avec l'autre. La logique appelle « exclusion » le rapport qu'il y a entre deux classes n'ayant aucun membre commun. Puisque les signifiés, nous le savons, sont des classes de messages, nous pouvons employer le même terme pour désigner le rapport en question et dire, par exemple, qu'entre les signifiés des signaux [doné mwa lə kréjõ] et [doné mwa lə kajé], ou entre ceux que montrent les figures 18 et 19, il y a un rapport d'exclusion.

On a affaire à un deuxième type de différence lorsque tous les sens admis par l'un des signaux en question sont admis aussi par l'autre, et que celui-ci admet en plus des sens que le premier exclut. La figure 20 représente graphiquement ce type de différence. Sont en rapport de restriction, par exemple, les signifiés des signaux [doné mwa lə kréjõ] *(Donnez-moi le crayon)* et [doné lə mwa] *(Donnez-le-moi)* : tous les sens qu'admet le premier, comme « demande du crayon noir », « demande du crayon rouge », etc., sont également admis par le dernier, mais celui-ci admet en plus des sens comme « demande du cahier », etc., que celui-là ne saurait admettre. Dans la figure 20, donc, le petit cercle à trait uni représente les sens admis par le signal [doné mwa lə kréjõ], et le grand cercle à trait uni les sens admis par le signal [doné lə mwa]. Nous servant encore de la terminologie logique, nous appellerons ce type de rapport entre signifiés « inclusion ».

Un dernier type de différence se présente lorsqu'il y a des sens admis par les deux signaux en question, mais chacun admet en plus des sens que l'autre exclut, comme le montre graphiquement la figure 21. Ce type de différence existe, par exemple, entre les signifiés des signaux [doné mwa lə kréjõ] *(Donnez-moi le crayon)* et [doné mwa lə nwar] *(Donnez-moi le noir)*. Il y a, en effet, des sens comme « demande du crayon noir » qui sont admis par l'un et par l'autre ; mais il y a aussi des sens, comme « demande du crayon rouge », qui ne sont admis que par le premier et des sens comme « demande du cahier noir », qui ne sont admis que par le dernier. Le terme « intersection » que nous empruntons également à la logique, désignera ce type de rapport entre signifiés.

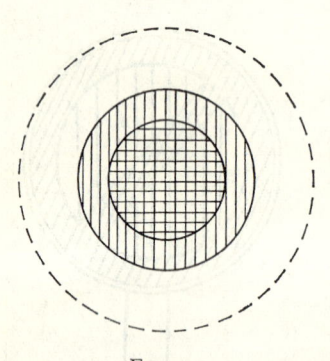

Fig. 20.

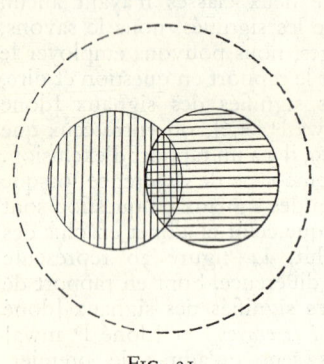

Fig. 21.

Pour les deux derniers types de différence, l'inclusion et l'intersection, je n'ai donné que des exemples linguistiques. Ce n'est pas une omission : on verra en temps utile qu'on ne trouve pas dans tout code tous les types possibles de différence entre signifiés, et que cela constitue une donnée d'importance pour la typologie sémiologique.

LE SIGNIFIANT

Un signal, on s'en souviendra, est produit pour atteindre un résultat, savoir pour établir un rapport social de type information, question ou ordre. On peut donc le considérer comme un instrument, un outil. Or, considérons deux signaux appartenant au même code et ayant le même signifié, comme c'est le cas, par exemple, pour les signaux représentés dans la figure 22, ou pour les signaux

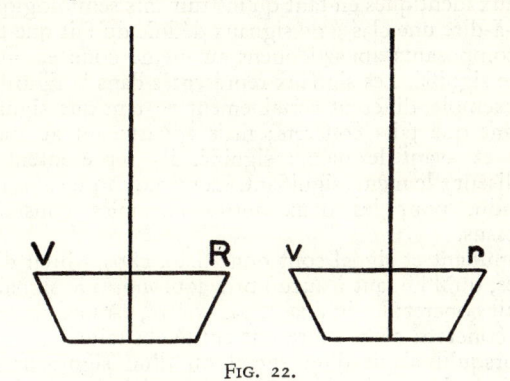

Fig. 22.

V, v : feux verts, à tons différents;
R, r : feux rouges, à tons différents.

[doné mwa lə kréjõ] et [doné mwa lə kʀéjõ] *(Donnez-moi le crayon* prononcé avec [r] roulé et avec [ʀ] grasseyé respectivement), ou encore pour les signaux [aséjé vu] *(Asseyez-vous)* et [aswajé vu] *(Assoyez-vous)*. Puisque les signaux en question dans chaque cas appartiennent au même code, dans une situation où l'on emploie l'un on peut toujours employer l'autre et vice versa. Et puisqu'ils ont le même signifié, on peut toujours employer l'un pour atteindre le même résultat qu'on atteint en employant l'autre et vice versa. Si, par contre, deux signaux appartiennent à des codes distincts, dans une situation où l'on emploie l'un on ne saurait jamais employer l'autre. Et s'ils ont des signifiés différents, l'indication qu'on fournit en émettant l'un des signaux en question ne saurait en aucun cas être fournie en émettant l'autre et il peut y avoir par conséquent des cas où le résultat que l'on atteint en se servant de l'un ne puisse être atteint au moyen de l'autre. Deux signaux, donc, appartenant au même code et ayant le même signifié, et seulement deux signaux remplissant ces conditions, sont tout à fait équivalents en tant qu'instruments pour établir des rapports sociaux des types mentionnés ou, en d'autres termes, en tant qu'instruments sémiologiques.

Ce qu'on appelle un « signifiant » est une classe de signaux identiques en tant qu'instruments sémiologiques, c'est-à-dire une classe de signaux définie du fait que tous ses composants appartiennent au même code et ont le même signifié. Les signaux représentés dans la figure 22, par exemple, diffèrent certainement en tant que signaux, en tant que faits concrets ; mais appartenant au même code et ayant le même signifié, ils représentent ou « réalisent » le même signifiant. La même chose vaut, bien entendu, pour les deux autres exemples considérés ci-dessus.

Signifiant et signal sont donc deux choses bien différentes, qu'il ne faut à aucun prix confondre : le signal est un fait concret ; le signifiant, par contre, est une classe de faits concrets, c'est-à-dire une entité abstraite.

Lorsqu'il s'agit d'un signal ou d'un signifiant linguistique, la notation les distingue parfaitement : le signal, comme on l'a fait jusqu'ici, est représenté en caractères phonétiques placés entre crochets [ ], tandis que le signifiant est représenté en caractères phonétiques aussi, mais placés entre barres obliques / /. Une suite de caractères phonétiques placés entre barres obliques ne se réfère donc pas à un fait concret, mais à une classe de faits concrets. Dans les autres cas, c'est-à-dire lorsqu'il s'agit d'un signal ou d'un signifiant non linguistique, il n'y a aucune convention qui permette de les représenter sans danger de confusion. Il faudra donc employer pour les signifiants des figures, comme celles qui ont servi pour représenter les signaux, avec la précaution, bien entendu, d'indiquer chaque fois dans le texte s'il s'agit d'un signal ou d'un signifiant.

LES TRAITS PERTINENTS DU SIGNAL

Un signifiant peut encore être défini autrement. On a, en effet, déjà mentionné la commutation. Appliquée au signal (pour lequel elle a été originairement conçue), elle consiste à remplacer les traits de celui-ci et à constater si ce qui en résulte est ou non un autre signal appartenant au même code et, en cas affirmatif, si ce signal-ci a ou non le même signifié. Laissant de côté des détails, on peut dire que ce procédé permet de distinguer, dans le signal, deux sortes de traits.

En remplaçant certains traits d'un signal on obtient un autre signal appartenant au même code et ayant un signifié différent ou, éventuellement, quelque chose qui n'est pas un signal appartenant au même code, mais jamais un autre signal appartenant au même code et ayant le même signifié. Les traits qui se trouvent dans ce cas sont les traits « pertinents » du signal. Ainsi, en remplaçant dans le signal de la figure 23 le trait « dessin d'un vélo » par un autre trait, on obtient, soit un autre signal appartenant au même code et ayant un signifié différent *(fig. 24)*, soit quelque chose qui n'est pas un signal appartenant au même code *(fig. 25)*. Mais on n'obtient jamais, en remplaçant le trait « dessin d'un vélo », un autre signal appartenant au même code et ayant le même signifié. Le trait en question est donc un trait pertinent.

En remplaçant d'autres traits, par contre, on obtient, soit un signal appartenant au même code et ayant le même signifié, soit, éventuellement, quelque chose qui n'est pas un signal appar-

FIG. 23.

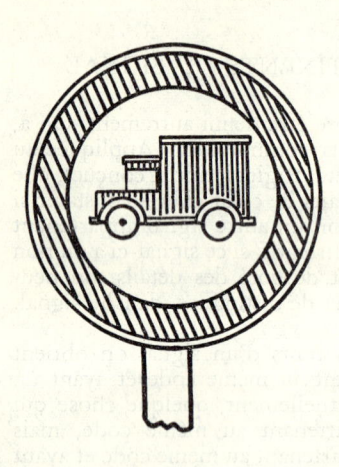

FIG. 24.

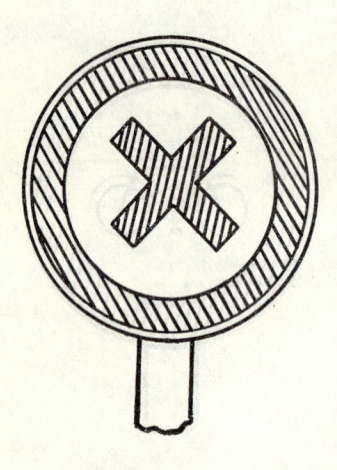

FIG. 25.

tenant au même code, mais jamais un autre signal appartenant au même code et ayant un signifié différent. Les traits qui se trouvent dans ce cas sont les traits « non pertinents » du signal. Si on remplace, par exemple, dans le signal de la figure 23, la couleur « bleu foncé » du dessin par une autre couleur, on obtient, soit un autre signal appartenant au même code et ayant le même signifié (en remplaçant, par exemple, « bleu foncé » par « noir »), soit quelque chose qui n'est pas un signal appartenant au même code (en remplaçant, par exemple « bleu foncé » par « jaune »), mais jamais un autre signal appartenant au même code et ayant un signifié différent. Le trait constitué par le « bleu foncé » du dessin est donc un des traits non pertinents du signal de la figure 23.

En remplaçant donc un trait d'un signal de façon qu'il en résulte un autre signal appartenant au même code, le nouveau signal a toujours un signifié différent si le trait remplacé est un trait pertinent, et toujours le même signifié si le trait remplacé est un trait non pertinent. Or cela implique, d'une part, que tous les signaux appartenant au même code qu'un signal donné et ayant le même signifié présentent les traits pertinents de ce signal, et, d'autre part, que tous les signaux appartenant au même code qu'un signal donné et présentent ses traits pertinents ont le même signifié que ce signal. Le fait donc d'avoir un signifié donné et de présenter certains traits pertinents déterminés sont deux choses qui vont absolument de pair pour un signal et, par conséquent, un signifiant, qui avait été défini comme une classe de signaux appartenant au même code et ayant le même signifié, peut être défini aussi comme une classe de signaux appartenant au même code et présentant les mêmes traits pertinents.

LE SÈME

Un signifié, avec le signifiant correspondant, constituent ensemble ce qu'on appelle un « signe » ou, avec moins de risques d'équivoque, un « sème ». Le signifié et le signifiant sont les « faces » du sème, qui est donc une entité « à deux faces ».

Le terme dont on se sert pour désigner l'entité qui nous occupe mérite un commentaire. Lorsqu'on emploie l'expression « système de signes », comme le font, par exemple, Saussure dans le passage cité de son cours de 1908, ou Martinet dans « Travaux du Cercle linguistique de Copenhague », volume 5, p. 32, le terme « signe » y est sans doute synonyme de « sème ». Mais, en dehors de cette expression, le terme « signe » a été employé de préférence, et surtout par les linguistes, comme désignation d'autres entités à deux faces, celles qui dans certains codes composent les sèmes (voir le paragraphe suivant). Les malentendus qui pourraient résulter de ce double emploi du terme en question peuvent être évités en imitant Buyssens et en désignant toujours par « sème » l'entité définie ci-dessus — au moins en dehors de l'expression « système de signes ». Le terme « signe » peut ainsi être employé — à part l'exception signalée — toujours dans le sens que les linguistes lui donnent habituellement.

Il est important de ne pas tomber dans l'erreur fréquente

qui consiste à penser que le sème linguistique est le mot et qu'un mot est, partant, une entité sémiologique du même ordre que, par exemple, le feu vert ou le disque de sens interdit. Le correspondant linguistique d'entités comme celles-ci est ce que j'appellerai l'« énoncé »; un énoncé est une phrase ou tout ce qui, n'étant pas une phrase, peut être prononcé comme elle entre deux silences et servir pour un acte sémique.

L'ARTICULATION DU SÈME OU PREMIÈRE ARTICULATION

Dans certains codes, chaque sème se présente comme une combinaison d'entités plus petites et également à deux faces, qui se retrouvent toutes dans d'autres sèmes. La face signifiée ou, simplement, le « signifié » de ces entités est constitué par une partie (déterminable à certains traits) du signifié du sème où elles figurent; leur face signifiante, ou « signifiant », par une partie du signifiant respectif (également déterminable à certains traits). Ces codes, dit-on, présentent la « première articulation », et leurs sèmes sont « articulés ».

Soit, par exemple, le sème constitué par une formule mathématique comme $2 + 4 = 6$. Une partie du signifiant de ce sème, le 2, forme avec une partie du signifié une entité qui se retrouve identique, tant en ce qui concerne sa face signifiante qu'en ce qui concerne sa face signifiée, dans d'autres sèmes comme, par exemple, dans le sème $2 - 1 < 3 - 1$. Une autre partie du signifiant, le $+$, constitue à son tour, avec une autre partie du signifié, une autre entité qui figure, par exemple, dans le sème $3 + 3 \neq 5$. Et la même chose pourrait évidemment être dite à propos du 4, du $=$ et du 6.

Ces entités à deux faces, qui, dans certains codes, composent les sèmes, sont généralement appelées « signes ». On dira donc que le sème $2 + 4 = 6$ se compose de cinq signes ou qu'il s'articule en cinq signes : 2, $+$, 4, etc.

Le code appelé « langue française » et, comme nous le verrons, tous les codes traditionnellement appelés « langues », sont de ceux dont les sèmes sont articulés. Un sème comme, par exemple, l'énoncé *Il arrive demain*, s'articule au moins en quatre signes : *il, arrive, demain* et l'« intonation informative ». Le signe *il* se retrouve, par exemple, dans le sème *Il essaie son costume;* le signe *arrive,* dans *J'arrive jeudi,* etc. Quant à l'intonation informative, elle se retrouve dans tous les sèmes mentionnés (mais non, par exemple, dans le sème *Il arrive demain ?*).

Comme le signe constitué par l'intonation informative de l'exemple précédent le laisse déjà prévoir, l'articulation du sème ne suppose pas la « linéarité » du signifiant; c'est-à-dire que le signifiant d'un sème articulé n'est pas nécessairement une « chaîne » dont les segments constitueraient les signifiants des signes qui le composent. Il y a des codes où l'on ne trouve aucune trace de « linéarité » du signifiant, ce qui n'empêche pas qu'ils présentent la première articulation. La figure 26 en reproduit un qui est,

"colonel d'infanterie"   "colonel d'artillerie"

"capitaine d'infanterie"   "capitaine d'artillerie"

"lieutenant d'infanterie"   "lieutenant d'artillerie"

FIG. 26.

avec bien des simplifications (dont le lecteur s'explique facilement le besoin), celui dont les armées de beaucoup de pays se servent pour indiquer l'arme et le grade de leurs officiers. Chacun des sèmes qui composent ce code peut être analysé en deux signes. Le sème dont le signifié est

« capitaine d'infanterie », par exemple, se compose d'un signe dont le signifiant est constitué par la couleur verte et dont le signifié est constitué par le trait « d'infanterie »; et d'un autre signe ayant comme signifiant les deux étoiles et comme signifié le trait « capitaine ». Chacun de ces signes se retrouve au moins dans un autre sème du code en question: le premier, par exemple, dans le sème dont le signifié est « colonel d'infanterie » et l'autre dans le sème dont le signifié est « capitaine d'artillerie ».

La première articulation semble répondre à un besoin d'économie. En effet, le rapport entre les deux composants du sème, signifié et signifiant, est conventionnel ou, comme dit Saussure, « arbitraire », ce qui veut dire qu'il n'y a aucune raison intrinsèque pour que les signaux présentant tels traits déterminés admettent tels sens déterminés et en excluent tels autres. Le caractère conventionnel du sème exige naturellement un effort de mémoire à celui qui veut se servir d'un code, effort qui est plus grand à mesure qu'est plus grand le nombre de sèmes qui composent le code en question. Or la première articulation rétrécit l'arbitraire, de façon qu'à égalité du nombre de sèmes, pour manier un code présentant cette articulation il faut retenir un nombre de rapports conventionnels moindre que pour manier un code composé de sèmes non articulés. Ainsi, si le code de la figure 26 ne présentait pas la première articulation, il faudrait pour le manier retenir six rapports conventionnels entre signifiant et signifié, un pour chacun des sèmes qui le composent. Grâce à la première articulation, par contre, il suffit d'en retenir seulement cinq, un pour chacun des cinq signes que montre la figure 27 et qui, diversement combinés, composent les six sèmes du code en question. Naturellement, l'économie est plus appréciable à mesure qu'est plus grand le nombre de sèmes. Que l'on pense, pour s'en rendre compte, au *Basic English* ou au français élémentaire: avec les quelques centaines de vocables et plusieurs douzaines de signes « grammaticaux » (désinences, suffixes, etc.) qu'il faut retenir pour manier ces codes, on peut composer un nombre énorme de sèmes, assez variés pour qu'on puisse établir avec eux pratiquement tout rapport social requis dans la vie de relation normale.

Dans un code présentant la première articulation, établir l'inventaire des signes et les règles de leur combinaison équivaut à établir l'inventaire des sèmes car, d'une part, tout sème est une combinaison de ces signes conformément à ces règles et, d'autre part, toute combinaison de ces signes d'après ces règles est un sème, au moins virtuel. C'est là l'essentiel de cette articulation, et on le rencontre dans toutes les langues et dans d'autres codes non linguistiques comme par exemple la notation mathématique. Il y a des codes, par contre, qui comportent des sèmes analysables totalement ou partiellement en signes, mais qui ne présentent pas la particularité mentionnée et ne méritent pas, en conséquence, d'être considérés comme des codes à première articulation, au moins dans le sens où l'on dit cela, par exemple, d'une langue. L'ensemble des drapeaux des pays du monde, par exemple, constitue vraisemblablement un code. Or, plusieurs sèmes de ce code, savoir, les drapeaux canadien, australien, néo-zélandais, etc., présentent dans ce qui serait le signifiant une partie commune: le petit *Union Jack* qui occupe l'angle supérieur du côté de la hampe. Et à cette partie commune des signifiants correspond une partie commune des signifiés respectifs, l'appartenance au Commonwealth. Le petit *Union Jack* et le trait « du Commonwealth » constituent donc un signe, c'est-à-dire une entité qui se compose d'une partie du signifiant et d'une partie du signifié d'un sème et qui se retrouve identique dans d'autres sèmes. On ne saurait soutenir, pourtant, que le code que forment les drapeaux est un code à première articulation.

Ce sont des raisons semblables, me paraît-il, à l'encontre d'un avis maintes fois exprimé, qui empêchent de consi-

Fig. 27.

"interdit aux cyclistes"

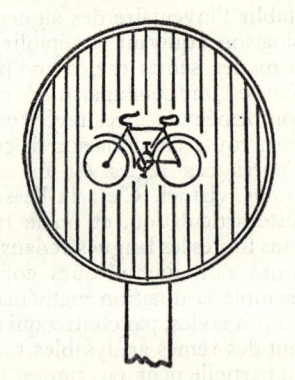

Fig. 28.

"obligatoire pour les cyclistes"

Fig. 29.

"interdit aux camions"

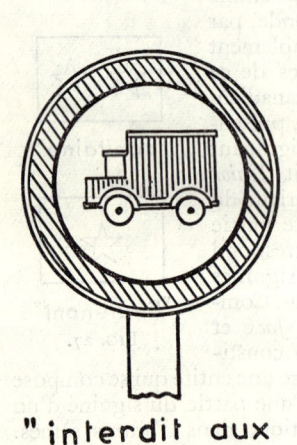

Fig. 30.

dérer la signalisation routière comme un code à première articulation au même titre qu'une langue ou que la notation mathématique. Dans le code de la route il y a même des sèmes qui sont totalement décomposables en signes : dans celui que représente la figure 28, par exemple, le dessin d'un vélo forme avec le trait « (aux) cyclistes » un signe qui se retrouve, par exemple, dans le sème représenté dans la figure 29; et le disque blanc à bords rouges, avec le trait « interdit », un autre signe qui se retrouve, par exemple, dans le sème que montre la figure 30. Il n'en reste pas moins que le code de la route n'est pas susceptible d'être réduit à un inventaire de signes et à quelques règles pour les combiner et, de ce fait, il se trouve plus proche, du point de vue typologique, des codes où aucune analyse du sème en signes n'est possible que des vrais codes à première articulation.

L'ARTICULATION DU SIGNIFIANT OU SECONDE ARTICULATION

Indépendamment du fait que leurs sèmes sont ou non articulés, certains codes présentent une autre articulation : le signifiant de chaque sème — ou, si les sèmes sont articulés, le signifiant de chaque signe — se présente comme une combinaison d'entités qui se retrouvent toutes dans d'autres signifiants. Cette articulation est appelée « seconde articulation ». Un code qui la présente est, par exemple, celui au moyen duquel on informe le public sur le parcours des autobus de la banlieue parisienne. Le signifiant de chacun des sèmes de ce code, en effet, est décomposable en trois entités, chacune desquelles figure aussi comme composant dans le signifiant d'autres sèmes. Soit, par exemple, le sème dont le signifiant est 123 et le signifié « Issy-les-Moulineaux – Porte d'Auteuil ». Le signifiant de ce sème est décomposable en trois entités : 1 — —, qui se retrouve, par exemple, dans le signifiant du sème 192 « Choisy-le-Roi – Sceaux »; — 2 —, qui se retrouve, par exemple, dans le signifiant du sème 220 « Vincennes-Champs », et — — 3, qui se retrouve, par exemple, dans le signifiant du sème 213 « Vincennes-Chelles ».

Les entités en lesquelles est analysable le signifiant des sèmes ou des signes dans les codes présentant la seconde articulation s'appellent « figures ». On dira donc que le signifiant 123 de l'exemple précédent se compose de trois figures ou qu'il s'articule en trois figures : 1, 2 et 3.

Les codes appelés « langues » qui, comme il a été déjà signalé, présentent tous la première articulation, présentent également tous la seconde. Par exemple, le signifiant du signe *rose*, c'est-à-dire /roz/, est une combinaison de trois figures : /r/, /o/ et /z/; la première se retrouve, par exemple, dans le signifiant du signe *route* (/rut/); la deuxième, dans le signifiant du signe *pauvre* (/povr/), et la dernière, dans le signifiant du signe *chaise* (/šez/).

Il ne faut à aucun prix perdre de vue la différence fondamentale qui existe entre la première et la seconde articulation. En vertu de la première on découpe ensemble le signifié et le signifiant du sème, et, par conséquent, les entités qui en résultent, les signes, sont des entités à deux faces. En vertu de la seconde articulation, par contre, on découpe le signifiant, et seulement le signifiant, et naturellement on en obtient les entités à face unique que sont les figures. On voit clairement cela en observant la nature sémiologique différente qu'ont les chiffres arabes dans deux exemples considérés précédemment : dans une formule mathématique et dans le numéro d'une ligne d'autobus de banlieue. On a vu qu'une formule comme 2 + 4 = 6 peut être analysée en 2, +, 4, etc.; ce faisant on découpe certes le signifiant du sème que la formule en question constitue, mais on découpe aussi le signifié; et ce que l'on retrouve dans d'autres sèmes, par exemple dans le sème 2 — 1 < 3 — 1, ce n'est pas seulement une partie du signifiant du premier sème, le 2, mais aussi la partie correspondante du signifié. Par contre, lorsqu'on analyse en 1, 2 et 3 le numéro 123 qui caractérise les autobus faisant le parcours « Issy-les-Moulineaux – Porte d'Auteuil », on découpe le signifiant et seulement le signifiant; et ce qu'on retrouve ailleurs, par exemple dans le sème 192, c'est une partie du signifiant, le 1, et seulement une partie du signifiant, car les signifiés respectifs: « Issy-les-Moulineaux – Porte d'Auteuil » et « Choisy-le-Roi – Sceaux » n'ont certainement rien en commun.

C'est encore la tendance à l'économie qui explique la seconde articulation. Supposons qu'on prétende caractériser chacune des lignes d'autobus de la banlieue de Paris — quatre-vingt quinze selon le Guide édité par A. Leconte en 1956 —, non par une combinaison de figures, comme on le fait dans la réalité, mais par un signifiant non analysable en figures. Ce serait le cas, par exemple, si l'on caractérisait chaque ligne au moyen d'un chiffre ou d'une lettre, etc. Les chiffres arabes ne serviraient alors que pour caractériser dix lignes, c'est-à-dire une toute petite partie du total des besoins. On pourrait avoir recours aux lettres de l'alphabet : A, B, C, etc. mais on n'irait pas loin — on aurait des caractéristiques pour moins de la moitié des lignes — et on aurait épuisé avec elles les éléments de ce genre que le public est normalement habitué à manier. À partir de là, il faudrait utiliser, par exemple, les caractères grecs, ou des dessins inventés *ad hoc* (par exemple des dessins comme ceux qu'on utilise dans les atlas linguistiques : □, ▽, ◇, etc.). Il s'agirait en tout cas de dessins que l'usager devrait apprendre à reconnaître, ce qui demande naturellement un effort, et un effort considérable. Par contre, en caractérisant chaque ligne de banlieue par un ensemble de trois figures, on dispose, sans utiliser rien que les dix chiffres arabes, de plusieurs fois le nombre de caractéristiques dont on a besoin.

CLASSIFICATION DES CODES SELON LES TYPES DE DIFFÉRENCE QUI APPARAISSENT ENTRE LES SIGNIFIÉS DE LEURS SIGNAUX

Les codes sont susceptibles d'être classés des points de vue les plus divers. Une typologie sémiologique ne peut cependant résulter que des classifications qui se fondent sur des faits déterminant des différences fonctionnelles profondes et, partant, ce sont ces classifications qui nous intéressent le plus. Nous en considérerons quelques-unes, en commençant par celle qui se fonde sur les types de différence qui apparaissent entre les signifiés des signaux d'un code donné. On ne trouve pas, en effet, entre les signifiés des signaux de chaque code, tous les types de différence qu'on a signalés comme possibles. Or, selon les types de différence qui apparaissent dans un code donné, on peut ranger celui-ci dans une des deux classes suivantes.

I. — Codes à sèmes dont les signifiés sont toujours en rapport d'exclusion entre eux. Ce sont les codes où les signifiés de deux signaux donnés sont identiques ou bien se trouvent en rapport d'exclusion entre eux, alors qu'ils ne se trouvent jamais en rapport d'inclusion ou d'intersection entre eux. Toutes les fois que l'on a donc affaire à des sèmes distincts, il s'agit de sèmes dont les signifiés sont en rapport d'exclusion. Un code de cette classe est, par exemple, le code « feux des navires à la

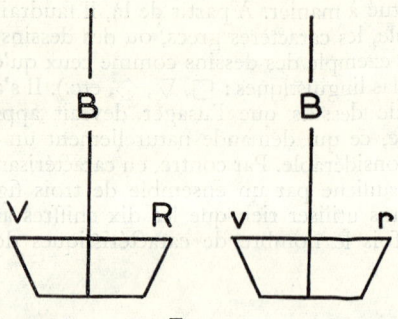

Fig. 31.

V, v : feux verts, à tons différents ;
R, r : feux rouges, à tons différents ;
B : feux blancs.

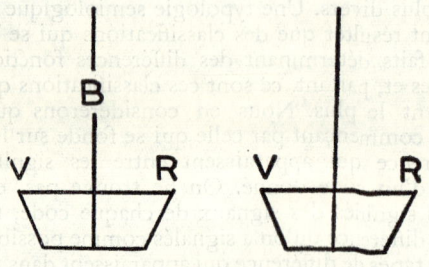

Fig. 32.

mer » : en effet, deux signaux donnés de ce code ont toujours, soit le même signifié, comme les signaux représentés dans la figure 31, soit des signifiés en rapport d'exclusion entre eux, comme les signaux représentés dans la figure 32.

II. — Codes à sèmes dont les signifiants se trouvent soit en rapport d'exclusion, soit en rapport d'inclusion, soit en rapport d'intersection entre eux. Ce sont des codes où l'on rencontre tous les rapports précédemment envisagés entre les signifiés de deux signaux. La langue française est un des codes qui appartiennent à cette classe : on se souviendra, en effet, que c'est à elle qu'on a emprunté les exemples pour illustrer les trois types de différence possibles entre deux signifiés.

Comme la langue française, tous les codes traditionnellement appelés « langues », et probablement seulement ceux-ci, appartiennent à la seconde des classes distinguées ci-dessus. Il est donc probable qu'on puisse établir les correspondances suivantes :

Codes où les signifiés des sèmes sont toujours en rapport d'exclusion entre eux. } = codes non linguistiques

Codes où les signifiés des sèmes se trouvent soit en rapport d'exclusion, soit en rapport d'inclusion, soit en rapport d'intersection entre eux. } = langues

On a vu que, lorsque deux signaux ont des signifiés en rapport d'exclusion, aucun sens pouvant être établi au moyen de l'un ne saurait l'être au moyen de l'autre (voir *fig. 17*), tandis que si deux signaux ont des signifiés en rapport d'inclusion ou d'intersection, au moins une partie des sens pouvant être établi au moyen de l'un peuvent l'être aussi au moyen de l'autre (voir *fig. 20* et *21*). La même chose vaut, naturellement, pour les sèmes. Or il suit de là une différence fonctionnelle très importante entre les codes où l'on rencontre des sèmes dont les signifiés sont en rapport d'inclusion ou d'intersection entre eux et les autres, c'est-à-dire, d'après les correspondances établies ci-dessus, entre les langues et les codes non linguistiques. Lorsqu'il emploie une langue, en effet, l'émetteur dispose, pour établir le même sens, de plusieurs sèmes distincts — dont les signifiés sont naturellement en rapport d'inclusion ou d'intersection entre eux. Ainsi, pour demander à M. Dubois son crayon noir, M. Durand dispose, en parlant français, des sèmes : *Donnez-moi votre crayon noir, Donnez-moi le crayon, Donnez-moi le noir, Donnez-le-moi, Votre crayon noir, s'il vous plaît*, etc. Par contre, lorsqu'il se sert d'un code non linguistique, l'émetteur ne dispose, pour établir un sens donné — qui doit, bien entendu, appartenir au champ noétique de ce code —, que d'un seul sème. Dans un acte sémique linguistique le choix du sème à employer n'est donc pas fait en fonction seulement du sens qu'on veut établir, comme c'est le cas dans les actes sémiques non linguistiques, mais en fonction aussi d'autres facteurs, dont les principaux sont les circonstances. De ce fait, celles-ci sont pour ainsi dire beaucoup plus « intégrées » à l'acte sémique lorsque celui-ci est un acte sémique linguistique que s'il ne l'est pas.

CLASSIFICATION DES CODES SELON LES ARTICULATIONS QU'ILS PRÉSENTENT

Chaque articulation — la première articulation ou articulation du sème, et la seconde articulation ou articulation du signifiant — étant indépendante de l'autre, toutes les combinaisons possibles entre la présence ou l'absence de ces articulations dans un code donné sont possibles. Il y a lieu de distinguer, donc, du point de vue de ces articulations, quatre classes de codes.

I. — Codes ne présentant aucune articulation. Un exemple en est le code que forment les feux réglant la circulation aux croisements des rues. Aucun sème de ce code, en effet, comme, par exemple, le sème /feu rouge/ « stoppez », ne saurait évidemment être analysé en signes, ni son signifiant en figures.

II. — Codes à première articulation seulement. L'exemple typique en est la notation mathématique. On a vu comment les formules mathématiques se décomposent en signes. Par contre, les signifiants de ceux-ci, par exemple 2, +, 4, etc., ne sont certainement pas analysables en figures.

III. — Codes à seconde articulation seulement. On a déjà considéré un exemple, celui du code au moyen duquel on informe les usagers des autobus de la banlieue de Paris sur le trajet que ceux-ci parcourent. Les sèmes qui composent ce code ne sauraient être analysés en signes, mais leurs signifiants, par contre, sont analysables en figures.

IV. — Codes à double articulation. Ce sont les codes présentant la première et la seconde articulation. C'est la classe où l'on trouve tous les codes que la tradition appelle « langues ». Nous avons vu, par exemple, comment les sèmes du français s'articulent en signes et les signifiants de ceux-ci en figures. Il n'est pas certain que seules les langues appartiennent à cette classe mais, pour l'instant, on ne connaît aucun exemple sûr d'un code non linguistique et présentant les deux articulations.

CODES SUBSTITUTIFS — ÉCRITURES — CODES PARALLÈLES

Buyssens, explicitement, et d'autres auteurs, surtout ceux qui étudient l'écriture, explicitement ou non, se réfèrent à une autre classification des codes. Il y aurait des codes directs et des codes indirects ou substitutifs. Les exemples classiques en sont la langue parlée — code direct — et la langue écrite — code indirect ou substitutif. Ce qui fait de la langue écrite un code substitutif serait, d'après Buyssens, que « le lien [entre le signal écrit et le sens] est indirect; lorsqu'on lit [...] on substitue les sons de la parole aux caractères écrits, et c'est à partir [des sons] de la parole qu'on passe à la signification » *(les Langages et le discours,* § 74).

Il ne fait pas de doute que la plupart des gens, en lisant, font comme dit Buyssens, c'est-à-dire passent par les phonèmes avant d'arriver au sens, et qu'en écrivant ils parcourent le même chemin en sens inverse et intercalent les phonèmes entre le sens et les lettres. Mais il est également certain qu'il y a aussi — ou en tout cas qu'il peut y avoir parfaitement — des gens qui, de même qu'en parlant ou en entendant parler passent directement des sens aux sons ou inversement, en écrivant ou en lisant n'ont besoin d'aucun intermédiaire entre le sens et les lettres. Et il y a même des gens qui, parlant ou entendant parler une langue étrangère, jusqu'alors surtout pratiquée comme langue écrite, intercalent les graphèmes entre le sens et les sons. Il s'ensuit que l'insertion des phonèmes entre le sens et les lettres, qui est le fondement du classement de la langue écrite comme code substitutif, n'est nullement une condition nécessaire pour le fonctionnement de celle-ci, mais seulement une habitude de certains usagers — de la plupart, certainement —, qui est due, comme nous verrons, à la façon dont la langue écrite est apprise. Cela ne veut pas dire que la classification qui nous occupe ne soit pas valable et, avec les réserves qu'on fera plus loin, on peut continuer à appeler « substitutif » ou « direct » un code selon qu'entre ses signifiants et le sens s'intercalent ou non les signifiants d'un autre code. Il faut remarquer seulement qu'un code n'étant pas direct ou substitutif par lui-même, mais selon l'individu qui l'emploie, cette classification ne saurait être de celles qui le définissent typologiquement.

Un autre rapport entre la langue parlée et la langue écrite est beaucoup plus intéressant du point de vue sémiologique. Une langue parlée et la langue écrite correspondante sont en effet ce qu'on appellera des codes « parallèles », c'est-à-dire des codes tels qu'à chaque entité de l'un — sème, signe ou figure — correspond dans l'autre une entité analogue, et vice versa. Ce parallélisme n'est parfait que si l'écriture est « phonématique » : dans ce cas, à chaque sème, chaque signe ou chaque figure (phonème) de la langue parlée correspond un et un seul sème, signe ou figure (graphème) de la langue écrite, et réciproquement. Mais, même s'il s'agit d'une écriture qui se trouve aussi loin du « phonématisme » que celle du français, on peut toujours établir des correspondances entre graphèmes et phonèmes, c'est-à-dire entre les figures de la langue écrite et les figures de la langue parlée, et partant aussi entre les signes et entre les sèmes respectifs.

Parmi les imperfections qu'il peut y avoir dans le parallélisme entre une langue parlée et la langue écrite correspondante, mérite une mention spéciale celle qui se présente lorsque l'écriture est syllabique. Entre une langue et son écriture en caractères syllabiques, le parallélisme est imparfait du fait qu'à une figure du code que constitue l'écriture, c'est-à-dire à un caractère syllabique, correspond dans l'autre, dans la langue parlée, non une figure, mais une combinaison de figures (une combinaison de phonèmes). En d'autres termes, la langue écrite est dans ces cas, quant à la seconde articulation, « sous-articulée » par rapport à la langue parlée correspondante. Remarquons que le même rapport qu'il y a entre une langue écrite en caractères syllabiques et la langue parlée correspondante existe, par exemple, entre une langue écrite en caractères latins et la même langue écrite en caractères Braille ou en alphabet Morse : à une figure de la langue écrite en caractères latins (un graphème) correspond, en effet, dans la langue écrite en caractères Braille ou en alphabet Morse, non une figure mais une combinaison de figures (une combinaison de points et absences de points dans le premier cas, ou de points et tirets dans l'autre). Qu'une langue écrite en caractères Braille ou en alphabet Morse soit un code doublement substitutif, comme le pense Buyssens, du fait qu'entre ses signifiants et le sens s'intercalent les graphèmes et les phonèmes, ou non, c'est naturellement une question complètement à part.

Très différent est le cas des écritures idéographiques : il peut s'agir là d'un parallélisme entre deux codes dont l'un seulement, la langue parlée, est à double articulation, l'autre étant à première articulation seulement ; les correspondances s'établissent alors entre les signes et entre les sèmes respectifs, mais non entre les figures puisque l'un des codes en question ne comporte pas, dans ce cas, cette sorte d'entité. Mais il est possible aussi que la langue écrite « idéographique » présente la seconde articulation et comporte, partant, des figures mais qu'il n'y ait pas de correspondance entre ces figures et celles de la langue parlée.

Les langues et les écritures correspondantes ne sont pas les seuls codes parallèles. On trouve facilement des exemples de codes parallèles non linguistiques, les correspondances s'établissant, selon les articulations que présentent les codes en question, entre les sèmes et entre les signes, ou entre les sèmes et entre les figures, ou entre les sèmes seulement.

Lorsque les codes parallèles dont il s'agit sont tous deux des codes à première articulation seulement, les correspondances s'établissent entre les sèmes et entre les signes. Par exemple, dans certains ports la hauteur des eaux au-dessus du zéro des cartes est indiquée, le jour, au moyen d'un code comportant trois signes : /voyant sphérique/ « 5 m », /voyant cylindrique/ « 1 m » et /voyant conique/ « 0,2 m », qui, combinés, forment des sèmes comme celui que montre la figure 33 ; la nuit, au moyen

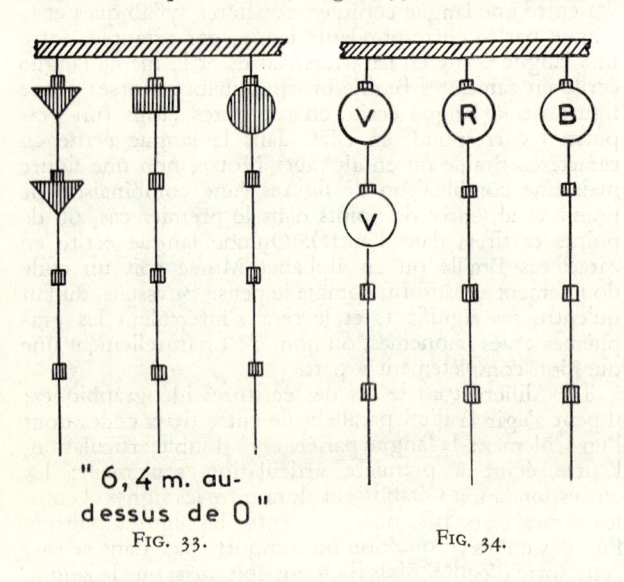

"6,4 m. au-dessus de 0"

Fig. 33.   Fig. 34.

d'un code parallèle de celui-là, où le feu blanc correspond au voyant sphérique, le feu rouge au voyant cylindrique et le feu vert au voyant conique. La figure 34 montre le sème de ce code-ci qui correspond au sème de la figure 33.

Lorsque les codes parallèles sont des codes à seconde articulation seulement, les correspondances s'établissent entre les sèmes et entre les figures. Il y a quelques années encore, par exemple, les lignes d'autobus de la ville de Buenos Aires se caractérisaient le jour par des chiffres et, la nuit, par des feux dont les différentes couleurs correspondaient aux chiffres. Le code diurne et le code nocturne étaient donc des codes parallèles à seconde articulation seulement.

Dans tous les autres cas de parallélisme qu'on peut envisager il ne peut y avoir des correspondances qu'entre les sèmes. Un exemple de codes parallèles ne présentant aucune articulation, avec des correspondances, donc, entre les sèmes respectifs seulement, est celui des codes que constituent d'une part les positions du bras du sémaphore représenté dans la figure 35, qui indiquent le jour si la voie est libre ou non, et, d'autre part, le feu rouge et le feu vert, qui l'indiquent la nuit.

Comme les exemples l'ont suffisamment montré, deux codes parfaitement parallèles ne diffèrent que par la « substance » dont sont constitués les signifiants : sons, feux, dessins, etc. Généralement — et ceci est peut-être nécessaire pour qu'on puisse considérer que deux codes sont parallèles — les conditions de perception de cette « substance » ou, parfois, ses conditions de production, sont dans

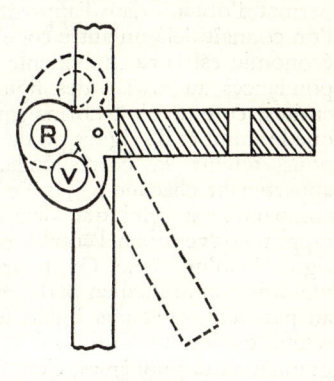

Fig. 35.

chaque cas différentes. Ainsi les sons, « substance » dont sont faits les signifiants de la langue parlée, ont l'avantage de pouvoir être produits très facilement ; mais les graphiques, « substance » du signifiant de la langue écrite, ont en revanche l'avantage d'être perceptibles loin du moment et du lieu de production. La « substance » dont sont constitués les signifiants d'une langue écrite en caractères Braille — qui est un code parallèle tant de la langue parlée que de la langue écrite en d'autres caractères correspondantes — a, par rapport aux sons, les mêmes avantages que les lettres et, par rapport à celles-ci, l'avantage d'être perceptible sans intervention de la vue ; les lettres ont, en revanche, sur cette «substance» l'avantage de pouvoir être perçues sans contact. Dans les autres exemples considérés ci-dessus, il s'agit toujours de « substances » facilement perceptibles le jour et non pas la nuit, et inversement.

Des différentes conditions de perception ou de production des « substances » du signifiant respectives, s'ensuit la complémentarité des possibilités d'emploi de deux codes parallèles. Celle-ci explique pourquoi n'est pas superflue l'existence côte à côte de deux codes qui, même dans les cas de parallélisme imparfait, sont pratiquement identiques en ce qui concerne le signifié et rendent donc, quant à celui-ci, les mêmes services. Quant au parallélisme, il s'explique par l'économie d'effort qu'il permet d'obtenir dans l'apprentissage d'un code, lorsque l'on connaît déjà un autre code parallèle à celui-là. Cette économie est surtout évidente lorsqu'il y a des correspondances au niveau des figures et le nombre de ces entités, comme c'est normalement le cas, est plus petit que le nombre de signes ou de sèmes. L'effort nécessaire pour retenir la correspondance entre deux figures appartenant chacune à l'un de deux codes parallèles est comparable à celui que demande la mémorisation du rapport conventionnel entre le signifié et le signifiant d'un signe ou d'un sème. Or, pour apprendre l'italien écrit une fois connu l'italien parlé, par exemple, il suffit, grâce au parallélisme et mis à part les défauts de celui-ci, de retenir quelques trois douzaines de correspondances entre graphèmes et phonèmes, c'est-à-dire entre les figures des codes en question, tandis que sans le parallélisme l'apprentissage de l'italien écrit impliquerait la mémorisation d'autant de rapports arbitraires entre signifié et signifiant que le code en question comporte de signes. De même, le nombre des lignes d'autobus de Buenos Aires est plus grand que le nombre des chiffres arabes ou des feux correspondants. Par conséquent, le nombre des sèmes du code diurne ou du code nocturne qui sert à indiquer la ligne à laquelle appartient un autobus est plus grand que le nombre des figures respectives. Étudier, donc, les correspondances entre chiffres et feux demande moins d'effort de mémoire que d'étudier le rapport arbitraire qui unit le signifié et le signifiant de chaque sème.

Dans les autres cas de parallélisme, l'économie est moins évidente. Elle se réduit probablement à celle qui résulte du fait que les codes en question sont identiques sauf en ce qui concerne la « substance » du signifiant. Cette identité partielle implique certainement qu'une partie de l'effort nécessaire pour apprendre à manier l'un des codes en question peut être épargnée lorsqu'on connaît déjà l'autre, mais dans ces cas l'économie n'est pas mesurable, comme dans les cas précédents, en termes de rapports à retenir.

La notion de codes parallèles nous permet de compléter sur deux points ce qui a été dit ci-dessus à propos des codes substitutifs. D'abord, il faut remarquer que, même si les signifiants d'un code s'intercalent entre les signifiants d'un autre et le sens, ce code-ci n'est indirect ou substitutif par rapport à celui-là que s'ils sont parallèles. Ainsi, comme le signale Buyssens, il y a des gens qui ont besoin de l'intermédiaire d'une traduction mentale dans leur langue « maternelle » pour parler ou pour comprendre une langue étrangère ; mais cela ne fait certainement pas de la langue étrangère un code substitutif par rapport à la langue « maternelle ». Les considérations faites à propos des codes parallèles nous permettent d'autre part de comprendre les raisons pour lesquelles la langue écrite est généralement substitutive par rapport à la langue parlée : le lien entre le signal phonique et le sens est facilement observable, ce qui permet à l'enfant d'apprendre directement la langue parlée ; par contre, le lien entre le signal graphique et le sens s'étale très souvent à travers le temps et l'espace — c'est la raison d'être de la langue écrite. De ce fait, l'enfant n'a guère d'occasions de l'observer, ce qui l'empêche d'apprendre directement la langue écrite. On fait en général cet apprentissage de façon indirecte, à partir de la langue parlée et au moyen des correspondances qui font de cette langue et de la langue écrite deux codes parallèles. Il en résulte que, pour la plupart des sujets parlants, la langue écrite reste durant toute leur vie un code substitutif par rapport à la langue parlée. Remarquons qu'à part la difficulté d'observation signalée, la langue écrite n'est pas plus « difficile » que la langue parlée, et que si l'enfant pouvait observer la relation entre le signal graphique et le sens aussi facilement qu'il observe la relation entre le signal phonique et le sens, il apprendrait sans doute la langue écrite au même âge que la langue parlée. Cela, bien entendu, de façon directe.

Autre chose, et ceci requiert certainement un degré plus grand d'évolution mentale, est l'apprentissage d'un code de façon indirecte, c'est-à-dire par l'intermédiaire d'un code parallèle: l'apprentissage indirect suppose notamment que l'individu ait pris pleinement conscience du mécanisme des articulations, ce qui n'arrive qu'à un âge relativement avancé.

Luis J. PRIETO.

BIBLIOGRAPHIE

R. BARTHES, *Éléments de sémiologie,* dans « Communications », volume 4, Paris, 1964.

E. BUYSSENS, *Les Langages et le discours,* Bruxelles, 1943.

E. BUYSSENS, *Development of Speech in Mankind,* dans *A Manual of Phonetics* dirigé par L. KAYSER, Amsterdam, 1957.

R. GODEL, *Les Sources manuscrites du Cours de linguistique générale de F. de Saussure,* Genève et Paris, 1957.

A. MARTINET, *La Double Articulation linguistique,* dans « Travaux du Cercle Linguistique de Copenhague », volume 5, Copenhague, 1949 (reproduit dans *la Linguistique synchronique*).

A. MARTINET, *Arbitraire linguistique et double articulation,* dans « Cahiers Ferdinand de Saussure », n° 15, Genève, 1957 (reproduit dans *la Linguistique synchronique*).

A. MARTINET, *La Linguistique synchronique,* Paris, 1965.

L. J. PRIETO, *Signe articulé et signe proportionnel,* dans « Bulletin de la Société de Linguistique de Paris », volume 50, n° 1, Paris, 1954.

L. J. PRIETO, *Principes de noologie. Fondements de la théorie fonctionnelle du signifié,* La Haye, 1964.

L. J. PRIETO, *Fonction et économie,* dans « La Linguistique », année 1965, n°s 1 et 2, Paris, 1965.

L. J. PRIETO, *Messages et signaux,* Paris, 1966.

F. de SAUSSURE, *Cours de linguistique générale,* 4e éd., Paris, 1949.

N. S. TRUBETZKOY, *Principes de phonologie,* traduits par J. Cantineau, Paris, 1949.

LANGAGE ET THÉORIE DE LA COMMUNICATION

COMMUNICATION ET INFORMATION

LE langage est un moyen de communication, l'instrument qui nous sert à faire part à autrui de notre expérience. Cette définition, réaffirmée de chapitre en chapitre au cours du présent ouvrage, prend tout son relief à la lumière de la récente théorie de la communication, et ce qui était jusqu'ici l'intuition de phénomènes purement qualitatifs, trouve le support d'une analyse objective et d'observations quantifiées, susceptibles de mesures, de formules et de transformations logiques.

La théorie de la communication — branche de la théorie de l'information — est née il y a quelque vingt ans des recherches de Shannon, ingénieur des téléphones; une ligne téléphonique transporte de l'information et le problème est de réduire le coût de cette opération en la réalisant dans des conditions d'économie optima.

Les travaux de Shannon ont intéressé rapidement la cryptographie et, de proche en proche, toutes les tentatives pour mécaniser l'information : radio, télévision, analyseurs électroniques, machines à traduire et, évidemment, la cybernétique qui est l'étude de l'échange d'information à l'intérieur d'un organisme vivant ou mécanique. Enfin la notion d'information, en rejoignant celle d'entropie, se retrouve au niveau des structures de la matière et de l'énergie.

Aussi ne doit-on pas s'étonner si certains schémas statistiques du langage apparaissent dans la distribution des revenus, dans celle des espèces vivantes ou des gaz. Sans aborder ici ces problèmes, nous résumerons brièvement l'analyse de la théorie de la communication proprement dite, pour voir ce que le linguiste peut en retenir et en tirer.

La communication est le transfert de l'information au

moyen de messages. Un message est une substance qui a reçu une certaine forme; par exemple, les vibrations acoustiques du message oral, les impulsions électriques du message téléphonique, les formes visuelles du message écrit, le sillon gravé du disque de phonographe, etc.

Le message est émis par un émetteur et reçu par un récepteur; il est transféré du premier au second par un canal: l'air, le disque, la lettre, la ligne téléphonique, etc.

La mise en forme de la substance-message constitue le codage; et, à la réception, l'identification de cette forme est le décodage. Au cours de la communication il peut y avoir, il y a le plus souvent, recodage, le message recevant une nouvelle forme, soit dans sa propre substance, soit dans une substance nouvelle. Ainsi, je dicte un télégramme (forme acoustique), qui est transcrit sur une feuille de papier (forme graphique), laquelle est tapée en morse (forme mécanique) et finalement transmis sous forme d'impulsions électriques.

Dans cette analyse il n'est, à aucun moment, question du sens du message; dans la communication il y a transfert d'une forme, inscrite dans une substance, mais il n'y a jamais transfert de sens: la ligne téléphonique transporte de l'énergie, la lettre des formes graphiques, le disque un sillon, etc. Le sens est mis par le récepteur humain au terme d'un ultime codage attribuant à chaque forme un équivalent sémantique, tiré de sa mémoire qui est un répertoire d'associations conventionnelles entre les formes du code et ses propres expériences; la communication s'accomplit au niveau sémantique, dans la mesure où ces expériences et les formes linguistiques qui leur sont associées sont communes au récepteur et à l'émetteur.

Mais la théorie de la communication ignore ce procès et ne s'intéresse qu'à l'émission, au transfert et à la réception de la substance codée. Le télégraphe ignore le contenu sémantique du télégramme qu'il transmet; la décrypteuse qui remet le message dans sa forme originale en ignore le sens; lorsque j'observe un phare, je reçois une série d'impressions optiques tout d'abord amorphes et je les décode à partir du moment où je leur reconnais une forme: par exemple trois éclats brefs à une seconde de distance, suivis de deux éclats à un intervalle de trois secondes, mais le problème de la signification de ce signal se situe en deçà de la communication au sens strict; de même quand je reçois le stimulus acoustique [bõzurmesjő ...], la communication est accomplie au moment où j'y ai reconnu un message composé de certains signes ..., indépendamment du sens que je puis leur accorder, ou ne pas leur accorder si je ne connais pas le français.

Le message est donc considéré en dehors de son sens et dans sa seule forme; cependant on dit que ce message est le support d'une information et la théorie permet de mesurer cette information.

CONNAISSANCE ET INFORMATION

Ici, nous devons ouvrir une parenthèse pour préciser une notion qui bouleverse à tel point l'usage ordinaire; comment un message dépourvu de sens peut-il transporter de l'information et comment une information peut-elle être appréciée quantitativement?

Informer, au sens vulgaire, c'est « mettre au courant de quelque chose, donner connaissance d'un fait ». Cette information nous parvient soit sous la forme d'un message direct de nos sens, soit sous celle d'un message d'autrui, par l'intermédiaire de signes.

L'information, ainsi reçue, a un sens que nous lui attribuons; elle a d'autre part une valeur; la même information sémantique peut prendre une importance plus ou moins grande, peut susciter un intérêt plus ou moins vif selon les individus ou les circonstances. Enfin elle a une certaine grandeur, indépendante de son sens et de sa valeur: l'annonce d'un événement très probable nous informe peu, même si elle a pour nous une grande valeur qualitative et l'inverse est vrai. Apprendre que le soleil s'est levé ce matin à l'Est constitue une information nulle, puisque nous le savions d'avance; apprendre qu'il s'est levé à l'Ouest serait, en revanche, une information énorme et cela indépendamment de son intérêt philosophique ou scientifique.

De tout phénomène nous avons une connaissance qualitative, attachée à son sens et à sa valeur, et une connaissance quantitative, définie par sa probabilité.

Nos connaissances, que ce soit au niveau de l'expérience individuelle ou à celui de la science, constituent un corps de probabilités. Savoir c'est prévoir. Quand cette connaissance est une certitude positive ou négative, la probabilité du phénomène est 1 ou 0; tel est le cas des phénomènes physiques comme la gravitation, la pesanteur, etc.; au moins du point de vue de la physique traditionnelle, car la physique moderne a réintroduit des coefficients de prévisibilité dans ses calculs. Beaucoup de nos connaissances, en revanche, ont une probabilité partielle; c'est le cas des phénomènes sociologiques, météorologiques, médicaux, linguistiques, etc. Et leur étude repose, au premier chef, sur l'établissement de leur probabilité: un médecin qui a expérimenté un médicament sur dix mille malades et constaté ses heureux effets dans sept mille cinq cents cas, accorde à cette thérapeutique une chance de guérison qu'il apprécie à soixante-quinze pour cent.

Ainsi la probabilité d'un phénomène définit la connaissance que nous en avons; connaissance incomplète dans le cas d'une probabilité partielle. Or toute échéance dudit phénomène — dans la mesure où elle nous est communiquée — nous en donne une connaissance complète; elle transforme une prévisibilité en certitude. Je sais qu'il y a des chances de pluie égales à 0,80 et voilà qu'il pleut; cela fait de cette éventualité une certitude à coefficient 1. Ma connaissance est donc passée de 0,80 à 1,00; j'ai acquis une « quantité de connaissance » égale à: 1,00 — 0,80 = 0,20. Supposons au contraire que ces chances de pluie eussent été appréciées à 0,40, l'annonce de l'orage m'aurait apporté une connaissance égale à: 1,00 — 0,40 = 0,60.

Autrement dit, plus un phénomène est probable *a priori,* moins il est informant; et sa probabilité permet de quantifier et de mesurer son contenu d'information; valeur purement quantitative et indépendante de sa nature; je puis parfaitement raisonner dans l'abstrait et dire qu'un phénomène x de probabilité p_x a un contenu d'information égal à $1 — p_x$. Pour des raisons pratiques on mesure cette quantité d'information, non par la probabilité, mais par son logarithme; le logarithme de 1 étant 0, l'information est égale à $—\log p_x$.

CODAGE ET INFORMATION

Cela nous ramène à la communication et au message constitué, — comme on l'a vu — par une série de formes, indépendamment de toute signification que ces formes peuvent assumer. Chacune a un contenu d'information mesuré par sa probabilité; et la somme de l'information des différentes formes du message définit le contenu d'information de ce message.

A ce point on rencontre une nouvelle notion: la communication s'accomplit dans l'identification des formes qui constituent le message, — c'est-à-dire que chaque forme doit être reconnue comme identique à une forme correspondante dans le code; or cette opération est purement mécanique; elle est effectuée couramment par les machines qui classent des fiches ou trient des lentilles; de même un enfant assortit des cubes ou des images. Sous son aspect le plus élémentaire, cela consiste à comparer une forme donnée à chacune des autres formes déjà reçues, jusqu'au moment où on en reconnaît l'identité. Cela suppose une certaine quantité de manipulations, dont le nombre dépend à la fois du système d'identification adopté et de la fréquence relative des objets identifiés.

Or, un des systèmes les plus économiques, — qui est celui des machines et dont on est en droit de se demander s'il n'est pas celui du cerveau, — est l'identification par sélection binaire. C'est celui du jeu des « Vingt questions », dans lequel on identifie un objet en posant une série de questions, auxquelles il est répondu par oui ou par non.

On demande par exemple:

Est-ce un être vivant? — Oui.

Est-ce un animal? — Non, etc.

Inconsciemment, par expérience et par tradition, les joueurs divisent le champ des possibles en deux parties plus ou moins égales (animé — inanimé), puis la partie ainsi obtenue en deux nouvelles parties (animal — végétal), etc.

On procède avec plus de rigueur lorsqu'on « devine » une carte tirée d'un paquet (par exemple de 32 cartes); on peut chercher au hasard : est-ce le roi de pique ? etc.

Dans ce cas il arrive qu'on tombe juste du premier coup, comme on peut poser trente questions sans trouver la bonne réponse; et on montre qu'en moyenne il faut seize questions pour déterminer la carte par cette méthode. En revanche, on peut procéder par sélection binaire, en divisant le paquet en deux parties égales (noire — rouge); puis encore en deux parties égales (cœur — carreau), etc.

Est-ce une noire ? — Non.
Est-ce un cœur ? — Oui.
Est-ce un honneur ? — Oui.
Est-ce un as ou un roi ? — Non.
Est-ce une dame ? — Non.

C'est donc le valet de cœur; et il faut cinq questions pour arriver à ce résultat. Or 5 est le logarithme à base 2 de 32; alors que 1/32 est la probabilité de la carte à trouver.

Ainsi la probabilité définit le nombre d'opérations nécessaires pour identifier une forme; opérations qui peuvent être aussi bien des questions (comme dans notre jeu), ou des fiches sorties d'un fichier, ou des impulsions électriques dans une machine. En assimilant ce délai d'identification au contenu d'information, on définit et on mesure ce dernier par la formule : $I = - \log p$. Formule qui rejoint celle que nous avons donnée, plus haut, de la connaissance, $- \log p$.

Sous cette forme, l'information ($I = - \log p$), mesure à la fois le temps ou l'énergie nécessaires à l'identification (ou décodage) du message, et la quantité de connaissance qu'il nous apporte; l'analyse conduit à une même formule pour ces deux notions prises séparément.

Comme on vient de le voir, le délai de décodage dépend de la forme de cette opération; il dépend aussi de la fréquence des signes. En effet, dans les exemples que nous avons pris jusqu'ici on a supposé toutes les formes (les cartes) d'une probabilité égale et on a divisé la masse des trente-deux cartes en deux parties égales (16 rouges, 16 noires, 8 cœurs, 8 carreaux etc.); si nous supposons que chacune des cartes a une probabilité différente (les unes très nombreuses, les autres rares), l'économie de l'identification réclame qu'on opère la dichotomie en tenant compte de ces fréquences. Si vous savez que dans une boîte, d'où on a tiré une carte, il y a cinq cents as de cœur et un seul dix de trèfle, vous commencerez par demander si la carte est un as de cœur, et vous poserez vos questions en partant des groupes binaires composés des cartes les plus probables.

C'est ainsi que travaille une machine ; on lui donne la fréquence des formes à identifier, et on lui fait procéder à l'identification par ordre de fréquences décroissantes ; on réduit ainsi le nombre des opérations et par conséquent le délai de décodage. On peut concevoir une machine qui classe elle-même ses fiches par ordre de fréquence et qui réduit ainsi son propre travail. On pourrait concevoir aussi une traductrice qui emmagasine et mémorise toutes les formes qu'on lui donne à traduire ; au bout d'un certain temps les cartes perforées, constituant le code de traduction, figureraient dans sa mémoire avec leur fréquence qui tendrait à se rapprocher de plus en plus de la probabilité des mots dans la langue ; il en résulterait un délai d'identification de plus en plus rapide à chaque nouvelle traduction. Une telle machine ferait un véritable apprentissage.

On en est en droit de se demander si ce n'est pas le mode de fonctionnement du cerveau humain qui mémoriserait les messages reçus, de telle sorte que toutes les formes réceptionnées et identifiées restassent inscrites dans les cellules cérébrales, en autant d'exemplaires qu'elles ont été antérieurement reçues. Si tel était le cas, la fréquence des signes serait alors inhérente à leur nature et constituerait un de leurs attributs essentiels.

Il est clair, en tout cas, que la notion d'information peut être conçue en dehors du sens, comme le délai d'identification d'un signe et que ce délai est mesuré par le logarithme de la probabilité de ce signe.

LANGAGE ET INFORMATION

Or dans la langue chaque signe : les lettres, les phonèmes, les mots, les catégories grammaticales, reviennent avec une fréquence stable et, par conséquent, prévisible. Quelles que soient les préventions qu'on ait pour ce genre de faits, quelle que soit la valeur qu'on leur attribue ou qu'on leur dénie, on doit considérer la stabilité statistique des signes linguistiques comme une évidence, un fait dont l'observation a désormais établi le caractère constant et universel.

Il n'entre pas dans le cadre de ce chapitre de donner un exposé de la statistique du langage et je ne puis que renvoyer le lecteur à mes livres et à quelques autres. Nous en retiendrons ici l'analogie évidente que présentent ces phénomènes avec l'analyse de l'information.

En effet, plusieurs des distributions aléatoires rencontrées dans le langage sont de la même forme que celles analysées par les théoriciens de l'information et, par là même, suggèrent l'existence d'une économie de la communication.

La plus connue est la distribution de Zipf ainsi nommée, en hommage au linguiste américain G. K. Zipf qui en a le premier proposé une interprétation, bien qu'à vrai dire l'existence en ait déjà été relevée dès 1916, vingt ans avant Zipf, par le sténographe français J. B. Estoup. Selon les observations d'Estoup, puis de Zipf, les mots d'un texte se distribuent de telle sorte que si on les range par ordre de fréquences décroissantes, la fréquence du second est la moitié de celle du premier, celle du troisième le tiers, celle du centième cent fois plus petite, etc. Ainsi, dans *Ulysses* de James Joyce, on a la distribution suivante:

Rang	Fréquence	$r \times f$
10e mot	2 653	26 530
20e mot	1 311	26 220
100e mot	265	26 500
300e mot	84	25 200
1 000e mot	26	26 000
5 000e mot	5	25 000

Autrement dit la fréquence d'un mot est inversement proportionnelle à son rang dans la liste; ou encore, le produit de la fréquence de n'importe quel mot par son rang est constant et on peut écrire: $r \times f =$ constante. Les observations faites par Mandelbrot et par moi-même ont montré que cette formule devait être aménagée et que la distribution était de la forme: $(r + b)^a \times f =$ constante. Équation dans laquelle le nombre b devient négligeable lorsque les valeurs de r croissent; et dans laquelle l'indice a est légèrement supérieur à 1. Cette équation peut être représentée par un graphique à coordonnées logarithmiques *(fig. 1)* : à l'indice b corres-

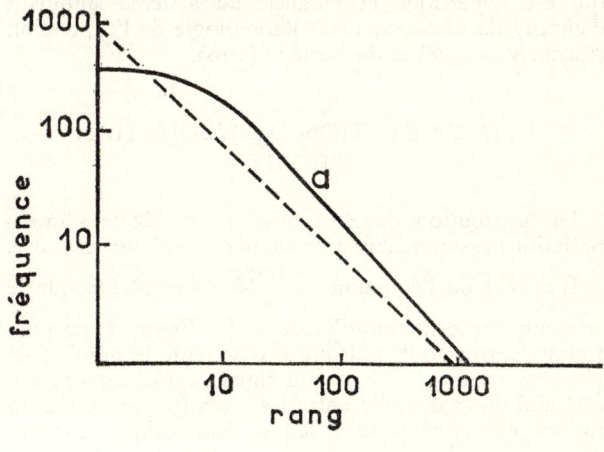

Fig. 1.

pond l'aplatissement du sommet de la courbe qui prend bientôt un profil rectiligne de pente a légèrement supérieur à 1. Le pointillé indique la pente 1 de 45°. L'analyse de cette courbe pose de nombreux problèmes qui n'ont pas été jusqu'ici entièrement résolus.

J'ai établi moi-même que la fréquence des mots d'une langue était liée à leur structure phonique et que le logarithme de leur probabilité était proportionnel à leur nombre de phonèmes; ou plus exactement qu'on avait une équation: $\dfrac{-\log p}{k + 1} =$ constante, dans laquelle k représente le nombre de phonèmes composant le mot et p sa probabilité; que, d'autre part, le nombre k de phonèmes est sous la dépendance du rang selon la proportion $\dfrac{\log 2\, r}{k}$ = constante. De ces deux rapports ressort l'équation de Zipf.

L'auteur a récemment acquis la conviction que l'équation de Zipf est liée au sens des mots. Ceci dans la mesure où les concepts signifiés sont le résultat des combinaisons d'un petit nombre d'unités sémiques élémentaires. Il y a un système signifié, composé de *sèmes* qui est symétrique et parallèle au système signifiant composé de *phonèmes*. D'où l'homologie de l'expression (forme phonique) et du contenu (sens).

INTERPRÉTATION DE L'ÉQUATION DE ZIPF

La distribution de Zipf pose un problème d'interprétation passionnant et qu'on aimerait pouvoir résoudre.

Il ressort de l'équation $\dfrac{-\log p}{k+1}$ = constante que le contenu d'information d'un signe ($-\log p$) est proportionnel à son coût, puisque k représente le nombre de phonèmes auquel s'ajoute un signe supplémentaire qui est celui de l'intervalle entre les mots (un stop). Or on montre que ce rapport est le plus économique possible; c'est celui qui donne la plus grande valeur au quotient I/K, dans lequel $I = -\Sigma \log p \cdot p$ (information totale du message) et $K = \Sigma k + 1$ (longueur totale du message).

Si on augmente l'information I, en employant des mots moins fréquents, comme ils sont plus longs, K augmente. Si on diminue le coût K, en employant des mots plus courts, comme ils sont plus fréquents, I diminue; dans les deux cas le rapport I/K diminue. La distribution de Zipf est donc la plus économique possible. On rejoint ainsi le linguiste américain qui voyait dans cette relation le résultat du principe du « moindre effort ». Mais cette notion peut être désormais quantifiée, mesurée et analysée : l'économie est le maximum d'information par phonème, ce qui est obtenu lorsque la longueur d'un mot ou de tout autre segment du discours est proportionnelle au logarithme de sa probabilité, c'est-à-dire à son contenu d'information.

B. Mandelbrot rejoint Zipf par une autre voie. Pour lui, la fréquence des mots est sans relation avec leur longueur (ce qui est d'ailleurs contredit par mes observations), cette fréquence est liée à leur codage mental. Dans une récente communication, B. Mandelbrot adopte l'hypothèse d'un codage phonétique. On prend pour hypothèse que le cerveau est un appareil de codage qui dispose d'un certain nombre d'« unités de code » (a, b, c ...), qu'il combine pour former des « signes – codes » (a, b, c, ab, ac, bc, aab, etc.). Chacun de ces signes (qu'on pourrait appeler des « codèmes ») est attribué à un mot de la langue; on comprend donc que l'économie du codage postule l'attribution des signes – codes les plus simples aux mots les plus fréquents; et cette économie est optima lorsque le logarithme de la probabilité de chaque mot sera proportionnel au coût du codage, défini par le nombre d'unités de code entrant dans la composition du signe – code.

Ainsi on retombe dans la distribution précédente: dans le premier cas, le coût du mot est défini par le nombre de phonèmes qui le formule dans le code phonétique; dans le second cas, il correspond au nombre d'« unités de codage » d'un hypothétique code mental. Les deux hypothèses d'ailleurs ne sont pas incompatibles; on conçoit très bien un codage mental et un codage phonologique; et il est normal que ces deux types de codage aient la même forme, puisque dans les deux cas le message est une suite d'unités discrètes (phonèmes ou unités de codage), divisée en segments (mots ou signes – codes).

On ne s'étonne plus, alors, de rencontrer cette relation dans un grand nombre d'autres phénomènes; ainsi Zipf a établi la distribution des revenus, classés par ordre de grandeurs décroissantes, des villes d'après leur nombre d'habitants, des commerces d'après leur nombre de points de vente, etc., et il a observé que dans chaque cas la grandeur, c'est-à-dire la fréquence des dollars, des habitants ou des succursales, est proportionnelle au rang de l'organisme considéré, selon l'équation $fr =$ constante. Voici à titre d'exemple *(fig. 2)* une série de courbes qui montre l'analogie entre ces phénomènes et le langage. Mon graphique est établi en regroupant des courbes que Zipf donne séparément et qui sont ici rapprochées sans tenir compte de leur échelle.

Comment des phénomènes aussi divers peuvent-ils prendre une forme analogue ? C'est qu'on a dans tous les cas une population composée d'individus numérables : formes d'un texte, dollars des revenus, habitants d'un pays, boutiques d'un commerce ; cette masse est ensuite divisée en catégories : mots, revenus individuels, villes, commerces, chacune étant caractérisée par le nombre d'individus qui la compose ; chaque mot comprend un

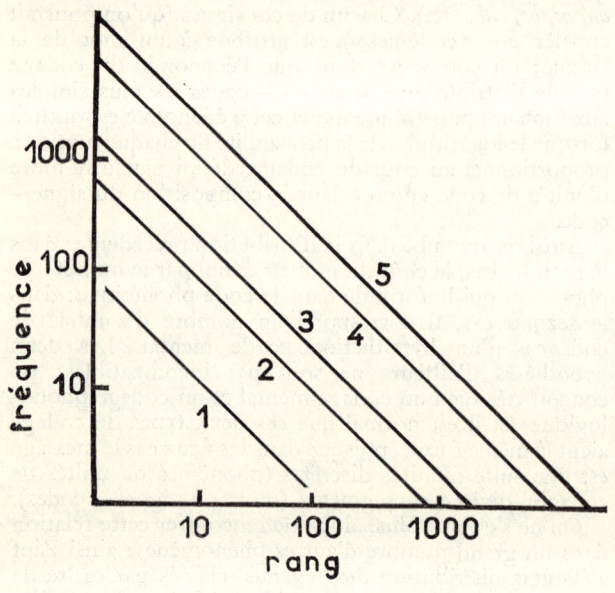

FIG. 2.

1 : tirades-longueur, (*The Great God Brown*, E. O'Neill);
2 : mots-fréquence, (*Ulysses*, J. Joyce);
3 : villes-population, (U.S.A.);
4 : commerces-points de vente, (U.S.A.);
5 : personnes-revenus, (U.S.A.).

certain nombre de répétitions, chaque revenu, chaque ville, chaque commerce, un certain nombre de dollars, d'habitants, de boutiques.

L'équation rang-fréquence apparaît partout où on

définit les catégories observées comme la somme d'un certain nombre d'unités de base; c'est une propriété de la substance discrète (discontinue et numérable). Comme on l'a dit, cette distribution est la plus économique possible du point de vue informationnel, on a donc pu y voir le résultat d'une fonction, comme s'il existait dans l'exercice de la parole une sorte de glosso-statisme qui modère par autorégulation le débit de chaque signe.

D'un autre point de vue, il apparaît que notre distribution correspond à une norme aléatoire. En effet, imaginons une suite de phonèmes distribués au hasard; plaçons, par exemple, dans un chapeau les vingt-cinq lettres de l'alphabet avec un certain nombre de stops destinés à figurer les fins de mots; tirons au hasard un « message » composé d'une suite de lettres intercalées de stops; ce message sera composé de formes dont chacune aura une fréquence liée au nombre de lettres qui la compose et l'ensemble de ces formes sera distribué selon la relation de Zipf: $rf =$ constante. Nous sommes donc en droit de nous demander si cette distribution n'est pas un simple produit du hasard. Mais comment pourrait-elle, dans ce cas, être fonctionnelle? C'est là le paradoxe qui est à la base de la notion d'information qui est définie, ainsi qu'on l'a vu, comme un taux d'imprévisibilité; il en ressort que l'économie optima correspond au maximum de hasard. L'hypothèse d'une « fonction informationnelle » n'est peut-être qu'une illusion ou plutôt une tautologie, un autre nom de l'« inertie aléatoire ». Il n'en reste pas moins vrai que notre distribution permet de quantifier le contenu d'information d'un message, d'établir une norme et d'en mesurer les écarts.

Si l'interprétation de cette fonction sur le plan épistémologique reste encore incertaine, ses implications pratiques gardent donc toute leur valeur; la théorie de la communication offre bien au linguiste un « modèle » à partir duquel ses propres définitions et ses propres schémas peuvent être reconsidérés.

LANGUE ET CODE — PAROLE ET MESSAGE

Et d'abord dans quelle mesure la langue est-elle un code? Un code est un système de transmutation de la forme d'un message, — message qui est lui-même déjà codé, ce qui fait que la communication repose, le plus souvent, sur une série de codages successifs du message original. On a ainsi, selon leurs fonctions, des codes de transmission, des codes de classification, des codes de signalisation, des codes cryptologiques, etc.

L'écriture, par exemple, est un code qui permet de transformer un message acoustique en message graphique. L'écriture alphabétique est un système d'équivalences entre des phonèmes et des lettres; dans l'écriture idéographique ce sont les mots qui sont codés, et non leurs composantes phonétiques. Ces codes permettent la transformation du message dans une autre substance propre à le conserver ou à le transporter dans des conditions différentes.

D'autres codes ne font que transformer le message dans sa propre substance; tels sont les codes cryptologiques qui replacent les composantes du message selon un ordre convenu. Un tel code est constitué par une clé; mais le code peut reposer sur un répertoire d'équivalences soit phonétiques, soit lexicales. Le code, clé ou répertoire, est un système de conventions.

Dans cette perspective la langue peut être conçue comme un code du type répertoire; les concepts, les images, les affects qui forment la substance de notre expérience, sont affectés d'équivalents phoniques qui transforment le message de notre cerveau en une nouvelle substance, la parole articulée. La sémantisation apparaît comme le premier et l'ultime codage de la communication; elle consiste à transformer les formes acoustiques du message en un nouveau système de relations qui constituent la pensée.

Cela suppose un répertoire d'associations idéo-phonétiques, qui est un code permettant à l'individu de fixer, de mémoriser et de manipuler sa pensée, dans la mesure où il maintient, stable et clair, le système des conventions qui associe les formes mentales aux mots. Car, étant donné que la substance du code linguistique est d'une nature étrangère à celui du code mental (la pensée), il en résulte que l'équivalence entre les deux systèmes de formes ne peut être qu'arbitraire et conventionnelle. Ce code, par ailleurs, permet d'extérioriser la pensée et de la communiquer, dans la mesure où l'interlocuteur possède un double du répertoire et en connaît les règles de correspondance.

Notre description, jusqu'ici, est bien celle d'un code. Mais il existe des différences fondamentales entre les codes et les langues. Un codage, en effet, est la transformation d'un message sensible et concret. On opère sur une substance et sur une forme objective, et le processus de transformation est une opération vérifiable : entre le codant de l'alphabet Morse et les lettres codées, la relation est claire, nettement délimitée et la substitution est simple et sans ambiguïté, puisque le récepteur et l'émetteur se réfèrent à des répertoires parfaitement identiques dont ils possèdent un exemplaire concret.

La langue, en revanche, est le code des formes qui n'ont aucune existence objective et qui sont particulières et intimes au sujet. Nous pouvons décider que les mots : *bonheur, maison, liberté,* etc., codent une expérience éprouvée ou imaginée qui nous est commune, mais elle ne l'est jamais entièrement. Chez l'individu lui-même, les limites du concept varient, et il lui est impossible d'établir un répertoire de correspondances exactes, stables et vérifiables, entre la substance discontinue du discours et le continuum de la pensée vécue. Aussi le code linguistique est-il nécessairement flou, et la convention linguistique nécessairement vague et toujours remise en question par le désir de mieux l'ajuster.

D'autre part, dans un code, le système des conventions qui le définit est explicite ; nous nous réunissons et nous décidons que l'autorisation de passer est désignée par un feu vert. À ce point de vue, certaines formes de la langue scientifique s'apparentent à des codes (au moins sous leur forme écrite) ; notre système de numération par exemple, ou les notations de l'algèbre, etc.

Mais dans le langage ordinaire la convention n'est jamais donnée, ni explicitement formulée ; elle résulte naturellement et spontanément de la communication ; on invente un mot nouveau, on l'essaie et il se conventionnalise implicitement à partir de l'instant où il a été compris, où il a suscité la réponse qu'on en attendait ; nous n'avons jamais convenu avec mon chien que je lui ouvrais mon bureau lorsqu'il gratte à la porte, mais c'est cependant une convention fermement établie entre nous.

À la convention préétablie, systématique et catégorique

qui est celle du code, la langue oppose un accord plus ou moins vague, plus ou moins bien ajusté, qui se forme tacitement et qui naît et se développe au courant des circonstances, des exigences et souvent des malentendus de la communication.

Toutefois, si la langue est un code, et sous les réserves ci-dessus, le cerveau pourrait être assimilé à un émetteur-récepteur doué d'une mémoire; la structure des cellules et la nature électro-chimique de l'énergie cérébrale semblent apporter quelque confirmation à ce modèle séduisant. Mais ces hypothèses appartiennent au physiologue et on constate qu'il ne les aborde qu'avec une extrême prudence que le linguiste a toutes les raisons de respecter.

Si donc la langue est un code, une mémoire, un répertoire, un programme, et si elle relève, à ce titre, de l'analyse informationnelle et de la théorie de la communication, — cette analogie, aussi féconde soit-elle, ne doit pas nous faire perdre de vue la nature toute particulière de ce « code ». Il semble, toutefois, qu'elle nous autorise à voir dans la parole un message porteur d'information. Ces notions enrichissent d'hypothèses nouvelles le postulat d'une adaptation de la langue (le code) à l'économie de la parole (le codage du message).

Ainsi les vues de Zipf sur le principe du moindre effort apparaissent-elles toujours fécondes à trente ans de distance; elles sont, en même temps, naïves et dépassées, faute des critères et des moyens d'analyse et d'interprétation que la théorie nous a apportés depuis.

La mesure exacte du contenu d'information d'un texte nous permet de le caractériser à la fois du point de vue de l'émetteur (l'auteur) et de celui du récepteur (le lecteur). On peut espérer poser en termes précis des problèmes psychologiques, sociologiques et pédagogiques relatifs au déchiffrement des messages, de leur rapport avec l'oreille, la mémoire, l'attention, l'affectivité. On peut mesurer le contenu d'information d'une campagne de publicité, par exemple; ou celui d'un livre de classe, d'un journal, etc. Certes, de telles appréciations restent uniquement quantitatives, mais elles n'en sont pas moins très utiles et fécondes, dans leurs limites et convenablement interprétées.

On établit, par exemple, des langues de base, qui sont

des vocabulaires minimums, fondés sur cette observation que les mots les plus fréquents sont les mêmes dans la plupart des textes et que mille mots, convenablement choisis à partir d'une enquête statistique, constituent par leurs répétitions 85 % de n'importe quel texte. Le calcul montre que ces mots, très fréquents, ont un faible contenu d'information et ne constituent que 50 % de l'information du texte.

L'information constitue aussi un utile critère dans l'analyse du style; elle permet non seulement de caractériser et de comparer des textes ou des états de langue, mais encore de les interpréter. L'hermétisme, par exemple, apparaît comme une déviation ou un accident de la fonction informationnelle, mais son origine peut varier: tantôt le texte est mal codé, tantôt il est brouillé par des bruits parasitaires, tantôt il se dérobe sous un code original qui doit être déchiffré.

Si on admet, d'autre part, le rôle de l'économie dans l'évolution des langues, comme l'ont montré les travaux de la linguistique fonctionnelle on est tenté de reformuler certaines hypothèses et certaines observations dans les termes plus rigoureux de la théorie.

La langue apparaît alors comme une structure dont l'équilibre est en permanence soumis à des agressions externes; mais le maintien de l'équilibre joue comme le *feed-back* des organismes autorégulés, mécaniques ou biologiques. Ainsi il semble qu'il existe une sorte de phonostatisme qui restaure le système phonologique à partir du moment où il cesse d'être économique. Le lexique semble lui aussi soumis à des déterminismes de ce type (voir mes *Problèmes et méthodes de la statistique linguistique,* chapitres IX et X). Ainsi, j'ai essayé de montrer à la suite de Zipf que les différents phonèmes se distribuent dans les différentes langues avec des fréquences voisines et des variations définies par rapport à une norme; or, lorsque ces écarts dépassent un certain seuil mesurable, il se produit des changements phonétiques qui restaurent l'équilibre.

BRUIT ET REDONDANCE

Cela nous amène à une autre notion très féconde qui est celle de redondance et de bruit. Il ne faut évidemment pas attribuer tout à fait à ce mot le sens qu'il a dans le langage courant; du point de vue de la théorie de la communication, la redondance est le surplus d'information. Lorsque nous rédigeons un télégramme : *Arriverons demain cinq heures,* nous supprimons des signes inutiles à la compréhension du message et donc redondants. Le pronom *nous* est superflu puisque la personne est déjà marquée par la désinence *-ons*. De même nous pouvons abréger *cinématographe* en *cinéma* et, selon le contexte, *cinéma* en *ciné*.

Un signe est redondant lorsqu'il n'apporte pas d'information, c'est-à-dire lorsque sa probabilité est 1, l'information étant la mesure de l'imprévisibilité. La redondance augmente donc le coût du message, c'est pourquoi elle intéresse particulièrement la théorie de la communication dont l'un des buts est de déterminer l'économie optima du transfert de l'information; il est inutilement coûteux de transporter des formes vides dans une ligne téléphonique ou des caisses vides dans un camion.

Dans un système non redondant, tous les signes ont un maximum d'imprévisibilité puisque l'imprévisibilité, comme on vient de le rappeler, définit l'information. Notre système de numération, sous sa forme graphique, représente un tel code, alors que notre système d'écriture alphabétique est extrêmement redondant. Dans un message en chiffres, chaque chiffre ou chaque groupe de chiffres est signifiant puisqu'il représente un nombre possible. Dans un message en lettres, seules certaines combinaisons sont possibles et chacune avec une fréquence particulière: en français, *le* est très fréquent, *lu* l'est beaucoup moins, *db* est impossible.

Cela tient au fait que le système numérique non décimal utilise toutes les combinaisons du système de ses dix chiffres, alors que le langage articulé est fondé sur un ensemble de règles combinatoires restrictives; et ceci aux différents niveaux de structuration, phonétique, lexicale, syntaxique. Dans le système non redondant, chaque signe a une probabilité égale, ce qui fait qu'il est impossible de conjecturer un chiffre effacé ou altéré dans un nombre ; alors qu'une lettre ou qu'un phonème absents seront facilement rétablis. Cette observation intuitive peut être traduite et mesurée en terme d'information.

Dans le message non redondant du système numérique, la probabilité d'une combinaison de chiffres est égale au produit des probabilités de chacun de ses composants ; la probabilité du message $P = p_1 \times p_2 \times p_3 \times p_4 ...$; ou encore son contenu d'information $I = i_1 + i_2 + i_3 + i_4$; c'est-à-dire que l'information totale est la somme des informations partielles.

Dans la langue, si on désigne par p_t et p_a la probabilité des phonèmes t et a, la probabilité de la combinaison $t + a$, c'est-à-dire du mot ta est beaucoup plus grande que le produit $p_t \times p_a$; autrement dit, le contenu d'information du message est plus petit que la somme de ses composants. Le message transporte donc plus d'information qu'il n'est nécessaire pour la communication. Cette information superflue mesure la redondance ; les différentes langues présentent à cet égard de légères variations : l'allemand est plus redondant que le français et ce dernier plus que l'anglais ; mais en moyenne le taux de redondance est d'environ 50 % ; c'est pourquoi on peut facilement reconstituer un message dont il manque la moitié des lettres : *J.an h.bi.. 2.7 r.. S.i.t. J.cq..s*

En revanche, l'altération du chiffre médian rend impossible l'identification du numéro de la maison.

La redondance linguistique est indispensable, dans la mesure où elle compense le bruit ; techniquement, on désigne sous ce terme toute perte de l'information par suite de trouble dans le circuit communiquant. Dans cette acception très large, le bruit peut désigner du « bruit » au sens propre, une mauvaise transmission, une réception défectueuse (surdité, inattention, etc.); les psychologues diront que la colère constitue un bruit dans la communication, etc.

Lorsque nous parlons dans un lieu public bruyant, seule une partie de la forme acoustique parvient à notre oreille ; cependant nous reconstituons le message dans la mesure où sa redondance est supérieure au bruit. De même, la méconnaissance d'une langue, l'ignorance de ses probabilités, constitue un bruit ; c'est pourquoi une telle langue requiert de nous le maximum de silence et le maximum d'attention (l'inattention étant un bruit), et nous perdons rapidement pied dans un milieu bruyant. Aussi l'interlocuteur étranger cherche-t-il à augmenter la redondance en parlant lentement et distinctement, etc.

C'est là un fait banal et que l'intuition vérifie chaque jour, mais la notion de redondance et celle de bruit permettent de la quantifier, de le mesurer et de l'analyser.

La notion de redondance se retrouve, par ailleurs, aux autres niveaux linguistiques; à celui des phonèmes, comme on vient de le montrer, mais aussi à ceux du lexique et de la syntaxe.

Dans une phrase du type: « Hier je suis allé jouer au... », nous attendons un substantif; cette catégorie est donc ici redondante, puisque prévisible. Les règles de la syntaxe postulent la redondance des formes dans la chaîne parlée. Toute relation implique une redondance puisqu'elle est fondée sur un choix, à la fois positif et négatif, qui modifie la probabilité des signes. Il n'y a donc pas de syntaxe sans redondance.

Il y a, en outre, relation — et donc nouvelle redondance — au niveau du lexique. Notre phrase: « j'ai joué au ... » implique non seulement un substantif mais détermine le choix de certains substantifs. Ce que nous appelons sens n'est pas autre chose que l'ensemble des relations du signe avec les autres signes sur lesquels il est orienté. Un adjectif qui pourrait qualifier tous les substantifs indifféremment n'aurait aucune valeur critique et partant aucun « sens » puisqu'il les aurait tous; de même un mot orienté vers un seul signe à l'exclusion de tous les autres, du type: « harde de chevreuils », est entièrement redondant et dépourvu de contenu d'information. Encore une fois, la redondance est la condition *sine qua non* de toute relation, et par conséquent du sens.

Définies en terme de redondance, les relations syntaxiques et lexicales peuvent donc être appréciées en fonction de leur contenu d'information; elles peuvent être ainsi quantifiées, mesurées et formalisées. Cela constitue, — ou plutôt constituera — une des démarches majeures de la linguistique de demain.

Enfin la redondance est la condition du style, c'est-à-dire de variations individuelles dans l'usage; un code non redondant n'admet aucun écart, donc aucun style. En revanche, *nous arriverons demain* et *arriverons demain* constituent deux façons de dire la même chose, rendues possibles par la redondance, déjà signalée, du pronom *nous* et de la désinence *ons*.

De même, les valeurs affectives reposent sur l'utilisation de propriétés du message qui ne sont pas utilisées par le code dans sa fonction ordinaire. Les variations de hauteur, de quantité, d'intensité, constituent une redondance superflue, mais certains types de message — par exemple la poésie — peuvent les utiliser en leur confiant de l'information.

Condition du style, la redondance est à la source de l'évolution du système linguistique. Un système non redondant est nécessairement figé et immuable; tel est notre système de numération ou notre code de notation algébrique qui ne peuvent s'accroître que de l'extérieur par l'adjonction de nouveaux signes et de nouvelles conventions. C'est là un grand avantage dans certaines conditions, mais qui serait mortel pour une langue « vivante ». Un code est destiné à formuler un message donné et prévu; un code de traduction ne peut traduire que les mots ou les constructions qui figurent dans sa « mémoire » et il ne peut pas éluder les conventions et les règles qui lui sont imposées par son « programme ». La parole, en revanche, se trouve à chaque instant devant des situations linguistiques nouvelles, des questions non prévues, mais qui trouvent une solution dans les latitudes d'emplois du système. La redondance est l'espace d'une liberté qui engendre les nouveaux signes, qui instaure les nouvelles conventions et permet l'adaptation de la langue et son évolution.

Ces observations nous permettent de poser en termes objectifs des problèmes livrés jusqu'ici à des spéculations incertaines. Prenons celui d'une langue internationale; s'il s'agit d'une langue parlée, elle sera soumise à un bruit énorme et l'information y sera détruite par les habitudes articulatoires, lexicales, syntaxiques de locuteurs très divers. Elle réclamera donc un haut coefficient de redondance, faute de quoi elle serait impraticable. Mais plus elle sera redondante, plus vite elle s'altérera et se diversifiera sous la pression des styles particuliers. On se heurte donc à un dilemme quasiment impossible à résoudre.

Examinons le cas de l'orthographe, particulièrement

redondante en français, et dont la réforme, préconisée par la plupart des linguistes, se heurte au veto de l'opinion. Elle est née au cours du XVe siècle, au moment où l'écriture, jusque-là calligraphiée par des scribes professionnels, est tombée dans le domaine commun; l'altération de la graphie est alors contrebalancée, — mais en même temps accélérée — par une surabondance de signes parasitaires, justifiés par un sentiment étymologique plus ou moins hasardeux. Les imprimeurs de la Renaissance poursuivent cette politique qui triomphe des efforts de quelques humanistes en faveur d'un système rationnel.

La redondance facilite le déchiffrement de l'écriture; la graphie stabilisée et peu « bruyante » de l'imprimerie s'accommoderait d'un système plus économique, mais les signes superflus soulagent grandement l'attention du lecteur. Mais cette redondance — dont la fonction n'est pas niable — est ouverte à l'agression anarchique de toutes les déviations individuelles; et si la graphie des analphabètes ne paraît pas une preuve suffisante, on renverra le lecteur aux grands écrivains du passé : aux manuscrits du cardinal de Retz, aux lettres de Madame de Sévigné, aux journaux de Stendhal, etc.

Dans un système linguistique, en effet, ou bien on élimine la redondance, ou bien le système s'altère. Le seul remède est de stabiliser le code par une contrainte extérieure et il est très coûteux, d'autant plus coûteux que la fonction, ainsi réglée, est plus artificielle.

Une comparaison entre l'orthographe et l'orthophonie montre bien deux types opposés de fonctions linguistiques. La seconde est naturelle et auto-réglée par l'économie de la communication; on articule pour se faire comprendre et cette exigence corrige les vices de prononciation, en stabilise les normes, en délimite les latitudes, en règle et en modère l'évolution. L'orthographe, en revanche, est une fonction artificielle réglée de l'extérieur: on accorde les participes pour avoir le certificat d'études, ou un supplément de dessert, ou l'approbation de sa concierge.

Artificielle et non contrôlée, la fonction orthographique réclame un long apprentissage; aussi les jeunes Français consacrent-ils la moitié de leur scolarité à en assimiler les règles. Est-il rien de plus vain à une époque où l'écriture est stabilisée et normalisée par l'imprimerie et la dactylographie?

Il n'est pas toutefois inutile de relever que les langues dont la graphie est le plus redondante (l'anglais, le français) sont aussi celles dont la phonie l'est le moins; que des langues, en revanche, comme le latin et le grec, qui sont très redondantes, ont une très bonne graphie; peut-être y a-t-il ici une compensation nécessaire? En tout cas, il serait intéressant de mesurer le taux de redondance indispensable à une bonne lecture; la réforme de l'orthographe pourrait alors être envisagée comme un problème d'économie qui mettrait en balance le gain du système et le coût de l'apprentissage.

Ces quelques exemples, parmi d'autres, montrent l'intérêt d'une analogie qui assimile la langue à un code et la parole à un message. Mais pour légitimes que soient certains de ses aspects, on ne doit pas en être dupe: on peut bien comparer une lime à une « queue de rat », mais on ne doit pas la prendre pour la queue d'un rat.

Cependant ces comparaisons sont indispensables dans un domaine où l'objet de nos recherches échappe à l'observation; or, sur le langage, son origine, son fonctionnement, nous en sommes réduits à des constructions métaphysiques et cela reste vrai de la théorie saussurienne du signe, pourtant si riche et si féconde, mais dont il est bien évident qu'elle ne saurait être qu'une vue schématique et abstraite de la réalité.

Signifiant-signifié, langue-parole, motivation-arbitraire, ne sont que des vues provisoires et un métalangage en l'absence d'observations que seule la physiologie pourra un jour nous fournir. Les modèles informationnels, cependant, les confirment, en même temps qu'ils les précisent, les nuancent et les dotent d'un appareil de mesure qui enrichit leur valeur critique.

Dans certaines limites et sous certains aspects partiels et limités, « tout se passe comme si la langue était effectivement un code ». Mais si la théorie de la communication propose au linguiste de très utiles « modèles », ils ne doivent pas masquer les profondes différences de nature qui opposent les langues aux codes.

Pierre Guiraud.

BIBLIOGRAPHIE

L. Apostel, B. Mandelbrot et A. Morf, *Logique, langage et théorie de l'information*, Paris, 1957.

P. Guiraud, *Les Caractères statistiques du vocabulaire*, Paris, 1953.

P. Guiraud, *Problèmes et méthodes de la linguistique statistique*, Paris, 1960.

G. Herdan, *Language as a Choice and Chance*, Groningen, 1957.

G. A. Miller, *Language and Communication*, New York, 1951; traduction française, Presses Universitaires de France, Paris, 1956.

A. Moles, *Théorie de l'information et perception esthétique*, Paris, 1958.

L'auteur a eu récemment l'occasion de préciser sa pensée dans une série d'articles publiés dans le « Bulletin de la Société de linguistique de Paris » et résumés au dernier chapitre de son ouvrage sur *les Structures étymologiques du lexique français*, Larousse, Paris, 1967.

LA LANGUE

LA DESCRIPTION LINGUISTIQUE

QU'EST-CE QU'UNE LANGUE?

C'EST en effet la question préalable à toute description linguistique. Les francophones, par exemple, doivent bien avoir quelque chose en commun qui leur permet de se comprendre lorsqu'ils se parlent. Mais ceci ne nous fournit pas immédiatement un objet bien déterminé qui serait le français; en effet, les variations à l'intérieur d'une « même langue » sont considérables.

Ces variations sont d'abord géographiques ou dialectales au sens large du terme; on trouve ici toutes les transitions entre les variantes que tous n'utilisent pas mais que tous comprennent (*point* supplantant *pas* ou *il veut pleuvoir* l'emportant sur *il va pleuvoir*) et les traits absolument normaux dans une région et incompréhensibles ailleurs : qui sait, hors de Lyon, ce que sont les *gones*? En un sens plus strict, on nommera dialectale la variation systématique d'une langue propre à une région, variation qui pourra aboutir à un découpage des zones d'intercompréhension se chevauchant : un groupe *A* et le groupe voisin *B* se comprennent, le groupe *B* et un groupe *C* se comprennent également, alors qu'il n'y a pas intercompréhension entre les groupes *A* et *C*.

La diversité des groupes sociaux s'accompagne d'une variation des usages linguistiques. Cette variation peut avoir clairement pour but de manifester l'originalité du groupe, ou même de ne pas être compris des membres des autres groupes; elle peut correspondre plus simplement à la création d'habitudes propres à chaque sous-groupe, divergence inévitable en fonction de ce au sujet de quoi on communique et du passé linguistique de chaque groupe. De telles divergences peuvent caractériser n'importe quel groupe, une famille, un groupe professionnel limité ou l'ensemble d'une classe sociale.

Les langues sont d'autre part en perpétuel contact les unes avec les autres : ce peut être le contact avec une langue sentie comme étrangère (l'anglais en France) ou une situation nettement bilingue, comme lorsque la majorité des Provençaux parlait à la fois provençal et français. Dans un cas comme dans l'autre, les emprunts sont constants et nous n'avons qu'un critère relatif pour décider que l'emprunt s'est intégré à la langue : la généralisation de son usage.

Par ailleurs, une langue est en continuelle évolution et s'il est facile de noter quelques aspects des transformations du vocabulaire, comme la rapide usure des adjectifs laudatifs, on est généralement beaucoup moins conscient de l'évolution phonologique comme celle qui aboutit en français parisien à la disparition de l'opposition /œ/ —/ɛ̃/ (*brin* et *brun* étant prononcés identiquement). Cette évolution est continue et quoique le terme soit vague, on devra préciser qu'on parle de la langue de telle ou telle génération. De plus, ces divers facteurs, géographiques, sociaux, d'âge, d'emprunt, peuvent se combiner de toutes les manières.

Même à l'intérieur d'un groupe par ailleurs homogène, on peut dire qu'il n'y a pas deux sujets qui s'expriment exactement de la même façon; c'est manifeste au niveau du lexique, c'est également remarquable sur le plan de la phonologie. Ainsi rencontre-t-on, chez les sujets qui font l'opposition ɛ ouvert - e fermé en finale, Parisiens du même âge et de la même catégorie sociale, toutes les variations possibles dans la prononciation de termes usuels comme *poulet, cahier,* etc.

Enfin, la diversité des utilisations fait que le même individu, selon ceux avec qui il se trouve et le type de rapports qu'il entretient avec eux parlera différemment. Non seulement le vocabulaire, mais aussi la syntaxe sont soumis à ces variations : on pourra distinguer ainsi une langue du dialogue différente de la langue du récit ou de la langue soutenue du discours. On voit mal quel principe permettrait un classement exhaustif de ces niveaux de langue, mais on remarque immédiatement l'effet comique produit par l'introduction inattendue d'un procédé relevant de l'un de ces styles dans un propos qui relève d'un autre. Le français comporte un grand nombre de ces procédés catalogués comme appartenant à un certain niveau; ainsi l'usage du passé-simple, de l'imparfait du subjonctif ou de conjonctions comme *or* ou *encore que* est réservé à un style soutenu, à l'opposé de l'utilisation de *on* remplaçant *nous* ou de la prononciation *i* de *il,* caractérisant un autre niveau de langue. Cela sans parler de procédés qu'on ne rencontrera que dans la langue écrite.

Comment définir une langue dans ces conditions ? La référence à la notion de norme ne nous est ici d'aucune aide. En effet d'une part chaque usage constitue une norme pour ceux qui ont à l'acquérir. D'autre part, la norme enseignée est constituée en fait par l'usage d'un certain groupe, par exemple quelque chose comme le parler d'une certaine bourgeoisie parisienne, différent du parler populaire et peut-être sur tel ou tel point d'un usage trop recherché. Cette norme est par ailleurs relative à une certaine utilisation littéraire de la langue et n'a que peu d'action sur la langue effectivement pratiquée ordinairement par les tenants de la norme eux-mêmes. Il s'agit donc d'un concept pratique : par exemple lorsqu'on a à enseigner le français à des étudiants étrangers, évitera-t-on un français régional marqué. La norme est en somme une abstraction nécessaire, non une réalité qui serait douée d'une existence propre.

Ainsi, la seule façon possible de définir une langue sera l'intercompréhension de ceux qui la parlent. Ce qui fondamentalement rend possible cette intercompréhension, c'est que chacun s'adapte à un grand nombre de traits phonologiques, syntaxiques ou lexicaux de son interlocuteur, que cependant il n'utilise pas lui-même : c'est cela qui permet de lever le paradoxe qui fait qu'on définit la langue comme moyen de communication et qu'on constate en même temps qu'il n'y a pas deux usages individuels (idiolectes) absolument semblables. Un tel mécanisme, permettant la compréhension de faits de langue que nous n'utilisons pas, peut être conscient; il est le plus souvent inconscient. Ainsi nous n'avons pas besoin, pour les comprendre, de repérer consciemment les parlers qui n'opposent pas *e* fermé et ϵ ouvert à ceux qui les opposent. De même, au niveau lexical et grammatical, nous saisissons généralement directement, par la situation et le contexte, ce que veut dire notre interlocuteur, sans remarquer les moyens particuliers qu'il utilise. Le système présente d'ailleurs une très grande laxité parce qu'il y a tous les intermédiaires possibles entre compréhension et incompréhension, qu'il s'agisse d'éléments de la chaîne parlée qui ne sont pas perçus comme lorsqu'une partie du message est masquée par un bruit, ou d'oppositions qui ne sont pas faites par le récepteur comme lorsque je comprends partiellement ce que veut me dire mon interlocuteur s'il oppose les formes du futur et du conditionnel et que je ne le fais pas : la distinction de cette « forme en r » à l'égard du présent et des temps du passé suffira à faire saisir une certaine valeur commune.

Donc, si on ne cherche pas à opposer la langue à ce qui n'est pas langue, mais une langue à des phénomènes linguistiques qui n'en remplissent pas toutes les fonctions, on définira la langue comme instrument de communication propre à un groupe, ce qui permettra de la distinguer :

a) des « dialectes », degrés de différenciation de cette langue;

b) des patois, parlers ruraux locaux nettement différents de l'usage local de la langue commune, ne présentant pas toute la richesse d'usages de cette langue commune et ressentis comme « inférieurs ». Il s'agit donc de moyens de communications précaires qui, soit disparaissent en teintant plus ou moins la langue commune, soit au contraire, retrouvant du prestige, deviennent langue ou au moins variante dialectale d'une autre langue;

c) des jargons et argots, différenciations propres à un sous-groupe, portant essentiellement sur le lexique et souvent déterminés par le désir de n'être pas compris du reste de la population;

d) des sabirs, mélanges linguistiques destinés à assurer une intercompréhension entre sujets parlant d'autre part des langues différentes, intercompréhension limitée d'ailleurs, permettant le commerce ainsi que la satisfaction des besoins principaux.

Une langue ainsi définie pourra n'être parlée que par un très petit nombre d'individus, ne correspondre à aucune communauté politique instituée et n'être utilisée qu'oralement. Par ailleurs, la définition de la langue par le groupe ne signifie nullement que le bilinguisme soit une situation rare ou anormale. Parmi les bilinguismes les plus fréquents, il faut noter celui qui provient d'une distinction entre langue de l'administration et de la littérature et langue communément parlée, ce qui a été le cas du latin face aux différentes langues d'Europe pendant des siècles. Une telle situation aboutit souvent à la séparation entre une langue écrite et une langue orale pratiquement indépendante (arabe littéraire et arabe dialectal). Une seconde situation fréquente est celle où se distinguent des langues vernaculaires propres à des groupes limités et des langues véhiculaires assurant la communication entre ces groupes. La fréquence des situations bilingues est encore plus grande si l'on songe aux bilinguismes partiels où une des langues est comprise et non parlée ou bien réservée à certains usages. Au contraire, il est des cas de bilinguisme « intime » où on entendra des sujets passer dans la même phrase d'une langue à l'autre, usage particulièrement réprouvé par les puristes mais créateur de situations linguistiques intéressantes. Tout cela nous pousse à bien distinguer le souci pratique illustré par la nécessité d'écrire par exemple « une grammaire française » et la recherche d'une description scientifique qui ne pourra jamais reposer que sur la description d'un corpus donné : tel ensemble linguistique réuni dans un endroit donné, à un moment donné.

LANGUE ET CORPUS

L'exigence de la référence à un corpus défini est donc d'abord une exigence de rigueur élémentaire, car on risque toujours de penser décrire une langue alors qu'on ne décrit que son propre usage, voire le sentiment qu'on en a. Si on cherche à décrire un idiolecte, on demandera au corpus d'être homogène quant au niveau d'utilisation et d'autre part relativement étendu afin que des éléments relativement rares ne soient pas absolument exclus et qu'on puisse se faire une idée approximative de la fréquence des éléments.

Si l'on veut en revanche que l'étude du corpus représente un ensemble plus vaste, il sera nécessaire de recourir à un critère sociologique : que les individus étudiés semblent « normaux » par rapport au groupe considéré.

Il faudra aussi que les conditions de l'enregistrement soient normales, le dialogue saisi à l'improviste étant ici préférable. Enfin, il est recommandé de pratiquer des vérifications par questionnaire sur un plus grand nombre de sujets, système de vérification plus rapide que le dépouillement d'un corpus très étendu.

Il faut noter qu'en général, il n'y a pas d'opposition entre la description d'un corpus et le recours aux questionnaires ou interrogatoires, dans la mesure où ceux-ci ne se fondent pas sur l'hypothèse trompeuse selon laquelle les sujets seraient parfaitement conscients de la langue qu'ils parlent. En particulier pour passer de l'étude d'un corpus à l'étude de la langue peut-on expérimenter, par exemple, sur le moment où la déformation imposée à un mot ou à une phrase les rend inintelligibles : la linguistique peut être aussi expérimentale que descriptive. En revanche, elle ne peut être ni déductive au sens où l'est la logique, ni fondée sur l'introspection. Certes une langue n'est pas composée d'un nombre fini d'énoncés correspondant à un nombre fini de situations; s'il y a ainsi des énoncés possibles non réalisés, il est donc légitime de concevoir la langue comme une combinatoire ouverte et non comme une somme de faits. Mais possible signifie ici compréhensible ou réalisable par analogie avec d'autres énoncés effectifs de la langue, et non pas déductible à partir d'axiomes. D'autre part il peut y avoir des énoncés conformes à la syntaxe d'une langue, mais sans signification; on peut également construire une phrase de longueur indéfinie sur le modèle : *l'homme qui était dans le jardin, qui avait été cultivé par celui qui...* Cela non plus ne signifie pas qu'une langue constitue une combinatoire comparable à un système logique formel, mais que ce que le linguiste pourra exprimer sous forme de règles existe chez ceux qui parlent la langue sous forme d'habitudes transférables et non de messages prémontés : par exemple l'« habitude générale » de placer déterminés et déterminants dans un certain ordre, de construire des subordonnées, des coordonnées, etc. Ces habitudes générales ne peuvent être prouvées finalement que par la constatation dans un corpus d'un certain nombre d'énoncés bâtis sur le même modèle. On ne peut que constater, non déduire qu'un énoncé appartient à une langue; de même le sentiment linguistique qui fait dire que tel énoncé « sonne français » n'est qu'une donnée de fait, finalement moins sûre que la simple constatation de la présence d'un énoncé, non un moyen d'aller au-delà du corpus pour atteindre la langue elle-même. Que les possibilités combinatoires dépassent de beaucoup les limites des énoncés effectivement rencontrés, cela ne signifie rien d'autre que de constater que la langue est composée non seulement d'un répertoire de signes mais aussi de procédés de combinaison de ces signes. On ne doit pas en conclure qu'il y a une différence de nature entre l'étude d'un corpus et l'étude de la langue.

LANGUE ET PERTINENCE FONCTIONNELLE

Ce qui rend difficile la détermination de l'objet de la description linguistique, ce n'est pas seulement la variété des usages, c'est aussi que la description exhaustive de ce qui se passe lorsque deux sujets communiquent constituerait une tâche infinie : ce l'est déjà si on ne tient compte que de la face manifeste, enregistrable du message; ce l'est encore plus si l'on s'intéresse à la face signifiée de ce message. Saussure a tenté de distinguer dans l'ensemble de l'acte de communication ou du *langage,* ce qui était l'objet propre du linguiste *la langue,* comme moyen à la disposition des individus, opposée à la *parole,* utilisation qu'ils font de cette langue. Mais une telle distinction est difficile à manier. Saussure limitait en effet la langue à l'association d'une « image acoustique » et d'un « concept »; il renvoyait ainsi à la parole d'une part tous les procédés articulatoires de réalisation de cette image acoustique, d'autre part tout ce qui, dans la constitution d'un énoncé, relevait de l'initiative du sujet. Mais en fait, de quelque niveau qu'il s'agisse, il ne semble pas que la distinction langue-parole permette l'analyse correcte de ce qui se passe dans un fait de langage. Tout d'abord, en effet, il n'y a pas de raison de privilégier l'image acoustique par rapport à la réalisation articulatoire; dans un cas comme dans l'autre en effet, ce qui permettra de distinguer comme linguistiquement différentes deux images acoustiques ou deux réalisations articulatoires sera qu'elles introduisent une différence de sens : malgré l'infinie variété des réalisations c'est ce qui permettra de dire qu'il y a deux *o* « en français » et un seul en espagnol. Si l'on considère les unités signifiantes, on peut opposer des procédés à la disposition de celui qui parle et le message effectivement émis, mais, s'il est facile de voir comment le linguiste, à partir de certains messages, tire la description de ce qu'il est possible d'émettre dans une position donnée en fonction de ce qui précède et de ce qui suit, en revanche, dans le comportement du sujet on ne sait où faire passer la séparation entre fait de langue et fait de parole, ne serait-ce que parce que nous n'avons pas de moyens de distinguer ce qui est à la disposition du locuteur et ce qui relève de son initiative.

Cela d'autant plus que l'on ne peut pas dire que la langue, c'est ce qui est commun aux différents sujets et la parole ce par quoi ils diffèrent. Certaines des différences entre deux sujets sont effectivement des différences extra-linguistiques, telles les différences de hauteur moyenne de la voix selon le sexe, mais on ne voit pas pourquoi considérer comme non linguistique le fait que certains francophones distinguent deux *e* alors que d'autres n'en ont qu'un.

Il semble donc préférable de suivre la voie tracée par l'École de Prague et, quoique à vrai dire la distinction y soit encore utilisée, de voir que dans l'étude même des faits linguistiques ce que nous avons le moyen de distinguer, c'est non pas la langue de la parole, mais les faits linguistiquement pertinents, par référence à une fonction donnée dans l'élaboration d'un message (établir une différence de sens, les limites d'une unité ou les relations entre différentes unités) et les faits non pertinents, c'est-à-dire tout ce qui ne change pas la relation des signes entre eux, même si cela change la façon dont ils sont produits ou dont ils sont compris. Ainsi, que le son *r* soit en français roulé, grasseyé, etc., on ne posera jamais que l'existence d'un seul phonème /r/ car jamais ces différences n'aboutissent à la distinction de deux signifiants différents. Ce qui n'empêchera pas qu'un fait linguistiquement non pertinent : le *r* est dans un tel groupe prononcé de telle façon, puisse faire partie de la langue, au sens d'ensemble des habitudes linguistiques caractéristiques d'un groupe.

Ces phénomènes linguistiquement pertinents ne seront pas constatés directement mais établis par des procédés qu'on peut appeler expérimentaux puisque le caractère discret d'unités distinctes ne constitue pas une donnée immédiate. Le premier de ces procédés est la commutation, c'est-à-dire la comparaison d'unités du corpus, afin de voir si le remplacement de l'une par l'autre dans un contexte donné entraîne ou non une différence assignable du message émis. En effet, ce n'est pas parce qu'on utilise une transcription phonétique préalable à l'analyse linguistique qu'on doit en conclure que le découpage en unités minimales est une donnée immédiate. Rien à l'audition ne nous dit par exemple si l'allongement d'une voyelle relève d'une habitude caractéristique de l'individu qui parle, du contexte phonique, de l'expressivité ou s'il y a dans la langue considérée une opposition linguistique entre voyelles longues et brèves.

En ce sens, les unités linguistiquement pertinentes sont les unités qui sont l'objet d'un choix potentiel (on dit potentiel pour qu'il soit clair que ce qui importe pour le linguiste est qu'on émet un message différent quand on dit *pois* et *bois,* non que le sujet fait un choix explicite de *pois* à la place de *bois* chaque fois qu'il prononce ce mot) par opposition à des phénomènes conditionnés, par exemple par le contexte phonique, comme lorsqu'une voyelle orale placée entre deux consonnes nasales se nasalise. Mais dans les différents contextes, les phonèmes comme les unités signifiantes ne s'opposent pas aux mêmes autres; ces variations seront également linguistiquement pertinentes. En effet, puisque les unités sont définies par leurs oppositions, il est nécessaire de noter non seulement ces oppositions mais aussi leurs neutralisations (ce qui se passe lorsque les occlusives sourdes et sonores de l'allemand, opposées en d'autres contextes, se réalisent uniquement comme des sourdes à la finale) ou les distributions lacunaires (tous les phonèmes ne se rencontrant pas en toutes les positions). Cela d'autant plus que le linguiste n'a pas, par devers lui, une liste évidente *a priori* des fonctions des unités linguistiques; ainsi l'hypothèse selon laquelle il existe des unités essentiellement distinctives (ou phonèmes) sera par exemple vérifiée si l'on constate que des sujets de langues différentes regrouperont différemment les sons qu'ils entendent justement en fonction de cette différence de rôle. Ces phonèmes peuvent également avoir une fonction démarcative : indiquer les limites d'une unité signifiante ; ainsi une distribution lacunaire pourra être linguistiquement pertinente en ce qu'elle sert à indiquer le début ou la fin d'un mot. C'est pour la même raison qu'un phonème comme la place de l'accent, dans les langues où elle est fixée à l'intérieur d'un certain cadre et semble donc automatique, constitue cependant un phénomène linguistiquement pertinent, indiquant par opposition à l'absence d'accent la présence d'une unité accentuelle. Si (ce qui ne se réalise pas) chaque mot phonique était séparé des autres par un silence, on pourrait en revanche concevoir l'accentuation obligatoire qui s'y ajouterait comme un phénomène non pertinent comme c'est le cas pour l'existence d'un minimum d'énergie nécessaire à toute émission de son ou la variation d'énergie dans l'émission d'un « même » son qui n'est pas constante du début à la fin. Qu'il s'agisse de fonction distinctive ou contrastive, on établira qu'un phénomène est linguistique en notant que sa différence à l'égard d'autres phénomènes, qui pourraient soit occuper la même place que lui dans la chaîne (oppositions) soit faire partie de la même chaîne que lui (contrastes), aboutit à un autre message, soit indirectement (seconde articulation en unités elles-mêmes non signifiantes) soit directement (première articulation en unités signifiantes).

Si un système phonologique est ainsi constitué d'oppositions entre des unités qui s'excluent dans une position donnée et de contrastes dans la chaîne, on voit que s'il peut y avoir des ressemblances phonétiques entre langues (on dira par exemple que le son *l* est articulé à peu près de la même façon en français et en italien) il n'y a en revanche aucun sens à parler d'un phonème *l* indépendamment de la langue (du système d'oppositions) à laquelle on se réfère. On a là un critère précis qui nous permettra, en particulier à l'intérieur d'une même langue, de distinguer parmi les différences de comportement entre sujets ce qui est non pertinent et ce qui l'est. On notera que ces critères, mis au point pour la phonologie, peuvent être plus difficiles à appliquer dans d'autres domaines ; par exemple dans l'étude du lexique, les paradigmes n'étant pas clairement limités comme en phonologie; d'autre part, le nombre de contextes où une unité peut apparaître étant indéfini, il sera beaucoup plus difficile de distinguer le sémantiquement pertinent de la variation non linguistique (ce qu'un terme évoque en fonction des conditions où il a été utilisé par exemple) que de distinguer ce qui est phonème pertinent de ce qui n'est que variante contextuelle. Mais même si les modalités d'application n'en sont pas clairement fixées, on peut dire que le principe est identique : de même que la diversité des réalisations sonores est une donnée inévitable, de même la variété des expériences ou des représentations des individus. Ce qui sera linguistique, c'est ce qui permet à une certaine communication de s'établir malgré cette diversité.

C'est parce que les faits phonologiques comme les unités de première articulation sont définis en termes de communication que des principes similaires vaudront ici. Les unités signifiantes comme les phonèmes ne peuvent jouer leur rôle que parce qu'elles sont objet de choix. C'est en fonction de ce principe que pourront être également comprises les différences entre les deux articulations : ainsi la distinction des formes étant assurée phonologiquement, on ne devra pas en conclure qu'une unité énonçable séparément constitue un choix unique : par exemple, il pourra y avoir des amalgames, *au* correspondant au double choix *à le;* il pourra aussi y avoir des unités discontinues, correspondant à un seul choix, du type *ne ... pas*. Mais, comme en phonologie, les unités seront définies par l'existence de relations paradigmatiques (ensemble de choix possibles) en fonction d'un certain syntagme. En conséquence, les concepts grammaticaux sont aussi relatifs aux langues que le sont les phonèmes : il n'y a pas grand sens à parler du verbe en général, en dehors d'une langue particulière. Si on peut néanmoins le faire, c'est qu'on aura constaté certaines identités de fonction, le choix d'autres unités rendant, *par exemple* dans les langues à verbe, nécessaire sa présence, quelle que soit par ailleurs la diversité des relations entre verbe et choix des marques temporelles ou modales.

FONCTION LINGUISTIQUE ET SENS

Dire que deux phonèmes sont différents lorsque le remplacement de l'un par l'autre suffit à introduire une différence de sens ou que deux unités de forme différente sont cependant linguistiquement identiques semble faire appel à la connaissance de la face non manifeste de signe : le signifié. Or on peut se demander d'une part si une telle connaissance est nécessaire à la description linguistique, d'autre part si elle peut être établie de façon scientifiquement valable. Doutant de ces deux points on a voulu, dans diverses écoles écarter de l'étude linguistique toute référence au sens. Que signifie exactement une telle exigence ? C'est en phonologie, où les unités sont justement posées comme n'ayant pas de sens, que cette exigence peut sembler le plus justifiée. Mais bien évidemment personne n'a jamais cherché à définir les phonèmes par leur sens mais par la fonction « introduire une différence de sens ». Si on écarte cette fonction, se manifestant dans des oppositions, il ne reste que deux possibilités. Ou bien, on se fonde sur la seule ressemblance physique des sons et on considère le phonème comme un ensemble de sons proches. Mais ceci équivaut à supprimer la phonologie, dont l'originalité consistait justement à passer du critère relatif et vague de ressemblance à un critère précis, la commutation. Ou bien, on cherche à ne définir les unités que par leurs relations dans la chaîne : leurs positions, leur aspect nécessaire ou facultatif (ainsi définira-t-on les voyelles de beaucoup de langues par le fait qu'il existe des monèmes composés d'une seule « voyelle », non d'une seule consonne : les voyelles seront ce qui peut se présenter seul, les consonnes présupposent la présence des voyelles), on aura également recours à leur fréquence, ou à leur mode de succession. Il n'est pas question de nier que de telles relations fassent effectivement partie de la description linguistique. Mais leur usage dans la description du comportement des phonèmes supposent que ceux-ci sont déjà isolés; en effet, les faits de distribution ne permettent pas de distinguer phonèmes et variantes, mais aboutiraient plutôt, si la méthode était employée avec rigueur, à considérer une unité différente en chaque position différente. La simple constatation de leurs distributions différentes ne me permet pas d'assimiler en un même phonème le son [ü] de *but* et le son [ɥ] de *mua*. Devant une langue inconnue, l'enquête consistera à chercher, directement en interrogeant un locuteur ou indirectement en induisant à partir d'un corpus quelles sont les variations phoniques qui entraînent dans cette langue une variation du sens de l'énoncé et quelles sont celles qui ne le font pas. Ou plutôt il sera préférable de parler de différence de signifié que de différence de sens. Si on entend en effet par sens l'effet sur un sujet donné d'un message donné, ce sens variera en fonction de facteurs extra-linguistiques, comme la situation ou les connaissances du sujet (dire *il fait jour* n'a pas le même sens de jour et de nuit) et une même unité linguistique aura un nombre indéfini de sens. On appellera signifié au contraire ce qui est linguistiquement commun à l'ensemble de ces sens, grâce à l'opposition corrélative des signifiants. Mais le phonologue n'a pas à savoir quel est le sens ni même le signifié de *bar;* il a à savoir qu'il y a une *différence de signifié* entre *bal* et *bar,* non entre *ba*R et *bar*. Cette nécessité pour l'enquête correspond à une nécessité au niveau des faits : définir les phonèmes par leurs relations syntagmatiques ne permet pas de comprendre la raison d'être de telles unités ; au contraire, c'est par leurs oppositions qu'on comprend leur raison d'être, leurs rapports dans la chaîne renvoyant plutôt à une certaine économie de fonctionnement.

L'étude de la première articulation permet des remarques similaires. Ici aussi, certes, il est possible d'établir une grammaire purement formelle où les classes d'unités se définissent par leurs positions dans la chaîne, leurs implications unilinéaires ou réciproques, leurs compatibilités ou incompatibilités. On peut même écrire une lexicologie distributionnelle qu'on pourrait appeler sémantique formelle et où chaque unité — et non comme précédemment chaque classe d'unités — serait définie par ces mêmes relations avec les autres unités. Et il est vrai qu'en grammaire l'exclusion du recours au sens constitue un progrès. Il n'y a pas de bonne définition sémantique des catégories grammaticales, justement parce que les latitudes combinatoires ne correspondent pas nécessairement ni même le plus souvent à des catégories sémantiques et qu'inversement une catégorie sémantique comme par exemple celle d'action peut être manifestée par à peu près n'importe quelle « partie du discours » : verbe, adverbe, nom... Ce qui est exclu, c'est de partir du sens comme d'une donnée certaine qui rendrait compte du comportement linguistique des unités; en revanche rien n'empêche qu'une catégorie sémantique particulière soit en même temps une catégorie linguistique, si l'on constate qu'à la catégorie, définie par son sens, des « noms propres » correspond un comportement linguistique particulier, par exemple qu'ils ne peuvent pas s'associer aux mêmes déterminants que les autres noms. Donc, si exclure le sens c'est définir les unités par leurs rapports sans chercher dans le signe lui-même ce qu'il signifie, on peut bien poser le refus du sens comme principe de la linguistique. (Notons que ceci entraînera une certaine difficulté pratique; ou bien on utilisera pour nommer les classes d'unités définies par un critère linguistique précis un vocabulaire fabriqué *ad hoc* : classe *A*, classe *B*..., ce qui sera rigoureux, mais pénible à lire. Ou bien, on utilisera plus ou moins le vocabulaire de la grammaire traditionnelle, aux implications sémantiques dangereuses. La solution la plus simple consiste sans doute à utiliser ce vocabulaire mais en précisant pour chaque langue le sens donné aux termes, comme l'utilisation du même symbole ne signifie pas que le /p/ anglais et le /p/ français constituent un même phonème).

Si donc on définit la syntaxe comme l'étude de la combinabilité des classes de monèmes, on devra et on pourra ne pas avoir recours à leur sens pour déterminer l'appartenance à une même classe. Deux termes qui auront une relation analogue au reste des énoncés où ils figurent seront rangés dans la même classe (le même paradigme), même s'ils ont très peu de chances de commuter véritablement dans le même contexte et si leur relation sémantique au reste de l'énoncé diffère. Par exemple, dans les deux séquences *ours polaire* et *drogue cancérigène* : d'une part, on aura peu de chances de rencontrer également *ours cancérigène* et *drogue polaire,* d'autre part, un des adjectifs se rapporte au nom comme désignant son origine, l'autre ses effets. Cependant on peut constater que $\dfrac{\text{ours}}{\text{polaire}} = \dfrac{\text{drogue}}{\text{cancérigène}}$, c'est-à-dire que les termes de la première ligne conditionnent de façon identique l'apparition des termes de la seconde ligne.

En revanche, de même qu'il faut pouvoir noter une différence de signifié pour poser une différence de phonèmes, de même, ici, constater des distributions ne permettra jamais de dire si deux unités qui n'ont jamais la même distribution constituent deux monèmes différents ou deux variantes contextuelles d'un même monème. Davantage, les identités fonctionnelles indiquées au paragraphe précédent ne pourraient pas être établies par simple examen des distributions d'unités linguistiques conçues comme simples successions de sons : on pourra par exemple noter l'existence d'un paradigme : *je, tu, il* et d'un autre : *me, te, le;* en revanche rien n'obligera à considérer l'identité des rapports à l'intérieur de ces paradigmes, identité qui conditionne cependant leur emploi. De même, la distribution ne permettra pas de distinguer les cas où un déplacement dans la chaîne entraîne une différence de comportement linguistique et les cas où elle n'en entraîne pas. Enfin ne pas vouloir considérer le sens des énoncés aboutirait dans la pratique du travail d'analyse à allonger et à compliquer indéfiniment la tâche du descripteur qui a intérêt à s'aider d'une compréhension d'abord vague puis de plus en plus précise du sens de ces énoncés.

On peut donc dire qu'en dehors de l'utilité pratique qu'on vient de signaler, les problèmes du recours au sens pour les linguistes sont essentiellement conditionnés par les problèmes que pose aux utilisateurs la relation du langage au sens. Le sens n'est pas « dans » le message, mais pour les interlocuteurs, et varie en conséquence; en cela il dépasse infiniment la compétence du linguiste.

Reste que d'une part des unités de sens différent ont un comportement linguistique identique et inversement. Ainsi le rapport syntaxique sera-t-il le même de *Dieu* à *infini, bon, méchant, contradictoire* et *vert*. Inversement on pourra tirer les mêmes conclusions de deux phrases syntaxiquement différentes : *je viens demain* et *mon arrivée a lieu demain*. Il y a donc indépendance.

Mais des comportements linguistiques identiques, correspondent à des signifiés apparentés et inversement la variation de sens d'une même unité s'accompagne de variations de son comportement linguistique : dans le premier cas citons les pronoms personnels; dans le second la différence entre *avoir* = *posséder* et *avoir* auxiliaire, qui se manifeste par les formes auxquelles ils se combinent. En ce sens l'étude du signifié correspondant aux variations du signifiant fera partie intégrante de la linguistique.

Il n'y a donc aucun paradoxe à dire que dans une grande partie de ses recherches, la linguistique ne doit pas considérer le sens des énoncés; il n'y a non plus aucun subjectivisme à voir que c'est la différence de sens qui permet de définir des unités comme différentes ou qu'on peut constater que des signes qui ont un comportement commun ont aussi certains éléments signifiés communs. L'erreur serait seulement d'avoir le sentiment que c'est « tout naturel » et de vouloir déduire l'identité de comportement de la parenté sémantique en oubliant que justement on peut constater cet accord, non le déduire.

DESCRIPTION ET EXPLICATION

Dans la mesure où la description linguistique constitue une abstraction, aussi fondée que possible, on voit qu'on ne saurait la ranger absolument ni du côté de la pure description, ni du côté de l'explication. Disons cependant que si expliquer, c'est trouver un petit nombre de relations cachées qui rendent compte d'un grand nombre de faits manifestes éparpillés, alors la description linguistique sera bien une explication. Il en sera ainsi lorsqu'on pourra analyser la diversité des faits phonétiques en : nécessité de maintenir les oppositions pertinentes + effets d'assimilation dans la chaîne ou lorsqu'on trouvera qu'entre des unités par ailleurs différentes la relation déterminé-déterminant se trouve marquée par un ordre identique, par exemple entre d'une part l'adjectif et le nom, d'autre part l'adjectif et l'adverbe qui le modifie.

De plus, cette description synchronique peut et doit se faire en dehors de toute considération diachronique ou de linguistique externe. Qu'elle le puisse, cela signifie que les unités linguistiques ne sont déterminées, à un moment donné du temps, que par leurs relations aux autres unités, indépendamment des causes qui les ont amenées à être telles. Ainsi le /ɛ/ français de *mère* est-il le même que le /ɛ/ de *peigne* alors que leur origine phonétique diffère : *mater* et *poena*. De même, l'étymologie ne nous apprend-elle rien sur le fonctionnement actuel d'un mot : rien dans *templum* ne prédisposait *temple* à entrer dans l'opposition *temple* (protestant) — *église* (catholique) ou *virtus* à donner son sens actuel à *vertu*. Certes, une telle autonomie de la synchronie n'empêche pas qu'il fasse partie d'une description complète que telle prononciation ou tel mot soient perçus comme des archaïsmes ou des nouveautés. Reste que l'on puisse définir les faits uniquement synchroniquement caractérise les sciences qui portent sur des systèmes réels comme la langue alors que, sans doute, dans les sciences portant sur les faits qui ne forment pas par nature une structure, la description des idéologies par exemple, les phénomènes sont absolument incompréhensibles indépendamment de leur genèse.

Qu'elle le doive signifie que les filiations diachroniques ou les explications par la linguistique externe ne sont possibles qu'en fonction d'un certain état du système. Ainsi constate-t-on que, toutes choses égales d'ailleurs, une opposition phonologique isolée, comme la seule opposition de longueur vocalique qu'on rencontrait dans la prononciation parisienne la plus fréquente : /ɛ/ — /ɛ :/ *(faite-fête)* tend à disparaître, alors que, même s'ils s'opposent rarement, des phonèmes qui s'opposent par des traits qu'on retrouve fréquemment ailleurs dans le système résisteront beaucoup mieux. Ainsi l'opposition entre /ð/ et /θ/ *(thin — this)*, rare en anglais, reste stable parce que fondée sur une corrélation de sonorité très fréquente. De même beaucoup plus que des emprunts bruts, constate-t-on des phénomènes d'interférence, qu'il s'agisse de la forme du terme étranger emprunté (comme les prononciations françaises des termes empruntés à l'anglais) ou sur le plan du signifié, le fait que l'emprunt ou le terme nouveau en général, n'a pas son sens en lui-même, mais par restructuration du champ antérieur. Ainsi, l'évolution du sens de *travail* de « torture » à son sens actuel n'est compréhensible que par la disparition d'*ouvrer* et le besoin ainsi créé.

Quant aux considérations de linguistique externe, on

remarquera simplement qu'il n'y a aucun rapport direct évident entre type de société et type de langue. Même si l'évolution sociale et politique se traduit par des faits linguistiques, ceux-ci obéissent à leurs lois propres, le fait social du besoin de nouveaux mots aboutissant à des procédés différents selon les langues (emprunts, composition, changement de sens d'un mot existant). Ceci ne retire évidemment aucun intérêt à la sociologie linguistique, à l'étude des conséquences des migrations ou du caractère plus ou moins contraignant de l'institution d'une langue selon les sociétés, leurs dimensions, leur statut. De même des phénomènes psycho-biologiques comme la recherche de l'économie, s'ils imposent évidemment un cadre général (des êtres autrement conformés que nous communiqueraient évidemment autrement) ne permettent pas de rendre compte de la structure des langues. Les explications par la tendance au moindre effort ou la recherche de la différenciation, sont possibles à partir d'un système donné, non pour rendre raison de ce système, ne serait-ce que pour cette raison banale que ces principes psychologiques sont beaucoup moins nombreux que ne l'exigerait la diversité des langues s'ils devaient en rendre compte.

Si l'on cherche au contraire à rendre compte par des organisations psychiques différentes des différentes langues, comme les premières ne sont connues que par les secondes, on aboutit en fait à redoubler une description linguistique claire par son correspondant obscur et invérifiable en termes psychologiques, d'autant plus qu'on ne sait pas s'il s'agit d'un esprit de la langue qu'on ne saurait où situer ou de l'esprit de ceux qui la parlent actuellement qui ne saurait en rendre compte. La psychologie n'est plus seulement seconde, mais tout à fait inutile sur ce point.

DANS QUEL ORDRE DÉCRIRE ?

La question préalable à la description se pose en effet de savoir s'il y a entre les faits linguistiques de différents niveaux des relations de dépendance telles qu'on doive les exposer dans un ordre plutôt que dans un autre. Louis

Hjemslev a, par exemple, exposé le principe selon lequel, puisqu'on partait d'un corpus il fallait aller des plus grandes unités aux plus petites. C'est supposer qu'il existe des marques formelles qui suffisent à distinguer ces grandes unités; or on verra que cela n'a rien de nécessaire. Ainsi n'y-a-t-il pas obligatoirement un accent par mot; ainsi n'y-a-t-il pas obligatoirement non plus une courbe intonative ou une pause délimitant la phrase; il y aura phrase si les rapports syntaxiques qui la définissent sont marqués, qu'il y ait ou non pause ou intonation et inversement ces deux éléments ne suffiront pas à définir quelque chose qui soit nécessairement un énoncé complet. D'autre part si le découpage d'une phrase complexe est possible, ce n'est que par la comparaison avec les énoncés plus simples, qui nous enseignera quels sont les éléments nécessaires autour desquels les autres se regroupent et quels sont ceux qui ne le sont pas (expansion), dans cet énoncé complexe. Il est donc également logique de partir de l'énoncé minimal. Enfin, c'est bien d'être manifestés par des phonèmes précis qui permet aux monèmes d'être identifiables. Il est donc également logique de commencer la description par l'analyse phonologique.

On pourra objecter d'abord que ceci constitue un ordre nécessaire d'analyse, mais qu'on peut exposer la syntaxe indépendamment de la phonologie et donc avant elle en parlant simplement de classes de monèmes et de leurs relations. Cette indépendance est évidemment une conséquence essentielle de la distinction des deux articulations. Mais si on ne voit pas les avantages que présenterait un tel ordre, on en voit les inconvénients; en particulier dès qu'on entre un peu dans le détail de la syntaxe, on a de grandes chances d'avoir affaire à des classes d'éléments grammaticaux comportant peu de membres, voire un seul et il serait alors peu économique de les désigner autrement que par la forme phonématique qu'ils ont dans la langue considérée.

Une objection plus importante provient de ce que l'analyse phonologique suppose certaines connaissances sur l'organisation grammaticale de la langue. Ainsi doit-on déterminer un certain cadre de commutation; ainsi ne peut-on démontrer rigoureusement l'existence de phonèmes qu'en manifestant leur opposition dans des mots qui peuvent occuper la même position dans la chaîne ; le découpage en signes devra être achevé pour qu'on puisse décrire toutes les variations dont les phonèmes sont susceptibles. Mais ceci ne constitue pas un cercle vicieux ; face à une langue inconnue, l'expérimentateur essaiera d'abord de constituer une phonologie à partir d'unités (mots phoniques) qui semblent pouvoir être prononcées isolément. À partir de cette première phonologie, il essaiera de définir plus rigoureusement (par commutation) les unités de première articulation, ce qui donnera le cadre nécessaire pour raffiner l'analyse phonologique. Ce va-et-vient expérimental n'a rien de vicieux.

L'ANALYSE PHONOLOGIQUE

DÉFINITION ET DÉLIMITATION DES PHONÈMES

On a défini le phonème comme la plus petite unité distinctive commutable. (Distinctif signifiant que les phonèmes n'ont pas de sens en eux-mêmes, mais que le remplacement d'un phonème par un autre suffit à changer le sens du message). On ne nie pas que les phonèmes puissent avoir d'autres fonctions, essentiellement une fonction démarcative : indiquer les limites des unités de première articulation. Mais il est très possible de concevoir une langue où les phonèmes ne rempliraient jamais cette fonction démarcative, alors qu'un phonème non distinctif est une contradiction dans les termes. Cette définition suppose que l'on délimite d'abord la nature du cadre de commutation, que l'on précise ensuite les conditions qui permettent d'affirmer qu'une unité est « la plus petite possible ».

LE CADRE DE COMMUTATION

La mise en évidence des phonèmes suppose d'abord qu'on rapproche des segments qui ne sont pas, à première vue, trop différents : rapprocher *j'ai vu un lapin* de *la terre est ronde* n'apporte guère d'enseignement. Il sera évidemment plus intéressant de rapprocher *j'ai pris un pain* et *j'ai pris un bain*. La possibilité de prononcer certaines unités signifiantes en introduisant une pause dans le discours (pause dont le caractère facultatif fera qu'on l'appellera pause virtuelle) justifiera la notion introduite précédemment de mot phonique.

Cette notion de mot phonique correspond du reste à la réalité linguistique, dans la mesure où les réalisations phonétiques d'une part, les inventaires phonologiques de l'autre, ne sont généralement pas les mêmes en tous ses points. Par exemple, il est fréquent que les consonnes finales ne comportent que la phase implosive de la réalisation complète des consonnes. Si on se contentait donc de rapprocher des segments phonétiquement apparentés, on risquerait dans un contexte *a ... a* de distinguer deux phonèmes /r/ en français : celui qu'on entend dans *il est venu tard à la ville* et, d'autre part, celui qu'on entend dans *la rate a bon goût* alors qu'en fait une telle différence n'est pas phonologique mais déterminée par le contexte.

Par ailleurs, le cadre de commutation doit être précisé parce que l'inventaire phonologique varie selon les positions. On ne peut donner ici de règle universelle : il est seulement très général que les inventaires ne soient pas les mêmes à l'initiale, dans le corps du mot ou à la finale, de même qu'ils diffèrent en position accentuée et non accentuée. La commutation sert donc à établir un inventaire en une position donnée; elle ne permet pas de dire que dans des positions différentes il s'agit du même phonème. D'autant plus qu'il ne suffit pas de tenir compte de la position dans le mot mais qu'il faut aussi délimiter le contexte phonique des phonèmes étudiés. En effet ce qui sera peut-être plus tard identifié comme un phonème unique /k/ ne se réalise pas de la même façon devant un [i] et devant un [a]. S'il ne veut pas avoir à identifier un phonème dans toutes les positions, tâche en fait inutile, le phonologue devra donc tenir compte des effets phonétiques qu'on peut attendre de tel environnement. Cependant le principe de l'étude reste — indépendamment de la réalité phonique — la recherche d'oppositions. Qu'il s'agisse de positions différentes ou d'environnements différents, si les réalisations varient corrélativement et si les rapports entre les unités demeurent les mêmes, on dira qu'il s'agit des mêmes phonèmes.

Mais un obstacle à l'analyse provient de ce que toutes les combinaisons de phonèmes ne sont pas réalisées : par exemple, dans le contexte [... yt], on ne rencontre en français ni [kyt], ni [gyt], ni [nyt]. Surtout dans les langues où la longueur moyenne des mots est élevée, on aura peine à rapprocher des mots phoniques qui puissent effectivement s'opposer dans une chaîne donnée et qui épuisent l'inventaire des phonèmes. On devra alors rapprocher des mots qui pourront se différencier par plusieurs phonèmes, l'essentiel étant qu'aucun conditionnement par le contexte phonique ne puisse rendre compte de la différence dont on suppose qu'elle permet d'opposer deux phonèmes. Ainsi ne pourrait-on utiliser la différence de deux suites [... tir] et [... kur] pour prouver la réalité de l'opposition /i/ — /u/. En effet [t] et [i] ont tous deux une réalisation antérieure et [k] et [u] une réalisation postérieure. Il s'agit donc peut-être d'un même phonème réalisé différemment.

UN OU DEUX PHONÈMES ?

Une émission constituant physiquement un relatif continuum, il est souvent difficile de savoir si l'on a affaire à un phonème unique ou à deux phonèmes successifs, l'unité ou la diversité articulatoire ne constituant pas ici un critère. Le principe est de chercher la commutation minimale possible. Si on prend d'abord un exemple simple, en français, [wa] dans [pwa] (« poids ») ne constitue pas la réalisation d'un phonème unique, non parce que les deux sons ne sont pas articulés d'une même émission de voix, mais parce que /a/ commute séparément avec /ẽ/ dans [pwẽ] (« point ») et que [w] commute avec [ɥ] dans [pɥa] (« pua »). Ce sont des réalisations de phonèmes distincts parce qu'ils correspondent à des choix distincts. ([w] et [ɥ] sont ici considérés comme des réalisations des phonèmes /u/ et /y/ devant voyelle). Inversement, en espagnol, le son [š] (ch) ne constitue pas, comme il le fait en français, un phonème, car, si le son [t] se rencontre sans le son [š], le son [š] ne se rencontre que précédé du son [t]; il n'y a donc pas là deux choix mais au contraire un choix unique et donc un phonème unique. (Il sera alors préférable d'utiliser un signe unique, pour marquer qu'il s'agit d'un seul phonème). De la même façon que la commutation de chacun des deux éléments successifs prouve l'indépendance des deux phonèmes, de même peut-on utiliser la commutation avec zéro, c'est-à-dire avec l'absence de phonème. Ainsi pour démontrer que la succession [ks] que l'on entend dans *taxe*, ne constitue pas un phonème unique, on peut noter que *boxe* s'oppose à *bosse,* ce qui prouve l'indépendance de *s* par rapport à *k*. D'autre part, *bock* s'oppose à *boxe,* ce qui prouve l'indépendance de *k* par rapport à *s*. Ce recours à la commutation avec zéro ne diffère pas, dans son résultat comme dans son principe, de la comparaison de *laps* et de *tact* face à *taxe*. Dans les deux cas, démontrer la réalité d'un phonème, c'est démontrer qu'il constitue un choix indépendant.

RÉALITÉ PHONÉTIQUE ET RÉALITÉ PHONOLOGIQUE

Que le phonème se définisse par opposition a pour conséquence que l'on peut établir l'existence de phonèmes différents sans connaître les procédés articulatoires et acoustiques par lesquels on les distingue. Cela d'autant plus qu'en lui-même un son constitue une réalité physique complexe et que la description exhaustive d'un son constitue une autre tâche que l'unification par une fonction commune d'un ensemble de sons. C'est pourquoi, on va le voir, non seulement la mise en évidence des phonèmes comme opposés mais aussi l'analyse de leurs traits linguistiques diffère d'une analyse acoustique physique. Quel que soit le nombre des caractères qui servent à distinguer deux phonèmes, si ces caractères sont toujours associés, ils constituent un seul trait phonologique pertinent. Il en est de même s'ils varient mais si cette variation est conditionnée par des facteurs extra-linguistiques (variation selon les locuteurs par exemple) ou contextuels (selon l'entourage phonique).

On conçoit ainsi qu'un même phonème puisse avoir des réalisations phonétiques différentes. Par exemple le phonème anglais /p/ sera toujours réalisé avec une aspiration à l'initiale du mot : [p']; en revanche, devant [s] il ne le sera jamais, non plus qu'en finale. On parlera cependant d'un même phonème, parce qu'en chacune de ces positions, on trouvera des oppositions similaires entre phonèmes et en particulier entre diverses réalisations de /p/ et diverses réalisations de /f/ indépendamment de la question de savoir si le [p] de *spear* ne serait pas phonétiquement plus proche du [f] de *sphere* que du [p] de *peer*.

De même des réalités phonétiques semblables pourront constituer la réalisation de phonèmes différents. Cela découle de la définition du phonème comme propre à une langue, la relation de telle réalisation à tel phonème variant selon les langues. Cela peut également avoir lieu à l'intérieur d'une même langue. Ainsi en danois, où le *r* ouvre les voyelles d'avant en contact avec lui, on aura un son *a* qui réalisera le phonème *ae* dans *ret* « correct », mais le phonème *a* dans *nat* « nuit ». Le phonème *ae* se réalisera en revanche comme ɛ dans *net* « joli ». Quelles que soient leurs réalisations, on doit dire qu'il y a parmi les phonèmes d'avant deux plus fermés et un plus ouvert que /æ/. On peut donc écrire :

phonèmes /i/ /e/ /æ/ /a/
réalisation de [i] à [e] de [e] à [ɛ] de [ɛ] à [æ] de [æ] à [a]

Il n'y a évidemment rien de nécessaire dans le choix de tel symbole phonologique; il importe seulement de noter l'existence de quatre degrés d'ouverture quel que soit leur mode de réalisation.

Cette différence entre réalité phonologique et réalité phonétique a amené certains linguistes à ranger les faits phonétiques du côté des faits physiques et à considérer le phonème comme essentiellement psychique, comme intention de signification, face à la diversité des réalisations effectives. Cette idée est apparue chez l'initiateur de la phonologie, Baudouin de Courtenay. Mais en fait, les habitudes articulatoires des sujets sont presqu'exclusivement inconscientes et parler d'intention n'est qu'avancer un nom pour baptiser la difficulté née de l'unité du phonème face à la variété de ses réalisations, mais cela ne nous explique pas comment en fait cette difficulté est levée. On ne peut pas non plus décrire le phonème comme une forme s'opposant à une matière parce qu'une certaine matière phonique (qu'on peut exprimer indifféremment en termes articulatoires ou acoustiques) est la caractéristique nécessaire qui permet de définir ce phonème. Que signifie en effet de dire que le *l* sonore de *lac* et le *l* sourd de *peuple* constituent un même phonème ? Que le caractère sourd ou sonore est non pertinent parce qu'il ne sert jamais à opposer le *l* à un autre phonème, alors que dans les deux cas ce sera leur caractère latéral qui les opposera aux autres phonèmes.

Ne sachant exactement quel statut lui donner, certains auteurs ont voulu faire du phonème une fiction commode, un moyen pour le linguiste d'organiser le réel et non une réalité en lui-même. En fait leur démonstration porte surtout sur les cas difficiles où les linguistes ont proposé plusieurs solutions opposées. Il existe effectivement des cas marginaux : si la réalité du phonème c'est l'habitude de certaines distinctions articulatoires et acoustiques, ces habitudes peuvent à tel moment particulier être vacillantes. C'est un des points de jonction de la phonétique et de la phonologie : il y a des distinctions franches et d'autres mal assurées. D'autre part, la structure réelle est autre chose que le schéma du linguiste qui l'exprime : qu'on puisse construire deux schémas correspondant à une même réalité ne signifie pas que cette réalité est amorphe. Ajoutons enfin que la diversité des interprétations possibles peut apparaître très grande à une analyse sommaire, mais se réduire ensuite. Par exemple, c'est seulement au début de l'enquête qu'on se demandera si dans :

keep   call   coo
heap   hall   who

on a affaire, en position initiale et médiane, à trois phonèmes vocaliques et deux consonantiques ou à un seul phonème vocalique et six consonantiques, les variations non pertinentes de la voyelle étant déterminées par celles des consonnes. Si le corpus se réduisait à ces six éléments, le problème pourrait se poser et n'être résolu qu'en fonction d'un critère « idéaliste » de plus grande simplicité, si on convient d'appeler plus simple un système comportant un nombre de phonèmes moins élevé. En face d'un corpus plus étendu, on voit vite qu'il n'y a pas de raison de traiter [i] [ɔ] [u] comme trois réalisations d'un même phonème commandées par la différence des consonnes. Certes, interviennent ici des vraisemblances phonétiques ; mais beaucoup plus fondamentalement le fait que ces oppositions vocaliques se retrouvent dans beaucoup d'autres cas qui ne sauraient relever de la seconde explication.

On peut dire en somme que la difficulté qu'on rencontre à concevoir le mode d'existence du phonème provient de la difficulté à bien saisir qu'un rapport, ici une relation d'opposition, est quelque chose de plus réel que les termes conçus isolément. C'est cette difficulté que l'on rencontre chez ceux pour qui le phonème est essentiellement une famille de sons définis en termes phonétiques par leur ressemblance malgré leurs diverses réalisations. Un critère précis en termes de différence est donné par la fonction distinctive, alors qu'il n'y a pas de critère simple de la ressemblance qui permettrait de poser en les examinant seuls l'identité phonologique du *l* sourd et du *l* sonore. Il y a bien là deux types d'abstraction tout à fait différents. Il y a celle qui consiste simplement à noter ce qui semble important, ce que fait tout phonéticien qui, utilisant un signe pour désigner un son, ne tient pas compte d'un grand nombre de caractères du son considéré. Ainsi lorsqu'on écrit [n] on ne dit rien sur la longueur de ce son qui en a forcément une cependant. Certes la qualité d'une description phonologique dépend évidemment de la qualité de cette première transcription. Si, habitué au français, le linguiste n'a pas d'abord noté la longueur des voyelles anglaises, sa phonologie ne pourra être que fausse. Mais, en fait, même cette première transcription phonétique suppose la deuxième sorte d'abstraction : une sorte de phonologie implicite qui peut seule la justifier. Considérer phonétiquement la seule présence d'un *i* bref et d'un *i* long, alors que les variations de la réalisation physique sont infinies, n'est possible que parce qu'on suppose implicitement la réalité linguistique composée d'unités discrètes. En cela les phonéticiens comme les inventeurs de transcriptions orthographiques ont été des phonologues sans le savoir, qui se fiaient au « sentiment linguistique », non à un critère précis.

L'ANALYSE EN TRAITS

Une fois établie la liste des phonèmes en une position donnée, on cherchera comment se classent leurs oppositions, les phonèmes ne s'opposant pas les uns aux autres de la même façon. On pourrait penser qu'une telle analyse

LA DESCRIPTION LINGUISTIQUE 197

n'est pas fondée sur des principes linguistiques, mais sur une analyse phonétique. Dans cette perspective, seule l'existence d'une différence aurait une importance linguistique et il est bien vrai que pour le locuteur comme pour l'auditeur francophones, *p* introduit une aussi grande différence par rapport à *b* que *r,* par exemple, lorsque *pas* se distingue de *bas* tout autant que de *ras :* par leur fonction, tous les phonèmes qui s'opposent, s'opposent de la même façon. Mais il n'en est pas de même en ce qui concerne les procédés utilisés pour que puisse être reconnue la distinction de ces phonèmes. C'est qu'ici encore, que l'on utilise un vocabulaire acoustique (distinction sourde-sonore par exemple) ou un vocabulaire articulatoire (distinction voisé — non voisé), les traits, eux aussi, ne sont définis que par opposition. Les phonèmes peuvent alors être plus ou moins proches dans la mesure où ils ont un plus ou moins grand nombre de traits en commun.

Dégager des traits c'est donc dégager non des différences mais l'identité de rapports. Ainsi la comparaison du /p/ de *pou* et du /b/ de *bout* par exemple laisse supposer que la distinction du caractère « sourd » et du caractère « sonore » (ou l'ensemble, quel qu'il soit, de traits physiques qui correspond à cette opposition) permet d'opposer entre eux deux phonèmes qui par ailleurs s'opposent à tous les autres par des traits qu'ils sont les seuls à avoir en commun : être des occlusives orales bilabiales. En cela *p* est bien plus proche de *b* qu'il ne l'est de *r* avec qui il n'a comme caractéristique commune que de ne pas être une voyelle. Ce qui différencie cette analyse par rapport à une description phonétique, c'est que les traits ne sont retenus que s'ils sont constitutifs d'une opposition. Ainsi, dans *nous* et *mou*, *n* et *m* sont physiquement sonores mais ce trait n'est pas pertinent puisqu'on ne rencontre jamais en français d'oppositions nasales sourdes — nasales sonores et que, d'autre part le caractère nasal suffit à opposer *m* et *n* aux occlusives de même point d'articulation : *m* à *b* et *p*, *n* à *d* et *t*. Si on ne considérait que l'opposition de *m* et *n* à *p* et *t,* on pourrait penser que la sonorité se confond avec la nasalité en un seul trait pertinent, mais on voit qu'il n'en est rien, puisqu'il existe des sonores non nasales. Une telle analyse n'est possible que parce que chaque phonème ne s'oppose pas aux autres par un seul trait qui lui serait propre, et que le même trait est réutilisé plusieurs fois. Ainsi peut-on écrire :

$$\frac{\text{pou}}{\text{bout}} = \frac{\text{cou}}{\text{goût}} = \frac{\text{toux}}{\text{doux}}$$

c'est-à-dire qu'à chaque fois, on retrouve la même opposition sourde-sonore. Cette utilisation d'un petit nombre de traits pour obtenir un nombre plus élevé de phonèmes conditionne l'économie et la stabilité du système, qui seraient bien moindres si chaque phonème constituait une habitude articulatoire et acoustique indépendante.

Ces oppositions de traits s'organisent-elles toujours de la même façon ? On notera tout d'abord qu'il est souvent difficile de considérer qu'un phonème présente un trait positif et que celui qui lui est opposé n'est caractérisé que par l'absence de ce trait. Ainsi ne doit-on pas dire que la sourde n'est qu'une non sonore, puisqu'on pourrait aussi bien dire que la sourde a le caractère positif d'être articulée avec plus d'énergie (ce qui explique que l'opposition sourde-sonore soit encore perçue lorsqu'on chuchote et qu'il n'y a donc pas de vibrations des cordes vocales). Il n'y a souvent là qu'une question de vocabulaire : doit-on dire que *a* est ouvert et *i* fermé ou que le second n'a que le caractère négatif d'être non ouvert ? D'autres cas sont plus nets : une articulation nasale étant également orale, il est normal de concevoir la nasalité comme un trait positif opposé à la non nasalité. Mais une telle distinction entre traits positifs et négatifs, souvent difficile à manier, n'a finalement pas grande importance, puisque de toute façon, le trait, qu'on le considère ou non comme positif, n'est pas dans le phonème mais dans son opposition à un ou plusieurs autres.

En revanche, une distinction importante devra être faite entre les phonèmes selon que le trait qui les caractérise, les caractérise seuls ou en caractérise également d'autres. Le premier cas sera celui de la latérale *l* ou de l'uvulaire *r* en français. Dans ce cas, le phonème est identique au trait et on parle de phonème hors système. On dira au contraire qu'un phonème fait partie d'un système lorsqu'il est caractérisé par au moins deux traits. Deux cas peuvent se présenter ici : les oppositions peuvent être proportionnelles ou isolées. Elles sont proportionnelles lorsqu'il y a identité de rapports :

$$\frac{p}{b} = \frac{t}{d} = \frac{k}{g}$$

Chaque trait est partagé par plusieurs phonèmes : /p/ partage avec /b/ le trait bilabial, s'oppose à lui par le trait sourdité; il partage avec /t/ le trait sourdité, mais s'oppose à lui par son point d'articulation, etc. En revanche, si /ñ/ possède en commun avec /n/ et /m/ le caractère nasal, c'est, en français, la seule occlusive à point d'articulation palatal et on ne peut donc pas trouver deux autres phonèmes qui soient dans le même rapport que /n/ à /ñ/. On dit que l'opposition est isolée.

Cette distinction ne devra pas être confondue avec celle selon laquelle on classe les phonèmes en corrélatifs ou disjoints. Trubetzkoy a, en effet, pendant quelque temps, appelé corrélatifs les traits qui se définissent l'un par l'autre et disjoints ceux qui ne le font pas. Plus encore peut-être que dans le cas du caractère privatif, le caractère corrélatif risque de dépendre de la terminologie utilisée. Ainsi on dira :

opposition corrélative : voisé — non voisé;
opposition non corrélative : apical — dorsal;
mais on pourrait dire que t est apical et k non apical en considérant l'opposition comme corrélative, ce qui rappellera à juste titre que si le nombre des phonèmes qui s'opposent par le point d'articulation diminue, les latitudes de réalisation s'accroissent, c'est-à-dire que, là aussi, le trait n'existe que par opposition.

La difficulté qu'il y a à utiliser ce caractère corrélatif ou non des oppositions se manifeste particulièrement bien dans le fait qu'il est toujours logiquement possible de traiter les oppositions comme corrélatives. La conception « binariste » de la phonologie provient pour l'essentiel de l'exploitation de cette possibilité. Si l'on considère les trois phonèmes français p, t et k, on peut dire qu'un point d'articulation différent oppose chacun d'entre eux aux deux autres : p est bilabial, t apical, k dorso-vélaire, le système pouvant alors être figuré $t\diagup^{p}\diagdown_{k}$. Mais il est toujours logiquement possible de ramener ce système à trois termes à deux couples d'opposés :

1) t et $k \sim p$ lingual $\sim$ non lingual
2) $t \sim k$ apical $\sim$ non apical

la figuration serait alors $\begin{smallmatrix}&p\\t&\perp&k\end{smallmatrix}$

Il serait d'ailleurs logiquement possible d'opposer d'abord p et t à k (antérieur $\sim$ non antérieur) puis p à t (labial $\sim$ non labial). Le problème n'est pas de la valeur logique de ce procédé d'exposition, mais de sa valeur explicative. L'avantage en est que tous les phonèmes s'opposent alors de la même façon (seul le nombre de traits diffère), ce qui est commode si l'on veut traiter mathématiquement les combinaisons de traits.

Le problème n'est pas seulement de logique dans la présentation; c'est d'abord un problème de fait : comment les phonèmes s'opposent-ils effectivement? On a déjà donné un exemple où trois phonèmes s'opposent selon deux traits. En français, on a $p \overset{\text{sonorité}}{\underset{\underset{m}{|}}{\rule{2cm}{0.4pt}}} b\ \ \text{nasalité}$.

Le trait nasal oppose m aussi bien à p qu'à b et le caractère sourd ou sonore de m n'entre pas en ligne de compte. En revanche, si on rencontre une série de consonnes occlusives, une série de glottalisées et une série d'aspirées, il n'y a pas de raison d'en regrouper deux pour les opposer ensemble à la troisième. Ce sera également le cas à l'intérieur de la série des occlusives, où t s'oppose à p comme il s'oppose à k, sans qu'il y ait de raison positive de regrouper deux de ces phonèmes dans une première opposition. De même un ensemble de voyelles qui se différencient par le degré d'aperture (opposition graduelle) pourront n'être qu'artificiellement regroupées deux par deux. On notera que le critère décisif du mode de groupement ne peut pas tant être fourni par une analyse « interne » de l'opposition que par la constatation d'une identité de comportement dans la chaîne (distribution et neutralisation) ainsi que par la parenté de l'évolution diachronique.

Beaucoup d'autres relations possibles entre les traits pourraient être envisagées, en particulier si on s'interroge sur leur fréquence dans les différentes langues, leurs dépendances ou leurs incompatibilités. Mais la différence essentielle entre ces oppositions, celle qui fait que le système existe comme tel, est la distinction des oppositions proportionnelles et des oppositions isolées.

LES SYSTÈMES PHONOLOGIQUES

Il est d'usage de présenter les systèmes phonologiques sous forme de tableaux à multiples entrées, les entrées représentant les traits considérés et les phonèmes étant placés à l'intersection des lignes et des colonnes. Parmi les consonnes, on dit que les phonèmes qui diffèrent par le point d'articulation constituent une « série » et que ceux qui s'opposent par le mode articulatoire constituent un « ordre ». Par exemple, en français on aura :

		ORDRE		
		bilabial	labiodental	apical
SÉRIE	sourde	p	f	t
	sonore	b	v	d
	nasale	m		n

Pour les voyelles, on appellera « série » l'ensemble de celles qui sont caractérisées par une même dimension des cavités, déterminée par la position de la langue et des lèvres et « ordre » l'ensemble de celles qui sont caractérisées par le même degré d'ouverture. On aura ainsi, par exemple en italien, un système du type :

		SÉRIE	
		avant	arrière
ORDRE	aperture 1	i	u
	aperture 2	e	o
	aperture 3	ϵ	$ɔ$
	aperture 4	a	

Les oppositions e-ϵ et o-$ɔ$ ne sont présentes que sous l'accent et ne sont pas générales dans cette position.

On notera que la position du *a* dans le tableau signifie que, quoique chacune de ses réalisations suppose une localisation sur l'axe avant-arrière, cette localisation n'est pas pertinente.

Cette présentation en tableaux appelle plusieurs remarques afin de ne pas confondre caractéristiques réelles et nécessités de la présentation en tableau. On peut être amené à utiliser plus de deux dimensions; ainsi, dans la présentation des voyelles du français qui se classent selon quatre traits pertinents :

1) degré d'aperture; exemple *i-e-ε-a;*
2) opposition avant — arrière; exemple *y-u;*
3) opposition arrondi — rétracté, (pour les voyelles d'avant seulement); exemple : *i-y;*
4) opposition nasale — non-nasale; exemple *a-ã.*

On peut évidemment avoir recours à une représentation à quatre dimensions, ou bien se contenter de présenter :

aperture	avant		arrière
	écarté	arrondi	
1	*i*	*y*	*u*
2	*e*	*ø*	*o*
3	*ε*	*œ*	*ɔ*
4		*a*	*a*

en classant d'autre part les voyelles nasales. L'utilisation des schémas à plusieurs dimensions n'est ni plus intelligible, ni plus réaliste. C'est seulement un moyen de noter la pertinence d'un trait. Ainsi on voit qu'en français seules les voyelles antérieures peuvent s'opposer comme écartées ou arrondies et que donc l'arrondissement des voyelles d'arrière ne constitue pas un trait pertinent, alors que dans une langue comme le turc, on trouve un système symétrique avec trois traits oppositionnels dont toutes les combinaisons se réalisent pour donner huit voyelles (2 × 2 × 2) et où ce trait devient donc pertinent. Le tableau se présentera alors :

fermé	*i*		*y*	*ï*		*u*
ouvert	*e*		*ø*	*a*		*o*
	écarté	arrondi	écarté		arrondi	
	avant		arrière			

Ce qui compte, c'est de noter la combinabilité des traits non de s'attacher à la valeur de la figuration spatiale. On en donnera deux exemples :

I. — Dans la présentation des points d'articulation, on va d'ordinaire de l'avant à l'arrière de la bouche, ce qui risque de faire penser que les phonèmes plus proches dans le tableau sont aussi plus proches dans la réalité. Ainsi dans la description d'une langue comportant un phonème postérieur labialisé, il faudra donc ou négliger cet ordre ou savoir que, selon les cas, on pourra avoir à préférer un ordre *p-k^w-t-c-k* et non *p-t-c-k-k^w* selon qu'on veut ou non attirer l'attention sur l'importance de la labialisation du *k^w*.

II. — Il existe, comme on l'a vu, des phonèmes hors système, c'est-à-dire qui s'opposent à l'ensemble des autres par un seul trait, le *l* par exemple en français. Il faut donc éviter de lui assigner une position dans le tableau, son articulation apicale n'étant pas pertinente.

Le point commun à toutes ces remarques est en somme qu'aucune caractéristique phonétique universelle n'est assez déterminante pour imposer une forme commune à la traduction de la structure en tableau.

L'exemple du français est ici remarquable; on voit en effet souvent présenter les phonèmes consonantiques du français en quatre séries

		bila-bial	labio-dental	apical	prépa-latal	vélaire
occlusif	sourd	*p*		*t*		*k*
	sonore	*b*		*d*		*g*
continu	sourd		*f*	*s*	*š*	
	sonore		*v*	*z*	*ž*	

Mais un tel tableau est en réalité trompeur. Les couples *p-b* et *f-v* semblent s'opposer à la fois par le point et le mode d'articulation, mais en fait, il est difficile d'associer occlusivité et labiodentalité (interstices entre les dents) et, inversement, une fricative bilabiale sera peu ferme. C'est dire que si, en première approximation, il semble ici y avoir deux traits, il n'y en a fait qu'un seul, le mode d'articulation conditionnant le point d'articulation. Il revient au même de parler du trait labiodental ou du trait fricatif.

De plus, l'opposition de *s* et *z* à *š* et *ž* peut tout aussi bien être caractérisée par le point d'articulation que par l'arrondissement. Ici aussi le nom qu'on donnera au trait oppositionnel importera peu. C'est en effet un fait phonétique qu'on puisse décomposer la différence des deux groupes de phonèmes en point d'articulation et arrondissement, mais ils constituent bien un seul trait pertinent, puisqu'ils ne fonctionnent pas, dans ce système, indépendamment.

Enfin, comme il n'y a pas en français une série complète de continues opposée à une série complète d'occlusives (il n'y a pas en particulier en français de continues d'arrière), mais comme il y a dans tous les cas une corrélation sourde — sonore, c'est une présentation en deux et non en quatre séries qui s'imposera :

p f t s š k
b v d z ž g

quel que soit le nom que l'on donne au trait caractéristique de *f* et de *v*. En revanche, en allemand où *k* et *X* ont le même point d'articulation on doit opposer une série fricative à une série occlusive. Tous les degrés de complexité sont donc possibles, depuis l'havvaien où on ne connaît que deux consonnes, *p* et *k*, et donc une seule opposition avant-arrière, jusqu'à des systèmes très complexes comme celui du kiawa (Amérique du Nord) où on aura trois séries de sourdes : simples, aspirées, glottalisées. On peut citer le cas encore plus complexe du coréen où les occlusives peuvent être douces, fortes ou aspirées et où, comme les autres consonnes, chacune de celles-ci peut être neutre, palatalisée ou labialisée.

PHONÈMES ET VARIANTES CONTEXTUELLES

Ce serait une tâche infinie de noter toutes les réalisations d'un même phonème; cela d'autant plus que lorsqu'augmente la capacité discriminative de l'oreille de l'observateur, le nombre des variantes qu'il est capable de distinguer croît également. L'identité de deux phonèmes en deux positions différentes est établie lorsqu'à partir de l'analyse en traits on peut diviser ceux-ci en deux groupes : traits constants, qui permettent de poser l'identité du phonème et traits dépendants du contexte, non pertinents phonologiquement. Par exemple en russe, [e] n'apparaît que devant [j] et les consonnes palatalisées [ɛ] ailleurs. Ce sont donc deux variantes d'un phonème unique que l'on notera /e/; (le choix d'un symbole phonologique étant largement arbitraire, commandé par des considérations de fréquence ou même de simple commodité typographique). Comme on l'a déjà noté au sujet du cadre de commutation, de tels traits non pertinents déterminés par la position dans la chaîne peuvent aussi caractériser un ensemble de phonèmes : ainsi la différence entre les consonnes à l'intervocalique et à la finale en français. Ce qui importe, c'est que le critère d'identification n'est pas la ressemblance en divers points de la chaîne, mais l'existence de systèmes similaires, les variations s'expliquant par le contexte. On appellera variantes combinatoires les réalisations différentes de phonèmes déterminées par le contexte et on dira de deux réalisations, dont l'une se rencontre toujours dans un cas et l'autre dans l'autre, qu'elles sont en distribution complémentaire. Mais puisque les phonèmes se définissent par les traits qui leur permettent de s'opposer, il est nécessaire que subsiste au moins un trait pertinent commun pour qu'on puisse parler de deux réalisations d'un même phonème. Ainsi en anglais où h ne se trouve qu'à l'initiale et η ailleurs, on les considérera cependant comme deux phonèmes à distribution lacunaire, le h, friction sans point d'articulation précis, n'ayant aucun trait commun avec η.

Dans certains cas, l'attribution des variantes à un phonème ne peut se faire qu'en fonction du système. C'est le cas en anglais où on a :

[p] à l'initiale; forte aspirée non voisée : *pit;*
[p] à l'intervocalique; forte inaspirée non voisée : *upper;*
[p] après *s*; faible inaspirée non voisée : *spill;*
[b] faible inaspirée voisée : *bill.*

Ainsi le *p* de *spill* a-t-il deux traits communs avec le *b* de *bill* et seulement un avec le *p* de *pit*. Mais l'importance de la corrélation de voix dans l'ensemble du système, alors que le caractère faible ou aspiré du *p* est nettement déterminé par le contexte, justifie que le son entendu dans *spill* soit rapporté au phonème *p*. En effet on a pour *t, p* et *k* la distribution suivante : aspirée à l'initiale ou dans le corps du mot au début d'une syllabe accentuée, inaspirée dans le corps du mot à l'initiale d'une syllabe inaccentuée ou en finale.

Ces variations selon le contexte étant en nombre indéterminé, c'est seulement quand elles sont remarquables qu'on les note comme variantes; ainsi personne ne s'avisera de parler de variantes dans la prononciation française du *t* dans *tu* et dans *ti* qui n'est cependant pas forcément identique. On fait sans examen une identification qui, en toute rigueur, devrait se fonder sur la constatation que devant *i* et *a* toutes les consonnes continuent à s'opposer de la même façon les unes aux autres.

LA NEUTRALISATION

Les variations de l'inventaire phonologique selon les positions dans la chaîne aboutissent fréquemment à une neutralisation des oppositions. On dit qu'une opposition est neutralisée en une position donnée lorsqu'un ou plusieurs traits qui servent à distinguer les phonèmes en une position donnée (position de pertinence) ne remplissent pas cette fonction en une autre position; (position pouvant ici signifier soit contexte phonique [devant tel autre phonème] ou position dans l'unité signifiante, à la finale par exemple). Ainsi, en russe et en tchèque, les sourdes et les sonores s'opposent-elles à l'initiale ou à l'intervocalique mais pas à la finale. On appellera *archiphonème* le produit de cette neutralisation (et on le notera par une majuscule). Dans ce cas, on pourra dire que la réalisation archiphonématique est non marquée et que le trait, qui en position de pertinence distingue par exemple *p* de *b,* s'appellera marque. La neutralisation fournit donc un critère sûr qui permet de considérer une opposition comme privative.

Mais la neutralisation ne s'accompagne pas forcément du choix d'une des deux formes opposées en position de pertinence : on peut rencontrer une réalisation qui ne se trouve qu'en position de neutralisation. Ainsi Trubetzkoy cite le cas du tchérémisse oriental où l'opposition entre les occlusives sourdes et les spirantes sonores se neutralise après les nasales : le produit de la neutralisation est une occlusive sonore qu'on ne rencontre pas en d'autres positions. On peut aussi rencontrer différentes formes entre lesquelles il y a neutralisation et qui apparaissent chacune dans une position de neutralisation différente. Ainsi dans les usages français où on oppose e et ϵ à la finale absolue *(été-étais)*, l'opposition se neutralise ailleurs et le choix de la forme est déterminé par le contexte : ϵ en syllabe fermée comme dans *père*, e en syllabe ouverte comme dans *métier*; il y a alors en position de neutralisation un archiphonème E qui se réalise e ou ϵ. Il en sera de même pour i et j qui s'opposent à la finale absolue *(pays-paye)* mais qui ailleurs sont en distribution complémentaire i, devant consonne, et j, devant voyelle. La différence entre ces trois formes de neutralisation pourra être symbolisée ainsi :

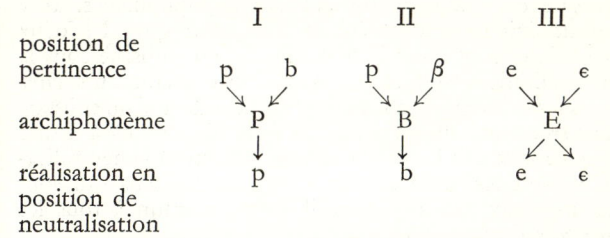

	I	II	III
position de pertinence	p b	p β	e ε
archiphonème	P	B	E
réalisation en position de neutralisation	p	b	e ε

La neutralisation se distingue donc de la pure et simple absence d'un phonème en une position (distribution lacunaire). Ainsi t et d allemands ne sont pas admis à l'initiale devant l : on ne parlera cependant pas de neutralisation, car il s'agit là de l'absence complète de phonèmes et non de la disparition d'un ou de plusieurs traits. L'aspect non systématique du phénomène est confirmé par le fait que les autres occlusives apparaissent en cette position avec tous leurs traits. En revanche cet exemple ne signifie pas que les termes qui se neutralisent doivent appartenir à des oppositions partagées seulement par deux termes (bilatérales). Ce qui importe, c'est que l'ensemble des éléments entre lesquels il y a neutralisation possède au moins un trait commun, qu'il s'agisse de séries ou d'ordres : ainsi doit-on poser que la distinction entre les consonnes nasales de l'espagnol se neutralise en finale de syllabe, les diverses réalisations dépendant du contexte.

LES VARIANTES INDIVIDUELLES

On a vu que deux sujets pouvaient se comprendre tout en utilisant des systèmes linguistiques, et en particulier phonologiques, relativement différents. On pourra alors parler d'archiphonème par analogie avec ce qui se passe dans le cas de la neutralisation, mais en comparant non plus les oppositions en deux points de la chaîne parlée, mais chez deux locuteurs. Par exemple, si on compare les idiolectes de plusieurs francophones, on verra que certains font une opposition *o-ɔ*, *e-ɛ* ou *a-a* et que d'autres ne la font pas, mais que par exemple on ne trouve pas de sujets qui ne fassent pas l'opposition *i ∼ e*. On dira alors qu'il y a des traits communs à tous les Français et que ces traits constituent des archiphonèmes. Il y aurait évidemment intérêt à bien distinguer les deux sens de ce mot : soit base commune qui subsiste sous la neutralisation, soit éléments qui restent constants chez tous les locuteurs d'une même langue, même si on constate que fréquemment les deux sens se rejoignent, c'est-à-dire que ce sont soit les phonèmes non soumis à la neutralisation, soit les archiphonèmes au premier sens qui sont ce qui demeure le plus facilement commun à tous les usagers d'une langue.

LA DISTINCTION DES PHONÈMES À PARTIR DES TRAITS

Il n'est pas toujours possible de déterminer directement, par commutation, si une succession phonique constitue un ou deux phonèmes. Le problème sera alors résolu par analogie avec ce qui se passe dans le reste du système.

Ainsi en anglais, on rencontre à la fois un phonème *t*, *tip*, un phonème *š*, *šip*, et la succession *t-š*, dans *tšip*. Si l'on utilise strictement le critère de commutation, on devrait poser un phonème *t* et un phonème *š* et, puisqu'on peut les choisir indépendamment l'un de l'autre, considérer *tš* comme une succession de deux phonèmes. En revanche, au moins à l'initiale, le *ž* symétrique sonore de *š*, ne se rencontre jamais autrement que précédé de *d;* ce qui amène à poser que *dž* constitue un seul phonème, même si en une autre position, *leisure* s'oppose à *ledger*. On posera l'existence d'un phonème unique *tš* non par souci de simplicité mais d'abord parce que *tš* et *dž* constituent bien des réalités similaires, le caractère sourd ou sonore de *š* et de *ž* ne constituant pas des choix indépendants de celui de *t* et de *d*.

Mais d'autre part, il serait logiquement possible de suivre une démarche inverse : on pourrait étendre à *d* + *ž* l'interprétation biphonématique de *t* + *š*. Ce ne sont donc pas des considérations de symétrie qui permettent de décider, mais des considérations réalistes, en particulier des considérations de fréquence ; par exemple on posera un phonème unique lorsque le groupe en question est beaucoup plus fréquent que les phonèmes isolés qui le composent, ce qui sera en particulier le cas de *ž*, beaucoup moins fréquent que *dž*. Le problème se pose souvent dans le cas des géminées qu'on hésite à considérer comme un phonème unique ou comme une succession de deux phonèmes. On se demandera alors si les géminées ont la même fréquence ou une fréquence moindre que les groupes de deux consonnes différentes. Dans le second cas on les considérera comme une succession de deux phonèmes, comme en français ; dans le cas contraire, on parlera d'un phonème unique : en italien, par exemple. En fait, les considérations de symétrie doivent également être interprétées de façon réaliste et non comme la simple recherche d'un tableau harmonieux ; elles signifient que les habitudes portent sur les traits et non sur les phonèmes. Ainsi Trubetzkoy note que dans des langues comme le tchètchène, le géorgien, le tsimchiane, quoique les groupes de consonnes soient admis en toutes les positions, on considérera *ts* et *tš* comme des phonèmes uniques. En effet, toutes les occlusives s'y présentent en deux séries, avec et sans occlusion glottale ; alors qu'il n'y a qu'une seule série de fricatives. Or on rencontre *ts'* et *tš'* avec l'occlusion glottale ; il est normal de poser alors *ts* et *tš* comme phonèmes uniques.

Inversement, en arabe d'Égypte les consonnes longues ont la même distribution que les groupes de consonnes et on ne rencontre pas la combinaison consonne longue + autre consonne. On les interprétera donc comme la succession de deux consonnes.

Il peut y avoir enfin des analyses divergentes ; ainsi, en allemand, les successions *ts, pf* pourront être interprétées comme biphonématiques, à cause du grand nombre de groupes de consonnes ou l'on pourra au contraire poser l'existence d'une série d'affriquées. On remarquera avec Martinet que des interprétations divergentes quant à la nature mono- ou biphonématique, restent identiques lorsqu'elles énoncent en termes de traits : ce trait est utilisé dans telle langue avec une valeur distinctive. Pour reprendre son exemple, même chez des sujets qui distinguent phonétiquement le son [ñ] d'*agneau* de la succession [n + j] de *panier,* rien n'empêche, puisqu'ailleurs /i/ s'oppose à /j/ de considérer que [ñ] est la réalisation de /n/ + /j/ et que [n + j] est la réalisation de /n/ devant /i/. Ce qui importe c'est que le trait de palatalité apparaisse, que ce soit dans /ñ/ ou dans /j/.

VOYELLES ET CONSONNES

Les voyelles se distinguent phonétiquement des consonnes en ce que la colonne d'air ne rencontre pas d'obstacle dans l'émission des premières, et qu'un obstacle se forme dans le second. Les voyelles sont perçues comme stables, les consonnes pouvant varier. On notera qu'on peut passer de façon continue des unes aux autres. Ainsi, dans la prononciation de l'allemand *ja :* si l'espace est suffisant entre la langue et le palais, il se réalisera une voyelle, une consonne dans le cas contraire. Mais, quelle que soit la réalité phonétique de leur distinction, on se demandera ce qui autorise linguistiquement à les classer séparément. Du point de vue syntagmatique, cela dépend des langues. Ainsi, dans le cas d'une langue dont tous les phonèmes se succéderaient toujours selon un ordre fixe, CVCV par exemple, les consonnes ne s'opposeraient jamais aux voyelles, ce qui permettrait d'établir le rôle phonologique de leur contraste; d'une part les classes de commutation varieraient selon la position; d'autre part, une telle succession nous indiquerait que le début du mot coïncide forcément avec une consonne et sa fin avec une voyelle. Ce sera le cas en birman, où tous les mots sont composés d'une voyelle, précédée ou non d'une consonne, ce qu'on notera (C) V. En revanche, dans une langue comme le français, où la syllabe ne constitue pas une unité accentuelle limitant le cadre de commutation, consonnes et voyelles s'opposent souvent, en particulier à la finale des mots : *bal-bahut, Marthe-Marie*. On a cherché (Hjemslev principalement) à définir la distinction des consonnes et des voyelles en utilisant ce seul critère de la distribution. Les voyelles sont alors définies comme pouvant former à elles seules « une unité significative ou un mot », les consonnes comme présupposant l'existence des voyelles. On peut toujours décider d'employer les mots dans un sens donné, sans s'occuper des autres sens qu'ils peuvent avoir. Cependant il faut noter que cette définition est trop restrictive, car tous les éléments qui se comportent par ailleurs comme des voyelles (dans le cadre syllabique, par exemple), ne peuvent cependant pas à eux seuls former un signifiant isolé. Si on complique la définition en disant que les voyelles peuvent former à elles seules une unité signifiante ou se comporter comme les unités qui le peuvent, on remarquera alors, avec Trubetzkoy, que les deux critères ne se recoupent pas : par exemple *s !, š !, č !* constituent en russe des interjections, alors que par ailleurs ces phonèmes se comportent syntagmatiquement comme des consonnes. Le tort de cette définition n'est pas finalement de vouloir être syntagmatique, car il n'y a pas de raison *a priori* de penser que voyelles et consonnes ne se distinguent pas ainsi, mais de vouloir être universelle car il n'y a pas de raison non plus de penser qu'en toute langue il y ait des éléments présupposants : consonnes, et des éléments présupposés : voyelles.

En fait, tant en ce qui concerne la commutation que pour ce qui concerne la possibilité de fonctionner isolément, il n'est pas nécessaire de distinguer universellement voyelles et consonnes. Certes l'analyse en traits comporte, c'est une constatation empirique non une nécessité, des phonèmes qui se regroupent parce qu'ils ont en commun des traits pertinents de mode de franchissement (occlusives, fricatives, etc.) qui permettront d'isoler des « consonnes » et, d'autre part, des phonèmes qui se regroupent par le fait que les traits pertinents qui les constituent seront des différences de degré dans l'aperture (voyelles). Mais ceci n'aboutit pas à écarter toute définition autre que celle par les traits : ainsi en ce qui concerne les phonèmes *r* et *l* du français, par exemple, caractérisés chacun par un trait seulement et dans la réalisation desquels la colonne d'air ne rencontre pas à proprement parler un obstacle, leur classement avec les consonnes dépendra principalement de faits de distribution (existence par exemple de mots du type *l* + voyelle par opposition à la rareté des mots du type voyelle + voyelle).

Le traitement phonologique des semi-voyelles (ou semi-consonnes) illustre bien la relation de l'analyse phonologique à la réalité phonétique. Deux cas peuvent en effet se présenter : ou bien la présence d'une semi-consonne est déterminée par le contexte. Ainsi en français /y/ devant voyelle se réalise toujours [ɥ] et même s'il se trouve qu'un sujet prononce [pya] jamais ceci n'aboutira pour lui à distinguer ce signifiant d'un autre signifiant de sens différent : [pɥa]. Il s'agit donc de deux réalisations d'un même phonème, qui sera par ailleurs classé comme voyelle, puisque le trait qui distingue la réalisation semi-voyelle de la réalisation voyelle est conditionné. En revanche, on rencontre en français une opposition à la finale *i* ~ *j* (pays ~ paye) la réalisation [j] étant dans les autres cas déterminée par le contexte. Cette opposition amènera à poser un phonème *j* distinct de *i* et puisque ce qui le distingue de *i* c'est un certain obstacle au libre écoulement de l'air, on le rangera avec les consonnes, sa distribution n'étant au contraire ici d'aucun usage (puisque justement *j*, phonème, se rencontre dans la même position que *i*). Si on a un peu insisté sur cet exemple des consonnes et des voyelles c'est qu'apparaît bien ici, a-t-il semblé, la différence entre une caractéristique qu'on retrouve en toute langue et qui constitue le cadre de toute description, comme l'existence de phonèmes, établie par commutation, et des faits qui varient selon les langues, comme le rôle joué par la distinction voyelles-consonnes. On notera également qu'il est compréhensible que la définition des voyelles et des consonnes fondée sur l'analyse en traits et celle fondée sur les relations dans la chaîne n'aboutissent pas aux mêmes résultats : ces deux aspects ne dépendent pas nécessairement l'un de l'autre. Mais il faut reconnaître que c'est la définition par les traits qui semble avoir la valeur la plus générale et qui doit donc être retenue comme primordiale.

Reste qu'en fonction de la différence phonique maximale qu'il y a entre elles, il est fréquent que voyelles et consonnes n'aient pas le même comportement dans la chaîne, ce qui explique que souvent la définition syntagmatique aboutisse aux mêmes inventaires qu'une analyse en traits oppositionnels.

LE RENDEMENT DES OPPOSITIONS

On a déjà vu comment il pouvait être utile dans certains cas, par exemple celui des groupes de voyelles ou de consonnes et en particulier des géminées, de se référer à la statistique pour résoudre le problème : un ou deux phonèmes. Par ailleurs, il y a une utilité évidente, pour décrire la physionomie d'une langue ou pour l'enseigner, à connaître la fréquence des différents phonèmes. Une telle étude est enfin indispensable si on veut caractériser le rendement des oppositions et par là les relations entre information et redondance caractéristiques de chaque langue, condition, ce qui ne nous concerne pas ici, de l'étude de l'évolution phonologique.

La difficulté qu'il y a à parler du rendement d'une opposition, vient de ce que, par définition, le paradigme n'est pas manifeste et que ce qui est manifeste, ce sont les phonèmes et non leurs oppositions. D'autre part, si les oppositions ne dépendaient que du contexte phonique, le passage du compte des phonèmes au compte de leurs oppositions serait relativement facile. Mais en fait la réalité de l'opposition dépend du choix dans un contexte donné, sinon sémantiquement déterminé du moins grammaticalement. C'est pourquoi on évite d'établir l'identité des phonèmes sur des paires grammaticalement hétérogènes. Toutefois, dans la mesure où les deux articulations sont indépendantes, c'est-à-dire si on écarte certains cas particuliers comme la fréquence particulière de l'article *un* en français ou l'importance de tel phonème ou de telle succession de phonèmes liée à l'emprunt de termes grecs dans le vocabulaire de certaines sciences, on peut admettre *grosso modo* que le compte brut des phonèmes, rapprochés de ceux qu'on rencontre dans la même position et qui partagent certains traits avec eux, constitue une bonne approximation du rendement des oppositions.

On distinguera par ailleurs fréquence des occurrences (nombre de fois où un phonème apparaît dans un corpus) et fréquence dans le lexique. En principe, on préférera la fréquence dans le corpus, comme mesurant seule, si le corpus est suffisamment étendu, l'importance réelle du phonème. Inversement, la fréquence dans le lexique présentera un intérêt évident, en face de la difficulté qu'il y a à réunir un corpus homogène et représentatif. On peut enfin se demander si l'utilisation d'un phonème dans une opposition importante grammaticalement, même si la fréquence absolue du phonème reste faible, n'est pas un facteur important de « rendement » de ce phonème, ce qui se manifesterait par sa particulière résistance au changement.

Il est cependant de peu d'intérêt de se contenter de noter si un phonème apparaît peu ou beaucoup. Il est plus intéressant de comparer sa fréquence effective et sa fréquence théorique. Par fréquence théorique, on entend la fréquence avec laquelle il devrait apparaître, en tant que participant aux différents traits qui sont les siens. Il n'y a donc pas *une* fréquence théorique mais une fréquence théorique différente selon chaque ensemble considéré. Par exemple s'il y a dix consonnes dans une langue, en référence à ce nombre on dira que la fréquence théorique d'une consonne est de 0, 10. Mais il peut être intéressant de prendre un cadre de référence plus précis : limiter le calcul à un certain genre de consonnes par exemple, ou plus encore calculer des fréquences théoriques en fonction de la fréquence des traits. Par exemple, si on constate que dans une langue où il y a six occlusives, distribuées en sourdes et en sonores, d'une part, labiales, dentales, vélaires de l'autre et qu'en moyenne les sourdes sont deux fois plus fréquentes que les sonores et les dentales deux fois plus fréquentes que les labiales et les vélaires, c'est aux fréquences théoriques calculées en fonction de ces proportions qu'on comparera la fréquence effective des phonèmes. Par exemple en fonction des fréquences théoriques ci-dessus on aurait :

	labiales 0,25	dentales 0,50	vélaires 0,25
sourdes 0,33	0,0825	0,165	0,0825
sonores 0,67	0,1675	0,335	0,1675

La fréquence théorique de la labiale sourde p sera en effet alors égale à : 0,33 × 0,25 # 0,08. C'est à ce chiffre qu'on comparera alors la fréquence effective, les différences éventuelles s'expliquant par des facteurs phoniques : facilité ou difficulté relative à combiner divers traits, ou bien par des facteurs relevant de la première articulation : importance de tel signifiant ou de tel groupe de signifiants faisant appel pour leur réalisation à ce phonème.

On remarquera que cette étude des fréquences est soumise à celle des systèmes : il n'y a pas grand sens à compter des pourcentages de sourdes ou de fricatives dans les langues du monde, puisque ces phonèmes peuvent s'intégrer dans des systèmes différents. De toute façon, des lois du type : les consonnes sourdes sont plus nombreuses que les sonores, quand elles sont vérifiées, comportent encore des possibilités de variation au niveau des phonèmes. Ainsi la relation est vérifiée en français, ce qui n'empêche pas z et v d'être plus fréquents que leurs partenaires sourds. Ces constantes statistiques dépendent de la structure des langues ; elles n'en rendent pas compte.

LES PHONÈMES DANS LE SYNTAGME

En règle générale toutes les combinaisons de phonèmes dans la chaîne ne sont pas utilisées et ces règles de groupement varient selon les langues. La question est évidemment de savoir si ce sont là de simples faits bruts que l'on constate : par exemple on ne rencontre pas de succession *kn* ou *gn* à l'initiale d'un mot en anglais ou si au contraire de tels phénomènes sont indispensables à analyser, au même titre que les oppositions phonologiques. En fait, la fonction essentielle jouée par ces diversités de distributions phonématiques est démarcative : elles indiquent les limites d'un monème, d'un mot, voire d'un groupe plus large. (Il n'y aurait d'ailleurs rien d'absurde à ce que cette fonction ne soit jamais remplie, d'autres indices : impossibilités ou improbabilités, syntaxiques ou sémantiques permettant de découper le message). De façon plus générale, l'existence de schémas fréquents de succession, qu'il s'agisse de tels phonèmes particuliers ou de tels groupes de phonèmes, facilite évidemment le décodage du message. De même que varie l'importance de la fonction contrastive selon les langues, de même varie le degré de redondance qu'on peut attendre.

Certes, comme l'a noté Trubetzkoy dans certaines langues, on peut caractériser entièrement chaque phonème par les particularités de sa distribution. Ainsi en grec classique, pour reprendre l'exposé qu'il en fait : un seul phonème apparaît exclusivement à l'initiale : l'esprit rude. Les voyelles sont les phonèmes qui peuvent aussi bien se trouver à l'initiale après l'esprit rude que sans lui, les autres des consonnes, le ρ n'apparaît à l'initiale qu'après l'esprit rude; les autres consonnes n'apparaissent jamais après l'esprit rude; les consonnes qui peuvent se placer à l'initiale avant ρ sont des momentanées, les autres des duratives et l'on peut aller ainsi des classes les plus générales aux phonèmes particuliers. Mais il n'y a aucune nécessité pour qu'il en soit ainsi : en français par exemple, les différentes consonnes se retrouvent en toutes positions.

On ira, dans cette étude syntagmatique, des phénomènes de distribution propres aux phonèmes, aux phénomènes caractéristiques des groupes de phonèmes, dans un cadre non-signifiant (groupes en général, syllabes éventuellement) puis dans un cadre signifiant (monème ou mot).

On notera tout d'abord que si, en référence à la fonction distinctive, il faut ramener à un phonème unique les variantes conditionnées par la position, en revanche l'apparition dans la chaîne d'une de ces variantes pourra avoir la fonction démarcative d'indiquer une limite d'unité de première articulation ou au contraire l'absence de cette limite. Ainsi en anglais on rencontrera *l* clair devant une voyelle du même mot, sombre ailleurs, ce qui contribuera à aider à distinguer *we learn* de *will earn*. De même l'aspiration des occlusives sourdes uniquement à l'initiale fera distinguer : *my train* de *might rain*. Il en sera de même pour l'apparition de formes neutralisées, permettant de distinguer *père, il,* de *péril*. On a déjà noté le rôle démarcatif des distributions lacunaires de phonèmes, par exemple du *h* allemand qu'on rencontre seulement à l'initiale. Il pourra évidemment y avoir également des signes démarcatifs négatifs, c'est-à-dire signifiant l'absence d'une démarcation, si telle variante ou tel phonème n'apparaît que dans le corps du mot.

On notera également que ces indications démarcatives peuvent ou bien ne pas comporter d'exceptions ou n'être que statistiques. Une description complète du système phonologique d'une langue comportera donc également pour cette raison des indications sur la fréquence des phonèmes par position.

Un second groupe de faits démarcatifs, ou qui en tout cas aident au décodage, réside dans les modes de succession de phonèmes caractéristiques de la langue. Fréquemment, les phonèmes se regroupent en syllabes. Phonétiquement, on appelle syllabe un ensemble caractérisé par la présence d'un certain « sommet », résultant de la nécessité de faire se succéder une ouverture et une fermeture, une tension croissante et décroissante. D'autre part ce phénomène est fréquemment associé à la succession des consonnes et des voyelles, celles-ci jouant alors le rôle de sommet et de syllabe. Cette association des deux phénomènes n'a cependant rien d'obligatoire, le sommet syllabique pouvant être une consonne, comme le *l* tchèque dans *vlk* « loup » ou le *n* anglais qui est sommet de syllabe dans *ritn* (« written »). On ne doit donc pas identifier l'existence de la syllabe et l'alternance voyelles-consonnes. Surtout l'existence physique de la syllabe n'oblige pas à la considérer comme un fait linguistiquement pertinent, d'autant plus qu'il semble le plus souvent conditionné par la nature des organes de la phonation. Dans les langues où se succèdent des groupes accentués et inaccentués et où on ne pourra faire commuter que les phonèmes qui ont la même position à l'égard de l'accent, la place de l'accent sera un fait linguistique, d'autant plus que très généralement l'inventaire des phonèmes n'est pas le même en position accentuée ou inaccentuée. Une langue comme le français au contraire ne comporte pas de syllabes comme élément pertinent de description. En effet, il n'y a pas en français d'accent de mot ou de monème. Le [ə] muet ne permettant pas d'établir des oppositions distinctives dans le corps du mot, il est toujours possible de réaliser une succession comme *dvã* (une syllabe) ou comme *dəvã* (deux syllabes) sans que de telles réalisations constituent jamais des monèmes différents.

Qu'on utilise ou non la syllabe pour les décrire, les langues comportent généralement un ordre préférentiel de succession des phonèmes, qui peut être obligatoire ou simplement plus fréquent. Étant donné leur grande différence, on comprend que souvent on retrouve une succession voyelles-consonnes qui facilitera l'identification dans la chaîne. Il n'y a cependant pas là d'obligation : en bella-coola ou en tchèque, on rencontre des mots du type CCCCC.

Les types de successions simples sont par exemple ceux qu'on rencontre en birman (C) V : une voyelle précédée ou non d'une consonne. On rencontre aussi souvent des successions du type CV (langues africaines). La description complète de tels schémas suppose généralement une référence aux phénomènes accentuels. Quelle que soit la complication de ces schémas, leur fonction est de faciliter tout d'abord la distinction des phonèmes, puis de faciliter également l'identification des unités de première articulation.

Parmi ces phénomènes qui facilitent le décodage on doit également noter l'existence de groupes de phonèmes absolument impossibles ou possibles seulement en une position donnée. Ainsi en français la succession voyelle nasale + *m* n'est possible qu'au contact de deux monèmes ou de deux mots. En allemand il en sera de même de la succession consonne + *h* qui indique forcément le passage d'un monème à un autre ou de groupes de consonnes non attestées, comme la succession *tl*, qui constituent forcément le passage d'une unité à une autre : on note que le cadre dans lequel s'imposent ces règles y est le monème; il y a en effet un grand nombre de successions de consonnes qu'on ne rencontre que dans les mots composés, par exemple dans *Obstbaum*, « arbre fruitier ». À l'initiale des monèmes accentuables, on ne rencontre en revanche que vingt-huit combinaisons possibles. Ces restrictions prennent souvent la forme de ce qu'on appelle l'harmonie vocalique ; ainsi en finnois, les voyelles d'un même mot sont toutes ou ouvertes ou fermées ou en turc où même dans les mots composés toutes les voyelles doivent être ou postérieures ou antérieures. De telles restrictions pourront également n'avoir qu'une valeur statistique : par exemple on a calculé qu'en français, les monosyllabes du type consonne + voyelle étaient trois fois plus fréquents que ceux du type voyelle + consonne. Ces différences de fréquence facilitent aussi évidemment le décodage. Pareilles restrictions des possibilités combinatoires expliquent également que si on tient compte des probabilités de succession des phonèmes sans s'occuper de savoir s'ils entrent ou non dans des monèmes, on puisse construire une succession qui « ait l'air » anglais par exemple, à partir des probabilités rencontrées en anglais. On distinguera ici finalisme et fonctionnalisme : il y aurait finalisme à croire que ces phénomènes existent pour améliorer la communication, ce qui serait d'autant plus erroné qu'il ne s'agit là que d'un optimum comportant des marges importantes de variation et qu'on ne saurait sans contradiction définir la langue la plus économique possible. On dira donc plutôt qu'il y a tendance à utiliser de façon préférentielle certains groupements de phonèmes, ce qui facilitera dans une certaine mesure le décodage comme l'émission, mais ce qui peut aussi bien rendre la communication plus difficile, en augmentant le nombre des confusions possibles ou en accroissant, par limitation du nombre des combinaisons possibles, la longueur moyenne des énoncés. La mise en évidence des faits fonctionnels constitue le seul moyen d'extraire le fait « langue » de l'ensemble infini des réalisations effectives. Ceci n'implique pas que tout ce qui sert à communiquer soit là pour communiquer. Mieux vaut donc parler d'un équilibre entre tendances opposées que de la recherche directe d'un optimum.

LA PROSODIE

On recouvre sous ce nom de prosodie un grand nombre de faits différents tant fonctionnellement que physiquement. Leur seule caractéristique commune est négative :

ne pas entrer dans le cadre de l'articulation phonématique. Il s'agit en effet d'abord de faits qu'on peut appeler non-articulés, tels que les variations de la forme de la courbe intonative qui permettent de distinguer *tu viens* affirmatif de *tu viens ?* Ou bien de faits fonctionnellement apparentés aux unités de seconde articulation, essentiellement distinctifs : tons ; ou de faits essentiellement contrastifs : accents. Ils se distinguent des phonèmes dans le syntagme parce qu'ils affectent une unité généralement plus étendue : souvent la syllabe. Ils s'en distinguent également sur le plan paradigmatique en ceci qu'ils ne s'analysent pas en traits comme les phonèmes, ne présentent qu'un nombre bien plus restreint d'oppositions, appartenant à des inventaires plus limités dans le cas des tons, voire réduits au minimum : l'accent ne s'opposant qu'à l'absence d'accent. D'un point de vue fonctionnel, il aurait été possible de rapporter cette étude à des chapitres différents : fonction distinctive, contrastive, ou signifiante. Il est cependant utile d'étudier ensemble tous les faits prosodiques, d'abord parce que leur ressemblance physique peut justement masquer leur diversité fonctionnelle ; d'autre part, alors qu'on ne connaît pas de langue qui ne soit soumise à la double articulation, en revanche, quelle que soit leur importance dans telle ou telle langue, jamais les faits prosodiques ne sont nécessaires à la définition du langage humain, les uns pouvant être absents de telle langue (ainsi les tons), les autres (ainsi l'intonation), n'étant que partiellement linguistiques.

Physiquement, il peut s'agir de toutes les variations d'un des caractères de la voix : hauteur, intensité et longueur, sans que cela implique rien quant à leur fonction, chaque fonction linguistique pouvant être remplie plus ou moins à l'aide de ces différents traits. (Que le fait physique ne détermine pas le fait linguistique se marque encore en ceci que ces traits peuvent entrer dans la définition de phonèmes, que ce soit la longueur ou la hauteur relative dans les rapports des divers formants acoustiques). On rapprochera ces variations de la voix d'un phénomène comme la pause, qui comme eux échappe à la double articulation et comme eux constitue soit un phénomène linguistique, marquant la limite de deux unités, soit un phénomène expressif, laissé au libre usage des sujets.

différent; par exemple en anglais où un certain nombre de verbes et de noms se distinguent par la place de l'accent sur le modèle *a'subject* ~ *to sub'ject*, *a'permit* ~ *to per'mit*. De même la présence ou l'absence d'accent sur *new* permettra de distinguer *a'new Jersey cow* de *a New-Jersey cow* : « une nouvelle vache de Jersey » d'« une vache de New-Jersey », ou en allemand les « particules inséparables » des « particules séparables ». On prendra soin néanmoins de ne pas confondre l'accent avec un trait caractéristique des phonèmes comme la longueur, d'abord parce que ce rôle distinctif est relativement rare, en tout cas ne lui appartient pas nécessairement, d'autre part parce que l'accent ne porte pas sur la voyelle, mais sur l'ensemble de la syllabe.

ACCENT D'INSISTANCE ET « ACCENT SYNTAXIQUE »

Par ces fonctions, que sa place ait un rôle démarcatif ou aussi distinctif, l'accent n'est pas directement signifiant. En revanche, lorsque les sujets ne sont pas simplement contraints d'accentuer, ils ont la possibilité de choisir de « mettre l'accent » sur tel élément pour souligner son importance; une telle utilisation « libre » de la place de l'accent pourra éventuellement servir également à distinguer les sens de deux énoncés qui sans cela risqueraient d'être confondus. Dans une phrase anglaise comme *he was here,* chacun des trois éléments peut être accentué, ce qui fera varier le sens de l'énoncé. Si l'accent est mis sur *he*, il s'agira d'une réponse à la question *who was here ?* L'accent sur *was* à la question *Is he still there ?* L'accent sur *here* à la question *where was he ?* Mais il ne semble pas qu'il y ait nettement de différence entre le cas où il s'agit seulement d'insister et celui où les deux messages caractérisés par une différence d'accent sont nettement distincts sémantiquement. Ainsi si j'insiste sur le *une* de *donnez-moi une pomme,* cela signifie certes clairement *une seule*. Il reste que ce cas est très différent de ce qui se passerait s'il y avait un accent obligatoire caractéristique du numéral, par opposition à l'article inaccentué, ce qui n'est pas le cas. De même, dans une phrase complexe, l'utilité syntaxique du procédé comme isolant un groupe est subordonnée à l'aspect « mise en relief d'un élément », comme lorsque l'accent sur *qui* peut changer le sens de *les enfants qui sont sages seront récompensés*. Mais ce procédé n'a rien d'obligatoire ni d'univoque ; ce qui rend dangereuse la dénomination parfois utilisée d'accent syntactique. Mieux vaut parler d'une utilisation particulière de l'insistance. En revanche, on notera la possibilité de divers accents d'insistance. Cette variété est remarquable en français où il n'y a pas d'accent obligatoire et où on pourra distinguer parmi ces utilisations facultatives l'accent d'insistance ou didactique, manifestation d'un désir d'action sur l'interlocuteur et l'accent affectif, marque d'étonnement : par exemple, le premier sera sur la première syllabe, le second après la consonne, comme on peut le voir par la différence de l'accentuation de *l'admirable courage*, accentué sur *ad* et de *admirable !*, accentué sur *mi*. On est ici à la frontière de ce qui est linguistique et de ce qui ne l'est pas ; le phénomène est linguistique, dans la mesure où il varie selon les langues, l'allongement de *schön !* différent de la variation de hauteur d'*admirable !* Reste qu'un tel usage, par ailleurs marginal dans ses conditions d'utilisation comme dans ses formes, non indispensable à la communication et, pour cela, variant selon les groupes sociaux ou même les individus, peut être considéré comme à la limite de l'organisation linguistique, puisqu'il est toujours possible d'allonger ou de faire varier davantage la hauteur pour manifester plus d'admiration, variation naturelle qui s'oppose au caractère discret des signes linguistiques : un phonème n'est pas plus ou moins un phonème.

LES TONS

On parlera de tons lorsque les variations de hauteur ne fonctionnent pas simplement sous forme de contraste présence-absence, mais lorsque le paradigme comporte plusieurs variations possibles, qui leur donne une valeur distinctive semblable à celle des phonèmes : par définition il y a paradigmatiquement un accent et plusieurs tons.

Les tons peuvent se distinguer uniquement par la valeur relative de leur hauteur, on parle alors de tons ponctuels. Ainsi en éwé, on distinguera trois tons, qu'on appellera par définition haut, bas et moyen. Bien évidemment, la courbe normale de l'énoncé comportant une montée et une descente, un ton haut en fin de phrase pourra être physiquement plus bas qu'un ton bas en milieu de phrase. Comme les variations de hauteur sont également biologiquement conditionnées, la longueur des cordes vocales variant en particulier selon le sexe et l'âge, la hauteur des tons sera purement relative.

Les tons peuvent également être mélodiques, c'est-à-dire comporter un mouvement simple, par exemple montant, ou complexe, par exemple montant puis descendant, l'ensemble constituant un seul choix distinctif, comme le montre l'existence d'un paradigme commun, qui regroupe en pékinois par exemple, quatre tons : « plat », montant, descendant, montant-descendant. En ngbaka (centre Afrique), on peut distinguer sept tons : haut, bas, moyen, haut-moyen, moyen-haut, moyen-bas, bas-moyen. Lorsqu'on trouve ainsi dans une langue des tons simples et des tons complexes, on peut vouloir simplifier la description en considérant le ton complexe comme équivalent à la succession de deux tons simples différents.

On appellera « more » chacun des segments auquel on rapporte un de ces tons simples. Ceci n'empêchera pas de considérer que tons simples et tons complexes constituent, dans les langues où ils se rencontrent dans les mêmes positions, des membres d'un paradigme unique, déterminé par exemple par l'ordre CVCV et où une voyelle à deux tons s'oppose à une voyelle à un ton. On opposera donc, par exemple, *mā* (ton moyen) « je, me, moi », *mà* « remède magique, cartouche » (ton bas), *māā* (ton haut moyen) « pluie, tornade » et *māā* (ton bas-moyen) « soulever, porter ».

D'autre part, les oppositions de tons peuvent ou bien se rencontrer sur n'importe quelle syllabe ou seulement sur certaines. Dans ce dernier cas, les tons jouent un rôle contrastif qui sera commun à tous ceux qui peuvent occuper cette position; en grec classique, ce sera sur la dernière syllabe du mot ou sur les monosyllabiques lorsque leur noyau vocalique sera constitué par une longue ou une diphtongue. On aura donc toujours en grec une fonction accentuelle qui, ailleurs que sur la dernière syllabe, sera remplie par ce qu'on appellera un accent, puisque le choix de la forme de la courbe intonative n'y est pas distinctif; sur la dernière au contraire, on parlera de tons, montant ou descendant; une telle dénomination, même si elle est contraire à la tradition, sera plus cohérente que de parler dans les deux cas d'accent. La fonction contrastive des tons variera comme celle des accents dans la mesure où la détermination de leur position varie; en letton, par exemple, la démarcation du mot sera complète puisque le ton se trouvera toujours placé sur la première syllabe du mot; en danois elle sera remplie dans le cadre du monème lexical, non dans celui du mot; en cantonais, enfin, les tons n'auront aucune fonction contrastive.

LES PAUSES

On introduit ici la pause pour noter que comme pour les autres phénomènes linguistiques qui ne font pas partie de l'organisation en phonèmes, il faut particulièrement prendre soin de distinguer sa réalité physique et sa réalité linguistique. En effet, les pauses peuvent avoir diverses fonctions; elles ont, d'abord, une fonction démarcative potentielle évidente. Cette fonction démarcative peut secondairement, dans les cas qu'on nomme ambigus, servir à distinguer des successions phoniques identiques, auxquelles correspondent des signifiants différents : *la moralité ~ l'amoralité;* dans ces cas la pause peut se combiner avec les phénomènes accentuels; c'est ce qui se passe en anglais où accent et pause peuvent contribuer tous les deux à distinguer *nitrate* de *night rate*. Enfin dans la mesure où elle n'est pas déjà utilisée, la pause peut être utilisée par le locuteur à des fins expressives : *et alors... devinez ce qu'il a fait*. On voit donc bien comment l'identité fonctionnelle de la pause est différente dans les deux premiers cas et dans le troisième.

L'INTONATION

Relèvent de l'intonation tous les faits définis physiquement comme prosodiques, qui ne sont ni des tons ni des accents. Leur première caractéristique est donc de ne pas porter sur un élément précis de la phrase, mais de consister en une courbe mélodique générale. De plus, cette courbe sera « naturelle » dans la mesure où la phrase commence par une montée, mise en tension des organes de la parole, et se termine par une retombée correspondant au relâchement de ces organes. Dans la mesure où un tel phénomène n'est pas objet de choix, ce ne sera pas un phénomène à proprement parler linguistique ; reste qu'il pourra évidemment contribuer à indiquer les limites de la phrase. Il y a là cependant une différence importante : un mot sans son accent n'est plus reconnaissable, alors qu'une phrase prononcée avec une intonation inattendue mais syntaxiquement correcte sera néanmoins identifiée comme une phrase. En ce sens, on doit considérer l'intonation comme un procédé d'appoint. D'autre part, il est certain que l'intonation permet parfois d'établir des messages de sens différents, comme en français où la différence de la phrase affirmative *il pleut* et de la phrase interrogative *il pleut ?* peut être indiquée par la montée de la voix dans le second cas. On notera toutefois qu'on rencontre un tel procédé dans les langues les plus diverses et qu'il est, par là même, plus proche d'un phénomène constant, comme la nécessité qu'une émission vocale varie en intensité, que du statut de signifiant spécifique qui devrait entrer dans la description d'une langue. Le phénomène présente cependant un des caractères propres aux faits linguistiques : l'obligation de choisir entre l'intonation normale et « autre chose », essentiellement la suspension de la descente, l'énoncé restant montant ou le maintien de la voix à une hauteur fixe, utilisé par exemple pour indiquer une parenthèse. Reste que les particularités des variations de la courbe intonative comme les latitudes accentuelles laissées à la disposition du sujet relèvent plus de la « mimique vocale » que du signe discret et *a fortiori* arbitraire. On peut également se demander si ce que nous remarquons quand nous percevons une intonation, ce n'est pas seulement quelque chose d'autre que l'intonation normale et si nous ne lui donnons pas, en fonction de ce que nous enseignent les signes doublement articulés, la situation, notre expérience passée du locuteur, etc., un sens d'étonnement, d'indignation, de crainte, d'ordre, etc., comme la même expression du visage dans des situations différentes nous donne des indications différentes sur l'état d'esprit du locuteur.

LA PREMIÈRE ARTICULATION

À la différence des unités phonologiques, les unités de première articulation sont celles qui contribuent directement à la construction d'un message qui peut avoir un sens. Si on résume en les appelant « unités signifiantes », il faudra sous-entendre « unités signifiantes potentielles », puisqu'en général un sens n'est assignable que dans un certain contexte et que d'autre part tout énoncé syntaxiquement satisfaisant n'est pas pour autant signifiant. Il n'est pas nécessaire de préciser ici le sens du mot *sens*. En effet tout effort pour définir le sens en général risque d'aboutir à une formulation trop générale ou trop particulière : trop générale si on pose qu'avoir un sens c'est valoir pour autre chose, ou que deux messages ont des sens différents lorsqu'ils peuvent provoquer deux réactions différentes : ce qui est juste, mais vaut pour toute espèce de signe et risque de ne pas nous donner de procédé adéquat d'analyse. Trop particulière si on définit par exemple le sens par la représentation, ce qui est manifestement trop étroit, ne s'appliquant pas à un terme abstrait (quelle représentation correspond à la différence de sens entre *bleu* et *le bleu* ?) non plus qu'aux différents outils syntaxiques. Se référer enfin à l'existence d'une face signifiée du signe ne doit pas faire oublier qu'une des particularités de la façon dont le langage signifie est qu'il ne renvoie pas à une réalité organisée préalablement et qu'on ne peut partir du signifié comme d'un donné pour définir les unités linguistiques, puisque ce signifié n'est pas une réalité isolable qu'on pourrait montrer du doigt mais un rapport doublement *in absentia* : parce que c'est le signifiant qui est manifeste, non le signifié ; parce qu'aussi le signifié se détermine grâce à des rapports d'oppositions entre signes également *in absentia*.

Il suffit de noter que le remplacement d'une unité distinctive par une autre, par exemple d'un *p* par un *b*, ne suffit à introduire une différence de sens que s'il existe une « unité signifiante » qui ne diffère des autres que par la présence d'un de ces phonèmes. Passer de *palais* à *balai* change le sens de *donnez-moi ce palais;* cela le change de façon absolument autre si on passe de *pal* à *bal* et le détruit complètement si on passe de *pape* à *pabe*. Corrélativement, on notera que l'existence de cette face signifiée permet de donner diverses formulations, approximativement équivalentes, d'un même message, alors qu'un phonème est seulement absolument autre que ceux auxquels il s'oppose. On ne peut cependant pas utiliser cette remarque pour définir les unités de première articulation, puisqu'il en existe certaines, les noms propres, qui ont un comportement syntaxique proche de celui des autres, mais non cette propriété. *Pierre* et *broc* ont beaucoup de propriétés syntaxiques en commun, mais on peut remplacer *broc* par un équivalent : *récipient de telle ou telle forme,* alors qu'aucun équivalent de *Pierre* ne peut être ainsi donné. De plus une telle façon de caractériser les unités de première articulation risquerait d'induire en erreur, le fait que plusieurs signifiants puissent être équivalents ne signifiant pas que le signifié existe indépendamment de tout signifiant. On se contentera donc d'une définition intentionnellement trop large, inspirée de Saussure, selon laquelle les unités signifiantes constituent un système d'oppositions corrélatives sur les deux plans du signifiant et du signifié sans qu'aucun des deux puisse être défini indépendamment de l'autre et on essayera de montrer en étudiant les traits communs aux langues les diverses façons dont cette corrélation se réalise.

Le fait que ces éléments de première articulation soient linéaires dans leur forme, combinables et opposables les uns aux autres entraîne une certaine ressemblance entre les procédés d'analyse applicables aux deux articulations : ici aussi le problème sera d'abord d'identifier les unités selon un critère fonctionnel, c'est-à-dire en tant que le remplacement d'une unité par une autre aboutit à un changement signifié, qu'il n'est pas par exemple automatique dans certaines conditions. On étudiera ensuite les relations dans le syntagme selon une méthode parallèle : comparaison des inventaires en différentes positions, résultat des permutations dans la chaîne, groupements possibles, nécessaires ou impossibles. Cette ressemblance méthodologique n'implique d'ailleurs aucune identité. Au contraire, la différence de leurs fonctions essentielles permet de comprendre la différence entre articulations. Par exemple, les unités signifiantes étant très nombreuses ou plutôt en nombre indéfini, (un néologisme aura toujours de fortes chances d'être compris) et leurs combinaisons également illimitées, il n'y a pas de sens à vouloir fixer les limites du lexique à un instant donné : l'établissement des paradigmes sémantiques d'unités s'opposant en un point de l'énoncé pourra certes être menée à bien dans l'étude d'un corpus donné, mais on ne pourra pas tirer de conclusions de cette réalité constatée à la langue comme ensemble de possibilités. D'autre part, alors que la seule relation syntagmatique entre les phonèmes est de constituer des successions possibles ou impossibles, les relations dans le syntagme des unités de première articulation peuvent changer complètement ces unités elles-mêmes ; selon les positions un phonème peut seulement s'opposer à un plus ou moins grand nombre d'autres, distributions lacunaires, neutralisations ou assimilations constituant toujours des diminutions d'inventaires, alors que, par exemple, une unité signifiante de même forme peut, selon sa position, changer complètement d'inventaire et de fonction, c'est-à-dire de nature.

Le fait que ces unités soient douées de sens a certainement d'autres conséquences, par exemple quant à l'effet qu'elles font sur les locuteurs, mais le linguiste limite son étude aux caractéristiques syntagmatiques et paradigmatiques correspondant à une relation assignable des deux faces du signe. Si on reprend l'exemple des noms propres, ce qui les caractérise pour le linguiste, c'est qu'ils entrent dans certaines constructions : *j'ai vu Paul* opposé à *j'ai vu l'éléphant* ou *pour Paul* opposé à *pour lui* et qu'en revanche d'autres combinaisons seront impossibles, * *il est Paul* par exemple. La valeur évocatrice ou affective du nom propre qui lui donne son *sens* au sens large (l'effet qu'il fait sur celui qui l'entend) ne sera pas l'objet du linguiste, parce qu'elle ne concerne pas l'organisation d'un système de signes dans une collectivité, mais les particularités de la vie d'un individu.

LA DÉTERMINATION DES UNITÉS

On a vu que les unités signifiantes pouvaient avoir leurs limites marquées par des procédés phoniques particuliers, mais que cela n'avait rien de nécessaire. D'autre part, l'identité phonique n'est pas non plus une condition suffisante de l'identité des unités signifiantes. Ainsi *a* en français ne sera pas la même unité selon qu'elle joue le rôle de préposition ou de verbe; ce ne sera pas non plus la même selon qu'il s'agit d'une forme du verbe ou de l'auxiliaire *avoir* (son paradigme et ses relations syntagmatiques n'étant pas les mêmes). Ici aussi il y a un « cercle méthodologique » qui ne serait vicieux que si l'on supposait à tort que les unités doivent être parfaitement déterminées avant qu'on puisse s'occuper de leurs relations réciproques.

Comme dans le cas du phonème, le principe suivi sera la recherche d'unités correspondant à des choix indépendants minimaux. Ainsi /žuvr/, « j'ouvre », sera analysé en deux unités car /ž/, « je », s'oppose à /ty/, « tu », etc., et /uvr/ à /avãs/, « avance », etc. La différence avec les unités de seconde articulation étant évidemment que le remplacement de /uvr/ par /avr/ fait bien apparaître une nouvelle unité de signification, mais non pas deux unités signifiantes indépendantes /u/ et /a/. Toutefois parler d'unité de choix signifiant ne signifie pas que l'unité signifiée qui lui correspond constitue une unité inanalysable. Ainsi /vaš/, « vache », constitue bien une unité indécomposable mais qui comporte plusieurs éléments signifiés différents, son opposition à *génisse, taureau*, etc., montrant que le choix de *vache* peut correspondre à une indication de sexe, de maturité, etc. On ne suppose pas non plus par là que *vache* a un sens uniforme et constant dans tous ses emplois. Ce qui compte seulement c'est que le signifiant /vaš/ n'est pas analysable en éléments plus petits qui correspondraient à des éléments du signifié, /v/ à la tête ou au caractère mammifère, par exemple. On ne nie donc pas qu'il puisse être intéressant de noter des ressemblances phoniques entre unités signifiantes, *th* à l'initiale d'un bon nombre de démonstratifs anglais ou *n* dans beaucoup de termes négatifs des langues indo-européennes. Mais il ne faudra pas oublier tout d'abord que cela constitue des indications utiles à l'étude diachronique, non un fait fonctionnel synchronique, et qu'ensuite l'absence de correspondance nécessaire entre forme phonique et fonction signifiante constitue non seulement un fait beaucoup plus important mais encore un caractère essentiel des langues qui resteraient sans cela purement symboliques. L'unité de base sera donc celle qui peut faire l'objet d'un choix indépendant.

Ces unités signifiantes minimales sont souvent appelées « morphèmes » ce qui présente un danger de confusion car, par ailleurs, on utilise ce mot pour désigner les unités grammaticales, c'est-à-dire celles qui constituent un inventaire paradigmatique limité, par opposition aux unités lexicales dont l'inventaire est indéfini (lexèmes). Il est donc préférable de se servir du terme non ambigu, utilisé par Martinet, pour désigner toutes ces unités : « monème ».

En principe ces unités sont déterminées comme les phonèmes par commutation dans un cadre donné. Les mêmes précautions doivent donc être prises ici pour ne rapprocher que des énoncés comparables, qui appartiennent à un même niveau de langue et qui soient suffisamment semblables pour que des différences minimales puissent y apparaître. Comme on l'a déjà noté, en dehors du plus grand nombre des unités, qui accroît la difficulté de l'opération, une seconde difficulté provient de ce que l'ordre n'est pas toujours pertinent tout en l'étant parfois, ce qui interdit de définir le cadre de commutation dans tous les cas comme simple position relative à l'égard d'un monème ou d'une classe de monèmes déjà reconnus.

Quelles que soient les difficultés, seront dites pertinentes les différences auxquelles correspondent des différences de signifié, par opposition à celles qui dépendent simplement du contexte (variantes). Les unités pertinentes minimales seront appelées monèmes. Par exemple les séries d'oppositions *dominus ~ dominum, dominus ~ domini, dominum ~ dominos, filius ~ filium, filius ~ filii, filium ~ filios* permettent de dégager six monèmes, chacun différant des autres par quelque trait formel qui ne correspond pas nécessairement à un segment distinct : « maître » qui s'identifie avec le segment *domin-* (plus certaines désinences), « fils » représenté par le segment *fili-* (plus certaines désinences), « nominatif » impliqué dans *-us* et dans *-i* par opposition à *-um* et à *-os*, « accusatif » impliqué dans *-um* et dans *-os*, « singulier » impliqué dans *-us*, *-um*, par opposition à *-i* et *-os*, « pluriel » impliqué dans *-i* et *-os*.

De fait, en face de l'idéal de la communication qui

consisterait en une correspondance stricte, une forme signifiante pour un signifié, se rencontrent un grand nombre d'exceptions. On considérera tout d'abord celles qui proviennent d'un décalage entre les formes signifiantes et leur signifié. On rencontre en effet des variantes (plusieurs formes signifiantes pour un même signifié) : inversement à des formes identiques correspondent des signifiés différents (homonymie et syncrétisme), et enfin, on peut être amené à poser l'existence d'un signe auquel ne correspond aucune forme (signifiant zéro).

De plus, le non parallélisme forme signifiante — unité signifiée provient de ce que les monèmes ne sont pas forcément des formes phoniques isolables et successives dans la chaîne. Il peut y avoir amalgame de deux monèmes en une seule forme ou inversement monème discontinu, lorsque différentes formes séparées dans la chaîne constituent un choix signifiant unique.

LES VARIANTES DE MONÈMES

La notion de variante a donc ici un sens proche de celui qu'elle a en phonologie. Cependant, les variantes ne sont pas ici inévitables comme elles le sont en phonologie, puisque tout phonème varie dans sa réalisation en fonction du contexte, des locuteurs, etc. Les variations du signifié en fonction du contexte constituent également la règle générale. En revanche il pourrait exister une langue sans variantes de signifiants, puisque la fixité de leur forme est assurée par l'existence de l'articulation phonologique indépendante du sens des unités considérées.

Inversement, puisque les variations du contexte monématique sont plus nombreuses, les types de variantes seront aussi plus diversifiés. On dira donc que deux formes différentes sont des variantes d'un même monème lorsqu'elles ne peuvent s'opposer dans un même contexte ; lorsque leur variation formelle est conditionnée par la variété des contextes ; lorsqu'elles constituent une même unité du point de vue du sens en dehors des variations entraînées nécessairement par la variation du contexte.

Ainsi, on constatera qu'en français /le/ et /lez/ sont des variantes d'un même monème parce qu'ils ne s'opposent pas dans un même contexte, et que c'est ce contexte, ici la présence d'une consonne ou d'une voyelle, qui détermine l'apparition d'une des deux formes /lezoto/ « les autos » ou /levuatyr/ « les voitures ». Enfin ces deux formes s'opposent aux mêmes autres : *une, la,* etc. Il y a donc là un monème unique, puisqu'il n'y a pas choix libre entre ces deux formes.

Mais ces alternances morphologiques, dont le conditionnement ici s'exprime phoniquement, devront être distinguées des variations phonologiques, qui ont lieu dans un contexte phonique, indépendamment des monèmes considérés. Ainsi, en anglais la présence d'un *p* aspiré ou non est entièrement déterminée par sa position, à l'initiale ou ailleurs, indépendamment de la nature des monèmes en question. Il s'agit donc de deux réalisations d'un même phonème. En revanche, rien n'empêche de prononcer en français la succession /le/ + voyelle, en particulier à la limite entre deux monèmes /alea/ « allez à », de même qu'est possible la succession /z/ + consonne, comme dans /lezmažeste/ « lèse-majesté ». L'alternance /le/ — /lez/, même si son conditionnement est phonique, reste bien de nature morphologique et non pas phonologique.

On notera, avec Martinet, que la distinction entre ces deux sortes de phénomènes est parfois délicate, neutralisation phonologique et alternance morphologique pouvant se réaliser dans des cas apparemment identiques du point de vue morphologique. Ainsi dans le cas du pluriel des noms anglais : on rencontre /z/ après voyelle ou sonore non sifflante ni chuintante, /s/ après sourde ni sifflante ni chuintante, /iz/ après sifflante ou chuintante. Mais après l'occlusive sonore /g/ on rencontrera obligatoirement /z/ quel que soit le contexte morphologique, et jamais /s/. Il s'agit donc d'un archiphonème /S/. En revanche, on rencontre /pleiz/ « plays » en face de /pleis/ « place »; il s'agira donc alors d'une alternance morphologique. Dans le cas des variations phonologiques, il s'agit de l'impossibilité à prononcer un son dans un contexte phonique donné, dans l'autre d'une variation utilisant des possibilités phonologiques attestées par ailleurs.

De ces conditionnements morphologiques qui s'expriment en termes phoniques, on distinguera ceux qui s'expriment en termes uniquement morphologiques, sans que la particularité des phonèmes entre en ligne de compte. Ainsi on aura en anglais *man* + pluriel = *men, ox* + pluriel = *oxen;* quoique le conditionnement s'exprime autrement, le phénomène est absolument le même. On a en effet $\frac{pump}{pumps} = \frac{man}{men} = \frac{ox}{oxen}$, etc.

Le résultat est identique : on a un ensemble de formes, /s/, /z/, /iz/, /en/, etc. qui ne peuvent s'opposer les unes aux autres dans un contexte donné et qui en revanche s'opposent toutes également à des formes du singulier. On dira donc que ces différentes formes constituent des variantes d'un monème unique.

Il peut être également utile de classer ces variations selon leur degré de généralité. Par exemple l'alternance de la forme de l'imparfait français quand il se trouve associé à la première ou à la deuxième personne du pluriel ou à une autre, où il prend la forme /i/ *(nous aimions, vous finissiez)* alors qu'il prend ailleurs la forme /ɛ/ « ais » ou « aient », est une alternance régulière. En revanche, une alternance du type *je suis-nous sommes; je vais-nous allons* ne concerne que ces seules formes. Mais cette subdivision non plus ne met pas en cause l'unité de ce phénomène. Si on considère par exemple la variation de forme qui correspond en français à la différence entre adjectifs masculins et féminins, on voit que si l'on part de la forme du masculin, le féminin se forme par l'ajout d'une consonne phoniquement imprévisible : /mešã/ — /mešãt/, /blõ/ — /blõd/, /plɛ̃/ — /plen/. Si on part au contraire de la forme du féminin, le masculin s'obtiendra selon des règles simples, suppression de la consonne finale et transformation de la voyelle finale + *n* en la voyelle nasale correspondante. La seconde présentation est plus simple et se trouve correspondre, comme beaucoup de faits morphologiques inexplicables en synchronie, à un phénomène diachronique unique. Reste que, quelle que soit la présentation, le phénomène est le même. Même un phénomène très général, comme celui qu'on regroupe en allemand sous le nom d'Umlaut /a/ → /ɛ/, /o/ → /ø/, /u/ → /ü/, qui présente la particularité de servir à la fois pour marquer l'opposition singulier-pluriel des noms et diverses variations verbales, appartient exactement au même domaine. En effet dans tous les cas il ne s'agit pas d'un phénomène phonologique, puisque les sujets peuvent prononcer les diverses formes dans le même contexte phonique. Il ne s'agit que d'un seul phénomène signifiant puisque toutes ces alternances ont un même signifié (dans un cadre syntaxique donné).

En dehors de ces variantes combinatoires, on parle de variantes libres, c'est-à-dire dont la présence n'est pas directement déterminée par le contexte. En règle générale, l'économie des langues est telle qu'on ne rencontre pas un grand nombre de telles variantes. Ou bien ces variantes ne sont pas effectivement libres, c'est-à-dire qu'elles ne peuvent pas être employées indifféremment en n'importe quel contexte pour établir un même message. Ainsi, lorsque deux formes sont en concurrence comme *pas* et *point*, l'une tendra à supplanter l'autre qui sera alors stylistiquement marquée. Il arrive aussi que ces deux formes relèvent de niveaux de langue différents (comme *oculiste* et *ophtalmologiste*).

Enfin, des unités qui dans un cas donné semblent substituables ne le seront pas dans un autre cas, ou qu'elles s'opposent, ou qu'une des deux soit impossible. Ainsi *beau* et *joli* pourront être assimilés en une position, opposés en une autre; ainsi *re...* et *de nouveau* seront substituables dans un certain contexte : *il est venu de nouveau* et *il est revenu,* dans un autre ils ne le seront pas : *il est de nouveau malade* étant seul possible.

HOMONYMIE ET SYNCRÉTISME

Si la synonymie vraie est rare, il n'en est pas de même de l'homonymie. On parlera d'homonymie lorsque des signifiés différents se trouvent en correspondance avec des formes phoniques identiques. Bien entendu, une homonymie qu'on ne pourrait jamais résoudre ne serait pas une homonymie mais un signifié complexe. On réservera le nom de polysémie au cas où c'est le contexte sémantique seul qui permet de choisir entre les différents sens; on réservera donc homonymie aux cas où c'est un fait syntaxique qui oblige à choisir entre les sens différents d'une même forme. Par exemple la position dans *homme pauvre* face à *pauvre homme* ou la fonction syntaxique entre *ou* et *où*.

On parle de syncrétisme dans les cas d'homonymie partielle, c'est-à-dire lorsque dans un contexte donné une seule forme correspond à deux signifiés entre lesquels on doit choisir et auxquels correspondent dans une autre position deux signifiants différents. Ce sera le cas de *templum* en latin qui pourra être un nominatif ou un accusatif, ce qui sera établi d'une part grâce à la différence fonctionnelle (différence de signifiés), d'autre part grâce à l'analogie avec les cas dans lesquels la différence de signifiés correspond à une différence de signifiants. Un nominatif et un accusatif en *um* pourront se trouver en contraste dans le même énoncé; nominatif et accusatif sont distincts dans d'autres cas *(dominus-dominum)*. Les deux conditions, différence fonctionnelle et analogie, sont nécessaires. Ainsi, on dira que *il aime* est un indicatif dans *il aime Paul* et un subjonctif dans *je souhaite qu'il aime,* parce que le rôle syntaxique n'est pas le même et parce que dans des constructions absolument parallèles, on opposera par exemple *nous aimons* et *nous aimions*. Il serait en revanche sans justification de distinguer un *je* masculin et un *je* féminin par analogie avec l'opposition *il — elle :* on peut se demander si celui qui dit *je* est un homme ou une femme, mais on n'est pas linguistiquement obligé de choisir, comme dans le cas de *templum* on l'est de choisir entre le signifié nominatif et le signifié accusatif.

SIGNIFIANT ZÉRO

De la même façon que, dans les cas de syncrétisme, c'est l'analogie qui permet de dire qu'à un signifiant formellement identique correspondent deux signifiés différents, on pourra être amené à dire qu'à un signifié dont la présence est syntaxiquement nécessaire ne correspond aucun signifiant. Ainsi est-on amené à poser, en analogie avec le reste du système par le fait qu'ils remplissent les mêmes fonctions syntaxiques, que *vir* et *dominus* sont tous deux des formes du cas nominatif et puisque on peut écrire $\frac{dominus}{dominum} = \frac{vir}{virum}$, on dira que dans le cas de *vir,* le signifiant du nominatif est un signifiant zéro. Comme celle de syncrétisme, il faut prendre garde à n'utiliser cette notion que dans les cas où l'analogie est stricte; il serait par exemple trompeur de parler de copule zéro dans la phrase russe nom + adjectif, même si, quand un temps doit être introduit, une forme verbale apparaît. L'analogie n'est pas directe ici puisque l'introduction de la copule dépend de celle d'un autre signifié grammatical. Si on ne prend pas une telle précaution, on risque de ramener les énoncés des différentes langues, par un système de signifiants-zéro ou de sous-entendus, à une forme canonique arbitrairement choisie, comme lorsque Port-Royal analysait *Pierre court* en *Pierre est courant*.

Une fois ces conditions générales posées à l'utilisation de l'analogie, on remarquera que le phénomène peut varier dans son conditionnement : de même qu'il existe des variantes conditionnées phoniquement et d'autres qui ne le sont pas, de même aux cas de syncrétisme et de monème — zéro que l'on vient de considérer, s'ajoutent ceux où le résultat est identique, mais où le déterminisme doit s'exprimer en termes phoniques, comme lorsqu'en face de /ilaval/ « il avale » et /izaval/ « ils avalent » on ne trouve qu'une seule forme pour les deux signifiés « il mange » et « ils mangent » : /imãz/.

L'AMALGAME

On parlera d'amalgame lorsque pour des raisons diachroniques diverses, et notamment par suite d'une fréquente association dans la chaîne, deux signifiés combinables (et non pas exclusifs comme dans le cas de l'homonymie et du syncrétisme) ont un signifiant unique indécomposable : ainsi lorsque dans le signifiant *au* (phonétiquement [o]) on ne peut pas considérer qu'une partie du signifiant correspond à ce qui, en un autre contexte, se réalise *a* et une autre à ce qui se réalise *l*... Bien entendu, il faut, pour qu'on puisse parler d'amalgame, que les unités qui le constituent soient ailleurs distinctes : soit parce qu'en un point de la chaîne l'amalgame est dissous (ce qui se passe lorsqu'on compare *au château* et *à la maison*) soit parce qu'en un autre point il se présente autrement. Ainsi, en latin le monème casuel est toujours associé à une marque du nombre, mais on peut cependant distinguer génitif et nombre, puisque le génitif pourra être associé au singulier ou au pluriel et inversement le singulier et le pluriel à d'autres cas. Donc même si dans *rosae* on ne peut distinguer formellement les deux marques, on a cependant un critère précis pour affirmer leur différence.

Il convient de préciser qu'on ne parlera d'amalgame que lorsque les unités signifiées exprimées par un signifiant inanalysable sont nécessairement l'objet d'un choix indépendant, ce qui exclut la notion d'amalgame des domaines de la composition et de la dérivation : il ne saurait être question de retrouver, dans *jument,* un amalgame de deux monèmes, l'un désignant l'espèce (ici équine) et l'autre le sexe comme pourrait le suggérer un rapprochement avec *ânesse* aux deux composants formellement distincts /an-/ « espèce asine » /es/ « sexe féminin ».

MONÈMES DISCONTINUS

De même qu'un monème n'a pas obligatoirement une forme phonique propre, de même à l'unité d'un choix signifié ne correspond pas forcément une forme ininterrompue. C'est le cas dans les langues où des radicaux consonantiques lexicaux se combinent avec des monèmes intermédiaires de forme vocalique qui indiquent la fonction syntaxique des premiers. C'est aussi le cas dans une phrase comme *il n'est qu'étourdi,* où *ne... que* constitue un monème unique puisque ces deux éléments ne peuvent être choisis indépendamment l'un de l'autre; (l'existence dans d'autres contextes de *ne* et de *que* comme monèmes complets ou ailleurs comme constituants d'autres monèmes ne change rien à l'unicité de ce choix). On notera que comme dans l'interprétation monophonématique des groupes vocaliques ou consonantiques, il n'est pas nécessaire pour qu'on parle de monème unique que les deux éléments s'impliquent réciproquement : il suffit qu'un des deux implique l'autre (sans non plus qu'on ait à tenir compte de la position). Un cas fréquent de monème discontinu sera alors celui de l'accord, c'est-à-dire de marques successives d'un même signifié grammatical. Ainsi dans /lezamiviẽdrõ/ « les amis viendront » le nombre est-il indiqué par le monème discontinu /z.õ/. Dire que de tels phénomènes sont redondants ne signifie pas qu'ils sont inutiles. Parler de choix unique ne signifie pas qu'une seule des parties du monème discontinu remplirait aussi bien la fonction que remplit le monème discontinu : ainsi, l'accord pourra-t-il servir à éviter des ambiguïtés en permettant de regrouper les éléments accordés.

LA NEUTRALISATION

Dans les différents phénomènes qu'on vient de passer en revue, c'est toujours la correspondance d'une forme signifiante et d'un signifié qui est en cause. On réservera le terme de neutralisation aux cas où, en une position donnée, l'inventaire signifiant et l'inventaire signifié sont corrélativement réduits. La neutralisation se distinguera donc de l'homonymie et du syncrétisme avec lesquels on la confond souvent et qui ne concernent que l'inventaire des signifiants.

Cette réduction peut s'accomplir soit par le choix d'une des unités en présence en position où il y a opposition, ainsi lorsqu'en face de l'opposition *il aboye — ils aboyent* on dira que l'opposition de nombre est neutralisée dans *il pleut*. Ou bien la forme qui apparaît en position de neutralisation est différente de celle qui apparaît ailleurs : ainsi lorsqu'on compare *j'y vais* et *nous y allons* à *on y va* où l'opposition de nombre disparaît. On voit que les causes de la neutralisation peuvent être nombreuses : lien dans la chaîne avec une unité particulière, le verbe *pleuvoir,* par exemple; utilisation d'une forme coiffante *on*. Du point de vue paradigmatique, tous les phénomènes syntaxiques de rection aboutissent à diminuer le choix et donc à des neutralisations d'oppositions. Ainsi, par rapport aux cas où indicatif et subjonctif s'opposent, le phénomène syntaxique : « *quoique* régit le subjonctif » (qui aboutit à ce qu'on peut considérer syntagmatiquement *quoique* + subjonctif comme un monème discontinu) aboutit paradigmatiquement à la neutralisation de l'opposition indicatif-subjonctif.

LA MORPHOLOGIE

Si l'on prend donc comme unité de base le monème, on appellera morphologie, à la suite de Martinet, l'étude de toutes les variations de forme du signifiant auxquelles ne correspondent pas des variations du signifié. Il n'y aurait donc pas de morphologie d'une langue où à chaque signifié correspondrait un signifiant de façon univoque. Cette définition s'accorde avec l'usage traditionnel qui donne d'abord des listes de formes puis leurs relations. Mais la terminologie traditionnelle ajoute que la morphologie s'occupe du mot et la syntaxe des relations entre mots. Il faut donc maintenant justifier les raisons qu'on a de ne pas suivre ici l'usage, en même temps qu'essayer de comprendre les raisons du succès qu'a pu avoir une notion en fait obscure.

On notera auparavant que dans la mesure où on peut poser morphologie = étude de la variation formelle des unités minimales et syntaxe = étude des relations entre les unités, et non pas morphologie = science du mot dans sa forme comme dans les relations des signifiés qui le composent et syntaxe = étude des relations entre mots, il n'est plus nécessaire d'isoler un niveau particulier d'analyse ou « morphophonologie » qui étudierait les diverses réalisations d'un même monème : il s'agit là de la morphologie et le phénomène n'est pas différent qu'on ait à parler en termes de monèmes seulement ou à tenir compte de conditionnements phoniques. Le problème de la morphophonologie est en fait purement pratique : comment représenter par un signe graphique unique les diverses réalisations d'un même monème? On se contente souvent d'une solution non systématique : désigner le monème par sa forme la plus fréquente, ou celle qui n'obéit pas à un conditionnement particulier; ainsi dira-t-on « l'article *le* ». La décision pourra parfois être arbitraire comme lorsqu'on désigne un verbe français par la forme de l'infinitif présent. On peut systématiser le procédé en utilisant une « transcription morphophonologique » du type ⟨*cheval* + *S*⟩ ou aussi simplement ⟨*cheval* + *Pluriel*⟩. Ceci pourra présenter des avantages si on veut présenter la grammaire d'une langue sous forme de règles ou si l'on veut simplement insister sur la parenté du signifié des trois formes /ševo/, /zebr/, /bø/ que l'on réécrira alors ⟨ševals⟩, ⟨zebrs⟩, ⟨boefs⟩. Cela peut être utile, mais cela n'est jamais nécessaire.

LE MOT

Considérer sous le même titre de monèmes des lexèmes comme *aim*- et des morphèmes comme -*ons* semble mêler des phénomènes d'ordre très différent, comme l'atteste la croyance, aussi ancienne que peu fondée, selon laquelle seuls les lexèmes auraient un sens, les termes grammaticaux se trouvant ramenés à une dignité inférieure d'éléments de relation. D'autre part, l'association des lexèmes et des morphèmes prend souvent la forme d'amalgames non solubles comme dans les langues sémitiques où le lexème est composé d'un certain nombre de consonnes entre lesquelles des variations de voyelles introduisent des différences de rôle sémantique et syntaxique (noms, verbes, etc.) sans que l'unité lexicale puisse jamais être prononcée seule. Enfin l'usage relativement récent des blancs dans la langue écrite, même si au niveau de cette langue écrite il reste des cas douteux (*parce que* ou *pomme de terre,* par exemple) a dû contribuer à donner l'impression que « mot » désignait une réalité univoque et facilement identifiable. C'est un fait par ailleurs que certains morphèmes ne se présentent jamais qu'associés à certaines classes de lexèmes, le tout semblant former une unité réelle. Enfin, il existe des mots dérivés ou composés qui se comportent syntaxiquement comme un monème unique alors qu'ils doivent être analysés en plusieurs monèmes. Tous ces faits poussent à considérer que certaines unités, appelées traditionnellement mots, constituent un type de réalité intermédiaire entre le monème et la phrase.

Mais en fait, il semble qu'il s'agisse plutôt d'un type d'unité utile ou nécessaire pour décrire telle ou telle langue et non d'une réalité caractéristique de toute langue qui pourrait être toujours clairement définie comme l'est le monème, sauf évidemment si on décide de donner du mot une définition arbitraire comme « unité lexicale » qui ne recouvrira pas tout ce que « mot » recouvre d'ordinaire. L'aspect relatif de cette notion apparaît si l'on compare des langues à déclinaisons où les marques casuelles sont unies à leur régime en un mot, comme le latin, et des langues à prépositions distinctes de leur régime comme le français. On constatera certes des différences.

A) L'inventaire des prépositions possibles dans un cas donné sera généralement plus large que celui des cas. Ce qui n'empêchera pas la relation syntaxique d'être la même entre *ros-* et *ae* et entre *de* et *la rose.*

B) Souvent mais non toujours, tous les cas seront marqués par une forme particulière (on ne peut prononcer *ros-* sans indiquer de cas) alors que dans les langues sans déclinaisons, il y aura une forme zéro du nom (ce qu'on trouve souvent, d'ailleurs, dans une langue à déclinaisons comme l'allemand).

C) Il y a souvent amalgame entre le monème qui indique le cas, fonctionnel, c'est-à-dire marquant les relations de l'unité lexicale avec les autres unités, et les monèmes déterminants, c'est-à-dire en relation seulement avec le lexème lui-même comme les marques du genre et du pluriel.

D) Il y a en moyenne plus de possibilités d'introduire des termes non seulement grammaticaux mais lexicaux entre une préposition et son régime qu'entre un lexème et ses marques casuelles. Mais ceci ne vaudra pas toujours : ainsi, dans *maison à vendre,* on ne peut rien introduire entre *à* et *vendre.* On voit que ces différences semblent être de degré plutôt que de nature.

Essayons donc de passer en revue les différents critères qui pourraient permettre de déterminer l'unité du mot ; tout d'abord les critères non syntaxiques qui peuvent être sémantiques ou phoniques. On ne cherche plus beaucoup à définir l'unité du mot par l'unité d'une notion ; on pourrait même dire que le caractère abstrait des modalités grammaticales, quelle que soit l'intimité de leurs relations aux lexèmes qu'elles déterminent, leur permet de moins dépendre, pour pouvoir signifier, des contextes que les éléments lexicaux ; en ce sens on leur attribuerait plus justement l'unité d'un signifié qu'à des unités lexicales qui, plus dépendantes du contexte, n'ont pas en elles-mêmes l'unité d'*un* sens. D'autre part, les morphèmes n'ont pas plus besoin des lexèmes que les lexèmes n'ont besoin des morphèmes pour constituer un énoncé doué de sens : on ne peut pas dire que les morphèmes seraient incomplets sans le reste du mot plus que les mots sans le reste de la phrase, tout au plus peut-on dire que les lexèmes apportent en général un degré élevé d'information et qu'inversement certains morphèmes fonctionnels sont absolument nécessaires pour réaliser l'unité d'une phrase comme différant d'une succession de lexèmes. On ne peut donc définir le mot par son unité ou son rôle sémantiques.

Dans de nombreuses langues, le mot constitue une unité accentuelle, mais tout d'abord ceci n'a rien de nécessaire, puisque l'unité accentuelle peut être plus petite, le monème, ou plus grande, le groupe rythmique, comme en français. Dans d'autres langues, le mot phonique se définira par un modèle fixe de successions de phonèmes, alternances consonnes-voyelles, par exemple. Dans la mesure où de telles caractéristiques permettent d'isoler un mot phonique, encore faut-il noter qu'il n'y a pas là de correspondance nécessaire avec une réalité syntaxique, un monème discontinu pouvant, par exemple, être composé de deux mots phoniques comme *entweder... oder*. De même, toujours en allemand, les particules accentuées seront séparables et les inaccentuées inséparables ; on pourrait alors considérer les unes comme des mots et les autres, non ; mais cela ne les empêchera pas de jouer un même rôle syntaxique.

On a songé à utiliser le critère de l'impossibilité d'insérer d'autres monèmes entre ceux qui constitueraient un même mot ; il ne peut s'agir des monèmes grammaticaux, sinon *aimions* ou *celerrimus* ne constitueraient pas des mots comparés à *aimons* et à *celer*. On a déjà vu par ailleurs que parfois aucune insertion n'était possible entre deux mots ; ajoutons inversement qu'inclure *souvent* entre *j'ai* et *lu* ne retire pas à *j'ai lu* son statut d'unité ni plus ni moins complexe que *je lisais* ou *je lirai*. Si on accepte ce critère formel de définition du mot, il faudra ajouter que ne lui correspond ni une unité sémantique, ni une unité syntaxique, ce qui réduit considérablement la portée qu'accordent à cette notion ceux qui s'en servent d'ordinaire. On retrouvera dans les questions posées par les mots composés des difficultés similaires provenant de la non-coïncidence des différents critères. Reste qu'effectivement dans des langues comme le latin ou le grec, la concomitance du critère accentuel et de l'association obligatoire des morphèmes à certains lexèmes rend commode l'utilisation de la notion de mot dont on espère avoir démontré par ailleurs qu'elle ne constituait pas un concept nécessaire de l'analyse linguistique, mais plutôt un concept fondé sur des associations dans la chaîne et non sur un critère fonctionnel précis. La différence entre le lien des monèmes dans *nous sommes* et dans *sumus* n'étant que de degré, la notion de mot comme *free form* n'est pas précise comme l'est celle du monème, unité minimale significative commutable. Elle est dangereuse si elle cache le fait que les relations syntaxiques sont les mêmes, que ce soit dans un mot ou entre mots. Reste qu'on peut se servir de « mot » pour désigner dans une langue connue aussi bien des morphèmes, des lexèmes que des combinaisons morphèmes + lexèmes, lorsqu'on pense que cela ne doit pas entraîner d'ambiguïté; mais mieux vaut rappeler que les caractères d'unité phonique, sémantique, d'inséparabilité dans la chaîne, de choix isolé (quand mot et monème coïncident), ou d'implication réciproque qui permettent par exemple de dire que *in urbe* sont deux mots mais *urbem* un seul, ne sont pas forcément associés et ne permettent pas un classement aussi net dans toutes les langues.

COMPOSITION ET DÉRIVATION

On a défini le monème par le choix unique. Or il existe un certain nombre d'unités difficiles à définir de ce point de vue car elles sont composées de plusieurs éléments signifiants entrant par ailleurs dans d'autres groupements et sont donc en cela polymonématiques, mais d'autre part jouent le même rôle que des monèmes uniques et leur semblent donc fonctionnellement assimilables : ce sont les composés et les dérivés. Les premiers sont obtenus par la « réunion fonctionnelle » de deux ou plus de deux monèmes qui se présentent par ailleurs en dehors de la composition; on parlera de dérivation lorsqu'un des deux éléments ne se présente que dans des groupes de cette sorte. On notera tout d'abord que tous les groupes qui se comportent comme un monème unique ne sont pas pour autant composés ou dérivés. En effet, ces ensembles peuvent être obtenus par expansion, c'est-à-dire par ajout d'un ou de plusieurs éléments qui ne changent pas la fonction de l'élément isolé. Ce sera par exemple le cas de *grand garçon* par rapport à *garçon* : *grand* n'indique, ne modifie ni ne limite les fonctions syntaxiques que *garçon* peut remplir. Or on hésite souvent à considérer certains groupes comme composés, dérivés ou expansion. Ainsi on considérera aisément, étant donné la possibilité d'introduire entre *rouge* et *foncé* un terme comme *très* ou *assez*, *foncé* comme une expansion de *rouge* et au contraire, à cause de l'impossibilité d'une telle insertion, *âtre* dans *rougeâtre* comme un élément de dérivation. Mais il semble qu'on ait souvent affaire à un phénomène comportant des degrés plutôt qu'à des unités clairement isolables : c'est bien ce que signifie la notion de figement; tous les niveaux sont ici possibles : à une extrémité, la simple probabilité élevée d'association comme dans *sale type* où *sale* est très probable en fonction de *type* ainsi qu'un petit nombre d'autres monèmes : *brave, drôle de,* etc., mais où un grand nombre d'unités peu probables sont syntaxiquement possibles et par là arriveront bien à « faire sens ». À l'autre extrémité, les figements proprement dits, c'est-à-dire des unités qui par suite de la fréquente association dans la chaîne de leurs éléments sont devenus indissociables, sémantiquement comme dans leur forme. Si on recherche des critères sûrs, ils varieront selon les langues et les cas. Il pourra s'agir d'une unité accentuelle comme dans *Frenchman* accentué une seule fois sur *French*. Souvent, on notera qu'il est impossible d'introduire d'autres éléments entre les deux membres du composé alors que c'est possible lorsqu'ils fonctionnent comme éléments indépendants. En particulier les modalités de genre et de nombre qui entraînent souvent des phénomènes d'accord n'en entraîneront plus ici : ce sera le cas de *Rotwein* face à *roter Wein* ou de *grand-mère* en face de *grande mère*. Plus généralement, un signe de composition sera l'impossibilité d'insérer, par exemple, *rouge* dans *une machine rouge à écrire* en fonction du composé *machine à écrire*. En raison de ce critère, on évitera de dire qu'un verbe comme *faire peur* constitue un composé et on notera également qu'un « candidat à la composition » comme *cheval-vapeur* fait *chevaux-vapeur* au pluriel. On pourra également avoir recours à l'existence d'un ordre asyntactique, c'est-à-dire qu'on ne rencontrerait pas s'il ne s'agissait pas d'un composé comme dans *timbre-poste*. L'unité du composé sera encore plus nette lorsque les composants ont une autre fonction syntaxique que le composé, comme dans *belle de jour* employé comme nom de fleur ou dans *savoir-faire*. Reste que tout ceci constitue des moyens de s'assurer de l'unité d'un composé, non une définition et que la solution ne se trouve pas du côté du signifié car on n'a pas de critère sémantique pur de ce qu'est une notion unique; et par ailleurs ce qui se présente syntaxiquement comme une expansion peut constituer avec ce dont il est l'expansion une telle notion unique : un *type avec des cheveux dans le cou* se distinguant du cas où *avec des cheveux dans le cou* constitue une précision supplémentaire qui pourra être séparée de *un type* par une pause ou même par une autre expansion. Cependant, face aux cas où la relation sémantique du composé à ses composants est d'espèce à genre comme dans *autoroute*, lorsque le sens du composé est imprévisible à partir des éléments composants comme dans *œil-de-bœuf*, il y a là un argument en faveur de la composition. Qu'il y ait des cas douteux n'est pas étonnant et s'explique bien si l'on considère le nombre des composés qui proviennent du figement de syntagmes normalement constitués. Ces cas douteux ne retirent rien à la réalité du procédé de composition.

Si l'on considère maintenant plus précisément la dérivation, la question sera d'abord de savoir si l'opposition composition-dérivation recouvre tous les cas possibles. On a dit que les composés étaient formés d'éléments présents isolément par ailleurs et que les dérivés contenaient au contraire des éléments qui n'avaient pas cette existence indépendante. On parlera donc également de composition lorsque l'élément composant y prend une forme qu'il n'a pas lorsqu'il se présente isolément comme dans *franco-polonais* où *franco-* est une variante combinatoire de *français* et non un autre monème. D'autre part il peut se faire qu'aucun des éléments de l'ensemble n'ait d'existence propre *(orthographe, orthophonie, phonographe).* Il s'agit là d'un usage savant relativement isolé, comparable aux règles explicites de fabrication de termes en chimie; on rapprochera plutôt ce procédé de la composition dans la mesure où les deux éléments appartiennent au même type d'inventaire.

Quant à la relation des éléments de dérivation dans le dérivé, il y a bien des monèmes qui ne peuvent être employés isolément et que cependant on ne range pas dans la classe des dérivés. Pourquoi ne dit-on pas que *rosam* est un dérivé de *rosa* ou *aimons* du verbe *aimer* ? À l'égard du *m* de *rosam*, on notera qu'il constitue un amalgame entre un indicateur de relation fonctionnelle au reste de l'énoncé et un déterminant (de nombre) comme le *-ons* de *aimons*. On distinguera alors les termes de dérivation d'une part des fonctionnels, d'autre part des modalités. Le seul critère sûr sera que le dérivé se construit comme un monème simple, donc, par définition, un indicateur de fonction ne sera pas un moyen de dérivation, puisque justement il transforme le statut syntaxique de l'unité sur laquelle il porte. Le partage pourra être difficile surtout dans le cas des dérivés exocentriques, qui n'ont pas la même fonction que le terme dont ils sont dérivés. Il faut toutefois distinguer entre mise en relation des termes, œuvre des fonctionnels, comme les cas en latin et indication de l'appartenance à telle ou telle classe syntaxique. Un suffixe comme -*eur* permettra de composer à partir de verbes des éléments qui, par leur comportement syntaxique, manifesteront leur appartenance à la classe des noms ou des adjectifs. Il en sera de même pour -*ment* qui permet de créer des adverbes à partir d'adjectifs, mais qui n'est pas un instrument nécessaire de la définition de la fonction adverbe, *vite* et *hier* ayant le même comportement syntaxique que *gentiment*. La forme nous donne donc un moyen de reconnaissance, non une définition du comportement linguistique de l'unité en question. Supposons au contraire que *eur* soit la marque nécessaire et suffisante, indépendamment de toute autre, la position par exemple, qui nous indiquerait que le monème sur lequel elle porte joue la fonction de sujet : on parlera alors de fonctionnel et non d'instrument de dérivation.

La distinction à l'égard des modalités est plus délicate ; en dehors de la tradition, quelle raison avons-nous, par exemple, de distinguer la particule *re*- précédant un verbe de la marque de l'imparfait -*ais* ? La nature des catégories qu'ils expriment ne saurait être ici un critère puisque les modalités ne sont pas forcément plus abstraites que les dérivants. On dira plutôt que les modalités forment un système clos que l'introduction d'autres modalités bouleverserait : ainsi dans une langue comportant un système temporel à deux valeurs (passé — non passé), aucune d'entre elles ne peut être mise en parallèle avec les éléments d'un système à trois valeurs (passé, présent, futur). Au contraire, en fonction des besoins un nouveau préfixe pourra être introduit, sur le type d'*aéro* par exemple, ce qui aura certes une influence sur l'utilisation d'autres préfixes mais ne constituera pas le bouleversement d'un système clos. D'autre part, le choix entre les modalités est très souvent obligatoire, à tel point que c'est un des principaux moyens de définition des monèmes que d'indiquer les groupes de modalités auxquels ils doivent s'associer (le verbe doit, dans telle langue, avoir un certain type de marques temporelles) alors qu'on pourra seulement dire quelles dérivations sont possibles pour telle catégorie de monèmes.

C'est également cette notion de possibilité qui permet d'établir ce qui joue véritablement le rôle d'affixe et ce qui l'a peut-être joué autrefois mais ne le joue plus actuellement : la même unité pourra d'ailleurs être saisie comme préfixe dans certains cas, non dans d'autres : *re* ne sera sans doute pas un préfixe dans *répéter,* mais le sera dans *recommencer :* ne sera véritablement affixe que ce qui sera à la disposition des sujets pour former de nouveaux dérivés. Si l'on considère en revanche un seul énoncé, on notera que les sujets qui ont conscience de la dérivation et ceux qui ne l'ont pas, s'exprimeront de la même manière qu'ils aient ou non conscience de la composition dans *parapluie,* par exemple ; de telles divergences, inévitables, ne sont donc pas linguistiquement pertinentes.

Il peut être commode de se servir du mot « mot » pour désigner dérivés et composés, en indiquant ainsi qu'ils constituent des unités réelles ; mais mot sera aussi utilisé pour distinguer, en latin par exemple, l'ensemble monème lexical + déterminant + fonctionnel. « Mot » reste donc ambigu : ce qui importe, c'est de noter que composés et dérivés sont des éléments qui se comportent comme des monèmes uniques et que les isoler, comme isoler les monèmes et leurs variantes, constitue une démarche logiquement préalable à la syntaxe proprement dite.

LA SYNTAXE

Une fois déterminées les unités (monèmes ou groupes fonctionnant comme des monèmes), on appellera syntaxe l'étude des relations entre ces unités qui font qu'elles constituent un énoncé. La première question qui se pose est alors : pourquoi considérer *a priori* qu'il doit y avoir quelque chose comme une syntaxe en toute langue ? Quelle est la relation de la syntaxe à l'organisation de ce qu'on signifie ? Effectivement, la langue la plus simple ne comporterait que des indications d'états ou de choses : ce sont les mots-phrases de l'enfant; rien n'empêche toutefois de concevoir une langue asyntaxique plus complexe où une combinaison de plusieurs monèmes fonctionnerait comme ces monèmes uniques : *ici pinceau* ou *pinceau ici, tableau plaisir* ou *plaisir tableau.* Certaines relations plus complexes pourront être marquées par le même procédé : *pomme souvent bonté* ou quelque chose de ce genre. Cette succession est « asyntaxique » parce que c'est uniquement le sens des monèmes qui indique leurs relations. Cependant, dès que la spécificité du message demande la combinaison d'un plus grand nombre de termes, il devient nécessaire d'utiliser des procédés particuliers pour marquer leurs relations : si je veux dire qu'*une dame blanche a mangé un petit chien,* je ne pourrai plus comme dans les cas précédents utiliser à n'importe quelle place un monème unique signifiant « petit ». Deux procédés seulement seront possibles pour indiquer par exemple la relation particulière de *petit* à *chien* et non à *manger* ou à *dame :* — soit la position — soit des variations de forme; celles-ci à leur tour peuvent être totales : à la notion « petit » peuvent correspondre des signifiants en nombre indéfini, en fonction des termes auxquels ils se rapportent. Mais ce procédé ne peut être étendu indéfiniment sans entraîner un coût lexical prohibitif; il restera seulement alors à se servir d'un procédé spécialisé indiquant la fonction, c'est-à-dire la relation aux autres termes de l'énoncé. L'économie linguistique consiste ici à indiquer ces relations par un petit nombre de signes : ce sont les langues qui ont inventé d'utiliser les mêmes marques de rapport dans des cas sémantiquement différents : la position dans *il pleut des cordes* comme dans *Pierre bat Paul,* des morphèmes spécialisés dans *je viens de Paris,* comme dans *la main de Pierre* — non les linguistes qui ont décidé de séparer l'étude de la syntaxe de celle de la sémantique. Ainsi, une même marque syntaxique peut s'accompagner d'un sens différent et inversement des indicateurs syntaxiques différents pourront remplir la même fonction : *et* et *ou* auront le même rôle syntaxique (indiquer que les termes qu'ils relient ont la même fonction) mais, naturellement, leur sens différera. Ainsi ce sont les mêmes faits qui d'un point de vue différent seront syntaxiques ou sémantiques : parler des verbes dont le complément comporte nécessairement une préposition sera syntaxique; mais s'occuper de la nature particulière de ces prépositions relève de la sémantique. Ou plutôt, en passant d'une syntaxe générale à une syntaxe particulière, on passe de faits qui ont très peu ou pas du tout d'implications sémantiques à des faits qui en ont beaucoup.

Essayons de préciser davantage les relations entre syntaxe et sémantique. Le point de départ est donc l'indépendance : les règles de groupement peuvent permettre de constituer des énoncés corrects mais auxquels on ne peut assigner aucun sens; deux énoncés peuvent être sémantiquement proches et très différents syntaxiquement; enfin une nécessité syntaxique, celle en français que le verbe à un mode personnel soit accompagné d'un sujet, ne nous dit absolument rien sur la nature de la relation des deux signifiés qui entrent dans cette relation. Cela dit, il n'y a pas non plus de raison *a priori* qu'aucun ordre signifié ne puisse être mis en parallélisme avec l'organisation syntaxique. Mais, pour un grand nombre de raisons, entre autres parce que l'introduction de nouveaux signes est continue et rapide alors que l'évolution des procédés syntaxiques fondamentaux est beaucoup plus lente et également de plus parce que ces procédés syntaxiques sont, en fonction de leur économie même, en petit nombre alors que la liste de ce qui peut être dit ne peut être établie, il sera rare de pouvoir trouver une correspondance stricte entre syntaxe et sémantique. Et même si on en trouve une, elle pourra constituer un simple fait dont la nécessité n'apparaît pas pour autant. Ainsi, on conçoit qu'une classe particulière (verbes) qui se trouve servir entre autres à l'affirmation d'un procès, soit obligatoirement associée à des marques temporelles et soit distincte d'une classe d'adjectifs indiquant une manière d'être. Mais les liens : rôle prédicatif — indication de procès et procès — marques temporelles n'ont rien de nécessaire et il n'y aurait aucune absurdité à ce que les mots qui signifient « joli » ou « grand » prennent les marques temporelles des verbes. C'est d'ailleurs ce qui a lieu en japonais. On comprend de même pourquoi, dans certains usages, un nom propre désignant une personne unique ne doit pas être précédé de l'article, mais on constatera qu'il l'est justement dans l'usage italien ou dans de nombreux usages français. Ainsi, ce qui doit être dénoncé, c'est l'illusion selon laquelle les relations sémantiques seraient « toutes naturelles » alors que nous y sommes simplement habitués. Nous comprenons et nous utilisons sémantiquement *a posteriori* telle ou telle latitude ou contrainte syntaxique, mais il serait trompeur de vouloir déduire la syntaxe de la sémantique. Réciproquement, il sera difficile d'énoncer des contraintes sémantiques strictes; par exemple, il semble bien que *tout le* implique une division possible de l'objet considéré; ainsi on dira couramment *toute la classe* ou *ils ont mangé tout le jambon*, mais il sera délicat de dire que tel lexème ne peut pas entrer dans une telle combinaison : non seulement *ils ont épuisé tout le néant* est parfaitement possible quoique, sauf en de telles circonstances, on ne considère pas le néant comme un objet divisible; mais encore les limites de la grammaticalité ne sont-elles pas strictement fixées en fonction d'un sens possible car un énoncé qui sonnera bizarre sera néanmoins compris; c'est pourquoi l'étude des procédés syntaxiques, comme permettant des regroupements, instruments potentiels de signification, n'implique pas une notion stricte de correction grammaticale qui permettrait dans tous les cas, de dire avec certitude qu'un énoncé « n'appartient pas à la langue ». La notion de combinaison impossible peut être utile pédagogiquement mais ne rend pas compte à coup sûr du maniement réel de la langue. Un adjectif de couleur accolé à un terme désignant un objet qui ne peut être vu, sera compris comme n'introduisant que sa couleur « affective », positive ou négative, etc. D'autre part, un énoncé asyntaxique sera au moins partiellement compris, grâce aux implications sémantiques de ses termes.

Plus souvent, les relations entre syntaxe et sémantique sont statistiques, liées en somme à la nature de ce que les sujets ont à communiquer : on ne s'étonnera pas, par exemple, que les verbes désignant des actions propres à tel ou tel métier soient surtout utilisés en français avec un « sujet » désignant un homme et un « objet » matériel. Plus généralement, il est probable que tel type de monème, par exemple un nom, ait le plus souvent tel type de sens : désigner une réalité assignable. Mais la fonction sujet sera reconnue même sans cette condition qui, encore une fois, n'est pas nécessaire à la définition syntaxique.

Il est vrai, les sujets qui ont l'habitude d'une langue ne vont pas forcément dans leur processus de compréhension de la forme syntaxique au contenu sémantique. Si j'entends *Pierre le mardi va...* ce n'est pas la position respective de *Pierre* et de *le mardi* qui m'enseignent leurs fonctions respectives, mais le fait que tout d'abord le verbe serait au pluriel s'ils étaient coordonnés, qu'ensuite, comme il ne l'est pas, il faut choisir et *Pierre* est ici sémantiquement le sujet le plus probable, qu'enfin, à vrai dire même, il est certainement le sujet puisqu'il ne peut être employé en marquant lui-même sa fonction et que *le mardi* peut l'être. Même s'il y a un lien statistique syntaxe-sémantique et si des procédés sémantiques aident à trouver les rapports syntaxiques, on ne peut se servir de la sémantique pour définir les termes syntaxiques parce qu'on se heurtera à des contre-exemples. Cette définition sémantique impossible doit être distinguée de l'utilisation sémantique des faits de syntaxe : ainsi un nom et un verbe homophones pourront être différenciés syntaxiquement, ce qui permettra de distinguer leurs signifiés; plus généralement, les faits de syntaxe contribuent considérablement à limiter le sens potentiel des unités.

Cependant, par ailleurs dans les relations de la syntaxe et de la sémantique, il faut écarter l'image d'une séparation qui irait de soi et ferait de la syntaxe une pure forme dans laquelle les éléments doués de sens viendraient se placer. On admet que beaucoup de contraintes syntaxiques apparaissent évidemment en synchronie comme de simples données contingentes. Mais en principe l'indépendance de la syntaxe à l'égard de la sémantique se comprend par référence à la nécessité générale de passer de la linéarité du signifiant à un certain ordre de dépendance entre éléments signifiés et à ce qu'une diversification trop poussée des signes selon la variation de leurs relations serait absolument contraire à l'économie du système. En cela, les faits syntaxiques constitueraient plus des conditions du sens que des éléments eux-mêmes doués de sens. Il faut de plus envisager la possibilité de liens réciproques entre sémantique et syntaxe, la première pouvant permettre de prévoir des fonctions syntaxiques et les rôles sémantiques n'étant pas également distribués entre toutes les fonctions syntaxiques.

On remarquera donc qu'il faut distinguer la nécessité d'un critère formel pour définir une fonction linguistique et l'assimilation pure et simple de syntaxe et de possibilité, nécessité ou impossibilité de co-occurrence. Si on prend l'exemple de la position relative des unités, cas particulier de cette co-occurrence, comme on l'a déjà noté, tantôt la position constitue un fait pertinent (le sujet avant le verbe en français), tantôt non, les éléments étant alors déplaçables sans que leur fonction varie : la position est tantôt un signe, tantôt non. Mais, même non pertinente, la position peut constituer une habitude très forte qui fera que, quoique non ambigu, un certain ordre pourra ne pas être utilisé. Ce sera le cas de *il toujours mange*. La conséquence de ce fait est qu'un simple relevé de l'ordre constaté n'a pas la possibilité de distinguer l'habituel du pertinent et que la compréhension d'une syntaxe demande plus que ce simple relevé.

De même, il est nécessaire de préciser ce que l'on entend par implication syntaxique, puisqu'on risque également de regrouper sous ce nom des phénomènes pertinents et d'autres qui ne le sont pas. En règle générale, des nécessités ne sont jamais manifestes, mais seulement l'existence constante de tel ou tel phénomène. Cette simple constatation n'a pas de raison de porter le nom de nécessité : si on constate que les marques du nombre et du cas sont toujours associées en latin, ce ne sera que dans un sens purement logique qu'il sera question d'implication — pas l'un sans l'autre — sans qu'on puisse dire que la présence des uns conditionne celle des autres. En revanche, on aura nécessité réelle si la relation de dépendance se manifeste : si, par exemple, un des deux termes peut être présent sans l'autre mais pas l'inverse. Il faudra encore préciser par rapport à quoi un élément est obligatoire. En latin, on peut dire que le nom implique une marque casuelle ou inversement que les marques de cas doivent se rattacher à un radical nominal. Mais implication n'a pas le même sens dans les deux cas. Dans le premier, il s'agit de l'absence de relation au reste de l'énoncé du radical nominal isolé, il y aura implication syntaxique au sens propre. Lorsqu'on dit, au contraire, que le monème casuel implique un nom, cela signifie que le nom lui est lié, non que le nom indique la fonction du monème casuel.

De même, en français, l'article implique le nom, parce qu'en lui-même, il n'a pas de relation au reste de l'énoncé; le nom implique l'article au sens de lien habituel, sans que ce soit l'article qui indique la fonction du nom. L'implication syntaxique crée un groupe dont la fonction syntaxique est ainsi définie, l'implication inverse, celle du déterminant par le nom, ne transforme pas le statut syntaxique du terme impliquant.

En somme, on voit que la syntaxe ne peut être abordée ni sémantiquement, ni, non plus, formellement au sens où l'étude formelle risque de regrouper sous le nom d'implication des réalités différentes et par là de ne plus pouvoir répondre à la question : pourquoi n'y a-t-il pas de langue sans syntaxe ? C'est au contraire l'existence de cette hiérarchie d'implications fonctionnelles qui constitue la raison d'être de la syntaxe : permettre le passage des unités isolées à l'unité de la phrase pour pouvoir avec un stock limité d'unités et de procédés constituer une infinité de messages.

LE SYNTAGME AUTONOME

Un message simple sans syntaxe est concevable; une présentation formelle sous forme de règles ou encore plus d'interdictions nous empêche de comprendre pourquoi les choses se passent ainsi. Tout le monde reconnaît que ce qui distingue une phrase d'une suite de monèmes, c'est que les unités s'y regroupent d'une certaine manière, condition ni nécessaire, ni suffisante du sens, mais auxiliaire nécessaire dans la mesure où c'est la seule façon possible d'utiliser les mêmes unités dans des relations différentes.

À la suite d'André Martinet, nous dirons donc que l'unité syntaxique première supérieure au monème est le syntagme autonome, c'est-à-dire celui dont la relation au reste de l'énoncé est marquée : *chapeau* nous enseigne certes par sa forme un certain nombre de fonctions qu'il ne peut pas remplir, par exemple qu'il ne pourra s'ajouter à *Pierre* pour constituer un énoncé, mais l'indétermination subsiste : *chapeau* pourra encore être substituable à l'élément nécessaire *X* de *son X éclate* ou à celui non nécessaire

Z dans *j'ai trouvé un Z*. Dans *avec son chapeau* : grâce à *avec* — la fonction de ce syntagme (rôle dans la construction de l'énoncé) est fixée, il ne pourra que se rattacher à titre d'expansion (élément dont la suppression ne change pas les rapports syntaxiques entre les autres) à un terme de l'énoncé ; quelle que soit la multiplicité des termes auxquels un syntagme de ce type peut se relier, multiplicité qui fera que *j'ai vu Pierre avec des lorgnettes* reste ambigu, il ne peut s'agir que de ce qu'on appelle traditionnellement un complément, c'est-à-dire de quelque chose qui se rattache à autre chose. On a déjà noté que le recours aux définitions fonctionnelles aboutissait à rapprocher des faits formellement très différents. En effet, dans *Petrus Paulum amat* et dans *Pierre aime Paul,* des fonctions similaires sont marquées par des moyens différents : la position respective des éléments dans un cas, des morphèmes spécialisés dans l'autre (qu'on appellera fonctionnels pour cela). C'est l'utilisation de ces moyens différents qui fait qu'il y a un syntagme autonome dans *Pierre aime Paul* et trois dans *Petrus Paulum amat*.

Il existe également un certain nombre d'unités qui ne peuvent avoir qu'un seul type de rapport au reste de l'énoncé ; on les appellera monèmes autonomes (on dit un nombre limité parce que leur extension universelle rendant inutiles les deux autres procédés syntaxiques aboutirait à créer une langue sans syntaxe). Si on écarte ces monèmes autonomes, on voit que la première articulation étant composée d'unités combinables et permutables, il ne peut y avoir d'autres procédés syntaxiques que cette utilisation de monèmes spécialisés ou de certaines positions relatives. Cette définition de l'autonomie syntaxique pose deux problèmes. Le premier est celui du critère utilisé pour la démontrer : un syntagme dont la fonction est marquée est déplaçable. C'est ce qu'on voit dans une langue à déclinaisons comme le latin où le changement de position de *Petrus* et de *Paulum* ne changera pas leur relation. Que la déplaçabilité soit utilisée pour démontrer l'autonomie ne signifie pas que les deux notions soient identiques, d'abord parce que l'une est seulement le signe de l'autre, ensuite parce que ce critère ne sera pas forcément utilisable dans l'examen d'un corpus car il n'y a aucune raison *a priori* de ne pas rencontrer dans une langue des habitudes non pertinentes qui empêcheront de déplacer des unités dont la fonction est cependant marquée. De plus, ce critère doit être précisé : il ne faut pas dire qu'avant et après le déplacement les deux énoncés ont le même sens, mais que dans chaque position les unités déplaçables se rapportent de la même façon au reste de la phrase : ces déplacements d'unités dont la fonction est marquée pourront en revanche avoir un rôle de mise en valeur.

Ces déplacements seront limités, on l'a vu, par des habitudes qui, même pour des langues qui nous sont familières, restent à étudier : ainsi *il n'a vite pas mangé* sonnera étrange. Reste que : *il n'a vite pas mangé,* non seulement sera compris, mais, et c'est ce qui importe, la fonction de *vite* y est fixée sans ambiguïté. Fonctionnellement, la déplaçabilité est de plus limitée, d'une part parce qu'elle peut faire varier les « points d'application ». *Il désire souvent manger du poivre* n'a pas le même sens si *souvent* vient après *manger;* d'autre part, il ne peut pas s'agir de n'importe quelle déplaçabilité, et en particulier un terme qui marque lui-même sa fonction (verbe) ne sera pas pour autant déplaçable, parce que ce sera par rapport à lui qu'on établira les déplacements. L'analyse syntaxique est d'autre part rendue plus difficile parce que des procédés indispensables dans un cas donné sont également utilisés dans d'autres cas; dans *Pierre bat Paul* l'utilisation pertinente de la position est manifeste, non dans *Pierre mange* et encore moins dans *je mange,* où la fonction sujet est déjà marquée par la forme de *je;* il faut ensuite souligner qu'il est nécessaire de distinguer les procédés qui assurent absolument l'autonomie syntaxique de ceux qui contribuent à apporter une information syntaxique, sans que ce soit leur rôle essentiel. On pourra distinguer ici, variant selon les langues, la forme des monèmes : *love* pourra être verbe ou nom, *amour* ne pourra être que nom (on notera que ceci constitue un moyen de reconnaissance, non une définition syntaxique, mais une définition morphologique. Supposons une langue où les verbes aient tous le même patron formel, on pourra ainsi les reconnaître, mais ceci ne nous indiquera pas leur rôle dans la phrase : même si elle est univoque, la relation entre forme et fonction reste arbitraire). Il est d'ailleurs constant que le cas opposé : une forme pour plusieurs fonctions, est la plus économique, déterminants utilisés comme fonctionnels, par exemple : *after* utilisé comme adverbe ou comme préposition. On notera également parmi ces procédés accessoires de décodage, la connaissance de la présence de saturations syntaxiques : s'il ne peut y avoir qu'un seul verbe par phrase, sauf coordination, dans *iltore* = « il tord et », *e* ne pourra être une forme verbale : l'interprétation « il tord est » est exclue. Des monèmes qui n'ont pas pour rôle de marquer la fonction des autres (des déterminants par exemple) aident aussi à éclairer la fonction syntaxique des unités auxquelles ils sont associés : la marque du futur *rai* contribue à nous faire identifier *ferai* comme un verbe; l'association spécifique à cette détermination temporelle étant un fait de syntaxe au sens large : restriction à la combinabilité des unités qui elle-même nous oblige à voir que *ferai,* verbe, ne peut, du point de vue de la syntaxe au sens strict, c'est-à-dire de l'étude des relations qui permettent de passer des monèmes isolés à un énoncé, jouer que le rôle de prédicat. Bien entendu, le sens peut nous aider à écarter des interprétations syntaxiques possibles mais sémantiquement improbables : dans *l'enfant, le loup, il l'a mangé, le loup* sera vraisemblablement le sujet. Les procédés prosodiques et les pauses peuvent également servir à reconnaître l'indépendance syntaxique; ainsi une pause pourra servir à distinguer *le jour, il...* où il s'agit d'un autonome « complément de temps », et *le jour il...* où *le jour* sera un dépendant, sujet si on interprète *il* comme une redondance, apposition au sujet si, en fonction d'une norme ou d'une certaine fréquence, on interprète *il* comme sujet. Il sera donc nécessaire de distinguer entre procédés proprement syntaxiques (positions pertinentes, monèmes fonctionnels, autonomes, procédés nécessaires de toute syntaxe) et d'autre part, l'ensemble des procédés de décodage syntaxique qu'on vient d'examiner et dont le rôle est essentiellement variable.

L'ÉNONCÉ MINIMUM

Il n'y aurait rien d'absurde à ce que n'importe quel monème puisse être émis isolément, apportant son information propre. En fait, une telle solution reste d'utilisation limitée et dans toutes les langues, il semble qu'on rencontre un certain nombre de types de syntagmes autonomes et de plus indépendants, c'est-à-dire pouvant être prononcés isolément — où les rapports entre les termes composants sont indiqués — qui peuvent recevoir l'adjonction d'autres éléments ou expansion. Dans ces conditions il est normal que la description des énoncés complexes d'une langue commence par la recherche de ces énoncés minimaux.

Cette définition appelle un certain nombre de remarques; la division en énoncé minimum et expansion n'a aucun rapport avec l'information apportée, et expansion ne signifie pas d'intérêt secondaire : *il est venu* constitue un énoncé minimum, *sans ses outils* une expansion qui, si une réparation est urgente, a effectivement beaucoup plus d'importance que l'information apportée par l'élément principal. Les énoncés minimaux peuvent être prononcés isolément, mais il se peut très bien que dans un corpus ils soient beaucoup moins fréquents que les énoncés accompagnés d'expansion. Mais cet isolement de fait, qui peut être difficile à réaliser, n'est pas non plus suffisant. Il ne suffit pas que les énoncés minimaux puissent être prononcés isolément; il faut encore que les relations syntaxiques y soient marquées. En effet, la syntaxe n'est pas par nature une norme, mais un moyen et il est compréhensible que les sujets ne finissent pas leurs phrases lorsqu'ils ont l'impression d'avoir été compris. Un énoncé isolé peut ne pas être minimal mais incomplet (elliptique ou inachevé), notion difficile à manier, car si on a construit *a priori* une norme trop rigide de l'énoncé normal, on considérera comme incomplets des énoncés entièrement suffisants cependant. Le problème se posera en particulier dans deux cas : celui des réponses à des questions qui, si on les envisage isolément, permettraient de considérer n'importe quel monème comme indépendant, comme lorsqu'on isole de la question : *qu'est-ce que tu as vu ?*, la réponse : *une vache*. Une question peut évidemment rester sans réponse, mais c'est par rapport à la question que, dans un tel cas, la réponse acquiert une fonction : en ce sens c'est la réponse qui implique la question et non l'inverse. Il en sera encore plus évidemment de même lorsque la question portera sur un élément linguistique : *qu'est-ce-que vous avez dit ?* Plus généralement, il faudra distinguer les cas où l'énoncé fait partie d'une conduite extra-linguistique dans laquelle il trouve son sens et les cas sinon hors situation, du moins où la situation ne marque pas le comportement syntaxique. Ainsi, dans le premier cas, on pourra avoir un énoncé isolé, au bruit d'une sonnerie on dira *le médecin,* ce qui, hors situation, ne sera pas utilisé comme énoncé indépendant, sauf dans le cas particulier de la citation.

Enfin on a introduit la possibilité de recevoir une expansion dans la définition de l'énoncé minimum, pour le distinguer des éléments comme les interjections, qui peuvent certes être employés isolément, mais n'entrent pas dans des combinaisons plus complexes et qu'il est donc préférable de considérer comme asyntaxiques.

Par définition, on appellera prédicatif le syntagme indépendant. Il est bien entendu qu'ici ce mot n'a nullement le sens d'attributif ou quelque sens logique que ce soit, que chez les linguistes qui l'emploient, il signifie « pouvant à lui seul constituer un énoncé complet » et qu'il ne s'agit pas forcément de dire quelque chose de quelque chose, mais aussi bien de donner un ordre ou de saluer. C'est le rattachement à un tel énoncé élémentaire qui permet de définir l'ensemble qu'on appellera phrase et non pas une référence imprécise à l'unité du message. En effet, d'une part la coordination de plusieurs prédicats peut introduire quelque chose qu'on hésitera à appeler notionnellement unique et inversement deux phrases successives pourront être notionnellement intimement reliées : *L'ennemi est puissant. Il est vrai que nous le sommes aussi.* Cet énoncé minimum peut être monomonématique (ce qui se rencontrera d'ailleurs surtout dans les usages en situation). Dans ce cas il n'y a pas de raison de lui donner un autre nom que monème prédicatif. L'erreur serait de croire que les énoncés monomonématiques ont forcément dans toutes les langues le rôle restreint qu'ils ont en français. Fréquemment (on a précédemment donné l'exemple du malgache) un monème unique devrait être traduit par un énoncé du type « quelque chose a lieu ».

Dans le cas des énoncés bi-monématiques ou plus étendus, on voit qu'on a affaire à une relation *sui generis* dans la mesure où ces deux termes sont également nécessaires et ne sont ni coordonnés ni subordonnés l'un à l'autre : ils ne sont pas coordonnés puisqu'ils ne jouent pas le même rôle ; il n'y aurait subordination que si l'ordre de dépendance était à sens unique : il y a ici implication réciproque. De même que l'énoncé monomonématique peut être descriptif, contrairement à nos habitudes, de même l'énoncé bimonématique ne s'organise pas forcément sur le type sujet — prédicat verbal auquel nous sommes habitués : l'exemple de la prédication russe du type nom + adjectif, constituant un énoncé minimum, le montre. Plus généralement il n'y a aucune raison qu'un type de relation particulier doive s'établir entre les deux monèmes en question. Il n'est nullement nécessaire en particulier que le sujet soit plus spécifique que le prédicat, comme on le voit dans les exemples français *ça suffit* ou *il pleut* où l'aspect obligatoire de la présence du sujet est souligné par la quasi absence d'information qu'il apporte. On notera d'autre part qu'il n'y a là aucune relation sémantique du type acteur — action; il n'y a pas non plus la relation très générale : ce dont on parle — ce qu'on en dit... Dans ces conditions, on pourra se demander s'il est souhaitable d'utiliser encore un terme aussi chargé de sens différents que l'est ce « sujet ». Il est certain qu'on risque de regrouper sous ce nom un grand nombre de phénomènes différents. D'autant plus que le statut syntaxique même du sujet varie selon les langues. Ainsi en latin *edit* faisant un énoncé à lui tout seul, la fonction syntaxique de *Paulus* dans *Paulus edit* n'a pas le même caractère obligatoire que celle de *Paul* dans *Paul mange*. Ce sera encore plus net dans des langues comme le basque où le complément au nominatif sera une expansion comme les autres compléments et où, d'autre part, n'est pas faite l'assimilation qu'on rencontre en français entre le rapport sujet — prédicat, comme rapport élémentaire d'implication réciproque et le rapport agent — action indiqué par un cas particulier (complément à l'ergatif). Il faudra donc préciser sujet obligatoire ou non, réservé ou non à l'énoncé attributif. D'autre part le rapport sujet — prédicat ne doit pas être assimilé au rapport nom — verbe puisque, dans les langues à prédicat nominal, sujet et prédicat, peuvent échanger leurs fonctions : *omnis homo mendax*. Certes, même si le sujet se trouve être sémantiquement moins spécifique, on remarquera que par référence aux énoncés monomonématiques qui se contentent de dire quelque chose, le sujet peut être considéré comme une sorte de déterminant obligatoire, ce qui sera particulièrement net dans les langues où l'ordre sujet — prédicat est le même que l'ordre déterminant — déterminé, ou bien où ce qui ne peut jouer que le rôle de prédicat (ainsi le verbe en français) indique par là même sa fonction. Mais ce qui compte, c'est qu'en ce qui concerne l'énoncé minimum polymonématique, on ne comprendrait pas la nature de l'économie réalisée grâce à cette obligation du sujet s'il s'agissait simplement d'introduire une précision supplémentaire, auquel cas on utiliserait tantôt des énoncés monomonématiques, tantôt bimonématiques. L'obligation se comprend mieux en fonction de l'économie qu'il y a à utiliser le même prédicat dans des circonstances différentes et à considérer que, plus ou moins manifestement, le sujet a pour fonction de permettre le passage de la valeur abstraite du prédicat à son application dans une situation particulière. Il faut cependant noter qu'un phénomène fonctionnel peut subsister à titre d'habitude, indépendamment de cette fonction. Ainsi il se peut qu'un énoncé bimonématique soit obligatoire, même lorsqu'il s'agit d'exprimer un état de fait qui pourrait avec les moyens dont la langue dispose être exprimé par un seul monème.

En fonction de cette valeur centrale du prédicat, il sera parfois difficile dans le détail de l'analyse de distinguer énoncé minimal et expansion. Si l'on part par exemple de la forme de l'impératif, on pourra poser que l'énoncé verbal minimal français est monomonématique et que, quand on le lui adjoint, le sujet constitue sa première expansion. Mais en français de tels énoncés monomonématiques sont justement spécialisés dans une fonction particulière, toujours exercée en situation, comme donner des ordres. En revanche, dès qu'on sort de cette fonction, la présence du sujet est obligatoire. Inversement, il se trouve que si on peut dire *Pierre boit* et *Pierre boit du vin*, et que *du vin* est nettement ici une expansion, en revanche *Pierre oblige* ne constitue pas un énoncé achevé. Devra-t-on alors distinguer deux espèces de verbes et parler ici d'énoncés minimaux trimonématiques ? Il ne semble pas, car si cet énoncé est effectivement inachevé, ce qui s'ajoute au verbe ne change pas la relation des deux premiers termes, dont la fonction est indiquée sans référence à ce troisième ; il s'agit donc d'une présence toujours constatée dans un cadre donné (expansion obligatoire) et non d'une nécessité fonctionnelle, condition de possibilité de l'énoncé minimum. Ce serait seulement le cas s'il n'était pas possible d'identifier la fonction des deux éléments sans celle du troisième, si, par exemple, les fonctions dans les énoncés trimonématiques n'étaient pas les mêmes que dans l'énoncé bimonématique. Mais si d'ailleurs on peut hésiter à identifier tel énoncé comme minimal, ceci ne retire rien à la valeur universelle de l'opposition énoncé minimal — expansion, ce qui apparaît si on compare les langues connues au système imaginaire où une telle organisation n'existerait pas et où on ne voit pas comment, à partir d'un certain degré de complexité, l'énoncé pourrait être autre chose qu'une juxtaposition d'informations.

Dans le détail en revanche, il ne semble pas que l'on puisse prévoir les relations entre les éléments des différents types d'énoncés minimaux rencontrés dans les langues. On notera simplement que la différence entre un état et ce qui est modifié par cet état n'est pas indiquée par les énoncés monomonématiques. D'autre part, les énoncés bimonématiques pourraient être divisés selon qu'un des termes appartient obligatoirement ou non à un inventaire grammatical ; on pourrait réserver au premier cas le nom d'actualisateur, ainsi en français dans *ja,* « il y a » (on remarquera qu'à part quelques modalités temporelles, *jave,* « il y avait », ou des autonomes, *ici,* seul le prédicat nominal peut ici recevoir une expansion). De même, à l'intérieur des énoncés trimonématiques, on distinguera les cas où un des trois termes est obligatoirement un morphème, qui aura évidemment de fortes chances de marquer une relation.

Le seul fait certain sera qu'il ne peut y avoir ici que les trois procédés d'indication syntaxique déjà énumérés, mais que les trois peuvent se rencontrer : monèmes indiquant eux-mêmes leurs fonctions (le verbe en français) ; monèmes dont la fonction est identifiée par la position (le sujet en français) ; monèmes dont la fonction est identifiée par un monème fonctionnel (le nominatif latin).

LES ÉNONCÉS COMPLEXES

On a déjà remarqué que le rôle qui pouvait être joué par un monème unique pouvait l'être également par un composé, *mère* pouvant par exemple dans toutes ses utilisations syntaxiques être remplacé par *grand-mère* ou par un monème accompagné de déterminants : *sa jeune mère*. Les rapports entre monèmes fournissent donc un modèle qui permet d'analyser ce qui se passe entre ensembles plus complexes.

Ces énoncés complexes peuvent être composés par deux procédés essentiels — celui où le rôle joué par le monème est joué par un groupe plus vaste, qui dans son ensemble fonctionne comme ce monème, sans qu'en ce qui concerne cette fonction il puisse être analysé; et celui de l'introduction d'expansions, c'est-à-dire d'éléments qui ne se rattachent au reste de l'énoncé que par l'intermédiaire de ce dont ils sont l'expansion.

Du premier type sont justement les composés; mais de même dans un énoncé comme *Pierre est bon*, *est* et *bon* sont tous deux également nécessaires à la réalisation de la fonction prédicative sans qu'on puisse l'attribuer à un des deux. (Le verbe *est* n'a donc pas ici le même statut syntaxique que le verbe *mange* dans *Pierre mange* : c'est un prédicat dans le second cas, un constituant de prédicat dans le premier.) Enfin, un ensemble constitué comme l'est une phrase complète d'un sujet et d'un prédicat peut remplir à son tour une fonction, par exemple celle de sujet. Ainsi dans *qui dort dîne*, où ce n'est pas *qui*, mais *qui dort* qui est le sujet de *dîne*. Peut-être peut-on réserver à ces cas le nom de « développement ». L'apposition peut parfois, enfin, s'il s'agit d'une langue où l'ordre ne marque pas de façon certaine la relation déterminant — déterminé, être intermédiaire entre développement et expansion; ainsi dans *le général de Gaulle court...*, *le général* et *de Gaulle* pourraient jouer isolément la fonction sujet, ce qui nous écarte du premier type, mais on ne peut pas décider lequel est expansion de l'autre.

L'EXPANSION

On appellera expansion tout ce qui peut être ajouté à l'intérieur du cadre constitué par l'énoncé minimum sans changer les rapports entre les éléments constitutifs de cet énoncé minimum. C'est là, dans l'organisation de la langue, un niveau syntaxique indépendant de l'organisation signifiée, puisque non seulement, comme on l'a déjà noté, l'expansion peut être sémantiquement l'élément le plus important, mais qu'elle peut aussi changer complètement le rapport signifié entre les éléments de l'énoncé minimum, comme le manifeste l'exemple de la négation.

Quelle que soit la présentation utilisée, en particulier que l'on aille des énoncés minimaux à leurs expansions ou que l'on découpe en partant de la phrase complexe, le principe de l'étude reste le même. En effet, si on doit découper *la très jeune fille s'en alla : la très jeune fille | s'en alla |* et non *la très | jeune fille s'en alla,* ce n'est pas à cause d'un lien manifeste dans l'énoncé qui permettrait de constater l'existence de coupes. L'analyse linguistique ira donc des énoncés simples aux complexes, faisant en quelque sorte la démarche inverse de celle que fait l'auditeur d'un message, qui s'efforce de réintroduire une structure hiérarchique dans ce qui lui est transmis de façon linéaire.

L'expansion ne peut se réaliser que par deux procédés : la coordination et la subordination; dans le premier cas, il y a ajout de termes qui jouent le même rôle, dans le second, de termes dont le lien au reste de l'énoncé ne se fait que par l'intermédiaire d'éléments de l'énoncé élémentaire. On remarquera qu'il n'y a pas de limites aux possibilités d'expansion par l'un de ces deux procédés, c'est-à-dire que les mêmes procédés seront toujours utilisés quelles que soient la longueur et la complexité de l'énoncé, mais qu'inversement les expansions doivent toujours se rattacher à un énoncé minimum (hiérarchie obligatoire qui ne serait pas nécessaire s'il s'agissait d'une succession d'informations indépendantes : c'est cette référence à un prédicat qui permet de définir l'unité de la phrase).

LA COORDINATION

Le sens des termes coordonnés n'importe pas, non plus que le lien sémantique de coordination : *bon ou mauvais* institue une coordination comme *bon et mauvais* ou *ni bon ni mauvais*. Ce qui importe, c'est l'identité fonctionnelle qui pourra être marquée comme on vient de le voir par un terme particulier ou bien par la seule succession : *Pierre, André, Paul sont venus*. Par définition les termes coordonnés sont tous équivalents; cela ne signifie pas que leur ordre est forcément indifférent : dans *go and see* l'antériorité logique du premier terme n'empêche pas de parler de coordination. Lorsqu'il ne s'agit plus d'éléments jouant un même rôle à l'intérieur de la phrase, on parlera simplement de « parataxe » (juxtaposition). Ainsi dans *Tu viens. Je m'en vais*. Ou même dans *Pierre est allé se promener. Jean aussi*. La seconde phrase suppose la présence de la première; mais cette référence n'empêche pas que les deux phrases puissent être considérées comme indépendantes, chacune ayant son prédicat. La raison de cette difficulté est manifestement que nous n'avons pas de critère précis pour distinguer une unité plus grande que la phrase au sein de laquelle les deux seraient coordonnées. De toute façon il importe de se rappeler que la syntaxe n'est pas primitivement une forme obligatoire, mais un moyen de hiérarchiser les éléments du discours et que, s'il croit pouvoir s'en passer, le locuteur n'hésitera pas à le faire, en utilisant par exemple les ruptures de construction ou les « appendices » (les remords) de toutes les façons possibles, l'indication du lien pouvant être purement sémantique ou marquée par un procédé non syntaxique : pause ou intonation. La notion de relation asyntaxique correspond à une réalité, non à un aveu d'impuissance.

LA SUBORDINATION

On a défini l'expansion par subordination comme étant celle où les éléments subordonnés ne peuvent pas jouer le même rôle que celui auquel ils se rattachent. Dans les relations des éléments subordonnés au reste de l'énoncé, on doit distinguer le cas où l'expansion se rattache directement à l'énoncé ou seulement à un de ses termes; on parle alors d'expansion primaire ou secondaire; ainsi dans *l'âne rouge chante* où *rouge* est une expansion de *âne,* ou dans *l'âne chante tristement* où *tristement* est une expansion de l'énoncé. (Dans le cas des énoncés minimaux polymonématiques, il peut être nécessaire de distinguer les cas où l'expansion porte sur le prédicat et ceux où elle porte sur l'ensemble de l'énoncé minimal, ce qui pourra servir à marquer une différence de position : *Pierre chantait bizarrement* face à *Bizarrement Pierre chantait,* les limites de la déplaçabilité de l'autonome étant fixées par la nécessité de déterminer son point d'impact, ce qui variera selon les termes, même si leur fonction est identique : avec *souvent,* par exemple, une telle opposition n'aura pas lieu). On doit ensuite distinguer les cas où l'expansion subordonnée se rattache elle-même à une expansion, comme *très* dans *l'âne très rouge;* ici aussi il est nécessaire de noter que la liberté de déplacement est limitée par la nécessité de marquer le point d'impact. Un monème comme *très* ne peut être qu'expansion, mais son ordre obligatoire souvent redondant retrouve sa fonction s'il s'agit de distinguer par exemple entre *il est venu très souvent vite* et *il est venu vite très souvent* (il n'est pas nécessaire de distinguer entre expansion secondaire et expansion *n...* aire, les procédés étant les mêmes et les limites de l'utilisation du procédé fixées seulement de façon non linguistique).

La classification des types de subordination se fera donc en fonction de divers éléments; selon ce dont les éléments en question sont l'expansion, c'est-à-dire selon ce dont ils impliquent la présence; selon l'aspect nécessaire ou facultatif du choix : ainsi, en français, le nom commun supposera dans la plupart des cas une modalité alors que l'adjectif épithète est facultatif; selon l'aspect grammatical ou lexical des éléments. Ce trait est souvent lié au précédent, les éléments nécessaires ou très fréquents sont souvent des éléments grammaticaux. La réciproque n'a en revanche rien d'obligatoire : des éléments appartenant à un inventaire limité ne sont pas pour autant nécessaires dans la chaîne; selon le procédé utilisé pour marquer la fonction de cette expansion, monèmes autonomes (adverbes par exemple), régis, identifiés par leur position (adjectif épithète en anglais), marqués par des fonctionnels enfin (préposition par exemple); enfin selon les degrés de compatibilité ou les incompatibilités de ces expansions dans la chaîne : ainsi *un* et *le* qui s'opposent dans le paradigme ne peuvent se modifier dans la chaîne, *un* et *joli* ne s'opposent pas et sont compatibles, *trop* et *peu* peuvent s'opposer, mais *trop* peut aussi modifier *peu;* enfin des termes qui ne s'opposent pas peuvent également être incompatibles : *très* et *autre* (aucun des deux ne pouvant modifier directement l'autre).

On voit que le critère du groupement syntaxique est l'implication et non un critère externe comme la seule proximité dans la chaîne ou l'implication sémantique qui peut être tout à fait distincte de cette implication syntaxique (ce peut être un élément situé deux phrases plus loin ou même une partie de la situation non linguistique qui m'enseigne que le verbe *vole* signifie « dérobe » et non « se déplace dans l'air »). Il n'y aura pas de nécessité, en dehors de ces rapports d'implication, à vouloir hiérarchiser les expansions. Ainsi dans *la très jolie fille,* pouvons-nous classer *très* comme expansion d'expansion. En revanche, en dehors de la plus fréquente association, qui n'est pas un fait de syntaxe, n'avons-nous pas de raison d'établir une hiérarchie entre les deux expansions *la* et *jolie* (dire que *jolie* est plus lié à *fille* que ne l'est *la* est seulement le résultat d'un artefact créé par la confusion entre rapports syntaxiques et rapports de succession; de même dans *il donne tous les jours de la soupe à son chien,* où les différences de facilité de déplacement sont liées à des habitudes non pertinentes, pour le premier et le troisième complément; même la différence de procédé utilisé pour le second ne lui donnant pas directement une priorité, mais seulement le fait qu'il est ici impliqué par le verbe, en tant qu'expansion).

LES PROPOSITIONS SUBORDONNÉES

On a vu que certaines propositions peuvent jouer le rôle d'un terme de l'énoncé minimal (sujet plus facilement, prédicat beaucoup plus difficilement sans que la possibilité puisse en être écartée *a priori;* en français au moins cette difficulté se comprend bien dans la mesure où le sujet est indiqué par sa place à l'égard du prédicat et que la saisie de la hiérarchie deviendrait difficile si ce prédicat n'était pas aisément repérable).

De même, des phrases peuvent passer au statut de subordonnées, cela par l'utilisation d'un fonctionnel, par exemple, *depuis qu'il est venu,* ou de la position, *the man I see;* enfin par l'utilisation d'une forme spécialisée (le participe présent en français : *me promenant*).

Mais il y a continuité entre les expansions propositionnelles et non propositionnelles. Ainsi, si l'on considère les trois énoncés : *j'ai entendu chanter, j'ai entendu Pierre chanter, j'ai entendu que Pierre chantait,* on n'aura pas de critère décisif pour ranger le second dans la même catégorie que le premier plutôt qu'avec le troisième.

De tels problèmes montrent également ce qu'il y a d'arbitraire à vouloir déterminer *a priori* un trop grand nombre de niveaux de découpage de la réalité linguistique. Il ne semble pas qu'on puisse aller au delà des monèmes et syntagmes autonomes, parmi les éléments, énoncés minimaux, développement et expansion dans la phrase; une analyse plus complexe pourra sans doute être nécessaire, pour décrire telle ou telle langue, mais une langue sans mots ou sans propositions serait encore une langue, non une langue sans monèmes ou sans phrases.

On se demandera si l'analyse syntaxique s'arrête là ou si elle ne doit pas considérer d'autres rapports entre énoncés. Si l'on s'occupe des rapports entre phrases (la phrase étant définie, on le rappelle, par la présence d'un prédicat ou de plusieurs prédicats coordonnés), ceux-ci se ramènent à deux, le rapport asyntaxique de juxtaposition ou l'utilisation d'un terme tel que *or* ou *car* qui marque simplement que l'existence d'une phrase précédente est supposée. Sinon on se trouve ramené à la subordination ou à la coordination, c'est-à-dire des rapports internes à la phrase. Si l'on considère les rapports entre énoncés non présents dans la même chaîne, on risque de regrouper dans l'étude des possibilités de passage des uns aux autres des réalités très différentes tels que des procédés lexicaux, comme celui qui permet à un même monème lexical de figurer dans l'énoncé avec différentes fonctions (arrive — arrivée); ou des équivalences sémantiques entre des énoncés formellement différents (*c'est parce que tu viens que je m'en vais* et *ton arrivée me fait partir*) ; ou encore l'utilisation pertinente de la position des éléments (l'interrogation par inversion) ; ou enfin la constatation que deux termes qui peuvent entrer dans la même construction ne peuvent pas forcément, pour autant, entrer dans une même seconde. Ainsi pourra-t-on dire également *l'arrivée de la mariée* et *la voiture de la mariée*, mais avec *voiture* on ne pourra tirer un énoncé symétrique de *la mariée arrive*. L'existence de monèmes qui ont parfois le même comportement, mais ne l'ont pas dans tous les cas, oblige à distinguer des sous-espèces parmi les genres reconnus. Le danger est évidemment d'attribuer à la langue ou aux locuteurs des procédures qui sont celles du linguiste, de croire par exemple que l'on fait l'acte d'inverser pour interroger ou l'acte d'ajouter pour constituer une expansion. Non qu'il soit exclu que cela puisse se passer ainsi, mais on doit constater qu'un sujet qui aurait appris le maniement de la forme inversée comme résultat d'une transformation et celui qui l'aurait appris comme indépendante parleront de la même façon.

De même qu'un sujet peut savoir employer *je* quand il en a besoin et *tu* quand il en a besoin, sans avoir pris l'habitude de conjuguer, sans avoir pris conscience du paradigme, de même il peut avoir pris l'habitude d'utiliser une forme particulière, dite inversée, pour interroger, sans que le processus d'inversion corresponde nécessairement à une opération particulière. Ainsi, en fonction de la diversité des types possibles de montage des habitudes linguistiques permettant un même résultat chez différents sujets et de ce que les déterminer supposerait une psycho-physiologie achevée, ce n'est pas l'examen du comportement réel des sujets qui nous fournira un critère. Le problème sera alors de savoir ce qui pour le linguiste permet d'affirmer qu'il y a transformation. En effet s'il s'agit seulement de simplifier l'exposé, il n'y a pas *a priori* d'énoncé qui ne puisse être transformé en un autre par ajout, déplacement, suppression d'un ou de plusieurs éléments. La réalité ne dira jamais « non » et le critère de simplicité reste lui-même imprécis. D'autre part, l'étude logique de l'ensemble des énoncés qui ont les mêmes implications est légitime, mais constitue une science du signifié non du signe. Il ne s'agit d'ailleurs pas de dire que le linguiste se contente d'observer un corpus :

la recherche des commutations et des permutations possibles constitue une opération nécessaire sur ce corpus. Le critère semble devoir être celui du caractère plus ou moins nécessaire : il est nécessaire de considérer *vite* comme une expansion dans *il court vite* (pour rendre compte de son caractère facultatif); il n'est pas nécessaire de considérer *l'arrivée de la mariée* comme une transformation de *la mariée arrive* pour rendre compte de ce qu'il n'existe pas d'énoncé verbal équivalent construit sur le précédent avec *voiture* par exemple.

On ne nie donc pas la présence dans les langues d'un grand nombre de procédés qui permettent de changer une relation syntaxique tout en gardant des éléments sémantiques communs : *mon → le mien,* par exemple; mais seule, sans doute, la diachronie peut nous enseigner la réalité d'un passage d'une forme à une autre.

LE CLASSEMENT DES UNITÉS

Il n'y aurait pas de problème de classement des unités si à chaque monème correspondait une seule fonction et réciproquement, et si tous les monèmes qui font partie, dans un cadre donné, de la même classe fonctionnelle avaient toujours le même comportement syntaxique. Mais il n'en est rien; on aura donc à noter, en partant du critère syntaxique de la variété des fonctions :

I. — La multiplicité des fonctions d'un même monème : ainsi on aura une classe du nom qui en français pourra servir de sujet, d'expansion directe (marquée par la position), d'expansion indirecte marquée par un fonctionnel, de partie composante du prédicat (« attribut »). Pour qu'on puisse parler de « même unité », il faudra que ses variations de sens soient strictement déterminées par ses variations fonctionnelles. Tous les degrés se retrouvent ici de la monofonctionnalité à la polyfonctionnalité complète et les différences entre langues sont particulièrement manifestes à l'égard de ces regroupements.

II. — L'existence de sous-classes : par exemple parmi les formes qui auront préalablement été décrites comme nominales, certaines peuvent se comporter comme des autonomes, du type *dimanche je viendrai,* d'autres pas. De même si on a isolé une classe de prépositions, définies comme des fonctionnels portant sur des noms, on constatera que certains ne peuvent jouer que ce rôle, *dans* par exemple, alors que *depuis* pourra également être un autonome, *il est venu depuis,* ou une conjonction (fonctionnel marquant la fonction d'une proposition) : *depuis qu'il est venu.*

III. — Enfin de nouvelles subdivisions seront nécessaires si on tient compte des types d'expansion qu'un monème peut avoir : par exemple *acheter* pourra avoir une expansion nominale, mais non verbale, *manquer,* une expansion nominale ou verbale. Un très petit nombre de verbes pourront avoir deux expansions nominales directes : *je ferai mon fils général,* etc.

De telles classifications sont difficiles à établir, d'abord parce qu'on risque d'utiliser des catégories trompeuses : en effet il ne semble y avoir ici aucun universel nécessaire. Ainsi de nombreuses langues ne connaissent pas l'opposition verbo-nominale : les mêmes radicaux peuvent être fléchis de diverses façons pour aboutir à des traductions qui seraient *la jambe* ou *il marche*. De même en japonais l'opposition du verbe et de l'adjectif constituerait une sous-classe à partir d'une différence de comportement à l'égard de la forme de l'impératif ainsi que pour d'autres raisons, mais à l'origine ils sont foncièrement identiques dans leur fonction prédicative et leur association à des modalités temporelles. Les catégories traditionnelles ne sont d'ailleurs pas même forcément adaptées à la description des langues indo-européennes ; ainsi est-il médiocrement fondé de regrouper en français sous le nom d'adverbe des modalités comme *très* et des autonomes comme *jamais.*

Souvent aussi le danger vient du désir de définir par des traits sémantiques, qui même s'ils correspondent parfois à des traits linguistiques assignables, ne permettent pas une définition certaine ; ainsi lorsqu'on définit le verbe français par l'indication du temps de la phrase, ce dont il n'a pas l'exclusivité, un énoncé nominal pouvant être déterminé temporellement : *demain, fête à Paris,* et ce qui fait négliger tous les cas où l'utilisation du présent correspond à la négation de toute indication temporelle. En règle générale une même « notion » peut être exprimée par les procédés syntaxiques les plus divers, ce n'est donc pas son choix qui permettra le classement des faits de langue. Cependant cela ne veut pas dire *a priori* qu'à aucune classification des signes ne correspond une organisation en termes sémantiques. Ainsi une relation d'opposition animé — inanimé se retrouve en français pour distinguer les usages de *qui* et de *quoi*. Ainsi en menomini on distinguera entre des noms indépendants et des noms dépendants, obligatoirement accompagnés d'un possessif et désignant des parties du corps ou des objets particulièrement importants. De même ne tiendra-t-on compte de la référence obligatoire à la situation de certains termes que dans la mesure où cela influe sur leur comportement syntaxique : des termes qui impliquent cette référence (*maintenant*) et d'autres qui ne l'impliquent pas (*souvent*) peuvent avoir un comportement syntaxique équivalent. Ce sera en revanche un fait linguistique qu'en relation avec cette différence *il* et *elle* comportent une opposition qui ne se retrouve pas dans *je* et *tu* : on ne peut jamais savoir *a priori* s'il y aura une relation entre catégories de sens et catégories linguistiques.

Ce qui rend la classification encore plus difficile, c'est que les passages sont constants entre les procédés explicites destinés à introduire des variations fonctionnelles : *le rouge* pour nominaliser l'adjectif, et les procédés de déplacement *le rouge* pour désigner le vin.

Enfin, le classement pourra différer selon l'ordre dans lequel on place les facteurs de classement, sans que cela ait d'ailleurs une grande importance puisqu'il s'agit seulement de façons différentes de présenter les mêmes faits. Ainsi, l'infinitif français pourra être classé soit avec le verbe, parce qu'il peut avoir certaines expansions que seuls les verbes ont par ailleurs, soit avec le nom en vertu de son rôle également partiellement similaire, soit comme une catégorie indépendante.

De même, dans la mesure où les fonctionnels sont plus nombreux que les modalités pourra-t-on préférer classer les noms par les modalités qui leur sont associées et qui sont stables malgré la variation des fonctions.

En règle générale, ce sera toujours en regroupant leurs relations possibles dans l'énoncé que l'on déterminera l'appartenance des termes à une classe, la hiérarchie entre ces facteurs variant selon les langues : fonctionnement comme autonomes, fonctionnels ou régis; appartenance à l'énoncé minimal possible ou impossible; appartenance ou non à un inventaire limité; nature des termes avec lesquels les termes étudiés peuvent être en rapport de fonctionnel ou de régi (distinction par exemple de la préposition et de la conjonction de subordination); nature des déterminants possibles et en particulier des modalités.

Ainsi le verbe français sera défini comme prédicat, ensuite (à la différence du nom) comme ne pouvant être que cela, c'est-à-dire comme autonome dans l'énoncé minimal, appartenant à un inventaire illimité. Dans son cas il semblera indiqué de ne considérer que comme des subdivisions les différences provenant de différences d'expansions (transitifs, intransitifs, pronominaux). Mais si elles se présentent régulièrement, il n'y aura pas d'inconvénient majeur à le définir aussi par ses modalités temporelles (alors que les variations des marques de personne serviront à introduire des sous-classes).

DESCRIPTION LINGUISTIQUE ET SENS DES ÉNONCÉS

La description linguistique s'arrête-t-elle à la description de la syntaxe et au classement des unités en fonction de leurs rôles possibles? Ce n'est pas par un simple oubli que beaucoup de linguistes ont évité de passer de l'étude syntaxique des classes d'énoncés à l'étude sémantique des énoncés particuliers. Cela, pour plusieurs raisons; l'ensemble des éléments combinables constitue une totalité ouverte; la totalité des combinaisons peut encore moins être décrite dans son ensemble; le sens d'un énoncé variera en fonction des énoncés qui l'entourent (ce pourquoi, on ne peut pas aussi aisément qu'en phonologie ou en syntaxe déterminer un cadre d'étude) et d'autant plus que ce sens variera également en fonction de la situation non linguistique; le paradigme n'étant pas directement manifeste, rien n'empêche qu'on ne prenne pas conscience de certaines de ses variations (alors que les latitudes paradigmatiques phonologiques et syntaxiques sont moindres); enfin, l'effet général d'un message relève de l'utilisation qu'en font les sujets, non de l'analyse du signe comme tel : je peux émettre un énoncé non pour dire quelque chose, mais parce que je veux voir ce que l'interlocuteur répondra, ou pour me moquer de lui... Plus généralement, on pourra toujours trouver sous le premier sens un second sens volontairement ou involontairement caché, sans qu'il y ait évidemment de raison de s'arrêter à ce chiffre de deux.

En somme, se traduisant ici par la multiplicité des utilisations d'une seule unité ou d'un seul énoncé, c'est l'économie même de la langue qui rend son analyse difficile.

On notera cependant, d'une part que l'étude de la langue telle qu'elle a été exposée jusqu'ici, si elle ne se veut pas sémantique dans son principe, n'est pas non plus sans relation à la capacité de signifier : ainsi la fonction essentielle de la syntaxe est-elle apparue comme celle de rendre possible la détermination du sens des unités les unes par les autres. De même l'existence de termes grammaticaux, faisant partie d'inventaires limités, permet de déterminer au moins une partie de ce qui doit être obligatoirement dit dans chaque langue. (Ceci ne signifie pas que les termes grammaticaux ne sont pas soumis aux variations de sens, mais qu'il doit être plus facile de déterminer les invariants de ce sens dans le cadre paradigmatique strict qu'ils présentent).

Surtout, on constatera que l'existence de signes nous oblige à l'introduction d'oppositions discrètes : quels que soient les procédés linguistiques utilisés, si je dois choisir entre des mélanges de couleur obtenus de façon continue par variations insensibles, je ne pourrai qu'exprimer cette diversité par des procédés discrets : *un peu, un tout petit peu plus* ou *moins vert :* même si les différences dans le réel sont quasi continues, les différences dans l'énoncé ne le seront pas.

Davantage la possibilité de l'analyse sémantique est naturellement inscrite dans les langues elles-mêmes dans la mesure où il est toujours possible d'y décomposer un signifié sur le modèle *pomme = fruit du pommier* et *pommier = arbre qui porte des pommes :* on n'a besoin ni de montrer la réalité ni d'inventer un autre langage pour décrire la façon dont les énoncés de nos langues signifient.

C'est pourquoi une sémantique linguistique comportera, sur le modèle des autres chapitres de la linguistique, deux parties : une étude des paradigmes dans une position donnée, une étude des variations paradigmatiques d'une « même » unité en fonction de la variation de ses contextes. Afin de limiter la description au plan du sens linguistique, on étudiera d'abord les usages relativement hors-situation, les indications extra-linguistiques pouvant évidemment modifier complètement le sens des termes utilisés. Corrélativement, on distinguera sens et relation à la réalité : le fait que je puisse désigner le même objet et obtenir le même résultat en disant *passe-moi le rouge* et *passe-moi le grand* n'étant pas lié à la nature des signes en question, mais au fait accidentel qu'il n'y a dans l'entourage immédiat qu'un seul objet grand identique au seul objet rouge.

Les unités dont on partira seront définies comme des messages minimaux : il serait absurde de vouloir partir de l'étude des lexèmes, dont le sens est indéterminé hors d'un contexte et ce serait compliquer le travail de vouloir commencer par étudier les messages évidemment complexes, comme : *il agit par bonté malgré les apparences.* Toutefois nous n'avons pas non plus la possibilité de parler dès maintenant d'une unité minimale de sens (c'est seulement après l'analyse que nous saurons — peut-être — quelles unités signifiées il y a dans *je vais bien*). Aussi est-il plus simple de partir du critère assignable par ailleurs de l'indépendance syntaxique (énoncé non complexe). C'est seulement dans un tel cadre que nous pourrons en effet analyser les éléments de sens qui s'impliquent nécessairement. Malgré la diversité des énoncés, on doit avec Prieto constater que leurs relations signifiées possibles se ramènent à quatre : identité, inclusion, intersection et disjonction.

Hors situation et indépendamment des usages « marginaux » du langage, il n'y a pas de raison de penser que deux énoncés similaires dans leur forme aient des sens différents. Lorsque leur forme diffère, il faudra écarter les facteurs de variation non pertinents linguistiquement : tout ce qui dépend des particularités des sujets (associations verbales, évocation de réalités différentes en fonction des expériences passées, halo sémantique, qui fait que l'utilisation d'un terme dans un contexte *A* pourra influer sur son sens dans un contexte *B*, etc.).

Il pourrait sembler rigoureux de ne définir le sens linguistique des énoncés, comme de leurs éléments, que par le contexte et de dire que seuls deux énoncés ou deux termes dont les distributions seraient semblables auraient des sens identiques. Mais la procédure est longue et finalement douteuse dans son apparence de rigueur car rien n'interdit *a priori* de penser que, justement parce qu'ils s'opposent, deux termes ne puissent se présenter exactement dans les mêmes contextes : *à gauche* et *à droite* par exemple.

Plutôt que l'examen brut des distributions, ce qui permettra l'analyse, c'est qu'il fait partie de l'usage commun du langage de projeter le paradigme (ensemble des unités qui s'opposent) dans un syntagme et de dire : *il n'est pas ceci, il est cela,* ce qui, toujours dans un usage « normal » du langage, suppose une base commune et une différence sur cette base. Ainsi, il est vraisemblable qu'un sujet interrogé identifiera le sens des deux énoncés : *il est bon en maths* et *il est fort en maths*, c'est-à-dire qu'il les opposera également à *il est mauvais en maths* et ne prononcera jamais *il n'est pas bon mais fort en maths,* ou ne donnera pas à choisir *est-il bon ou fort en maths ?* Une approche linguistique du sens ne consiste donc pas à faire semblant d'ignorer ce que chacun d'entre nous pratique de « sémantique implicite » lorsqu'il émet ou comprend un énoncé ; elle consiste plutôt, en cherchant des critères apparents dans le syntagme, à ne pas définir l'identité ou la différence de sens par une certaine impression qu'on en a, mais par les comportements linguistiques qui les caractérisent.

On remarquera que l'étude ne peut se faire qu'en fonction d'un certain énoncé, à cause du caractère potentiel des oppositions de sens entre les termes qui entrent dans l'énoncé, puisqu'évidemment, en un autre contexte, *bon* et *fort* pourront s'opposer. D'autre part, parce que des usages marginaux peuvent être compris : rien n'interdit à un sujet d'utiliser les expressions *bon en maths* et *fort en maths* en introduisant explicitement entre les deux une différence de degré ou de nature.

On parlera d'inclusion lorsqu'un énoncé ne se distingue d'un autre que par la présence d'une information supplémentaire, ce qui se traduira par le fait qu'en référence à une même situation les deux énoncés pourront être également affirmés, mais que seule l'affirmation d'un des deux impliquera celle de l'autre : l'affirmation *j'ai un manteau rouge* impliquant la possibilité d'affirmer *j'ai un manteau* et non pas l'inverse. (Dire : *je n'ai pas dit qu'il avait un manteau, j'ai dit qu'il avait un manteau rouge* ne signifie pas que les deux énoncés s'opposent, mais que c'est sur *rouge* qu'on voulait insister.) Il pourra en être de même si l'on compare des signifiants différents; ainsi, si on compare : *j'ai mangé un fruit* et *j'ai mangé une pomme*, on aura bien ce rapport d'implication orienté caractéristique de l'inclusion; dans le cas de *manteau rouge* par rapport à *manteau,* on parlera de spécification syntagmatique, de spécification paradigmatique dans le cas de *pomme* en face de *fruit.*

On parlera d'empiètement lorsque sur une base commune il y aura nécessité de choix (en fonction d'un signifié différent) entre les deux énoncés, *j'ai un manteau rouge* et *j'ai un manteau chaud,* par exemple. Ici on cherchera un critère syntaxique comme l'applicabilité d'une formule du type *oui, mais, pas... mais,* qui comme dans le cas précédent pourra être utilisée même sans marque signifiante de la base de comparaison : *il n'y va pas, il y court.* Enfin seront disjoints des énoncés qui n'ont aucun point commun, à part les éléments non pertinents supposés par toute transmission de message : *j'ai un manteau* et *vas-y* par exemple. Il semble préférable de ne parler d'opposition que dans le cas des énoncés en relation d'empiètement, lorsqu'une base de comparaison commune est partagée par les deux termes de l'opposition. Au contraire des énoncés disjoints sont seulement différents.

Les relations sémantiques entre énoncés, si l'on écarte l'identité et la disjonction, se ramènent donc à deux : relation d'addition et relation de choix.

Si l'on veut préciser la nature des relations de sens à l'intérieur d'un énoncé, on retrouvera les deux classifications : paradigmatique de la nature des oppositions, syntagmatique des relations entre les éléments d'un même énoncé.

Comme on a distingué avec Trubetzkoy, dans l'étude des oppositions phonologiques, celles qui concernaient les phonèmes en eux-mêmes et celles qui concernaient leurs relations à l'ensemble du système, de même ici on se demandera, d'une part si *gauche-droite* s'opposent de la même façon que *bon-mauvais* ou que *pomme-poire*. D'autre part, on cherchera à voir comment la langue constitue un système, c'est-à-dire comment un petit nombre de traits récurrents se retrouvent dans les différentes oppositions. Il n'y a pas actuellement d'accord sur les types d'oppositions que l'on retrouve entre unités de sens. On peut seulement suggérer de façon tout empirique que les oppositions peuvent concerner ou bien des termes contradictoires, c'est-à-dire entre lesquels il est nécessaire de choisir sans qu'on puisse les coordonner ni les nier tous les deux, lorsqu'on les attribue au même objet du même point de vue et qu'on ne veut pas que la coordination change leur sens, *blanc* et *non blanc* par exemple ; ou bien des signifiés contraires qu'on ne peut coordonner mais qu'on peut nier tous deux, ainsi *bon* et *mauvais* : si on les coordonne ce sera comme on peut le faire pour les contradictoires, qu'on peut coordonner pour désigner un caractère particulier ambigu, variable ou présentant des aspects différents, en somme pour créer une nouvelle unité de sens, ce qui n'est justement possible que parce que ces deux unités signifiées s'opposent : sinon il y aurait simple juxtaposition. Cette distinction semble recouvrir celle des oppositions privatives où le terme négatif signifie le complément du terme positif : tout le reste dans la même dimension et celle des oppositions polaires (deux extrêmes également positifs). On classera également les oppositions (en retrouvant ainsi la tripartition : privatives, équipollentes, graduelles) selon qu'elles peuvent constituer un axe sur lequel peuvent varier des degrés, ce qui se marquera par exemple par la possibilité d'adjoindre à leurs termes une modification de quantité.

Enfin, on notera que beaucoup d'oppositions sont asystématiques, comme lorsqu'à l'intérieur du genre « arbre fruitier » les espèces peuvent être classées par le savant non par l'utilisateur, à moins que ce ne soit selon une multiplicité ouverte de critères (pépin, noyau, taille, région de culture, date de maturité du fruit, etc.).

Mais de telles classifications manquent fréquemment de critère et restent variables, à la disposition des locuteurs. Ainsi, on peut selon les usages décider que *bon — mauvais* constitue une opposition polaire ou bien, les philosophes ne s'en sont pas privés, décider que tout ce qui n'est pas *bon* est *mauvais* et considérer que *moyen* ou *médiocre* est une sous-espèce de *mauvais*.

Face à ces latitudes, l'organisation de la langue se manifeste par la récurrence d'oppositions du type *porc – porcherie, mouton – bergerie, bovin – étable*, etc., c'est-à-dire par la possibilité d'analyser le sens du second terme comme formant une série régulière à partir de celui du premier. C'est, de même qu'en phonologie, dans l'économie qui résulte d'une telle organisation en traits mise en évidence par des oppositions proportionnelles qu'on peut parler du système d'une langue.

Quant à l'étude de la relation des éléments dans la chaîne, le fait dominant est qu'aucun énoncé syntaxiquement correct ne peut être considéré comme privé de sens, ceci grâce à la triple possibilité toujours plus ou moins ouverte de la réduction, de l'augmentation ou du changement de sens d'un ou de plusieurs des éléments en présence. Pour être complet on ajoutera qu'il peut se faire que se réalise la possibilité considérée comme règle dans les modèles simples du langage : une unité peut ne pas varier de sens dans les différents contextes ; ainsi lorsque *faire* n'est pas modifié dans son sens par *envie* ou *pitié* qui suit (ce qui ne pourrait être démontré que par la mise en évidence de l'identité des paradigmes).

Il y aura augmentation (inclusion du premier sens dans le second) lorsque le changement de contexte introduira seulement une spécification supplémentaire, comme lorsqu'on compare *il cherche sans savoir quoi* et *il cherche une boite d'allumettes,* où l'aspect spatial de l'opération est impliqué seulement dans le second cas (on notera que c'est l'usage des dictionnaires qui nous fait chercher « dans » le mot des spécifications qui ne sont que dans son contexte : ce n'est pas *chercher* en lui-même qui signifie ou non « se déplacer dans l'espace »). Naturellement, en sens inverse, dans le passage du second énoncé au premier, on parlera d'une relation de « désémantisation ».

De même que deux énoncés peuvent être en rapport d'empiètement, de même deux sens d'une même unité : ainsi *il cherche une boite d'allumettes* opposé à *il cherche un moyen de guérir le rhume,* les deux formes ayant (par exemple) en commun une même opposition à *trouver* et se différenciant par l'implication dans un cas d'un mouvement spatial, dans l'autre d'une procédure scientifique, les deux sens de *cherche* manifesteront leur différence par la diversité des expansions qu'ils rendent possible. On doit donc distinguer le passage à l'abstrait (utilisation d'un moindre nombre d'implications sémantiques) et le déplacement impliquant d'autres relations sémantiques, comme lorsqu'on passe de *chercher une boite d'allumettes* à *chercher* au sens de *faire des recherches scientifiques*. Ceci amène donc à diviser en deux la notion traditionnelle de sens figuré : abstraction et déplacement.

Enfin, de même qu'il y a disjonction entre les sens de deux messages, deux usages d'une même unité pourront être imprévisibles l'un à partir de l'autre; en cela ce sera pour des raisons extérieures à l'analyse qu'on parlera d'une même unité (souvent des raisons diachroniques de dérivation, ainsi dans *œil-de-bœuf* terme d'architecture ou dans les deux sens de *cher*).

On espère seulement avoir suggéré par ces remarques qu'une répartition en catégories des différents faits sémantiques est possible, que d'autre part certains comportements syntagmatiques permettent de mettre en évidence les paradigmes sémantiques. Dans ce domaine la tâche est à faire et non entreprise comme en phonologie ou en syntaxe. Ce dernier paragraphe a donc simplement pour but de montrer qu'*a priori* la diversité des faits de sens peut être approchée par une étude linguistique.

Frédéric FRANÇOIS.

BIBLIOGRAPHIE

En dehors des ouvrages concernant la nature du langage et des descriptions de langues particulières, on se référera, pour les problèmes généraux de la description, à :

H. A. GLEASON, *An Introduction to descriptive Linguistics*, 2e éd., New York, 1965.

Z. S. HARRIS, *Structural Linguistics*, Chicago, 1951.

C. HOCKETT, *A Course in modern Linguistics*, 8e éd., New York, 1965.

Dans la perspective adoptée ici :

A. Martinet, *Éléments de linguistique générale,* Paris, 1960.

Des exposés précis illustrant la diversité des méthodes se trouveront dans :

M. Joos, *Readings in Linguistics,* I. — *The Development of descriptive Linguistics in America, 1925-1956,* Chicago, 1957, ainsi que dans le tome II, consacré aux auteurs européens, choix établi par E. P. Hamp, F. W. Householder et R. Austerlitz, Chicago, 1966.

La description phonologique trouve ses premiers principes dans :

N. S. Trubetzkoy, *Principes de phonologie,* traduction française, Paris, 1957.

On consultera également :

A. Martinet, *La Description phonologique,* Genève, 1955.

En dehors des ouvrages cités ci-dessus, on pourra consulter sur l'articulation en signes :

E. Benveniste, *Problèmes de linguistique générale,* Paris, 1966.
A. Martinet, *La Linguistique synchronique,* Paris, 1965.

L'extension de la notion de transformation a surtout été prônée par :

N. Chomsky, *Syntactic Structures,* 2e éd., La Haye, 1962.

Parmi les efforts d'analyse structurale du sens, on citera :

L. J. Prieto, *Principes de noologie,* La Haye, 1964.

LE LEXIQUE

GRAMMAIRE ET LEXIQUE

On définit généralement le lexique en l'opposant à la grammaire comme un domaine ouvert à un système fermé. Cette définition implique plusieurs caractères étroitement liés l'un à l'autre.

La liste des éléments composant le lexique est théoriquement illimitée, tandis que la grammaire est constituée par un ensemble de petits systèmes à l'intérieur desquels s'opposent des termes peu nombreux : dans le système du nombre, un singulier, un pluriel, éventuellement un duel, rarement plus ; dans le système casuel d'une langue flexionnelle, un nombre limité de cas : quatre en allemand, six en latin, etc. De l'extension quasi illimitée que peuvent prendre les lexiques, on se rend facilement compte quand on passe des trois mille termes du *Dictionnaire fondamental* de G. Gougenheim, réduit aux mots les plus utiles dans la pratique courante, aux trente-cinq mille termes du *Dictionnaire de l'Académie française,* limité au « bon usage » et excluant les vocabulaires spéciaux, aux quarante et un mille mots du *Petit Larousse,* qui comprend beaucoup de termes scientifiques ou techniques, aux quelque cent à cent cinquante mille mots que doit contenir le *Grand Larousse Encyclopédique...*

Cette liste est ouverte, c'est-à-dire qu'elle s'enrichit constamment et sans difficulté, pour répondre à de nouveaux besoins, à des exigences de renouvellement, à des modes plus ou moins passagères. Un système grammatical a au contraire un caractère fermé : il n'y pénètre pas facilement de nouveaux éléments, et si un élément nouveau apparaît, il ne peut s'installer sans un remaniement de l'ensemble, sans une redistribution des fonctions à l'intérieur du système affecté. Là où existent un singulier et un pluriel, l'introduction d'un duel modifierait la structure du système : le pluriel, qui correspondait à deux et plus, se trouverait correspondre à trois et plus. Au contraire, si j'introduis dans mon vocabulaire le mot *building,* il coexistera avec *immeuble, maison,* etc., et concurrencera ces termes dans certains emplois, mais ne les délogera pas nécessairement de certaines de leurs positions.

C'est dire que le mot système, appliqué au lexique, ne recouvre pas la même réalité que quand on l'applique à la grammaire. Les rapports entre les termes sont, dans le lexique, beaucoup plus lâches : *maison* ne s'oppose pas à *immeuble* comme singulier à pluriel; les deux termes s'appliquent à des données de l'expérience différenciées plutôt qu'opposées, et on peut être tenté de définir l'immeuble comme un certain type de maison, tandis que le domaine du singulier et celui du pluriel sont exclusifs l'un de l'autre.

FONCTION PROPRE DU LEXIQUE : LEXIQUE ET SIGNIFICATION

En reconnaissant comme illimités les inventaires lexicaux, on saisit un caractère extérieur qu'il doit être possible de mettre en rapport avec la fonction propre des éléments lexicaux. Ils ont, comme les éléments grammaticaux, une fonction significative, mais la signification n'est pas du même type dans les deux cas. Certains linguistes ont défini la grammaire comme le domaine du général et le lexique comme celui du particulier : *table* désigne un objet particulier, tandis que les caractéristiques grammaticales qui accompagnent ce mot dans une phrase sont communes à toute une classe de mots (expression du nombre, du genre, assurée par l'article). Cette opposition entre général et particulier n'a cependant qu'une valeur relative : un élément grammatical est général par rapport à un élément lexical en ce sens seulement que le premier vaut pour toute la classe, théoriquement illimitée, à laquelle appartient le second, tandis que celui-ci ne peut recevoir qu'un très petit nombre de caractéristiques grammaticales. Mais si l'on considère la signification, l'application de l'élément linguistique à la réalité extra-linguistique, à l'expérience, on doit reconnaître aussi un certain caractère de généralité à un élément lexical comme *table,* qui s'applique à un nombre illimité d'objets différents que tels ou tels traits communs font désigner d'un terme unique.

Il reste pourtant, du point de vue de la signification, une caractéristique propre aux éléments lexicaux : c'est ce qu'on peut appeler leur fonction de désignation ou de dénomination, c'est-à-dire le fait qu'ils s'appliquent à des entités de l'expérience (ce terme étant pris au sens le plus large, englobant réalités concrètes et notions abstraites), entités qui n'ont pas d'existence indépendamment de leur expression dans la langue, et qui en effet ne se présentent pas de façon identique dans les lexiques de toutes les langues, mais qui n'en sont pas moins des entités, tandis que les caractéristiques grammaticales expriment des modalités attachées à ces entités. Dans *table,* dans *chanter,* il y a un élément lexical parce que chacun de ces mots désigne une certaine entité de l'expérience ; les caractéristiques grammaticales qui s'y associent (*la table* : féminin, singulier, déterminé) correspondent à des modalités conférées à ces entités.

Le fait que l'essentiel des significations se trouve ainsi en dépôt dans les éléments lexicaux donne au vocabulaire une importance particulière; les caractéristiques grammaticales qui s'adjoignent aux « bases » lexicales et qui servent notamment à construire le message en établissant des rapports entre les éléments lexicaux utilisés peuvent à la limite, si la nature des réalités évoquées crée une situation favorable à l'intelligence immédiate des rapports, disparaître sans rendre le message inintelligible : un assemblage de *garçon, oiseau, tuer, fusil,* s'interprétera facilement comme signifiant « le garçon a tué l'oiseau avec un fusil » (avec des variantes possibles : « va tuer » par exemple, suivant les situations). On voit ainsi des sujets qui ignorent les mécanismes grammaticaux d'une langue réaliser des communications de type « petit nègre », où la grammaire est pratiquement inexistante, toute la signification étant suggérée par la désignation. L'inverse, la grammaire sans le lexique, est évidemment inconcevable.

LA GRAMMAIRE DU LEXIQUE

Ce serait fausser l'image de la langue que d'opposer lexique et grammaire comme deux domaines rigoureusement délimités l'un par rapport à l'autre. On peut déjà constater que la notion de système fermé et d'inventaire limité invoquée pour les éléments rangés dans la grammaire n'est pas applicable avec la même rigueur à toutes les classes d'éléments grammaticaux. Les éléments dits fonctionnels, ceux qui servent à indiquer les fonctions dans les énoncés, sont considérés comme grammaticaux; mais il est souvent facile d'observer que, s'ils forment un système, ce système ne se réduit pas à un petit nombre de termes et n'a pas un caractère nettement fermé. Dans une langue flexionnelle, le nombre de cas est limité : le latin, mis à part le vocatif, en a cinq; mais la plupart ont des fonctions très mal caractérisées, et l'expression des rapports fait intervenir nombre de prépositions; dans une langue comme le hongrois ou le finnois, on n'est même pas d'accord sur le nombre, sensiblement plus élevé, des cas. Le système des prépositions en français est un vaste ensemble au sein duquel, mis à part quelques petits systèmes partiels *(sous-sur, avant-après-pendant)*, les relations sont assez lâches (d'où de nombreuses transformations, éliminations ou adjonctions, tout au long de l'histoire de la langue) pour ressembler beaucoup plus à ce qu'on observe dans le lexique, même si l'inventaire reste assez limité, qu'à ce qu'offre une catégorie grammaticale comme celle du nombre.

Inversement, le lexique comporte lui-même une grammaire : il ne peut se constituer sans recours à des éléments généraux du même type que ceux de la grammaire; il a, lui aussi, ses « morphèmes ». De même que le conditionnement psycho-physiologique du langage exige que l'expérience soit communiquée non par des messages entièrement nouveaux dans chaque cas, mais par des assemblages variés d'éléments pouvant entrer dans de multiples combinaisons, de même la désignation de l'extra-linguistique est réalisée par combinaison de matériaux lexicaux : éléments lexicaux de base et caractéristiques de types divers entrant dans ce qu'on appelle la dérivation ou la composition. La structure du lexique répond à une exigence d'économie quand avec un même élément *-eur* on forme toute une classe de mots comme *travailleur, chanteur,* etc., sur des bases verbales quelconques, ou avec un élément *-ier* toute une classe de noms d'arbres comme *pommier, poirier,* etc., sur des bases nominales correspondant à la désignation du fruit.

Les procédés employés sont divers : *-eur, -ier* et de même *-age, -ure,* etc., sont des affixes, c'est-à-dire des éléments qui s'adjoignent aux bases pour constituer de nouvelles unités lexicales, dites dérivées. Ces affixes peuvent être des suffixes, comme dans les exemples cités (ils suivent les bases), ou au contraire des préfixes (*re-venir, pré-munir, in-certain*) ou encore des infixes, s'ils s'insèrent dans la base. Un élément lexical de base peut aussi se prêter à des variations internes en relation avec la production d'unités lexicales distinctes : en grec ancien, le verbe « dire » *(légein)* est tiré d'un aspect *leg-*, avec vocalisme *e*, d'une base dont l'aspect *log-*, avec vocalisme *o*, fournit le nom de la parole *(lógos)* ; par ailleurs, c'est la position de l'accent qui distingue *trókhos* « course » de *trokhós* « roue » (celle qui court) en face de *trékhein* « courir ».

Un autre procédé est la composition : ici il ne s'agit plus d'associer une base lexicale et un élément lexico-grammatical, mais bien deux unités lexicales homologues : *essuie-main, pont-canal*. En pareil cas, ce qui est grammatical, ce n'est pas un des éléments combinés, c'est le principe même de la combinaison, laquelle se réalise dans chaque langue selon des types déterminés.

La limite entre dérivation et composition n'est pas facile à déterminer. On peut être tenté de considérer *gastrite* comme un dérivé, avec suffixe *-ite,* mais *gastralgie* comme un composé, dont le deuxième terme serait un nom scientifique de la douleur, associé au nom scientifique de l'estomac. Cette distinction paraît trouver une justification dans le fait qu'*algie* existe comme terme indépendant ; mais d'après ce critère *gastrotomie* serait dérivé comme *gastrite, -tomie* n'ayant pas d'existence indépendante, alors que la structure de *gastralgie* et de *gastrotomie* est manifestement la même. Si on hésite à considérer de telles formations comme dérivées, c'est souvent sous l'influence de l'étymologie, qui fait reconnaître dans *-algie* et dans

-*tomie* des éléments tirés de mots grecs (désignant la douleur et l'action de couper) au même titre que la base *gastr(o)-;* mais les considérations étymologiques n'ont pas à intervenir quand il s'agit de définir le statut d'un élément dans un état de langue donné. C'est aussi le fait que, synchroniquement, *-algie* et *-tomie* se relient à des éléments lexicaux qui fonctionnent encore comme bases de dérivés : *algique, analgésique, péritomie,* ou avec le même statut que *gastr(o)-:* mots à premier élément *tomo-* comme *tomographie.* Mais il ne s'agit pas de chercher un statut constant, dans la langue, pour un élément tel que *algie* ou *tomie;* le fait est qu'un même élément lexical peut fonctionner dans des conditions variées, et il s'agit de définir le statut particulier de l'élément considéré dans des formations du type de *gastralgie* ou de *gastrotomie.* Or le comportement de *-algie* et de *-tomie* est identique, à l'intérieur de ces syntagmes lexicaux, à celui d'un suffixe comme *-ite* ou *-ose; gastralgie* et *gastrotomie* sont à ce titre assimilables aux dérivés suffixaux, ce qui illustre le fait qu'un même élément lexical peut fournir dans certains cas une base et dans d'autres cas un suffixe (éventuellement même un mot indépendant).

LEXÈME ET LEXIE

Il n'a été question, jusqu'à maintenant, que d'éléments lexicaux ou d'unités lexicales; maintenue à dessein dans ce vague, la terminologie doit être précisée pour la suite de l'exposé.

On peut convenir de réserver l'appellation de *lexème* (préférable à celle, traditionnelle, de *sémantème*) au monème lexical, c'est-à-dire à une unité significative irréductible qui appartient au lexique.

Ce qu'on appelle communément le mot — l'unité du dictionnaire — peut se réduire à un lexème, mais peut aussi être plus complexe : *plume* est un mot réduit à un lexème, mais un dérivé comme *plumier* associe à un lexème un suffixe, monème de dérivation qu'on peut hésiter à appeler lexème à cause de son caractère grammatical, et un composé associe deux lexèmes au moins : *porte-plume.* Nous avons pourtant là trois unités du lexique français : *plume, plumier, porte-plume;* comme le terme de mot a des emplois divers et mal définis, il est bon d'adopter un terme qu'on réservera à l'unité lexicale; celui de *lexie,* proposé par certains linguistes, peut être utilisé.

Nier la réalité linguistique de ces unités lexicales, ce serait nier le fait que le fonctionnement de la langue met en œuvre une fonction de désignation, une fonction dénominative. Dans un énoncé comme *l'écolier ne va plus en classe avec un plumier, avec un plumier* se présente comme un constituant d'énoncé comportant la marque de sa fonction syntaxique *(avec)* ou, si l'on veut, comme un syntagme autonome; *un plumier* représente cette cellule syntaxique particulière qu'est le mot actualisé dans un énoncé (ici grâce aux déterminations grammaticales qu'apporte l'article) et sur la base duquel se constitue le syntagme autonome; ce mot actualisé lui-même résulte de l'actualisation d'une unité lexicale, dénominative, *plumier;* enfin cette unité (lexie) contient un lexème *plum-* qui fournit l'unité lexicale *plume,* mais aussi des dérivés comme *plumier.* Selon les langues, les rapports entre ces différents niveaux se présentent dans des conditions variables, mais, quels que soient ses rapports avec les autres niveaux, la lexie est une réalité linguistique qui s'impose à l'analyse.

On observera que dans une langue comme le français, où il existe une distinction nettement marquée du nom et du verbe, c'est au niveau des lexies, et non des lexèmes, que se réalise cette distinction. Ce sont les lexies *loge, logement, logis, logeur,* qui se comportent comme des noms, et c'est la lexie *loger* qui se comporte comme un verbe. La distinction s'établit d'après les combinaisons des différentes lexies avec les modalités grammaticales au sein des syntagmes qui ont été définis comme les mots actualisés et au sein des syntagmes où apparaissent les indicateurs de fonction : dans *le logement, son logement, dans son logement* se présentent des déterminants et un monème fonctionnel caractéristiques du nom; dans *il loge, nous logerons,* des déterminants caractéristiques du verbe. L'élément commun aux deux types de lexies, c'est-à-dire le lexème de base *(log-),* se situe, lui, à un niveau où les « parties du discours » ne sont pas encore différenciées.

Outre les dérivés et les composés, des combinaisons

de types variés peuvent fournir des lexies. Un complexe comme *pomme de terre* fonctionne comme la lexie simple (réduite à un lexème) *carotte; prendre ses cliques et ses claques* comme *partir,* etc.; un énoncé complet peut se figer en une lexie : *(le) qu'en dira-t-on.* C'est pourquoi les dictionnaires ne peuvent se borner à enregistrer les lexies simples : la combinaison de plusieurs lexies simples peut produire une unité nouvelle dont la signification ne se réduit pas au produit des significations des lexies combinées; il est donc nécessaire de faire état d'un très grand nombre de « locutions » qui fonctionnent comme des lexies simples.

Si l'on cherche une manifestation linguistique de l'unité de signification, on est tenté d'invoquer la non séparabilité des éléments combinés dans ces lexies complexes : dans *pomme de terre,* on ne peut rien insérer entre *pomme* et *de terre (une pomme curieuse de terre* est exclu); ce critère n'a pourtant qu'une valeur relative dans le cas considéré, un syntagme de ce type se prêtant peu à la séparation de ses deux éléments, même quand il ne présente pas une unité de signification : on dira plutôt *une portière de wagon verte* qu'*une portière verte de wagon.* De plus, la non séparabilité ne se vérifie pas pour toutes les lexies complexes : *prendre ses cliques et ses claques* se prête autant que *prendre un bâton* à l'insertion d'un élément adverbial : *prendre immédiatement ses cliques et ses claques.* Mais le seul fait qu'en passant de *portière de wagon* à *pomme de terre* ou à *pétition de principe,* on passe de la non séparation habituelle à l'inséparabilité constitue un indice de l'unité particulière du syntagme dans le second cas.

Il y a d'ailleurs toute une gradation entre l'assemblage occasionnel de lexies simples et l'unité de la lexie complexe; on a pu parler d'un « coefficient de cohérence » que permettraient d'évaluer des statistiques portant sur les *collocations,* c'est-à-dire sur les relations qui s'établissent, dans les énoncés, entre différents termes : un mot comme *pomme,* par exemple, est en collocation fréquente avec *manger, mûre,* etc.; on constatera facilement que *pomme, terre* et *pomme de terre* donnent lieu à des collocations largement différentes, ce qui indiquera que *pomme de terre* est bien une unité lexicale nouvelle et non pas la simple association de *pomme* et de *terre* et confirmera le sentiment du sujet parlant que la séparation est réalisée dans sa langue entre *pomme* et *pomme de terre*.

Le cas de *prendre ses cliques et ses claques* constitue un cas limite, où la lexie comporte un élément qui ne donne lieu à aucune autre collocation que celle qui se réalise dans cette lexie : *ses cliques et ses claques* ne se présente qu'en collocation avec *prendre;* malgré la disponibilité de *prendre* pour de nombreuses collocations, l'unité de la lexie complexe, en pareil cas, est évidente. On pourrait faire la même remarque pour *hocher,* qui n'existe plus qu'en collocation avec *tête (hocher la tête)*.

LES OPPOSITIONS LEXICALES

On peut s'attendre à déceler une organisation systématique des moyens d'expression lexicaux dans le domaine où ils sont grammaticalisés : les faits de dérivation doivent donner lieu à une étude rigoureuse des oppositions.

L'organisation des suffixes, par exemple, en systèmes se présente avec une rigueur particulière dans la nomenclature scientifique : ainsi les suffixes servant à former les noms des sels sont en correspondance stricte avec les suffixes servant à constituer les appellations des acides (*-ate* pour le sel correspondant à *-ique* pour l'acide, *-ite* à *-eux, -ure* à *-hydrique*). Mais, même hors de ce domaine, les suffixes s'ordonnent en un ensemble de petits systèmes, où chaque terme a une fonction définie, qui se manifeste dans le syntagme de dérivation, et une valeur donnée : les suffixes *-tion, -ment, -age* (avec des variantes : *-ation, -ition*) forment des dérivés nominaux sur base verbale et fournissent des noms d'action dont chaque type doit être caractérisé par une valeur donnée.

La fonction peut être assez aisément déterminée dans le cadre d'une analyse syntagmatique qui fait apparaître le statut de l'élément de dérivation : on constate qu'un suffixe modifie la classe de la base (d'un adjectif on tire un adverbe en *-ment,* d'un nom un adjectif en *-ique,* d'un verbe un nom en *-ation,* etc.) ou au contraire n'entraîne aucune modification de classe (ainsi le diminutif *-ette : boule, boulette,* ou le suffixe *-at : professeur, professorat*).

En revanche, la détermination des valeurs pose au linguiste un problème délicat : elle le met en présence du problème de l'analyse sémantique, analyse qu'on commence à peine à établir sur des bases structurales, après une période où la plupart des structuralistes estimaient n'avoir pas à se préoccuper des significations. Le problème existe pour toutes les unités significatives de la langue; il n'est pas spécifiquement lexical : il est posé aussi bien par le contenu des termes qui s'opposent dans un système grammatical; « imparfait » et « passé défini » sont des valeurs dont la définition n'est pas plus simple que celle des valeurs attachées aux suffixes ou aux lexies : il s'agit toujours de s'attacher au seul signifié pour tenter d'en déterminer les éléments pertinents, en considérant le système d'oppositions où il entre.

Les structures sémantiques où entrent les lexies seront envisagées plus loin; il faut ici considérer la situation des éléments de dérivation dans ce qu'elle a de particulier. Ces éléments appartiennent à des paradigmes limités, qui rappellent en cela les paradigmes grammaticaux, et ils ne désignent pas des données de l'expérience, mais servent seulement à constituer des lexies qui auront, elles, cette fonction de désignation. La valeur d'un suffixe doit donc être déterminée dans le cadre du syntagme de dérivation, comme une certaine action sémantique exercée sur la base; il faut chercher, par exemple, ce qui différencie l'action sémantique de *-ment* de celle de *-tion* dans l'ensemble des noms d'action, recherche qui peut s'appuyer sur le champ propre de chaque suffixe (c'est-à-dire sur l'ensemble des bases auxquelles il s'adapte) et sur l'extension des sens auxquels se prêtent les dérivés qu'il sert à constituer. Cette dernière enquête est rendue difficile par la complexité des conditions dans lesquelles se déterminent les emplois des dérivés : s'il est légitime de reconnaître une valeur terminative ou résultative à *-ment*, valeur qui apparaît bien dans *un alignement de maisons,* il n'est pas exclu qu'un mot comme *alignement* se prête à certains emplois où il donnera l'impression de rejoindre les mots en *-tion*, plus purement noms d'action : ainsi dans *procéder à l'alignement des maisons.*

D'autre part, le fait que la valeur d'un suffixe se détermine dans le syntagme base-suffixe n'exclut pas que le suffixe puisse être caractérisé par référence au champ de désignation des dérivés, aux groupes sémantiques qu'ils constituent : les suffixes *-eur* et *-euse*, qui expriment l'agent, tendent à se différencier chacun en deux instruments de dérivation dont l'un fournit des noms de personnes exerçant une certaine activité *(ajusteur, couvreur, vendeuse, tricoteuse)*, l'autre des noms d'instruments *(aspirateur, concasseur — batteuse, perceuse)*.

Il faut enfin signaler qu'il peut exister des variantes dans un système suffixal : en français, dans les noms d'habitants tirés de noms de pays ou de villes, *-ais, -ois, -ien, -ain* fonctionnent très largement comme des variantes *(orléanais, strasbourgeois, nancéien, toulousain)*, bien que dans certains cas leurs fonctions soient différenciées *(algérien* d'*Algérie*, *algérois* d'*Alger)*.

Le fonctionnement des éléments de dérivation dans un état de langue donné offre toute une gamme de situations différentes. Des suffixes tels que *-tion*, *-able*, *-ité*, *-ment* (avec des variantes) sont susceptibles de fournir des dérivés pratiquement sur n'importe quel représentant d'une classe donnée de bases : d'un verbe on peut presque toujours tirer un substantif en *-ation* ou *-ition* ou un adjectif en *-able* ou *-ible*, d'un adjectif un nom en *-ité* ou un adverbe en *-ment*. Mais tous les suffixes du français ne sont pas également disponibles : *-is*, encore isolable dans une série de mots *(semis, mouchetis, cliquetis)*, n'est plus productif. À la limite, on aboutit à une lexicalisation complète de la formation, le dérivé cessant de s'offrir à l'analyse : en latin, *mansio* apparaissait nettement comme un dérivé rattaché à la base de *manere*, « demeurer », mais son aboutissement français *maison* est une unité lexicale inanalysable, bien qu'une finale *-aison* d'origine analogue se retrouve dans quelques mots adaptée à une base identifiable *(fauchaison, salaison)*.

L'histoire d'un lexique est ainsi marquée par des processus de dégrammaticalisation, plus ou moins compensés par la formation de nouvelles unités lexicales tirées des ressources de la langue par des procédés de dérivation, c'est-à-dire par des procédés de type grammatical. D'un point de vue synchronique, on peut constater qu'un lexique donné est plus ou moins grammaticalisé ou, comme le disait F. de Saussure, plus ou moins motivé. On a ainsi montré que l'allemand, par exemple, faisait plus de part que le français à cette motivation du lexique, ce qu'illustrent de nombreux cas où un mot français inanalysable répond à un mot composé de l'allemand : *dé* à *Fingerhut* (« chapeau de doigt »), *rendre* à divers composés de *geben* « donner » suivant les cas (*wieder-, zurück-, über-, ver-geben*, etc.).

LES STRUCTURES SÉMANTIQUES

Il faut revenir, en considérant le cas des lexies, au problème des structures proprement sémantiques, que pose, hors de toute grammaticalisation, l'existence d'unités lexicales distinctes appliquées à la désignation du réel, des données de l'expérience. C'est le problème de l'analyse que le fonctionnement de la langue fait subir au réel, à l'expérience qui doit être traduite en termes linguistiques.

Les éléments du réel désignés par le lexique n'en prédéterminent pas la structuration. Même dans les domaines où la réalité semble offrir d'elle-même les éléments à désigner, on constate que les langues se comportent de façon très variable : ainsi dans le domaine des relations de parenté, où les termes distincts ne se correspondent pas de langue à langue ; là où le français utilise un terme unique *frère* (ou *soeur*), le hongrois en utilise un pour le frère aîné et un autre pour le frère cadet (en distinguant de même « sœur aînée » et « sœur cadette ») et le mot qui désigne le frère aîné peut aussi désigner l'oncle (comme le nom de la sœur aînée s'appliquant à la tante). À plus forte raison, quand le réel offre un continu, comme dans le cas du spectre solaire, le découpage de ce continu se réalise de façon très variable selon les langues : dans la désignation des couleurs, le breton et le gallois répondent par trois termes seulement aux quatre termes qui, en anglais comme, *grosso modo,* en français, distinguent les zones du vert, du bleu, du gris et du brun.

Les structures variables qu'on découvre ainsi dans les petits systèmes dont est fait le lexique sont linguistiques dans la mesure où c'est la langue qui, par le jeu de ses unités distinctes, articule le réel. Mais on conçoit que, constatées linguistiquement, ces structures soient étudiées dans la réalité même où elles se projettent, et qu'ainsi la lexicologie débouche sur d'autres ordres de recherches, notamment sur des études sociologiques : pour G. Matoré, la lexicologie est « une discipline sociologique utilisant le matériel linguistique que sont les mots »; ces mots sont étudiés au sein des ensembles où ils s'intègrent, ce qui répond à une préoccupation linguistique, mais le lexicologue cherche à dégager les « mots témoins » et les « mots-clés » autour desquels s'organisent des champs notionnels caractéristiques d'une collectivité à un certain moment de son histoire : *magasin* serait un mot témoin des années 1820-1825, *bourgeois* le mot clé des années 1827-1834, avec les mots-clés secondaires *prolétaire* et *artiste*. Ce qui a ainsi été tenté pour les aspects économiques, politiques, sociaux, du lexique l'avait été, beaucoup plus tôt, pour le vocabulaire de la vie spirituelle et morale, étudié par Trier comme un ensemble structuré où les concepts se délimitent les uns les autres dans une vision du monde caractéristique d'une société donnée.

La lexicologie semble donc conduire à l'étude de structures qui ne sont pas elles-mêmes linguistiques, mais qui sont conditionnées par le matériel lexical, par le jeu des unités lexicales distinctes au moyen desquelles le réel se trouve analysé. Cette analyse ne se réduit pas à un découpage : s'il est vrai que les unités lexicales se délimitent les unes les autres quant à leur contenu, les limites qui les séparent tiennent en général à certains éléments du contenu et non au contenu global. C'est pourquoi les linguistes doivent tenter d'analyser les signifiés et de déterminer les traits pertinents sur lesquels reposent les oppositions entre unités lexicales, traits pour lesquels a été proposée l'appellation de *sèmes*. On cherche à établir des méthodes d'analyse à partir d'exemples très concrets, plus facilement utilisables; ainsi, en interrogeant un grand nombre de sujets sur les caractéristiques d'une chaise, on arrive à déterminer les traits sur lesquels l'accord se fait constamment et qui peuvent être considérés comme pertinents : être un siège, pour une personne, sur pied(s), avec dossier; l'existence de bras constitue le trait supplémentaire qui fait passer de la chaise au fauteuil : c'est le sème qui fonde l'opposition sémantique entre « chaise » et « fauteuil » c'est-à-dire entre les *sémèmes* (ensembles de traits sémantiques distinctifs) des unités lexicales *chaise* et *fauteuil*.

L'analyse sémantique des unités lexicales rencontre des difficultés qui tiennent aux conditions très complexes dans lesquelles ces unités fonctionnent. Elles entrent dans des combinaisons plus ou moins variées, se prêtent à des collocations où leur contenu se spécifie dans chaque cas et, à considérer l'ensemble de ces spécifications, se diversifie au point de poser, à la limite, des problèmes difficiles. Soit un mot comme *action* : il a une aire sémantique extrêmement vaste, peut se spécifier, selon le contexte où il apparaît, dans une acception juridique, politique, bancaire, chimique, cybernétique, etc. : c'est un fait de *polysémie,* phénomène qui s'observe particulièrement pour les mots de la langue courante (*donner, tenir, jour, pied,* etc.), tandis que la terminologie scientifique a pour idéal la monosémie de ses termes. Dans certaines collocations, on aboutit, comme il a été indiqué, à une lexie complexe : *action de grâces* en est une, alors même qu'*action* donne lieu, par ailleurs, à de multiples collocations.

Un mot comme *action,* hormis telle ou telle fixation de ce genre, conserve son unité, et c'est en ce sens qu'on peut parler de la polysémie d'une même unité lexicale ; mais en est-il de même pour un mot comme *col,* appliqué à un vêtement d'une part et à un passage entre des montagnes d'autre part ? On parle de sens figuré dans le second cas, en admettant, ce qui est historiquement exact, qu'il y a eu transfert d'un domaine sémantique à un autre ; mais ce phénomène, dit *connotation,* et qui a une grande extension dans toutes les langues, peut conduire à la scission d'une unité lexicale en deux ou plusieurs unités nouvelles. On a alors affaire à des *homonymes,* comme lorsqu'il y a une rencontre purement fortuite de signifiants, ainsi pour *pêche* désignant un fruit et *pêche* « action de pêcher » ; l'homonymie est compatible avec le fonctionnement de la langue quand elle ne risque guère de créer des ambiguïtés, c'est-à-dire quand les homonymes appartiennent à des systèmes lexicaux très différents et se présentent dans des collocations très différentes.

Toutes ces situations exigent que les linguistes mettent au point des méthodes d'analyse précises, des critères objectifs, dont la recherche est à peine engagée aujourd'hui. Il en est de même pour l'étude de la *synonymie,* qui recouvre une gamme de situations très différentes : variantes stylistiques, liées à des registres distincts *(travail* et *turbin)*, variantes combinatoires *(envoyeur* et *expéditeur,* le premier n'admettant guère de complément : on dit *retour à l'envoyeur,* mais *l'expéditeur du colis,* distinction qui n'existe pas pour *envoi* et *expédition)*, variantes libres, qui sont l'exception, car même lorsque deux termes semblent avoir un contenu, des conditions syntaxiques d'emploi et une coloration stylistique identiques (par exemple *imprévu* et *inattendu)*, il est à peu près exclu qu'ils n'aient pas chacun un réseau ou champ associatif différent.

FRÉQUENCE ET DISPONIBILITÉ

Si l'inventaire lexical a pour caractéristique d'être théoriquement illimité, il est clair que l'importance pratique des éléments très divers qui constituent le lexique varie considérablement. Un nombre limité de mots suffit pour les besoins essentiels de la communication : en rassemblant les mots français les plus utiles dans la pratique courante de la langue, on a constitué un dictionnaire de trois mille termes. Les besoins varient d'ailleurs beaucoup d'un sujet à l'autre en fonction de multiples facteurs : milieu, niveau intellectuel et culturel, âge, etc. En outre, à l'intérieur même du vocabulaire fondamental, la fréquence des mots est très variable : on a observé depuis longtemps que la plus grande partie d'un texte, dans une langue quelconque, est fournie par un petit nombre de mots qui reviennent souvent; on a même pu établir une constante valable en gros pour tout texte de toute langue : les mille mots les plus employés d'une langue fournissent environ 85% d'un texte quelconque de cette langue. (Il faut ici préciser que sont inclus comme mots dans ces statistiques les « mots outils » ou « mots-vides », c'est-à-dire, dans une langue comme le français, les prépositions, articles, pronoms, etc., aussi bien que les « mots pleins », et que ces « mots outils » représentent environ la moitié du nombre total des « mots » de n'importe quel texte). La fréquence d'un mot ne dépend d'ailleurs pas seulement du contenu de ce mot, de ses caractères sémantiques : il y a un lien entre cette fréquence et les caractères phoniques et morphologiques du mot.

Le petit nombre des mots très fréquents ne doit pas faire illusion : un grand nombre de mots moins fréquents sont nécessaires aux besoins de la communication même la plus banale; des mots très utiles ne sont fréquents ni dans la langue écrite, ni dans la langue parlée : ce sont en grande partie des mots concrets, que l'usager de la langue n'a l'occasion d'employer que dans des circonstances données, mais dont il ne peut se passer; ainsi, les enquêtes faites pour l'élaboration du français élémentaire ont montré la faible fréquence de mots comme *autobus* ou *épicier,* même en milieu urbain. Ces mots sont *disponibles,* à la disposition des sujets parlants, qui en font usage dans des circonstances déterminées. C'est dans la composition de ce vocabulaire disponible que des différences profondes apparaissent selon les âges, les niveaux sociaux et culturels, d'une manière générale selon les milieux.

Jean PERROT.

BIBLIOGRAPHIE

Ouvrages d'initiation :

P. GUIRAUD, *La Sémantique,* Paris, 1955, 5ᵉ éd. 1966.
H. MITTERAND, *Les Mots français,* Paris, 1963, 2ᵉ éd. 1965.

Introduction générale aux problèmes de la sémantique et état des questions :

St. ULLMANN, *Semantics. An introduction to the science of meaning,* Oxford, 1962. (Antérieurement : *The Principles of semantics,* Glasgow, 1951, éd. augmentée 1959; application au français : *Précis de sémantique française,* Paris-Berne, 1952).

Sur la sémantique structurale en voie d'édification :

B. POTTIER, *Vers une sémantique moderne,* dans *Travaux de linguistique et de littérature* publiés par le Centre de philologie et de littératures romanes de l'Université de Strasbourg, II, 1, Strasbourg, 1964, pp. 107-137.

E. Coseriu, *Pour une sémantique diachronique structurale, ibid.,* pp. 139-186.

A. J. Greimas, *Sémantique structurale,* Paris, 1966.

L. J. Prieto, *Principes de noologie. Fondements de la théorie fonctionnelle du signifié,* Londres - La Haye - Paris, 1964.

Recherches sémantiques, fascicule de la revue « Langages », année 1966, n° 1.

Articles de revues illustrant les problèmes théoriques :

G. Mounin dans « Cahiers de Lexicologie », n° 6 (1965, I) et dans « La Linguistique », 1965, n° 1; M. Rossi, dans « Langage et Comportement », tome I (1965), n° 2.

Sur l'étude méthodique de la dérivation :

J. Dubois, *Étude sur la dérivation suffixale en français moderne et contemporain,* Paris, 1962.

Sur les implications sociologiques de la lexicologie :

G. Matoré, *La Méthode en lexicologie. Domaine français,* Paris, 1953.

Sur la recherche statistique dans le domaine du lexique :

P. Guiraud, *Les Caractères statistiques du vocabulaire,* Paris, 1954 (condensé plus récemment dans un chapitre de *Problèmes et méthodes de la statistique linguistique,* Paris, 1960).

Sur le « vocabulaire fondamental », pour le français :

G. Gougenheim, R. Michéa, P. Rivenc et A. Sauvageot, *L'Élaboration du français fondamental,* Paris, 1956, nouvelle édition 1964.

Périodique français de lexicologie, avec des contributions importantes sur la mécanisation des recherches lexicologiques :

« Cahiers de lexicologie. Revue internationale de lexicologie générale et appliquée », Paris, depuis 1959.

LA TYPOLOGIE

L'ÉTUDE typologique se situe au niveau le plus général de la description linguistique. Elle suppose une caractérisation de l'ensemble des phénomènes qui constituent une langue. Elle est en premier lieu descriptive, puis comparative. Elle tente de dégager les grandes lignes du comportement linguistique.

Les étapes suivantes peuvent être envisagées :
— inventaire des traits typologiques;
— caractérisation d'une langue par ces traits;
— classements des langues du monde d'après certains de ces traits.

INVENTAIRE DES TRAITS TYPOLOGIQUES

LES ÉLÉMENTS NON SIGNIFICATIFS

LES PHONÈMES

Les voyelles

I) Inventaire qualitatif.

Le système vocalique d'une langue peut être caractérisé par la présence ou l'absence de certaines voyelles. Par exemple le ü de fr. *mur* (présent en français, allemand, finnois, absent en anglais, espagnol, esquimau), ou une série de voyelles nasales (présentes en français, portugais, guarani, absentes en allemand, basque, quichua).

II) Inventaire quantitatif.

Le nombre des voyelles en langue. On en compte trente en khmer, seize (ou quinze) en français, dix en danois, cinq en espagnol, trois en quichua.

III) Leur distribution physiologique.

Pour l'aperture la plus réduite (voyelles les plus

fermées), on a deux qualités en italien *(i, u)*, trois en français *(i, u, ü,)*, quatre en turc *(i, u, ï, ü)*. Le nombre de niveaux d'aperture varie également : deux en esquimau, trois en espagnol, quatre en italien.

IV) Leur utilisation dans les unités lexicales.

Si on étudie la fréquence des voyelles dans les monosyllabes par exemple (Menzerath, 1950), on obtient par ordre décroissant : français *a, ε, i, ɔ, ü, u...*, anglais *i, e, ɔ, æ*, allemand, *a, i, u, ε, ɔ,...*

V) Comportement fonctionnel.

Certaines langues connaissent l'harmonisation vocalique, c'est-à-dire la distribution des voyelles en séries fonctionnelles dans une tranche déterminée (le « mot » le plus souvent) :

finnois : *talo* « maison », *talo-ssa* « dans la maison »;
kylä « village », *kylä-ssä* « dans le village »;
turc : *ayak* « pied », plur. *ayak-lar;*
el « main », plur. *el-ler.*

VI) Vue diachronique.

On peut quantifier le degré d'évolution de plusieurs langues par rapport à une source commune (M. Pei, 1949). Ainsi, en ce qui concerne les voyelles accentuées, et en se basant sur soixante-dix-sept critères d'évolution, trouve-t-on, pour les langues romanes, un coefficient d'évolution à partir du latin de :

— 44 % pour le français;
— 31 % pour le portugais;
— 25 % pour le provençal;
— 23,5 % pour le roumain;
— 20 % pour l'espagnol;
— 12 % pour l'italien;
— 8 % pour le sarde.

Les consonnes (en synchronie)

I) Inventaire qualitatif.

Des langues groupent leurs phonèmes occlusifs et fricatifs oraux en plusieurs séries : deux en français, trois en espagnol, quatre en sanskrit, mais une seule en finnois.

Le français a six ordres de consonnes (occlusives et fricatives), chacun opposant sourde et sonore :

p f t s š k
b v d z ž g

Pour ce même domaine, le latin ne connaissait que :

p t k
b d g
f s (h)

II) Inventaire quantitatif.

Le nombre des consonnes en langue. Il peut varier entre des limites extrêmes, qui semblent atteintes par le tahitien (huit consonnes) et l'oubykh (Caucase, soixante-dix-huit consonnes). Il y en a fréquemment de quinze à vingt-cinq.

III) Les occurrences dans le discours.

On peut calculer le pourcentage d'occurrence dans les textes des phonèmes (Zipf, 1949). On obtient des listes du type :

	t	d
tchèque	5,6 %	3,7 %
latin	8,6 %	3,1 %
français	4,9 %	4,5 %
hongrois	7,2 %	3,2 %

IV) Comportement fonctionnel.

Dans quelques langues existent les harmonisations consonantiques. En guarani par exemple, la présence d'un morphème comportant une nasale entraîne la correspondante nasale de la consonne orale du lexème :

pu « bruit » ; *o-pu* « il éclate »
mo (factitif) : *o-mo-mbu* « il fait éclater ».

L'ensemble des phonèmes

I) Le rapport « voyelles / consonnes ».

Ce rapport peut être évalué au niveau de la langue : italien 7/22, espagnol 5/19, français 6/18, thai 9/19...; ou au niveau des emplois dans le discours : espagnol 45/55, français 44/56, anglais 38/62, allemand 36/64%...

II) Le nombre total des phonèmes.

On peut citer comme cas extrêmes le tahitien (quatorze) et l'oubykh (quatre-vingt-un). Les langues ont fréquemment de vingt à quarante phonèmes (géorgien moderne trente-trois, italien vingt-neuf, espagnol vingt-quatre). On a étudié le nombre de phonèmes entrant dans la composition des unités lexicales (Menzerath, 1950).

La durée

Le français utilise exceptionnellement les oppositions de durée pour distinguer deux voyelles de même timbre vocalique. Les consonnes géminées (longues réparties sur deux syllabes) ne s'y rencontrent guère, chez tous les sujets, qu'à la jonction de deux unités (*je tends la perche* / *je te tends la perche* ce dernier avec une géminée /tt/). Dans d'autres langues, ces oppositions sont essentielles :

    latin :   *uĕnit* / *uēnit*   « il vient » / « il vint »
    finnois : *tuli* / *tuuli*   « feu » / « vent »
    finnois : *muta* / *mutta* « boue » / « mais »

LES TRAITS PROSODIQUES

Les tons

Le français, l'anglais, le russe, l'arabe ignorent les tons. En possèdent, par exemple, le chinois, le serbo-croate, le suédois, le mazatec. Le nombre des tons peut varier (six en cantonais, cinq en thaï, quatre en chinois standard, deux en suédois...), ainsi que leur qualité (montant, descendant, montant-descendant, haut, bas, etc.).

L'accent

Une langue peut ignorer l'accent comme le vietnamien. Là où il existe, l'accent peut avoir sa place déterminée par la structure phonématique de l'unité lexicale, totalement (toujours sur la première syllabe en tchèque, sur l'avant-dernière en polonais), ou partiellement (sur une des trois dernières en espagnol)... ; il peut ne pas être limité (russe). Sa place peut être distinctive là où elle n'est pas totalement déterminée par la structure phonématique (espagnol : *cortés* / *cortes* ['kortes]). L'unité lexicale peut ne comporter qu'un seul accent (russe) ou plusieurs (espagnol : *leǹtaménte, vièjecíto*).

Autres traits prosodiques

L'intonation est souvent pertinente au niveau du discours, mais n'est pas nettement systématisée en langue : on peut prononcer d'une dizaine de façons différentes une phrase anglaise comme *I'm going to go,* avec des effets de sens distincts. Le conditionnement largement physiologique et psychologique de l'intonation limite son utilisation typologique.

LA SYLLABE

I) La structure syllabique.

La distinction entre des consonnes (C) et des voyelles (V) étant générale (mais spécifique de chaque langue), on peut caractériser une langue par les types de combinaisons réalisables. La séquence maximale en polynésien est généralement CV ; en français on arrive théoriquement à CCCVCCCC (*strict, dextre*) et en allemand à CCCVCCC (*sprichst*). La situation est intermédiaire en khmer C (C) V (C), ou en chinois parlé :

premier élément	deuxième élément	troisième élément
C	V	n
	VV	ng
rien	VVV	rien

(*peng, po, yin, kwo, i...*).

II) Les réalisations latentes.

Le meilleur exemple est celui du *e* français dit « muet ». L'énoncé *je me le demande* peut être réalisé de quatre manières différentes (sans artifices) :

5 syllabes : žə / mə / lə / də / mãd
(prononciation méridionale)
4 syllabes : žə / məl / də / mãd
3 syllabes : žəm /ləd / mãd
žməl / də / mãd

LA FORME DES MONÈMES

I) Monèmes et syllabes.

Dans les langues à dominance monosyllabique, le monème tend naturellement à se confondre avec la syllabe : chinois *wo-k'an-shu* « je lis (un livre) ». Dans les autres cas, il n'y a aucune relation entre monème et syllabe :

français *je partirai* : ž̦par-ti-rɛ *syllabes*
ž̦-part-ir-ɛ *monèmes*

II) Unités lexicales et syllabes.

On a étudié le nombre des syllabes par « mot ». En français, 10 % des mots aurait une syllabe, 37 % trois syllabes (Menzerath, 1950). L'ordre de fréquence d'utilisation est, en français 3-2... syllabes, et en italien 3-4... syllabes.

III) Syncrétismes formels dans le discours.

La réunion dans le discours de deux monèmes peut entraîner des modifications formelles :
– par écrasement : espagnol *a + el = al*;
– par substitution globale : français *à + le = au* [o].
En guarani, selon le degré de cohérence syntaxique on a : invariable avec démonstratif, ko *t*esá = « cet œil »; variable avec possessif še-*r*esá = « mon œil ».

LES ÉLÉMENTS SIGNIFICATIFS

LES CLASSES DE MONÈMES

I) Lexèmes et morphèmes.

La plupart des langues connaissent la distinction entre monèmes lexicaux en nombre non fini (lexèmes : *chaise*, *parl-*er, *gentil*), et monèmes non lexicaux en séries finies (morphèmes : *à, -eur, re-*). En chinois, les morphèmes sont très rares (exemple : le suffixe diminutif *-r*). Dans ce cas, les morphèmes de relation sont souvent identiques à des lexèmes (par rapport à nos langues occidentales) :

chinois   *ken* : « suivre » et « avec »
          kei : « donner » et « à »
khmer   *oy* : « donner » et « à »

Voir aussi le groupe dahoméen :

> *ji :* « ciel » et « sur »
> *muko :* « front » et « devant »

II) Nominaux et verbaux.

Parmi les lexèmes, les langues peuvent distinguer, selon les combinaisons des morphèmes qui s'y attachent, une série dite nominale et une série dite verbale. Par exemple :

Nominaux	*Verbaux*
+ genre	+ temps
+ nombre...	+ mode
	+ personne...
chanson-*s*	chant-*erons*
chant-*s*	

Sur le plan strictement formel, cette distinction n'est pas toujours réalisée :

> anglais : *I fish, the fish*
> français : *il coupe, la coupe*

La liberté d'utiliser un même monème dans les deux séries varie suivant les langues : aucune en français, restreinte en espagnol (comer / el comer) ou en anglais (tea / I tead), courante en chinois (*tso* = « place », « être assis ») ou en guarani (*a-ke* « je dors », *še-ke* « mon sommeil »).

III) Polysémie des monèmes.

Elle est générale, mais sa fréquence varie selon les langues : en français [sɛ̃] = *saint, seing, sein, ceint, sain, cinq* (-cents)..., en anglais *write, right, wright, rite*.

Une polysémie interne (syncrétisme fonctionnel) est celle de désinences comme latin -*ae* : génitif-singulier, datif-singulier, nominatif-pluriel, vocatif-pluriel, ou espagnol -*s* : pluriel nominal, seconde personne verbale. Dans les langues non flexionnelles (turc, quichua) les morphèmes ne sont généralement pas polysèmes.

Les combinaisons des monèmes

I) Combinaisons de lexèmes.

Certaines langues en usent abondamment. Que l'on compare :

        allemand   *Handschuh* « main-chausse » = fr. *gant*
(néol.) chinois   *huo-ch'e* « feu-voiture »   = fr. *train*
(néol.) voltaïque   *bwol-bi* « porte-fils »   = fr. *clé*
        indonésien *ibu-djari* « mère-doigt »   = fr. *pouce*
(comparer fr. *Forêt Noire,* motivé, en face de *Vosges,* non motivé).

II) Combinaisons de lexèmes et de morphèmes.

Du point de vue séquentiel, on peut distinguer :

       la préfixation : *re*-faire, latin *sub*-mittere;
       l'infixation : khmer *sum* « demander », *smum* « mendiant »;
       la suffixation : aiguill-*age*, pâl-*ichon*
       et leurs combinaisons : *a*-lourd-*ir*

Certaines langues usent beaucoup de la préfixation :

    latin *ex-ire* = fr. *sortir*
    allemand *aus-fahren* = fr. *sortir* (en voiture)

D'autres l'ignorent (turc, quichua). Exemple quichua :

karu - nča — sqa — yki - čis — manta
éloigner   passé   toi pluriel   après
= « après que vous avez eu éloigné... »

quichua : *wasi - cuna - p*
           maison - s dans   « dans les maisons »
turc :   *oda - lar - da*
           chambre - s dans   « dans les chambres »

III) Les variations internes ou introflexions.

Le ton peut être considéré comme une introflexion (thaï : *nàk* « lourd », *nák* « expert »). Le plus souvent elle se manifeste par une alternance vocalique : anglais *foot* / *feet*, portugais *fiz* / *fez* « je fis » / « il fit ».

Les catégories sémantico-grammaticales

I) Le « genre » et les classificateurs.

Les lexèmes nominaux sont groupés en classes, dont la motivation sémantique est plus ou moins nette selon les langues. Il peut s'agir de l'animé et l'inanimé (tchèque *had* / *hada* « serpent » au nominatif et à l'accusatif, mais *hrad* « château » pour les deux cas); du sexe mâle ou

femelle (anglais *he-goat* « bouc », *she-goat* « chèvre »,
guarani *jagua* « chien », *jagua-kuña* « chienne ») de groupements descriptifs dans une certaine mesure (les huit classes du swahili : humain, arbres, animaux, parties du corps, abstraits...); d'un indice arbitraire formel (allemand, les séries combinatoires avec *der, die, das*, en français, *le, la*). Ces distinctions peuvent être exprimées par des numératifs particuliers : chinois : « trois hommes » = « trois bouche homme »; « trois tables » = « trois surface table ».

II) Le nombre (quantité discontinue). Certaines langues n'emploient une marque de pluriel qu'en cas de nécessité (chinois, guarani...). Les langues européennes sont fortement redondantes.

espagnol : « todos los chicos jóvenes estudian ».

En dehors du singulier et du pluriel, existe le duel, le triel, qui correspondent à une vision de la pluralité sous une certaine unité (cf. anglais, *both*, esp. *ambos*). Exemple tahitien *na mata* « les deux yeux ».

III) La quantification continue. Elle peut être intégrée à l'unité lexicale (espagnol : *cas-it-a* « petite maison », *fe-úch-o* « bien laid ») ou rester externe (français : *petite table*).

IV) La personne. En plus des six personnes courantes, des langues distinguent une pluralisation inclusive (pour la personne à qui l'on parle) et exclusive (quichua, tahitien...). D'autres langues présentent des systèmes pronominaux plus complexes encore. Cette distinction est exprimée parfois dans nos langues (*nous autres, vous autres*).

V) Les caractérisants verbaux. Suivant les langues, on peut trouver un certain nombre de niveaux modaux (en français : infinitif, subjonctif, indicatif), de positions temporelles (un certain nombre de profondeurs de passé, ou de futur), d'expressions d'aspects (perfectif ou imperfectif, en cours de réalisation ou virtuel, etc.).

VI) L'actualisation nominale et verbale.

L'énoncé français *la vache mange de l'herbe* peut évoquer deux situations différentes : une vérité générale, ou une description particulière. Plusieurs langues ont catégorisé cette distinction (plusieurs créoles français, langues mandé...).

Créole antillais : *li boug' la quitté pays* a « le garçon a quitté ce pays », mais *i pas té ni lit pour dômi* « il n'avait pas de lit pour dormir ».

Exemple guayaki : membo-*ro* chyvaeté u-*ty*
      le serpent l'homme mange
« L'homme *est en train* de manger *ce* serpent-*là* »

VII) Autres catégories grammaticalisées (choix).

 a) = qualité inhérente / externe;

espagnol : *ser bueno* « être bon » par nature
  estar bueno « être en bon état », par circonstances externes;

kalispel : *xes* « bon »
   xes-*t* « il est bon » (par nature)
   i-xes « il se porte bien » (circonstance)

 b) = qualité inaliénable / aliénable;

mandé : a nè « son père » / a *ba* so = son cheval;
portugais = meu pai « mon père » / *o* meu cavalo = mon cheval;
espagnol ancien : *haber* / *tener*
français : c'est mon père / c'est mon cheval
   *ce père est à moi / ce cheval est à moi

 c) = qualité active / hors activité;

guarani : *oga* « maison » / *oga-kwe* « maison en ruine »
  kuña « femme » / *kuña-kwe* « femme morte, ou stérile ».

Ces trois oppositions correspondent à une même distinction fondamentale.

Le comportement syntaxique

I) La congruence interne (accord ou redondance dans l'expression). Les langues flexionnelles sont souvent redondantes :

 latin : *ad forum, de foro* (cas);
 franç. : *la petite chatte grise* (classe);
 tonga : *mu*-ntu *mu*-kali « une personne en colère »
   ba-ntu *ba*-kali : « des gens en colère » (nombre);

II) Transitivité et réfléchi. En français un verbe normalement transitif peut être construit intransitivement : *Il ne veut pas manger ; je sais.* Dans d'autres langues, certains verbes sont obligatoirement transitifs, soit qu'il faille exprimer un pronom (guarani : *a-i-pota* « je le veux »), ou un substantif générique (mandé : an *fe* bele-na « je nourriture mange »). Ce substantif peut remplacer notre pronom réfléchi ; exemples créoles :

Haiti : chauffer *corps* li « se chauffer » [corps] ;
Martinique : lave *kô* mwẽ « se laver » [corps] ;
Papiamento : keinta su *curpa* « se chauffer » [corps] ;
Casamance (portugais) : fala si *kabissa*
            « il se dit à lui-même » [tête] ;
Haiti : li dit *tête* li « il se dit à lui-même » [tête] ;

III) La construction ergative. Elle peut être illustrée par l'exemple suivant du basque :

       aita - *k* untzia aurdiki -du
       le père le vase a jeté
(terme marqué).

L'objet du verbe transitif n'a pas de marque (Martinet 1958).

IV) Les cas. Alors qu'en français la fonction est exprimée en grande partie par l'ordre des termes dans l'énoncé *(Pierre bat Paul)*, elle est grammaticalisée dans les langues à cas : quatre en allemand, six en latin, une douzaine en finnois.

V) Les substituts combinatoires. Chaque langue s'est formé une série de monèmes remplaçant des suites usuelles de discours. Ex. français : *dans trois jours, dans deux jours,* mais *dans un jour = *demain (ici, alors, souvent...)*.

LA CARACTÉRISATION TYPOLOGIQUE

LE TYPE D'UNE LANGUE

Les études typologiques n'ont pas pour but essentiel le classement des langues. Elles tendent en premier lieu à les caractériser, chacune en tant que système autonome.

A l'intérieur d'une même langue, on ne décèle pas de relations nécessaires, par exemple, entre le système phonologique et le système grammatical. A l'intérieur du système grammatical, des correspondances peuvent être signalées (exemple en français la perte progressive de la marque du nombre en langue parlée, aussi bien dans le domaine nominal, *chaise*(s), *vert*(s), que verbal *je chante, on chante,* ils *chante*(*nt*)). Les recherches dans ce domaine sont peu avancées. Une fois inventoriés tous les procédés d'une langue, on peut les grouper en des comportements plus généraux. Par exemple, l'alternance, vocalique (type anglais, *find-found*) est classée sous la rubrique flexion interne. Ce n'est que retenir une partie du phénomène, puisque *find-found* sera également caractéristique de l'existence d'une distinction temporelle.

En se limitant à des comportements fonctionnels, on voit que le français a recours à des types très variés :

flexion externe :	mang*ez* / mang*eons*
flexion interne :	p*eux* / p*ouvons*
agglutination :	lente-*ment*
polysynthèse :	*radioguidage*
isolement :	*par la main*

Cette dernière caractéristique repose déjà sur une comparaison avec des langues qui, dans ce cas, ont un « mot » unique.

La difficulté est donc énorme de vouloir caractériser une langue par quelques traits particuliers. La comparaison entre plusieurs langues permet de suggérer une hiérarchie parmi les critères. On peut ensuite revenir aux problèmes particuliers de chaque langue.

LES GROUPEMENTS TYPOLOGIQUES

PROBLÈMES GÉNÉRAUX

De tout temps, on a tenté de grouper les nombreuses langues du monde. Les méthodes traditionnelles tiennent compte des relations génétiques, révélées par les études comparatives dans le cas des langues dont le passé est connu (indo-européen, sémitique...); des relations géographiques dans le cas des langues dont l'histoire est peu connue (langues amérindiennes, par exemple).

On a essayé de trouver d'autres critères à dominance psychique (W. Humboldt, Finck, Wundt), anthropologique (J. Ginneken), idéologique (N. J. Marr), etc. Dans ce domaine, tous les excès sont permis, comme de réunir toutes les langues qui ont cinq voyelles, ou qui ont quatre cas, ou qui connaissent la préfixation. Ces parallélismes ne sont évidemment pas toujours significatifs.

CAUSES POSSIBLES DES AFFINITÉS TYPOLOGIQUES

Les affinités génétiques sont les plus connues. Exemple indo-européen : sanskrit *bhárami*, grec *phero*, latin *fero*, got : *bairan*... Lorsqu'on constate des affinités de divers ordres entre deux langues apparemment non liées génétiquement, on peut supposer une époque commune, à titre d'hypothèse de travail (exemple : entre le turc et le quichua). Un contact géographique prolongé peut entraîner des rapprochements entre des langues non liées ou peu liées autrement. Les aires phonémiques en Europe sont assez continues et recoupent des groupes linguistiques différents (Brosnahan, 1961). Par exemple le *ü* français s'est infiltré en basque souletin. En Amérique du Sud, on constate que les langues de la côte pacifique ont une dominance de consonnes orales et peu de voyelles, tandis que celles de la côte atlantique ont des consonnes nasales ou nasalisées, et plus de voyelles (Milewski, 1953 a). C'est naturellement dans le domaine plus superficiel, du vocabulaire, que les conséquences du contact géographique se font sentir. Des convergences fortuites peuvent se produire. Par exemple entre le consonantisme du txuana (Afrique du Sud) et le germanique (Greenberg 1957), ou entre six traits typologiques du takelma et de l'indo-européen (Benveniste, 1952/53).

Les constantes du langage expliquent aussi certains faits, qui se retrouvent dans un très grand nombre de langues. Cela est surtout sensible dans le domaine phonique. Par exemple, toutes les langues connaissent des syllabes du type CV; elles ont des occlusives; si l'inventaire comporte deux consonnes nasales, ce sont *n* et *m*;

le *t* est presque toujours plus fréquent dans le discours que le *d;* le *s* évolue souvent en *h* (indo-européen, espagnol régional, guarani...).

EXEMPLES DE CLASSEMENTS TYPOLOGIQUES

Le nombre de critères typologiques ne pouvant être défini, et leur combinaison étant laissée à la subjectivité du linguiste, tout classement sera dans une certaine mesure arbitraire. Les essais de quantification de ces données n'apportent pas de solution au problème. Si l'on pose la symétrie des systèmes d'occlusives comme un idéal, on peut dire que le turc ou le hongrois y répondent à 100 %, l'espagnol à 82 %, l'anglais à 75 %, le français à 67 % le finnois à 0 % (Hockett, 1955). On a aussi tenté de donner à chaque phonème une valeur numérique en fonction de ses caractéristiques articulatoires (Grimes-Agard, 1959), mais on se demande ce que peuvent valoir les résultats des opérations arithmétiques que l'on fait à leur propos. La tendance actuelle à la quantification des faits linguistiques, essentiellement qualitatifs, n'a pas encore fait ses preuves.

CARACTÉRISATION PAR RAPPORT À UNE NORME

C'est une possibilité suggérée par A. Martinet (1962). Si un grand nombre de langues possède tel trait particulier, les autres peuvent être caractérisées selon le degré dont elles s'en écartent. La norme correspond à cette dominance statistique. Ainsi, la norme du nombre des voyelles étant fixée de cinq à dix, le français (quinze ou seize) et le quichua (trois), ont ce trait comme caractéristique. La gémination consonantique étant rare, le finnois ou l'italien auront cette caractéristique, et ainsi de suite. Chaque langue peut alors être définie par ses particularités vis-à-vis de la norme générale. Dans le domaine grammatical, le choix de la norme est beaucoup plus délicat.

CARACTÉRISATION PAR RAPPORT À UN TREILLIS OU GRILLE MAXIMALE

On peut établir logiquement toutes les possibilités de réalisation d'un phénomène, et caractériser alors chaque langue par le nombre, la place et les combinaisons des éléments existants. C'est une sorte de réponse à un questionnaire analytique maximal. Une forme de langue correspond alors à une zone de recouvrement qui la caractérise (cf. Blake, 1949).

CARACTÉRISATION PAR RAPPORT À UNE LISTE FINIE DE CRITÈRES

Sapir (1949) a établi une liste de critères (types de concepts exprimés, techniques d'expression, degré de synthèse), reprise et modifiée par Greenberg en 1957 (dix indices de caractérisation, parmi lesquels le type morphologique des mots, les tendances synthétiques ou agglutinantes, la préfixation et la suffixation...). Cet effort de classification représente un net progrès sur la distinction traditionnelle de langues analytiques ou synthétiques, de langues isolantes, agglutinantes ou flexionnelles (Schlegel, Schleicher).

A partir du moment où l'on a admis qu'une langue n'est pas la réalisation d'un type, mais qu'elle s'exprime à travers des types différents, dont un, ou deux, peut être dominant, il est possible de conserver ces critères de comportement qui semblent parmi les plus généraux dans l'analyse. Évidemment c'est l'intuition du linguiste qui lui permet de décider que la présence ou l'absence dans une langue de la préfixation est plus importante que la présence ou l'absence du phonème *d*. Un accord sur la hiérarchie des phénomènes linguistiques est préalable à toute classification typologique.

C'est dans cet esprit que Skalička a tenté de renouveler ces classements, en se fondant essentiellement sur les points suivants :

— rapports entre syllabe et monème,
— rapport des formes et des fonctions (syncrétismes et polymorphismes),

LA TYPOLOGIE

— les classificateurs (au sens le plus large),
— les caractérisations grammaticales marginales (article, nombre...).

Cinq grands types sont ainsi posés, avant de parler de classement de langues.

Le type flexionnel externe

Type dont le système paradigmatique est très développé, et qui connaît de nombreux classificateurs, ainsi que des syncrétismes formels.

Exemple tonga (bantu)
mu-ntu	« homme »	mu-tonga	« un Tonga »
ba-ntu	« hommes »	ba-tonga	« Les T. »
bu-ntu	« humanité »	bu-tonga	« Le pays T. »
ci-ntu	« langue »	ci-tonga	« La langue T. »

Exemple latin : femin-*ae*, lapid-*ibus*

(syncrétisme et appartenance à un paradigme; non existence des lexèmes à l'état isolé, *femin ou *lapid).

Exemple polonais   kot-*u*   « au chat »
                                 kot-*a*   « du chat »

Le type flexionnel interne (ou introflexionnel)

Type à système paradigmatique également développé, mais à variation surtout vocalique (et parfois syllabique). Il entraîne la non-identité du lexème.

Exemple latin	uĕnit / uēnit; facio / perfectum
Exemple allemand	trinken / trank / getrunken
Exemple anglais	man / men
Exemple arabe	farasun « cheval » / plur. afrāsun
Exemple chinois	háo « bon » / hào « aimer »

Le type agglutinant

À dominance syntagmatique, avec préservation de l'identité des monèmes, et peu de polysémies; les monèmes sont souvent des monosyllabes.

Exemple turc
ev - im	ma maison
ev - ler - im	mes maisons
ev - im - den	de ma maison
ev - ler - im - den	de mes maisons

Exemple quichua
wasi	maison
wasi-cuna	maisons
wasi - p	dans la maison
wasi - cuna - p	dans les maisons
wasi - yki - cuna - p	dans tes maisons

Exemple l'élé (voltaïque)
a - woré	j'ai fait
a - ya - woré	j'avais fait
a - ba - woré	je vais faire
a - ya - ba - woré	j'aurais fait

Exemple créole français d'Haïti
li - mangé	il mange, il a mangé
li - te - mangé	il a mangé, il avait mangé
li - va - mangé	il mangera
li - t - av - mangé	il aurait mangé

Exemple latin : or - a - tor, cant - a - tor

Exemple français : poir-ier, pomm-ier

Le type polysynthétique

Ce type repose surtout sur la réunion de lexèmes en une nouvelle unité lexicale. Les langues où ce type domine ont assez peu souvent de pronoms et de prépositions. Le procédé est fréquent dans de nombreuses langues.

Exemple chinois
    yu-tsou   « se promener »   (voyager-aller);

Exemple indonésien
    mata-hari   « soleil »   (œil-jour);

Exemple éwé
    su-vi   « étoile »   (lune-enfant);

Exemple latin
    anim-aduerto   « je remarque »   (esprit-tourne);

Exemple allemand
 Apfel-baum   « pommier »   (pomme-arbre);

Le type isolant

Type tendant à une grande indépendance des monèmes, souvent peu variables.

Exemple français   à mon père
 dans mes deux mains
 je n'ai pas pu commencer à lire.

Ce type se retrouve en chinois, en anglais, etc.

Relations entre ces cinq types

La flexion pouvant être interne ou externe, et la polysynthèse étant un cas particulier d'agglutination, on en revient à une tripartition qui rappelle le cadre traditionnel : flexion — agglutination — isolement.

L'important est de montrer qu'une langue ne présente que des dominances d'appartenance : polysynthèse et isolement pour le chinois, agglutination pour le turc, flexion et agglutination pour le latin ou le bantu, etc.

Si l'on étudie une catégorie sémantique, on verra ses types d'expression. La petitesse, par exemple, sera exprimée flexionnellement en basque (*zuru* « blanc » *xuru*, « bien blanc », par palatalisation), par agglutination en espagnol (*casa* « maison », *cas-it-a* « maisonnette »), par monème isolé en français *(petite table)*.

Le rapport entre ces types semble correspondre à un degré d'intégration des catégories dans les monèmes et dans les unités lexicales :

Flexion	Agglutination	Isolement
interne-externe	(et polysynthèse)	
le plus intégré		le moins intégré

+   ←——————→   —

En diachronie, cette caractérisation, qui n'a qu'une valeur relative, est utile. On peut étudier quelle est l'évolution typologique des langues romanes par rapport au latin (E. Coseriu, 1963), et ainsi de suite. On se rendra vite compte qu'il n'y a aucune prédestination des langues à passer successivement par tel ou tel stade (voir cependant G. Guillaume, 1939).

Les études structurales des dernières années permettent de repenser le problème de la typologie linguistique. De gros progrès ont été réalisés dans la caractérisation des phénomènes. Les recherches actuelles s'efforcent d'introduire la notion de hiérarchie dans le fonctionnement de la langue.

Bernard POTTIER.

BIBLIOGRAPHIE

C. E. BAZELL, *Linguistic Typology*, Londres, 1958.

E. BENVENISTE, *La Classification des langues,* Conférences de l'Institut de linguistique de Paris, XI, pp. 33-50, 1952-53.

F. R. BLAKE, Communication au VIe Congrès international des linguistes, *Actes,* pp. 117-120, Paris, 1949.

L. F. BROSNAHAN, *The Sounds of Language,* Cambridge (G.-B.), 1961.

H. CONTRERAS, *Una clasificación morfo-sintáctica de las lenguas románicas,* « Romance Philology », **16**, 261-268, 1962-63.

E. COSERIU, *Vers une nouvelle théorie du type linguistique roman,* communication, 1963.

F. N. FINCK, *Die Haupttypen des Sprachbaus,* 3e édition, Leipzig, 1956.

J. H. GREENBERG, *The Nature and Uses of Linguistic Typologies,* « Intern. Journal of American Linguistics », **23**, pp. 68-77 (= *Sôbre a natureza e o uso das tipologias lingüísticas*), « Rev. de antropologia », 6, 1-14, São Paulo, 1957, [1958].

J. H. GREENBERG, *A quantitative Approach to the Morphological Typology of Language,* « Intern. Journal of American Linguistics », **26**, pp. 178-194, 1960.

J. E. GRIMES et F. B. AGARD, *Linguistic Divergence in Romance,* « Language », **35**, pp. 598-604, 1959.

G. GUILLAUME, *Discernement et entendement dans les langues,* « Journal de Psychologie », pp. 183-198, 1939.

P. HARTMANN, *Zur Typologie des Indogermanischen,* Heidelberg, 1956.

A. G. Haudricourt, *Richesse en phonèmes et richesse en locuteurs*, « L'Homme », **1**, pp. 5-10, 1961.

Ch. F. Hockett, *A Manual of Phonology*, Baltimore, 1955.

H. Hoijer, *Some Problems of American Indian Linguistic Research*, Papers from the Symposium on American Indian Linguistics, pp. 3-12, Berkeley, 1954.

F. W. Householder Jr., *First Thoughts on Syntactic Indices*, « Intern. Journal of American Linguistics », **26**, pp. 195-197, 1960.

W. v. Humboldt, *Über die Verschiedenheit des menschlichen Sprachbaues und ihren Einfluss auf die geistige Entwickelung des Menschengeschlechts*, 1836.

D. H. Hymes, *Genitic Classification: Retrospect and Prospect*, « Anthropological Linguistics », **1-2**, pp. 50-66, 1959.

A. V. Isačenko, *Versuch einer Typologie der slavischen Sprachen*. « Linguistica Slovaca », **1**, 1939-40.

V. V. Ivanov, *Tipologija i sravnitel'no - istoričeskoe jazy koznanie*, Voprosy Jazykoznanija, **5**, pp. 34-42 [La typologie et la linguistique historico-comparative], 1958.

R. Jakobson, *Sur la théorie des affinités phonologiques entre les langues*, in J. Cantineau, traduction de N. S. Trubetzkoy, *Principes de Phonologie*, pp. 351-365, Paris, 1949.

R. Jakobson, *Typological Studies and their Contribution to Historical Comparative Linguistics*, Proceedings of the 8th Intern. Congress of Linguists, pp. 17-24, Oslo, 1958.

J. Krámský, *A Quantitative Typology of Languages*, « Language and Speech », **2**, pp. 72-85, 1959.

A. L. Kroeber, *On Typological Indices* 1 : *Ranking of Languages*, « Intern. Journal of American Linguistics », **26**, pp. 171-177, 1960.

H. Kuen, *Versuch einer vergleichenden Charakteristik der romanischen Schriftsprachen*, 19 p., Erlangen, 1958.

P. S. Kuznecov, *Die Morphologische Klassifikation der Sprachen*, Halle, 1956 [en russe, Moscou, 1954].

M. Leroy, *Les Langues du monde et la typologie linguistique*. Mém. et publ. de la Société des sciences, des arts et des lettres du Hainaut, **74**, pp. 169-204. 1960.

M. Leroy, *La Classification en linguistique*, in : *la Classification dans les sciences*, pp. 134-156, Gembloux, 1963.

E. Lewy, *Der Bau der europäischen Sprachen*, « Proceedings of the Irish Academy », **48**, pp. 15-117, 1942-43.

E. Lewy, *Die Lehre von den Sprachtypen*, « Studium generale » **4**, pp. 415-422, Berlin, 1950.

J. Lohmann, *Sprachgeographie und Sprachtypologie*, « Lexis » **4**, pp. 87-98, 1955.

W. Manczak, *Fréquence d'emploi des occlusives, labiales, dentales et vélaires*, « Bull. Soc. Ling. », **54**, pp. 208-214, Paris, 1959.

W. Manczak, *Tendances générales du développement morphologique*, « Lingua », **12**, pp. 19-38, 1963.

A. Martinet, *La Construction ergative et les structures élémentaires de l'énoncé*, « Journ. de psychologie », **55**, pp. 377-392, 1958.

A. Martinet, *A Functional View of Language*, [IV, Linguistic Typology], Oxford, 1962.

V. Mathesius, *Příspěvek k strukturálnimu rozboru anglické zásoby slovní*, « Časopis pro moderní filologii » **26**, pp. 79-84 [Analyse structurale du lexique anglais], 1939.

P. Menzerath, *Typology of Languages*, « Journal of the Acoustic Society of America », **22**, pp. 698-700, 1950.

P. Menzerath et W. Meyer-Eppler, *Sprachtypologische Untersuchungen*, « Studia Linguistica », **4**, pp. 54-93, 1950.

P. Meriggi, *Sur la structure des langues groupantes*, « Journal de Psychologie », 185 p., 1933.

T. Milewski, *Phonological Typology of American Indian Languages*, « Lingua Posnaniensis », **4**, pp. 229-276, 1953.

T. Milewski, *Typologia syntaktyczma jezyków amerykańskich*, « Biul. Polskiego Towarzystwa Jerykoznawczcego », **12**, pp. 1-24, 1953.

T. Milewski, *Similarities between the Asiatic and American Indian Languages*, « Intern. Journal of American Linguistics », **26**, pp. 265-274, 1960.

P. Miron, *Recherches sur la typologie des langues romanes*, VIII, Congresso intern. di studi romanzi, Atti II - **2-3**, pp. 693-697, Firenze, 1960.

B. R. Moore, *A Statistical Morpho-Syntactic Typology Study of Colorado (Chibcha)*, « Intern. Journal of American Linguistics », **27**, pp. 298-307, 1961.

M. Most, Communication au Ve Congrès intern. des Linguistes, *Actes*, pp. 183-190, Paris, 1949.

J. V. Neustupný, *Accent in Japanese and Russian. A Typological Study*, « Archiv Orientální », **27**, pp. 122-142.

M. A. Pei, *A New Methodology for Romance Classification*, « Word », **5**, pp. 135-146, 1949.

J. E. Pierce, *Possible Electronic Computation of Typological Indices for Linguistics Structures*, « Intern. Journal of American Linguistics », **28**, pp. 215-226, 1962.

E. Sapir, *Language* [VI Types of Linguistic Structure], New York, 1949.

B. A. Serebrennikov, *K kritike nekotorych metodov tipologičeskich issledovanij*, « Voprosy Jazykoznanija », **5**, pp. 24-33 [Critique de quelques méthodes des études typologiques], 1958.

V. Skalička, *Über die Typologie der Bantusprachen*, « Archiv Orientální », **15**, pp. 93-127, 1946 a.

V. Skalička, *Sur la typologie de la langue chinoise parlée*, « Archiv Orientální », **15**, pp. 386-411, 1946 b.

V. Skalička, *Sur le rôle de la flexion interne dans la langue*. « Linguistica Slovaca », **4/6**, pp. 13-22, 1946-48.

V. Skalička, *Typ češtiny*, Prague, 1951.

V. Skalička, *Sur les langues polysynthétiques*, « Archiv Orientální », **23**, pp. 10-28, 1955.

V. Skalička, *Typologie slovanských jazyků zvláště ruštiny*. « Českosl. rusistika », **2/3**, pp. 75 et suiv., 1958.

V. Skalička, *O současném stavu typologie*, « Slovo a Slovesnost », **19**, pp. 224-232, [De l'état actuel de la typologie], 1958.

V. Skalička, *Z nové typologické literatury*, « Slovo a Slovesnost », **21**, pp. 41-43, [De la nouvelle littérature typologique], 1960.

E. Stankiewicz, *Towards a Phonemic Typology of the Slavic Languages*, « Slavistic Printings and Reprintings », **21**, pp. 301-319, 1958.

V. Tauli, *Trend of the Structural Change in Languages*, « Orbis », **12**, pp. 5-16, 1963.

A. Tovar, *Catálogo de las lenguas de América del Sur*, pp. 194-199, Buenos Aires, 1961.

Trubetzkoy, N. *Gedanken über das Indogermanenproblem*, « Acta linguistica », **1**, pp. 81-89, 1939.

S. Ullmann, *Descriptive Semantics and Linguistic Typology*, « Word », **9**, pp. 225-240, 1953.

C. F. Voegelin, *On Developing New Typologies and Revising Old Ones*, « Southwestern Journal of Antropology », **11**, pp. 355-360, 1955.

C. F. Voegelin, *Subsystems within Systems in Cultural and Linguistic Typologies*, For R. Jakobson, pp. 592-599, La Haye, 1956.

C. F. Voegelin, *Typology of Density Ranges I: Introduction*, « Intern. Journal of American Linguistics », **26**, pp. 198-205, 1960.

C. F. Voegelin, *Typology of Density Ranges II: Contrastive and*

Non-contrastive Syntax, « Intern. Journal of American Linguistics », **27**, pp. 287-297, 1961.

H. Weinrich, *Ist das Französische eine analytische oder synthetische Sprache?* « Lebende Sprachen », **8**, pp. 52-55, 1953.

G. K. Zipf, *Relative Frequency and Dynamic Equilibrium in Phonology and Morphology,* Actes du VIe Congrès intern. des Linguistes, pp. 391-408, Paris, 1949.

L'ACQUISITION DU
LANGAGE PAR L'ENFANT

LANGAGE ENFANTIN ET DIACHRONIE

L'ACQUISITION du langage est l'un des multiples aspects du développement physique et intellectuel de l'enfant. Depuis longtemps déjà, psychologues et pédagogues avaient observé les particularités du langage enfantin, pour essayer de comprendre le processus d'évolution vers l'état adulte. Plus tard seulement, les linguistes s'intéressèrent à ce problème afin de recueillir dans le comportement linguistique de l'enfant des informations applicables à l'étude de la langue en général.

On a remarqué que le processus d'acquisition de la langue par l'enfant présentait des analogies évidentes avec les états successifs de l'évolution des langues; et certaines constantes de l'évolution du langage enfantin parallèles à celles que l'on peut observer dans l'étude diachronique des langues ont été mises en évidence. Les étapes linguistiques par lesquelles l'enfant passe seraient en quelque sorte une réduction, à un rythme accéléré, du processus d'évolution des langues. Les deux phénomènes présentent néanmoins des différences tangibles. Les modifications successives de la langue enfantine ont une finalité: se perfectionner et se rapprocher peu à peu du parler des adultes, pris comme modèle; cette tendance n'existe évidemment pas dans l'évolution des langues.

L'étude de la langue enfantine est l'un des domaines où l'enchevêtrement essentiel des aspects diachronique et synchronique du langage est le plus visible. De prime abord, il semble qu'on doive l'aborder selon les méthodes de l'évolution propres à la diachronie. Mais si l'observateur se limite à faire simplement l'exposé chronologique des phénomènes qui se produisent pendant les années d'apprentissage d'un idiome, nous ne pourrons pas comprendre les lignes générales, le sens, ni le système de ce processus. Tout en tenant compte de la succession dans le temps, il est nécessaire de remarquer les relations qui existent entre les faits simultanés, c'est-à-dire le fonctionnement synchronique des éléments constitutifs de la langue enfantine. L'apprentissage de la langue est l'histoire systématique de son acquisition, de la façon dont elle se constitue. Comme dans l'histoire de n'importe quel idiome, il y a une série de stades successifs, avec une différence néanmoins : l'histoire d'une langue part d'un système donné en état de fonctionnement, et à partir duquel il faudra, ou bien remonter dans le passé vers un système supposé et reconstruit, ou bien descendre vers un système actuel connu. Au contraire, l'histoire linguistique de l'enfant ne passe pas d'un système à un autre, mais elle prend son départ d'un non-système, d'un embryon ou d'une base indifférenciée, pour aboutir à la constitution du système de l'adulte. L'histoire des langues est un processus dans lequel des formalisations successives interviennent et agissent. L'histoire du langage enfantin est le processus de formalisation de ce qui était, au départ, absence de forme.

LANGAGE ENFANTIN ET LANGUES EN CONTACT

On peut voir aussi dans l'apprentissage de la langue par l'enfant une situation analogue à celle qui s'est produite si souvent lorsque deux langues furent mises en contact ; quand, par suite de vicissitudes historiques, certaines communautés furent obligées d'adopter la langue investie d'un plus grand prestige d'une autre communauté. De telle sorte, l'enfant, comme l'adulte obligé d'acquérir une langue nouvelle, doit s'adapter à un modèle imposé de l'extérieur. Tous deux doivent renoncer à leurs tendances expressives personnelles et adopter, en les imitant, les procédés de communication de l'entourage. Bien qu'il y ait dans la situation de l'enfant et celle de l'adulte des traits communs et que le processus d'apprentissage soit en quelque sorte parallèle, les deux faits ne sont pas comparables en tous points. Le locuteur adulte acquiert une langue inconnue par un processus analogue d'analyses de plus en plus fines, mais (ceci est important) il possède déjà l'expérience pratique de ce qu'est une langue, et il en domine les instruments de manifestation. L'enfant, au contraire, doit découvrir cette réalité, qui s'avère être le contenu de la langue ; il doit dominer petit à petit la technique de la communication linguistique, il doit somme toute découvrir en quoi consiste et à quoi sert la langue que l'on parle autour de lui. Les données de son expérience et de sa propre langue fournissent un point de départ à l'adulte qui, en réalité, doit seulement s'adapter à un code nouveau d'une espèce déjà connue, quand il aborde une nouvelle langue. Pour l'enfant, le point de départ est au zéro ; car il doit découvrir non seulement le code, son fonctionnement et son utilité, mais encore le contenu du message, l'expérience de la réalité qu'il va connaître petit à petit. Avant de pouvoir commencer à comprendre la langue et à s'en servir, il doit être en condition de le faire, avoir atteint la maturation physique et mentale qui conviennent. Avant l'apprentissage linguistique à proprement parler, l'enfant passe par une étape, où il découvre le fonctionnement des organes de la parole et la technique par laquelle il est possible de capter ou de manifester la langue des adultes.

Cela dit, il est nécessaire de souligner quelque ressemblance entre les deux situations. Quand deux langues sont mises en contact, trois solutions peuvent se présenter, avec, il va sans dire, une variété infinie de solutions intermédiaires : ou bien les deux langues, implantées dans leurs communautés respectives, se maintiennent séparées ; ou bien l'une des langues « déloge » l'autre et reste l'unique instrument de communication ; ou enfin l'une et l'autre se font des concessions mutuelles, et il apparaît un troisième instrument de communication, assez imparfait, tel que les parlers connus sous les noms de « lingua franca », « créole » ou « pidgin english ». Au moment de l'acquisition du langage par l'enfant, il se produit quelque chose qui ressemble à cette troisième possibilité : l'enfant imite l'adulte, mais en même temps les adultes adaptent leur propre langue aux possibilités de l'enfant, en faisant surgir ainsi des parlers transitoires, plus ou moins durables, qui représentent, à l'instar des dialectes créoles, un appauvrissement et une simplification de la langue de l'adulte ; dans beaucoup de langues, il en persiste ce que l'on appelle les *nursery-words*. Mais les analogies s'arrêtent là. Les linguas francas se maintiennent quand aucune des langues en contact n'exerce de pression permanente; dans le cas de l'enfant, la langue adulte domine inexorablement et fait disparaître, après un certain temps, cet état intermédiaire rudimentaire.

DÉBUTS LINGUISTIQUES DE L'ENFANT: COMMUNICATION ET LANGAGE

Si nous considérons que la langue est essentiellement un système de communication au moyen de signes exprimés phoniquement, on peut dire que l'activité proprement linguistique de l'enfant ne commence qu'au moment précis où il fait la découverte pratique de ce qu'est un « signe », c'est-à-dire une expression phonique conventionnelle ayant trait à un objet de l'expérience humaine. Avant ce moment, il n'y a pas en réalité de langage. Or, il existe une différence entre découvrir le signe ou réagir correctement aux expressions phoniques de l'entourage, et l'utiliser de manière active. Nous voulons dire par là que l'enfant est d'abord le simple récepteur passif des signes linguistiques, et que son activité, en tant qu'émetteur de communications sémiotiques de type phonique, est obligatoirement postérieure. Le processus d'emmagasinage de la langue dans les différents stades successifs précède les progrès à l'usage. Les cas d'enfants qui « comprennent tout », bien qu'ils ne fassent aucun usage du signe parlé, sont fréquents.

L'utilisation effective du langage est précédée d'étapes que l'on pourrait appeler pré-sémiotiques ou pré-linguistiques, pendant lesquelles on peut observer chez l'enfant des fonctions habituellement exercées par le langage, telles que l'extériorisation et la communication. En outre, pendant cette période, il se produit une activité phonique intense qui prélude au futur bon fonctionnement des organes destinés à matérialiser le langage, ainsi qu'un développement de l'appareil auditif qui dispose l'enfant à capter les signes extérieurs audibles. Pendant cette période où l'activité phonique essentiellement pré-sémiotique n'est pas bien différenciée des autres exercices physiques, tels que les expressions de la physionomie et les gestes, le bébé, avant même qu'apparaisse le signe, acquiert la possibilité de communiquer, quand il découvre que les simples réflexes qui le font s'extérioriser en cri ou en grimace produisent une réaction dans son entourage humain. Ce procédé de communication a seulement un caractère d'appel.

Arrivé à la phase sémiotique, l'enfant n'a pas encore séparé tout à fait le langage, en tant que système de signes de caractère exclusivement vocal, des autres instruments de communication moins systématiques et plus motivés, comme le sont les mimiques et les gestes. Il est vrai que l'usage de ces instruments se maintient, chez l'adulte, à des degrés différents, mais ils ne sont plus que des simples auxiliaires de la communication réalisée par l'expression vocale. Au début, le bébé ne fait pas de différence entre les deux, pas plus qu'il ne subordonne la mimique au langage.

DE LA COMMUNICATION GLOBALE À L'ARTICULATION

Après l'acquisition pratique du signe, l'apprentissage de la langue se poursuit selon un mécanisme analytique de plus en plus fin et complexe, et qui consiste essentiellement à comprendre et à se servir de la double articulation. Il est légitime de dire que pendant la première étape linguistique et sémiotique, l'enfant se sert d'un instrument de communication oral et inarticulé. Il interprète les manifestations linguistiques de l'entourage comme un tout, et en conséquence ses propres manifestations sont aussi unitaires : éléments minimum inanalysables en unités significatives plus petites et qui s'expriment en successions de sons peu articulés entre eux, constituant des blocs, comme s'il s'agissait d'un système dont les signes ne ressembleraient qu'à ce qu'on appelle les interjections dans les langues des adultes. Il est évident, comme le signale Jakobson, que « dans le langage enfantin, il n'existe pas au début de hiérarchie des unités linguistiques, et que tout est subordonné à l'équation : un énoncé = une phrase = un mot = un morphème = un phonème = un trait distinctif ». Mais bientôt l'enfant, par son activité analytique, découvre la **deuxième articu-**

lation, celle des phonèmes, ou éléments diacritiques phoniques qui permettent de distinguer les signifiants entre eux, et il apprend assez vite, encore qu'imparfaitement, à s'en servir. Par contre, la première articulation, c'est-à-dire l'analyse en unités significatives successives de l'expérience à communiquer, n'apparaît que plus tard et progresse plus lentement. D'une manière générale, quand l'enfant arrive aux environs de trois ans, il domine le système phonologique de sa langue, alors que l'articulation des signifiants est encore rudimentaire ou hésitante; son perfectionnement demandera plusieurs années et pourra même, en ce qui concerne l'acquisition et l'emmagasinage du lexique, durer la vie entière, car le lexique est une catégorie ouverte et illimitée de la langue. Nous examinerons donc séparément le processus d'acquisition et l'articulation des éléments phoniques, c'est-à-dire l'établissement et la maîtrise du système phonologique, et l'apprentissage du système morpho-syntaxique et du vocabulaire.

Dans les pages qui suivent, nous nous en tiendrons exclusivement au processus d'apprentissage linguistique. Nous laisserons donc de côté tout ce qui concerne le développement psychologique de l'enfant pendant la même période et qui serait en dehors des limites de notre sujet et de notre compétence. Les exemples de parler enfantin que nous donnons proviennent d'observations personnelles sur un enfant bilingue franco-espagnol, et des ouvrages cités dans la bibliographie.

ÉTAPE PRÉ-SÉMIOTIQUE

L'unique procédé pour observer la façon dont l'enfant acquiert une langue est d'enregistrer, d'un côté, son activité vocale, et, de l'autre, son comportement en réaction à la langue que parlent ses proches. Pendant les premiers mois, on remarque que le bébé développe les possibilités fonctionnelles des organes avec lesquels il produira et saisira les manifestations linguistiques ultérieures: il apprend à maîtriser les appareils de la phonation et de l'audition. Dès la naissance, le petit enfant exerce une certaine activité phonatoire; plus tard seulement, des réactions dans sa conduite apparaîtront, provoquées soit par la langue des adultes, soit par n'importe quel autre signe de type acoustique. Les premières manifestations phoniques ne sont donc que de simples réflexes, extériorisations non intentionnelles de l'enfant. Petit à petit, à mesure que s'éveille sa sensibilité active, ces émissions phoniques deviennent pour lui un sujet d'attention, de la même façon qu'il va découvrir ses mains ou ses pieds. Il remarque ensuite qu'elles produisent des réactions dans son entourage. A partir de ce moment, l'activité phonique se dédouble : elle peut être un jeu agréable et une activité créatrice désintéressée de l'enfant, ou bien un instrument communicatif d'appel. S'il est vrai que même les enfants sourds-muets passent par cette période de soliloque « gazouillé », ou si l'on préfère de « concert articulatoire », il faut bien accepter le fait que, par leur côté ludique, les sensations musculaires des organes phonatoires sont aussi importantes que les sensations auditives. Quant à leur portée communicative, il ne s'agit que d'émissions vocales indifférenciées du point de vue sémantique ; seuls les adultes leur attribuent un sens déterminé ; pour l'enfant, ils ne peuvent pas être des signes encore, ni des signaux symboliques, mais simplement des appels destinés à attirer l'attention de ceux qui l'entourent, ou tout au plus des appels polarisés sur le plaisir ou le déplaisir. Pendant les premiers mois, il n'y a aucun langage ; on parlera simplement d'extériorisation, de jeu et d'un principe rudimentaire d'appel qui permet d'affirmer que le bébé a établi un premier contact avec le monde extérieur. Cette période pré-linguistique se prolonge au-delà du moment où il a fait la découverte du signe. Pendant un certain temps, les deux utilisations de l'appareil phonatoire coexistent : l'une véritablement linguistique, et l'autre ludique, qui sont toutefois nettement différenciées. La durée de cette période varie à l'intérieur de certaines limites : en général, elle se prolonge jusqu'à la fin du neuvième mois.

A part les cris et les pleurs, et plus tard le rire, il semble que les premières articulations spontanées ou gazouillis soient conditionnées par la position horizontale du bébé. Dans toutes les communautés linguistiques, ces premières émissions sont des articulations profondes de la cavité buccale : ['a], [ḫɨə], [ŋgə], [kxə], etc. Certains clics labiaux ou linguaux apparaissent également assez vite. L'enfant découvre rapidement les possibilités articulatoires infinies des organes de la phonation. Bien qu'il ne les utilise jamais toutes, le jeune enfant, indépendamment du modèle phonique offert par la langue que l'on parle autour de lui, crée, émet, reproduit une grande variété de sons situés dans toutes les zones buccales et réalisés de diverses manières : « injectifs » ou « éjectifs » avec ou sans sonorité, nasalité, ou occlusion. La gamme étendue de ses soliloques tend à se rythmer en groupes répétitifs de consonnes vocaliques: [tatatatata], [lələlələ], [babababa], [ŋaŋaŋaŋa], [mamamama] etc. ou en combinaisons singulières de vibrantes labiales et de clics labiaux chuchotés par exemple: $\begin{bmatrix} r \\ b \end{bmatrix} \text{ə } P\text{ə}_b^r\text{ə } P\text{ə}$. Il ne semble pas qu'il y ait un ordre naturel ou précis dans l'utilisation des unes ou des autres articulations, à ce premier stade de l'activité phonatoire de l'enfant. Certains chercheurs ont signalé que les voyelles apparaissaient en premier, les consonnes venant plus tard. En réalité, au point de vue fonctionnel, il ne s'agit ni de voyelles, ni de consonnes, et au point de vue articulatoire, ce sont plutôt des combinaisons presque simultanées de ce qu'on appelle, en phonétique, voyelle et consonne. Ce qui est certain, c'est que, petit à petit, l'enfant tend à contraster rythmiquement la voyelle et la consonne en une simple alternance d'ouvertures et de fermetures plus ou moins complètes de la cavité buccale.

Pendant cette période, l'enfant peut produire par hasard une succession d'articulations coïncidant avec certains mots de la langue que parlent ses proches. En général, dans la langue des adultes, ces mots, tels que *papa, maman, dodo, pipi*, sont d'origine enfantine. Les non-initiés les interprètent comme les premiers vocables, c'est-à-dire les premiers « signes » dont se sert l'enfant; mais de toute évidence, il ne s'agit que de jeux inconscients, non intentionnels, et dépourvus de signification.

Les facultés réceptrices se développent en même temps, bien qu'elles n'aient en principe aucun rapport avec les facultés émettrices. Le bébé peut réagir aux manifestations phoniques qu'il perçoit, mais il ne les identifie pas tout de suite avec ses propres manifestations articulatoires. Il capte les émissions linguistiques des adultes, mais il est

encore incapable de les analyser, et il réagit surtout aux
éléments de la langue les moins articulés en système,
éléments marginaux comme l'intonation, ou extra-
linguistiques, comme le timbre de voix de chaque locuteur. Quand l'enfant en arrive à imiter les séquences
phoniques répétées avec insistance autour de lui, il les
soumet aux mêmes variations rythmiques que ses
créations personnelles. C'est alors que commence à
prendre corps l'important mécanisme d'association de
l'image acoustique à l'activité articulatoire, qui est
essentielle pour le fonctionnement ultérieur de la langue.

APPARITION DU SIGNE

En général, vers le neuvième mois, l'enfant commence
à manifester une activité phonique réellement linguistique. C'est environ à cet âge qu'on peut enregistrer son
premier « mot » doué d'une intention signifiante, et qui
est reconnu comme tel par les adultes. Cependant, il est
difficile de déterminer avec précision le moment où
l'enfant découvre le signe. Nous avons dit qu'il le comprend avant de l'utiliser. En outre, certaines manifestations vocales de l'enfant peuvent avoir une intention
signifiante, sans que les adultes puissent pour autant la
saisir, car le matériel phonique enfantin ne coïncide pas
nécessairement avec celui de l'adulte. Par ailleurs,
l'enfant peut avoir compris ce qu'est un signe, sans que la
manifestation en soit exclusivement phonique; ceci
revient à dire qu'au début de l'étape sémiotique, les
faces signifiantes des signes peuvent être tout aussi bien
des mimiques ou des gestes. Quoi qu'il en soit, au point
de vue linguistique, le début de l'utilisation du signe à
l'aide d'une expression phonique est très important,
indépendamment de la forme du signifiant ou de la
valeur du signifié. Il a été démontré que les premiers
signes enfantins reconnaissables ne sont pas forcément ni
exclusivement ceux qui concernent les personnes de
l'entourage *(papa, maman)* et qu'ils ne s'expriment pas
toujours au moyen de signifiants qui existent dans la
langue du milieu, mais très souvent, au contraire, ils
ne sont que des fragments de soliloques stéréotypés,
chargés d'une référence sémantique.

L'acquisition d'un signe implique la formation d'une habitude. L'enfant observe que, dans une situation déterminée, les adultes répètent une même expression, et il en vient ainsi à associer l'une à l'autre. Si cette expression appartient à la succession d'éléments phoniques qu'il sait déjà reproduire, il pourra l'utiliser quand la situation, ou l'objet auxquels il se réfère, l'exigeront. Passé encore quelque temps, l'enfant sera capable d'employer le signe nouvellement acquis, non plus pour accompagner une situation ou un objet, mais afin de réclamer celui-ci ou de provoquer celle-là.

On affirme parfois que ces premiers signes, qui suivent immédiatement les appels indifférenciés du gazouillis, ne sont que le reflet des manifestations du bébé : cris volitifs ou appels, et qu'ils sont dépourvus de toute référence objective, de constatation ou de représentation, à la réalité environnante. Le premier signe, le signe « primaire », serait le symptôme du désir de quelque chose, et non pas la représentation de quelque chose. Les travaux de divers observateurs ont montré cependant que, lorsque l'enfant commence à se servir du signe, il l'utilise aussi pour représenter des objets. On ne doit pas exclure la fonction représentative du langage des premières étapes sémiotiques ; toutefois, on peut accepter l'idée que, dans l'activité linguistique initiale, la catégorie désignation soit prépondérante. Dans ce cas, le choix fonctionnel du signe enfantin comprendrait trois modalités : appel, volition et désignation (« J'appelle X », « Je désire X », « Voici X »).

Nous avons fait allusion plus haut au caractère global de ces manifestations linguistiques. Toute expression est à la fois proposition, mot, morphème, en bloc. L'expérience n'étant pas analysée mentalement, pour ainsi dire, ne s'articule pas non plus en éléments linguistiques significatifs successifs. La première phase sémiotique de l'enfant est dépourvue de première articulation et par conséquent de syntaxe. Tous les signes utilisés ont la même fonction. Il serait donc vain de vouloir démontrer ou distinguer ce qui, dans le langage enfantin, apparaîtrait en premier, des substantifs, des verbes ou des adjectifs. Il n'y a pas de « parties du discours », car ici le discours est un tout unitaire indécomposable. Après plusieurs mois, vers la fin de la deuxième année, une articulation minime, un début d'articulation se manifestera, et par là même, une analyse des expériences communiquées. Mais, déjà dans la période dont il est question, on peut constater que le jeune enfant comprend la fonction de la deuxième articulation. Il est possible d'admettre qu'au moment du babil ou gazouillis, le bébé reconnaissait certaines identités parmi les éléments phoniques, puisqu'il était capable de répéter *ad infinitum* une même combinaison. Mais, dès qu'il fait la découverte du signe, il découvre aussi ce qui est distinctif et contrasté dans les sons : ceux-ci se différencient entre eux quand leur intention sémiotique est différente. Probablement cette nouvelle marque d'attention, consistant à reconnaître le contraste et l'opposition, oblige l'enfant à réduire le riche répertoire phonique dont il usait au moment du babil. Il semble bien, comme certains observateurs l'ont signalé, qu'une période de mutisme, brève et passagère, en soit le résultat : attentif aux oppositions phoniques, l'enfant oublie ses exercices articulatoires. Dès lors, son activité phonique se dédouble en deux activités nettement différenciées : l'une libre, créatrice, dénuée d'intention communicative, et qui fait suite au babil ; l'autre intentionnelle, significative, et au point de vue strictement phonétique, beaucoup plus pauvre et réduite. En général, quand on arrive au stade sémiotique, la situation d'effervescence phonique désordonnée, chaotique, prodigieusement variable, qui caractérisait la période précédente, se calme ; il en reste en surface quelques éléments phoniques : fort peu, il est vrai, mais avec une intéressante nouveauté, celle d'être doués d'une valeur intentionnelle, différenciative et significative.

ACQUISITION DU SYSTÈME PHONOLOGIQUE

Tous les observateurs signalent le fait fondamental de la réduction des émissions phoniques de l'enfant à un très petit nombre d'articulations, quand il rentre dans la phase sémiotique. Tout se passe comme s'il perdait l'habileté articulatoire manifestée pendant le babil ; telle production phonique, naguère fréquente, disparaît et plusieurs mois passeront avant qu'elle ne soit produite à nouveau. Désormais, l'enfant commence à apprendre non plus des sons, mais des phonèmes, c'est-à-dire à réaliser les phonèmes de la langue que l'on parle autour de lui. Il ne se laisse plus guider par son instinct articulatoire personnel, mais il se soumet, il s'adapte à son milieu, et il essaie d'imiter ce qu'il entend. Il ne s'agit en aucune façon d'un apprentissage phonétique, ni d'exercices physiques de l'appareil phonatoire, mais d'un apprentissage phonématique, d'un mécanisme où les catégories les plus complexes de l'esprit interviennent. L'activité phonique de l'enfant n'est plus désintéressée, elle est intentionnelle. Il ne fait pas de doute que la saisie perceptive de ce qui est différent et de ce qui est identique dans le parler adulte précède l'imitation. Tout le processus d'assimilation du système phonologique de la langue apprise se réduit à cette analyse de différences et d'identités, qui sont d'abord perçues et ensuite reproduites. Cette analyse se réalise lentement, et il est naturel qu'elle commence par la reconnaissance et l'assimilation des contrastes les plus éloignés et les plus clairs, et que les distinctions les plus complexes apparaissent assez tard. Il est maintenant possible d'observer un certain ordre chronologique d'apparition des phonèmes dans le parler enfantin, en opposition avec l'irrégularité absolue selon laquelle les sons étaient émis au moment du babil.

On avait signalé autrefois que l'enfant apprenait d'abord les phonèmes faciles à réaliser, et que les plus complexes au point de vue articulatoire étaient acquis assez tard. Cela est vrai, à condition de préciser ce qu'on entend par « faciles à réaliser ». Au début, de nombreux phonèmes sont imités imparfaitement, ou même omis par l'enfant. Il s'agit de savoir si le motif de cette reproduction incorrecte réside dans une mauvaise audition ou perception, ou bien dans l'incapacité de se servir des organes de la phonation. L'imperfection est-elle auditive ou articulatoire ? On connaît des cas fréquents d'articulation imparfaite, de confusion articulatoire, alors que le jeune enfant ne fait pas de confusion par l'ouïe. Il peut se produire que l'articulation soit incorrecte parce que l'enfant n'arrive pas encore à discerner l'image acoustique, et même si celle-ci lui apparaissait de manière précise et différenciée, il ne dispose pas encore des moyens musculaires nécessaires pour en imiter les articulations de façon parfaite. Il est beaucoup plus probable néanmoins que l'inadaptation articulatoire soit due, non à une gaucherie musculaire, mais plutôt à une liaison imparfaite entre l'image acoustique et l'image motrice, et que les processus de formalisation des sensations auditive et motrice aient une allure d'évolution différente, les distinctions perçues sur le plan auditif n'étant pas encore différenciées au niveau articulatoire. Il n'y a pas certains sons plus difficiles à articuler que d'autres, les émissions de la période du gazouillis le montrent bien; la difficulté consiste à établir un choix de sons motivé, à poser des limites distinctives entre les possibilités articulatoires, à marquer des contrastes et des oppositions. De même, au début de l'activité graphique volontaire de l'enfant, les erreurs se trouvent dans la perception ou la reproduction des rapports, des proportions et de la perspective: 1 et 3 sont rendus indifféremment par 1 ou ⎱, 3 ou Ɛ, non point à cause de leur facilité plus ou moins grande, mais parce que l'enfant ne différencie pas ce que nous appelons droite et gauche. Au niveau phonique, il se produit quelque chose de semblable à ce qui a été fréquemment signalé pour le signe: des enfants qui distinguent très bien deux signes de la langue des adultes les expriment par un signifiant indifférencié, par exemple [pɔyö] « monsieur » et « cheveux ». Ainsi l'enfant peut reconnaître deux phonèmes /p/ et /f/, mais il les réalise cependant par une articulation unique.

« La relative facilité d'un phonème, c'est-à-dire son acquisition précoce, n'est pas autre chose que la netteté et l'évidence de son contraste avec les autres phonèmes » (Jakobson). L'enfant commence par acquérir les phonèmes qui diffèrent d'une manière incontestable et qui s'opposent par un contraste maximum de leurs propriétés phoniques. Bien entendu, ce ne sont pas essentiellement les phonèmes qui s'opposent entre eux, mais les traits distinctifs qui les constituent. L'enfant capte, dans la langue des adultes, les traits différentiels les plus caractéristiques, et il essaie de les imiter en négligeant les autres traits pertinents dont le contraste mutuel est moins marqué. C'est la raison pour laquelle les phonèmes qui ont en commun un trait caractéristique sont réalisés, au début, par une seule et même articulation, comme s'il s'agissait d'un phonème unique. On peut dire que l'enfant acquiert le système phonologique par un mécanisme d'analyses successives à partir d'un super-archiphonème /Φ/ où seraient neutralisés tous les phonèmes de la langue. Étant donné que l'enfant conserve, depuis la période du babil, le contraste entre consonne et voyelle, ouverture et fermeture du chenal expiratoire, on peut dire encore que ses analyses successives débutent de la différenciation progressive de deux archiphonèmes /K/ consonne et /Ω/ voyelle. Les variantes de ces derniers se stabilisent en archiphonèmes aux neutralisations de moins en moins étendues, et qui disposent d'un champ de dispersion chaque fois plus restreint. Le processus consistera donc à phonologiser le plus grand nombre de traits distinctifs, jusqu'à atteindre le total pertinent de la langue en question. Puisque l'apprentissage est conditionné par la situation phonologique de la langue, le mécanisme d'évolution ne peut être exactement le même dans toutes les langues. Toutefois, dans les limites que nous avons définies, l'ordre relatif des nouvelles acquisitions est parallèle et général pour toutes les langues, où il a été observé.

Au cours de ce processus, l'enfant commence nécessairement par distinguer les contrastes dans la séquence phonique. Tant qu'il n'aura pas appris à jalonner celle-ci de certains points limites, il n'aura pas encore découvert la deuxième articulation, et les manifestations phoniques seront perçues *in globo* comme une simultanéité de traits et non comme une succession. Le contraste initial, nous l'avons dit, est le contraste entre une voyelle et une consonne. Leurs alternances successives, en tant que jeu d'ouvertures et de fermetures de la cavité buccale, sont l'embryon de la deuxième articulation à venir. Il est probable que l'enfant commence par remarquer, dans ce qu'il entend, ce contraste entre certains traits consonantiques et certains traits vocaliques. Quand il les reproduit, il en fait deux unités successives qui sont la copie imprécise de la séquence entendue. Il ne perçoit pas au début les phonèmes de la langue, mais seulement quelques traits distinctifs. Les sons qu'il emploie pour les reproduire ne correspondent pas aux mêmes unités dans la langue des adultes; ils peuvent être le reflet de certains éléments d'unités différentes, perçus simultanément et ns pas dans l'ordre véritable. L'enfant n'acquiert pas les phonèmes, mais plutôt certains traits distinctifs qui se trouvent combinés simultanément d'après un système différent. Dans l'exemple que nous avons cité [pəyö], l'enfant perçoit bien une différence entre /msiö/ et /švö/ mais il n'arrive pas à déterminer en quoi consiste cette différence. La convergence des deux signes dans une seule reproduction résulte du fait que les traits distinctifs n'ont pas été saisis dans leur véritable combinaison, sinon plus ou moins simultanément, et qu'ils ont été analysés d'après un ordre combinatoire différent. Le trait labial de /m/ et de /v/ se retrouve en [p], la caractéristique fricative de /s/ et /š/ et palatale de /i/ et /š/ apparaissent combinés en [y]; d'autres traits sont négligés, tels que la nasalité de /m/, la sonorité et l'émission fricative de /v/. A ces premiers stades de l'apprentissage, les phonèmes enfantins correspondent à des articulations partiellement différentes de celles de la langue modèle. Il acquiert d'abord les traits distinctifs et, petit à petit, il va apprendre à les combiner selon les normes phonologiques de cette langue. C'est pourquoi, au lieu de chercher à déterminer le moment d'apparition de chaque phonème, il serait préférable d'observer celui des traits distinctifs qui vont plus tard se réaliser simultanément dans des phonèmes semblables à ceux de la langue de l'adulte. Quel est l'intérêt de savoir lequel de [p] ou [b] est apparu en premier, chez un enfant qui les utilise indifféremment, puisque ces deux éléments fonctionnent de façon équivalente, en représentant, par exemple, toutes les consonnes labiales /p, b, f, v, m/? Il est préférable de remarquer que cet enfant possède le trait distinctif de labialité, mais que la sonorité ou la nasalité n'ont pas encore été acquises.

L'apprentissage du système phonologique se présente donc sous quatre aspects: percevoir, dans la masse des éléments phoniques d'une manifestation linguistique, un nombre de plus en plus élevé de traits distinctifs; percevoir de plus en plus précisément la simultanéité ou la succession et l'ordre dans lesquels ces traits apparaissent; reproduire de façon différente un nombre de plus en plus élevé de traits distinctifs perçus; grouper et ordonner ceux-ci dans une reproduction de plus en plus exacte du modèle perçu. Somme toute, l'apprentissage consiste à perfectionner la perception phonématique et à réaliser une articulation adéquate à la perception.

Une fois établi le contraste de la consonne à la voyelle, l'enfant possède d'ores et déjà un complexe syntagmatique où les unités différentielles pourront fonctionner. L'ébauche du système phonologique enfantin est tracée lorsque au moins deux unités opposées peuvent se manifester dans chacune de ces deux positions de la séquence. Puisque la voyelle apparaît d'ordinaire comme un support de la consonne, celle-ci assume, en fait, la fonction distinctive au début. Avant que ces unités n'apparaissent en opposition, le schéma phonique des signes enfantins se limite au contraste dont nous avons parlé entre consonne et voyelle successives. Le contraste maximum s'établit en général entre une occlusive labiale (c'est-à-dire la fermeture de la cavité buccale) et la voyelle d'ouverture maximum /a/. La première opposition phonématique du système est due à la scission fonctionnelle de deux zones articulatoires de type consonantique : à l'opposé du trait de labialité, l'enfant découvre celui de non-labialité ; à l'opposé de /P/, il va découvrir une autre unité de réalisation variable /T/, dont la caractéristique constante est le rôle principal joué par l'organe de la langue. C'est ainsi qu'apparaît l'opposition labial/lingual. Pour quelques auteurs, cette unité linguale s'articule comme une occlusive dentale ; bien qu'en l'occurrence cette réalisation soit la plus fréquente, des occlusives vélaires peuvent aussi apparaître en même temps, et alterner de façon plus ou moins libre, et non distinctive : mais ce qu'il y a de commun à toutes ces réalisations, ce qui est pertinent, c'est l'utilisation de la langue, en opposition avec l'articulation labiale. Du reste, ces deux unités peuvent être phonétiquement accompagnées de sonorité, d'aspiration, de nasalité, etc. /PaPa/ par exemple, peut être réalisé alternativement et indifféremment : [papá], [babá], [pʰapʰá], [φaφá], etc. Un peu plus tard, le trait nasal se distingue du caractère oral ; bien que l'on admette l'apparition précoce d'une émission comme celle de [mamá], il faut plutôt l'attribuer à la période du babil d'où elle provient qu'à l'étape sémiotique. L'unité nasale ne s'oppose pas au début à /P/ et à /T/ par le point d'articulation ; la réalisation [m] est prédominante, mais des variantes [n, ñ, ŋ] apparaissent aussi.

Tandis que le système consonantique en est arrivé à constituer cet inventaire à trois unités : deux orales (labiale et linguale) et une nasale, le vocalisme s'est également différencié. A l'unique voyelle du début, [a] en général, d'autres s'opposent maintenant. Pour /A/ d'ouverture maxima, /I/ apparaît, d'ouverture minima, puis /E/ de moyenne ouverture. Ensuite, il se produit une scission entre les voyelles antérieures /E, I/, et une voyelle postérieure /U/ de réalisation variable. Dès lors, la voyelle cesse de se trouver en simple contraste syntagmatique par rapport à la consonne; désormais, elle acquiert aussi une valeur distinctive, par exemple: [papá]/[pipí], [mamá]/[mimí] « dormir », [ˀaˀá]/[ˀoˀó] « chocolat ».

Le trait de nasalité continue d'être, pendant quelque temps encore, un trait secondaire, facilement neutralisable: par exemple, dans [pɔyö] que nous avons déjà cité et dans [puyá] « mouchoir », il est négligé; dans [pitíŋ] « fini » et [potón] « moto », il est dissocié et forme une unité indépendante des caractéristiques dentale et labiale; dans [meñé] « baigner » et [manán] « banane », il se manifeste de façon redondante sur le premier élément et résulte de l'assimilation à la deuxième consonne. (Ces exemples ont été pris vers la fin de la deuxième année). Il est fort probable que la nasalité soit perçue initialement comme un trait qui couvre le mot entier; de là, qu'elle se manifeste quasi exclusivement dans des signifiants de type répétitif: [mamá], [néne] esp. « enfant », [mimí], [mjamjá] « manger », etc. Malgré cela, l'opposition de la labiale à la linguale s'étend assez vite à la série nasale, et à l'opposé de /m/ on voit apparaître /N/ dont les réalisations varient (n, ṇ, ŋ). La distinction entre deux types de nasales linguales est le plus souvent postérieure à la scission des consonnes orales linguales en deux unités différentes.

Généralement, la séparation des occlusives dentales d'avec les occlusives vélaires a lieu assez tard, mais elle est presque toujours faite à la fin de la deuxième année. Parfois, elle est précoce: [gɔtí] « lune » (origine inconnue), [gidé] « fatigué », [kötü] « couteau » (18 mois). Toutefois, la distinction demeure longtemps hésitante, surtout quand elle est combinée avec un [r̃] suivant. Dans des mots un peu longs, le trait vélaire peut passer inaperçu;

de /k/, il ne persiste que la caractéristique occlusive combinée avec un autre trait présent dans le mot, par exemple, dans [potív] « locomotive », /k/ et /m/ sont rendus par la combinaison simultanée de l'occlusion de /k/ et de la labialité de /m/, ce qui produit [p].

Le trait fricatif est ultérieur. Les constrictives n'apparaissent pas toutes en même temps. Il peut en surgir une avant que les occlusives soient scindées en trois ordres /P, T, K/. Généralement, les fricatives précoces sont des semi-voyelles, ce qui s'explique car, par rapport aux occlusives, elles ont en commun leur ouverture relative. L'enfant emploie les voyelles les plus fermées /I, U/, en fonction consonantique; il les rend par [y, w] plus ou moins sourdes. Il peut reproduire, avec elles, maintes fricatives de la langue des adultes: [owá] « au revoir », [áwa], esp. « agua » eau, [yuyú] « joujou », [yuyé] « jouer », [pəyõ̯] « cheveux, monsieur », [meyóŋ] « maison », [puyá] « mouchoir », [wayáy] « voyage », etc.

Le processus de différenciation progressive des constrictives est beaucoup moins clair, et plus variable, semble-t-il, que la scission des occlusives en trois ordres. Il dépend en grande partie des conditions spécifiques de la langue apprise, et de la netteté plus ou moins grande avec laquelle le trait fricatif s'impose aux dépens des autres traits distinctifs concomitants. Pour les fricatives labio-dentales, par exemple, le trait labial semble longtemps dominant, et la friction est négligée. En général, les fricatives d'articulation linguale sont acquises d'abord, en particulier la palatale [y]~[y̯] et une sifflante d'articulation variable. La scission qui permettra de les différencier se réalise assez tard. Quelquefois, une fricative vélaire plus ou moins voisée apparaît plus tôt. Dans le cas que nous avons observé, un [ṙ] fricatif fort, survivance de la période du babil, renforcé par /r/ français et /x/ espagnol, apparaît dans des combinaisons indépendantes des langues parlées par l'entourage, par exemple: [ṙwayáya] « tramway », et dans d'autres mots: [ṙuy] « rouge », [ṙuyú] « yaourt », [ṙo] « gros », [ṙwa] « froid, trois », [abṙ] « arbre », [ęḃṙ] « herbe », [ṙwemé] « fermer », [ắṙel] esp. « angel » ange, etc.

Avant que la série fricative ne soit complète, une

latérale /l/ apparaît. Dans les langues qui possèdent plusieurs phonèmes liquides, leur distinction est généralement tardive. En espagnol, par exemple, /r/ peut être représenté par [n] ou [l] jusqu'au début de la troisième année; néanmoins, /r̄/ à cause de ses vibrations multiples peut apparaître plus tôt, ou être identifié avec une fricative ou avec [ř]. Chez l'enfant bilingue franco-espagnol que nous avons observé, [ř] s'est manifesté tout d'abord, puis [l] environ à dix-huit mois, et peu de temps après, [r̄] réservé exclusivement aux expressions espagnoles. Au contraire, [r] alvéolaire continue d'être identifié encore, au début de la troisième année, à d'autres consonnes de même point d'articulation, tel que [l] dans [telésa] « Teresa », [ógla] « ahora » esp. « maintenant », ou [n] quand il existe une autre consonne nasale dans le segment : [manía] « María », [mína] « mira » esp. « regarde », etc.

La distinction entre sourdes et sonores, aspirées et non aspirées, se produit en deuxième lieu. Les unes et les autres existent, mais elles fonctionnent indistinctement. Il est possible que la stabilisation de ces différences dans le parler enfantin ait lieu au moment où le vocabulaire s'enrichit de couples de mots qui se différencient par ces seuls traits. La différenciation totale du vocalisme à partir du système primaire de quatre voyelles /A E I U/ est également tardive et variable. Bien que l'enfant puisse articuler assez tôt plusieurs autres voyelles, il ne les différencie fonctionnellement qu'assez tard, dans le courant de sa troisième année. Ainsi, [o] et [u] coexistent mais ne sont pas mis en contraste dans le même mot : [potóŋ] « moto », [bolóŋ] « bonhomme » et [bukú] « beaucoup », [r̄uyú] « yaourt ». Les voyelles de la série mixte peuvent aussi se manifester assez rapidement, mais en général, ce sont des variantes des voyelles fondamentales, et elles ne sont pas stabilisées avant la fin de la troisième année. Les plus tardives sont les nasales. Il arrive souvent que l'enfant dissocie le trait nasal et le néglige ou qu'il le reproduise indépendamment : [balúŋ] « ballon », [r̄aŋ] « grand », [meŋné] « maintenant ».

Le jeune enfant acquiert donc petit à petit et successivement la perception et l'habileté motrice pour reproduire certains traits distinctifs. L'ordre chronologique d'acquisition est à peu près le même pour toutes les langues. L'intégration d'un trait dans le système enfantin est d'autant plus avancée que sont marquées les différences établies par la présence ou l'absence de ce trait. Le processus de synthèse selon lequel les traits pertinents se combinent simultanément pour constituer les phonèmes varie dans chaque langue. Ce processus dépend du système phonologique et suppose l'acquisition préalable des traits. Bien des enfants distinguent les trois localisations et les deux modes articulatoires, mais ils ne sont cependant pas encore capables de combiner correctement les points d'articulation avec chacun des deux modes. L'ordre d'acquisition des nouvelles unités distinctives diverge de plus en plus pour chaque langue à mesure que l'enfant progresse dans l'analyse et la compréhension du système phonologique qu'il apprend.

D'autre part, pendant que le système d'éléments différentiels se forme, l'enfant réalise des progrès dans l'apprentissage de schèmes de séquences phoniques de plus en plus complexes. Comme nous l'avons déjà dit, la première séquence qu'il établit est la combinaison d'une consonne suivie de voyelle: CV, combinaison fréquemment redoublée: CVCV. Dans ce schème, il n'y a vraiment au début qu'un seul trait distinctif (celui que représente la consonne redoublée), et deux tout au plus, lorsque les voyelles deviennent distinctives. A ce stade de formation de la séquence, on pourrait dire qu'il existe une harmonie vocalique et consonantique, c'est-à-dire que les voyelles et les consonnes sont identiques ou analogues: [papá], ['o'ó] etc. Cette particularité se maintient parfois sur l'un des termes (sur les voyelles ou sur les consonnes), même après que le schème se soit diversifié par l'introduction d'un nouveau contraste entre consonne et consonne (C^1VC^2V), ou entre voyelle et voyelle (CV^1CV^2), ce qui fait que les deux voyelles ou les deux consonnes ne contrastent pas; par exemple dans [bukú] « beaucoup », [pití] « petit », [kötú] « couteau », et dans [lulí] « joli », [nána] esp. « nada », [sesaṇr̃] « descendre ». Le même énoncé apparaît ensuite, avec un double contraste cette fois: $C^1V^1C^2V^2$, comme dans [patí] « parti », [bató] « bateau », [puyá] « mouchoir », [tupí] « toupie », etc. Dès lors, le contraste première syllabe/deuxième syllabe s'ajoute au contraste consonne/voyelle des premiers schèmes, et dans les langues qui ont un accent libre, il devient possible de diſtinguer entre deux schèmes accentuels: ´-/-´. Le troisième ſtade de l'analyse correcte de la séquence eſt atteint quand l'enfant perçoit dans chaque syllabe les différences entre CV et CVC, entre CV et CCV, et entre VC et VCC. Par exemple, quand le [paté] initial se différencie en [paté] « pâté » et [pagté] « par terre ». Avant d'en arriver là, l'enfant simplifie ces énoncés, et quoiqu'il perçoive une différence entre eux, il les adapte à ses possibilités: [bosá] « comme ça », où CVC devient CV, les traits d'occlusion et labialité des consonnes /k, m/ étant réunis en [b]; [patí] « parti », [r̃wemé] « fermer », où l'essentiel des deux consonnes de /fer/ eſt maintenu, mais le schème eſt passé de CVC à CCV; [klak] « talc » et « claque », où le schème CVCC eſt devenu CCVC.

A ce ſtade, les phonèmes enfantins coïncident déjà avec ceux de la langue des adultes, mais ils préſentent encore une diſtribution et un syſtème combinatoire différents. Même à la fin de la troisième année, quand le syſtème et la diſtribution sont appris, les schèmes phonologiques de la séquence ne dépassent pas trois syllabes. Les mots multisyllabiques ou plus compliqués sont fréquemment adaptés à un schème plus simple et plus fréquent dans la langue: [kotopā] « hippopotame », [fufusité] « université », [dəlokošoné] « de l'eau oxygénée », [momométr̃] « thermomètre », [balulí] « Valladolid ».

Il exiſte un certain parallélisme entre le processus d'acquisition du syſtème phonologique par l'enfant et l'apparition à peu près générale des mêmes traits diſtinctifs dans toutes les langues, comme dans la combinatoire des phonèmes. En effet, il semble bien que les premières diſtinctions de l'enfant soient communes à la majorité des langues. De même, CV eſt un type syllabique qui se préſente dans toutes les langues. Au contraire, les différenciations qui apparaissent tardivement dans le parler enfantin (telles que r̄/r, l/ḷ, s/š, t/ts, etc.) coïncident avec des diſtinctions phonématiques limitées à quelques langues.

Il ne fait pas de doute que les raisons qui expliquent l'ordre de formation du syſtème phonologique soient variées. Parfois la facilité et la simplicité de certaines articulations peuvent contribuer à leur acquisition rapide, dans le cas de /p/, par exemple. Fort probablement, les premiers stades sont guidés par un jeu d'oppositions acoustiques très perceptibles et facilement associables à des mouvements articulatoires (occlusive/voyelle; labiale/linguale; orale/nasale). Mais il semble évident que le système linguistique de l'entourage a une grande importance dans l'ordre d'acquisition et par conséquent dans l'analyse de la langue. La pression inconsciente ou volontaire des adultes oriente forcément l'attention de l'enfant dans une direction donnée; de plus, le meilleur rendement fonctionnel de certaines oppositions, malgré leur complexité articulatoire, les impose nécessairement. En revanche, le caractère isolé d'autres oppositions les place en condition d'infériorité: étant moins marquées, elles passent inaperçues et sont acquises plus tard. Il ne faut pas oublier non plus le facteur personnel et les aptitudes particulières de chaque enfant pour analyser dans l'ordre qui convient les manifestations phoniques entendues, et pour associer exactement les sensations auditives aux mouvements articulatoires qui leur correspondent. Les deux processus ne se réalisent pas toujours de façon parallèle. Il peut arriver que le système perceptif dispose de toutes les unités, alors que le système articulatoire présente encore des neutralisations ou des éléments indifférenciés. Comme nous l'avons vu, cette inégalité de développement provoque de fréquentes homonymies dans le langage actif de l'enfant, bien qu'il n'en soit rien dans le langage passif ou récepteur: [patí] « parti » et « tapis » [klak] « talc » et « claque », [buɲdát] « tomate » et « pommade », [r̊wa] « trois, froid, roi », [poté] « porter » et « pomme de terre », etc.

Les cas de bilinguisme constituent une situation particulière qui ne diffère guère du tableau général. Le processus d'apprentissage ne varie pas pour les stades initiaux. Par la suite, les deux systèmes phonologiques se développent parallèlement et de façon indépendante, c'est-à-dire sans que les distinctions de l'un atteignent l'autre. Quand des interférences se produisent, elles ne dépassent pas le niveau phonétique, à condition que les circonstances favorisent l'emploi concurrent des deux langues. Il peut arriver que certains traits d'acquisition tardive chez les enfants monolingues apparaissent plus tôt chez le bilingue, si le système de la langue voisine les appuie. Dans le cas particulier que nous avons observé, l'entourage familial du jeune enfant était français, et son milieu général espagnol. A part quelques mots isolés, le français prédomina au début de façon absolue dans le langage actif de l'enfant; ce n'est qu'à partir du trente-deuxième mois qu'il commença à utiliser l'espagnol quand des exigences sociales se manifestèrent. A la fin de la troisième année, le système phonologique des deux langues était à peu près totalement acquis. Si nous laissons de côté les maladresses signalées qui consistent à simplifier des signifiants trop complexes, la situation à ce moment est la suivante: dans le système du français, on observe quelques hésitations entre /o ǫ/ et /e ę/, sans doute à cause de l'influence du vocalisme espagnol, et quelquefois encore /o/ est assimilé à /u/; /s/, par suite de la pression du /s/ espagnol, varie de prédorsal à apical; /š ž/ sont encore confondus de temps à autre, et sont articulés entre [š], [sy] et [y]. Dans le système de l'espagnol, /r/ n'est pas très stable et glisse facilement à [l] ou [n]; parfois /θ/ subit l'influence du français et se confond avec /s/. La variation occlusive-spirante des sonores espagnoles /b d g/ ne s'applique jamais à /b d g/ françaises qui sont toujours occlusives.

ACQUISITION DE LA PREMIÈRE ARTICULATION

Nous avons vu ci-dessus que les manifestations de la langue enfantine sont initialement dépourvues de première articulation. Elles constituent des signes unitaires, des signes-phrases, représentations inanalysées de l'expérience; ce sont des touts impossibles à démembrer qui correspondent aux constructions complexes de la langue des adultes. De même que l'enfant n'analyse pas au début avec précision la séquence phonique qu'il entend, il n'est pas non plus capable de capter clairement l'articulation des signes. Il perçoit les phrases *in globo,* et par là même avec imprécision. Le signe unique dont il se sert pour les reproduire comporte un signifié moins précis et beaucoup plus étendu que celui du modèle, et ne se manifeste que par un signifiant plus ou moins bien articulé en éléments phoniques, et très réduit par rapport à celui de la phrase adulte. Dans ce signifiant, il ne reste que les éléments les plus perceptibles, les plus notoires, de tous les signifiants qui constituent la phrase normale. La mise en valeur phonique est perceptible grâce à une force accentuelle plus marquée pour certaines positions privilégiées de la phrase, ou parce que la position finale, plus immédiate, est plus facilement retenue par l'enfant. Mais généralement, cette meilleure perception phonique est associée aux unités sémantiques d'importance majeure. Il n'est donc pas étonnant que le signifiant du signe unique de l'enfant procède de celui qui constitue le signe essentiel au point de vue sémantique dans la phrase de l'adulte.

Le parler enfantin se maintient à ce stade de signe-phrase pendant une durée variable. A partir du moment où le signe apparaît, son emploi de façon exclusive ne se prolonge pas au-delà d'une année. Avant d'atteindre trois ans, l'enfant commence à utiliser des expressions articulées. Tant que dure l'emploi exclusif du signe-phrase, on ne peut parler ni de syntaxe, ni de classes de mots; car tous ceux qu'utilise l'enfant accomplissent une même fonction : ce ne sont que des phrases inanalysables en éléments significatifs plus petits, comme les interjections de la langue des adultes. Il apparaît que ce premier vocabulaire concerne surtout des objets concrets, et résulte de l'adaptation de mots qui, dans la langue de l'entourage, ont une fonction nominale type. Néanmoins, on ne peut pas les appeler des noms dans le langage enfantin : ce ne sont que des signes-phrases.

Bien que ces signes primaires ne soient pas articulés et qu'on ne puisse les décomposer comme ceux du langage adulte, il est possible d'établir différents types intentionnels d'après l'intonation d'une part, et l'usage concomitant d'éléments extra-linguistiques comme la mimique et les gestes d'autre part. L'enfant imite quelquefois l'intonation avant qu'il n'acquière le signe; il la superpose à des séquences phoniques de la période du babil. Elle permet à présent de discerner deux modes dans le signe-phrase : l'un, énonciatif, d'inflexion horizontale ou descendante, et l'autre, indicateur de désirs, d'appels ou de questions, d'inflexion montante. Étant donné le caractère assez motivé de l'intonation, il ne faut pas considérer son utilisation différentielle comme le début de l'articulation proprement dite des signes. Il convient également de ne pas mélanger ce qui est linguistique et ce qui ne l'est pas, en appelant articulation sémiotique l'emploi combiné du signe phonique et d'un signal gestuel.

L'enfant établit peu à peu des limites dans la perception globale de la séquence sémiotique de l'adulte, et il observe des différences et des ressemblances associatives en comparant respectivement entre elles des phrases ou des situations retenues. Il perçoit progressivement de cette façon la première articulation. Il commence de même à l'appliquer à ses propres manifestations, en gardant toujours un certain retard sur la perception. Petit à petit, il découvre qu'il y a des éléments communs à des expériences diverses de la réalité, et que ses manifestations linguistiques doivent comporter aussi des éléments, des signes semblables.

C'est après l'âge d'un an et demi qu'apparaissent les premières constructions, les premières phrases qui impliquent une analyse et une articulation de l'expérience. Leur emploi est limité ; elles alternent d'abord avec le signe-phrase, se compliquent et prennent de l'importance quand l'enfant atteint vingt-quatre mois. On peut alors parler de syntaxe. Le premier type syntaxique est sans aucun doute un énoncé minimum constitué par la juxtaposition de deux signes-phrases. Au point de vue de la langue normale, il est possible de classer ces phrases bi-sémiotiques d'après plusieurs schèmes : « sujet » + « prédicat », « verbe » + « objet », « sujet » + « attribut », etc. Mais ces distinctions sont obtenues en rapport avec des données qui ne sont pas linguistiques. Une distinction linguistique est encore impossible à réaliser, car aucun de ces schèmes, qui diffèrent au point de vue sémantique, ne se différencie encore phonétiquement. Les deux signes constitutifs de la phrase bipartite sont bien en relation, mais il n'y a pas encore d'opposition perceptible entre les différents types possibles de relation entre les deux signes : ils ont l'un et l'autre les mêmes caractéristiques fonctionnelles, c'est-à-dire qu'à ce stade syntaxique originel, ils peuvent fonctionner soit comme un signe unique de la phrase, soit comme le premier ou le second signe de la phrase bipartite. Même si un signe implique une expression qui correspond à des morphèmes ou à des significations grammaticales dans la langue adulte, ces éléments ne sont pas encore systématisés et ne se rapportent à rien de précis dans le parler enfantin. Quoique [lo], par exemple, contienne l'expression qui correspond à l'article *(l'eau)*, c'est un signe unique, de valeur lexicale, qui fonctionne comme d'autres signes dépourvus « d'article » : [lé] « lait », [sup] « soupe ».

Il est également impossible d'analyser en deux signes successifs, qui correspondraient à ceux de la langue modèle, des expressions amalgamées comme [bosá] « comme ça », [satá] « ça y est » (qui subit l'influence de l'espagnol *ya está*), [pa(g)té] « par terre », [potér̃] « pomme de terre », etc.

A ce premier stade d'analyse, l'enfant réussit seulement à articuler de façon partielle les signes de valeur lexicale, mais il n'articule pas ceux qui ont une valeur grammaticale. Cela s'explique aisément par de simples raisons de perceptibilité auditive : en général, les signes lexicaux ont des signifiants d'une grande consistance phonétique et ils se réfèrent à des objets que l'enfant remarque davantage, alors que les signes grammaticaux se rapportent à des relations entre objets et à des nuances intellectuelles plus subtiles ; leurs signifiants sont en général dépourvus de mise en valeur accentuelle et ont un corps phonique plus réduit.

Au point de vue syntaxique, l'articulation des lexèmes est d'un seul genre. Par exemple : [pa(g)té yuyu] peut recouvrir un champ assez vaste pour l'adulte, « le joujou est tombé », ou « je jette le joujou », ou « voici le joujou par terre ». Dans le parler enfantin, la relation entre les deux signes ne peut être considérée comme une relation de sujet à prédicat, ou de verbe à objet. De même, dans [partí mamá], on peut comprendre « maman est partie » ou bien « je désire partir avec maman ». La phrase enfantine comporte deux termes, mais la fonction de chacun d'eux est imprécise et plurivalente. On ne peut donc pas les considérer comme des modèles de deux classes fonctionnelles de signes dans le système enfantin. Il n'y a pas de détermination unilatérale d'un terme à l'autre ; au contraire, ils se présupposent mutuellement. S'il nous faut donner un nom à cet énoncé syntaxique rudimentaire, nous proposons de l'appeler une construction « appositive », c'est-à-dire que deux signes mis en apposition peuvent, comme ceux qui fonctionnent de la sorte dans la langue adulte, apparaître isolément et remplir la même fonction que celle de l'ensemble.

A l'intérieur d'un schème appositif, on peut distinguer deux types, selon l'utilisation différente des pauses et de la courbe d'intonation. L'un d'eux sera appelé apposition de signes juxtaposés, ou simplement « juxtaposition ». L'autre, apposition de signes en contraste, ou simplement « contraste ». Pour le premier, l'intonation est ininterrompue du début à la fin, et unifie les deux signes en une unité supérieure: [pov néne] « pauvre enfant ». En revanche, dans le contraste, les deux signes gardent leur individualité: le premier a une inflexion ascendante, de type interrogatif, et le deuxième une inflexion descendante: [sa || titan] « ça, petit âne », [ãⁿkó || ṙuyú] « encore, yaourt », [pogt || ṙwemé] « la porte est fermée », etc. Ce schème contrastif est en quelque sorte l'ébauche de la phrase adulte, phrase dirème constituée d'une prostase d'intonation montante et d'une apodose descendante. Plus tard, lorsque l'analyse sera plus avancée, l'enfant introduira dans ce schème contrastif des unités complexes de type juxtaposé, et il compliquera la structure de la phrase.

L'on sait que la valeur fonctionnelle des signes de la phrase n'est pas toujours indiquée dans les langues par des signes morphologiques particuliers, mais que parfois l'ordre des signes est un indice des relations syntaxiques. Il ne semble pas que l'ordre des deux signes de la phrase bi-sémiotique ait au début une signification quelconque. A l'exemple que nous proposions plus haut [pagtí||mamá], comparons celui-ci [mamá || pagtí]: ils sont équivalents et n'impliquent aucune différence significative. Tant qu'on n'observe pas l'introduction d'indices morphologiques dans les schèmes syntaxiques, tels que des signes particuliers, ou un ordre déterminé des signes, ou la combinaison exclusive de certains signes entre eux, il n'est pas nécessaire de distinguer différentes classes de signes fonctionnels dans le système syntaxique de l'enfant.

L'apprentissage des schèmes syntaxiques et de la structure morphologique, comme nous l'avions vu pour le processus d'acquisition du système phonologique, se différencie dans chaque langue à mesure que les étapes initiales sont dépassées. Ce qui est commun à toutes les langues, c'est la complexité progressive de la séquence de signes, à partir de la phrase bisémiotique, au moyen de substitutions successives des signes simples par des signes complexes, et au moyen d'analyses des signes initialement simples en combinaisons d'éléments significatifs différents. Mais il est impossible de fixer l'ordre général d'acquisition des diverses classes fonctionnelles, car celles-ci ne coïncident pas dans toutes les langues. Le fait que la majeure partie des premiers signes de l'enfant soit plus tard employée avec la fonction nominale ne veut pas dire que l'enfant acquière le nom en premier. Celui-ci sera acquis en même temps qu'un autre type fonctionnel avec lequel il contraste dans la phrase. La scission d'une classe de signes en deux types fonctionnels doit nécessairement avoir lieu. En réalité, ce n'est pas la différence entre nom et verbe, etc. que l'enfant acquiert d'abord. A partir du schème primitif d'apposition, où la relation entre les deux signes est équivalente et réciproque, l'enfant développe un autre schème marqué par le contraste, et qu'il réalise en distinguant les deux directions où peut se produire la détermination d'un signe par l'autre. De cette manière, un schème de « subordination » apparaît, dans lequel un des signes est nucléaire et l'autre adjacent ou contigu. La différenciation linguistique entre des constructions « sujet » + « prédicat », « verbe » + « complément », « nom » + « adjectif », etc. ne se produira que lorsque ces différents schèmes auront adopté une expression distincte, soit par des variations de valeur grammaticale, soit par un ordre déterminé.

La différenciation peut avoir lieu avant que les signes grammaticaux ne soient devenus indépendants, quand le système syntaxique est arrivé au stade de trois ou plus de trois signes consécutifs. Dans ce cas, par comparaison mémorisée, l'enfant peut se rendre compte que certaines combinaisons bisémiotiques sont fonctionnellement équivalentes à des signes simples. Par exemple, les combinaisons que dans la langue adulte nous appelons « verbe » + « complément » sont équivalentes à des signes de prédicat unique; les combinaisons « nom » + « adjectif » peuvent apparaître là où fonctionne un signe unique de « sujet » ou de « complément »; ce qui revient à dire que la combinaison « verbe » + « complément » peut se réduire à « verbe » seulement, celle de « nom » +

« adjectif », à « nom », et le « nom » peut apparaître tantôt comme « sujet », tantôt comme « complément ». Dans la phrase [kasé titùr || néne] « l'enfant a cassé le petit ours », le contraste d'intonation entre prostase et apodose permet de distinguer l'essentiel de l'accessoire, le terme nucléaire du secondaire. En même temps, la comparaison avec [kasé || titúr] « l'ours est cassé » laisse voir l'équivalence fonctionnelle entre [kasé] et [kasé titúr]. La même distinction apparaît si nous comparons [meyá̃ gaső̃ŋ || pagtí] « le méchant garçon est parti », [meyá̃ŋ || gaső̃ŋ] « ce garçon est méchant », [pagtí || gasőŋ] « le garçon est parti ».

Nous voyons donc qu'à ce stade l'enfant utilise deux positions syntaxiques définies et différentes : la position nucléaire et l'adjacente. Néanmoins, on ne peut pas encore affirmer que pour l'enfant ce qui sera un verbe soit différent de ce qui sera un adjectif, etc. Les éléments qui auront par la suite une fonction supplémentaire ou adverbiale ne sont pas plus différenciés : dans [abwá ló || mẽné] « à boire l'eau, maintenant » (= je veux boire de l'eau maintenant), ou dans [mẽné || mimít] « maintenant, dormir », rien ne justifie fonctionnellement la distinction de l'adulte.

Somme toute, l'enfant dispose d'une articulation hiérarchique rudimentaire dans son schéma syntaxique, mais il ne possède pas encore des paradigmes nettement différenciés pour les classes de signes qui ont diverses fonctions syntagmatiques. Tous les signes qu'il utilise possèdent encore une grande extension syntagmatique, même quand leur valeur lexicale s'est précisée au fur et à mesure que le vocabulaire augmentait ; car les éléments morphologiques qui ont une fonction limitative ne sont pas encore développés, ou s'ils apparaissent dans l'expression, n'ont pas encore été analysés en tant qu'unités de signification indépendante.

Quand, au cours de la troisième année, les signes morphologiques sont acquis, ou deviennent d'emploi plus facile, des classes fonctionnelles de signes commencent progressivement à se profiler par la scission de la classe primitive unique : verbe opposé à tout ce qui n'est pas verbe, nom à tout ce qui n'est pas nom, adjectif à adverbe, etc. La distribution des signes lexicaux en classes fonctionnelles s'accompagne donc de la formalisation des signes grammaticaux permettant la classification des premiers : articles, prépositions, désinences etc. Comme nous l'avons dit, quelques-uns de ces éléments de valeur grammaticale existaient précédemment dans le langage enfantin, sans posséder pour autant une autonomie sémantique. Par exemple, quoique précoces, des expressions comme [pu(r̀)mwá] « pour moi », [avemwá] « avec moi », ne présentent pas d'éléments articulés. L'enfant qui les emploie les alterne avec d'autres expressions dépourvues de ce qu'on appelle préposition dans le langage adulte: [manán || mwá] « la banane pour moi », [arü || mamá] « je veux aller dans la rue avec maman », etc.

Il est probable que, la plupart du temps, la première scission fonctionnelle s'établit entre des signes déterminés par des morphèmes verbaux, et des signes qui n'en ont pas. En français ou en espagnol, les préfixes personnels ou les désinences personnelles sont les éléments qui façonnent et soulignent le verbe à l'intérieur de la phrase, alors que l'article (et la variation numérique) aident à signaler le nom. Dans des langues comme l'anglais, moins caractérisées par des éléments fonctionnels explicites, la scission est moins apparente, car un même signe peut facilement être transposé d'une catégorie à une autre.

Par ailleurs, la séparation fonctionnelle entre nom et adjectif, et entre verbe et adjectif n'a vraiment lieu que lorsque les verbes dits d'état et les auxiliaires deviennent explicites. Et même ainsi, l'indifférenciation dans l'esprit de l'enfant durera jusqu'à l'âge scolaire (difficulté de distinguer entre les deux schèmes « il est venu » et « il est grand »).

La différenciation des divers éléments de fonction nominale, qui peuvent accompagner le « verbe » dans la phrase, se produit seulement avec l'acquisition des signes morphologiques qui les déterminent et les caractérisent : ordre, désinences accidentelles, prépositions, etc. Ainsi, dans [doné tikoyóŋ kámen || mwá] « Carmen m'a donné un petit cochon », la situation seule permet de distinguer les différences de fonction des éléments de type nominal de la phrase ; en principe, n'importe lequel pourrait être « sujet » ou « obset » ; seuls, l'ordre des signes et l'apparition de la prépo ition permettront de distinguer entre les fonctions « sujet » et « complément », entre « objet » et

« indirect » : [kámen doné tikoyóŋ amwá]. Il en va de même pour [liv paŕté ‖ papá]. Seule la situation permet de distinguer entre « papa a fait tomber le livre » et « le livre de papa est tombé ».

Pendant longtemps encore, depuis le stade initial, l'enfant devra progresser dans l'apprentissage de la complexité de la phrase. Disons, en termes traditionnels, que pendant sa troisième année il apprend à dominer la structure de la simple proposition et de la coordination élémentaire, et qu'il va s'initier à l'emploi des constructions subordonnées les moins compliquées, comme le sont les phrases simples en fonction adjectivale ou relative, et les supplémentaires adverbiales. Mais les constructions de l'expression hypotaxique, plus complexes et plus abstraitement élaborées, ne seront acquises qu'à l'âge scolaire.

ACQUISITION DES SIGNES GRAMMATICAUX

Aucune langue n'a en réalité un seul système grammatical, mais plusieurs systèmes de signes en nombre limité qui expriment des relations grammaticales. Étant donné que chaque langue possède une articulation grammaticale et une combinatoire différentes, il est impossible de faire ressortir une ligne générale d'acquisition de ces éléments linguistiques, même s'il existe des ressemblances partielles entre les idiomes.

La précision et la rapidité de l'apprentissage dépendent largement des caractéristiques de la langue modèle, suivant que les signes grammaticaux se dégagent par leur originalité phonique dans la séquence où ils apparaissent, ou que leurs limites sont estompées et qu'ils se trouvent plus ou moins amalgamés à d'autres signes. Les différences paradigmatiques régulières ayant des formes phoniques invariables sont également apprises avec plus de facilité que celles dont la face signifiante offre des variations. L'enfant saisira les expressions phoniques des morphèmes d'autant plus facilement qu'elles sont plus régulières, plus unitaires et plus clairement perceptibles. Au contraire, dans les langues où les composants morphématiques sont variables et où il y a souvent homonymie entre les composants de différents morphèmes, la distinction et la stabilisation des différences significatives ainsi que la reproduction des morphèmes seront plus laborieuses et plus lentes. Par exemple: la régularité du paradigme de l'article espagnol /el, la, los, las/, jointe à l'abondance des composants qui servent à distinguer le masculin du féminin, le singulier du pluriel, comparées à la variabilité et à l'ambiguïté des expressions françaises correspondantes /l, lə, la, le, lez/ sont cause que les oppositions de genre et de nombre de l'espagnol sont plus vite acquises, et plus vite appliqué l'accord correspondant avec l'adjectif. En français, par contre, les hésitations et les fautes d'accord se produisent plus longtemps. Il suffit de comparer le français [pitisurí] « petite souris » et [muš pitit] « petite mouche », à l'espagnol [manía mála] « María (es) mala », [néne málo] et [úbas ménas] « uvas buenas ».

Dans les langues qui présentent plus de redondance morphologique, il sera plus facile pour l'enfant de saisir les éléments grammaticaux. Ainsi, en espagnol *las uvas (son) buenas,* où le pluriel et le féminin sont exprimés trois fois, l'enfant a plus de probabilités de distinguer les deux morphèmes opposés au singulier et au masculin (voir *el plátano (es) bueno),* que dans le cas du français, *les raisins (sont) bons* opposé à *la banane (est) bonne,* où les deux morphèmes sont succinctement indiqués (/le/ pluriel opposé à /la/ singulier, et /bõ/ masculin opposé à /la, bon/ féminin).

Dans beaucoup de langues, un même morphème peut avoir diverses expressions phoniques. Dans ces cas-là, il ne faut pas confondre l'acquisition du système de différences grammaticales avec l'apprentissage correct des formes phoniques de ces différences. Il arrive que l'analogie ou la motivation interne entraîne l'enfant à employer des signifiants incorrects, quoique réguliers du point de vue du système. Quand un petit Anglais dit [futs] pour *feet,* ce n'est pas parce qu'il n'a pas encore perçu le jeu de la marque du pluriel; bien au contraire, son erreur ne porte pas sur le système grammatical, elle se situe au niveau de l'emploi des différentes formes du morphème. En français [õ švó] pour « un cheval » n'indique pas non plus l'absence de la distinction singulier/pluriel, mais l'application des normes qui immobilisent dans la plupart des cas la catégorie nombre, et ne la signifient que par l'article (/ŏ/ - /de/).

L'apparition précoce de quelques signes grammaticaux dans le parler enfantin n'implique pas réellement de référence aux contenus grammaticaux. Certains cas, cités plus haut, sont de simples amalgames avec le signifiant des signes lexicaux. D'autres fois, l'enfant perçoit et répète par hasard des signifiants qui comportent l'un et l'autre composant morphématique, sans établir de différences entre eux. Ainsi, dans le domaine de la grammaire, les formes phoniques dépourvues de signification indépendante apparaissent d'abord. Dans le parler d'un enfant, les signifiants avec ou sans article, avec ou sans préposition, par exemple, alternent sans que varie leur référence sémantique. L'organisation est lente, et l'emploi correct est atteint après une durée variable. Nombre de distinctions grammaticales, utilisées auparavant sans attribution intentionnelle, ne sont acquises que durant la troisième année : nombre et genre, emploi des articles, des cas, des prépositions, etc. Leur maniement est loin d'être parfait à cette époque ; souvent l'enfant n'achève cet apprentissage qu'à un âge scolaire avancé.

Il est impossible de donner l'ordre régulier de succession en ce qui concerne l'acquisition des catégories grammaticales. Les plus précoces semblent être les distinctions qui se rapportent aux phénomènes d'accord, de ce fait plus fréquentes, tels que le genre et le nombre dans les langues où ils sont clairement différenciés. Pour chacune des catégories qui comporte plus de deux possibilités, on peut observer un perfectionnement assez lent. L'enfant acquiert la préposition en tant qu'expédient grammatical et se limite au début à celles qui sont plus fréquentes et d'une valeur plus générale. Par la suite, il en délimitera la distribution.

Le secteur où l'on peut le mieux observer la complexité progressive des distinctions grammaticales est sans doute celui de la conjugaison verbale, surtout dans les langues qui présentent des variations nombreuses. Même si au point de vue syntagmatique le verbe a pu sembler isolé, comme un signe indépendant (opposé à ce qui n'est pas verbe), son autonomie véritable n'apparaît clairement que lorsque des signes morphologiques particuliers le caractérisent par leur présence ou leur absence. Le signe enfantin qui figure le verbe de la langue adulte adopte un aspect différent pour chaque idiome. On peut cependant dégager certains traits communs. Les formes verbales de l'adulte que l'enfant entend le plus fréquemment sont, de toute évidence, l'infinitif et l'impératif, et ensuite le présent de l'indicatif. La fréquence de l'infinitif s'explique par le nombre de constructions de forme périphrastique, c'est-à-dire composées d'un auxiliaire modal, de moindre valeur phonétique, suivi d'un infinitif. Dans le cas du français, cette fréquence s'accroît, car l'infinitif et les autres formes verbales, surtout le participe passé dans les temps composés, sont souvent homophones. L'abondance de l'impératif ne sollicite aucun éclaircissement puisque la majorité des phrases adressées à l'enfant sont de type appellatif. De plus, la forme phonique de l'impératif représente dans bien des langues le signifiant du lexème verbal le plus dénué de suppléments de type grammatical. Par conséquent, le langage enfantin exprime initialement ce qui deviendra plus tard le verbe, par la reproduction de l'infinitif, ou par celle de l'impératif. Ce qui ne signifie nullement que les deux formes soient distinctes dans le système débutant, ni qu'elles possèdent la même valeur sémantique que celle des formes adultes correspondantes. Elles ont, toutes les deux, deux valeurs fondamentales : l'une appellative (adressée aux adultes pour leur signifier désirs ou volitions) et l'autre référentielle (employée pour constater des faits ou des situations). Par exemple [partí] « je veux partir » et « il est parti », [ku] « cours » (à l'adresse d'un animal ou d'un jouet) et « il court » (pour constater un fait). La séparation de ces deux valeurs, préalablement indiquées par le simple jeu de l'intonation, se produira plus tard, et coïncidera avec la stabilisation des signes chargés d'une référence personnelle (préfixes ou désinences, selon les langues); dans les exemples cités [partí mwá] opposé à [le partí], [ku] opposé à [i kú].

La distinction entre les personnes grammaticales est en général indépendante de l'acquisition des pronoms personnels. Nous considérons comme tels uniquement ceux qui sont susceptibles de fonctionner de façon autonome. Au stade verbal où l'enfant ne possède qu'une forme personnelle indifférenciée, les pronoms (ou les noms) sont les uniques indices de cette catégorie grammaticale (comme [paṙtí mwá] déjà cité). En effet, la différenciation se produira au moment où cette forme subit une variation : [že pö] « j'ai peur », [il e ṙã] « il est grand », [no kélo] esp. « no quiero », [mámos] esp. « vamos », etc. Le caractère dépendant de cette variation apparaît clairement dans des constructions du type [i kúṙ lə ᵏṙẽ] « il court le train ».

La scission des formes verbales quant à leurs valeurs temporelles est plus laborieuse pour l'enfant ; de même manière il mettra longtemps à distinguer les adverbes de temps. Une première ébauche d'analyse consiste à séparer ce qui coexiste réellement de ce qui ne coexiste pas, ou ce qui est présent de ce qui est absent, en opposant « maintenant » à « pas maintenant ». Très fréquemment, les enfants confondent *hier* et *demain, avant* et *après*. Dans les limites de la période d'indifférenciation de la forme verbale dont nous parlions, il semble qu'un indice de distinction se dessine, reflet des valeurs du participe et des formes du présent : [paṙtí] ou [kasé] se réfèrent souvent à ce qui n'est plus, au résultat de quelque chose ; tandis que [ku(ṙ)] « il court », [bwa] « il boit » font allusion à ce qui se produit simultanément. Cette opposition plus aspectuelle que temporelle s'établit de façon définitive au moment où les auxiliaires apparaissent : [il e ṽənũ] « il est venu », [a ṙõdé] « il a grondé » opposé à [i va vit] « il va vite ».

Les détails de l'apparition distinctive des divers temps passés dépendent en grande partie de la langue modèle. En français, la séparation du présent d'avec l'imparfait et le passé-composé se réalise complètement durant la troisième année ; en espagnol, une quatrième distinction s'introduit en même temps : celle du passé-simple, aspectuel par rapport à l'imparfait, et indiquant une perspective temporelle par rapport au passé-composé.

Bien que les formes du futur s'établissent aussi à la même période, il ne faut pas oublier que, dans beaucoup de langues, ces formes ont une valeur modale plutôt que temporelle ; elles sont par conséquent beaucoup moins utilisées et beaucoup plus hésitantes dans le parler enfantin. Très souvent, du reste, on les trouve remplacées par le présent.

Les distinctions modales proprement dites sont plus tardives, surtout dans les langues où les formes du subjonctif sont peu nombreuses et peu différenciées. Souvent l'enfant ne les acquiert pas avant quatre ans.

Dans les langues qui offrent des distinctions de genre aspectuel, comme l'anglais *I write/I am writing*, il semble qu'elles s'établissent également pendant la troisième année.

En somme, dans la variété des systèmes verbaux, l'ordre chronologique d'acquisition des différences grammaticales semble commencer à partir de la séparation des formes appellatives d'avec les représentatives, et continuer par l'établissement des personnes et des nombres, ensuite par celui des temps et des aspects, et enfin par les modes. Le retard du subjonctif est compréhensible si l'on songe que son utilisation dépend le plus souvent de l'emploi d'éléments grammaticaux subtils et nuancés, comme les conjonctions, que l'enfant acquiert quand sa maturation mentale atteint le niveau d'élaboration d'analyses plus complexes.

Dans les cas de bilinguisme, il est difficile de maintenir les systèmes de morphèmes et les systèmes syntaxiques des deux langues aussi rigoureusement séparés que leurs systèmes phonologiques. Dans le cas particulier que nous avons observé, il y a quelquefois hésitation entre /a/ et son absence dans les compléments directs de personne; et manque d'assurance dans la forme verbale *cuando vendré* (au lieu de *venga*); *il s'arrête la voiture* (à cause de *se para el coche*); *si tenia* (à cause de *si j'avais*), etc. Ces interférences deviennent de moins en moins fréquentes avec l'âge scolaire et l'appui de la graphie de la langue.

ACQUISITION DU LEXIQUE

La majorité des études consacrées au langage enfantin traitent longuement de l'accroissement du vocabulaire de l'enfant. On a établi des tableaux comparatifs du nombre de « mots » de son lexique actif, à différents moments du processus d'apprentissage; un observateur a même déterminé le vocabulaire actif ou connu d'un enfant de trois ans environ. Le nombre absolu obtenu par ces enquêtes ne nous intéresse guère au point de vue général, car il dépend largement des conditions particulières à chaque enfant, c'est-à-dire des adultes qui composent son entourage, de l'attention qu'on lui accorde, de l'intérêt que l'on éprouve à guider sa langue et à augmenter ses possibilités d'expression. Les facultés de communications particulières à chaque enfant, ainsi que la présence d'autres bambins qui dominent un peu mieux le langage, entrent également en ligne de compte. Il est important de souligner qu'au début l'inventaire lexical s'accroît lentement mais qu'à partir de deux ans, il se développe à vive allure.

Il a été signalé également que les mots dominants se référaient au début à des objets concrets, des personnes et des animaux, et que petit à petit les termes indiquant des actions, des relations et enfin des abstractions, étaient adoptés (ceci ne suppose pas, comme nous l'avons déjà dit, que les classes de valeurs sémantiques présentent des valeurs grammaticales différentes).

A mesure que le vocabulaire s'accroît, le contenu sémantique de chaque signe se précise, et les limites, auparavant confuses et fluctuantes, commencent à réduire les possibilités de dispersion. Les premiers signes acquis par l'enfant sont susceptibles de s'étendre à des applications diverses et possèdent du point de vue de l'adulte une variabilité sémantique extraordinaire. Le parallélisme avec le processus d'établissement du système phonologique est ici notoire. Rappelons que les premiers phonèmes du système enfantin se caractérisaient par plus d'un trait pertinent à peine, et pouvaient fort bien représenter non seulement plusieurs phonèmes du système adulte, mais aussi des combinaisons successives de ceux-ci, de façon simultanée. De même, on peut dire que les premiers signes de l'enfant possèdent un petit nombre de traits sémantiques pertinents ; c'est pourquoi ils peuvent se charger des contenus correspondant à des signes variés de l'adulte, voire à des combinaisons de signes. On peut comparer le fait que /p/ correspond parfois aux phonèmes adultes /p, b, m, k + m/... avec la valeur sémantique de [papá] par exemple, qui peut concerner des signes, ou des combinaisons de signes dans la langue modèle : « voici papa », « un homme », « ça appartient à papa », etc.

L'aire du champ de dispersion sémantique, c'est-à-dire la distribution du signe enfantin, diminue à mesure que des nouveaux signes apparaissent. Mais ce n'est pas toujours l'emploi d'un signe nouveau qui introduit une nouvelle distinction lexicale, sinon la perception par l'enfant d'une différence objective dans la réalité qui l'oblige à chercher une expression différenciée. Un enfant de vingt mois, qui possédait déjà les signes [papa] « père, homme » et [néne] « enfant », se met brusquement à utiliser la combinaison [papanéné], inconnue dans la langue modèle, pour désigner un adolescent. Cet exemple, parmi d'autres, nous apprend que ce ne sont pas seulement les corrections de l'adulte dans l'emploi du vocabulaire qui contribuent à l'augmentation du nombre des signes lexicaux de l'enfant. Celui-ci peut l'accroître par l'analyse plus ou moins consciente des possibilités d'application des unités sémantiques qu'il possède déjà.

Au moyen de ce processus de limitation sémantique, l'enfant introduit dans ses signes une complication progressive, celle d'une abstraction relative. Au début, les signes se référaient à des situations ou à des objets concrets. Peu à peu, l'analyse des ressemblances et des différences dans les situations engage l'enfant à appliquer ces mêmes signes à tout ce qui présente un trait commun dans la réalité. Par exemple, le signe [tití] se référait d'abord à une montre, puis à une pendule neuchâteloise, et plus tard à n'importe quel petit mécanisme de même fonctionnement. Jusqu'ici, la précision du contenu sémantique de ce signe a consisté à élargir ses possibilités d'application. Mais quand l'emploi de [tití] pour une boussole ou un compteur d'eau est corrigé par l'intervention de l'adulte, lequel propose d'autres signes, la précision du contenu sémantique de ce signe consiste à en réduire l'applicabilité. Ces deux procédés, d'extension et de restriction, se complètent de la sorte et marquent tout le développement de l'apprentissage et de l'emploi du lexique.

Il convient de ne pas confondre la fluctuation sémantique des premiers signes enfantins avec un autre phénomène dont nous avons déjà parlé: l'homonymie. Il s'agit en l'occurrence d'un problème de phonétique. Plusieurs signes, parfaitement différenciés par l'enfant, convergent sur un seul signifiant de son parler actif, par simple maladresse phonétique ou phonologique. Nous en avons donné des exemples plus haut: le signifiant [patí] sert à désigner « partir » et « tapis » [klak] désigne « talc » et « claque », etc. mais l'enfant reconnaît et différencie ces signes dans la langue de l'adulte.

Le problème des substitutions de signifiants, conséquence du perfectionnement de l'emploi de la deuxième articulation ou résultant de l'abandon des signifiants du début au bénéfice de ceux de la langue adulte, n'est pas non plus d'ordre lexical proprement dit. Quand l'enfant cesse de dire [potéŕ] et qu'il emploie [pomtetéŕ] « pomme de terre », ou qu'il substitue [paŕtí] à [patí], il n'y a pas de modification lexicale, mais un simple progrès dans la réalisation correcte de la séquence phonique. De même, quand il abandonne des signifiants particuliers, tels que [gətí], [ŕwayáya] ou [$^{r}_{b}$úma] pour [lün] « lune », [tŕam] « tramway » et [b̌watüŕ] « voiture », on ne peut pas parler d'altération lexicale, mais d'adéquation plus exacte au modèle, et d'abandon des articulations particulières.

On a beaucoup discuté, à propos de l'acquisition du lexique, sur la question de savoir si l'enfant apprenait en créant ou en imitant. Il est évident que, surtout au début, des signifiants personnels, comme ceux que nous avons cités [ŕwayáya] ou [gətí] et qui n'ont aucune relation avec ceux de l'adulte, sont utilisés. Mais s'agit-il de créations personnelles ? Il semble fort peu soutenable de penser que l'enfant puisse créer à partir de rien. Il arrive en général que l'adulte ne sache pas trouver l'origine ou la motivation de ces expressions. Souvent ce sont des expressions de l'adulte, mal interprétées et mises en rapport auditivement avec la situation ou l'objet auxquels elles se réfèrent, ou encore des imitations par omomatopées. Cependant quoique toute expression enfantine ait une origine extérieure, l'apprentissage de l'enfant n'est pas pour autant dépourvu de création ou, si l'on préfère, de création au deuxième degré. Comme dans la langue adulte, imitation et création se combinent souvent. L'originalité de la langue consiste à exprimer quelque chose de neuf avec des procédés acquis et communs.

Ce que nous pouvons affirmer, c'est que chaque signe enfantin est motivé. Le signe est arbitraire, sans aucun doute, mais pour un enfant n'importe quel signe est justifié. Chaque expression significative lui est suggérée soit par le modèle adulte, soit par une manifestation audible de la situation ou de l'objet auquel il se réfère. Et comme nous avons indiqué le rôle de l'analogie qui induit l'enfant en erreur, et le pousse à régulariser ses paradigmes, cela n'est qu'une preuve supplémentaire de motivation, interne dans ce cas.

Le plus grand nombre d'interférences que puisse présenter le bilinguisme se trouve dans le lexique. Nos observations nous laissent entendre que si les circonstances d'emploi des deux langues ne se maintiennent pas nettement séparées, la tendance au moindre effort incite l'enfant à mélanger les signes de l'une et l'autre, s'il est assuré qu'elles sont toutes les deux comprises par son interlocuteur. Par ailleurs, il faut dire qu'un système d'équivalences de type analogique entre les deux langues se développe chez l'enfant bilingue, ce qui lui permet parfois de deviner dans l'une d'elles l'expression du signe qu'il connaît dans l'autre. Quelquefois, ce jeu d'équivalences le porte à inventer des signifiants qui n'existent pas dans l'une des langues, ou au moins, à utiliser certains signifiants pour des contenus sémantiques appartenant en propre à l'autre : par exemple *jarre* « carafe », à cause de l'esp. *jarra*.

Emilio Alarcos Llorach.

BIBLIOGRAPHIE

O. Bloch, *Notes sur le langage d'un enfant,* dans « Mémoires de la Société de Linguistique », 18, pp. 37-59, Paris, 1913.

O. Bloch, *La Phrase dans le langage de l'enfant,* dans « Journal de Psychologie », 21, pp. 18-43, Paris, 1924.

K. Bühler, *Les Lois générales d'évolution dans le langage de l'enfant,* dans « Journal de Psychologie », 23, pp. 597-607, Paris, 1926.

M. Cohen, *Sur les langages successifs de l'enfant,* dans les *Mélanges linguistiques* J. Vendryes, pp. 109-127, Paris, 1925.

M. Cohen, *Sur l'étude du langage enfantin,* dans « Enfance », 5, pp. 181-249, Paris, 1952.

H. Delacroix, *Le Langage et la pensée,* livre III, chap. 1, Paris, 1924.

M. Durand, *Le Langage enfantin,* dans « Conférences de l'Institut de Linguistique », 11, Paris, 1954.

I. A. Gheorgov, *Ein Beitrag zur grammatischen Entwicklung*

der Kindersprachen, dans « Archiv für die Gesamte Psychologie », 11, pp. 242-432, Iéna, 1908.

M. GRAMMONT, *Observations sur le langage des enfants,* dans *Mélanges,* A. MEILLET, pp. 61-82, Paris, 1902.

A. GRÉGOIRE, *L'Apprentissage du langage,* I, Liège-Paris, 1937, II, Liège, 1947.

R. JAKOBSON, *Kindersprache, Aphasie und Allgemeine Lautgesetze,* Uppsala, 1941.

O. JESPERSEN, *Language : its Nature, Development and Origin,* pp. 101-188, Londres, 1922.

W. F. LEOPOLD, *Speech Development of a bilingual Child,* I-IV, Evanston Ill., 1939-1949.

W. F. LEOPOLD, *Bibliography of Child Language,* Evanston Ill., 1952.

W. F. LEOPOLD, *Kindersprache,* dans « Phonetica », 4, pp. 191-214, 1959.

M. M. LEWIS, *Infant Speech,* Londres, 1936; 2e éd., 1951.

K. OHNESORG, *Fonetická Studie e dětské řeči,* Prague, 1948 (résumé en français).

J. RONJAT, *Le Développement du langage observé chez un enfant bilingue,* Paris, 1913.

T. SLAMA-CAZACU, *Relațiile dintre gîndire și limbaj în ontogeneza,* Bucarest, 1957.

Cl. et W. STERN, *Die Kindersprache,* Leipzig, 1907.

R. H. WEIR, *Language in the Crib,* La Haye, 1962.

LES DÉSORDRES
DU LANGAGE

LES TROUBLES DE LA PAROLE

POSITION DE LA QUESTION :
LES « ÉTAGES »

L'ACQUISITION du langage se fait par voie orale : tout autre moyen est artificiel.

Parler suppose la connaissance d'une langue, c'est-à-dire sa compréhension et l'aptitude à s'y mouvoir assez facilement pour s'en servir à son tour. Le discours pourra ensuite s'organiser en fonction de ce qu'on veut exprimer. Et alors, ou bien il restera purement mental, seul témoin d'un langage intérieur, ou bien il s'extériorisera et c'est la parole, ou enfin, il s'exprimera par des symboles graphiques, et c'est l'écriture.

Le fait de parler implique une adhésion affective à ce mode d'expression et répond normalement à un besoin de communication ; il implique également la possibilité de le faire sur le plan mécanique et sur le plan sensoriel.

Pour reprendre la terminologie d'E. Pichon, le langage dérive de la fonction appétitive et de ses régulations, de la fonction ordonnatrice proprement linguistique et de la fonction réalisatrice dont ressortit l'exécution physique par l'intermédiaire de processus neurophysiologiques.

Il n'est donc pas d'acte plus complexe et où soient plus étroitement intriqués le psychique et le physique : toute rupture d'équilibre détermine un trouble plus particulièrement orienté dans un seul sens et pouvant même n'intervenir que dans un domaine limité, facilement définissable. Plus fréquemment, le désordre intéresse des domaines divers et les réactions pathologiques s'additionnent et s'enchaînent.

Cependant, la nécessité d'un classement s'impose. On devra seulement se rappeler qu'il introduit, en même temps qu'une indispensable clarté, des distinctions artificielles et, en tout cas, souvent plus simplistes que ne le réalise la clinique (voir tableau pp. 388-389).

De toute façon, il y aura lieu de considérer si le trouble de parole s'est manifesté pendant l'installation du langage ou s'il est acquis par suite d'un processus pathologique secondaire, le sujet ayant déjà l'usage de la parole et la connaissance de la langue.

PATHOLOGIE DE L'INTÉGRATION DE LA PAROLE ET DU LANGAGE

TROUBLES MÉCANIQUES

Ils affectent massivement ou moyennement la réalisation motrice. Il s'agit soit d'une pure erreur de mouvement, soit d'une association de cette erreur à des troubles perceptifs, soit encore de troubles phonétiques provoqués par un empêchement organique (malformation organique ou impotence d'ordre neurologique).

Dans le premier cas, on parlera de troubles d'articulation, dans le second, de troubles de la parole et, dans le troisième, on se servira de l'expression troubles phonétiques, — et parfois simplement phoniques, s'il s'agit de difficultés dérivant d'une malformation, et de l'expression troubles dysarthriques si les défauts dérivent d'un état neurologique tant périphérique que central.

TROUBLES D'ARTICULATION

Ce sont des erreurs mécaniques et constantes dans l'exécution du mouvement propre à un phonème. (La liste que nous en donnons ne tient compte que d'une langue, le français; mais, dans toute autre langue, ces erreurs motrices et purement fonctionnelles peuvent se manifester; elles seront toujours une exécution maladroite d'un phonème type de la langue et porteront toujours sur les mouvements les plus difficiles et les sons les moins aisés à identifier). Elles se manifestent pour les voyelles comme pour les consonnes, bien qu'avec une moindre fréquence, leur exécution, pour le sujet auditivement intact, étant plus aisée que celle de certaines consonnes. Pour ces dernières, il est exceptionnel que les labiales *p m b* soient faussées, et les sourdes sont moins souvent atteintes que les sonores ; les substitutions d'une occlusive à l'autre se présentent pour celles dont le mouvement ne se voit pas *(k t; g d)*. Les consonnes le plus souvent atteintes sont celles de la série constrictive *ch s f; j z v; y r* (guttural supérieur). On voit aussi des erreurs dans l'exécution de *n* et *l* en position linguo-dorsale au lieu d'être apicale ou linguale antérieure.

Toutes les erreurs concernant les constrictives se nomment des sigmatismes (à cause de l'*s* représentatif de cette série). On parlera donc de sigmatisme interdental (zozotement, zézaiement) ou addental — fait de prononcer en plaçant la langue soit entre les dents, soit trop près des incisives. Auditivement, le bruit est faux et acoustiquement le spectre est privé d'une partie de sa bande la plus aiguë ; le sigmatisme est dit latéral (schlintement) si le sujet, au lieu de laisser l'air s'écouler par une gouttière centrale, le laisse sortir bi- ou unilatéralement ; le sigmatisme sera dorsal si la zone de constriction est plus postérieure que normalement, la langue se relevant en dôme vers le palais dans la région moyenne (son intermédiaire en un *y* et un *j* espagnol). On parlera de sigmatisme guttural si la constriction se produit au niveau de la glotte avec accompagnement d'un mouvement de la base de la langue vers la paroi postérieure du pharynx inférieur : le son est analogue à celui du souffle rauque émis pour ces mêmes consonnes par les sujets atteints d'insuffisance vélaire grave. Le sigmatisme nasal est l'émission d'air, par la voie nasale seule, des consonnes *ch, s, f, j, z, v*, sans qu'il y ait insuffisance vélaire, les autres phonèmes oraux étant exempts de nasalité : le sujet ferme le canal buccal en appuyant sa langue au palais dans la position de *k*, l'air ne peut s'écouler que par le nez. Toutes les constrictives, y compris *f* et *v*, peuvent être atteintes de ces défauts, car le sujet les conçoit et les reproduit dans un même système faux ; mais, souvent, seules sont atteintes les consonnes *ch, s, j, z*, dont le mécanisme ne se voit pas.

L'assourdissement

On nomme ainsi une erreur mécanique qui se traduit par l'absence de toute sonorité laryngée pendant les occlusives *b d g* ou pendant les constrictives *j z v*. Le

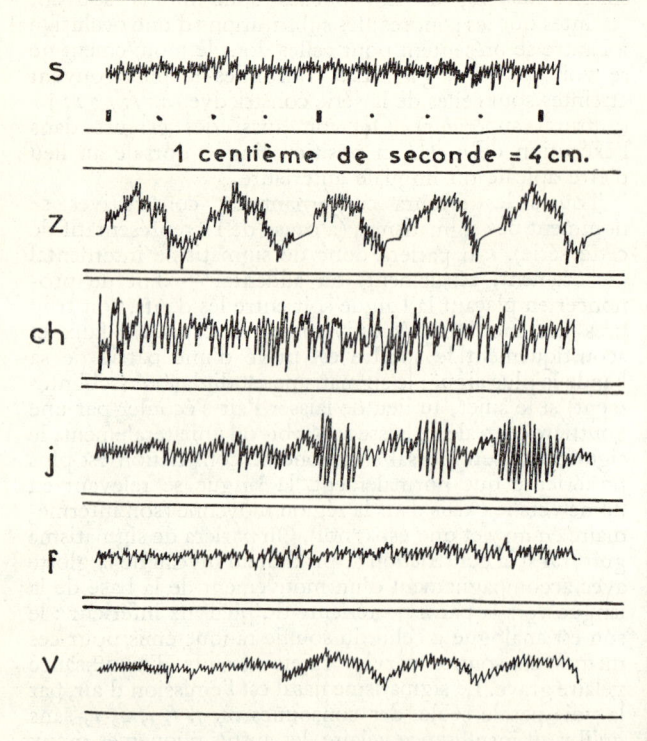

FIG. I — PHOTOGRAPHIES DES CONSONNES S, Z, CH, J, F, V, EFFECTUÉES SUR UN TUBE CATHODIQUE PENDANT LEUR ÉMISSION CONTINUE.

La vitesse de déroulement du film était de 45 mm au centième de seconde. Les oscillogrammes montrent que pendant les consonnes sourdes l'émission de souffle, continue, est beaucoup moins aiguë pour *ch*. D'autre part, l'amplitude décroît de *ch* à *s* et de *s* à *f*. Les consonnes sonores correspondantes *z*, *f*, *v* montrent que la sonorité laryngée est d'autant plus difficile à maintenir que l'émission du souffle est plus importante. Dans le *j*, le fondamental est masqué par le souffle; pour *v*, où cette quantité d'air est minime, le larynx virbe avec aisance; pour *z*, il se fait une sorte de compromis entre le régime vibratoire et l'émission de souffle : celui-ci n'apparaît que pendant un court moment de la période vibratoire.

sujet exagère la tension musculaire au cours de l'exécution du phonème et empêche ainsi le délicat équilibre des forces permettant la réalisation mécanique laryngée adéquate, à savoir, pour les occlusives, vibration réduite dans une cavité fermée et légèrement surpressée et, pour les constrictives, alternance rapide des ouvertures avec émission d'air et des attitudes de rapprochement indispensables à la production du son *(fig. 1)*.

Anomalies de la nasalisation

En dehors de toute atteinte organique, il se produit parfois des erreurs de mécanisme en ce domaine; la communication oro-nasale ne se produisant pas, il en résulte des sons qui, pour *gn n m,* donnent à l'audition une impression de « nez bouché » (rhinolalie fermée), et pour les voyelles *ã õ œ̃ ẽ,* un timbre voisin de la voyelle pure correspondante, un peu plus postérieure.

L'attitude inverse — déperdition d'air par le nez — pour les phonèmes oraux, tolérable dans une très faible proportion, s'entend comme du nasonnement dès que se manifeste une modification du timbre due à l'adjonction de la cavité nasale. Acoustiquement, la structure du spectre sonore est modifiée. Cet état ne se produit que si le voile ne peut fermer le pharynx : il s'associe alors à d'autres manifestations d'insuffisance vélaire et constitue un trouble organique.

Les langues ont, vis-à-vis de la nasalité, une tolérance différente, plus grande dans les idiomes qui ne connaissent pas les voyelles nasales et n'ont pas besoin, à cet égard, d'une différenciation si précise. Le nasonnement — aggravation du timbre — ne doit pas être confondu avec le nasillement, qui se traduit auditivement par un timbre plus aigu et nasillard. Physiologiquement, cette émission exige une attitude exagérément contractée des muscles du pharynx. Acoustiquement, le spectre sonore devient plus dense, notamment dans les bandes aiguës et s'étend plus loin.

Anomalies de la voix parlée

Les troubles de la voix non chantée sont inséparables de la parole, qui peut n'être altérée que dans son timbre ou son émission : il ne faudra pas confondre ces erreurs fonctionnelles avec des fautes d'articulation. La voix peut être rauque (raucité vocale des enfants qui crient trop), détimbrée émise avec un écartement trop grand des cordes vocales, aggravée ou, au contraire, émise dans un registre trop aigu pour le sujet.

TROUBLES DE LA PAROLE

Les altérations n'intéressent plus les phonèmes, tout au moins dans la syllabe simple. Par exemple, l'enfant saura dire *la* et *pin,* mais ne pourra pas dire lapin, qui deviendra papẽ, pêpê... C'est la forme du mot qui ne peut être reproduite exactement. Les déformations habituelles portent sur :
l'omission de la consonne finale en syllabe fermée : *ta, ro* = table, robe ;
la simplification des syllabes complexes : *pœ̀*, pleure, *ro*, gros ;
l'omission des consonnes en position peu audible ou malaisées à articuler : *tasi* = taxi ; *pote* = poste ;
l'abrègement des mots sentis comme trop longs : *papi* = parapluie, *bé* = tombé.
Des tests permettent de classer ces défauts au moment de l'examen phonétique.

Ces défauts s'accentuent encore au cours d'une phrase, jusqu'à ne plus comporter, parfois, que des mots significatifs enrobés dans un ensemble mélodicorythmique informe quant à la prononciation.

Cet état peut coexister avec des troubles de l'articulation, tels qu'ils ont été décrits plus haut.

TROUBLES PHONÉTIQUES LIÉS À DES MALFORMATIONS ORGANIQUES : BEC-DE-LIÈVRE, DIVISION PALATINE, INSUFFISANCE VÉLAIRE

Si le voile ne peut occlure le pharynx, il en résulte de la nasalité : déperdition nasale ou fuite d'air permanente par le nez, nasonnement ou altération générale du timbre de la voix, surtout sensible dans les voyelles.

Si l'insuffisance du voile est très importante, le sujet

substitue aux mécanismes normaux des consonnes orales des mécanismes de compensation. *Grosso modo,* les occlusives deviennent des coups de glotte et les constrictives des souffles gutturaux. L'accolement et le décollement des cordes vocales donnent une impression auditive d'occlusive brève. Le resserrement anormal des cordes vocales au moment de l'émission du souffle réalise des sibilances de remplacement que le sujet arrive parfois à différencier en sourdes et sonores. Les malformations de l'articulé et de l'arcade dentaire dans le bec-de-lièvre entraînent des imprécisions articulatoires parfois inévitables et ne relevant que de l'orthodontie.

Les autres malformations congénitales entraînant des troubles phonétiques sont très rares (malformations linguales, labiales ou laryngées).

TROUBLES DYSARTHRIQUES

Ce sont des manifestations motrices déréglées et non systématiques, résultat d'impotences causées par des états pathologiques du système nerveux à un étage cérébral ou périphérique quelconque.

Du point de vue fonctionnel, il y a des paralysies ou parésies de deux types. Dans la paralysie flasque, le mouvement de l'organe intéressé est impossible. Le territoire touché peut être plus ou moins étendu : lèvres, langue, voile, pharynx et même larynx. Pour ce dernier, la paralysie en abduction ne permet pas l'émission de la voix; quant à la paralysie en adduction, elle est incompatible avec la respiration, donc avec la vie; elle n'est pas du ressort de cet article.

Dans les paralysies avec attitude hypertonique, les contractures gênent le mouvement de la phonation et de la parole, entraînent des dyssynergies mais n'empêchent pas totalement l'émission de la parole, dont les gestes demeurent plus ou moins incoordonnés et laborieux. L'athétose et les tremblements qui peuvent accompagner divers états neurologiques causent de grandes difficultés arthriques.

Dans les paralysies nerveuses unilatérales intéressant les lèvres, la langue, le voile ou le larynx, une compensation très importante a lieu grâce au côté non lésé et la parole demeure intelligible.

Toutes les difficultés d'émission et d'articulation, énumérées précédemment, concernent un état physique et les altérations seront donc en principe purement mécaniques. En fait, dans les troubles de parole mentionnés, interviennent des facteurs autres que la maladresse ou l'incapacité motrice. Outre l'incapacité à trouver le geste adéquat au phonème à émettre, il y a des difficultés mnésiques : le souvenir du mot ou des sons entendus est trop imprécis pour en permettre la reproduction; la perception en est parfois faussée et le temps nécessaire à la saisie de l'ensemble entendu considérablement augmenté. La représentation mentale en est donc impossible dans les conditions normales.

Il en résulte que les défauts examinés seront inégalement amendables. La rééducation des troubles d'articulation est toujours possible; les troubles de parole tendent à une atténuation spontanée et seront rééduqués à la fois sur le plan mécanique et sur le plan perceptif, à l'âge où les apprentissages scolaires demandent leur correction.

Les troubles phonétiques liés à des malformations organiques sont passibles d'une rééducation, mais nécessitent, au premier chef, soit l'intervention du chirurgien, soit celle du stomatologiste.

Les troubles dysarthriques dépendant d'états organiques peu ou pas modifiables pourront être diminués par un fonctionnement plus judicieux — c'est le rôle de la rééducation — mais leur suppression complète n'est évidemment pas possible.

TROUBLES PSYCHO-LINGUISTIQUES

Le désordre est plus profond car il se situe au niveau du langage; il dépend des aptitudes mentales du sujet ou de son psychisme. Les manifestations linguistiques peuvent apparaître seulement quand la parole est devenue assez intelligible pour que l'auditeur en analyse les composantes.

Il y a trouble du langage quand la structure même de la phrase est atteinte. Cette atteinte se manifeste de plusieurs manières :

1) Phrase formée par une simple juxtaposition des sémantèmes : poter maison petit pou (= je voudrais emporter à la maison les petites boules); garçon, 5 ans, veut emporter chez lui un boulier aux perles séduisantes.

2) L'ordre logique de la langue n'est pas respecté : lapin manger chien = le chien veut manger le lapin.

3) Confusion de l'article et de l'adjectif numéral : un chat, un chat, un chat = des chats, et procédés incorrects de dénombrement : bonbon, bonbon-deux.

4) Absence du pronom complément et parfois du pronom sujet : donne panier (donne-moi le panier); veux aller tout seul.

5) Erreurs dans l'expression de la cause : Veux pas, pourquoi pas bon (pourquoi = parce que).

6) Incapacité de motiver verbalement un choix : l'est beau... pakoe (parce que) l'est beau.

7) L'expression de l'espace est hésitante; confusions : sur, sous, dessus, dessous, devant, derrière.

8) Les mots désignant le temps — hier, aujourd'hui, demain — sont employés au hasard; sans doute le temps lui-même est-il mal apprécié : « il est venu demain, papa ». « Quand c'est hier, maman ? »

9) Les expressions entendues donnent lieu à de nombreux contre-sens ou bévues et qui persisteront longtemps : Dieu a envoyé les confettis (prophéties), 11 ans; un saint homme taquin (saint Thomas d'Aquin), 10 ans, etc.

10) Le discours est parsemé de barbarismes : il prendrit le train, il fara beau (8 ans); je m'enr'irai (je m'en irai de nouveau, 7 ans) et de mots déformés : l'alérée la gopou pa (= l'araignée a beaucoup de pattes, fille, 4 ans $\frac{1}{2}$).

Les cas de retard de langage sont d'une grande fréquence. Retard d'apparition ou de développement; on peut considérer qu'il y a une anomalie quand, entre deux et trois ans, l'enfant ne se met pas à parler et si, à partir de ce début, les progrès ne sont pas rapides et conformes à l'habitude.

Il faudra alors examiner l'enfant. Il est possible qu'il présente un retard global de l'intelligence — on pratiquera un test non verbal —, une débilité motrice importante ou une surdité partielle méconnue. On les décélera par des examens appropriés.

Le retard mental doit être recherché au moyen de tests. En effet, une arriération profonde est, en général, décelable à première vue et si un enfant n'est pas parvenu au langage parce qu'il est idiot, il n'est pas besoin d'examen prolongé pour s'en rendre compte; mais un minime degré de retard mental peut très bien passer inaperçu. En revanche, certains sujets sont desservis par leur physique. Il faut savoir que si le retard de parole est fréquent chez les sujets mentalement en retard, il n'est absolument pas une preuve d'inintelligence. On doit, au moyen de différentes épreuves d'aptitudes, rechercher les lacunes motrices, sensorielles ou mentales qui expliquent l'état du langage.

Les deux facteurs essentiels d'un pronostic favorable sont un niveau mental normal et une bonne compréhension du langage. S'il y a des troubles de la compréhension du langage parlé avec un bon quotient intellectuel (Q.I.), il y a lieu de suspecter l'audition. Si l'audition elle-même est normale, le pronostic devient plus sombre. Quand le trouble porte totalement ou essentiellement sur l'expression, on parle de retard simple de la parole; mais si l'évolution est lente et que l'enfant n'arrive à s'exprimer que de façon agrammatique et rudimentaire, on parlera d'audi-mutité idiopathique.

L'étiologie de ces cas reste obscure. De toute façon, l'établissement de la parole est profondément compromis par des difficultés mnésiques, des troubles de perception, un temps d'analyse auditive anormal et parfois une importante débilité motrice.

Les exemples ci-dessus concernent l'expression. On voit, cependant, que celle-ci trahit parfois des erreurs de compréhension. Dans les retards de parole, en effet, il y a un décalage habituel entre le niveau de compréhension et celui de réalisation.

Le sujet comprend mieux qu'il ne parle, ce qui est d'un bon pronostic si, par ailleurs, l'intelligence est normale. Mais il arrive que la compréhension elle-même soit amoindrie — il faut ralentir pour se faire comprendre; employer des formes simples; éviter les mots qui risquent d'introduire des confusions : une formule agrammatique telle que : *petit-chien-queue, gros chien tête,* sera saisie et non la phrase correcte : la queue du petit chien, la tête du gros chien. Plus tard, arrivés à l'âge scolaire, ces enfants sont très dysorthographiques, faute de comprendre exactement le texte dicté.

Dans les cas graves, l'enfant ne comprend pas la phrase, si ce n'est dans des associations invariables sans cesse répétées et entendues en « situation favorable » : « Viens manger, va mettre ton manteau, dis bonjour à papa »... On dit qu'ils sont atteints de surdité verbale. Sous la forme pure, ces cas sont d'une extrême rareté. Il en existe cependant des exemples incontestables. Mais d'ordinaire, le sujet présente soit du retard mental, soit une surdité organique, soit des troubles psychiques qui expliquent également son état et ne permettent pas de le considérer comme atteint d'une simple agnosie du langage.

Médicalement, il ne semble pas qu'il existe de remède à ces états, mais ils sont susceptibles d'une éducation spéciale qui doit être appropriée au trouble. Tantôt on fera des exercices d'articulation, tantôt on prendra soin de les éviter en faisant porter l'effort sur la compréhension du langage et d'autres fois, sur des exercices de mémorisation des sons ou des mots ; d'autres fois encore, on se servira des facilitations que peuvent apporter la mélodie et le rythme. Il faudra, en tout cas, toujours éviter de laisser s'établir une attitude d'anxiété et d'effort excessif, tant chez les parents que chez les enfants. Ceux-ci, en effet, sont très sensibles à leur état, dont ils prennent vite conscience et qui les infériorise vis-à-vis des enfants de leur âge. Bien que, pour le retard simple de la parole, l'évolution spontanée soit favorable, il vaut presque toujours mieux rééduquer, mais au bon moment. Quant aux cas dans lesquels interviennent d'autres causes il faut absolument les soumettre à une éducation appropriée, qui sera parfois longue et toujours complexe. Un seul facteur est rédhibitoire : un niveau mental trop bas.

TROUBLES D'ACQUISITION DE LA PAROLE LIÉS À DES FACTEURS PSYCHIQUES

Quand un enfant ne parle pas, les parents ont tendance à incriminer sa paresse ou son non vouloir, surtout s'il est évident qu'il comprend la parole. En fait, les refus de parler sont rares et, quand ils se produisent, ils sont toujours associés à un comportement psychique anormal en d'autres points : l'enfant normal cherche à communiquer avec autrui et, s'il ne le fait pas, c'est qu'il ne peut pas ; il se sert alors de moyens accessoires, notamment de la mimique et de l'intonation, pour se faire comprendre et se met en colère quand il n'y parvient pas (voir l'attitude psychique des enfants sourds); puis, si l'effort s'avère trop grand et trop long, il renonce.

Mais dans d'autres cas, il apparaît que le petit enfant n'est pas désireux de parler; on ne peut même pas parvenir à savoir de façon certaine s'il comprend la parole et même s'il entend. Par ailleurs, son comportement est bizarre. Il est indifférent à ses parents, ne s'intéresse pas aux êtres vivants, mais seulement à certains objets, — de préférence aux formes géométriques; il semble retrait en lui-même et cette forte composante autistique peut faire craindre une schizophrénie ultérieure.

Dans d'autres cas, l'enfant semble être psychiquement normal et ne se refuse qu'à la parole, quelquefois totalement, d'autres fois seulement devant témoins : il s'agit d'un mutisme qui peut résulter d'un choc affectif grave, par exemple désintérêt maternel vis-à-vis de l'enfant ou quelque autre événement ayant psychiquement marqué ce dernier.

Opposée à cette attitude est celle de l'enfant pathologiquement bavard, toujours en état de surexcitation psychique et qui parle sans pouvoir s'arrêter. Il s'agit là d'un processus bénin si l'enfant reste bien en contact avec le réel et est capable de se taire pour écouter. En revanche, l'incapacité de freiner les images auditives qui se déroulent comme dans un film, s'enchaînent inexorablement et reproduisent, tel un enregistrement, des scènes vécues ou imaginaires, est un état de logorrhée véritablement grave. Dans ces cas, d'ailleurs, il est fréquent que le sujet se projette dans son discours, comme un personnage étranger, parlant de lui-même à la troisième personne, puis exprimant sans transition le discours de son interlocuteur fictif ou autrefois réel. Il ne s'agit plus là, à la vérité, de troubles de la parole et du langage, ceux-ci servant de véhicule et d'exutoire à des états mentaux nettement pathologiques.

Dans ces états d'étiologie complexe, nous classerons également les dissociations, qui aboutissent à isoler l'expression mélodico-rythmique de l'expression articulée et parlée, l'enfant ne gardant de la parole que l'intonation et le rythme. Cet état s'oppose à certaines amélodies et arythmies qu'on observe dans des états d'encéphalite ayant touché profondément le mentalisme du sujet.

LE BÉGAIEMENT

C'est à dessein que nous lui donnons une place à part. L'étiologie de ce trouble demeure controversée. *Grosso modo,* l'examen des causes possibles donnera lieu à la classification suivante :

Le bégaiement considéré comme la conséquence d'un état neurologique anormal. On citera particulièrement Seeman, qui le fait dériver d'anomalies de la zone strio-pallidée. L'étiologie neurologique a été récemment discutée au cours d'un rapport et considérée comme irrecevable (Cl. Launay).

Le bégaiement d'origine purement psychogène. En faveur de cette thèse souvent soutenue se trouve l'apparition brusque et tardive (de dix à quinze ans) de ce trouble chez des sujets indemnes de toute anomalie de parole jusqu'à ce moment. Mais ces cas constituent une infime minorité et un interrogatoire attentif révèle souvent l'existence de troubles discrets depuis la petite enfance, un incident récent n'ayant servi que de facteur déclenchant et aggravant.

Le bégaiement découlerait d'un trouble auditif. Selon cette thèse récente, le bégaiement se manifesterait par suite d'une anomalie auditive : les deux oreilles n'entendant pas également bien, il en résulterait un décalage des sensations acoustiques dans le temps. Mais les théories audiogènes n'expliquent pas l'intermittence du trouble qui ne se manifeste presque jamais quand le sujet parle sans témoins et n'expliquent pas davantage les troubles linguistiques plus ou moins discrets qui l'accompagnent.

Le bégaiement serait lié à un trouble endocrinien. Les anomalies des sécrétions hypophysaires, notamment, joueraient un rôle décisif dans sa genèse. Cette théorie est assez rarement soutenue.

Le bégaiement dériverait d'anomalies du système neuro-végétatif ou encore d'un dérèglement du sympathique ou du parasympathique. Des troubles de cet ordre accompagnent très souvent le bégaiement, mais il est difficile de prouver qu'ils en sont la cause.

Le bégaiement résulterait essentiellement d'un trouble du langage. En faveur de cette thèse, il y a plusieurs arguments :

1) Il apparaît dans une très forte proportion chez des sujets ayant eu du retard de parole. Plus de 60% des enfants ayant parlé tard ou mal présentent de façon plus ou moins persistante un bégaiement évolutif;

2) Même chez les sujets qui n'ont eu, en apparence, aucun trouble de parole — on cite même des cas d'apparition du bégaiement chez des enfants ayant manifesté de la précocité linguistique —, il est facile de déceler des signes d'un trouble expressif. Celui-ci se manifeste par des lapsus, des liaisons fausses, des structurations phrastiques artificielles. Les difficultés paraissent se situer dans le temps qui s'écoule entre l'aperception de l'idée et le jaillissement de l'expression. Le bègue manque d'immédiateté linguistique (Pichon). Sa pensée a une forme plus « sensu-actorielle » que « lingui-spéculative » (Binet).

L'absence de bégaiement quand le sujet est seul n'improuve pas cette manière de voir. En effet, quand il n'est pas ému ou inquiet, le sujet est en possession de tous ses moyens qui diminuent dans le cas contraire et ne lui permettent pas de garder une aisance expressive suffisante. Parfois, il ne s'agit pas de carence de l'apport linguistique au moment du discours mais d'un trouble de coordination qui ne permet pas au sujet de freiner son débit : ce qu'il aperçoit simultanément l'entraîne à une tachylalie constante ou intermittente *(fig. 2)*.

Le bégaiement dériverait d'une dominance hémisphérique mal établie. Cette affirmation concerne également les retards de parole. Les tenants de cette théorie font remarquer que les troubles de parole apparaissent électivement chez les sujets gauchers. On affirme, d'autre part, que ce sont surtout les individus ayant une dominance croisée (gaucher du pied, droitier de la main, etc.) qui sont atteints de bégaiement et les ambidextres plus que les gauchers francs. Mais cette étiologie peut difficilement être retenue, car il y a un pourcentage important de bégaiements graves chez des sujets absolument droitiers.

On trouve encore des théories **respiratoires**, des théories motrices, etc.

Il semble qu'on puisse conclure que le bégaiement est un trouble complexe où la participation psychique est certaine, mais s'est concrétisée sous cette **forme précisément** parce qu'il y a une fragilité et **une maladresse**

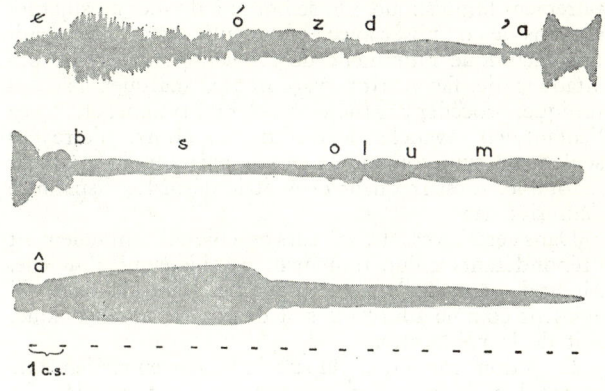

FIG. 2.

Le sujet nettement tachylalique a, par moment, prononcé avec une extrême rapidité. Le discours enregistré comprenait un récit où figurait : « quelque chose d'absolument extraordinaire ». Le temps est représenté au centième de seconde. On remarquera les variations des durées phonétiques : certains phonèmes *z, o, l, u* durent de 1 à 2 centièmes de seconde tandis que l'émission redevient normale dans la syllabe *mâ* dont la voyelle prononcée de façon emphatique s'allonge considérablement (17 cs). On notera aussi que le *ch* de *chose* a une intensité considérable puisqu'il dépasse en amplitude la voyelle qui le suit.

linguistique préexistantes. Le retard moteur joue souvent un rôle à l'âge où l'élément gestuel de la parole est prédominant. À noter qu'un très grand nombre d'enfants bègues sont atteints de défauts d'articulation — ce qui est la preuve incontestable d'une maladresse motrice des organes phonateurs.

D'autre part, on n'oubliera pas que l'enfance est l'âge des conditionnements et qu'une habitude créée peut être très difficile à dissoudre.

Il n'est pas indifférent d'adhérer à une théorie pathogénique ou à une autre, puisque la thérapeutique en découlera. Le fait que le bégaiement a une composante psychique importante est cause que toutes sortes de traitements peuvent agir, au moins temporairement et partiellement. Un traitement causal est d'ailleurs rarement possible chez un adulte, surtout si on considère l'aspect purement linguistique. On se borne à donner au sujet les moyens de composer avec ses difficultés et on lui fournit une technique rationnelle de parole : ponctuer, ne pas attaquer de façon trop vigoureuse, marquer l'accent tonique, procéder par thèses, s'aider du rythme, etc. Chez l'enfant, en revanche, la rééducation pourra n'être pas seulement symptomatique et, en agissant au moment favorable, il est fréquent de voir le désordre disparaître définitivement.

Dans certains cas, les facteurs psychiques sont tellement prépondérants qu'un traitement psychiatrique s'impose. Médicalement, il n'y a guère que des tranquillisants qui agissent comme adjuvants soit de la cure psychiatrique, soit de la rééducation.

Il y a donc intérêt, la plupart du temps, en présence de ce trouble, à agir avant que ne se soient installés des conditionnements rigides. Mais la participation du sujet est requise plus que pour toute autre rééducation; il s'ensuit qu'elle ne peut être pratiquée chez un sujet prêt à s'y opposer. Le pronostic de guérison n'est donc pas si assuré que pour les autres troubles de la parole.

On considérera, en outre, que le bégaiement a été classé ici dans les troubles d'acquisition de la parole et du langage, puisque, le plus souvent, il s'installe dès les premières phrases constituées, de façon d'abord discrète et intermittente, pour se fixer enfin après deux ou trois ans d'évolution. Parfois, il y a régression spontanée, ce qui est cause du conseil trop souvent donné : attendez, ça s'arrangera. L'âge habituel de l'aggravation est l'adolescence; cette étape est souvent suivie d'une amélioration spontanée. Néanmoins, il est des adultes chez qui le trouble demeure massif, entraînant avec lui de graves conséquences psychiques et sociales.

Cependant, il y a des cas où, après une période de parole au moins subnormale, le bégaiement s'installe brutalement. On ne saurait parler alors de désintégration de la parole ou du langage. C'est uniquement sous l'empire de facteurs psychiques que l'état s'aggrave ou s'améliore.

EXPOSÉ SOMMAIRE DE DIVERSES FORMES DE DÉSINTÉGRATION DE LA PAROLE

Nous avons considéré jusqu'ici les troubles de parole apparaissant au cours de son établissement. Nous allons examiner les désordres qui se manifestent dans la détérioration acquise du langage. On peut les classer sous plusieurs rubriques :

Tout d'abord les troubles liés à une destruction sensorielle (surdité), puis les troubles liés à une destruction organique (lésions neurologiques), et enfin les troubles liés à une désintégration mentale.

DANS LES SURDITÉS PRÉCOCES

Les traitements par la streptomycine ont évité la mort à un grand nombre d'enfants atteints de méningite ou de méningo-encéphalite, notamment tuberculeuse, mais en laissant très souvent pour séquelles une surdité bilatérale pratiquement totale. Or, suivant l'âge du sujet et le temps depuis lequel il parlait, on a assisté à des destructions de la parole et du langage dans des conditions quasi expérimentales. Jusqu'à un âge avancé, douze ans, quinze ans, dix-huit ans, chez l'un des sujets, la surdité cause, au bout de quelque temps, des altérations diverses dans la manière de parler : l'intonation devient moins expressive, l'articulation floue, surtout dans les constrictives ; et les voyelles tendent à s'uniformiser (imprécision de *o, œ, u, ou* et des nasales, notamment). Mais le langage ne subit aucun dommage.

En revanche, si la surdité frappe un sujet qui ne parle couramment que depuis deux ou trois ans, le langage subit des détériorations massives allant jusqu'à un oubli complet. Pratiquement, si un enfant de moins de six ans devient sourd, et qu'il ne soit pas essayé, aussitôt que faire se peut, de maintenir et développer à tout prix les acquisitions linguistiques, le jeune sourd devient inexorablement un sourd-muet. Plus on s'éloigne de l'âge où la parole constitue un éblouissant mais fragile acquis, moins les détériorations sont graves.

Il y a un ordre temporel dans les détériorations, tant phonétiques que linguistiques. Disparaissent d'abord, en ce domaine, les mots de rapport, puis les articles, et enfin la phrase devient agrammatique. Il faut, pour sauver la parole, rendre conscients les mécanismes d'articulation, enseigner la lecture et développer l'observation mimique et gestuelle de la parole (labio-lecture).

DANS LES LÉSIONS NEUROLOGIQUES

Nous n'en parlerons que succinctement, ce sujet étant traité ailleurs.

LES APHASIES

Suivant la zone cérébrale lésée, les détériorations sont caractérisées par une atteinte motrice ; le sujet bredouille, il est dysarthrique et apraxique ; ou bien il ne comprend plus la parole — perte partielle ou totale, les mots isolés étant, en général, plus oubliés que les phrases simples, et d'ailleurs inégalement « perdus » suivant leur catégorie : c'est la surdité verbale. Si le sujet ne peut plus comprendre la lecture on parlera d'alexie et s'il ne sait plus écrire d'agraphie, ces dernières incapacités étant parfois nettement séparées, mais faisant toutes partie du tableau de l'aphasie chez l'adulte.

Chez l'enfant jeune, au rebours de ce qui se passe pour la surdité, la perte du langage qui suit une hémiplégie traumatique ou infectieuse est généralement transitoire : l'enfant peut même rester hémiplégique et retrouver totalement l'usage de la parole. Les détériorations, s'il y en a, semblent porter plutôt sur le caractère et le comportement. Il semble que l'âge de sept ans constitue la limite au-delà de laquelle on a de moins en moins de chance d'échapper à des destructions linguistiques durables ou définitives et rappelant celles de l'adulte.

Les autres formes de détérioration liées à des états neurologiques se voient dans les chorées, les troubles parkinsoniens, les lésions bulbaires et pseudo-bulbaires, les lésions cérébelleuses. Suivant l'âge du sujet, la gravité et le siège des lésions, la parole sera atteinte de façon typique. Ces lésions ayant d'ailleurs un aspect évolutif et les destructions atteignant parfois l'intelligence même du sujet (paralysie générale), il s'ensuit que leur étude systématique a moins d'intérêt. *Grosso modo,* elles se manifestent par des incapacités physiques (athétose, tremblement, lenteur), difficulté ou incapacité des mouvements nécessaires à la phonation ou leur incoordination. Sur le plan psycho-intellectuel, suivant la diffusion des lésions, il peut y avoir ou n'y avoir pas de troubles généraux se traduisant dans le langage. Celui-ci risque d'ailleurs longtemps de faire illusion, grâce aux automatismes conservés.

DANS LES ÉTATS MENTAUX

La parole est si intimement liée à la personnalité qu'une altération profonde de celle-ci va rarement sans une atteinte verbale.

Dans certaines démences, la voix devient monotone, la mélodie stéréotypée, l'aliénation se trahit par une sorte de dépersonnalisation.

Dans la schizophrénie chez l'enfant, l'intonation est un des facteurs caractéristiques, le sujet parlant comme à la cantonade, sans que rien n'indique qu'il s'adresse à une personne déterminée dont il attendrait réponse ou réaction.

L'exaltation mentale de caractère pathologique se traduit par une accélération du débit et une parole hypertonique; mais il n'y a pas là altération du langage proprement dit ou du moins, quand elle se manifeste, c'est à titre de composante d'un trouble plus profond et plus complexe.

En résumé, l'ensemble des troubles de la parole et du langage se manifestant au cours de leur installation ou de leur désagrégation pourrait se résumer dans les tableaux suivants, exception faite des troubles de la voix qui n'y sont pas figurés.

TROUBLES D'ORIGINE PSYCHO-

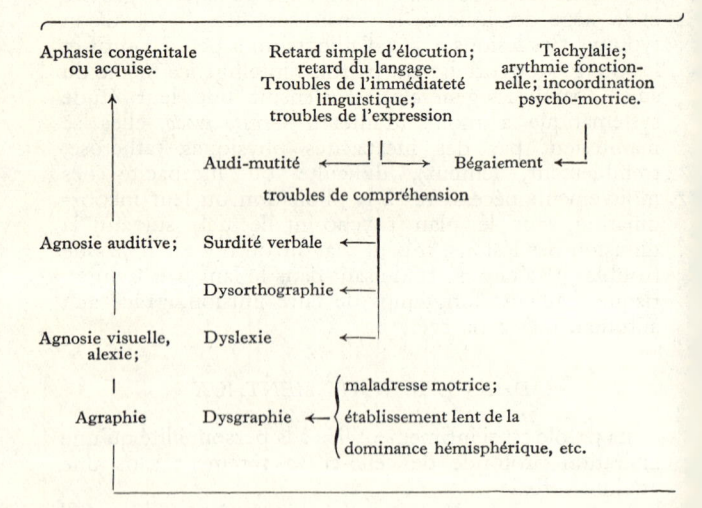

Aphasie congénitale ou acquise.	Retard simple d'élocution ; retard du langage. Troubles de l'immédiateté linguistique ; troubles de l'expression	Tachylalie ; arythmie fonctionnelle ; incoordination psycho-motrice.
	Audi-mutité ←⎯⎯ ⎯⎯→ Bégaiement ←	
	troubles de compréhension	
Agnosie auditive ;	Surdité verbale ←	
	Dysorthographie ←	
Agnosie visuelle, alexie ;	Dyslexie ←	
Agraphie	Dysgraphie ← { maladresse motrice ; établissement lent de la dominance hémisphérique, etc. }	

TROUBLES D'ORIGINE MÉCANIQUE

Dysarthries neurologiques, congénitales ou acquises.	Troubles phonétiques liés à un état organique (malformations congénitales)	Troubles articulatoires d'évolution : aspect perceptivo-moteur

LINGUISTIQUE OU SENSORIELLE

| Troubles de l'organisation primaire mélodico-rythmique; troubles de la mimique; asymbolie. | Mutisme Logorrhée Écholalie | Troubles du langage → dans les états démentiels; schizophrénie; dysphasie évolutive. | Troubles du langage par oligophrénie; langage sommaire ou ébauché des arriérés. | Troubles du langage dans les déficiences sensorielles (surdité congénitale ou acquise) |

Suzanne BOREL-MAISONNY.

BIBLIOGRAPHIE

J. DE AJURIAGUERRA, S. BOREL-MAISONNY, R. DIAKTINE, S. NARLIAN et M. STAMBAK, *Le Groupe des audi-mutités,* Paris, Presses Universitaires de France, 1958.

J. BERNALDO DE QUIROS, *Signes de dysphasie chez les enfants d'âge scolaire comme manifestation de la surdité centrale,* et *Examen du langage chez les enfants dysphasiques scolaires,* dans *Audiologie internationale* (Société internationale d'Audiologie), vol. I, Paris, 1962.

Marcel COHEN, Irène LEZINE, Francis KOCHER, Alfred BRAUNER et coll., *Études sur le langage de l'enfant,* Paris, 1962.

Cl. LAUNAY, S. BOREL-MAISONNY, R. DIATKINE et Cl. DINVILLE, Rapport du colloque international « Langage et Communications », dans le « Journal français d'Oto-Rhino-Laryngologie », IX, 3, Paris, 1960.

ED. PICHON, *Le Développement psychique de l'enfant et de l'adolescent,* Paris, Masson, 1936.

L'APHASIE

Sous le terme d'*aphasie,* on entend, en médecine, les troubles du langage provoqués par des lésions corticales en foyer et distingués de ceux qui dépendent de l'atteinte des instruments périphériques de réception ou d'émission (audition, vision, organes de la parole : c'est-à-dire muscles labio-glosso-laryngés); ces troubles portent sur l'expression et la compréhension des signes verbaux. La lésion encéphalique détermine ainsi une impossibilité de communication verbale ou des difficultés de modalités très diverses.

HISTORIQUE

Au début du XIXe siècle (1810-1825), dans ses recherches de phrénologie, Gall avait déjà insisté sur la possibilité d'attribuer un siège particulier dans le cerveau à la faculté de parole, mais c'est Bouillaud, en 1825, qui, se fondant sur des bases anatomo-cliniques, situe « l'organe législateur de la parole » dans les lobes antérieurs. Cette conception se heurte à de violentes critiques et il faut attendre la communication de Broca en 1861 pour que l'on estime possible d'attribuer la fonction langage à une zone particulière du cerveau; cet auteur en effet présente alors les résultats de ses observations anatomo-cliniques et localise le centre du langage articulé au niveau du pied de la troisième circonvolution frontale; il donne à cette incoordination de la parole le nom d'aphémie. Le terme même d'aphasie n'apparaît qu'avec Trousseau. En 1865 Broca assure que chez le sujet droitier l'aphasie est provoquée par des lésions de l'hémisphère gauche; cette dominance hémisphérique gauche aurait été affirmée dès 1836 par M. Dax dans un mémoire passé alors inaperçu.

En 1874 Wernicke décrit un second type d'aphasie

due à une lésion de la première circonvolution temporale, connue depuis lors sous le nom d'aphasie sensorielle ou aphasie de Wernicke; le trouble consiste dans une incompréhension du langage et dans une émission aisée, mais remplie d'erreurs. Kussmaul en 1876 distingue dans cette aphasie deux aspects : la surdité verbale et la cécité verbale qui correspondent chacune à la lésion d'un centre différent. En 1881 Exner souligne l'importance de la lésion du pied de la deuxième circonvolution frontale pour l'agraphie (impossibilité d'écrire).

Sur les bases anatomiques ainsi établies vont se développer et se multiplier des schémas qui empruntent tous aux conceptions associationnistes : les troubles du langage ont leurs centres qui emmagasinent de façon statique les images verbales, motrices, graphiques, auditives et visuelles et leurs connexions avec les centres d'images sensorielles et motrices et avec un centre supérieur intellectuel hypothétique. Cette période « géométrique » voit chaque auteur proposer son schéma personnel, en même temps que s'accroît le nombre des formes d'aphasie. Au même moment toutefois H. Jackson (1864-1893), appliquant ses conceptions de la dissolution à l'aphasie, affirme qu'il n'y a pas de véritable destruction d'images verbales puisque les mots peuvent réapparaître dans le langage émotionnel : ce qui est perdu, c'est le langage propositionnel; mais ces travaux n'eurent aucun retentissement jusqu'au moment où Pick (1913) et Head (1920) les remettent au jour. Il faut, en fait, attendre P. Marie « l'iconoclaste » (selon le mot de Head), pour qu'en 1906 la théorie classique des centres d'images soit battue en brèche : pour lui il n'existe pas d'images; la véritable aphasie, celle de Wernicke, « est due à un trouble de l'intelligence spéciale »; l'aphasie est une et il n'y a pas d'aphasie dissociée.

Les tendances localisatrices ne s'en affirment pas moins jusqu'à l'extrême avec les travaux de Henschen, de Nielsen et de Kleist; pour ce dernier chaque division myélo-architectonique corticale possède une signification fonctionnelle spécifique.

A l'inverse des localisateurs, Goldstein appuie sa conception globale (organismique) de l'aphasie sur la *gestaltpsychologie;* il affirme après von Monakow l'impossibilité de localiser la fonction langage et insiste sur la présence chez tout aphasique d'un trouble fondamental, la perte de l'attitude catégorielle.

LES FORMES CLINIQUES

Sur le plan historique il se dégage donc deux tendances fondamentalement différentes, l'une qui, par la description des modalités diverses de l'aphasie, sur des bases plus théoriques que cliniques, aboutit à une classification où des formes spécifiques sont en quelque sorte fixées dans des types de désorganisation distincts les uns des autres ; la seconde qui, après avoir éliminé les désordres isolés de l'expression ou de la réception, voit dans l'aphasie un phénomène unique.

Sans entrer dès maintenant dans une discussion sur la valeur de ces points de vue analytiques, il paraît nécessaire de souligner ce qu'il peut y avoir d'excessif dans ces deux tendances : la nécessité d'une description large des formes cliniques ne doit pas exclure la considération d'entités totalement isolées les unes des autres. L'étude anatomique confirme les analyses cliniques dépouillées de préjugés.

La description des grandes formes fondamentales (aphasie d'expression, aphasie sensorielle, aphasie de Broca, aphasie de conduction) et les problèmes des aphasies dissociées précéderont donc ici la discussion sur les diverses classifications que l'on a données de ces désordres du langage.

L'APHASIE D'EXPRESSION

L'émission du langage est, dans cette forme d'aphasie, troublée jusqu'à être totalement suspendue. En général le malade n'émet alors qu'un seul son, plus ou moins complexe, mais dépourvu de sens. Ainsi le malade de Broca prononçait-il seulement « Tan tan tan ». Les formes sonores prennent volontiers l'aspect des mots « oui » et « non » inlassablement répétés ; ce sont aussi des polysyllabes qui ne correspondent à aucune unité significative. L'expression se limite à ce stade aux modulations diverses que le malade imprime à ses émissions stéréotypées selon les situations : le terme « oui » prendra aussi bien la valeur d'une négation d'après la mimique et la tonalité.

A un stade moins profond le malade utilise un stock verbal réduit dont les unités subissent de multiples déformations, nommées paraphasies littérales, et qui correspondent à des accidents phonétiques. L'examen du fonctionnement du code linguistique chez de tels malades laisse apparaître des zones phonétiques de déficit, mais une conservation du système phonologique en tant que tel.

La détresse verbale manifestée par ces malades confère parfois à leurs discours un aspect qui rappelle le style télégraphique. La répétition de mots ou de phrases est impossible ou montre les mêmes déformations que le langage spontané. Le chant est en général mieux conservé que la parole. L'expression écrite est également très altérée et un parallélisme existe sur le plan clinique entre le trouble de l'écriture spontanée ou sous dictée et le trouble de la parole, mais il faut souligner sur le plan linguistique une certaine autonomisation du code graphique par rapport au code parlé. L'écriture copiée est d'ailleurs en général satisfaisante. L'épellation paraît toujours très atteinte.

La compréhension du langage oral peut être altérée dans la phase de début, mais en général elle s'améliore ensuite rapidement ; la récupération peut même être quasi totale, mais habituellement il persiste une certaine difficulté pour peu que le débit de l'interlocuteur s'accélère ou que les ordres donnés au malade deviennent complexes.

La lecture n'est pas perturbée dans les cas purs. En dehors du langage proprement dit, diverses fonctions intellectuelles peuvent être atteintes, le calcul en particulier. Du point de vue neurologique, l'hémiplégie ou la monoplégie droite sont quasi constantes et les troubles sensitifs très fréquents.

L'APHASIE SENSORIELLE

C'est l'aphasie de Wernicke, pôle opposé de la forme précédente ; ici la réception des signes verbaux est altérée. Dans les cas extrêmes, l'incompréhension verbale est totale et les ordres les plus simples donnés au malade — tels que « ouvrez la bouche » ou « tirez la langue » ou

« fermez les yeux » — ne sont pas exécutés. Dans les cas moins sévères, l'incompréhension ne concerne que les phrases dont la structure est plus complexe, même si elles ne comportent qu'une proposition.

La parole spontanée peut, au premier abord, paraître correcte puisque les formes émises appartiennent au langage normal, mais le sens en est sérieusement altéré; les mots sont utilisés les uns pour les autres (trouble auquel on donne le nom de « paraphasie »); au lieu du terme adéquat, le malade répète toujours le même mot, par lequel il est véritablement intoxiqué. La répétition se révèle en général supérieure à la parole spontanée et à la dénomination. L'évocation des mots est en effet difficile, sinon impossible, et le malade, qui ne parvient pas à dénommer les objets qu'on lui présente, essaie de compenser sa difficulté en cherchant à les définir par leur usage ou par des gestes appropriés.

Les paraphasies peuvent être si importantes et si fréquentes que le discours alors débité avec une grande rapidité devient une *jargonaphasie* dont un des caractères est justement de ne pas être reconnue par le malade.

D'après Alajouanine et ses collaborateurs on doit distinguer dans ce discours des aphasiques sensoriels : a) un jargon indifférencié proche de la stéréotypie sans signification linguistique, fait de phonèmes sans signification et sans arrangement grammatical; b) le jargon asémantique, composé de néologismes qui le font ressembler à un langage étranger, car il existe un semblant d'organisation grammaticale; c) le jargon paraphasique dû à l'usage constant très fréquent de substitutions où l'on reconnaît des vocables mais où leur utilisation anormale enlève toute signification à la phrase.

Les troubles de la syntaxe sont en fait difficiles à apprécier et ne sont pas un élément constant; quand ils existent ils doivent être distingués de l'agrammatisme des aphasiques moteurs, communément appelé style télégraphique.

Si la lecture à haute voix est possible, tout en donnant lieu d'ailleurs à de multiples paralexies, la compréhension du texte écrit est très perturbée; les lettres et les mots peuvent être reconnus, mais les phrases lues sont aussi peu comprises que les phrases entendues.

Enfin, en même temps que le langage, certaines « fonctions intellectuelles » sont souvent altérées : troubles du calcul, troubles de la reconnaissance des objets et des images, perte de la compréhension des signes musicaux et troubles des activités gestuelles dont les variétés sont appelées en neurologie : apraxie idéo-motrice, apraxie idéatoire, apraxie constructive. (Les apraxies correspondent à des troubles du geste ne dépendant pas d'une atteinte de la force musculaire ou de la coordination motrice. On distingue l'apraxie idéo-motrice où la perturbation porte sur des actes simples, tels que le salut militaire ou le pied de nez; l'apraxie idéatoire dans laquelle la séquence d'actes simples, pourtant corrects en eux-mêmes, est impossible pour réaliser une action plus complexe [allumer une bougie, mettre une lettre dans une enveloppe]; l'apraxie constructive où le trouble porte sur le dessin et la construction spontanée ou la copie de modèles simples ou plus complexes [bicyclette, maison, cube]; l'apraxie de l'habillage où le malade est incapable de mettre correctement ses vêtements.)

Les troubles moteurs associés ne sont en général, s'ils existent, que transitoires, les troubles sensitifs, légers et inconstants. Mais l'atteinte du champ visuel (hémianopsie ou quadranopsie supérieure) est fréquente.

L'APHASIE DE BROCA

Selon Déjerine elle représente une forme spéciale à distinguer sur le plan clinique et anatomique de l'aphasie mixte; elle associe aphasie motrice et aphasie sensorielle. Pour P. Marie, elle n'était que l'association de troubles de l'articulation du langage non aphasique (anarthrie) avec l'aphasie sensorielle, la seule aphasie pour lui.

Quoi qu'il en soit, sa réalité clinique ne peut être discutée : troubles marqués de l'expression, troubles globaux mais relativement plus légers de la compréhension du langage oral, plus légers encore de la lecture. L'écriture est très perturbée sauf dans la copie. Les troubles des praxies, du calcul sont ici fréquents et l'état intellectuel général est en règle très atteint. L'examen neurologique révèle de façon constante une hémiplégie avec hémianesthésie tandis que le champ visuel n'est généralement pas atteint.

L'APHASIE AMNÉSIQUE

Si le trouble de l'évocation des mots appartient au tableau de l'aphasie sensorielle, ce trouble peut être si dominant (les autres désordres étant absents ou peu marqués) qu'on peut être amené à l'isoler comme forme clinique. La parole, la lecture et l'écriture restent conservées, seul l'oubli des mots est au premier plan, se manifestant dès le langage spontané (périphrases, emploi de mots tels que : chose, machin, geste explicatif), mais surtout dans l'épreuve de la dénomination des objets.

Selon Gelb et Goldstein l'aphasie amnésique dépendrait d'un trouble général de la faculté d'abstraction, trouble général non limité au langage.

En réalité l'aphasie amnésique isolée paraît exceptionnelle; en revanche cet aspect clinique peut se rencontrer relativement fréquemment avec des troubles minimes de la compréhension ou de l'expression, spécialement dans la phase de début ou dans le stade régressif de processus évolutifs. La question de la réalité de ce type est très discutée d'autant plus qu'un aspect similaire peut être rencontré dans les désordres mnésiques généraux et que le trouble véritable de l'évocation dépend, comme nous le verrons, de sièges lésionnels variés.

L'APHASIE DE CONDUCTION

L'aphasie de conduction, postulée d'abord théoriquement par Wernicke, fut ensuite reconnue cliniquement et, malgré sa rareté qui a conduit à nier sa réalité, elle paraît représenter au moins un complexe particulier de symptômes. Ce qui domine le tableau clinique est la simultanéité de la perturbation de la répétition verbale et de l'intégrité ou de la quasi-intégrité de la compréhension verbale. La lecture, l'écriture sont perturbées. Dans le langage spontané se manifestent des paraphasies et une difficulté extrême à l'énoncé. Les troubles de l'évocation verbale ne paraissent pas un élément constant du tableau clinique encore qu'ils y soient fréquemment associés. Sur le plan linguistique on ne trouve pas les mêmes perturbations d'ensemble que dans les aphasies d'expression et pourtant elles sont le résultat d'un déficit à l'émission.

Sur le plan anatomique d'ailleurs il semble aussi qu'une certaine spécificité puisse lui être reconnue, en raison de la quasi-constance des lésions pariétales et temporales postérieures dans les cas vérifiés.

LES FORMES DISSOCIÉES

La notion d'aphasie pure était indispensable aux hypothèses associationnistes qui marquèrent le début des études sur l'aphasie. Des cas cliniques en furent bientôt fournis, mais la plupart peuvent être soumis à discussion. A l'heure actuelle la notion d'aphasie dissociée rencontre un certain scepticisme, du moins se manifeste-t-il une tendance à exclure des troubles du langage de tels tableaux cliniques pour les rattacher selon la forme envisagée aux agnosies, aux apraxies ou aux troubles moteurs corticaux.

L'APHASIE MOTRICE PURE

A l'encontre de ce que nous avons nommé aphasie d'expression, l'aphasie motrice pure ne comporterait que le trouble de l'articulation verbale sans perturbation de l'écriture; elle paraît au moins exceptionnelle; la plupart des auteurs nient sa réalité ou envisagent comme P. Marie que les cas de ce genre représentent une impossibilité d'expression (anarthrie), une difficulté d'expression (dysarthrie) et non une aphasie. Alajouanine, Ombredane et Durand admettent ainsi une forme pure de leur syndrome de désintégration phonétique où se mêlent aspects parétique, dyspraxique et dystonique, c'est-à-dire diminution de la force musculaire, perte du sens du geste vocal, et phénomène de contracture et d'incoordination motrice.

L'ALEXIE PURE

Dans cette variété de troubles de la lecture décrite par Déjerine, seule la compréhension du langage écrit est troublée, parole et langage intérieur sont intacts de même que l'écriture sous dictée ou spontanée. La copie est par contre troublée ou servile. La prédominance du trouble de la lecture est un fait clinique indiscutable, sa pureté absolue encore en discussion. En raison des associations et de son siège lésionnel très postérieur (lobule lingual), une telle alexie dissociée pourrait être envisagée comme une agnosie visuelle plus ou moins limitée aux signes graphiques.

LA SURDITÉ VERBALE PURE

Le trouble est ici strictement limité à la reconnaissance des signes sonores du langage. L'existence d'une telle forme clinique paraît devoir être admise, mais sa constatation est exceptionnelle. Le problème de ses rapports avec l'agnosie auditive se pose également.

L'AGRAPHIE PURE

Son existence est encore plus discutable que celle des précédentes formes, tout au moins en l'absence d'apraxie; elle dépendrait peut-être alors non des facteurs anatomiques mais des caractères particuliers de l'acquisition de l'écriture avant la maladie.

Signalons enfin les *amusies motrices ou sensorielles* qui paraissent pouvoir être rencontrées sans atteinte du langage mais pour lesquelles nous manquons de documents décisifs.

LES CLASSIFICATIONS

Toute classification des faits cliniques postule une certaine interprétation physiopathologique. C'est pourquoi il nous paraît nécessaire de présenter rapidement les principales classifications proposées; chacune d'entre elles compte presque toujours encore des partisans.

Selon Déjerine, l'aphasie de Broca, l'aphasie sensorielle, l'aphasie globale doivent être reconnues comme des types différents; il admet en même temps des formes pures à l'exception toutefois de l'agraphie. Pour P. Marie, à l'inverse, l'aphasie est une, l'aphasie sensorielle (Wernicke); sa conception se résume dans la formule suivante : aphasie de Broca = aphasie de Wernicke + anarthrie, cette dernière étant en dehors du cadre de l'aphasie.

Head distingue, en se basant sur les catégories grammaticales, quatre formes d'aphasie : *l'aphasie verbale* (aphasie motrice), qui comporterait toujours une atteinte du langage intérieur; *l'aphasie syntaxique,* qui est un trouble de l'arrangement des mots pour former des phrases; *l'aphasie nominale* (aphasie amnésique); *l'aphasie sémantique,* qui est un défaut de la reconnaissance de la signification complète des mots et des phrases en dehors de la signification du mot isolé qui reste conservée.

Goldstein fournit une classification à laquelle il ne reconnaît qu'une valeur de nomenclature, les critères utilisés étant de différents ordres. L'élément le plus important est certainement la distinction que cet auteur établit entre le trouble des instrumentalités du langage et le trouble dépendant d'une atteinte intellectuelle générale. Ces deux ordres de perturbations sont susceptibles de se retrouver associés dans les différents complexes de symptômes que Goldstein isole ainsi :

1°) *Troubles du langage de type expressif :* dysarthrie; aphasie motrice périphérique; aphasie motrice centrale;

2°) *Troubles du langage de type réceptif :* aphasie sensorielle périphérique (surdité verbale pure), aphasie sensorielle centrale correspondant en fait à l'aphasie de Wernicke;

3°) *Aphasie centrale* (aphasie de conduction);

4°) *Aphasie amnésique;*

5°) *Aphasies transcorticales;* aphasies motrices transcorticales; aphasie sensorielle transcorticale; aphasies mixtes transcorticales;

6°) *Troubles du langage dus à une atteinte des processus mentaux non verbaux.*

Enfin, plus récemment sont apparues des classifications qui tiennent compte des aspects de la désorganisation du système linguistique; le critère utilisé est l'atteinte des diverses unités de ce système ou de leurs interrelations.

Luria décrit ainsi quatre formes anatomo-cliniques d'aphasie :

1°) L'aphasie par désintégration phonétique consécutive à une atteinte de la partie postérieure du lobe temporal; cette désintégration altère le processus d'analyse et de synthèse des sons et entraîne une perte de la possibilité de différencier les phonèmes similaires et de saisir les oppositions de phonèmes;

2°) L'aphasie par trouble de la communication des relations (temps, espace...) consécutive à une atteinte pariéto-occipitale; elle est caractérisée par l'impossibilité de la synthèse simultanée et s'exprime dans les domaines verbal, optique et tactile avec une perte de la compréhension des formes logico-grammaticales du langage. Elle correspondrait à l'aphasie sémantique;

3°) L'aphasie par perte de la synthèse (successive) des éléments en séries continues, consécutive à une atteinte fronto-temporale; elle est caractérisée par une impossibilité de passer de l'objet à son attribut, l'absence d'intégration des éléments dans un système dynamique, d'où la disparition du langage propositionnel remplacé par un style télégraphique;

4°) L'aphasie frontale par perte de la fonction régulatrice du langage; elle est caractérisée par l'inertie, la persévération et la perte du monologue, le dialogue étant conservé.

Luria a envisagé, en outre, par la suite, une aphasie motrice kinétique : le facteur de base en est représenté par un trouble de l'organisation successive de la parole qui interdit le passage fluide d'une articulation à la suivante et qui résulte d'une lésion de la partie antérieure de l'aire motrice du langage; une aphasie motrice kinesthésique ou afférente; le facteur de base en est représenté par un trouble de l'analyse kinesthésique des mots dans la parole; elle est déterminée par des lésions de la partie postérieure de l'aire motrice du langage.

R. Jakobson et M. Halle, admettant une structure bipolaire du langage normal, ont présenté une classification dichotomique des troubles du langage. Partant de deux modes de structuration des signes linguistiques, ils constatent que le langage des aphasiques ne traduit plus cette bipolarité structurelle, un seul des schèmes de connexion est utilisé à l'exclusion de l'autre. Si la faculté de sélection est perdue, se manifeste le trouble de la similarité : les groupements sémantiques ne se font plus que par contiguïté spatiale et temporelle, tandis que le cadre et l'arrangement du contexte persistent.

La seconde forme est au contraire un trouble de la contiguïté et révèle la perturbation de la possibilité combinatoire. La combinaison des phrases, des mots, des phonèmes devient impossible.

A cette description théorique, Jakobson a plus récemment substitué une interprétation qui tient compte des formes décrites par Luria : dans les formes cliniques qui affectent les processus de codage (aphasie frontale dynamique, aphasie motrice kinétique, aphasie motrice kinesthésique) c'est la combinaison qui est déficiente tandis que dans les autres formes qui affectent le processus de décodage c'est la sélection qui est perturbée. Cette nouvelle distinction entre troubles du codage et du décodage, souligne-t-il, rejoint donc la dichotomie antérieurement proposée entre troubles de la similarité et troubles de la contiguïté.

Une grande prudence s'impose dans les tentatives de ce genre. Cependant, cette voie peut paraître féconde, une typologie des aspects aphasiques qui tient compte de la structure du langage a évidemment des bases moins artificielles que les classifications qui font appel à des critères extra-linguistiques. A partir de la classification clinique plus haut exposée, on peut rechercher si des désorganisations structurales du langage correspondent ou non avec les formes qui peuvent être isolées cliniquement. L'aphasie d'expression, l'aphasie de conduction, l'aphasie sensorielle offrent ainsi des modalités différentes de désorganisation du code; leur étude linguistique procure des résultats qui rejoignent au moins partiellement ceux de la méthode anatomo-clinique. Des enquêtes étendues, portant sur les aphasiques les plus divers, peuvent aboutir à la définition d'une symptomatologie linguistique.

PROBLÈMES ANATOMIQUES

Déjerine, sur des bases anatomo-cliniques très minutieuses, distingue trois régions seulement dans la zone du langage *(fig. 1)*.

1°) Une partie antérieure, région de Broca, constituée par la partie postérieure du pied de F_3, l'opercule frontal, la corticalité immédiatement voisine (cap de F_3 et pied de F_2) à l'exclusion de l'opercule rolandique. Elle s'étend peut-être jusqu'à la partie antérieure de l'insula;

2°) Une partie inférieure ou temporale, région de Wernicke, qui correspond à la partie postérieure des première et seconde circonvolutions temporales (centre des images auditives des mots);

3°) Une partie postérieure qui correspond au pli courbe, centre des images visuelles des mots).

P. Marie en 1906 rejeta les différentes formes cliniques d'aphasie et leur localisation lésionnelle. Pour lui l'aphasie est une et correspond toujours à une atteinte de la zone de Wernicke. Quant à l'anarthrie, qui se situe pour lui hors du cadre de l'aphasie, elle est toujours en relation avec l'atteinte d'une zone quadrilatère sous-corticale : le quadrilatère de l'anarthrie.

Les lésions vasculaires représentent un matériel privilégié pour l'étude anatomique mais celle-ci ne peut

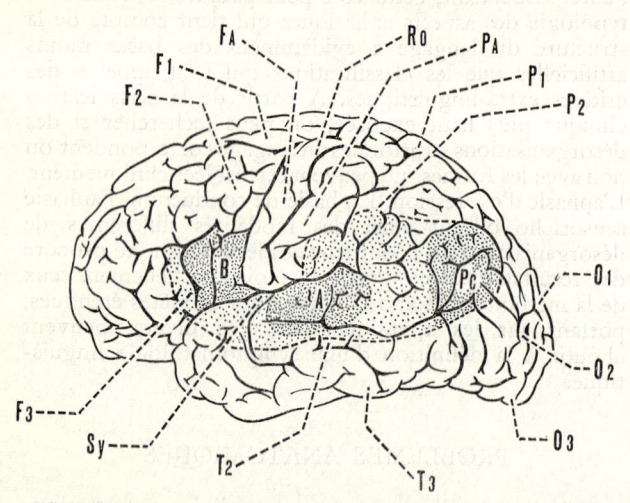

FIG. 1 — ZONE DU LANGAGE.

D'après Déjerine.

A, circonvolution de Wernicke, centre des images auditives des mots ; *Pc*, pli courbe, centre des images visuelles des mots ; *B*, circonvolution de Broca, centre des images motrices d'articulation.

F_1, F_2, F_3, circonvolutions frontales.
P_1, P_2, circonvolutions pariétales.
T_1, T_2, T_3, circonvolutions temporales.
O_1, O_2, O_3, circonvolutions occipitales.

FA, circonvolution frontale ascendante et *PA*, circonvolution pariétale ascendante, formant l'une et l'autre les circonvolutions rolandiques.

Sy, scissure de Sylvius.
Ro, scissure de Rolando.

en général faire état que de très petites séries si elle n'a en vue que des lésions bien limitées. L'analyse de nombreuses observations de traumatisés de guerre avec plaies ouvertes du crâne permettant de localiser approximativement la lésion du vivant des sujets, et les résultats quasi expérimentaux fournis par la neurochirurgie (stimulation et excision corticales) ont apporté à la discussion des problèmes de localisation des données importantes.

Les travaux de Ch. Foix ont abouti à l'établissement d'une véritable carte des territoires vasculaires de l'aphasie et montrent la différence des tableaux cliniques lors des atteintes de chacune des principales branches de l'artère sylvienne. D'autres auteurs ont également souligné l'apparition de troubles aphasiques ou dysarthriques dans les lésions du territoire de l'artère cérébrale antérieure.

Toutes les études sur les traumatisés crâniens, entreprises après les deux guerres mondiales, confirment schématiquement les zones classiquement admises avec la double polarité motrice et sensorielle, tout en montrant les nombreuses imbrications des aspects cliniques. Ces recherches montrent aussi l'importance du rôle de la quantité de tissu détruit dans l'intensité, la persistance et le caractère plus ou moins global des troubles du langage. Les auteurs s'accordent enfin pour ne pas reconnaître à l'aphasie amnésique de valeur localisatrice particulière.

Plus récemment les travaux de Penfield ont permis d'envisager sous un angle quasi expérimental la question de l'aphasie. En effet, par stimulation de certaines aires corticales, il a provoqué des phénomènes de vocalisation, d'arrêt de la parole et même des désordres qui s'apparentent aux troubles aphasiques. (Il faut souligner que parmi ces manifestations les deux premières sont déterminées par excitation de l'un ou l'autre hémisphère, tandis que le dernier type ne peut être produit que par excitation de l'hémisphère dominant). Les arrêts de la parole de type aphasique ont été déterminés par la stimulation de quatre zones : *l'aire frontale inférieure* (aire de Broca); *les aires pariétale et temporale* (qui peuvent être séparées ou ne représenter qu'une seule zone); *l'aire frontale supérieure et interne*, située immédiatement en avant de l'aire de représentation motrice de l'extrémité distale du membre inférieur et formant *l'aire supplémentaire motrice*.

La seule étude systématique des aphasies après excision

cérébrale est également due à Penfield et Roberts. Elle permet d'aboutir à cette importante conclusion qu'il n'existe pas d'aphasie post-opératoire définitive, quelle que soit la partie des zones du langage où a porté l'excision, quelle que soit l'étendue de l'excision (qui n'est cependant jamais totale), à condition que le tissu cérébral restant fonctionne normalement.

Des constatations ainsi réalisées soit lors des stimulations, soit après ablation, Penfield et Roberts ont pu hiérarchiser les zones du langage et concluent que l'aire la plus importante pour la réalisation du langage est la région postérieure temporo-pariétale (partie postérieure de T1, T2, T3, pli courbe, *gyrus supramarginalis*). Vient ensuite l'aire de Broca comprenant les trois *gyri* antérieurs à l'aire motrice de la face. Enfin, l'aire supplémentaire motrice est la moins indispensable mais son rôle devient très important si les autres aires de la parole sont détruites.

En confrontant ces résultats obtenus par différentes méthodes, avec une analyse de nos observations anatomocliniques personnelles, il semble qu'à la notion trop étroite et trop précise de centre, il faille substituer celle plus large de zone fonctionnelle. Une zone apparaît véritablement centrale, celle classiquement admise sous le nom de zone de Wernicke, son atteinte déterminant l'altération de toutes les modalités du langage y compris même dans ses éléments moteurs. Autour de cette zone centrale peuvent être définis un certain nombre de pôles : un pôle antérieur moteur paraissant centré sur la partie basse de la circonvolution rolandique, aussi bien dans son versant frontal que pariétal, plus que véritablement frontal comme semblaient l'indiquer les thèses classiques (pied de F3); un pôle postérieur concernant la lecture, ce pôle pouvant lui-même être dédoublé, l'un plus visuo-verbal (lobule lingual), l'autre plus visuo-graphique (pli courbe), un pôle supérieur paraissant très superposé aux dispositifs sous-tendant les activités gestuelles (lobe pariétal). D'autre part et peut-être en raison de cette disposition, l'étendue de la lésion est un élément qui n'efface cependant pas les différences régionales et surtout le rôle central de l'atteinte temporale.

La récupération, qui peut être considérable quelle que soit la zone détruite, se comprend mieux avec une organisation fonctionnelle souple à l'intérieur de zones préférentielles, laissant la possibilité de substitution, qu'avec des mécanismes très limités et très rigides.

Toutes les études actuelles permettent de confirmer l'existence d'une « zone du langage » très superposable à celle fournie par Déjerine et excluant les pôles frontaux et occipitaux, les régions supérieures et inférieures de l'hémisphère avec la seule réserve de l'aire supplémentaire motrice. Selon le centre de gravité de l'atteinte lésionnelle, apparaissent des formules de désorganisation, différentes dans leur mécanisme mais susceptibles de produire des tableaux cliniques assez analogues comme par exemple l'alexie du pli courbe et l'alexie occipitale qui ont, en tant qu'alexie, une certaine unité.

PROBLÈMES PSYCHOPATHOLOGIQUES

Vers la fin du XIXe siècle, la psychophysiologie de la fonction du langage fut déduite des données cliniques et anatomiques : les conceptions de la physiologie de l'époque s'intègrent à la théorie des images qui règne alors en psychologie. Selon ces théories associationnistes, les activités mentales résultaient de l'efficience d'éléments, appelés « images », qui reproduisaient les sensations antérieures et reconstituaient leurs groupements primitifs. Ces images-souvenirs, motrices ou sensitives, étaient déposées dans des « centres » cérébraux; la destruction du centre entraînait la destruction des images correspondantes et la perte d'un morceau de la fonction. Wernicke réduit ainsi la fonction langage au jeu des associations entre les images sensorielles et les images motrices, après quoi il fait présider ce jeu par un « centre des concepts », sans localisation précise et en relation avec l'ensemble des aires de l'écorce cérébrale. Kussmaul appellera ce centre psychique supérieur le « centre idéogène » et Lichtheim le « centre d'élaboration intellectuelle ». De telles conceptions se prêtaient parfaitement à une concrétisation géométrique assez simple et leurs plus belles expressions furent atteintes en France par Charcot avec le schéma dit « de la cloche » et par Grasset dont le « polygone » est en réalité une pyramide quadrangulaire dont la base est définie par les quatre centres d'images : auditives, visuelles, graphiques et vocales, et dont le sommet est occupé par le « centre de l'idéation »; toutes les lignes possibles rejoignant ces cinq points matérialiseraient les associations qui seraient à la base de la fonction verbale *(fig. 2)*.

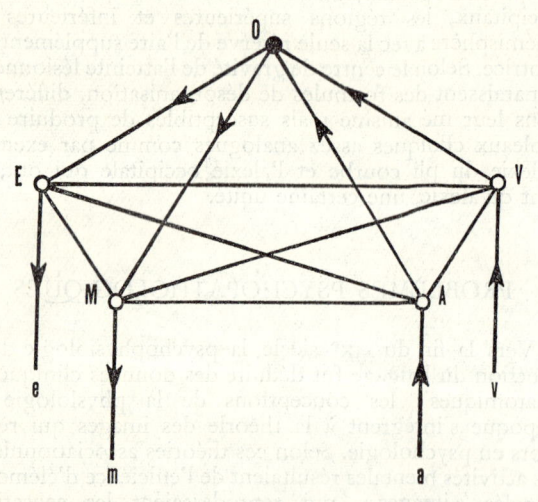

FIG. 2 — SCHÉMA DE GRASSET (1896).

O, centre de l'idéation; *A*, centre auditif; *V*, centre visuel; *M*, centre moteur verbal; *E*, centre graphique verbal.

Dès 1896, Bergson s'était élevé contre la doctrine des images cérébrales et contre le fait de réduire la pensée à un jeu élémentaire d'images statiques. Pour P. Marie, l'image est un concept sans contenu et il n'existe pas de centres préformés pour le langage, l'un des arguments importants étant que la lésion de ces centres supposés, chez le tout jeune enfant, ne provoque pas d'aphasie. L'aphasie n'est pas l'atteinte de simples centres sensoriels verbaux, elle répond à l'altération de capacités intellectuelles globales, anéantissant le stock des « choses » apprises par des procédés didactiques. P. Marie précisera cependant qu'il ne confond pas l'aphasie avec une perte de l'intelligence, mais, si l'on veut schématiser sa pensée, l'altération du langage ne peut être réduite à des combinaisons de troubles perceptifs ou moteurs, elle est le produit de la désorganisation d'un appareil spécifique qui n'est pas un simple appareil sensori-moteur spécialisé dans l'enregistrement et l'émission des mots, mais qui est un véritable appareil intellectuel. L'aphasie ne saurait donc être dissociée, elle est une, quelle que soit la prévalence que puissent prendre certains symptômes dans divers de ses aspects. Il n'existe pas d'aphasies dissociées et s'il existe des troubles n'intéressant qu'un aspect sensoriel ou moteur du langage, il ne s'agit plus d'aphasie, mais de l'altération d'instruments utiles à la fonction verbale mais ne lui appartenant pas en propre.

Pendant que les neurologistes français s'affrontaient sur la question des images, se développait en Angleterre une conception originale et féconde à partir des travaux de Baillarger qui basait les fonctions cérébrales sur l'acquisition de solides automatismes inconscients, qui pouvaient donc n'avoir aucun rapport avec des images de mémoire et à partir desquels pouvaient s'organiser les mécanismes des activités volontaires. La lésion entraînerait l'abolition des aspects volontaires de la fonction et sa régression aux aspects automatiques conservés. Ce « principe de Baillarger » est à l'origine de la doctrine édifiée par Jackson et qui est devenue classique en neurologie sous le nom de « jacksonisme ».

Une hiérarchie fonctionnelle complexe s'établit dans le système nerveux, les structures plus différenciées et moins automatiques venant coiffer et contrôler, inhiber en particulier, les structures moins différenciées et plus automatiques. La fonction directive du « centre » des associationnistes est ici assumée par la structure elle-même et en fonction de son niveau d'organisation. L'aphasie représente donc pour Jackson une dissolution qui va de l'acte verbal le plus volontaire à l'acte verbal le plus automatique. L'inégalité des performances de l'aphasique d'un moment à l'autre est expliquée par le fait que certaines situations affectives peuvent provoquer l'expression automatique de ce qui ne pouvait être volontairement exprimé. L'aphasie est donc schématiquement la dissolution du « langage propositionnel » avec régression au « langage émotionnel ».

Pick souligne, dans la même perspective, la relation

entre le langage de l'aphasique et le langage enfantin, les déterminations affectives étant primordiales dans les deux cas. Head se proclame aussi disciple de Jackson mais rejette le terme de trouble du langage propositionnel pour caractériser l'aphasie. Une atteinte dans la fonction de formulation et d'expression symbolique lui paraît caractériser plus exactement le trouble fondamental de l'aphasie que serait la perte de la faculté de se servir des symboles pour penser (mots nombres, signes conventionnels de toute espèce).

Il faut encore citer dans cette voie les recherches de Van Woerkom et surtout de von Monakow et Mourgue qui critiquent et complètent les thèses de Jackson en tentant de les débarrasser de tout mécanisme et en valorisant le travail moteur de réparation et de compensation de l'organisme (*syneidesis*) qui s'exerce dès la fin de la période aiguë de l'affection grâce à l'intervention des zones cérébrales restées intactes.

Mais ce sont probablement les thèses de Gelb et Goldstein qui ont le plus contribué à changer nos modes d'appréhension des troubles du langage quelles que soient les critiques qu'elles suscitent sur le plan clinique et théorique. Le trouble du langage n'est dans leur perspective qu'une « manifestation spéciale d'une modification générale qui atteint l'être entier ». Pour Goldstein, toute lésion de ce qu'il nomme la partie centrale du cortex entraîne un trouble fondamental qui retentit sur le langage. Cependant, envisageant les instrumentalités du langage (audition, motricité, vision), il admet qu'elles peuvent être atteintes indépendamment. Il en résulte que dans ses travaux les plus récents, Goldstein paraît s'éloigner de sa première conception psychopathologique dans laquelle l'altération de la fonction représentative du langage dépendait de l'atteinte d'un processus de base de l'activité cérébrale qu'il appelait trouble de l'attitude catégorielle, perte de l'abstraction ou processus de dédifférenciation. Il insiste maintenant sur l'étroite relation qui unit les troubles des instrumentalités du langage et les atteintes du comportement général et s'efforce de décrire concrètement les relations de ces deux types de perturbations. (On citera dans ce sens les études pratiquées par Teuber et ses collaborateurs chez les blessés cérébraux soumis à une épreuve perceptive telle que le test des figures cachées de Gottschaldt : si les performances des blessés cérébraux indépendamment de la localisation sont toujours inférieures à celles d'un groupe de contrôle, celles du groupe des aphasiques sont inférieures de façon statistiquement significative à celles des autres groupes de traumatisés crâniens sans aphasie). Il est ainsi amené à souligner l'impossibilité d'établir une corrélation générale entre les troubles du langage et les troubles intellectuels ; cette relation ne peut être que particulière à chaque cas envisagé. En fait, il aboutit à une conception des troubles du langage qui, tout en affirmant la nécessité d'envisager les processus d'un point de vue global, n'en distingue pas moins des aspects très définis, à mécanisme, et même à localisation lésionnelle, assez précis.

On doit surtout, semble-t-il, en retenir, pour l'étude des sujets aphasiques, que leurs performances ne traduisent pas seulement des déficits fonctionnels déterminés par les lésions corticales mais aussi les tentatives faites par l'organisme à la recherche de sa réalisation dans le monde environnant.

On aboutit ainsi à la nécessité de descriptions individuelles ; les formes pures de troubles du langage seront exceptionnelles, quoique possibles, c'est l'interaction des différents aspects qui rendra compte des différentes formes classiquement décrites.

Le langage pourra donc être troublé soit sous son aspect expressif, soit sous son aspect réceptif par atteinte de ses instruments. Si la lésion intervient en modifiant le langage à un stade moins spécialisé de sa formation, on aura encore des troubles du langage véritables, soit par atteinte de la faculté d'abstraction qui interdit toute utilisation catégorielle des mots (aphasie amnésique), soit par atteinte du langage intérieur qui abolit la simultanéité du mot ou de la phrase (aphasie de conduction dite aphasie centrale). Les travaux de Vygotsky et surtout de Luria concernant le rôle régulateur du langage sur le comportement donnent également à penser que des méthodes d'exploration scientifique peuvent être appliquées au problème du langage intérieur qui pourra être étudié concrètement et ne plus donner lieu simplement à des conceptions abstraites et défiant toute recherche.

Enfin, l'atteinte même de la fonction du cerveau, produisant une dédifférenciation générale des performances, retentira sur le langage, mais ici le trouble verbal ne sera qu'au second plan.

Conrad s'accorde avec Goldstein pour admettre la nécessité d'une étude gestaltiste de l'aphasie. Mais cet auteur s'élève contre le côté statique de la *gestalt* telle qu'elle est classiquement admise. Au contraire, sur la base des travaux de Sander, il admet qu'elle doit être étudiée dans son évolution, dans sa « genèse actuelle », ce qui lui permet de distinguer *vorgestalt* et *gestalt finale*. L'aphasie est pour lui caractérisée par un arrêt persistant dans le cours des processus hautement différenciés de l'évolution des *gestalten*. Sur le plan expressif, l'évolution va du contenu intérieur de la signification à la *gestalt* formulée de la parole et de là à la *gestalt* kinétique, tandis que sur le plan réceptif, elle va de la *gestalt* auditive aux contenus significatifs.

En fait, il s'agit là d'un processus très général, car tout le syndrome de la pathologie cérébrale se présente comme les diverses formes d'une performance devenue non discriminative. Toutes les formes d'aphasie peuvent être rapportées à un trouble de la différenciation et de l'intégration de la forme. Ce même trouble s'applique chez Conrad à tous les désordres des activités symboliques et représente donc un trouble global.

Dans un travail consacré à l'aphasie, Ombredane présente sa conception personnelle qui tend à envisager sous tous ses angles les problèmes du langage pathologique. Pour lui, le problème de l'aphasie est avant tout celui de la structure propre et celui de l'interdépendance des trois aspects suivants : 1º la dégradation des aspects symboliques; 2º l'altération des composantes sensori-motrices; 3º la modification psychique globale.

C'est un aspect de la dégradation des opérations symboliques que révèle une analyse menée selon l'axe de l'intégration des fonctions qui s'épanouissent sur le plan symbolique entre les niveaux extrêmes de l'instinctif et du conventionnel, de l'automatique et du volontaire, du concret et de l'abstrait. Du point de vue fonctionnel, l'aphasie est un syndrome de désintégration de l'élaboration des propositions verbales, dont l'essentiel est, selon l'idée jacksonienne, une dissociation entre les usages plus volontaires du langage qui sont plus ou moins profondément altérés et ses usages plus automatiques qui sont non seulement conservés mais encore libérés.

L'altération des composantes sensori motrices est l'aspect auquel conduit une analyse menée selon l'axe du jeu composé des analyseurs et des effecteurs qui constituent les organes du langage et assurent ce qu'on peut appeler ses fournitures gnosiques et praxiques. Sur le plan moteur, cette altération va porter sur la flexion motrice du langage. De même sur le plan sensoriel, on peut dire que chez l'aphasique le seuil de la compréhension est très élevé et qu'il faut, pour que l'aphasique soit capable de « détecter », un temps assez long et comme une sommation de sollicitations préalables ; il faut ici souligner la possibilité d'action d'un facteur sensoriel auditif.

La modification psychique globale est l'aspect auquel conduit l'étude du comportement des aphasiques aussi bien en dehors des opérations du langage qu'à l'occasion de ces opérations. Ce comportement se montre en général modifié depuis ses motivations instinctives jusqu'à ses techniques intellectuelles.

Si l'intelligence des aphasiques est profondément mutilée, il y a lieu de se demander quelle est la relation entre cette mutilation et la modification du langage. Les conduites dont l'aphasique est incapable sont les conduites discursives où les procédés symboliques jouent un rôle essentiel. Cela incline à penser que si l'attitude catégorielle et l'usage des mots pour désigner des concepts sont liés l'un à l'autre, c'est parce que la possibilité de l'attitude catégorielle est justement assurée par la constitution du système des symboles. Aussi Ombredane n'hésite pas à faire dépendre l'attitude catégorielle de l'usage acquis et devenu habituel des techniques symboliques. C'est l'étude du cycle d'élaboration de la pensée explicite qui permettra d'aborder le problème sur un plan physiologique ou psychométrique plus précis.

S'il est ainsi bien évident que la pathologie du langage comporte encore bien des inconnues, il est non moins évident qu'un certain nombre de points paraissent définitivement acquis, tandis que les problèmes en suspens ont été présentés de telle sorte que des méthodes de recherche scientifiquement fondées commencent à pouvoir y être appliquées.

Sur le plan anatomique, il est actuellement amplement démontré qu'il existe des « zones du langage » dont la destruction entraîne des désorganisations de cette fonction ; ces aires siègent au niveau de l'hémisphère gauche chez le droitier, tandis que chez les sujets gauchers, on peut admettre, d'après l'expérience clinique, une moindre spécialisation fonctionnelle des hémisphères vis-à-vis de la fonction du langage.

D'autre part, à l'intérieur de cette aire du langage, on décrit un pôle moteur antérieur, un pôle acoustique, temporal moyen, et un pôle visuel (lexique) postérieur. Les lobectomies confirment ces localisations régionales. Il paraît actuellement démontré qu'il n'y a pas de centres préformés du langage au niveau de l'hémisphère gauche et que les lésions de la zone du langage chez l'adulte ne donnent pas nécessairement un déficit absolu et définitif. Dans la récupération, on est en droit d'admettre soit l'intervention des zones voisines par un mécanisme de « suppléance », soit pour d'autres auteurs, la « prise de fonction » par la région symétrique de l'autre hémisphère. Toutes ces données anatomo-cliniques s'inscrivent donc contre la présence d'images statiques du langage inscrites dans les structures.

Sur le plan clinique, quelles que soient les théories des auteurs, on est frappé par la similitude des diverses classifications présentées. Les premières études menées selon des méthodes linguistiques tendent à des classifications dont les types coïncident relativement avec les formes isolées par la méthode anatomo-clinique habituelle.

Quant à l'existence des formes dissociées d'aphasie, leur existence ne paraît être reconnue que pour autant qu'elles sont intimement liées aux dysfonctionnements des appareils sensori-moteurs, la tendance générale étant plutôt de les rapprocher du cadre des agnosies, des apraxies ou même de les faire dépendre des troubles sensoriels ou moteurs élémentaires.

Sur le plan psychopathologique, le problème des rapports du langage et de l'intelligence, du rôle de la médiation verbale dans les processus supérieurs, la question du langage intérieur reste encore très mal éclaircie. Plus que des théories générales, ce sont des études concrètes dont on manque, études dans lesquelles les performances des divers groupes de malades cérébraux avec ou sans aphasie devraient être comparées.

Toute conclusion absolue ne peut être actuellement que prématurée. P. Marie, on le sait, maintenait que si l'intelligence ne peut être réduite au langage, le langage est une fonction intellectuelle. Il est bien évident que l'aphasie diminuant la possibilité de comprendre et de recevoir réduit l'intelligence ainsi comprise. Le langage est en effet l'instrument essentiel de la formulation de la pensée, de la mise en formules abstraites des données sensorielles et motrices pour l'organisation à un haut niveau de la connaissance et de l'action, y compris lorsque le langage n'est pas utilisé dans la communication, par exemple lors de la reconnaissance d'un objet ou d'une activité purement gestuelle. Mais les fonctions intellectuelles qui n'ont pu être élaborées que par la médiation verbale acquièrent, dans l'organisation cérébrale, une relative indépendance structurale par rapport au langage, instrument de la médiation et non pas seulement de la communication. Elles peuvent être épargnées alors même que le langage est altéré; chez l'aphasique peuvent ainsi persister à des degrés divers des performances qui ressortissent à des processus de pensée, à des fonctions intellectuelles.

Henri HECAEN.

BIBLIOGRAPHIE

J. DE AJURIAGUERRA et H. HECAEN, *Le Cortex cérébral*, 1 vol., 458 pp., Masson, Paris, 1960.

TH. ALAJOUANINE A. OMBREDANE et M. DURAND, *Le Syndrome de désintégration phonétique dans l'aphasie*, 1 vol., 140 pp., Masson, Paris, 1939.

TH. ALAJOUANINE, O. SABOURAUD et B. DE RIBAUCOURT, *Le Jargon des aphasiques. Désintégration anosognosique des valeurs sémantiques du langage*, « J. de Psychol. », 158-180 et 293-330, Paris, 1952.

D. COHEN, J. DUBOIS, M. GAUTHIER, H. HECAEN et R. ANGELERGUES, *Aspects du fonctionnement du code linguistique chez les aphasiques moteurs*, « Neuropsychologia », I, pp. 165-177, Oxford, Londres, New York, Paris, 1963.

K. Conrad, *New Problems of Aphasia,* « Brain », 77, 4, 491-509, Londres, 1954.

J. Déjerine, Troubles du langage, p. 68-166, dans *Sémiologie des affections du système nerveux,* Masson, Paris, 1926.

Ch. Foix, Aphasies, dans *Nouveau Traité de médecine,* t. XVIII, Masson, Paris, 1928.

K. Goldstein, *Language and Language Disturbances,* 1 vol., 374 pp., Grune et Stratton, New York, 1948.

H. Head, *Aphasia and Kindred Disorders of Speech,* 2 vol., Cambridge University Press, London, 1926.

C. Jakobson et M. Halle, *Fundamentals of Language,* 1 vol., 87 pp., Mouton et Cie, s' Gravenhage, 1956.

A. R. Luria, *Brain Disorders and Language Analysis.* « Language and Speech », 1, 14-34, 1958.

A. R. Luria, *The Role of Speech in the Regulation of Normal and Abnormal Behaviours,* 1 vol., 100 pp., Pergamon Press, Oxford, Londres, New York, Paris, 1961.

P. Marie, *La Troisième circonvolution frontale gauche ne joue aucun rôle spécial dans la fonction du langage,* « Semaine médicale », Paris, 1906, 26, 241.

F. Moutier, *L'Aphasie de Broca,* 1 vol., 174 pp., G. Steinheil, Paris, 1908.

A. Ombredane, *L'Aphasie et l'élaboration de la pensée explicite,* 1 vol., 440 pp., P.U.F., Paris, 1951.

W. Penfield et L. Roberts L., *Speech and Brain Mechanisms,* 1 vol., 286 pp., Princeton University Press, Princeton, 1959.

T. H. Weinsenburg et K.E. McBride, *Aphasia, a Clinical and Psychological Study,* 1 vol., 634 pp., The Commonwealth Fund, New York, 1935.

Les travaux neurolinguistiques, poursuivis au cours de ces dernières années, se sont développés et plusieurs colloques interdisciplinaires leur ont été consacrés :

Disorders of Language, éditeurs A.V.S. de Reuck et M. O'Connor, Churchill, Londres, 1964.

Brain Function III — Speech, Language and Communication, édité par C. Corterette, University of California Press, Los Angeles, 1966, 279 p.

Brain Mechanisms subserving Language, Princeton, 1965.

Nous avons nous-même avec Angelergues envisagé ces nouveaux aspects de neurolinguistique dans : *Pathologie du langage — les Aphasies,* 200 p, Larousse, Paris, 1965.

LES SOURDS-MUETS

LA SURDI-MUTITÉ

La surdi-mutité est encore l'objet de quelques méconnaissances. C'est en effet un phénomène pathologique rare, alors que les troubles de l'audition, allant jusqu'à la perte de cette fonction, se rencontrent assez fréquemment. L'hypoacousie apparaît comme un symptôme banal de sénescence. La surdité partielle et même la surdité totale, survenues brutalement ou progressivement, ne présentent aucun mystère pour le public qui, pourtant, ne mesure pas toujours les séquelles de ces déficiences sensorielles, plus ou moins graves, ni l'effort de réadaptation accompli par les personnes sévèrement atteintes, dans leur apprentissage de « l'art subtil de la lecture sur les lèvres ».

La surdité n'inspire pas la même pitié que la cécité. Le théâtre a fait du sourd un personnage de diversion, souvent un personnage grotesque, voire une ganache. On plaint davantage le sourd-muet, privé à la fois d'ouïe et de langage parlé. Certains voient en lui un homme incapable, d'une part, de recevoir par la voie normale les lcommunications orales des autres hommes, d'autre part, de faire usage de ses organes phonateurs, soupçonnés lésés de quelque façon. La surdi-mutité est ainsi, à tort, considérée comme un concours fortuit de deux infirmités : la surdité et la mutité.

En réalité, la mutité est la conséquence d'une surdité, soit congénitale, soit acquise durant la gestation, au moment de l'accouchement ou dans le jeune âge, avant 'installation solide du langage oral. Les organes phonateurs d'un sourd-muet sont intacts et parfaitement aptes, au moyen d'un enseignement approprié, à émettre les sons de la langue. Un enfant qui naît sourd ne peut qu'être muet, puisque son absence d'audition ne lui permet pas d'apprendre le langage de son entourage. Un enfant qui devient sourd dans les premières années de sa vie perd l'usage de la parole, si l'on n'y porte promptement remède. Parfois même, en raison du choc affectif reçu, le jeune sourd adopte vis-à-vis de sa famille ou de l'éducateur une attitude négativiste, se ferme à leurs sollicitations, refuse d'employer son langage oral. Ainsi la mutité résulte inéluctablement d'une surdité de naissance ou d'une surdité précoce. Le rapport de cause à effet qui unit surdité à mutité a été établi, il y a bien longtemps, par Alexandre d'Aphrodisias. La surdi-mutité est une infirmité unique, où seul est intéressé l'appareil auditif. L'appellation de surdi-mutité est impropre, puisque ce nom, par sa composition, laisse croire à l'existence de deux déficiences malencontreusement associées.

DIAGNOSTIC

Lorsque l'enfant est tout petit, le diagnostic de la surdité n'est pas facile. Généralement, les parents ne suspectent l'ouïe de leur enfant que lorsque celui-ci atteint l'âge de dix-huit mois, où le langage devrait éclore. Pourtant, s'il s'agit d'un enfant né totalement sourd, une personne avertie décélerait de bonne heure son infirmité. Dans les premiers mois de sa vie, l'enfant sourd ne diffère certes pas de l'enfant entendant. L'un et l'autre font entendre des sons et des bruits physiologiques, la plupart inusités dans la langue: bruits pharyngaux ou nasaux, claquements, inspirations, vibrantes labiales, affriquées, sons vocaux rappelant la voyelle imprécise [ə] du français. Ces sons et ces bruits ne sont pas dus à l'imitation des phonèmes de l'adulte. Il est d'ailleurs remarquable que, chez l'enfant normal, ces manifestations physiologiques cèderont la place aux manifestations phonétiques. C'est ainsi que le [r] pharyngal, dû à la présence de salive dans la bouche de l'enfant et à la position couchée de ce dernier, disparaît avec les conditions qui l'ont provoqué. L'installation du phonème français /r/ sera, en revanche, assez tardive.

Très tôt, les bruits ambiants sollicitent l'enfant. Vers quatre mois, le jeune entendant attache de l'intérêt à certains d'entre eux; il reconnaît ceux qui accompagnent la préparation de son repas. À cet âge, il tourne la tête vers une source sonore. L'imitation du langage de l'adulte informe de bonne heure les émissions orales de l'enfant, quant à leur intensité, à leur hauteur, à leur rythme. Le jeune sourd est capable de jouer avec ses organes phonateurs. Mais ses jeux kinesthésiques seront vite abandonnés, parce que la jouissance sonore en est absente. Ses jeux vocaux n'atteindront pas le babil, si façonné déjà par la prosodie et les phonèmes du langage adulte, que l'on observe vers six mois, chez l'enfant normal.

À mesure que le temps s'écoule, le diagnostic de la surdité est moins hasardé. L'enfant normal, vers six, huit mois, écoute les phrases prononcées par son entourage, accorde une signification à leur intonation: la compréhension du langage naît. Dans le même temps, l'enfant se sert de son « langage » personnel, comme d'un moyen d'action sur ses proches; l'émission vocale se situe sur le plan adaptatif, c'est un cri d'appel lié à la situation présente. Puis, vers la première année, apparaîtront les premiers mots holophrastiques, souvent constitués de syllabes redoublées, identifiables par l'adulte. L'utilisation du langage est nécessairement plus tardive que sa compréhension. C'est précisément à l'époque où l'enfant normal commence à employer le langage que les parents d'un enfant sourd soupçonnent son infirmité.

Le diagnostic est d'autant plus malaisé qu'il ne s'agit pas toujours d'une surdité de naissance. De nombreux enfants paraissent avoir entendu durant les premiers mois de leur vie, jusqu'au jour où, par exemple, une réaction méningée les a privés de leur audition. Au moment où le symptôme méningé apparaît, on ne peut guère en prévoir les conséquences. Ce n'est que par la suite qu'on peut y rapporter l'acquisition de la surdité. Il est bien difficile de savoir, dans certains cas, si l'on a affaire à une surdité de naissance ou à une surdité acquise en très bas âge. Ce problème est d'ailleurs mineur pour l'éducateur. L'enfant sourd de naissance et l'enfant devenu très précocement sourd relèvent de la même pédagogie. De surcroît, la surdité n'est pas nécessairement totale, elle est susceptible de bien des degrés. L'enfant, dont l'audition est suffisante pour le mener à une ébauche du langage parlé, aura, dans l'apprentissage de la langue, un comportement bien différent de celui de l'enfant sourd profond.

DEGRÉS DE SURDITÉ

Il n'est pas inutile de marquer les limites de notre propos par la considération de la surdité partielle. Lorsqu'un enfant présente des restes auditifs assez rentables, l'éducateur a intérêt à ne faire travailler que la seule audition de son élève, aidée par une prothèse. L'enfant exercera son esprit sur les perceptions de son oreille, parmi lesquelles il effectuera les distinctions utiles à la compréhension du langage. Des exercices spéciaux d'éducation auditive guideront le découpage des unités acoustiques distinctives. Il ne conviendrait pas ici de faire appel à la lecture labiale qui porterait préjudice à l'enseignement auriculaire. L'enfant sourd profond, au contraire, ne peut recevoir le langage qu'en le lisant sur les lèvres de l'interlocuteur. Selon le degré de surdité, les méthodes d'enseignement dosent la labio-lecture et la réadaptation de l'ouïe. Les progrès récents de l'électronique ont fait reculer les limites de la surdité. Des enfants, sévèrement atteints, qui naguère auraient partagé le sort des sourds complets, se rapprochent, grâce à leur prothèse, des enfants entendants. Il est important, en vue d'appareiller l'enfant, de diagnostiquer le plus tôt possible sa surdité et d'apprécier son déficit sensoriel.

Ce n'est pas ici le lieu de décrire les méthodes audiométriques, ni les appareils de prothèse. Les techniques modernes de l'audiométrie réussissent à mesurer avec une précision satisfaisante les reliquats auditifs d'un tout jeune enfant. Les appareils traditionnels, dont le rôle est d'augmenter l'intensité acoustique, se perfectionnent sans cesse: appareils à amplification linéaire, à amplification écrêtée ou compressée. D'autres appareils, plus récents, visent moins à augmenter l'intensité qu'à filtrer les fréquences reçues par l'oreille malade: ce sont les prothèses dites « adaptées ». Certains expérimentateurs même inclinent à penser que l'oreille totalement infirme peut être stimulée par les infra-sons entrant en composition dans les phonèmes du langage.

Tous les jeunes sourds, même profonds, devraient porter une prothèse, à condition toutefois que l'appareil ne nuise pas à leurs reliquats auditifs éventuels. Chez un bon nombre de sujets, on constate en effet un seuil de douleur voisin du seuil de perception. Ce n'est pas un paradoxe de dire que certains sourds supportent les bruits intenses moins bien que les entendants. Il demeure souhaitable que les classes maternelles soient appareillées et que les élèves soient munis d'une prothèse individuelle, qui ne les assujettit pas à un poste fixe. Ainsi le professeur se rend compte sur le vif des bénéfices que peut présenter l'éducation de l'ouïe. On sait à présent que le pronostic basé sur la traditionnelle audiométrie tonale est sujet à caution, que les tests d'audiométrie verbale ou verbo-tonale offrent plus de validité. C'est que, dans l'apprentissage du langage oral par le sourd partiel, ne sont pas seuls en cause les seuils sensoriels, mais aussi l'utilisation par l'enfant de ses sensations auditives. On a parfois l'agréable surprise de voir un élève, dont la courbe audiométrique tonale est pessimiste, tirer profit d'un enseignement auditif.

COMPORTEMENT DU SOURD

Il ne sera traité que du sourd-muet, c'est-à-dire de l'enfant atteint d'une surdité pratiquement totale, depuis sa naissance ou son jeune âge. La privation de l'ouïe entraîne certains traits du comportement dont l'adulte ne parvient pas toujours à se débarrasser.

COMPORTEMENT SENSORI-MOTEUR

Sauf au cas, rare, où une lésion des canaux labyrinthiques perturbe l'équilibration, la motricité du sourd est normale, mais l'absence du contrôle auditif la marque. L'enfant sourd est bruyant. Il doit apprendre à manier les objets en silence, avec précaution. L'expression vocale de ses émotions est souvent trop intense: ses cris ignorent l'empreinte sociale. Ses vibrations laryngées ne sont pas toujours perçues par le sens kinesthésique: un filet de voix accompagne souvent ses efforts. Sa respiration même est parfois audible. On remarque aussi chez lui une tendance à laisser traîner les pieds. La présence du sourd est trahie par le bruit de ses déplacements, de ses maniements, par ses réactions vocales inconscientes.

COMPORTEMENT AFFECTIF

L'enfant sourd, privé du moyen de communication par excellence du langage, éprouve néanmoins le besoin d'entrer en relation avec son entourage. Aussi va-t-il se créer, de son propre mouvement, un langage de nature gesticulatoire. Au moyen de ses mains, de ses bras, de son visage, de ses attitudes corporelles, il tente, par des mimes, de se faire comprendre. Il n'y réussit guère, il en souffre : il se fâche contre les autres ou il rentre en lui-même. La frustration du langage dont il est victime marque son caractère. Chez l'enfant sourd, la réaction affective est immédiate et très vive. La susceptibilité demeure assez souvent un trait caractériel dominant de l'adulte sourd. L'enfant adore ceux qui se montrent compréhensifs à son égard. Il s'attache trop à son milieu protecteur : famille ou école. De sorte qu'il manque d'initiative. La carence qu'il présente, par rapport à l'entendant, dans les problèmes quotidiens, est trop empreinte d'un caractère *sui generis* pour qu'elle soit attribuée à l'intelligence. Elle serait plutôt le fait d'une imparfaite maturation de la personnalité, dont est responsable le défaut de communication sociale. L'absence de langage apparaît moins grave, envisagée comme la privation d'un instrument de l'intelligence que dans son retentissement sur la formation de la personnalité.

COMPORTEMENT SOCIO-MORAL

L'adulte sourd, doté du langage, sachant lire sur les lèvres et parler, ne se sent pas, pour autant, de plain-pied avec l'entendant. La lecture labiale ne saurait rendre les mêmes services que l'ouïe. Elle réclame des conditions que la vie quotidienne ne fournit guère. Comment suivre une conversation dans un groupe d'interlocuteurs ? La lecture labiale n'est possible que si l'interlocuteur est correctement orienté. Elle devra, de plus, être facilitée par une prononciation distincte et même par un léger ralentissement du débit articulatoire, car elle demeure une activité difficile, jamais sûre de son but, à laquelle la fatigue oculaire et cérébrale met assez rapidement un terme. C'est pourquoi les sourds aiment se retrouver entre eux, s'enferment dans leurs sociétés, où ils cultivent leur esprit, où ils organisent leurs loisirs, où ils s'adonnent à leurs sports. Ils se marient généralement entre eux. On se tromperait en pensant que ces sociétés offrent, en raison d'un rapprochement entre leurs membres que pourrait susciter leur commune infirmité, une cohésion plus forte que celle que l'on rencontre dans les autres sociétés humaines. Pourtant, dans l'exercice du métier surtout, l'adolescent fera, après une prise de contact parfois rude avec l'entendant, l'apprentissage de la vie, qui exige son intégration dans notre société.

L'INTELLIGENCE DE L'ENFANT SOURD

Démuni de langage, le jeune sourd n'est pas familiarisé de bonne heure, comme l'entendant de son âge, avec l'organisation conceptuelle que représente la langue. Son intelligence n'est pas pour autant privée d'informations sociales, autres que linguistiques. Mais elle n'entrera en possession des concepts de la société contenus dans la langue qu'à force de persévérance.

Croire que le jeune sourd-muet, encore dépourvu de langage, se trouve *ipso facto* dépourvu d'intelligence serait une erreur. Son esprit est marqué des caractères spécifiques de l'esprit humain, ainsi qu'en témoignent ses œuvres. Le langage n'est pas le seul champ d'action de la pensée. De nombreuses occasions permettent au petit sourd d'exercer non pas seulement son intelligence pratique, mais aussi son intelligence spéculative. Des études récentes ont reconnu à cet enfant la faculté d'employer, en l'absence de signes linguistiques, des schèmes visuelo-moteurs qui guident son action. Cet enfant parvient à résoudre des problèmes techniques, à inventer des outils adéquats, mais avec un retard important. On note aussi, jusque dans son adolescence, des persévérations que l'on n'observe que chez le petit entendant. L'écart s'explique moins par le rôle instrumental du langage que par ses effets indirects: formation de la personnalité, gymnastique intellectuelle. Cependant l'abstraction demeure une opération difficile pour cet esprit qui ne dispose que de symboles encore trop insérés dans le concret. Si le petit sourd trébuche dans l'abstraction, il n'est pas interdit de faire l'hypothèse que c'est parce qu'il n'a pas évolué selon le « développement prématuré » (Henri Delacroix, *l'Enfant et le langage*) que donne aux jeunes entendants l'usage des concepts que les millénaires ont forgés. Car l'esprit du sourd présente des potentialités de même ordre que celles de l'esprit entendant. Mais la quasi-impossibilité d'imaginer, pour désigner une notion abstraite, un signe nécessairement arbitraire, freine considérablement l'essor intellectuel.

LANGAGE D'ACTION

Les symboles inventés par l'enfant permettent, outre la construction de la pensée, la communication avec l'entourage. L'exigence de la pensée individuelle et le besoin social de correspondre avec autrui engendrent ces signes personnels. De bonne heure, le petit sourd fait connaître sa pensée par des gestes. Dès qu'il sait marcher, il se transporte et va désigner du doigt l'objet convoité ou le lieu où il se trouve. Ce geste de désignation est à peine un symbole, puisqu'il ne peut être exécuté qu'au sein d'une situation vécue. Mais, tout comme l'enfant normal, le petit sourd est capable d'imitation. Il copie volontairement les actes de la vie, observés sur autrui ou sur lui-même. Les premiers gestes, comme les premiers mots de l'entendant, sont liés au désir de l'enfant. Le geste de « boire » signifie : « j'ai soif ». Il s'agit ici d'actes de monstration, dont le caractère symbolique est attesté. De nombreux gestes imitatifs sont d'ailleurs tournés vers l'objet signifié : ils en décrivent par exemple les contours dans l'espace. D'autres gestes imitent le mouvement adaptatif de l'homme à l'objet : leur signification est objective. Il est remarquable qu'un même symbole gestuel s'emploie dans des situations diverses, prouvant par là son caractère mental. Un enfant sourd avait imaginé le geste d'embrasser pour désigner sa mère, considérée dans n'importe quelle circonstance de la vie, la maman que l'on embrasse ou qui lave la vaisselle. L'esprit du signe en transcende la « lettre ». Les procédés psychologiques requis dans l'invention du langage des gestes rendent compte du caractère évocateur de ses signes. Le signifiant gestuel rappelle souvent quelque côté du signifié. Néanmoins, ce langage personnel, ce « langage d'action » ainsi que le nomment les éducateurs, « naturel » en ce double sens qu'il est une création spontanée de l'esprit, d'une part, et que, d'autre part, ses signes, duplicata symboliques des scènes et des objets réels, présentent une proximité relative du signifié et du signifiant, repose en fin de compte sur une convention sociale qui, seule, peut instituer le sens des signes. Ici, le geste d'embrasser, psychologiquement non convenu, n'en demeure pas moins socialement convenu, puisqu'il désigne la mère et rien d'autre. La convention des signes gestuels réside non dans leur invention, mais dans leur choix. Ce sont les personnes de l'entourage de l'enfant qui, en adoptant les gestes de ce dernier, établissent entre elles et lui une tacite convention, sans laquelle il n'est pas de langage. On ne peut que reconnaître le « caractère arbitraire du signe alors même que c'est la nature qui le fournit ».

LANGAGE MIMIQUE DES SOURDS

On comprend que le « langage d'action » que se donne l'enfant sourd soit d'une grande pauvreté. Il n'est apte qu'à communiquer des notions relativement concrètes. Avec l'aide de ses proches, l'enfant serait capable de le perfectionner ou plus exactement d'y introduire les concepts en cours dans la société, dont les plus abstraits exigent un signifiant conventionnel: termes de substance, de qualité, de parenté, de mesure du temps, de la vie intellectuelle et morale par exemple. Or, on n'assiste pas à une conventionalisation appréciable du langage d'action. La famille préfère, avec raison, que l'enfant apprenne le langage de tout le monde. Elle ne se soucie guère, à l'inverse des éducateurs de jadis, de procéder « à l'invention des signes, d'après la génération des idées » chez l'enfant.

En effet, le célèbre abbé de L'Épée, qui forma tant de disciples, élabora en vue d'apprendre la langue aux sourds-muets, une méthode mimique qui fut longtemps en honneur. L'auteur de l'*Institution des sourds et muets par la voie des signes méthodiques* (1776), formait le projet de constituer « une langue universelle par l'entremise des signes naturels assujettis à une méthode ». On postulait à l'époque que les concepts répondaient à des prédéterminations de la nature, que les parties du discours reflétaient des distinctions objectives. En réalité, l'abbé de L'Épée ne faisait que transcrire, dans une langue gestuelle, les concepts du français en faisant correspondre à chaque mot lexical de sa langue maternelle un « signe radical » gestuel, auquel il adjoignait d'autres signes gestuels, grammaticaux ceux-là, et qui avaient pour rôle de spécifier de quelle partie du discours (nom, verbe, etc.) et de quelle catégorie grammaticale (nombre, temps, etc.) il s'agissait. On remarquera que ces signes mimiques n'ont rien de commun avec l'alphabet des sourds-muets, bien antérieur à l'abbé de L'Épée, à qui on en attribue communément la paternité. L'alphabet dactylologique n'est que très exceptionnellement utilisé, lorsqu'il y a obligation, par exemple, d'épeler un nom propre. Encore faut-il noter que les sourds désignent par un geste sémantique les personnes qu'ils fréquentent habituellement, les lieux géographiques les plus connus. Quoique l'hypothèse de la langue universelle fût fausse, la méthode pédagogique eût été valable si l'auteur n'avait estimé ses gestes « méthodiques » transparents quant à leur sens, susceptibles d'évoquer directement l'idée. L'erreur fut vite dénoncée par son successeur l'abbé Sicard, qui montra que les signes, hormis les signes indicateurs d'un objet réel ou d'une action sensible, n'étaient rien sans l'analyse et la convention. Il prétendit même que les élèves de l'abbé de L'Épée, s'ils étaient habiles à traduire un signe gestuel en un mot écrit français et vice versa, ne comprenaient pas nécessairement le sens du signe ou du mot, qui demeuraient pour eux les deux inconnues. Éducateur clairvoyant, Sicard provoquait d'abord, chez l'enfant, au moyen de pantomimes appropriées, la naissance du concept auquel il associait le signe gestuel qui n'apparaît alors que comme un « moyen de rappel ». Le signe n'est plus le promoteur de la conception, il en est le résultat. Le dictionnaire des signes de Sicard se borne à noter les gestes « radicaux », laissant aux signes « grammaticaux » hérités de l'abbé de L'Épée le soin de distinguer les divers « dérivés » des radicaux. La langue gestuelle ne pouvait que repousser ces signes grammaticaux. Elle ne conserva que les signes lexicaux. Quatre-vingts ans après l'abbé de L'Épée, Pélissier proclamait le langage des gestes « œcuménique » parce que libre de toute grammaire. « Pour exprimer que : le lion est le plus fort de tous les animaux, dites par signes : chat, chien, tigre, éléphant, bœuf, animaux cercle, moins, fort, lion, le plus ». (Pélissier, *l'Enseignement primaire des sourds-muets avec une iconographie des signes*). Ainsi, en divers pays, fut instituée dans les écoles de sourds-muets, et particulièrement à l'Institution de Paris, berceau de la méthode, une langue mimique dont on se servait comme d'un tremplin pour mener l'élève à la langue écrite. La méthode gestuelle fut condamnée par le Congrès de Milan de 1880. Les gestes ne disparurent pas pour autant des établissements d'enseignement. Les écoliers se les transmettent de génération en génération. Certes, bien des gestes nouveaux sont apparus avec les techniques et les modes nouvelles. Bien d'autres ont disparu. Et surtout bien des notions ont changé de « noms ». En un siècle, presque un quart des signes de l'iconographie de Pélissier ont modifié leur visage. Cependant, de nombreux signes tombés en désuétude sont encore compris de nos jours : ainsi « bleu » qui se transcrivait par le geste du doigt indiquant le ciel. C'est que la mimique conventionnelle plonge ses racines dans le « langage d'action » et que l'enfant sourd sait mieux que nous en lire les signes métaphoriques. Il reste que d'autres gestes, désignant des notions abstraites, sont maintenant lettre morte. Ouverte à l'inspiration de ceux qui l'emploient, la mimique évolue assez rapidement et ne semble pouvoir rendre ses signes intangibles. Le langage mimique des sourds n'a pas encore fait l'objet d'une étude exhaustive. Il semble bien pourtant que sa syntaxe soit très élémentaire. La mimique comprend certains signes de rapport, analogues à nos prépositions, placés généralement à la suite des gestes qu'ils mettent en relation. Le déterminatif suit d'ordinaire le geste auquel il se rapporte. C'est surtout par leur sens que les gestes s'actualisent les uns les autres. En dépit des redondances dont fourmille le message, subsistent parfois des équivoques que l'intergesteur doit lever. La mimique se laisse informer par le français. Beaucoup de grands élèves sourds parlent à voix basse en même temps qu'ils gesticulent: leur discours mimique suit alors l'agencement syntaxique de leur discours oral.

Les divers langages mimiques, hérités des disciples de l'abbé de L'Épée, et surtout riches en gestes imitatifs, offrent de grandes similitudes. Il arrive pourtant que deux sourds, appartenant à deux communautés mimiques par trop différentes, ne se comprennent qu'à condition que chacun d'eux abandonne ses signes conventionnels. Au prix d'un immense effort d'imagination, ils tentent alors de recourir à un langage directement expressif. On ne peut dire pour autant que « le langage d'action » représente l'explicitation du langage mimique, car, bien plus que ce dernier, dont les conventions sont socialement établies, il laisse place à l'interprétation personnelle et ouvre la voie à l'erreur. Les sourds ont fort bien compris la nécessité d'uniformiser leurs signes. Ils ont, à l'usage des ressortissants de divers pays, édité un « glossaire » de signes, relatifs surtout à l'administration et aux problèmes de l'éducation et du travail, qui leur rendra service dans leurs congrès. Mais ils n'ont pas jeté les bases de la grammaire de cette langue, qu'ils souhaitent internationale.

On mesure l'écart qui existe entre le « langage d'action » et la mimique des sourds. Celle-ci tire incontestablement sa sève de celui-là. Mais le langage d'action est le fait du petit sourd: c'est un langage en gestation. L'enfant, selon ses possibilités abstractives, tente d'instituer, avec l'accord tacite de ses proches, des signes gestuels immuables. Cette invention d'origine personnelle est loin d'être facile.

La mimique des sourds, au contraire, est un langage institué, dont le lexique traduit les concepts de la société entendante. Dès son entrée à l'école, le petit sourd se trouve plongé dans un langage gestuel dont les signes lui sont offerts tout faits et auquel sa tentative n'aurait jamais abouti. L'abbé de L'Épée a réalisé cette création parce qu'il possédait au préalable des connaissances linguistiques dont l'enfant sourd est précisément dépourvu.

À l'âge scolaire, le petit sourd, faisant preuve une fois de plus de son besoin spécifiquement humain de conceptualiser son expérience vécue et de communiquer efficacement avec ses semblables, se jette, avec avidité, sur ce premier vrai langage qu'il rencontre. Il l'apprendra comme le petit entendant apprend la langue orale, encore que son esprit déjà exercé lui permette d'analyser d'emblée la donnée d'expérience et l'énoncé. L'apprentissage sera très rapide, d'autant que le message gestuel s'accommode d'une organisation assez lâche.

Il est important de bien voir que la mimique n'est pas le prolongement en droite ligne du langage d'action. Si un enfant sourd fait usage de la mimique, c'est parce qu'il est placé dans un milieu social où ce moyen de communication a cours. Le langage d'action est inévitable. Il est utile de surcroît. La mimique conventionnelle est parfaitement évitable. Dans les récentes écoles de sourds, elle ne naîtra pas facilement. D'autant que les élèves, ne trouvant à leur disposition que le seul langage oral, s'en emparent avec la même faim, sinon avec la même facilité, qu'ils auraient manifestée envers le langage mimique. On comprend que le langage mimique « ouvre l'intelligence » mais aussi que, par sa syntaxe rudimentaire, il porte préjudice à l'enseignement, contemporain ou ultérieur, de la langue en usage chez les entendants. La mimique n'est pas la voie naturelle par laquelle le petit sourd doive passer pour aller à notre langage.

ENSEIGNEMENT DE LA LANGUE AUX SOURDS

La méthode actuelle est orale. De tout temps, elle fut appliquée par quelques précepteurs ; elle le fut même par certains chefs d'école, contemporains de l'abbé de L'Épée. De son propre mouvement, l'enfant sourd tente d'entrer en possession du langage parlé autour de lui. Il essaie de deviner la signification des mouvements labiaux. Une fillette de cinq ans que ses parents, sourds comme elle, et de plus oralistes convaincus, avaient exercée à la lecture labiale, comprenait, par ce moyen, bon nombre de petits ordres de la vie courante. Elle essayait, tant bien que mal, de les reproduire oralement. Car la lecture labiale ne peut à elle seule engendrer le langage. Le système des images labiales est trop peu différencié pour donner accès à la langue française. La lecture labiale n'est qu'un moyen de reconnaissance — et encore bien incertain —, une devinette pourrait-on dire!, d'énoncés préalablement connus, soit par la parole, soit par l'écriture.

Les faits linguistiques: phonèmes d'une part, vocabulaire et grammaire d'autre part, font l'objet d'un enseignement méthodique. Pour apprendre à parler à un sourd, pour le « démutiser » comme disent les éducateurs, l'artifice est obligatoire. En effet les signes labiaux sont très insuffisants. Les organes importants de la parole sont cachés. Ceux qui sont visibles (lèvres, pointe de la langue) ne le sont que dans des conditions favorables. De sorte qu'une seule image labiale recouvre plusieurs phonèmes (/p, b, m/ par exemple). Les articulations postérieures [k, g, r] échappent même totalement à la vue. D'autres articulations consonantiques, moins profondes, peuvent être lues, si elles se trouvent entre des voyelles ouvertes. La pédagogie mit au point une manière de faire. La démutisation traditionnelle est toujours en honneur. La technique en est aride. On utilise la perception visuelle soit directement, soit dans un miroir, à l'aide duquel l'enfant observe, sur le professeur et sur lui, les positions et les mouvements des lèvres, de la langue, du voile du palais. La perception tactile complète la perception visuelle. La main de l'enfant enregistre la présence ou l'absence des vibrations laryngées et nasales ainsi que la direction, l'intensité, la température du souffle buccal. Le professeur, après avoir trouvé la voix de l'enfant, dans son rire par exemple, la « pose ». La pose de la voix est une condition importante de l'intelligibilité de la parole d'un sourd. L'enfant apprend ensuite à contrôler ses cordes vocales: l'émission de l'explosive glottale sourde ou sonore, jadis utilisée, est abandonnée, mais l'« attaque » sur un signal est conservée. L'élève exécute aussi des jeux respiratoires: il éduque son souffle expiratoire. Les organes phonateurs, lèvres et langue, sont placés en des positions utiles pour la parole, et assouplis par des mouvements divers (exercices de balbutiements). Cette préparation physiologique ne suffit pas. On comprend, pour prendre un exemple, qu'un enfant, maître de son émission vocale, capable aussi de réaliser une occlusion bi-labiale, ne parvienne pas à combiner ses deux possibilités pour émettre le phonème /b/. Vient alors l'enseignement des phonèmes proprement dit. La vue du lieu d'articulation est le facteur déterminant. L'expérience permet d'affirmer que, généralement, le sens kinesthésique du sourd, qui ne lui fournit que des images floues et évanescentes, contrôle, à zone d'articulation identique, moins les voyelles que les consonnes, et parmi celles-ci moins les sonores que les sourdes et parmi ces dernières, moins les constrictives que les occlusives. Le sourd ne trouve guère le timbre juste des voyelles. C'est pourquoi on enseigne d'abord les voyelles fermées : *i* et *ou* les plus difficiles, ainsi que l'ouverte *a*. Les autres, de moyenne aperture, seront dérivées des fermées. Parmi les articulations consonantiques, les plus faciles apparaissent être [p, t, f] antérieures et entièrement visibles ; [s] est moins commode et elle disparaît insidieusement. Les articulations postérieures et invisibles sont acquises plus tardivement : [š, k] (dans la notation internationale : š est noté ∫, ž est noté ʒ ; mais nous pensons pouvoir garder š et ž, notations des romanistes). Il se peut que le [r] soit émis assez tôt : on note souvent des battements trop intenses, parfois une absence de vibrations laryngées. Les sonores, sauf [v], présentent de sérieuses difficultés : les constrictives : [z, ž], sont ou trop vocalisées ou assourdies ; les occlusives : [b, d, g], s'assourdissent, car la compression de l'air buccal nécessaire à leur production ne se réalise qu'avec peine. Le [l] est articulé souvent avec mollesse. On rejette à la fin de la démutisation les consonnes et les voyelles nasales, dangereuses en raison de la tendance naturelle du sourd à la nasalisation. On propose, en même temps qu'on enseigne les consonnes, des exercices de syllabation ; on confectionne le plus tôt possible des mots et des phrases. Pratiquement, la démutisation suit les progrès de l'enfant. L'ordre d'acquisition des phonèmes est variable. Le phonème peut d'ailleurs être facilité par le contexte : une occlusive sonore en position intervocalique, par exemple.

Le lexique est relativement aisé à acquérir. L'enfant sourd, à la manière de l'entendant, par intuition, dégage des énoncés les mots lourds de signification, dont la compréhension et l'extension sont fournies par l'observation des situations. Naturellement les mots sont d'abord utilisés dans un sens trop large ou trop restreint, voire dans un faux sens. Une perception unique ne suffit pas pour donner à l'enfant le sens d'un mot. Le pédagogue laisse aux occasions successives le soin de recouper et de délimiter les premières acceptions approchées. On a quelquefois avantage néanmoins, surtout pour l'enseignement des notions abstraites, à opérer par similitudes et par différences, à présenter à l'enfant des situations perceptives diverses dans lesquelles le concept est ou présent ou absent.

La grammaire est la pierre d'achoppement. Il s'agit d'habitudes de langue auxquelles le sourd ne se plie guère. Des difficultés se remarquent dans l'emploi des mots grammaticaux et des flexions. Les prépositions, lorsqu'elles figurent, sont insérées dans une syntaxe incorrecte; les conjonctions de subordination sont généralement absentes. Les verbes ne se fléchissent qu'aux trois temps principaux. La seule forme active est connue. Et surtout, la syntaxe est si peu respectée que parfois la simple juxtaposition des mots de l'énoncé ne suffit pas à livrer le sens du message. Dans le maniement de la langue, tous les degrés de réussite sont observés : certains sourds ne dépasseront pas le « petit nègre », d'autres sont allés jusqu'au doctorat ès lettres.

Au lendemain du Congrès de Milan, époque où l'enfant entrait à l'école publique à neuf ans, la démutisation conditionnait tout l'enseignement du langage. Le premier souci de l'éducateur était de faire émettre les sons de la langue à son élève. Dans un second temps, l'enfant était invité à lire sur les lèvres du professeur les énoncés qu'il était lui-même capable de prononcer. On évitait ainsi l'acquisition d'une parole floue, difficile à corriger à cet âge, à laquelle la seule lecture labiale, en partie aveugle, aurait donné naissance. En dernier lieu, l'enfant écrivait sous la dictée du professeur.

Vers 1925, alors que de nombreux élèves fréquentaient l'école dès l'âge de six ans, certains professeurs appliquèrent à l'enseignement des sourds le principe de globalisation de Decroly. L'enseignement ne débute plus par une gymnastique articulatoire dépourvue de signification, mais par la lecture « globale » de petits énoncés écrits, dont le sens est révélé à l'enfant par la situation et les actes des personnes en présence. La nouvelle méthode commence par où l'ancienne finit. L'élève identifie ensuite globalement ces énoncés sur les lèvres du professeur ; enfin, imitant les mouvements labiaux du maître, il s'essaie à parler. Il fallait bien, à ce moment, recourir aux procédés de correction et même d'installation des phonèmes, décrits par la démutisation traditionnelle. Mais la perspective était inversée ; dès le départ, on accordait la primauté à la langue, réalité significative, dans laquelle s'inscrivait l'orthophonie.

L'enseignement maternel ne date que d'une dizaine d'années en France. À l'heure actuelle, peu de classes sont aménagées en vue d'accueillir des tout-petits. Avec l'abaissement de l'âge scolaire, on ne peut que revenir à la priorité dans le temps du langage oral. Mais il ne semble pas que la démutisation traditionnelle, dite « de construction », séduise l'enfant de trois ans. Il semble plus efficace de plonger le tout-petit dans une ambiance orale. Aidé par son appareil auditif ou son vibrateur qui lui livre, ne serait-ce que tactilement, au moins les pulsations rythmées des syllabes, les groupes accentuels et les pauses, l'enfant apprend globalement à lire sur les lèvres des énoncés dont il détecte le sens au milieu de la situation. Pour l'apprentissage du langage cette période sensible est irremplaçable. Elle l'est particulièrement pour l'enseignement des phonèmes. En ce jeune âge, en effet, la voix a conservé son timbre naturel. Il conviendra de le maintenir lors de la démutisation, toujours nécessaire, puisque peu de phonèmes éclosent de la lecture labiale, même augmentée de perceptions tactiles, trop vagues et trop fugitives. La parole globale doit être dans l'immédiat analysée et reconstruite, selon les procédés traditionnels qui ont fait leurs preuves. Le professeur est bien obligé de faire sentir à l'élève, par le toucher, les vibrations glottales. Mais il le fait avec discrétion, pour ne pas altérer le caractère agréable de la voix de l'enfant.

L'éducation précoce rejoint d'une certaine manière l'apprentissage de la langue par l'enfant normal. Elle propose de petits énoncés que le jeune sourd enregistre dans ses muscles phonateurs et qu'il emploie à son tour à bon escient. Ces énoncés doivent être courts, afin d'être aisément automatisés, utilisables en de nombreuses circonstances afin d'être fréquemment prononcés, grammaticalement corrects afin que soient mémorisées de bonne heure les habitudes essentielles de la langue.

Le phonème est fixé plus par l'automatisme articulatoire que par la conscience et la volonté, génératrices d'inquiétude parfois. La grammaire est enseignée non par une réflexion, impossible à cet âge, mais par une référence à ces premières phrases types, effectuée au moyen de processus psychologiques relevant de l'habitude. En effet, la phrase type peut s'enrichir, soit paradigmatiquement par la substitution à tel pronom démonstratif, à tel adverbe pronominal passe-partout, du terme lexical adéquat, soit syntagmatiquement, par l'adjonction de quelque subordination ou de quelque coordination.

Quoi qu'on fasse, le jeune sourd n'accède au langage qu'à un âge relativement avancé, où sa pensée est déjà capable de « sentiment analogique », d'où les fautes systématiques, les erreurs intelligentes que l'on remarque dans son langage. Mais, en contrepartie, la possibilité nous est offerte d'ordonner les formules enseignées et par là de réduire le travail de la mémoire. La classification des faits de langue, tant sémantiques que grammaticaux, est l'âme de la méthode. La surdi-mutité ne crée pas seulement un retard, mais une déviation dans l'apprentissage de la langue.

Pour tardif et méthodique qu'il soit, cet apprentissage comble un désir du jeune sourd. Ce n'est pas qu'au départ le signe linguistique vienne tellement en aide à la pensée de l'enfant qui, déjà organisée sur des concepts visuels et moteurs, cherche ses objets précisément en eux, en dehors du langage. C'est qu'il satisfait son besoin de communication, qui ne trouve pas, dans le « langage d'action », l'instrument utile.

Daniel MANDIN.

BIBLIOGRAPHIE

AUTEURS ANTÉRIEURS AU CONGRÈS DE MILAN (1880)

Johann Conrad AMMAN, *Surdus loquens*, Amsterdam, 1692.
Joh. Ludwig Ferdinand ARNOLDI, *Praktische Unterweisung taubstumme Personen reden und schreiben zu lehren*, Giessen, 1777.

Roch Ambroise Auguste BEBIAN, *Manuel de l'enseignement pratique des sourds-muets,* Paris, 1827.

Juan Pablo BONET, *Reduccion de las letras y arte para enseñar a hablar a los mudos,* Madrid, 1620.

Abbé Claude François DESCHAMPS, *Cours élémentaire d'éducation des sourds-muets,* Paris, 1779.

Abbé Charles Michel de L'ÉPÉE, *Institution des sourds et muets par la voie des signes méthodiques,* Paris, 1776.

Baron Joseph Marie de GÉRANDO, *De l'éducation des sourds-muets de naissance,* Paris, 1827.

Samuel HEINICKE (1727-1790); cf. : Georg et Paul SCHUMANN, *Samuel Heinickes gesammelte Schriften,* Leipzig, 1912.

Pierre PÉLISSIER, *L'Enseignement primaire des sourds-muets avec une iconographie des signes,* Paris, 1856.

Jacob Rodrigues PEREIRE (1715-1780); cf. : Dr Édouard SEGUIN, *Jacob Rodrigues Pereire,* Paris, 1847, et Ernest LA ROCHELLE, *Jacob Rodrigues Pereire,* Paris, 1882.

Abbé Roch Ambroise SICARD, *Cours d'instruction d'un sourd-muet de naissance,* Paris, an VIII.

Abbé Roch Ambroise SICARD, *Théorie des signes,* Paris, 1808.

Jean-Jacques VALADE-GABEL, *Méthode à la portée des instituteurs primaires pour enseigner aux sourds-muets la langue française sans l'intermédiaire du langage des signes,* Paris, 1857.

John WALLIS, *Grammatica linguae Anglicanae,* Oxford, 1674.

AUTEURS CONTEMPORAINS DE LANGUE FRANÇAISE

Jean ALARD, *Controverse entre l'Abbé de L'Épée et Samuel Heinicke,* Paris, 1881.

René BERNARD, *Surdité, surdi-mutité et mutisme dans le théâtre français,* Paris, 1941.

Henri DELACROIX, *L'Enfant et le langage,* Paris, 1934.

Henri DELACROIX, *Les Opérations intellectuelles,* dans *Nouveau traité de psychologie,* t. V, fasc. 2, Paris, 1936.

Fernand FOURGON, *Précis de démutisation et d'orthophonie,* Paris, 1955.

Fernand FOURGON, *Historique de la pédagogie des sourds,* Paris, 1957.

Hector MARICHELLE, *Phonétique expérimentale. La parole d'après le tracé du phonographe,* Paris, 1897.

Hector MARICHELLE, *La Chronophotographie de la parole,* Paris, 1902.

R. Maspétiol, M. Soule, G. Guillemaut, F. Fourgon, et M. Gautie, *L'Éducation de l'enfant sourd par les parents avant l'école*, Paris, 1955.

Pierre Oléron, *Les Sourds-Muets*, Paris, 1950.

Pierre Oléron, *Étude sur le langage mimique des sourds-muets*, Paris, 1952.

Pierre Oléron, *L'Éducation des déficients sensoriels*, dans le *Traité de psychologie* de H. Piéron, livre IV, chapitre II, Paris, 1955.

Pierre Oléron, *Recherches sur le développement mental des sourds-muets*, Paris, 1957.

Pierre Oléron, *L'Éducation des enfants physiquement handicapés*, Paris, 1961.

Dr Georges de Parrel et Mme Georges-Augusta Lamarque, *Les Sourds-Muets*, Paris, 1925.

René Pellet, *Des premières perceptions du concret à la conception de l'abstrait*, Lyon, 1938.

Dr Albert Regnard, *Contribution à l'histoire de l'enseignement des sourds-muets*, Paris, 1902.

Benoît Thollon et Hector Marichelle, *Cours normal*, Montréal, 1935-1937.

Paul Vuillemey, *La Pensée et les signes autres que ceux de la langue*, Paris, 1940.

LES
FONCTIONS SECONDAIRES
DU LANGAGE

La langue est l'instrument au moyen duquel nous communiquons en transmettant notre pensée à autrui. C'est en même temps le support de la connaissance grâce auquel cette pensée est fixée, analysée, conservée par un système de signes correspondant à une organisation taxologique de la réalité selon des catégories lexicales et grammaticales. Enfin, la langue est un mode d'expression, un acte qui manifeste concrètement nos jugements, nos émotions, nos désirs, comme le font les gestes et les cris.

La forme linguistique est le produit de ces déterminations primaires que sont l'expression, la connaissance et la communication. Mais pourquoi s'exprime-t-on? Pourquoi communique-t-on? Pour informer, par exemple, ou pour convaincre ou pour déclencher une action.

A ce niveau, les signes sont actualisés, « en situation », et le discours intègre non seulement les idées signifiées par les conventions du système, mais le locuteur, l'auditeur, l'objet de la communication, et les circonstances dans lesquelles elle s'effectue. Ainsi l'énoncé « Jacques est sorti » suppose que l'auditeur connaît Jacques, ses relations avec celui qui parle et le contexte dans lequel se situent ces paroles. Elles peuvent signifier aussi bien: « enfin il est parti... », « il est parti sans m'attendre... », « tu peux venir, il est parti... », etc.

De même, lorsque Flaubert décrit la casquette de Charles Bovary, cette représentation immédiate a pour fonction de nous éclairer sur le caractère, le milieu, la situation sociale de son personnage. Elle entre dans un nouveau système de significations qui se superposent à la représentation linguistique immédiate et qui, à leur tour, débouchent sur d'autres niveaux de symbolisation où s'actualise l'univers bovaryen et flaubertien, — cette relation si originale des êtres, des choses et du langage, — son style.

RHÉTORIQUE ET STYLISTIQUE

La stylistique est l'étude du style, c'est-à-dire de « la manière d'écrire ». Cette définition, claire dans son principe, se révèle ambiguë et difficile à manipuler dans la pratique en raison de sa complexité.

Le style définit la forme spécifique du discours et il y a une forme des signes linguistiques et une forme des idées que ces signes expriment; et enfin une forme de la relation entre signifiants et signifiés. Ceci au seul niveau de la structure interne du texte.

D'autre part le problème des origines, des fonctions et du fonctionnement de cette forme, au triple niveau que nous venons de définir, enrichit la notion de style de nouvelles composantes: la forme du message dépend en effet du sujet et des idées exprimées; elle dépend, en outre, de la langue et des moyens d'expression que cette dernière met à la disposition des locuteurs.

Enfin, elle dépend de l'auteur, de sa nature (de sa culture et de ses intentions) et de l'auditeur ou du lecteur — de ses rapports avec l'auteur et de l'effet que ce dernier veut produire sur lui. C'est-à-dire que cette forme dépend à la fois de l'origine du texte et de sa destination ou fonction.

Enfin l'œuvre demande un support; elle est parlée ou écrite; transmise par le livre, le journal, le théâtre, la radio, etc.

À chacun de ces niveaux la forme pose une série de problèmes distincts selon qu'ils sont relatifs à sa nature, à ses origines, à ses buts, ses moyens, ses circonstances.

C'est là un problème que l'auteur résout spontanément, intuitivement et plus ou moins inconsciemment. Mais il comporte aussi, comme toute opération, une technique; c'est-à-dire un ensemble de recettes et de règles nées des observations de la pratique. Le praticien sait par expérience et par tradition les conditions de forme optima correspondant à une situation donnée; par exemple, la longueur, le vocabulaire, la syntaxe, la composition d'un message radiophonique opposé au message journalistique, etc.

Chaque métier possède ainsi sa technique sous forme

de recettes analysées, définies, décrites, classées en un corps de règles qui dépendent de la nature des opérations visées, de leur fonction, de leurs moyens et des circonstances dans lesquelles elles sont effectuées.

Pendant plus de deux millénaires, dans notre culture occidentale, la technique du métier d'écrivain a été codifiée par la rhétorique grecque, transmise à Rome dont nous l'avons héritée.

À l'origine, la rhétorique est un art de parler en public, à la barre puis à la tribune. Elle définit la forme du discours la plus efficace à cet effet; la mieux apte à agir sur l'auditoire en fonction des buts que se propose l'orateur; en l'occurrence convaincre et emporter une décision par un appel à la fois à la logique, à l'émotion et à la passion.

Cet art oratoire définit la forme du discours à un triple niveau: l'invention ou choix des idées et des thèmes; la composition ou disposition de ces idées; le style ou figures de rhétorique, c'est-à-dire les formes linguistiques, les manières particulières de s'exprimer en vue de toucher et de convaincre les juges ou le public. Ces figures ont trait aux sons, nombre, rythme et cadence, aux mots et à leurs changements de sens ou tropes, aux constructions syntaxiques.

Le choix des formes définies par la rhétorique est conditionné par la nature du discours; son sujet, son objet, les circonstances dans lesquelles il est prononcé. Chaque type de discours ainsi défini constitue un genre auquel correspond une forme, un style particulier.

De la barre, la double notion de genre et de style a été étendue à l'ensemble de la littérature. Et le style est donc la forme spécifique de l'œuvre conditionnée par sa fonction. Fonction que la rhétorique définit et catégorise en un corps de recettes normalisées et, sinon imposées, en tout cas acceptées et suivies par l'écrivain.

La rhétorique est essentiellement téléologique, elle s'intéresse aux moyens en relation avec leur fin; et en cela elle s'apparente à la science, à la philosophie et à la théologie de son temps.

L'esprit moderne, en revanche, envisage les phénomènes sous l'angle de leurs causes. Les sciences de l'homme ont adopté sur ce point, au moins jusqu'à une date récente, l'attitude des sciences physiques et cela est particulièrement vrai de la linguistique et de la critique littéraire.

La grammaire historique est une étude de l'évolution et des causes et il en est de même de l'histoire de la littérature, essentiellement préoccupée d'établir les origines historiques des genres : de l'épopée, du roman courtois, de la poésie lyrique, de la tragédie, etc.

Or cette méthode historique est sans prise sur le style. Elle est externe et s'intéresse aux circonstances extérieures de l'œuvre : la race, le milieu, le moment, alors que le style a sa source dans l'intention de l'œuvre en tant qu'instrument d'une communication.

Elle est évolutive alors que le style, encore une fois, ne se manifeste et ne s'identifie qu'au sein d'une synchronie — d'un état de la langue et d'une fonction du message.

Elle est analytique et soumet à des études autonomes la forme linguistique et l'expression littéraire, alors que le style est précisément l'incidence sur la forme des besoins de l'expression.

Par toutes ces raisons l'étude du style a échappé aux linguistes et aux critiques littéraires de la génération positiviste ; et des philologues comme Meyer-Lübke ou des historiens de la littérature comme Taine et Lanson, abandonnent l'étude du style, la notion même de style, à une rhétorique désormais désuète.

C'est que la fonction de la littérature et la nature du style sont en train d'évoluer devant une certaine conception romantique de l'artiste et de son génie ; devant la revendication d'un individualisme toujours plus exigeant sur le plan de l'art cependant qu'il est plus brimé sur celui de la société et de la connaissance ; devant, enfin, les développements de la psychologie, spécialement ceux de la psychanalyse.

Sous cette poussée naissent des œuvres qui échappent à la prise d'une rhétorique vidée de toute valeur critique à partir du moment où l'écrivain en refuse les règles.

Le style c'est l'homme et l'œuvre l'expression d'une nature et d'une aventure, d'une expérience incommensurable à toute autre et qui, par conséquent, transcende toute catégorie normalisée et échappe à une critique dont les normes ont perdu toute autorité.

L'œuvre est une création individuelle et son explication

doit être cherchée dans ses rapports avec son créateur. Mais les excès d'une critique biographique et anecdotique sacrifient l'étude du texte à celle de l'auteur, et certains commencent à soupçonner que la forme et le sens d'une œuvre ne sauraient être cherchés dans les accidents d'une vie.

Entre les deux guerres, et en marge des courants qui portent la critique universitaire tout entière, historique et biographique, quelques chercheurs, isolés à l'époque, proclament l'autonomie de la littérature et définissent les méthodes d'une critique interne qui refuse de voir l'origine de l'œuvre ailleurs que dans l'œuvre même ; dans la langue, forme et pensée, qui en constitue la substance et dans l'acte d'écrire, par lequel la « vie » s'est faite verbe. La race, le milieu, le moment, les amours, les maladies, n'expliquent rien ; expliquent tout *a posteriori,* sans que rien n'en soit jamais nécessaire.

Car l'œuvre n'est pas seulement une expérience, c'est la forme singulière à travers laquelle cette expérience s'exprime : c'est le poème, ou la sonate, ou le tableau. Ce qu'il y a d'important ce n'est pas ce que le poète a vécu, c'est ce qu'il a écrit ; et c'est, en même temps, cet acte même d'écrire — il aurait pu être musicien, ou peintre, ou rien.

Aussi est-ce à l'œuvre même qu'il faut demander le secret de sa forme. La critique moderne — ainsi conçue — est sortie de trois grands écrivains, non les seuls, certes, mais les plus importants : Valéry, Spitzer, Bachelard.

Valéry a toujours fait une critique de style comme Spitzer, — que très vraisemblablement il ignorait —, il s'est élevé contre la critique positiviste de sa génération. Il relève avec humour que si la vie de Lamartine et de Mme Charles pouvaient expliquer Elvire, nous aurions tous écrit *le Lac ;* car à qui n'est-il pas arrivé de revenir solitaire sur les lieux d'une amour perdue ? Mais, dit Valéry, « le créateur de l'œuvre n'est pas la vie de l'auteur mais l'esprit de l'auteur », et, poursuit-il, « la critique ne peut qu'essayer de reconstituer en l'imaginant ce qui a fait l'œuvre, c'est-à-dire l'esprit de l'auteur ».

Ainsi voit-il en Descartes « l'homme qui a poursuivi méthodiquement le développement de sa conscience pour les fins de la connaissance ». Mallarmé est « l'homme qui a rêvé de dominer l'univers du langage et a tout sacrifié à cette ambition » ; Baudelaire, « l'homme qui s'est voulu grand poète sans être ni Hugo, ni Lamartine, ni Musset » ; Poe, « une intelligence critique au service d'un tempérament poétique ».

On reconnaîtra facilement là ce que Leo Spitzer appelle « l'étymon spirituel » de l'œuvre. Mais ce qui n'est que réflexions dispersées chez Valéry prend chez Spitzer, linguiste et professeur, la forme d'une doctrine et d'une méthode systématiques. L'ambition première de l'auteur est de réconcilier l'étude de la langue et celle de la littérature, à ses yeux inséparables, et malheureusement divisées par la critique positiviste dont il met en question l'approche historique, externe, analytique et rationaliste. Pour Spitzer, le style, c'est-à-dire la façon particulière d'utiliser le langage, est l'expression d'un individu ou d'une société, ou d'une époque, car il y a des styles individuels et des styles collectifs. Ainsi la forme, les ornements particuliers d'un fauteuil Louis XV ou d'un bureau Empire nous renseignent sur le mode de vie, l'idéal esthétique, voire moral, de la société qui les a conçus ; de même dans le bureau d'un inconnu les meubles, leurs formes, leurs couleurs traduisent et trahissent ses goûts, ses habitudes, son caractère.

C'est pourquoi pour Spitzer tout fait de style est un écart, ce qu'il appelle une déviation stylistique individuelle, une façon de parler qui s'écarte de l'usage normal et cet écart reflète « l'esprit de son auteur », ce que Spitzer nomme son « étymon spirituel ». Le langage n'est qu'une des manifestations de cet esprit ; l'intrigue, la composition, les personnages, tous les éléments de l'œuvre sont avec sa langue l'expression d'une personnalité, d'une vision du monde.

La stylistique, ainsi conçue, n'est qu'un mode particulier de la critique littéraire, qui reconstruit l'œuvre, son origine, ses intentions, sa signification, sa genèse à partir de l'analyse du style, à partir de la façon particulière et spécifique d'utiliser le langage.

Si Leo Spitzer est un linguiste qui s'est fait philosophe, Gaston Bachelard est un philosophe devenu linguiste et critique littéraire. Ce professeur d'épistémologie, ou philosophie des sciences, nous a donné une des œuvres critiques les plus originales et les plus fécondes de ce temps dont l'essentiel est dans sa quadrilogie sur l'image poétique et les éléments.

Historien de la pensée scientifique, Bachelard est frappé par le caractère subjectif de l'âge préscientifique; la plupart des notions de l'alchimie et même des sciences des xviiie et xixe siècles reposent sur des croyances subjectives: le feu par exemple n'est pas une simple substance chimique; le savant lui prête des intentions, lui accorde des valeurs bénéfiques ou maléfiques; il est un être actif chargé de symboles très anciens qui remontent aux expériences les plus lointaines de l'humanité et dont elle ne s'est dégagée que très lentement. Ce sont surtout les substances élémentaires, l'eau, la terre, l'air, le feu de l'ancienne alchimie qui ont bénéficié de ces valorisations. Homme de sa génération, Bachelard a subi profondément l'influence de Freud et plus encore celle de Jung et de sa doctrine des archétypes. Cette psychanalyse de la pensée scientifique l'a amené à une théorie de l'imagination et, ultérieurement, de la métaphore poétique.

Selon Bachelard, chacun de nous a des grandes substances-mères une expérience particulière; adopte à leur égard une attitude intime particulière; leur confère plus ou moins inconsciemment une valeur particulière qui les rend susceptibles de symbolisations particulières. Ainsi l'eau peut être cristal, miroir d'une limpidité euphorique; ou, au contraire, sang noir et lourd de malédiction et d'angoisse. C'est un archétype de l'imagination, métaphorisé au niveau d'impressions profondes et souvent inconscientes sur lesquelles s'appuient les thèmes, les images et les mots. Pourquoi, par exemple, le clair de lune sur les eaux est-il constamment qualifié de laiteux, lacté, latescent par les poètes: c'est que, par une belle nuit d'été, il nous enveloppe dans la tiédeur euphorique et maternelle qui évoque la douceur, la sécurité, le bonheur du premier lait. Le clair de lune « maternise » les eaux et l'image n'est pas un spectacle, mais une expérience.

Ces valorisations s'attachent souvent aux mots eux-mêmes. Ainsi l'adjectif « dur » signifie, étymologiquement, « difficile à pénétrer, à entamer », mais le mot a pris de nombreux sens métaphoriques, presque tous péjoratifs. « Dur » égale pénible, difficile, désagréable: un travail est dur, un hiver est dur, un mets est dur à digérer, un avare est dur, un cœur sans bonté est dur, etc. Or ces valorisations ont leur source dans une expérience ouvrière des matières dures, le bois, la pierre, le fer résistent à la main qui les travaille ; ce sont des adversaires que nous devons maîtriser et vaincre ; entre elles et nous s'institue une hostilité. « Dur » est donc tout ce qui résiste à notre désir, tout ce qui nous est hostile, c'est pourquoi on peut parler d'un « froid dur » ou d'un « cœur dur », images qui n'ont aucun fondement dans la réalité objective.

Nous avons de même une expérience particulière du mou, du gluant, du visqueux, etc. Cette dernière notion, en particulier, est presque toujours profondément dévalorisée ; c'est que la résistance du « dur », si elle est hostile, est franche et honnête. Avec le fer on se bat, on frappe, il résiste mais on le vainc. Le « visqueux », au contraire, est plein de traîtrise, il nous enveloppe, on s'y englue, on s'y empêtre ; il rappelle aussi les idées de ténèbres gluantes, de bêtes furtives et molles ; c'est pourquoi le mot est particulièrement apte à entrer dans des métaphores fortement valorisées. Chez Sartre, par exemple, et je pense tout particulièrement à *la Nausée,* on peut même parler d'une philosophie du visqueux, qui se rattache à une expérience intime particulière ; elle a été bien analysée par Bachelard dans *la Terre et les rêveries de la volonté,* où il montre que la valeur de mots tels que « mou », « gluant », « visqueux » transcendent constamment leur signification pour traduire une philosophie et une expérience de l'être.

Il est ainsi de nombreux emplois métaphoriques, de nombreuses valeurs stylistiques derrière lesquels on doit chercher moins une image formelle objective qu'une expérience intime et intuitive.

Bachelard, Spitzer, Valéry — chacun à des titres divers — ont fondé la critique interne et par là même la stylistique moderne ; ils sont bien les maîtres de la génération présente parmi laquelle se retrouve partout leur influence — avouée ou non.

Je pense à Jean-Pierre Richard, auteur de deux essais, *Littérature et sensations,* et *Poésie et profondeur ;* à Roland Barthes, et tout particulièrement à son *Michelet par lui-même* dans lequel, selon sa propre définition, il a eu le dessein « de retrouver la structure d'une existence (je ne dis pas d'une vie), une thématique, si l'on veut, ou mieux encore: un réseau organisé d'obsessions ». Obsessions parmi lesquelles le critique relève: le lisse, l'eau-poisson, l'histoire-plante, le monde-femme, la mort-sèche, la mort-soleil, etc. C'est que pour Barthes, le style, qu'il oppose très justement à ce qu'il appelle l'écriture, est « une force aveugle ... c'est un objet ... une langue autarcique qui ne plonge que dans la mythologie personnelle et secrète d'un auteur, dans cette hypophysique de la parole, où se forme le premier couple des mots et des choses, où s'installent une fois pour toutes les grands thèmes verbaux de son existence ... c'est un phénomène d'ordre germinatif; il est la transmutation d'une humeur ».

C'est dans cette lignée que j'aimerais me situer moi-même, si on me permet de me citer. Mais sans doute avec des préoccupations et des méthodes plus étroitement linguistiques que celles d'un sociologue comme Barthes ou qu'un critique littéraire comme Richard.

Sous le nom de « champs stylistiques » j'ai essayé de définir une méthode qui permette de reconstruire la langue de l'œuvre; car toute œuvre est un univers verbal autonome; les mots y ont une valeur pour soi et transcendent, souvent même ignorent, les limites sémantiques du dictionnaire.

Toute œuvre nouvelle est une langue inconnue qu'il nous faut décoder comme les lexicologues établissent le dictionnaire d'une langue en confrontant tous les emplois de tous les mots pour identifier et délimiter le sens de chacun à partir de ses relations avec les autres; le sens d'un signe, en effet, n'est pas autre chose que le système de ses relations. Or ce système, dont le dictionnaire enregistre ce qu'il a de commun entre les individus d'une même collectivité, constitue pour chacun d'eux un complexe original. Cela est particulièrement vrai des grands écrivains dont les mots ont leur signification et leur étymologie particulières.

Ainsi chez Baudelaire, « gouffre » est toujours noir, ténébreux, glacé; toujours, d'autre part, lié à l'idée d'une horreur, d'une nausée et d'un vertige. Or l'examen de l'ensemble des contextes permet de retrouver l'étymologie de cette horreur dans la descente à la cave, le long d'un escalier étroit, gluant et plongé dans les ténèbres.

« Gouffre », chez Baudelaire, par ailleurs, métaphorise l'Enfer et le Cœur du pécheur. Il entre ainsi dans un complexe plus large et s'oppose à Ciel, à Azur au double sens du ciel physique et du ciel spirituel. Sur cet axe Gouffre-Azur s'organise tout un complexe verbal: angoisse-euphorie, chute-élévation, damnation-rédemption, etc. Toutes ces valeurs étant à la fois interchangeables et opposables, ce qui fait que chaque mot est défini par ses synonymes et ses antonymes implicites, une fois qu'on a la clef de ce système de relations.

Et c'est la structure même de l'œuvre qui révèle l'origine et la fonction de ce système linguistique particulier.

Avec Spitzer, Bachelard et leurs épigones, la stylistique moderne est une étude génétique. Certes elle refuse de s'abandonner aux seuls critères historiques et externes qui sont ceux de la génération positiviste, mais c'est bien dans les origines de l'œuvre et dans sa genèse qu'elle cherche l'explication de sa spécificité stylistique. Cette nouvelle approche correspond aux tendances de la littérature et des arts modernes qui sont avant tout des modes d'expression de l'individu. C'est renverser la perspective qui fut celle de la rhétorique pour qui la forme est définie à partir du genre, c'est-à-dire de sa destination et de sa fonction.

Toutefois, avec l'extrême développement des formes de la communication, l'idée de fonction d'un discours orienté vers un public et celle d'un mode d'action sur ce public reprennent toute leur valeur.

Lorsque Barthes, dans son essai sur *le Degré zéro de l'écriture,* oppose style et écriture, il revient à une définition traditionnelle des fonctions de la littérature. Pour lui, en effet, le style est l'expression de la nature de l'écrivain, définition toute génétique et étiologique telle que nous venons de la considérer. L'écriture, en revanche, ressortit aux intentions de l'écrivain et la forme affirme la valeur de l'œuvre. Il y a ainsi des écritures littéraires qui donnent l'œuvre comme poétique, romanesque, dramatique; il y a des écritures militantes à travers lesquelles l'auteur affirme son engagement et son adhésion à une idéologie, à une morale. L'écriture n'est donc pas ici autre chose que le style tel que l'a conçu la rhétorique à son origine; une technique de l'action sur le lecteur.

L'importance de la communication sous des formes nouvelles, à la fois par leur masse et par leurs moyens techniques, ne pouvait que mettre l'accent sur les rapports entre la forme du discours et ses fonctions.

Les fonctions traditionnelles du discours et ses modes de diffusion, en effet, sont entièrement renouvelées, — ce qui est une des principales causes de la déchéance des genres classiques, mais qui rend, en même temps, toute son importance à la notion de genre et à celle de technique qui en est le corollaire. Après un siècle d'art pour l'art et de littérature expressive, la littérature d'impression, l'œuvre engagée ou en tout cas orientée sur le public, retrouve toute son importance sous des formes nouvelles : information, propagande, publicité. En même temps, de nouvelles techniques de diffusion reposent en termes nouveaux les problèmes des rapports de la forme avec son véhicule et son support. Aussi est-il en train de se constituer de nouveaux genres et de nouvelles techniques qui impliquent de nouvelles formes de style.

Il y a là un champ ouvert à la stylistique et dans lequel elle est en train de s'engager. Elle le fait avec des moyens d'investigation nouveaux et à partir de « modèles » nouveaux.

Considérons, par exemple, le schéma offert par la théorie de la communication : un texte est un message transmis le long d'un canal, d'un émetteur à un récepteur ; ce message est une substance mise en forme à partir des règles d'un code. On a les composantes suivantes :

$$\text{émetteur} - \text{canal} \rightarrow \overset{\text{Langue}}{\underset{\text{sujet}}{\downarrow\atop\uparrow}} \text{message} - \text{canal} \rightarrow \text{récepteur}$$

Or on comprend que la forme du message est déterminée par l'ensemble de ces composantes : la substance (écrit, parlé, chanté), la langue, le sujet, l'émetteur (l'auteur), le récepteur (lecteur, auditeur), enfin le canal (livre, journal, théâtre, radio, etc.). Et chacune de ces composantes comprend plusieurs variables dont chacune est l'objet d'un choix en fonction des autres.

Prenons l'exemple concret de la forme d'un slogan publicitaire en vue de la vente d'un savon ; et posons-nous le seul problème du choix d'un canal, c'est-à-dire du support et du véhicule du message: on peut concevoir un tract, un panneau, un journal, un magazine, la radio. Et dans le cas d'un panneau se pose le problème du matériau, de la dimension, de l'emplacement, de la durée d'exposition, du nombre des exemplaires, etc. La forme du message (la nature du slogan) est liée au choix de ces différentes conditions et chacune de ces dernières dépend des conditions imposées par les autres: lecteur visé, résultat cherché, etc. Par exemple veut-on vendre beaucoup de savons avec une faible marge bénéficiaire par unité ou inversement, ce qui définit le public visé? Et ce public, veut-on l'atteindre dans la rue, chez lui, seul ou en groupe, etc?

On voit que la forme spécifique du slogan, son style, intègre des centaines de variables et offre des milliers de combinaisons, c'est-à-dire d'options possibles. Cela postule une analyse, une taxologie, une technique; en fait une nouvelle rhétorique, et qui dispose de moyens nouveaux : enquête statistique, expérimentation par variation des causes, analyse mécanique, construction de modèles, etc.

Il est encore trop tôt pour savoir ce que la stylistique peut demander à ces nouvelles techniques. Mais on peut affirmer que d'ores et déjà elles mettent en évidence les relations de l'œuvre avec sa destination, ses intentions d'une part, et, de l'autre, avec ses modes de diffusion.

Ainsi retrouve toute sa valeur l'idée de genre et de fonction, sur laquelle reposait l'ancienne rhétorique. Et on ne doit pas s'étonner de voir refleurir les poétiques, les dramaturgies, les arts du roman, à la suite des morphologies du cinéma ou des syntaxes de la langue publicitaire.

LE STYLE

La stylistique — trop riche — se trouve dans une impasse, faute d'avoir pu jusqu'ici définir exactement ses critères. Tantôt elle se place au point de vue de l'origine du texte et de son auteur; tantôt à celui de sa destination et de son public; tantôt à celui de ses moyens et de son véhicule; tantôt à celui de sa nature et de sa langue... Autant de points de vue, avec chacun leurs définitions, leurs méthodes, leurs postulats, dont elle a hérité au cours de son histoire.

Le mot lui-même, héritage de l'ancienne rhétorique, désigne la « manière d'écrire », le *stilus* étant le poinçon avec lequel les Anciens écrivaient sur les tablettes de cire.

Définition parfaitement claire, mais dont le contenu trop complexe est difficile à saisir. Il est avant tout nécessaire d'en déblayer le champ et d'en fixer les limites; car il y a plusieurs niveaux de style aux différents niveaux d'élocution; à celui de la structure de l'œuvre: thèmes, vision, attitude de l'auteur, sa relation au monde d'une part; et, de l'autre, à celui des formes dans lesquelles cette vision s'exprime: description, narration, dialogue, enchaînement ou opposition des parties, etc.

En ne retenant ici que la seconde de ces définitions du style considéré au seul niveau immédiat de l'expression linguistique, il reste encore difficile de distinguer ce qui appartient au signifiant, au signifié en relation avec son signifiant ou au seul signifié; par exemple, ce que nous appelons une antithèse ou une hyperbole ou une litote, etc., ne sont-elles pas des formes de la pensée et, par conséquent, étrangères à une étude linguistique du style?

Ramené à son principe, le style, manière d'écrire ou de parler (en ignorant pour l'instant cette importante distinction), a sa source dans les formes spécifiques d'élocution correspondant aux diverses causes qui déterminent l'emploi du langage dans la parole et le choix spontané ou délibéré (encore une distinction essentielle) des signes dont l'ensemble constitue la langue.

Ces causes, comme on l'a dit, correspondent à trois grands groupes de fait: l'objet du discours et le locuteur, le but du discours et l'auditeur, les circonstances externes. Mais les circonstances externes (temps, lieu, mode de transmission et de diffusion, etc.) sont étroitement liées à l'objet et ce sont deux grands types de causalité qui s'opposent: l'objet et le but du discours. Il y a une étiologie et une téléologie du style.

L'objet du discours et le locuteur (l'objet du discours n'étant que la vision du locuteur) définissent la nature de l'expression; le choix spontané de telle ou telle forme est déterminé par le tempérament de l'auteur, son humeur, sa culture, sa classe sociale, son expérience et sa vision du monde, ses relations avec la chose nommée ; choix spontané, souvent inconscient, comme la poussée d'un verbe qui rejoint son objet. La forme ici exprime une nature, et une nature individuelle, avec tout ce que cela comporte sur le plan de l'utilisation et de l'invention du langage.

Les buts du discours, au contraire, orientent le signe vers l'extérieur, vers l'autre et vers la collectivité. Si par ailleurs ils peuvent se réaliser spontanément et inconsciemment, ils tendent à devenir conscients, d'où délibérés et par suite analysés, systématisés, catégorisés. L'art de l'écrivain est une réflexion sur les buts de l'œuvre et sur le choix des moyens appropriés à ces buts. Telle est, on l'a vu, la rhétorique avec ses épigones jusqu'aux humbles Recueils de discours pour noces et banquets ou les Parfaits Secrétaires de la Galanterie. Ici, la forme exprime non plus la nature du discours et du locuteur mais leurs intentions. D'autre part, ayant la communication pour fin, elle est tournée vers le groupe et tend à se conventionaliser et par conséquent à se figer et à se clore ; ce qui est le postulat de toute communication et la condition de son efficacité.

Style de nature et style de fonction s'opposent donc comme s'opposent les deux grands modes d'élocution à travers lesquels ils s'expriment ; d'un côté communication, conventionalisation, conceptualisation, collectivisation, etc., de l'autre, expression, motivation, concrétisation, singularité, etc. La rhétorique en définissant le style comme la manière d'écrire l'a conçu comme une technique, l'idée d'une forme naturelle lui étant étrangère, et dans ces limites la définition du mot et son contenu sont parfaitement homogènes et cohérents, mais quand les modernes investissent le « style » de nouveaux pouvoirs, — l'expression d'une nature, d'une forme de la vision dans son originalité — outre que son contenu s'étend démesurément, le mot prend une double signification et ces deux sens sont antinomiques.

L'emploi de ce terme trop riche et trop complexe devient si ambigu que certains refusent le mot et vont jusqu'à nier l'existence de la notion ; d'autres ont cherché à créer un second vocable sans pouvoir se mettre d'accord pour décider de la valeur du terme traditionnel ; style continuant chez certains à désigner les fonctions litté-

FONCTIONS SECONDAIRES DU LANGAGE

raires, chez d'autres la nature de l'écrivain; ce qui ne contribue pas peu à obscurcir les débats.

Mais ici se place une nouvelle distinction, celle qui oppose les signes arbitraires, conventionnels et clos, aux signes motivés et ouverts. Le choix de moyens d'expression, qui définit le style sous ses deux aspects (naturel et technique), s'opère à deux niveaux: d'une part, choix de signes à l'intérieur de la langue, signes donc conventionalisés et porteurs de leur signification et de leurs

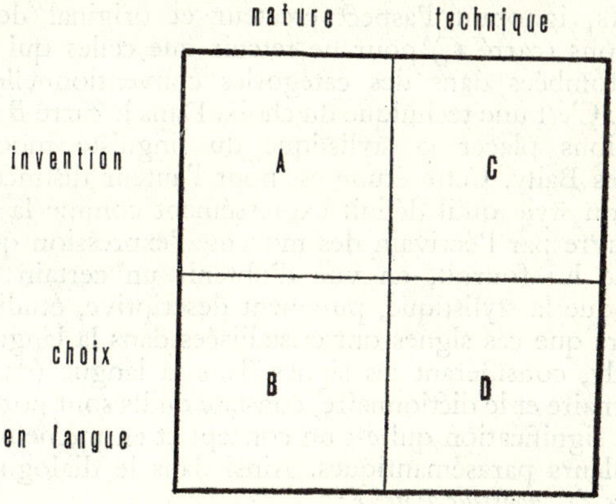

	nature	technique
invention	A	C
choix en langue	B	D

Fig. 1.

valeurs; d'autre part, création de nouveaux signes en marge de la langue et qui tirent leurs valeurs de la situation où les implique l'énoncé. Ce sont là deux importantes catégories et que sépare toujours la même ligne qui passe entre le singulier et le collectif, le motivé et le conventionnel.

Au caractère singulier et ouvert du style de nature s'oppose le caractère collectif et conventionnel du style technique; mais ce ne sont là que des tendances et les deux séries d'oppositions ne se recouvrent pas. Si la vision de l'écrivain tend à inventer de nouveaux signes, à dilater les pouvoirs de la langue, à les transcender, elle est aussi largement tributaire de signes déjà différenciés et spécifiés à l'intérieur du système linguistique. Si, d'autre part, les fonctions et les buts du discours se réalisent à travers des modes d'expression conventionalisés et normalisés dans un corps de règles et d'habitudes, ils tendent aussi à en modifier les limites d'emplois et à se créer de nouveaux signes. La littérature du sujet — fort abondante et fort diverse — permet de distinguer quatre types d'ouvrages qui s'opposent par leur point de vue, leur méthode critique et souvent leur terminologie.

Dans le carré *D,* par exemple, nous pourrions placer la rhétorique classique qui est une étude des formes en relation avec les fonctions de l'œuvre; la rhétorique, par ailleurs, ignorant l'aspect créateur et original de ces fonctions (carré *C*) pour ne retenir que celles qui sont déjà tombées dans des catégories conventionnelles et figées. C'est une technique du choix. Dans le carré *B* nous pourrions placer la stylistique du linguiste moderne Charles Bally. Cette étude est pour l'auteur distincte de celle du style qu'il définit expressément comme la mise en œuvre par l'écrivain des moyens d'expression que la langue lui fournit, en vue d'obtenir un certain effet, alors que la stylistique, purement descriptive, étudie les valeurs que ces signes ont cristallisées dans la langue.

Bally, considérant les signes dans la langue (dans la grammaire et le dictionnaire) constate qu'ils sont porteurs d'une signification qui est un concept et en même temps de valeurs parasémantiques. Ainsi dans le dialogue du *Gendre de Monsieur Poirier :*

> Eh bien! mon cher beau-père, comment gouvernez-vous ce petit désespoir? Êtes-vous toujours furieux contre votre panier percé de gendre? ...,

Bally identifie tout d'abord l'expression « panier percé » qui signifie prodigue, dépensier, ce qui constitue sa valeur de communication. Sur le plan « stylistique », il relève : qu'il s'agit d'une métaphore qui a un contenu concret et sensible et parle vivement à l'imagination; que par sa nature, cette métaphore produit un effet comique; qu'elle appartient au langage familier et suppose des rapports sociaux particuliers entre les deux interlocuteurs. Mais Bally refuse de s'interroger sur l'emploi qu'en fait l'auteur, de se demander si elle est conforme aux caractères des personnages, aux situations, au ton de la pièce, ce qu'il considère comme un problème d'esthétique littéraire, — de style et non de stylistique, d'après sa terminologie.

Le style, selon Bally, se situe donc au niveau des fins médiates de l'élocution; c'est une mise en situation des moyens de la « stylistique ». Quant à ces effets en langue, dont l'étude est l'objet de cette stylistique, il s'agit de motivations que le mot a retenues et cristallisées en se lexicalisant.

L'auteur distingue deux types de motivations: les effets naturels et les effets par évocation. Ainsi la métaphore *panier percé* réalise un effet naturel à travers l'image qu'elle évoque; et un effet par évocation dans la mesure où elle est sentie comme appartenant au langage familier. Les effets naturels tiennent donc au mode de signification (changements de sens, dérivations, forme phonétique) dans la mesure où ces modes de signification sont encore transparents. Les effets par évocation dérivent de l'état de langue auquel appartient le mot (tons, genres, classes sociales, etc.); toujours dans la mesure où cette relation est encore vivante et perçue.

Au sein de la langue, en effet, s'opèrent des différences et des clivages qui dérivent des situations dans lesquelles chaque signe est ordinairement placé. Cette situation, on l'a vu, est définie à la fois par l'objet du discours et le locuteur, ses buts et l'auditeur, un ensemble de circonstances externes; toutes ces causes déterminent la forme et le choix du signe dans le discours; et ce signe, lorsqu'il retourne à la langue, garde comme un reflet des situations dans lesquelles il s'est trouvé impliqué. Un signe qui apparaît dans un contexte poétique (ou scientifique, ou argotique, ou familier, etc.) finit par acquérir une couleur poétique et par évoquer l'idée de poésie, non seulement par sa nature ou son adaptation à sa fonction mais par une nouvelle valeur dont la langue l'investit.

Ces valeurs de situation qui sont dans leur principe liées au contexte, au discours actualisé, descendent dans la langue où elles se fixent et deviennent des valeurs figées et comme « en conserve », la langue d'ailleurs n'étant que de la pensée en conserve. Ces valeurs qui spécifient l'énoncé, définissent bien la manière d'écrire, et par conséquent le style, mais elles procèdent de la langue où elles sont déjà en puissance, et non plus directement de la situation. L'auteur ne les crée pas mais les trouve toute prêtes. Le discours ici n'est point spécifié dans sa singularité individuelle mais par rapport à quelque catégorie (naturelle ou fonctionnelle) commune à un groupe de locuteurs, d'énoncés ou de fonctions. La stylistique de Bally (carré *B*) est une description de ces formes naturelles de l'élocution, qui se sont conventionalisées et fixées en catégories linguistiques.

Le style a donc ici sa source à l'intérieur de la langue, au niveau, plus ou moins profond, où les différences individuelles sont déjà catégorisées. Mais il peut, d'autre part, se formuler à la périphérie de la langue, dans le lieu et l'instant où il s'invente pour un seul (carré *A*). Il y a un endostyle et un exostyle; je ne prétends certes pas imposer au lecteur cette terminologie barbare, mais la différence est essentielle. Le sens du signe dans le discours est une représentation dans laquelle se combinent la valeur sémantique en langue, telle qu'elle est définie par la convention, et la valeur de situation qui dérive de l'énoncé.

Considérons le cas du présent verbal; c'est la forme qui, conventionnellement, évoque l'idée d'une action contemporaine du moment où le locuteur l'exprime; mais voilà que je dis: « Hier j'arrive à la gare, pas de train! ». Le contexte exprime clairement que cette action est passée et il y a donc un décalage et une contradiction entre la valeur de base du signe et sa valeur de contexte; mais de cette contradiction naît une nouvelle valeur, car on comprend que le locuteur se transporte en imagination dans le passé et le revit comme présent. C'est ce décalage entre la valeur de langue et la valeur d'emploi qui constitue le style ou, en tout cas, un aspect de cette notion complexe; le style est donc la valeur particulière du signe en situation dans la mesure où cette valeur née du contexte s'écarte de la valeur convenue dont le signe est porteur en langue et *a priori*.

D'autre part cet emploi stylistique du présent avec la valeur d'un passé est d'un usage fréquent et il a fini par se lexicaliser: il est convenu que le présent peut exprimer le passé, mais l'exprimer avec une valeur particulière et dans une situation particulière qui est celle du récit; c'est ce qu'on appelle le présent historique; il s'agit bien d'un emploi spécial et lié à un contexte, mais lié *a priori* et conventionnellement. Si donc on donne, comme on le fait généralement, le nom de style à cette dernière valeur, il est nécessaire de bien la distinguer de la valeur stylistique originale et attachée au seul contexte.

Mais il est en même temps difficile de distinguer le moment où cette même forme passe du niveau d'un exostyle original et créateur à celui d'une imitation et d'une convention endostylistique; de même qu'il est difficile, dans le sophisme de l'école, de déterminer quand commence le tas de blé. Une terminologie récente tend à désigner sous le nom d'écriture les modes conventionalisés et lexicalisés de la spécification stylistique.

Le terme est déjà ancien; le *Journal* des Goncourt ou celui de Jules Renard réfèrent souvent à une « écriture artiste », mot qui oppose une rhétorique au style de nature et individualisé. On voit qu'« écriture » dans ce sens n'est qu'un synonyme de style dans son acception étymologique. C'est la manière propre à l'écrivain et qui définit la forme du discours en tant qu'objet de littérature. Le mot, qu'on rencontre de plus en plus souvent dans la critique moderne, est malheureusement pris avec des valeurs de sens diverses et qui souvent n'apparaissent pas immédiatement.

A. Malraux, dans *les Voix du silence,* oppose nettement style et écriture. Le style exprime une conception du monde, l'écriture une représentation. « Le style est un sentiment du monde, — tout vrai style est la réduction à une perspective humaine du monde éternel », alors que l'écriture n'est que l'ensemble des formes à travers lesquelles s'exprime le style. Aussi « un style n'est pas seulement son écriture, ne se réduit à son écriture que lorsqu'il cesse d'être conquête pour devenir convention »; c'est pourquoi « les goûts d'époques sont des écritures »; c'est pourquoi aussi « les dessins des enfants ont une écriture, non un style, alors que les masques des sauvages qui expriment et affirment une conception du monde en ont un ». On voit que pour Malraux la limite passe entre ce que nous avons appelé les niveaux immédiats et médiats de l'élocution ou, si l'on veut, en gros, les formes signifiantes et les idées signifiées. Mais il oppose en même temps liberté et conquête à convention alors que ces deux caractères se retrouvent à l'un et à l'autre niveau et sont des attributs aussi bien de la pensée, de la conception du monde que de la forme et de la représentation. Mais on ne doit pas perdre de vue que la définition de Malraux a trait aux arts plastiques et non à la littérature.

Une autre définition de l'écriture a été proposée par

Roland Barthes dans son remarquable essai intitulé *le Degré zéro de l'écriture*. Le style est défini par l'ensemble des phénomènes qui trouveraient leur place dans le carré *A* de la figure 1; le style est une nature.

L'écriture en revanche est le résultat d'une intention et d'un choix; définition qui pourrait être celle de la rhétorique classique, si elle n'était pas ici précisée: l'écriture, c'est ce qui signale l'œuvre littéraire en tant que telle, mais ce signal est écriture dans la mesure où il est délibéré et où il proclame et affiche l'identité de l'œuvre et ses intentions. Dans certaines formes de la littérature engagée par exemple, la forme se donne à la fois comme représentation et comme signe de l'engagement. De même, dans certains emplois modernes, le passé-simple n'est pas la simple représentation d'un « temps », mais il donne ce temps comme imaginaire, objet d'une création romanesque; de même le « il était une fois » du conteur transporte immédiatement l'auditeur en littérature.

Ainsi l'objet littéraire tend à se désigner comme tel, disant: je suis poème, ou oraison, ou satire, et, dans tous les cas, discours décoratif et cérémonieux; et l'œuvre s'avance sous le masque d'une forme rituelle qu'elle prend soin en même temps de « désigner du doigt ». C'est pourquoi l'écriture ne se confond pas avec la rhétorique. Le travail classique, par exemple, l'ouvrage cent fois remis sur le métier, n'est pas une fin en soi, la perfection n'est ici qu'un moyen et dont l'auteur s'efforce d'effacer les traces. Tout autre est l'écriture artiste ou artisanale de l'époque naturalo-symboliste: le travail, la ciselure ici s'affichent et sont donnés comme des valeurs de l'œuvre, sa fin et sa justification.

Dans l'écriture, l'écrivain affirme et revendique les fins de l'œuvre et engage sa responsabilité. En face d'une nature (style) et d'une technique (rhétorique), l'écriture apparaît comme une éthique de la fonction littéraire. Et c'est là une distinction très importante du point de vue historique; l'écriture, en effet, définit les relations de l'auteur et de l'œuvre avec la société, et la place de l'art et de l'artiste dans une culture. C'est donc un des concepts clefs de toute histoire littéraire.

Mais au niveau immédiat de la forme linguistique, l'écriture apparaît comme un emploi particulier de valeurs stylistiques conventionalisées. Elle est du domaine de la rhétorique, c'est-à-dire de la technique de l'expression; toutefois, alors que cette dernière a principalement reconnu et marqué les fonctions esthétiques et littéraires du discours, l'écrivain moderne prend de plus en plus conscience de la responsabilité de l'œuvre et de son engagement vis-à-vis de la société et de l'histoire.

Ces quelques exemples montrent assez combien s'enrichit et se diversifie la notion de style. Il est clair que ce mot est désormais d'un emploi difficile et mène à toutes les confusions. C'est que de la rhétorique des Anciens au style expression de l'homme, le mot assume l'héritage d'une longue histoire qui est celle à la fois de la littérature et de la langue.

Le style est l'aspect de l'énoncé résultant d'un choix, et on a vu la complexité des causes qui déterminent ce choix. Sélection des formes, il est donc un écart qui identifie la parole par opposition à d'autres formes possibles. C'est donc un langage spécifique, ou plus exactement un langage considéré dans ce qu'il a de spécifique et qui trouve dans la langue les moyens d'actualiser cette spécificité. Mais qui ne les trouve qu'en partie, c'est pourquoi il est une sémiogenèse, une invention du langage; toujours en avant de la langue, mais talonné, rattrapé et absorbé par elle, cependant que toujours il s'efforce de la dépasser. Le style est la conquête d'une liberté individuelle sur les contraintes de la convention collective.

Cette fonction fondamentale a pu passer inaperçue dans des époques où les institutions, les techniques, les connaissances et les expériences de l'homme étaient relativement stables et où la langue progressait lentement et insensiblement à ce rythme de l'histoire; le style n'était alors que la lente assimilation d'écarts individuels progressifs et peu différenciés. Aujourd'hui où l'évolution précipite la culture et la langue, une pression dramatique pousse le style en avant d'un mouvement toujours accéléré. Aussi l'art de l'écrivain a cessé de nous apparaître comme une technique, comme une habile mise en œuvre des signes à l'intérieur d'une langue close et figée et nous exigeons qu'il soit une création et une invention continue du langage.

Cela est évident pour la poésie lyrique allégée de tous les modes de composition qui la définissaient en tant que genre (formes fixes, strophes, types métriques et jusqu'au vers lui-même) et qui cherche son identité dans une langue autonome aux formes et aux fonctions profondément différenciées. Il en est de même pour le théâtre, pour le roman, pour le reportage, etc., qui, refusant toute loi et toute règle, tendent à se créer un langage. À la radio l'énoncé le plus banal du type : « Je suis arrivé hier de Lyon » s'entend immédiatement comme une interview, une pièce de théâtre ou la lecture d'un roman.

La notion de genre s'intériorise ; et c'est dans la mesure où elle descend dans le langage pour se formuler au niveau de l'élocution linguistique immédiate qu'elle se libère des formes d'élaboration médiates imposées par l'ancienne rhétorique. Les « genres » modernes suivent ici les voies ouvertes par la poésie. Baudelaire déjà, et le symbolisme à sa suite, avaient affirmé l'autonomie du langage poétique ; mais avec Mallarmé et Valéry, c'est le sens ordinaire de la communication qui se trouve renversé et la poésie est moins une pensée qui cherche son langage qu'une langue qui s'actualise en créant une pensée.

La primauté du langage apparaît de même dans le roman proustien ; la vision du narrateur, l'identité de ses personnages sont consubstantielles à leur langue ; les clochers de Martinville, la petite madeleine, parlent, profèrent des mots dont le secret s'est perdu et que l'auteur cherche pathétiquement à rejoindre. De même en Françoise, en Madame Verdurin s'actualise un langage qui leur est essentiel. Le « nouveau roman » est allé beaucoup plus avant dans cette recherche d'un temps non plus retrouvé mais créé. L'entreprise de Michel Butor s'apparente à celle de Mallarmé ; chez lui les temps de verbe, les pronoms personnels ne sont pas les simples signifiants d'une situation ; c'est la situation qui naît des virtualités de la grammaire. Le *vous* de *la Modification* actualise systématiquement des possibilités d'oppositions, impliquées dans la structure du système pronominal.

Il en est de même du théâtre avec Beckett, Ionesco ou Jean Tardieu. Il ne s'agit plus ici d'une action, d'événements qui se transforment ou de sentiments qui évoluent. C'est le langage lui-même qui est dramatisé : nous voyons les mots se gonfler, se rétracter, avancer, paraître et disparaître selon leur propre loi qui n'est pas celle d'une pensée qui se formule, mais d'un verbe qui s'actualise.

Cette primauté du fait linguistique apparaît d'ailleurs comme un des phénomènes caractéristiques de notre temps. Tous les écrivains modernes ont médité sur les fonctions du langage — et aussi la plupart des grands philosophes, de Bergson à Merleau-Ponty en passant par Bachelard et Sartre; il en est de même des historiens, des psychologues, des sociologues, des ethnologues. Enfin le trait essentiel de la science moderne est bien dans la création de langues autonomes qui sont les instruments abstraits de leur mode de pensée; et l'apparition de langages mécaniques, avec les possibilités qu'ils ouvrent à la connaissance et à la communication, achève de faire du langage la plus importante des fonctions humaines et de la langue l'institution fondamentale et qui supporte toutes les autres.

Cette prise de conscience de la forme et de ses fonctions aboutit à une très haute spécification qui ne pouvait que se répercuter au niveau de la langue littéraire. Si on peut parler d'une décadence des genres au sens où la rhétorique les concevait, il faut ajouter que jamais les fonctions littéraires n'ont été mieux spécifiées, mais au niveau profond qui est celui de la forme linguistique elle-même. C'est pourquoi la notion de genre s'intériorise pour se confondre avec celle de style. Et cependant que la langue se dépose en stratifications stylistiques toujours plus fines mais sclérosées, le style original s'efforce d'échapper à toute catégorie pour n'être plus qu'un langage à l'état naissant, une sublimation du verbe dans sa solitude et sa singularité.

LANGAGE, INDIVIDU ET SOCIÉTÉ

On parle pour communiquer à autrui le contenu de sa pensée. On parle aussi pour formuler cette pensée, sans qu'elle ait nécessairement la communication pour but. La parole a pour fonction de fixer une pensée, par nature mouvante et évanescente, à laquelle les mots offrent un support qui l'objective, la stabilise, permettant de la stocker en la mémorisant, de la reproduire et donc de l'analyser et de la construire; sans le langage elle resterait très rudimentaire et incapable de se développer. La parole est donc l'instrument de la connaissance. Mais à cette connaissance logique et conceptuelle qu'on vient de décrire s'opposent des formes affectives et intuitives de la conscience de soi. Ces formes, d'autre part, n'ont pas nécessairement la connaissance, ni la communication, pour objet immédiat. On s'exprime pour extérioriser spontanément sa pensée, ce qui est une fonction psychologique importante.

À la communication, à la connaissance, à l'expression répondent des modes d'élocution spécifiques et des systèmes de signification autonomes. Tels sont les systèmes de signes abstraits des sciences comme l'algèbre, les symboles chimiques, la logique formelle, etc. Il y a aussi des systèmes de pure communication : les codes, les signaux, les langues artificielles. Quant à l'expression, sa langue naturelle est celle des cris, des larmes, des gesticulations, mais elle trouve aussi un exutoire dans des systèmes élaborés comme le chant, la danse, les rites.

Le langage est un mixte; un mélange de formes répondant à ces trois fonctions dans des proportions qui varient selon le cas, la communication restant la base.

L'expression est souvent une forme fruste de la connaissance; la connaissance vise à se communiquer, elle s'accroît et se vérifie dans la communication; l'expression est souvent dirigée vers autrui : l'enfant pleure pour faire venir sa mère; le chauffeur de taxi injurie l'éléphant pour défouler sa colère, etc.

Les trois fonctions sont donc complémentaires et en étroite interrelation. Elles sont en même temps opposées et donc source d'un conflit. On a déjà relevé l'antinomie fondamentale entre connaissance logique et l'expression affective; l'une et l'autre, par ailleurs, s'opposent à la communication, cependant qu'elles la postulent. La communication, en effet, est tournée vers autrui, vers le groupe; la connaissance et l'expression vers l'expérience individuelle.

On exprime, on connaît ce que l'on éprouve; bien qu'elles aient parfois des formes collectives (le sentiment patriotique, par exemple, ou religieux), expression et connaissance constituent avant tout la verbalisation d'une expérience singulière. La communication, en revanche,

sur l'un ou sur l'autre. D'une part la pensée, dans la mesure où elle est originale, n'a pas encore trouvé son langage; d'autre part, si elle l'a trouvé, il n'est pas encore conventionalisé ni donc compris de l'auditeur.

Entre la connaissance (science, philosophie, etc., somme de l'expérience individuelle et commune sous toutes ses formes) et la culture (diffusion de la connais-

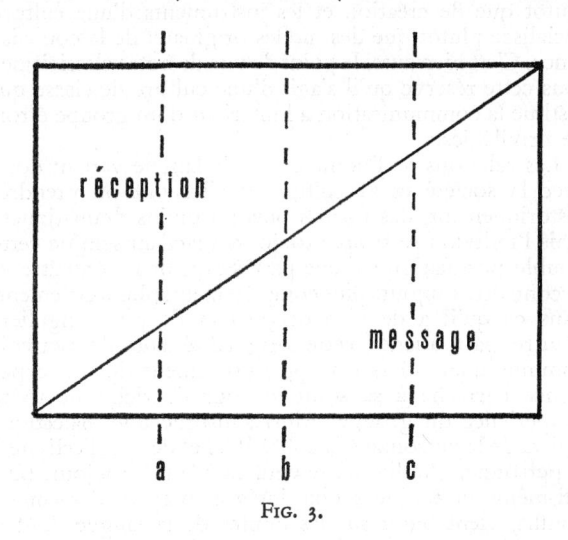

Fig. 3.

sance) se trouve placé le langage. La littérature qui a la connaissance et la culture pour objet, qui est un mode de promotion et de diffusion de la connaissance, reste essentiellement dépositaire et responsable du langage. Aussi toute conception de la littérature et du langage définit-elle une culture.

Il en est d'ésotériques dans lesquelles le langage a pour objet de transmettre la connaissance à certains groupes à l'exclusion de tous les autres; on en trouve de nombreux exemples dans l'Antiquité et chez les primitifs, voire dans notre société occidentale moderne; certains argots, *mutatis mutandis,* relèvent de ce mode de transmission linguistique.

Il serait facile de définir les grandes cultures d'après la

conception qu'elles se sont faite du langage et de ses fonctions. En Occident aujourd'hui la langue est centrifuge et tout entière tournée vers la connaissance individuelle au plus grand dam souvent de la communication collective. Il semble que le monde communiste, en revanche, insiste sur la fonction communicative du langage et des arts, ce sont des moyens de diffusion plutôt que de création et les instruments d'une culture socialisée plutôt que des modes originaux de la connaissance. C'est bien aussi le point de vue de notre classicisme; sous cette réserve qu'il s'agit d'une culture de classe qui institue la communication à l'intérieur d'un groupe étroit de privilégiés.

Les relations de l'homme avec la langue varient donc avec la société et sa culture et elles ont pu prendre, historiquement, des formes plus ou moins dramatiques; mais l'individu se trouve toujours placé au sein de cette double postulation : d'une part s'exprimer, connaître et se connaître toujours plus complètement, plus exactement, dans ce qu'il a de plus original et de plus singulier; d'autre part aliéner cette originalité afin de pouvoir communiquer. Mais cet appauvrissement de son expérience l'arrache à sa solitude pour l'enrichir de toute l'expérience du groupe. Ainsi s'institue une dialectique qui va de la personne à la collectivité et de la collectivité à la personne. L'individu, se voulant à la fois toujours plus lui-même et toujours plus intégré, perpétuellement en conflit, vient buter sur les limites de la langue dont il exerce les pouvoirs, dilate les fonctions dans un effort pour toujours mieux dire et plus loin.

C'est dans cet espace, au point où l'expérience personnelle vient s'insérer dans l'expérience collective, que la langue s'invente. C'est entre ces deux pôles de la communication et de l'expérience individuelle que jaillit l'étincelle créatrice d'un nouveau langage. À mesure que notre présent se formule, il s'enferme dans les mots, il s'y solidifie, s'y sclérose et se sépare par une lente concrétion de la fluide durée de notre devenir; on avance en éclairant les zones d'ombre qui découvrent de nouvelles ténèbres et appellent la lumière de nouveaux mots. Et la culture n'est pas autre chose que ce labeur et ce labour, cette greffe, ce provignement, cette sélection qui exaltent les vertus de l'idiome. C'est pourquoi toute expérience originale est créatrice de langage, et toute création linguistique ne peut être qu'individuelle, singulière et, à ce titre, presque toujours affective ou baignée d'affectivité. Un tel langage s'institue nécessairement en marge de la convention linguistique; bien plus, il est un effort pour arracher le signe à la sclérose de cette convention, pour en transcender la clôture. C'est la conquête d'une liberté sur les contraintes du système institutionalisé. L'écrivain (ou tout autre inventeur de formes linguistiques nouvelles) libère le langage en étendant les limites de ses pouvoirs.

Mais il faut insister ici sur ce fait essentiel que cette sémiogenèse ne peut s'exercer en dehors du système ou contre le système. L'individu ne peut inventer en dehors du langage; les pouvoirs d'un mot nouveau, et non encore entré dans le pacte de la convention linguistique, reposent sur des motivations qui ont nécessairement leurs racines à l'intérieur du langage. Et cela, comme on l'a dit ailleurs, parce que la convention linguistique n'est jamais implicite, (en dehors des codes techniques ou des langues artificielles); elle naît de la communication et dans la communication.

Le nouveau signe n'est qu'une transformation des limites d'emplois et des fonctions d'un signe déjà existant. Ainsi au moment où le verbe français perd ses désinences personnelles, par suite de l'érosion phonétique, il ne crée pas un nouveau système de marques, il ne fait qu'étendre et généraliser l'emploi du pronom personnel qui assurait déjà des fonctions rythmiques. Lorsque le latin perd son futur, il trouve toutes prêtes à l'intérieur de la langue des formes stylistiques déjà en voie de grammaticalisation et qui sont prêtes à fonctionner comme un futur. Le vers français n'est pas la création d'un nouveau système prosodique, mais l'évolution interne du vers latin, ainsi qu'on le verra plus loin.

De même, le nouveau mot tire toujours sa motivation de quelque virtualité en germe dans la langue dont la liberté de l'écrivain ne peut refuser les contraintes sur lesquelles il s'appuie comme l'oiseau sur la résistance de l'air; c'est en la maîtrisant qu'il invente la langue, et en exigeant d'elle de nouveaux pouvoirs qu'elle ignorait mais qu'elle portait en germe. Ainsi le style bourgeonne à l'extrême pointe du rameau linguistique qui plonge ses racines aux entrailles de l'expérience individuelle; mais pour immédiatement se lignifier, cependant qu'il pousse plus haut de nouvelles fleurs.

LES FONCTIONS POÉTIQUES

En décrivant le langage de la communication sociale sous ses formes symboliques, conventionnelles, conceptuelles et closes, on a été amené à définir, par opposition, des modes d'élocution dans lesquels chacun aura facilement reconnu les formes ordinaires du discours poétique. Cette hypertrophie de l'expressivité et, par ailleurs une étroite association avec le chant, la danse, le vers, font de la poésie un genre littéraire à part, une forme limite de l'élocution et un mode de dire autonome qui se définit par des fonctions, sans doute en partie communes à l'ensemble des genres littéraires, mais qui se manifestent ici sous des formes pures.

LA FONCTION EXPRESSIVE

On ne confond plus aujourd'hui la poésie avec le vers; outre qu'il y a des poèmes en prose, on reconnaît le caractère « poétique » d'un roman, d'une boutade entendue dans le métro, voire d'une description scientifique, alors que d'innombrables poèmes nous paraissent de la plus pédestre platitude.

Cette identité du fait poétique est une notion moderne; mais on peut facilement reconnaître à travers l'histoire de la poésie des caractères que les modernes ont hypostasiés en affirmant leur autonomie. On les retrouve sous des formes latentes et plus ou moins stylisées et fonctionalisées dans les genres lyriques, alors que les formes narratives, didactiques, gnomiques de la littérature versifiée en sont le plus souvent dépourvues.

La poésie lyrique a toujours été et reste un mode d'élocution expressif, — la communication n'y étant qu'une fonction secondaire et médiate et qui peut être nulle à la limite, car le poème, dans bien des cas, n'implique pas nécessairement le lecteur, alors que le roman ou le drame se formulent toujours en fonction de quelque public.

Discours expressif, la poésie lyrique, sous ses formes archaïques, est toujours liée au chant et le restera dans une large mesure tout au long de son histoire. C'est d'ailleurs de cette fonction qu'elle tire son nom, la poésie lyrique étant chantée avec accompagnement de musique (la lyre d'Apollon). Ce n'est que lentement, et guère avant le XVe siècle, que la poésie lyrique française s'est affranchie du chant; la plupart des *Odes* de Ronsard étaient destinées à être chantées, et la chanson reste toujours vivante dans la poésie populaire. Chant souvent accompagné de danse, comme l'atteste la terminologie (ballade, rondeau, virelai, etc.); car chant et danses sont les modes naturels et spontanés de l'expressivité, dont la poésie n'a été longtemps que l'auxiliaire et le support.

L'expression affective, dans ses manifestations archaïques, apparaît d'abord sous des formes collectives, à la fois religieuses et sociales: on chante les dieux et les héros de la cité. Puis la poésie devient le mode d'expression des grands « lieux communs »: Dieu, la Mort, la Nature, l'Amour. Mais le poète médiéval et classique y voient des « idées » universelles et permanentes: ils chantent moins leurs amours que quelque catégorie idéale de l'Amour. C'est pourquoi les sentiments et les situations qu'ils nous peignent sont presque toujours sans relation avec ce que l'on peut savoir de leur caractère et des circonstances de leur vie.

À l'époque moderne ces thèmes lyriques s'actualisent dans les situations concrètes où ils sont vécus: c'est leur expérience de l'amour que chantent Lamartine, Musset ou Victor Hugo, et cette expérience tend de plus en plus à se formuler dans ce qu'elle a d'original et de singulier. Cette individualisation des thèmes traditionnels fait de la poésie un mode particulier de la connaissance; en face de la science abstraite, logique et conceptualisée, elle devient l'expression d'une connaissance intuitive, subjective et irrationnelle. Le poète est l'explorateur des ténèbres; son but avoué désormais est d'« exprimer l'ineffable », de « déchiffrer l'Univers », de « jeter un pont sur l'invisible », etc.

Cette fonction est étroitement solidaire d'une invention du langage; mode de voir, la poésie est nécessairement un mode de dire, une façon originale de « signifier le monde ». Aujourd'hui elle tend de plus en plus à être un mode d'invention par le langage et un mode d'invention du langage. À la limite, et chez certains poètes modernes, un mode d'expérience du langage, où le contenu n'a qu'une fonction secondaire; le poète alors vit moins une aventure du cœur et de l'âme qu'une expérience des mots.

En prenant conscience de la spécificité de ses fonctions et de son autonomie, la poésie s'affranchit des contraintes propres à la langue dans l'emploi normal et ordinaire de la communication sociale. L'art du poète apparaît alors comme un abus du langage, constamment dépassé, sursignifié; le signifiant sensible, les valeurs parasémantiques viennent se superposer au message « prosaïque » pour porter la communication à des niveaux affectifs et mémoriels que celui-ci ne peut pas atteindre, n'est pas fait pour atteindre. C'est pourquoi la poésie hypertrophie toutes les formes secondaires de la signification; et, sous leur mille aspects, tous les modes d'expression poétique ont en commun de reposer sur une hypostase du signifiant. Qu'on excuse ce mot un peu prétentieux mais qui exprime exactement ce que je veux dire si on veut bien le prendre dans le sens d'A. Lalande : « substance, considérée comme une réalité ontologique »; et la poésie est bien un discours dans lequel la forme signifiante n'est pas un simple symbole conventionnel mais une substance douée d'une identité et de fonctions propres : la fonction métrique, la fonction expressive, la fonction prosodique et la fonction métaphorique correspondent toutes à des modes d'actualisation et de sensibilisation du signe.

Le signe est sélectif dans la mesure où il n'utilise comme opposition pertinente et donc signifiante qu'une partie seulement des caractères des sons; ainsi la langue oppose les points d'articulation de *pan, temps, quand;* ou le timbre sourd de *pan, temps, quand* d'une part, au timbre sonore de *banc, dent, gant,* de l'autre. En revanche les accents de quantité, d'intensité, de hauteur ne modifient pas le sens de ces mots qui ignorent, dans leur fonction ordinaire, les variations prosodiques de la chaîne parlée. D'autre part, les articulations significatives ne sont point perçues dans leur forme sensible du fait de la transitivité du signe qui, dans la communication, n'a pas de valeur en lui-même, mais n'est qu'un moyen qui mène au sens; transitivité qui a pour conséquence la démotivation et l'arbitraire du support phonique.

Dans la poésie, en revanche, la forme tend à s'actualiser, à prendre une valeur propre; elle ne s'accomplit pas entièrement dans la signification et refuse de s'y abolir. Le poème est une substance acoustique et la poésie un art de la phonation, comme le chant est un art de la voix. Nous retrouvons ici la distinction essentielle entre les arts et les langages; entre les signes naturels arbitraires et les signes iconographiques motivés. Le signe poétique, arbitraire dans la mesure où il n'est qu'un simple moyen de signifier des idées par la parole, est aussi une image sonore, une représentation concrète des relations rythmiques et harmoniques; le poème est un objet phonétique, une substance et un stimulus sensible.

Le syncrétisme de ces deux fonctions antinomiques constitue le paradoxe de la poésie, art du langage, et par conséquent à la fois art et langage. Mais l'un et l'autre solidaires, car les rythmes et la mélodie sont inséparables des représentations sémantiques et l'art du poète est précisément d'intégrer les deux messages, le rythme apparaissant comme le support de l'idée et l'idée actualisant le rythme. La poésie est une hypostase de la forme signifiante qu'elle doit soustraire à la sélectivité et à la transitivité.

C'est là une des fonctions du vers et des plus importantes, encore qu'elle n'ait pas toujours été reconnue: exigeant le retour d'une mesure, il confère aux relations prosodiques une fonction qui les actualise. L'hypostase de la forme repose sur une fonctionalisation de caractères prosodiques ignorés par la communication ordinaire et sur une refonctionalisation des caractères articulatoires que le langage utilise, mais sous des formes transitives. C'est pourquoi la poésie hypertrophie l'emploi des modes d'élocution motivée propres au langage affectif.

En effet sa forme naturelle est l'expressivité. Et j'aimerais m'arrêter un instant sur cette notion qui, pour être classique et universelle, mérite d'être définie en termes linguistiques précis. La communication linguistique, — telle qu'elle a été décrite tout au long de cet ouvrage —, comprend un locuteur, un auditeur et un propos, troisième terme qui constitue, selon la définition traditionnelle, la personne (être, chose ou notion) dont on parle. Mais cette définition est ambiguë car, en fait, le *je* et le *tu* sont, au même titre que le *il,* des personnes dont parle le locuteur. En effet, dans la phrase prédicative du type : *je suis heureux, tu as raison, l'oiseau chante,* on attribue un prédicat (verbal ou nominal) à un sujet qui peut être le locuteur lui-même, l'interlocuteur ou le troisième terme. Cette triangulation correspond à la nature de la communication et le pronom en trois personnes est la catégorie fondamentale de la grammaire, celle qu'on retrouve dans toutes les langues, alors que la plupart des autres marques varient plus ou moins arbitrairement d'un idiome à l'autre. Or le pronom est un signe qui réfère à la personne mais ne s'identifie pas avec elle ; cela, évident pour le *il* et le *tu,* est non moins vrai du *je*. Lorsque je dis : « je dors », je ne dors pas, puisque je parle. Le *je* est nécessairement objectif au même titre que le *tu* et le *il* ; il ne coïncide pas avec le moi *loquens,* il n'en est qu'une représentation et une projection que le locuteur détache de sa durée parlante pour l'observer, le penser, l'imaginer, le parler et, éventuellement, le modaliser et le déplacer dans l'espace et le temps.

En revanche, dans les mots-phrases exclamatifs du type : *bravo !, formidable, cette voiture !, bas les pattes !* etc. (que j'ai proposé d'appeler locutives par opposition à prédicatives) il n'y a pas l'ellipse d'un verbe, que les grammaires y voient traditionnellement ; il ne saurait y avoir de verbe dans de tels tours, car le verbe est la forme qui attribue un propos à un sujet, alors que le locuteur ne fait qu'exprimer une perception, un désir, un jugement intellectuel ou affectif (le plus souvent affectif). « Formidable, cette voiture ! », ne signifie pas que le locuteur déclare que cette voiture est formidable, mais qu'il laisse éclater l'admiration éprouvée devant cette voiture. La parole est ici un acte qui manifeste et extériorise concrètement, — comme un cri, un geste, une mimique, — la pensée, le sentiment, l'émotion, le désir éprouvés par le *loquens,* — par le locuteur en tant que sujet parlant et non en tant que sujet grammatical.

Dans l'expression pure, d'ailleurs, comme on vient de le dire, il n'y a pas de sujet grammatical ; c'est le ton, — déclaratif, interrogatif, optatif, jussif — qui modalise le propos ; et ce ton est l'expression de la pensée, de l'état affectif du locuteur. Cette expression n'est pas un symbole, mais une image de cette émotion dont elle épouse et reproduit le mouvement.

Certes, en fait, il s'est institué une symbolique de l'expressivité, un système de conventions élaborées dont la diction des acteurs peut donner quelque idée; mais sous leurs formes pures et limites, la phrase prédicative et la phrase locutive constituent deux modes d'élocution, non seulement différents, mais antinomiques, irréductibles l'un à l'autre et dont les caractères s'opposent terme à terme selon le tableau suivant:

Discours prédicatif	Discours locutif
symbolique	imagé
conventionnel	naturel
arbitraire	motivé
objectif	subjectif
rationnel	affectif
abstrait	concret
général	singulier
transitif	sensible
sélectif	total

En général, dans la communication, ces deux formes se superposent et s'entremêlent dans des proportions variables. Lorsque je dis : « elle est formidable, cette voiture! », il y a, d'une part, énonciation objective d'un fait sous forme prédicative; d'autre part, expression de l'admiration du locuteur, expression manifestée à la fois par le ton de la phrase parlée, par la syntaxe (inversion du sujet), par le lexique (emploi du mot « formidable »). « Elle est formidable, cette voiture! » = je dis que cette voiture est admirable + manifestation concrète de l'admiration que j'éprouve.

Le discours se développe sur deux lignes : celle de la désignation objective, rationalisée et celle de l'expression subjective des sentiments qui motivent le propos. Ainsi, quand je tire nerveusement le cordon d'une sonnette, je signifie mon désir d'être admis dans la maison et j'exprime l'urgence et l'impatience de ce désir. Tout discours est un mixte qui combine les deux messages en proportions variables; et à la limite on a le style objectif et logique à expressivité nulle ou tendant vers zéro (la somme des angles d'un triangle, etc.) et le style subjectif et affectif pur *(fig. 4)* à désignation nulle ou tendant vers zéro (Ah! Oh! Aï!).

La poésie est une forme expressive du discours et avec tous les caractères qui en découlent : affectivité, subjectivité, motivation du signe, etc., qui sont, ici, hypertrophiés. Elle est quasiment toujours à la première personne — car si cette dernière est une projection objective du moi *loquens,* elle en est cependant beaucoup plus près, beaucoup plus intimement solidaire que le *il*.

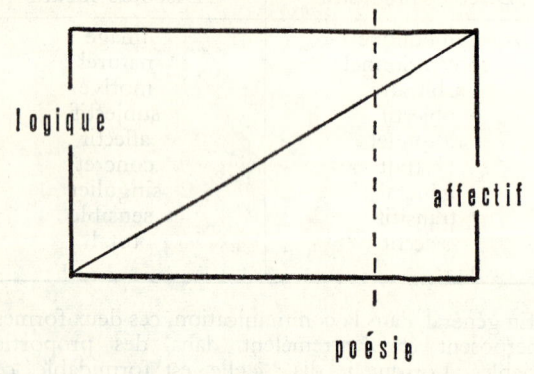

FIG. 4.

Elle est le plus souvent au présent, car le présent est le temps du *loquens*. Elle est essentiellement locutive; suite d'apostrophes, d'invocations, d'exclamations, de souhaits, d'ordres, c'est un mode du discours parlé, et sous ses formes les plus directes.

En même temps elle réintériorise et subjectivise la signification; la poésie est un acte; c'est un événement de la parole dont elle sensibilise tous les attributs concrets dans leur totalité. Les deux vocations sont réciproques et interdépendantes : expression affective tributaire des formes sensibles de l'élocution et actualisation de la substance sensible tributaire des modes affectifs du discours. Une syntaxe affective, une phonétique expressive, un lexique subjectif sont les formes essentielles de ce procès.

En effet, la hauteur, l'intensité, la quantité sans valeur pertinente dans le mot expriment dans la phrase des sentiments et des émotions : invocations, apostrophes, interrogations, affirmations ou dénégations, etc., forment des pauses, des ruptures, des variations de la ligne mélodique qui, devenant signifiantes, se trouvent actualisées. Il y a un mouvement passionné dans l'interrogation d'Hermione :

> Mais parle. De son sort qui t'a rendu l'arbitre ?
> Pourquoi l'assassiner ? Qu'a-t-il fait ? A quel titre ?
> Qui te l'a dit ?...

Il y a aussi un rythme qui met en valeur toute la substance, car si l'intonation met de l'émotion dans le discours, l'émotion y met de l'intonation ; fonctions réciproques et réversibles si bien que le poète chante pour dire autant qu'il dit pour chanter.

LA FONCTION PROSODIQUE

L'expressivité phonétique est une motivation du signe, une analogie entre la forme de l'idée signifiée et celle de la substance phonique qui la supporte ; elle va de la brutale onomatopée ou de la naïve harmonie imitative aux relations les plus subtiles entre l'idée exprimée et les articulations, les accents et leurs combinaisons ; sous cette forme élaborée elle a reçu parfois le nom de métaphore articulatoire.

Elle n'est pas toujours, comme on le croit généralement, un simple phénomène acoustique ; en effet si l'onomatopée est bien parfois une forme sonore signifiante reproduisant une forme signifiée, l'expressivité a le plus souvent sa source dans un geste phonique défini par le mouvement des organes de la parole et du souffle vocal. Ainsi dans le mot *toque,* la pointe de la langue frappe contre la face interne des dents, puis le passage de l'air ainsi bloqué est libéré, avec une légère explosion, par un retrait rapide de la langue qui dans ce mouvement en arrière vient buter du dos contre le palais. Dans le mot *glisse,* une striction se forme dans le fond de la bouche, le souffle, chassé en avant, fuse le long d'un étroit canal formé par le relèvement du plancher de la langue dont la pointe s'appuie contre les dents sans opposer une occlusion complète au passage de l'air. La phonation constitue donc un geste qui présente des analogies avec l'action de *toquer* ou de *glisser* alors que dans une onomatopée du type *craquer,* c'est la forme acoustique qui reproduit le bruit signifié.

On a souvent nié l'existence d'une valeur expressive des sons en relevant que la même forme nous paraît ici expressive, là inerte; qu'on n'entend pas dans *claquemuré* le bruit du fouet qui *claque* et que si la cloche *tinte* effectivement à nos oreilles, nous ne retrouvons rien de cette sensation lorsque nous *teintons* un croquis. C'est ne pas voir que l'expressivité est un caractère du signe et non pas des sons; elle est dans le rapport du son avec le sens et il n'y a d'expressivité que dans l'analogie entre signifiant et signifié. Cette analogie, par ailleurs, est fluide: *glisser* est expressif en français, de même *to slip* en anglais ou *schlüpfen* en allemand, parce que dans les trois mots le geste phonique, différent chaque fois, présente une commune analogie avec le mouvement de glissade du fait de l'articulation, *l* + voyelle fermée, qui fait que la langue est tendue à plat et le passage de l'air étroitement resserré.

La formation de tels mots, qu'on trouve dans toutes les langues, est vraisemblablement liée à l'économie de la verbalisation. En effet, parler c'est actualiser une représentation mentale et ce procès est peut-être facilité par l'évocation d'images concomitantes; c'est pourquoi nous faisons des gestes en parlant, ou des ébauches de gestes, qui stimulent l'évocation dans la mesure où ils reproduisent analogiquement quelque propriété de la chose évoquée; il est difficile en revanche de parler, ou même de penser, avec des gestes (ou un fond sonore, ou un spectacle) systématiquement allogènes à l'objet du discours. Si on fixe une boule par exemple, puis que, fermant les yeux, on essaie d'en retenir l'image, cette opération est facilitée par un arrondissement des mains ou un mouvement des lèvres arrondies dans la prononciation du « o ».

La parole est un geste qui dynamise la représentation chaque fois qu'il présente quelque analogie avec la chose représentée; c'est pourquoi une *boule* est plus ronde qu'une *sphère* et une *pomme* qu'une *pêche,* un *pot* qu'une *marmite.* On a dit quelquefois, M. André Spire entre autres *(Plaisir poétique et plaisir musculaire)*, que la poésie était une euphorie de la phonation; qu'elle recherche non seulement les sons doux à l'oreille, mais les articulations libres, aisées, souplement enchaînées dans un mouvement harmonieux des organes vocaux et des combinaisons articulatoires; cela est très vrai, et il y aurait beaucoup à dire sur ce sujet encore mal connu. Le plaisir poétique, en effet, n'est pas seulement de l'oreille mais de la bouche qui, selon l'expression, « déguste » les mots. Il exerce en nous les pouvoirs de la phonation; c'est un phonodrame.

Et le procès est peut-être plus profond, plus subtil encore, car on peut concevoir une euphorie de la signification, une libération, une dynamisation de l'image signifiée, au niveau mémoriel. De même que la vue d'un objet fusionne avec le souvenir de cet objet, il doit s'opérer une sorte de concrétion lorsque le geste phonique ou l'impression acoustique coïncident avec la forme signifiée. L'harmonie, que nous percevons si bien sans que personne ait jamais pu la définir, est peut-être une concrétion du signe, une fusion de l'image mémorielle signifiée et de l'impression sensible signifiante.

Ce procès présente une double face: stimulant la représentation mémorielle, il sensibilise en même temps l'impression acoustique et par conséquent le rythme et la mesure. Dans le mot expressif, le sens « signifie » la forme; le mot évoque le sens mais celui-ci, en retour, réagit sur le mot: le bruit du fouet actualise la substance claquante du mot *claque*.

Les « infinis bercements du loisir embaumé » de Baudelaire sensibilisent le rythme berceur des quatre mesures égales : 3 — 3 — 3 — 3, alors que ce même schéma n'est point perçu dans tel vers que j'improvise: « J'ai passé la journée sur le bord de la route ». C'est que là où il y a analogie entre la forme et le sens, il y a non seulement expressivité par concrétion de l'image signifiée, mais choc en retour, le sens dynamise des propriétés de la substance sonore, autrement non perçues; il la « signifie » par une véritable inversion du procès qu'on pourrait appeler rétro-signification.

Tout l'art du poète, quelle que soit sa fonction explicite, tend de même à soustraire le signe à la transitivité. Telle est bien la fonction de l'excentricité stylistique, de l'hermétisme, de la sélection des formes; tous ces procédés, dont on constate l'hypertrophie dans la poésie moderne, sont des troubles ou des écarts de la fonction sémantique et concourent indirectement à sensibiliser la substance sonore.

Ainsi l'hermétisme, l'obscurité, le vague, sont sans doute des caractères consubstantiels au discours poétique dans la mesure où ce dernier est une vision qui se cherche à travers un langage qui s'invente, mais l'obscurité est aussi une infirmité du signe et un trouble de la communication. Le signifiant remplit mal sa fonction, le signifié refuse de s'actualiser; la forme n'arrive pas à s'abolir dans la signification, à s'accomplir et résiste comme la marche ou la digestion qui, automatiques et inconscientes en temps ordinaire, deviennent sensibles lorsque quelque défaut organique ou quelque accident viennent en troubler la fonction.

De même, dans la rue un visage familier est aussitôt reconnu et, dans cet acte même, oublié avec le chapeau, la cravate ou le bouton sur le nez; mais quelque passant insolite, un visage sur lequel nous cherchons à mettre un nom, nous le scrutons, nous le retenons, cependant que tous les traits s'en actualisent. L'obscurité du signe a aussi pour résultat d'en soustraire la forme à la transitivité.

Il en va de même du mot rare dont on sait si certaines écoles ont abusé, allant jusqu'au graphisme excentrique qui écrit *Kaïn* ou *Khanaan* dont l'insolite, le bizarre sollicitent notre attention et la fixent sur des caractères que nous n'aurions pas remarqués autrement; là encore, la forme affiche son identité et refuse de s'abolir immédiatement dans le sens; c'est le propre de tout phénomène inattendu : le bruit d'un biniou nous tire d'un sommeil insensible au tintamarre familier de la rue.

La fréquence des mots, elle-même, très différente dans la poésie et dans la prose, tend à freiner la transitivité naturelle du discours. Un mot très fréquent est plus vite identifié qu'un mot rare; et il est même possible de quantifier ce procès qui relève de la théorie de l'information. Nous renvoyons le lecteur au chapitre consacré à la *Sémiologie,* disant ici que le temps d'identification d'un message est proportionnel à son contenu d'information, en prenant ce mot dans son sens statistique et quantitatif et non sémantique et qualitatif. Or le haut contenu d'information du discours poétique, en augmentant le délai d'identification, tend très vraisemblablement à en freiner la transitivité et contribue, ce faisant, à l'actualisation de la substance sonore.

La sensibilisation phonétique est donc un phénomène complexe, elle qui repose aussi bien sur une fonctionalisation du signe (expressivité phonétique) que sur une défonctionalisation (hermétisme); mais quelle que soit sa forme, il faut bien relever que ces modifications et ces altérations des fonctions ordinaires du langage n'ont pas ici, ne doivent pas avoir, leur fin en soi; ce n'est que l'une des faces du procès que nous avons décrit sous le nom de rétrosignification, procès réversible, ambivoque et qui réalise l'actualisation de la pensée signifiée et celle de la substance signifiante; si la forme mène au sens, celui-ci nous ramène à la forme. À la limite l'inversion peut être complète : dans telle peinture le compotier ou la guitare ne sont que le support des couleurs et du dessin, véritables objets du tableau; et dans le poème, le sens ne peut être que l'auxiliaire du rythme et de l'harmonie. Mais les grands moments de l'art et de la poésie sont ambivalents : la forme conduit la pensée au sens et ce dernier la lui renvoie pour la reprendre dans un mouvement indéfini. C'est là le plus haut secret du poète : la poésie n'est pas seulement un sens et une forme, mais l'acte même qui noue la forme et le sens. C'est un événement du langage et un art de la signification.

LA FONCTION MÉTAPHORIQUE

La poésie est un discours métaphorique. Certes, comparaison, analogie, allégorie, symbole ou métaphore proprement dite n'ont été souvent, dans le passé, que des ornements et les formes sclérosées d'une écriture, mais elles irriguent le romantisme d'un sang nouveau et les symbolistes proclament l'avènement de l'universelle analogie.

La métaphore est inhérente à une vision qui se veut connaissance, intuition originale du monde, formulée dans un langage neuf. Connaître, en effet, c'est relier de l'inconnu au connu; « comprendre » les phénomènes dans des relations inédites, c'est couler l'informe dans les grandes catégories de la forme, en lui conférant une place dans notre univers et en l'intégrant dans notre vision. Or tout nouveau mot — signe de cette relation nouvelle — est nécessairement une relation nouvelle entre les formes linguistiques; la métaphore est le type fondamental d'une telle relation; de ses formes les plus humbles à ses structures les plus élaborées, elle institue l'analogie de deux objets, de deux notions, de deux situations ayant quelque caractère commun.

Sémiologiquement, c'est un relais sémantique dans lequel une première image mentale phonétiquement signifiée devient le signifiant d'une image secondaire qui constitue le sens auquel mène la première en le motivant. La métaphore actualise quelque analogie de forme, de couleur, de goût, d'odeur, de comportement, de fonction etc., dans une relation neuve et non encore perçue; relation singulière qui correspond à une vision originale, qui avait jusqu'ici échappé à la langue. La métaphore est naturellement guettée par la conceptualisation, la convention et la transitivité et elle n'est plus alors qu'un cliché ou une allégorie poussiéreuse alors que son pouvoir poétique est dans sa fraîcheur.

La poésie est, encore une fois, une hypostase du signifiant, mais ici d'un signifiant médiat, et on retrouve, à ce niveau, les mécanismes sémiologiques qui actualisent et sensibilisent le signifiant; c'est par rétrosignification que le sens renvoie à l'image signifiante primaire qui refuse ainsi de s'abolir dans sa fonction. La métaphore est alors à double entrée et s'actualise sur deux plans parallèles; si la poésie est « un sein généreux », c'est que le sein maternel est autre chose qu'une mamelle nourricière, mais un don, une création et une inspiration.

Victor Hugo est le maître de ces comparaisons ambivalentes et rétrosignifiées; et on songe à l'image, justement célèbre, qui termine *Booz endormi:*

> Quel Dieu, quel moissonneur de l'éternel été
> Avait en s'en allant négligemment jeté
> Cette faucille d'or dans le champ des étoiles.

Une double série de termes forme la comparaison:
faucille — *champ* — (gerbes)
(lune) — (ciel) — *étoiles*
Le *ciel* plein d'*étoiles* est comme un *champ* plein de *gerbes;* mais les quatre termes sont télescopés dans: *le champ des étoiles,* et on parcourt la métaphore par un chemin qui va

de *faucille* à *étoiles,* en actualisant l'image d'un champ de blé, ou celle qui va d'*étoiles* à *faucille,* en actualisant l'image du croissant lunaire, les deux termes renvoyant l'un à l'autre.

Le *pâtre-promontoire,* de même, est cette forme immobile et solitaire, dont nous ne savons si c'est un homme ou un rocher: le roc pétrifiant le berger dans sa cape de bure, le berger accordant le roc au rythme d'un mystérieux panthéisme. Mais il faudrait replacer la métaphore dans la perspective du poème; et Gérald Antoine relevait un jour finement que le pâtre-promontoire, gardien des moutons de la mer, répond à l'image de la jeune bergère menant son troupeau sur la falaise. C'est bien là un des modes les plus typiques de la vision hugolienne et qu'on retrouve dans notre premier exemple où le champ céleste répond au champ terrestre sur lequel Booz est couché sous les étoiles parmi ses gerbes: le ciel contemple la terre, la terre regarde le ciel; Dieu regarde Booz, seigneur des moissons, et Booz regarde Dieu, moissonneur du ciel; et cette nouvelle métaphore se réalise à un troisième niveau de signification où les termes du symbole sont déjà métaphorisés et échangent leurs valeurs.

L'ambivalence et la rétrosignification constituent de même un trait caractéristique de la métaphore chez Valéry. Il l'a réalisée systématiquement par la remotivation de valeurs étymologiques perdues (voir à ce sujet mon étude dans *Langage et versification*). Ainsi, dans ce vers du *Narcisse :*

La moindre âme dans l'air vous fait toutes frémir

le contexte nous invite à donner au mot *âme* son sens primitif de « souffle », mais il garde sa signification usuelle et le souffle de la brise qui anime les branches est en même temps le souffle mystérieux du bois qui émeut les nymphes: le sens va de *souffle* à *âme* et d'*âme* à *souffle,* indifféremment. Non plus simple transfert du concret à l'abstrait ou de l'abstrait au concret, comme dans la métaphore ordinaire, mais double transfert dans lequel les deux sens se réfléchissent en un jeu de miroir.

On admirera de même comment, dans le *Cimetière marin,* est renouvelé le vieux cliché du « glaive de la justice »:

> Je te soutiens, admirable justice
> De la lumière aux armes sans pitié.

Si la lumière est une image de la justice, la justice, en retour, symbolise admirablement l'implacable et abstraite lumière de Midi, immobile au sommet de sa course, sur les balances d'un horizon marin.

Cette forme de l'intellectualisation du sensible renverse la direction ordinaire de la métaphore qui, traditionnellement, concrétise les notions abstraites ; mais le mouvement est réversible et ambivoque ; les deux termes du signe échangent leurs valeurs et si l'abstrait « signifie » le concret, ce dernier, en retour, lui prête des propriétés nouvelles.

La métaphore valéryenne, d'autre part, repose sur un système de symbolisations personnelles ; les mots n'y ont pas leur sens courant mais n'en réfèrent pas moins à des conventions implicites et systématiquement observées qui, une fois reconnues, rendent ses poèmes relativement clairs. C'est ainsi que Valéry oppose *ombre* et *lumière* : *nuit* et *ombre* réfèrent à des idées d'inconscient, d'insensibilité, de sommeil, de mémoire brute, de réflexe, de mort, de tombe, d'impuissance ; *jour* et *lumière* sont liés à la connaissance, l'esprit, la pensée, l'idée pure, la contemplation, la mer illuminée, la tension, la puissance. Et chacun de ces termes renvoie implicitement à tous les autres ; chacun d'eux constitue donc une métaphore à multiples valeurs.

L'opposition ombre-lumière orchestre ainsi toute *la Jeune Parque ;* on sait que cette dernière symbolise la conscience et, — l'avouerai-je naïvement — le sens de ce titre qui a fait couler et continue à faire couler tant d'encre me paraît clair, il est dans le dictionnaire : « Kloto, la fileuse, qui était la plus jeune des trois Parques » ; la conscience file les sensations, les perceptions, les jugements, les émotions, les sentiments, les souvenirs et les songes qui constituent la trame de notre vie ; c'est pourquoi elle passe de la nuit au jour par des intermédiaires d'ombres plus ou moins denses ou plus ou moins ensoleillées. Le symbole est organisé d'une façon très subtile ; ainsi, s'interrogeant au bord de l'éveil et de la conscience de soi :

> Cherche, du moins, dis-toi, par quelle sourde suite
> La nuit, d'entre les morts, au jour t'a reconduite ?

> Souviens-toi de toi-même, et retire à l'instinct
> Ce fil (ton doigt doré le dispute au matin),
> Ce fil dont la finesse aveuglément suivie
> Jusque sur cette rive a ramené ta vie.

Nous connaissons ce *fil* par les *Études sur le rêve,* recueillies à la fin de *Variété II* :

> Je vais m'endormir, mais un *fil* me retient encore à la nette puissance, par lequel je la puis réciproquement retenir : un *fil,* une sensation tenant encore à mon tout, et qui peut devenir un chemin pour la veille aussi bien que pour le sommeil.

Ce fil est donc une sensation que la dormeuse a suivie dans l'ombre du sommeil et qui débouche dans le matin doré comme un fil de la vierge hors d'une caverne sylvestre ; et l'image s'entrecroise subtilement avec celle du labyrinthe d'Ariane et celle d'un retour des Enfers. C'est ce même fil que le serpent suivra en sens contraire dans les ténèbres de la forêt onirique : « Fuis-moi ! du noir retour reprends le fil visqueux... ». La métaphore est ici enracinée dans un langage solitaire, clos sur ses propres conventions, et qui demeure hermétique tant qu'on n'en possède pas la clef. (Voir à ce sujet mon article sur le champ stylistique du mot *ombre* chez Paul Valéry, in *Orbis Litterarum,* 1963).

Cette même métaphorisation implicite et intime se retrouve chez Baudelaire, mais dans un tout autre registre, dans la mesure où elle est spontanée, peut-être inconsciente et répond à de nouvelles fonctions. La métaphore telle qu'on l'a considérée jusqu'ici est le transfert de quelque caractère objectif d'un signifié primaire sur un signifié secondaire. Mais, dans la mesure où elle est vivante, les deux termes reliés par un attribut commun tendent à s'identifier. Si Booz est un moissonneur comme Dieu, il faut qu'il ait aussi la majesté de Dieu, à quoi s'associent les idées d'éternité, de puissance, de fécondité qui ne sont aucunement impliquées dans le terme commun : moissonneur. De même, quand nous comparons la couleur de quelque objet à celle de la neige, ou du sang, ou de la suie, nous ne pouvons faire que d'attribuer à cet objet quelque qualité de ces substances, étrangères à leur couleur. On transfère ainsi des valeurs qui s'attachent plus ou moins inconsciemment au terme signifiant. Les choses en effet ne sont pas de pures représentations ; à leur souvenir adhèrent des préjugés, des sympathies, des antipathies, des craintes, des désirs, collectifs ou plus ou moins particuliers à tel groupe ou à tel individu. Ainsi le lait ou le sang, le rouge ou le bleu, le soleil ou la terre, la liberté ou la mort, etc., sont des notions valorisées et partant des mots poétiques et générateurs d'images. Mais, comme l'a montré Gaston Bachelard dans une quadrilogie classique, ce sont moins des représentations formelles que des expériences profondes : le chant de l'alouette n'est pas un cri mais une liberté, un jaillissement aérien qui nous affranchit des lois de la pesanteur et des contingences de notre condition terrestre ; de même le clair de lune laiteux des poètes, plus qu'une forme ou une couleur, est l'euphorie d'un lait primitif.

Le mot, avec sa signification, libère des valeurs attachées à la chose ; ces valeurs, particulièrement fortes dans certains cas, peuvent recouvrir le sens ; le signe cesse alors d'évoquer une représentation pour n'exprimer qu'une émotion ou une réaction affective. Dans de telles métaphores il y a moins transfert d'un sens que d'une valeur.

Cette transvalorisation est le mode d'élocution majeur de l'expérience poétique dans son originalité. En effet, chacun a de certaines choses, de certaines situations, une expérience privilégiée qui a pu l'affecter profondément et envahir tout le champ de la sensibilité et de la mémoire. L'image conserve alors des pouvoirs d'actualisation très puissants ; à la moindre évocation, l'être se trouve entièrement ébranlé. C'est toujours Bachelard qui, évoquant le souvenir d'un vertige panique éprouvé lors de l'ascension du clocher de Strasbourg, est pris d'un tremblement rétrospectif au point qu'il lui est impossible d'écrire, de lire le mot « tour » ou « sommet ». Ces souvenirs ont une grande puissance d'attaque et entrent généralement dans un système de symbolisation personnelle, plus ou moins inconscient.

Ainsi, comme j'ai essayé de le montrer, le *gouffre* chez Baudelaire n'est pas un simple trou dans la terre mais l'expérience concrète d'une nausée et d'un vertige existentiel. (Voir mon article sur le champ stylistique du *gouffre* de Baudelaire, in *Orbis Litterarum*, 1959.) Ce mot est lié à des images d'escaliers étroits et sans rampe, de descente dans les ténèbres gluantes d'une cave, qui pourraient très bien avoir leur source dans une expérience enfantine redynamisée par la maladie. Il est remarquable qu'il y a deux *gouffres* chez Baudelaire; le *gouffre marin* est euphorique, ou tout simplement décoratif, et Baudelaire ignore cette angoisse des profondeurs abyssales qui marque si profondément l'œuvre de Poe ou celle de Victor Hugo, avec sa faune visqueuse et tentaculaire parmi les ténèbres phosphorescentes. Chez Baudelaire, les *gouffres amers* ne sont qu'un cliché, héritage du vocabulaire post-classique. En revanche, le gouffre terrestre est toujours valorisé et signe d'une horreur et d'un vertige spécifiques. C'est pourquoi il est toujours métaphorique; c'est le gouffre de l'âme livrée au péché, c'est en même temps l'enfer. Cette image traditionnelle n'aurait rien d'original si l'enfer baudelairien n'avait précisément tous les caractères du gouffre baudelairien: une ténèbre glacée, hideuse et sinistre, « un enfer polaire ». Cet enfer, à son tour, symbolise l'âme en proie au péché; c'est pourquoi le cœur du pécheur est un *gouffre* de ténèbres et d'horreur.

Gouffre, enfer et péché s'identifient, leurs champs se superposent et échangent leurs valeurs; mais c'est bien une image spécifique du gouffre qui en constitue le dénominateur commun. Gouffre « noir », « obscur », « ténébreux », « froid », « glacé », « gluant », « hanté de crapauds et de serpents », siège d'« horreur » et de « vertige ». Tout nous ramène à une valorisation tirée d'une expérience concrète. C'est pourquoi le mot est toujours implicitement porteur de tous ses attributs; l'adjectif n'a pas besoin d'être mentionné puisque le *gouffre,* l'*enfer,* le *péché,* sont nécessairement « ténébreux », « glacés », « horribles », et réciproquement chacun de ces adjectifs réfère implicitement au *gouffre;* une créature *horrible* appartient à l'Enfer.

Le mot constitue donc un signe économique référant à une situation complexe et à un ensemble de jugements et de réactions affectives qui débordent de toutes parts les limites de sa signification immédiate. C'est une métaphore, mais qui transfère une valeur formulée au niveau le plus intime et le plus secret du vécu. Pour reprendre la terminologie de Bachelard, le gouffre marin chez Baudelaire n'est qu'un spectacle, le gouffre terrestre est une expérience ; l'expérience concrète d'un vertige et d'une nausée.

Il y a alors reconversion du langage au plus profond de la conscience ; le mot est arraché aux conventions collectives et rendu aux hiérarchies intimes qui structurent et « signifient » notre expérience dans ce qu'elle a de plus singulier et d'incommensurable aux normes vulgaires. Il s'opère ainsi une métaphorisation spontanée au plus obscur de la mémoire linguistique ; une motivation secrète et d'autant plus puissante qu'elle est subconsciente et échappe ainsi à la conventionalisation et à l'inertie qui entraînent fatalement le signe dans la clôture d'un langage figé.

CONCLUSION

Genre littéraire autonome, la poésie se distingue par l'originalité de ses moyens d'élocution. C'est un langage motivé par une actualisation du signifiant acoustique primaire ou du signifiant métaphorique secondaire. C'est un langage ambivalent qui superpose plusieurs messages en même temps qu'il les intègre et l'originalité de ce mode de signification est moins dans l'adéquation des termes et dans les valeurs qu'ils échangent que dans le mouvement même qui va de l'un à l'autre. La prose est statique, la poésie est une dynamique du langage : elle s'accomplit dans l'évocation autant que dans l'image évoquée.

Le plaisir poétique est moins dans la représentation signifiée que dans l'acte qui mobilise et stimule les fonctions du langage. C'est pourquoi « on ne fait pas un poème avec des idées mais avec des mots » ; les idées sont la substance du roman, mais c'est la langue qui est celle du poème. Le premier est un mode de représentation par le langage, le second est une création du langage ; c'est un événement du langage, quand la prose en est un accident. Aussi puissante, aussi originale que soit la vision, la poésie ne commence qu'à partir du moment où se réinvente le langage, où il est dissous et précipité en cristallisations neuves. Le poème est du langage à l'état naissant qui exerce la langue comme un sport exerce nos muscles et nos poumons. C'est un phonodrame et un sémiodrame et la poésie est un art de la signification.

La prise de conscience de cette vocation entraîne le

poète moderne dans une hypertrophie de toutes les formes secondes de la signification ; le poème devient un message multivalent qui se développe sur plusieurs lignes : le sens immédiat, les valeurs affectives, les symbolisations, la phrase mélodique, la mesure forment une torsade homogène et souple chez certains, chez d'autres épaisse, dorée et rebrodée, chacun selon son génie. Le poète, finalement, se trouve pris entre ces deux postulations antinomiques : la richesse du message et son unité.

Racine est l'exemple d'un suprême équilibre entre le chant et la pensée. La ligne sémantique et la ligne mélodique se recouvrent et se correspondent exactement. Mais cela suppose des sacrifices réciproques. D'abord une banalité de la pensée, faite des grands lieux communs de l'expérience affective, purs de toutes valeurs secondaires, de toutes symbolisations autres que traditionnelles et enfermées dans la clôture de la langue commune. La ligne mélodique extrêmement délicate, souple et variée, est aussi très ténue, simple et sans orchestration ni arrière-plans harmoniques. Ce qui lui permet de coller exactement à l'idée dans une unité consubstantielle. Jamais le chant ne masque la pensée, jamais la pensée ne voile le chant ; d'où cette transparence et cette extrême pureté ; art qui, en peinture, est celui de Vermeer.

On retrouve cette même unité chez Victor Hugo et à un degré suprême dans ses grands moments ; mais trop souvent la richesse du message introduit comme un décalage qui force la pensée à courir après le chant ou le chant à rattraper l'idée ; Victor Hugo pousse souvent sa voix ou enfle sa pensée.

Chez Baudelaire l'unité est parfois rompue par l'extrême richesse de la ligne sémantique ; survalorisée, épaisse, goudronneuse, toute en profondeur et en arrière-plans, elle tend à masquer la ligne mélodique, à l'écraser, à l'entraîner dans la prose.

Il y a, au contraire, primauté de la voix chez Verlaine ; riche, variée, orchestrée, toute en résonances, elle recouvre et estompe la ligne sémantique constamment tirée vers le chant.

Valéry, hanté par l'obsession de l'unité racinienne, vise en même temps à une multiplication des pouvoirs du message par une surcharge à la fois du sens et de la mélodie. Problème qui était insoluble dans le cadre de la langue commune ; et l'intégration des valeurs sémantiques et prosodiques repose ici sur une rupture du pacte linguistique ; les signes cessent d'avoir leur sens convenu et le poème ne retrouve son unité qu'au sein d'une langue autonome.

J'espère qu'on ne me prêtera pas le propos d'avoir voulu définir ici l'art et le style de Racine, de Baudelaire ou de Valéry, je ne voulais qu'illustrer les principales tendances et les points limites à l'intérieur desquels se joue le jeu poétique.

Cette inflation des modes seconds de la parole, exploités systématiquement et jusqu'à leur point de rupture, fait du symbolisme un sur-langage et du mot poétique un ultrasigne. Déjà les grands rhétoriqueurs, au xve siècle, avaient exercé jusqu'à leurs extrêmes limites toutes les formes du vers ; le jeu des rimes, les variations de la strophe, ne sont plus que des abstractions déduites *a priori* de leur nature et de leur définition ; les possibilités de la versification, — qui est alors toute la poésie, — sont explorées jusqu'à l'absurde.

Le symbolisme n'a pas fait autre chose, mais dans l'ordre de la prosodie et de l'expression où on reconnaît désormais l'essence de la poésie. Le poème est sursignifié là où il était surversifié. Au musicien et au versificateur médiéval les modernes opposent un linguiste et un phonéticien. C'est alors qu'un René Ghil, en son *Traité du verbe,* préfacé par Mallarmé, codifie la théorie des correspondances entre les sons, les instruments de musique, les couleurs et les sentiments. Ainsi *o, ô, ou,* sont rouges et combinés avec *P. R. S.* correspondent à la série grave des saxophones et évoquent une idée de domination, de gloire, l'instinct de prévaloir, d'instaurer, le vouloir et l'action, etc.

Il n'est que trop évident qu'on arrive au point limite où la définition d'un art et de ses techniques sont poussées dans leurs ultimes conséquences. Il n'est pas indifférent de relever que cet avatar, comme la grande rhétorique du Moyen âge finissant, se situe à un tournant de l'histoire.

Aujourd'hui la poésie — au moins dans certaines de ses manifestations — tend à suivre le mouvement qui entraîne tous les arts vers des modes d'expression non figuratifs, c'est-à-dire non signifiés. Mais le poète ne peut désignifier la langue, car un mot dépourvu de sens n'est plus un mot, et un art de la phonation pure (vocalise, lettrisme ou glossolalie) est étranger à la langue et par conséquent à la poésie. Les mots sont le matériau du poète qui ne peut s'en passer.

Cependant il refuse de plus en plus tous les signes seconds du message et cette hypertrophie de la signification qui caractérise le symbolisme. À la limite il repousse toute communication; il ne donne plus les mots dans leur fonction de mot, mais dans leur nature de mot; d'où ce refus de la syntaxe et une forme parataxique où les mots s'alignent sans relation entre eux; le discours n'est plus une représentation organisée au moyen des signes, mais une suite de signes « purs » (presque tous des substantifs). Dans ce poème d'Henri Michaux:

> Dans la nuit
> Dans la nuit
> Je me suis uni à la nuit
> A la nuit sans limites
> A la nuit

le mot *nuit* n'a pas pour fonction de nous décrire le spectacle de la nuit, de communiquer ou d'exprimer une impression ressentie ou imaginée par le poète; il *est* le mot « nuit » avec sa charge d'associations profondes lentement cristallisées; non plus cette « monnaie d'or » du symbolisme, mais une pépite sourdement mûrie aux entrailles de la mémoire. Il s'agit bien d'un signe, d'une forme acoustique signifiante associée à une image mentale signifiée, mais c'est un signe-objet.

Dans la communication le signe isolé n'est pas le support du discours; le mot *cheval* me représente bien une image, mais brute et qui n'atteint pas le niveau de la pensée discursive; il faut qu'on me dise, par exemple : « le cheval de Durand a gagné la troisième course »; l'image immédiate concourt alors à formuler la pensée médiate qui est l'objet de cet énoncé. En revanche le signe-objet de certains poèmes récents est défonctionalisé et vierge de toute intention signifiante. Il signifie ce qu'il peut, ce qu'il veut; non pas la pensée de quelque locuteur, mais sa propre nature de mot dans son innocence et sa nudité. C'est un infrasigne libéré de la mission de signifier. À plus forte raison l'est-il de toutes les marques hyperboliques de l'ultra signification que sont le vers, la métaphore, l'expressivité phonétique, etc. La poésie cesse d'être un exercice prestigieux de la parole pour n'être plus qu'une expérience naïve de la langue.

LA FONCTION MÉTRIQUE

NATURE, FORME ET FONCTIONS DU VERS

Le discours peut prendre la forme versifiée; mais on ne confondra pas le rythme et l'harmonie avec le vers. La prose peut actualiser le rythme et l'harmonie — et rendre sensible à l'oreille des relations de quantité, d'intensité, de hauteur dont bien des vers sont dépourvus.

La fonction métrique et la fonction prosodique sont donc distinctes, bien qu'en étroite interrelation, car la ligne prosodique peut s'appuyer sur les mesures du vers. On se gardera de même d'identifier vers et poésie; mais cela n'est que trop évident. Le vers est une mesure définie par un retour : en latin *versus* signifie retour. Mais, avant d'analyser les formes et les différents moyens de réaliser le *versus,* on se demandera pourquoi on écrit en vers.

Là encore les fonctions sont complexes, plus ou moins profondément intégrées, et elles varient selon les buts du discours, et, historiquement, selon l'idée qu'on s'est faite du vers. Ainsi aux origines toute littérature pratiquement est en vers et il semble bien que le vers assume ici une fonction qui sera ultérieurement confiée à l'écriture : le vers assure la conservation de la forme; il la fixe et permet de la confier à la mémoire. C'est pourquoi les lois, les prières, les oracles sont en vers; en latin *carmen* est à la fois « oracle, prophétie, formule religieuse ou judiciaire » et « chant poétique, vers, poème ». Le vers est une formule et une forme.

Dans la mesure où les premières manifestations d'une littérature sont orales, elles sont en vers; et cette fonction survit à l'écriture dans le chant épique des aèdes, des bardes, des jongleurs médiévaux. De même la pérennité du vers au théâtre doit répondre à une fonction mnémotechnique. On ne s'étonnera donc pas de rencontrer des formes versifiées dans les genres les plus prosaïques : non seulement la fable, le conte, le roman mais encore l'histoire, et jusqu'aux traités de mathématiques ou d'architecture.

Le vers a été le moyen de conférer à la parole une forme stable et transférable. C'est l'imprimerie et la diffusion du livre qui l'ont affranchi de cette fonction, à laquelle il a d'ailleurs survécu longtemps comme une sorte d'ornement.

Si l'on considère d'autre part la relation si ancienne et quasi universelle entre le vers et la poésie lyrique, il apparaît comme un auxiliaire du chant : le retour de la mélodie exige celui du support phonique de la strophe et du vers. L'histoire du vers roman est à cet égard exemplaire; car il n'est pas douteux que la transformation du système de la versification latine ne soit liée aux exigences du chant religieux. Si l'histoire de la poésie est si indissolublement associée à celle du vers, c'est dans la mesure où elle est un chant; et on peut estimer que le vers n'a rien de nécessaire, n'est point comme on pourrait le croire, consubstantiel à la forme poétique, celle-ci une fois libérée de la musique.

Cependant les deux formes sont solidaires; les mesures du vers catégorisent les structures rythmiques en ramenant l'innombrable diversité des rythmes à un petit nombre de types qui permettent de les identifier; le vers contribue donc à actualiser la substance prosodique, ce qui postule un syncrétisme des deux formes dont les pouvoirs sont à leur maximum lorsque le rythme s'appuie sur le vers et se confond avec lui; on reviendra sur ce problème qui est toute l'histoire du vers.

Enfin le vers a été longtemps pour le poète, et le reste encore dans une large mesure, un ornement et un *signum* littéraire. La forme versifiée signale la nature « poétique » du discours; la pensée la plus plate se pare ainsi des plumes du paon poétique, se réclame de l'inspiration, de la ferveur qu'on accorde ordinairement au poète. En disant son amour en vers, le galant proclame la valeur de ses sentiments. Cette fonction décorative du vers ne pouvait que se retourner contre lui et constitue, sans doute, une des causes essentielles de sa déchéance à l'époque moderne.

Telles sont les principales fonctions du *versus,* dont il reste à examiner la forme.

Le vers découpe la substance sonore en segments définis par certains traits phonétiques en nombre convenu et fixé par des règles ; ce qui est ainsi mesuré et dénombré varie selon le cas ; soit qu'on fonde le vers sur : le nombre de syllabes ; le nombre de sons brefs ou longs ; le nombre d'accents toniques ; le groupe syntaxique (litanie) ; une suite de sons identiques (vers allitéré) ; une suite de mots délimitée par une homophonie (rime).

Chacune de ces combinaisons permet de définir un type de vers : les litanies, par exemple, sont constituées par le retour d'une même construction syntaxique ; on peut avoir aussi des versets de longueur indifférente, mais tous terminés par un même mot ou une même rime ; certaines langues, comme l'ancien anglo-saxon, ont connu des vers allitérés dans lesquels les temps forts s'appuient sur une même consonne.

Mais les principaux types restent : le vers syllabique mesuré par le nombre de syllabes (ce qui est le cas du vers français) ; le vers accentuel mesuré par le nombre de ses accents toniques (ce qui est le cas du vers anglo-saxon et germanique) ; le vers quantitatif mesuré par des pieds ou combinaisons de syllabes longues ou brèves (ce qui est le cas du vers grec et latin). Ce sont là des types de base qui se combinent avec d'autres caractères : le vers quantitatif des Anciens comporte une césure accentuée ; le vers accentuel germanique a souvent un nombre fixe de syllabes ; quant au vers syllabique français, il comporte une césure et une rime accentuée ; sous sa forme classique il est étroitement lié à la syntaxe, la phrase ou le membre de phrase coïncidant avec le cadre du vers ; sous sa forme moderne il tend à exiger une séquence régulière d'accents toniques.

Un alexandrin du type :

> Je suis jeune il est vrai / mais aux âmes bien nées
> La valeur n'attend pas / le nombre des années

est un vers syllabique (douze syllabes), rimé (*années* répond à *bien nées*), césuré à la sixième syllabe qui, de même que la rime, constitue un temps fort sur une fin de mot ; enfin il peut être envisagé comme un tétramètre à quatre accents toniques ; et il renferme une phrase complète. Mais ces derniers caractères sont accessoires :

le vers classique français est un mètre à base syllabique comportant une rime et deux accents toniques fixes, à la rime et à la césure.

Si les systèmes de versification varient d'une langue à l'autre, c'est que la base du vers est déterminée par la nature de la langue. En français l'accent tonique est faible et tombe uniformément sur la dernière syllabe; les différences de quantités y sont négligeables. Le latin, au contraire, a un système vocalique qui oppose une double série de voyelles longues ou brèves; les langues germaniques ont un accent tonique fortement marqué et dont la place dans le mot varie. Enfin la quantité et l'intensité sont sémantiquement pertinentes dans les langues classiques et dans les langues germaniques: l'anglais, par exemple, oppose *to présent* et *the présent,* le latin *nŏtus* (connu) et *nōtus* (tempête), etc. Le français ignore ce genre d'oppositions et l'accent lexical, d'autre part, tend à s'effacer au profit de l'accent de phrase qui prend une grande importance, comme on l'a vu, dans les constructions affectives; c'est pourquoi notre vers a toujours été si étroitement lié à la syntaxe. La forme du vers français découle donc de la nature du français et ce déterminisme phonétique apparaît avec évidence dans le constant échec de la poésie française pour créer un vers quantitatif sur le modèle des Anciens, ou un vers accentuel sur celui des Anglo-Saxons.

ORIGINES DU VERS FRANÇAIS

On sait que le français vient du latin par voie d'une mutation du système phonétique: *père* représente *patrem,* et si *sœur* nous paraît assez loin de *soror,* la filiation n'en est pas moins directe et on peut la suivre à travers toutes les langues romanes qui ont parallèlement développé des systèmes phonologiques propres mais qui sortent tous de la même source latine.

Sur cette évolution vient se greffer celle du vers. Le problème a soulevé de longues discussions et donné lieu depuis plus d'un siècle aux hypothèses les plus contradictoires; les récentes recherches de Michel Burger me paraissent y apporter la première réponse satisfaisante.

Le vers latin est à base quantitative et repose sur une langue qui oppose une double série de voyelles longues et brèves. Or ce système se transforme au cours de la basse latinité et à l'opposition de quantité se substitue une différence d'ouverture; non plus long (—), et bref (ᴗ) mais fermé (′) et ouvert (‵). Ainsi on passe du système classique au système roman:

```
                _ ᴗ _ ᴗ _ ᴗ ᴗ _ ᴗ _
classique       i i e e a a o o u u
                | V | V | V | V |
roman           i é è   a   ò ó   u
```

Le vers perd ainsi la base phonétique sur laquelle il reposait jusqu'ici. Mais comment s'est défini le vers syllabique des langues romanes? Deux grandes théories sont en présence.

Pour les uns, le vers roman est un vers accentuel: sous l'influence de modèles germaniques on aurait substitué un accent tonique à l'arsis métrique du pied latin. Il ne reste plus qu'à retrouver ces accents dans les formes archaïques de la poésie romane; on n'a pas manqué de le faire; mais aucune des nombreuses interprétations qu'on a pu proposer n'est satisfaisante et toutes forcent les faits sur quelque point. Aussi la théorie du vers accentuel a-t-elle été repoussée pour celle du vers syllabique récemment reprise dans la monumentale *Histoire du vers français*, de G. Lote. Selon l'auteur, on a tout simplement créé un vers basé sur le seul nombre des syllabes au moment où l'opposition quantitative a fait défaut. Mais cette théorie est, elle aussi, contredite par les faits et ignore ce point capital, que notre vers repose sur les deux toniques de la césure et de la rime.

Aucune des deux hypothèses n'est pleinement convaincante et n'intègre la totalité des témoignages textuels. Enfin l'une et l'autre supposent l'invention d'un nouveau système né sur un territoire précis; c'est pourquoi on avait admis jusqu'à maintenant que l'hendécasyllabe italien et les formes correspondantes de l'espagnol étaient des emprunts qui dérivaient du décasyllabe français; ce qui soulève encore une fois de graves difficultés, tant du point de vue métrique que du point de vue historique.

Les *Recherches sur la structure et l'origine du vers roman* de Michel Burger (1957) résolvent à mon avis ces contradictions et pour la première fois apportent une solution positive à ce problème : le vers roman est sorti du vers latin et s'est différencié dans les langues romanes selon la nature de chacune.

Nous nous bornerons ici à l'étude du décasyllabe, qui est d'ailleurs le grand vers médiéval, celui de *la Chanson de Roland* et de *la Divine Comédie*. Ce vers est une transformation du sénaire ïambique classique; et ici il faut dire un mot de la métrique latine.

En latin le vers est défini par un nombre fixe de pieds déterminés et par une césure ou fin de mot, à place fixe; le pied lui-même comprend deux demi-pieds dont l'un porte l'arsis ou élévation de la voix, et chaque demi-pied peut être constitué soit par une voyelle longue, soit par une ou deux brèves; ainsi le ïambe: ∪ —; le dactyle: — ∪ ∪; le spondée: — —, etc.;

Le sénaire ïambique est un vers de six ïambes avec une césure au cinquième ou au septième demi-pied:

$$\cup - \mid \cup - \mid \overset{\vee}{\cup} - \mid \overset{\vee}{\cup} - \mid \cup - \mid \cup -$$

Par ailleurs le système présente un certain nombre de libertés: les premiers demi-pieds (1, 3, 5, 7, 9) sont indifféremment longs ou brefs, sauf le onzième et avant-dernier qui est toujours bref; les seconds demi-pieds (2, 4, 6, 8, 10) sont longs avec possibilité de substituer deux brèves à une longue (le dernier demi-pied étant long ou bref, mais toujours monosyllabique). On a donc le système suivant:

$$\underset{1}{\cup} \ \underset{2}{\cup\cup} \mid \underset{3}{\cup} \ \underset{4}{\cup\cup} \mid \underset{5}{\cup}\vee \ \underset{6}{\cup\cup} \mid \underset{7}{\cup} \ \underset{8}{\cup\cup} \mid \underset{9}{\cup} \ \underset{10}{\cup\cup} \mid \underset{11\ 12}{\cup \ \cup}$$

L'originalité de ce type de versification est dans la monnaie de longue qui autorise dans certains cas la substitution de deux brèves à une longue; le nombre de syllabes est donc variable, mais la mesure est un temps fixe. Toutefois on remarquera qu'il est toujours possible de composer des vers parfaitement réguliers et comportant tous un nombre égal de syllabes, puisque la règle autorise la monnaie de longue, mais ne l'impose pas.

Or l'étude de l'hymnologie latine du Haut Moyen âge montre un abandon progressif de cette liberté; et peu à peu se dégage un sénaire ïambique régulier, conforme aux règles de la prosodie classique, mais ramené uniformément aux douze syllabes du type de base et qui prend donc la forme:

ᴗ —	ᴗ —	ᴗV —	ᴗ —	ᴗ —	ᴗ ᴗ
1 2	3 4	5 6	7 8	9 10	11 12

Cette structure a certainement été imposée par les exigences du chant; la mélodie de l'hymne chrétienne, destinée à un public populaire et sans culture, élimine les variations syllabiques; mais dans ces limites le vers, qui est composé par des lettrés, reste conforme aux canons prosodiques classiques.

Cependant tout postule que les fidèles devaient ignorer les variations quantitatives conservées par le poète mais qui s'étaient effacées dans la langue parlée. On avait donc une sorte de vers quantitatif « pour l'œil » (ou pour la diction savante) mais dont la seule mesure réelle était dans ses douze syllabes. En outre de par la nature même de la langue il contenait deux accents toniques tombant à place fixe, (la quatrième et la dixième syllabes).

En effet, dans le cas d'une césure penthémimère (fin de mot au cinquième demi-pied et donc cinquième syllabe dans le type syllabé), la quatrième syllabe porte nécessairement un accent, du fait qu'elle est nécessairement longue, qu'elle est nécessairement l'avant-dernière syllabe d'un mot et qu'en latin le mot porte un accent sur l'avant-dernière syllabe quand celle-ci est longue (et sur l'avant avant-dernière, l'antépénultième, si la pénultième est brève). Dans le cas d'une césure hepthémimère (au septième demi-pied) c'est la sixième syllabe qui est nécessairement accentuée pour les mêmes raisons.

Considérons maintenant la finale; on a vu que le onzième demi-pied est nécessairement bref; il en résulte que l'accent tonique tombe sur la dixième syllabe pour les raisons qu'on vient de dire. Il pourrait évidemment tomber sur la onzième ou sur la douzième en cas de mots dissyllabiques ou monosyllabiques en fin de vers; mais les monosyllabes sont proscrites en cette position dès l'époque classique et on assiste à ce phénomène remarquable que l'hymnologie chrétienne élimine progressivement les mots de deux syllabes en fin de vers.

Ainsi, dans le même temps où le sénaire ïambique

classique perd les relations quantitatives qui en constituent la mesure, il trouve en lui-même les éléments d'une nouvelle mesure: douze syllabes, et deux accents fixes: sur la quatrième (ou sixième) et sur la dixième syllabe. Mais cela n'est qu'une conséquence naturelle et nécessaire des formes syllabiques issues de l'hymnologie, des règles de la versification latine et des lois d'accentuation de la langue latine. Les poètes n'ont pas inventé cette forme, ils l'ont trouvée.

Ce vers latin de douze syllabes avec une césure à la cinquième (ou septième) syllabe et un accent tonique à la quatrième (ou sixième) et à la dixième syllabe est un des types les plus fréquents de l'hymnologie latine. Cependant on voit apparaître un vers de onze syllabes, toujours dans le même schéma accentuel. C'est que le type de base n'admet à la finale que des proparoxytons, ou mots accentués sur l'antépénultième; la présence d'un paroxyton (mot accentué sur l'avant-dernière) postule soit un vers de douze syllabes portant l'accent sur la onzième syllabe, soit un vers de onze syllabes portant l'accent sur la dixième syllabe; c'est la seconde solution qui a prévalu, la place des deux accents étant désormais sentie comme le support de la mesure; une nouvelle métrique est née.

Le vers italien se présente sous cette double forme: césure ou fin de mot à la cinquième (ou septième), syllabe et accents sur la quatrième (ou sixième) et sur la dixième; accent qui peut être suivi de deux syllabes atones et on a alors un vers de douze syllabes, proparoxyton dit *sdrucciolo;* ou qui peut être suivi d'une syllabe atone d'où un vers de onze syllabes ou paroxyton dit *piano;* enfin la dixième syllabe accentuée peut tomber en fin de mot d'où un vers de dix syllabes, oxyton dit *tronco;* le latin ignore évidemment ce dernier type puisqu'il ne possède pas de mots accentués sur la finale; c'est donc une forme nouvelle qui dérive d'une particularité phonétique de l'italien. On remarquera aussi que des trois types (*sdrucciolo, piano* et *tronco*) c'est le second qui est de loin le plus fréquent, du fait que les paroxytons constituent la catégorie la plus nombreuse en italien; il en résulte que le vers de onze syllabes constitue le type de base en italien et que le vers, sous ses trois formes, a reçu le nom d'hendécasyllabe.

À ce vers correspond le décasyllabe du français qui est devenu le type dans notre langue où dominent les oxytons ; et ce « masculin » est doublé d'une forme « féminine », paroxytonique, à onze syllabes (le *piano* italien). Il n'y a évidemment point de vers de douze syllabes, le français ne comportant point de proparoxytons.

Telle est l'analyse de M. Burger qui me paraît très convaincante. Et je saisis ici l'occasion de proposer une solution à un problème qui semble avoir arrêté l'auteur ; il s'agit de la césure du décasyllabe français. La césure du vers italien est conforme au type latin, c'est-à-dire qu'elle est constituée par un paroxyton qui se termine à la cinquième (ou la septième) syllabe avec un accent sur la quatrième (ou la sixième) ; c'est la césure *piano* avec des cas isolés de césures *tronco* ou *sdrucciolo*. Cette césure enjambante est très rare en français, elle y paraît même anormale et accidentelle ; la césure française est oxytonique, l'accent et la fin du mot coïncident et tombent tous deux sur la césure. Dans le cas d'un mot féminin (paroxyton) à la césure, la finale atone est élidée, elle ne compte pas dans le vers (alors qu'elle fait syllabe dans le type italien ou latin), c'est ce qu'on appelle la césure épique ; d'autre part, dans la poésie lyrique, qui est chantée, la césure peut tomber sur une finale paroxytonique (un *e* sourd) mais dans ce cas l'accent tonique est transféré sur la syllabe atone.

En somme, il y a trois solutions :

césure normale : « pur nostre réi/ devum nus ben mourir » ;

césure épique : « clamez vos éul(pes)/ si preiez Dieu mercit » ;

césure lyrique : « la plus belle/ qui oncques fust en vie ».

Or toutes trois ont le but unique de faire coïncider l'accent et la fin du mot à la césure, soit en tronquant le mot et en élidant l'atone après l'accent, soit en transférant, par une diction artificielle, l'accent sur la finale.

Autrement dit, il n'y a qu'une césure en français, c'est la césure oxytonique, alors que la césure latine était nécessairement paroxytonique, type conforme à la structure accentuelle de l'italien qui l'a conservée. En français, en revanche, de même que la prépondérance des oxytons aboutit à un type de vers accentué sur la finale, comme le traduit la terminologie (décasyllabe en face de l'hendécasyllabe italien), de même la césure oxyton du fait de sa fréquence a déterminé le type et exige la coïncidence de la finale et de l'accent, norme à laquelle on a ramené les mots féminins; car prononcer ćulp(es) ou bellé, c'est, dans les deux cas, transformer un paroxyton en oxyton. Cette opposition entre mots masculins (oxytons) et féminins (paroxytons) à finale atone qui est uniformément un *e* sourd, est un des traits fondamentaux du français et l'évolution subséquente de l'*e* « muet » domine toute l'histoire de notre versification.

Ainsi notre décasyllabe remonte bien au sénaire ïambique classique par l'intermédiaire d'un prototype roman né de l'hymnologie médiévale; l'évolution en est parfaitement homogène et les divergences entre les formes françaises, italiennes ou espagnoles dérivent des caractères phonétiques propres à chacune de ces langues.

Et je voudrais, pour conclure, apporter un nouvel argument à la remarquable hypothèse de M. Burger, c'est qu'elle suppose une transformation, une évolution interne du système classique alors que les théories accentuelles ou syllabiques postulent une mutation brusque; la création d'un nouveau système qu'un poète génial aurait un jour inventé et substitué *hic et nunc* au système défaillant.

Mais la langue n'évolue jamais ainsi; elle ne crée point de nouveaux signes, mais elle altère les valeurs et modifie les fonctions de signes présents au sein de ses propres structures. André Malraux dans *les Voix du silence* a montré que les arts ne procèdent pas autrement et que les figures du Bouddha ou celles du Christ ne sont que des métamorphoses du visage d'Apollon. C'est que toute création esthétique ou linguistique est le résultat d'une pression du présent sur le passé. L'artiste, le poète n'invente pas de nouvelles formes, mais déplace, restreint ou dilate les limites d'emploi des formes héréditaires en actualisant des possibilités du système qui étaient restées jusque-là virtuelles et qui se trouvent, à un certain moment, répondre à une situation et à des besoins nouveaux.

L'ÉVOLUTION DU VERS FRANÇAIS

Le vers est une donnée immédiate de la langue ; création certes, et, comme tout phénomène linguistique, conquête d'une liberté, mais prisonnier d'un déterminisme naturel qu'il peut dépasser sans jamais complètement s'en affranchir. Aussi ne doit-on pas s'étonner de l'échec des tentatives savantes pour créer un vers d'accent ou de quantité à partir de définitions théoriques et sans racines dans la langue.

Au XVIe siècle, le problème d'un vers mesuré à l'antique est exhaustivement considéré et discuté. Du Bellay croit à la possibilité d'un vers français prosodique ; des grammairiens humanistes comme Henri Estienne, Jacques de La Taille, Étienne Pasquier se font les défenseurs de cette expérience à laquelle Antoine Baïf a attaché son nom, à la fois comme théoricien avec *De l'art métric ou de la façon de composer en vers,* et comme praticien avec ses *Étrènes de poezie fransoèze an vers mesurés.*

Ces essais sont repris sporadiquement par l'abbé d'Olivet, par Marmontel, par Turgot au XVIIIe siècle et, plus près de nous, par P. J. Toulet. En 1814, l'Institut met au concours la question : « Quelles sont les difficultés qui s'opposent à l'introduction du rythme des Anciens dans la poésie française ? ».

À l'époque symboliste on tentera de définir un vers accentuel mais qui reste, en général, tributaire du syllabisme. Ces tentatives viennent se heurter chez nous à la réalité du langage et sont vouées à l'échec, échec fécond toutefois, car il met en évidence les possibilités rythmiques offertes par le jeu de la quantité et de l'intensité.

C'est pourquoi, tout en conservant sa base syllabique, notre vers a profondément évolué au cours de son histoire. Et tout d'abord, dans la mesure où il a changé de fonction, puisqu'il n'a guère été jusqu'au XVIe siècle que le support du chant ; et il est facile de montrer que notre poésie populaire chantée a conservé presque intactes les structures du vers médiéval. Il a changé d'autre part dans sa fonction de *signum* stylistique dont le développement d'une langue et d'un style poétique autonome a précipité la déchéance.

Il a changé enfin dans le détail de certaines règles classiques concernant la rime, la césure, le nombre de syllabes, l'hiatus, etc., qui se sont adaptées — timidement — à l'évolution de la langue et de la prononciation.

Mais ce ne sont là que des accidents. L'histoire du vers français est finalement celle des relations entre la fonction métrique (le vers proprement dit) et le rythme, l'harmonie qui constituent la fonction prosodique.

C'est un des caractères remarquables du vers syllabique que son inertie et sa passivité; il n'offre au rythme qu'un cadre vide et abstrait. Le vers accentuel ou quantitatif, au contraire, repose sur des structures qui sont précisément celle du rythme et de la mélodie; il y a entre eux une affinité et une identité de nature qui font que les différentes formes du rythme coïncident avec quelque forme métrique; en s'abandonnant au vers le poète crée un rythme, et voulant créer un rythme il n'a qu'à choisir entre les types de vers, qui sont des rythmes en puissance.

Or, en dépit de leur prodigieuse prolifération, la plupart des formes métriques et strophiques du vers français ne sont que des ornements, des artifices formels dont les pouvoirs prosodiques sont très faibles et l'invention de vers nouveaux, si riche, si exubérante dès les origines, n'a jamais été qu'un jeu, le poète étant toujours revenu à un petit nombre de types: huit, dix, douze syllabes.

L'extraordinaire fortune de l'alexandrin qui prend, à l'époque moderne, la relève du décasyllabe médiéval, est un fait remarquable; pratiquement la poésie française repose tout entière sur ce seul vers qui est celui du sonnet renaissant, de la tragédie classique, de l'élégie romantique et de tous les modernes, de Baudelaire à Valéry. C'est que, malgré sa variété, le vers syllabique n'offre pas de support au rythme et le poète abandonne ces formes sans pouvoir au profit de la plus inerte, de la plus passive et surtout de la plus large pour jouer le jeu poétique à l'intérieur du vers et de l'hémistiche, dans l'intervalle des deux accents qui définissent la mesure, alors que c'est sur ces accents mêmes que se greffe le rythme d'un vers accentuel. C'est parce qu'il est le plus monotone, le plus atone des mètres français que l'alexandrin est devenu le support abstrait et général d'un rythme qui a toujours été en conflit avec les structures syllabiques héréditaires. Ce conflit est toute l'histoire du vers français que jalonnent trois grandes étapes.

Au Moyen âge la fonction prosodique est quasi inexistante; la poésie, discours chanté, est un art de la voix plus que de la phonation et les styles littéraires sont, par ailleurs, peu différenciés. La phrase est subordonnée, voire sacrifiée, au vers, support de la musique. La situation, à cet égard, est très voisine de celle que présentent la chanson moderne ou le livret d'opéra qui coupent arbitrairement la phrase, selon les exigences de la mélodie, et au mépris du sens; déplaçant l'accent tonique sur l'atone en chantant « Au clair de la lunéu ». Il arrive même parfois que la césure scinde un mot; on écrit:

fins cuers ne se doit ré/ pentir de bien amer,

que la musique nous demande de couper après le *re* de *repentir,* avec un accent tonique sur cette syllabe. Certes, ce sont là des négligences et le bon poète cherche à faire coïncider le rythme de la syntaxe avec celui du vers; mais la liberté reste très grande. Aussi ne faut-il pas confondre ces rejets, ces enjambements avec ceux que pratiqueront plus tard le classicisme ou le romantisme; ces ruptures de la phrase, toutes passives, sont des licences et des sacrifices à l'intégrité et à la rigueur du cadre métrique exigé par la mélodie.

C'est précisément contre cette dysharmonie que va réagir la versification classique en exigeant que le rythme de la phrase coïncide aussi exactement que possible avec celui du vers; mais ce sera au prix d'une ankylose et d'une sclérose du rythme coulé dans des structures métriques rigides, pauvres et monotones.

À partir du romantisme s'amorce un mouvement qui vise à conserver ce syncrétisme de la ligne métrique et de la ligne prosodique, à appuyer le plus étroitement possible le rythme sur le vers, mais en même temps à relâcher la rigueur des articulations métriques afin de fournir au rythme un support plus souple et plus varié. Ce mouvement entraînera la dislocation du vers, progressivement dissous dans une prose rythmée.

DU VERS MÉDIÉVAL AU VERS CLASSIQUE

Les règles de notre versification, élaborées au cours du Moyen âge, ont été codifiées à l'époque classique et pour l'essentiel ont survécu jusqu'à nos jours dans de vastes secteurs de la poésie moderne. Ces règles définissent les types métriques à partir du nombre de syllabes et de la césure ; les types de strophes et de poèmes à formes fixes (ballade, sonnet, etc.) ; la rime, sa forme et son arrangement dans la strophe ; enfin, le compte des syllabes et un certain nombre de licences ou d'interdits.

Les problèmes posés par les types métriques, la strophe, la rime, sont du domaine de la forme littéraire beaucoup plus que de la linguistique ; ces formes d'ailleurs sont le produit d'une invention, d'une création consciente plus que d'une évolution naturelle de la langue ; c'est à ce niveau que l'art du poète s'exerce avec le plus de liberté. Aussi ne devons-nous pas nous étonner si, de bonne heure, on a pratiquement reconnu tous les types de vers, de strophes et de rimes. Des jeux que la poésie moderne a souvent cru inventer sont déjà mentionnés dans les traités de versification latine du Haut Moyen âge. On trouve chez les lyriques provençaux du XIe siècle, des vers qui varient de une à quinze syllabes, y compris des formes impaires chères à nos symbolistes, et avec différents types de coupe.

Les types strophiques présentent, de même, des variations infinies ; les *Leys d'Amors,* art poétique des troubadours, mentionnent quarante-trois sortes de rimes, dix types de mètres, douze types de poèmes à forme fixe et quatre-vingt-deux types de strophes. On a pu relever jusqu'à cent quinze types différents pour le seul rondeau. Au XVe siècle, avec les Grands Rhétoriqueurs, ces artifices formels touchent au délire ; les poèmes se lisent à l'envers, coupés par le milieu, en sautant une ligne et un même poème de Meschinot présente jusqu'à trente-cinq lectures différentes ; on écrit des poèmes en forme de croix, de losange, de bouteille ou de verre ; on fait rimer *pain-pain* avec *bre-bre* qu'on doit lire respectivement *pain-bis* et *brebis,* etc.

Il n'est pas inutile de relever que toutes les formes ultérieures les plus originales et les plus exquises sont sorties de ce fatras. Une des plus justement célèbres cadences de Ronsard, et souvent reprise dans ses *Odes :*

>Bel aubépin verdissant
>Fleurissant

est dans un double lai équivoque de Jean Molinet :

> Noble eglantier flourissant
> fleur issant.

Mais cela est du domaine de l'histoire littéraire. Il ne faut considérer ici que l'élaboration des règles en relation avec la forme linguistique: l'*e* muet, la césure, la rime, l'hiatus, la diérèse.

L'*e* muet est un son caractéristique du français; c'est une voyelle placée derrière l'accent tonique. Dans le passage du latin au français les finales atones (contrairement à l'italien ou au provençal) ont été effacées, les mots ont donc été accentués sur la finale; cependant l'*a* final atone s'est conservé sous forme d'un *e* sourd, et un *e* sourd s'est aussi développé dans les proparoxytons latins. Il en résulte que le français connaît deux types de mots: les oxytons (accentués sur la finale) et les paroxytons terminés par un *e* sourd post-tonique. Ce son faible et qui est, dès les origines élidé par une voyelle subséquente, s'est amui au cours de l'évolution phonétique du français, et on prononce aujourd'hui *vĕr*(re) ce qui était autrefois un dissyllabe *vĕerreu*. Pour l'ancienne langue il n'y a pas de problème, l'*e* sourd compte pour une syllabe dans le vers, en dehors de la césure ou de la rime où il s'efface pour des raisons métriques. Pour la poésie moderne il ne devrait pas y avoir de problème; l'*e* sourd désormais « muet » ne devrait pas compter dans le vers et certains poètes, Paul Fort, Francis Jammes, ne le comptent pas. Le plus souvent il survit encore dans une diction cérémonieuse qui est un *signum* d'apparat et un archaïsme métrique.

Cependant un problème s'est posé au cours de l'évolution; l'ancien français compte l'*e* sourd en toute position, aussi bien derrière la voyelle (ma-ri-e) que derrière la consonne (fenê-tre) comme le fait encore la chanson populaire; or si la langue moderne admet bien une prononciation archaïque de « fenêtreu », elle ne peut plus prononcer « marieu » ou « annéeu » sans s'écarter ridiculement de l'articulation normale; mais en même temps on ne pouvait, à l'époque classique, admettre la prononciation moderne « mari », l'*e* sourd, encore légèrement senti, constituait une sorte de demi-syllabe qui ne pouvait ni être comptée pour une syllabe pleine, ni être ignorée. D'où cette curieuse règle classique qui, faute de pouvoir décider, proscrit l'*e* muet dans cette position. De sorte qu'on ne peut pas écrire avec Ronsard: « Marie levez-vous », l'*e* muet post-vocalique doit être nécessairement élidé par une voyelle subséquente; c'est pour cette raison qu'un mot comme *vie, joie, statue*, ne peut jamais être employé au pluriel à l'intérieur du vers; et on a longtemps légiféré pour décider de l'admission ou du rejet de formes du type: *ils chantaient*, dans lesquelles l'*e* muet ne peut pas être élidé.

Il fallait s'attarder un instant sur cette curieuse règle qui montre comment s'est élaborée notre métrique sous l'étroite dépendance de l'évolution de la langue, mais dans un esprit conservateur et arbitraire.

Tel est aussi le cas de la rime où l'on exige l'homographie des consonnes finales qui ne sont plus prononcées depuis le XVe siècle et qu'on justifie par la règle de la rime « pour l'œil ». Cependant on admet la rime d'une consonne sourde avec la sonore correspondante: *bord* et *fort*, *flanc* et *sang*, etc., règle qui trahit son origine, car on n'a jamais prononcé « bordd » et « sangg »; à l'époque où la finale était encore sentie, les sonores romanes étaient toutes assourdies à la finale et « flank » rimait avec « sank » comme l'attestent les liaisons modernes: le « sang impur », un « grand homme »; là encore la règle classique correspond à un état de langue depuis longtemps révolu.

Non moins curieuse est la règle de l'hiatus qui proscrit le heurt de deux voyelles concomitantes; mais elle permet: *cri honteux, berger aimable, son aigu, bruit éclatant*, où la consonne supprime bien l'hiatus « pour l'œil », mais non pour l'oreille; c'est qu'en moyen français l'*h* était une consonne aspirée, l'*r* final était prononcé et le *ō* de *son* était suivi d'une consonne nasale, on prononçait *sonn*. On ne fait donc, encore une fois, que codifier et imposer des observations empiriques reflétant un état de langue dépassé et mal compris. Mais on n'a pas manqué de bonnes raisons pour justifier ces « règles » dont on ne comprenait ni le sens ni l'origine. On a inventé la rime pour l'œil, ce qui n'a d'ailleurs rien d'absurde; et un moderne comme Valéry, qui lui n'était pas dupe, a célébré les vertus de la contrainte créatrice.

De même les licences poétiques qui permettent l'emploi de *or, ore* ou *ores* selon les besoins de la mesure syllabique remontent à une époque où ces formes étaient des doublets dont la langue admettait indifféremment l'usage.

Avec les règles de la césure, en revanche, et celle de l'enjambement de la rime, nous sommes au cœur de la doctrine classique. On sait qu'elle exige que la césure tombe sur une syllabe accentuée et corresponde à une coupe syntaxique; c'est pourquoi elle ne doit pas séparer le substantif et le qualificatif, l'auxiliaire et le participe, le verbe être et l'attribut, l'adverbe et son déterminé. Bref la phrase ne doit pas enjamber la césure et à plus forte raison la rime. C'est exiger simplement, comme on l'a dit plus haut, que le rythme de la phrase coïncide avec la structure du vers:

> Que toujours dans vos vers le sens coupant les mots
> Suspendant l'hémistiche en marque le repos.

Toutefois les classiques n'ont pas proscrit l'enjambement et l'ont souvent pratiqué. Racine écrit très bien:

> ... puisqu'on nous permet de reprendre
> Haleine...,

séparant le verbe de son complément; mais la syntaxe ici coïncide avec la mesure; le cadre métrique n'est point brisé; c'est le rythme normal de la phrase qui l'est et cette rupture, qui n'a rien d'arbitraire, correspond aux exigences du sens; il s'agit d'une diction affective destinée à imiter le halètement de l'orateur, mais une diction naturelle qui respecte et même accentue les temps forts du vers et ses limites; et réciproquement la coupe imposée par la mesure actualise le rythme expressif. Le parallélisme entre les deux structures est respecté et le cadre métrique intact. Toutefois cet effet, généralisé à partir du romantisme, reste d'un emploi discret et les classiques le consacrent surtout aux genres inférieurs et familiers (comédie, fable).

DU VERS CLASSIQUE AU VERS MODERNE

Ce syncrétisme du vers et du rythme, si rigoureusement exigé et réalisé par le poète classique, en postulant l'intégrité du mètre, aboutit à un appauvrissement des fonctions prosodiques et expressives et à ce dessèchement de l'inspiration poétique dont l'âge post-classique nous offre l'exemple. Le romantisme, en renouvelant la langue du poète et ses moyens d'expression, est amené à poser le problème de ses rapports avec le vers. Il le fait dans un esprit très conservateur.

Il a surtout multiplié les formes de l'expressivité affective, — ce qui était d'ailleurs conforme à sa conception de la poésie — et, ce faisant, pratiqué systématiquement le rejet, tant à la rime qu'à la césure. Il l'a fait dans un esprit tout classique: l'*escalier| dérobé* de Victor Hugo est de la même famille que le *reprendre| haleine* de Racine. On ne brise pas le cadre du vers, mais pour en animer les formes un peu monotones et plates on accentue le relief de la phrase syntaxique. Lorsque Heredia écrit:

> L'un des consuls tué, l'autre fuit vers Linterne
> Ou Venouse. L'Aufide a débordé trop plein
> De morts et d'armes. La foudre au Capitolin tonne.

le rejet, le déplacement de la césure rompent le cadre métrique mais le supposent; il est nécessaire que ce cadre existe pour que la syntaxe puisse en enfreindre les limites et cette dysharmonie n'est que l'expression du désordre de la bataille. Boileau n'aurait pas désavoué cette métrique; tout au plus l'aurait-il trouvée un peu voyante, un peu vulgaire.

Parallèlement une autre tendance, toute contraire, se fait jour, qui est d'assourdir et d'assouplir la césure. Elle est déjà chez Racine:

> Je les ai pour vous seule entraînés dans le temple,
> Madame; et vous pouvez justement vous flatter
> D'une mort que leurs bras n'ont fait qu'exécuter.
> Vous seule avez poussé les coups. — Tais-toi, perfide...

L'accent ignore à tout moment les privilèges de la césure mais il en respecte cependant les droits essentiels tels qu'ils ont été édictés par les règles. Victor Hugo va plus loin lorsqu'il écrit:

> Près des meules qu'on eût / prises pour des décombres,...
> (Ruth) S'était couchée aux pieds / de Booz, le sein nu.

De tels vers violent la règle classique et posent un problème de diction; faut-il marquer légèrement la césure ou l'ignorer complètement? Il est remarquable que la trace s'en conserve, car la sixième syllabe refuse de tomber au milieu d'un mot; on exige pieusement « une césure pour l'œil », survivance atrophiée de l'antique fonction.

Verlaine un des premiers osera supprimer tout vestige de césure :

> Je suis l'Empire à la fin de la décadence
> Qui regarde passer les grands barbares blancs
> En composant des acrostiches indolents
> D'un style d'or où la langueur du soleil danse...

Verlaine, en même temps, annihile la structure du mètre auquel le rythme cesse alors de se référer. Lorsqu'il écrit :

> Mon Dieu m'a dit : « Mon fils, il faut m'aimer. Tu vois
> Mon flanc percé, mon cœur qui rayonne et qui saigne,
> Et mes pieds offensés que Madeleine baigne
> De larmes...

il opère un rejet métrique, et non plus syntaxique, et qui ignore les limites traditionnelles de la mesure.

On cherche en même temps à créer de nouveaux types de vers et surtout à casser le rythme binaire de l'alexandrin par une double césure :

> Vivre casqué / suer l'été / geler l'hiver,

tel est le trimètre romantique, à trois pieds égaux de quatre syllabes, mais qui peut être aussi coupé plus librement (quatre, trois, cinq par exemple). Mais ce vers n'est jamais employé qu'isolé dans une suite d'alexandrins réguliers dont il vient rompre le rythme.

Un autre moyen d'échapper à la tyrannie et au ronron de la césure classique est l'emploi de vers impairs que le Moyen âge connaît, mais dans une tout autre perspective puisqu'ils étaient alors associés à la musique. Verlaine, Marceline Desbordes-Valmore et nombre de symbolistes ont pratiqué un vers de neuf et de onze syllabes ou même, à l'occasion, de treize. Dans *Larme,* de Rimbaud, la cadence classique est ainsi parfaitement abolie :

> L'eau des bois se perdait sur des sables vierges.
> Le vent, du ciel, jetait des glaçons aux mares...
> Or! tel qu'un pêcheur d'or ou de coquillages,
> Dire que je n'ai pas eu souci de boire!

La rime, de même, est ici réduite à une simple assonance, faible écho d'un lointain rappel de timbre.

D'autres l'élimineront complètement, comme Eluard:

> Devant les roues toutes nouées
> Un éventail rit aux éclats
> Dans les traîtres filets de l'herbe
> Les routes perdent leur reflet.

Ce vers blanc repose uniquement sur le syllabisme, mais la mesure reste fortement appuyée sur la syntaxe qui n'enjambe pas le mètre.

Il restait au vers à se libérer du nombre des syllabes; pas que le vers libre symboliste a franchi:

> Si j'aime, admire et chante avec folie
> Le vent
> Et si j'en bois le vin fluide et vivant
> Jusqu'à la lie
> C'est qu'il grandit mon être entier et c'est qu'avant
> De s'infiltrer par mes poumons et par mes pores
> Jusques au sang dont vit mon corps
> Avec sa force rude ou sa douceur profonde
> Immensément il a étreint le monde.

Verhaeren après La Fontaine alterne ici des vers de dix, deux, douze syllabes à césure libre, mais il conserve la rime et des types syllabiques héréditaires.

Le vers-phrase de Claudel ira plus loin et rompt entièrement avec les canons traditionnels, mais tout en conservant encore la rime:

Adieu, amis! nous arrivons de trop loin pour mériter votre *croyance*.
Seulement un peu d'amusement et d'effroi. Mais voici le pays jamais quitté qui est familier et *rassurant*.
Il faut garder notre connaissance pour nous, comprenant, comme chose donnée dont on a d'un coup la *jouissance*,
L'inutilité de l'homme pour l'homme et le mort en celui qui se croit *vivant*.

Qu'on abandonne la rime et nous tombons dans la prose, car un vers est en français: un nombre fixe de syllabes, une césure, une rime; on peut affaiblir cette mesure en assouplissant ou en supprimant telle ou telle de ses composantes, mais à partir du moment où elles font défaut toutes trois, il n'y a plus de vers mais rythme libre. La période coupée de Péguy, le verset de Saint-John Perse, l'ode de Claudel sont les types les plus représentatifs de cette prose lyrique:

> Ah! si cet homme ne veut pas cueillir la grappe
> Ah! s'il ne veut pas en respirer les fumées et accoler
>   ardemment ce flanc même de la terre des aïeux
>   qui lui ouvre sa veine libérale,
> Ah! s'il veut...

La mesure est ici le crescendo organique de la phrase accordé au rythme du cœur et du souffle, aux pulsations verbales de l'inspiration jaillissante.

Ce mode d'expression s'appuie souvent sur la litanie, sur le retour d'une phrase syntaxique, qui est aussi un des modes élémentaires du *versus*. Eluard l'a constamment pratiqué:

> Je te l'ai dit pour les nuages
> Je te l'ai dit pour l'arbre de la mer
> Pour chaque vague pour les oiseaux dans les feuilles
> Pour les cailloux du bruit
> Pour les mains familières...

Mais le mètre à partir d'ici, en échappant à toute règle, cesse d'être une mesure perceptible et prévisible au-delà de quoi il n'y a plus, au sens strict, de vers.

FONCTION MÉTRIQUE ET FONCTION PROSODIQUE

L'éclatement du vers moderne correspond à une libération des fonctions prosodiques; la poésie est de moins en moins un discours en vers dans la mesure où elle est de plus en plus une substance sonore sensibilisée, actualisée en rythmes et en harmonies. Certes, cette évolution est en germe dans le vers classique; ce dernier a, de tout temps, cherché à appuyer le rythme sur la mesure et à le couler dans les quantités et les intensités abandonnées par la césure et par la rime à l'intérieur de l'hémistiche.

Ronsard, Du Bellay, Malherbe, Racine, Victor Hugo, et tous les grands poètes, dynamisent le vers en en sensibilisant les accents secondaires. Or comme l'hémistiche est de six syllabes, par la nature des choses, il comprend, dans la grande majorité des cas (dans quatre-vingt-dix pour cent des cas), un accent secondaire et un seul, ce qui fait que l'alexandrin apparaît comme un vers de quatre accents toniques.

Ce fait évident a engagé certains métriciens à conclure à la formation d'un vers accentuel dont le type serait un tétramètre. Georges Lote va même jusqu'à dire que ce mètre ayant perdu sa base syllabique est un pur vers tonique sur le modèle de celui des Anglo-Saxons. Analysant, en effet, des enregistrements, il constate que les alexandrins ont un nombre de syllabes qui varie de neuf à quatorze selon la prononciation de l'*e* muet; on ne peut donc parler d'un vers syllabique, cette notion postulant le retour d'un nombre égal de syllabes.

Mais Lote est ici victime d'une illusion, car si la machine enregistre des variations objectives dans la diction, l'auditeur n'est point une machine; ou, plus exactement, il est une machine (l'oreille), plus une mémoire qui corrige et redresse la forme plus ou moins altérée que lui transmet l'oreille : un vers juste massacré par une diction de onze ou treize syllabes est reconnu comme juste et un vers faux ramené à douze syllabes par la diction est immédiatement rejeté comme boiteux.

Le vers ici en cause reste donc du type syllabique; toutefois, dans son type le plus fréquent il comporte bien quatre accents dont deux sont fixes (rime et césure) et les deux autres librement déplaçables à l'intérieur de l'hémistiche. Ce vers, comme l'a montré Grammont, est donc constitué par quatre pieds dont le nombre de syllabes mobiles (6-0; 1-5; 2-4; 3-3; 4-2; 5-1) offre au rythme un cadre d'une grande variété; non plus une seule forme: 6-6, mais trente-six, les six types pouvant se combiner dans les deux hémistiches. Ainsi, derrière son inertie et son atonie, l'alexandrin cachait des pouvoirs insoupçonnés. Grammont a montré, par ailleurs, que ces quatre mesures postulaient des temps égaux et une compensation qui ralentit le débit des temps courts (1, 2 syllabes) et accélère celui des temps longs (5, 6 syllabes).

Je ne puis que renvoyer le lecteur à mon *Langage et versification* où j'ai montré comment fonctionne cette « compensation » qui n'est point simplement quantitative mais repose aussi sur l'intensité et sur l'articulation occlusive, fricative, ouverte, fermée; le tout en relation avec la syntaxe et finalement avec le sens. Qu'on examine de ces différents points de vue des vers du type:

> Ónde sur qui les áns pássent comme des núes

coupé 1-5-1-5, et où le pied monosyllabique impose l'allongement et la mise en valeur des mots « onde » et « passe », diction admise par la nature des sons et par la place de l'*e* muet. Dans:

> Le sang de vos roís crie/ et n'est point écouté,

le monosyllabisme du deuxième pied est compensé par un fort accent tonique, car la nature phonétique du mot *crie* refuse tout allongement.

Cette évolution si particulière du vers français pose le problème de la diction, c'est-à-dire de l'interprétation du poème. Il y a une diction objective qui tend à rejoindre celle du temps et de l'auteur et une diction subjective transposée dans le registre de la sensibilité de l'interprète; réciter Racine en faisant un sort à chaque mot n'a rien d'absurde ni d'illégitime; mais encore faut-il savoir ce que l'on veut et ce que l'on fait et la diction pathétique de Rachel n'était certainement pas celle de la Champmeslé.

Deux grands types de diction s'opposent selon que l'on met l'accent sur le mètre ou sur le rythme. Sans parler ici du vers médiéval qui est fait pour être chanté, le vers classique postule une diction mesurée, qui en respecte les temps forts et en met en relief les rimes et les césures. Sans aller jusqu'à l'ânonnement de l'écolier qui récite sa fable, une certaine monotonie correspond à la nature et à la vocation de ce type de vers. À l'opposé on trouve la diction expressive des modernes dans laquelle le rythme reprend ses droits, où les articulations syntaxiques et la mélodie sont mises en valeur aux dépens du cadre métrique. Encore ne doivent-elles pas le détruire; rien n'est moins conforme à la nature des choses que cette diction « naturelle » où l'auditeur ne reconnaît plus des vers. Enfin l'hypertrophie de la fonction prosodique, propre au symbolisme, a donné naissance à une diction « savante » qui, selon les termes de Georges Mounin, « jongle avec la phonétique, fait un sort à toutes les consonnes, soupire avec zéphir et roule pour dire tambour au gré de la physique des mots pris un par un ».

Il est remarquable qu'aucune de ces interprétations

n'est celle des poètes eux-mêmes. Mallarmé, Valéry adoptaient une diction blanche, celle qu'André Spire s'étonne de trouver dans un disque d'Apollinaire: « J'ai eu, dit-il, plutôt une impression de monotonie analogue à celle de la récitation de certaines mélopées enfantines ». Il s'agit d'une véritable « écriture » vocale qui souligne le caractère hiératique du discours et que Benedetto Croce (toujours d'après Mounin) a fort bien relevée : « Les vrais poètes, écrit-il, quand ils se résolvent à réciter leurs poèmes ne les miment pas, ne les dramatisent pas, ne les tonnent pas, ne les chantent pas; ils les disent à voix basse, monotone, attentifs seulement à en bien articuler les mots et à en battre le rythme, car ils savent que cette poésie est une voix intérieure qu'aucune voix humaine ne peut égaler ».

Ces différents styles reflètent le conflit qui a divisé le dynamisme de la fonction prosodique et l'inertie de la fonction métrique et s'est résolu selon deux voies opposées. Les uns se sont affranchis des contraintes du mètre et l'ont progressivement disloqué pour en rejeter enfin la carcasse vide et proclamer la liberté du rythme et de l'expression. Les autres ont conquis cette liberté sur le vers lui-même, exigeant de lui des pouvoirs qu'il s'ignorait. Dure conquête, longue et laborieuse, au cours de laquelle le vers français, surmontant les limites que lui imposent sa nature et ses origines, annexe, selon son génie propre, toutes les ressources de la prosodie, pour faire de la poésie un art très savant et très précieux.

L'Anglais, l'Allemand, le Russe sont poètes à moindres frais; ils attrapent toujours quelque cadence, quelque agréable « ding, deng, dong », puisque les formes mêmes de leurs vers sont des cadences. En français, le médiocre est toujours d'une ronronnante platitude à laquelle les maîtres n'ont jamais complètement échappé, si l'on considère la mince anthologie des plus grands et des plus prolifiques.

C'est que l'Anglais, l'Allemand ou le Russe ont un vers prosodique qui assure automatiquement le syncrétisme de la fonction métrique et de la fonction rythmique, là où le vers syllabique du français est le siège d'un conflit; mais siège aussi d'une liberté et qui prend toute sa valeur quand le poète a su en reconnaître les pouvoirs et les investir.

Aussi la prosodie du vers en français est-elle très subtile; produit rare et délicieux d'une métrique avare, c'est le fruit d'une très patiente et très savante culture que les grands classiques ont pratiquée d'instinct ou rejointe par accident et que les modernes ont reconnue comme un exercice de tous les pouvoirs du langage.

Pierre GUIRAUD.

BIBLIOGRAPHIE

Ch. BALLY, *Traité de stylistique française*, Heidelberg, 1902, 3ᵉ éd., 1951.

R. BARTHES, *Le Degré zéro de l'écriture*, Paris, 1953.

M. BURGER, *Recherches sur la structure et l'origine du vers roman*, Genève, 1957.

P. GUIRAUD, *La Stylistique*, Paris, 1954-1961.

H. HATZFELD, *A Critical Bibliography of the New Stylistics applied to the Romance Litteratures 1900-1952*, Genève, 1953.

Y. LE HIR, *Esthétique et structure du vers français d'après les théoriciens du XVIᵉ siècle à nos jours*, Paris, 1956.

G. LOTE, *Histoire du vers français*, 2 vol., Paris, 1949-1951.

L. SPITZER, *Stylistics and Literary History*, Princeton University Press, 1948.

LES REPRÉSENTATIONS
GRAPHIQUES DU LANGAGE

COMMUNICATION ORALE ET GRAPHIQUE

LA possibilité de s'extérioriser et de communiquer avec autrui est une des caractéristiques du comportement de l'homme. Il dispose à cet égard de ses ressources sensorielles : la vue, l'ouïe et le toucher lui permettent de se mettre en rapport avec ses semblables, de faire connaître ses sentiments et ses idées, et de se rendre compte des sentiments et des idées des autres. Mais pour communiquer et s'exprimer, il utilise essentiellement le langage, système de signes vocaux de perception auditive, qui lui est consubstantiel au point que nous ne pouvons imaginer qu'il puisse en être dépourvu.

Par sa nature même, le langage comporte une limitation : la communication ne peut avoir lieu que dans la mesure où les sujets parlants émetteur et récepteur coïncident dans des limites précises d'espace et de temps. Quand le destinataire du message s'est trouvé en dehors des conditions *hic et nunc* de la communication orale, l'homme a été obligé de se façonner d'autres instruments de communication plus persistants et de plus grande portée. Il a dû remplacer les signes vocaux instantanés et éphémères par d'autres signes, plus durables, qui pouvaient se conserver jusqu'à l'arrivée du destinataire. Les sociétés humaines ont institué des systèmes plus ou moins développés ou complexes qui vont de la simple communication moyennant des objets, jusqu'à cette représentation articulée et symbolique qu'est l'écriture. Ces systèmes ont en commun la caractéristique de réaliser la communication par voie visuelle. En outre, si l'on excepte le procédé élémentaire et limité de l'utilisation d'objets, tous ces systèmes sont graphiques.

Dans les cultures primitives on trouve de nombreux exemples de communication établie à l'aide d'objets, qui rappellent le message des Scythes à Darius (d'après Hérodote, IV, 131 sq.). Le roi des Scythes envoya au roi des Perses un oiseau, un rat, une grenouille et cinq flèches; Darius l'interpréta comme une offre de reddition mais, en réalité, le sens était un défi lancé aux Perses : « Si vous ne vous convertissez pas en oiseaux et remontez vers le ciel, ou en rats et vous ensevelissez sous terre, ou en grenouilles et plongez dans les eaux, vous serez tués par ces flèches et vous ne retournerez jamais chez vous ».

La communication au moyen d'objets n'est pas un procédé commode; de plus, comme nous le montre l'anecdote, elle est souvent équivoque si des conventions n'ont pas été établies au préalable. Il est plus pratique de représenter de manière durable les objets auxquels se rapporte l'expérience que l'on désire communiquer : dessins, peintures, gravures seront les supports de la communication, ou les témoins permanents qui évoquent et conservent indéfiniment les expériences d'un être humain que le langage n'extériorise que momentanément. Les buts du procédé graphique sont doubles : passer outre les obstacles de l'espace et du temps en rendant la communication immuable et facile à transmettre, et servir de mémentos aux expériences passées.

COMMUNICATION GRAPHIQUE ET ÉCRITURE

L'appellatif de langage ne convient pas à toute communication orale. Quand nous manifestons une douleur par un cri, ou quand un enfant extériorise ce qu'il ressent par une suite de sons indéfinie et spontanée, il peut certes y avoir communication, mais il n'y a pas langage. Celui-ci existe lorsque l'expérience communiquée s'analyse en éléments conventionnels, successifs, reconnaissables et identifiables avec ceux des autres expériences. Le langage est un *système* de communication orale.

De même il y a divers degrés de communication graphique; ils vont de la représentation figurative qui reproduit l'objet auquel se rapporte la communication, jusqu'à ce que nous appelons l'écriture. D'après leur généalogie, les éléments graphiques de celle-ci résultent de l'évolution simplificatrice des peintures ou des dessins concrets. Cependant l'application du nom d'écriture à une représentation graphique ne dépend pas de la qualité plus ou moins figurative du tracé de ses éléments constitutifs. Pour que l'on puisse parler d'écriture il faut que les expériences évoquées par la représentation graphique soient articulées en éléments conventionnels, reconnaissables et identifiables; c'est-à-dire, qu'il s'agisse d'un « système de communication humaine au moyen de signes visuels conventionnels » (Gelb). Il existe toutefois des représentations graphiques, parfaitement conventionnelles et systématiques, comme celles du code de la route, mais qui ne sont pas des systèmes d'écriture, car il leur manque le caractère linéaire. L'écriture est donc un système de communication visuelle qui analyse les expériences en éléments successifs et conventionnels.

Les représentations graphiques, comme les scènes de chasse dans les peintures du quaternaire (dont les intentions communicatives nous sont inconnues), ou les dessins en couleurs sur des planches, ou sur des peaux, que pratiquent les Indiens nord-américains (comportant un message compréhensible pour le destinataire), ou les proclamations du chef aux habitants, dans certaines régions de Tasmanie, faites sous forme d'historiettes dessinées, ou encore les décors géométriques des potiers et des tailleurs de pierre anciens et modernes ne sont pas des systèmes d'écriture. Il leur manque à toutes un trait essentiel : soit le caractère systématique, conventionnel et arbitraire, même si elles développent de manière linéaire une certaine analyse de l'expérience, soit qu'elles ne puissent être analysées en éléments successifs, même si elles sont conventionnelles et arbitraires.

Par contre, les hiéroglyphes égyptiens appartiennent à l'écriture. Ils se conforment à la définition, car ils sont systématiques, linéaires, analysables et conventionnels, malgré l'aspect figuratif et réaliste de leurs caractères.

REPRÉSENTATION GRAPHIQUE ET LANGAGE

Les écritures, le langage oral ou les autres systèmes de communication du genre des signaux de la circulation, sont des systèmes de signes, des « systèmes sémiotiques ». L'écriture, comme le langage, à l'encontre d'autres systèmes, analyse les expériences en éléments successifs articulés, et se manifeste ou s'actualise sous une forme linéaire. Les éléments qui constituent l'écriture sont des signes graphiques dont la structure est analogue à celle des signes linguistiques, c'est-à-dire qu'ils sont composés d'une expression signifiante et d'un contenu. Les deux systèmes de communication, langage et écriture, coïncident par un contenu identique : l'expérience humaine générale. Ils se distinguent en ce que leurs signifiants sont différents : l'écriture se sert d'éléments graphiques, et le langage, d'éléments vocaux. De prime abord, l'écriture « double le langage en présentant à la vue ce que celui-ci fournit à l'oreille » (Cohen). L'écriture semblerait n'être qu'une simple transposition de l'expression linguistique à l'expression graphique : « L'écriture est la peinture de la voix; plus elle est ressemblante, meilleure elle est » (Voltaire). Nous le verrons par la suite, ce préjugé théorique ne se réalise en aucune façon. Par ailleurs, d'un point de vue tout aussi théorique, il n'est pas essentiellement nécessaire que l'écriture soit un calque graphique du langage. Quelles relations existe-t-il donc entre eux ?

L'écriture, comme nous l'avons définie, n'implique pas une relation unique et déterminée avec le langage; elle peut se situer à tous les niveaux : simple reflet du système linguistique, ou totalement autonome vis-à-vis de celui-ci, quoique le contenu des signes soit, comme nous l'avons dit, forcément le même dans les deux systèmes, c'est-à-dire l'expérience humaine. En effet, chaque langue analyse l'expérience de façon particulière : ainsi, l'espagnol sépare deux signifiés distincts, *ser* et *estar,* alors que le français n'en possède qu'un seul, *être*. A l'inverse, *río* englobe les signifiés *fleuve* et *rivière* que le français différencie. C'est dire que chaque langue organise le contenu d'une manière spécifique, qu'elle possède une forme particulière pour le contenu. De même, il est facile d'imaginer que, dans une communication humaine, l'écriture organise le contenu indépendamment de la langue parlée.

Cette situation théorique n'apparaît pas aussi clairement dans la pratique, car lorsque la représentation graphique commence à analyser de façon détaillée l'expérience en éléments successifs conventionnels et qu'elle se transforme en écriture, le modèle qui s'impose alors est celui de l'analyse pré-existante réalisée par la langue. L'autonomie totale de la représentation graphique vis-à-vis de la langue se réalise uniquement avec des procédés qui ne peuvent en aucun cas être considérés comme des systèmes d'écriture, (soit les représentations imagées, ou les systèmes non linéaires tels que les codes routiers). Parmi les écritures, cependant, il peut y avoir des exemples d'indépendance partielle dans l'analyse du contenu effectué graphiquement, par rapport à celui que réalise la langue. Nous en reparlerons plus loin.

REPRÉSENTATION GRAPHIQUE ET LINGUISTIQUE

Un système sémiotique graphique qui, à l'instar de l'écriture que nous imaginons, analyserait les contenus indépendamment du système linguistique, devrait être étudié du point de vue sémiologique comme les autres systèmes graphiques non inclus parmi les écritures. De notre point de vue, c'est-à-dire du point de vue linguistique, ce système ne présenterait pas d'intérêt. La linguistique ne s'intéresse aux systèmes graphiques que dans la mesure où ceux-ci sont en relation avec le système de la langue parlée.

Pour la même raison, la communication à l'aide de procédés graphiques de type figuratif demeure en dehors du domaine linguistique, bien qu'historiquement elle ait son importance pour l'étude de l'évolution de l'écriture. La linguistique n'examine les systèmes graphiques de communication que s'ils dépendent complètement ou partiellement du système linguistique, s'ils sont, à différents degrés, une transposition graphique de ce que le langage manifeste par des signes vocaux. Par conséquent, nous situons la représentation graphique, non pas sur un plan d'égalité avec la manifestation orale du langage, mais comme un dérivé plus ou moins direct de celle-ci. D'ores et déjà nous refusons l'interprétation de certaines théories linguistiques qui font abstraction de la substance même dans laquelle se réalise la langue, et considèrent la représentation graphique, aussi bien que l'expression phonique, comme deux manières possibles de matérialiser le système formel unique qu'est la langue. Pour nous, le langage a une manifestation normale et primaire, qui est phonique; l'écriture, ou représentation graphique, étant sa manifestation secondaire : du point de vue linguistique, on ne peut l'étudier en elle-même, mais seulement dans ses relations avec la première.

Cela, à vrai dire, n'exclut pas la possibilité de l'étude scientifique des éléments graphiques du système de l'écriture dans une discipline parallèle à celle qui traite des éléments phoniques du système linguistique, c'est-à-dire, la possibilité d'une étude « graphématique » qui examinerait la réalisation matérielle et la fonction de communication des éléments graphiques.

REPRÉSENTATION GRAPHIQUE INDÉPENDANTE DE LA LANGUE

Avant de commencer l'examen des différents types de systèmes graphiques en relation plus ou moins directe avec le langage, nous tenterons un bref aperçu sur les représentations que nous avons classées en dehors des systèmes d'écriture.

On distinguera deux types fondamentaux. Certains systèmes réalisent la communication à l'aide de symboles figuratifs et descriptifs, plus ou moins réalistes, des objets ou des circonstances de l'expérience; mais ils n'analysent pas celle-ci en éléments articulés et isolables, les symboles motivés par la réalité n'étant que de simples signaux ou indications et non pas des signes. C'est ce qu'on appelle la *pictographie,* terme que l'on ne doit pas confondre avec l'*écriture pictographique,* car l'écriture peut tout aussi bien conserver son caractère figuratif, comme celle des Égyptiens. Historiquement certes, il est légitime d'affirmer que l'écriture naît de l'évolution de la pictographie vers une forme de plus en plus conventionnelle. Mais en principe, la pictographie n'a pas de rapport avec la langue, quoiqu'elle puisse utiliser des références linguistiques, comme dans les représentations graphiques des Aztèques et des Mayas (à condition que celles-ci ne soient pas des systèmes d'écriture). Entre ces représentations pictographiques et l'écriture, il existe la même différence fonctionnelle, que celle que nous pouvons observer dans un autre domaine, entre la mimique et les gestes plus ou moins figuratifs (ou mimés) et descriptifs, dont on se sert pour communiquer vaguement avec quelqu'un quand les circonstances s'opposent à l'emploi du langage (pour signaler par exemple un objet, une direction, une action etc.), et l'usage systématique et arbitraire de ces gestes et de ces mimiques par les sourds-muets, ou par certains Indiens, véritable substitut du langage. Le système des sourds-muets équivaut à l'écriture; les gestes et les mimiques de la vie courante, de même que la pictographie, se caractérisent, par contre, par leur motivation réelle.

Dans l'autre type de représentation graphique classée en dehors des systèmes d'écriture, on utilise déjà des signes, c'est-à-dire des éléments graphiques associés arbitrairement à un contenu. Les codes routiers, dont nous parlions plus haut, sont un exemple de ces systèmes sémiotiques graphiques, dont les éléments, quoique parfois motivés de façon figurative, sont rigoureusement conventionnels; ils possèdent une certaine articulation de leurs composants dans chaque signe, mais ils sont dépourvus du caractère linéaire typique des représentations du langage. Un autre exemple d'un système indépendant serait la numération et l'ensemble des formules employées par les mathématiques, car elles ne comportent aucune relation directe avec les articulations caractéristiques du langage, bien qu'elles puissent être traduites dans n'importe quelle langue.

L'ÉCRITURE ET LES NIVEAUX DU LANGAGE

« L'écriture consiste en une représentation visuelle et durable du langage, qui le rend transportable et conservable » (Cohen). La langue est un système complexe où l'on peut discerner plusieurs niveaux; l'écriture, théoriquement, peut représenter ce système à chacun de ces niveaux ou à plusieurs d'entre eux.

L'autonomie de l'écriture, en tant que système sémiotique, existerait si, comme nous l'avons vu, celle-ci était une expression immédiate et directe du contenu. Dans ce cas, nous aurions un système de signes, chacun d'eux pourvu d'une expression graphique et d'un contenu qui pourrait coïncider ou ne pas coïncider avec chacun des contenus différenciés par les expressions du système linguistique, puisqu'il y aurait une analyse indépendante de celle qu'effectue le langage. En conséquence, un système graphique de ce type ne serait plus représentatif du langage, et se trouverait de ce fait, en dehors de l'objet de notre étude.

L'écriture tente généralement de représenter chacun des signes qui constituent le système linguistique par des expressions graphiques différentes. Les signes sont le résultat de l'analyse vérifiée par la langue sur le *continuum* indifférencié des expériences humaines, lesquelles s'articulent ainsi en éléments minima, arbitraires et identifiables, à deux faces : une expression phonique et un contenu déterminé. L'expression phonique, ou signifiant, est à son tour articulée en éléments différenciés minima, de nombre limité, qui ne sont plus la manifestation isolée d'un signe, et ne sont plus associés à des contenus déterminés : on les appelle les phonèmes. L'écriture, grâce aux éléments graphiques qui les constituent, peut donc représenter les signes linguistiques selon un des critères suivants :

1) Elle peut distinguer les contenus au moyen de la graphie; chaque contenu linguistique sera exprimé selon une graphie spécifique, sans que la relation des éléments différentiels graphiques entre eux corresponde à celle des expressions phoniques de ces mêmes signes.

2) Elle peut représenter les signes de manière globale, de sorte que l'expression graphique distingue chaque contenu de tous les autres, et reproduise en même temps les éléments phoniques qui distinguent ces mêmes contenus dans la langue parlée.

3) Elle peut représenter exclusivement ce que l'on appelle la deuxième articulation, c'est-à-dire, l'expression phonique des signes, de sorte que les éléments graphiques correspondent rigoureusement aux unités différentielles phoniques.

Ces trois types théoriques d'écriture n'existent jamais à l'état pur. On rencontre le premier type dans les écritures qui représentent le contenu des signes linguistiques; le deuxième type dans les écritures qui représentent les deux faces des signes; et le troisième, dans les écritures qui reproduisent exclusivement l'expression ou signifiant des signes.

Si l'on appelle *signifiant graphique* l'élément, ou la combinaison d'éléments graphiques, qui évoquent un contenu, on dira que, dans le premier type présenté, l'écriture constitue un système de signes dont le contenu est le même que celui des signes linguistiques, et dont l'expression est une combinaison des éléments graphiques différentiels que l'on peut appeler les *graphèmes*. Dans ce cas, le rapport de l'écriture et de la langue pourrait être schématisé comme il suit :

| Expression écrite | ←→ | Contenu | ←→ | Expression orale |

Dans le deuxième cas, les signifiants graphiques évoquent des unités à deux faces, c'est-à-dire des signes; le système graphique correspondant manifeste alors non pas un contenu, mais un système sémiotique avec ses deux plans d'expression et de contenu. La relation entre langue et écriture sera donc la suivante :

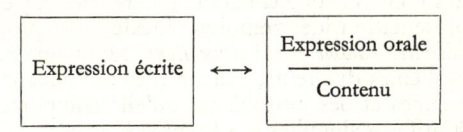

| Expression écrite | ←→ | Expression orale / Contenu |

Enfin, dans le troisième cas, nous avons des écritures dont les signifiants graphiques représentent des signifiants oraux, articulés parallèlement en unités graphiques et phoniques qui se correspondent entre elles; le système graphique est alors la simple transposition de la substance phonique à la substance graphique. Nous pourrions représenter cette relation par le schéma :

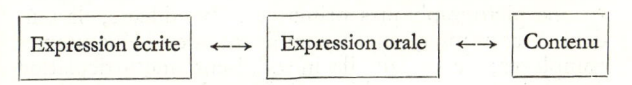

| Expression écrite | ←→ | Expression orale | ←→ | Contenu |

Le premier type peut être appelé écriture *idéographique;* ses signifiants étant des *idéogrammes* (ou si l'on préfère des *lexigrammes* [de Ponceau], ou encore des *logogrammes* [Gelb]).

Dans le deuxième type, nous rangeons les écritures *sémiographiques,* dont les unités graphiques sont des *sémio-*

grammes (ou *idéophonogrammes,* selon Cohen). Dans le troisième type, l'écriture est *phonographique,* et ses unités sont des *phonogrammes*. Dans les trois cas, les unités graphiques minima sont des *graphèmes*.

Rappelons cependant que dans la réalité jamais une écriture concrète ne correspond exactement à cette triple classification. Il y a toujours des éléments de l'un ou l'autre type qui s'entremêlent à ceux qui semblent prédominants dans un système. Nous aurons l'occasion de voir un peu plus loin des exemples de l'usage simultané, dans une écriture, des procédés idéographiques et phonographiques que nous avons théoriquement séparés.

ÉCRITURES IDÉOGRAPHIQUES

La représentation idéographique idéale d'une langue consisterait à employer un graphème différent pour chacun des contenus que la langue différencie. Par exemple, la représentation idéographique idéale de la proposition française *cet homme a tué deux lions,* serait une séquence de graphèmes différents, chacun d'eux évoquant chacun des lexèmes et des morphèmes qu'elle comporte : « démonstratif », « singulier », « homme », « tuer », « passé », « indicatif », « 2 », « lion ». D'après ce procédé, le système graphique comprendrait un nombre indéfini de graphèmes différents, ce qui impliquerait un effort de mémoire considérable pour les retenir et les différencier, chaque graphème étant inanalysable en éléments plus petits récurrents dans des combinaisons multiples.

Quoique conventionnels, les idéogrammes sont partiellement le résultat d'une schématisation des représentations pictographiques primitives. Par ailleurs, ils tendent à constituer, en se combinant, des idéogrammes complexes; de ce fait, ils introduisent une articulation dans l'expression graphique (indépendamment de l'articulation phonique de la langue), qui permet de réduire le nombre des unités différentielles et qui facilite l'apprentissage des distinctions.

Partout dans le monde, l'idéogramme procède historiquement du pictogramme devenu conventionnel et en général schématisé. Certains systèmes, telle l'écriture hiéroglyphique de l'Égypte, gardent jusqu'à leur disparition le tracé pictographique avec une fonction distinctive; d'autres schématisent les tracés, tout en conservant un reste de figuration, comme le système chinois, ou encore en effaçant tout vestige de ce type comme les écritures cunéiformes de Mésopotamie. Par ces origines, les idéogrammes primitifs et fondamentaux se réfèrent normalement à des objets ou à des circonstances dont la représentation figurative est évidente: animaux, végétaux, êtres humains, objets concrets, phénomènes naturels, toutes choses aisément représentées par un procédé métaphorique. La représentation par des gestes graphiques des notions de situation ou de nombre ne présente pas non plus de difficultés. Alors que les notions abstraites exigent, soit le caractère totalement arbitraire du graphème, soit une analyse très élaborée du contenu permettant de les mettre en rapport avec le contenu d'autres graphèmes de référence concrète; de même, le procédé idéographique est difficilement applicable pour représenter les relations grammaticales d'une langue. Par conséquent, l'idéographie pure et simple n'existe dans aucun système d'écriture, car dès ses débuts elle doit être accompagnée d'autres méthodes de notation du langage.

De tous les systèmes d'écriture connus, celui qui se conforme le mieux au type idéal de l'idéographie est le système chinois qui s'y maintient depuis plusieurs millénaires jusqu'à nos jours. Il est vrai que nombre d'éléments de ce système doivent leur origine à des procédés non idéographiques, et que parfois les signifiants ne se réfèrent pas au contenu, mais à l'expression de la langue. Cependant, aussi bien à l'origine que maintenant, il s'agit essentiellement d'un système idéographique. C'est ce qui explique qu'il puisse être lu et compris dans toute la Chine par des individus dont les dialectes diffèrent phonétiquement entre eux, autant ou plus que l'italien et l'espagnol par exemple, ou que l'allemand et le hollandais. Ce système d'écriture se réfère à la signification et non pas à l'expression. Pour des raisons semblables, on peut comprendre qu'à l'époque d'expansion au Moyen âge, il fut adopté par des langues radicalement différentes comme le coréen, le japonais ou l'annamite. Les gens qui parlaient ces langues transféraient en lisant les idéogrammes chinois à leurs propres langues, cela étant dû à la structure de la langue chinoise, presque complètement dépourvue d'éléments fonctionnels comme les morphèmes ou d'autres particules qui comportent des significations grammaticales dans les autres langues. Le chinois, langue quasiment sans grammaire, offrait, avec son système idéographique, un simple schéma de lexèmes, auxquels les lecteurs alloglottes pouvaient ajouter les relations morphologiques de leurs propres idiomes. Le système idéographique du chinois parvient presque à être un système de communication indépendant de la langue, de là qu'il ait pu être traduit à chacun des différents stades phoniques par lesquels passait le chinois jusqu'à nos jours, sans se modifier de manière substantielle. Plus qu'une écriture, ce système graphique est une langue exclusivement écrite qui peut naturellement être traduite en la langue parlée, comme n'importe quelle autre langue.

Au cours de son histoire, néanmoins, le système a aussi été partiellement le reflet de la langue parlée, car chacun des graphèmes chinois correspond à une unité de contenu plus ou moins complexe. Les dictionnaires rassemblent quelque cinquante mille caractères graphiques différents; nombre d'entre eux sont rares, voire inusités, ou ne constituent que des variantes. Il y a, malgré tout, plusieurs milliers de graphèmes d'usage courant. En les comparant, on s'aperçoit qu'il s'agit pour un grand nombre d'éléments combinés. Ce sont des graphèmes complexes, analysables en éléments graphiques plus petits chargés de signification. L'idéogramme du chinois effectue donc parfois une analyse du contenu ultérieure à l'analyse de la langue. Ces derniers éléments graphiques distinctifs minimum sont peu nombreux (1/100 du nombre total des caractères); les dictionnaires en donnent 214. En général, ils résultent de la stylisation de pictogrammes primitifs, et ils se rapportent à des objets concrets de représentation aisée : le n° 72 *jih* « soleil, jour » (transcription phonétique des caractères chinois selon le système Thomas Wade), n° 74 *yüeh* « lune, mois », n° 86 *huo* « jeu », n° 46 *shan* « montagne », n° 75 *mu* « arbre », n° 142 *ch'ung* « insecte », n° 93 *niu* « taureau », n° 187 *ma* « cheval », n° 94 *k'üan* « chien », n° 9 *jen* « homme », n° 38 *nü* « femme », n° 39 *tsï* « enfant », n° 30 *k'ou* « bouche », nº 64 *shou* « main », nº 102 *t'ien* « champs », nº 169 *men* « porte », nº 57 *kung* « arc », nº 18 *tao* « couteau », etc. D'autres éléments sont des indicateurs graphiques de situation tels que : 上 *shang* « haut », 下 *hsia* « bas », 中 *chung* « centre ».

De même que des signifiants phoniques sont parfois employés dans les langues pour exprimer des idées qui ont un certain rapport avec le signifié initial, les idéogrammes furent utilisés avec des sens figurés voisins du sens primitif. Par exemple : le nº 48 *kung* qui signifiait « l'équerre du menuisier » est devenu « travail du menuisier », puis « travail » d'une façon générale; le nº 19 *li* qui signifiait « muscle, tendon » est devenu « force, effort ».

D'autres signifiés furent exprimés par la combinaison de graphèmes simples. Le groupement de ceux-ci présuppose une analyse du contenu indépendante de celle que la langue effectue. Le nombre de ces idéogrammes complexes représente 5% du chiffre total. Par exemple : « soleil » + « lune » *(ming)* signifie « clair, brillant »; « homme » + « arbre » *(hiu)* signifie « se reposer »; « homme » + « taureau » *(kien)* « portion, partie, exemplaire »; « femme » + « enfant » *(hao)*, « bon »; « arbre » + « soleil » *(tung)* « Est »; « champs » + « force » *(nan)* « mâle, homme »; « femme » + « main » *(nu)* « esclave »; « homme » + « montagne » *(hsien)* « ermite »; etc.

A côté de ceux-ci, un procédé nouveau de représentation fut bientôt utilisé qui mit en relation l'écriture et l'expression phonique. Il consista à représenter certains contenus au moyen d'un idéogramme qui en représentait d'autres dont l'expression orale était homophone ou quasi homophone. C'est le procédé bien connu du *rébus à transfert*, précocement apparu dans le monde (jusque dans les représentations graphiques éloignées de la langue, comme celles des Aztèques et des Mayas, qui l'utilisèrent pour la notation des noms propres). Cependant, la représentation de ce qui est phonique dans l'écriture chinoise ne fut pas généralisée et n'arriva pas à se substituer à l'expression idéographique. Voici quelques exemples : pour indiquer *lai* « arriver » on utilisa l'idéogramme d'un autre *lai* qui voulait dire « orge »; pour le pronom de troisième personne *ch'i* on se servit de l'idéogramme de « corbeille »; pour *wan* « dix mille », de l'idéogramme de « scorpion ». Toutefois, quand il y eut beaucoup d'homophones ou de quasi-homophones dans la langue, ce procédé devint trop ambigu, et se trouva à l'encontre du caractère spécifiquement idéographique de l'écriture chinoise. Ainsi, en combinant le *rébus* avec un procédé complémentaire, on crée des caractères complexes, par juxtaposition de deux ou plusieurs caractères simples, où l'un d'eux comporte une référence phonique. Il arrive de la sorte que la notation se sépare de l'idéographie pure et simple : le graphème complexe qui est obtenu évoque aussi bien le contenu que l'expression du signe linguistique correspondant, ce qui est typique des écritures sémiographiques. Dans ces caractères nouveaux, l'élément qui évoque le son s'appelle « phonétique », et celui qui se rapporte au contenu, « clé » ou « radical ». Il est difficile de savoir lequel des deux éléments détermine l'autre; la « clé » situe le graphème dans une catégorie déterminée de signification; quant à la « phonétique », elle détermine en raison du son, et parfois de façon peu exacte, le signe dont il est question, à l'intérieur de la catégorie. Ce type de graphèmes est le plus abondamment représenté dans l'écriture chinoise (90 %) et son caractère phonosémantique ou sémiographique pourrait nous contraindre à situer le système chinois dans un autre type. En fait, au cours de leur longue histoire, les éléments phonétiques de ces graphèmes ont souvent cessé de se référer au son, par suite de l'évolution de la prononciation; et ils sont donc redevenus de simples idéogrammes. Prenons quelques exemples : le graphème n° 70 *fang* « carré » sert de « phonétique » à de nombreux homophones qui sont complétés par un élément graphique (ou clé), se référant au contenu : par exemple avec le 32 *t'u* « terre », il signifie « district »; avec le 120 *mi* « soie », il signifie « filer »; avec le 149 *yen* « parler », il signifie « demander, visiter »; avec le 167 *kin* « métal », il signifie « chaudière »; avec le 75 *mou* « arbre, bois », il signifie « planche ». Le graphème 48 *kung* « travail », combiné avec le 19 *li* « force », signifie « mérite »; avec le 149 « parler », il donne *hung* « discuter, quereller »; avec le 86 *huo* « feu » : *hung* « frire »; avec le 64 *shou* « main » : *k'ang* « porter »; avec le 75 « arbre » : *kang* « banc, siège », avec le 85 *shui* « eau » : *kiang* « fleuve »; avec le 154 *pei* « coquillage, monnaie » : *kung* « tribut ».

On peut voir par ces exemples que l'élément appelé « phonétique » ne se réfère à la phonétique que d'une manière tout à fait relative; très souvent, quand ces éléments sont isolés, le contenu auquel ils s'associent peut être facilement discerné dans le contenu du graphème complexe dont ils font partie. Malgré l'allusion phonétique, il existe aussi une motivation sémantique dans le graphème complexe : « terre » et « carré » sont des éléments où le contenu est aisément analysable dans le signifié « district »; de même « carré » et « bois » dans « planche »; cela est encore plus évident dans d'autres exemples cités : « effort dans le travail » signifie « mérite »; « travailler avec la parole » signifie « discuter, quereller »; « travailler avec le feu » signifie « frire »; « travailler avec la main », « porter »; etc. Il semble bien, par conséquent, que la « phonétique » ne fut pas toujours choisie en raison du son, pour constituer l'idéogramme complexe, mais aussi en raison de sa valeur sémantique. Nous pouvons le voir encore plus clairement dans les exemples qui suivent : l'élément *ku* « ancien » combiné avec *nü* « femme » qui donne le complexe *ku* « tante, belle-mère, dame », ou combiné avec *mu* « arbre » et qui donne *k'u* « fané », est-ce en réalité seulement une phonétique ? Il est difficile de nier le caractère primordialement idéographique de ces graphèmes complexes.

De plus, lorsque l'évolution phonétique des premiers quasi-homophones a été divergente, le graphème complexe ne présente plus aujourd'hui de trace de référence au son. Le caractère qui représente *to* « beaucoup », a pu, quand il s'articulait **ta*, être utilisé comme la phonétique du signe prononcé **tᵘʾia* « pompeux, luxueux, gâté », accompagné de la clé « homme »; mais aujourd'hui, où pour « beaucoup » on utilise *to,* et *ch'ih* pour « gâté, luxueux », l'un et l'autre des deux éléments du graphème sont idéographiques.

En somme, l'écriture chinoise est foncièrement idéographique, même si parfois elle fait allusion à l'expression phonique (mais elle ne la représente pas) : elle évoque le contenu. Aujourd'hui, où l'accroissement des homonymes a obligé les locuteurs à introduire dans leur langue les éléments différentiels des homophones, cela s'avère encore plus vrai, car l'écriture ne rend aucun compte de ces signes diacritiques oraux. Les quatre graphèmes que l'on prononce actuellement *wo*`` *chien*` *liang*`` *jen*′, peuvent être compris de façons diverses; le deuxième signifie : « je vois », ou « je construis », ou « je piétine », ou « je regarde dans le miroir », et le quatrième signifie « homme » ou « fil »; il s'ensuit que, pour préciser en parlant que l'on veut dire « je vois deux hommes », il faudra dire *wo*`` *k'an*` *chien*` *liang*` *k'ou*`` *jen*′, en ajoutant *k'an* (« je regarde ») pour déterminer que *chien* signifie « je vois », et *k'ou* (« bouche ») pour donner à *jen* le sens « homme ». L'écriture s'éloigne donc de la première articulation de la langue parlée et devient, comme nous le disions plus haut, un langage différent exclusivement graphique.

Bien que les Chinois aient trouvé le procédé phonographique, ils ne l'appliquèrent pas, et n'établirent pas une écriture représentant l'aspect phonique; ils se limitèrent à l'utiliser comme un simple système auxiliaire pour l'apprentissage de la prononciation, en créant une série de caractères phoniques qui servent à représenter le début de la syllabe, avec une autre série pour la finale, selon le principe que l'on appelle *fan-ch'ieh* ou de « recoupement » (avec 62 symboles), ou à représenter graphiquement les noms étrangers, ou enfin les emprunts faits aux autres langues. C'est ainsi que « téléphone » est adapté avec trois graphèmes de référence phonique : *tê-li-fêng*. Or, la tendance idéographique de cette écriture est tellement forte et persistante, que cette combinaison d'éléments phoniques s'est trouvée remplacée par un graphème complexe à référence idéographique grâce à la combinaison des éléments qui signifient « électricité » et « parler ».

L'emploi phonographique des caractères chinois fut adopté par les pays voisins (Corée et Japon), dont les langues étaient d'une structure tout à fait différente, et ils créèrent ainsi des syllabaires (*katakana* et *hiragana* japonais).

ÉCRITURES SÉMIOGRAPHIQUES

Le type idéal d'écriture sémiographique consisterait à représenter chaque signe linguistique par des graphèmes qui évoqueraient simultanément le contenu et l'expression. Les écritures sémiographiques prédominantes dans l'histoire n'analysent pas le contenu en tous ses traits significatifs, ni l'expression en tous ses éléments distinctifs. Elles se contentent d'une allusion partielle aux uns et aux autres, en constituant des graphèmes complexes, selon le procédé déjà employé, comme nous l'avons vu, dans l'écriture chinoise : combinaison d'un terme qui fait allusion au contenu avec un autre qui fait allusion à l'expression phonique. Alors que le chinois persiste dans son procédé essentiellement idéographique, d'autres écritures, à travers les mêmes démarches de la pictographie à la représentation conventionnelle, ont développé la notation parallèle des deux faces du signe linguistique, mais jamais de façon radicale puisque l'idéogramme ou le phonogramme à l'état pur coexistent.

Dans les écritures qui sont apparues en Mésopotamie, et que l'on appelle cunéiformes à cause de l'aspect extérieur qui caractérise leurs variétés les plus importantes, et qui résulte de l'évolution des pictogrammes archaïques et des schèmes linéaires ultérieurs, on peut en principe observer une situation semblable à celle de l'écriture chinoise. A la fin du ~ IVe millénaire les Sumériens utilisaient un système de ce type pour leur langue, laquelle n'a pu être inscrite jusqu'ici dans aucun groupe déterminé. Dans cette écriture on rencontre d'abord l'emploi d'idéogrammes, dérivés de représentations d'objets concrets, de chiffres ou de personnes; ensuite apparaît l'usage figuré de ces idéogrammes primitifs (par exemple, celui qui signifiait « soleil » exprima aussi « brillant, blancheur, jour », celui qui signifiait « étoile » exprima « ciel, dieu », celui de « bouche » devint « parole, parler »), ou la combinaison de plusieurs idéogrammes (par exemple : « femme » + « montagne » donna « esclave », « bouche » + « pain » donna « manger », « femme » + « robe » donna « dame »). Il y avait dans ce système graphique près de cinq cents graphèmes; mais comme la langue abondait en monosyllabes et en homonymes, il fallut avoir recours à d'autres méthodes de représentation pour éviter l'ambiguïté et la confusion. Des déterminatifs de catégorie apparurent ainsi pour distinguer les graphèmes polysémantiques (« chien », « homme », « femme », etc. sont inscrits à côté d'autres graphèmes pour indiquer leur véritable référence), et des compléments phonétiques furent ajoutés pour distinguer entre eux les graphèmes polyphoniques dus à l'emploi figuré (« soleil »/« jour », « ciel »/« dieu », etc.). De même qu'en chinois, le premier stade de la référence phonétique est l'usage du rébus par transfert d'un graphème à un autre signifié : *ti* « flèche » était homophone de « vie » et on les représentait par le même graphème; de même « arbre » et « mien », etc. A la différence du chinois, le sumérien était constitué non seulement par des signes lexicaux, mais aussi par des signes morphématiques indicateurs de fonctions ou de relations grammaticales. Si, dans les débuts, la représentation idéographique laissa de côté la notation de ces éléments de la langue, plus tard la nécessité de distinguer les homographes entre eux imposa de rajouter des graphèmes grammaticaux de fonction distinctive : le même idéogramme représentait « dieu » *(dingir)* et « ciel » *(an)*; pour ajouter un graphème ayant la valeur de génitif, on utilisa des éléments différents pour chacun : *-ra* (idéogramme : « frapper ») dans le premier cas, et *-na* (idéogramme : « pierre ») dans le deuxième; la phonétique évoquée par chacun de ces deux éléments complémentaires indiquait que l'idéogramme précédent se prononçait dans un cas avec un *-r* final, et dans l'autre avec *-n* final. A partir de ces procédés les Sumériens auraient pu développer une écriture phonétique de représentation syllabique; mais ils n'abandonnèrent pas la méthode précédente et ils en restèrent à un type essentiellement sémiographique : évocation du signe linguistique au moyen d'une référence double quoique partielle, au contenu et à l'expression. Il faut ajouter qu'en sumérien la représentation graphique est à cause de cela différente pour chaque type de signes : les lexicaux sont essentiellement représentés quant à leur contenu par des idéogrammes; les morphèmes et les éléments fonctionnels, quant à leur expression phonique.

La double représentation du signe linguistique est plus régulière dans l'écriture cunéiforme que les Akkadiens de langue sémitique orientale, empruntèrent aux Sumériens dans la première moitié du ~ IIIe millénaire. Certaines complications supplémentaires se présentent. L'écriture akkadienne, dans ses deux variétés principales, babylonienne et assyrienne, adopte en principe, le système sumérien avec la même valeur idéographique. Ainsi, par exemple, l'idéogramme commun à *dingir* et à *an* en sumérien, est employé pour représenter les signes akkadiens de même contenu *ilu* « dieu » et *šamû* « ciel », en outre des graphèmes sumériens de référence phonique, tels que *en* « jusqu'à » *(adî* en akkadien) sont utilisés comme idéogrammes. L'akkadien se sert également de graphèmes déterminatifs de catégorie sémantique pour distinguer d'autres idéogrammes polysémantiques : l'idéogramme « dieu », que nous avons déjà donné en exemple, joint à celui qui représentait *Aššur,* permettait de différencier le dieu *Aššur* de la ville du même nom, laquelle s'accompagnait de l'idéogramme déterminatif de « ville ». Les graphèmes sumériens signifiant « dualité » ou « pluralité » étaient annexés à l'idéogramme devant être interprété au pluriel : l'idéogramme utilisé pour « homme » *(amêlu)* se déterminait avec le graphème de pluralité du sumérien *meš* pour indiquer « hommes » *(amêlû).* Le procédé phonographique de représentation syllabique fut également emprunté aux Sumériens, sans abandonner pour autant l'idéographie. Il peut nous sembler normal que les Akkadiens aient joint aux idéogrammes transformés en phonogrammes la valeur phonique de leur propre langue, mais ils firent plus : ils conservèrent en outre les valeurs phoniques qu'évoquaient ces mêmes graphèmes en sumérien. De cette façon chaque graphème akkadien présente en principe une polyphonie abondante et la double possibilité de représenter directement un contenu ou de se référer à une expression phonique. Par exemple, un certain graphème sumérien *kur* signifiait « terre, montagne », ou *kin*, « terre, pays »; les Babyloniens l'adoptèrent pour représenter leurs signes *mâtu* « pays », *irṣutu* « terre », *ṣadû* « montagne »; mais du point de vue phonographique pour les Akkadiens, il pouvait évoquer soit les syllabes *kur* ou *kin*, comme en sumérien, soit les syllabes *mat* ou *sǎd*, comme en akkadien. De même, le graphème sumérien pour *an, dingir* pouvait indiquer en akkadien le dieu *Anu,* Dieu en général *(ilu)*, le ciel *(samû)* idéographiquement, et être en outre un indice phonique de la syllabe *an* comme en sumérien, ou de la syllabe *il* de l'akkadien. Dans une situation semblable, on eût pu s'attendre à voir se multiplier les graphèmes exclusivement phonographiques; pourtant, sauf pour les éléments grammaticaux et les morphèmes, l'amalgame idéophonographique se maintint. Prenons un exemple : le graphème qui pouvait signifier « aile », « chef », « bâton », « sceptre », « frapper » avait également plusieurs valeurs phoniques : *ḫad, ḫud, pa, siq*; le graphème signifiant « couper », « fixer », « juger », « rue », se référait phoniquement à *ḫas, kut, šil, tar*. Les deux signes réunis se référaient donc idéographiquement à une forme de *maḫàṣu* « frapper » qui du point de vue phonique devait se terminer en *ḫaṣ* : selon le contexte il pouvait s'agir de *imaḫḫaṣ* « il frappe » ou *tamaḫḫaṣ* « tu frappes », etc. Cette polyvalence idéographique et phonographique eut pour résultat que l'on écrivit parfois, à côté de l'idéogramme, une série de représentants de l'expression : « pays » + *ma* + *a* + *tu* = *mâtu* « pays ». Les Sumériens aussi bien que les Akkadiens connurent et employèrent un système de représentation syllabique phonographique plus ou moins précis, mais il fut utilisé de façon sporadique. D'autres pays voisins profitèrent et développèrent l'avantage de renoncer aux idéogrammes.

La représentation du langage en Égypte présente une situation analogue, à une époque un peu plus récente que celle des premiers documents sumériens. L'aspect extérieur artistiquement pictographique (pour des raisons esthétiques et décoratives) que présente l'un des types d'écriture égyptienne, celui des hiéroglyphes réservés aux formes monumentales, ne doit en aucune façon nous faire croire que sa structure interne soit le stade primitif de représentation pictographique sans rapport avec la langue. Les cursives dérivées de ce système, c'est-à-dire l'écriture hiératique et la démotique, sont la stylisation des graphèmes figuratifs de la hiéroglyphique.

Dès ses débuts le système égyptien est un exemple d'amalgame de plusieurs niveaux linguistiques, de même que le système cunéiforme. Les premiers documents d'écriture égyptienne ne font qu'accompagner la représentation figurative de type descriptif comme celle des Aztèques et des Mayas. Mais bientôt la représentation exclusive du langage s'imposa. Il existe des idéogrammes clairement figuratifs qui représentent non seulement des êtres et des objets, mais aussi des gestes et des états, moyennant l'emploi figuré : la représentation de l'objet sert à signifier les actions, ou les circonstances de l'action.

Le nombre des graphèmes figuratifs est de sept cents à peu près, qui représentent des objets, des êtres, des actions : « soleil, hirondelle, fleur, montagne, charrue, pain, homme, manger, aller, lutter, frapper, voler vieillesse » etc. D'autres indiquent des significations figurées : « œil » sert à désigner « voir, regarder, cligner des yeux, sourciller »; « les instruments qui servent à écrire » signifient « écrire, scribe, écriture »; « oreille » = « entendre »; « branche » = « arbre, bois »; « soleil » = « jour, époque » etc. L'indépendance phonique est prouvée par l'existence d'idéogrammes distincts pour les signes homophones : *mr* est représenté de façon différente selon qu'il signifie « bien » ou « pyramide ». Pour les éléments grammaticaux (désinences, préfixes, particules, etc.) les Égyptiens eurent recours au procédé phonographique du *rébus*. Ce qui fut d'autant plus facile que la structure de leur langue, comme celle de toute langue sémitique, offrait l'originalité d'associer les signifiés lexicaux aux racines consonantiques, les voyelles étant dépendantes des relations grammaticales. Il suffisait que le noyau consonantique du signifiant d'un signe soit semblable à celui d'un autre, pour que l'idéogramme du premier puisse être employé pour le deuxième : *manet* « planche, madrier », qui coïncidait phonétiquement avec les formes du verbe « rester », fut transféré à *mn* « rester » avec les variantes correspondantes; le graphème *nfr* « terre » signifia de même son homophone, *nfr* « bon »; *wr* « hirondelle », et « grand » etc. Parfois, dans ce transfert phonique, une ou plusieurs consonnes sont omises (celles qui correspondent aux faibles en sémitique) : *pr* « maison » est employé pour *pry* « sortir »; *mr* « hoyau » devient *mry* « aimer ». Un même graphème était donc polysémantique et polyphonique, et il fut nécessaire de le préciser dans l'écriture pour éviter l'ambiguïté. On employa ainsi le procédé phonographique, en créant une série de graphèmes, de simple évocation consonantique, comme ce fut le cas pour *mn, pr, mr* etc. De plus, quelques graphèmes monoconsonantiques furent obtenus à partir de mots monosyllabiques (*t* « pain »; *i̯* « jonc », *s* « verrou ») ou de racines, où les consonnes faibles étaient omises : *r₃* « bouche » devint *r*; *k₃₃* « colline » devint *k*; *yd* « main » devint *d*; *w'd* « serpent » devint *ḏ*. Au total, on obtient de la sorte vingt-quatre graphèmes consonantiques (et par la suite trente), dont la valeur idéographique a souvent disparu. Ils servirent de compléments non seulement aux idéogrammes (en précisant la valeur phonétique de ces derniers) mais ils s'ajoutèrent aussi aux graphèmes biconsonantiques. Il n'y a pas de règles générales ; théoriquement, toutes les consonnes de l'idéogramme sont parfois représentées, ou à l'occasion quelques-unes seulement ; enfin, il arrive qu'une consonne soit répétée dans la représentation. Par exemple : $r + n$ représente rn « nom » ; $mn + n + t + w$ représente $mntw$ « bédouin » ; $sdm + m$ représente sdm « entendre » (alors que sdm peut représenter $3d$ « être sourd ») ; $wr + r$ représente wr « grand » ; $hpr + r$ représente hpr « devenir » ; $z + m3 + zm3$ représente $zm3$ « réunir ». Isolément ils correspondent aussi à des éléments grammaticaux : $n, m, r,$ « prépositions », k « suffixe de deuxième personne », f « suffixe de troisième personne », etc. L'autre procédé employé est celui des déterminatifs de catégorie sémantique. A cet usage, deux cents graphèmes, qui par ailleurs sont de simples idéogrammes, sont utilisés ; ils servaient à distinguer des homophones et à placer dans un champ de signification différente ce qui était représenté par d'autres graphèmes, aussi bien idéographiques que phonographiques. Ils ressemblaient en quelque sorte aux clés du chinois : « homme », « femme », « mammifère », « arbre », « plante », « terre », « ville », « eau », « édifices », « lumière », « pierre », « désert ou pays étranger », « mouvement », « récipient », « activité », « division », « minéral », « abstrait » etc. Par exemple, les phonogrammes $mn + n + h$ représentaient mnh, qui signifiait « papyrus » joint au déterminatif de végétal, et « cire », joint à celui de « minéral » ; $yw + w + n + n +$ « maison » signifiait $ywnn$ « sanctuaire ».

Le système égyptien est un système éminemment sémiographique. Bien qu'il soit arrivé à établir un inventaire des graphèmes de représentation consonantique, la référence précise, ou la relation au contenu, figura toujours dans son écriture, sauf en ce qui concerne la représentation des morphèmes et des éléments fonctionnels. On doit signaler en outre qu'aucune des écritures examinées dans ce secteur, même dans les cas de références phoniques, n'analysa l'expression en éléments discrets minimums, ni ne la représenta de façon exacte, mais qu'elle se borna à l'évoquer de manière assez approximative.

Ce qui veut dire qu'on ne parvint pas à une segmentation véritable de la deuxième articulation de la langue. A l'instar des écritures idéographiques, les sémiographiques reflètent la première articulation; mais à la différence de celles-là qui établissent des distinctions graphiques moyennant avant tout une analyse du contenu, celles-ci se basent sur l'analyse de l'expression pour représenter les distinctions, sans arriver à établir clairement pour autant la deuxième articulation, et persistent à représenter essentiellement le signe linguistique dans le domaine du contenu.

ÉCRITURES PHONOGRAPHIQUES

La représentation graphique du langage se transforme radicalement lorsque le procédé de référence phonique se développe dans toute son ampleur et que toute allusion directe au contenu est écartée. Nous disons allusion directe, car bien souvent la relation avec le contenu des signes linguistiques persiste indirectement. Le seul fait de séparer par écrit les mots entre eux comporte déjà une référence rien de moins que claire au contenu, car les graphèmes ainsi isolés en arrivent à former des unités associées, chacune dans l'ensemble, à un contenu. Néanmoins, le procédé phonographique résolument développé parvient à des systèmes d'écriture fort différents.

En premier lieu, le recours direct à la deuxième articulation permet de réduire l'inventaire des graphèmes de manière considérable : au lieu des milliers de caractères chinois ou des centaines de caractères égyptiens et suméro-akkadiens, les écritures de représentation phonographique se contentent d'une centaine et, aux dernières phases de développement, de quelques dizaines seulement. Le procédé consiste à analyser la séquence phonique en éléments successifs qui se répètent et à attribuer à chacun d'eux un graphème différent, de sorte que chaque signifiant du langage puisse être représenté par des combinaisons différentes de ce petit nombre d'éléments. La découverte de cette méthode s'était déjà produite, comme nous l'avons vu, dans les écritures de type sémiographique. Pour des raisons multiples (d'ordre traditionnel, religieux, social, ou autre) la référence sémantique ne fut pas abandonnée. D'autres civilisations pourtant, qui n'étaient pas retenues par des considérations semblables, se rendirent compte, au moment d'adopter l'écriture (celle des Chinois, des Akkadiens ou des Égyptiens) qu'on pouvait obtenir bien des avantages en généralisant l'emploi de caractères phonographiques.

Il faut tenir compte que l'analyse partielle de la séquence phonique observée dans les écritures égyptienne et mésopotamienne n'atteignait pas les unités minima : la séquence était décomposée en segments que l'on peut appeler syllabes et dont la composition phonique dépend des caractéristiques de chaque langue. Les phonogrammes monoconsonantiques de l'égyptien ne représentaient pas en réalité un son unique, sinon une consonne généralement accompagnée d'une voyelle. L'analyse ultérieure de la syllabe, qui conduisit à l'alphabet, eut lieu plus tard, ou tout au moins la représentation de la syllabe avec tous ses composants. Par conséquent, nous effectuerons séparément l'examen des écritures de représentation syllabique et celui des écritures de représentation consonantique et alphabétique.

REPRÉSENTATION SYLLABIQUE

Du point de vue phonétique, il n'est guère possible d'envisager que la représentation phonographique partielle des systèmes chinois, égyptien et sumérien, soit strictement syllabique. En chinois, en raison du caractère monosyllabique du système de signes, l'analyse syllabique pure était confondue avec celle de la première articulation; lorsque le chinois a recours à l'évocation phonique au moyen du système auxiliaire du « recoupement » *fan-ch'ieh*, comme nous l'avons vu, la décomposition graphique de la séquence phonique est réalisée moyennant des segments qui se réfèrent les uns à la marge initiale de la syllabe (avec une partie de son noyau), les autres à la marge finale (précédée également d'une partie, au moins, du noyau syllabique). Les Sumériens et les Akkadiens effectuèrent l'analyse de façon analogue, bien que, dans beaucoup de cas, les graphèmes de référence phonique coïncidassent avec les syllabes phonétiques réelles (syllabes constituées d'une consonne plus une voyelle ou d'une voyelle plus une consonne); mais pour indiquer des syllabes avec une marge initiale et finale, ils furent obligés d'utiliser la juxtaposition de deux graphèmes, un de consonne + voyelle, et un autre de voyelle + consonne; grâce à quoi, bien qu'il fût possible d'indiquer la durée vocalique, on représenta l'aspect phonétique sous une forme redondante (*ki* + *ir* = *kir*, *ta* + *am* = *tam*, etc.). En même temps, la possibilité de représenter une même combinaison syllabique à l'aide de graphèmes distincts (soit avec un caractère de valeur phonique simple, soit par la juxtaposition de deux caractères), enlevait à la référence syllabique toute valeur systématique. En ce qui concerne les Égyptiens, on ne peut pas non plus parler de représentation syllabique pure, à cause de l'indication exclusive des éléments consonantiques, conditionnée par le type de structure de leur langue, où les contenus lexicaux étaient associés exclusivement à des combinaisons consonantiques, alors que les voyelles ne se référaient qu'aux significations morphologiques. Un caractère comme *mn* pouvait évoquer des formes syllabiques diverses, avec une ou deux syllabes *(mAn, AmnA, mAnA, AmAn)*, et le même segment phonique pouvait être représenté de plusieurs façons. Un fait d'ordre sémantique, la distinction entre significations lexicales et morphologiques, est la raison pour laquelle le système égyptien réalisa une analyse plus approfondie de la séquence phonique que les autres systèmes : quoiqu'en ne distinguant pas graphiquement les voyelles les unes des autres, il sépare et distingue les consones, et les identifie entre elles, qu'elles soient ou non accompagnées de la même voyelle dans la prononciation. Fait important et qui différencie l'analyse phonique partielle du système égyptien de celle des autres systèmes envisagés, où chaque syllabe constituée d'une consonne et d'une voyelle (ou d'une voyelle et d'une consonne) était représentée par des caractères distincts, de sorte que, même si dans la graphie consones et voyelles sont indiquées, les unes et les autres demeuraient impossibles à identifier dans les différents contextes. Malgré tout, les Égyptiens ne développèrent pas non plus un système conséquent de représentation phonique.

Lorsque nous avons parlé du système chinois, nous avons nommé les Coréens et les Japonais qui développèrent des systèmes syllabiques. En Mésopotamie également, l'écriture cunéiforme fut employée phonographiquement par un dialecte sumérien *(eme-sal)* et adoptée sous cette forme par des communautés limitrophes, tout en conservant quelques idéogrammes pour les signes fréquents : tels l'élamite moyen et le néo-élamite, à l'est de la Mésopotamie : le halde (de l'Ourartou, sur les bords du lac Van, en Assyrie du Nord), le hourrite (en Mitanni). Mais la véritable transformation en écriture phonographique fut réalisée par d'autres peuples.

Dans le bassin oriental de la Méditerranée d'autres écritures sont nées, dont certaines ont un rapport historique avec le sumérien ou l'égyptien. Une fois disparue la référence idéographique, leurs systèmes de représentation syllabique plus rigoureuse se sont développés. Nous considérons comme tels, l'écriture qui, en théorie, décompose la séquence phonique en segments équivalents aux syllabes phonétiques et qui emploie pour chacun d'eux un caractère différent, sans que l'écriture reflète le fait que plusieurs syllabes ont la même voyelle ou la même consonne.

Dans la région égéenne, des écritures idéographiques d'aspect hiéroglyphique apparaissent, comme celle de Crète (types A et B, datant approximativement de ~ 2 000 à ~ 1 700) et se transforment en cursives appelées linéaires. La plus connue, et la mieux interprétée, est la minoenne « linéaire B » (aux environs de ~ 1 450 à ~ 1 375). Elle comporte encore quelques idéogrammes, des déterminatifs et seulement quatre-vingts graphèmes; ce sont des caractères syllabiques, chacun desquels se réfère à une combinaison de consonne + voyelle, ou à une voyelle unique; ils représentent une étape particulière du grec et, en conséquence, la langue ne se reflète qu'avec une précision relative; les consonnes finales ne sont pas marquées et les graphèmes syllabiques peuvent représenter uniquement des consonnes (*ko-no-so* au lieu de κνωσό–; *ta-ra-si-ja* au lieu de ταλασίαν; *e-ko-te* au lieu de ἔκοντες). Les systèmes rigoureusement syllabiques de Chypre sont en relation avec les écritures crétoises. Le syllabaire cyprio-minoen ou cyprio-mycénien (deuxième moitié du ~ IIe millénaire) et le syllabaire cypriote (ou chypriote, de ~ 700 au ~ 1ᵉʳ siècle) représentent, en commun avec les systèmes crétois, des syllabes de consonne + voyelle, ou de voyelle seule, ne reflètent plus certaines consonnes finales, et ne distinguent pas certains types consonantiques ; de plus ils n'utilisent aucun idéogramme. La majeure partie des inscriptions appartient à un dialecte grec (l'arcado-cypriote) ; à cause de son origine probablement non hellénique ce système rigoureusement syllabique, comportant cinquante-six caractères, était mal adapté pour représenter une langue comme le grec, à groupes consonantiques, syllabes terminées en consonnes, et de durée vocalique. (Par exemple : *a-ti-ri-a-se* = ἀνδρίας, *a-ra-ku-ro* = ἀργύρῳ, *a-to-ro-po-se* = ἄνθρωπος ou ἄτροπος ou ἄτροφος). En réalité, bien que de façon plus systématique, ces syllabaires représentent la séquence phonique d'une manière aussi imparfaite que ceux des Sumériens et des Akkadiens. Le vestige sémiographique se maintient seulement dans la façon de représenter chaque mot séparé du suivant par un point ou par une ligne.

REPRÉSENTATION CONSONANTIQUE

Le type d'analyse phonique qu'on trouve tout d'abord en égyptien et qui consiste à donner à chaque graphème une valeur consonantique (accompagnée accessoirement d'une voyelle, ou non) fut poursuivi, indépendamment ou sous l'influence égyptienne, par les communautés du Proche-Orient dont les langues s'adaptaient bien à ce mode de représentation, en raison de la structure de leurs systèmes linguistiques. Ce furent les langues sémitiques occidentales qui développèrent ce procédé que d'aucuns qualifient de syllabique et d'autres d'alphabétique, mais qui est en réalité les deux choses à la fois. Il est syllabique en tant que chaque caractère graphique peut représenter une syllabe phonétique ; et il est alphabétique en tant que l'analyse effectuée a détaché les consonnes des voyelles, et permet d'identifier les premières entre elles dans les différents contextes vocaliques, résultat auquel les systèmes proprement syllabiques n'arrivèrent jamais. Les particularités structurales des langues représentées rendirent possible ce développement. Et nous pouvons ainsi voir que, paradoxalement, ces écritures, plus avancées dans l'analyse phonétique, conservent une marque idéographique plus importante. Ce qui veut dire qu'elles représentent chaque contenu lexical de façon unitaire (quoique articulé en éléments plus petits) et indépendamment des contenus circonstanciels qui peuvent lui être combinés chaque fois que cela est nécessaire (contenus morphologiques qui seront ou ne seront pas représentés, selon les exigences de chaque langue). Ainsi écrire *qtl* évoque un contenu unique (l'idée de « tuer ») beaucoup plus facilement que s'il faut indiquer chaque fois les accidents morphologiques qui l'accompagnent (*qatala, qutila, qatlum,* etc.).

Ce type de représentation est relativement tardif. Il est difficile de préciser l'endroit exact où il prit naissance quoique l'on puisse dire que ce fut dans la zone intermédiaire entre le Nord de la Syrie et la péninsule du Sinaï. Entre ~ 1 800 et ~ 1 500 apparaissent les premières inscriptions protosinaïtiques. Elles présentent une trentaine de caractères d'aspect pictographique, qui appartiennent vraisemblablement à une langue sémitique et qui utilisent des références de type consonantique (par exemple, *bʿlt* est un féminin, la déesse *Baʿlat* de la Phénicie). Les inscriptions proto-palestiniennes sont un peu postérieures. Par l'abondance des documents retrouvés à Ras Shamra (non loin de l'antique Laodicée ; ~ 1 600 à ~ 1200) la langue ougaritique est mieux connue, variété du cananéen dont les caractères sont cunéiformes, mais sans rapport avec les systèmes mésopotamiens, plutôt une stylisation des caractères phéniciens, au nombre de trente, combinés en mots séparés par un signe. L'écriture phénicienne ou cananéenne proprement dite présente des variations formelles et fut employée par diverses communautés voisines de langue sémitique occidentale. L'inscription la plus ancienne est celle du sarcophage de Ahirām à Byblos (environs de ~ 1 000), et les plus nombreuses datent du ~ VIe siècle. Le phénicien, type de cananéen proche de l'hébreu, fut, comme celui-ci, remplacé par l'araméen, aux environs du ~ IVe siècle, mais la variété carthaginoise se maintint après la destruction de Carthage (~ 146) et persista jusqu'à l'ère chrétienne sous la forme d'écriture punique et néo-punique. Le phénicien possédait vingt-deux caractères dont les formes et les valeurs consonantiques sont reconnaissables dans les systèmes de l'hébreu, de l'araméen et du samaritain. Les écritures sud-arabiques dépendent dans leur tracé de celles-ci. Le tracé de l'arabe classique procède indirectement, à une époque plus tardive, de la forme nabatéenne adoptée par le système araméen, mitigée d'influences syriaques.

Ces types d'écriture représentent partiellement la séquence phonique dans ce que nous pouvons appeler la structure lexicale : le signifiant graphique apparaît sous une forme invariable dans toutes les fonctions où la langue orale le modifiait par des vocalisations différentes. Ce n'est que lorsque la modification morphologique et fonctionnelle s'exprimait par des affixes consonantiques, qu'elle se manifestait dans l'écriture. Le fait que toutes ces écritures ne présentent pas de caractères spécifiques pour les voyelles isolées, à l'encontre de ce qui se passe en suméro-akkadien et dans les systèmes égéens, est essentiellement dû à la structure des langues représentées ; aucune langue sémitique ne connaît de syllabes constituées par un simple noyau vocalique : en laissant de côté les variations vocaliques, leurs types syllabiques sont, soit consonne + voyelle, soit consonne + voyelle + consonne. Ce dernier type devait forcément être représenté par deux graphèmes : le premier interprété comme une consonne « déplacée » par une voyelle, et le deuxième comme « quiescent » quant à la voyelle.

Dans ce type de représentation consonantique nous devons inclure, quoique impliquant une situation intermédiaire entre la représentation syllabique pure, la représentation consonantique et l'alphabétique, certains systèmes comme celui des langues de la Péninsule ibérique. L'écriture ibérique, tout en ayant servi à écrire d'autres langues que l'ibère, comporte un inventaire de quelque vingt-six caractères ; seize d'entre eux sont strictement syllabiques, comme ceux des syllabaires cypriotes, et comme ces derniers, ils n'analysent pas la syllabe en ses éléments consonne + voyelle, et ne distinguent pas les divers modes d'articulation consonantique : le même caractère peut se lire *ba* ou *pa* ; un autre *bi* ou *pi* ; *bo* ou *po* ; *bu* ou *pu*, etc. Cinq autres caractères représentent des consonnes sans vocalisation ; comme ce sont précisément les nasales, les liquides et les sifflantes, on en a déduit qu'elles pouvaient avoir une fonction syllabique. Il y a enfin cinq autres caractères pour les voyelles. A cause de ceci on pourrait penser qu'il s'agit d'un système partiellement alphabétique. Mais il faut envisager que ces prétendues voyelles étaient primitivement des syllabes constituées d'une consonne, l'occlusion glottale suivie d'une voyelle. S'il en était ainsi, le système de l'ibère serait parfaitement syllabique. Il remonte au ~ Ve siècle. Le système perse cunéiforme des Achéménides est également un système mixte : certains graphèmes indiquent les syllabes sans analyse, d'autres adjoignent un deuxième caractère pour désigner la voyelle.

REPRÉSENTATION ALPHABÉTIQUE

Les écritures de représentation consonantique présupposent l'analyse de la syllabe en ses composantes, consonnes et voyelles, mais elles ne créent pas de graphèmes particuliers pour les voyelles. Le véritable alphabet prend naissance quand cette analyse en consonnes et voyelles apparaît dans l'écriture, c'est-à-dire lorsque celle-ci adopte pour chacune d'elles un caractère différent. L'invention de ce type perfectionné pour représenter la deuxième articulation du langage se situe sans doute en Grèce. Il importe peu que les Grecs aient adopté le système graphique des Phéniciens avec quelques variations formelles; ce qui compte, c'est que la langue grecque était d'une structure très éloignée de celle des langues sémitiques, mais que les Grecs surent adapter l'instrument allogène à leurs propres besoins, et qu'ils profitèrent des graphèmes correspondant à des consonnes inexistantes en grec pour représenter leurs voyelles. En outre, ils développèrent au maximum le principe phonographique de notation de la langue, puisque, à l'encontre des autres systèmes, ils ne représentèrent plus la séparation entre les mots, ce qui fit disparaître définitivement la dernière trace idéographique. Plus tard, on reprit cette articulation de la séquence en signes, mais ce ne fut plus qu'un procédé pour faciliter la lecture des textes.

La représentation des voyelles par des graphèmes particuliers est, en partie, due au fait qu'en grec certains éléments consonantiques s'étaient affaiblis et avaient fini par disparaître, et les caractères graphiques correspondants restèrent comme indices de la voyelle qui accompagnait la consonne. Les caractères des semi-voyelles [w, y] se convertirent de la sorte en reflet des voyelles Υ [v], I [ι]. Les consonnes sémitiques d'articulation laryngale /ʾ, ʿ, h, ḥ/ n'avaient pas, ou cessèrent assez vite d'avoir des équivalents en grec; chacun des graphèmes qui les représentaient fut alors utilisé pour la notation d'une voyelle : l'occlusive glottale du phénicien ∢ [ʾ] pour la voyelle A (α), la fricative forte glottale sonore O [ʿ] pour la voyelle O (o), la fricative faible sonore Ǝ [h] pour la voyelle E (ε), et la fricative sourde ᐱ [ḥ] pour la voyelle H (η) (quoique au début elle servît également pour /h/, désigné par la suite, par l'esprit rude).

Une notation exclusivement consonantique comme celle qu'utilisaient les langues sémitiques occidentales, aurait surtout été d'une grande ambiguïté pour une langue comme le grec où les syllabes constituées uniquement par des voyelles sont très abondantes : υἱός « fils » aurait été représenté de façon vague par la consonne initiale faible /h/ et par la consonne finale, qui était en outre une désinence; ἰδέα, οἶδα, εἴδη, δέ, auraient donné /d/ en écriture consonantique.

Les usagers du grec surent en conséquence découvrir le moyen adéquat pour représenter leur langue avec des voyelles différenciées.

Malgré le principe phonographique de cette écriture, l'analyse de la deuxième articulation ne se réalisa pas de façon tout à fait parfaite. Quelques traits phoniques pertinents du grec n'étaient pas représentés. Beaucoup plus tard, les philologues alexandrins notèrent les accents du grec de façon systématique, au moyen de plusieurs types de tildes (ʹ ʽ ˜). La durée vocalique n'était distinguée graphiquement que dans les cas de ε et η, et de o et ω. Par ailleurs, l'évolution phonétique de la langue fut cause de déséquilibre dans la notation graphique; il arriva parfois qu'un seul et même élément phonique fut représenté par des combinaisons d'éléments graphiques : (ου[u], ει [ē]).

Tout cela, ajouté à l'existence de caractères uniques pour représenter des combinaisons d'éléments phoniques successifs (par exemple : ξ [ks], ψ [ps]), conduit à une situation que l'on observe fréquemment depuis lors dans beaucoup d'écritures de type alphabétique : les graphèmes ne correspondent pas un à un aux différents phonèmes ; dans certains cas un seul graphème se rapporte à plusieurs phonèmes (combinés immédiatement, tels ξ, ψ, ou alternativement selon leurs positions, comme α = ā, ă) ; et à l'inverse, un phonème est représenté par plus d'un graphème (dans le cas de /u/ = ου). Contre le désir de noter point par point la deuxième articulation, on s'achemine ainsi vers une représentation relativement arbitraire de l'aspect phonique ; ce qui, dans les cas extrêmes, donne lieu à une articulation en éléments graphiques minimums qui ne correspond nullement à l'articulation des éléments phoniques minimums.

Le système graphique grec aboutit, à diverses époques, à d'autres écritures, différentes en ce qui concerne les tracés formels, mais identiques quant aux principes de représentation phonique. Sous l'influence du grec, certaines écritures d'origine consonantique adoptèrent le principe de l'alphabet. Parmi elles, il convient de mentionner celles de l'Inde et de l'Éthiopie. Dans ces écritures le graphème d'origine à valeur consonantique (qui pouvait naturellement représenter des syllabes avec différentes voyelles) se scinde en autant de graphèmes que la langue donnée comporte de voyelles ; c'est-à-dire que ce tracé de chaque caractère graphique se modifie légèrement, et de façon différente, selon la voyelle qui accompagne la consonne évoquée. D'autres écritures, celles de l'hébreu ou de l'arabe par exemple, ne réalisèrent pas complètement cette vocalisation de leur système de notation consonantique ; elles ne firent qu'emprunter des caractères auxiliaires, en général suscrits ou souscrits aux caractères consonantiques, pour indiquer les voyelles.

En revanche, dans le bassin de la Méditerranée d'abord, et plus tard dans le Centre et le Nord de l'Europe, le procédé alphabétique établi par les Grecs se propagea définitivement. Mis à part le système étrusque (où il est possible de trouver des restes de représentation de type syllabique ou consonantique) et quelques autres systèmes, les adaptations les plus importantes sont celles que réalisèrent les Romains en constituant l'abécédaire latin, et beaucoup plus tard, l'adaptation au slave par l'alphabet cyrillique. D'autres systèmes, les runes germaniques, l'alphabet gotique, les caractères ogamiques de l'irlandais ou du gallois, ou le glagolitique, ne firent qu'ajouter quelques variations (voire certaines innovations indépendantes) dans le tracé des graphèmes. Comme dans notre sujet l'écriture ne nous intéresse pas en elle-même, mais bien le procédé par lequel elle représente le langage, il n'est pas nécessaire que nous nous attachions en détail à l'examen de ces systèmes.

Tous se basent sur l'adoption, plus ou moins modifiée dans le tracé, de l'inventaire des caractères grecs. Toutefois, cette imitation n'est en général ni aveugle, ni mécanique; elle se fit en se pliant aux exigences du système phonique de la langue qu'il fallait écrire. Parfois les valeurs phoniques subirent quelques variations selon les caractères adoptés; d'autres fois, les caractères inutiles, qui se référaient à des éléments phoniques absents, furent éliminés; ou encore, de nouveaux graphèmes furent créés pour des phonèmes qui n'existaient pas dans la langue de l'inventaire adopté. Le latin, par exemple, qui s'alphabétisa vraisemblablement par l'intermédiaire de l'étrusque (où il n'existe pas d'opposition entre sourdes et sonores), se retrouva avec un seul graphème C pour transcrire ses deux phonèmes /k, g/ : la nécessité de les distinguer graphiquement amena la création d'un nouveau caractère G; au contraire, Z fut éliminé de l'inventaire, car sa référence phonique était absente du système latin (cependant, par la suite, du fait de l'influence de la culture grecque, les Romains empruntèrent un grand nombre de mots d'origine grecque et furent obligés de réintroduire ce graphème). Le copte, stade ultime de la langue égyptienne, adopta un type d'alphabet de tracés grecs, et fut obligé d'ajouter des caractères complémentaires empruntés aux cursives égyptiennes afin de pouvoir représenter des sons inconnus en grec/f, š, h/ par exemple.

A l'exemple du grec, aucun des systèmes alphabétiques dérivés de celui-ci ne prétendit représenter de façon totale et détaillée les éléments phoniques pertinents de la langue. Le latin, plus que le grec encore, omit la notation de la durée vocalique : un même graphème représente la voyelle brève et la longue. De même, les changements phonétiques de la langue eurent comme conséquences de fréquentes ruptures de parallélisme entre phonie et graphie : le caractère H, représentation initiale du phonème /h/, finit par ne devenir qu'un simple indicateur du début d'un signe et par perdre toute valeur phonique.

Quant aux langues qui commencèrent à s'écrire dans des époques postérieures, l'adoption du principe alphabétique avec plus ou moins de rigueur, dépend des circonstances particulières. Le phonétisme est précis dans le monde d'aujourd'hui, quand il s'agit de langues qui n'ont pas de tradition écrite, ou qui abandonnent d'autres procédés en s'alphabétisant. Mais quand il s'appliqua pendant le Haut Moyen âge aux parlers vulgaires résultant de l'évolution du latin, l'écriture stabilisée et normalisée de celui-ci exerça une influence considérable sur la représentation graphique des parlers romans. Quelque peu analogue est la situation du grec moderne face au grec classique. Dans les deux cas, la conscience de leurs origines, et le même respect de la forme écrite des langues originaires furent la cause de l'emploi contradictoire des caractères graphiques dont la fonction véritable et essentielle est d'être le reflet transparent et direct de la langue parlée.

GRAPHIE PHONIQUE, PHONÉMATIQUE ET PHONOLOGIQUE

Réalisée d'une façon rigoureuse, la notation graphique de la séquence parlée serait d'enregistrer toutes les caractéristiques phonétiques perceptibles à l'ouïe, au moyen d'éléments graphiques différenciés et sans équivoque. Tel est le but des transcriptions phonétiques employées par les ouvrages scientifiques pour représenter les langues : noter les sons le plus précisément qu'il est possible, sans prendre en considération leur fonction linguistique.

Les écritures réelles sont fort loin de ce procédé. Elles ne représentent, en général, que les éléments phoniques qui jouent un rôle dans le système de la langue ; c'est-à-dire, qu'elles analysent la séquence parlée en phonèmes. Les écritures ont donc, en principe, une orientation phonologique. Elles n'enregistrent pas les variations infinies du matériel phonique de la langue, mais uniquement les traits phonétiques qui constituent la deuxième articulation, et qui, à un niveau ou à un autre, sont en rapport avec les différences de contenu.

Cependant les écritures ne parviennent pas non plus à représenter d'une façon absolument précise le système des unités fonctionnelles de la deuxième articulation. Cela ne s'obtient que dans les transcriptions phonologiques utilisées par les ouvrages scientifiques. Les écritures n'en donnent qu'une vision imparfaite, d'une précision variable selon les langues, quoiqu'elles se fondent sur la séquence parlée en l'analysant en éléments minimums récurrents, distinctifs et identifiables. Certains traits pertinents ne sont pas représentés. Et cependant, le but essentiel de l'écriture est de suggérer et de conserver la constitution phonologique de la séquence.

Parfois, la seule référence phonique prédomine et la graphie reflète de simples variantes phoniques dépourvues de valeur distinctive. Les écritures de l'Inde, qui veillent particulièrement à noter les variétés phoniques, possèdent souvent des signes graphiques spéciaux pour indiquer les modifications de certains phonèmes en contact avec d'autres. En latin aussi, il existe des exemples de simple notation phonétique : dans *accipere* (pour *ad-capere*), *actum* à côté de *agere, sufferri* à côté de *sublatum, illudo* (pour *in-ludo*), *coquere* à côté de *coctum;* l'on voit qu'un même phonème, diversement réalisé à cause de l'entourage phonétique, est représenté par plusieurs graphies qui tiennent compte de la réalité phonétique et non de la valeur phonologique. Même situation dans les exemples espagnols : *embarrar* à côté de *enlodar,* où les graphies *m* et *n* représentent des variantes phonétiques non distinctives (nasale labiale et nasale alvéolaire).

Quand les langues adoptent l'écriture alphabétique, elles reçoivent donc une représentation en principe phonologique, mais qui néglige fréquemment certaines différences diacritiques. Même dans les écritures qui notent de façon rigoureuse les distinctions phonématiques, on omet fréquemment de marquer les traits pertinents appelés prosodiques, et souvent, les signes phoniques de fonction démarcative. On a remarqué que certaines écritures non alphabétiques indiquaient les limites entre les signes et l'on a pu voir que cette notation indique en réalité quelque chose qui n'appartient pas à la deuxième articulation, mais à la première, c'est-à-dire : le maintien de l'autonomie de chaque signe linguistique. L'usage moderne d'espaces blancs accompagnant les signes s'est établi assez tard. Antérieurement, il existait déjà d'autres moyens graphiques équivalents, dû au fait que certains éléments phoniques, en plus de la fonction distinctive, possèdent une fonction démarcative : par exemple, en grec l'esprit rude se référait à un élément distinctif et indiquait en même temps le début du signe. Dans certaines langues sémitiques, comme l'arabe, les graphèmes avaient un tracé différent à la finale du mot, ce qui introduisait automatiquement une séparation graphique entre les signes. Dans d'autres cas, les limites entre les signes de la chaîne parlée sont marquées par des variations phoniques accessoires des phonèmes en position initiale ou finale, comme dans les langues de l'Inde, ou par la situation fixe d'un trait prosodique, tel que l'accent (par exemple en tchèque). Les notations de type phonétique dans les écritures indiennes peuvent ainsi être des signes démarcatifs graphiques, et la marque graphique de l'accent peut introduire une séparation entre les signes. Plus importante est la notation de l'accent lorsque celui-ci est libre, et que les schèmes accentués ont une fonction distinctive. Néanmoins, il arrive souvent que les écritures négligent de noter graphiquement, le contexte seul permettant alors de savoir à quel type de schème accentuel on a affaire. Par exemple, en anglais : *record* peut avoir deux formes accentuelles ´ —, ou — ´, selon qu'il s'agisse, dans le contexte, d'un « substantif » ou d'un « verbe ». Dans d'autres cas, l'indication de l'accent dans l'écriture n'est pas faite pour les schèmes les plus fréquents (comme en espagnol : *sabana, termino, corcel*), et n'intervient dans la graphie que pour les autres schèmes : *(sábana, térmíno, terminó, cárcel)*. Seul le grec, depuis les Alexandrins, a représenté tous ces traits prosodiques accentuels d'une manière conséquente et sans exception, en indiquant la position qu'occupaient les différents types dans la séquence parlée.

Quant aux éléments phoniques qui caractérisent la phrase, c'est-à-dire la courbe d'intonation, et les pauses, ce n'est qu'à une époque moderne, qu'un système de représentation assez exact s'est établi sous la forme de la ponctuation. La relation des symboles de ponctuation avec la langue varie d'une langue à l'autre, malgré sa valeur largement internationale. Certaines tendent à faire de la ponctuation le reflet des pauses et des mouvements d'intonation les plus importants : en général, le point /./, l'interrogation /?/ et l'admiration /!/ marquent la fin de la courbe d'intonation de type énonciatif, interrogatif ou émotionnel. Mais les usages sont variables. Plus encore en ce qui concerne la virgule /,/, le point-virgule /;/ et les deux-points /:/. Dans nombre de langues ces symboles ne représentent pas la marque de pauses ou d'autres détails de la séquence phonique, mais correspondent plutôt à un découpage intellectuel, sémantique, de la chaîne parlée : par exemple, en allemand, la virgule entre antécédent et conséquent : « Jeder, der sich die Mühe macht ... » par rapport au français « Celui qui se donne la peine... ».

En somme, les écritures alphabétiques se contentent de représenter ce qui est essentiel, par exemple les éléments à fonction distinctive ou phonèmes, et laissent de côté, tels de simples accessoires, d'autres traits phoniques fonctionnels de caractère marginal qui ne sont pas articulés comme les phonèmes, c'est-à-dire : les accents, les pauses, l'intonation. Ce caractère marginal des traits démarcatifs et prosodiques apparaît clairement dans le fait que beaucoup d'usagers de langues dont l'écriture marque l'accent négligent de le représenter quand ils écrivent (voir en espagnol).

LES GRAPHÈMES DU POINT DE VUE GRAPHÉMATIQUE

Comme notre centre d'intérêt est l'écriture en tant que représentation du langage, et surtout du langage parlé, nous ne pouvons nous étendre très longuement sur le problème de la structure des systèmes graphiques d'un point de vue graphique immanent. Cela constituerait, comme nous l'avons dit, l'objet de la graphématique. Il faudrait étudier le fonctionnement des unités graphiques distinctives quant à leur relation avec leur contenu. On envisagerait de longues séquences graphiques, délimitées par certains symboles démarcatifs (les signes de ponctuation), articulées en unités plus petites, les mots graphiques (ou séquences de graphèmes délimitées par des espaces blancs), et enfin, les éléments minimums indécomposables en plus petits éléments successifs (les lettres). On étudierait les variantes de celles-ci : minuscules et majuscules (ces dernières étant en partie douées de fonction démarcative, ou grammaticale, comme en allemand), rondes et italiques (ou soulignées, indiquant l'emphase). On pourrait voir les possibilités de distribution de ces graphèmes minimums, leurs neutralisations, etc. On pourrait même effectuer l'analyse de ces graphèmes en traits distinctifs, et montrer les oppositions, ou les corrélations, qui s'établissent entre eux, en suivant la voie ouverte par Trubetzkoy. De même, en comparant les variations du tracé des mêmes graphèmes dans la représentation imprimée et dans les représentations écrites à la main, on pourrait établir, à l'intérieur de chaque système graphématique, des « normes » et des styles différents, et en arriver à distinguer l'écriture, en tant que système, des graphies individuelles qui en sont la réalisation.

Mais tout cela, quoique fort digne d'intérêt, se trouve, comme nous l'avons dit, en dehors du domaine linguistique proprement dit. L'écriture nous intéresse dans ses rapports avec le langage, avec les signes de manifestation orale. Du point de vue linguistique, l'écriture n'est pas un système autonome de signes, mais la transposition systématique à la substance graphique d'un système de signes qui se manifestent par la substance phonique.

RELATION ENTRE LES GRAPHÈMES ET LES PHONÈMES

Du point de vue interne du système d'écriture, nous avons appelé graphèmes les éléments graphiques qui composent la séquence écrite. Le graphème est ce qu'on appelle couramment une « lettre ». Nous avons vu qu'en principe, l'écriture alphabétique se fonde sur la correspondance d'un seul graphème à chaque phonème; par conséquent un système d'écriture alphabétique à l'état pur devrait être composé d'autant de graphèmes distincts que de phonèmes existant dans le système phonologique de la langue représentée. Une telle situation est rare, n'hésitons pas à le redire. L'inadéquation partielle entre les deux niveaux, graphique et phonique, est courante, à cause d'un simple manque de rigueur dans la représentation : par exemple, en grec α, ι pour /ā, ă/ et /ī, ĭ/ ; en italien *s* pour /s/ et /z/ ; en anglais *th* pour /θ/ et /đ/ ; en catalan *o, e* pour /o̜, ǫ/ et /ę, ẹ/ ; etc.

Cette inadéquation d'un système à l'autre est encore accrue dans les cas, relativement fréquents, où une langue, qui a modifié au cours des siècles son système phonologique, continue à se servir du système graphique primitif, avec une orthographie archaïque. L'état limite de ce déséquilibre conduit à l'autonomie totale des deux systèmes, phonique et graphique, et par conséquent à une rechute vers d'autres procédés d'écriture, sémiographique et idéographique ; la seule différence étant que le système graphique présente d'ores et déjà une articulation en éléments minimums indépendants de la deuxième articulation phonique du langage. Un système qui se rapprocherait de ce type idéal pourrait être caractérisé comme un système alphabétique sémiographique (par exemple, en partie, le français ou l'anglais).

On peut définir plusieurs sortes de graphèmes d'après leur relation avec le système phonologique de la langue représentée.

GRAPHÈMES SIMPLES ET COMPLEXES

Les graphèmes simples sont les graphies d'une écriture alphabétique qui ne peuvent être décomposées en éléments graphiques différents plus petits : *a, b, c,...* en caractères latins ; α, β, γ... en grec ; а, ѣ, в... en cyrillique, sont des graphèmes simples. Les graphèmes complexes sont les graphies constituées de plusieurs éléments graphiques juxtaposés, chacun d'eux n'effectuant seul une référence phonique différente que lorsqu'il est combiné à d'autres. On les utilise quand l'inventaire des graphèmes simples ne suffit pas à représenter sans équivoque tous les phonèmes d'une langue ; l'emploi du graphème complexe équivaut à la création de graphèmes simples d'une forme nouvelle, ou composés de traits accessoires fondés sur ceux des graphèmes pré-existants. En français *ch, gn* sont des graphèmes complexes (qui se réfèrent à /š/ et à /ñ/, alors que les éléments dont ils sont composés représentent d'autres phonèmes); en espagnol, *ch, ll* (/č, ļ/); en hongrois *cs* (/č/), alors que *c* = /ts/ et *s* = (/š/); en allemand *ch* (/x/), *sch* (/š/); en anglais *sh, ch* (/š/, /č/); en portugais *lh, nh* (/ḷ, ñ/); en néogrec μb, νδ (/b, d/); en italien *gli, ci* (/l, č/); en polonais *cz, sz* (/č, š/).

GRAPHÈMES MONOVALENTS ET POLYVALENTS

Un graphème est monovalent lorsque, dans n'importe quelle position de la séquence écrite, il représente un seul et même phonème de la séquence parlée. Il est polyvalent lorsque, d'après sa position dans la séquence, il se réfère à plus d'un phonème de la langue. La polyvalence d'un graphème peut se manifester de deux façons : parfois le graphème se réfère à une combinaison immédiate de phonèmes, dans d'autres cas, à des phonèmes uniques distincts, selon les contextes. En espagnol ou en italien *a, i* (qui représentent toujours /a, i/) sont des graphèmes monovalents, alors qu'ils sont polyvalents en latin (car ils se réfèrent à /ā, ă/, /ī, ĭ/), ou en anglais (ils se réfèrent à /a/ dans *last*, à /ä/ dans *man*, à /ei̯/ dans *label*, à /ai̯/ dans *like*, et à /i̯/ dans *six*). En espagnol, en danois et en tchèque *s* est monovalent, mais il est polyvalent en français, en italien, en anglais ou en allemand (/s, z, š/). En latin, *c* comporte une référence unique (/k/), alors qu'en français, en anglais, en espagnol, elle est multiple (/k/ et /s/, /k/ et /θ/).

GRAPHÈMES DE RÉFÉRENCE PHONÉMATIQUE ET GRAPHÈMES DE FONCTION PHONOLOGIQUE

Ceux que nous avons appelés des graphèmes simples fonctionnent en général comme des représentants de phonèmes. Par ailleurs, un graphème peut parfois servir de complément distinctif d'un autre, ce qui se passe en partie avec les graphèmes complexes. Dans ce dernier cas, les deux graphèmes constituent une combinaison indissociable. Dans d'autres occasions, certains graphèmes se joignent à d'autres pour représenter non pas un phonème de manière régulière, mais une propriété phonique distinctive laquelle, ajoutée à un phonème, le transforme en un autre. On peut alors établir des séries de graphèmes complexes avec un élément graphique commun qui correspond à un élément phonique commun de la série de phonèmes ainsi représentés. C'est ce qui arrive par exemple en français avec *n* (graphème polyvalent par ailleurs); combiné avec une série de graphèmes qui représentent des phonèmes vocaliques dans d'autres cas, il sert à indiquer que la référence se fait non pas à la série de voyelles orales, mais à la série nasale : *an, in, on, un* représentent /ã, ẽ, õ, œ̃/. En allemand *h*, *e* (graphèmes également polyvalents) combinés avec un graphème de référence vocalique précédent indiquent simplement qu'il ne s'agit pas de voyelles brèves, mais de longues : *dieser* (*ie* = /ī/), *Ehre* (*eh* = /ē/). En allemand encore, le redoublement de certains graphèmes indique que le graphème précédent correspond à un phonème vocalique bref : *kommen* (*om* = /ŏ/), *fallen* (*al* = /ă/), *betten* (*et* = /ĕ/, à côté de *beten* avec /ē/), etc. En russe, le graphème Ь indique que le graphème précédent se réfère à une consonne mouillée et non à une consonne dure (мягкий знак). Dans tous ces cas, quoique de façon ambiguë et imparfaite, l'écriture reflète non seulement la deuxième articulation et la séquence de phonèmes, mais encore, au moins partiellement, elle réalise une analyse des phonèmes en traits distinctifs.

GRAPHÈMES ÉQUIVALENTS

De même que certains graphèmes sont polyphoniques, c'est-à-dire qu'ils se réfèrent, selon les contextes, à des phonèmes différents, il peut arriver qu'un même phonème soit représenté par différents graphèmes. Dans ce cas, la notation est polygraphique, et des graphèmes qui représentent un même phonème sont équivalents. En français, *c* (graphème polyvalent) équivaut dans certains contextes au digraphe *qu* (graphème indissociable, bien qu'un de ses composants, *u*, soit autonome), et au graphème *k* : tous les trois peuvent se référer au même phonème /k/. En français, encore, *c* est équivalent, dans d'autres contextes, à *ç, s, ss, t,* qui représentent le phonème /s/ *(cent)*. En espagnol, *b, v,* sont équivalents dans tous les contextes : ils se réfèrent au phonème /b/ *(beber, vivir)*, alors qu'en français ou en anglais, ce sont des graphèmes qui ont des références distinctes (/b/ et /v/ respectivement).

GRAPHÈMES EN FONCTION DIACRITIQUE

Dans une écriture strictement phonologique, les signes homophones doivent être représentés comme des homographes ; le contexte suffit pour les reconnaître et les identifier dans la séquence écrite comme dans la langue parlée. Cependant, dans l'écriture, apparaissent parfois un ou plusieurs graphèmes qui ne comportent pas de référence phonique, mais une référence sémantique. Ces graphèmes ont une fonction diacritique supplémentaire qui n'a aucun rapport avec l'articulation phonématique ; ils ressemblent en quelque sorte aux déterminatifs de type sémiographique ou idéographique : ils se rapportent exactement à un certain signifié parmi plusieurs qui sont associés au même signifiant dans la langue parlée. Les différences graphiques du français : *cent, sang, sans,* ou *pin, pain,* ou *sain, saint, sein, ceint* etc. ne se réfèrent pas à des distinctions phoniques (/sã/, /pẽ/, /sẽ/), mais aux différents contenus associés à ces signifiants. De même, dans les exemples espagnols *botar* et *votar, sabia* et *savia, bello* et *vello,* ou allemands *Leere* et *Lehre, Moor* et *Mohr, Aale* et *Ahle, Häuer* et *Heuer*. Il peut à l'occasion y avoir des graphèmes dont la fonction est exclusivement diacritique au niveau du contenu. Par exemple, en espagnol, le graphème *h* (hormis sa forme combinée dans le complexe *ch*) ne se réfère jamais à un phonème quelconque ; il est utilisé uniquement comme un élément diacritique de signifié pour des signes homophones : *huso* et *uso, honda* et *onda, hasta* et *asta, herrar* et *errar, hojear* et *ojear*.

GRAPHÈMES EN SIGNES HOMOGRAPHES

On appelle signes homographes ceux qui se différencient dans le langage parlé, mais n'ont qu'une même représentation graphique. En conséquence, le contexte seul permet la référence exacte à la séquence phonique et au contenu. Le fait se produit quand des graphèmes polyvalents, dont la référence est ambiguë, se combinent. En anglais, par exemple : *record* (/rékɔ́d/ ou /rikɛ́d/), *close* (/klou̯s/ ou /klou̯z/), *use* (/yūs/ ou /yūz/) ; ou en français : *les fils* (pluriel de *fil* et de *fils*), *notions* (*les notions* ou *nous notions), content (il est content, ils content), couvent (le couvent, ils couvent), portions (les portions, nous portions).*

HYBRIDITÉ DES ORTHOGRAPHES

Nous redirons encore une fois qu'aucune écriture ne représente l'analyse de la séquence phonologique à l'état pur. Les écritures où prédominent les graphèmes monovalents se rapprochent de cet idéal. Or, quand les graphies de type polyvalent se multiplient, l'orthographe s'éloigne du principe essentiel de l'alphabétisme et utilise des procédés d'un autre genre.

Les raisons de cet éloignement, et par conséquent de l'hybridité des écritures concrètes, sont doubles. La tendance conservatrice associée au respect que l'on a toujours porté à la forme écrite font qu'une fois établi un système d'écriture phonologique, ses signifiants graphiques demeurent consolidés en blocs invariables, et ses éléments ne sont plus analysés en rapport avec la séquence phonique. En écrivant, on reproduit le souvenir de ce que l'on a déjà vu par écrit et non pas ce que l'on entend. Dans ces conditions, la langue parlée modifie son système phonologique et sa réalisation phonétique au cours de son histoire, tandis que l'écriture persiste à reproduire les modèles antérieurs et se fossilise sous la forme de son analyse première. En grec, on continue d'écrire 'Αθῆναι ce qui était prononcé [athēnai̯] et qui se prononce aujourd'hui [aθíne]. Quand les langues romanes commencèrent à s'écrire, les transcriptions furent faites en tenant compte des différences profondes par rapport au latin, et elles tentèrent de représenter dans la graphie la véritable situation phonologique de ces langues; mais le respect de la tradition, et l'intérêt de souligner la relation des langues nouvelles avec le latin contraignirent à conserver les mêmes formes graphiques dans les cas évidents de parenté; d'où l'orthographe étymologique.

L'esprit conservateur et l'étymologie sont en quelque sorte un même phénomène en ce qui concerne leur influence sur les orthographes; l'écart apparaît dans leurs intentions : le premier aspire à maintenir une situation archaïque, quitte à surseoir à l'analyse de la séquence phonique; la deuxième est la recherche consciente de la filiation traditionnelle. D'une façon ou d'une autre, la relation directe à l'aspect phonique que présuppose l'écriture alphabétique disparaît, et une relation artificieuse s'établit entre eux : la manière dont il faut prononcer ou écrire une langue devient un jeu ardu et embrouillé d'équivalences entre ce que l'on écrit et ce que l'on dit; l'articulation des éléments graphiques cesse de correspondre à celle des éléments phoniques, et la relation de la phonie à la graphie se réalise par blocs indécomposables qui correspondent aux signes linguistiques. De ce fait on retombe partiellement dans la sémiographie.

Les orthographes archaïques, étymologisantes ont été appelées orthographes de type ancien, par opposition à celles de création récente qui manifestent directement la deuxième articulation de la langue et qui sont appelées orthographes de type moderne. On peut y ajouter les orthographes en voie de rajeunissement, c'est-à-dire les systèmes graphiques qui se renouvellent et reprennent l'analyse de la représentation graphique en conformité avec l'articulation phonique modifiée, chaque fois que la connexion directe avec l'aspect phonique se perd. La caractéristique d'une orthographe de type ancien est la présence de graphèmes équivalents et polyvalents, à côté de ceux qui sont dénués de référence phonique et n'ont qu'une fonction diacritique par rapport au contenu de la langue. Quand les orthographes se renouvellent, rajeunissent, il y a élimination des graphèmes dépourvus de rapport avec les éléments phoniques, et à l'inverse rétablissement des distinctions graphiques si elles correspondent à des distinctions phoniques.

Le français et l'anglais nous offrent des exemples caractéristiques d'orthographes de type ancien. Tous deux possèdent un système graphique fondé sur une analyse de la séquence phonique à un stade de la langue très éloigné de l'état actuel (tendance conservatrice), et auquel sont adjoints des éléments de restitution étymologique. Ces deux orthographes, quoiqu'elles soient passées par des périodes momentanées de rajeunissement, présentent fort peu de graphèmes de référence phonique univoque et une majorité de combinaisons fossilisées de graphèmes qui constituent les signifiants graphiques. La relation entre eux et les signifiants phoniques s'établit par l'intermédiaire du signe ou du contenu. Ce sont donc des orthographes sémiographiques articulées non phonétiquement. Il arrive que l'analyse effectuée par l'écriture établisse une organisation du contenu tout à fait différente de celle que l'on obtient par l'analyse de la langue. Si l'apprentissage de l'orthographe n'était pas nécessaire, la grammaire française se trouverait considérablement simplifiée : de nombreux morphèmes étudiés dans la langue française n'ont pas d'autre réalité que celle que postule la langue écrite : dans les propositions : « le livre que tu as reçu », « les livres que tu as reçus », « la lettre que tu as reçue », « les lettres que tu as reçues », les quatre formes distinctes du participe ne sont que graphiques, car phonétiquement il n'y a qu'une seule forme [rsü]. Malgré le divorce avec la séquence phonique, l'anglais ni le français ne peuvent être considérés comme des écritures idéographiques ou sémiographiques du type de celles que nous avons examinées plus haut. Dans ces systèmes-là, un nouvel idéogramme ne peut pas être lu sans explication préalable. Au contraire, en anglais ou en français, un lecteur peut lire sans trop d'hésitations un signifiant graphique, même s'il en ignore le sens, ou s'il n'a jamais entendu le signifiant phonique correspondant. Il existe donc, quoiqu'elle soit obscure et compliquée, une certaine relation entre ce qui est graphique et ce qui est phonique. Si l'on montre à un Français la graphie *phœil*, vraisemblablement il lira [föy], car dans *œil* il est habitué à voir un graphème complexe se référant à [öy], par exemple : *œil* ou *œillet*. Si l'on fait lire à un Anglais la graphie *trike* il prononcera [traịk], car il connaît une série de graphies analogues *(like)*.

L'orthographe française tentait de reproduire à ses débuts l'aspect phonique de la langue, sans toutefois modifier l'inventaire des graphèmes hérité du latin. Pour ce faire, on utilisa des graphies complexes pour les phonèmes qui n'existaient pas en latin, on attribua une double référence à certains graphèmes selon leur place dans la séquence, et, en suivant l'exemple du latin, on cessa de représenter certaines différences vocaliques (/ẹ/, /ę/ et /ə/ étant représentés par *e*). Dans l'ensemble, malgré ces anomalies, l'orthographe était clairement phonographique. Au cours des siècles, la langue parlée se modifia rapidement, mais l'orthographe demeura quasi sans changement; de plus, les soucis d'étymologie des humanistes, et l'introduction fréquente de formes savantes, firent adopter des calques graphiques du latin, sans rapport avec l'aspect phonétique de la langue. D'où l'augmentation du nombre de graphèmes complexes et la prolifération de la polyvalence. Bien que, depuis la fondation de l'Académie Française, l'orthographe fût soumise à des règles, et certaines adaptations de la graphie à la phonie fussent introduites, la tradition conservatrice fut maintenue ainsi que le respect de la référence étymologique. L'orthographe actuelle est parfaitement hybride. Les graphèmes de référence polyvalente selon leur position sont fort nombreux : *c* équivaut à /k/ dans *cou, lac*, et à /s/ dans *ici, cerf*; *g* = /g/ dans *goutte, garde*, et /ž/ dans *rage, girafe*; *s* = /s/ dans *sac, ainsi*, /z/ dans *base, usine* (et zéro dans *mois, pas*); *t* = /t/ dans *côté, tiède, partie*, /s/ dans *action, patience* (et zéro dans *briquet*). Également fréquents sont les graphèmes utilisés dans certains contextes comme compléments ou diacritiques d'un graphème voisin : *u* placé à côté de *g* implique que la référence de ce dernier est /g/ et non pas /ž/ *(bague)*; *s* à côté de *s* implique la référence à /s/ et non à /z/ *(masse, poisson)*; *n* (ou *m*) après un graphème vocalique et avant un consonantique ou avant une pause, indique la référence à un phonème vocalique nasal *(an, champ, chien, complet, bon, rincer, pain, lundi)*; *e* en position finale après une consonne indique que celle-ci se réfère effectivement à un phonème *(grande, mise, matière)*; certains graphèmes consonantiques à la finale (outre parfois la référence à un phonème consonantique) indiquent que le graphème précédent *e* se réfère à /e/ et non à /ə/ *(aimer, grec, clef, briquet, nez)* etc. Les graphèmes complexes sont nombreux : *ch* se réfère à /š/ dans *cheveu, chimère, champ*, et à /k/ dans *chlorure, chœur, chronique*; *gn* à /ñ/ dans *agneau, cygne*; *ill, il* à /y/ dans *deuil, ail, paille, feuille, fouille*; *ai* à /e/ dans *graine*; *ei* à /e/ dans *veine*; *oi* à /wa/ dans *pois*; *eu* à /ö/ dans *feu*; *eau, au* à /o/ dans *peau, aube*; *ou* à /u/ dans *mou, fou*. Il faut ajouter, de plus, les différences graphiques des signes homophones qui renvoient à des différences de signifiés : *mer, mère, maire; fer, faire; vaine, veine; taire; terre; a, à; la, là; dû, du; au, eau; fraîne, freine;*

COMMUNICATION GRAPHIQUE 561

cou, coup, coût; puis, puits; pois, poix, poids; poing, point; cerf, serf, sert; compter, conter; cour, cours, court; et d'autres différences graphiques dépourvues en général de correspondances phoniques (hormis les cas de « liaison ») qui indiquent des relations grammaticales dans la phrase, comme les *-s* du pluriel, les *-e* du féminin, et les terminaisons verbales telles que *-e, -es, -et, -s, -t, -ent,* que la langue parlée exprime par d'autres moyens, ou que le contexte seul rend intelligibles. De tout cela, il résulte qu'en français l'orthographe reflète l'articulation phonique d'une manière polygraphique et confuse. Un même phonème est représenté graphiquement de plusieurs façons : soit /s/ dans *sourd, casse, arçon, ciel, exquis, gentiane;* ou /ö/ dans *peur, mœurs, cueillir, œil;* ou /k/ dans *cause, kilomètre, chrome, quatre;* ou /ã/ dans *sang, cran, lampe, content, entier, emploi, faon;* ou /y/ dans *paille, païen, ail, fille, envoyer.*

En anglais, l'écriture commença aussi par être la représentation de l'articulation phonique. Alors que la langue parlée évoluait considérablement, la tendance conservatrice et l'introduction de formes savantes empruntées au latin et au français ont abouti à la situation actuelle où la polyvalence des graphèmes et la polygraphie des phonèmes est générale et où abondent les graphèmes diacritiques de démarcation phonique ou de référence sémantique. Il y a un grand nombre de graphies complexes; presque tous les graphèmes simples sont polyvalents, la confusion étant encore plus marquée qu'en français, car le contexte n'indique même pas toujours la valeur phonique particulière d'un graphème, et les graphèmes ne se réfèrent pas nécessairement à un seul phonème, mais aussi à des combinaisons de phonèmes. En outre, les graphèmes dépourvus d'équivalence phonique ne sont que de simples signes graphiques (alors qu'en français ces graphèmes se manifestent parfois phonétiquement, comme on peut le voir en comparant *les chiens,* où *s* est exclusivement graphique, et *les amis* où *s* représente /z/). Voici quelques exemples de graphies complexes en anglais : *th* pour /θ/ ou /ð/ dans *thing, this; gh* pour /f/ dans *laugh; ng* pour /ŋ/ dans *long; sh* pour /š/ dans *shut; ee* pour /i/ dans *sleep,* etc. La polyvalence des graphèmes est abondante et arbitraire : *a* correspond à /ä/ dans *cat*, à /ō/ dans *wall*, à /ā/ dans *calf*, à /ə/ dans *along*, à /ei/ dans *date*, à /i/ dans *palate; e* correspond à /e/ dans *well*, à /ī/ dans *be; i* correspond à /i̯/ dans *pink*, à /ī/ dans *police*, à /ai̯/ dans *ice; o* correspond à /ə/ dans *top, boy*, à /ou̯/ dans *bone*, à /a/ dans *now*, à /ū/ dans *move*, à /wʌ/ dans *one*, à /u/ dans *woman*, à /ʌ/ dans *come*, à /i/ dans *women*, à /o/ dans *obey*, à /ə/ dans *violin; u* correspond à /ʌ/ dans *cut*, à /u/ dans *put*, à /ū/ dans *rule*, à /yu/ dans *use*, à /i/ dans *minutes; c* correspond à /k/ dans *come* ou à /s/ dans *ceiling; g* correspond à /g/ dans *get*, ou à /dž/ dans *gender*, etc. Certains graphèmes ne sont que les compléments d'autres graphèmes dont la référence est de la sorte modifiée : *r* (qui signale en outre /r/) indique, soit la longueur de la voyelle précédente *(far, more, girl, work, blur)*, soit le deuxième élément /ə/ d'une diphtongue *(beer, here, poor, square)*. Nombreux sont aussi les graphèmes utilisés comme de simples signes graphiques servant à distinguer les signifiés : *write* et *right* [rai̯t]; *no* et *know* [nou̯]; *tail* et *tale* [tei̯l]; *two* et *too* [tu]; *sun* et *son* [sʌn]; *so* et *sew* [sou̯]; *sea* et *see* [si]; *rain* et *reign* [rei̯n]; *read* et *red* [rēd]; *pear* et *pair* [pɛə]; *or* et *oar* [oə]; *flour* et *flower* [flauə]; *through* et *threw* [θrū]; *hole* et *whole* [hou̯l]; *wait* et *weight* (wei̯t). Enfin, il existe des signes homographes, tels que *use* ([yūz] et [yūs]), *read* ([rīd] et [rēd]), et quelques homophones et homographes : *like, ground, lay, may, saw*. Il est compréhensible qu'avec une orthographe aussi éloignée de la représentation phonique, l'anglais possède un système d'écriture quasi sémiographique : chaque signifiant graphique se réfère globalement à un signifié, même si quelques graphèmes de celui-ci présentent une allusion vague et imprécise à l'articulation phonique.

ORTHOGRAPHES NOUVELLES OU MODERNISÉES

A l'autre extrême on rencontre des écritures qui, au long de leur histoire, ont essayé de maintenir une correspondance plus précise avec la langue parlée. Tout en conservant des graphèmes bivalents hérités du latin et des graphies complexes, l'italien possède une orthographe assez proche de la représentation phonologique absolue. Cependant, comme c'est aussi le cas du catalan ou du portugais, il omet de signaler certaines différences phonématiques : /e/ et /ę/, /o/ et /ǫ/ sont simplement *e, o;* et il ne possède pas de graphèmes distincts pour /s/ et /z/ et pour /ts/ et /dz/. Les langues qui ont adopté plus récemment l'alphabet latin ou cyrillique sont plus précises dans la représentation de leur phonologie (le turc, le finlandais ou le mongol, par exemple). Une orthographe jeune ou moderne est celle du roumain qui conserve fort peu de cas de polyvalence; les dernières réformes ayant éliminé les cas de polygraphie et les éléments graphiques inertes de type étymologique : *c* et *g* qui se réfèrent à /č/ et /ǧ/ devant *e* et *i*, et à /k/ et /ǧ/ dans les autres cas, sont bivalents, et on utilise donc les digrammes diacritiques *ch* et *gh,* et *ci* et *gi* (comme en italien). Les autres graphèmes correspondent en général à la situation phonologique, mais non phonétique : dans *ani,* le graphème *i* représente une prononciation très réduite, une trace de palatalisation du phonème précédent, mais phonologiquement il s'agit du phonème /i/. Les exemples de polygraphie qui se présentaient naguère entre *â* et *î* ont disparu : aujourd'hui on écrit *î* pour le phonème /ï/ : *romîn, pîine, cînt, rîu.* Il reste une forme irrégulière, dans la représentation de /ie/ par *e* seulement, dans *e, este, el,* par exemple. Pendant la période de latinisation, au siècle dernier, le roumain, au lieu de graphies complexes, a adopté de nouveaux graphèmes en modifiant quelques-uns des anciens (comme le fit le tchèque parmi les langues slaves) : *ț* pour /ts/ et *ș* pour /š/.

L'espagnol, bien qu'il ait, au cours de son histoire, introduit dans son orthographe des modifications visant à le rapprocher de sa prononciation, conserve encore des traces étymologiques et des graphèmes bivalents hérités du latin : la double référence de *c* et de *g* déjà citée, l'équivalence partielle dans le cas de *c* et *qu*, de *g* et *j*, totale dans celui de *b* et *v* (utilisées parfois en référence au contenu). Malgré tout, les exemples de références phonétiques équivoques sont très peu fréquents.

Parmi les langues germaniques, nous avons déjà indiqué des graphies complexes et les graphèmes complémentaires de l'écriture en allemand, néanmoins l'orthographe n'est jamais ambiguë et représente toujours clairement l'articulation phonologique de la séquence parlée.

Dans toutes les écritures alphabétiques on trouve certaines représentations graphiques qui échappent à l'articulation en éléments plus ou moins corrélatifs des éléments phoniques. Nous ne parlons certes pas de la notation numérique, système sémiographique indépendant, que l'on peut traduire dans n'importe quelle langue, et qui est pratiquement internationale, comme les signaux de la route, système qui comporte en outre son articulation graphique particulière, et sa propre syntaxe. Nous voulons parler de ce qu'on appelle les abréviations : *SPQR, Cn., s.t.t.l.* en latin; *s.v.p. (s'il vous plaît), M. (monsieur), etc.; m.E (meines Erachtens), u.a. (unter andere), usw. (und so weiter)* en allemand; *viz. (videlicet, namely), Mr., Mrs., S, lb., $* en anglais. Il est évident que ces signifiants graphiques n'ont pas grand rapport avec les signifiants phoniques correspondants, et qu'ils se réfèrent, de façon directe, au contenu, pour le lecteur qui connaît ces langues. Pour cette raison on leur donne parfois le nom d'idéogrammes. Ce qui est sans doute exagéré, car en réalité, ils ne sont que des substituts de signifiants articulés en graphèmes de référence phonique. Toutes proportions gardées, les signifiants tels que *œil* en français, ou d'autres exemples cités plus haut, sont d'un caractère plus idéographique.

INTERFÉRENCES DE L'EXPRESSION GRAPHIQUE ET DE L'EXPRESSION ORALE

D'après les définitions, il est compréhensible que l'expression graphique soit influencée et modifiée par l'expression orale, puisque par principe elle est le reflet direct de celle-ci dans l'écriture alphabétique. L'écriture qui se conforme à ce principe se modifie en suivant les fluctuations de la langue parlée; c'est cette situation que présentent, approximativement, les orthographes jeunes ou modernisées. Dans toutes les écritures alphabétiques, même quand l'orthographe est très stabilisée, ou dans les cas extrêmes d'éloignement archaïque par rapport à la prononciation (en français ou en anglais, par exemple), le principe phonographique se maintient vivant parmi les usagers de l'écriture. C'est ce qui explique le phénomène des « fautes d'orthographe » fréquemment commises par les gens peu « cultivés ». Il est concevable d'interpréter ces fautes comme le désir inconscient de celui qui écrit de rester fidèle au principe phonographique : quiconque ne fait pas de différences phoniques, ne fait pas non plus de différences graphiques; en conséquence les fautes d'orthographe sont l'élimination occasionnelle des phénomènes que nous avons appelés polyvalence et polygraphie, caractéristiques des systèmes qui manifestent une inadéquation partielle entre la graphie et la phonie.

Mais des influences en sens contraire se font également sentir. Le prestige, l'inviolabilité, le respect qui entourent l'orthographe, ajoutés à la force du principe phonographique, font que certains éléments graphiques, dénués au départ de référence phonique, en viennent à se prononcer, introduisant dans la séquence parlée un corrélatif jusqu'alors inexistant. Rappelons que les non-spécialistes discutent d'ordinaire sur la *façon de prononcer une langue* mais point sur la *façon de l'écrire*, comme si la forme écrite était primordiale. On comprend alors que des sons réels soient attribués aux éléments graphiques dépourvus de référence phonique. Parfois, l'introduction de ces nouveaux éléments n'est pas une création proprement dite, mais plutôt la restitution de phonèmes que la langue avait possédés à des stades antérieurs, et qui furent éliminés au cours de son évolution. La raison dernière de pareilles modifications de la langue parlée à partir de l'écriture est le principe de l'adéquation de la phonie et de la graphie, mais des motifs variables peuvent être invoqués dans chaque cas particulier : l'ambiguïté possible, le besoin de renforcer la masse phonétique de certains signifiants, l'économie ou la suppression des traces idéographiques, etc.

Envisageons quelques exemples en français. Dans *cinq* et *dix,* les graphies *q* et *x* ne correspondant traditionnellement à rien dans la prononciation se réfèrent à nouveau dans certains contextes aux phonèmes /k/ et /s/. Dans *suspect, ct* se rapporte à /kt/. Certaines graphies, purement étymologiques, telles les lettres redoublées *ll, ff, cc* se prononcent de plus en plus souvent comme des sons géminés : *illustre, effort, accord*. Dans *fils, ès, mœurs, ours*, le *s* orthographique représente à nouveau un /s/, dans la langue parlée, soit pour renforcer la masse phonique de ces mots, soit pour établir des distinctions avec d'autres signes (cf. *fils*). La fréquence de *eu* représentant /ö/ incite certains locuteurs à prononcer [gažör] pour *gageure*, et non [gažür]. Des graphies archaïques comme *montaigne*, où *i* était un simple diacritique indiquant la palatalisation de *gn*, sont interprétées comme si *i* faisait partie de l'élément digraphique *ai*, en référence à /ę/, et l'on prononce [mõteñ]. Des restitutions étymologiques comme le *g* de *legs* ont introduit la prononciation [lęg], en établissant une relation avec le verbe *léguer*, au lieu de maintenir la véritable relation avec *laisser*. De même, dans *signe, règne, cygne*, le *g*, jadis strictement ornemental, fait maintenant partie du digramme *gn* : on prononce [ñ], ([siñ] au lieu de [sin]). L'introduction de *h* dans *cirurgie* a donné lieu à la prononciation [širüržì] pour *chirurgie*, à la place de [sirüržì]. Parallèlement, *b* dans *obscur* ou *abstenir*, et *d* dans *adversaire* s'articulent malgré leur origine graphique.

En espagnol, les restitutions orthographiques de l'Académie et l'influence des érudits ont rétabli l'articulation des groupes de consonnes disparus depuis fort longtemps : *signo, objeto, apto, efecto, concepto;* encore que dans quelques cas la forme normale l'ait emporté *(oscuro, setiembre)*, ou que les deux prononciations et les deux orthographes aient abouti à deux signes différents *(catar, et captar, sino et signo, respeto et respecto)*.

L'anglais offre aussi bien des exemples de restitution ou d'introduction d'éléments phoniques pour des raisons de graphie. Dans *realm, soldier, herald, caldron, fault*, le *l*, qui fut d'abord graphique, est maintenant articulé. De même *h*, dans *hospital, humble, herb, humor*, simple ornement étymologique à l'origine, se réfère aujourd'hui au phonème /h/ dans le parler de certains locuteurs (quoique dans d'autres cas il persiste à être un simple trait graphique inerte : *honour, hour, heir*). Le *h* fut également introduit dans des emprunts anciens, *teater, catolic* et *trone* d'où *theater, catholic, throne;* le digramme *th* obtenu est donc interprété comme /θ/ et l'on prononce maintenant [θíətə], [käθəlik], [θroun]. L'ancien mot français *neveu* fut introduit en anglais avec un *p* ornemental, par référence au latin *nepos,* d'où *nephew;* comme le digramme *ph* représente généralement /f/, la prononciation [nẹfyu] tend à remplacer [nẹvyu]. Un autre exemple de la pénétration de la graphie dans la prononciation apparaît dans les nombreux cas où l'on utilise des abréviations ou sigles au lieu des mots complets. Très fréquemment, ces abréviations ne se réfèrent plus aux graphies en entier et se lisent alphabétiquement : *G.I.* [dži-aị̆], *Ph.D.* [pi-eič̣-di], *A.M.* [eị̆-em], *P.M.* [pi-em], *O.K.* [oụ-keị̆] américain. Ces sigles, qui réalisent en fait une référence phonique du type des systèmes syllabiques, servent de base à un genre particulier de représentation graphique amplement utilisé par la publicité commerciale, par exemple *bar-B-Q* (= *barbecue*), *U-tote-'m* (= *you tote them*), etc., formes qui prolifèrent aux États-Unis.

L'adaptation d'emprunts lexicaux d'une langue à l'autre est un aspect particulier de l'influence de l'orthographe sur la manière de prononcer. Les nouveaux emprunts peuvent garder l'orthographe initiale : mais si parfois ils apportent la prononciation de leur langue d'origine, dans d'autres cas, ils se lisent selon les normes orthographiques de la langue qui les adapte. En français on prononce [futbol] et on continue à écrire *football*, alors qu'en espagnol on écrit *fútbol;* en revanche, *nylon* se prononce [nilõ] en français, tandis que l'espagnol maintient la forme directement empruntée [naịlon]. Le français *fascisme* conserve la graphie *sc* et la référence au /š/ de l'italien *fascismo,* tandis que l'espagnol prononce selon ses normes [fasθiʒmo].

Emilio Alarcos Llorach.

BIBLIOGRAPHIE

L. Bloomfield, *Language,* New York, 1933 (chap. xvii).

D. L. Bolinger, *"Visual Morphemes",* dans « Language », **22** (1946), pp. 333-340, Baltimore.

J. Chadwick, *The Decipherment of Linear B,* Cambridge, 1958.

Marcel Cohen, *La Grande invention de l'écriture et son évolution,* Paris, 1958.

H. G. Creel, *On the Nature of Chinese Ideography,* dans « T'oung-pao », **32** (1936), pp. 85-61, Leyde.

E. Dhorme, *L'Écriture et la langue assyro-babyloniennes*, dans « Revue d'assyriologie », **40** (1945-46), pp. 1-16, Paris.

D. Diringer, *The Alphabet. A Key to the History of Mankind*, Londres-New York, 1949.

G. R. Driver, *Semitic Writing. From Pictograph to Alphabet*, Londres, 1954.

W. F. Edgerton, *Ideograms in English Writing*, dans « Language », **17** (1941), pp. 148, Baltimore.

J. G. Fevrier, *Histoire de l'écriture*, Paris, 1948.

A. H. Gardiner, *The Nature and Development of the Egyptian Hieroglyphic Writing,* dans « Journal of Egyptian Archæology », **2**, (1915), pp. 61-75, Londres.

I. J. Gelb, *Von der Keilschrift zum Alphabet*, Stuttgart, 1958.

H. A. Gleason, *An Introduction to Descriptive Linguistics*, New York, 1955.

H. Jensen, *Die Schrift in Vergangenheit und Gegenwart*, Berlin, 1958.

B. Karlgren, *Sound and Symbol in Chinese*, Londres, 1923.

B. Karlgren, *The Chinese Language*, New York, 1949.

René Labat, *Manuel d'épigraphie akkadienne*, Paris, 1948.

Pierre Lacau, *Sur le système hiéroglyphique*, Institut français d'Archéologie orientale, Bibl. d'études, vol. 25, Le Caire, 1954.

Michel Lejeune, *Le Langage et l'écriture,* dans « L'Évolution humaine », **3**, pp. 201-340, Paris, 1934.

A. Meillet, *La Langue et l'écriture*, dans « Scientia », **25** (1919), pp. 289-293, Bologne, Londres, Paris.

A. C. Moorhouse, *The Triumph of the Alphabet*, New York, 1953.

E. Pulgram, *Phoneme and Grapheme: a Parallel*, dans « Word », **7** (1951), pp. 15-20, New York.

H. J. Uldall, *Speech and Writing*, dans « Acta linguistica », **4** (1944), pp. 11-16, Copenhague.

J. Vendryes, *Le Langage* (5ᵉ partie, chap. 1-2), Paris, 1950.

C. F. et F. M. Voegelin, *Typological Classification of Systems with Included, Excluded and Self-Sufficient Alphabets*, dans « Anthropological Linguistics », **3**, n° 1 (1961), pp. 55-96, Los Angeles.

LE LANGAGE ET LES
GROUPES HUMAINS

LANGUE — DIALECTE — PATOIS

Le langage, la communication entre hommes par la parole, donne lieu à deux formes d'expérience élémentaire :

1) L'expérience de la diversité des langues ; c'est à elle que se réfère le récit biblique de la Tour de Babel ; on va dans un autre pays et on trouve que les hommes de ce pays communiquent entre eux à l'aide de mots et de phrases que le visiteur ne comprend pas ; aux choses correspondent d'autres noms. On se représente le monde comme divisé en un certain nombre de communautés, dont chacune a sa langue : autant de pays, autant de langues.

2) L'expérience de diversités à l'intérieur de ce qu'on considère comme une même langue, parce que les dénominations des choses, sans être identiques, ont des ressemblances évidentes, et que, de façon générale, les différences observées ne sont pas telles qu'elles empêchent la compréhension. On remarque que la servante venue de son village dit *mouè* pour « moi », ou *il ot* pour « il est ».

En France on dit qu'elle parle « patois » : ici se mêle, à l'idée d'un groupe d'hommes qui ont leurs habitudes propres, en ce qui concerne la parole, celle d'hommes qui sont nés lourdauds ou n'ont pas reçu d'éducation — réaction naïve (bien connue) de la part d'un groupe placé devant un comportement différent du sien. L'anglais *vernacular* (*verna* désigne en latin l'esclave né et élevé dans la maison) est plus neutre : il évoque seulement le fait de rester enfermé dans un petit milieu clos. Enfin l'allemand *Mundart* suggère que chacun parle comme il a la bouche faite *(wie ihm der Schnabel gewachsen ist)*, et aurait tort de chercher à changer sa nature ; il s'y mêle, sous l'influence du romantisme, une nuance de respect pour ce qui est nature originale, non sophistiquée.

L'observation scientifique oblige à corriger ces vues fondées sur une première impression. Elle montre d'abord qu'il faut introduire une distinction de principe fondamentale entre les *parlers dialectaux* et les *langues communes*. Il y a là deux plans distincts, sur chacun desquels se pose de façon particulière le problème de la division de l'humanité du point de vue du langage, et celui des variations internes.

Le plan des parlers dialectaux apparaît, contrairement à une erreur tenace, comme le plan de base : si l'on fait abstraction de langues artificielles entièrement inventées, c'est du plan dialectal que proviennent les éléments dont sont formées les langues communes telles que l'anglais, le français, l'allemand, langues littéraires et administratives. Il faut écarter ici expressément l'erreur qui consiste à considérer les patois comme des formes abâtardies de la langue commune, par exemple tel patois bourguignon comme du français commun déformé par des bouches paysannes et des esprits simples, ou tel patois souabe comme une forme altérée de la langue littéraire allemande.

Nous commencerons donc par caractériser les faits tels qu'ils se présentent à l'observation scientifique directe, portant sur des parlers actuellement vivants. Nous passerons de là, plus tard, au point de vue génétique, c'est-à-dire nous nous demanderons par suite de quelles évolutions et sous l'influence de quels facteurs est né ce que nous observons. Enfin nous examinerons le problème des méthodes que requiert un tel objet, telles qu'elles ont été progressivement élaborées, cela en opposant chaque fois le plan des parlers dialectaux, et le plan des langues communes.

LES FAITS DIRECTEMENT OBSERVABLES

LES PARLERS DIALECTAUX

Le terme de « dialecte » apparaît comme moins marqué, plus neutre que « patois », *Mundart, vernacular,* accompagnés de nuances affectives, et facilement associés à des vues simplistes. Cependant les acceptions du mot dialecte lui-même ne sont pas encore fixées avec toute la rigueur qui serait désirable. Le mot grec *dialektos* était un substantif abstrait qui signifiait « conversation », puis langage dans lequel on converse. C'est l'association avec des noms de régions ou de groupes ethniques qui y a introduit l'idée de variété régionale, marquée, lorsqu'on a opposé aux formes de la prose attique classique des formes éoliennes, doriennes, ioniennes (un ouvrage du philologue allemand Thumb est intitulé *Die griechischen Dialekte*). Par analogie on a parlé de dialecte picard, normand, gascon en France, de dialecte souabe, bavarois, thuringien en Allemagne: il s'agissait, en fait, de types régionaux de parlers caractérisés par un faisceau de caractères communs apparents.

Mais au fur et à mesure que se multipliaient les enquêtes directes et les observations de détail, le caractère relatif de ces groupements apparaissait plus clairement. On découvrait que les parlers locaux employés dans la vie quotidienne variaient de façon quasi continue à travers l'espace: parti d'un village, on observait dès le village suivant un parler différent par au moins quelques points et ainsi de suite. Gaston Paris constatait:

> Aucune limite réelle ne sépare les Français du Nord de ceux du Midi; d'un bout à l'autre du sol national nos parlers populaires étendent une vaste tapisserie dont les couleurs variées se fondent sur tous les points en nuances insensiblement dégradées.

Si l'on essaie de décrire une telle situation de la façon la plus objective possible, on arrive à peu près à ceci: dans une localité A les habitants communiquent à l'aide d'un « code » donné, c'est-à-dire d'un inventaire donné d'éléments lexicaux et grammaticaux, la production des messages étant réglée par un ensemble de normes phonétiques données; dans la localité suivante B, on constate quelques faits linguistiques différents de ceux qu'on trouvait en A: la dénomination d'une chose, la forme de pluriel d'un mot, le timbre d'une voyelle, et les hommes de A et B ont généralement conscience de ces différences. Néanmoins des sujets de A et B, employant chacun le parler dont ils ont l'habitude, celui de leur localité, se comprennent sans peine. L'intercompréhension *(mutual intelligibility)* est pratiquement totale. On passera ainsi de B à C, de C à D, etc. Plus on s'éloigne, plus les différences s'additionnent et il arrivera un moment où, entre A et l'autre extrémité de la chaîne, l'intercompréhension ne sera plus possible: un Normand et un Gascon, un Bavarois et un Mecklembourgeois ne se comprendront pas, si chacun use de son parler local. Néanmoins nous n'aurons trouvé nulle part de rupture de l'intercompréhension de proche en proche. Mais nous trouverons une telle rupture lorsque nous passerons du dernier village de dialecte wallon (roman) au premier village de dialecte flamand (germanique), et même quand nous passerons du dernier village de dialecte bas-allemand au premier village de dialecte danois (encore que ces deux parlers appartiennent à la famille germanique).

Si l'on applique le critère de l'intercompréhension de proche en proche, on sera amené à considérer comme une unité sans frontières intérieures nettes l'aire des dialectes germaniques de la Suisse, de l'Autriche, de l'Allemagne, de l'Est de la France, du Luxembourg, de la Belgique et des Pays-Bas, en l'opposant à une aire scandinave et une aire frisonne (on convient d'appeler *Teuthonia* cette grande aire continentale). Il est vraisemblable qu'on pourrait couvrir, sans rupture de l'intercompréhension de proche en proche, toute la Romania occidentale (parlers gallo-romans, ibériques, italiens...).

Les habitants d'une province ont nettement conscience des traits qui opposent les parlers de leur région à ceux de la région voisine, le languedocien au provençal, le souabe au bavarois. Mais il ne faudrait pas en conclure qu'on puisse désigner le dernier parler provençal et le premier parler languedocien, si l'on avance sur le terrain. Le linguiste rhénan Georg Wenker, qui lançait en 1876 une enquête par correspondance, espérait encore découvrir un nombre fini de groupes régionaux, dont chacun serait reconnaissable à un ensemble de traits propres: l'expérience a montré que cet espoir était chimérique. On trouve certes des aires de relative uniformité *(Kerngebiete)*, une sorte de centre de gravité bavarois, souabe, suisse, alsacien: mais entre ces noyaux, il y a des zones de transition où l'on ne peut tracer une limite que par une convention arbitraire, par exemple en convenant que la ligne qui sépare le type *keval* du type *cheval* sera réputée limite du picard et du champenois. Récemment, lorsque des dialectologues français se sont réunis pour étudier en commun un plan de relevé des dialectes français par atlas régionaux, on s'est aperçu que chacun avait laissé aux voisins les dialectes de la zone de transition, dont le parler s'écartait déjà du type qu'il se proposait d'étudier, de sorte qu'il resterait des blancs, et que les atlas ne se raccorderaient pas; il fallut définir exactement le territoire de chacun, pour éliminer les blancs.

Si l'on entend par ligne isoglosse (ou simplement par isoglosse) la limite relative à une différence portant sur un seul point, ainsi la différence entre *k* et *ch* à l'initiale de *keval/ cheval,* ou en Allemagne la ligne *fest/ fescht,* on devra reconnaître le principe qu'à chaque fait correspond une ligne de tracé différent; c'est le principe de l'*indépendance des isoglosses;* au plus, il peut y avoir des faisceaux d'isoglosses relativement proches, dans la zone de transition entre un type régional assez homogène et un autre. Si l'on veut se limiter à l'étude d'un type régional, on le délimitera par rapport à chaque voisin par une isoglosse dont le choix ne peut être qu'une convention, et l'aire entière se présentera comme un polygone dont chaque côté sera une isoglosse ainsi choisie.

Ce fait de la variation presque insensible dans toutes les directions se retrouve partout sur la terre: les problèmes que nous avons illustrés par des exemples romans et germaniques se retrouvent en dialectologie chinoise ou japonaise. Si l'on excepte certaines régions, comme un grand cercle tracé autour de Paris, où la langue commune est devenue la langue de la vie quotidienne et a éliminé les parlers locaux, et des terres de colonisation où une langue commune a servi dès le début de moyen de communication (ainsi l'anglais en Australie), il y aurait lieu de faire une carte du globe qui montrerait des *aires dialectales* ayant pour frontière une rupture nette de l'intercompréhension; à l'intérieur de ces aires, il y a non pas une langue, mais une multiplicité de parlers, ainsi faite qu'il y a intercompréhension de proche en proche. Si l'aire est relativement petite, il peut y avoir intercompréhension entre tous ceux qui l'habitent; sinon les locuteurs venant de points éloignés ne se comprendront plus. Quelques pays européens exceptés, nos connaissances sont insuffisantes pour qu'une telle carte puisse être établie. Une difficulté consisterait en ceci que sur une même surface peuvent coexister deux populations d'expression linguistique différente: une carte des dialectes judéo-allemands de l'Est de l'Europe et une carte des dialectes de la famille slave se trouveraient superposées; une carte dialectale de l'arménien serait en partie superposée à des aires dialectales turque, kurde, etc.

Les parlers soumis à la variation progressive à travers l'espace, tels que nous avons essayé de les caractériser, sont toujours liés aux activités élémentaires d'une petite communauté, celles du travail quotidien, des jeux d'enfants, etc. La cellule linguistique primaire est dans les pays agricoles de l'ordre de grandeur du village, ailleurs de la tribu. Dans les pays européens, les hommes qui ont eu comme première langue le parler dialectal d'un village ou d'une petite ville et pour seconde langue celle de l'école, ne manquent pas de marquer quelle liaison particulièrement directe et étroite il y a pour eux entre le parler local et la « vie », l'expérience immédiate des choses de la nature et des relations humaines simples.

Le type de communication que nous venons de décrire relève d'une science que l'on appelle *dialectologie :* c'est à cette science qu'incombe l'inventaire des faits linguistiques observables dans une aire dialectale, et l'interprétation de ces faits. A la limite, il faudrait, comme le suggérait Gaston Paris, un inventaire complet (phonétique, lexical, grammatical) pour chaque localité; la première conséquence de la variation à travers l'espace est le nombre immense des faits à enregistrer. Pour représenter les variations à travers l'espace des divers éléments du langage, il a fallu développer une branche particulière de la dialectologie, la *géographie linguistique,* qui établit des *atlas linguistiques.*

Chaque carte linguistique permet d'embrasser la répartition des formes prises à travers l'espace par un élément donné (toujours reconnu de proche en proche comme le même, ainsi *caballo, cavallo, keval, cheval*) ou des dénominations différentes d'un même objet: ainsi la femelle du cheval, désignée dans le Nord de la France par un mot du type *jument,* le sera dans le Centre par un mot du type *ègue (equa),* ou dans le Sud par un mot du type *cavale.*

On ne saurait trop y insister: sur la majeure partie de la terre habitée, on trouve le langage sous la forme dialectale, c'est-à-dire progressivement variable en fonction de l'espace — l'uniformité du « code », condition d'une communication parfaite, sans conscience d'une différence, n'existant que pour de très petites cellules, entourées d'une marge plus ou moins étendue d'intercompréhension, mais d'une intercompréhension déjà accompagnée de la conscience de certaines différences.

Lorsque nous disons le « gascon », le « sicilien », le « souabe », ce langage est ambigu : on pourrait songer à un être linguistique « un », qui se manifesterait avec une certaine variété ; en fait il s'agit d'un *type,* défini par la somme des traits communs aux dialectes de l'aire gasconne, sicilienne, souabe ; ce n'est pas une langue, c'est-à-dire un code complet, utilisable pour communiquer. Il serait souhaitable, pour éviter certaines erreurs tenaces, de rappeler constamment que le fait de base est l'existence d'une *aire* dialectale, occupée par une famille de parlers, en employant des termes comme « Gallo-Romania, Teuthonia, Frisia ».

Il y a là, en définitive, la manifestation, sur le plan de la langue, d'un fait sociologique général : un type d'équilibre entre ressemblance et diversité, que l'on trouve aussi sur le plan des croyances, des coutumes, des techniques. On n'a guère pu, jusqu'à présent, qu'encadrer le problème entre deux extrêmes : la monographie exhaustive d'une seule cellule, ou la géographie d'un seul fait, dans sa variation de point d'enquête en point d'enquête.

LES LANGUES SUPRALOCALES

Toute activité qui met en relation des hommes dont les parlers d'origine sont trop différents pour que la compréhension soit possible s'accompagne d'un accord sur un moyen de communiquer par la parole, que ce moyen soit une langue déjà existante par ailleurs, ou une langue spéciale pour cet usage.

S'il s'agit d'une langue au service d'activités pratiques simples, on parlera de langue *véhiculaire* (allemand : *Verkehrssprache*). On trouve de ces langues le long des grandes lignes de communication, parlées à la fois par ceux qui se déplacent et par ceux qui, fixés en un point, sont impliqués dans les trafics. Une telle langue est, par essence, *supralocale* (allemand : *überlandschaftlich*) ; sa fonction même est de surmonter la variation géographique des moyens de communiquer, par l'adoption d'un moyen unique. La communauté correspondante est ouverte : elle peut s'accroître de quiconque a intérêt à employer la langue véhiculaire correspondant à un certain réseau de communication.

Le français a ainsi fait fonction de langue véhiculaire dans les Échelles du Levant. Souvent, cependant, ce sont des langues mixtes, formées d'éléments hétérogènes, qui assument cette fonction, on parle alors de *sabirs,* de *pidgins.* Correspondant à des besoins rudimentaires, de telles langues peuvent avoir un inventaire grammatical et lexical relativement pauvre ; s'il s'agit d'une langue comme le français, pratiquement une partie seulement de son inventaire est employée.

A ce premier type de langue supralocale est opposé un autre, pour lequel on emploie le terme générique de *koinè,* par référence à un exemple type, le grec dérivé de la prose attique classique, qui a été la langue commune (grec *koinè dialexis*) d'élites cultivées dans le bassin de la Méditerranée orientale, à l'époque des successeurs d'Alexandre, puis dans l'Empire romain d'Orient.

Ici la langue supralocale est associée à la diffusion de biens de culture : traditions littéraires, pensée philosophique et scientifique, innovations techniques, juridiques, etc. ; il s'agit d'échanges, de circulation d'idées, d'arts ; il y a une liaison étroite entre l'acquisition de la langue et celle de la culture intellectuelle. Ici l'acquisition spontanée par simple contact avec le milieu demande à être complétée par une acquisition dirigée, une pédagogie, des écoles, des maîtres, tant pour la langue que pour les contenus qu'elle sert à transmettre. Il y a ainsi une communauté d'initiés, au-dessus des communautés locales, séparées par la différence de langue. D'autre part l'inventaire des moyens syntaxiques et lexicaux d'une telle langue est nécessairement accru de tout ce qui est nécessaire pour faire face à des besoins intellectuels multiples.

Un cas limite est celui où une koinè est adaptée à toutes les activités, de la vie familière aux activités supralocales par essence, comme les arts, les sciences, l'administration des grands États. Ce cas nous est familier, car c'est celui de l'anglais, du français, de l'allemand, du russe modernes, et chaque communauté nationale moderne tend à donner ce statut à la langue d'État.

Cependant les exemples ne manquent pas de langues supralocales adaptées à une activité déterminée : le moyen-haut-allemand classique était une koinè uniquement littéraire ; le latin médiéval une koinè « cléricale », c'est-à-dire adaptée aux activités réservées à la classe des clercs et centrées sur la théologie. Une koinè peut, dans une région, être ce qu'on pourrait appeler une langue encyclopédique, correspondant à toutes les branches d'activité, et dans une autre région, ne supporter qu'une fonction : le français a pu être uniquement langue administrative dans certaines colonies, l'anglais servir de langue de la physique et des mathématiques au Japon, etc.

Du fait qu'une koinè peut couvrir tout le champ des besoins de communication, elle peut aussi servir de langue de la vie quotidienne. Il y a ainsi autour de Paris un vaste cercle où la koinè française est langue unique. Cette situation s'observe sur une aire plus étendue encore en Grande-Bretagne pour la koinè anglaise. En Allemagne, le nombre des personnes qui n'ont d'autre langue que la koinè, encore faible au début du siècle, s'accroît très rapidement, et l'état observable en France sera bientôt rejoint.

Néanmoins, il y a encore en Europe une majorité de bilingues qui usent selon la situation du parler dialectal du lieu, ou de la koinè ; l'origine de l'interlocuteur ou la nature de l'activité déterminent le choix. En Suisse, la koinè allemande s'emploie pour ce qui est écrit, le maître et le pasteur l'emploient du haut de la chaire, mais le parler alémanique local reste la langue de la vie quotidienne. En Alsace coexistent, de façon quelque peu différente, la koinè française et le dialecte alémanique. Dans le Midi de la France, là où coexistent un parler dialectal et la koinè, la part de cette dernière est plus étendue.

En tant que langue supralocale, une koinè a, par définition, une norme unique, valable en tous lieux, à la limite sur toute la terre : la norme de la koinè française est en principe la même pour le français enseigné à Harvard ou à Kyoto que pour le français enseigné à Paris ; pour les langues de ce type, il n'y a pas de géographie : tout ce qu'on peut porter sur une carte relative à la koinè française ou anglaise est la densité des usagers, et cette carte couvre toute la terre habitée.

L'accord sur un inventaire lexical et grammatical aussi exactement défini que possible est essentiel à la notion de koinè, comme une condition de l'efficacité de ce moyen de communication, surtout aux niveaux supérieurs. Comme une koinè ne saurait être acquise à ces niveaux qu'avec l'aide d'un enseignement, d'une pédagogie nécessairement normative, les normes de cette langue sont l'objet d'une attention consciente et raisonnée, qui se manifeste par des grammaires et des dictionnaires.

Il résulte de cela que si l'on observe dans l'usage d'une telle langue des variations régionales, ces variations peuvent être décrites comme des états de *fait,* mais en principe elles n'ont pas valeur de *droit* : on les considérera comme des réalisations approximatives d'une norme unique par définition, alors que dans le cas de la variété dialectale l'observateur admet qu'il y a autant de normes, égales en dignité, que de parlers locaux, à l'intérieur d'une famille dialectale. Ici, comme dans le cas de la nationalité, la décision est, en dernière analyse, psychologique : on peut parler d'une dialectisation de l'anglais d'Amérique dans la mesure où un Texan, par exemple, érige la prononciation du Texas en norme, égale en dignité à celle de Boston ou de Chicago. On se rapproche alors du cas de l'intercompréhension entre hommes parlant des dialectes différents, mais pas trop éloignés.

L'inventaire des moyens dont dispose une langue commune, notamment des moyens lexicaux, est en rapport avec les fonctions qu'elle remplit. L'inventaire devient immense si la koinè est au service d'activités scientifiques : il suffit d'ouvrir une encyclopédie pour voir la place que tiennent les noms des corps chimiques (une liste complète serait de l'ordre du demi-million), les noms des espèces animales et végétales, etc. Dans la communauté qui emploie un parler dialectal, tous les membres connaissent, à peu de chose près, tout l'inventaire : dans le cas d'une koinè encyclopédique, il y a accord des usagers « cultivés » sur un noyau commun d'un ordre de grandeur comparable à ce qu'est l'inventaire d'un parler dialectal, à peu près ce qu'on considérait au xviie siècle comme la langue de l'honnête homme, celui « qui ne se pique de rien ». Les dictionnaires du bon usage, comme en France le dictionnaire de l'Académie, se limitent à ce noyau, et excluent le vocabulaire trop

« spécial » des sciences, des techniques; la limitation implique, évidemment, une part d'arbitraire.

Au-delà, il y a un supplément illimité — qu'il s'agisse de mots spéciaux, ou d'usages spéciaux de mots courants — qu'aucun homme ne peut prétendre embrasser, car il faudrait embrasser en même temps la somme des connaissances correspondantes. La connaissance d'une koinè encyclopédique reste *ouverte,* indéfiniment extensible.

Du fait de cette situation familière aux Européens, l'usage courant français tend à ne considérer comme *langue,* le mot pris absolument, comme langue par excellence, que la langue du type koinè, langue supralocale adaptée à des activités supérieures; l'existence d'une grammaire normative et de dictionnaires de l'usage apparaît comme un critère de ce statut de « langue » à l'observateur naïf, qui de plus a tendance à croire qu'une langue dont les normes ne sont pas ainsi formulées reste anarchique. En fait toute langue implique, par essence, un système de normes dont le respect est la condition même de la possibilité de communiquer. Les normes du parler dialectal d'une communauté villageoise peuvent être aussi exactement définies par une observation scientifique que celles d'une koinè, et sont aussi exactement respectées.

Il semble scientifiquement préférable de donner le nom de *langue* à tout ensemble organisé de moyens de communication par la parole. Les différences que nous avons décrites sont des différences de fonction et non de nature, qui se ramènent au croisement de deux oppositions: langue locale et langue supralocale, langue d'activités pratiques simples et langue associée à des activités de niveau plus élevé. S'il n'en résulte pas quatre types, mais trois seulement, c'est que les activités de culture dépassent par nature le cadre d'une petite communauté indifférenciée, et ne peuvent être associées qu'à une élite supralocale. Cette classification n'a qu'une valeur relative, car il y a des degrés intermédiaires et des ponts d'un type à l'autre.

PERSPECTIVES HISTORIQUES

LES AIRES DIALECTALES

De quel processus historique résulte l'état que nous trouvons actuellement dans une aire dialectale comme celle des parlers gallo-romans, ou celle des parlers germaniques de la *Teuthonia* ?

Nous savons que le latin, langue de Rome, devenu langue commune de l'Empire d'Occident, a pour ainsi dire éclaté en parlers locaux; ces parlers de la Romania sont liés au latin par une continuité linguistique: Meillet se plaisait à souligner qu'une chaîne d'hommes dont chacun avait eu le sentiment de parler la même langue que ses parents allait du latin à chacun de ces parlers. Il en a été de même de la koinè hellénistique: à l'exception peut-être d'un seul cas, celui du tsakonien, les parlers grecs locaux, dialectalement très différenciés, remontent non aux anciennes aires dorienne, ionienne, éolienne, etc., mais à la koinè.

Est-ce à dire qu'il faille généraliser et admettre partout cette alternance: une langue une se différencie en parlers dialectaux, puis l'accord sur une nouvelle langue unique abolit cette diversité, celle-ci se dialectalise à son tour, et ainsi de suite ? Plus s'étendent les observations sur les dialectes, plus il apparaît que ce n'est pas là un processus universel, voire qu'il est plutôt l'exception. Un cas historiquement observable nous montre une possibilité opposée: les parlers germaniques de la Silésie — tels qu'ils existaient encore en 1939 — formaient un groupe uni par des caractères originaux, spécifiquement silésiens, tout en présentant la diversité et les faits de variation progressive que nous avons décrits plus haut. Or ils ne dérivent pas d'une langue unique: bien au contraire, la vallée supérieure de l'Oder a reçu un afflux de colons venus de toutes les parties de la Teuthonia, il y avait parmi eux des Flamands, des Rhénans, des Suisses, en même temps que des colons venus de régions plus proches, Thuringe, Bavière. Il s'est formé, en un temps relativement court, un type silésien unique en son genre, encore que par ses traits généraux il soit plus proche du type des dialectes de l'Allemagne moyenne. De plus il est difficile d'attribuer aux différences d'origine des colons, réparties par le hasard, la forme des variations, qui présentent un échelonnement progressif *(Staffelung)*, comme dans des aires dialectales d'autre origine historique.

L'état actuel de la Teuthonia, par opposition à celui de la Gallo-Romania, pourrait donc avoir pour point de départ un chaos créé par les grands déplacements des groupes anciens les uns par rapport aux autres : les groupes qui ont franchi le *limes* étaient vraisemblablement aussi hétérogènes que ceux qui ont peuplé la Silésie. Il n'y en a pas moins aujourd'hui un type alémanique (Suisse, Alsace, Bade, Souabe) et un type austro-bavarois, avec un échelonnement des isoglosses.

Il semble donc qu'il y ait dans certaines conditions, qui ont été celles de l'Europe après la fin de l'Empire romain, convergence vers un même résultat, et cela que le point de départ soit une langue commune exactement définie, ou une multiplicité chaotique : un ordre tend à s'établir, qui exclut l'uniformité totale, mais permet l'intercompréhension jusqu'à une certaine distance au moins. Il est caractéristique que le latin soit resté un, en tant que langue commune des clercs, tandis qu'il évoluait de façon divergente au sein de petites communautés quasi autarciques, et passait sur le plan dialectal.

Entre ces cas extrêmes : unité complète à l'origine, ou chaos, il y a place pour une troisième possibilité, à savoir qu'à l'origine il y ait eu une aire dialectale et, à l'intérieur de cette aire, concurrence entre des développements convergents, adoptés par tous les parlers, et des innovations qui ont, au contraire, introduit de nouvelles différenciations. Il en est résulté à la fois des caractères communs nouveaux, et des formes nouvelles de diversité géographique, nouvelles isoglosses, nouvelle délimitation des aires centrales et des zones de transition. Le linguiste français Meillet a, avec raison, attiré l'attention sur le fait que l'unité des parlers romans ne repose pas uniquement sur la conservation commune d'un héritage latin : le latin n'avait pas d'article, pas de futur formé par l'association du verbe « avoir » avec l'infinitif ; ce sont des innovations généralisées.

Dès lors on ne peut plus poser, comme si la chose allait de soi, une langue unique, le protogermanique *(urgermanisch)*, qui serait aux langues germaniques ce que le latin est aux langues romanes (et le même problème se pose pour le groupe celtique, slave, etc.) et une langue unique, l'indo-européen, à l'origine des langues de la famille « indo-européenne ». Les trois possibilités décrites plus haut peuvent être envisagées, et le problème est de rechercher les critères, intralinguistiques ou historiques, qui permettraient de départager les hypothèses. La thèse d'un chaos linguistique à l'origine du groupe des langues indo-européennes, présentée de façon radicale par N. S. Trubetzkoy, ne peut être exclue *a priori*. Celle d'une famille qui aurait toujours eu la forme « dialectale » est également légitime. A tout le moins, beaucoup de traits qu'on attribuait à la « langue mère » unique pourraient être communs à l'ensemble des groupes par suite de développements « convergents ».

Quels sont les facteurs qui déterminent l'extension d'un élément linguistique, accroissant l'unité d'un groupe si elle atteint tous les parlers, ajoutant une différenciation nouvelle si une partie seulement est affectée? Il faut distinguer ici des facteurs intra-linguistiques et des facteurs extra-linguistiques. C'est du jeu complexe de ces deux ordres de facteurs que résulte ce que nous observons.

FACTEURS INTRA-LINGUISTIQUES

Qu'il s'agisse de la phonétique, de la syntaxe, du vocabulaire, les éléments d'une langue sont interdépendants; des innovations auront d'autant plus de chances de réussir qu'elles s'intègrent mieux dans l'ensemble.

C'est peut-être dans le domaine grammatical que la cohérence du système exerce la pression la plus forte, et c'est là qu'on observe les développements convergents les plus remarquables; nous avons cité l'article et le futur pour la Romania; on pourrait citer en germanique la fixation du verbe personnel immédiatement après le premier membre de phrase, pour les langues slaves la généralisation de l'opposition d'aspect verbal (perfectif/imperfectif).

Le renouvellement du vocabulaire donne plus facilement lieu à l'apparition de formes concurrentes: la carte « abeille » de l'atlas linguistique de la France montre comment les représentants du latin *apem,* réduits à des formes telles que *ée,* ont été remplacés soit par des dérivés, « avette », « abeille », soit par les noms d'autres espèces : « mouche » (« mouchette »), « guêpe », etc. Pour les noms de la pâquerette ou de la primevère, l'atlas lexical (*Wortatlas*) allemand connaît des dizaines de dénominations concurrentes.

Dans le domaine du phonétisme, il y a des innovations qui couvrent de larges aires, comme le passage du *u* long latin (= *ou* français) à un *u* français de *mur, mule,* d'autres qui sont limitées à des aires restreintes comme la confusion des groupes *kl* et *fl* dans le Centre, signalée par Gilliéron à propos des noms du « fléau » *(fla, χla, kla)* et du « clou ». Des raisons intra-linguistiques sont largement responsables de ces différences, soit qu'il s'agisse de l'économie du système des voyelles, ou des consonnes, soit de l'inconvénient d'une évolution qui mènerait à la confusion de trop de mots l'un avec l'autre.

Nous ne pouvons pas établir ici de lois, parce que l'adoption d'une innovation, c'est-à-dire l'intégration dans la *norme* de ce qui était hors de la norme, est un fait *social,* une acceptation par la communauté. Seulement, au départ, il y a des innovations qui, pour des raisons intra-linguistiques, ont plus de chances que d'autres de s'imposer.

FACTEURS EXTRA-LINGUISTIQUES

Les éléments d'un parler, éléments anciens ou innovations, pénètrent dans les parlers voisins, et le tracé des isoglosses se déplace. Pour que cette propagation soit possible, il faut des contacts linguistiques entre membres des communautés : des paysans viennent à la ville, ou se rencontrent sur des marchés, etc. L'intensité des communications (que Saussure désigne du terme d'*intercourse,* et que les Allemands appellent *Verkehr*) est un facteur capital ; les cartes d'atlas linguistiques révèlent des déplacements le long des lignes de communication : en France, des éléments méridionaux ont remonté l'axe Rhône-Bourgogne en direction de Paris (ainsi *abeille*). En Allemagne, un axe allant de la région d'Augsbourg-Ulm, économiquement prépondérante à une certaine époque, vers Francfort et Cologne, a pour correspondant sur les cartes dialectales une sorte de coin enfoncé entre un groupe du Sud-Ouest (alémanique) et un groupe du Nord-Est (bas-allemand).

Le fait qu'à certaines époques les relations se sont trouvées enfermées à l'intérieur de frontières politiques, a eu pour conséquence des innovations qui n'ont pas dépassé ces frontières. Terracher a montré que l'interdiction du formariage (mariage des serfs en dehors des limites du fief) a eu des conséquences linguistiques, en empêchant la pénétration de formes des dialectes voisins qui auraient été apportées par les femmes et transmises aux enfants. Cependant, pour que les éléments véhiculés par les relations de tous genres se fixent, soient adoptés par une communauté, il faut qu'ils aient un certain prestige: le paysan du Kochersberg, près de Strasbourg, a le sentiment que sa dignité n'est pas inférieure à celle du citadin, et bien qu'il soit en relation d'échanges avec la ville, les formes strasbourgeoises ne pénètrent pas dans cette région; cette aire est conservatrice, et résiste à l'uniformisation, chacun ayant le respect de ses particularités. Par contre, la région de Mulhouse s'aligne facilement sur la grande ville.

Le romaniste suisse W. von Wartburg cite cet exemple: dans les parlers normands, on trouve *chanter* à côté de *canchon,* qui conserve l'occlusive initiale. *Chanter,* forme de l'Ile-de-France, a été propagé par l'Église, qui avait une position de prestige; mais comme à l'église on chante des cantiques, des psaumes, mais non des chansons, la forme locale *canchon* n'a pas été affectée.

Chaque variation de l'extension géographique d'un élément donné dans une aire dialectale apparaît ainsi comme la résultante de forces diverses agissant pour ou contre cette variation. Les cas où nous établissons une relation nette entre un changement et un certain facteur, intra-linguistique ou extra-linguistique, sont des cas privilégiés, où l'action d'autres facteurs était faible. Il serait vain de justifier par des raisons intra-linguistiques des changements introduits dans une région sous l'influence du prestige d'une région voisine; dans la région de Cologne, les formes *wasser, schiff, machen* (au lieu de *water, schip, maken*) ont été adoptées au XVe siècle sous l'influence des grands centres économiques danubiens. Le dialecte de Cologne présente ainsi les traits du consonantisme haut-allemand, introduits de l'extérieur, et non, comme dans le Sud, par une évolution phonétique interne.

Il y a ainsi de « fausses lois phonétiques », comme Gilliéron l'a montré sur les dialectes où le nom du « fléau » (latin *flagellum*) a abouti à *kla*. Les groupes *fl* et *kl* s'étaient confondus en χ*l*, mais l'imitation du français, langue de prestige, a conduit à l'adoption de la prononciation *kl* pour χ*l*. Ces « fausses régressions » sont inexplicables pour une phonétique historique habituée à expliquer tout changement comme un fait intra-linguistique.

A l'idée trop simple d'un arbre généalogique dont le tronc serait une langue mère (le latin pour les dialectes romans), et dont les parlers locaux seraient les rameaux, il faut substituer l'image d'une association de cellules perméables, réagissant les unes sur les autres, dans un équilibre changeant entre uniformité et diversité.

GENÈSE DES LANGUES SUPRALOCALES

Dire qu'une koinè, ou, de façon plus générale, une langue supralocale, remonte en dernière analyse à un parler dialectal ou à des parlers dialectaux, n'est guère qu'une tautologie : à l'instant où naît une langue supralocale, que peut-il y avoir d'autre que des parlers locaux ? Il faudrait qu'il y eût création *ex nihilo,* ce qui n'est le cas — et encore partiellement seulement — que pour les langues artificielles. Constater qu'on trouve dans une koinè des éléments provenant d'une koinè antérieure — ainsi les éléments gréco-latins du français savant — recule seulement le problème d'un degré.

Cependant la liaison avec la base dialectale ne relève pas d'un processus uniforme, et plusieurs possibilités coexistent.

Une communauté linguistique supralocale peut se faire par l'adoption du parler d'un centre bien déterminé, parmi les parlers d'une aire dialectale : un exemple des plus purs est la variété athénienne du dialecte attique, élevée au rang de langue littéraire et philosophique, utilisée non seulement par des hommes parlant d'autres dialectes grecs, mais par des hommes dont le parler local était syrien, égyptien, etc. On peut, au moins en première approximation, désigner le parler dialectal de Paris comme la base de la koinè française.

Par contre, il n'est pas possible de considérer la langue de Londres, base de la koinè anglaise, comme le prolongement d'un parler de l'aire dialectale du west-saxon, où était située la ville. L'afflux d'éléments de population provenant de l'aire voisine, des dialectes angliens, a introduit dans la langue de Londres des éléments angliens, et on a ainsi un parler mixte, dont la composition ne peut pas s'expliquer à partir de l'échelonnement des isoglosses dans l'aire dialectale environnante.

Il est plus difficile encore de situer dialectalement l'origine de la koinè allemande. On a songé à Prague, centre actif à forte population allemande, comme le creuset où elle se serait élaborée, à peu près comme dans le cas de l'anglais de Londres. Il apparaît aujourd'hui plus probable qu'à l'origine il y a une *Verkehrssprache,* langue véhiculaire des relations dans l'aire de colonisation (Saxe, Silésie, Moravie, etc.). Pour faciliter l'intercompréhension, des hommes qui parlaient des dialectes différents, encore que voisins, ont tendu à éviter ce qui était propre à une petite région, et à préférer, dans chaque cas, le terme qui avait le plus de chances d'être connu d'une majorité. Les amorces d'un tel processus sont constamment observables dans les pays où l'on s'accommode de l'intercompréhension approximative entre gens dont chacun parle son dialecte (Suisse, Alsace). Sur les marchés, le paysan évite le mot qu'il sait spécifique de son village, qui ne serait pas compris ou ferait sourire, et l'enquêteur de l'atlas linguistique, s'adressant au sujet dans un dialecte quelque peu différent de celui du village, sait que sa seule présence risque d'empêcher le mot local de venir sur les lèvres du sujet. C'est là un cas extrême d'uniformisation par concessions réciproques. Il y a aujourd'hui, au-dessus des parlers locaux luxembourgeois, un luxembourgeois commun.

Le point de départ peut donc être soit le dialecte relativement homogène d'un centre, soit le dialecte composite d'un centre de population mêlée, soit un compromis suprarégional, ou un intermédiaire entre ces types. Une koinè résulte de l'aménagement d'un de ces types destiné à en faire l'instrument d'activités supérieures. À la limite, on aura une langue « encyclopédique » du type qui nous est familier aujourd'hui.

Des faits historiques complexes ont déterminé le nombre et la nature des langues du type koinè qui ont pris naissance, qui ont disparu ou se sont maintenues, pour une aire dialectale donnée. Il n'y a qu'une langue de type koinè complet pour toute l'Anglia, deux pour la Teuthonia — l'allemand et le néerlandais — cinq (en première approximation) pour la Romania occidentale : italienne, française, catalane, castillane, portugaise. L'appréciation est une question de degré, et il n'y a pas de critère absolu : il y a un romanche commun reconnu comme langue scolaire en Suisse, au moins jusqu'à un certain degré ; Mistral a créé un provençal littéraire supralocal. À l'époque des cours chevaleresques, il y a eu des langues poétiques suprarégionales telles qu'elles puissent être comprises sans apprentissage scolaire, à partir des parlers locaux : langue d'oc et d'oïl, langue littéraire néerlandaise, haut-allemande, tandis que le latin, enseigné dans les écoles de couvents, était langue commune des clercs pour toute l'Europe, par-delà des différences non seulement de dialecte, mais de famille linguistique (roman, celtique, germanique, slave).

Le supplément qui distingue l'inventaire d'une koinè de celui d'un parler dialectal local, ou d'une langue véhiculaire limitée à des fins pratiques, est le résultat d'une activité créatrice, où la part de grandes individualités peut être considérable. Cette activité est plus saisissable pour nous que celle, anonyme, diffuse, d'où résulte l'évolution des parlers dialectaux.

Quelle que soit la part du génie, la création pure, *ex nihilo*, n'est qu'une limite. En particulier, de même qu'une culture reprend généralement des éléments de cultures antérieures, une koinè en formation puise dans des langues de culture antérieures ou coexistantes.

Les langues de culture de l'Europe moderne sont ainsi tributaires du latin, sous des formes diverses, emprunt direct (français « impression », « expression »), emprunt par décalque (allemand *Eindruck, Ausdruck*), emprunt d'une acception spéciale : tel sens du français « raison », de l'allemand *Vernunft,* dans la langue philosophique, suppose le latin *ratio,* porteur lui-même du sens philosophique du grec *logos.* Pendant des siècles, le latin a coexisté avec les langues littéraires nouvelles, et des écrivains se sont servis parallèlement du latin et d'une langue littéraire « nationale ». La koinè latine classique elle-même avait été modelée par des écrivains qui avaient le grec comme langue de culture, comme Cicéron et César.

Le nombre et la répartition de ceux qui usent d'une koinè donnée dépendent de facteurs multiples. Il y a des cas où l'extension d'une langue de culture a dépendu surtout de libres options : ainsi pour l'extension de la langue littéraire attique dans le monde grec, puis dans toute la Méditerranée orientale, pour la diffusion du français dans l'aristocratie européenne au XVIIIe siècle. Mais la création des grands États centralisés, l'emprise croissante de leur législation et de leur administration dans la vie des individus, appuyée sur les moyens de diffusion et de transmission modernes, imprimerie, télécommunications, ont modifié les données du problème.

On aboutit au choix d'une koinè « encyclopédique » comme langue d'État, que tous les citoyens sont tenus de posséder, et qui leur est communiquée par un enseignement scolaire obligatoire; cette limite est atteinte, ou presque atteinte, par de nombreux États de l'Europe moderne « des nationalités », et des États de peuplement européen : États-Unis, Australie.

On pourra bientôt faire, pour le monde entier, une carte *politique* des langues, indiquant pour chaque territoire la koinè qui y fait fonction de langue d'État, éventuellement les territoires où deux langues d'État sont reconnues à égalité — ainsi le français et l'allemand au Luxembourg, l'anglais et l'afrikaans en Afrique du Sud.

On a assisté, depuis un siècle, à de complexes interventions de l'État sur le plan linguistique : des linguistes soviétiques ont été chargés de créer, sur la base des dialectes, une langue écrite commune pour certaines républiques autonomes du Caucase ou de l'Asie intérieure, c'est-à-dire d'arrêter un alphabet, une grammaire, un dictionnaire et de composer dans la langue ainsi créée des manuels scolaires. Les nouveaux États d'Afrique, par contre, semblent devoir opter pour une koinè européenne, français, anglais, comme langue de l'enseignement, comme langue d'État, etc.

Une erreur type, fréquente dans des pays comme la France et l'Allemagne, repose sur la chaîne : parlers locaux — koinè — communauté nationale. L'emploi de parlers alémaniques en Alsace est alors assimilé à une option pour la « langue » allemande, et par-delà, pour la

MÉTHODES ET PROBLÈMES

LES PARLERS DIALECTAUX

Les parlers dialectaux ont été beaucoup plus tard que les langues communes l'objet d'études rigoureuses. C'est que les langues du type koinè posaient des problèmes d'enseignement et appelaient des grammaires et une lexicographie *normatives,* et aussi qu'elles avaient un prestige supérieur.

De plus, s'il était relativement facile de faire la grammaire et d'inventorier le lexique d'un parler local, sur le modèle de ce qui se faisait déjà pour les langues littéraires, l'étude de la variété dialectale à l'intérieur d'une aire exigeait le classement et la comparaison de centaines de parlers.

La première grande tentative est celle du Rhénan G. Wenker: elle consistait à demander, par l'intermédiaire des instituteurs, une traduction dans le dialecte du lieu de quarante phrases contenant les mots et formes qu'on jugeait importants pour l'étude de la différenciation dialectale. On obtint ainsi, de 1876 à 1886, plus de quarante mille fiches; leur dépouillement fut lent et difficile: les correspondants n'ayant pas de formation scientifique, les graphies rendent mal compte des sons, la traduction donne un dialecte peu authentique influencé par le modèle allemand, l'établissement des cartes est difficile.

La seconde tentative, celle de J. Gilliéron, Suisse d'origine, enseignant à l'École pratique des Hautes Études à Paris, consistait à envoyer sur le terrain un enquêteur bien entraîné à une notation phonétique précise, bon observateur, E. Edmont, avec un questionnaire donnant chacun des points sur lesquels on voulait être informé. On obtint ainsi en trois ans les réponses pour six cents localités couvrant l'aire des parlers gallo-romans, et on put établir vers 1900 un atlas linguistique de la France (A L F) en portant à côté de chacun des six cents points la forme recueillie pour une des questions, ainsi les noms de l'abeille (*ée, avette, mouchotte,* etc.). Cette méthode d'enquête directe l'a emporté et a été reprise, avec des variantes, pour l'étude de l'Italie, de l'Espagne, de la

Roumanie, de la Suisse alémanique, etc. Elle a été reprise pour des atlas régionaux qui doivent couvrir la France selon un réseau plus serré, y compris les aires basque, bretonne, alsacienne.

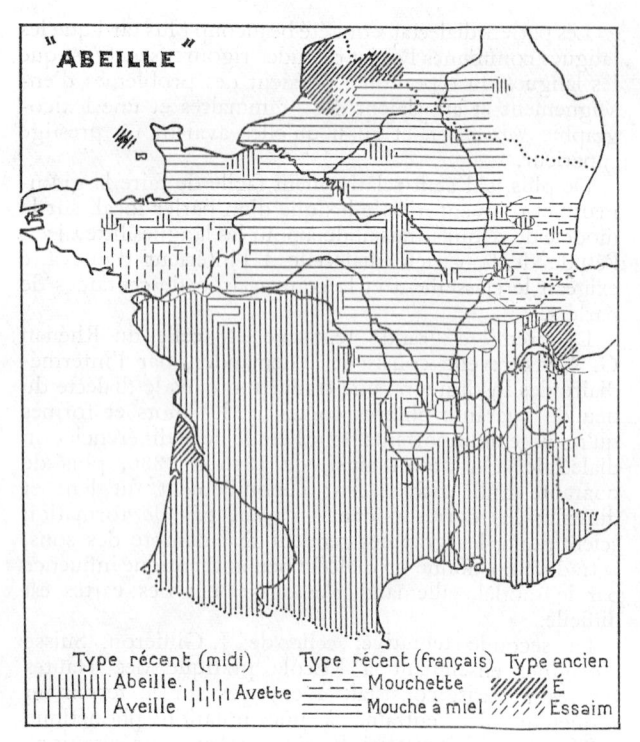

LA CARTE « ABEILLE ».

(D'après l'Atlas linguistique de France de Gilliéron et Edmont.)

Les atlas ont éclairé surtout, pour commencer, les causes extra-linguistiques: déplacement des innovations selon les lignes de communication, coïncidence des aires avec les groupements économiques, barrières constituées par des limites politiques, confessionnelles, etc.

L'étude des facteurs intra-linguistiques s'accommode mal

des sondages portant sur des faits isolés, si bien choisis qu'ils soient; il faudrait opérer sur des parlers considérés en tant que systèmes complets et cohérents; on a encore trop peu d'études monographiques serrées et complètes. Pour la même raison, nous sommes réduits aux hypothèses sur la syntaxe et le lexique des parlers locaux, opposés à ceux des grandes langues communes.

Le perfectionnement des appareils d'enregistrement, notamment du magnétophone, va permettre d'une part de renouveler les procédés d'enquête en vue d'atlas linguistiques, d'autre part de recueillir des textes continus, comme base d'analyses syntaxiques. Une masse d'enregistrements couvrant toute la République fédérale allemande a déjà été recueillie; elle est conservée au *Spracharchiv* de Münster (Westphalie).

Ce champ est immense: se limiter à quelque cinq langues communes pour la Romania serait ignorer plusieurs dizaines de milliers d'*espèces* issues de la même souche latine. Le dictionnaire étymologique du français de W. von Wartburg, qui ne se contente pas de rattacher les mots de la koiné française au latin, mais tient compte de ce que nous apprend l'évolution lexicale de toute la Gallo-Romania dialectale, donne une belle confirmation du progrès que représente cet accroissement des connaissances.

LANGUES COMMUNES

L'étude des langues du type koiné a d'abord été subordonnée à des fins particulières:

1) Les langues communes étant généralement acquises après une autre langue, la nécessité de les enseigner a mené à une grammaire et à une lexicologie normatives, conformes à un idéal du bon usage; les habitudes d'esprit ainsi créées ont entravé dans une certaine mesure l'observation scientifique directe des langues actuellement en usage, du type koiné.

2) L'étude de textes littéraires anciens que l'on ne comprenait plus, ou qu'on comprenait mal, en partant de la langue présente, a développé une science auxiliaire, la *philologie,* au sens premier du terme, l'élucidation des textes; de là est née une linguistique de détail, orientée vers le passé, avant que la nature des faits de langue eût été établie par

l'observation *in vivo*. La linguistique historique, malgré de grandes découvertes, est restée partiellement prisonnière des habitudes de la philologie, avec laquelle on la confond même souvent.

Ce n'est guère qu'au XXe siècle que s'est progressivement imposée l'idée d'une science pour qui l'observation des faits de langue est fin en soi; qui établit leur nature par l'observation directe de langues vivantes (indépendamment de l'écriture), et considère chaque langue comme un système, un ensemble dont toutes les parties sont solidaires.

La grande majorité des travaux entrepris dans cet esprit ont porté sur des langues du type koinè, connues d'un grand nombre de linguistes, pourvues de grammaires descriptives et de dictionnaires très développés; ainsi l'anglais et le français. Mais en fait ces langues étaient étudiées en pareil cas en tant que langues tout court, en vue de la création d'une linguistique générale, et mises éventuellement sur le même plan que tel dialecte d'une tribu indienne. On risque ainsi parfois de mêler des problèmes spécifiques du type koinè aux problèmes de langue en général.

Il faut reconnaître que le problème de l'étude d'une koinè en tant que koinè, par opposition à un parler dialectal, n'a été jusqu'ici qu'effleuré.

Jean FOURQUET.

BIBLIOGRAPHIE

Sur la dialectologie, on trouvera un tableau complet de l'histoire de cette science et une bibliographie étendue dans le grand ouvrage de SEVER POP, *La Dialectologie, aperçu historique et méthodes d'enquête linguistique,* 2 vol., Louvain et Gembloux, 1952.

Sur les rapports entre koinè et dialecte, voir :

W. HENZEN, *Schriftsprache und Mundarten,* Zurich-Leipzig, 1938.

A. MARTINET, *Éléments de linguistique générale,* Paris, 1960.

W. VON WARTBURG, *Problèmes et méthodes de la linguistique,* Paris, 1946.

LES SABIRS

Dès les débuts de l'histoire de l'humanité, dès que des groupes humains ou des individus de langues différentes se sont trouvés en contact les uns avec les autres, le problème de l'intercompréhension s'est posé, — et il a pu être résolu de différentes façons, soit par l'utilisation d'une langue déjà existante (langue de l'un des deux interlocuteurs ou langue tierce), soit par l'adoption d'une langue artificielle (du type espéranto), soit enfin de façon empirique. C'est à ce dernier procédé que ressortissent les types de langues (sabirs et créoles) que nous allons étudier dans les pages qui vont suivre.

On classe habituellement plus ou moins pêle-mêle sous les désignations de « sabirs », « jargons », « langues mixtes », « langues expédients », « langues commerciales », « parlers minima », etc., des réalités linguistiques en fait différentes les unes des autres.

Si les linguistes paraissent d'accord pour délimiter les langues créoles et les classer à part, il semble qu'on aurait intérêt à établir une nette discrimination entre deux catégories de parlers, les sabirs et les pidgins, que beaucoup d'auteurs rangent sous une même rubrique et sous la même dénomination.

Ces deux types de langues ont deux caractères communs : ils sont issus d'un contact entre deux ou plusieurs langues ; ils sont nés de ce besoin d'intercompréhension qui a été et qui reste un des facteurs essentiels de l'innovation linguistique et de la formation de langues nouvelles.

Il faut donc tout d'abord les distinguer d'autres types de parlers qui ne présentent que l'un de ces deux caractères : soit la contamination d'une langue par une ou plusieurs autres : ainsi le marollien, l'allemand (dutch) de Pennsylvanie, les différents types de slavo-allemand, le yiddish, etc.; soit le besoin d'intercompréhension : il pourrait s'agir alors d'une langue de relation populaire (koinè, haoussa, swahili, pasarmalay) ou savante (latin médiéval, arabe classique), ou encore d'une langue artificielle, espéranto ou langue auxiliaire.

De plus, ces langues créées, nous venons de le voir, dans un but d'intercompréhension, sont nécessairement bilatérales, c'est-à-dire qu'elles sont normalement employées par les deux interlocuteurs, sauf naturellement dans certains cas limites. Enfin elles sont conscientes, c'est-à-dire que les sujets parlants savent qu'ils parlent cette langue, et non une autre.

Laissons pour l'instant les pidgins de côté, et voyons ce qu'est au juste un sabir.

Les auteurs paraissent s'accorder en général pour appeler « sabir » un mélange de différentes langues romanes, de grec, d'arabe et de turc en usage dans les ports méditerranéens. Le type même du sabir est donc la « langue franque ». Nous prendrons ici ce terme dans son sens étroit. Beaucoup de linguistes, en effet, ont l'habitude d'appeler *lingua franca* toute langue de relation.

Les différentes variétés de la langue franque ont été notamment étudiées par Hugo Schuchardt. Nous en avons de nombreux spécimens, dont certains semblent dater du XIIIe siècle; les plus récents ont été recueillis vers le milieu du siècle dernier. La langue franque, après avoir connu une période brillante comme langue de relation et comme langue diplomatique parlée des deys d'Alger et de la Régence de Tunis, a disparu, non sans laisser de traces, tant dans l'arabe d'Afrique du Nord que dans le langage populaire français d'Algérie, et même en napolitain et en génois.

La langue franque a été également utilisée en Méditerranée orientale, et probablement dès le temps des Croisades. On sait que les croisés étaient uniformément appelés « Francs » en Orient. Nous ne possédons malheureusement pas de documents sur cette période, et nous nous bornerons ici à la variété nord-africaine (maghrébine) de la langue franque.

Nous ne pouvons ici tenter de donner une description de la langue franque. Phonétiquement et phonologiquement, elle devait être très proche de l'italien central. Citons quelques traits morphologiques et syntaxiques parmi les plus caractéristiques: il n'y a en général qu'une forme pour le singulier et le pluriel; il n'y a pas d'article; le système pronominal est réduit à sa plus simple expression (*mi* : je, me, moi); le verbe ne comprend que deux formes: un présent-futur (*mi andar* : je vais) et un passé (*mi andato* : je suis allé), avec quelques impératifs et quelques traces d'emploi de l'auxiliaire; un passif peut être construit avec *star*. La syntaxe est d'une grande simplicité. Le lexique est dans sa plus grande partie italien et présente une proportion de vocables castillans de plus en plus importante à mesure qu'on se déplace vers l'Ouest. Il est d'ailleurs difficile, parfois, d'attribuer nettement une étymologie italienne ou castillane à tel ou tel mot de la langue franque. Les chroniqueurs qui nous ont laissé des textes les ont transcrits tels qu'ils les comprenaient, en donnant aux mots la forme qu'ils avaient l'habitude de leur donner dans leur langue. On y trouve de plus quelques rares mots français, provençaux, catalans, grecs; des mots turcs, à caractère technique. L'arabe est extrêmement peu représenté; on ne trouvera des mots arabes en assez grande quantité que dans les formes tardives de la langue franque, comme nous le verrons plus loin.

Fray Diego de Haedo nous a laissé un certain nombre de citations en langue franque, reproduction de phrases qu'il a entendu prononcer ou rapporter lors d'un séjour à Alger vers 1610. Ainsi ces paroles d'un maître à un esclave maltraité pour avoir dit qu'il était malade:

Mira cane como hazer malato, mirar como mi estar barbero bono, y saber curar, si estar malato, y correr bono. Si cane dezir doler cabeça, tener febre no poder trabajar ni saber como curar, a Fé de Dio abrusar vivo; trabajar, no parlar que estar malato. (Chien, voilà comme tu fais le malade! Tu vas voir quel bon médecin je suis, et comment je sais soigner si tu es malade, et tu courras bien. Chien, si tu dis que tu as mal à la tête, que tu as de la fièvre, que tu ne peux pas travailler et que tu ne sais pas comment te soigner, par la Foi en Dieu je te brûlerai vif. Travaille et ne dis pas que tu es malade.)

Et ces reproches à un chrétien coupable d'avoir introduit une tortue (animal impur) à l'intérieur d'une maison musulmane:

Veccio, veccio, niçarane Chriſtiano, ven aca, por que tener aqui tortuga ? qui portato de campana ? gran vellaco eſtar qui ha portato. Anda preſto, piglia, porta fora, guarda diablo, portar a la campana, queſto si tener en casa eſtar grande pecato. Mira no trovar mi altra volta, sino afee de Dio, mi parlar patron donar bona baſtonada, mucho, mucho. (Vieux, vieux, chrétien, viens ici, pourquoi as-tu ici une tortue ? Qui l'a apportée de la campagne ? C'eſt un grand scélérat, celui qui l'a apportée. Va vite, prends-la, emporte-la dehors, quel démon ! Va la porter dans la campagne. C'eſt un grand péché que d'avoir cela à la maison. Gare que je ne la trouve pas de nouveau, sinon, par la Foi en Dieu, je dirai au maître de te donner des coups de bâton, beaucoup, beaucoup.)

Haedo appelle ce langage *el hablar franco,* et affirme que son usage eſt universel à Alger.

De même le chevalier d'Arvieux, arrivant à Tunis en qualité de miniſtre plénipotentiaire, eſt accueilli par ces paroles du Dey : « Ben venuto, como eſtar, bono, forte, gramercy ». Il eſt possible que d'Arvieux soit l'auteur de la turquerie du *Bourgeois gentilhomme,* qui eſt en langue franque plus ou moins ſtylisée.

Goldoni et Calderon ont voulu utiliser la langue franque, le premier pour le personnage du Turc dans *l'Impresario delle Smirne* (mais c'eſt une langue franque de fantaisie), et le second pour faire parler des Maures de comédie (qui s'appellent, par exemple, Alcuzcuz), des Marocains qui écorchent le caſtillan, ou qui parlent une *aljamia,* c'eſt-à-dire quelque chose de différent ; nous y reviendrons plus loin.

Le mot « sabir » pour désigner la langue franque ne devient d'un usage courant, surtout en Algérie, que vers les années 1840, époque où elle était encore en usage, particulièrement dans les milieux du petit commerce, de l'artisanat et, d'une façon générale, dans les couches de la population arabophone en contaĉt avec les Français.

Par extension les linguiſtes appellent « sabirs » des parlers du même type que la langue franque, c'eſt-à-dire des langues de relation nées d'un besoin d'intercompréhension, consciemment utilisées comme telles et bilatérales. Les mieux connus sont le chinook, sabir de trappeurs utilisé au siècle dernier sur la côte américaine du Pacifique Nord entre Indiens d'une part (parlant une langue également dénommée chinook, mais différente du sabir en question) et Anglais et Français d'autre part; et le russenorsk, sabir de pêcheurs russes et norvégiens dans l'océan Arctique (attesté au XIXe siècle). Il existe encore au Soudan des sabirs de caravaniers, à base arabe, employés entre Noirs de langues différentes; et un peu partout sur les côtes d'Afrique des sabirs dits « commerciaux ».

Les sabirs proprement dits n'évoluent que très peu; en général ils disparaissent lorsque se transforment les conditions sociales dans lesquelles ils sont apparus. Il ne reste plus rien du russenorsk, et le chinook n'est apparemment plus employé de nos jours. Quant à la langue franque, elle a également disparu, mais après une cinquantaine d'années d'agonie, et en laissant son nom de « sabir » à une tout autre réalité linguistique, comme nous allons essayer de le montrer.

Vers 1880, au témoignage du général Faidherbe, la langue franque, définitivement appelée « sabir », servait encore, sous une forme déjà altérée, de langue de relation. Mais dès cette époque les sujets parlants avaient cessé de considérer ce « sabir » comme un langage particulier. Selon les propres termes de Faidherbe: « Ce qu'il y a de curieux, c'est qu'en se servant de ce langage, le troupier est persuadé qu'il parle arabe et l'Arabe est persuadé qu'il parle français ».

Voici quelques exemples cités par Faidherbe : « Moi meskine, toi donnar sordi » (Je suis pauvre, donne-moi de l'argent). « Sbanioul chapar bourrico, andar labrisou » (L'Espagnol a volé un âne, il ira en prison). « Quand moi gagner drahem, moi achetir moukère » (Quand j'aurai gagné de l'argent, j'achèterai une femme).

Le changement est très sensible depuis les spécimens du XVIIe siècle cités plus haut. Le vocabulaire est beaucoup moins espagnol et italien que français et arabe, alors que cette dernière langue ne jouait pour ainsi dire aucun rôle dans la langue franque du XVIIe siècle (parlée d'ailleurs surtout par des turcophones et des renégats qui n'avaient de l'arabe qu'une connaissance limitée à la pratique du culte musulman). Néanmoins à ce stade on peut encore parler de « langue franque » : les verbes n'ont toujours qu'une forme, l'article est encore rare et toujours soudé au substantif, et de nombreux mots romans, mais non français, sont encore en usage (*bibir, estar, bono, babour, sordi*, etc.). Enfin ce sabir, ainsi que le souligne Faidherbe, est bilatéral.

À partir de ce moment les choses vont évoluer de plus en plus rapidement. Trente ans plus tard il ne reste plus grand-chose de la langue franque et surtout le sabir a cessé d'être bilatéral. Il est, dès la fin du XIXe siècle, réservé aux arabophones, et naturellement aux berbérophones. En effet, les autres non-francophones, Italiens, Espagnols, etc., et même Maltais, dont la langue d'usage est un dialecte arabe, vont s'efforcer de parler dans le langage populaire français ambiant, qu'ils contribueront d'ailleurs à former et à enrichir. Ils ne tenteront en aucun cas d'utiliser le sabir dans leurs rapports avec les autochtones, et apprendront plutôt l'arabe, au besoin.

Ce qu'on continuera alors à appeler sabir n'est plus que le français mal compris et mal parlé par les arabophones des classes les moins éduquées, et utilisé unilatéralement dans leurs rapports de tous ordres avec les francophones. Ce sabir a donné lieu à toute une littérature de fantaisie : il y a des disques en sabir, des fables sabir, etc., exclusivement du genre comique, ce comique n'étant naturellement perceptible que par les francophones. Il ne faut en aucun cas confondre cette littérature sabir avec la littérature écrite dans le langage populaire français d'Algérie (type « Cagayous » de Musette).

Enfin un pas de plus a été fait dans la compréhension du mot « sabir ». Un fonctionnaire français nommé Martin et qui s'est donné le pseudonyme anagrammatique de Si Kaddour ben Nitram, a notamment publié une anthologie de son cru sous le titre *les Sabirs*. Et dans ces sabirs, il range indifféremment le sabir des arabophones musulmans, celui des Juifs de Tunis, le sabir particulier des Maltais, le sicilien (à peu près sans mélange!), le langage populaire français de Bône, le français de Corse (!). Et personne n'y a trouvé à redire.

On voit donc que le mot « sabir », qui a persisté, ne désigne plus, tout au moins dans le langage courant, la même réalité linguistique qu'il y a un siècle.

Si nous considérons que la langue franque était un sabir tel que nous l'avons défini plus haut (langue de relation née d'un besoin d'intercompréhension, consciemment utilisée comme telle, et bilatérale), il est clair que le sabir moderne n'est précisément pas un sabir! En effet la langue franque était consciemment utilisée comme telle. En fait, comme le nom même de « langue franque » le montre bien, les arabophones et turcophones qui la parlaient à l'origine ont pu penser qu'il s'agissait de la langue des « Francs », c'est-à-dire des Européens occidentaux. Mais il est clair que le français, l'italien, le castillan, le catalan, etc., étant couramment parlés dans les ports algériens et tunisiens, l'originalité de la langue franque, enrichie d'apports divers, a été ressentie rapidement, ainsi qu'en témoignent les chroniqueurs de l'époque. Au contraire, le sabir moderne n'a jamais été considéré par personne comme un langage particulier: les locuteurs pensent qu'ils parlent français, un mauvais français, mais du français. De plus, le sabir moderne est unilatéral, il est fait d'altérations en quelque sorte individuelles et comprend de nombreux degrés. Sauf par dérision, ou dans des cas d'incompréhension marquée (et le plus souvent sans aucun succès, d'ailleurs...), ou encore par cette étrange croyance qu'ont de nombreuses personnes qu'on se fait mieux comprendre d'un alloglotte en déformant son propre langage (ou dans certains cas en imitant par bienveillance le langage altéré de l'interlocuteur), il ne vient à l'idée d'aucun francophone en Afrique du Nord de s'exprimer normalement en sabir.

Il y a autre chose. La langue franque, comme les autres sabirs cités plus haut, ne servait pas indistinctement à tous les usages. Elle était réservée d'une part aux relations entre maîtres et esclaves (langage de la chiourme, composé en grande partie d'imprécations et de menaces), d'autre part aux négociations diplomatiques et commerciales verbales. C'était dans une certaine mesure une langue spéciale. À part des textes de haute fantaisie (turquerie du *Bourgeois gentilhomme*), on ne connaît pas d'exemples d'autres emplois de la langue franque. Les sabirs (au sens moderne), au contraire, sont le résultat d'efforts faits pour parler français, et se prêtent comme lui à tous les usages.

Enfin la langue franque utilisait une syntaxe par juxtaposition de mots invariables, et les locuteurs le faisaient consciemment; le sabir moderne essaie de reproduire le français avec toutes ses particularités morphologiques et syntaxiques. On pourra comparer aux textes cités plus haut le passage suivant, tiré d'un recueil de fables et contes en sabir : « Si Djeha il iti joune, tout bitite, sa mir qui lime boucoup il lui dit un jor : Si Djeha vatan al marchi, chit moi oun moton, fit tension qui soit bon, qui puisse pas marchi... ». On y remarquera notamment des subjonctifs...

Les sabirs modernes n'étant donc plus des sabirs, une distinction est nécessaire, et nous proposons d'appeler ces types de parlers « pseudo-sabirs » ; nous les définirons de la façon suivante : parlers unilatéraux résultant d'efforts faits par des individus ou des groupes d'individus pour reproduire, lorsque le besoin s'en fait sentir, une langue à prestige social supérieur dans une situation donnée. On sait que la notion de prestige joue un rôle essentiel dans les contacts linguistiques. Ces parlers, il faut le souligner, ne sont jamais ressentis comme tels par les locuteurs. Ceux qui les emploient ont le sentiment de parler, plus ou moins bien, la langue qu'ils s'efforcent de reproduire. L'auditeur au contraire a tendance à y voir un phénomène linguistique particulier à un groupe déterminé d'alloglottes.

Seront donc des pseudo-sabirs : le sabir moderne d'Afrique du Nord dont nous venons de parler, les différentes variétés de « petit nègre », etc. Les *aljamias* castillanes et portugaises étaient des pseudo-sabirs, de même que le langage de la Zingana dans la pièce homonyme de Giancarli (1610). On a également signalé quelques cas de pseudo-sabirs arabes utilisés par des francophones au Maroc.

Ces pseudo-sabirs, états de langue instables et multiformes (variant avec les sujets parlants, évoluant dans le sens d'une plus grande correction, ou appelés au contraire à suivre des voies propres) se prêtent à des changements rapides, ce qui n'est pas le cas des sabirs proprement dits.

Et par là nous revenons aux pidgins. Les pidgins proviennent de pseudo-sabirs à base anglaise parlés en Afrique, dans les mers de Chine et en Mélanésie, mais devenus bilatéraux. Ils sont utilisés, en effet, soit entre

Européens et habitants du pays, soit entre locuteurs de dialectes indigènes différents.

Parmi les nombreux pidgins d'Afrique, citons plus particulièrement le *pidgin-english* du Cameroun. En Asie on distingue deux grandes variétés de pidgin: le pidgin de Chine et le pidgin de Mélanésie.

Le pidgin de Chine, qui a été parlé non seulement en Chine mais à Singapour, au Japon et en Californie, semble actuellement en voie d'extinction; il a en tout cas disparu en Chine continentale. Là où il subsiste, il ne sert plus guère à la communication bilatérale. Il est attesté à partir du XVIIIe siècle dans les ports de la Chine du Sud. Il est possible qu'il ait servi à une certaine époque à faciliter l'intercompréhension entre Chinois du Nord et du Sud. On a pu écrire qu'il était fait de phrases chinoises dont le vocabulaire serait étranger. Ce n'est pas exact, mais il est certain qu'il présente de véritables calques syntaxiques: usage de classificateurs (suffixe numéral *-pisi* (de *piece*), suffixe locatif *-side*: *China-side,* en Chine, *bottom-side,* en bas, etc.); possessif relatif *belongy*: *You belongy clever,* vous êtes intelligent, etc.

Le vocabulaire comprend une certaine proportion de termes portugais (et malais à Singapour). Mais il est dans l'ensemble anglais, et il est fort probable que les mots non anglais du pidgin de Chine (et même les mots chinois, ce qui peut paraître étrange) y ont été apportés par les Anglais eux-mêmes, dans le but de se faire mieux comprendre. Et les Chinois, dans leur zèle à parler comme les Anglais, les ont naturellement repris. De même ce sont les anglophones qui sont en partie responsables, selon toute apparence, de la syntaxe sommaire du pidgin, mais en partie seulement, car on ne peut exclure, comme nous l'avons vu, une certaine influence du chinois.

Le pidgin de Mélanésie, contrairement au pidgin de Chine, est très vivant. Avec le pidgin d'Australie et d'autres pidgins du Pacifique qui lui sont très proches, il porte aussi le nom de *beach-la-mar* ou bêche de mer, mot dont l'étymologie est contestée; il semble bien que ce soit le portugais *bicho de mar,* qui désigne la limace de mer, pêchée dans ces régions (quant au mot *pidgin,* il est traditionnellement rapproché de l'anglais *business*). Les variétés les plus connues du pidgin mélanésien sont celles qui sont parlées aux îles Salomon et en Nouvelle-Guinée sous administration australienne, où le pidgin joue un rôle extrêmement important, et où il tend de plus en plus à assumer la position d'un « néo-mélanésien », selon l'expression proposée par Robert A. Hall Jr.

La multiplicité des langues indigènes en Nouvelle-Guinée a donné lieu, longtemps avant l'arrivée des Européens, à la formation de sabirs, encore en usage sous le nom de *trade motu* ou de *police motu* (langue officielle de l'administration dans ses rapports avec les Papous). Le pidgin mélanésien s'est formé d'abord sur une base allemande, puis il s'est développé considérablement à partir du *broken english* utilisé sciemment par les Européens dans leurs rapports avec les Papous et les Mélanésiens souvent mêlés sur une même plantation. Ce *broken english* avait, bien entendu, un vocabulaire extrêmement limité, ce qui a contraint les utilisateurs du pidgin à se servir de périphrases souvent compliquées : *man ee no good long you me* (ennemi) ; *look look long one eye tha's all* (faire un clin d'œil) ; *ee no got money* (pauvre) ; *ee no savvy hear im talk* (sourd) ; *give im talk no good long* (sermonner quelqu'un), etc.

La syntaxe du pidgin mélanésien, qui procède par juxtaposition de mots invariables, est d'une grande simplicité. Le nombre et le genre sont exprimés par des périphrases (*plenty man*, des hommes, *woman he brother belong me*, ma sœur). Il existe des particules du futur *(bimeby)* et du passé *(finish)*. Un rôle considérable est joué par la particule *fellow*, ou *pela*, qui s'emploie après les démonstratifs et personnels (*this fellow knife*, ce couteau, *me fellow*, moi), entre l'adjectif et le substantif (*big fellow house*, grande maison), après les numéraux (*two fellow hand*, dix), et aussi adverbialement (*he cry big fellow*, il pleure fort).

Il ne faut pas croire néanmoins que le pidgin mélanésien est un jargon informe. Dans l'esprit des locuteurs, c'est une langue mélanésienne, et non pas du mauvais anglais. Ils ne cherchent nullement à parler anglais, d'autant moins que les anglophones s'expriment eux-mêmes en pidgin. Le pidgin s'écrit ; il existe d'ailleurs plusieurs systèmes de graphies, dont aucun n'est vraiment satisfaisant.

Le pidgin mélanésien, dont l'usage est favorisé par les autorités australiennes, et qui est d'ores et déjà enseigné dans certaines missions et dans des écoles techniques, a trouvé des défenseurs et des admirateurs. C'est une véritable langue de communication qui remplit pleinement son rôle dans les relations entre les différentes communautés linguistiques, lesquelles n'en conservent pas moins leurs propres langues pour la communication interne. Aucun individu n'a le pidgin comme langue unique. Mais rien ne prouve qu'il en sera encore de même dans cinquante ou cent ans. Rien ne prouve que le « néo-mélanésien » ne deviendra pas la langue maternelle d'un groupe d'individus, par exemple d'un prolétariat « déraciné ».

Alors nous n'aurions plus affaire à un pidgin. Nous nous trouverions en présence d'un créole.

Pierre PEREGO.

BIBLIOGRAPHIE

Laurent d'ARVIEUX, *Mémoires du chevalier d'Arvieux,* tome III, Paris, 1735.

Olaf BROCH, *Russenorsk,* Berlin, 1928.

W. CHURCHILL, *Beach-la-Mar,* Washington, 1911.

Dictionnaire de la langue franque ou petit mauresque, Marseille, 1830.

Fray Diego de HAEDO, *Topographia e historia general de Argel,* Valladolid, 1612.

Horatio HALE, *An International Idiom. A Manual of the Oregon Trade Language or Chinook Jargon,* Londres, 1890.

Robert A. HALL Jr., *Melanesian Pidgin Phrase Book and Vocabulary,* Baltimore, 1943.

Robert A. HALL Jr., *Hands off Pidgin English,* Sydney, 1954.

Kaddour ben NITRAM, *Les Sabirs,* Tunis, 1931.

Kaddour ben NITRAM, *Fables et contes en sabir,* Alger, s.d.

Charles G. LELAND, *Pidgin-English,* (Chine), Londres, 1900.

Francis MIHALIC, *Grammar and Dictionary of Neo-Melanesian,* Techny, Ill., 1957.

John M. MURPHY, *The Book of Pidgin-English,* Brisbane, 1954.

Hugo SCHUCHARDT, *Die Lingua Franca,* « Zeitschrift für Romanische Philologie », **33**, pp. 441-461, Halle, 1909.

LES CRÉOLES

Nous avons essayé de définir dans le chapitre précédent ce qu'est un sabir, un pseudo-sabir, un pidgin. Nous avons montré dans le « néo-mélanésien » le type le plus achevé de ce genre de parlers. Nous allons maintenant traiter de langues qui se trouvent à un stade d'évolution plus avancé, et qui présentent une caractéristique nouvelle et essentielle: ce sont des langues « de plein exercice ».

Un créole, en effet, n'est autre qu'un parler de type pidgin (ou un pseudo-sabir) qui, pour des raisons d'ordre historique et sociologique, est devenu la langue unique d'une communauté linguistique. Il y a donc de nombreux individus qui ont un créole comme langue « maternelle », et qui ne connaissent pas d'autre langue (c'est le cas par exemple dans la République d'Haïti).

Dans le langage courant on appelle plus particulièrement créoles les langues vernaculaires en usage aux Antilles, en Guyane, en Louisiane, aux Mascareignes (Maurice, la Réunion). Ces langues sont le plus souvent parlées par des populations non blanches, quoique le mot « créole » (comme le mot castillan *criollo* dont il provient) serve à désigner les Blancs nés aux Antilles et en Amérique du Sud. L'usage linguistique du mot semble avoir déteint. Beaucoup de gens croient que les « créoles » sont des « mulâtres ».

Certains créoles se sont formés à partir de pidgins attestés comme tels (ainsi le taki-taki parlé dans les Guyanes). Mais il est probable que la plupart des créoles se sont développés à partir de pseudo-sabirs unilatéraux, sans passer par le stade de pidgins (bilatéraux, et consciemment employés comme langues de relation). Les langues qui ont servi de base sont le français, l'anglais, le portugais, le néerlandais, et dans une moindre mesure le castillan. On parlera donc de créoles français (comme à Haïti), de créoles anglais (comme à la Jamaïque), etc.

Historiquement les créoles sont apparus sur les

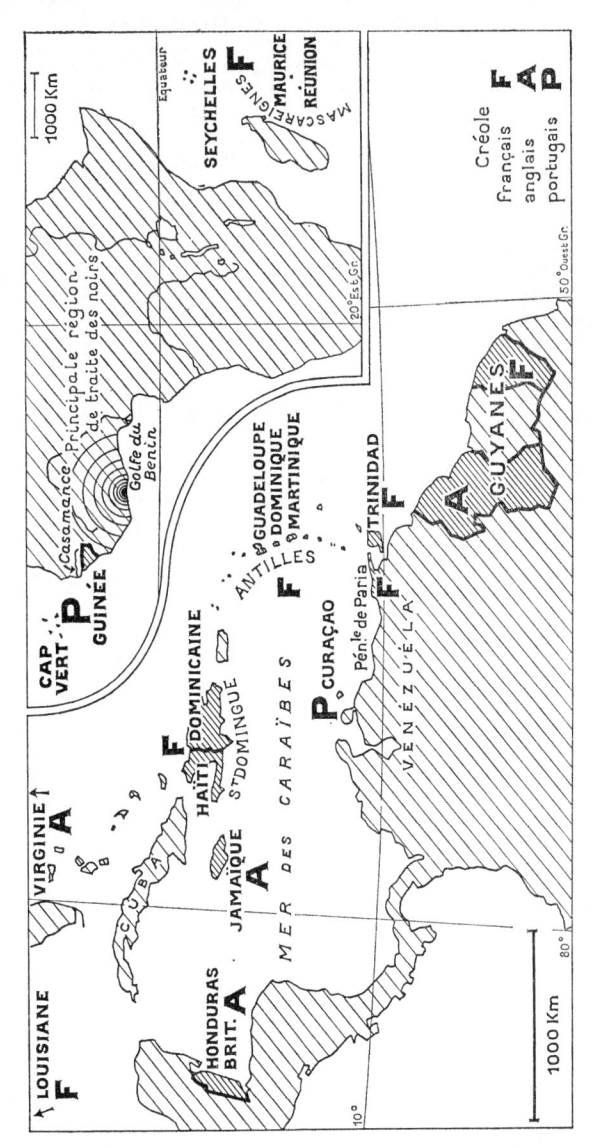

LES CRÉOLES.

plantations des Antilles, de la côte Est des États-Unis, des Guyanes et des Mascareignes à l'époque de la traite des Noirs, c'est-à-dire en gros depuis le XVIe siècle jusqu'au début du XIXe siècle. Les populations autochtones de ces régions ayant rapidement disparu en raison des massacres systématiques et du travail forcé, les colonisateurs européens ont eu l'idée de rafler sur les côtes d'Afrique les travailleurs noirs qui leur étaient nécessaires. Ce trafic d'esclaves a atteint de telles proportions que certaines régions d'Afrique Occidentale en sont restées dépeuplées jusqu'à nos jours.

Ces Noirs ainsi raflés dans leurs villages étaient d'abord rassemblés dans des camps situés sur la côte, en attendant leur embarquement. Dès ce moment des problèmes d'intercompréhension se sont posés. En effet les razzias avaient lieu principalement dans les régions de langues soudanaises, où l'émiettement linguistique est la règle. Après le transport, le premier soin des vendeurs et des acheteurs d'esclaves était de séparer entre les diverses plantations — où ils restaient fixés définitivement — les Noirs originaires d'un même village ou d'une même région, voire les membres d'une même famille. Les premiers esclaves importés n'avaient donc aucun moyen linguistique de communiquer entre eux. Quant au propriétaire d'esclaves et aux surveillants blancs, ils utilisaient naturellement leur langue. Ce sont ces langages de Blancs, plus ou moins simplifiés, que les Noirs transplantés et dépouillés de leurs propres langues ont été contraints d'employer, à défaut d'autre chose, non seulement dans leurs rapports avec les Blancs, mais encore pour communiquer entre eux. Dès la deuxième génération, les esclaves noirs ne connaissaient pas d'autre langue. Telle est, en gros, la genèse des créoles.

Il semble attesté que les langues africaines n'ont guère été parlées en Amérique, sauf dans des cas exceptionnels, et, en tout état de cause, très rarement après la deuxième génération. Lorsqu'en 1657, après le départ des Espagnols, les Noirs de la Jamaïque se sont révoltés et échappés à l'intérieur des terres pour y former quelque temps une communauté indépendante (et où ils n'avaient donc plus à communiquer avec des Blancs), ils ont continué à parler un créole; néanmoins les descendants de ces « Maroons » (nègres marrons) emploient encore de nos jours un nombre assez élevé de mots africains dans leur créole.

Il n'existe pas de créoles dans tous les territoires peuplés par d'anciens esclaves noirs. C'est ainsi qu'il n'y a pas, ou qu'il n'y a plus, de « créole brésilien », les Noirs du Brésil parlent la même langue que les Blancs. Et à part une exception notable il n'y a pas non plus de créole des Noirs des États-Unis. L'exception est constituée par le gullah, parlé dans les îles côtières de Georgie et de la Caroline du Sud, dans lequel Lorenzo Dow Turner a cru d'ailleurs pouvoir relever un grand nombre de mots africains.

Si les créoles ont disparu au Brésil et aux États-Unis, c'est que, dès l'abolition de l'esclavage, les Noirs s'y sont trouvés rapidement en contact avec une population blanche urbaine ne parlant pas le créole, et que d'autre part ils ont pu se déplacer à travers le pays en s'éloignant définitivement des régions où les créoles avaient pris naissance. Cela n'a pas été le cas dans les régions géographiquement isolées, et surtout dans les îles (où les créoles se sont le mieux conservés) mais aussi dans les régions coupées du reste du continent (comme les Guyanes). Il est curieux toutefois d'observer qu'il ne s'est pas formé de créoles dans les îles des Antilles où l'espagnol est resté la langue courante, comme à Cuba.

Comme nous l'avons montré, les créoles se sont très probablement formés à partir de pseudo-sabirs, c'est-à-dire de ces parlers unilatéraux résultant d'efforts faits par des groupes d'individus pour reproduire, par nécessité, une langue à prestige social supérieur: ici, la langue des maîtres. Par nécessité, puisqu'ils n'avaient pas d'autre moyen de communiquer, non seulement avec les maîtres, mais encore entre eux. Mais qu'était cette langue des maîtres ? C'était le français, l'anglais, le portugais, etc., du XVIIe et du XVIIIe siècle, d'abord la langue importée par les marins, les soldats, les négriers, donc une langue populaire; ensuite la langue plus recherchée des « habitants » (colons) créoles. Les premiers catéchistes, « engagés » souvent illettrés, ont également joué un rôle (avant que les missionnaires proprement dits ne viennent prêcher dans la seule langue comprise par leurs nouvelles ouailles, c'est-à-dire en créole). Comme l'écrit Élodie Jourdain, à propos du créole de la Martinique:

Pour se faire entendre, pour obtenir de son matériel humain le maximum de rendement, le Blanc enseignera tous les mots nécessaires, mais rien de plus ; de son côté le Noir répétera de son mieux ce qu'il aura entendu ou cru entendre... il serait assez facile d'imaginer les premières acquisitions de vocabulaire opérées par les esclaves, soit à bord des navires négriers, par exemple les verbes sous forme d'impératifs ou d'infinitifs, les noms qui désignent les parties du corps, les vêtements (...), soit ensuite dans la colonie.

Il est en effet à supposer que les « maîtres », comme il est notoirement d'usage en pareil cas, se sont adressés aux Noirs en « petit-nègre », soit systématiquement, par tradition « coloniale », soit pour se mettre à leur portée en les imitant, et se faire mieux entendre. C'est ce qui a pu contribuer à donner aux créoles cet aspect caractéristique de langues simplifiées, certains disent de langues réduites au minimum (Lenz) ou à l'optimum (Hjelmslev).

Mais ce caractère d'extrême simplification est dû aussi, dans une certaine mesure, au substrat africain, à la structure des langues parlées à l'origine par les premiers Noirs transportés. Citons encore E. Jourdain :

On a pu croire que cet instrument commode et souple était sorti des débris du français, outil trop délicat aux mains malhabiles des grands enfants noirs, mais il est aussi logique de penser que, pour une part au moins, une syntaxe africaine a pu s'imposer, et naturel de la chercher à la source qui a alimenté le plus abondamment l'énorme courant d'émigration créé en Afrique : la côte dite de Guinée, qui englobait le golfe du Bénin et la Côte d'Ivoire. Or il se trouve que précisément la syntaxe de ce groupe éburnéo-dahoméen, et notamment la syntaxe de la langue fon (...) est d'une rare simplicité. Si nous trouvons dans les différents créoles des similitudes constantes avec le fongbé ou avec les langues voisines, éwé, yoruba et tchi, ne serons-nous pas en droit de conclure que ce sont ces syntaxes simples qui se sont imposées aux créoles d'Amérique ?

Cette manière de voir est partagée, avec plus ou moins de nuances, par de nombreux linguistes. Les langues soudanaises diffèrent grandement entre elles par leur lexique, mais, selon l'africaniste Hugh Migeod, l'uniformité de leurs syntaxes est souvent très frappante, et cette syntaxe a pu, dans une certaine mesure, être conservée par les créoles, de même que le système verbal, basé sur l'aspect plutôt que sur le temps. Il est hors de doute que beaucoup de faits grammaticaux des créoles correspondent à des faits africains. Mais, en cette matière, la prudence est de rigueur, car la comparaison est souvent difficile au stade où nous en sommes de l'évolution tant des créoles que des langues africaines, et l'on doit souvent se contenter d'établir des correspondances globales.

Pour certains auteurs, les créoles sont des langues dont la structure serait purement africaine, le vocabulaire seul ayant été reçu d'une langue européenne. Cette théorie est soutenue notamment par Suzanne Sylvain-Comhaire, qui affirme: « Nous sommes en présence d'un français coulé dans le moule de la syntaxe africaine..., d'une langue éwé à vocabulaire français », et par Charles Fernand Pressoir, qui n'hésite pas à faire des créoles des langues « néo-africaines », nettement rattachées au groupe soudanais.

En ce qui concerne le lexique, il convient de noter que les mots africains (ou supposés africains) n'en constituent qu'une petite partie. Mais tous les créoles en ont conservé un certain nombre; ces mots se rattachent d'ailleurs pour la plupart à des représentations d'ordre religieux. On sait que le culte vaudou, par exemple, encore en honneur aux Antilles, est d'origine africaine. On trouvera ainsi en haïtien, *zombi* (au Congo: *nsumbi,* diable), *wanga* (éwé: *wanka,* sorcier), etc. La masse du lexique est donc due à la langue ou aux langues européennes qui ont servi de base à chaque créole.

Ce qu'il y a peut-être de plus remarquable dans les créoles, c'est leur unité, soulignée par tous ceux qui les ont étudiés. L'unité des créoles français entre eux, des créoles anglais entre eux, etc., est frappante. Il y a inter-compréhension non seulement entre un Haïtien et un Martiniquais, mais encore entre un Haïtien et un Mauricien, quelles que soient les différences que présentent leurs deux créoles, fort éloignés géographiquement l'un de l'autre. Mais il y a plus intéressant encore. Certains faits communs aux différents créoles français se retrouvent dans les variétés populaires de français parlées en Algérie, et parfois dans celles qui sont en usage à Tahiti et en

Nouvelle-Calédonie : ainsi, dans le domaine de la phonétique, l'absence du *a* long postérieur (celui de « pâte »), les confusions entre voyelles ouvertes et fermées, l'instabilité des voyelles nasales, le *v* intervocalique tendant à devenir semi-voyelle, la chuintante sonore finale passant à *yod* (bagage > bagaye), etc. ; en morphologie et en syntaxe, des tendances parallèles à la simplification du système ; enfin, en ce qui concerne le lexique, il provient d'un fonds commun, quoique étalé dans le temps, c'est-à-dire le vocabulaire courant des marins et des soldats, entre le milieu du XVIIe siècle et le milieu du XIXe siècle, compte tenu des apports dialectaux et des apports alloglottes. Il est à remarquer que l'on connaît assez mal le français populaire (et l'anglais populaire, etc.) de ces différentes époques. Et on connaît encore plus mal le français « colonial », celui des descendants des « engagés » (civils) et des militaires libérés sur place.

D'autre part on n'a pas manqué de souligner aussi les remarquables analogies de structure que présentent entre eux tous les créoles, qu'ils soient français, anglais, portugais, etc., notamment ceux qui sont parlés dans l'aire des Caraïbes.

En définitive, la question du classement typologique des créoles est encore ouverte, comme en témoigne une controverse récente entre deux linguistes américains, Douglas Taylor et Robert A. Hall Jr.. On en trouvera les échos dans la revue « Word » (de 1956 à 1959). Pour résumer très grossièrement les positions en présence, Taylor admet que les créoles, qui ont une structure grammaticale analogue dont l'origine est probablement à rechercher dans les langues africaines, et un vocabulaire directement hérité de l'anglais, du français, etc. ne sont pas plus des langues « africaines » que des langues « européennes » ; il semble donc revenir à la notion de « langues mixtes », chère à Hugo Schuchardt. Hall, au contraire, considère qu'il n'y a jamais parfait équilibre entre les éléments d'une langue. Ainsi on ne peut pas dire que le français est une langue celtique parlée avec des mots latins, et dans le cas des créoles la proportion de faits structuraux français, anglais, etc., est plus importante et plus fondamentale que celle des faits structuraux africains ; il convient en conséquence de classer les créoles français parmi les langues romanes, les créoles anglais parmi les langues germaniques, etc. Uriel Weinreich penche pour cette dernière opinion, tout en soulignant la proportion considérable de calques linguistiques dans la grammaire des différents créoles. Il propose donc de parler de « développement convergent » de ces parlers et d'« aires de convergence », comme il s'en trouve par exemple dans les Balkans. Différents éléments ont joué leur rôle dans la formation des créoles : un substrat africain inconnu, une inter-influence mutuelle et la « minimisation » ou « optimisation » de la grammaire, phénomène apparemment universel chaque fois qu'on se trouve en présence d'un langage « improvisé ».

Pratiquement les créoles peuvent donc être considérés comme des variétés particulières respectivement de français, d'anglais, de portugais, etc., qui sont devenues autonomes.

Nous pouvons maintenant établir la liste des principaux créoles connus (quelques-uns n'ont pas encore été étudiés, et il est probable que beaucoup ont dû disparaître au cours du XIXe siècle sans laisser de traces).

CRÉOLES FRANÇAIS

Caraïbes : Haïti (et Dominicaine) ; Guyane ; Martinique, Guadeloupe et la Dominique ; Louisiane (Negro French, qu'il ne faut pas confondre avec le Louisiana French, qui est une variété de français, non créolisé) ; Trinidad et Venezuela (Péninsule de Paria).
Mascareignes : La Réunion, Maurice, Seychelles (French Patois).

CRÉOLES ANGLAIS

États-Unis : Virginie (gullah).
Caraïbes : Jamaïque ; Guyane (taki-taki) ; Honduras britannique ; Colombie (bendè).

CRÉOLES PORTUGAIS

Afrique : Guinée, Cap-Vert, Casamance.
Caraïbes : Curaçao (papiamento).

De très nombreux parlers ont encore été étudiés sous le nom de créoles, notamment dans la zone des Caraïbes, mais ils ne peuvent être attestés que comme pidgins (c'est-à-dire qu'ils ne sont jamais devenus la langue d'usage unique d'une communauté déterminée). Ainsi différents types de négro-hollandais. S'il en existe, les véritables créoles à base espagnole sont rares; les langages populaires de Cuba, de Saint-Domingue (République Dominicaine) et de la Trinidad, pour autant qu'il ne s'agisse pas de créoles français, sont des variétés locales de castillan et non des créoles espagnols. D'autre part, le taki-taki, que nous avons donné comme créole anglais, contient une forte proportion d'éléments néerlandais et romans. De même le papiamento de Curaçao contient de nombreux éléments néerlandais.

On remarquera l'existence de véritables créoles (créoles portugais seulement) en Afrique; ceux de la Casamance, notamment, sont très vivants.

Une dernière question reste à poser. Quel est le statut actuel, et quel pourrait être l'avenir des créoles? Comme le dit André Martinet :

> La situation d'un créole français comme celui de la Dominique, qui est le vernaculaire de gens dont la langue officielle est l'anglais, a sa contrepartie en France, où des patois néerlandais sont le parler familier de gens qui utilisent le français comme langue nationale... Rien dans sa structure linguistique ne disqualifie, au départ, un créole comme langue de culture. Mais tant qu'un créole est senti et identifié comme une forme abâtardie d'une grande langue de civilisation, son statut ne diffère guère de celui des patois métropolitains.

Or il est de fait qu'aucun créole n'a encore accédé à la dignité de langue de culture, de langue littéraire. Les créoles français parlés dans les pays de langue officielle anglaise (La Dominique et surtout Maurice) n'ont guère d'avenir, ceux qui sont en usage dans les pays où la langue de civilisation et la langue administrative est le français (Martinique, Guadeloupe, La Réunion) se heurtent à ce dernier, dont le prestige est naturellement bien supérieur et l'utilité évidente. Dans un cas seulement, celui de Haïti, république noire indépendante depuis 1804, le créole aurait pu avoir ses chances, puisqu'il est la langue d'usage de l'ensemble de la population, et puisqu'aucune contrainte ne semblait imposer le français comme langue officielle. Or, de tout temps, les gouvernements haïtiens ont négligé le créole, sans d'ailleurs rien faire pour enseigner le français à une population qui comprend soixante-quinze pour cent d'illettrés totaux; il reste la langue d'une petite élite intellectuelle. D'ailleurs la masse de la population ne désire nullement recevoir une instruction en créole, considéré comme une « corruption » du français. Des efforts en ce sens ont néanmoins été faits à différentes époques, et on a d'abord écrit le créole en utilisant l'orthographe française traditionnelle (méthode Beaulieux). Une graphie plus rationnelle, dite « Laubach », et due en réalité au Révérend McConnell, a été adoptée par la mission de l'Unesco lors de son « expérience d'éducation de base », dans la vallée du Marbial en 1949. Elle s'est heurtée à de vigoureuses oppositions, précisément parce qu'elle donnait aux textes créoles un aspect trop différent de celui du français. La campagne menée actuellement contre l'analphabétisme tend à enseigner le français en se servant du créole comme étape intermédiaire. Une conséquence et une cause tout à la fois de cet état de fait est l'absence d'une véritable littérature en créole, à part quelques textes folkloriques et humoristiques, quelques ouvrages d'inspiration religieuse (catéchismes) et une presse sporadique, représentée notamment par le journal « Limié-Fos-Progrè » (« Lumière, Force, Progrès »), publié à Port-au-Prince durant quelques années et qui a cessé de paraître. Autre conséquence, la gallicisation croissante du créole, signalée par tous les observateurs.

Le créole haïtien — et à plus forte raison les autres créoles — ne semble donc pas avoir d'avenir comme langue de civilisation.

La persistance des créoles comme vernaculaires peut intéresser le linguiste à plus d'un titre. L'étude des créoles peut notamment jeter des lumières sur l'évolution des grandes langues de civilisation modernes. Il y a quelques analogies entre le mode de formation des créoles à partir du français et ce qu'on sait de la genèse des langues romanes. On a pu dire que le haïtien ressemble (extérieurement) au français un peu comme l'italien « ressemble » au latin classique. Il convient de se garder de comparaisons hasardeuses et de conclusions hâtives, mais

rien n'empêche d'entrevoir l'existence en Gaule, au
Ve siècle, d'un pseudo-sabir latin, devenu créole lorsque
les sujets parlants ont perdu l'usage du gaulois, puis
s'enrichissant des différentes façons que l'on sait. Le
français serait donc un créole qui a eu de la chance...

Pierre PEREGO.

BIBLIOGRAPHIE

CRÉOLES FRANÇAIS, CARAÏBES

Serge DENIS, *Notre créole,* Orléans, Paris, 1936.
Jules FAINE, *Philologie créole,* Port-au-Prince, Haïti, 1937.
Elodie JOURDAIN, *Du français aux parlers créoles,* Paris, 1956.
Rémy NAINSOUTA, *Le Langage créole,* Basse-Terre, 1940.
Charles Fernand PRESSOIR, *Débats sur le créole,* Port-au-Prince, Haïti, 1947.
Suzanne SYLVAIN-COMHAIRE, *Le Créole haïtien,* Wetteren, 1936.
J. J. THOMAS, *The Theory and Practice of Creole Grammar,* Port of Spain, 1869.
J. TURIAULT, *Essai sur le langage créole de la Martinique,* Brest, 1874.

CRÉOLES FRANÇAIS, MASCAREIGNES

Charles BAISSAC, *Étude sur le patois créole mauricien,* Nancy, 1880.
Jules FAINE, *Le Mauricien,* Port-au-Prince, Haïti, 1939.
Hugo SCHUCHARDT, *Sur le créole de la Réunion,* dans « Romania », XI, pp. 589-593, Paris, 1883.

CRÉOLES ANGLAIS

Robert A. HALL Jr., *The Linguistic structure of Taki-Taki,* dans « Language », XXIV, pp. 92-116, Baltimore, 1948.
Robert B. LE PAGE, *General Outlines of Creole English Dialects in the British Caribbean,* dans « Orbis », VI, **2**, pp. 373 et suiv., Louvain, 1957.

Hugo Schuchardt, *Englisches Kreolisch,* dans « Englische Studien », XII, pp. 470-474, Vienne, 1891.

Lorenzo Dow Turner, *Africanisms in the Gullah Dialect,* Chicago, 1949.

CRÉOLES PORTUGAIS ET NÉERLANDAIS

J. P. B. Josselin De Jong, *Het huidige Negerhollandsch,* Amsterdam, 1926.

E. R. Goilo, *Papiaments leerboek,* Willemstad (Curaçao), 1951.

R. Lenz, *El Papiamento,* Santiago du Chili, 1928.

Hugo Schuchardt, *Über Negerportugiesische,* dans « Zeitschrift für romanische Philologie », XII, pp. 242-254, Halle, 1888.

LES ARGOTS

« JE te prends, il me répond, tout épanoui, comme s'il décarrait juste d'un plume douillet après huit plombes de méchante pionce au lieu d'avoir passé la notte à débaucher de la fesse pour le compte de je ne sais quel ponte. Alors on plante une carante au milieu de la cagna, je sors les brêmes... » (Robin Cook, *Crème anglaise,* Gallimard, Série Noire nº 1042, p. 20, traduit de l'anglais par F.M. Watkins et Marcel Duhamel).

Les réactions seront sans doute immédiates et unanimes pour qualifier un tel texte d'argotique mais l'accord cesse dès qu'on s'efforce de préciser ce qu'on entend par « argot ». Comment le définir dans ses traits constants, comment le circonscrire — ses zones limitrophes étant particulièrement fluctuantes — comment apprécier son authenticité, autant de problèmes qui soulèvent la dispute. Cette notion est de celles qui ont cours sans avoir un contenu nettement délimité. La complexité des faits en est cause, qui a longtemps confiné les recherches dans la voie de l'érudition étymologique au détriment de l'analyse des caractères généraux dont on tentera ici, en empruntant surtout des exemples au français, de présenter un bilan.

L'ARGOT?

SES CARACTÈRES HISTORIQUES ET SOCIOLOGIQUES

Privilégiée dans les courants linguistiques anciens, particulièrement tentante dans le cas de l'argot qui connaît une diachronie accélérée et offre, surabondamment, matière à un savoir anecdotique, l'étude historique a longtemps prédominé dans ce domaine.

Le terme d'« argot » apparaît au XVIIe siècle; à l'époque du procès des Coquillards (1455), on parlait *jargon* ou *jobelin*. Primitivement, *l'argot* désigne la communauté des malfaiteurs et des mendiants, le « Royaume de l'Argot » et c'est encore en ce sens que l'emploie, par exemple, Jean Riverain dans ses *Chroniques de l'argot* (1963); quant à *l'argotier* c'est un voleur. Lors donc qu'« argot » prend son acception linguistique (voir, par exemple, Richelet, 1680), il s'applique à la langue des voleurs et des vagabonds, langue qui se veut secrète. Et c'est bien là encore le sens premier que lui donne Littré : « 1º Langage particulier aux vagabonds, aux mendiants, aux voleurs et intelligible pour eux seuls ».

D'où, au reste — à côté de celles qu'on peut retenir *(ergot, ergo, ergoter,* provençal *argaut:* nippes) — toute une floraison d'étymologies fabuleuses qui conservent un relent de la Cour des Miracles : Furetière propose *Argos* et les *Argonautes,* Nodier, rattachant argot à *narquois* (argot des archers) par l'intermédiaire de *nargot,* en fait l'*art des Gots,* Marcel Schwob n'hésite pas à tenter la filiation avec *Arabie*...

Certes l'argot — dont on signale l'existence un peu partout dans le monde — est bien toujours, dès l'origine, pratiqué à des fins cryptiques par des groupes de malfaiteurs, et il semble même que son apparition soit le fait de ces milieux au reste peu homogènes. Ceci qu'il s'agisse du *rotwelsch* allemand, du *furbesco* italien ou du *calão* portugais. Il serait néanmoins excessif d'en restreindre la définition sur la base de ces considérations historiques, inadmissible de contester l'existence de l'argot, par exemple, depuis la disparition, à la fin du XVIIIe siècle en France, des grandes bandes de voleurs. En effet, le phénomène de l'argot n'est pas lié à l'exercice du vol ou de la mendicité en eux-mêmes mais à certaines conditions sociologiques que ces activités favorisent sans être les seules à le faire. Il semble difficile de soutenir, en ne considérant que la priorité historique, — comme certains linguistes ont été tentés de le faire — que l'argot soit, et exclusivement, le parler des truands : d'autres communautés restreintes ont depuis fort longtemps (le *blesquin* des merciers date du XVIe siècle) pratiqué des langages spéciaux du même type. Comme le souligne le titre de l'ouvrage d'Albert Dauzat, il n'existe pas un argot mais des argots.

Si l'on veut fonder la définition de l'argot sur ses

caractères intrinsèques et non seulement sur ses origines historiques, il faut donc admettre une extension de sens (qui n'est seconde que dans l'histoire) comme celle que propose, par exemple, Littré : « 2º phraséologie particulière, plus ou moins technique, plus ou moins riche, plus ou moins pittoresque dont se servent entre eux les gens exerçant le même art et la même profession. L'argot des coulisses ».

Dauzat est un des premiers à avoir essayé de dégager avec précision les facteurs d'apparition de tels langages : il a montré que les argots trouvent des terrains propices à leur développement dans des milieux isolés — très variables selon les époques, l'évolution des modes de vie et des segmentations sociales — qui connaissent une vie en commun. (On écartera les acceptions d'*argot* qui ne se réfèrent pas à l'usage d'une communauté comme celle-ci, notée dans le *Juif Errant* d'Eugène Sue : « Philémon (...) lui dit vivement dans son argot amoureux et tendre : Chat chéri à son Mon-Mon... »).

Outre l'argot du « milieu », on observe donc des argots, notamment, dans les professions ambulantes, saisonnières (maçons, tailleurs de pierre, moissonneurs, ramoneurs, rempailleurs de chaises, merciers, colporteurs, forains, comédiens, soldats...). Le *bellaud* des peigneurs de chanvre du Jura, le *mormé* des fondeurs de cloches lorrains et picards, le *faria* des ramoneurs de Savoie en sont, quel que soit le fonds commun, des variétés nettement différenciées. On en trouvera d'autres exemples (argots du cinéma, des courses, du cirque...) dans le dictionnaire de Géo Sandry et Marcel Carrère. Ils connaissent une vigueur particulière dans les périodes de guerres et de troubles qui favorisent la mobilité linguistique, dans les régions où se fait sentir l'influence de langues étrangères, dans les groupes (professionnels, par exemple) qui n'ont pas d'homogénéité linguistique... bref dans ces foyers d'interférences qui favorisent le multilinguisme.

Des argots apparaissent également dans des groupes sédentaires mais isolés et fermés : citons l'argot des protestants poitevins au XVIIIᵉ siècle, les argots des grandes écoles ou encore les argots de lycées étudiés par Gottschalk en 1931 *(Französische Schülersprache)*.

Dans tous ces groupes, l'argot demeure, bien entendu, d'un usage cryptique mais avec tous les degrés et toutes

of slang forms are young persons, sportsmen, gamblers, vagrants, criminals, and, for that matter, most other speakers in their relaxed and unpretentious moods ».

Comportements linguistiques mal localisables socialement ou géographiquement, ces argots se repèrent et se définissent principalement par le choix, la recherche des traits de langue que nous étudierons plus loin. Ainsi, Hockett caractérise le slang par « *the striking and far-fetched nature of its semantic overtones and its secondary associations* ».

Un tel « argot commun » se développe dans bien des communautés linguistiques, partout où l'évolution sociolinguistique favorise l'unification, tant géographique que sociale, des comportements linguistiques. Dans une société où les cloisonnements régionaux et sociaux sont moins nets, la pègre moins isolée, où la presse, la chanson, la littérature populaire... favorisent la diffusion des innovations de langue, où les centres urbains servent de creusets pour l'élaboration de comportements linguistiques unifiés, les différents argots — qui, nous le verrons, participent tous de la même nature — tendent à se rapprocher, voire à perdre leurs particularités pour se fondre en un bien commun disponible pour tous les usagers de la langue.

On notera qu'en France, où l'on est particulièrement soucieux de tradition et de purisme, dans la mesure où — quelle que soit la nostalgie qu'on peut avoir d'un argot pur, d'un argot des truands — on reconnaît l'existence d'un usage commun de l'argot, ce constat s'accompagne le plus souvent de jugements de valeur bien éloignés de la tolérance de Bloomfield et qui masquent l'état réel des faits. Alors que Bloomfield admet que « *the value of slang is largely facetious* », et que nombreux sont ceux qui l'utilisent, à quelque classe de la société qu'ils appartiennent, *argotique* au sens large est souvent, en France, assimilé à anti-académique, voire à grossier ou vulgaire. (Il est significatif qu'en 1835, la « Revue de Paris » aille jusqu'à parler des « hurlements argotiques des danseuses » [cité par Esnault] et que « parler argot » soit équivalent pour beaucoup à adopter le parler des basses classes, se déclasser). Il s'ensuit que la notion d'argot commun, en dépit des faits, a peine à se dégager, en France, des stratifications sociales. Ces attitudes ne doivent pas toutefois masquer l'évolution vers un argot unique et largement pratiqué du type de celui qu'on observe aux U.S.A.

Certes les rapports de la langue commune et des argots ont toujours été très étroits : de tout temps, la langue commune a puisé dans l'argot et des créations argotiques s'y sont infiltrées (citons, en français, l'adoption de termes comme *caboulot* ou *voyou*) mais, lorsque l'argot perd ses cloisonnements — quelles que soient ses caractéristiques linguistiques — il tend à se distinguer beaucoup moins nettement encore de la langue populaire que ne pouvait le faire un langage secret et parlé dans une communauté restreinte. De là, sans doute, nombre de flottements dans la démarcation entre argot et langue commune, qui, loin d'aller en diminuant, tendent à s'accentuer à l'époque contemporaine, comme en témoignent les réactions des usagers et même les embarras des théoriciens dont les exemples sont souvent en désaccord avec les définitions adoptées. Il en résulte que, chez les lexicographes, une nette anarchie se manifeste dans les critères de classement retenus. Les termes se répartissent dans les dictionnaires de la langue commune et dans les dictionnaires d'argot avec de notables variations. Littré admet *zig*, « terme populaire », dans son *Supplément,* Dauzat préconise résolument l'incorporation à l'argot moderne du « lexique français populaire ouvrier » cependant que Sandry et Carrère, dans leur *Dictionnaire de l'argot moderne,* accueillent toutes les « fleurs du pavé ».

Ces incertitudes tiennent pour une large part au fait que les critères socio-historiques traditionnels deviennent peu à peu caducs. Il serait faux néanmoins d'en conclure que l'argot se perd : il se transforme et tend à se fondre dans le code commun dont il contribue à accélérer le renouvellement. Il n'en garde pas moins certaines qualités linguistiques assignables et il n'en demeure pas moins vrai que les mécanismes argotiques s'accomplissent au mieux dans certaines situations, là où se manifestent par exemple, des hiérarchies, des rapports de domination... L'argot se caractérise alors comme un comportement verbal d'agression — simple taquinerie parfois —, de défense ou de compensation impliquant, ce qui est décisif, tout un ensemble de choix linguistiques.

SES CARACTÈRES LINGUISTIQUES

Si le linguiste ne doit pas négliger les caractères sociaux « externes » de l'argot, il doit surtout chercher à dégager les traits proprement linguistiques qui sont communs aux différents types d'argots.

Si l'on examine le texte de *Crème anglaise* cité en tête de cet article en cherchant à déterminer quels sont les éléments linguistiques qui lui donnent sa coloration argotique, on voit que seul le vocabulaire *(prends, décarrait, plume, plombes...)* est en cause. Et c'est là un caractère propre à tout texte argotique : l'argot n'affecte que le lexique (il faut également comprendre sous ce terme, bien entendu les faits de dérivation et de composition).

Avec l'absence de délimitation géographique, ce trait est celui qui distingue le plus nettement les argots des patois et dialectes qui se particularisent non seulement par leur lexique mais encore par leur phonologie, leur morphologie et leur syntaxe.

C'est dans le cadre de la grammaire et de la phonologie d'un instrument de communication commun (langue ou dialecte) que l'argot se forge un vocabulaire particulier. On imagine mal, au reste, qu'à des fins cryptiques, une communauté restreinte se crée une phonologie ou une syntaxe nouvelles, alors qu'il est aisé, en raison de son étendue et de ses structurations plus lâches, d'altérer, de déguiser le lexique, tout au moins partiellement. Car il va de soi que le vocabulaire argotique, particulièrement riche pour certains domaines (le vol, le vin, l'argent, la sexualité, la police...), est un vocabulaire incomplet où seuls certains mots clés (des lexèmes en général mais éventuellement tel pronom personnel : *mézigue*...) sont transcodés.

L'argot est donc nécessairement — ce qui n'est pas le cas pour un dialecte ou un patois — un instrument de communication secondaire, parasitaire, qui suppose le maniement de la langue commune. C'est ce qui explique que l'argot ne puisse être international.

Nous parlerons donc d'argot quand, dans le cadre d'une langue commune, existe, créé à des fins crypto-ludiques, un vocabulaire partiel, qui double sans l'évincer le vocabulaire usuel. Décrire un argot, c'est, après avoir délimité le groupe de ses usagers, analyser son lexique.

LE VOCABULAIRE ARGOTIQUE

La qualité de l'argot la plus souvent relevée, c'est sa richesse, sa saveur, sa truculence expressive. On l'appelle « langue verte », *rotwelsch*... Ce qui implique un rythme accéléré de renouvellement car les mots s'usent vite, surtout dans un domaine où l'usure se manifeste par un glissement rapide de la motivation expressive à l'arbitraire. L'étude du vocabulaire argotique est donc avant tout une étude de créations lexicales.

Tout favorise, dans l'argot, une mobilité extraordinaire. Plongé dans l'actualité et purement lexical, l'argot évolue en fonction de l'évolution des modes de vie et ne cesse de s'adapter aux nouveaux besoins. C'est ainsi que sont apparus très rapidement des argotismes dans les domaines de l'automobile ou de l'aéronautique. Cryptique, l'argot doit sans cesse modifier les termes qui commencent à être connus des profanes. Pratiqué par des usagers d'une grande mobilité sociologique, particulièrement soucieux de la mode verbale qu'ils suivent dans une sorte de connivence ludique, l'argot — alors que le patois est attaché au sol — manque de forces de tradition. Lorédan Larchey qui étudie l'argot parisien (1872) souligne, à cet égard, le rôle important de Paris qui « fait la mode des mots comme il fait la mode des chapeaux ». L'argot frappe donc, pour reprendre le mot de Dauzat, par sa « fluidité ».

Lorsqu'on feuillette un dictionnaire d'argot quelque peu vieilli, on est frappé par le grand nombre d'acceptions périmées et de termes sortis de l'usage qu'on y rencontre. Bloomfield note que *rubber* s'employait, vers 1896, dans le sens de « *stare* », « *pry* », mais que « *ten years later it was obsolescent* » Dauzat qui cite l'éphémère *jaja* (« vin ») des années 1926-27, signale l'onomatopée *teuf-teuf* comme « plus ou moins spécialisée à la motocyclette, qui est particulièrement pétaradante », ce qui ne semble pas l'acception la plus courante de ce terme à notre époque.

En comparant, à la lettre A, le dictionnaire de Francisque Michel (1856) et celui de Jean la Rue (1948), on constate que ce dernier (cent cinquante entrées environ)

— bien qu'il se réfère explicitement à son prédécesseur (cent dix entrées environ) — n'a en commun avec lui que cinquante-six entrées, non au reste sans variantes de formes *(avaloire/avaloir)* ou de sens *(aiguille :* « barbe », quelquefois « clé » chez l'un, « clé » chez l'autre). Si l'on confronte ces deux dictionnaires à celui de Sandry et Carrère (1953), on n'obtient plus que seize termes communs aux trois ouvrages. On le voit, quelles que soient ici les difficultés d'enquête, une telle fluctuation ne saurait être imputée aux seules méthodes lexicographiques. Si l'argot comporte un fonds permanent fait de mots comme *abatis* (« membres »), *abouler* (« donner ») *affranchi* (« renseigné », « expert »), *affurer* (« gagner »)... il est surtout soumis à un rythme anormalement rapide de changements qui n'excluent pas, au reste, les résurgences.

À tel point qu'on a souvent accordé, dans l'étude de l'argot, une place excessive aux problèmes de genèse et de disparition, à l'histoire des argotismes, sans chercher à dégager les procédés linguistiques, les mécanismes de formation utilisés — selon des types plus ou moins constants — dans la création argotique. On s'est longtemps intéressé davantage à la naissance et au devenir des unités qu'à leur nature.

NATURE LINGUISTIQUE DES CRÉATIONS ARGOTIQUES

Les types de mécanismes prédominants varient selon les argots et selon les époques mais les créations argotiques s'inscrivent nécessairement dans le cadre des latitudes offertes par le système de la langue commune.

Une langue n'exploitant pas dans son lexique toutes les suites de phonèmes possibles (/potu/ serait acceptable mais n'existe pas en français), l'argot pourrait, théoriquement, tirer parti de ces virtualités. En fait, les créations pures et simples de signifiants sont extrêmement rares, sans doute parce qu'on recherche dans l'argot une motivation, qu'elle soit purement formelle ou conceptuelle. Si l'argot manifeste quelque prédilection pour certains sons rares, par exemple ñ à l'initiale *(gnaf, gnaffe, gnard, gnasse,* etc.), les seuls signifiants créés de toutes pièces semblent être les onomatopées *(zim-boum, zinzin,* pour « obus » par exemple) qui se fondent sur un lien entre le signe et le réel ou encore les formes à redoublements (*kif-kif, dig-dig,* « épilepsie », *fla-fla, ra-pla-pla*...) qui, comme toute répétition, attirent l'attention sur elles-mêmes et tirent leur valeur de leur aspect insolite.

De manière plus générale encore, au reste, on peut dire que la création argotique — qui vise à doubler le vocabulaire usuel — est moins faite de nouveautés que de substitutions et de glissements : l'argot recourt beaucoup plus volontiers au jeu sur des signifiants déjà existants (substitutions de suffixes, par exemple) ou sur le rapport établi entre signifiants et signifiés (emplois métaphoriques, par exemple), emprunte plus volontiers à d'autres systèmes qu'il ne crée des unités nouvelles.

C'est ce qui explique, sans doute, que la composition — qui crée une unité à partir de deux, ou plus de deux, unités distinctes — est rare, peu productive en argot : ce serait un mode de remplacement lexical coûteux. Les composés argotiques sont, pour la plupart, de simples décalques des composés courants, souvent parodiques, comme le *garde-mites* (« magasin d'habillement ») de l'argot militaire ou le *poids-papier* (« boxeur ultra-léger ») de l'argot sportif. Quelle que soit la difficulté qu'on éprouve, surtout dans un parler aussi expressif et mobile, à distinguer entre expansion syntagmatique et composé, il reste significatif qu'Esnault enregistre moins d'une dizaine de composés « lexicalisés » à la lettre A de son dictionnaire. Si l'argot compose quelques unités, c'est presque toujours sous la pression et avec l'appui d'autres forces créatrices que nous retrouverons ailleurs : il part, par exemple, de quelque jeu de mots comme dans *cuir-acier* (« motocycliste ») qu'étaie le calembour avec *cuirassier* ou de quelque métaphore comme dans *plume de Beauce,* « paille ». Dans la grande majorité des cas où l'on serait tenté d'interpréter comme composé un certain syntagme, il s'agit du figement d'une séquence descriptive plaisante qui peut se substituer à un terme courant (*pousse-cailloux* : « fantassin », *monte-en-l'air* ou *monteur-en-l'air* : « cambrioleur », *gros-qui-tache* : « vin rouge ordinaire ») et qui se caractérise comme argotique plus par ses intentions ironiques, humoristiques, parodiques... que par le processus morphologique. Il s'agit plutôt alors de locutions périphrastiques figées appartenant à l'arsenal stylistique du groupe que d'unités nouvelles créées par besoin de spécification (comme dans *timbre-poste/timbre,* ou *autoroute/route*).

À la composition, l'argot préfère les déformations de signifiants et les déplacements sémantiques (auxquels il soumet également, au reste, les composés de la langue commune : *l'album de famille*, dans l'argot de la police, désigne le fichier anthropométrique).

Le lexique argotique est fait en majeure partie de refontes de la face signifiante du signe usuel.

À cet effet, dans la plupart des cas, l'argot n'utilise pas des procédés spécifiques, il tire parti, intensivement, des latitudes verbales qui caractérisent toute langue orale — et notamment la langue populaire. Presque exclusivement oral, en effet, l'argot ignore les problèmes de divorce entre langue écrite et langue parlée et n'est pas soumis à la réglementation normative qui en découle. Alors que la langue commune s'efforce de les rejeter, il fait siens tous les mécanismes déformateurs de signifiants. Ce qui ne signifie nullement, au reste, que toutes ces créations soient délibérées : il est bien souvent vain de chercher à savoir s'il s'agit, à l'origine, d'une déformation volontaire ou de l'exploitation d'un lapsus. Ainsi, certaines métathèses sont nées d'un conditionnement phonétique, d'autres ont été fabriquées sur le modèle des premières.

Le procédé le plus utilisé consiste en déformations portant sur les éléments de dérivation, sur les suffixes notamment. Un suffixe est ajouté *(toutime/tout)*, retranché par apocope *(occase/occasion)* ou substitué au suffixe de la langue commune *(boutanche* pour *bouteille* ou *boutique)*, non sans qu'apparaissent des altérations ou des alternances de radical *(médico, médicâtre* pour *médecin)* et des phénomènes analogiques *(zyeuter/* (le)*s yeux* comme *siroter/sirop)*. Ces « déformants » comme les appelle Mitterand sont tantôt des suffixes de la langue commune — l'argot lui emprunte notamment des péjoratifs comme *-ard* —, tantôt des suffixes étrangers : *-os, -of* ou *-kof*... (les suffixes méridionaux et italiens abondent depuis le XVIIe siècle), tantôt des suffixes créés par fausse coupe : *-ot* devient *-got* comme dans *gigot* ou *Margot,* d'où *parigot*...

Ce qui caractérise surtout cette pseudo-dérivation, c'est que, conforme aux visées de l'argot, elle ne cherche pas à créer des unités nouvelles mais à remplacer la forme commune par une autre forme. (Il faut mettre à part, bien entendu, les véritables dérivations faites à l'intérieur de l'argot sur le modèle courant et qui n'ont rien de spécifiquement argotiques, comme *biffetonner/biffeton* ou *bidonnard/bidon*). Aussi, alors que dans la langue commune, l'addition d'un suffixe entraîne souvent un changement de classe fonctionnelle *(repassage/repasser)*, le caractère substitutif du dérivé fait qu'il en est rarement de même en argot. En outre, dans ces déformations, la valeur différenciative sémantique propre à certains suffixes tend à disparaître, de telle sorte qu'ils sont employés gratuitement, pourrait-on dire, comme des appendices et non comme des éléments relativement motivés, le dérivé n'étant, par exemple, qu'un équivalent du simple. Alors que lorsqu'un technicien crée *déviance,* c'est par souci de ne pas employer *déviation* qui ne conviendrait pas, en argot, les suffixes, employés sans intention significative, peuvent être multipliés par simple goût pour l'abondance de formes variées et l'on y est frappé par la proportion exceptionnellement grande de termes comportant un (ou plusieurs) suffixes. Dans ces conditions, la prédilection pour certaines finales *(-ouille, -oche, -uche, -aque, -oque...)* peut jouer librement et contribue, pour une large part, à donner à ce lexique sa coloration propre. La fréquence insolite de ces quelques finales est remarquable, celle de *-got,* par exemple, qui n'apparaît que dans une vingtaine de mots de la langue commune.

La gratuité de ces mécanismes se manifeste pleinement dans les réversions comme *bide/bidon,* d'après *cruche/cruchon* ou du type *chapal* — formé sur *chapeau* d'après l'alternance morphologique *cheval/chevaux,* type qui a fourni *zéral, bural, crapal, pianal...* et, inversement, *crotaux* (pour *crotales*). Dans ces cas, le suffixe, lexical ou grammatical, est vidé de sa valeur habituelle : signification de la petitesse, expression de l'opposition singulier/pluriel, etc.

Il en va de même quand on a affaire non plus à des jeux portant sur la dérivation mais aux troncations qui, sans doute favorisées par la longueur des mots savants, se sont beaucoup répandues depuis le XVIIIe siècle. Les amputations prennent des formes très diverses. Elles affectent généralement les dernières syllabes de mots longs et les réduisent volontiers à la forme canonique de deux syllabes (*bénef,* par exemple) ou à une syllabe du type CVC *(d'acc)*. Parmi les exemples cités par Larchey dans son dictionnaire (p. 5), on trouve :

  3 mots de 6 syllabes ramenés à 3 syllabes ;
  1 mot de 4 syllabes ramené à 3 syllabes ;
 10 mots de 4 syllabes ramenés à 2 syllabes ;
  7 mots de 3 syllabes ramenés à 2 syllabes ;
  3 mots de 3 syllabes ramenés à 1 syllabe ;
  9 mots de 2 syllabes ramenés à 1 syllabe ;

Citons, le *Sébasto* (*boulevard de Sébastopol*), *maxi* (*maximum*), *comm* (*commerce, commandant, communication, communion*), *rata* (*ratatouille*)... Dans d'autres cas, les réductions touchent les syllabes initiales *(culation* pour *circulation, Topol* pour *Sébastopol)* ou coupent dans le vif de syntagmes *(daca* pour *Inspecteur d'Académie).* Elles s'accompagnent parfois de changements de suffixes (*certal* « Certificat d'Études Supérieures » à côté de *certif; Sebastom* pour *Sébastopol; saucisson* devenant *siflard* par l'intermédiaire de *sauciflard*). Dans tous ces cas, l'argot joue avec un formalisme très désinvolte des éléments de signifiants.

D'autres avatars, souvent assez complexes, peuvent transformer l'aspect des signes. En général, il s'agit des divers « accidents » phoniques bien connus, en phonétique historique, sous le nom de phénomènes combinatoires. Mais, alors qu'ils s'infiltrent lentement, sous la pression des usages populaires, dans la langue commune, en argot — domaine de transmission orale et d'évolution rapide — ils sont accueillis, cultivés, intégrés, apportant souvent ainsi des témoignages importants pour l'histoire de la langue, et ils peuvent même fournir des modèles de transformations systématiques. Alors que les formes estropiées sont, ailleurs, blâmées et corrigées, elles sont ici adoptées sans résistance, avec complaisance même — car on y affectionne ce qui est marginal et réprouvé dans la langue courante — et l'argot abonde en métathèses, en assimilations, dissimilations, épenthèses, fausses coupes, simplifications de groupes consonantiques... Nombreux y sont également les « cuirs », les déformations par attraction paronymique qui rattachent l'inconnu à du connu (*esgourde* est, sans doute, le provençal *escouta,* rapproché de *gourde*).

Bref, si l'argot n'use guère des procédés qui s'appuient sur la graphie comme les formes créées à partir de sigles (*pédégé* pour P.D.G., « Président Directeur Général »), il tire parti de toutes les ressources de déformation orale. Souvent, au reste, ces mécanismes se doublent de jeux de mots, calembours, contrepèteries, mots-valises... Citons *momochard,* fusion de *môme* et de *moche, blase,* croisement de *blair* et de *nase, cunnuter* de (cal) *cu*(l) *nu* (mérique), *pokapiquer* (« sauter ») de *polka piquée* et la métathèse *cul-repéré* de *récupéré* notée en 1916, car, dit Esnault, « récupérer les combattants, c'est repérer des tireurs-au-cul ». Dans de nombreux cas, les procédés se rencontrent en un réseau complexe qui favorise la fixation de telle ou telle forme : *colon* (colonel) relève de la troncation mais aussi de l'attraction paronymique, *capiston* (capitaine) est fait à la fois d'une substitution de finale et d'un croisement de mots.

Enfin, il faut faire une mention particulière de l'utilisation de procédés de modification uniforme qui aboutissent à la création de véritables codes à clés capables de transformer mécaniquement, indépendamment de la forme et du sens préalables, n'importe quelle unité de la langue courante. En français, récemment (leur développement date de la vulgarisation des lexiques secrets), certains argots — *largonji* (« jargon »), *loucherbem* des bouchers de la Villette dans la seconde moitié du XIXe siècle — ont développé de façon systématique et régulière des déformations de type anagrammatique dont on rencontrait déjà des exemples chez Vidocq (*Lorcefé* : « la Force », *Linspré* : « le prince »); on en trouvera de nombreuses traces à la lettre L des dictionnaires. Des déformations analogues ont été observées dans l'annamite parlé au Tonkin (M. Chéron) ou dans des langues africaines. D'autres argots utilisent des infixes (le javanais, par exemple); le *backslang* inverse l'ordre des sons d'un mot... Il s'agit toutefois de parlers d'une fabrique artificielle dont l'extension semble être toujours demeurée assez restreinte.

Si l'argot fait grand usage de la déformation de signifiants pour se créer un lexique propre, il est également fréquent qu'il utilise le procédé qui consiste à jouer, surtout dans le domaine des noms concrets, du rapport existant dans la langue commune entre tel signifiant et tel signifié et à le perturber dans un glissement de sens qui aboutit non pas à créer un signe nouveau mais à modifier les rapports établis par convention entre les faces des signes : pour un signifié donné (« tête »), le signifiant usuel (/tet/) est évincé ou concurrencé par un autre signifiant (/karafõ/) dont le sens usuel (« carafon ») n'est plus qu'évoqué. Soit, dans la langue courante :

$$\frac{S^t \ /karaf\tilde{o}/}{S^{\acute e} \ \text{« carafon »}} \neq \frac{S^t \ /tet/}{S^{\acute e} \ \text{« tête »}}$$

et dans l'argot, à la même époque (car il ne s'agit pas ici d'un remplacement diachronique) :

$$\frac{S^t \ /karaf\tilde{o}/}{S^{\acute e} \ \text{« tête »} \ \langle \text{« carafon »} \rangle}$$

C'est pourquoi on remarque dans les dictionnaires d'argot une forte proportion de termes courants qui y reçoivent une acception particulière : on peut relever, dans les deux premières pages du dictionnaire d'Esnault, *abasourdir, abat-jour, abattage, abatteur, abattoir, abattre, abattu, abbaye, abîme*... tous détournés de leur sens habituel. Notons au reste que l'argotier ne manque pas de jouer de ces décalages qui favorisent les flottements de sens comme il se joue de tous les accidents linguistiques : Guiraud cite, par exemple, cette maxime argotique du XIXe siècle : « La blanquette dans le battant, c'est girond, mais dans la vandale, c'est plus bath » (la *blanquette* de veau dans l'estomac, c'est bien, mais la *blanquette* [« l'argent »] dans la poche, c'est mieux.)

La description de ces glissements de sens, indépendamment même des problèmes de leur genèse, est très délicate en raison de la complexité des relations sémantiques qu'ils mettent en cause mais on y peut relever quelques grandes tendances.

On remarque tout d'abord que ces glissements ne se font pas au hasard : un rapprochement formel (*aller à Niort* : « nier »; *aller Arcueil-Cachan* : « se cacher ») ou bien, plus généralement, une quelconque proximité d'ordre sémantique — l'un n'excluant pas l'autre — motive nécessairement le nouvel emploi du signifiant de telle sorte que le sens usuel demeure toujours, à des degrés divers, sous-jacent. Il en est ainsi lorsqu'on utilise par exemple *bobine* avec le signifié « tête » ou *grain* avec le signifié « pièce de monnaie ». Même s'ils les exploitent avec une grande fantaisie, ces glissements postulent tous l'existence d'une (ou plusieurs) des diverses relations logico-sémantiques qui fondent — en s'enracinant dans la vie psychique de l'individu ou du groupe comme l'a bien vu Freud — les mécanismes d'association verbale. On a souvent affaire à des rapports de ressemblance (*ménagerie* pour « suite de cellules grillagées ») ou d'opposition (*château* pour « cachot ») mais on trouve aussi des relations d'inclusion de classes à sous-classes (*bonze, tête*... pour « homme »), des relations contingentes faisant appel à la proximité spatiale, opérationnelle, fonctionnelle... (*feu* pour « revolver », *bitume* pour « racolage », *plume* pour « lit »...) qui s'appuient le plus souvent sur des connotations collectives. Les séries associatives, qui se recoupent entre elles et peuvent se combiner en associations composites sont très vastes, souvent suscitées en outre par des ressemblances formelles (*château* pour « cachot ») et l'on comprend qu'elles puissent engendrer, pour un seul signifié, un grand nombre d'équivalents argotiques et, corrélativement, qu'un même signifiant soit souvent, en argot, polysémique.

Cette fécondité associative est d'autant plus grande qu'on peut, par ailleurs, noter — l'aridité de l'analyse ne doit pas le faire oublier — que ces différents glissements de sens ont ici pour règle d'être plaisants — ce qui les distingue des glissements « neutres » qu'on peut observer dans la langue commune. L'argot est donc, dans sa totalité, empreint d'un caractère allant du gouailleur au spirituel qui le situe dans un domaine où — comme les études des psychologues l'ont montré — la fluidité associative est particulièrement favorisée, surtout dans des groupes restreints qui connaissent des associations communes.

Sur le plan strictement linguistique, c'est-à-dire en considérant non seulement les motivations sémantiques mais leur mise en œuvre dans la langue, les mécanismes de fonctionnement qui permettent de les informer, deux grands processus de glissement sont disponibles pour les divers remaniements lexicaux : on glisse d'un signifiant à un autre en utilisant soit la proximité dans la chaîne, soit la proximité dans le système. Tantôt — et c'est sans doute le mécanisme le plus primaire — les glissements naissent de la contiguïté syntagmatique, du voisinage dans l'énoncé et sont de type discursif (*du ⟨vin⟩ rouge*), tantôt ils reposent sur des substitutions dans l'axe paradigmatique et sont de type mémoriel (*pinard* pour *vin*). À ces deux types de procédés, bien représentés, le premier par la métonymie (qui entraîne souvent un changement de catégorie grammaticale : l'adjectif devient nom, par exemple) et le second par la métaphore (qui, elle, se situe en général dans une classe de commutation grammaticale), il semble qu'on puisse rattacher la plupart des phénomènes sémantiques de l'argot.

Les emplois métaphoriques — et notamment, bien entendu, les métaphores visuelles — sont sans doute les plus nombreux : des créations comme *portugaises* pour « oreilles », *crème* pour « travail facile », *flûte* pour « jambe », *farci* pour « rempli »... ainsi que l'utilisation métaphorique des termes de métier (*cylindrer* [ponts-et-chaussées] pour « rosser », par exemple) abondent dans le lexique argotique. Ces métaphores peuvent au reste s'accompagner d'une valeur antiphrastique (le *château* pour le « cachot »), euphémique (*fil* pour « corde », *cure-dents* pour « sabre », « poignard »...).

Fréquentes sont également les formations significatives qui jouent des successions, dans la chaîne, des combinaisons contextuelles et qui reposent généralement sur des relations associatives contingentes. Le processus le plus grossier en est fourni par la suppression pure et simple d'un contexte déterminé, laquelle s'accompagne — comme c'est souvent le cas dans un énoncé expressif — d'un bouleversement des valeurs. Ainsi, *Jézabel*, dans l'argot des Écoles, signifie « ragoût de mouton bi-hebdomadaire » par référence aux vers d'*Athalie* (II, 5) :

Jézabel : « ... un horrible mélange
D'os et de chairs meurtris, et traînés dans la fange,
Des lambeaux pleins de sang et des membres affreux,
Que des chiens dévorants se disputaient entre eux ».

Il s'agit là dans des milieux restreints et complices où règne une culture commune et où les termes argotiques sont toujours utilisés en situation, de cas extrêmes et quelque peu artificiels de jeux sur les successions, les spécifications contextuelles.

C'est par des mécanismes de ce type que l'argot peut faire de nombreux emplois spéciaux de termes courants, par ellipse des expansions, en chargeant, dans une situation donnée, le déterminé des informations propres au déterminant. Citons, dans l'argot de la boxe, *encaisser* ⟨*des coups*⟩ ou, dans l'argot des joueurs, *prendre* ⟨*pour partenaire*⟩ que nous avons rencontré dans le texte de *Crème anglaise*. Il en résulte que les verbes fréquents dans la langue commune — qui y entrent dans des contextes très divers — notamment, (*donner, faire, battre*...) jouissent en argot d'une polysémie remarquable. C'est dans ce cadre qu'on peut expliquer, par exemple, l'absence d'antécédent lexical pour le morphème pronominal dans un syntagme comme *s'en jeter un* (« boire un verre »).

À un type d'opération analogue se rattachent également des glissements métonymiques comme *pointu* pour « évêque » (ecclésiastique portant une mitre pointue), *poivre* pour « alcool » (du vin corsé de poivre, remède encore usité en 1830), *feu* pour « arme à feu »... qui, comme les métaphores s'accompagnent souvent de valeurs antiphrastiques, atténuatives, etc.

Il faut enfin noter que, dans de nombreux cas, les processus de glissement s'enchevêtrent en formations très complexes. Employer *pompe* pour « chaussure » (parce qu'une chaussure percée est comparée à une pompe ⟨aspirante⟩) relève à la fois d'un rapprochement métaphorique et d'un déplacement syntagmatique; il en est de même dans l'utilisation de *joyeuse* pour « corde de pendu ». On peut même avancer qu'il n'est guère de métonymies qui ne s'appuient, dans une tierce unité de l'axe mémoriel, sur des relations métaphoriques indirectes : l'*alcool* comme le *poivre* sont souvent associés (verbalement) à l'idée de brûlure, le *revolver* comme le *feu* à celle de danger, etc. On aurait donc tort de durcir les classifications que l'on peut tenter. D'autant que l'analyse se complique du fait que, si nous avons étudié ces créations dans le cadre du mot à cause de la nature des documents lexicographiques disponibles, il est très fréquent, en argot, qu'elles se situent dans le cadre du syntagme : c'est dans ce cadre que les métaphores sont « filées », corroborées; c'est dans des contextes figés qu'on rencontre la plupart des métonymies... de telle sorte que, si les composés sont rares, la majeure partie des glissements de sens fonctionnent, en dernière analyse, comme des créations de syntagmes-clichés, de locutions dont la décomposition présente toujours un caractère un peu factice.

L'argot ayant, parce qu'il recherche à la fois la motivation et la profusion, une prédilection pour les formations en séries, comme en témoignent, au reste, les séries formelles du type de p*ieu*, p*lume*, p*lumard*, p*age(ot)*, p*ucier* : p... pour « lit », on conçoit que l'importance des glissements de sens ait pu être largement accrue, dans le lexique argotique, par ce que M. Schwob et G. Guieysse ont appelé l'« enrichissement synonymique » : l'emploi « déplacé » d'un terme entraîne souvent celui de ses « synonymes », voire de toute sa « famille ». C'est ainsi qu'on constate, à côté de *rideau* (signifiant la privation) *tringle*, à côté de *galette* (« argent ») *pognon* (sorte de galette dans le Sud-Est), à côté de *pont* (carte cintrée introduite dans le jeu de manière que la coupe se porte à l'endroit où elle est placée, selon Esnault), *passerelle*, etc. Ces proliférations dans les divers argots ont beaucoup contribué à y multiplier les polysèmes ; *battant*, par exemple, signifie « neuf », « cœur », « estomac », « courage », « homme combatif », « langue alerte ». *Mademoiselle* : « inverti », « guillotine », « sous-maîtresse dans une maison de tolérance ». *Madame* : « une partie du dé », « patronne d'une maison de tolérance », « guillotine », etc.

« Ressources toutes prêtes pour la différenciation lexicale de l'argot » (Dauzat), les emprunts comptent également parmi ses forces de renouvellement. Néanmoins, s'ils se multiplient lors des périodes de contact, par exemple chez les Coquillards qui avaient de nombreux membres italiens et espagnols ou dans les corps coloniaux de la première guerre mondiale, les emprunts demeurent relativement rares dans ces parlers pratiqués par des communautés volontiers itinérantes. C'est que l'argot — qui, contrairement au sabir, n'est pas tourné vers l'extérieur et qui a son chauvinisme linguistique, comme le prouvent les nombreux emplois péjoratifs d'emprunts — semble manifester une prédilection pour la déformation de termes autochtones.

Les sources d'emprunts sont diverses et varient selon les sortes d'argots et les conditions historiques. En français, les emprunts à l'italien, au fourbesque notamment *(gonze, birbe, naze, carne...)* et au provençal *(fayot, bigorne, ...)* ont été longtemps — à partir du XVIᵉ siècle et jusqu'au XIXᵉ siècle — favorisés par la présence de bagnards et de galériens en Provence; l'espagnol (germania) a également fourni très tôt un contingent assez important de termes *(cabèche, caboche...)* qui, parfois, passaient par l'Algérie *(moukère/mujer)*. C'est plus récemment, depuis la fin du XVIIIᵉ siècle, que se sont multipliés les emprunts à l'anglais, entre autres de termes sportifs. S'ils ne sont pas très nombreux, certains — comme *business* — ont une fréquence d'emploi remarquable. L'allemand semble n'avoir pas été exploité avant le XIXᵉ siècle et a surtout livré quelques termes militaires, alors que dans la même période les apports de l'arabe ont été assez importants *(nouba, sidi, allouf* [« porc »], etc.). Il faut ajouter quelques emprunts à différentes langues (flamand : *dalle/daaler*, « écu »; zigeuner : *machav*, « partir ») mais ils ne font pas nombre.

Parfois, l'argot a également emprunté aux dialectes, mais il est souvent difficile de distinguer entre survivances ou résurgences d'archaïsmes dans la langue commune — celles-ci étant également une forme d'emprunt — et emprunts dialectaux ou encore de savoir à quelle source dialectale ou autre l'argot a puisé. *Guenaud* (« sorcier ») provient-il du normand *guener* (« mendier ») ou du lorrain *génot* (« sorcier »)? *Ambier (ambulare)* est-il une forme patoise de l'Ouest ou un emprunt à l'italien *ambiare*? Ou encore, y a-t-il eu conjonction des deux sources? Il faut souvent suivre, à travers des documentations lacunaires, des cheminements tortueux dans le temps et l'espace pour établir les filiations : *monter un Schtoss (Stoss,* « coup »), *schlof...* viennent de l'allemand par le yiddisch et l'alsacien; quelques termes du grec *(artie, ornie, crie)* sont parvenus dans l'argot moderne par l'intermédiaire de la langue ecclésiastique de l'Italie.

En outre, transmis par la voie orale et souvent à travers de nombreux relais, les emprunts argotiques subissent fréquemment des déformations, des attractions paronymiques. Elles sont révélatrices — plus que les phénomènes d'interférence usuels, peut-être, sans cesse refrénés par la graphie — des systèmes des langues en contact. On s'en convaincra en comparant les termes empruntés au zigeuner en espagnol et en français, par exemple, ou en considérant la diversité des formes françaises d'emprunt à l'espagnol *muchacho: mouchacho, mouchachou, moutatiou, moutatchou, moukiakiou, moutachiou, moutchiachou, moutiatou, moustacho, moutache*, selon les notations d'Esnault, voire peut-être, *moujingue*. L'étude de l'intégration phonologique ou morphologique des emprunts argotiques — (sur l'arabe *kelb*, pluriel *kleb*, on forme le français *clebs;* sur l'allemand *Schicksal* [« sort »] sont formés dans l'argot de Polytechnique, *schicksaux* [« tirages au sort »] et *schicksaler* [« tirer au sort »]) — fournit une importante documentation sur les langues en contact et, souvent, sur leur diachronie.

La conjonction des divers procédés utilisés par l'argot — refontes de signifiants, glissements de sens, emprunts — le met en mesure de se créer un lexique propre. Qu'un tel lexique puisse être et soit utilisé pour déguiser des messages, on ne le niera pas mais on notera également l'importance des fins ludiques d'un parler qui se fonde, pour une large part, sur des jeux de mots. Ceci caractérise moins peut-être, comme le voudrait Guiraud, une vision populaire du monde que la libre et intensive exploitation des ressources verbales propres à toute forme orale du langage.

De l'emploi intensif de ces mécanismes de création, il résulte que l'argot est d'une grande richesse. Mais encore faut-il s'entendre sur ce qu'on veut dire par là. La richesse argotique consiste surtout en une profusion de synonymes (ou plutôt de quasi-synonymes car aucun terme n'a exactement les mêmes emplois, la même valeur) dont tout a favorisé la prolifération : la vigueur créatrice certes, mais aussi le rythme rapide d'évolution, le rôle des modes verbales dans le renouvellement lexical et la diversité des argots. Pour un même signifié, « vin », par exemple on rencontre des dérivés, plusieurs métaphores, des métonymies, des emprunts : *vinasse, gros-qui-tache, pinard, rouge, bleu, pie, picton, raisiné, rectifié, picrate,* etc. Chacun de ces termes tend, au reste, à se mobiliser dans un emploi donné, à se figer dans un contexte déterminé et ne se prête guère à des utilisations dans des contextes nouveaux : on a mal (physiquement) dans le *buffet*, ça serre les *tripes* (moralement), on tire dans le *bide*.

On aurait tort, néanmoins, de chercher dans cette floraison de quasi-synonymes un signe de rigueur : le grand nombre de variantes de sens et de formes et surtout la polysémie qu'engendrent ces séries synonymiques font preuve du contraire. Loin de les condamner, l'argot — langue orale, en situation — s'accommode fort bien des flottements de sens, des imprécisions : il les recherche même comme le montre, par exemple, la création d'*aviateur* au sens de « voleur » d'après la polysémie de *voler* 1 («dérober») et *voler* 2 («utiliser un avion »). Ces synonymes servent en fait à satisfaire les besoins d'expressivité les plus variés, voire contradictoires (brièveté ou emphase, dépréciation ou surévaluation ironiques, etc.) si nombreux chez des locuteurs qui tendent à se différencier de la société dans laquelle ils se trouvent. La richesse du lexique argotique permet de jouer avec la norme — sémantique ou formelle — ce qui, selon Frei, est l'« essence de l'expressivité »; elle permet toutes les inversions et tous les bouleversements de valeurs par lesquels cette expressivité peut se manifester.

Il est également important de souligner que ces diverses créations, loin d'être artificielles, ne sont que l'« hypertrophie des forces créatrices » de la langue (Dauzat) et que, en tant que telles, elles sont très représentatives, sous une forme extrême, de l'« ouverture » des systèmes lexicaux et illustrent bien les divers procédés d'enrichissement et de renouvellement du vocabulaire.

Ainsi ces caractères linguistiques permettent de mieux comprendre les raisons pour lesquelles la frontière entre argot et langue commune et surtout entre « argot commun » et langue populaire est difficile à établir. Dans la mesure où les diverses créations argotiques, loin d'être d'une nature particulière, s'inscrivent dans le cadre de la double articulation d'une langue donnée, l'argot et la langue populaire vivent en perpétuelle osmose. D'une part, les besoins crypto-ludiques de renouvellement argotique laissent très vite disponibles des créations expressives dont la saveur tente la langue commune et qu'elle peut d'autant plus aisément intégrer qu'il s'agit d'adoptions dans un système ouvert, le lexique, et, souvent, d'adoptions passagères; d'autre part, c'est généralement, dans un ensemble d'habitudes phonétiques et de phénomènes morphologiques et syntaxiques populaires qu'on insère le vocabulaire argotique, de telle sorte qu'il en paraît plus ou moins indissociable. C'est pourquoi, l'argot étant expressif, on tend bien souvent à qualifier d'argotique tout ce qui est expressif et c'est également pourquoi ce terme sert souvent, comme nous l'avons déjà noté, à formuler des jugements péjoratifs.

ARGOT ET STYLE

Si, indépendamment de tout jugement de valeur, on appelle style une certaine recherche d'imprévu, un sursaut d'information visant à un regain d'intérêt, qui utilise des moyens linguistiques, i.e. attire — de manière insolite — l'attention sur les matériaux même du message, il est clair que l'argot peut être utilisé à des fins stylistiques — et, notons-le, cela contribue à en faire un bien commun.

En effet, ce qui relève des usages stylistiques de la langue est monnaie courante dans l'argot. Les créations, rares et suspectes ailleurs, y abondent et lui confèrent un caractère subversif qui n'est pas sans rapport avec l'élaboration stylistique. Les mécanismes de ces créations sont eux-mêmes très proches de ceux répertoriés dans les rhétoriques et illustrent, comme le dit Francisque Michel, « tout autant de tropes que Du Marsais a pu en découvrir et en classer » : il suffit, pour s'en convaincre, de voir en quels termes (ellipse, euphémisme, métaphore...) ils peuvent être analysés. Tout, dans l'argot, sa fluidité, son exubérance, sa fantaisie, ses qualités crypto-ludiques et jusqu'à ce qu'il a de mal famé, le rend apte à susciter l'attention, à provoquer l'interlocuteur. Comme le notait Bloomfield : *The rise of such forms is due, apparently, to their effectiveness in producing a response from the hearer*. Aussi l'argot est-il fréquemment sollicité lorsqu'on fait du langage un usage stylistique.

Dans le parler courant, l'argot est largement exploité, en tant que phénomène de mode régi par un souci de renouvellement et de complicité, pour l'élaboration d'effets de style plus ou moins collectifs et toujours éphémères (*chouette, bath, mater* dans le sens de « regarder », par exemple, ne sont plus guère en vogue aujourd'hui). De tout temps, des groupes restreints, généralement constitués parmi les classes aisées affectant une indépendance de langage, ont puisé dans l'argot pour susciter la surprise : Catherine de Médicis, dit-on, se flattait d'en user habilement et, à l'époque de Cartouche, Louis XV et ses proches jouaient à *rouscailler bigorne*. À l'époque moderne, on use abondamment de ces chocs argotiques que contribuent à multiplier les habitudes de tolérance et le goût des néologismes qu'on observe dans certains usages (publicitaires, journalistiques...) de la langue où il s'agit d'attirer l'attention.

De nombreuses œuvres littéraires ont également fait appel aux ressources de l'argot, le « verbe devenu forçat » comme l'appelle Hugo (*Misérables*, IV, 7) où « tel mot ressemble à une griffe, tel autre à un œil éteint et sanglant ». Des *Mystères* à Genêt ou Céline en passant par Rabelais, Vidocq, Sue, Balzac, Bruant, Richepin, Barbusse, etc. on en rencontre de multiples exemples, desquels deux grands types d'exploitation semblent se dégager.

Le plus souvent, quelques argotismes émaillent l'œuvre, font tache, surprennent par le changement de niveau de langue et l'insertion d'un terme oral — plus ou moins fidèlement transcrit — dans la langue écrite.

Ainsi, dans *Captive*, roman d'Aristide Bruant, l'argot n'apparaît que dans quelques chapitres consacrés à Biribi et à Bébé (titi et ouvrier parisiens) et se limite très artificieusement à quelques termes, *bath turbin, turbiner, briffer*... souvent entre guillemets et accompagnés d'une traduction : « *nib de nib* »! *(Rien)*, « *papelard* » *(papier)*.

Les unités argotiques se manifestent alors au lecteur comme ayant fait l'objet de ces choix délibérés qui signalent le *travail stylistique*.

Parfois, très rarement, car on risque la lassitude et l'ennui, l'œuvre littéraire se veut plus ou moins intégralement argotique, tout au moins quand certains personnages apparaissent. (On ne songe pas ici aux recueils de curiosités où l'on a tenté, plus ou moins scrupuleusement, de transcrire de l'argot, d'en faire le contenu même de l'ouvrage comme les gueux peuvent être le sujet d'un tableau de Brueghel ou d'une gravure de Callot, mais à des œuvres littéraires où la densité des termes argotiques utilisés à des fins stylistiques est remarquable).

Ainsi, dans le *Feu* de Barbusse, si les descriptions sont d'un style qu'on qualifiera, pour le moins, de soutenu, comme cette première phrase du chapitre II : « Le grand ciel pâle se peuple de coups de tonnerre : chaque explosion montre à la fois, tombant d'un éclair roux, une colonne de feu dans le reste de nuit et une colonne de nuée dans ce qu'il y a déjà de jour », par contraste, les dialogues abondent en *piloche, cuistancier, rousse, bide, loufoque*... et autres termes argotiques, intégrés comme il se doit dans un parler populaire. L'argot semble en effet toujours s'accompagner dans ces textes d'une syntaxe orale familière (« Mon vieux, tu parles d'un bombardement qu'ils ont balancé. Quelque chose de soigné comme décoction », par exemple), de déviations morphologiques *(qu'il soye, tu voiras)*, de fausses liaisons, de cuirs... De même, dans *le Standinge selon Bérurier* de San Antonio, les termes d'argot voisinent avec les *gentelmant, estase, épanchement de si beau vis* (« synovie ») et des constructions comme : « Le Mathias, dans le fond, il sentait ce qui allait lui arriver, tu ne trouves pas, San A ? » On retrouverait les mêmes faits dans certaines chansons de Bruant, comme *A Montrouge,* qui présentent une forte densité de termes argotiques.

Dans ce cas, l'argot sert, dans un cadre de réalisme ou d'humour, de catalyseur aux stylistes en conférant d'emblée au texte une richesse d'information exceptionnelle et aussi cette profondeur (ces résonances paradigmatiques) que lui apporte, avec son sens usuel sous-jacent, le mot-substitut argotique auquel on peut appliquer ce que dit Frei du « signe imprévu qui se charge d'expressivité par opposition au signe normal ».

On ne saurait attendre de ces utilisations stylistiques de l'argot des garanties d'authenticité : les erreurs, les mélanges, les supercheries y abondent, surtout dans les textes qui se veulent aussi argotiques que possible. Il n'est pas toujours facile, il est vrai, dès qu'on sort de la communauté restreinte de ses usagers, d'être assuré du caractère authentiquement argotique, sinon d'un terme, du moins d'un énoncé car, comme nous l'avons vu, les flottements et les variations sont la règle en ce domaine où il y a, moins qu'ailleurs encore, homogénéité des usages. Les ouvrages de référence eux-mêmes sont douteux et ne font pas autorité : la plupart des lexicographes se sont fiés largement aux témoignages d'écrivains qui s'étaient eux-mêmes référés à des dictionnaires, à des documents apocryphes ou aux fabulations d'amateurs éclairés. Quant aux enquêtes de contrôle, on ne sait guère où et comment les mener (les plus sérieuses sont sans doute celles qui ont été faites dans des prisons par des officiers de police ou par des travailleurs dans des groupes professionnels). Certains auteurs ont été dupes de ces incertitudes, d'autres en ont joué, usant avec désinvolture du lexique argotique : citons, parmi eux, Hugo ou Balzac et rappelons que, pendant la première guerre mondiale, des lettres de poilus, en argot des tranchées, ont été fabriquées de toutes pièces par des journalistes.

De toute façon, l'emploi de l'argot en littérature s'accompagne inévitablement d'un glissement vers la fonction esthétique qui en altère la valeur, ce qui invite à ne pas oublier que seule sa forme orale peut être spontanée, authentique.

Quelles que soient ces supercheries qui en rendent l'étude plus délicate, l'argot n'en témoigne pas moins que, une langue se définissant avant tout comme un instrument de communication, des communautés entières ont pu tricher avec cette fonction même du langage, en faire des usages inverses qui constituent, en quelque sorte, au-delà même des tentatives stylistiques, le comble du jeu linguistique.

Denise François.

BIBLIOGRAPHIE

Albert Dauzat, *Les Argots, caractères, évolution, influence,* Delagrave, Paris, 1929, rééd. 1956, 189 p.
Pierre Guiraud, *L'Argot,* coll. « Que sais-je », n° 700, Paris, P.U.F., 1958, 128 p.

Ces deux ouvrages fourniront les références souhaitables aux études plus détaillées sur l'argot.

Parmi les dictionnaires, on consultera, par exemple :

Gaston Esnault, *Dictionnaire des argots,* Larousse, Paris, 1965, qui, p. VIII sq., présente une analyse des principaux ouvrages de lexicographie argotique.

UNILINGUISME ET MULTILINGUISME

DÉFINITIONS

SI la communication était limitée aux frontières des communautés linguistiques, il y aurait dans l'humanité autant de cultures différentes qu'il y a de langues. Cependant, il n'en est rien. Certaines régions bien connues pour leur diversité linguistique, comme le Caucase, la Nouvelle-Guinée, la province du plateau du Nigeria, la province d'Oaxaca au Mexique, etc., n'ont pas d'hétérogénéité ethnologique correspondante. L'existence de frappantes ressemblances culturelles entre des contrées d'une aussi grande variété linguistique est bien la preuve que la communication peut et doit exister à travers les frontières linguistiques. Cela devient possible grâce au rôle médiateur d'individus plurilingues.

Une telle assertion trouve sa base empirique dans les statistiques des langues indiennes qui offrent à cet égard de précieux renseignements. Aux Indes, la diversité linguistique est distribuée de façon inégale: elle est très grande dans certains territoires de l'Assam, dans le centre de la Péninsule, au Deccan, aux alentours du désert du Rajasthan et le long des cols tibétains, alors que la plus grande partie de la plaine du Nord et la plupart des zones côtières présentent une parfaite homogénéité linguistique. De même, la connaissance d'autres langues que la langue maternelle est de répartition inégale. On pourrait s'attendre, dans ces conditions, à la variation égale et simultanée des deux indices, et pourtant, dans les faits, on s'aperçoit qu'ils sont indépendants. Cela revient à dire que dans certaines zones (dans les villes, le plateau du Deccan, le long des cols du Tibet), on découvre une diversité linguistique plus largement compensée par le bilinguisme que par exemple en Assam, au Rajasthan, ou d'une façon générale dans les districts ruraux en opposition aux centres urbains. Et aux Indes, les régions où l'écart se manifeste davantage sont celles où le retard culturel est le plus considérable. Ainsi, ce n'est pas la diversité seule qui s'oppose comme un barrage au flux de la communication, mais le fait qu'elle soit insuffisamment compensée par le plurilinguisme.

En dépit de l'importance et de la fréquence des situations plurilingues, il y a une tendance courante, parmi les linguistes même, à considérer l'unilinguisme comme la règle et le plurilinguisme comme quelque chose d'exceptionnel. Cette vision de la réalité, si fortement empreinte d'idéalisme, a des causes multiples. On a, tout d'abord, considéré comme normale la situation de quelques pays d'Europe ou d'Amérique qui, en l'espace de quelques siècles, ont tendu, avec succès, vers le but qu'ils s'étaient délibérément fixé : la possession d'une langue parfaitement unifiée, symbole et instrument de leur existence nationale. Par ailleurs, la linguistique structurale, à ses débuts, se devait d'envisager la synchronicité et l'uniformité qualitative des échantillons de langage qu'elle prenait comme objet d'étude descriptive. Mais ni l'esprit de clocher géographique ou culturel, ni les conventions méthodologiques temporaires d'une science dans son enfance, ne doivent nous faire perdre de vue le fait que des millions d'individus, et peut-être bien la majorité des hommes sur terre, acquièrent le contrôle de plus d'un système linguistique pendant leur vie et emploient, d'une manière plus ou moins indépendante, chaque système selon les nécessités du moment.

On pourrait objecter qu'une conception du plurilinguisme qui ne tient pas compte d'une distance minima entre les langues en cause est beaucoup trop sommaire et donne une apparence confuse à l'objet de notre étude. Néanmoins, il y a de fortes raisons de soutenir que la connaissance simultanée du français et du vietnamien, par exemple, ou du français et du provençal, ou du français parlé à Paris et du français parlé à Marseille, sont des variantes du même phénomène de base. Car la personne qui parle doit affronter un problème qualitativement identique dans tous les cas : celui qui consiste à se conformer à des normes différentes dans les contextes différents ; et l'effet est le même dans tous les cas : c'est l'interférence des normes d'un système avec celles de l'autre système. De plus, il n'est pas sûr que des systèmes très normalisés, très différents soient plus difficiles à maintenir séparés que des systèmes tout à fait voisins.

Un autre trait du plurilinguisme, qui est à juste titre présenté comme une variable, est l'habileté relative d'un locuteur dans l'emploi de plusieurs systèmes. Le pouvoir de communication de l'individu qui utilise concurremment deux langues, est certes différent de celui qui ne possède qu'une connaissance superficielle du deuxième système. Dans les deux cas, cependant, les difficultés de la tâche sont identiques, comme les formes de l'échec (en tant que distinctes de ses « dimensions ») quand il tente de reproduire les normes unilingues de chaque système. En fait, la perfection relative, dans le maniement de deux langues ne peut être formulée de manière précise par les seules méthodes linguistiques. C'est un des nombreux aspects du bilinguisme pour lequel le linguiste doit faire appel à la collaboration de la psychologie et des sciences sociales. Par souci de simplicité, nous en reparlerons plus tard, car c'est le type le plus important de plurilinguisme.

Le problème linguistique que pose le bilinguisme est le suivant: décrire les divers systèmes en contact; rechercher dans les différences entre systèmes quelles sont les sources de difficultés qui surgissent à propos du double contrôle, ainsi que prévoir les formes d'interférence que le contact des systèmes entre eux est susceptible de produire; et, enfin, décrire, dans le comportement des bilingues, les déviations des normes unilingues qui seraient dues à leur bilinguisme. En fait, toutes les interférences possibles ne s'actualisent pas nécessairement. Les sujets se différencient par le degré d'efficacité avec lequel ils suppriment ces interférences possibles, de façon automatique ou par un effort volontaire. Dans une situation donnée de contact entre deux langues A et B, le sujet n° 1 peut connaître chaque langue comme le fait un natif, tandis que le sujet n° 2 emploiera une langue B marquée d'emprunts faits à la langue A. L'étude des différences de ce genre dans le comportement des bilingues exige le rattachement de la linguistique à des disciplines voisines. Il se peut que les sujets diffèrent dans leurs dispositions verbales naturelles, ou que le sujet nº 2 soit tout juste un débutant dans l'étude de B. Peut-être ont-ils appris les deux langues de façon différente, la méthode dont s'est servi le deuxième étant moins efficace en ce qui concerne l'élimination de l'interférence. Il se peut aussi que le premier soit un puriste, alors que l'autre ne se soucie guère des normes tant qu'il réussit à se faire comprendre sans elles. Et quoique la différence d'attitude à l'égard des langues, et de tolérance vis-à-vis des interférences puisse être une idiosyncrasie, elle peut également être conditionnée par la communauté dans laquelle se produit le contact. Un accent franco-canadien dans l'emploi de l'anglais est parfois plus préjudiciable socialement au Canada qu'aux États-Unis, où une gouvernante française trouvera un certain avantage économique à cultiver son accent français comme un symbole de son origine distinguée. On peut se servir de telles différences pour expliquer de façon approximative comment quelques situations de contact, au cours de l'histoire, ont laissé des traces permanentes sur la langue étudiée (résultats du « substrat »), alors que d'autres n'en ont guère laissé. Mais pour faire une analyse précise des relations réciproques variables entre facteurs linguistiques, psychologiques et socioculturels, dans des situations de contact observables aujourd'hui, il est indispensable d'envisager le bilinguisme au moyen d'une étude interdisciplinaire.

SYSTÈMES EN CONTACT

Quand un individu ou un groupe, qui utilisent de façon normale une langue *A,* ont l'occasion de faire l'acquisition d'une langue *B,* plusieurs solutions peuvent se présenter. Tout d'abord, la langue *A* peut être entièrement abandonnée au profit de *B;* on parlera dans ce cas de substitution *(shift).* Il peut y avoir aussi, selon les nécessités du moment, un usage alterné de *A* et de *B;* on dira alors que les locuteurs commutent *(to switch)* entre *A* et *B.* Enfin, *A* et *B* peuvent s'amalgamer en un seul système.

Il n'est pas nécessaire d'interpréter le terme « système » dans le sens d'une langue envisagée de façon globale ; des substitutions d'un système par un autre, des commutations entre systèmes distincts et dont le locuteur dispose en même temps, et des amalgames, peuvent être observés tout aussi bien dans des aspects particuliers des langues, par exemple, le vocabulaire, la grammaire, la phonologie, et même des parties fragmentaires de ces derniers. Envisageons l'aspect de la phonologie qui traite de la sélection automatique des sons [e] et [ɛ], dans le cas du bilinguisme franco-russe. Dans une position autre que la finale, la règle pour le français impose [e] pour les syllabes ouvertes, et [ɛ] pour les syllabes fermées. En russe, la règle prescrit [e] lorsque les consonnes qui l'entourent sont palatalisées, et [ɛ] dans le cas contraire. Si le système de sélection des variantes coexiste de manière distincte chez un bilingue, il commutera d'une règle à l'autre, selon la primauté française ou russe de son articulation. Si, au contraire, les systèmes fusionnent, il en résultera une nouvelle opposition phonologique au niveau de ces langues, produisant par exemple [ɛ] en français [-pjɛñ] (Compiègne), et inversement [e] en russe [p′en′], « chicot ». Au niveau du contenu, on peut formuler une alternative semblable. Un segment de contenu, chevauchant partiellement les deux langues, peut se référer de manière ambiguë, en même temps à la substance contenue et au contenant, comme cela se produit dans l'articulation française (« verre »), alors que dans l'articulation russe ce serait signifié de façon spécifique, soit comme le contenu, soit comme le contenant (*steklό* et *stakán*). S'il y a amalgame des systèmes, il faudra dire que le système acquis possède deux termes pour le champ de signification de « verre », l'un ambigu, l'autre non. Une alternative analogue peut être dégagée si l'on considère le signe linguistique comme un tout, c'est-à-dire en ce qui concerne l'interférence du contenu et de l'expression. Prenons le cas d'un bilingue franco-russe, pour qui le signifié « sucre » a deux expressions synonymes /sykr/ et/ sáxar/, entre lesquelles il choisira selon la prédominance française ou russe de son articulation ; en outre, pour cet individu, /nos/ est un homonyme fonctionnant à travers les deux langues et dont il annulera l'ambiguïté en favorisant le sens « nez » dans l'articulation russe, et celui de « mariage » dans la française. Si, au contraire, les langues coexistent de façon distincte, « sucre » = /sykr/, « mariage » = /nos/ sont des signes dans l'un des systèmes, tandis que « sucre » = /saxár/, « nez » = /nos/ le sont dans l'autre.

Le modèle des systèmes amalgamés offre au linguiste une explication séduisante d'un grand nombre de phénomènes d'interférence qu'il est possible d'observer dans le comportement verbal des bilingues. Dans les pages qui vont suivre, nous parlerons de la langue qui provoque l'interférence comme de la source d'interférence, et nous la désignerons par la langue S. Quant à celle qui subit l'interférence, elle sera l'objectif, « la cible », et nous l'appellerons la langue C. Les signes de la langue C, c'est-à-dire les éléments de son système signifié ou de son système signifiant, finissent par être identifiés avec les signes des éléments de la langue S, grâce à des similitudes de forme essentielles ou partielles. Dès lors, le bilingue soumet les éléments identifiés de la sorte à un traitement ultérieur obéissant aux normes de S, lesquelles, pour certains points, peuvent bien ne pas correspondre à celles de C. Nous reprendrons en détail plus loin les mécanismes d'interférence dans les divers domaines de la langue.

A part sa valeur théorique en tant que base pour la description des interférences observées, la distinction entre systèmes amalgamés et coexistants possède une réalité psychologique indépendante. Au sens psychologique proprement dit, l'absence d'interférence dans un segment donné ne permet pas à elle seule d'arriver à la conclusion que le bilingue a nettement choisi entre deux systèmes distincts. Pour déterminer jusqu'à quel point, chez un bilingue, les systèmes phonologiques, grammaticaux ou sémantiques (ou les systèmes secondaires), sont distincts ou amalgamés, il faut faire appel à des techniques directes de tests psychologiques. Les meilleures méthodes pour l'analyse des types de bilinguisme exigent que les éléments d'information obtenus indépendamment, par l'observation linguistique et par les tests psychologiques, soient confrontés afin d'en déduire une corrélation possible.

Il est important dans toutes les recherches linguistiques de faire la différence entre le *corpus* du locuteur — c'est-à-dire un texte limité, même s'il est très long — et le système sous-jacent dans son esprit, qui lui permet de formuler non seulement ce texte, mais encore une multitude d'autres articulations, acceptées comme conformes à la langue par les membres de la communauté linguistique. La distinction n'est pas moins valable pour l'étude des phénomènes de contact. Car il est toujours possible à la personne qui parle, certains individus étant particulièrement doués à cet égard, d'imiter, de manière fidèle, un grand nombre de formes de la langue étrangère, sans pour autant en dominer le système productif, c'est-à-dire sans être capable de produire *ad infinitum* les formes correctes. Il se peut également que des articulations occasionnelles provenant d'un système donné puissent, comme par hasard, satisfaire les règles formelles d'un autre système. Ainsi, dans le cas du russe, le [s] final d'un mot peut être employé correctement comme le représentant du phonème français /s/, même si sa non-sonorité n'est pas distinctive en russe, alors que sa non-palatalité l'oppose de manière pertinente à un autre phonème russe /s'/, d'après une forme étrangère au français. De même, l'ordre sujet-complément-verbe en français, « il me voit », que l'on appliquerait à des mots russes équivalents, rendrait de façon tout à fait correcte la marque de la phrase équivalente : *on menjá vídit;* même si en russe, l'ordre de cette forme contient un élément distinctif formel, qui l'oppose à *on vídit menjá,* pour lequel il n'y a pas d'équivalent simple en français. Dans l'étude du bilinguisme, il est donc imprudent de se restreindre aux seuls phénomènes d'interférence observés sur un *corpus* limité, car même des énoncés essentiellement corrects dans la langue *C* peuvent être accidentels et cacher des lacunes dans la maîtrise de *C,* en tant que système productif. Le comportement bilingue doit être analysé jusqu'à ce qu'on ait parfaitement établi le degré de sûreté dans le maniement des deux systèmes.

La distinction entre la connaissance passive et active d'un système déterminé soulève un problème particulier. De nombreuses raisons nous incitent à penser que l'aptitude à traduire un code est antérieure et partiellement indépendante de l'aptitude à mettre en code. Il est du plus haut intérêt, dans le cadre de la psychologie du langage, de connaître le processus par lequel un individu parvient à saisir des fragments d'une langue nouvelle (à entamer le code), sans indications explicites. Pour la sociologie du bilinguisme, il est encore plus important d'analyser le système de relations étroites qui peuvent s'établir entre deux locuteurs, ou même entre deux communautés, quand chaque locuteur s'exprime (met en code) dans son système, mais traduit spontanément le message de l'autre groupe. On trouve fréquemment des rapports de ce genre quand les systèmes impliqués sont des dialectes proches, ou des langues étroitement apparentées, comme par exemple les langues scandinaves entre elles. Dans ces cas-là, un statut psychologique linguistique particulier produit des différences systématiques entre les dialectes, et même un profane en matière de linguistique comparée les identifierait comme des formules régulières de transposition. L'étude des « diasystèmes » (formulation synchronique de systèmes de dialectes apparentés) a récemment soulevé l'intérêt d'un grand nombre de linguistes, et sera vraisemblablement suivie d'études de la réalité psychologique des diasystèmes chez les locuteurs inexpérimentés.

On peut opposer l'observation « microscopique » des phénomènes de contact dans le comportement des individus bilingues, à l'étude « macroscopique », de l'action d'une langue sur une autre. Dans le premier cas, on caractérise les effets du bilinguisme sur le fond de comportement de l'unilingue. Dans le deuxième, on contraste la langue que l'on suppose affectée par des contacts, avec des segments ou des périodes juxtaposés de cette même langue avant qu'elle ait subi d'altérations. Dans une étude synchronique réalisée à un niveau « microscopique », il convient de délimiter avec un soin particulier les éléments d'origine étrangère dans le discours du bilingue, qui sont dus à son expérience personnelle d'une situation de contact. Ainsi aux États-Unis, une personne parlant espagnol peut employer *objectores concientes* pour « traduire » de façon improvisée le segment *conscientious objectors,* « objecteurs de conscience », qu'elle connaît en tant que bilingue ; mais l'emploi de certains mots espagnols comme *besbol* ou *jazz,* qui sont en fin de compte d'origine anglaise, ne dépend pas de sa connaissance personnelle de l'anglais, car ils font intégralement partie de l'inventaire lexical des locuteurs unilingues espagnols.

INTERFÉRENCES PHONIQUES

Si l'on compare deux systèmes phonologiques, par exemple ceux du français et de l'anglais, on remarque que le français possède certains phonèmes inconnus en anglais, tels que / y /, mais que celui-ci a d'autres phonèmes, / θ, ð / que le français ne possède pas. Cependant il y a d'autres différences phonologiques entre les langues, et on ne peut les établir en se bornant à constater seulement l'absence de phonèmes équivalents. Ainsi, l'anglais et le français ont tous deux un phonème / r / de qualité fort différente. L'élément [œ] qui a un statut de phonème en français, ne se rencontre pas en anglais, à moins d'être modifié par une consonne rétroflexe, en tant que réalisation de la série /ər/. L'élément [p] sans aspiration, réalisation à peu près universelle du phonème / p / français, n'est en anglais rien de moins qu'une variante combinatoire (par exemple dans la série /sp/), alternant avec [ph] dans de nombreux autres environnements. Afin de pouvoir rendre compte intégralement du problème posé à un bilingue par le maniement sûr de deux systèmes, il est donc nécessaire de dépasser la simple tabulation phonématique, et d'en arriver à l'analyse des traits pertinents, aux neutralisations contextuelles ou introduction de traits nouveaux, et enfin aux types de distribution des phonèmes. Envisageons le cas du [ð] anglais. Puisque c'est une consonne orale, ses traits distinctifs sont d'être voisée, apicale et fricative. En espagnol, où un semblable phonème existe, le fait d'être fricatif n'est pas un concomitant distinctif dans certaines positions, par exemple à l'intervocalique ou en finale de mot. On pourrait dire d'un bilingue espagnol *S,* apprenant l'anglais *C,* et ne discernant donc pas le caractère fricatif du phonème comme une marque distinctive, qu'il a une représentation « hypo-différenciée » du modèle anglais. Parfois il obtiendra fortuitement la réalisation correcte, par exemple dans /féðər, rijð/, mais de temps à autre, dans un cas comme /rédər, rijd/, son analyse hypo-différenciée pourra l'entraîner à lui substituer un [d] automatique, conformément aux normes de l'espagnol S pour la distribution des allophones [ð] et [d]. Par ailleurs, pour un locuteur arabe S, les caractéristiques de la consonne, non pharyngale et de durée brève, redondantes dans le système anglais, peuvent sembler distinctives, car en arabe S, / ð / s'oppose en même temps à / ð̣ / et à / ðð /. Toutefois, quand il résulte une hyper-différenciation du modèle anglais, celle-ci ne conduira pas pour autant les bilingues à des réalisations qui seraient jugées incorrectes par les normes de l'anglais.

De cette façon, si pour un phonème donné, dans un type d'environnement donné, un trait est toujours présent ou toujours absent dans les deux langues S et C, on peut prévoir que le bilingue suivra des normes unilingues. Si le trait se présente dans la langue S comme une variante libre, mais qu'il soit, de façon différenciée, ou présent ou absent dans C, on peut s'attendre à des erreurs imprévues. Il en sera ainsi pour l'articulation de la sonorité consonantique d'un locuteur S d'Allemagne du Sud, quand il s'exprime en français C. Quand un trait est indifféremment présent ou absent dans un phonème de S, alors que, à l'inverse, sa présence dans C est régie par un ensemble spécifique de conditions contextuelles, on s'attendra à des interférences dans des positions que l'on peut prévoir à l'avance; comme cela a été le cas dans l'exemple de contact espagnol-anglais mentionné ci-dessus.

Il y a en outre une autre possibilité de bilinguisme; c'est celle où un ensemble de traits, qui se manifestent simultanément dans un phonème de C, est « désarticulé », pour ainsi dire, et réalisé de façon successive. Ainsi, les Indiens qui reproduisent / ð, f / anglais comme / dh, ph / marquent le point de l'articulation et l'action de la glotte sur le premier segment occlusif, et déplacent le caractère « spirant » du phonème sur un segment séparé. De façon similaire, les locuteurs de russe S étalent assez fréquemment l'antériorité et l'arrondissement de / y / sur deux segments successifs [ju].

Même lorsque deux langues en contact partagent un certain nombre de phonèmes, les modèles de distribution peuvent être différents. Ainsi, bien que / p, s, š, r / soient des phonèmes en anglais et en français, la série initiale / ps- / est étrangère à l'anglais, et / šr- / ne se rencontre pas en français. Le complexe inter-vocalique / kr- / est courant en anglais (*increment*, par exemple), mais quand le nom *Nkrumah* passe à travers les modèles de distribution de l'anglais, le même complexe en position initiale prend une apparence exotique. Il fut un temps dans l'histoire de la langue française où l'initiale / sp- / constituait une infraction similaire aux règles de distribution; aujourd'hui le trait est courant, cependant un locuteur espagnol *S* est toujours tenté d'ajouter l'initiale / e / quand il s'efforce de rendre « spécial » en français.

En ce qui concerne les traits prosodiques, on peut mettre en évidence des contrastes similaires entre les langues, et des situations d'interférence semblables. Si la langue *S* possède un accent culminatif, il faut s'attendre que le bilingue fasse plus attention aux accents de la langue *C,* quel qu'en soit le principe, et qu'il les rende de façon correcte, même si en le faisant il devait attribuer un statut distinctif à ce qui est simplement automatique dans *C*. Il en est ainsi, par exemple, quand un locuteur de l'allemand *S* s'exprime en français *C*. Au contraire, si le bilingue n'est pas habitué, par les règles de *S,* à observer la place de l'accent séparément sur chaque mot, on pourra s'attendre à des fautes d'accent nombreuses et variées, jusqu'à ce qu'il connaisse à fond le système de *C*.

Il est utile de répéter que dans la pratique, toutes les interférences probables, d'après les différences entre deux systèmes, n'ont pas nécessairement lieu. Des expériences ont montré que les écarts constatés dans la perception et l'articulation de phonèmes étrangers, ne sont pas toujours identiques. Les locuteurs peuvent supprimer les interférences virtuelles, grâce à des facultés variables de concentration et de motivation, ou les laisser avoir irrégulièrement lieu. Certaines « substitutions de phonèmes » sont mieux tolérées que d'autres par la communauté de langue *C;* en Amérique du Nord, par exemple, l'emploi de [s] ou de [f] à la place de / θ / soulève plus d'objections que l'emploi de [t]. Ainsi, les accents étrangers eux-mêmes acquièrent en partie le statut de faits sociaux. Mais une analyse contrastive des systèmes mis en rapport constitue jusqu'à ce jour le meilleur point de départ connu pour caractériser le comportement bilingue.

On retrouve à nouveau le phénomène d'interférence phonique observé « à petite échelle » sur l'accent étranger des bilingues, quand on considère l'impact historique d'une langue sur l'autre, dans une observation « à grande échelle ». Ce fut probablement l'influence des langues slaves qui provoqua en roumain le développement de variantes palatalisées des consonnes, ce qui aboutit à la constitution de consonnes palatalisées de manière distinctive, après que les voyelles palatales eurent été éliminées (ce processus, du reste, peut être également attribué à l'influence slave). Au nord-ouest de la Yougoslavie, les langues romanes sans tons différenciés ont sans doute déterminé la suppression du ton distinctif, dans certains dialectes serbo-croates. Très souvent, des langues, voisines du point de vue géographique, peuvent sembler partager des innovations phoniques, même s'il n'est pas possible d'établir l'origine de celles-ci, ni leur sens de diffusion. C'est pourquoi le bulgare, le roumain, l'ukrainien, et le dialecte yiddish de l'Ukraine et de Roumanie ont tous les mêmes systèmes vocaliques 3 × 2. En Suisse, certains dialectes alémaniques proches du romanche ont perdu le trait distinctif de la voyelle arrondie. Un tel ensemble de faits convergents est parfois pris comme critère de définition des affinités linguistiques *(Sprachbünde)*. Ils ont considérablement élargi les perspectives de la géographie linguistique, en permettant de dépasser les limites des frontières des langues dans la définition des innovations phoniques.

INTERFÉRENCES GRAMMATICALES

Une interférence grammaticale a lieu lorsque les modalités d'ordre, d'accord, de sélection et de modification automatique appartenant au système de la langue *S* sont appliquées à des segments à peu près équivalents de la langue *C*, sans en respecter les normes, ou quand les modalités grammaticales obligatoires de *C* sont omises, faute de modèle équivalent dans *S*.

Dans la phrase « il revient chez lui aujourd'hui », l'anglais offre à l'adverbe de temps un choix entre la place initiale et la place finale: *today he comes home,* ou *he comes home today*. Dans l'équivalent allemand, aucune restriction ne limite la place de l'adverbe *heute,* qui peut être placé au milieu de la phrase, avant *nach Hause (er kommt heute nach Hause)*. La complexité des règles anglaises en ce qui concerne l'ordre des adverbes, tamisée par le système allemand plus exempt de contraintes, entraîne les bilingues allemands *S* à enfreindre les formes anglaises, par exemple *he comes tomorrow home*. Les transformations de l'anglais *C,* qui exigent un certain ordre linéaire pour les questions directes (*What does he think?*, « que pense-t-il? ») et un autre ordre pour les questions indirectes (... *what he thinks,* « ce qu'il pense »), induisent fréquemment en erreur les bilingues possédant des systèmes plus simples dans la langue *S*, comme en russe, par exemple (**What he thinks?*, ou **I know what does he think*). En portugais *C,* parlé par des immigrants aux États-Unis, on trouve des constructions du genre *Portugués Recreativo Club,* obtenues d'après le modèle de l'anglais *S : Portuguese Recreative Club*.

Il est également facile de donner des exemples d'interférences imputables aux différences entre les formes d'accord. En français, l'adjectif attribut s'accorde en genre avec le sujet (« le X est blanc; la Y est blanche »). En allemand, bien qu'il y ait accord de genre entre l'adjectif et le nom, il ne s'applique pas à l'adjectif attribut; d'où la similitude de non-concordance dans le bilinguisme allemand *S*, français *C* (« la Y est blanc »). Une relation semblable existe entre le français parlé et la langue écrite, à l'origine des difficultés qui se présentent à l'écrivain français lui-même: (« est ») « venu », au lieu de (« sont ») « venus », pour l'invariant / vny /. Voici un autre exemple: le système hébreu d'accord de genre entre le verbe et le sujet à la deuxième personne est familier aux bilingues d'origine slave, mais il entraîne de fréquentes interférences en hébreu *C* chez les Israéliens bilingues dont la langue *S* ne distingue pas le genre du pronom à la deuxième personne.

L'incapacité à observer des différences entre les catégories grammaticales de *C* qui ont un rôle sémantique est communément observée dans des situations de contact. Ainsi, bien que l'opposition entre le datif et l'accusatif, en allemand, soit en partie équivalente à la distinction entre « le »/« lui » en français, elle n'existe pas dans cette langue-ci pour distinguer le mouvement à l'intérieur, sur place, du mouvement vers *(in der Stadt,* au lieu de *in die Stadt).* Cela amène les bilingues français *S,* s'exprimant en allemand *C,* à commettre de fréquentes erreurs. De même les distinctions entre, d'une part, les noms collectifs, par opposition aux noms servant à dénombrer, et, d'autre part, les systèmes d'articles définis et indéfinis pour chacun (« le »/« du », « le »/« un », en français, *the/some, the/an,* en anglais) offrent de grosses difficultés aux locuteurs dont la langue *S* ne possède rien d'équivalent (le russe, par exemple); et même lorsque les systèmes de ce genre sont connus dans leurs grandes lignes, les nombreux cas particuliers d'omission « idiomatique », ou de choix d'articles déterminés constituent un champ d'interférence étendu.

On peut aussi, à l'occasion, observer le phénomène inverse, par lequel une catégorie déterminée automatiquement dans la langue *C* est « sémantisée » sur le modèle de *S.* Ainsi, en anglais, l'opposition entre le présent et le futur est neutralisée dans certains types de propositions conditionnelles, où le présent sert à désigner le temps non passé par excellence. De ce fait, un locuteur russe *S* est fréquemment tenté d'employer un temps futur pour exprimer une éventualité: *if he will ask me,* à la place de *if he asks me,* « s'il me demande ».

Il peut se produire souvent que des transformations spécifiques de la langue *S* soient appliquées à des segments de *C,* malgré leur incompatibilité avec sa grammaire. Dans la langue des immigrants polonais aux États-Unis, par exemple, on voit que les transformations des mots composés, caractéristiques de l'anglais *(the x is* [*like*] *a y → the ý x̀: the man is* [*like*] *a bird → the bird mán),* sont appliquées à des séquences du polonais *C (ptak cztowiek),* même si la forme régulière en polonais est, comme en français, *→ x́ ý (cztowiek ptak,* « un homme-oiseau »). Le modèle anglais, qui permet d'allonger sans limites une phrase nominale, par simple addition de mots modifiants, sans hiérarchie entre les accents (par exemple: *the ẃ ✗ ý ź, the Státe Cáncer Reséarch Ínstitute Bulletin*), provoque les constructions erronées que font les bilingues, même ceux de langues germaniques *C,* comme l'allemand ou le yiddish, où chaque mot ajouté doit comporter un accent plus fort que le mot suivant.

La sélection automatique des allomorphes peut être entravée par une connaissance imparfaite des normes arbitraires d'une langue. Ainsi, l'alternance exceptionnelle entre / sej / et / se / pour le morphème anglais *say*, « dire », exigeant / se / devant le suffixe *-s,* incite les bilingues à dire / sejz /, *says,* quelle que soit leur langue maternelle. Quand les langues en contact possèdent à l'origine des ressemblances nombreuses, dues à leur parenté génétique, ou à des emprunts communs, les bilingues peuvent faire des erreurs de sélection dans le choix des allomorphes. Considérons la tâche du locuteur allemand *S,* qui utilise un participe passé faible pour le verbe *weben (gewebt),* « tisser », et un participe fort, pour *sterben (gestorben),* « mourir », quand il doit apprendre les formes contradictoires de l'anglais : *weave → woven,* et *starve → starved.* Il faut signaler encore la création de nouvelles variantes de morphèmes, dans la langue *C,* pour se conformer aux règles de distribution de *S.* Dans certaines formes du romanche, par exemple, on a constaté que certains bilingues se servaient, en tant qu'article indéfini devant les mots commençant par une voyelle, de *inan,* comme variante de *ina,* suivant le modèle de l'alternance *a/an* en alémanique.

Quand, pour des raisons sémantiques générales, un bilingue a l'occasion de rapprocher un mot de *S* d'un mot de *C,* il est vraisemblable qu'il fera participer le mot *C* aux privilèges syntaxiques et aux limitations du mot *S,* avec lequel il a établi l'équivalence, bien souvent au mépris des règles de *C*. Ainsi, en anglais, *say* et *tell* correspondent (partiellement) tous deux au français « dire », mais la syntaxe de *tell* exige un complément indirect, alors que *say* l'interdit, sauf dans le cas d'une phrase prépositionnelle qui emploie *to* : *I told him how to do it,* « je lui ai dit comment faire » ; *I said hello (to him),* « je lui ai dit bonjour ».

Les bilingues français-anglais ont de sérieuses difficultés pour éviter des constructions, proscrites en anglais, du genre *I said him how to do it, ou *I told hello. En anglais, enjoy, « jouir de..., goûter », exige l'emploi d'un complément direct, ou de la forme réfléchie : to enjoy oneself, « s'amuser ». La syntaxe la moins restrictive, celle d'un équivalent yiddish, par exemple, telle que hance hobn (fun...), « prendre plaisir à... », incite les bilingues yiddish-anglais à construire enjoy de façon intransitive : *Did you enjoy ? « Vous êtes-vous amusés ? ».

Comme dans le domaine phonique, on peut étudier « à grande échelle » les effets d'un système grammatical sur un autre, si l'on prend en considération les innovations grammaticales dues au contact de langues. Ici encore, il n'est pas toujours aisé de discerner dans une innovation laquelle des deux langues a servi de modèle, et laquelle est une réplique; toutefois, il est probable que des innovations grammaticales communes à des langues voisines au niveau géographique ont des racines « préhistoriques » communes. Un centre bien connu de convergences grammaticales est la Péninsule balkanique. Le fait, par exemple, qu'en roumain, en bulgare et en albanais les articles définis fonctionnent en post-position, ne peut s'expliquer par la parenté indo-européenne de ces langues, car elles sont seules, dans leurs sous-groupes, à présenter cette innovation. Les convergences grammaticales peuvent concerner aussi bien l'abandon de catégories tombées en désuétude, que l'apparition de distinctions nouvelles. Ainsi, dans les dites langues balkaniques, comme en grec, l'infinitif historique a disparu et chaque système syntaxique distingue maintenant deux conjonctions du type « que » pour introduire des propositions à formes verbales personnelles, au lieu des anciennes constructions infinitives. Pour comprendre l'apparition, en grec, en germanique et dans les langues romanes d'un nouveau passé, formé du verbe avoir et d'un participe passé, il serait naïf d'imaginer une série de coïncidences; de même, on peut être porté à croire que la disparition du prétérit, en français et en allemand du Sud (il alla, er ging), n'est pas, dans ces deux langues en contact, le fruit du hasard. L'expansion, à travers les frontières des langues européennes, d'un passé-composé comprenant le verbe

« avoir », selon un processus d'imitation grammaticale, n'est pas encore terminée; le breton a calqué de telles constructions sur le français, les dialectes polonais de Silésie sur l'allemand, le macédonien sur l'albanais. La langue yiddish, après s'être écartée des modèles allemands, et stimulée sans doute par des contacts récents avec les systèmes slaves, a abandonné le principe du changement de l'ordre des mots dans les propositions subordonnées, ainsi qu'une grande partie de la distinction entre « fort » et « faible » dans la flexion nominale des adjectifs; mais, d'autre part, elle a acquis, de ses rapports avec le slave, un système de diminutifs à deux niveaux et l'ébauche d'un système aspectuel du verbe, bien que, pour désigner ces nouvelles catégories, on utilise des morphèmes « indigènes » d'origine germanique.

L'un des problèmes les plus controversés concernant les effets grammaticaux de contact est celui du transfert linguistique des morphèmes affixés. Il est vrai qu'il existe certains phénomènes, comme en anglais le suffixe « diminutif » productif *-ette,* qui est d'origine française (par exemple *kitchenette, roomette,* « sorte de compartiment de chemin de fer », etc.). Néanmoins, l'explication la plus valable de l'existence de morphèmes dérivés empruntés est qu'ils deviennent fonctionnels dans la nouvelle langue, après avoir été introduits par le truchement de couples d'emprunts, dont l'un des membres possède le morphème, et l'autre non. A partir d'emprunts deux à deux, comme *cigar-cigarette, statue-statuette,* le suffixe *-ette* peut être détaché et rendu fonctionnel dans le système anglais. Les éléments de dérivation à fonction expressive sont souvent utilisés de cette façon. Par ailleurs, les exemples de transfert de morphèmes véritablement flexionnels sont très rares; quand ils se produisent, ils semblent présupposer un degré élevé de ressemblance *a priori* entre les systèmes syntaxiques, comme il en va pour les dialectes étroitement apparentés de la même langue.

En dehors des influences spécifiques d'une langue sur l'autre, on peut encore se demander si le type grammatical général d'une langue peut être affecté par contact. Jusqu'ici, malheureusement, on a recueilli fort peu de preuves concluantes à cet égard. On peut être tenté assurément de considérer la tendance vers un caractère plus analytique, fréquente chez de nombreuses langues indo-européennes, comme un mouvement historique particulier, dans lequel certaines langues non indo-européennes ont été également impliquées; mais par ailleurs, on dispose de peu de moyens de vérification. Il est plus facile de démontrer que le développement rapide du bilinguisme, quel que soit le type de langue impliquée, mène à un caractère plus analytique, à condition que l'interférence puisse se perpétuer. On peut montrer par exemple que les langues créolisées sont souvent plus analytiques qu'aucun de leurs « parents ».

INTERFÉRENCES LEXICALES

Le vocabulaire de toute langue subit une fluctuation constante; alors que certains mots tombent en désuétude, d'autres conquièrent une plus large diffusion. Il arrive que des mots de basse fréquence perdent, de ce fait, toute fonction stable. Un changement régulier d'ordre phonologique ou grammatical peut donner lieu à des paires homonymiques impropres ou peu maniables, et dont l'un des membres doit être remplacé. Dans certaines zones sémantiques, il y a un certain fourmillement des synonymes, en particulier dans le vocabulaire expressif où s'impose le remplacement des mots, dont la force d'expression est épuisée. Dans les sociétés en mouvement où, en tant que tels, les dialectes de classe ont disparu, l'usage d'un vocabulaire de prestige agit comme une marque d'appartenance à l'élite, mais un vocabulaire est inévitablement instable de nature, et susceptible d'être imité par la masse des gens. Les innovations internes peuvent, en partie, satisfaire ce besoin de renouvellement lexical; d'autres langues offrent néanmoins une source beaucoup plus riche de matériel nouveau. Les unités lexicales jouissent d'une diffusion facile (comparativement aux unités phonologiques ou aux règles grammaticales), et il suffit d'un contact minimum pour que les emprunts se réalisent. Avec un bilinguisme de masse, l'impact lexical des langues les unes sur les autres peut atteindre de très vastes proportions. Dans certaines conditions socio-culturelles, les bilingues semblent simplement fusionner leurs deux vocabulaires en une réserve commune d'innovations lexicales.

On peut analyser les emprunts lexicaux selon le mécanisme d'interférence qui les caractérise, ou selon l'intégration phonologique, grammaticale, sémantique et stylistique du nouveau vocabulaire dans la langue réceptive. Nous nous occuperons pour commencer du mécanisme d'interférence.

Prenons le cas d'un bilingue S-C qui identifie un mot S_1, de la langue S, avec un mot déterminé C_1 de la langue C ; ultérieurement, il fera correspondre le mot S_2 à C_2, S_3 à C_3, etc. Mais pour le mot simple S_6, et pour le composé $(S_7 + S_8) + S_9$, il ne trouve pas d'équivalents adéquats dans la langue C. Cette expérience de « lacune » lexicale est peut-être la condition de base de l'interférence.

Dans l'étude des emprunts lexicaux, il faut considérer en premier lieu la structure morphologique du matériel utilisé pour combler la lacune lexicale. Quand le mot anglais S, *bargain*, « une bonne affaire », est adopté en français de Louisiane sous la forme « barguine », ou quand le mot mohawk pour « métal » est élargi au signifié « argent » de manière à combler la lacune en mohawk C, qu'éprouvent les bilingues qui se servent du mot anglais S, *money*, nous sommes en présence d'emprunts (au sens le plus large) de type monomorphématique, dans les deux langues S et C. Au contraire, quand l'espagnol parlé en Amérique comble les lacunes de C qui se présentent par rapport à l'anglais S, *New Deal*, ou *conscientious objectors* par *Nuevo Trato* ou *objectores concientes*, nous avons affaire à des emprunts polymorphématiques, aussi bien pour S que pour C. Pourtant cet isomorphisme n'est pas toujours préservé. Dans l'adoption du mot russe *sputnik* par le français, une forme composée de trois morphèmes dans la langue source est introduite comme une unité morphologique simple. L'inverse peut également se produire ; l'anglais *pencil*/ pensəl/ est « méta-analysé », en yiddish parlé en Amérique, comme un élément quasi diminutif de type bimorphématique en -*l* (c'est ce que l'on peut voir dans le genre neutre du yiddish, qui est régulier en ce qui concerne les diminutifs, mais n'est pas autrement ouvert à un vocabulaire d'emprunts). La résolution des lacunes lexicales du comanche *C* à l'égard de l'anglais *S, battery*, « accumulateur », par une forme signifiant « boîte à éclairs », ou celle de l'italien parlé en Amérique à l'égard de l'anglais *S, bulldog* par *canabuldogga*, montre encore d'autres emprunts lexicaux, plus complexes du point de vue morphologique dans la langue cible que dans celle qui constitue l'interférence.

On peut se demander, à propos des emprunts de complexité équivalente dans les deux langues, si la construction grammaticale est la même dans l'une et l'autre. L'allemand, qui forme *Wolken-kratz-er* d'après l'anglais *sky-scraper*, emploie le même modèle de formation de noms d'agent, à partir d'une locution verbe plus complément: au contraire, en français, « gratte-ciel », nous avons l'application idiomatique d'un équivalent français formellement différent. Toutefois, on peut trouver parfois l'imitation mécanique de formes complexes; du point de vue de la langue réceptive, ces constructions ne peuvent être analysées qu'en non-sens ou même en contresens. Cela se produit fréquemment lorsque des noms composés anglais sont introduits dans des langues qui ne possèdent pas de modèles analogues pour les mots composés, par exemple en français d'aujourd'hui, « science-fiction » (« fiction qui est science »), « station-service » (« une station pour le service »).

Dans l'étude des emprunts lexicaux, on se demandera ensuite si la lacune à l'égard d'un mot donné de la langue *S* est comblée en introduisant le mot *S* dans la langue *C*, ou en faisant correspondre *(matching)* le signifié de *S* à un signifiant qui existait déjà en *C*.

Ces deux possibilités se rapportent approximativement à la dichotomie classique entre les mots d'emprunts et les traductions d'emprunts (« calques »). Les exemples cités du mohawk, « métal » > « argent », du comanche « boîte à éclairs », de l'espagnol parlé en Amérique, *Nuevo Trato*, de l'allemand *Wolkenkratzer*, du français « gratte-ciel », illustrent tous des cas de correspondance de mots *S* à des formes appropriées pré-existantes en *C*. Au contraire, les exemples du français de Louisiane, « barguine », de l'espagnol parlé en Amérique *objectores concientes*, du français « spoutnik », du yiddish américain *pensəl*, montrent l'introduction directe de modèles de la langue *S* dans *C,* afin de combler les lacunes lexicales. En ce qui concerne les éléments polymorphématiques, un combiné de mécanismes est également possible, par exemple en allemand de la Pennsylvanie, *Drohtfens,* calqué sur l'anglais *wire fence,* « clôture de fer ». Dans le cas de *cana-buldogga,* en italien parlé en Amérique, un processus singulier se présente, où la forme anglaise est à la fois importée et composée avec une forme indigène correspondante.

Les modèles sémantiques du mécanisme de correspondance *(matching)* peuvent être ultérieurement divisés. Quand le mot mohawk « métal » est élargi au signifié « argent », un fait de désignation original a lieu. D'autre part, quand *nucleus* en anglais, *Kern* en allemand, *jadró* en russe, etc., sont étendus au sens de noyau atomique, il se produit une répétition du même modèle de désignation. Il arrive maintes fois, en particulier dans le contact de langues apparentées sous l'aspect génétique ou culturel, qu'une forme importée de *S* ressemble à une forme de la même famille qui existait déjà en *C,* avec un autre sens cependant; par exemple: en anglais, *introduce,* « présenter » → en français du Canada, « introduire » =,« faire entrer » + « présenter »; en anglais, *engine,* « locomotive » → en portugais de l'Amérique, *engenho,* « talent » + « locomotive ». Dans de nombreux cas de ce genre, il est malaisé de savoir s'il s'agit d'éléments importés, ou d'éléments que l'on a fait correspondre à d'autres.

Alors qu'il n'y a pas de limites à l'expansion d'un vocabulaire quand s'établissent des correspondances entre son matériel lexical et les signifiés d'une autre langue, l'expansion par importation directe d'éléments donne lieu à quelques résistance; cela a pu être fréquemment observé dans certaines langues, ou dans des domaines particuliers de l'une d'elles. Il est bien connu, par exemple, que pour atteindre le « niveau européen commun », le hongrois, le finnois, l'islandais ont développé leurs vocabulaires à peu près exclusivement par des processus de correspondance. A l'intérieur d'une même famille, le tchèque a utilisé abondamment ces mécanismes, alors que le russe s'en tenait aux importations *(divadlo-teatr, otsavka-abzac,* « paragraphe », *basnik-poèt, sloh-stil).* L'hébreu israélien, au cours de son histoire, a souvent fait usage d'importations « temporaires », auxquelles on a fait correspondre des éléments *(matched forms)* qui les ont remplacées petit à petit *(kultura-tarbut, politika-mediniut)*. Dans toute liste d'importations, certaines parties du discours sont plus amplement représentées que d'autres. Il était naturel que la linguistique moderne se demandât si, au moins dans certains cas, le choix d'un mécanisme d'interférence n'était pas structurellement déterminé, et en particulier si la structure de la langue ne déterminait pas elle-même la résistance aux importations dans certaines circonstances.

Il n'est guère possible de donner à cette question une réponse simple. Dans le plus grand nombre de cas, la résistance majeure aux importations lexicales est certainement déterminée par des variables d'ordre socio-culturel, et non pas d'ordre structurel. Ce n'est pas un fait du hasard si le tchèque et le hongrois ont manifesté une préférence telle pour les innovations introduites par des mécanismes de correspondance, car l'opinion publique aurait vu dans les importations lexicales directes un courant germanisant, incompatible en certaines circonstances avec les aspirations nationales de ces peuples. Dans les pays où le choix de modèles lexicaux à l'échelle européenne est sujet à controverses, des facteurs décisifs d'ordre culturel se manifestent aussi. Aux environs des années 1920, en U.R.S.S., une politique centraliste s'appliqua à développer le vocabulaire des langues des minorités, au moyen de processus de correspondance, mais à partir de 1930, quand l'idéal premier de fraternité entre les peuples fut profondément modifié en faveur des Russes, l'on procéda à des importations directes du russe. Aux Indes, les partis qui prônent l'expansion du vocabulaire hindi, soit par importation de vocables internationaux, soit au moyen de correspondances fondées sur l'utilisation des ressources du sanskrit, se rattachent ouvertement au contenu idéologique qu'implique chacun des termes de l'alternative. Mais parfois, le cas est plus complexe et dépend du traitement phonologique du matériel importé. Dans des langues comme le finnois ou l'hébreu, où les formes canoniques des mots sont bien plus limitées qu'en anglais ou en français, un mot étranger a tendance à demeurer ostensible, sauf si sa forme phonologique est radicalement modifiée; mais dans ce cas, l'aspect symbolique de ses rapports étymologiques internationaux, susceptible en quelque sorte d'avoir dicté le choix du mécanisme d'importation, va probablement s'estomper. Dans des langues comme l'hébreu ou le chinois, où non seulement il y a une restriction prononcée de formes canoniques, mais où les morphèmes utilisent à un degré élevé les séquences phonématiquement possibles, l'intégration phonologique du matériel importé est beaucoup plus compliquée du fait de l'homonymie menaçante avec des formes qui existaient déjà. Ainsi, en chinois, où *ing kuo,* qui veut dire *England,* est constitué à moitié d'une importation et à moitié d'une « correspondance » (*kuo* = « pays »); mais le segment importé *ing* a, en chinois, des sens divers; et dès lors, ce sera l'interprétation sémantique, attestée par les idéogrammes de la graphie, qui fournira le sens d'« éminent ». Pour le mot France, *fa kuo,* de structure identique, on peut, grâce à l'idéogramme de *fa,* donner l'interprétation standard de « pays rationnel ». Il est clair que, dans une langue comme le chinois, des importations massives, en tant que principe d'expansion lexicale, donneraient bien des résultats dépourvus d'efficacité.

La capacité de transfert des mots *(transferability),* variable selon leur catégorie grammaticale, peut nous fournir d'autres informations sur le rôle des facteurs structuraux dans les emprunts de type lexical. D'après des recherches faites, par exemple, sur les mots d'emprunts anglais du norvégien parlé en Amérique, on s'est aperçu que la propagation des noms empruntés était, à peu près, de 50% plus élevée que celle des noms en norvégien de Norvège ou en anglais; et en revanche, la proportion des verbes empruntés y était de 20% inférieure; certaines parties du discours avaient une représentation plus faible encore. Il est bien possible que ces proportions s'accordent aussi avec le degré inégal d'innovations d'ordre général (c'est-à-dire pas nécessairement par des emprunts) dans toutes les parties du discours. En ce cas, ces chiffres pourraient indiquer les différents degrés « d'ouverture » à l'innovation, caractérisant les classes de morphèmes, et dont la limite inférieure serait constituée par les morphèmes affixés susceptibles de flexion.

Du point de vue de la phonologie, le matériel lexical importé peut subir des modifications pour se conformer aux règles syntagmatiques et paradigmatiques de la langue emprunteuse, ou, au contraire, une tentative peut être faite pour conserver la forme phonique qu'avaient ces éléments dans la langue source, et pour leur donner le traitement, pour ainsi dire, de réalités phonologiques. On peut également observer tous les degrés intermédiaires d'intégration partielle. Le mécanisme d'intégration phonologique des mots d'emprunt est, en principe, le même que celui par lequel les systèmes phonologiques s'influencent directement de façon réciproque; cependant, du point de vue quantitatif, l'intégration des emprunts lexicaux laisse une marge bien plus grande au libre jeu des interférences phonologiques. La somme d'efforts réalisés pour maintenir la phonologie de la langue source dans un mot donné, semble dépendre premièrement du degré de familiarité avec cette langue-ci, et deuxièmement du degré de prestige qui résulte de sa connaissance. Le facteur familiarité apparaît dans une étude faite sur les Indiens Menominee des États-Unis. Alors que les Menominee bilingues rendent l'emprunt lexical anglais *automobile* par *atamo·pil,* les unilingues font subir à ce mot une interférence encore plus radicale en l'intégrant aux modèles indigènes, ce qui donne la forme *atamo·pen*. En hawaïen (probablement aussi dans l'idiome des unilingues), nous pouvons trouver des adaptations aussi radicales de mots empruntés à l'anglais, tels que *rice* / rajs / > *laiki, brush* / brəš / > *palaki*. Quant au facteur prestige, on peut le voir intervenir si l'on compare les efforts réalisés par les Américains pour retenir certains phonèmes étrangers à l'anglais, tels que / œ, õ /, dans des emprunts « distingués » au français (« chef-d'œuvre », « façon de parler »), à la suppression totale d'autres phonèmes étrangers, issus d'emprunts fortuits, par exemple les langues des Indiens d'Amérique.

Il apparaît que l'importation, à grande échelle, de matériel lexical étranger incomplètement intégré donne lieu à des distributions phonématiques nouvelles, et même à l'introduction de phonèmes nouveaux, dans une langue. Telle est l'origine de la distinction phonologique en anglais entre f et v, s et z, $š$ et zj; ou en tchèque entre g et k, etc.

Il en est de même pour la grammaire, où un emprunt lexical est également susceptible d'être intégré dans le système de la langue réceptive. Dans l'éventail des intégrations possibles, il y a d'une part maintien de l'élément importé sous une forme rigide, qui résiste aux exigences syntaxiques diverses de la langue réceptive. Ce fut le cas, par exemple, en russe littéraire, du mot français « paletot » qui demeure invariable, en dépit de l'existence des noms russes en *-ó*, qui se déclinent. D'autre part, il y a maintien des modèles flexionnels de la langue source à l'intérieur de la langue réceptive: à une certaine époque, il était habituel, en allemand littéraire, d'appliquer le système flexionnel des formes latines aux latinismes employés en allemand *(das Verbum, mit dem Verbo, unter den Verbis)*. L'un et l'autre de ces cas extrêmes semblent être dus à l'intervention délibérée de grammairiens normatifs à des périodes où l'on accordait de l'importance au prestige culturel. Le compromis le plus usuel est l'adoption des mots d'emprunt par les classes ouvertes de la grammaire réceptive, où ils sont fléchis à l'instar des mots indigènes. Le lituanien parlé en Amérique ajoute des suffixes nominaux aux mots anglais *bum (bommis), boss (bossis), dress (drèsé)*, des suffixes adjectivaux à *funny (fòniškas), dirty (dòrtinas)*, etc. Si la grammaire réceptrice possède plusieurs catégories parallèles, arbitraires du point de vue sémantique, le vocabulaire importé est souvent canalisé dans l'une de ces catégories de préférence aux autres. Ainsi, dans chaque langue d'immigration parlée en Amérique, l'une des catégories nominales de genre sert de classe résiduelle ouverte pour les noms importés de l'anglais: pour l'allemand, ce sera le genre féminin, pour le norvégien, le lituanien et le portugais, le masculin. Parmi les nombreuses conjugaisons des verbes portugais, celle qui se termine par *-ar* a adopté la majorité des importations venant de l'anglais.

Du point de vue sémantique et stylistique, le matériel lexical importé peut, au début, fonctionner de fait en variante libre avec le fonds ancien, mais une spécialisation se produit d'ordinaire quand les deux synonymes, le terme importé et le terme indigène, subsistent. Dans des conditions socio-culturelles opportunes, les mots d'importation peuvent devenir les éléments d'un style distingué, ou ils peuvent au contraire être la marque d'un parler grossier et vulgaire. Le double rôle du latin est bien connu, qui sert à la fois de base au vocabulaire des Européens instruits, et à l'argot universitaire; une ambivalence similaire se manifeste dans l'intégration stylistique des éléments hébreu-araméen en yiddish. Dans l'Europe centrale de l'entre-deux-guerres, on a observé que les mots empruntés à l'allemand par le tchèque, et empruntés au tchèque par le sudète ont reçu des nuances péjoratives malgré les liens qui unissaient les communautés.

INTERFÉRENCES, SUBSTITUTION ET NAISSANCE DE NOUVELLES LANGUES

Si l'on définit la substitution idiomatique *(shift)* comme le passage sans transition de l'emploi habituel d'une langue à celui d'une autre langue, on peut se demander s'il arrive jamais que l'interférence soit assez intense pour en arriver au même résultat, c'est-à-dire qu'il y ait substitution d'une langue par une autre. En d'autres termes, la langue *C* d'un bilingue peut-elle être influencée, de façon graduelle et si profondément par la langue *S,* qu'on ne puisse plus les distinguer ? Dans la majorité des faits de contact rapportés dans la littérature du sujet, on présume qu'il est toujours possible de trouver, dans une catégorie particulière de l'articulation d'un bilingue — par exemple, une phrase — des critères permettant d'attribuer cette phrase au système grammatical de l'une des langues, quel que soit le degré d'interférence par l'autre langue, d'ordre phonologique, lexical et infra-grammatical, que manifeste la phrase. Pour autant que cette théorie tienne, on peut toujours localiser une commutation de langues, dans les limites de la phrase, et on peut appeler substitution graduelle le passage de l'emploi régulier de la langue *C,* à la prédominance éventuelle de *S,* en passant par des commutations *S, C,* de plus en plus fréquentes. Mais il appert que dans certaines situations les bilingues en arrivent à un point où il n'y a pas une phrase complète (et parfois même pas une proposition ou un syntagme autonome) qui puisse être attribuée, selon un critère grammatical, à une seule des deux langues. Quand cela arrive, la différence entre l'interférence grammaticale pure et la commutation devient arbitraire : la distinction entre les langues s'effondre. Dans de pareilles conditions il est possible de concevoir que les interférences aboutissent à la substitution graduelle d'un idiome à un autre.

Les variantes de langues profondément affectées par d'autres langues peuvent être des phénomènes transitoires; elles peuvent aussi se maintenir en marge, comparativement au noyau unilingue de la communauté linguistique. Cependant, dans des conditions socioculturelles favorables, ces variantes peuvent devenir de nouvelles langues indépendantes. C'est l'histoire d'une branche du français, par exemple, qui après avoir été influencée à l'extrême par les langues africaines, a donné les nombreuses variétés de créole des Caraïbes. Dans d'autres régions du monde également, les pidgins et les créoles se sont développés dans des circonstances analogues. Aux Indes, les deux formes de l'hindoustani, dont l'une fut influencée par le persan et l'autre par le sanskrit, sont devenues le urdu et le hindi. En Extrême-Orient, les pressions diverses exercées sur le malais en Indonésie et en Malaisie ont déjà créé des variations dans le lexique et la graphie, et en arriveront vraisemblablement à scinder la langue dans le futur. Mais la question se pose de savoir à partir de quand la variante influencée devient une langue nouvelle. On attend d'une nouvelle langue qu'elle ait, au moins, une forme sensiblement différente de chacune des langues de même souche, et qu'elle ait atteint une stabilité de forme relative après les fluctuations initiales. D'autres considérations concernent la fonction et le statut linguistique. L'usage d'une forme idiomatique hybride, en tant que vernaculaire mi-improvisée de tous les jours, ne lui donne sans doute pas droit au statut de « langue », car on attend de celle-ci qu'elle soit enracinée dans des fonctions de base, le fait par exemple d'être le moyen de communication entre la mère et l'enfant, ou dans des entretiens de genre formel. L'appréciation des locuteurs eux-mêmes est assurément un critère supplémentaire dans le domaine de la psychologie sociale du langage. La linguistique, incapable de résoudre seule ces problèmes, ne peut qu'accepter la définition donnée d'une langue et procéder ensuite à l'analyse descriptive et historique.

LE BILINGUE

Les individus diffèrent de façon accusée dans leur comportement en tant que bilingues. Comme nous l'avons déjà noté, d'aucuns manient plus d'une langue avec l'aisance de natifs et presque sans accuser d'interférences. D'autres ne peuvent arriver à manier une deuxième langue, bien qu'elle se rapproche de la première, ou ils ne le font qu'au prix de constantes interférences entre elles. Certains passent, avec aisance, d'une langue à l'autre, selon les circonstances; d'autres accomplissent laborieusement le passage nécessaire. Un individu peut se comporter différemment en tant que bilingue selon les situations; il peut évoluer au cours des années, ou il peut être spontanément prédisposé à une forme déterminée de comportement linguistique. Toutes ces variantes doivent être soigneusement analysées par les psychologues du langage.

Bien des points demeurent encore inconnus en ce qui concerne les différences entre les dispositions naturelles pour acquérir une deuxième langue, et les rapports existant entre ces dispositions et le contrôle qu'exerce un individu sur sa première langue. Tout professeur de langues étrangères sait que certains élèves sont beaucoup plus doués que d'autres pour apprendre une seconde langue, mais l'utilisation de tests permettant de prévoir le succès des étudiants dans ce genre d'études, mis à part l'observation directe de l'exécution effective du travail, en est encore à un stade expérimental. Il a souvent été dit et répété que le bilinguisme précoce accroît les aptitudes individuelles pour apprendre des langues supplémentaires, mais cette affirmation doit être contrôlée sur des bases scientifiques. Il n'est guère évident non plus que la capacité de passer d'une langue à l'autre, selon l'exigence du moment, ou la disposition inverse qui consiste à effectuer des passages fréquents et rapides, impliquent des dons innés, ou soient une simple question d'entraînement. Il faudra enfin envisager avec circonspection la suggestion, faite par quelques neurologues, sur la spécialisation d'une zone cérébrale pour la fonction linguistique de passage d'une langue à une autre, qui est probablement sujette à un développement différentiel chez les individus bien portants, autant qu'à des troubles quand le cerveau est atteint.

L'effet, sur le comportement bilingue, des conditions dans lesquelles un individu donné est soumis aux langues qu'il apprend est sensiblement mieux connu que le rôle des dispositions innées. Ce qui nous intéresse ici, c'est le classement de concepts tels que langue maternelle, première langue et langue dominante. Assurément, on a simplifié à l'excès le portrait de l'individu, en pleine possession de sa « langue maternelle », qui apprend des langues supplémentaires et laisse cette première influencer les autres, apprises plus tard. Car, si nous appelons « langue maternelle » la première langue acquise, il est clair qu'elle peut tout aussi bien être elle-même cible d'une interférence provenant des langues apprises ultérieurement. Chercher à déterminer quelle est la langue « dominante » d'un bilingue et laquelle, s'il en est une, suscite le plus grand nombre d'interférences, sont deux problèmes distincts. La théorie doit être assez souple pour tenir compte de la possibilité de trouver, dans le langage d'un bilingue, des interférences fonctionnant dans les deux directions. Il est utile de disposer de critères purement psychologiques, afin de déterminer quelle est la langue « dominante » pour un bilingue, et de mettre en rapport la prééminence ainsi définie, avec les conséquences linguistiques possibles.

Pour définir la « prééminence » psychologique d'une langue, il existe des tests de complexité variable. On peut se demander, par exemple, quelle langue offre le moyen d'expression le plus efficace quand un sujet doit transmettre certaines informations rapidement et de façon correcte. Il est même possible de savoir dans quelle langue « pense » un bilingue, en établissant par des tests l'asymétrie du choix idiomatique, quand on le fait répondre par des associations aux *stimuli,* qui lui sont présentés de manière enchevêtrée dans les deux langues. D'autre part, on peut juger préférable de considérer la « prééminence » d'une langue comme un ensemble irréductible de facteurs.

Compétence relative dans les deux langues

La langue dominante est celle que le locuteur manie le mieux, à un moment donné de sa vie.

Mode d'emploi

Les stimuli visuels sont des renforts si efficaces dans l'emploi de la langue parlée, que pour un bilingue lettré en une seule langue, celle-ci peut être dominante, malgré l'habileté relative du sujet à parler concurremment les deux langues.

Ordre d'acquisition et âge

On suppose d'ordinaire que la langue apprise en premier est *ipso facto* « dominante ». Cette affirmation doit être nuancée, en montrant que dans des conditions de migration, par exemple, la première langue acquise peut être éliminée de la mémoire des bilingues, à cause de la pratique continuelle et exclusive de la seconde. D'un autre côté, il est rare qu'un locuteur renoue complètement avec d'autres langues les liens affectifs qui l'attachaient à la première. Parmi les secondes langues, il est probable que ce qui a été appris avant l'adolescence conserve pour le bilingue une place privilégiée, comparativement à une langue apprise à l'âge adulte, à condition toutefois d'être renforcée par une pratique courante.

Utilité pour la communication

Un bilingue également compétent en deux langues peut avoir l'occasion de se servir plus souvent de l'une que de l'autre. Un usage plus fréquent peut donner à la langue un statut de « prééminence », si les autres facteurs sont les mêmes.

Rôle de la promotion sociale

Dans certaines conditions sociales, la maîtrise d'une langue prend de l'importance pour un bilingue, non seulement parce qu'elle facilite la communication, mais également en ce qui concerne la promotion sociale. Dans ces cas-là, le même ensemble de considérations oblige le sujet à apprendre la langue favorisée, et de plus à bien l'apprendre, c'est-à-dire à supprimer le plus possible les interférences virtuelles. Cela devient, dès lors, une autre raison de « prééminence » linguistique.

Outre les nombreuses possibilités qui font qu'une langue est dominante à un moment donné de la vie d'un bilingue, il faut tenir compte encore des circonstances variables, dans une situation particulière, qui peuvent avoir quelque influence sur son comportement verbal. Par exemple un interlocuteur unilingue peut le contraindre à supprimer nombre d'interférences virtuelles ou de passages libres d'une langue à l'autre, alors qu'avec un bilingue il donnera libre cours à son penchant pour les interférences et les passages. On peut comprendre l'influence décisive de l'anglais sur les langues des immigrants en Amérique, à la lumière du fait que des communautés entières sont devenues bilingues, et qu'il n'y a pas eu, en fait, d'unilinguisme non anglais pouvant mettre un frein à l'anglicisation. Les bilingues ont, de plus, tendance à spécialiser l'emploi de chaque langue selon un sujet déterminé, ou selon l'interlocuteur. Ils peuvent aisément s'exprimer dans chaque langue, tant qu'elle se maintient dans le cadre de sa spécialisation, mais tout passage involontaire au moyen d'expressions inaccoutumées ouvre la voie aux interférences. En définitive, le nombre et le type d'interférences varient selon le degré de fatigue ou de tension affective. Supprimer une interférence exige un effort que l'homme n'est pas toujours capable de réaliser avec la même aisance.

Il est encourageant pour le linguiste de remarquer que les psychologues commencent à s'intéresser de plus en plus au bilinguisme, lequel est à l'origine d'importants éclaircissements sur la psychologie du langage. En particulier un certain nombre de travaux ont été faits sur la distinction entre deux types de bilinguisme, distinction qui correspond à celle que nous avons formulée en termes de théorie linguistique. De nombreux tests empiriques ont montré que quelques bilingues traitaient leurs langues comme des parties constitutives, à peu près indissociables, d'un système sémiologique unique, alors que pour d'autres il s'agirait, semble-t-il, de deux systèmes coordonnés mais distincts. Ces différences s'expriment, par exemple, par les degrés d'indépendance qui caractérisent les valeurs sémantiques de termes approximativement équivalents dans les deux langues. Des recherches sont en cours pour découvrir les conditions spécifiques de développement de chaque genre de bilinguisme. On a démontré la force des préjugés à l'égard des langues, par les réactions de Canadiens qui donnaient une appréciation favorable sur quelques personnes dont ils écoutaient la voix enregistrée en anglais, mais évaluaient très défavorablement celles qui présentaient des textes en français ; or les textes, aussi bien en français qu'en anglais, avaient tous été enregistrés par les mêmes personnes, inconnues il va sans dire des sujets de l'expérience. Paradoxalement, les voix françaises donnèrent lieu aux mêmes stéréotypes négatifs de la part de Canadiens anglais et français.

FONDEMENT SOCIO-CULTUREL DU CONTACT DE LANGUES

L'étude du comportement verbal d'un bilingue et des relations entre les événements de sa vie et la manière dont il manie les deux langues ne doit pas être limitée à un seul cas individuel pris isolément. Quand un groupement humain, surtout s'il est de quelque importance, implique un contact de langues, les idiosyncrasies du comportement linguistique tendent à s'annuler les unes les autres, tandis que les formes usuelles, qui sont déterminées socialement, et les processus caractéristiques du groupe entier deviennent signifiants. La plupart des facteurs qui font qu'une langue est « dominante » (efficacité pour la communication, rôle dans la promotion sociale, etc.) sont fournis à l'individu par l'entourage. Il y a bien des chances pour que le statut relatif des langues soit, dès lors, le même pour un grand nombre de bilingues dans une situation de contact donnée. Jusqu'à l'ordre d'apprentissage des langues, l'âge où elles sont acquises, l'étendue dans la connaissance de la langue écrite, sont déterminés fréquemment chez l'usager par la société dont il fait partie. Mieux encore, l'entourage peut faire prévaloir, pour le groupe tout entier, certains types de spécialisations idiomatiques, selon le sujet traité, ou les interlocuteurs. Dans quelques sociétés, le bilinguisme est entaché de suspicion; d'autres le valorisent. D'aucunes tolèrent les passages d'une langue à l'autre; ailleurs on les condamne. Ici les interférences sont acceptées; là on les méprise. Le bilingue aura tendance à se conduire conformément aux normes du groupe auquel il appartient.

Un problème important concerne les fonctions de la langue dans les communautés plurilingues. De toute évidence, certaines fonctions se répercutent selon un effet plus conservateur que d'autres sur les normes de la langue. Dans une langue chargée d'un rôle éducatif, par exemple, les pressions conservatrices peuvent se révéler efficientes. Là où les écoles sont en mesure de transmettre une solide et brillante tradition littéraire, il est possible d'inculquer avec succès aux jeunes générations une attitude prudente envers les interférences. Dans les parlers quotidiens, qui ne recherchent que l'intelligibilité, on néglige de soigner la diction, les interférences ont libre cours et peuvent facilement devenir habituelles. Quand une langue est exclue de certaines fonctions génératrices de prestige, tel l'emploi officiel dans les affaires du gouvernement, il en résulte une dévaluation de cette langue qui n'oppose plus d'obstacles aux interférences et laisse se perpétuer les innovations introduites par les bilingues.

La notion de « communauté » est, certes, trop vaste en ce qui nous concerne ici. Nous considérerons plutôt la communauté bilingue sous un aspect pratique, c'est-à-dire comme étant constituée par deux groupes de langue maternelle (GLM). Chaque GLM comprend tous les membres de la communauté pour lesquels l'une des langues données est l'idiome maternel. Des cas limites peuvent se présenter, du reste, si la communauté tout entière manie concurremment les deux langues dès l'enfance, ou, au contraire, si, dans la communauté bilingue, l'une des langues n'est pas apprise au berceau. (C'est ce qui arrive dans les cas de bilinguisme où l'une des deux langues n'est que le véhicule de la littérature formelle, de la liturgie, etc., mais ne figure pas dans les rapports mère-enfant.) Si l'on considère qu'une communauté bilingue est composée de deux GLM, il est possible de déterminer le rôle de chaque langue dans chacun des GLM. On comparera la grandeur des GLM et l'on cherchera à savoir quel est le groupe qui participe le plus largement à la communication. S'il y a dans une communauté deux GLM comprenant chacun 50 % de la population, on peut attendre qu'un secteur identique de chaque GLM apprenne l'autre langue; on dira alors que la charge du bilinguisme est distribuée à parts égales. Mais si, au contraire, nous trouvons 60 % de bilinguisme dans l'un des GLM et seulement 10 % dans le second, nous aurons l'expression statistique du statut dominant de la deuxième langue dans cette situation de contact.

Il est fort intéressant de comparer la division d'une communauté en GLM, et sa répartition en sous-groupes d'un autre type. Il peut se faire que la division en GLM soit corrélative à la structure géographique: dans certains faits de contact, chaque GLM occupe une zone relativement bien délimitée. C'est le cas, par exemple, de la ville bilingue de Fribourg, en Suisse, en opposition à la ville bilingue de Bienne. On peut aussi établir un rapport avec la répartition en sous-groupe indigène, par opposition à sous-groupe immigrant. Il y a des chances pour que la langue la moins autochtone des deux GLM soit plus réceptive aux interférences que l'autre langue, non seulement parce que les immigrants, dans un nouveau cadre de vie, sont amenés à prendre plus clairement conscience des lacunes lexicales de leur idiome, mais aussi parce que le statut social de ce GLM peut se trouver placé à un niveau inférieur à celui de la population plus ancienne. Comme beaucoup de groupes d'immigrants ont une proportion de femmes au-dessous de la moyenne, l'augmentation des mariages « exogamiques » qui en résulte peut également conduire ces GLM à une discontinuité caractéristique de leur tradition linguistique. Souvent, les différences entre GLM sont en rapport avec les différences qui se manifestent dans les coutumes ou dans les domaines culturels autres que la linguistique. Néanmoins, cela ne se produit pas nécessairement: en Suisse, par exemple, les différences culturelles extra-linguistiques entre GLM français et allemands, ou entre GLM allemands et romanches sont difficiles à discerner dans bien des localités. Une différence de religion, parallèle à la différence de langue maternelle, peut avoir des répercussions idiomatiques indirectes fort importantes, car la rareté des mariages inter-groupes qui en découle peut être la cause principale de l'unilinguisme des familles du fait que la majorité des enfants commence à parler sur une base unilingue. Là où une différence de religion ne renforce pas la séparation entre les GLM, le bilinguisme dès le berceau, résultant des mariages inter-groupes, peut avoir comme conséquence un affaiblissement des normes particulières de chaque idiome. Le fait que l'un des deux GLM d'une communauté bilingue soit typiquement plus âgé que l'autre, est la marque synchronique d'une substitution de langue en voie d'évolution. Il est probable que des différences dans le statut social (par exemple, de genre de vie, secteur rural en opposition à secteur urbain, de classe, ou de caste), associées en tant que stéréotypes à la différence entre GLM, favorisent un penchant disproportionné à faire de l'interférence une habitude dans les langues qui sont en contact.

Une langue peut faire naître, chez les gens qui la parlent, des sentiments de fidélité comparables aux sentiments qu'évoque l'idée de nation. La langue, en tant que réalité totale, et en opposition avec les autres langues, tient une position élevée dans l'échelle de valeurs, une position qui demande à être « défendue ». En réaction à une substitution imminente de langue, les sentiments de fidélité soutiennent les efforts qu'il faut accomplir pour sauvegarder la langue menacée; et contre les interférences, ils font de la forme normalisée de la langue un symbole et une cause. Cette représentation idéale des langues « standardisées » et le halo émotionnel qui l'entoure sont des caractéristiques essentielles de la civilisation occidentale et se sont révélées particulièrement contagieuses — de façon anachronique, peut-être — dans les pays d'Asie et d'Afrique qui viennent d'émerger du colonialisme. Pas de doute néanmoins que ce ne soit précisément dans des situations de contact de langues que les gens ne prennent plus parfaitement conscience des traits originaux de leur propre langue par opposition aux autres;

et, en ce cas, la langue pure ou « standardisée » peut en arriver à être le symbole de l'intégrité du groupe. La mobilisation qui s'ensuit des sentiments de fidélité à la langue peut devenir une force efficace s'opposant à la diffusion « naturelle » des interférences dans des situations de bilinguisme. Nous avons déjà vu, plus haut, comment l'importation de mots étrangers est refusée, en tant que mécanisme d'expansion lexicale, dans maintes langues où la source culturelle d'importation a des résonances symboliques défavorables. Dans l'histoire du nationalisme indonésien ou israélien, les efforts faits pour soutenir une langue unique, parlée dès la naissance par une minorité seule, ou même par un GLM-zéro, fut la réaction à l'éventualité menaçante d'un chaos plurilingue. La « dégermanisation » du tchèque, la « déslavisation » du roumain, furent les résultats de décisions humaines prises pour intervenir dans le développement des langues et pour contrecarrer les effets du contact. Du fait des profonds sentiments de fidélité à la langue que l'on parvint à mobiliser, ces décisions eurent un succès considérable.

Nous avons déjà défini la substitution *(language shift)* comme l'abandon de l'emploi d'une langue au profit d'une autre langue. Il y a d'intéressantes variantes dans la façon dont une langue se substitue à une autre. La substitution peut se produire dans certaines fonctions de communication à l'exclusion des autres ; pour la sociologie du langage, il est important de décrire la hiérarchie des fonctions qui déclenche, à un certain niveau d'emploi de la langue (dans le parler familial, par exemple), un processus de substitution pouvant éventuellement s'étendre à d'autres niveaux. La mobilisation efficace des sentiments envers la langue, pour enrayer un procès de substitution de langue, a déterminé une situation de bilinguisme à long terme, dans laquelle chaque langue remplit d'ordinaire une fonction spécifique. C'est pourquoi bien des prophéties sur la mort imminente d'une langue se sont révélées fausses.

Dans la plupart des cas, on peut dire que la capacité d'un GLM à conserver sa langue, en dépit d'une substitution imminente, ne dépend pas de la structure de la langue. S'il est possible d'appliquer la métaphore de la

« survivance des plus aptes » à ce domaine, le « plus apte » ne peut que signifier le « plus grand », car dans un monde industrialisé, la technologie de la communication désavantage les très petits GLM. On pourrait montrer que pour maintenir la langue de façon économique, à certains niveaux de communication, le GLM ne doit pas être en deçà d'une certaine grandeur absolue. Il est probablement difficile d'obtenir qu'un système universitaire se serve d'une langue donnée pour un GLM de moins de quelques millions de lettrés; si celui-ci comprend moins de plusieurs milliers de membres, l'emploi de la langue, même en tant qu'instrument d'éducation élémentaire, soulève de difficiles problèmes d'ordre économique. L'échec d'un GLM dans ses efforts pour imposer ou maintenir sa langue aux plus prestigieux niveaux de la communication, conduit souvent à un déclin de la langue encore plus précipité, jusque dans les rapports quotidiens.

En contraste avec ces facteurs fonctionnels, il est peu probable que ce soit la structure d'une langue quelconque qui la rende incapable de se maintenir. Beaucoup de langues ont dû développer leur lexique, et même leur grammaire, pour atteindre le « niveau européen commun »; n'importe quelle langue aurait pu se développer de la même manière si les conditions socio-culturelles avaient été favorables.

Pour le linguiste, il est important de se souvenir que la direction et la vitesse des processus de substitution ne dépendent pas nécessairement de la direction et de la profondeur de l'influence linguistique. Les locuteurs de la langue « perdante » peuvent transmettre, sous forme de « substrat », les particularités phonétiques ou grammaticales de leur langue, aux futures générations du GLM « victorieux ». Mais il peut aussi arriver, et ce fut le cas parmi beaucoup d'Indiens américains, que la langue meure, simplement. La détermination distincte du destin « interne » et « externe » d'une langue est une raison supplémentaire pour que, dans l'étude du multilinguisme, les linguistes coordonnent leurs efforts avec ceux des savants des autres disciplines.

Uriel WEINREICH.

BIBLIOGRAPHIE

Uriel WEINREICH, *Languages in Contact,* 2ᵉ édition revue et augmentée, La Haye, 1962; le livre possède une bibliographie de mille titres approximativement; l'édition originale est la première des publications du « Linguistic Circle of New York », 1953.

En ce qui concerne l'Amérique en particulier, voir aussi :

Einar HAUGEN, *Bilingualism in the Americas : A Bibliography and Guide to Research,* publications de l'« American Dialect Society », nº 26, 1957.

Une bibliographie sur le bilinguisme en Alsace se trouve en annexe de la traduction française de l'étude de :

Janine JAUDEL, *Languages in Contact,* thèse manuscrite pour le diplôme d'études supérieures, Faculté des Lettres de l'Université de Strasbourg, décembre 1956.

ENSEIGNEMENT ET APPRENTISSAGE D'UNE LANGUE SECONDE

M ALGRÉ les déclarations tapageuses de certaines écoles ou de fabricants « d'aides audio-visuelles » qui prétendent enseigner le chinois en quinze jours, les problèmes posés par l'enseignement des langues sont multiples, très complexes et ne datent pas d'hier. Si l'on assiste actuellement à un renouveau d'intérêt envers les méthodes dites actives, c'est peut-être parce qu'elles coïncident avec l'apparition sur le marché d'appareils électroniques et de laboratoires de langues sans lesquels le moindre collège, tout au moins en Amérique du Nord, n'oserait ouvrir ses portes à une jeunesse éprise de vitesse et de technologie. On peut aussi espérer que ce renouveau est l'aboutissement des efforts longtemps méconnus de linguistes en marge des doctrines officielles, dont les découvertes ont été brusquement catapultées au premier plan de l'actualité par les impératifs d'un enseignement rapide et efficace, portant sur un nombre considérable de langues.

APPRENDRE TOUT EN JOUANT

Il y a du vrai dans ces deux hypothèses. Mais il faut souligner qu'en matière de langues vivantes, les méthodes empiriques ont longtemps prévalu, alors que la pensée théorique est un fait relativement récent. L'obligation d'apprendre une ou plusieurs langues secondes remonte en effet dans la nuit des temps, théoriquement à la Tour de Babel et, à moins de charismes particuliers, cet apprentissage a toujours été difficile. On peut supposer qu'il s'effectua surtout grâce à des contacts étroits entre populations de langues différentes, au moment du troc des marchandises par exemple, ou même au sein d'une même tribu ou d'une même famille. Ce mélange de langues s'observe encore en Afrique ou en Asie, où de nombreux groupes ethniques sont naturellement bilingues ou plurilingues. On cite également le cas de tribus dont les femmes parlent une langue quasi secrète, distincte de celle des hommes, ce qui les oblige à devenir bilingues. C'est aussi le cas des mariages « mixtes » entre ressortissants de pays différents ou de provinces différentes au sein d'un État bilingue comme le Canada ou la Belgique. Le même phénomène se passe chez les immigrants qui réussissent, pour un temps, à maintenir au foyer l'usage de leur langue d'origine. Comme il leur faut apprendre tôt ou tard la langue officielle de leur nouvelle patrie, l'unité linguistique de la famille s'en trouve rapidement brisée. Aux États-Unis, par exemple, le père qui doit travailler tout de suite, apprend empiriquement quelques rudiments d'anglais; mais, commençant à l'âge adulte, il reste très gauche dans le maniement de cette langue. La mère, qui demeure au foyer, n'apprend guère l'anglais et se contente généralement de contacts avec d'autres femmes d'immigrants de même origine. Les enfants, par contre, vont jouer avec leurs nouveaux petits camarades et finissent par se fondre complètement dans la masse anglophone du pays. Ce processus est encore plus rapide lorsque le père arrive célibataire aux États-Unis et épouse une Américaine. Dans ce cas, même au foyer, c'est l'anglais qui domine et les enfants n'apprennent en général que cette seule langue.

Il en va souvent de même dans les pays bilingues. Au Canada, dans les villes de l'Est du pays, il y a certains quartiers où habitent côte à côte francophones et anglophones. La majorité des échanges linguistiques entre familles se situe alors au niveau des enfants. On appelle cela « apprendre une langue sur la rue ». Malgré cet anglicisme gênant (calque de l'anglais *on the street*) et qui souligne tout de suite l'une des faiblesses de ce système, — ou plutôt de cette absence de système — on avouera que de tels contacts quotidiens, dépourvus de toute fanfare technologique, favorisent singulièrement l'apprentissage des langues vivantes. On assiste même souvent, dans ce brassage des populations, à la création d'un nouvel équilibre. Aux États-Unis en tout cas, où le prestige de l'anglais est immense et celui des langues importées quasiment nul, le jeune immigrant fait des efforts désespérés pour imiter à la perfection ses jeunes camarades, sachant bien que la moindre erreur phonétique ou grammaticale sera impitoyablement décelée et pourrait lui valoir des sanctions sociales parfois pénibles.

On nous permettra d'insister, au début de ce chapitre, sur l'excellence des résultats obtenus par de tels procédés empiriques. Ils tirent en effet leur efficacité de certains principes qu'il nous faut considérer attentivement avant d'entreprendre l'étude d'une langue vivante. Les enfants qui jouent dans la rue utilisent la langue nouvelle d'une façon active et spontanée, dans l'euphorie d'une détente physique, loin des adultes cartésiens et normatifs. De tels éléments fournissent des indications précieuses aux auteurs de manuels et aux professeurs; mais il ne faut pas oublier qu'à la base de ce succès existe une motivation intense et exclusive, qui pousse les enfants non seulement à apprendre une nouvelle langue, mais à s'en servir constamment aussi parfaitement que possible. Si les soldats américains qui suivaient pendant la guerre les cours intensifs de l'ASTP (Army Service Training Program) réussissaient à parler convenablement le français, le tagalog ou le japonais au bout de six mois, c'est qu'ils travaillaient sans relâche, douze heures par jour, sept jours par semaine, employant leurs nouvelles connaissances linguistiques pour exprimer toutes les situations possibles ou probables. La perfection de leur accent, leur rapidité de compréhension allaient devenir pour eux, en pays étranger, question de vie ou de mort. On comprend qu'avec une pareille motivation, ces élèves aient obtenu de bons résultats et que leurs professeurs n'aient guère eu de problèmes de discipline!

Théoriquement, les espions internationaux seraient donc les meilleurs élèves en matière de langue, à moins qu'inversement on ne survive dans ce dangereux métier que dans la mesure où l'on possède parfaitement une ou plusieurs langues et même certains dialectes de ces langues. On raconte l'histoire, d'ailleurs fort plausible, d'un Allemand déguisé en officier britannique, qui fut démasqué parce qu'il trébucha sur la prononciation de la ville de Derby, toponyme pourtant bien connu des turfistes britanniques. On imagine mal un espion en France qui ferait une faute de prononciation sur le mot Longchamp ou qui mettrait *Vel' d'Hiv'* au féminin... On se souvient aussi des unités allemandes recrutées pour leur parfaite maîtrise de l'anglais, qui semèrent la confusion dans les rangs alliés aux premières heures de l'offensive des Ardennes. Beaucoup moururent faute de connaître toutes les ressources de l'argot de Brooklyn ou de Chicago, ou simplement parce qu'ils ignoraient certains traits essentiels de la culture américaine. Ce dernier point est en effet très important : s'il faut apprendre des formes et des sons, voire des alphabets nouveaux, pour maîtriser une langue seconde, on ne saurait s'arrêter en si bon chemin. Une langue sert aux communications entre hommes et, ce faisant, elle exprime une « culture », elle traduit une façon particulière de concevoir la réalité. Toute saine pédagogie linguistique devra donc s'inspirer de ce double souci : enseigner une structure pour exprimer une culture.

LINGUISTES, BILINGUES ET POLYGLOTTES

On doit donc s'interroger sérieusement, au moment d'apprendre une langue seconde, sur les raisons qui nous poussent à le faire. C'est là une question qu'il faut aborder dès le début de cet exposé, car les méthodes envisagées varient, parfois considérablement, avec les buts proposés. Théoriquement, trois options peuvent s'offrir à l'apprenti polyglotte; mais avant de les examiner, il convient de s'arrêter un instant sur des points de terminologie.

Le dictionnaire définit un *polyglotte* comme étant une personne qui sait plusieurs langues; mais on utilise parfois le terme *linguiste* dans ce sens. Cet anglicisme, qui tend malheureusement à se répandre, neutralise une opposition sémantique importante. Il faut en effet distinguer entre un polyglotte qui parle plusieurs langues (au moins deux, la sienne et une langue seconde) et le linguiste, qui étudie et décrit professionnellement les

ENSEIGNEMENT D'UNE LANGUE SECONDE

langues (au moins une), sans chercher forcément à les posséder parfaitement. La description de langues encore mal connues, la création d'alphabets appliqués à des idiomes encore dépourvus de littérature, voilà deux démarches particulières qui sont le fait de linguistes. Ces derniers n'ont pas besoin pour cela de parler ces langues aussi couramment que les interprètes dont ils ont besoin dans leurs recherches. La situation est comparable à celle des médecins, qui pour connaître les maladies et soigner leurs malades, n'ont pas besoin d'être malades eux-mêmes. D'autre part, on a tendance à restreindre le terme *bilingue* à des personnes parlant couramment au moins deux langues jouant dans leur contexte social un rôle officiel et quotidien. C'est ainsi qu'au Canada, en Belgique, en Finlande, on recrute des fonctionnaires bilingues ; bilingue aussi le Strasbourgeois qui possède également bien le français et le dialecte local. Mais il paraît difficile de dire d'un étudiant français qui a fait plusieurs années d'anglais au lycée qu'il est bilingue, même s'il connaît cette deuxième langue assez bien. Comme le préfixe grec *polus-* signifie « nombreux », on a proposé de conserver le terme *polyglotte* pour désigner des personnes qui parlent plusieurs langues et de dire qu'une personne qui connaît une langue seconde, en plus de sa langue maternelle, qu'elle est *diglotte*. C'est donc de *diglossie* que traite le présent chapitre, en supposant qu'il existe des degrés dans la perfection avec laquelle on peut maîtriser une deuxième langue.

Enfin, puisque dans certains pays il existe plusieurs langues officielles, on tend maintenant à ne plus parler de langues « étrangères », mais de *langues secondes*. On dit également *langues vivantes* ou *modernes,* expressions parfaitement acceptables, qui sont actuellement en recul, peut-être par suite des efforts de certains pédagogues, notamment aux États-Unis, pour enseigner le latin par des méthodes actives. Il est certain qu'à notre époque de communications accélérées et d'échanges internationaux plus intenses, tout homme cultivé devrait posséder, en plus de sa langue maternelle, au moins une langue seconde et parfois deux. Le français ayant une assez large audience internationale, un francophone devrait se faire un devoir d'apprendre le russe ou l'anglais. Certains pays ont bien compris cette nécessité : les pays scandinaves, par exemple, ont généralisé l'enseignement obligatoire de l'anglais à l'école primaire. L'enseignement des langues devrait donc être au premier plan des préoccupations pédagogiques, d'autant plus qu'il permettra de dissiper bien des préjugés et des notions erronées qui donnent de nos voisins une image dangereusement fausse. La langue, dit-on avec raison, est le plus sûr chemin menant au cœur de l'homme.

POURQUOI APPREND-ON UNE LANGUE SECONDE ?

Examinons rapidement les raisons qui poussent un individu à apprendre une langue seconde. Ce dernier peut désirer : *a)* parler cette langue sans la comprendre ; *b)* comprendre cette langue sans la parler ; *c)* comprendre cette langue et la parler.

Nous reviendrons sur le détail de ces options, qui demandent à être nuancées. Éliminons une quatrième hypothèse, qui équivaudrait au refus de parler ou de comprendre une langue seconde. Pareille option ne représente guère un idéal pédagogique, mais plutôt un triste état de fait, si l'on songe qu'il existe plus de trois mille idiomes entre lesquels notre fantaisie pourrait choisir, et qui sont trois mille raisons supplémentaires de ne pas s'entendre avec nos voisins.

Les trois options esquissées plus haut peuvent, de toute évidence, se multiplier par d'autres facteurs, puisque la langue se présente tantôt sous son aspect parlé, tantôt sous son aspect écrit. De sorte que, par suite d'une déficience sémantique du verbe *parler,* l'option numéro un peut signifier aussi bien « parler » que « lire et écrire », l'un allant rarement sans l'autre. De plus, on peut aspirer à une perfection plus ou moins grande dans ces différents exercices, suivant l'urgence de la chose ou l'importance de l'enjeu. Enfin, démarche tout à fait légitime, notre élève hypothétique peut vouloir se restreindre à tel domaine particulier de la langue seconde : l'orthopédie ou l'élevage des vers à soie, plutôt que d'embrasser la totalité de la culture de son choix. Ainsi convenablement nuancées, ces trois options doivent être soigneusement examinées avant de se précipiter chez le disquaire voisin pour acheter la dernière méthode d'anglais ou d'allemand. Nous pouvons donc dresser maintenant le tableau ci-dessous :

	Langue parlée	Langue écrite	Connaissance des structures superficielle	Connaissance des structures courante	Connaissance des structures parfaite	Connaissance de la culture restreinte	Connaissance de la culture spécialisée	Connaissance de la culture générale
Option I	×		×			×	×	
Option II (passive)		×		×			×	
Option III (active)	×	×			×			×

Fig. 1.

Afin d'éclairer la discussion, nous avons coché quelques-unes des cases ainsi délimitées, pour savoir à quel type de « client » nous aurions affaire. L'option I (parler une langue sans la comprendre) est de toute évidence un cas extrême; elle existe cependant. Un prestidigitateur s'est présenté vers 1935 au département de phonétique de l'université de Londres, pour qu'on lui enseigne un texte extrêmement spécialisé qu'il lui fallait débiter oralement tout en faisant son numéro, mais dont il ne comprenait pas le premier mot. Cet homme apprit ainsi à bien prononcer son boniment dans une dizaine de langues, ce qui lui permit de faire des tournées très réussies dans toute l'Europe. Certains guides de musée font de même et, en cherchant bien, on pourrait multiplier les exemples. S'il s'agit de langue écrite, on pensera à ces imprimeurs qui composent et même corrigent des textes en langues inconnues d'eux, allant jusqu'à appliquer parfaitement les règles de la division des mots, des abréviations, des majuscules, etc. De tels cas ne sont pas rares et peuvent nous éclairer utilement sur les meilleures méthodes à employer en phonétique ou en orthophonie.

L'option II (comprendre une langue sans la parler) met en jeu des connaissances passives qui peuvent être considérables sans pour cela que l'intéressé puisse s'aventurer sur le terrain de la conversation la plus simple. Cette option pourrait être celle d'un chercheur scientifique ou d'un homme de lettres qui reçoit un grand nombre de revues (langue écrite) dont il faut qu'il déchiffre rapidement mais sans nuances les articles de sa spécialité. Une connaissance passive peut s'acquérir assez vite et sans trop d'efforts ; elle se renforce d'ailleurs à chaque nouveau déchiffrage, compte tenu du fait que le lecteur, parfaitement au courant de sa spécialité, devine souvent à demi-mot le sens d'un article scientifique et précède parfois l'auteur dans sa démonstration. Un tel lecteur pourra cependant avoir recours à un traducteur (ou à une traduction) pour l'éclairer sur la valeur sémantique ou stylistique de tel ou tel passage.

Quant à l'option III, même si elle apparaît à première vue comme la plus courante, elle comporte en fait de multiples variantes. Ainsi un portier d'hôtel, une téléphoniste ou un interprète professionnel rempliraient différemment les cases de notre tableau. Les indications proposées pour cette option à notre tableau (parfaite connaissance de la langue parlée et écrite et de la culture générale qu'elle véhicule) correspondraient aux préoccupations d'un aspirant au rang de parfait espion, selon les normes évoquées plus haut.

Il convient, encore une fois, de réfléchir attentivement à ces options avant d'aborder l'étude d'une langue seconde : de cette décision dépend théoriquement le choix des moyens d'apprentissage. Remarquons en passant que la majorité des personnes ayant appris une langue seconde l'ont fait à une époque où elles étaient sur les bancs de l'école et sans qu'on leur ait demandé leur avis. Ceci explique peut-être certains blocages psychologiques qui compliquent notoirement la tâche des professeurs.

Dans le cas des langues mortes comme le grec et le latin, il semble que l'on soit généralement d'accord pour recommander l'option II (connaissance passive) avec les coefficients suivants : langue écrite, connaissance courante, domaine spécialisé. Pour les langues vivantes, on hésite et cette hésitation, qui suit les mouvements de pendule de la mode ou des urgences politiques, se traduit par des instructions ministérielles contradictoires, ou par des manuels qui mettent l'accent tantôt sur la langue, tantôt sur les textes. Disons, en simplifiant quelque peu, que l'enseignement des langues vivantes est trop souvent éloigné de la réalité. Pourtant, auteurs et professeurs savent en général de quoi ils parlent : mais peut-être n'a-t-on pas suffisamment précisé les buts à atteindre au moment de choisir les solutions pédagogiques. L'enfant « sur la rue » de notre exemple canadien sait au contraire ce qu'il veut : posséder parfaitement une langue seconde dans un domaine restreint aux réalités courantes, — et il réussit, aiguillonné par l'inexorable nécessité de comprendre et de se faire comprendre.

Ajoutons que, tendu vers le désir de se fondre dans le milieu social ambiant, cet enfant réussit aussi parce qu'il est jeune. Comme le répètent les neurologistes à la suite du Dr. Penfield, le cerveau des enfants est libre de toute sclérose et peut emmagasiner n'importe quels schèmes linguistiques nouveaux. Passé l'âge de dix ans, cette acquisition est plus difficile. Le linguiste américain Martin Joos prétend que la réussite totale est impossible après la puberté et qu'il peut ainsi reconnaître sans hésitation tout Américain ayant appris l'anglais après l'âge de quatorze ans.

En fait, la plupart des sujets n'atteindront jamais à la perfection en matière de langue seconde, même si, sur certains points, il est possible d'acquérir des connaissances vraiment encyclopédiques. Les plus brillants candidats aux agrégations de langues vivantes ont une connaissance poussée des ressources de la langue écrite et de la littérature qu'elle exprime, mais trébuchent souvent sur des difficultés de prononciation ou sur des termes techniques. Un de ces agrégés ne fut-il pas refusé au concours d'entrée aux services de traduction des Nations Unies, parce qu'il avait traduit *Civil War* (appliqué à l'histoire des États-Unis) par « guerre civile », alors qu'il aurait fallu parler de « guerre de Sécession ». De même, on raconte que l'interprète officiel d'Eisenhower traduisit un jour *I am a simple soldier* par « Je suis un simple soldat », se rendant ainsi coupable d'une bourde de ... première classe, qui dénotait une certaine ignorance du vocabulaire militaire français. Ne soyons pas trop sévères pour ces spécialistes : leur réussite, souvent très réelle, doit nous encourager à persévérer pour atteindre le but que nous nous sommes fixé. La route à parcourir sera toujours difficile, et le sentier rocailleux. C'est du moins ce que répètent à l'envi les auteurs de méthodologie, appliquant à l'enseignement des langues cette métaphore des Ponts et Chaussées : *There is no royal road to learning.*

PLURALITÉ DES MÉTHODES

Il n'est pas inutile de souligner qu'en matière de langues vivantes, plus encore peut-être que pour toute autre discipline, la réussite est le seul critère de l'excellence d'une méthode. Il serait ridicule de vouloir à toute force appliquer des méthodes psychologiquement correctes, utilisant des vocabulaires statistiquement probables et s'appuyant sur de bonnes descriptions scientifiques, si les élèves n'en savent pas plus une fois leurs études terminées. La seule chose qui compte en matière de pédagogie, c'est le résultat. Jean sait-il lire, et bien lire ? Si oui, cela suffit à justifier la méthode choisie pour lui apprendre à lire. On constatera dans les pages qui vont suivre que les routes recommandées sont parfois très divergentes : certains auteurs s'appuieront sur une analyse très poussée des unités de la langue, d'autres insisteront sur une vue d'ensemble, prétendant que, dans la langue, tout se tient. Ces démarches sont évidemment contradictoires, mais il est possible que, dans certains cas, les méthodes analytiques soient préférables, et que dans d'autres cas il faille préférer les méthodes globales. On évitera donc un dogmatisme peu réaliste en matière de pédagogie des langues vivantes, bien qu'il soit possible de s'entendre sur les postulats de départ et d'utiliser les matériaux préparés à notre intention par les linguistes. Un bref rappel de certaines solutions pédagogiques du passé nous invitera à la prudence dans nos conclusions.

Bien qu'il n'y ait point de « voie royale », point de route unie et facile pour parvenir à la diglossie, les auteurs de manuel ont souvent prétendu que leur méthode était infaillible et de nature à faire parler les plus récalcitrants. Sans remonter trop loin, ouvrons une méthode de français justement célèbre, qui sut conquérir Londres et devait connaître dix-neuf éditions successives entre 1576 et 1639. Son auteur la décrit ainsi sur la page de garde :

The French Littelton

A most easie, perfect and
absolvte way to learne
the French tongue,
set foorthe by Clavdivs Holyband
Gentil-homme Bourbonnois.

Holyband, de son vrai nom Claude de Sainliens, était un huguenot que l'Édit de Nantes fit passer en Angleterre, où il ouvrit boutique de professeur « à l'enseigne de la Boule d'Or ». S'il devint rapidement le plus populaire des exilés dans une capitale où la langue française était très recherchée, c'est sans doute pour avoir résolument adopté la méthode directe trois cent cinquante ans avant Berlitz. Plutôt que d'apprendre des règles de lecture et de grammaire, les élèves de Holyband étaient plongés tout de suite dans les situations de la vie courante grâce à des dialogues que l'on lisait à haute voix en faisant les gestes appropriés. Ces dialogues étaient traduits en anglais et utilisaient une sorte de notation phonétique rudimentaire, mais efficace, où les lettres muettes étaient indiquées par de petites croix souscrites, les liaisons par des crochets, la valeur de certaines voyelles par des accents. Certaines graphies archaïsantes étaient par ailleurs résolument simplifiées.

« C'est bien fait : je vous‿é icy amené

mon filz, vous priant de prendre un peu de peine

à l'enseigner, à fin kil apprenne à parler François,

et lire et écrire... »

Les règles de grammaire étaient présentées au fur et à mesure du déroulement du dialogue, que l'on traduisait ensuite pour vérifier si tout le monde avait compris :

« Enfans, tournez voz leçons de François en Anglois, et puis d'Anglois en François : declinons un nom et un verbe en François : comment ditez vous en François, N... Ki luy a soufflé en l'oreille ?

... Ce n'eſt pas moé, c'eſt Thomas ! »

On passait ainsi d'un sujet à l'autre, du français au latin, du latin à l'anglais, ce qui permettait des comparaisons de vocabulaire et quelques explications étymologiques. La journée se terminait à cinq heures par un grand rangement de la salle de classe qui servait d'excuse à la révision du vocabulaire concret; après quoi, le bon maître renvoyait ses élèves chez eux en leur répétant la règle d'or de tout apprenti polyglotte :

« Répétez après ſouper la leçon que vous voulez apprendre demain matin : et liſez-la ſix ou ſept fois : puis ayant dit voz prières, dormez la deſſus : vous verrez ke demain au matin, vous l'aurez apprinze aizément, et toſt... »

On se plaît, à la lecture du *French Littelton,* de saluer au passage nombre d'innovations récentes grâce auxquelles on a enfin réussi à déraciner l'antique méthode d'apprentissage par le truchement du mot à mot fait à coups de dictionnaire, — méthode encore trop fréquemment employée pour les langues mortes. En fait, à part certaines réussites individuelles, le domaine des langues vivantes n'a eu longtemps de vivant que le nom. Il fallut attendre la fin du XIXe siècle, avec le tandem Berlitz-Gouin et la retentissante dénonciation du professeur Wilhelm Viëtor, pour que l'idée même d'un contact direct avec la langue seconde soit enfin acceptée. A. Bossert, dans la *Grande Encyclopédie,* résume ainsi les postulats de la « méthode directe » :

Les *Instructions* de 1890 établissent nettement qu'il y a une méthode spéciale pour les langues vivantes, différente de celle des langues mortes ; elles insistent sur la nécessité d'une bonne prononciation ; elles recommandent les exercices oraux, surtout au début ; enfin elles amènent peu à peu vers la fin du stage scolaire l'étude littéraire, qui ne doit pas absorber trop l'enseignement mais qui en est le couronnement naturel.

Grâce à ces larges ouvertures sur des domaines insoupçonnés, on assista dès lors à une prolifération de manuels rivalisant de hardiesse, au moins dans le titre. Chaque auteur y va de son adjectif et proclame que sa méthode est « naturelle », « correcte », « complète », « globale », « dynamique », « phonétique », « imitative » et bien d'autres adjectifs encore. Mais, comme le faisait remarquer le grand Jespersen vers 1904, il est difficile d'attacher à ces « nouvelles » méthodes le nom d'un seul inventeur. Au lieu de parler des méthodes Lancaster, Jacotot, Ollendorf, Gouin ou Berlitz, on puise maintenant à pleines mains dans un trésor d'idées nouvelles et de découvertes dont la moindre ne fut pas la phonétique : la pédagogie des langues vivantes devint une véritable somme des meilleures théories linguistiques des cinquante dernières années. Même aujourd'hui encore, la dette des pédagogues et des inventeurs d'appareils audio-visuels reste immense, et tout auteur emprunte, qu'il le veuille ou non, à la grande école du tournant du siècle, Sweet, Sievers, Sayce, Klinghardt, Jespersen, Viëtor et Passy.

À partir des résultats acquis, il fut possible aux générations successives de linguistes d'approfondir les données de l'expérience. Chacun, suivant ses goûts et ses possibilités d'expérimentation, se mit à explorer de nouvelles avenues, bien que l'on ait assisté entre les deux guerres, en France comme aux États-Unis, à un certain « enlisement » des méthodes nouvelles. Les novateurs de cette époque étaient généralement des enseignants en contact avec des classes d'adultes désireux d'apprendre une langue seconde ; les cours d'été, les cercles linguistiques des Alliances françaises, du British Council et du Goethe Institut mirent au premier plan l'étude de difficultés que n'avaient pas résolues les manuels nés de la méthode directe. Malheureusement, les Français des années 1930 ne brillaient guère à ce jeu-là. Absorbés par des préoccupations littéraires, par le souci trop exclusif d'« explorer » des textes généralement difficiles, souvent cités hors de leur contexte, affichant volontiers un certain dédain pour les contingences pratiques et les techniques de laboratoire, ces pédagogues nous ont légué des traditions visant à faire des têtes bien faites, sans doute, mais trop dépourvues des automatismes linguistiques les plus élémentaires. Bien que cela ne soit pas de notre propos, nous pouvons nous demander en passant si cette préférence avouée pour les choses culturelles aux dépens des structures linguistiques ne nous a pas valu la crise actuelle du français, dont les élèves ne savent plus manier les ressources stylistiques ou grammaticales, faute d'un enseignement approprié.

C'est donc à l'étranger, plus particulièrement dans les pays scandinaves et anglo-saxons, que virent le jour les méthodes maintenant groupées sous le nom de « linguistique appliquée ». Il ne saurait être question de dresser ici un palmarès complet, pour la raison que soulignait plus haut Jespersen. La linguistique appliquée, comme le droit anglo-saxon, est une réalité flottante qui s'appuie sur des précédents : c'est en somme l'art d'accommoder les postulats des linguistes. Ces derniers ne songeaient généralement pas, en les posant, à une utilisation possible dans la salle de classe, et tout novateur doit agir par la force des choses comme Chénier vis-à-vis des Anciens, taillant et cousant des étoffes que d'autres ont tissées avant lui. Il convient cependant de souligner l'importance des travaux de certains chercheurs, dont les noms reviennent dans toutes les bibliographies : ceux de Daniel Jones et K. L. Pike pour la phonétique anglaise, A. Martinet pour la phonologie et la linguistique générale, B. Malmberg pour la phonétique française synchronique, H. E. Palmer et Franz-Joseph Niemann pour les techniques de substitution, Michael West, G. Gougenheim et R. Michéa pour les vocabulaires de base, C. C. Fries et R. Lado pour les cadres syntaxiques, P. Delattre pour la synthèse de la parole. F. Marty, A. Valdman et P. Léon pour les laboratoires de langues, P. Rivenc et G. Capelle pour les méthodes audio-visuelles, B. F. Skinner et J. B. Carroll pour les tests et les machines à enseigner. Nous reviendrons sur ces disciplines dans les paragraphes suivants; pour le détail, le lecteur voudra bien se reporter aux bibliographies spécialisées de William Mackey, R. Lado, aux exposés historiques de M. Leroy et A. P. Van Teslaar, aux manuels de G. Rondeau et R. L. Politzer, ainsi qu'aux publications spécialisées du CIPL, du CNRS, de l'APLV et du CAL de Washington, dont la référence est donnée pages 726 et 727.

LES POSTULATS DE LA LINGUISTIQUE APPLIQUÉE

Nous avons rappelé brièvement, au début du présent chapitre, les préoccupations essentielles du linguiste. Ce dernier, avons-nous dit, observe dans un esprit d'objectivité le comportement des sujets parlants. Il est donc amené à mettre au point des techniques descriptives permettant de rendre compte de la structure des langues analysées. Depuis quelques années, il est possible de vérifier la pertinence de ces analyses au moyen de machines à synthétiser la parole, et la linguistique passe insensiblement dans le domaine des sciences exactes. Parallèlement, cette discipline très vaste noue des rapports de plus en plus étroits avec d'autres sciences de l'homme : la philosophie (d'où elle est issue), la psychologie, la sociologie, l'anthropologie, ainsi qu'avec les mathématiques, plus particulièrement la logique symbolique et la théorie des ensembles.

Il résulte de la diversité de ces tendances qu'on éprouve parfois une certaine difficulté à suivre les démarches de la linguistique, surtout lorsqu'il s'agit d'en appliquer les découvertes à un enseignement concret, accessible aux enfants comme aux adultes. Lorsque les préoccupations pédagogiques des linguistes se sont cristallisées vers 1950 sous le vocable très général de *linguistique appliquée* (abrégée en L.A.), on s'est aperçu que deux grandes tendances se dessinaient, qui ont depuis évolué parallèlement, mais que l'on doit soigneusement distinguer. Pour certains, la L.A. devrait s'occuper exclusivement des problèmes d'enseignement; pour d'autres, il s'agissait d'appliquer les théories actuelles à des machines électroniques permettant le traitement automatique de l'information, la traduction automatique, la prothèse auditive ou la synthèse de la parole. Même si les enseignants ont beaucoup à apprendre de cette deuxième branche de la L.A., c'est surtout de la première dont il sera question ici.

Il faut donc bien savoir quels sont les grands postulats de la linguistique actuelle pour comprendre la philosophie qui inspire nos manuels et nos exercices de laboratoire de langue. Comme nous l'avons dit, il n'existe pas d'orthodoxie étroite en matière d'enseignement des langues, et certains postulats pourront paraître contradictoires. Il est d'autant plus nécessaire de les connaître, tout au moins dans leurs grandes lignes.

On pourrait éclairer ces considérations dans un schéma de départ qui essaiera de faire ressortir les liens qui unissent la linguistique et la L.A., ainsi que les différences qui séparent ces deux disciplines *(fig. 2)*.

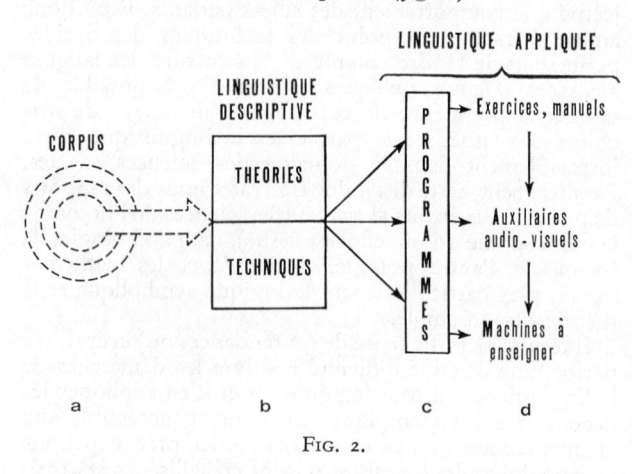

Fig. 2.

Le schéma distingue quatre temps. Vient d'abord le « corpus » (*a*), c'est-à-dire la masse des faits linguistiques que le linguiste désire observer, classer et analyser. Le corpus peut-être plus ou moins grand et les règles qui le gouvernent changeront notablement selon que l'on considère un point de détail ou l'ensemble d'une morphologie. Il est généralement plus facile d'opérer sur des corpus limités, ce qui permet d'envisager tous les cas d'exception et d'énoncer des règles absolues. On peut ensuite replacer ces règles dans un cadre plus général, pour aboutir à des considérations typologiques qui seraient difficilement apparues à partir d'un corpus trop touffu.

Dans un deuxième temps, le linguiste applique ses théories et ses techniques au corpus; il en propose une analyse, et cette dernière sera, de toute évidence, très différente selon les théories envisagées.

Dans un troisième temps, à partir des unités dégagées par l'analyse des linguistes (phonèmes, morphèmes, tagmèmes, monèmes, phrases), on entre dans le domaine de la L.A. Le « linguiste appliquant » devra d'abord élaborer une série de programmes répondant à des problèmes pédagogiques précis. Par exemple, il étudiera la façon dont on doit enseigner la structure phonique d'une langue donnée, ou ses paradigmes, ou ses procédés stylistiques. Une fois le programme défini en tenant compte des *buts* que l'on se propose (connaissance active ou passive, langue écrite ou parlée, etc.), on utilisera les données de (*b*) pour élaborer, dans un dernier temps, des exercices et des manuels scolaires, ou inventer des appareils audio-visuels qui en permettront la diffusion en classe.

Il s'ensuit que la pluralité des postulats se reflètera dans la variété des méthodes et des manuels en usage actuellement, ou en cours d'élaboration, ce qui justifie un bref regard sur les positions des principales écoles de linguistique appliquée.

LES GLOBALISTES

La langue est un tout, ou, comme disait le grand Meillet, « la langue est une ». C'est-à-dire que tout effort pour analyser en segments ou en niveaux risque de « tuer » la langue, ou du moins d'en fausser considérablement l'image qu'on veut en présenter.

Les tenants du globalisme essaieront donc d'enseigner la langue comme un tout, sans règles et sans traductions, par le truchement de conversations, de gestes, de dessins ou de films ou même en transportant les élèves dans un milieu linguistique différent. Il est certain qu'un *message* n'a aucune signification sans la *situation* à laquelle il correspond (voir *la Traduction humaine*). Viëtor, Gouin et Berlitz avaient raison d'exiger que le professeur ferme sa lourde grammaire et descende dans l'arène de la vie courante. Les globalistes insistent très justement sur la prééminence de la langue parlée; ils voudraient retrouver chez leurs élèves la souplesse de réaction de l'enfant qui apprend sa langue maternelle sur les genoux de sa mère, oubliant trop que l'adulte ou même l'adolescent est déjà sclérosé sur bien des points, notamment en matière d'audition et de phonation. La difficulté d'enseigner des messages hors contexte est également très grande, car il est parfois impossible de faire entrer dans la salle de classe tous les éléments des situations enseignées. Il suffit de voir un film parlant étranger, non doublé et sans sous-titres, pour se rendre compte que les liens du dialogue avec la situation ne sont pas du tout évidents.

Il est cependant certain que le globaliste a raison sur bien des points, même si cette méthode « directe » vaut surtout pour les premières étapes de l'apprentissage. Les fameux « séjours à l'étranger » qui devaient faire du jeune bachelier un polyglotte distingué sont une forme utile du globalisme; mais alors, il s'agit d'une synthèse qui vient couronner des études analytiques et permet de remettre les éléments bien en place.

Certains globalistes font remarquer, — c'est le cas de la méthode Tan-Gau au Canada, — que les faiblesses des élèves portent presque toujours sur la phase *active,* pendant laquelle ces derniers essaient de dire quelque chose, en transposant instinctivement leurs propres cadres syntaxiques. Ces auteurs recommandent donc d'appliquer le plus longtemps possible des exercices passifs (voir p. 691, option II), pensant très justement que cette attitude réceptive se traduira tôt ou tard par une utilisation *active* à base d'imitation et de généralisation. L'élève s'efforcera de comprendre (sans traduire, bien entendu), précisant peu à peu, avec l'aide du professeur, les points obscurs. Chaque fois qu'il retrouve une structure connue, il l'accepte avec une docilité grandissante, jusqu'à ce que les schèmes, les *patterns,* finissent par s'imposer à lui comme une évidence. Même les autodidactes peuvent améliorer leur connaissance d'une langue seconde en pratiquant une forme de globalisme passif : lisant un texte étranger, au lieu de s'arrêter à la première difficulté, ils passeront outre ; avec des connaissances fragmentaires, ils essaient de saisir les grandes lignes de l'ensemble. Petit à petit, le texte prend une cohésion dans leur esprit ; il suffit alors de chercher dans le dictionnaire le sens de certains mots clés pour lever les principales ambiguïtés.

Il existe au moins une école contemporaine qui utilise systématiquement le globalisme : les disciples du linguiste britannique J. R. Firth voient essentiellement dans le langage une activité sociale, une forme du comportement humain. Leur analyse part du tout pour descendre, par niveaux successifs, jusqu'aux phonèmes. Ils forment ainsi un pont entre le globalisme de stricte obédience, qui refuse l'analyse, et les structuralistes dont il sera maintenant question.

ANALYSTES ET STRUCTURALISTES

La tradition remonte fort loin : ce sont les grammairiens depuis l'époque hellénistique jusqu'à nos jours qui ont posé les bases d'une analyse linguistique de plus en plus poussée, de plus en plus « atomiste ». Pour décrire, pensent-ils, il faut analyser ; pour enseigner, il faut s'appuyer sur des descriptions. Les grammairiens du XIXe siècle, notamment, nous ont laissé des descriptions très valables des principales langues classiques ; avec le tournant du siècle, ce fut le tour des grandes langues modernes de civilisation. La lecture des grandes grammaires de l'anglais, celles de Jespersen, Poutsma, Kruisinga, Zandwoort par exemple, enrichit d'une multitude de remarques précieuses la connaissance que nous avons de cette langue. Mais ces ouvrages proposent en fait au lecteur des explications pour résoudre certaines difficultés plutôt que des schèmes grâce auxquels ce dernier pourra « générer » des phrases nouvelles, correctes et idiomatiques. L'une des grandes raisons de l'échec des grammairiens en matière d'enseignement doit être recherchée dans cette atomisation à outrance de la description linguistique, qui, comme le dit un proverbe anglais, en présentant les arbres nous cache la forêt. Il est juste d'ajouter que les grands grammairiens n'avaient pas de préoccupations pédagogiques et que la majorité de leurs travaux est antérieure à l'ère structuraliste. Dans une récente réédition de sa *Syntaxe du français moderne,* document essentiel pour le linguiste qui travaille sur le français, Robert Le Bidois rappelle que pour lui la langue est un « organisme » et non pas un système. Le grammairien doit constater des usages et décrire de la façon la plus objective l'état présent de la langue plutôt que de farcir l'esprit de règles et de recettes.

Nos manuels scolaires on reflété et reflètent encore cette multiplicité des données du grammairien, qui aboutit en fait à des règles et des recettes sur le plan pédagogique. Il est sans doute possible d'apprendre une langue seconde à partir de ces manuels, des générations de Français en ont fait l'expérience, mais il n'est pas sûr que ce soit la meilleure voie à suivre. Disons que cette voie aboutit normalement à une connaissance passive plutôt qu'à l'usage actif de la langue parlée ou écrite. Mais ces réserves pourraient tomber si les grammaires scolaires du type descriptif étaient utilisées à un stade avancé, pour couronner en quelque sorte les connaissances acquises par des méthodes plus structurées.

En effet, si le professeur de langue vivante rejette le globalisme exclusif pour pénétrer dans le domaine de l'analyse, il se rend vite compte qu'il a avantage à *grouper* les faits ainsi dégagés. Or, un tel groupement aboutit, qu'on le veuille ou non, à un *système*. Prenons un exemple : il existe une masse considérable de formes et de tours pour exprimer la catégorie du pluriel en français, mais cette expression même se réalise dans une structure générale du groupe nominal et du groupe verbal, structure reliée à celle de l'expression de la catégorie du genre, le tout présentant des oppositions fonctionnelles très semblables à celles qu'on observe sur le plan phonologique, par exemple l'opposition *un enfant/des enfants* d'une part, *un enfant, une enfant/des enfants* d'autre part.

Comme le rappelle A. Martinet, « l'enseignement de Ferdinand de Saussure a convaincu les linguistes que rien ne vaut dans la langue que par opposition et ceci est vrai de toutes les unités linguistiques, qu'elles soient phoniques et distinctives, ou significatives, c'est-à-dire douées d'une forme et d'un sens.... Les oppositions forment la trame de toute réalité linguistique ».

L'école structuraliste, s'appuyant sur les descriptions indispensables des grammairiens, proposera aux élèves des exercices gradués où chaque difficulté sera étudiée pour elle-même, présentée dans des cadres syntaxiques qui pourront, dans les meilleurs cas, être reliés directement à une situation. Cette école fera appel à la notion de *marque* pour attirer l'attention des élèves, par des exercices appropriés, sur les éléments linguistiques qui permettent de réaliser les oppositions ; par exemple, sur le rôle de {-s} en anglais pour marquer la différence entre l'indicatif et le subjonctif (*He sings* ∼ *he sing*), ou celui de {-i-} en français dans les paradigmes de conjugaison (*Vous serez* ∼ *vous seriez*). Si l'on croit à la réalité de ces faits, il faut de toute évidence les utiliser dans les manuels, les enseigner aux futurs professeurs (souvent trop préoccupés de considérations littéraires ou sociales) et les faire connaître aux élèves, tout au moins suffisamment pour qu'ils acquièrent de bonnes habitudes linguistiques. Rappelons toutefois que les élèves n'ont besoin de savoir de la théorie que ce qui est susceptible de les guider en cas d'hésitation. Il faut se garder de confondre enseignement de la linguistique et enseignement des langues vivantes.

Robert L. Politzer résume bien la position du structuralisme en matière d'enseignement quand il écrit : « L'analyse linguistique donne au pédagogue de précieux renseignements sur les unités de comportement qu'il devra enseigner au moyen d'exercices appropriés.... On peut dire que l'apprentissage du langage, aux yeux du structuraliste, découle directement du processus d'analyse et en est l'application. L'élève apprend lentement, systématiquement et une à une toutes les pièces structurales identifiées et décrites par le linguiste » [Notre traduction].

LES COMPARATISTES

Dès la plus haute antiquité, l'idée qu'une langue « ressemblait » à une autre a dû s'imposer aux hommes et peut-être faciliter son apprentissage. De leur côté, les premiers grammairiens ont été également tentés par le concept de comparaison, même s'ils n'en comprenaient pas toute la portée. Autre chose en effet est de signaler à l'étudiant que la langue seconde se comporte sur tel point précis différemment de la langue maternelle, ou de projeter sur cette même langue seconde les catégories de la langue maternelle, comme si toutes les langues devaient posséder les mêmes unités et appliquer les mêmes règles syntaxiques.

En matière de pédagogie, l'appel aux faits comparatifs a souvent été le fait des auteurs de manuels, pour éclairer la portée d'une règle et en faciliter l'apprentissage. C'est ainsi qu'on trouve des exercices qui opposent le comportement du français *dans* à celui de l'anglais *in* et *into*; ou encore qui éclairent l'usage du neutre en français (*le*) par la présence en espagnol de formes neutres (*lo*) nettement marquées par rapport au masculin et au féminin. Particulièrement fécond en matière de syntaxe, le principe de la comparaison s'applique également à la sémantique, comme on le sait depuis le brillant petit manuel de Koessler et Derocquigny, *les Faux Amis ou les trahisons du vocabulaire anglais*.

Les pédagogues, en cette affaire, ont été certainement encouragés par les grammairiens eux-mêmes ; la fin du XIXe siècle et le début du XXe ont été marqués par un foisonnement des « grammaires comparées ». Tous les jeunes professeurs ont été formés avec ces ouvrages désormais classiques, ceux de Vendryes (grec et latin), Meyer-Lübke (langues romanes), Meillet (langues germaniques) qui venaient eux-mêmes s'inscrire dans la grande tradition forgée par Grimm, Brugmann, Curtius, Zeuss et Pedersen. Une partie importante des manuels s'inspire de leurs conclusions ; sans vouloir exagérer la portée pratique de ces comparaisons, on peut admettre qu'en général elles intéressent les étudiants qui possèdent déjà une bonne connaissance de la langue seconde et qui apprennent l'histoire de la langue. Sur un plan moins ambitieux, on note que presque tous les étudiants sont sensibles, dès les premières leçons, aux ressemblances et aux dissemblances linguistiques ; quelques minutes passées à les expliquer à la fin d'une classe peuvent être utiles pour fixer les limites d'une règle, ou pour définir l'extension d'un vocable. Cependant, nous ne croyons pas qu'il faille multiplier ces remarques, car on risque de faire perdre de vue le nouveau schème linguistique qu'on est en train d'enseigner et de se perdre dans des commentaires qui ont surtout leur place dans l'étude des langues classiques, dans l'explication de textes, dans ce qu'on pourrait appeler vraiment la méthode philologique.

Depuis quelques années, par contre, le concept de comparaison a subi des changements profonds qui commencent à se refléter dans les manuels scolaires. Il s'agit de la méthode *différentielle* (terme qui correspond à l'anglais *contrastive*), qui tente d'exploiter systématiquement les divergences entre deux langues afin de présenter aux étudiants des exercices conçus en fonction de ces divergences. Il ne s'agit pas cette fois d'enseigner aux élèves les faits comparatifs eux-mêmes, mais bien d'aller au-devant de difficultés causées par des divergences syntaxiques ou sémantiques grâce à un jeu d'exercices appropriés. Comme le dit l'auteur du premier volume d'une série de manuels différentiels américains, William G. Moulton :

> Cette connaissance (des difficultés causées par des divergences de structure) ne peut être acquise que par une comparaison point par point, soigneuse et systématique ... Nous appelons cela « analyse différentielle » parce que seuls les points de contraste nous intéressent. Lorsque deux langues utilisent un unique et même (son, forme), il n'y a évidemment pas matière à enseignement.

Citons un exemple de cette démarche. En français, toutes les voyelles finales accentuées sont brèves : *si, sait, sou* [ˈsi, ˈse, ˈsu], alors qu'en anglais toutes les voyelles finales accentuées sont longues ou diphtonguées : *see, say, sue* [ˈsiː ˈsei, ˈsuː]. Cette divergence colore évidemment l'ensemble des faits phoniques des deux langues. Les étudiants se heurteront là à une grande difficulté; les Anglais demanderont du *thé* avec une voyelle démesurément longue et diphtonguée, les Français demanderont du *tea* avec un /i/ bref et tendu qui déroutera complètement leurs interlocuteurs. On construira donc des exercices destinés à obtenir des élèves des réactions correctes, malgré leur tendance naturelle à se comporter différemment. Tous les moyens sont bons pour arriver à ce résultat, bien circonscrit et clairement défini; on pourra par exemple faire observer aux élèves francophones qu'ils emploient parfois des voyelles longues en position finale dans certaines formes stylistiques telles que « Oh ! » et « Ah ! ! » [ǀʔoː, ǀʔaː], ce qui pourra les aider à comprendre comment on doit émettre des voyelles longues finales.

Les très grandes possibilités de la technique différentielle ont été appliquées récemment aux faits stylistiques et culturels (Malblanc, Vinay et Darbelnet, Wandruszka, Coseriu). Il est en effet facile de constater que non seulement deux langues diffèrent par la structure, mais aussi par la culture qu'elles véhiculent. Ainsi, la tendance comparative de l'anglais, qui indique toujours soigneusement s'il s'agit de deux termes ou de plus de deux (*Upper Canada* par opposition à *Lower Canada,* alors que le français oppose des formes absolues : le *Haut-Rhin* et le *Bas-Rhin*) se traduit sur le plan culturel par une volonté de « marquer » également deux objets rapprochés par une comparaison. Dans la publicité du tabac, on parlera de *plain* et de *cork-tipped cigarettes,* alors que le français ne marque qu'un seul des deux objets : *cigarettes à bout de liège,* ce qui rend inutile la traduction de *plain* dans l'exemple ci-dessus.

Les techniques différentielles en sont encore à leurs débuts et il est sans doute prématuré de conclure à leur efficacité, théoriquement probable. Au fond, tout bon professeur de langue vivante applique plus ou moins cette méthode sans le savoir. Il est heureux de constater que des chercheurs font pour lui ce travail minutieux de rapprochement et de différenciation *dans le cadre de deux structures*. Il y a là une mine de renseignements dont a besoin au premier chef le rédacteur de manuels scolaires, mais aussi que tout polyglotte se doit également de connaître et d'utiliser.

LES CYBERNÉTICIENS

La nouvelle édition du *Petit Larousse* définit la cybernétique comme « la science qui étudie les mécanismes de communication et de contrôle chez les êtres vivants et dans les machines ». Si on met de côté la deuxième partie de cette définition, qui a cependant son importance dans les laboratoires de langues, on conviendra que cette science se devait d'étudier les communications linguistiques, qui jouent un rôle primordial chez les individus.

On peut classer sous l'étiquette assez lâche de « cybernéticiens » les linguistes qui s'efforcent de faire bénéficier les étudiants des moyens techniques et des méthodes permettant, par exemple, à des robots d'obéir à des ordres, à des machines de lire des signaux et de les traduire par des réflexes ordonnés. Si une machine peut apprendre à reconnaître des stimulus, par exemple si votre porte de garage peut s'ouvrir automatiquement au seul son de votre voix (et non celle du voisin), on peut supposer que l'esprit humain, infiniment plus puissant que le plus grand de nos ordinateurs, pourra aussi apprendre en suivant des cheminements suggérés par la machine.

En fait, les théoriciens sont ici en pleine hypothèse, car on ne sait pas si le programme destiné à l'ordinateur ressemble en quoi que ce soit à la marche de l'influx nerveux. On ne veut pas non plus faire de nos élèves des machines, comme on l'a parfois reproché. Il semble probable que les méthodes d'apprentissage sont appelées à bénéficier des concepts de la cybernétique, et particulièrement dans le domaine des automatismes qui est celui des langues vivantes.

On se trouve en terrain plus sûr lorsqu'on met en œuvre des machines à enseigner du type skinnerien pour faciliter l'apprentissage de règles grammaticales. On sait que ces machines proposent aux élèves un programme qui suit une progression très étudiée; la machine a l'avantage de personnaliser le cours en s'adressant uniquement à un étudiant, en lui fournissant après chaque question la réponse correcte, et en évitant de laisser des erreurs de détail s'accumuler faute de vérification. Il est maintenant possible de relier ces machines à un ordinateur qui renseignera le professeur sur la rapidité avec laquelle l'élève travaille, sur ses progrès ou ses faiblesses, et même qui prendra automatiquement des initiatives importantes en obligeant l'élève à refaire un exercice incompris ou en dispensant les meilleurs éléments de certaines répétitions devenues inutiles pour eux. On songe notamment à la machine dite *Doceo* mise au point à l'université de Liège (O. M. Housiaux) et qui peut enseigner efficacement la grammaire.

Il existe plusieurs modèles de machines cybernétiques qui permettent un enseignement limité d'automatismes qu'il est normalement difficile d'acquérir en classe, faute de temps de la part du professeur. On peut citer le cas des machines phonétiques de Fry et Denesh, celle de Davis, celles de Dreyfus-Graf et de Gsell, qui réagissent à des stimulus oraux et impriment le résultat de leur exploration ou le signalent au moyen de voyants lumineux. Supposons que l'on utilise l'une des machines fabriquées par IBM, du type *Shoebox,* capable de réagir à la voix humaine et même à tel ou tel groupement de phonèmes; conditionnons-la pour réagir uniquement à la voyelle brève et relâchée de *bit, lid, sin.* Cette voyelle offre de grandes difficultés pour les francophones, qui ne la possèdent pas dans leur système phonologique. Les élèves imitent généralement ces mots avec un /i/ beaucoup trop tendu ou un /e/ beaucoup trop ouvert. Il suffira d'installer un élève particulièrement réfractaire à ce phonème étranger devant la machine, et de lui expliquer que le voyant lumineux ne s'allumera que si sa prononciation de *bit, lid, sin* reproduit d'assez près celle qu'on a enseignée à la machine. Le voyant s'allumera toutes les fois que l'approximation phonétique sera acceptable, et chaque succès confirmera l'élève dans la bonne voie; la rémanence de cette nouvelle habitude sera assurée par la mémoire auditive et kinesthésique qui en fixera le contour harmonique après un nombre suffisant d'essais couronnés de succès. Cet appareil, ainsi que celui appelé *Chromalizer,* inventé pour apprendre aux sourds-muets à parler, est susceptible de variations infinies et remplacera peut-être le laboratoire de langues actuel.

LES TRANSFORMATIONNISTES

L'un des grands tournants de la pensée linguistique américaine fut l'apparition du livre de Noam Chomsky, *Syntactic Structures,* en 1957, suivant de près les travaux de Zellig Harris. Cette théorie, qu'on appelle la grammaire générative, ou plus précisément la grammaire générative transformationnelle, reprenait d'ailleurs bon nombre de concepts de la grammaire traditionnelle, comme le fait remarquer Chomsky lui-même dans la préface de son récent ouvrage (1965), et dont le début peut être ainsi traduit :

> L'idée qu'une langue est basée sur un système de règles permettant la compréhension de toutes les phrases possibles n'est certes pas nouvelle. Il y a plus d'un siècle, elle fut déjà exprimée dans ses grandes lignes par Wilhelm von Humboldt dans sa fameuse *Introduction à la linguistique générale* (1836), malheureusement trop mal connue .... Même la grammaire de Panini [IVe siècle avant notre ère] peut être considérée comme un essai de grammaire générative au sens moderne du terme.

On se souviendra peut-être que nous avons employé plus haut le terme « générer » pour décrire l'acte de parole. Ce terme, emprunté à la mathématique, ainsi que la notion qu'il recouvre, est très vaste et nous n'en retiendrons ici que son aspect pédagogique, d'ailleurs essentiel. On peut supposer en effet que deux démarches s'offrent théoriquement à l'étudiant qui utilise une langue seconde : ou bien il utilise plus ou moins habilement des segments tout faits, appris par cœur; ou bien *il « génère » des phrases nouvelles à partir de structures précédemment apprises*. On peut représenter, en le simplifiant, ce dilemme de la façon suivante :

(a)	Je voudrais du café Je voudrais du thé Je voudrais de l'eau
(b)	X | vouloir de | forme de politesse | Y
	x → Je vouloir de → voudrais de/du y → café, thé, l'eau

Fig. 3.

Parlons d'abord du type (*a*). A l'état pur, il représente une série de phrases sans rapports entre elles (sauf des rapports sémantiques), et qui peuvent faire partie d'un manuel de conversation pour voyage à l'étranger. Cependant, on sent qu'il est possible de s'élever rapidement à un type moins simpliste, dans lequel l'élève reconnaîtrait un schème lexical : *je voudrais de/du,* suivi d'un certain nombre de desiderata, limités du reste à la fois par la sémantique et par l'emploi obligatoire du morphème *de*. Ceci apparaît clairement dans le schéma suivant :

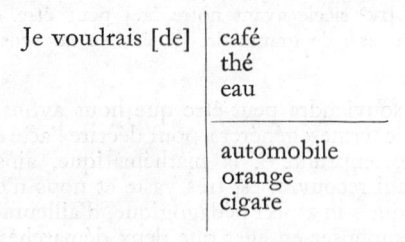

Je voudrais [de]	café
	thé
	eau
	automobile
	orange
	cigare

En réponse à la question « Prenez-vous autre chose ? », posée dans le cadre d'une situation précise (repas), le locuteur pourra « générer » les phrases de la figure 3 (*a*), à condition de connaître les règles morphophonologiques qui gouvernent le groupe de + *le*. Par contre, il ne devra pas utiliser ce schème avec *automobile,* d'abord parce que cela n'aurait aucun sens ici, et surtout parce que le schème en question exige la présence du morphème *de*. Mais si l'on considère comme acceptable une réponse comportant *orange* ou *cigare,* on pourrait ouvrir plus largement l'éventail des substitutions en reculant la ligne verticale d'un cran :

Je voudrais	[de]	café
		thé
		eau
	[un]	orange
		cigare

Cette doctrine de la *substitution* a été mise au point depuis déjà longtemps par les pédagogues anglais H. R. Palmer et M. West. Elle permet d'extrapoler utilement à partir d'un nombre de *patterns* relativement restreint. Presque tous les exercices de laboratoire de langues, sauf ceux basés sur la répétition pure et simple, sont basés sur différentes sortes de substitution.

Lorsque l'étudiant, au laboratoire de langues, fabrique des phrases sur le modèle ci-dessus, on peut dire qu'il y a *génération* d'énoncés nouveaux, mais elle est encore limitée par les possibilités structurales et sémantiques du schème proposé. Un ordinateur électronique est parfaitement capable de composer ainsi une infinité de phrases à partir d'une série de schèmes syntaxiques; on peut lui enseigner également la morphophonologie, la ponctuation, l'usage des majuscules, etc. Jean Baudot, à l'université de Montréal, a ainsi composé tout un livre, dont les phrases ne signifient rien en soi, mais qui sont toutes correctes du point de vue de la morphologie et de la syntaxe. Un livre de substitution semblable a été mis au point, pour la poésie, par Raymond Queneau.

S'il y a « génération » de phrases dans les exemples ci-dessus, on ne peut pas parler cependant de *transformation*. Toutes les phrases de la figure 3 (*a*) sont en effet des variations sur le même thème. Mais, et nous arrivons là à la deuxième branche du dilemme, est-ce bien ce qui se passe lorsque nous parlons? Avons-nous emmagasiné un nombre considérable de schèmes disjoints, sur lesquels nous nous contentons de jouer des variations; ou bien pouvons-nous « générer » des phrases nouvelles à partir d'éléments beaucoup plus universels et fortement sémantisés, éléments qui seraient par hypothèse enfouis profondément dans notre conscience linguistique, et qui remonteraient progressivement vers la surface en s'épurant par des choix successifs pour aboutir finalement à l'émission d'un énoncé?

Si tel était le cas, il faudrait tout d'abord connaître comment on passe des structures profondes aux énoncés de surface, et comment ensuite on sait si les transformations effectuées sont valables ou non. La première partie de ce programme n'est pas directement observable, encore qu'on puisse en suggérer une démarche analogue en construisant des règles de transformation qui aboutissent au résultat désiré; le deuxième partie est basée sur l'usage, qui permet au locuteur de comprendre les énoncés nouveaux qui lui sont proposés.

On notera que les grammaires traditionnelles font depuis longtemps appel à une doctrine transformationniste vague, lorsqu'elles expliquent par exemple le rôle des représentants :

1. *L'homme| est venu* → *Il | est venu.*
2. *Il est là. Je le vois.* → *C'est lui que je vois.*

Le premier exemple est classique. Le second appelle des nuances, et relève sans doute plutôt de la stylistique. On pourrait citer un grand nombre de ces transformations grammaticales qui s'effectuent constamment tout au long du discours, et que les transformationnistes se sont efforcés d'exprimer au moyen d'une symbolique très précise :

3. *J'aime cette pièce* → *Cette pièce me plaît.*
4. *Cette pièce m'a plu* → *Cette pièce ne m'a pas plu.*
5. *Cette pièce vous a plu* → *Cette pièce vous a plu ?*
   Cette pièce vous a-t-elle plu ?

Les remous causés, surtout aux États-Unis et en Grande-Bretagne, par la doctrine transformationniste ne sont pas prêts de s'éteindre; mais on attend encore de savoir quels résultats les manuels scolaires qui s'en inspirent auront en matière de langue seconde. En effet, l'*intuition* linguistique joue un rôle considérable dans le choix des transformations nécessaires pour passer des structures profondes aux structures de surface, et c'est précisément la chose qui manque le plus aux élèves en langues étrangères. Ils peuvent l'acquérir, et le font tous dans une certaine mesure : mais est-ce grâce à des substitutions répétées à l'infini ou par le truchement de générations volontaires basées sur des noyaux sémantiques ? Il est encore trop tôt pour le dire.

Après les postulats, quelques mots sur les disciplines. Rappelons au départ le caractère artificiel des divers classements de faits de langue à l'intérieur de chaque discipline : la phonétique intéresse aussi bien le grammairien que le stylisticien; les unités sémantiques se retrouvent aussi bien en morphologie qu'en lexicologie; la syntaxe s'intéresse également à la distribution des morphèmes à l'intérieur d'un syntagme qu'à la distribution des syntagmes à l'intérieur de la phrase. Enfin, tous ces phénomènes peuvent être enseignés selon des méthodes les plus diverses, de sorte qu'il est difficile de trouver un ordre logique de présentation des critères pédagogiques. Il est également difficile de critiquer la composition des manuels de langue, et c'est pourtant nécessaire si l'on veut faire avancer la science de l'éducation. L'un des ouvrages les plus complets à ce dernier point de vue est celui de William F. Mackey (*Language Teaching Analysis,* 1965), qui est un essai systématique de critique pédagogique très précieux à consulter; l'ouvrage est enrichi d'une abondante bibliographie. On trouvera également de bonnes indications sur la façon d'enseigner les problèmes des différentes disciplines dans le livre intitulé *Linguistique appliquée et enseignement du français* (1967), édité par Pierre Léon. Enfin l'*Esquisse historique de la linguistique française* de L. Kukenheim (2ᵉ édition, 1966), permet de replacer les remarques du présent chapitre dans une perspective historique.

LA LANGUE PARLÉE : LA PHONÉTIQUE

Après de longues années passées à enseigner les langues vivantes comme des langues mortes, on en vient de plus en plus à donner la priorité à la langue parlée. Ceci suppose évidemment que les professeurs eux-mêmes connaissent bien les ressources de la structure sonore de la langue qu'ils enseignent. L'université française a été longtemps rétive à ce genre de préparation des futurs enseignants, et tel qui passait brillamment sa licence ne pouvait commander une chope à Munich ou un thé à Londres. Les choses changent, comme en font foi les pages de la revue « Les Langues Modernes », et les manuels suivent, avec du retard. En fait, personne n'a osé poser en principe que la première année d'enseignement de langues difficiles comme le russe et l'anglais, — mais toutes les langues ne sont-elles pas difficiles ? — devrait être consacrée uniquement à l'étude de la langue parlée. Évidemment, cela suppose l'option III de notre introduction; cela suppose aussi qu'on est au courant des méthodes permettant de se passer d'un texte imprimé.

En fait, les globalistes pourraient fort bien mettre au point un manuel de première année qui serait utilisé uniquement par le professeur; tout se passerait oralement en classe, au moyen d'exposés, de questions et de réponses, de substitutions, de dialogues, de chants et de saynètes. Dans la pratique pourtant, il faut enseigner aux élèves les unités sonores qui composent la seconde articulation (pour reprendre la terminologie d'André Martinet). Il faut qu'ils sachent distinguer entre *bit* et *beat* de l'anglais, entre *ich* et *hoch* de l'allemand, ce qui suppose un enseignement analytique. Sans le recours à une forme écrite quelconque, cette tâche peut s'avérer difficile. L'habitude de tout noter par des graphies est si bien ancrée chez des élèves qui savent lire et écrire que ceux-ci inventent d'eux-mêmes des transcriptions phonétiques grossières pour essayer de fixer ces sonorités nouvelles. Plutôt que de les laisser faire en risquant de se tromper, on peut utiliser des transcriptions phonétiques ou phonologiques.

Les professeurs disposent pour cela d'un alphabet maintenant très répandu, celui de l'Association Phonétique Internationale (A.P.I.). L'un de ses principes de base est d'offrir un symbole unique pour chaque phonème, ce qui permet de mettre en relief des distinctions phonologiques difficiles à saisir pour des francophones. Le fait de voir les mots anglais *bit* et *beat* transcrits par des symboles différents [bɪt] et [bi:t] rappelle à l'élève qu'il y a là une double différence : deux *timbres* différents [ɪ/i], deux *durées* différentes [ɪ/i :]. Si, par ailleurs, le professeur désire insister plutôt sur la qualité diphtonguée de la voyelle de *beat*, il pourra le représenter par [biyt], qui rend à la fois la durée et le changement de timbre vocalique au cours de l'émission de la syllabe. Il y a, en principe, quarante-six phonèmes en anglais britannique et trente-six en français du Nord; on utilisera respectivement quarante-six et trente-six symboles pour transcrire ces deux langues; s'y ajoutent les symboles marquant les accents toniques, et le comportement des syllabes sous l'intonation.

Munis de ce système, les élèves peuvent prendre des notes, faire des dictées, des exercices de grammaire et lire des manuels spécialement rédigés à cet effet. Il est difficile de présenter les résultats de cette méthode orale intensive, qui connut son heure de gloire avec Passy et Sweet, et fut effectivement appliquée en France, notamment par A. Martinet, P. Leconte, J. P. Vinay et G. Bertrand. Ces professeurs enseignaient l'anglais, dont la structure phonologique est difficile pour des francophones et dont l'orthographe est très irrégulière : il semble bien que les fondations ainsi posées chez les élèves étaient excellentes et durables. Mais il fallait aussi lutter contre les parents, qui désiraient voir leurs enfants commencer enfin le « vrai » anglais, écrit en orthographe traditionnelle; lutter contre les collègues qui héritaient en deuxième année de classes auxquelles il fallait apprendre l'orthoépie (voir section suivante); lutter enfin contre les instructions ministérielles, hostiles à l'expérience et qui décidaient du genre d'examen de passage que les élèves devaient subir à la fin de la première année. Tous ceux qui ont enseigné une langue seconde entièrement oralement avec le recours à des méthodes phonétiques sont unanimes à déclarer que les étapes suivantes s'en trouvent grandement facilitées et que l'orthographe acquise à partir d'une connaissance systématique des phonèmes est d'emblée bien meilleure et moins nocive pour la lecture. Après tout, les petits Anglais qui apprennent à lire et à écrire savent déjà parfaitement leur langue, alors que les jeunes Français doivent apprendre en même temps une structure sonore étrange, un système grammatical nouveau et une graphie apparemment aberrante!

Si l'analyse en phonèmes est nécessaire pour permettre la transcription, il faut par contre reconnaître que les globalistes ont raison d'insister sur la prééminence de la syllabe et même du mot tout entier. Il est possible de couper, dans une bande magnétique, le petit segment sur lequel est enregistré le /æ/ de *cat* ou le /ɪ/ de *bit;* mais pratiquement, cela ne rime pas à grand'chose. On reconnaît en fait cet /æ/ et cet /ɪ/ à l'ensemble des contours harmoniques de toute la syllabe, de sorte que l'élève doit apprendre à considérer tous les /æ/ de *cat, than, have, gang* et tous les /ɪ/ de *bit, rid, sin, bill* et *ring* comme représentant différentes variantes des phonèmes /æ/ et /ɪ/. L'utilisation d'un même symbole pour toutes ces variantes renforce utilement cette conclusion et évite l'éparpillement des impressions auditives.

La valeur pratique de la transcription phonétique est toujours grande, mais peut varier selon la langue envisagée. Indispensable pour l'anglais, le russe, le portugais, l'arabe et le chinois, elle peut se faire plus discrète pour l'allemand, et encore plus pour l'espagnol et l'italien. Il est cependant bon que les élèves sachent manier au moins un système de transcription, ne fût-ce que pour pouvoir utiliser leurs dictionnaires (Système Tomás Navarro pour l'espagnol, système Webster pour l'américain, etc.).

L'enseignement de la langue parlée, faut-il le dire, est bien plus que le simple apprentissage d'une série de symboles. Il suppose l'acquisition d'habitudes nouvelles en fait d'audition et d'articulation; l'apprentissage de la distribution des phonèmes dans le système; la reconnaissance des oppositions que l'on peut réaliser avec ces phonèmes; l'insertion des phonèmes dans les syntagmes et dans la phrase. Pour prendre un exemple très simple, qui peut paraître décourageant, la répartition de l'accent tonique sur les syllabes du mot anglais *Waterloo* est différente selon que ce mot est seul ou incorporé au syntagme *Waterloo Station;* cette difficulté n'est pas propre à l'anglais, toutes les langues à accent tonique libre la connaissent. Le français présente des difficultés comparables : que l'on songe aux trois prononciations du mot *six* dans : *six heures, six francs* et *J'en ai six.*

En matière de langue parlée, la clef du succès est un professeur bien au courant de ces faits, qui s'y intéresse et saisit toutes les bonnes occasions pour attirer l'attention des élèves sur les véritables difficultés de cet apprentissage. La poésie et les chansons sont d'excellents moyens d'enseigner le rythme, la durée des syllabes, la valeur des voyelles. Ici plus qu'ailleurs il faut mettre en pratique la thèse de la passivité chez les débutants. Il est inutile de demander à un élève de faire la distinction entre le *ch* de *ich* et celui de *Bach,* en allemand, tant que celui-ci ne l'aura pas parfaitement entendue. La perception de cette différence peut prendre très longtemps, mais c'est la condition indispensable pour assurer l'émission correcte de ces deux sons. Un humoriste américain, Robert Benchley, notait plaisamment qu'en français il existe quatre voyelles nasales, *in, an, on, un,* « qui se prononcent toutes « ong », mais qu'il faut distinguer soigneusement ! » C'est à peine une exagération; ces quatre voyelles posent en effet de grands problèmes aux étrangers, qui essaient généralement de les prononcer avant d'être capables de les distinguer parfaitement à l'oreille.

Ce fait explique qu'une classe orale devrait commencer par des exercices passifs d'*audition* pour se terminer par des exercices actifs d'*articulation*. Le bon professeur de langues vivantes est celui qu'on entend beaucoup en octobre et plus du tout en juin; car à ce moment, il n'a plus qu'à corriger, à bon escient, sans trop rompre le rythme de la classe, et qu'à veiller sur les premiers pas de ses disciples. Ceux-ci renforcent alors par l'articulation correcte des phonèmes nouveaux de bonnes habitudes d'analyse auditive, et l'on peut bâtir sur ces fondations l'étude d'autres notions importantes, grammaticales, culturelles et littéraires.

LA LANGUE ÉCRITE : L'ORTHOGRAPHE

Même si la priorité de la langue parlée est parfaitement justifiée et maintenant reconnue, il est nécessaire d'arriver à l'orthographe, seul véhicule du corpus pour la majorité des usagers. Cet apprentissage est très délicat, car sans une bonne base phonétique, on risque d'introduire de mauvaises habitudes orthoépiques ou d'aboutir à de mauvaises interprétations de graphies correctes. C'est le cas pour bon nombre de mots français, dont la prononciation change depuis que les gens savent écrire : *dompter, cheptel, Bruxelles, legs* sont de bons exemples de l'influence de la graphie sur la prononciation.

On sait que l'*orthoépie* couvre l'ensemble des règles qui rendent compte de la valeur phonique des lettres ou combinaisons de lettres. Par exemple, étant donné la lettre *s,* quand se prononce-t-elle /s/, /z/ ou quand est-elle muette ? Un ensemble de règles orthoépiques permet de répondre à la question et assure la lecture correcte de mots tels que *fils, rose, saucisson, très, temps*. Mais ces règles peuvent et doivent s'inverser, et l'élève doit acquérir rapidement une connaissance quasi intuitive de la façon dont tel phonème de sa langue maternelle ou de la langue étrangère doit être représenté dans la graphie. Dans beaucoup de cas, ce rapport son/lettre est simple et systématisé; par exemple, le groupe français /gz/ est toujours représenté graphiquement par la lettre *x* (*exiger, examen, Xavier*), et le /f/ est toujours représenté par *f* ou par *ph* (*café, if; phrase, aphone*). Cependant, dans ce dernier cas, on constate un chevauchement de plusieurs règles orthoépiques, puisque cet /f/ peut aussi se présenter sous les variantes *fe* et *ff, phe* qui sont soumises à d'autres règles plus générales : *carafe* comme *hache* et *sale; gaffe* comme *masse* et *salle*.

Lorsqu'il s'agit d'une langue seconde, il convient d'adopter une méthode qui distingue nettement entre ces deux sortes de règles orthoépiques : phonèmes → graphies, et graphies → phonèmes (y compris l'intonation et l'accentuation), et les présente de façon systématique. Il faut apprendre de bonne heure à grouper sous une même rubrique des graphies différentes; savoir par exemple qu'en anglais les graphies suivantes évoquent toutes le phonème /i:/ : *me, eve, Caesar, bead, reed, key, receive, people, believe, quay, amœba*. Naturellement, certaines graphies sont plus fréquentes les unes que les autres, et celles-ci doivent venir à l'esprit en premier : *ee, ea, ey* ainsi que *e* suivi d'une autre syllabe. Inversement, il faut habituer l'élève à reconnaître les valeurs différentes d'une même graphie, par exemple *ea* dans *bead* [bi:d], *great* [greɪt], *bread* [brɛd] ou, pour prendre un cas extrême, *ough* dans *cough* [kɔf], *enough* [ɪˈnʌf], *though* [ðou], *thought* [θɔ:t], *hiccough* [ˈhɪkʌp]. Il faut également présenter systématiquement les cas de suture, qui se traduisent généralement par une répartition différente de l'accent tonique : *setup* [ˈsetʌp] et *set up* [ˈset ˈʌp], *greenhouse* [ˈgri:n, haus] et *green house*, [ˈgri:n ˈhaus].

Ceci nous amène à souligner l'importance de la place de l'accent tonique dans les langues qui présentent ce phénomène à l'état libre (anglais, russe, espagnol), à la différence de celles où l'accent tonique tombe toujours sur la même syllabe (tchèque, hongrois, français). Puisque le français n'utilise pas l'accent d'intensité pour opposer des unités lexicales, il est à prévoir que la place de l'accent dans une langue seconde sera une grande difficulté pour les élèves francophones, du même ordre que la difficulté du genre pour les anglophones. Certaines langues comme l'espagnol ont bien résolu ce problème sur le plan orthoépique : les mots terminés par une consonne autre que *s* et *n* sont accentués sur la dernière syllabe, sinon la place de l'accent est indiquée par un signe graphique : *animal* [ani |mal], *reloj* [rre |lox], mais *difícil* [di |fiθil] ; d'autres règles également simples permettent au lecteur de savoir précisément où tombe l'accent tonique en espagnol.

Par contre, l'anglais et le russe négligent complètement d'indiquer par des moyens graphiques la place de l'accent tonique. On peut évidemment tirer parti de certaines indications indirectes, l'espace blanc entre les composés (*setup*, *set up*), la présence de certains morphèmes de dérivation (*photo*, *photograph*, *photographic*, *photographer*), l'existence de couples de mots de même graphie dont l'un est un nom (ou adjectif) et l'autre un verbe (*subject*, adj. et *subject*, vb.; *record*, n. et adj., et *record*, vb.). Il serait tout de même pratique d'avoir une indication (par exemple, l'accent aigu qu'utilise l'espagnol à cette fin, ou l'accent grave de l'italien dans *città*) à partir de l'orthographe. C'est ce que font un certain nombre de manuels qui écrivent *péople*, *indúlge*, *immédiately;* d'autres profitent de l'occasion pour distinguer entre accent principal et accents secondaires, ce qui donne des graphies souvent difficiles à lire, telles que : *élĕvàtôr*, *ŏpĕràtôr*. On peut d'ailleurs les simplifier en omettant les accents faibles, et écrire : *bláck bîrd* (« oiseau noir ») et *bláckbird* (« merle ») ou *I'm gôing hóme* (« Je rentre ») par opposition à *I'm góing hôme* (« Décidément, je rentre chez moi »). L'anglais fait d'ailleurs parfois appel à un diacritique, en poésie notamment, pour noter certaines formes non élidées : *winged* (« blessé à l'aile ») par opposition à *wingéd* (« ailé »).

Pour le russe, dont toute la phonologie repose sur un jeu de syllabes fortement accentuées, on en est venu à imprimer normalement des textes scolaires « accentués », comportant un accent aigu placé sur les lettres voyelles : дáма [|damə], окнó [a|knɔ], смотрúте [sma|trjitjə], надоедáть [nədəjɪ|datj].

L'apprentissage d'une langue seconde effectuée à l'aide de textes écrits traditionnellement soulève, comme on le voit, des problèmes délicats. Sauf dans le cas de langues dont l'orthographe est très phonémique, comme le finnois, le turc, l'espagnol, le professeur devra s'aider de tous les procédés visuels possibles : accents, points, lettres grasses, lettres soulignées ou majuscules, etc., et connaître à fond les règles orthoépiques de la langue enseignée. La question se pose aussi, mais très différemment, pour les langues dont l'écriture n'est pas alphabétique, comme le chinois.

LA MORPHO-SYNTAXE

Comme le souligne justement G. Capelle, « le choix des éléments lexicaux à présenter dans les méthodes de langue seconde a été, de tout temps, une des principales préoccupations des auteurs de manuels ». La langue est en effet d'une richesse telle — ne parle-t-on pas de quatre cent mille mots pour l'*Oxford English Dictionary!* — qu'un choix s'impose de toute évidence. Ce choix ne peut cependant être arbitraire, car il doit orienter les élèves vers les mots et les schèmes qu'ils seront appelés à entendre, à lire et à employer.

La limitation du vocabulaire est une idée déjà ancienne, à laquelle s'attachent les noms de Thorndike, West, Palmer, Ogden et, plus près de nous, ceux de l'équipe française du *Français fondamental*. Différents critères ont été retenus pour dresser ces listes : fréquence absolue dans un large corpus, fréquence relative dans une série de corpus parallèles, « disponibilité », possibilités combinatoires à l'intérieur d'un syntagme, etc. On trouvera des indications utiles sur ces différents critères dans l'*Élaboration du français élémentaire* (1956); il existe maintenant des « vocabulaires de base » pour les principales langues européennes, et les manuels les plus récents en tiennent compte, abaissant ainsi le nombre des unités lexicales enseignées dans chaque leçon, au profit d'une meilleure mémorisation, et d'un meilleur rapport entre vocabulaire actif et vocabulaire passif.

Les critères de fréquence absolue ou relative ne sont pas suffisants pour bâtir un vocabulaire de base. Comme le dit G. Gougenheim, tout mot fréquent est utile, mais il serait faux de prétendre que tout mot utile est fréquent. « Soit le mot *timbre* (poste). Aucun dictionnaire de fréquence ne le donne avec une fréquence notable. Mais demandons, comme M. Michéa l'a fait, à dix élèves d'écrire les mots qui leur viennent à l'esprit quand ils pensent à la poste. Tous citent le mot *timbre*... »

En fait, il est difficile et dangereux d'appliquer rigidement la limitation des éléments lexicaux. En effet, selon les sujets traités, certains mots vont revenir avec une fréquence et un indice de répartition donnés; et cette remarque vaut pour les tours syntaxiques, les syntagmes figés, les types de métaphores et d'images, etc. Donner aux élèves un texte expurgé de ces unités rares sous prétexte de simplification revient, le plus souvent, à introduire de nouvelles difficultés. Chaque texte authentique a son rythme intérieur, qu'il faut apprendre; et ce n'est pas en lisant du *Basic English* que les élèves l'apprendront. Ce dernier exemple est sans doute extrême; vouloir exprimer un texte original avec seulement huit cent cinquante mots est une gageure qui fausse complètement les cadres morpho-syntaxiques de l'anglais.

Le choix des morphèmes grammaticaux est relativement plus facile, car les ensembles que forment ces éléments sont très souvent finis et relativement limités. Il suffit alors d'étudier l'*ordre* dans lequel ils seront présentés, et le *moment* le plus propice de leur insertion dans le déroulement de la méthode. Par exemple, faut-il enseigner d'abord *a/an* ou *the* en anglais ? Faut-il enseigner, en français, les formes syntaxiques de l'interrogation (*Fumez-vous ?*) avant ou après le simple jeu de l'intonation (*Vous fumez ?*) ? D'après G. Capelle, déjà cité, le meilleur critère est ici celui de la productivité; mais ce dernier est souvent mal appliqué, car on ne tient pas compte de l'aspect sémantique de cette productivité. Il ne faut pas oublier en effet que l'on parle pour dire quelque chose, et qu'il est important que toute règle grammaticale, on dirait aujourd'hui tout modèle linguistique, ne « génère » jamais de phrases dont le sens n'est ni acceptable ni utile. *The green horse smoked a dozen oranges,* phrase célèbre utilisée par un linguiste américain pour définir la notion d'énoncé « correct », est peut-être conforme aux normes de la syntaxe anglaise, mais elle est non seulement inutile mais bien « incorrecte » sémantiquement parlant, puisque sauf dans les contes fantastiques de J. Perret, il n'existe pas de chevaux verts qui fument des oranges.

L'enchevêtrement des critères est donc ici très complexe. Ces derniers sont au moins de deux types distincts :

un premier type fourni par les résultats d'une analyse différentielle entre la langue de l'élève et la langue enseignée, un deuxième basé sur des considérations pédagogiques bien connues : enseigner le « simple » avant le « complexe », le « connu » avant l'« inconnu », etc. La nouvelle technique d'analyse des méthodes, mise au point par W. F. Mackey, saura faire ressortir, pour chaque manuel, les options choisies : nombre d'éléments lexicaux enseignés, moment de leur introduction; schèmes morpho-syntaxiques retenus, moment de leur présentation; productivité de ces schèmes; insertion de l'ensemble dans des textes véritables et originaux (c'est-à-dire non fabriqués pour la circonstance); insertion du tout dans des situations réelles et normalement utilisables par les élèves. Rappelons en terminant qu'il n'existe pas, dans l'état actuel des recherches, de méthodes permettant un choix et un ordre totalement objectifs des unités morpho-syntaxiques. « La mise au point de critères fonctionnant en batteries est l'indice certain d'une amélioration qui s'est déjà manifestée dans des manuels récents ». (G. Capelle).

LES RÉSULTATS

La pédagogie est une science en constante transformation. Les théories se succèdent, les résultats seuls comptent. Il serait intéressant d'écrire une histoire des manuels scolaires : on constaterait l'apparition périodique de nouvelles méthodes reflétant successivement les postulats globalistes, analystes, structuralistes, cybernétistes ainsi que les « ouvertures » sur la littérature et la civilisation. En fait, et ce sera notre conclusion, il ne faudrait pas négliger les aspects les plus constructifs de ces manuels qui passent parfois trop vite de mode, dans lesquels des professeurs compétents et aimant leur métier avaient mis toutes les ressources de leur expérience. L'Institut Pédagogique National et le B.E.L.C. possèdent des collections très complètes de manuels scolaires, qu'il sera intéressant de consulter.

Les résultats seuls comptent, avons-nous dit. Ceux-ci doivent être considérés dans l'optique particulière de chaque manuel, qui colore les réussites comme les échecs.

Il ne faut pas oublier également que ces échecs peuvent s'expliquer par des raisons extrinsèques : blocages psychologiques, désaffection pour la matière enseignée, manque de pratique ou oubli pur et simple — toute langue dont on ne se sert pas quotidiennement ayant tendance à s'effacer rapidement de la mémoire.

Pour juger objectivement de ces résultats, les pédagogues ont préparé récemment des batteries de *tests* permettant de savoir ce que les élèves ont retenu de telle tranche du manuel, voire du cours tout entier. D'autres tests, encore expérimentaux, essaient même de prédire les aptitudes des élèves pour les langues en général, et pour telle langue en particulier; le B.E.L.C. et le C.R.E.D.I.F. en ont publié, et une bonne introduction en a été donnée par W.F. Mackey et R. Lado. Mais là encore, il faut savoir ce que l'on mesure : une aptitude mémorielle, des habitudes articulatoires, des connaissances littéraires ou culturelles ? Envisagées sous ce dernier angle, les langues secondes forment une partie importante des humanités : elles sont le complément indispensable de la formation générale de l'homme moderne au cours de sa scolarité. Elles sont aussi un mal nécessaire, une longue patience, une quête de toute la vie.

Jean-Paul VINAY.

BIBLIOGRAPHIE

LES GRANDS CLASSIQUES

Fr. CLOSSET, *Didactique des langues vivantes*. Buts, méthodes, procédés et matériel de cet enseignement, Didier, Paris (s. d.).

Charles DUFF, *How to learn a Language,* Basil Blackwell, Oxford, 1947.

Claudius HOLYBAND, *The French Littelton,* édition de 1609, avec une introduction de M. St. Clare Byrne, Cambridge University Press, 1953.

Otto JESPERSEN, *How to Teach a Foreign Language,* Allen et Unwin, Londres, 1904.

Harold E. PALMER, *The Oral Method of Teaching Languages*, Heffer, Cambridge, 1921.

Paul PASSY, *La Méthode directe dans l'enseignement des langues vivantes*, Paris, 1899.

Henry SWEET, *The Practical Study of Language*, [1899], Oxford University Press, Londres, 1964.

Wilhelm VIETOR, (« Quousque tandem »), *Der Sprachunterricht muss umkehren !* Reisland, Leipzig, 1882.

SOURCES BIBLIOGRAPHIQUES

B.E.L.C., « Recherche Universitaire et Enseignement du Français, Langue Étrangère ». Ministère de l'Éducation nationale, Bureau de liaison pour l'enseignement du français dans le monde, Paris, 1963.

C.C.C., « Développements [sic] Récents dans le Domaine de l'Enseignement des Langues Vivantes », Conseil de la Coopération Culturelle, Strasbourg, 1964.

C.C.C., « Recherches et Techniques Nouvelles au Service de l'Enseignement des Langues Vivantes », Conseil de la Coopération culturelle, Paris, 1964.

C.N.R.S., « Bulletin Signalétique 19-24 », Centre de Documentation du C.N.R.S., Paris.

Wm. W. GAGE, *Contrastive Studies in Linguistics*, A Bibliographical Checklist, Center for Applied Linguistics, Washington, D.C. 1961.

Robert LADO, *Annotated Bibliography for Teachers of English as a Foreign Language*, Department of Health, Éducation et Welfare, Bulletin n° 3, Washington, D.C., 1955.

A. VALDMAN, *Trends in Modern Language Teaching*, McGraw-Hill, New York, 1966.

LES CENTRES DE RECHERCHE

B.E.L.C., Bureau d'Étude et de Liaison pour l'Enseignement du Français dans le Monde, Paris.

B.C., English-Teaching Information Center. British Council, State House, Londres.

C.A.L., Center for Applied Linguistics, Washington, D.C.

I.P.N., Institut Pédagogique National, Paris.

OUVRAGES CITÉS

A.P.L.V., « Recherches et Techniques Nouvelles au Service de l'Enseignement des Langues Vivantes ». Bulletin régional, Strasbourg, 1964.

A.P.L.V., « Les Langues Modernes », revue de l'association des professeurs de langues vivantes de l'enseignement public. Paris, I.P.N., en particulier les numéros spéciaux suivants : 53.5 (1959). « L'enseignement des langues vivantes »; 16.5 (1962) « La linguistique appliquée »; 57.2 (1963) « Les auxiliaires audio-visuels dans l'enseignement des langues vivantes ».

Jean BAUDOT, *La Machine à écrire*, Éditions du Jour, Montréal, 1964.

Noam CHOMSKY, *Aspects of the Theory of Syntax,* the M.I.T. Press, Cambridge (Mass.), 1965.

G. CAPELLE, *La Préparation d'une méthode : choix et ordre de présentation,* « Bulletin » du Bureau de recherches en linguistique appliquée, Ottawa, 1, 1966.

Pierre DELATTRE, *Comparing the Phonetic Features of English, German, Spanish and French,* Julius Groos, Heidelberg, 1965.

A. DEWEZE, *Traitement de l'information linguistique,* Dunod, Paris, 1966.

Georges GALICHET, *Méthodologie grammaticale. Étude psychologique des structures,* Presses Universitaires de France, nouvelle édition, Paris, 1963.

MICHÉA, GOUGENHEIM, RIVENC et SAUVAGEOT, *L'Élaboration du français élémentaire,* Didier, Paris, 1956.

I.J.A.L., *Structural Drills and the Language Lab,* « International Journal of American Linguistics », Bloomington, Indiana; numéro d'avril 1963.

I.P.N., « Instructions Générales pour l'Enseignement des Langues Vivantes », Institut Pédagogique National, Paris, déc. 1950.

Carl A. LEFEVRE, *Linguistics and the Teaching of Reading,* McGraw-Hill, New York, 1964.

Pierre LEON (ed.), *Linguistique appliquée et enseignement du français,* Centre éducatif et culturel, Montréal, 1967.

Pierre LEON, *Prononciation du français standard,* aide-mémoire d'orthoépie, Didier, Paris, 1954.

Pierre LEON, *Laboratoire de langues et correction phonétique,* Didier, Paris, 1962.

Robert Lado, *Language Testing, the Construction and Use of Foreign Language Tests,* Longmans, Londres, 1961.

Robert Lado, *Linguistics across Cultures, Applied Linguistics for Language Teachers,* Ann Arbor, University of Michigan Press, 1957.

Maurice Leroy, *Les Grands Courants de la linguistique moderne,* Presses Universitaires, P.U.F., Bruxelles et Paris, 1963.

André Martinet, *Éléments de linguistique générale,* Colin, Paris, 1960.

André Martinet, *La Linguistique synchronique,* études et recherches, Presses Universitaires de France, Paris, 1965.

William F. Mackey, *Language Teaching Analysis,* Longmans, Londres, 1964.

Fernand Marty, *Language Laboratory Learning,* Audio-Visual Publications, Wellesley (Mass.), 1960 (avec application au français).

Wm. G. Moulton, *La Linguistique et les professeurs de langues,* dans « Les Langues modernes », Paris, 57.1, 1963.

Wm. G. Moulton, *The Sounds of English and German,* A systematic analysis of the contrast between the sound systems; Contrastive Structure Series, University of Chicago Press, 1962.

R. Meili, *Les Perceptions des enfants,* dans « Archives de Psychologie », **23**, 1931, pp. 37-38.

R. L. Politzer, *Teaching French: An Introduction to Applied Linguistics,* Ginn et Co., Boston, 1960.

Raymond Queneau, *L'Analyse matricielle du langage,* dans « Études de linguistique appliquée », Paris **2**, 1963, pp. 37-50.

Guy Rondeau, *Initiation à la linguistique appliquée,* Centre éducatif et culturel, Montréal, 1965.

A. P. Van Teslaar, *Les Domaines de la linguistique appliquée,* dans « International Review of Applied Linguistics », I. 1, 1963, pp. 50-77 et 1. 3/4, 1963, pp. 223-278 (avec bibliographie raisonnée).

LA TRADUCTION HUMAINE

La *traduction* « humaine » (par opposition à la traduction « automatique ») ainsi que sa version orale, l'*interprétation*, est vieille comme le monde ou, pour être tout à fait exact, comme la Tour de Babel. À partir du moment où les hommes ne s'entendirent plus, il fallut avoir recours à des polyglottes sur lesquels retombait toute la responsabilité de la communication. Truchements, drogmans, interprètes, scribes, secrétaires latins, traducteurs patentés et jurés, autant de spécialistes de la traduction qui mirent de tout temps leur savoir au service de l'information, depuis l'humble guide des expéditions de chasse jusqu'aux interprètes de conférences et de tables rondes, véhiculant gravement les plus lourds secrets d'État.

Mais si la traduction est une fonction linguistique de tous les temps, elle n'en a pas pour autant été considérée comme un sujet digne d'intérêt par la majorité des grammairiens, philosophes et linguistes. Pour bien juger de l'excellence d'une traduction, ou de sa nature profonde, il faut en effet ne pas s'arrêter à sa périphérie, qui est le sens obvie, mais étudier le mécanisme mental par lequel le traducteur est passé d'une langue à l'autre. Or, et c'est là le premier axiome de notre démonstration : on ne traduit pas pour comprendre, mais pour faire comprendre. Par conséquent, de la part du traducteur lui-même, le problème n'est pas en général de découvrir un sens ignoré de lui, mais de découvrir le moyen de rendre ce sens dans sa langue maternelle. Il y a naturellement de nombreuses exceptions de détail à cette règle. C'est ainsi que si l'on trouve dans un texte des mots techniques nouveaux ou des acceptions inconnues, il faudra bien que le traducteur s'en aperçoive et qu'il s'assure de leur signification; faute de quoi, il fera un contresens et faussera le contenu du message à transmettre. Mais cette recherche sémantique qui porte aussi bien sur un mot que sur une forme grammaticale, ne rentre pas à proprement parler dans l'analyse du processus de traduction ; elle lui demeure extérieure, périphérique. Ce qu'on cherche alors est la reconnaissance parfaite de l'unité à traduire, et non l'éclaircissement de l'acte de traduction. Le recours au dictionnaire, la recherche grammaticale, sont des moyens externes qui diminuent avec l'expérience et avec le temps. Un traducteur chevronné, spécialisé en traductions financières, par exemple, n'aura plus besoin au bout d'un certain temps de chercher le sens exact de *bond* par opposition à *debenture,* de *bear* par opposition à *bull ;* il a à sa disposition tout le vocabulaire français nécessaire pour rendre ces termes techniques. Tout au plus devra-t-il, par une consultation attentive des textes économiques rédigés en français, s'assurer que les termes français qu'il connaît n'ont pas évolué et ne se sont pas chargés de nouvelles significations. Cette constante mise au point des ressources sémantiques et stylistiques du traducteur entre bien cette fois, dans le domaine de l'analyse linguistique de l'acte de traduction, mais le traducteur ne s'en rend généralement pas compte. Il ne fait en somme qu'aiguiser son outil, qu'améliorer sa documentation et accroître sa bibliothèque spécialisée ; il est rare de voir un traducteur s'arrêter au pourquoi des choses et réfléchir à la façon dont il a reconnu l'équivalence entre des termes étrangers nouveaux et certains segments de sa langue maternelle.

Aussi bien ce même postulat vaut normalement pour le lecteur. Il faut bien avouer que peu de lecteurs lisent à la fois l'original et la traduction ; si tout le monde savait à la perfection le latin ou l'anglais, on n'achèterait pas de traductions de Virgile ou de Shakespeare. Rien ne vaut, sent-on confusément, le texte original. Point n'est besoin d'être linguiste pour poser un deuxième postulat, savoir : la transmission originale du message perd toujours quelque chose en traduction. Si l'on peut se servir ici d'un terme mis à la mode par les cybernéticiens, tout en se gardant de confondre cybernétique et traduction, on dira qu'il y a toujours *entropie* entre un texte original et sa traduction. L'entropie existe pour tout message, même à l'intérieur d'une même langue. Si, par exemple, on choisit de lire un auteur éloigné dans le temps, comme Thomas Nashe, il y aura des passages entiers dont le sens nous échappe, simplement parce que nous ne sommes plus ses contemporains : des allusions, des jeux de mots, des termes techniques sont devenus pour nous incompréhensibles, et seules les notes des grands spécialistes peuvent nous mettre sur la piste. Même dans le cas d'auteurs utilisant notre propre langue, cette entropie est manifeste et l'on doit en tenir le plus grand compte. La récente parution d'un excellent petit dictionnaire de la langue du XVIIe siècle doit nous rappeler fortement cette vérité : la moindre ligne de Pascal, le moindre vers de Racine, peut fort bien contenir un piège sémantique, pour le lecteur du XXe siècle.

La condition naturelle d'un message est donc de souffrir d'entropie. L'entropie s'étend aux conditions matérielles; ainsi les vieux grimoires, qui se laissent lire difficilement; ainsi l'usure des inscriptions sur la pierre, l'effacement des intailles d'une médaille, le délavement des couleurs d'un drapeau, la destruction des finesses de gravure d'un disque. L'entropie existe d'ailleurs au départ même du message qui ne correspond ainsi jamais complètement à l'intention primitive de l'auteur. Le locuteur qui, à la lecture d'un livre qui l'émeut profondément, ne trouve qu'à dire : « Ah! le cochon; Ah! le cochon » — exemple cité par Flaubert, souffre d'une crise aiguë d'entropie, car on ne voit pas pourquoi le nom de cet intéressant quadrupède devrait, à lui seul, transcrire pour nous l'ensemble des réactions affectives du lecteur. Bien entendu, nous pouvons combattre cette entropie en suppléant dans une certaine mesure à l'absence de données explicites. L'exclamation « Aïe! » peut aussi bien être comprise comme un cri de douleur que comme un jugement de valeur; c'est grâce à ce supplément d'information de notre part que nous réussissons à donner un sens complet à des sigles tels que SNCF ou OAS (qui doit se lire « Organization of American States ») à des composés tels que Ouest-Éclair ou Paris-Match, à des propositions entières telles que « Saignant ? » ou « Descendez-vous à la prochaine ? ».

Il y a donc là un double mouvement : d'une part, tout message nous parvient plus pauvre, plus informe, que ne le voudrait l'expéditeur; en revanche notre connaissance des situations, notre appréciation de la valeur syntagmatique des mots nous permettent de suppléer à ce manque d'information ou à cette perte d'information. On comprend cependant que le travail d'interprétation exigé du lecteur ou de l'auditeur, cette rencontre à mi-chemin, peut comporter une part d'erreur ou de subjectivité. Ceci explique qu'il n'existe guère de solution unique en matière de traduction surtout aux niveaux littéraires les plus élevés. Ceci explique aussi, dans une large mesure, pourquoi les traductions sont généralement plus longues que l'original. Pour expliquer cette remarque, à première vue banale, il faudrait tout un manuel, car nous touchons là au mécanisme même de la traduction. Sans aller jusque-là, examinons brièvement les principaux procédés permettant au traducteur de passer d'une langue à l'autre malgré les nombreux « obstacles linguistiques » dont parle si pertinemment Georges Mounin dans son ouvrage, *les Problèmes théoriques de la traduction,* (1963).

Tout texte original, que nous appellerons le texte LD (langue de départ) possède en effet une certaine somme de servitudes lexicales, grammaticales et culturelles qui le colorent, qui l'informent — souvent à l'insu de l'auteur. La première de ces servitudes est la langue elle-même. On n'y réfléchit pas assez souvent : cette servitude est purement un effet du hasard, disons de l'arbitraire, au sens où l'entendait F. de Saussure. Si A. Huxley a choisi l'anglais pour rédiger ses romans, c'est parce qu'il était Anglais — et même, précisons-le, Anglais d'Angleterre et non Gallois, Écossais ou Irlandais ; il utilisait de ce fait une forme très définie et passablement artificielle de l'anglais moderne qui avait cours à son époque dans le Sud de la Grande-Bretagne parmi les classes cultivées. Deuxième point : Huxley écrit dans sa langue maternelle, la seule où la majorité des penseurs se sentent vraiment à l'aise. Il en joue facilement dans la mesure où sa pensée trouve des cadres qui lui conviennent ; il s'y heurte, lui fait violence dans le cas contraire. Ces luttes entre forme et fond, contenant et contenu, sont sans doute très intégrées, se mêlant à un tel point qu'on ne sait souvent ce qui est cause et ce qui est effet. Il n'en reste pas moins que l'écorce verbale, gardienne du message, n'a pas de valeur en soi — sauf, nous le verrons plus loin, sur le plan esthétique. Ici joue à plein la théorie : « Qu'importe le flacon, pourvu qu'on ait l'ivresse ».

Cette comparaison avec l'œnologie suffit à en démontrer les insuffisances — le vin ayant en vérité un effet différent sur notre système nerveux selon qu'on le boit dans un quart en aluminium ou dans du cristal de Bohême. Mais un fait demeure : le groupement d'un certain nombre de phonèmes, pour représenter un concept et son image acoustique, est largement arbitraire. Pour reprendre un exemple qui a fait son chemin dans tous les manuels de linguistique, il n'y a rien dans /h-ɔ-r-s/ ni dans /š-(ə)-v-a-l/, de typiquement, d'universellement chevalin. Si tel était le cas, on s'attendrait à trouver dans toutes les langues les phonèmes /h/, /š/, /a/, etc. dans le mot qui signifie « cheval » — hypothèse que l'expérience infirme totalement. Si *cheval* est la traduction de *horse,* ce n'est donc pas pour des raisons de correspondance au niveau des phonèmes ; il en va de même au niveau des morphèmes, *Do you smoke ?* possédant une structure différente de *Fumez-vous ?* ou au niveau des messages complets, *Canada Steamship Navigation Company* se déroulant suivant une démarche interne très différente de *Compagnie canadienne de navigation à vapeur*.

De telles considérations nous inciteront à conclure à l'indépendance presque totale du message par rapport à la forme linguistique. Une traduction de *horse* par *cheval,* dans les cas où les deux langues font coïncider le contenu de ces mots, est donc entièrement un effort pour rendre le message, et non la forme. Si dans *LA* (c'est-à-dire la langue d'arrivée) l'idée contenue dans *horse* se rend par autre chose que *cheval,* il faut s'incliner devant cette servitude qui ne possède par elle-même aucune valeur. On sait d'ailleurs que l'aire sémantique recouverte en anglais par le signifiant *horse* diffère sensiblement de celle recouverte en français par *cheval*. Sans vouloir entrer dans le détail d'une exploration sémantique complète, on ne peut s'empêcher de constater que les dictionnaires nous proposent pour traduire *horse* plusieurs signifiants, suivant le contexte ou la spécialisation du texte *LD*. On pourrait résumer ce fait par le schéma suivant qui ne fait que suggérer l'importance relative des secteurs sémantiques français. Il faudrait en effet une étude statistique assez poussée pour fixer des pourcentages exacts. Le schéma indique cependant que la correspondance *horse-cheval* est surtout vraie en ce qui concerne le sens propre : *A four-legged animal with solid hoofs and flowing mane and tail, used from very early times to draw loads, carry riders, etc.* alors que les sens figurés s'appuient en français sur des métaphores variées.

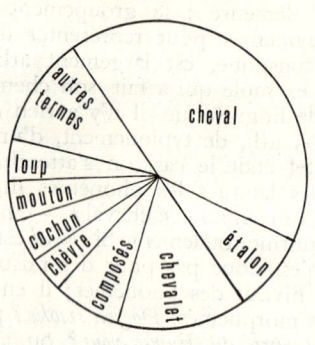

Camembert : cheval / étalon / chevalet / composés / chèvre / cochon / mouton / loup / autres termes

HORSE

Cette indépendance de la forme et du message est donc bien visible dans la deuxième moitié du schéma. Elle résulte du choc entre un concept et une image, choc lui-même conditionné par une vision particulière de la réalité. Si le français « traduit » *horse* par *mouton*, c'est que le contexte qui a amené la création d'un syntagme figé pour décrire des vagues écumantes est particulier au monde intérieur de la *LD* alors que la chose se constate aussi bien du haut des falaises de Douvres *(white horses)* que du haut des falaises d'Étretat (des moutons, la mer moutonne). On peut donc s'attendre à ce que *LD* fasse appel à *horse* dans des situations où *LA* utilise des parties du discours différentes ou même des termes différents. Une consultation rapide du dictionnaire nous rappelle quelques-unes de ces divergences :

horse-race, course de *chevaux*
horse-show, concours *hippique*
horse-butcher, boucherie *chevaline*
horse-drawn, *hippomobile*
horse-fly, *taon*
horse-chestnut, *marron d'Inde*
horse sense, *gros bon sens*
to eat like a *horse*, manger comme un *loup*

Il n'était pas inutile de rappeler ces faits au départ, car le rapprochement de deux langues crée toujours un certain malaise dans l'esprit des locuteurs. Ce malaise est particulièrement sensible dans les pays bilingues, où l'excellence d'une traduction se mesure instinctivement à la ressemblance formelle des deux textes. Ainsi, au Canada, on utilise en français *Gardez la droite* plutôt que *Tenez la droite* parce que le texte anglais de ce panneau bilingue dit *Keep to the right;* inversement, les panneaux annonçant un *Arrêt obligatoire* comportent une traduction anglaise calquée sur la structure française : *Obligatory stop,* alors qu'on sait que l'adjectif *Obligatory* a un sens moral ou juridique qui ne convient pas à l'arrêt d'un autobus; le texte anglais normal, c'est-à-dire rédigé spontanément, sans l'influence d'une autre langue, se lirait comme suit : *All busses stop here.*

Il est curieux de constater à quel point un terme étranger obnubile la conscience linguistique du traducteur par sa forme extérieure : c'est là évidemment la source des « faux amis », ces termes presque identiques en anglais et en français qui diffèrent souvent sensiblement par le contenu. Quel est le candidat au bachot qui n'a connu l'impulsion irrésistible de traduire *actually* par « actuellement », *eventually* par « éventuellement », *conventional (weapons)* par « armes conventionnelles » et *birth control* par « contrôle des naissances », alors que ces mots signifient, comme chacun le sait, « en fait », « en fin de compte », « armes classiques » et « limitation des naissances » ?...

Il existe, bien entendu, des faux amis entre l'espagnol et le français, l'italien et le français, l'allemand et le français, etc., mais plus les ressemblances entre deux langues s'estompent, plus le traducteur se sent libre vis-à-vis de la forme. C'est là un des avantages de la traduction du chinois en français.

Cependant, il nous faut examiner encore de plus près les servitudes de la forme. Plus subtile en effet, mais non moins puissante, est la servitude de *l'espèce* ou de la *catégorie* grammaticale. Nous utilisons ces termes avec l'acception qu'en donne G. Galichet dans sa *Physiologie de la langue française* (1958); parmi les espèces, nous rangeons les « noms », les « adjectifs », les « prépositions », parmi les catégories, le « genre », le « nombre », le

« temps », etc. Trop souvent, il faut bien le constater, notre conception des espèces ou des catégories manque de finesse. Nous nous fions à des marques formelles plutôt qu'à l'analyse des fonctions. L'idée qu'une *LA* puisse exprimer un même message avec des espèces ou des catégories différentes de *LD* semble répugner à tous les traducteurs débutants. Il y a donc ici une autre servitude qui dépend également de notions formelles, mais à un degré d'abstraction plus élevé. Cette servitude est enracinée dans la conscience linguistique des masses et se trahit encore une fois particulièrement bien dans les copies d'examen et dans le comportement des bilingues. Citons plusieurs exemples. Les Canadiens anglais impriment dans le coin supérieur gauche de leurs enveloppes *From*... pour que l'on indique le nom de l'expéditeur; ces mêmes enveloppes imprimées en français portent *De*..., qui est en effet le correspondant formel de *from*, alors qu'on attendrait *Expéditeur* ou *Expr*. Il est toutefois très difficile de faire admettre à un Canadien que *Expr* puisse être l'équivalent normal de *From*, ou que *Sans profession* sur le passeport d'une Française mariée est bien l'équivalent du *Housekeeper* du passeport canadien. Mon collègue Jean Darbelnet me rapportait à cet égard un incident qui prouve que point n'est besoin d'être bilingue pour souffrir ainsi de scrupules formels. On sait qu'on rédige en français les notes militaires selon la formule d'appel traditionnelle suivante :

Le général Dupont, commandant la 7e région,
au général Durand, commandant la 3e D.I.

Or mon collègue avait à traduire des notes qui émanaient de l'état-major britannique, utilisant le modèle suivant :

To : Brigadier W.H. Smith, K.C.B., D.S.O., M. C.,
      Chief of staff 7th Army
From : Lt. General D.S.M. Jones, V.C., K.C.B.,
      D.S.O., Officier commanding 14th Corps.

et son chef hiérarchique lui refusait de transposer le système anglais *to...*/*from*... au moyen de la formule française équivalente « *Le général...*/*au général...* ». On l'obligeait à traduire littéralement par De.../A..., puisque c'était écrit dans le texte anglais. Voilà où mène le respect aveugle de la forme.

Le mot clef, dans ce genre de difficultés, est évidemment le mot « équivalent » utilisé plus haut. Il faut entendre « équivalent au point de vue du message, du contenu ». Et cette notion d'équivalence s'accompagne forcément de l'affranchissement du traducteur à l'égard des servitudes de forme, ce que disait déjà saint Jérôme, dans son adage fameux : *non verbum e verbo, sed sensum exprimere de sensu,* c'est le sens qu'il faut rendre, et tout le sens, mais non les mots. Cette liberté du traducteur de se mouvoir à son aise dans le texte *LA* s'exprimera donc par des divergences de forme, de longueur du texte, de disposition graphique ; seuls, le message et ses éléments sémantiques et stylistiques doivent être respectés. La fidélité d'une traduction est toujours fonction de la fin poursuivie, pourrait-on dire en transposant une phrase de l'importante introduction qu'Edmond Cary a écrite pour son volume de mélanges intitulé *la Qualité en matière de traduction* (1963). Mais le critère final qui permet de juger de cette fidélité ne saurait être un critère formel.

Il n'en reste pas moins que la forme de *LD* reste un point de départ utile, sinon inévitable, et que nous pourrons l'utiliser pour mesurer les difficultés que posent aux traducteurs les différents obstacles du texte original. Le manuel de Vinay et Darbelnet, *Stylistique comparée du français et de l'anglais* (1958), propose une classification de ces difficultés, que nous voudrions rappeler ici. Cela nous permettra en même temps d'évoquer la nature des obstacles à franchir.

L'EMPRUNT

Le texte *LD* peut contenir un terme nouveau, pour lequel la *LA* n'a pas encore de terme équivalent. Plutôt que de recourir à une définition ou une explication, le traducteur peut utiliser purement et simplement le terme *LD* qui devient dès lors un emprunt. Ce procédé est évidemment la négation de la traduction, mais il peut avoir l'avantage d'enrichir la *LA,* dans les meilleurs cas, d'une utilité lexicale concrète de maniement aisé. C'est le cas pour *thalweg, radar, cake, ravioli, kaki, iglou, tequila, whisky, aficionado, leader,* introduits en français par des traducteurs, des explorateurs, des écrivains parfois plus soucieux de snobisme ou de couleur locale que de la recherche du mot juste. Ici s'insèrent les considérations de purisme et de dirigisme linguistique, dont se font écho nombre de revues. Par exemple « Vie et Langage », dans son numéro de juillet 1961 (p. 374) essaie de trouver les termes qui conviendraient pour éviter les emprunts : « Pourquoi dire *show,* quand nous avons « spectacle » à notre disposition, et *self service* pour « libre service »... pourquoi *air hostess* pour « hôtesse de l'air », *bowling* pour « jeu de quilles », *sleeping (-car)* pour « wagon-lit », *spleen* pour « nostalgie », ... *full-time* pour « temps plein »... et *surprise-party* pour « partie surprise » ? ».

Ces considérations intéressent certes le traducteur qui se trouve face à face avec un mot nouveau; le rôle des « offices de la langue française » qu'on trouve maintenant, sous des vocables divers, dans les pays francophones est précisément de lui fournir des suggestions d'autant plus utiles qu'elles seront acceptées universellement. Il est difficile pour un individu de faire triompher seul son point de vue en matière de lexicologie. On peut citer, sur le plan scientifique, les fiches du « Comité d'Étude des Termes Techniques Français » qui posent clairement le problème et proposent des solutions satisfaisantes :

Le langage technique français subit en effet une invasion de termes étrangers. Transcrits avec leur orthographe d'origine, malaisés à prononcer, ils transforment la lecture de maints articles ou l'audition de maints exposés d'information technique en une suite de devinettes. Mais surtout l'exactitude du langage s'en trouve affectée. Car n'ayant pas subi l'épreuve de la naturalisation, ces mots sont souvent employés à contresens, dans une acception différente de celle qui leur est donnée dans leur pays d'origine. Et l'on peut même constater que deux industries emploient le même en des sens différents. (Communiqué C.E.T.T.F., 1958.)

Le Comité propose ainsi des traductions utilisables parce que soigneusement définies, de termes tels que *wildcat* (« sondage d'exploration »), *flicker* (« clignotement », « stroboscope » ou « oscillations », suivant le contexte), *drill-pipe* (« tige de forage »), *follow-up* (« rappel », « confirmation », « perfectionnement »), *tanker* (« navire citerne », lorsque la nature de la cargaison n'est pas précisée, autrement : « pétrolier », « butanier », « pinardier » ou « minéralier », suivant le cas), etc.

Les emprunts ont cependant une propriété intéressante ; ils sont chargés en général d'une valeur de dépaysement, d'une couleur locale pouvant justifier leur existence. Des termes tels que *rodeo, stampede, cowboy, ranch,* évoquent automatiquement l'Ouest des États-Unis, territoire qui a fait son chemin dans notre littérature précisément sous le nom de *Far West*. Un journaliste revenant de Londres parlera de *Lord Mayor,* de *L.C.C.*, de *Pool* plutôt que de chercher les termes français équivalents. Cette attitude se retrouve d'ailleurs aussi bien en français qu'en anglais. Si nous empruntons facilement *pub*, l'anglais nous emprunte *café*, malgré le redoutable problème que pose l'accent aigu, rare chez les imprimeurs anglo-saxons. De fait, ces deux réalités se laissent mal définir en termes autochtones, et leur puissance d'évocation est grande. On notera que les emprunts acclimatés depuis longtemps perdent complètement cette *aura* romantique, ce qui explique pourquoi écrivains et traducteurs renouvellent constamment leur stock de mots étrangers.

LE CALQUE

On constatera que des termes incriminés cités au paragraphe précédent constituent eux-mêmes un emprunt *(wagon)* ou une traduction calquée *(temps plein)*, ce qui ne vaut guère mieux. On peut en effet transposer le vocable en le digérant en quelque sorte, pour l'insérer dans le système sonore et morphologique de *LA*. C'est ce qui s'est passé, sur le plan de l'orthographe, pour *kaki* cité plus haut (anglais *Khaki*) et *iglou* que le Petit Larousse donne encore avec sa graphie anglaise *igloo*. La digestion complète du corps étranger aboutit à un calque qui peut fort bien être immédiatement assimilable par *LA* (par exemple, *teaspoon* calqué au Canada par « cuiller à thé »), ou créer au contraire un malaise linguistique, par suite d'une séquence inhabituelle *(science-fiction)*, d'une extension injustifiée de l'aire sémantique *(réhabilitation au lieu de rééducation)*, etc. Si l'emprunt est généralement l'aveu d'une démission sur le plan du lexique, la constatation d'une lacune technique ou conceptuelle, le calque est, au contraire, le camouflage de l'impuissance à créer un nouveau terme ou à trouver le mot juste. Ainsi, *cuiller à thé* et *cuiller de table (teaspoon, tablespoon)*, mots utilisés au Canada, sont des solutions de facilité, puisque *cuiller à café* et *cuiller à soupe* existent déjà en français. On objectera peut-être qu'une « cuiller à thé » diffère quelque peu d'une « cuiller à café », mais ce serait méconnaître le processus sémantique de référence à la réalité par l'abstraction des faits individuels : j'ai dans mon salon plusieurs fauteuils qui sont différents par certains côtés (non pertinents, évidemment), mais qui n'en sont pas moins tous des fauteuils. Vouloir attribuer à un objet une appellation distincte sous prétexte qu'il n'est pas identique à son voisin reviendrait à nier la possibilité même d'effectuer une traduction, problème que G. Mounin traite très pertinemment dans le dernier chapitre de ses *Problèmes théoriques de la traduction*. Nous sommes presque toujours en mesure de compléter, grâce aux données de notre propre expérience, les indications fournies par un auteur étranger. C'est du moins ce qui se passe au stade encore élémentaire où nous situons le calque.

LA TRADUCTION LITTÉRALE

On verra dans l'expression « traduction littérale » la reconnaissance d'une coïncidence formelle, que les mots soient les mêmes, ou que les structures soient parallèles voire régulièrement comparables. Par exemple, *j'aime la vie*, « ich liebe das Leben »; *surchargé*, « überlasten »; *where are you*, « où êtes-vous ? »; *look it up in the dictionary*, « cherchez-le dans le dictionnaire ». Ce type de traduction, ce « passage », n'est pas aussi fréquent qu'on le pense. Une infinité de raisons syntaxiques, rythmiques, culturelles ou littéraires conditionnent chacun de nos messages linguistiques : il est vain de s'attendre à ce que toutes convergent pour donner spontanément une enveloppe extérieure identique ou comparable à un même message pensé en deux langues. Il suffit d'évoquer un exemple banal, une phrase qui semble toute simple, pour s'apercevoir que le voisin aurait tourné cette phrase différemment : là où le français dira *la bibliothèque est dans le coin, le tableau est au mur, le livre est sur la table*, l'anglais explicitera chaque fois la situation; pour lui, ce sont là des messages concrets qui ne sont pas pleinement comparables, car le verbe *être* est d'une généralité désolante. On devra donc traduire ainsi : *the bookcase stands in the corner, the picture hangs on the wall, the book lies on the table*. Ici l'absence de traduction est l'élément intéressant, qui permet de faire des hypothèses sur l'attitude mentale des sujets parlants en face de la réalité. Ce sont des hypothèses qui constituent le domaine du comparatiste, du spécialiste en *stylistique externe* — par opposition au spécialiste en *stylistique interne* qui travaille sur une seule langue, généralement la sienne.

En raison des considérations qui précèdent, il convient d'être très prudent dans l'utilisation de l'expression « traduction littérale ». De toute évidence une traduction qui voudrait conserver à tout prix les mêmes mots ou les mêmes tours d'une langue à l'autre, aboutirait à du charabia. Lorsque les professeurs de latin sabrent à coups de crayon rouge les thèmes de leurs élèves, ils s'indignent — sans grand résultat, d'ailleurs — devant des traductions littérales dans le mauvais sens du mot. Mais on a vu que de telles traductions sont parfois possibles et correctes, même si le cas ne se présente pas souvent. Il faudrait trouver un moyen de marquer la distinction entre traductions littérales fautives et traductions littérales correctes : on pourrait suggérer « mot à mot », « traduction parallèle » pour les premières, « traduction directe », pour les secondes. Traduire — à Dieu ne plaise ! — *what's the big idea?* par « quelle est la grosse idée? », c'est se rendre coupable d'un « mot à mot » qui n'aurait d'excuse que sa cocasserie car il aboutit à un non-sens inacceptable (cela veut dire, en fait « qu'est-ce qui te prend? t'es pas cinglé? »). À moins qu'on n'ait recours volontairement à ce procédé pour créer des effets comiques dans les dialogues de roman mettant en scène un étranger, ce que fait Agatha Christie pour son Hercule Poirot.

On pourrait de toute façon nuancer ce reproche et distinguer entre plusieurs cas :

a) Le mot à mot aboutit à un autre sens : *il n'y a rien de tel que...* veut dire « there's nothing like... » et non « there's no such thing as... » qui est pourtant fortement suggéré par LD.

b) Le mot à mot ne donne aucun sens : *out with it!* aboutirait à : « dehors avec cela ! » — alors que cela signifie en fait « Va-z-y ! Accouche ! »

c) Le mot à mot est impossible pour des raisons structurales : *I met him on the train,* « je l'ai rencontré sur le train », anglicisme fréquent au Canada, qui va à l'encontre de l'usage français « dans le train ».

d) Le mot à mot ne correspond à rien dans la culture de *LA : a lame duck Congressman,* — terme qui s'applique à un député américain qui ne sera pas réélu, mais qui termine son mandat — n'a rien à voir avec des canards boîteux; mais il n'a aucune correspondance dans la vie parlementaire française.

e) Le mot à mot aboutit à un message qui ne se situe pas au même niveau de langue; c'est le cas de l'expression américaine, popularisée par Roosevelt, *my friend,* qui est cordiale sans vulgarité. Traduite par « mon ami », elle change complètement de niveau; on la trouverait en français dans la bouche des épouses parlant à leur mari dans les pièces de théâtre du siècle dernier, ou employée ironiquement par un supérieur faisant des commentaires désagréables à un subordonné.

On peut trouver, dans de mauvaises traductions, des spécimens trop nombreux de ces diverses erreurs. Ja. I. Recker, parlant de la qualité des traductions russes, cite l'exemple de l'exclamation anglaise « Hear ! Hear ! » qui a été rendue pendant des années par le mot à mot « Écoutez ! Écoutez ! », alors qu'elle signifie « Très bien ! Bravo ! » Nous avons vu que le traducteur officiel d'Eisenhower a qualifié un jour ce dernier de « simple soldat », alors que le général voulait dire « je ne suis qu'un militaire ». Tout récemment encore, des membres anglophones du parlement canadien se sont vigoureusement élevés contre *the demands of Quebec* (« les exigences posées par Québec ») alors qu'il s'agissait de *requests* (« des demandes »). En somme, il est plus prudent de poser en principe qu'un message n'est jamais rendu de façon identique dans deux langues même très proches linguistiquement parlant. On a proposé d'appeler ces trois premiers types de « passages » des *traductions directes*. Il nous faut examiner maintenant les autres types, que l'on pourra grouper sous le terme générique de *traductions obliques*.

LA TRANSPOSITION

Ce procédé consiste à remplacer une partie du discours par une autre. C'est donc un double affranchissement envers les servitudes de la forme lexicale et de la forme grammaticale. La transposition existe déjà à l'intérieur d'une même langue, puisqu'on dispose en français de « après qu'il sera revenu », aussi bien que « après son retour »; il est bien évident que *il sera revenu* correspond dans un autre registre, à *son retour*. L'espèce verbale a fait place à une espèce nominale; le sens reste le même, mais ces deux expressions peuvent par contre avoir des valeurs différentes sur le plan stylistique. Au contraire, la transposition entre *LD* et *LA* doit respecter le niveau stylistique, et s'explique généralement par des servitudes ou des préférences linguistiques. C'est le cas de *gern tun* : aimer à faire; *er lacht immer* : il ne fait que rire; *ich glaube es kaum* : j'ai peine à le croire; et en anglais : *he merely nodded* : il se contenta de faire oui de la tête; *the evening was oppressively warm* : la soirée était d'une chaleur accablante; *post no Bills* : défense d'afficher. Ce dernier exemple est particulièrement intéressant : sa simplicité et sa fréquence font bien ressortir le caractère obligatoire de certaines transpositions, la valeur stylistique des autres.

La transposition est au fond un jeu de chassé-croisé par-dessus la barrière des langues : on reçoit de l'original, comme un dépôt précieux, le trésor du sens, mais on le répartit sur des cases de notre choix. Ce jeu se poursuit sur tous les plans. Nous avons évoqué la transposition des espèces; il y a aussi la transposition des successions syntaxiques, celle qui pousse le traducteur d'un paragraphe anglais se terminant par « ... » *said Mr. Brown,* à commencer le sien par *Selon M. Brown*...; celle qui incite à traduire une phrase interrogative : *où est-il le temps où... ?* par une phrase affirmative : *gone are the days when...;* celle qui bouleverse l'ordre des mots, plus subtile sans doute et insuffisamment étudiée, que l'on retrouve dans ce dernier exemple : *the brilliant young scholar...* « ce jeune et brillant savant... ». Il suffit de penser aux variantes possibles (1) « Ce brillant jeune savant... » (2) « ce jeune savant brillant... » (3) « ce brillant et jeune savant » pour se rendre compte de la supériorité, même légère, de la première traduction. Il y a certainement des raisons subconscientes, rythmiques, toniques qui motivent ce choix : à ce niveau joue en effet l'aspect créateur, poétique de la traduction. De science ou de technique, elle devient un art. En d'autres termes il est peu probable que la traduction automatique parvienne à rendre compte de ces choix délicats. Ce qui n'empêche nullement d'approfondir les automatismes présidant aux passages que nous étudions en ce moment.

LA MODULATION

Contrairement au procédé précédent, qui repose essentiellement sur des changements de forme, la modulation pénètre dans les profondeurs du message grâce à un changement de point de vue, d'éclairage. Un cas typique de modulation consiste à parler tantôt de six objets, tantôt d'une demi-douzaine; ou encore présenter négativement *(n'y pensez plus...)* un message qu'une autre langue présente affirmativement *(forget it!)*. On voit bien, dans ce dernier exemple, que le passage du positif au négatif est suggéré et justifié par le contenu sémantique des termes : *ne plus penser à* = *rejeter de sa mémoire, oublier* = *to forget*.

La modulation, comme les autres traductions obliques, peut donner lieu à des critiques de la part des tenants d'un mot à mot de stricte obédience. C'est qu'on ne réfléchit pas que dans le lexique comparé de deux langues, il y a un nombre considérable de modulations traditionnelles, figées, qui reflètent une façon différente d'envisager la même réalité. Cette remarque vaut la peine qu'on s'y arrête un instant. Le rapprochement de deux mots par le dictionnaire bilingue a en effet une valeur très forte de démonstration : ce n'est pas l'œuvre d'un traducteur, c'est la constatation de deux cheminements authentiques se rejoignant brusquement par le truchement du lexicographe. Rapprochons ainsi :

1. Mante *religieuse* — *praying* mantis;
2. *Life*belt — ceinture de *sauvetage;*
3. *Lebens* gefahr — danger *de mort;*
4. *Brenn*holz — bois *de chauffage;*
5. It'll *save* time — cela vous fera *gagner* du temps;
6. Patrons ride (lake boats) *at their own risks* — la direction *n'est pas responsable des accidents.*

Les exemples 1 à 4 sont indiscutables : la mante *religieuse* ne peut être en anglais que « praying », ce qui décrit une attitude alors que l'adjectif français dénote un état d'âme; la ceinture *de sauvetage* ne peut être la ceinture « de vie » même si elle nous arrache des griffes de la mort; le danger *de mort* est évidemment un danger qui touche notre vie, mais dans l'expression française, on pense au résultat *(mort)* alors que l'allemand pense à l'objet susceptible de souffrir de ce danger *(Leben).* Les exemples 5 et 6 sont dilués dans une phrase entière, mais n'en sont pas moins probants : tout au plus pourrait-on dire qu'ils sont moins évidents puisque le nº 6 n'apparaît pas dans deux dictionnaires consultés, et que la modulation *at their own risks* ne prend cette valeur particulière que dans le contexte précité (cette tournure est généralement rendue dans les dictionnaires par *à [ses] risques et périls).*

La modulation se situe sur le plan de la pensée, la transposition sur le plan de la langue. Pour effectuer une modulation « libre », non suggérée par le dictionnaire, il faut vraiment se mettre à la place de l'auteur du texte *LD* et s'interroger sur sa vision du monde. Ceci ne veut pas dire que la modulation débouche inévitablement sur des créations typologiques en *LA*; ici encore, nous sommes étroitement conditionnés par les réseaux structurels de notre langue. Une modulation libre bien réussie satisfait le critique précisément par ce caractère d'authenticité qui le replace dans une optique familière. On a pu suivre ce processus étape par étape dans une série de traductions qui se sont récemment succédé sur des panneaux de circulation à Montréal. Le point de départ était le signal *Yield,* ellipse de *Yield right of way to oncoming trafic*. La première traduction a été littérale : *Cédez*, qui ne voulait rien dire sous cette forme intransitive et personnelle. (*Céder* aurait eu au moins l'avantage de rentrer dans la série *ralentir, défense de stationner*, etc.). On s'en rendit compte, et le panneau fut repeint avec l'inscription *Attention à gauche*. C'était mieux mais pas entièrement satisfaisant; on aurait dû aller jusqu'à la conception prioritaire de la circulation venant de la gauche, et écrire *Priorité à gauche*. Entre ces deux solutions extrêmes, il y a modulation par renversement des termes.

On aura noté que la modulation entraîne souvent une ou plusieurs transpositions. Ces différents procédés se recouvrent mais il n'est pas défendu de les isoler pour mieux en saisir le mécanisme. Ainsi la traduction de *come along quietly* par « suivez-moi sans protester », comporte une modulation par contraire négativé (*quietly*/sans protester) qui entraîne la transposition de l'adverbe au verbe.

L'ÉQUIVALENCE

Elle met en œuvre des moyens stylistiques et structuraux entièrement différents. Comme la modulation, elle résulte d'un changement de point de vue, mais elle va beaucoup plus loin et quitte le domaine de la parole pour entrer dans celui de la langue.

L'équivalence part de la situation, et c'est là qu'il faut chercher la solution. Le message est pris ici dans son sens global; on ne traduit pas chaque unité mais l'ensemble de ces unités. Ce procédé apparaît déjà d'une façon rudimentaire dans la traduction de *pomme de terre* par « potato » (et non par *apple of the earth) et dans celle de *au fur et à mesure que* par « as ». Plus juste encore serait la traduction des exclamations, parce qu'elles sont entièrement dominées par la situation. Si vous vous donnez un coup de marteau sur les doigts, vous direz « Aïe! », un Anglais dira « Ouch! », un Allemand « Au! ». C'est ici qu'on peut appliquer le schéma d'équivalence des situations

$$M_1 \leftarrow S = S \rightarrow M_2$$

M_1 et M_2 désignant respectivement les messages linguistiques correspondants.

Vouloir traduire un message qui appelle une équivalence par traduction directe aboutirait à une absurdité, non pas linguistique cette fois, mais culturelle : les nettoyeurs à sec affichent souvent en Angleterre l'enseigne *French cleaning:* une traduction directe donnerait « Nettoyage français », alors qu'en fait on rencontre plutôt « Nettoyage américain ». Dans toute l'Amérique du Nord, les frites portent le nom de *French fried,* ou *French fries,* les haricots verts s'appellent *French beans;* le pain cuit au four en baguettes, *French bread,* un béret basque, *French pancake;* l'artichaut comestible, *French artichoke;* les pâtisseries, *French pastries,* etc. Dans toutes ces appellations, il n'y en a aucune qui conserve le qualificatif « français », en français. Félix Boillot a écrit deux articles, à la fois humoristiques et très documentés, dans *les Langues modernes* (XLIV 3 et XLVI 6) où il traite des multiples valeurs des mots *french* en anglais et *anglais* en français.

De la même façon, on traduira *Open to the public,* par « Entrée libre »; il y a certes un rapport analytique entre *Open / Entrée* (transposition) et *... to the public / ... libre* (modulation); mais il est plus simple de traiter *Open to the public* comme un segment non analysable, auquel correspond un segment français également non analysable, dont le choix dépend entièrement de l'appréciation de la situation.

C'est ainsi que peuvent se traduire les proverbes, les aphorismes, les slogans, les allusions, les titres de romans, les formules de politesse, en un mot tous les segments du message plus ou moins figés par rapport à la situation. On explique ainsi pourquoi *yours sincerely* peut se rendre par « agréez, monsieur le directeur, l'expression de ma parfaite considération », *greetings of the season* par « bon Noël » ou « bonne année », *the proof of the pudding is in the eating* par « c'est au pied du mur que l'on connaît le maçon » et des clichés tels que *you could have heard a pin drop* par « on aurait pu entendre voler une mouche ».

On comprendra sans peine que, pour réussir de parfaites équivalences, il faut de la part du traducteur une large culture dans les deux langues. Ainsi, quand il s'est agi de traduire le titre du roman d'Aldous Huxley,

Brave New World, qui est une citation tronquée d'un vers de Shakespeare *(The Tempest)* on a dû faire appel à des souvenirs classiques pour trouver l'excellent titre *le Meilleur des mondes,* qui est une citation tronquée d'une formule célèbre de Voltaire *(Candide).* Les romans d'aventure à l'américaine traduits en français dans une langue volontairement argotique et survoltée, offrent d'intéressants exemples d'équivalence qui éclairent l'histoire de la langue sur l'évolution des formules figées populaires. Parmi les titres de ces romans, on relève des réussites certaines, par exemple *Death Takes a Ride* traduit par *On vous descend à la prochaine,* ou *The Man with my Face* (histoire de sosie) rendu par *Comme un frère.*

L'ADAPTATION

Avec ce septième procédé, nous touchons aux limites de la traduction. En effet, les cinq premiers procédés supposaient une identité de situation et des éléments communs dans la structure des deux messages. Pour le sixième procédé, si les messages étaient différents, du moins constatait-on encore une équivalence dans la situation. Ici, cette dernière attache avec la réalité étrangère n'existe même plus. Le traducteur juge sur une ressemblance globale entre deux situations dont chacune peut très bien n'exister que dans une seule culture. Les études très fouillées de E. Nida dans le domaine de la traduction de la Bible nous fournissent maints exemples de ces adaptations nécessaires sans lesquelles le message original perd tout son sens. Ainsi, comment traduire la *parabole du figuier* dans une langue qui ne connaît cet arbre que par son espèce non comestible et vénéneuse ?

Heart in Greek must often be rendered by « liver », as in the Kabba-Laka language of French Equatorial Africa, by « abdomen », as in Conob, a Mayan language of Guatemala, and by « throat » as in some contexts in Marshallesa, a language of the South Pacific. In languages in which *gall* stands for wisdom and a *hard heart* is a symbol of courage, the Bible translator is obliged to make certain adaptations or cause serious misunderstandings... (*On Translation,* 1959, p. 30).

Point n'est besoin d'aller chercher si loin des obstacles à la traduction que seule une adaptation intelligente peut contourner. Dans un manuel destiné à des étudiants, un linguiste américain base toute sa démonstration de la « pertinence » sur l'analyse d'une partie de base-ball. Dans une traduction française de ce manuel, il serait imprudent de se fier à ces analogies ; elles ne pourraient qu'embrouiller complètement le lecteur. Il faudrait sans doute chercher un autre sport bien connu des lecteurs français et se prêtant également à la démonstration.

Si, pour trouver de bonnes équivalences, il faut posséder une solide culture (au sens français du mot), il faut, pour effectuer des adaptations valables, connaître parfaitement la civilisation matérielle et la conception philosophique des gens qui parlent la langue d'où l'on traduit (en d'autres termes, connaître leur culture au sens anglais du mot). Si les allusions à Shakespeare, à la Bible ou aux discours de Churchill doivent être dépistées au départ par le traducteur, les allusions « culturelles » doivent l'être également. Ainsi, en Amérique du Nord, les grosses *pommes rouges* du Canada sont associées à la rentrée des classes, une *plume rouge* à des œuvres de charité, *un petit cochon* ou un *Écossais,* à la vertu d'épargne (les tirelires y sont généralement en forme de cochonnet de faïence) et un *rouleau à pâtisserie* évoque irrésistiblement les scènes de ménage. Chaque civilisation a ainsi ses thèmes, certains diront ses « mythes », qui sont connus d'expérience par les « indigènes », mais qu'il faut apprendre lorsqu'on veut devenir traducteur. Ces thèmes se reflètent naturellement dans les textes, ce qui nous oblige à les considérer sous leur angle strictement linguistique. Dans certains pays orientaux, il est de bon ton de roter discrètement à la fin d'un repas pour signifier qu'on apprécie la cuisine du maître de maison ; il est peu probable qu'une traduction directe de cette attitude rendrait le même effet en français. Par contre, on pourrait considérer que, dans certains milieux français, cette « reconnaissance du ventre » s'exprimerait par une lettre de remerciements écrite le lendemain ou par une corbeille de fleurs. Une allusion à ces fleurs ou à cette lettre serait peut-être une adaptation heureuse du texte japonais.

La publicité est un des domaines privilégiés de l'adaptation. Les arguments qui poussent le public à dépenser de l'argent ne sont pas forcément les mêmes de pays à pays, ni (dans le cas d'un pays bilingue) les mêmes pour les deux groupes de population. Une banque canadienne anglaise avait lancé une affiche invitant les Canadiens à l'épargne; celle-ci représentait une main tenant un carnet de banque, avec la devise *Passport to better living*. Or, la métaphore du passeport n'est pas courante en français; on penserait plutôt à des clefs ouvrant toutes les portes, la clef du succès, etc. Enfin, ce qui n'arrangeait rien, le traducteur avait rendu la devise littéralement par « passeport pour une vie meilleure »; l'affiche aurait, pour le coup, été mieux à sa place dans un « salon mortuaire », cette institution typiquement américaine qui transpose en soie bonbon rose les draperies noires de nos Pompes funèbres. La solution la plus heureuse aurait été l'adaptation vers l'image de la clef, en remplaçant le dessin du carnet par une main ouvrant un coffre-fort, « la clef du succès ». Si l'annonceur avait exigé, pour des raisons d'économie, que l'on conserve ledit carnet, on aurait pu analyser ce symbole comme un « *Gage de sécurité* », risquer même une rimette « *Un compte en banque, Plus rien ne manque* ». C'est à l'adaptation qu'on attend le traducteur!

On nous objectera que nous avons considéré surtout, dans nos exemples, des messages en langue courante et que nous avons négligé la langue littéraire. Cette objection n'est vraie qu'en partie. Tous les procédés ci-dessus s'appliquent aussi bien à un article de journal qu'à un roman ou une pièce de théâtre. Mais l'œuvre littéraire ajoute au message sémantico-linguistique des éléments qui lui sont propres, et qu'il faut également rendre. Si les démarches du traducteur doivent tendre en premier lieu à assurer à son texte une parfaite « transparence », ce dernier doit aussi « explorer » l'original pour rendre sensible ce qui, chez l'auteur, est sous-entendu, laissé dans l'ombre : ainsi *la traduction joue toujours le rôle d'une découverte*. Qu'il nous soit permis de citer ici longuement un passage de l'introduction en tous points remarquable que E. Cary donne au chapitre II de la *Qualité en matière de traduction*.

qu'au suffixe *-ard (revanchard, chauffard, banlieusard)*. Pour certains, plus sensibles aux associations sonores, cette valeur péjorative s'étend même à des mots qui possèdent les groupes *-âtre* et *-ard* à titre de phonèmes constitutifs *(théâtre, pâtre, lard, tard)*. D'un autre côté il y a des cas d'espèce intéressants : une Française, rencontrant pour la première fois l'expression canadienne *vivoir* (pour *living-room, séjour*) la trouvait désagréable parce que la finale lui rappelait *abattoir;* un autre sujet trouvait que *rail* évoquait pour lui une matière graisseuse et répugnante, à cause de *graille, graillon, entrailles* et autres mots péjoratifs en *-aille* (par exemple, la *piétaille* par opposition aux *piétons)*.

S'il en est ainsi en français, il en va de même dans les autres langues. Par conséquent, la forme prise en elle-même ne peut pas être indifférente à un auteur. C'est pour des raisons formelles, sonores, associatives que les personnages reçoivent tel nom plutôt que tel autre; Emily Brontë a choisi son titre en fonction des frissons qu'il évoque : *Wuthering Heights,* qu'il a donc fallu rendre en français avec des sonorités équivalentes : *Les Hauts de Hurlevent* — une réussite. L'habitude d'un certain rythme de successions habilement ménagées nous rend difficiles devant une traduction, même heureuse, qui n'utilise pas tout à fait les mêmes tonalités :

> *We'll go the woods no more*
> *The laurels are all cut*

n'a certes pas la même résonance fraîche et claire de

> *Nous n'irons plus au bois,*
> *Les lauriers sont coupés.*

Il y a aussi une question de rythme; la chanson nous a formé l'oreille à une mesure plus égale en français :

rythme qu'on ne retrouve pas dans les vers de A.E. Housman, qui proposent plus naturellement un rythme ïambique :

bien qu'original et traduction puissent tous deux être chantés sur les mêmes notes.

On admettra dès lors que les préoccupations formelles peuvent dresser un dernier obstacle, particulièrement redoutable, en travers du chemin de celui qui a triomphé de tous les autres. M.E. Coindreau, lors d'une causerie sur les difficultés de la traduction, citait le cas extrême de *downy bat* qu'il lui fallait traduire en français par *pipistrelle* ce qui n'était vraiment pas poétique ! La structure sonore d'un tel mot justifie un changement d'animal ; une difficulté semblable s'est posée pour la traduction d'un poème de Walt Whitman où il était question du *great auk;* ce mot court, bien frappé, sauvage se rendait mal par *pingouin*, mot un peu cocasse, un peu pointu, qui se trouvait tout dépaysé dans l'ample cadence des ïambes de Whitman. Mais c'est là toute l'angoisse du traducteur des poètes. Car en matière de poésie, la forme compte au moins autant que le fond : qu'est-ce qu'un vers sans son rythme, ses fanfares et ses rimes ?

La citation que voici résume bien cette discussion : elle est extraite de l'enquête sur *la Qualité en matière de traduction* qui est tout entière à lire et à méditer. Elle provient de Roger Caillois, qui a su si bien triompher des obstacles que nous avons évoqués dans ce chapitre ; écoutons-le plutôt :

Bien traduire Pindare, Shakespeare ou Pouchkine en français (par exemple), c'est écrire le texte que Pindare, Shakespeare ou Pouchkine auraient écrit s'ils avaient disposé des ressources du français au lieu de disposer de celles du grec, de l'anglais ou du russe. Et ainsi de suite. Une bonne traduction n'est donc pas une traduction littérale ni une traduction littéraire (mais infidèle). C'est « inventer » le texte (vocabulaire, syntaxe et style) qu'aurait écrit l'auteur traduit, si sa langue maternelle avait été celle du traducteur et non la sienne. Une telle transposition suppose beaucoup de connaissances, d'intelligence et d'imagination. Elle définit la traduction idéale; je ne prétends pas qu'elle soit possible, je dis que le bon traducteur est celui qui essaie de s'en approcher.

Jean-Paul VINAY.

BIBLIOGRAPHIE

HISTOIRE DE LA TRADUCTION; GÉNÉRALITÉS

F. AMOS, *Early Theories of Translation*, Columbia University Press, New York, 1920.

H. BELLOC, *On Translation*, « The Bookman » (New York) n° 74-1 (sept. 1931), 32-39 et 74-2 (oct. 1931), pp. 179-185.

E. CARY, *La Traduction dans le monde moderne*, Georg, Genève, 1956.

R. LE BIDOIS, *Le Traducteur, ce méconnu*, « Le Monde » (7 février 1960).

J. P. POSTGATE, *Translation and Translations. Theory and Practice*, Bell, Londres, 1922.

A. Fraser TYTLER (Lord Woodhouselee), *Essay on the Principles of Translations* (1791), Dent and Co, Londres, 1921.

J.-P. VINAY, éd., *Traductions. Mélanges offerts en mémoire de G. Panneton*, Montréal, Institut de Traduction, 1952.

TECHNIQUES DE LA TRADUCTION; MANUELS

F. BOILLOT (F. de Grand'Combe), *Le Second vrai ami du traducteur*, Oliven, Paris, 1956.

L. BONNEROT (et L. LECOCQ, J. RUER, H. APPIA, H. KERST, J. DARBELNET), *Chemins de la traduction. Domaine anglais*, Didier, Paris, 1963.

E. CARY, *Théories soviétiques de la traduction*, « Babel », 3.4 (1957), pp. 179-189.

E. CARY, *Pour une théorie de la traduction*, « Diogène » n° 40 (1962), pp. 96-120.

E. Cary, *L'Indispensable débat,* dans « Qualité en matière de traduction », Pergamon Press, Oxford, 1963, pp. 21-48.

J. N. Casagrande, *The Ends of Translation,* dans « Eight Papers on Translation », International Journal of American Linguistics, 20-4 (1954), pp. 335-340.

F. de Grand'Combe, *Réflexions sur la traduction,* « French Studies » Oxford, III, 4 (1949), 435-350 et V, 3 (1951), pp. 253-263.

R. W. Jumpelt, *Die Uebersetzung naturwissenschaftlicher und technischer Literatur,* Langenscheidt, Berlin, 1961.

A. V. Fedorov, *Vvedeniye v teoriyu perevoda* [Introduction à la théorie de la traduction] Moscou, « Izdatel'stva Literaturi na Inostrannyikh Yazikakh », 2ᵉ éd. 1958.

V. Larbaud, *Sous l'invocation de saint Jérôme,* Gallimard, Paris, 1946.

A. Malblanc, *Stylistique comparée du français et de l'allemand,* Didier, Paris, 1961 (Nlle éd. 1963).

G. Mounin, *Les Problèmes théoriques de la traduction,* Gallimard, Paris, 1963.

G. Mounin, *La Qualité en traduction,* « Babel », V, 2 (1959), pp. 84-88.

G. Mounin, *Les Belles infidèles,* « Cahiers du Sud », Paris, 1955.

B. Hunter Smeaton, *Translation: its Nature, Problems and Limitations,* « Journal des Traducteurs » (Montréal), II, 3 (1957), pp. 85-89 et III, 4 (1958), pp. 9-14.

H. Veslot, J. Banchet, *Les Traquenards de la version anglaise. L'art de traduire,* Hachette, Paris, 1922.

H. Veslot, J. Banchet, *Les Épines du thème anglais,* Hachette, Paris, 1928.

J.-P. Vinay, *Peut-on enseigner la traduction ?* ou *Naissance de la stylistique comparée,* « Journal des Traducteurs » (Montréal), II, 4 (1957), pp. 141-148.

J.-P. Vinay, J. Darbelnet, *Stylistique comparée du français et de l'anglais.* Méthode de traduction, Paris, Didier; Londres, Harrap; Montréal, Beauchemin, 1958. Cahier d'exercices n° I (avec livre du maître) Montréal, Beauchemin, 1961-1962.

REVUES; SOURCES BIBLIOGRAPHIQUES.

Babel. Revue internationale de la traduction. Organe officiel de la Fédération internationale des traducteurs. Berlin-Schöneberg, Langenscheidt.

Journal des Traducteurs / Translators' Journal: Organe d'information et de recherche dans les domaines de la traduction et de l'interprétation. Montréal, Presses de l'Université.

Bibliographie linguistique du Centre international des linguistes. Rubrique : *Traduction*. Utrecht et Anvers, Spectrum, 1955.

Bulletin signalétique du Centre national de la recherche scientifique. 3ᵉ partie : Philosophie et Sciences humaines : *Problèmes de la traduction*. Paris, C.N.R.S., 1955.

LA TRADUCTION AUTOMATIQUE

Selon les exigences de qui l'emploie, le mot « traduction » prend des connotations diverses, complémentaires et peut-être encore insuffisamment analysées. Il s'agit bien toujours d'extraire d'un original et d'exprimer autant que possible dans une seconde langue de l'information lexicale (ou sémantique), grammaticale et syntaxique. Mais le plus souvent — et ce peut être une cause de malentendus —, l'on songe aussi à l'extraction et à la restitution de tout ce que l'on peut appeler, faute d'un inventaire détaillé du contenu de ce terme, l'information stylistique. Si l'on admet que toute traduction, même celle d'un poète par un aussi grand poète, comporte une perte d'information et ne tolère que très exceptionnellement le contraire, on sera moins choqué par l'idée d'une automatisation au moins partielle de ce processus complexe, et l'on acceptera qu'une machine puisse se substituer à l'homme pour extraire et transférer dans la seconde langue une partie de l'information contenue dans l'original. Conçue comme un outil à la disposition de l'homme, et non comme se substituant entièrement à lui, la traduction automatique devient aussi acceptable que le dictionnaire.

Le dictionnaire étant l'outil le plus visible du traducteur, c'est vers lui que se sont tournés les premiers adeptes de l'idée de l'automatisation: P. P. Trojanskij à Moscou en 1933, Artsrouni à Paris vers 1936. Mais les procédés strictement mécaniques à leur disposition étaient lents et peu aptes soit à triompher des doutes des linguistes, soit à permettre de raffiner la conception du dictionnaire bilingue automatique, qui se trouve à la base de toute tentative d'automatisme en traduction, mais qui apparaît bientôt comme insuffisant pour quiconque vise au plein automatisme.

Après la deuxième guerre mondiale, l'immensité des besoins en traductions scientifiques coïncide avec les rapides progrès des calculatrices électroniques pour faire avancer l'idée de l'automate traducteur. Ces machines faites pour traiter dans des fractions de seconde des problèmes arithmétiques complexes, pour effectuer des calculs en chaîne, retiennent l'attention par leur aptitude au calcul algébrique et logique, par les dimensions gigantesques et la rapidité de leurs « mémoires », et l'on pense très vite à leur confier des tâches nouvelles.

Cela va de pair avec l'étude du langage par des ingénieurs des télécommunications, qui aboutit à la théorie de l'information ; avec les progrès de la cryptographie, avec le développement de la statistique du langage et de la macrolinguistique, enfin avec la naissance de la cybernétique. La traduction automatique va se trouver au cœur de toute une floraison d'études nouvelles portant sur les problèmes de la communication et de la signification, vus sous l'angle du transfert de l'information d'une langue dans une autre. Mais il s'agira, avant toute chose, d'information lexicale, puis grammaticale et syntaxique, car on vise d'abord à faciliter la traduction des textes scientifiques et techniques, où les préoccupations stylistiques sont secondaires.

A. D. Booth, dès 1946, trouve dans l'automatisation de la recherche des mots dans le dictionnaire une tâche possible pour les calculatrices. Il s'entretient de cette possibilité avec Warren Weaver, vice-président de la Fondation Rockefeller, qui voit dans la traduction un problème analogue à celui du décodage de messages chiffrés. Trois ans plus tard, le mémorandum de Weaver intitulé *Translation* lance quelques esprits hardis, peu épris d'orthodoxie, dans une recherche à laquelle en 1961 seront consacrées dans le monde des sommes annuelles de l'ordre de quatre à six millions de dollars.

L'histoire de ce mouvement a déjà fait l'objet de publications, notamment dans le premier ouvrage paru sur ce sujet, *Machine Translation of Languages*, de W. N. Locke et A. D. Booth. Après le mémorandum de Weaver, des étapes sont marquées par les études de Reifler à Seattle, de Harper à Los Angeles, d'Oettinger à Harvard, de Bar-Hillel au Massachusetts Institute of Technology, où a lieu en 1952 la première conférence consacrée à la traduction mécanique. Leon Dostert, de l'Université de

Georgetown, y vient en sceptique, repart assez convaincu pour entreprendre des études qui aboutissent en 1954 à une expérience qui attire l'attention du public et provoque l'intérêt de l'Académie des Sciences soviétique envers les problèmes de la traduction automatique.

À partir de 1955, les centres de recherche se multiplient partout: aux États-Unis où l'on en dénombre en 1961 plus d'une douzaine, au Mexique, en Grande-Bretagne, en Italie, en France où il y en a trois et où une société savante se consacre à l'étude des problèmes de l'automatique du langage; en U.R.S.S. où les universités et les instituts de recherche de l'Académie des Sciences, notamment à Moscou et à Leningrad, entreprennent de nombreuses études sur des langues européennes et asiatiques, au Japon, en Chine, en Yougoslavie, en Tchécoslovaquie, en Roumanie et en Pologne, en Israël autour de Bar-Hillel.

Après la conférence de Washington (1958) sur l'information scientifique, la conférence organisée par l'Unesco en 1959 sur le traitement de l'information a très largement fait connaître les possibilités nouvelles et les liens étroits entre ces recherches et celles ayant pour but l'accélération et l'automatisation de l'information scientifique.

Le but visé reste en effet la traduction totale ou partielle, par des machines, de textes scientifiques afin d'informer plus rapidement les savants. C'est à un besoin de la science que répond cette recherche, lancée par des scientifiques, et à laquelle les linguistes ne sont dans l'ensemble venus que tardivement.

Devant le foisonnement sans précédent des publications scientifiques dans un nombre croissant de langues, le savant éprouve en effet de plus en plus de difficulté à se tenir au courant des articles parus dans sa spécialité, et encore plus dans les sujets voisins. Il a besoin de résumés succincts et précis de cette littérature, et de traductions tout au moins de ces résumés, sinon d'articles entiers. Il lui faut enfin des bibliographies rapidement consultées. En réponse à ces besoins, l'on a tenté de mécaniser la recherche bibliographique, et l'on a fait de premiers essais de résumés automatiques, se prêtant mieux que des textes écrits plus librement par des hommes, à être traduits par des machines.

Les recherches linguistiques indispensables à la préparation automatique des résumés, à la bibliographie automatique, et à la traduction automatique, se heurtent aux mêmes problèmes de linguistique appliquée, qu'il s'agisse de lexicologie et de sémantique, de morphologie ou de syntaxe, et elles appellent des solutions largement semblables. Nées d'un besoin particulier à notre époque, ces études présentent un intérêt intrinsèque et étendent le champ de la linguistique, ce qui explique les sommes considérables qui y sont aujourd'hui consacrées, mais aussi l'attrait qu'elles ont auprès des jeunes chercheurs épris de nouveauté et d'efficience.

Envisagée comme un « mot à mot », la traduction automatique repose sur un principe aisément concevable. Réduite à sa plus simple expression, la machine à traduire consiste en une « entrée » par laquelle lui accèdent les mots et les phrases, une « mémoire » où est enregistré un dictionnaire bilingue, un « organe comparateur » permettant de confronter un mot reçu à l'entrée avec les mots du dictionnaire et d'identifier ainsi la traduction; enfin une « sortie » permettant de rendre perceptible cette traduction. Pour la commodité de l'exposé, admettons que l'entrée soit un clavier de machine à écrire, et la sortie une machine à écrire électrique. On pourra alors concevoir que si l'opérateur frappe le mot anglais *bee* sur le clavier, au bout d'un temps plus ou moins bref le mot *abeille* apparaîtra sur le papier de la machine de sortie. Une entrée phonétique et une sortie sonore sont également concevables, et partiellement réalisées déjà.

Toutefois, problèmes d'entrée et de sortie mis à part, ce sont le mécanisme de la comparaison et surtout les bases linguistiques ou logiques du découpage de la suite des mots en vue de cette comparaison, qui constituent l'essentiel du problème de la traduction automatique.

Comparer un élément simple de langue A avec un élément simple contenu dans un dictionnaire électronique bilingue ne présente de difficultés que techniques. Isoler ces éléments simples, soit dans la chaîne parlée, soit dans un texte écrit, afin de donner à la machine des instructions permanentes, valables pour toutes les combinaisons de ces éléments, et économiques de temps-machine, voilà la difficulté, objet de recherches à la fois linguistiques et techniques. Les travaux portent soit sur les problèmes posés par la traduction d'une langue donnée dans une autre langue (recherche binaire), soit sur la création d'une langue intermédiaire pouvant assurer l'automatisation de la traduction d'une langue quelconque dans n'importe quelle autre langue, à l'aide d'une grammaire universelle (recherche multilatérale).

ENTRÉE EN MACHINE

L'entrée en machine sera de type soit phonique, soit graphique. Si la machine reçoit à l'entrée des sons, il s'agit d'extraire de cette chaîne parlée l'information proprement linguistique, à l'exclusion de l'information musicale ou autre, timbre de la voix, tonalités émotives, etc., et de découper cette chaîne en éléments distincts pouvant être comparés avec ceux d'un dictionnaire de type approprié. La complexité du programme d'entrée sera donc plus grande en principe que dans le cas de l'entrée alphabétique, dans laquelle le découpage en mots de la chaîne du discours est assuré par l'espace blanc séparant deux mots. Le problème du découpage linguistique en unités significatives ne se posera donc pas au même moment ni de la même façon selon que l'entrée sera phonique ou alphabétique. L'entrée des idéogrammes, par exemple pour le chinois, soulèvera des questions encore très différentes, soit qu'il s'agisse de les alphabétiser, soit que l'on entreprenne de les faire « lire » à la machine de toute autre façon. Actuellement les entrées alphabétiques ont été les plus étudiées, et l'on est en voie de réaliser une lecture automatique rapide des textes à traduire. Il est permis d'espérer que d'autres possibilités seront explorées, la forme même du dictionnaire traditionnellement alphabétique et visuel pouvant être profondément modifiée si la phonétique affirme ses droits.

Cependant l'état actuel des études lexicologiques, et la priorité accordée à la traduction de textes écrits, font que la plupart des chercheurs se sont penchés sur les problèmes de l'entrée alphabétique; elle correspond à une première étape de formalisation et de codification de la langue, permet les rapides vérifications visuelles et évite de s'arrêter sur des écueils tels que les variations d'accent d'un individu à l'autre. Elle simplifie la préparation d'un dictionnaire électronique, version codée pour la machine du dictionnaire alphabétique courant. Les lettres de l'alphabet, les signes de ponctuation, les espaces séparant les mots, deviennent des impulsions électroniques et s'enregistrent en code dans une mémoire temporaire où se fait la comparaison avec les mots contenus dans la mémoire permanente. Ces méthodes de transformation et d'adressage des signaux ont été mises au point à Princeton dès 1947 par Booth et Britten qui élaborèrent un premier code d'instructions permettant à une calculatrice de comparer des mots donnés à l'entrée avec des mots conservés dans sa mémoire.

LA COMPARAISON: LE DICTIONNAIRE

La comparaison se fait le plus souvent par des procédés électroniques, la suite des signaux que représente un mot étant comparée aux signaux contenus dans le dictionnaire jusqu'à ce qu'il y ait exacte équivalence. Cette comparaison peut se faire également par des procédés optiques, les lettres reçues à l'entrée étant superposées à celles conservées dans une mémoire photographique et l'équivalence exacte déclenchant le mécanisme de sortie.

Le dictionnaire électronique peut être confié à des supports de types divers : tambour magnétique, bandes ou disques magnétiques, etc. L'Américain Gilbert King a mis au point une forme particulièrement heureuse de dictionnaire, composée de signes binaires représentés par des gris ou des noirs sur un disque transparent, après une forte réduction photographique. Il peut ainsi enregistrer sur un disque de 25 cm de diamètre tout le dictionnaire russe, avec toutes les traductions anglaises possibles de chaque mot. Cette « mémoire photoscopique » est employée dans les deux premières machines à traduire réalisées par l'I.B.M. pour l'aviation des États-Unis, U.S.A.F. Mark I et Mark II. Elle est admirablement bien adaptée à une langue déclinée comme le russe, car elle permet d'enregistrer chaque mot sous chacune des formes que lui donnent ses diverses désinences. Elle évite une première analyse morphologique, précédant la comparaison, et consistant à séparer les radicaux, ou bases des mots, des désinences qui les accompagnent dans le texte.

Les dimensions et l'ordonnance du dictionnaire

électronique ont fait l'objet de nombreux essais : pour des raisons d'ordre technique, il peut être décidé de ranger les mots pour chaque lettre initiale ou groupe de lettres (par exemple tous les mots commençant par *a-*, ou *al-*, ou *alb-*, etc.) dans l'ordre de longueur décroissante des mots et l'ordre alphabétique des lettres ; ou bien l'on peut préparer les groupes en ordre alphabétique inverse, c'est-à-dire en commençant par la fin, ou encore combiner les deux méthodes. Par contre, des raisons d'ordre sémantique en même temps que les dimensions réduites des « mémoires » ont d'abord dicté la méthode dite des « microglossaires », ou vocabulaires spécialisés, laquelle permet, semble-t-il, de surmonter au moins partiellement certaines difficultés inhérentes à la multiplicité des sens possibles d'un même mot.

Le contenu de chaque article du dictionnaire variera selon la conception de base du programme de traduction envisagé : un mot qui peut être substantif ou verbe sera soit traité comme deux mots distinctifs, soit accompagné de notations disant en substance : si substantif, traduire par *x ;* si verbe, traduire par *y*. Le détail des inscriptions faites au dictionnaire variera donc considérablement pour un même couple de langues, selon par exemple que l'on peut confier à la mémoire lexicologique de nombreuses données (comme pour la mémoire photoscopique de King), ou que l'on doit économiser sur la mémoire et avoir recours à des programmes logiques complexes avec consultation de nombreuses tables.

L'ANALYSE MORPHOLOGIQUE OU GRAMMATICALE

Dès 1948, R. H. Richens s'attachait au problème des annotations grammaticales susceptibles d'être ajoutées à la traduction d'un mot et de renseigner le lecteur sur son rôle grammatical, son genre ou son nombre, etc. Il mettait au point la séparation automatique de la base du mot et de sa désinence, afin de confier à des mémoires distinctes la signification lexicale du mot et la signification grammaticale de la désinence. Ainsi, devant le mot *amat*, la machine allait-elle séparément retrouver dans le dictionnaire la base *am-*, aimer, et, dans une table des désinences, la valeur de *-at*, c'est-à-dire la troisième personne du singulier, indicatif présent. Cette méthode

permet une économie de signes dans les mémoires
lexicales; toutefois le disque de Gilbert King permet de
s'en passer et de retrouver d'emblée chaque forme de
chaque mot, accompagnée de la plupart des renseignements morpho-syntaxiques nécessaires.

La pauvreté en désinences d'une langue comme
l'anglais permet d'établir aisément des tables de réduction
des désinences et d'extraction de l'information grammaticale, comme en ont constitué certains centres de recherche
soviétiques. Par contre, la richesse morphologique du
russe a conduit les chercheurs américains, britanniques et
français à consacrer un temps considérable à l'établissement de codes morphologiques de cette langue. L'une
des plus anciennes et des plus suivies des expériences
faites dans ce domaine a été la constitution sous la
direction d'A. Oettinger à Harvard, d'un dictionnaire
automatique russe-anglais; constamment augmenté et
amélioré depuis une dizaine d'années, il a servi de base à
la mise au point en Angleterre d'un dictionnaire russe-
anglais au National Physical Laboratory.

LE DÉCOUPAGE DU DISCOURS:
MOT — IDIOTISME — CLICHÉ

Toute traduction mot à mot pose bientôt des problèmes
correspondant à l'impossibilité où nous nous trouvons de
définir le « mot ». Le fait d'être séparé par un espace des
groupes de signes qui précèdent et qui suivent ne
constitue pas une définition utile pour les besoins de la
traduction; en font foi des groupes comme « ne ... pas »,
certains mots composés anglais ou allemands, et de
nombreux idiotismes dans la plupart des langues. La
méthode adoptée par Erwin Reifler, Lew Micklesen et
Gilbert King, fondée sur ce que Reifler appelle « un
optimum lexicographique », permet, grâce à l'emploi
d'une mémoire très rapide et d'immense capacité, de mettre
en mémoire chaque forme de chaque mot et même des
groupes de mots, locutions russes entières avec leur
traduction anglaise. En fait, les travaux de Reifler
montrent que la notion d'idiotisme varie selon les couples
de langues envisagés. Cependant elle pose de façon
nouvelle le problème du découpage. Si chaque mot est
accompagné de ses diverses traductions possibles,

comment arrêter la liste des traductions anglaises de
« va » de façon à tenir compte d'une expression comme
« ça ne va pas », qui se traduit littéralement en allemand
(das geht nicht) mais pas en anglais ? Il y a idiotisme par
rapport à l'anglais, mais non par rapport à l'allemand. Et
que dire de ces expressions fréquemment employées, qui
ne sont pas nécessairement des idiotismes mais dont une
traduction mot à mot serait par trop irritante pour le
lecteur ? Elles figureront tout entières dans le lexique, avec
leur traduction admise, par exemple « Société des Nations », « League of Nations ». Il est de fait que le traducteur humain procède de la même façon, traduisant le
plus souvent possible un concept plutôt que des mots
séparés. La méthode de l'optimum lexicographique
aboutit ainsi à mettre en mémoire un nombre considérable
d'expressions toutes faites, d'idiotismes vrais ou apparents.
Où s'arrêtera-t-elle et faudra-t-il meubler une mémoire de
tous les clichés du passé et du présent ? On entrevoit ici
en quoi la traduction automatique pose tout le problème
de l'originalité de l'expression, en même temps qu'elle
fait ressortir le caractère inadéquat du « mot » comme base
d'analyse linguistique, au niveau sémantique comme à
celui de la syntaxe.

ANALYSE SYNTAXIQUE

De même que sur le plan lexical le mot se définit
difficilement et aboutit aux expressions toutes faites, de
même on n'échappe au mot à mot incohérent et presque
illisible qu'en mettant la machine en mesure de lever des
ambiguïtés syntaxiques, de choisir entre diverses interprétations possibles du même mot. Elle devra par exemple
déterminer si « limite » est un nom ou un verbe dans le
groupe *la limite :* Pierre *la limite* à -, aller à *la limite*. Ainsi
un minimum d'analyse syntaxique s'impose à toute
traduction automatique, même mot à mot, afin de découvrir la structure de la phrase, liée par un double rapport à
la fonction et à la signification des mots. Tous les travaux
théoriques, que ce soient ceux de Bar-Hillel, puis de
Chomsky et Yngve au M.I.T., ceux de Z. S. Harris à
l'Université de Pennsylvanie, visent à l'élaboration d'une
espèce de calcul syntaxique permettant à la machine de
déterminer par ses seuls moyens la structure d'une phrase,

d'en faire la preuve, recommençant au besoin si cette preuve n'est pas faite, c'est-à-dire si la structure proposée ne correspond pas à la fois à une formule donnée et aux éléments d'information structurale contenus dans la phrase. Entre les fonctions syntaxiques possibles des mots et l'ensemble de la structure, la machine vérifie donc les rapports en fonction d'un répertoire de structures permises. Ces travaux sont étroitement liés chez Z. S. Harris et V. Yngve à la lecture automatique des brevets d'invention — problème lui-même lié à celui des résumés automatiques.

En ce qui concerne la traduction, la méthode de l'analyse prédictive de Mme Ida Rhodes, adaptée par Œttinger et Sherry à Harvard, paraît fructueuse et plus simple que celle du calcul syntaxique. Chaque mot de la phrase est examiné successivement, les hypothèses possibles, quant à son rôle dans la phrase, sont vérifiées selon un programme relativement simple, et une structure des divers éléments de la phrase, puis de la phrase entière, est proposée. L'économie d'instructions données à la machine est considérable grâce à un procédé habile qui permet d'éliminer des instructions pas à pas en tirant parti du degré croissant de certitude quant au rôle des mots suivants au fur et à mesure de l'examen de chaque mot.

L'homme construit une phrase soit à partir de sa signification globale, soit pas à pas à partir de la signification d'une partie de la phrase. La première possibilité est exclue pour la machine. Comme l'a montré Yves Lecerf, la détermination par la machine de la structure d'une phrase courte pourrait sembler une tâche gigantesque si l'on ne tenait compte que des probabilités mathématiques, en se fondant sur le nombre des combinaisons possibles des mots. Mais, certaines combinaisons en excluant d'autres, le nombre de celles qui ont des chances de se vérifier est en fait très réduit, chaque mot étudié réduisant les possibilités pour ceux qui suivent. C'est ainsi qu'une phrase de cinq mots peut donner théoriquement lieu à six cent vingt-cinq solutions, dont 77% peuvent être éliminées d'emblée; sur les cent quarante-trois solutions restantes, un bon nombre pourront probablement être éliminées après considération du premier mot à valeur syntaxique univoque rencontré dans la phrase, et ainsi de suite.

Ainsi, au-delà des mots, la linguistique de la traduction automatique fait appel à des notions structurales du type mis en lumière par l'école de Bloomfield. Par-delà les notions traditionnelles de « parties du discours », les études entreprises pour la traduction mécanique invitent à l'examen des sources mêmes du conditionnement linguistique de la première enfance, qui nous fait rejeter comme dépourvue de signification la phrase : « Jeanne un prend livre », et accepter « Jeanne prend un livre ». C'est à l'exploration systématique des structures possibles et de leur effet sur la signification que se livrent des équipes de recherches comme celle de la Rand Corporation, où l'on tente de classer les mots selon les types d'associations possibles pour eux, afin d'ajouter, somme toute, au dictionnaire des mots un répertoire des structures et une liste des classes de mots pouvant servir à les constituer.

ANALYSE SÉMANTIQUE

Le but de la traduction étant de trouver l'équivalent du mot ou du concept dans la seconde langue, on a vu comment le dictionnaire automatique s'est enrichi peu à peu de notations d'ordre morphologique, grammatical et syntaxique, dont chacune apporte des précisions sur le choix de l'équivalent. Il n'en est pas moins vrai, comme l'a fortement affirmé Panov résumant les travaux soviétiques, que l'information lexicale reste au cœur du problème et que c'est sur elle que doivent se concentrer les efforts. Une fois résolus les problèmes de signification grammaticale et de fonction syntaxique des mots, il reste donc à choisir entre leurs significations proprement sémantiques — et ce sera le plus difficile problème de la traduction automatique.

La première solution envisagée est celle dite du microglossaire : on peut espérer établir une nomenclature complète du vocabulaire d'un sujet scientifique donné, sous forme bilingue, et déterminer ainsi la traduction correcte de tous les mots d'un texte sur ce sujet — sauf naturellement ceux qui seraient empruntés à un autre sujet. Solution évidemment limitée, mais qui donne des résultats partiellement satisfaisants dans la traduction humaine. Elle ne permet pas d'espérer aboutir à la traduction pleinement automatique, car elle laisserait subsister la possibilité d'une marge d'erreur pour tous les mots abstraits à sens multiples, dont le vocabulaire scientifique use largement.

Une deuxième solution, essayée par Reifler à l'Université du Washington, et étudiée également par N. D. Andreiev à Leningrad, consiste à donner aux mots des indices sémantiques et à choisir pour un mot à sens multiples le sens correspondant aux indices les plus fréquents dans le contexte. Une solution voisine consiste à utiliser, selon des méthodes qui ne semblent pas avoir été mises au point, un dictionnaire de synonymes du type du *Roget's Thesaurus,* en appliquant un système d'indices du même type que ci-dessus. Cette solution fait l'objet des travaux du Cambridge Language Research Unit en Grande-Bretagne.

Il est enfin une méthode largement pratiquée par le traducteur humain, qui consiste, dans le doute, à adopter le terme ayant, parmi les traductions possibles d'un même mot, la plus large connotation. La traduction peut y perdre en spécificité; elle ne risque pas de provoquer chez le lecteur averti une erreur grave quant à la signification du passage traduit. Reifler a montré à diverses reprises combien, surtout dans le vocabulaire scientifique, il existe de mots calqués d'une langue sur l'autre avec des sens entièrement ou presque exactement pareils. On table ici sur cette communauté des définitions et des signes qui manifeste l'unité de la science sur notre planète. Il n'en est malheureusement pas de même par exemple dans le domaine des techniques, où l'invention verbale est plus désordonnée.

Cependant, les efforts de classification des connaissances, entrepris en vue de l'automatique en recherche documentaire, peuvent exercer ici une influence heureuse sur la traduction, humaine et automatique, en fournissant des inventaires bien ordonnés des termes en usage dans chaque science et de leur signification exacte.

La traduction automatique a donné lieu à des recherches dont le foisonnement a peut-être nui à la clarté; théories et techniques ont constamment évolué et l'on attend encore une théorie définitive de la traduction propre à faciliter une mécanisation au moins partielle de ce qui restera, malgré tout, un art. Mais si cet exposé ne peut évidemment pas être absolument à jour, il convient, en conclusion d'un trop rapide aperçu, de souligner à quel point la traduction automatique a également amené certains linguistes et surtout, semble-t-il, les Soviétiques Andreiev et Mel'čuk, à examiner de près les bases et le contenu d'une grammaire universelle qui s'élèverait au-dessus des particularités des langues et rechercherait ce qui est vraiment essentiel dans la communication d'homme à homme. Les rapports de ces études avec la logique contemporaine n'ont pas à être soulignés ici. La linguistique mathématique n'est pas née avec la traduction automatique : mais elle ne se serait pas développée comme elle le fait actuellement, sans l'impulsion apportée par une recherche qui contribue largement à donner à la linguistique sa place parmi les sciences naturelles, à la doter d'instruments de travail nouveaux et d'une grande précision, les calculatrices électroniques.

Émile DELAVENAY.

BIBLIOGRAPHIE

Yehoshua BAR-HILLEL, *Report on the State of Machine Translation in the United States and Great Britain,* United States Office of Naval Research, Washington, 1959.

A. BOOTH, L. BRANDWOOD et J. P. CLEAVE, *Mechanical Resolution of Linguistic Problems,* Londres, 1958.

Émile DELAVENAY, *La Machine à traduire,* Paris, 1959; traduction anglaise augmentée, *Introduction to Machine Translation,* Londres, 1960.

Émile et Katharine DELAVENAY, *Bibliographie de la traduction automatique,* La Haye, 1960.

Yves LECERF, *Programme des conflits, modèle des conflits,* dans : *La Traduction automatique,* vol. I, n° 4 et 5, Paris, 1960.

W. N. LOCKE et A. J. BOOTH, *Machine Translation of Languages,* New York, 1955.

Anthony ŒTTINGER, *Automatic Language Translation,* Cambridge (Massachusetts), 1960.

D. I. Panov, *Avtomatičeskij Perevod,* Moscou, 1958; traduction anglaise parue, traduction française à l'ATALA.

Jacques et Jeanne Poyen, *Le Langage électronique,* Paris, 1960.

B. Renard, *Le Calcul électronique,* Paris, 1960.

A. Sestier, *Les Calculateurs numériques automatiques et leurs applications,* Paris, 1958.

Information Processing, Unesco, Paris, 1960.

Linguistic and Engineering Studies in Automatic Language Translation, Seattle, Phase I, 1959, Phase II, 1960.

Mašinnyj Perevod i Prikladnaja Lingvistika, Moscou, 1957.

Mechanical Translation, Cambridge (Massachusetts), 1954 →.

La Traduction automatique, Bulletin de l'ATALA, Paris et La Haye, 1960-1964; *T. A. Informations,* Klincksiek, Paris, 1965 →.

Trends in European and American Linguistics, 1930-1960, Utrecht et Anvers, 1961.

L'ÉVOLUTION DES LANGUES

LA DYNAMIQUE DU LANGAGE

Depuis le moment où, voici quelque cinquante ans, la publication posthume du *Cours de linguistique générale* de Ferdinand de Saussure posait en principe l'incompatibilité de la description synchronique et de l'étude diachronique des faits linguistiques, le problème de la synchronie pure a hanté tous ceux qui étudient les langues d'un point de vue non historique. Bien qu'il ne semble pas difficile de donner une description détaillée sans pourtant faire intervenir aucun élément historique et diachronique, on se heurte chemin faisant à toutes sortes de difficultés. Que faire, par exemple, d'un son ou d'une forme verbale qui figurent dans le système verbal ou dans le système phonologique d'un premier informateur, mais qui sont absents des données fournies par un deuxième; et comment interpréter des renseignements concernant les différents registres qui sont à la disposition d'un seul et même individu? Supposons que dans le cas de divergences entre les données fournies par un informateur *A* et celles d'un informateur *B*, la description mentionne cette différence en ajoutant que l'usage de *B* représente une innovation par rapport à celui de *A*. Le terme même d'innovation introduit un élément de diachronie dans nos considérations. Sur un plan purement synchronique, le descripteur ne saurait que mentionner la coexistence de deux systèmes, celui de *A* et celui de *B*. S'il dispose de renseignements supplémentaires, il peut indiquer lequel des deux systèmes est le plus répandu, mais il doit s'abstenir de tout pronostic sur l'évolution à attendre.

Pour ce qui est des registres, le langage soutenu et littéraire représente normalement une étape antérieure à celle du débit de la conversation courante, mais la coexistence des deux systèmes dans un même individu rend la tâche du descripteur très délicate. Si la description souligne l'aspect marginal de certains phénomènes, la synchronie ne s'en trouve pas affectée par là même, mais dans ce cas, toute précision sur le caractère archaïsant ou innovateur doit être exclue.

Pour éviter ces problèmes il faut, dans une description synchronique, restreindre autant que possible le nombre d'informateurs et réduire également au strict minimum les facteurs d'instabilité tels que le changement de registre dans le parler d'un seul individu. Et même si le registre reste le même, il n'est pas sûr qu'au bout d'un certain nombre d'années il ne se soit produit aucun changement. Ceci revient à dire que l'idéal synchronique est atteint quand on part des informations d'une seule personne recueillies à un moment donné, et qui constituent ce qui est appelé un idiolecte.

Mais le plus souvent le descripteur se base sur un matériel moins homogène et la question se pose de savoir où s'arrête l'illusion d'immobilité et où commence le mouvement de la diachronie. Dès que la coupe transversale qu'est la description synchronique devient une tranche où sont représentés plusieurs générations et plusieurs milieux sociaux, il est clair que la stabilité d'un système linguistique est une notion relative. Devant la constatation de divergences dues au milieu social ou de changements au passage d'une génération à une autre, le linguiste peut éprouver le besoin d'interpréter et de comprendre. De la formation du descripteur dépend largement la mesure dans laquelle il cherchera à faire entrer dans ses considérations l'ensemble des données dont il dispose. Très souvent le phénomène à décrire est isolé de phénomènes analogues : ne sont considérés que les éléments qui participent au changement ou qui forment l'opposition étudiée, sans souci de la place de ces éléments par rapport aux autres éléments avec lesquels ils forment un système.

Il arrive également que des causes extra-linguistiques soient invoquées à titre d'explication de phénomènes linguistiques. Les besoins de la communauté qui parle telle langue changent, la langue en question se modifie et s'adapte aux exigences nouvelles. En procédant de la sorte on aboutit à des raisonnements qui tournent en rond. L'esprit change, donc la langue change en accord avec l'attitude nouvelle. Comment savoir qu'il y a attitude nouvelle sinon par les modifications qu'on observe dans les usages linguistiques de la communauté ? En outre, même si le lien de cause à effet est établi sans équivoque, le travail du linguiste reste à faire, car deux langues placées devant la même tâche d'adaptation ne suivent jamais la même voie et il incombe au chercheur de découvrir les raisons internes de cette différence de réaction.

Dans les pages qui vont suivre, nous essayerons de démontrer que seule la méthode qui considère la structure des éléments de la langue avant et après le changement peut arriver à des résultats satisfaisants.

Toute langue se modifie, évolue à chaque instant. Cette évolution, quelque imperceptible qu'elle soit pour les sujets parlants, n'en est pas moins réelle. Il suffit de comparer un roman de Chrétien de Troyes à un roman de Françoise Sagan pour s'en convaincre. Mais, et c'est de là que provient l'impression de stabilité, l'évolution est si lente que la communication entre sujets d'âges très différents n'en est pas affectée. Ce n'est pas qu'il soit complètement impossible d'ailleurs, de constater les divergences, car un peu d'entraînement suffit pour découvrir qu'à Paris, l'un dit [œ̃] l'autre [ɛ̃], que pour l'un *maître* et *mettre* sont des homonymes, tandis que l'autre les distingue à l'aide d'une opposition de longueur, /ɛ:/ ~ /ɛ/. Mais les membres de la communauté linguistique ont tout intérêt à ne pas souligner ce qui les sépare les uns des autres, et c'est comme si toute différence dont on n'est pas conscient n'existait pas.

Deux Français se comprennent sans difficulté même si l'un observe les oppositions /ɛ/ ~ /ɛ:/ *(mettre ~ maître)*, /œ̃/ ~ /ɛ̃/ *(brun ~ brin)*, /a/ ~ /ɑ/ *(patte ~ pâte)*, /nj/ ~ /ñ/ *(la nielle ~ l'agnelle)*, tandis que pour l'autre il y a toujours homonymie complète. Et le Hollandais qui a réduit le groupe [sxr] en [sr] ne se fait pas remarquer par ceux qui ont gardé intacte la suite des trois consonnes. Il ne suffit pas pourtant de constater que les changements n'empêchent pas la compréhension, car il faut encore répondre à la question de savoir pourquoi telle modification se produit, tandis qu'une modification analogue qui serait à première vue aussi « acceptable » que la première ne s'observe nulle part.

C'est dans le domaine de la phonétique historique (appelée également phonétique diachronique ou évolutive) qu'on trouve le plus grand nombre d'études d'ensemble. Avec l'école des néogrammairiens, l'étude des lois phonétiques est à la mode. Des manuels de phonétique comme celui de E. Bourciez (*Précis de phonétique française,* 8ᵉ édition revue et corrigée, Paris 1950, 9ᵉ édition revue par J. Bourciez, Paris 1958), écrits dans la tradition des néogrammairiens et qui figurent toujours au programme de mainte université, illustrent bien les avantages et les défauts de la méthode historique traditionnelle. Le principe de la loi sans exception prime tout dans ce genre d'études, mais on en reste aux lois sans aller beaucoup plus loin que la constatation de changements : « *a* tonique libre devient *e* ». Tout au plus attire-t-on l'attention sur le parallélisme dans le sort de toutes les voyelles toniques libres, et là où les étapes ne sont pas attestées dans les textes, on va jusqu'à risquer des hypothèses : on suppose par exemple une évolution parallèle de *o* tonique libre et de *e* tonique libre *(e > ei,* donc *o > ou),* bien que cette évolution soit imparfaitement attestée. Cependant, en règle générale, les changements qu'on met en rapport sont ceux qui se conditionnent les uns les autres : *au* est passé à *o* après *ou* et *k* devant *a* est devenu *č,* puisque *causa > chose* [šoz] et non pas [*koz]. Le morcellement est donc la règle, et, à première vue, on s'étonne même qu'il n'y ait pas eu plus de tentatives pour arriver à un tableau intégral des changements en cours à telle ou telle époque. Probablement ce manque d'intérêt pour une phonétique historique où les faits s'intègrent dans un tout, doit-il s'expliquer par le fait que l'étude de l'évolution phonétique ne constituait pas un but en soi. C'est en philologues et non pas en linguistes que les néogrammairiens s'appliquaient à découvrir les lois phonétiques : la connaissance de ces lois devait faciliter la compréhension de textes anciens. C'est pourquoi les manuels de phonétique historique, tout en étant très complets, fournissant les règles et les exceptions à ces règles, nous laissent sur notre faim dès que nous y cherchons des tendances générales. Le manque de cohérence provient notamment du fait que les recherches ne s'étendent pas au-delà du domaine syntagmatique; les pressions et les attractions paradigmatiques n'entrent pas en ligne de compte.

Sans que la notion de structure intervienne directement

dans les théories de Henri Frei et de Edward Sapir, *Language* (New York, 1921), de celui-ci, aussi bien que *la Grammaire des fautes* (Paris - Genève, 1929), de celui-là, marquent un progrès très net par rapport à l'« atomisme » des néogrammairiens. Pour Sapir, chaque langue se développe en obéissant à une force intérieure qu'il appelle en anglais *drift*. Ce terme est rendu dans la traduction française (Paris, 1953) par *évolution* (voir le titre du chapitre VII « *Language as a historical product : drift* » — « Le Langage façonné par l'histoire : l'évolution »). Dans *drift* il y a un élément de poussée que le français « évolution » ne couvre pas. Les néogrammairiens se sont occupés de l'évolution des sons, mais ils n'ont jamais étudié le *drift*.

Il y a sinon influence de Sapir sur Frei, en tout cas grande affinité d'esprit entre les deux linguistes. Pourtant Frei s'arrête plus longuement aux idées d'évolution que Sapir, qui pose simplement le principe du *drift* sans aborder le côté philosophique du problème. L'auteur de *la Grammaire des fautes,* par contre, en opérant avec la notion de sélection tâtonnante (*tastende Auslese*) introduit dans ses considérations un élément quelque peu équivoque. C'est que le terme de « sélection tâtonnante » a des implications d'ordre philosophique puisqu'il suggère une interprétation téléologique de l'évolution linguistique. C'est précisément par là que Frei a effarouché nombre de ses lecteurs qui estiment que la philosophie n'est pas de mise dans l'étude de phénomènes linguistiques. Il est toutefois loin d'être sûr que Frei ait voulu suggérer par la sélection tâtonnante beaucoup plus que n'exprime la notion de *drift* chez Sapir, la téléologie de *la Grammaire des fautes* se réduisant à un principe d'économie : les changements tendent tous à faire augmenter le rendement de l'effort fourni par le sujet parlant.

Les changements phonétiques syntagmatiques tendent, eux aussi, à diminuer l'effort : quand un p intervocalique se sonorise en b, il s'est créé une suite d'articulations où participe la voix, au lieu de l'alternance d'articulations sonores et sourdes qu'il y avait avant la sonorisation de l'intervocalique sourde. Aussi est-il justifié de poser la question que voici : en quoi consiste l'apport de Frei ou de Sapir par rapport aux théories des néogrammairiens ? C'est tout d'abord par leur manière de poser le problème qu'ils s'écartent de leurs prédécesseurs. Ils voient une force constante là où les néogrammairiens admettaient qu'il s'agissait de manifestations isolées. En outre les raisonnements au sujet de l'analogie, qui est à la base de beaucoup de changements, sont chez Frei et Sapir beaucoup plus nuancés que ceux que nous connaissons des études phonétiques et morphologiques traditionnelles où c'est à peine si on se demande dans un cas d'analogie pourquoi *A* a suivi *B* et pourquoi ce n'est pas l'inverse qui s'est produit. Pour être à même de voir dans un cas d'analogie autre chose qu'une manifestation fortuite d'un besoin de simplification qui ne se fait sentir que par moments, il est indispensable de combiner les coupes transversales d'une analyse synchronique et les coupes longitudinales de la méthode historique. C'est en multipliant les coupes dans les deux sens qu'on arrive à se représenter de quelle façon la langue change.

Quelles sont les constantes qui commandent l'évolution du langage, d'où vient cette dynamique, cette absence de repos ? Chaque langue se modifie à tout moment de son existence, et les modifications qu'elle subit ne sont pas fortuites, mais tendent à améliorer le rendement correspondant à l'effort fourni. D'autre part, la langue ne peut fonctionner comme moyen de communication que grâce à une grande stabilité : si l'évolution était très rapide le contact entre les générations ne se maintiendrait que grâce à un effort constant d'adaptation à la langue de l'interlocuteur. Il y a là donc deux forces opposées, et de l'équilibre entre les deux tendances, résulte une évolution lente. C'est souvent du fait d'impulsions extra-linguistiques que change la résultante des deux forces, d'où un rythme d'évolution plus rapide ou, au contraire, ralenti. Laissant de côté les facteurs extra-linguistiques dont l'étude incombe aux historiens ou aux sociologues mais non aux linguistes, nous devons nous demander quels sont les facteurs proprement linguistiques qui jouent un rôle dans l'évolution du langage.

La formule du minimum d'effort pour un maximum de rendement couvre l'ensemble des faits, mais elle est trop générale pour offrir plus qu'un point de départ. Les termes d'effort et de rendement forment le pivot de toute dynamique du langage et méritent donc qu'on les examine de plus près.

Tout acte de parole demande un effort de la part de celui qui parle. Il suffit de se rappeler la difficulté qu'on éprouve à articuler convenablement ses paroles quand on est dans un état de grande fatigue, pour comprendre que ce qui semble ne demander aucune peine exige en fait un effort très réel. Aussi est-il bien naturel que les sujets parlants tâchent d'économiser leur énergie en réduisant le nombre des mouvements articulatoires. Cette réduction dans la chaîne parlée s'obtient par l'omission d'unités (chute de la consonne finale), ou par assimilation (voir l'exemple cité ci-dessus de la sonorisation des intervocaliques sourdes). Poussée à l'extrême cette réduction aboutirait à la disparition de toute distinction entre les unités phoniques de la chaîne parlée, ou à un silence complet, mais dans un cas comme dans l'autre, la fonction de communication de la langue s'oppose à un résultat aussi radical.

Il y a très souvent une corrélation inverse entre l'effort du locuteur et l'effort de l'auditeur. De la fonction communicative de la langue, découle directement le fait que le rôle de l'auditeur est aussi important que celui du locuteur. C'est donc négliger un aspect essentiel du fonctionnement du langage que de ne considérer que l'effort articulatoire sans s'occuper de l'effort d'audition et d'interprétation. Si le locuteur fait un effort pour maintenir distinctes deux unités phoniques de la chaîne, c'est pour que la compréhension de ce qu'il dit soit assurée. On se fatigue à écouter un débit très rapide et négligé et on finit par ne plus écouter.

L'effort d'interprétation, si souvent méconnu en phonétique, est mis au premier plan dans l'étude de ce qu'on appelle depuis Gilliéron la pathologie et la thérapeutique verbales. L'exemple pittoresque de la collision homonymique de « chat » et de « coq » en gascon béarnais *(gat ⟨ cattus* et *gat ⟨ gallus)* passe de manuel en manuel. Le terme nouveau pour désigner le coq signifiait d'abord soit « faisan » soit « vicaire ». La répulsion de la langue devant l'homonymie de « coq » et de « chat » s'explique du fait que les deux notions appartiennent au même champ d'intérêt, ce qui rend l'interprétation d'un énoncé où figure le terme *gat* souvent très difficile pour ne pas dire impossible. Bien que ce cas de collision homonymique soit digne d'être relevé, il est assez surprenant de constater que ce sont presque uniquement des cas de ce genre qui ont retenu l'attention et il est exceptionnel que les descriptions dépassent le stade de l'énumération de collisions homonymiques dans le vocabulaire pour s'attaquer à des collisions beaucoup plus gênantes telles que : *l'homme qui l'amène* [lɔm ki lamɛn] versus *l'homme qu'il amène* ou *l'homme qui la mène*. Ceci est d'autant plus surprenant et regrettable que la thérapeutique a beaucoup plus de conséquences quand il s'agit d'une construction que dans le cas d'un simple redressement du vocabulaire, qui n'a que peu de répercussions sur l'ensemble des rapports qui existent entre les unités du lexique.

La langue étant d'après la formule de Ferdinand de Saussure un système où tout se tient, on comprendra sans peine que la modification d'une unité ou l'introduction d'une unité nouvelle influe sur les rapports qui existent entre les unités du système. Plus l'inventaire de ces unités est large, plus il sera difficile de suivre les répercussions. Quand on jette une pierre dans une petite mare, on peut suivre les remous du regard jusqu'au moment où ils atteignent le rivage; dans la mer, le rayonnement des cercles se perd à l'infini. Cette comparaison a le danger de suggérer des mouvements réguliers, mais à condition d'admettre des forces qui brisent la régularité, elle est acceptable. Il faudra donc commencer par la mare, c'est-à-dire par un système qu'il soit possible d'embrasser du regard. Le langage humain fonctionne grâce à un procédé de généralisation. Si pour chaque situation particulière il fallait un autre vocabulaire, si chaque gradation de bonheur ou de malheur de chaque individu — puisque jamais rien n'est identique à ce qui a déjà été dans ces domaines — avait un terme spécial, toute communication deviendrait impossible. Mais même en utilisant la généralisation grâce à un dénominateur commun, le lexique forme un terrain d'investigation trop vaste pour permettre de suivre toutes les conséquences d'un changement d'inventaire. Les terminaisons des conjugaisons et des déclinaisons des langues flexionnelles offrent déjà beaucoup plus de prise. Mais c'est dans le domaine des unités sonores minima que sont réalisées les conditions les plus favorables.

À l'aide d'unités comme *un, bois, planter, je, veux,* on

peut transmettre son expérience : *je veux planter un bois*. En groupant les unités de différentes manières, on peut varier les communications. En outre, les unités prennent des sens plus spécialisés grâce aux contextes différents : cf. *Je le préfère en bois et non pas en métal, ce bureau* et *je vais lui montrer de quel bois je me chauffe*. Ces unités de base douées de sens se succèdent donc les unes après les autres, toute manifestation de la langue ayant un caractère linéaire. Ceci vaut aussi pour les unités phoniques dont elles se composent. Ces unités phoniques pourraient en théorie être différentes pour chaque unité de base. Mais le locuteur devrait alors varier à l'infini ses mouvements articulatoires, et l'on voit mal comment l'auditeur pourrait de son côté identifier chacune de ces articulations. Le procédé qui consiste à combiner de plusieurs façons des unités à forme fixe est répété sur le plan phonique.

Nous appellerons les unités phoniques « unités de deuxième articulation », la première articulation se produisant dans le domaine des unités douées de sens. Les unités de la deuxième articulation forment un système, le système phonologique, qui est différent pour chaque langue. Mais tous les systèmes phonologiques ont en commun que leur inventaire est très limité. Un Français se tire très bien d'affaire avec trente-quatre unités de deuxième articulation, et beaucoup de Français ont un système phonologique encore plus restreint (voir ci-dessus). Commençons donc par examiner l'évolution d'un système à inventaire limité.

Chaque unité de l'inventaire de la deuxième articulation — que nous appellerons conformément à l'usage un phonème — doit être identifiable pour que le message de l'énoncé soit déchiffrable. C'est sur deux plans qu'il faut que l'unité ait son identité propre : sur le plan de la chaîne sonore, et sur le plan du système. Prenons un /e/ suivi d'un /i/. Cet /e/ pourra en subissant l'influence de /i/ se rapprocher de /i/ en se fermant. Si pour la compréhension de l'énoncé, cet élément /e/ est indispensable, le locuteur en gardera l'articulation distincte de celle de /i/. Sinon /e/ peut finir par se confondre avec /i/. C'est dans la chaîne parlée que se déroule cette action d'attraction et la réaction éventuelle qui la suit. Cette réaction peut aller très loin. Pour marquer l'identité de /e/ par rapport au /i/ suivant, on prononce cet /e/ de façon plus ouverte que d'habitude. Si l'aperture augmente suffisamment, /e/ devient phonétiquement identique à /ɛ/ dans la combinaison /e + i/. Si la langue en question avait déjà la combinaison /ɛ + i/ et que la fusion de /e + i/ et de /ɛ + i/ soit inadmissible puisqu'il en résulterait trop de cas d'homonymie gênante, le /e/ doit être gardé distinct non seulement de /i/ mais aussi de /ɛ/; alors ce ne sont plus des raisons syntagmatiques qui imposent cette nécessité, mais des raisons paradigmatiques. Chaque phonème se trouve donc exposé à l'influence de ses voisins dans la chaîne parlée aussi bien que de ses voisins dans le système. Les rapports des unités dans l'énoncé sont des rapports de contraste, les rapports dans le système sont des rapports d'opposition. Il y a donc contraste entre les unités distinctes l'une de l'autre qui se trouvent l'une à côté de l'autre dans l'énoncé, il y a opposition entre les unités distinctes qui peuvent figurer dans le même contexte et qui demandent un choix de la part de celui qui parle. Dans / b r e f /, /b/ et /r/ sont dans un rapport de contraste; dans /r õ/ et /b õ/, /r/ et /b/ sont dans un rapport d'opposition. Ces rapports différents qui déterminent la réalisation des phonèmes de *j'ôte*, par exemple, peuvent être représentés par les schémas suivants :

/š/		/oé/			/d/	
↕						
ž → ót	ž ↔ ó ↔ t		žó ← t	
↕		↙ ↘		↙		↘
/z/	/ò/		/u/		/p/	/k/

(emprunté à *Éléments de linguistique,* p. 206 voir bibliographie).

Chaque langue a des règles très strictes concernant les combinaisons de phonèmes de sorte qu'il arrive que deux langues qui ont le même inventaire de phonèmes ne se ressemblent pas du tout du point de vue de la structure phonologique des unités de première articulation.

En position initiale, par exemple, le français admet /pl/ et /pr/ (/pli/ et /pri/), /kl/ et /kr/ (/klas/ et /kras/), mais pour la sourde dentale /t/ la combinaison /tl/ n'est pas attestée à côté de /tr/ (/tri/). La sifflante /s/ par contre peut être suivie de /l/ bien que la combinaison /sl/ ne se rencontre qu'en un nombre très restreint de mots d'origine étrangère (/slav/ et /slip/ par exemple), tandis que /sr/ fait défaut.

Pour le hollandais, on a dressé la liste des combinaisons consonantiques biphonématiques qui figurent en position initiale devant une voyelle accentuée. De cette liste il ressort que /pl/, /pr/, /kl/, /kr/, /tr/ et /sl/ sont indigènes, /tl/ ne se rencontre pas et /sr/ ne figure que dans le parler de ceux qui ont réduit le groupe /sxr/.

Le russe connaît les huit combinaisons /plut/, /prut/, /klop/, /krof'/, /tl'et'/, /trup/, /slava/, /sram/, avec cette restriction qu'après /t/, le /l/ dur n'est pas attesté et que /l'/ mou est rare dans cette position.

La distribution des phonèmes et la fréquence des unités aussi bien que des combinaisons dans la chaîne sont des facteurs importants de l'évolution des systèmes phonologiques.

Plus un élément de la chaîne parlée (phonème ou combinaison de phonèmes) est fréquent, moins il donne d'information. Si dans une langue [p] ou [pl] se trouvait toujours à l'initiale du mot la fonction de cet élément serait uniquement démarcative et cet élément ne contribuerait en rien à identifier l'unité de première articulation. Si un accent tonique fonctionne en même temps que ce [p] ou [pl] comme signal de démarcation, l'information de l'élément initial devient nulle. Aussi aura-t-on tendance à laisser tomber cet élément dans un débit rapide et peu soigné.

Le cas opposé nous offre un maximum d'information, le phonème ou la combinaison de phonèmes étant très rare. La combinaison *pl* en position initiale annonce *place, plaisir, pli, plomb, plume,* etc., une série qui occupe plusieurs pages du Petit Larousse, tandis que *sl* donne une information beaucoup plus grande, vu le nombre très restreint de mots commençant par *sl*. Si la trop grande fréquence mène à l'usure, le phonème (ou la combinaison de phonèmes) très rare risque d'être ramené à un phonème plus familier : le luxe de l'articulation spéciale coûte trop cher par rapport au profit qu'on en tire.

Une des constantes qui déterminent l'évolution du système, le rapport entre l'énergie dépensée et l'information transmise, ne se modifiera pas au préjudice des sujets parlants. C'est pourquoi on réduit l'effort là où l'information est faible.

Dans tout ce qui précède il n'a pas été question de deux facteurs qu'il est pourtant indispensable d'examiner pour comprendre le jeu d'action et de réaction qui caractérise l'évolution de la phonie du langage : les possibilités physiques d'articulation, d'une part, et la structure du système phonologique, d'autre part. Par possibilités physiques il ne faut pas entendre l'aptitude plus ou moins grande d'un Français, par exemple, à prononcer correctement un groupe consonantique du russe tel que /fstf/, mais les marges qui sont imposées aux hommes par la structure même des organes phonatoires.

L'asymétrie de la cavité buccale fait qu'il y a plus de distance entre [i] et [ɛ] qu'entre [u] et [ɔ]; les postérieures sont plus serrées les unes contre les autres que les antérieures. La bilabiale fricative sonore [β] et surtout la sourde [ɸ] sont d'une articulation faible et peu énergique, ce qui les rend peu utilisables à des fins distinctives. L'articulation nasale des voyelles les rend automatiquement moins nettes, plus faibles que les orales correspondantes.

La structure du système est pour beaucoup dans l'évolution des unités qui le composent. On peut classer les phonèmes d'après leur point d'articulation : /p/, /b/, /φ/, /β/ et /m/ sont des bilabiales. Ayant le même point d'articulation ces phonèmes forment un *ordre*. On peut également partir d'une articulation spéciale pour grouper les phonèmes; par articulation spéciale nous entendons la participation de la voix, l'aspiration, le coup de glotte, la mouillure. Les phonèmes /b/, /d/, /g/ forment une *série* sonore, qui s'oppose à la série sourde /p/, /t/, /k/. On prend également en considération le degré d'occlusion en établissant les séries : les occlusives s'opposent aux fricatives.

Pour les voyelles, il est difficile d'appliquer les mêmes critères d'articulation. On les classe soit d'après leur degré d'aperture, c'est-à-dire d'après la distance entre le point le plus élevé de la langue et la voûte supérieure, soit d'après le volume de la cavité buccale antérieure, comprise entre les lèvres et la langue.

La structure qui garantit un maximum d'économie est celle qui groupe le plus grand nombre d'unités formées à l'aide du nombre le plus restreint d'articulations et de points d'articulation. Si un système consonantique a cinq points d'articulation et deux articulations, il a dix phonèmes au maximum. À l'aide de quatre points d'articulation et trois articulations il est possible de former douze phonèmes. Le maximum d'économie n'est pas atteint parce que certaines articulations ne se combinent pas avec tous les points d'articulation. En hollandais la corrélation des séries sourde et sonore n'est pas complète. Le système qui a /p/ et /b/, /t/ et /d/ ne connaît pas de /g/ pour former une paire avec /k/.

Dans les parlers méridionaux du russe le /g/ du bon usage a été évincé par /γ/. Ainsi /k/ se trouve privé de partenaire sonore. Par contre la fricative sourde /χ/. privée de sonore au nord, est en opposition corrélative au sud, où /χ/ et /γ/ forment une paire. Là où un élément manque dans une des deux séries corrélatives on parle d'une *case vide*.

À côté des phonèmes intégrés dans des corrélations, les langues connaissent des phonèmes non intégrés ou isolés. Les phonèmes non intégrés se modifient plus facilement que les autres et ont, en règle générale, tendance à s'intégrer dans une corrélation, là où il y a une case vide. Un /r/ isolé s'achemine par exemple dans la direction du [χ] sans partenaire et finit par être réalisé comme [γ]. Le nombre d'unités est resté le même dans ce cas mais la structure du système se trouve modifiée.

Les facteurs de rendement et d'intégration peuvent jouer dans le même sens ou bien s'opposer l'un à l'autre. Deux cas de faible rendement d'une opposition, l'un tiré de l'anglais, l'autre du français, illustreront le rôle de l'intégration. En anglais l'opposition /þ/ ~ /ð/ est à peine utilisée pour distinguer des quasi-homonymes. La fusion des deux phonèmes en un seul — qu'il soit d'une réalisation sourde ou d'une réalisation sonore, peu importe — n'aurait pas beaucoup de conséquences sur le plan de la compréhension, le nombre d'homonymes qui résulterait de la fusion étant minime. Malgré cela l'anglais continue à distinguer une articulation sourde et une articulation sonore car la langue utilise l'opposition dans le cas des occlusives /p/ ~ /b/, /t/ ~ /d/, /k/ ~ /g/, et dans celui des consonnes continues /š/ ~ /ž/, /f/ ~ /v/. Le rendement de l'opposition varie d'une paire à l'autre, mais c'est ici le rendement total de la corrélation qui confère une grande stabilité même aux paires à rendement très faible.

Il en va tout autrement de l'opposition /ɛ/ ~ /ɛ:/ du français. Les paires de quasi-homonymes distingués à l'aide de cette opposition de quantité sont peu nombreuses : /mɛtr/ ~ /mɛ:tr/, /fɛt/ ~ /fɛ:t/ et quelques autres encore. Le rendement est donc très faible. Or, contrairement à ce que nous avons vu pour la paire intégrée /þ/ ~ /ð/ de l'anglais, l'isolement de cette opposition de longueur en français s'ajoute au facteur de rendement pour affaiblir l'opposition. Dans une langue connaissant une corrélation de longueur vocalique, /ɛ/ ~ /ɛ:/ aurait, avec le même rendement qu'en français, bien plus de chances de survie. Aussi constate-t-on que pour beaucoup de Français *maître* et *mettre*, ou *fête* et *faite* sont devenus homonymes.

La dynamique du langage tend à éliminer les oppositions non intégrées à rendement faible, et celui qui s'en tient à une description synchronique et note les divergences entre les sujets qui distinguent /ɛ/ de /ɛ:/ et ceux qui se contentent du seul /ɛ/, ayant constaté en outre que la quantité n'est pas distinctive pour les autres voyelles, peut extrapoler la tendance à supprimer la quantité vocalique comme trait distinctif.

Il est plus facile de dégager les tendances générales de l'évolution quand on dispose de données qui couvrent toute une période et non point seulement les observations faites en un point déterminé de l'axe du temps.

Pour expliquer les changements dans le système phonique d'une langue on invoque très souvent l'influence d'une autre langue, entrée en contact avec la première. Les contacts qui s'effectuent entre les langues étant très variés il est nécessaire de faire une subdivision.

I — Le cas le plus simple est celui d'un changement du système par suite d'emprunts lexicaux à une langue étrangère.

Quand /a/ en opposition libre sous l'accent se réalise comme [ä] en français prélittéraire, les deux réalisations de /a/, à savoir [a] et [ä], sont des variantes contextuelles d'une même unité. Si certains traits du conditionnement qui a causé la divergence se trouvent modifiés sans que cette divergence soit éliminée, [a] et [ä] devront être considérés comme deux phonèmes différents, alors même que l'opposition /a/ ~ /ä/ ne trouve pas d'utilisation dans la langue. Par l'emprunt de mots latins qui ont la réalisation [a] en position tonique libre, l'opposition latente des deux phonèmes /a/ et /ä/ est effectivement utilisée.

II — L'emprunt peut aussi impliquer l'introduction d'un élément nouveau dont la réalisation phonétique était inconnue jusqu'alors. Les Français qui prononcent /ŋ/ à la fin de *camping* et de *smoking* ont augmenté d'une unité leur système consonantique.

III — Il arrive aussi qu'à la suite d'une conquête la population de la région vaincue se mette peu à peu à parler la langue des vainqueurs, tout en conservant des traits phoniques et syntaxiques et des éléments lexicaux de la langue primitive. On parle dans ce cas de l'influence du substrat, de la couche qui se trouve pour ainsi dire sous la langue qui forme l'objet de l'étude.

Le passage de [u] à [ü] a été expliqué par l'influence d'un substrat celtique. Il faut pourtant être très prudent en matière de substrat, car l'explication par l'influence d'un substrat devient facilement une réponse passe-partout à tous les problèmes qu'on n'a pas encore résolus. Cette solution est d'autant plus facile qu'on part le plus souvent d'un substrat inconnu auquel il est possible de prêter tous les traits qu'on voudra.

Dans le cas du passage de [u] à [ü] il y a une autre objection à faire. Les langues celtiques ayant un élément [ü] l'influence du substrat serait très plausible s'il ne s'était écoulé plusieurs siècles entre la disparition des parlers celtiques et le passage de [u] à [ü] qu'on doit situer après le changement de [k] devant les voyelles palatales qui date du Ve siècle environ (à moins qu'on n'admette entre [u] et [ü] un stade intermédiaire pour le degré d'antériorité comparable à [a], ce qui placerait le passage de [u] à [ü] après le changement de [k] devant [a], c'est-à-dire après le VIIe siècle). C'est quand le substrat est bien connu et que la datation des événements ne pose pas de problèmes qu'il est possible de dégager son influence, sinon on reste forcément dans le domaine des conjectures.

Le superstrat a une influence analogue à celle du substrat. La langue des vainqueurs disparaît, vainqueurs et vaincus parlant la langue de ces derniers. Mais des particularités phoniques et syntaxiques et des éléments du lexique de la langue de ceux-là se conservent et sont adoptés par tous.

Finalement, l'influence d'une langue sur l'autre peut s'exercer sans qu'aucune des deux disparaisse. C'est le voisinage géographique qui détermine les ressemblances au point de vue phonique. Aussi est-ce le plus souvent à la frontière de deux langues que les correspondances dans l'évolution des systèmes respectifs sont le plus accusées. On désigne ce phénomène par le contact direct avec la langue voisine comme un fait d'adstrat : il y a en fait la présence d'un certain nombre de bilingues soit des deux côtés soit d'un seul côté de la frontière. Le français des régions limitrophes du domaine germanique fait coïncider un /d/ dévoisé avec un /t/. Devant /s/ par exemple il y a neutralisation complète. Ailleurs en France, le /d/ sourd garde son indépendance grâce à une différence de tension, le /d/ sourd étant doux à côté de /t/ fort.

Le parallélisme dans l'évolution de langues qui sont voisines sans être apparentées, a fait naître la théorie des alliances linguistiques. Les langues balkaniques : le grec, le bulgare et le roumain, ont contracté une telle alliance. Les traits communs à ces langues alliées se trouvent, il est vrai, moins dans le domaine de la phonie que dans celui de la syntaxe. La convergence qui s'observe à l'intérieur des alliances linguistiques est mise parfois en rapport avec un substrat commun; on l'explique parfois par des facteurs en partie d'ordre culturel, donc extra-linguistiques.

Nous avons vu quels sont les facteurs qui déterminent l'évolution du système des unités de deuxième articulation; le caractère limité de l'inventaire des phonèmes en facilitait l'examen. Les unités de la première articulation ne se prêtent pas aussi bien à des groupements en schémas ordonnés. Elles sont hétéroclites : les éléments lexicaux forment des inventaires illimités, tandis que ceux qui servent à indiquer les fonctions grammaticales, les éléments flexionnels par exemple, peuvent être énumérés de façon exhaustive. On appellera lexèmes, les éléments radicaux et on réservera le terme de morphème pour les éléments flexionnels et grammaticaux. Les lexèmes et les morphèmes pris ensemble seront désignés comme des *monèmes*.

Nous allons d'abord étudier l'évolution du système des éléments appelés ci-dessus lexèmes, pour passer ensuite aux évolutions morphologique et syntaxique.

Le vocabulaire d'une langue est trop étendu pour qu'on puisse en faire l'inventaire complet. Même dans les plus gros dictionnaires, certains mots sont absents, et l'on s'imagine facilement que dans tel domaine où l'usage normal connaît deux termes les spécialistes qui éprouvent le besoin d'une subdivision plus détaillée, en emploieront quatre ou cinq. Dans une communauté qui ne connaît que le singulier et le pluriel, il est par contre impensable qu'une fraction de cette communauté s'avise d'introduire la catégorie du duel. Il est possible d'établir le système phonologique individuel d'un seul informateur, mais il n'en va pas de même du vocabulaire. D'abord parce que l'informateur, ni le descripteur ne sauraient comment entamer ce travail, faute de structure nette de l'ensemble d'unités à décrire, et ensuite parce que la connaissance active d'un terme et la connaissance passive de ce même terme devaient être classées séparément, le système actif différant souvent sensiblement du système passif qui peut être beaucoup plus étendu. Aussi opère-t-on très souvent avec des systèmes partiels. Les linguistes qui partent du parallélisme entre la structure du système phonologique et celle du vocabulaire n'arrivent jamais à faire oublier la différence entre le limité et l'illimité.

Le changement qui affecte le moins les rapports existant entre les unités du lexique est l'enrichissement par l'introduction d'une nouvelle unité qui sert à désigner quelque chose de nouveau. En d'autres termes, le signifiant aussi bien que le signifié enrichissent l'inventaire de la langue sans porter préjudice aux éléments qui existaient déjà ; le phénomène s'observe au mieux dans le domaine des sciences et de la technique.

Il y a des innovations relativement motivées qui se rattachent au vocabulaire existant et il y a des emprunts à une langue étrangère qui dans la langue emprunteuse, sont totalement immotivés. La nouvelle signification très spécialisée de *sputnik* a modifié les rapports mutuels des termes à radical /put/ en russe; mais ce même *sputnik* introduit en français ou en hollandais, reste sans effets sur le reste du vocabulaire de ces langues.

Les rapports entre les divers éléments du vocabulaire sont d'ailleurs assez difficiles à établir et ont parfois un caractère nettement personnel. La valeur de chaque mot — et c'est ici que se constate un certain parallélisme avec la phonologie — se détermine syntagmatiquement dans la chaîne, et paradigmatiquement par les termes qui indiquent des notions apparentées, que ce soient des quasi-synonymes ou des oppositions. Dans ces systèmes partiels, la venue d'un terme nouveau aura des effets analogues à ceux qu'a l'introduction d'un nouveau phonème; les latitudes de chaque élément du système s'en trouvent affectées. Mais même sans créations nouvelles ou emprunts à d'autres langues, les rapports à l'intérieur des systèmes partiels se modifient par suite de l'usure de certains termes qui, à mesure qu'on les emploie plus fréquemment, perdent une partie de leur valeur d'information.

Il y a deux constantes dans l'évolution du vocabulaire :
1º les termes expressifs perdent leur expressivité quand ils sont employés fréquemment; 2º les termes employés fréquemment ont tendance à se réduire.

Ces constantes contribuent toutes deux à la formation de termes abrégés tels que *sensass,* et *sympa,* mais la réduction s'observe également pour des mots non expressifs d'un emploi fréquent, comme par exemple *métro*. Le rapport entre l'effort de celui qui parle et la quantité d'information donnée est d'ordre directement proportionnel. On prend chaque jour le métro et non pas le chemin de fer métropolitain; on dit sans réfléchir de quelqu'un qu'il est *sympa,* cela n'engage à rien; mais le qualificatif *antipathique* est trop chargé d'affectivité agressive pour subir le même sort que le terme opposé. La forme vers laquelle tendent toutes ces réductions, diffère d'une langue à l'autre. Le français semble préférer le schéma CVCV (C = consonne, V = voyelle), /sẽpa/, /sine/, /tele/. Dans le *métro* on trouve CCV au lieu de CV, mais la déviation n'est pas grande par rapport à la forme généralement préférée qu'on appelle la *forme canonique*. Il va de soi que la réduction n'aboutit pas toujours à la forme canonique : *sensass* présente le schéma CVCVC ; le *baccalauréat* est devenu le /bak/ au lieu de /bašo/, forme canonique courante avant la guerre.

Ce genre de réductions relève d'une activité voulue, consciente, et n'est pas à confondre avec des réductions du type de *au revoir -sieu -dame* ou du hollandais *tuurlijk* au lieu de *natuurlijk* (naturellement).

L'affaiblissement de la valeur expressive d'un terme fait naître le besoin d'un nouveau terme à grande expressivité. Dans ce domaine les rapports associatifs changent sans cesse sans que cela ait pour la structure de l'ensemble de la langue beaucoup de conséquences.

Les emprunts de mots répondent parfois à des besoins créés par le contact même avec la langue qui fournit les éléments empruntés. Le contact ayant montré l'insuffisance d'un système partiel, qui jusqu'alors satisfaisait aux besoins moins différenciés, on emprunte les termes qui expriment les notions ou les nuances qui étaient précédemment inconnues.

Comme la valeur dépend de la place qu'occupe l'emprunt dans le système, il y a souvent des glissements de sens d'une langue à l'autre. C'est souvent aussi une question de connotation. Un mot français emprunté par le hollandais produit, dans cette langue, un effet différent de celui qu'il a normalement en français. Pour le hollandais, le terme d'origine française est savant et « distingué » ; ce qui vient de l'anglais est « moderne ». Dans le phénomène de l'emprunt la mode joue un rôle très important qui ne nous retiendra pas étant donné son caractère extra linguistique.

Les éléments flexionnels et grammaticaux ont pour le descripteur l'avantage de former un inventaire limité, ce qui les rapproche des phonèmes, et les sépare des lexèmes (voir ci-dessus). Le procédé de commutation appliqué aux monèmes dont se compose *travaillait* montre la différence entre lexèmes et morphèmes : /travaj/ peut être remplacé par /marš/, /din/, /dorm/, etc. ; le choix des radicaux verbaux est illimité ; par contre — *ait* = /ɛ/ ne commute qu'avec deux séries limitées : soit /a/ (passé simple), /-/ (présent), /əra/ (futur), /ərɛ/ (conditionnel) etc., soit /jõ/, /je/.

Pourtant cette deuxième série, qui se compose des désinences de l'imparfait, pose le problème de savoir s'il est permis de commuter à partir d'une forme isolée et qui doit être complétée par un contexte : *(Jean) travaillait, (Jean) travailla,* etc. mais non pas : *(Jean) travaillais, (Jean) travaillions.* Comme il est impossible d'isoler ce problème, il vaut mieux traiter préalablement de quelques questions générales pour voir ensuite quelle est la position de la commutation /ɛ/ ~ /i͂ɔ͂/ etc.

À certains égards, il y a parallélisme entre le système partiel de morphèmes désinentiels et le système phonologique. Outre leur appartenance à des inventaires limités, les deux systèmes ont en commun la netteté des oppositions, ce qui permet de délimiter le domaine de chaque élément par rapport aux autres éléments, détermination moins aisée à faire pour les systèmes partiels de lexèmes où il y a plus de fluctuations.

Comparons, par exemple, un système phonologique comme /i ~ e ~ a/ ou un système morphologique comme *-us* (sing.) ~ *-ī* (plur.) de la flexion nominale masculine en latin à, disons un système formé par des lexèmes *parc ~ bois ~ forêt*. À condition que ce soit un texte de la langue maternelle qu'on interprète, la répartition des trois timbres vocaliques ne soulèvera pas de problèmes : les sujets parlants tombent facilement d'accord sur l'identité de tel ou tel élément de la chaîne parlée. Pour l'opposition *us ~ i*, singulier ~ pluriel, il n'y a pas non plus beaucoup de questions litigieuses. La répartition est nette, il n'y a que les mots sans singulier formel qui pourraient à la rigueur apparaître comme des trouble-fête, un sujet interprétant selon la forme, l'autre selon le sens. La question de savoir pourquoi c'est dans une forêt et non dans un bois qu'on se promène, pourquoi il faut parler du bois de Meudon et de la forêt de Rambouillet, provoquera des réponses plus variées et on tombera moins facilement d'accord sur la délimitation de la valeur relative des termes.

Ceux qui partent du parallélisme des deux plans morphologique et phonologique, passent parfois sous silence ce qui sépare le système morphologique (système de monèmes à fonction grammaticale) du système phonologique.

Quand on considère l'évolution des deux systèmes, il est pourtant indispensable de citer les principales différences à côté des éléments qu'ils ont en commun.

Nous avons vu, d'une part, que la structure des organes phonatoires fournit un élément permanent d'instabilité et que les forces d'équilibre et d'économie sont en partie conditionnées par des données physiologiques de base. Les monèmes flexionnels dépendent, pour ce qui est de la forme, du système des unités de deuxième articulation, ce qui implique un lien indirect avec les données physiologiques de base, mais ceci vaut pour n'importe quel élément de la première articulation et n'a pas d'implications pour le système même qui doit être dégagé à l'aide d'oppositions de sens, à condition que ces oppositions s'expriment formellement. Cette condition étant remplie, peu importe la forme où se manifeste l'opposition.

D'autre part, et bien que le phonème soit une entité abstraite, il est indéniable qu'il existe un rapport direct entre /p/ et [p]. Ce rapport facilite les opérations de l'analyste, mais risque de faire oublier le caractère abstrait du phonème. Ce support réel fait défaut quand il s'agit d'un système flexionnel, qu'il soit verbal ou nominal. Qu'on pense aux différentes déclinaisons et conjugaisons pour se convaincre de la diversité des formes qui expriment la même valeur casuelle du substantif, la même valeur temporelle du verbe en latin.

Pour le substantif latin il faut constater en outre que les valeurs casuelles ne disposent pas de morphèmes identifiables, puisque les morphèmes désinentiels expriment en latin trois catégories à la fois : le genre, le nombre et le cas. Ce lien indissoluble entre différentes catégories s'observe également dans les formes verbales où s'expriment le temps, la personne, le mode et la voix. Très souvent, on part en faisant la classification des morphèmes d'un système de valeurs préétablies. Au lieu de se poser la question de savoir quelle valeur a telle ou telle forme, on fait l'inventaire des formes qui expriment un génitif, un datif, etc., sans se soucier de la définition à donner, sans dire ce qu'est un génitif, un datif, etc.

Enfin, il ne faut pas oublier que, sur le plan syntagmatique, une catégorie s'exprime parfois par plusieurs morphèmes, de sorte qu'il peut y avoir discontinuité et redondance. Dans *elles se sont offertes pour faire ce travail*, l'élément « féminin » s'exprime deux fois; dans *nous travaillerons,* la catégorie « première personne du pluriel » se manifeste aussi bien par *nous* que par *-ons.* Est-ce à dire que l'expression discontinue soit toujours redondante ? Dans le cas de *nous travaillerons,* le lien entre *nous* et la forme verbale étant indissoluble, on pourra admettre que l'expression discontinue est redondante tout en étant la seule possibilité qu'offre le système verbal (à moins qu'on n'introduise des formes comme : *nous, on travaillera*).

Si par contre, la question de la redondance est posée au sujet de la forme *nous travaillons,* la fonction de *nous* et de *-ons* se dégage à l'aide des deux oppositions que voici : *il répondit : « travaillons » ~ il répondit : « nous travaillons »; il répondit : « travaillons » ~ il répondit : « travaillez ».*

Il y a à distinguer deux cas de redondance :

Ou bien le locuteur n'a pas le choix puisqu'il ne dispose pas d'une forme de moindre information (exemple : *nous travaillerons*); ou bien le locuteur peut substituer à la forme redondante une forme où l'élément déjà exprimé par ailleurs est absent (exemple : *les belles choses qu'ils ont offertes* ⟩ *les belles choses qu'ils ont offert*).

Comme la redondance permet à l'auditeur de corriger ou de vérifier ce qu'il n'a pas saisi du premier signal dans la chaîne parlée, elle répond à un certain besoin de la communication, l'information sans redondance étant très dense et exigeant par suite un trop grand effort de la part de l'auditeur.

Ici comme ailleurs, l'élimination de tel ou tel élément dépend du rapport entre le rendement et l'effort non seulement du locuteur, mais également de l'auditeur.

Pour déterminer la valeur des morphèmes, il faut essayer de dégager la valeur qu'ils ont dans les textes où ils figurent, pour voir ensuite quelle est la valeur principale et de quelle façon il est possible de formuler une définition qui englobe toutes les valeurs que peut avoir le morphème en question.

À côté de cette analyse syntagmatique une analyse paradigmatique s'impose, les deux analyses se complétant et servant de vérification l'une pour l'autre.

De cette manière il est possible de séparer : *Jean travaillait ~ Jean travailla,* etc., de *Jean travaillait ~ Jean travaillons,* etc.

La première commutation est permise dans la chaîne parlée, la deuxième ne l'est pas, ce qui tient à la discontinuité de l'élément « troisième personne du singulier ».

En français les deux expressions sont indispensables, en latin, par contre, *venit* est une forme indépendante et n'est pas obligatoirement accompagné dans la chaîne d'une deuxième signalisation de l'élément « troisième personne du singulier ». Ce n'est pas que *venit* admette autre chose qu'une troisième personne, *dux venit,* etc., mais le sujet nominal n'est pas indispensable. L'information de *laudabat* est donc plus complète que celle qu'on tire de *louait*.

Il ne faut pas oublier que *-ait* se manifeste le plus souvent dans la chaîne parlée comme /ɛ/ et coïncide avec les manifestations sonores de *-ais* (1re et 2e personne du singulier) et de *-aient* (3e personne du pluriel). On parle dans ce cas de syncrétisme. Là où le syncrétisme menace l'existence d'une catégorie de sens, le système peut sauver la catégorie en déplaçant la charge d'information vers d'autres éléments morphologiques (par exemple : le sujet nominal est chargé de l'information que la terminaison verbale ne fournit plus).

Avant d'entamer la question du passé simple que nous voudrions traiter de façon détaillée pour illustrer plusieurs aspects du problème de la dynamique du langage, il faut encore signaler la confusion qui règne souvent lorsque sont discutés les rapports entre la phonologie et la morphologie, et envisager le problème de la productivité.

Il est évident que tout changement qui se produit dans le système phonologique — qu'il ne s'agisse que d'un changement des rapports entre les unités du système, ou d'un changement de distribution, ou d'un changement d'inventaire — a automatiquement des répercussions dans le domaine des signifiants des morphèmes. Mais ce rapport n'est pas réversible, la structure phonique d'un morphème peut varier d'après le contexte sans que les alternances soient conditionnées par la structure du système phonologique en vigueur. Le polonais a deux morphèmes *-u* et *-a* qui servent à former le génitif du substantif masculin au singulier. Il n'y a aucun rapport entre la répartition des deux morphèmes et quelque loi phonologique que ce soit.

Si ce cas illustre clairement l'indépendance de la morphologie vis-à-vis de la phonologie, d'autres cas sont moins nets. La catégorie du pluriel du substantif s'exprime en anglais par /z/, /s/ et /ɨz/ (*word*-[z], *work*-[s], *church*-[ɨz.]) Si l'on compare *word*-[z] et *work*-[s] on pourrait être tenté de croire que la répartition de [s] et [z] qui dépend du son qui précède est conditionnée phonologiquement. Le système phonologique de l'anglais connaît en effet une distribution sourde +[s] ~ sonore +[z], et ne permet pas de choix entre [s] et [z] après /k/ ou /d/. Si le substantif se termine par le phonème /n/ qui, tout en se réalisant le plus souvent comme une sonore, ne participe pas à la corrélation sonore ~ sourde, car la sonorité n'est pas un trait distinctif de /n/, le pluriel s'exprime en anglais par le morphème /z/. Ce choix n'est pas conditionné par le système phonologique qui est en vigueur, ce qui se démontre sans difficulté par l'opposition /sinz ~ sins/ (sins = péchés; ~ since = puisque).

Les règles qui commandent la répartition des signifiants du morphème qui exprime le pluriel du substantif en anglais n'appartiennent donc pas à la phonologie, mais ressortissent à la grammaire, si on part d'un morphème dont les trois formes ont une valeur égale. Si par contre, on admet comme forme de base /z/, la répartition des timbres [z] et [s] peut s'interpréter d'après des règles qui relèvent directement du système phonologique; partout le pluriel s'exprime à l'aide de /z/, sauf dans le cas où le phonème qui précède est une consonne phonologiquement sourde. (Nous laissons de côté les règles concernant [ɨz] pour ne pas compliquer l'exposé). Mais même si l'on accepte pour certaines répartitions une concordance avec le système phonologique en vigueur, les automatismes dans les alternances des signifiants de différentes catégories grammaticales ne doivent pas être incorporés dans l'étude de la phonologie.

Sans quitter le domaine du pluriel en anglais nous pouvons aborder l'aspect de la productivité. Cette langue possède quelques substantifs où la catégorie du pluriel s'exprime par une alternance vocalique par rapport au singulier : *tooth ~ teeth, goose ~ geese*. Cette alternance /u:/ ~ /i:/ chargée de l'information relativement au nombre (singulier ou pluriel) du substantif n'est pas productive. Il est évident qu'elle occupe une position marginale en anglais. On constate que les signifiants non productifs tendent à disparaître et cèdent leur place aux signifiants productifs qui expriment la même catégorie grammaticale.

Il ne faut pourtant pas conclure de ce qui précède que

les catégories grammaticales soient invariables, bien que la tendance déjà signalée de partir de catégories préétablies puisse suggérer la stabilité du système qui s'exprime à l'aide de morphèmes flexionnels. La plupart des grammaires scolaires du français partent toujours des catégories latines. Les possibilités suivantes sont à envisager :

1º la catégorie se maintient, les signifiants qui l'expriment changeant de forme;

2º la catégorie se maintient, mais de nouveaux éléments sont chargés de l'exprimer;

3º la catégorie même disparaît;

4º à partir d'une catégorie existante, il se crée une nouvelle catégorie;

5º il se crée une nouvelle catégorie par l'utilisation de différences formelles restées sans rendement jusqu'alors.

L'énumération qui vient d'être faite ne dit rien sur les causes des changements du système. Souvent on constate un enchevêtrement de facteurs qu'il n'est pas aisé de démêler. Reprenons les cinq cas envisagés pour voir s'il est possible de déceler les causes qui ont provoqué les changements.

I) Quand les signifiants changent de forme, ce changement peut être conditionné par un changement de système phonologique. Quand [l] après voyelle et devant consonne se vocalise (/l/ ne disparaît pas du système, mais il se produit un changement de distribution), l'opposition *čaval ~ čavals* devient *čaval ~ čavaus*. Quand [au] se réduit en [o] et que la consonne finale tombe — /č/ est passé entre-temps à /š/ — l'opposition s'exprime par /šəval/ ~ /šəvo/.

Quand une opposition s'exprime synchroniquement soit par une paire de morphèmes productifs, soit par des morphèmes qui ne sont plus productifs, les signifiants productifs s'étendent aux dépens des signifiants non productifs. Le neutre russe /-o/ ~ /-a/ remplace le neutre /-o/ ~ esa/ non productif : /slóvo/ ~ /slová/ au lieu de /slóvo/ ~ /slovesá/. Dans d'autres cas il est moins facile de déterminer pourquoi l'analogie s'exerce dans tel sens et non pas en sens inverse. Il ne suffit pas de constater que *sapēre* devient *sapĕre* par analogie avec *habēre,* car cette constatation a un caractère gratuit tant qu'on n'aura pas rendu plausible l'influence directe de *habēre* sur *sapēre*.

Comme il est la plupart du temps impossible de peser tous les facteurs qui auraient pu contribuer à un tel passage, on n'arrive que rarement à des certitudes en pareil cas.

II) L'affaiblissement de la désinence — *s* du pluriel ne se manifeste plus que dans des cas de liaison sous forme de [z], de sorte que le plus souvent l'opposition singulier ~ pluriel est effacée par le syncrétisme des deux formes. Or le rôle indicateur a été passé aux articles *un/une* ~ *des* et *le, la, l'* ~ *les*. On a déjà observé que la terminaison verbale transfère au pronom personnel ou au substantif sujet (accompagné d'un article) une partie de sa charge d'information.

III) La disparition d'une catégorie grammaticale a en général des répercussions considérables dans le système qui en résulte. Quand le duel disparaît, le résultat est relativement simple. Le champ du nombre se répartit dorénavant entre le singulier et le pluriel, celui-ci signifiant maintenant « plus d'un » et non pas « plus de deux ». Le fait même de la disparition est expliqué généralement par la tendance à procéder à des abstractions et des généralisations de plus en plus grandes, ce qui impliquerait qu'une catégorie très concrète telle que le duel ne répond pas à des besoins de la communauté linguistique en question. Cette explication, de caractère extra-linguistique, ne nous retiendra pas ici.

Le jeu d'action et de réaction est beaucoup plus complexe et compliqué dans le cas de l'élimination du passé simple. Il faut avant tout diviser le problème en deux parties : tout d'abord, l'affaiblissement de la catégorie sur le plan des signifiés; ensuite l'affaiblissement de la catégorie sur le plan des signifiants.

Nous essaierons de dégager les grandes lignes du procès sur les deux plans.

L'affaiblissement du passé simple sur le plan des signifiés est lié de façon indissoluble au sort des deux autres temps du passé, à savoir l'imparfait et le passé composé. C'est notamment l'extension du passé composé qui a restreint de plus en plus le champ d'action du passé simple.

Pour faire comprendre cette évolution, il faut relever en premier lieu une différence entre le système verbal du français moderne et celui de l'ancien français. En français moderne tous les radicaux verbaux se combinent avec tous les temps, tandis que les possibilités de combiner les catégories temporelles avec les lexèmes verbaux étaient sujettes à des restrictions en ancien français.

D'après le sens, il est possible de distinguer des verbes dont l'action tend naturellement vers son achèvement et des verbes qui ne tendent pas vers un terme. Finalement, il y a des verbes qui, suivis d'un objet direct, appartiennent à la première catégorie, mais doivent être classés avec les verbes de la deuxième catégorie s'ils sont employés de façon absolue : 1) se noyer, couper, fermer, ouvrir; 2) posséder, se trouver; 3) lire, lire *le Rouge et le Noir,* écrire, écrire une lettre. Or le passé composé a d'abord été, en ancien français, un syntagme libre se composant d'une forme d'*avoir* et d'un participe passé employé adjectivement. Ce sont, en premier lieu, les verbes dont l'action tend naturellement vers son achèvement qui se combinent avec *avoir*. Tant que l'accent tombe sur le résultat obtenu et ne se déplace pas vers l'action préalable, ce syntagme libre doit être incorporé dans le présent : *j'ai la lettre écrite, j'ai écrite la lettre*. On a proprement affaire à un parfait comme, aujourd'hui encore, dans *j'ai fini*. Ultérieurement, la combinaison du présent de *avoir* avec un participe passé ne sert plus uniquement à désigner le résultat, mais sert aussi à décrire l'action qui aboutit au résultat. Ce sont les verbes dont l'action implique une certaine durée (on pourrait dire en d'autres termes, les verbes non momentanés) qui permettent à ce glissement de s'opérer. Les conséquences en sont triples :

A — le syntagme libre s'introduit dans le système verbal;

B — comme forme verbale intégrée, le passé composé (ce terme se rapporte à une situation qui va se créer par la suite et tient ici de l'anachronisme) maintient une relation avec le présent, bien que cette relation soit moins précise que celle du syntagme libre, parce qu'il s'y mêle un élément d'ambiguïté à cause du relief qu'a l'action préalable;

C — la relation très intime qu'il y avait entre l'objet direct et le participe passé qui se trouvait en apposition se relâche. L'accord entre les deux n'est plus toujours observé.

L'évolution continue dans le même sens quand le passé composé s'étend aux verbes dont l'action ne tend pas vers un terme. Dans *ce matin j'ai travaillé,* c'est non pas le résultat mais l'action qui compte. À partir du moment où se rencontrent des phrases du type de: *hier j'ai rencontré ton ami; l'année passée, j'ai voyagé beaucoup,* la relation positive avec le présent est remplacée par une relation neutre, ce qui veut dire qu'il peut y avoir, ou ne pas y avoir, un lien direct avec le moment central du présent. Dans toute cette évolution l'élément d'accompli se maintient de sorte qu'il est permis de représenter l'évolution du passé composé dans un schéma qui comprend trois étapes :

	relation avec le présent	accompli	déroulement de l'action
A	+	+	—
B	+	+	±
C	±	+	±

Comme le montre cette évolution, le passé composé a étendu considérablement son champ d'action. Il peut se combiner avec des radicaux dont la valeur lexicale avait d'abord exclu une telle combinaison. Il se combine avec des compléments adverbiaux de temps qui ne l'admettaient pas auparavant. Ce que le passé composé a gagné d'une part, il l'a perdu pourtant de l'autre. Si on se place au point de vue de l'information, on ne peut que constater que le passé composé en donne de moins en moins, et admet de plus en plus d'interprétations.

Les changements qui se produisent pour l'imparfait et le passé simple sont beaucoup moins spectaculaires. L'imparfait était, du temps des chansons de geste, d'un emploi rare. Dans *la Chanson de Roland,* il y a, dans quatre mille vers décasyllabiques, trente-sept imparfaits seulement. Ils sont tous formés de verbes dont l'action ne tend pas naturellement vers son achèvement, à l'exception d'un seul cas, celui de l'imparfait de *dire* qui exprime dans le contexte une action répétée.

Des imparfaits de ce dernier type, formés sur des radicaux exprimant des actions qui tendent vers un terme, deviennent plus nombreux. Ils expriment souvent la répétition ou l'habitude; mais il arrive aussi qu'ils ne présentent qu'une action unique; l'imparfait étale, pour ainsi dire, cette action artificiellement au moment de l'accomplissement (imparfait pittoresque).

L'imparfait décrit une action (qui se situe dans le passé) en voie d'accomplissement, sans en indiquer les limites dans le temps. C'est l'absence de limites précises qui fait que l'imparfait peut dépeindre également un état (sans qu'il soit toujours clair s'il s'agit de la description d'une action ou d'un état — cf. *l'eau entourait la maison = peu à peu la maison était enfermée par l'eau* et *la maison se trouvait dans une petite île, l'eau l'entourait de tous les côtés*). Les restrictions de combinaison qu'on peut supposer d'après l'inventaire des imparfaits de *la Chanson de Roland* sont abolies, mais pour le reste, le caractère de l'imparfait change moins que celui du passé composé.

Le passé simple servait à situer dans le passé une série d'actions successives ou une action isolée dont les termes étaient indiqués. Ce qui distingue l'emploi du Moyen âge de celui de la langue littéraire d'aujourd'hui, c'est, tout d'abord, que la relation avec le présent est moins nettement négative — le passé simple indiquant parfois des actions toutes récentes — et qu'ensuite, dans les subordonnées adjectives, le passé simple sert de temps en temps à décrire une qualité durable. Il partage ce domaine avec l'imparfait, qui par la suite, l'a évincé. L'emploi dans la subordonnée s'explique peut-être par une certaine indépendance de la subordonnée vis-à-vis de la principale.

En résumant ce que nous savons maintenant sur l'évolution des trois temps sur le plan des signifiés nous arrivons aux deux schémas suivants dont le premier représente la situation en ancien français, le second l'état de choses dans la langue littéraire de nos jours.

		relation avec le présent	accompli	déroulement de l'action
I	passé composé	+	+	—
	passé simple	— (ou ± ?)	+	+
	imparfait	—	—	+

et

		relation avec le présent	accompli	déroulement de l'action
II	passé composé	±	+	±
	passé simple	—	+	+
	imparfait	—	—	+

Le premier schéma montre la tension interne du système de l'ancien français. Ce qui manque, c'est un moyen de rattacher une action située dans le passé au présent sans équivoque possible. La lacune est comblée à partir du moment où la relation du passé composé avec ce que nous appelons le déroulement de l'action a cessé d'être négative.

Lorsque le passé composé s'introduit comme le temps de la narration, sa relation avec le présent devient neutre, et il se crée une relation analogue à celle du début du Moyen âge : il n'est plus possible d'exprimer sans équivoque le lien direct avec le moment central du présent (à moins d'avoir recours à la tournure *venir de* + infinitif).

Il est curieux de constater que le passé simple lui aussi, avant d'être le temps de la narration sans lien avec le présent, a été un présent accompli, puisqu'il remonte au présent du perfectum latin.

Il ressort du deuxième schéma que le passé composé, devenu neutre pour ce qui est de la relation avec le présent et du déroulement de l'action, peut toujours remplacer le passé simple, coïncidant de tout temps avec celui-ci, quant à l'expression de l'accompli. Si le passé composé peut toujours remplacer le passé simple, ce rapport n'est pas réversible. Là où le contexte indique qu'il faut interpréter de façon positive la relation neutre du passé composé avec le moment central du présent, la substitution amènerait un changement de sens ou elle n'est même pas possible.

L'information du passé composé est moins grande que celle du passé simple; c'est le contexte qui indique souvent de quelle façon il faut l'interpréter. La précision du passé simple rend encore des services dans la langue littéraire mais est superflue dans la langue de la conversation, ou la langue d'un autre registre familier.

L'affaiblissement du passé simple sur le plan des signifiants s'explique évidemment en grande partie par l'affaiblissement dans le domaine des signifiés. Le système morphologique de la langue littéraire à trois temps du passé ne s'apprend qu'au moment où l'enfant doit utiliser la langue littéraire dans des exercices scolaires. On lui a lu, il est vrai, des textes où le passé simple est des plus fréquents (contes de fée et autres), mais sa connaissance du passé simple reste purement passive.

Or, la morphologie du passé simple est précisément plus difficile à apprendre que celle des autres temps. Pour l'imparfait, pour le futur ou pour le conditionnel, il existe une seule série de désinences qui se combine avec n'importe quel radical.

L'imparfait avait pendant la première période du Moyen âge, deux séries de terminaisons : l'une remontant au latin vulgaire *-aba-*, etc., l'autre au latin vulgaire *e(b) a-*, etc. C'est *-eie* provenant de *e(b) a* qui deviendra la terminaison unique de l'imparfait. Il ne s'est pas produit une simplification pareille dans la morphologie du passé simple à l'époque où il appartenait encore au langage parlé. C'est peut-être justement l'emploi fréquent du passé simple qui l'a empêché de se simplifier (voir le présent et le participe passé qui, tous deux d'un emploi très fréquent, ont gardé intactes des formes qui ne s'intègrent pas de façon régulière dans le système actuel). Les trois séries de terminaisons du passé simple compliquent donc l'apprentissage et on aura d'autant plus tendance à ne pas employer le passé simple qu'on n'arrive pas à produire automatiquement la bonne forme. Dans des paires comme *je perdis — j'ai perdu, je cousis — j'ai cousu* (en face de *je dormis — j'ai dormi, je courus — j'ai couru*), la corrélation *u — u,* ou *i — i* du participe passé et du passé simple n'existe pas, et l'on constate que beaucoup d'informateurs même cultivés hésitent quand on leur demande la forme du passé simple d'un verbe comme *coudre*. Ce sont les terminaisons de la conjugaison en *-er*, qui ont le plus de vitalité comme le prouvent des lapsus du type de : il *ria*, ils *fuyèrent*.

Ce n'est donc pas seulement sur le plan des signifiés, mais également sur le plan des signifiants que s'explique le déclin du passé simple qui a maintenu un système de trois séries de désinences, là où les autres temps n'ont qu'une seule série.

IV) C'est à partir de l'opposition temps simple ~ temps composé, que se crée une nouvelle catégorie d'oppositions. Par suite de la disparition du passé simple, la langue parlée ne dispose plus d'une forme pour exprimer le passé antérieur, puisque ce temps se forme à l'aide du passé simple de l'auxiliaire suivi d'un participe passé. *Dès qu'il eut bu son vin, il appela le garçon* ne se rencontre que dans la langue littéraire. La substitution du passé composé au passé simple dans la langue parlée mène au résultat que voici : *Dès qu'il a eu bu son vin, il a appelé le garçon,* plus satisfaisante pour l'expression de l'antériorité que, *Dès qu'il a bu son vin, il a appelé le garçon.* Les formes surcomposées se sont taillé une place respectable dans le système. Il se constate même une extension de l'opposition surcomposé ~ composé à des domaines où n'ont jamais figuré les formes du passé antérieur. Dans *le Bon usage* de Maurice Grevisse (6ᵉ édition, Paris, 1955) le tableau de la conjugaison active (p. 530-531) comprend une section de temps surcomposés où figurent à côté du passé surcomposé plusieurs autres temps : 1) *j'ai eu aimé* 2) *j'avais eu aimé* 3) *j'aurai eu aimé* 4) *j'aurais eu aimé*. Au subjonctif il y a un passé *que j'aie eu aimé* et il faut mentionner en outre l'infinitif *avoir eu aimé* et le participe *ayant eu aimé*.

L'emploi de toutes ces formes est pourtant restreint. Le mouvement de l'extension par analogie est freiné par le manque d'un besoin urgent qui pourrait être satisfait par les formes surcomposées. Comme c'est le plus souvent le contexte qui est chargé d'exprimer les rapports d'antériorité dont l'expression incomberait au fond aux formes surcomposées, celles-ci restent un peu marginales dans le système.

V) Il arrive que l'évolution morphologique crée la possibilité d'introduire une nouvelle opposition dans le domaine des signifiés. C'est par la confusion de deux séries morphologiques (ou de deux morphèmes) qui servent toutes deux à exprimer la même catégorie qu'est déclenchée l'évolution. Si les deux séries (ou les deux morphèmes) se combinent indifféremment avec tous les radicaux, là où il y avait auparavant une répartition très précise, telle série morphologique (tel morphème) ne se combinant qu'avec tel groupe de radicaux, le principe de l'économie du langage permet de prévoir deux solutions différentes. La première — et c'est de beaucoup la plus fréquente — consiste à réduire les deux (séries de) terminaisons à une seule, de sorte que l'anomalie du libre choix entre deux terminaisons pour exprimer exactement la même chose est écartée. La deuxième possibilité consiste à utiliser la présence de deux morphèmes pour introduire une distinction, les deux morphèmes n'exprimant plus la même chose.

L'évolution de la déclinaison des substantifs masculins russes au singulier peut servir d'exemple. Comme la datation des changements n'a pas été établie de façon définitive, nous nous contentons de donner ici les étapes principales de l'évolution sans les dates.

Les radicaux en *-o* de l'indo-européen avaient en vieux-russe un prépositionnel en *-ě*, là où les radicaux en *-ŭ* avaient *-u*. La répartition de *-ě* et *-u* s'était faite d'après des critères morphologiques et n'avait rien à faire avec la phonétique. Par la suite le *-ě* des radicaux en *-o* s'étend aux radicaux en *-ŭ* et en même temps on observe que le *-u* de ceux-ci s'introduit dans la déclinaison des radicaux en *-o*, bien que cette invasion soit moins importante, ce qui est très compréhensible, étant donné le nombre restreint de radicaux en *-ŭ* comparé à la masse des radicaux en *-o*.

La situation après la double extension est caractérisée par la liberté de choisir entre *-ě* et *-u :* il n'y a plus de rapport particulier entre tel morphème et telle sorte de radical. Au lieu de supprimer l'un des deux morphèmes, on les garde, l'un à côté de l'autre, dans une catégorie restreinte de mots, tandis que pour la majorité écrasante des masculins qui ont un radical remontant aux radicaux indo-européens en *-o*, et en *-ŭ*, c'est *-ě* qui s'impose comme morphème unique du prépositionnel.

Dans le groupe de mots qui ont gardé le double prépositionnel c'est encore *-ě* qui domine ; il figure après toutes les prépositions qui commandent le prépositionnel. Le morphème *-u* en revanche ne se rencontre qu'après les prépositions *v* et *na*. C'est donc après *v* et *na* seulement que se crée une opposition entre *-ě* et *u*. Le morphème *-u* exprime un rapport de localisation concrète, tandis que *-ě* indique un rapport de qualité abstraite inhérente à l'objet mis dans le prépositionnel : *v lese tainstvennaja krasota*, « le bois est d'une beauté mystérieuse » (litt. « dans le bois il y a une beauté mystérieuse ») ~ *v lesu krasivye cvety*, « dans le bois il y a de jolies fleurs ».

Les masculins qui forment le groupe restreint connaissant l'opposition *-u ~ ě* au prépositionnel ne proviennent pas tous des anciens radicaux en *-ŭ* mais également des radicaux en *-o*, ce qui prouve que la nouvelle opposition résulte de la confusion totale de *-ĕ* et *u* et non pas de l'extension de *-ĕ* au domaine de *-u,* sans mouvement en sens inverse. La nouvelle opposition qui s'exprime donc de façon morphologique ne connaît qu'un conditionnement accentuel (morphologique) qui en exclut d'avance un type spécial de lexème radical.

Sur le plan de la morphologie flexionnelle les systèmes sont à peu près fermés, et c'est dans le domaine de la dérivation que la morphologie des différentes langues se montre le plus ouverte à des influences étrangères. Cependant, la facilité de s'approprier un affixe étranger n'est pas égale pour toutes les langues.

Un bilinguisme prolongé permet au système d'une langue d'influer sur celui de l'autre, et l'on invoque également le substrat pour expliquer des évolutions spéciales. Dans ces deux cas, interviennent des facteurs extra-linguistiques qui rendent difficile l'analyse des processus et comme la théorie du substrat ne forme presque jamais un point de départ solide, nous laissons ici de côté le problème de l'influence du bilinguisme et du substrat dans l'évolution du système morphologique. Ces éléments jouent un rôle insignifiant d'ailleurs, la morphologie des catégories grammaticales étant quasi-imperméable aux influences externes.

Il y a des rapports indéniables entre la morphologie et la syntaxe. Là où un morphème indicateur de fonction disparaît, c'est très souvent la construction syntaxique qui fournit les indications qu'il n'est plus possible de tirer de la morphologie. En général, les langues de type flexionnel connaissent beaucoup plus de liberté d'ordre des mots que les langues sans système morphologique de déclinaisons et de conjugaisons. On oppose très souvent, en l'occurrence, la liberté dans l'ordre des éléments d'une phrase latine et la rigidité de l'ordre fixe du français : *patrem amat filius* ou *filius amat patrem* en face de la seule construction possible en français : « le fils aime le père ». Aussi n'est-il pas aisé de faire une division nette et complètement satisfaisante entre la morphologie et la syntaxe. L'affaiblissement du système flexionnel va de pair avec une rigidité croissante dans l'ordre des éléments de la phrase. À ce point de vue l'ancien français se trouve à mi-chemin entre le latin et le français moderne; le système flexionnel plus développé qu'en français moderne est pourtant très réduit si on le compare à celui du latin.

Comme il contient des morphèmes indicateurs de fonction que le français moderne ne connaît plus, il n'est pas étonnant que l'ancien français ait plus de liberté dans l'ordre des éléments de la phrase que le français moderne.

L'évolution du système syntaxique est dans le cas du latin facile à suivre jusqu'au point d'aboutissement actuel qu'est le français moderne. Si on se contente de remarquer que le caractère synthétique du latin (combinaison de plusieurs fonctions dans un seul élément du signifiant) disparaît pour faire place à une analyse où chaque élément du signifié s'exprime à part dans la chaîne parlée, le stade de la description historique n'est pas dépassé. Les remarques qu'on rencontre souvent dans des études qui traitent de l'évolution du système syntaxique et qui portent sur le génie de tel peuple dont l'évolution se reflète dans les changements syntaxiques ont un caractère spéculatif et nous éloignent de la linguistique.

Pour comprendre la dynamique du système syntaxique il ne suffit pas de constater les changements, il faut découvrir d'où ils proviennent, quelles tensions inhérentes au système qui était en vigueur avant ces changements ont déclenché le mouvement.

Comment le mouvement s'observe-t-il le mieux ? Il faut, à notre avis, distinguer deux champs d'observation, à savoir, en premier lieu, la langue littéraire et deuxièmement la langue peu soignée de la conversation familière.

C'est dans la langue littéraire de caractère artistique que se manifeste parfois la tension qui existe entre ce que veut exprimer l'auteur et le moyen que lui offre la langue. La variété de ces moyens donne parfois l'impression qu'il règne une grande liberté dans le domaine de la création artistique, mais il ne faut pas qu'on s'y trompe. L'auteur est toujours dépendant du système de la langue; il peut, il est vrai, introduire des constructions nouvelles, mais s'il veut être compris, ses innovations ne doivent pas s'écarter trop de ce qui est usuel, sinon l'information trop dense de la communication dépasserait son but et devient nulle. Il est très difficile, sinon impossible, de démêler la syntaxe et la stylistique quand on étudie les constructions qu'emploient les écrivains. Beaucoup d'innovations sont très éphémères. Le style d'un Gide qui, à l'époque, a paru très moderne, est resté sans lendemain; les constructions — qu'elles soient hardies ou recherchées — qu'il affectionnait, ne résultaient pas d'une tension intrinsèque du système et sont restées à l'écart de la dynamique du système syntaxique du français.

Le langage familier ou populaire offre plus de prise au chercheur en quête de manifestations de la tension entre les moyens et les besoins de la communauté linguistique. Les indications qu'on peut tirer des écrits de gens sans instruction doivent pourtant être interprétées avec prudence. *La Grammaire des fautes* d'Henri Frei fournit des renseignements précieux sur le mécanisme des changements syntaxiques, mais le matériel qui sert de base et d'illustration donne lieu à quelques remarques. À côté de la langue courante de la conversation, Frei distingue ce qu'il appelle la langue cursive, langue écrite non littéraire qu'emploient les journaux, les agences de voyages, les bureaux de réclame. La langue cursive se trouve, selon Frei, plus près de la langue courante que de la langue littéraire, alors que l'argot est plus éloigné de la langue courante (c'est-à-dire la langue parlée avec un débit normal) que ne l'est la langue cursive. Frei utilise, outre les journaux, des lettres écrites par des gens du peuple et adressées à l'Agence des prisonniers de guerre du Comité international de la Croix-Rouge à Genève. Si l'utilisation de données de la langue cursive à côté de celles que fournit la langue parlée donne parfois un caractère quelque peu hybride à l'ouvrage de Frei, ces lettres posent de plus le problème de savoir si elles représentent l'état de la langue telle qu'on la parle dans les milieux populaires. En général les phrases complexes et les procédés de subordination qui se rencontrent dans ces lettres ne donnent pas l'impression d'être aussi spontanés que ce qui ressortit à la langue courante. Le désir de « bien faire » et les hypercorrections, qui jouent certainement un grand rôle dans cette langue épistolaire du peuple, ne sont pas relevés par Frei. En négligeant de distinguer entre les différentes sources on risque de fausser les résultats. Sans doute les hypercorrections sont-elles riches d'enseignement, mais il ne faut pas confondre les formes hypercorrectes et l'usage courant, ni croire qu'il soit toujours possible, si on connaît une forme hypercorrecte, de trouver la forme de l'usage courant par une simple transposition en sens inverse, quand on dispose d'une forme correcte qui a servi de modèle pour la forme hypercorrecte. Ces réserves faites, *La Grammaire des fautes* n'en garde pas moins une grande valeur pour quiconque étudie la dynamique sur le plan syntaxique.

Nous avons vu déjà que la syntaxe de la phrase tend de plus en plus vers un ordre fixe des mots quand on passe du latin au français moderne. La rigidité de l'ordre des éléments, quelque grande qu'elle soit, n'aboutit pas à un schéma unique pour la phrase principale et la subordonnée relative : *je lui donne un livre ~ l'homme à qui je donne un livre*. Il y a ici un élément de tension interne qui aboutit à *l'homme que je lui donne un livre;* voir chez Frei, *mon mari que je n'ai pas de nouvelles de lui; un magasin qu'on (n') y trouve jamais rien; ceux, que le malheur des autres les amuse,* au lieu de *mon mari dont* (ou *de qui*) etc.; *un magasin où,* etc.; *ceux que le malheur des autres amuse.*

Il y a parallélisme complet entre l'ordre de la principale et celui de la subordonnée, le cumul de fonctions qui s'observait dans les relatifs se trouve en même temps supprimé par la dissociation en deux éléments formels dont l'un, à savoir *que,* sert uniquement à relier la subordonnée à la principale. Cette dissociation est suggérée par l'analyse de *qui,* dans *l'homme qui vient,* transformé en *qu'il,* homophone de *qui,* dans le langage familier.

En matière de syntaxe, comme ailleurs, beaucoup de facteurs extra-linguistiques rendent l'évolution dynamique du système plus lente et influent sur son cours. L'enseignement scolaire, le respect de la tradition, des facteurs politiques — tantôt il est de bon ton de parler comme les classes dirigeantes, tantôt ce sont justement ces classes-ci qui, soit par snobisme soit pour une autre raison, ont une prédilection pour des tournures populaires —, tout joue un rôle dans l'évolution du système. Il est donc impossible d'observer à l'état pur les mécanismes de la dynamique qui résultent de tensions internes du système, le système n'évoluant pas en vase clos.

La dynamique du langage telle qu'elle est conçue dans ce qui précède exclut l'idée d'une force gratuite ou aveugle qui se manifeste sans qu'on puisse dire ce qui a provoqué ces manifestations, sans qu'il soit possible d'établir un rapport de cause à effet. Par là même il est impossible de maintenir les conceptions théoriques des néo-grammairiens, qui s'en tiennent à des observations de détail sans souci de l'intégration des faits isolés dans un système qui englobe tout. Or, c'est en partant du système intégral qu'on arrive à dégager les tensions internes pour voir ensuite comment ces tensions sont éliminées. Une description de l'évolution d'un élément isolé du système ne saurait jamais dépasser le stade de l'observation superficielle. Le côté attrayant, pour beaucoup d'esprits, d'une description qui se limite aux détails directement observables, c'est qu'elle n'implique pas que la liberté créatrice de l'homme en matière de langue s'en trouve affectée. Réduire la force énigmatique qui déclenche tel changement, à un chaînon causal bien défini c'est aux yeux de bien des gens, dégrader l'étude du langage et des langues en la faisant passer du plan de la spéculation à celui d'un déterminisme qui ne paraît de mise que dans les sciences de la nature. Ce qui paraît grave c'est d'admettre que l'individu créateur n'est pas libre, mais dépend totalement pour ses créations du système de la langue. S'il y a conditionnement total, objectera-t-on, pourquoi l'évolution du langage n'est-elle pas prévisible? Les structuralistes n'arrivent pas plus que les autres à prévoir sans erreur possible ce qui va se produire. Sans doute, s'il est en effet impossible de prévoir tous les changements qui se produiront dans une langue donnée, disons pendant les cinquante ans à venir, c'est que toutes sortes de facteurs extra-linguistiques influent sur le développement du système linguistique. Mais il est certainement possible de prévoir plus de choses que ne le font ceux qui se refusent à partir d'un système où tout se tient. Ce sont les facteurs imprévisibles qui confèrent à la dynamique du langage cette imprévisibilité qui pour beaucoup contribue à rendre si attachante l'étude du produit de l'activité linguistique de l'homme.

Henry G. Schogt.

BIBLIOGRAPHIE

H. Frei, *La Grammaire des fautes,* Paris-Genève, 1929.

A. G. Haudricourt et A. G. Juilland, *Essai pour une histoire structurale du phonétisme français,* Paris, 1949.

A. Martinet, *Économie des changements phonétiques,* Berne, 1955.

A. Martinet, *Éléments de linguistique générale,* Paris, 1960 (voir notamment chapitre VI).

E. Sapir, *Language, an Introduction to the Study of Speech,* New York, 1921; traduction française de S. M. Guillemin, *(Le Langage, introduction à l'étude de la parole),* Paris, 1953.

W. von Wartburg, *Évolution et structure de la langue française,* 4e édition, Berne, s.d.

LA PARENTÉ GÉNÉALOGIQUE

Le terme de parenté généalogique des langues impose à l'esprit l'image d'on ne sait quel arbre de Jessé qui, d'une racine unique, aurait produit d'âge en âge divers groupes linguistiques dont les langues modernes seraient pour nous les derniers fleurons. Le principe de la notion est simple, aisément accessible en apparence; cependant, schématiquement indiqué, il est trompeur et il a trompé. Si nous pouvons considérer que le roumain ou le français « viennent » du latin, ce ne saurait être que par manière de dire et en sachant qu'il ne s'agit là que d'une expression simplifiée. « Une langue ne donne pas naissance à une autre; nul linguiste ne saurait fixer l'heure où la naissance se serait produite » (A. Meillet), nul ne saurait indiquer avec précision à quel moment le latin a cédé la place au français, au roumain, à l'italien, à l'espagnol. C'est dire clairement que, dans l'étude des rapports linguistiques, le terme de « parenté » n'a rien de commun avec celui que l'on emploie en physiologie. Dans cette mesure, il est donc regrettable et l'image qu'il suggère est fausse.

Il n'en demeure pas moins que les langues forment des ensembles dans lesquels une intercompréhension est possible plus ou moins facilement entre sujets parlants : un Catalan arrivera à comprendre aisément un Provençal, un Danois aura moins de peine à apprendre la langue allemande qu'un Français ou un Arabe. Il y a donc des langues qui se ressemblent. On a constaté, d'autre part, que ces ressemblances étaient d'autant plus sensibles que l'on remontait dans le temps : la langue des Gāthā de l'*Avesta* (iranien ancien) ressemble plus au sanscrit des hymnes védiques que le pehlevi (moyen iranien occidental) ne ressemble au sanscrit classique. Si la tradition linguistique nous permettait, grâce à des documents de plus en plus anciens, d'atteindre des états de langue de plus en plus archaï-

ont été des grammairiens, c'est parce qu'ils étaient avant tout des philosophes soucieux d'éviter à eux-mêmes et aux autres toute tromperie, tout à-peu-près, en forgeant l'instrument précis et net par lequel la pensée pourrait s'exprimer. « On ne sait pas encore combien la langue est une image rigoureuse et fidèle de l'exercice de la raison » (Diderot).

Il fallut attendre le XIXe siècle pour que l'étude des langues, quittant les préoccupations purement philologiques et philosophiques, s'engage dans une voie nouvelle et triomphante, celle de l'histoire. Sans doute n'avait-on pas jusque-là ignoré les langues autres que les langues « classiques »; au cours des XVIe et XVIIe siècles, F. Junius et G. Hikes accomplirent un très important travail sur les langues germaniques; les langues d'Amérique étaient, très partiellement, connues par les documents fournis par des missionnaires espagnols ou par des marchands; celles de l'Afrique par quelques guides de conversation à l'usage des navigateurs et par de rares travaux d'ecclésiastiques; on connaissait depuis la Renaissance la grammaire arabe et la grammaire hébraïque; l'Italien Sassetti avait relevé des correspondances entre la langue ancienne de l'Inde, le sanscrit, et sa propre langue. Mais de tels travaux restaient isolés, non coordonnés. D'autre part, si l'on doit aux théologiens de s'être intéressés aux langues sémitiques par l'intermédiaire de l'hébreu puis de l'arabe, on leur doit aussi le préjugé (contre lequel s'insurgera le philosophe Leibniz) que l'hébreu était la source de toutes les langues de l'humanité. De la sorte, bien des travaux furent sans prolongement faute d'éclore dans un climat convenable : telles furent par exemple, dès 1606, les recherches de E. Guichard où sont indiquées les différences qui séparent les langues romanes des langues germaniques, le latin, le grec de l'hébreu, du chaldéen et du syriaque, ou les grandes compilations du XVIIIe siècle et du début du XIXe : un vocabulaire de deux cent quatre-vingt-cinq mots en deux cents langues, publié en 1786 par P. S. Pallas à la demande de Catherine de Russie, ou les quatre volumes du *Mithridates* de J. C. Adelung et J. S. Vater où l'on trouvait la prière du « Notre Père » en près de cinq cents langues (1806-1817).

L'esprit du XIXe siècle est tout différent de celui du

siècle précédent : les études de langues participèrent du grand mouvement qui poussa les hommes des nouvelles générations à mieux s'instruire du passé et à s'intéresser moins à ce qu'il y a de général et d'éternel dans l'homme qu'à ce qui est individuel et singulier. Ce grand mouvement historiciste explique en grande partie l'essor de la linguistique à cette époque et la direction nouvelle qu'elle prit. Les savants européens se trouvèrent mieux armés pour exploiter les connaissances accumulées jusque-là. Grâce aux solides travaux poursuivis depuis des siècles en philologie classique, le latin et le grec étaient très bien connus; le mouvement romantique, de son côté, avait ranimé l'intérêt porté aux langues nationales, en particulier aux langues germaniques. D'autre part, les langues romanes fournissaient un remarquable champ d'action aux recherches historiques puisqu'elles permettaient de suivre des développements linguistiques de façon à peu près continue depuis le latin jusqu'aux idiomes modernes.

Tous ces éléments se trouvèrent présents à la fois dans une Europe que passionnait, en biologie, la théorie de Darwin. En dépit des efforts de Cuvier et de son école pour défendre le principe de la fixité des espèces vivantes, la thèse du « transformisme », exposée par Darwin en 1829 dans *l'Origine des espèces,* s'imposait. Vulgarisée par des travaux de valeur parfois douteuse comme *l'Histoire de la création naturelle* de E. Haeckel (1868), elle se répandait dans le public. Les travaux de linguistique s'inspirèrent de cet esprit : à l'arbre généalogique des espèces vint répondre l'arbre généalogique des langues indo-européennes dressé par A. Schleicher dans son *Compendium der vergleichenden Grammatik der indogermanischen Sprachen* (1861-1862) et fondé sur le principe qu'une langue se comporte comme tout organisme vivant.

Enfin un événement capital pour la linguistique historique fut la « découverte » du sanscrit. Le terme est impropre à strictement parler. On connaissait depuis deux ou trois siècles l'existence du sanscrit, ancienne langue de l'Inde, et quelques traits de sa grammaire. Mais au cours du XVIIIe siècle, la conquête de l'Inde par les Anglais avait permis de recueillir des documents plus nombreux. Ce fut le début de ce qu'on a appelé la « renaissance orientale » (R. Schwab). En effet, sans parler ici de la diffusion de la littérature et de la pensée indiennes, il faut rappeler qu'en 1784 fut fondée à Calcutta la première « Société Asiatique » et que son fondateur, le juge William Jones, a le premier, en 1786, clairement affirmé que le sanscrit était apparenté au grec, au latin, au gotique et probablement aussi au celtique et que ces langues provenaient d'une langue commune qui, peut-être, n'existait plus.

Ce fut le point de départ d'un intense travail linguistique sur lequel s'acharnèrent des savants de toute l'Europe. Outre les textes, ils avaient en effet en main les travaux faits par les Indiens eux-mêmes sur leur propre langue, selon des méthodes différentes de celles qui avaient cours en Europe. Ce qui eut une double conséquence : d'un côté les difficultés d'analyse que présentait le sanscrit se trouvaient, dans une certaine mesure, aplanies par les commentaires des grammairiens indiens, de sorte que les Européens disposèrent plus rapidement des matériaux qu'ils pouvaient confronter avec ceux des langues occidentales ; de l'autre, l'Europe eut connaissance de méthodes d'analyse grammaticale différentes de celles qui avaient été héritées des Grecs et des Latins. Colebrooke, le fondateur de la philologie sanscrite, en 1805, et Carey, en 1806, donnèrent les premières descriptions scientifiques du sanscrit en s'inspirant l'un de Pāṇini, l'autre de Vopadeva.

Connaissances solides en philologies diverses, curiosité passionnée pour le passé de l'humanité, principes scientifiques nouveaux, les conditions étaient remplies pour que la grammaire, cessant d'être un canton de la philosophie ou un morne répertoire, devienne une science autonome et digne de séduire les plus grands esprits ; ils ne manquèrent pas.

Étant données les circonstances dans lesquelles se firent les recherches, les principaux travaux portèrent essentiellement sur les langues de l'Europe et sur le sanscrit. Franz Bopp, fondateur de la « grammaire comparée », publia, dès 1816, une étude sur la conjugaison du sanscrit comparée à celles du latin, du grec, du persan et du germanique, puis, entre 1833 et 1852, une grammaire comparée du sanscrit, du zend, de l'arménien, du grec, du latin, du lituanien, du vieux-slave, du gotique et de l'allemand. Au Danois Rasmus Rask, on doit, en 1818, une très importante étude sur le vieil-islandais et en 1822, un ouvrage sur les rapports à établir entre langues classiques, langues germaniques et langues balto-slaves. Jakob Grimm, qui écrivit en collaboration avec son frère Wilhelm-Karl les célèbres *Contes populaires de l'Allemagne,* fut aussi le premier à formuler en partie les règles de la première mutation consonantique; il est considéré par ses travaux comparatifs sur la langue allemande comme le fondateur de la linguistique germanique. G. Curtius appliqua la méthode comparative historique aux langues classiques, Johann Kaspar Zeuss aux langues celtiques, F. Diez aux langues romanes, J. Dobrovsky, A. X. Vostokov et F. Miklosich au groupe slave. Un premier bilan de ces recherches fut donné par le *Compendium* d'August Schleicher.

Des ensembles linguistiques tout différents de l'indo-européen furent également explorés. Le Hongrois S. Gyármathi avait inauguré, dès 1799, les études comparatives du finno-ougrien auxquelles s'intéressa R. Rask quelques années plus tard. Th. Benfey, profitant du déchiffrement de l'égyptien, établit des rapports entre cette langue et le sémitique (1844), tandis que la même année, T. N. Newmann traita des rapports entre le berbère et le sémitique. À partir de 1855, parurent plusieurs éditions de *l'Histoire générale et système comparé des langues sémitiques* d'Ernest Renan. Le problème des relations entre sémitique et hamitique fut traité par plusieurs savants (Lottner, Benfey, Almkvist, F. Müller).

Avec le dernier tiers du siècle vinrent les fruits du long travail poursuivi dans le domaine des langues européennes et indo-iraniennes. À l'Université de Leipzig, un groupe de savants sut établir fermement la nouvelle doctrine linguistique et l'illustrer de façon éclatante. Ils sont connus sous le nom de *Junggrammatiker* (« néo-grammairiens ») qui leur fut donné avec quelque dédain par les hommes de la génération précédente mais qu'ils relevèrent et arborèrent comme en défi. Le fondement de leur doctrine est que les langues, comme les espèces vivantes d'après les théories de Darwin, se développent selon des lois très strictes; les irrégularités sont dues soit à la méconnaissance de certaines lois (en 1877, K. Verner expliqua les apparentes exceptions à la loi de

Grimm sur le consonantisme germanique), soit à l'intervention de facteurs étrangers comme les facteurs psychologiques. Ces lois inexorables sont surtout évidentes dans l'évolution des sons (1876 : *Die Lautgesetze kennen keine Ausnahme,* Leskien) mais peuvent se retrouver aussi bien en morphologie, comme essaya de le montrer l'ouvrage de Karl Brugmann et Heinrich Osthoff *Morphologische Untersuchungen,* véritable manifeste de la nouvelle école, dont les six volumes parurent de 1878 à 1910.

Grâce à cette nouvelle rigueur scientifique, appliquée aux principes de la recherche historique (dont Hermann Paul fut l'inlassable théoricien), Karl Brugmann et B. Delbrück purent faire paraître entre 1886 et 1900 leur célèbre et monumental ouvrage : *Grundriss der vergleichenden grammatik der indogermanischen Sprachen.*

Cette œuvre marque une étape capitale dans l'histoire de la linguistique comparative génétique; elle constitue le point d'aboutissement et la somme de près d'un siècle de travaux pour l'ensemble de la grammaire comparée des langues indo-européennes. Modèle d'érudition, elle défie encore toute tentative semblable malgré les progrès accomplis depuis la publication de la deuxième édition, il y a quelque cinquante ans. Les principes qui la gouvernent, les méthodes qu'elle met en œuvre sont, en grande partie du moins, ceux qu'appliquent ou devraient appliquer les chercheurs d'aujourd'hui.

PRINCIPES

L'un des principes fondamentaux de cette linguistique historique est le principe de la continuité. Si l'on peut être sûr qu'en remontant le cours du temps à travers les documents linguistiques on atteindra les états antérieurs de la même langue, c'est que les langues ne connaissent pas de mutations brusques. Elles se transmettent de génération en génération, le fils parlant sensiblement comme le père, le petit-fils sensiblement comme le grand-père. Cette permanence répond à une nécessité impérieuse, celle qui oblige toute société à maintenir une langue commune pour assurer l'intercompréhension indispensable à sa survie. Il est non moins certain que cette uniformité est inégale selon les milieux. Les groupes qui ont une grande cohésion la réaliseront mieux que ceux qui sont constitués d'éléments plus ou moins indépendants. Mais, même dans une société très cohérente, des changements linguistiques se produisent. Le vocabulaire est le plus facilement atteint : la mode, les innovations techniques, les emprunts hâtent son renouvellement ; la grand-mère demande parfois à sa petite fille le sens d'un mot nouvellement introduit. Inversement, elle pourra tenter de lui rappeler par exemple l'usage du passé simple en français ou celui de l'imparfait du subjonctif. Il y a donc aussi des traits grammaticaux qui évoluent. La prononciation elle aussi évolue ; on connaît l'anecdote de Louis XVIII retrouvant après son exil une France où nul, sauf les provinciaux attardés, ne connaissait plus le [rwe], mais seulement, comme nous-mêmes, le [rwa]. Des distinctions que des générations ont tenues pour indispensables, mais dont le rendement s'est amoindri, sont moins scrupuleusement observées et tombent peu à peu dans l'oubli : le français a ainsi récemment perdu un [l] mouillé analogue à celui que l'italien note [gli] *(figlia)*, et rares sont ceux qui aujourd'hui font une claire différence entre le [n] mouillé de « ignorer » et le groupe [ny] de « Niort ». D'une manière générale, il n'y a pas, à rigoureusement parler, deux individus de la même génération qui ont exactement la même langue. Toutefois, les dissemblances qu'on peut observer d'homme à homme ou de génération à génération sont minimes et laissent subsister l'unité foncière de la langue. Ce n'est qu'au bout d'un assez long temps que les différences seront sensibles et feront que, par exemple, nous avons quelque peine à comprendre parfaitement le français du XVIe siècle et plus encore celui du XIe.

Il n'en reste pas moins que nos ancêtres au cours des âges ont eu et que nous-mêmes avons le sentiment qu'il s'agit toujours de la même langue.

Un autre principe sous-jacent à toute recherche linguistique est celui qu'on nomme communément l'arbitraire du signe linguistique. Cela signifie que, pour reprendre les termes de F. de Saussure, « le signe linguistique unit non une chose et un nom, mais un concept et une image acoustique » ou encore qu'il existe entre les trois termes nom, sens et chose des rapports de nature différente. Il y a entre le mot et le sens de ce mot un rapport nécessaire d'évocation réciproque; il y a, de même, un rapport analogue entre le sens et la chose mais il n'y a aucun lien direct et nécessaire entre le nom et la chose. On peut représenter ainsi ces différents rapports à l'aide du triangle fondamental de Ogden et Richards, simplifié par St. Ullmann dans son *Précis de linguistique française* :

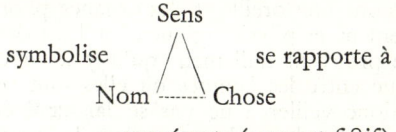

```
                    Sens
         symbolise   /\   se rapporte à
                Nom ----- Chose
              représente (rapport fictif)
```

Puisqu'il n'y a, entre nom et chose, qu'un rapport non nécessaire, on comprend que ce que nous appelons « chien » en français puisse se dire *dog* en anglais, *Hund* en allemand, *cane* en italien.

Mais l'importance de ce principe ne se mesure bien que si l'on admet pour vraie l'hypothèse contraire et qu'on essaie d'en tirer les conséquences. Supposons que les sons évoquent par eux-mêmes une réalité : on devrait trouver dans les diverses langues une même image acoustique pour représenter la même chose puisque la forme du mot serait imposée par la réalité qu'elle désignerait. Cette ressemblance ne pourrait être interprétée comme la preuve d'une relation historique entre les langues. Réciproquement, le fait que deux langues ne désignent pas la même chose par le même mot ne pourrait être expliqué que par une différence de nature, de structure mentale entre les hommes parlant ces langues. Cela reviendrait en fait à établir entre langue et « race » humaine un parallélisme que rien, ailleurs, ne justifie.

Il est vrai que certains chercheurs ont essayé d'établir des rapports entre son et sens; mais ces tentatives (W. Czermak, D. Westermann pour les langues africaines) n'ont donné que d'infimes résultats. On a dû limiter l'aire de pertinence des démonstrations à tel point qu'elles ne pouvaient rien prouver sur le plan général. En fait, les seules exceptions à la règle de l'arbitraire du signe linguistique viennent des mots qui, par imitation des bruits entendus dans la nature, les reproduisent à l'aide des ressources fournies par les organes phonateurs humains : tels sont, par exemple, *flic-flac, frou-frou, tic-tac;* le mot *coucou* prétend restituer le cri même de l'oiseau; on le trouve à peu près identique dans les langues des hommes qui connaissent l'animal (anglais *cuckoo,* allemand *Kuckuck,* russe *kukushka,* hongrois *kakuk,* finnois *käky*). De telles ressemblances impliquent seulement que le coucou a partout le même cri et que les hommes ont une oreille et des organes phonateurs anatomiquement et physiologiquement les mêmes partout. Elles ne prouvent nullement qu'il y a eu une relation historique entre les langues où elles sont constatées. Il faudra donc veiller à ne pas se laisser éventuellement abuser par elles lorsqu'on cherchera les mots communs à plusieurs langues.

En revanche, ce cas particulier mis à part, l'attention sera mise en éveil chaque fois que l'on trouvera dans plusieurs langues des façons semblables de s'exprimer et l'on pourra légitimement présumer que ces ressemblances indiquent qu'il y a ou qu'il y a eu des rapports entre les idiomes en question. Ainsi ce ne peut être par hasard que les différents mots qui, dans plusieurs langues indo-européennes, désignent la « mère » se ressemblent si étroitement :

anglais	*mother*	vieil anglais	*mōdor*
allemand	*Mutter*	vieux haut allemand	*muoter*
italien	*madre*	latin	*māter*
		grec	*mētēr*
		sanscrit	*mātar-*

Le hasard est d'autant plus improbable que, dans ces mêmes langues, le mot désignant la « mère » s'oppose partout à un même mot désignant le « père » (L. Bloomfield, *Language*).

anglais	*father*	vieil anglais	*faeder*
allemand	*Vater*	vieux haut allemand	*fater*
italien	*padre*	latin	*păter*
		grec	*patḗr*
		sanscrit	*pitár-*

« Si pour exprimer un même sens il se trouve que plusieurs langues recourent à une même combinaison...

cette rencontre exige une explication » écrivait Antoine Meillet dans son exposé *Sur la méthode comparative en linguistique historique* (p. 21).

Enfin, on peut dire que le hasard est tout à fait exclu si l'on trouve des similitudes étroites non seulement dans l'expression des notions mais dans l'organisation même d'un ensemble de concepts. Il n'y a aucune raison pour que le français ancien ait nommé *jo* la personne qui parle; il n'y en a aucune pour que l'italien dise *io*, l'espagnol *yo*, le roumain *eo*. On ne trouve que dans ce groupe une telle ressemblance. Si l'on observe, de surcroît, que, dans ces mêmes langues, *jo, io, yo, eo* s'opposent régulièrement à *tu* qui désigne la deuxième personne, on ne pourra échapper au sentiment que ces idiomes sont, à cet égard, très proches les uns des autres. Or, dans ce cas éminemment favorable, il suffit de suivre une tradition historique connue par les textes pour trouver l'explication de cette singularité et pour comprendre la nature du rapport qui unit ces formes : *jo, io, yo, eo* viennent tous, mais sur des territoires différents, du latin *ego*, *tu* vient du latin *tŭ*.

Si l'on se reporte au tableau établi par D. Cohen (voir p. 1319) des formes courtes des marques personnelles en chamito-sémitique, on constate que nombre de formes se correspondent et qu'il s'établit entre elles des rapports semblables d'opposition; par exemple :

première personne du singulier :
    sémitique *-ya / -i;* égyptien *-y;*
    berbère *-i / -w*

première personne du pluriel :
    sémitique *-ni;* égyptien *-n;*
    berbère *-nəg*

On en déduit à juste titre que de pareilles singularités, en vertu du principe de « l'arbitraire du signe linguistique », sont l'indice de rapports historiques entre ces groupes de langues. L'exemple des langues romanes inviterait à y voir la marque d'une parenté généalogique.

Toutefois la notion de « ressemblance » est trop vague pour fournir autre chose qu'un point de départ. Il ne suffit pas de dire que l'anglais *father*, l'allemand *Vater*, l'italien *padre* se « ressemblent » pour pouvoir affirmer que ces langues sont apparentées ; il faut encore prouver que les différents éléments de ces langues se correspondent régulièrement et rigoureusement. Cela n'est possible qu'en vertu d'un autre principe qu'on appelle parfois « *principe de constance des lois phonétiques* ». Il peut être ainsi formulé : « Si une articulation est conservée dans un mot, elle est conservée également dans tous les mots de la langue où elle se présente dans les mêmes conditions » (A. Meillet), et, si elle subit une modification, elle la subit partout où elle se présente dans les mêmes conditions.

En comparant le vieil anglais *faeder,* le vieux haut allemand *fater,* le latin *pater* aux formes du nom du « poisson » (vieil anglais *fisk,* vieux haut allemand *fisk,* gotique *fisks,* latin *piscis*) et à celles du nom du « bétail » (vieil anglais *feoh,* vieux haut allemand *fihu,* gotique *faíhu,* latin *pecu*), on constate qu'à un *p-* initial du latin répond un *f-* en germanique. On en peut conclure que, si aucune autre action particulière ne s'est exercée, à tout *p-* initial du latin doit correspondre une spirante *f-* en germanique. De même, l'occlusive initiale de latin *caput* aboutit en français à *š* : *chef* [šɛf] et en espagnol à *k* ['kabo].

Quelle justification peut-on donner de ce phénomène ? Dans le dernier exemple, français et espagnol représentent tous deux des formes évoluées d'une même langue mais en terrains différents. Le système phonologique du latin impérial s'est trouvé soumis à des pressions diverses (substrats différents constitués par les idiomes des populations soumises que le latin a supplantés, hasards des invasions, variété des organisations sociopolitiques) qui constituaient autant de causes de déséquilibre dissemblables et qui ont entraîné des rajustements non identiques en Gaule et dans la péninsule ibérique. À un certain moment, sur une partie du territoire de la Gaule septentrionale, tout [k] initial devant [a] s'est mouillé en [kʼ], est devenu [tʼ], [tˢʼ], [tš] puis [š] :

> *caput* aboutit à *chef* [šɛf]
> comme *capra* aboutit à *chèvre* [šɛːvr]

En Espagne, la palatalisation de [k] ne s'est pas produite :

> *caput* aboutit à ['kabo]
> comme *capra* aboutit à ['kabra]

et elle ne s'est produite nulle part. C'est que le [k] de *caput* n'était pas différent du [k] de *capra* bien que le sens des deux mots ne fût pas le même. Il n'y a en effet aucun lien, sinon historique, entre le contenu sémantique d'une forme et le choix des segments phoniques qui la composent. Ceux-ci ne sont que la réalisation d'un nombre limité d'unités dites phonèmes, organisées en un système tel que chacune se définit par les seuls traits qui la distinguent de toutes les autres. Chaque langue, à chaque moment de son évolution, est caractérisée sur le plan phonique par un tel système dont les éléments constituent, par leurs combinaisons diverses, tous les « mots » de la langue en question. Il y a donc hétérogénéité complète entre ce que A. Martinet a appelé les deux « articulations » du langage, entre le niveau des unités signifiantes qui s'organisent en énoncés et celui des unités distinctives dont l'agencement compose les premières.

Chacune des deux articulations obéit à ses lois propres et celles qui régissent la seconde sont hors de la conscience du sujet parlant. Celui-ci n'est pas toujours libre de choisir ses mots mais il ne l'est jamais d'en modifier la silhouette phonique.

Parce qu'il touche au fondement même du langage, le principe de la régularité des changements phonétiques est, avec le principe de l'arbitraire du signe linguistique, à la base de toute démonstration qui vise à établir qu'ont existé des rapports historiques entre les langues. Il permet, une fois éliminés les cas de symbolisme phonique ou les cas d'évolution anarchique des mots-phrases ou des formules usuelles, de fournir une liste de traits communs rapprochés par des correspondances phonétiques qui assurera une base de travail solide.

L'établissement de principes que d'aucuns tiendront pour des postulats est une démarche indispensable pour garantir à la recherche cohérence et sécurité. L'étude de leurs implications est d'un grand intérêt pour le théoricien du langage, mais elle n'apporte qu'un faible secours au comparatiste aux prises avec la masse informe des faits. Celui-ci, dans les premières étapes de sa recherche, ne dispose pour tout repère que des analogies partielles constatées dans les différents aspects phoniques, grammaticaux, sémantiques des langues qu'il étudie. Beaucoup de ces indices sont trompeurs; d'autres, au contraire, se révéleront de précieux outils de démonstration. Au cours des cent dernières années, une méthode fondée sur les principes ci-dessus mentionnés a été lentement élaborée; elle a permis l'éclosion d'œuvres importantes mais son application s'est révélée difficile hors du domaine « classique ». Des tentatives récentes ont été faites pour remédier à cette insuffisance ou même pour fonder une autre méthode sur des bases entièrement différentes. Dans tous les cas cependant, la démarche initiale demeure la même : constater, classer et interpréter ce qui n'apparaît d'abord que comme des « ressemblances ».

MÉTHODES

Les ressemblances constatées entre deux ou plusieurs langues sont de deux sortes : celles qui sont susceptibles de recevoir une justification d'ordre général applicable à tout autre parler humain et qui ne sauraient donc être tenues pour particulières aux langues considérées; celles qui n'appartiennent qu'à celles-ci et qui ne peuvent s'expliquer que par un hasard historique, communauté d'origine ou développement conjoint.

On peut compter parmi les ressemblances non pertinentes celles qui portent sur la forme sans porter sur le sens. Telles sont par définition certaines ressemblances phoniques. Les organes phonateurs de l'homme étant partout les mêmes, il y a de fortes chances pour que l'on rencontre dans plusieurs langues les mêmes types d'articulations. L'opposition dans l'ordre des labiales entre *p*, *b* et *m* se retrouve dans un très grand nombre de systèmes et ne saurait rien prouver. Le latin classique, le hausa, le yokuts ont un système vocalique à cinq voyelles, chacune pouvant être longue ou brève. Cela ne signifie pas que ces langues soient parentes ni même que les peuples qui les parlent aient jamais été en contact dans le passé. De même, des systèmes phonologiques analogues évoluent parfois de façon parallèle : en suédois, en grec ancien, en français, en portugais des Açores, on a vu, à des époques différentes, /u/ passer à /ü/ alors que les autres langues du même groupe ne connaissaient pas cette évolution. Il ne faudrait pas tenir ce phénomène pour la preuve que les idiomes en question sont unis par des liens de parenté particulièrement étroits. Il s'agit là non plus d'un hasard mais d'un simple fait de convergence, comme l'ont montré A. G. Haudricourt et A. G. Juilland dans *l'Essai pour une histoire structurale du phonétisme français*. Les systèmes concernés présentaient un grand nombre de degrés d'aperture; or, si l'espace articulatoire dévolu aux voyelles antérieures était suffisant pour que les réalisations vocaliques restent distinctes, il n'en était pas de même pour les voyelles postérieures. Celles-ci disposent, du fait de l'asymétrie anatomique des organes de la parole, d'un champ beaucoup plus réduit; il est à peu près la moitié de celui des voyelles antérieures (2,5 contre 4,1). Les articulations d'arrière n'ont donc d'autre possibilité d'augmenter leur domaine articulatoire qu'en déplaçant vers l'avant le point d'articulation extrême. Dans les langues en question, la voyelle extrême était /u/; articulée vers l'avant mais en conservant l'arrondissement des lèvres, elle a été réalisée comme /ü/.

Il arrive également que l'on constate dans des langues occupant des aires proches ou contiguës l'existence de traits phoniques communs qui pourraient faire songer à une communauté d'origine. Ainsi trouve-t-on, dans les langues bantu du Sud et de l'Ouest, un type d'articulations que l'on ne connaît pas ailleurs dans le même groupe : il s'agit de consonnes « injectives » produites par raréfaction de l'air entre deux points de fermeture dont l'un est toujours vélaire, de *clicks*. On sait, en revanche, qu'ils sont communs dans les langues des Bushmen (bochiman) qui en ont généralement cinq, ou en hottentot. En bantu, on rencontre ces sons dans des mots empruntés au hottentot ou dans de vieux mots hottentots ou bochimans sortis d'usage dans leurs idiomes d'origine, mais aussi dans des mots de bantu authentique où les *clicks* se sont substitués à des consonnes ailleurs attestées. Leur présence en bantu ne signifie pas que le bantu est apparenté au bochiman ni au hottentot, mais plus sûrement que les hommes de langue bantu ont emprunté aux deux langues en question ce type d'articulation. Un problème connexe se trouve dès lors posé : quelles raisons ont poussé les Bantu à emprunter ces sons ? D'après L. F. Maingard, la suprématie militaire de conquérants bantu et leur prestige n'empêchèrent pas que, privés par la tsé-tsé de la plus grande partie de leur bétail dans la galerie forestière des fleuves traversés, ils durent reconstituer leur cheptel grâce aux troupeaux des vaincus ; avec les méthodes d'élevage, vint le vocabulaire correspondant ; de même, les vainqueurs adoptèrent en partie le vocabulaire religieux des Hottentots et des Bushmen dont ils tenaient les talents magiques en très haute estime. La raison qui a poussé les Bantu à emprunter une série de phonèmes apparaît donc : les *clicks* sont entrés dans une langue où ils étaient inconnus par l'intermédiaire de mots techniques étrangers appartenant à la langue de peuples vaincus mais détenteurs d'une richesse (bétail) ou d'un pouvoir (magie) indispensables aux vainqueurs.

Des cas semblables où la langue des peuples conquis peut exercer une action non négligeable sur celle des conquérants sont fréquents. L'un des exemples les plus connus dans le monde indo-européen est celui de l'indo-aryen. Langue indo-européenne parlée par un petit groupe d'envahisseurs, elle ne possédait par son origine qu'une seule série de dentales *(t, d, n)*; mais les aborigènes dravidiens de l'Inde connaissaient une deuxième série d'occlusives dentales prononcées avec la pointe de la langue placée contre la partie antérieure du palais, avec rétroflexion plus ou moins marquée *(ṭ, ḍ, ṇ)*. Les conquérants de l'Indus et du Gange empruntèrent aux vaincus ce type d'articulation et sont les seuls de leur groupe à le posséder. De façon comparable, l'amharique sémitique, langue de civilisation importée d'Arabie du Sud dans le massif éthiopien, a subi l'influence du substrat couchitique qui a entraîné des modifications importantes dans son système consonantique (grand nombre de prépalatales, disparition à peu près complète des laryngales anciennes).

Dans d'autres cas, l'emprunt s'explique par le prestige social d'une langue étrangère. Ainsi le swahili d'Afrique orientale a-t-il adopté trois ou quatre consonnes arabes et trois diphtongues étrangères, à l'origine, à son système phonétique. Cette introduction s'est faite par l'intermédiaire des Swahili de rang social élevé, qui ont du sang arabe et sont musulmans de longue date et dont les autres ont cherché à imiter la prononciation. On peut en rapprocher le cas des populations de langue gallo-romane qui, soumises par les Francs, leur ont emprunté des mots comportant les phonèmes /h/ et /w/, inconnus du gallo-roman. Dans leur désir d'imiter la prononciation des seigneurs francs, les Gallo-Romans en vinrent à « franciser » des mots de leur propre langue : le latin *uadum* eût dû aboutir à **vé;* mais dans les idiomes germaniques, il avait un synonyme presque semblable *(wad-)* dont le premier élément /w/ était prononcé en gallo-roman [gw] puis [g]; sous cette influence, *uadum* aboutit à *gué* comme *uespa* à *guêpe* (et non *vêpe) d'après *wefsa*.

On ne tiendra pas non plus pour significatives des ressemblances morphologiques ou syntaxiques qui peuvent provenir d'une simple convergence fonctionnelle ou d'une contamination. Les mots-outils (prépositions, conjonctions), les mots-substituts (pronoms) sont généralement des mots brefs, la plupart du temps monosyllabiques ou dissyllabiques et de structure phonique simple. Les combinaisons phoniques possibles sont nécessairement en nombre restreint. Il en résulte que de tels mots peuvent, par accident et uniquement parce qu'ils remplissent des fonctions identiques qui leur imposent un certain type de forme, se ressembler dans des langues qui ne sont pas apparentées. Ainsi l'un des thèmes pronominaux de l'indo-européen, le thème **to-*, se retrouve en caucasique du Sud et en finno-ougrien. La présence d'un tel trait, isolé, ne saurait servir à prouver la parenté des groupes linguistiques concernés.

Il arrive également qu'un même procédé grammatical se retrouve dans des langues géographiquement voisines sans qu'elles appartiennent pour autant au même groupe. Dans les langues des Balkans (roumain, serbe, grec), le futur périphrastique s'exprime par une périphrase formée du verbe précédé d'un auxiliaire signifiant « souhaiter », qui diffère selon les langues. Ces formules sont récentes et ne doivent rien à l'indo-européen dont ces langues sont issues. Seul d'ailleurs a été emprunté le moyen d'expression mais non le matériel morphologique correspondant.

À ces cas de ressemblances formelles sans valeur pour notre objet, on joindra inversement les cas fort nombreux où des éléments de plusieurs langues se ressemblent par le sens ou la fonction mais diffèrent entièrement par la forme. Ainsi toutes les langues, au sens strict de « langage humain », sont fondées sur le principe de la *double articulation :* pour s'exprimer, tout homme construit son énoncé au moyen d'une « succession d'unités dont chacune a une valeur sémantique particulière », et chacune de ces unités est, à son tour, « analysable en une succession d'unités distinctives non signifiantes » (A. Martinet). L'existence de cette double articulation ne traduit donc qu'une nécessité inhérente à toute langue et non un accident historique. Il en ira de même pour les oppositions d'ordre conceptuel : l'opposition logique d'un prédicat (désignant un événement, un phénomène) à un sujet (être, objet qui, par qui, à propos de qui se produit l'événement) est très souvent traduite par une opposition entre nom et verbe. On ne saurait reconnaître la parenté d'une langue à ce seul fait. De même, selon Émile Benveniste, toutes les langues connues ont un système permettant d'exprimer au moins les trois personnes : *je, tu, il* et, très souvent, *il* se comporte différemment de *je / tu.* Cela tient seulement à ce que, dans tous les systèmes linguistiques, *il* au lieu de désigner une personne, sujet parlant ou interlocuteur, a « pour caractéristique et pour fonction constantes de représenter... un invariant non personnel et rien que cela » (É. Benveniste). Des oppositions de genre (animé / non animé, masculin / féminin) ou de nombre (singulier / duel / pluriel / collectif) ne peuvent pas davantage servir à regrouper les langues. Elles reflètent seulement certaines nécessités de la communication entre hommes et ne sont d'aucune utilité pour le linguiste historien. Il est évident, d'autre part, que des motivations identiques peuvent, dans le domaine sémantique, faire que l'on trouve, dans des langues différentes, des expressions analogues. Si nombre de langues africaines désignent le « fruit » comme le « petit » de l'arbre, si le « fusil » y porte le même nom que le « tonnerre », cela n'implique pas un rapport historique entre les langues en question. C'est — au mieux — l'indice qu'elles sont parlées par des gens qui partagent la même culture ou qui vivent dans des conditions écologiques analogues ou bien, plus généralement, les faits de ce genre témoignent de l'unité psychosomatique de l'espèce humaine. « Ce qui établit une origine commune, écrivait A. Meillet, c'est l'existence concordante dans deux ou plusieurs langues de particularités telles qu'elles ne s'expliquent pas par des conditions générales, anatomiques, physiologiques ou psychiques ».

Ainsi les ressemblances de forme sans ressemblance de sens et les ressemblances de sens sans ressemblance de forme ne peuvent servir à établir l'existence de liens de parenté. Tout au plus peuvent-elles témoigner d'un contact entre les langues ou de l'influence d'un substrat commun. Elles ne sont pas pertinentes de notre point de vue. On en pourrait conclure que sont pertinentes toutes les autres ressemblances portant à la fois sur la forme et sur le sens. Ce n'est malheureusement pas le cas.

Il arrive en effet que, mis à part les cas de symbolisme phonique, deux langues présentent deux mots semblables de forme et chargés d'un même sens. L'un des exemples les plus célèbres est celui de l'adjectif signifiant « mauvais » en anglais et en persan : *bad*. Si l'on prétend expliquer la similitude des deux mots comme le témoignage d'un rapport historique entre les langues en question, il faut admettre qu'il y a eu soit emprunt ancien soit héritage commun. L'emprunt d'un tel terme appartenant au vocabulaire le plus usuel ne saurait avoir été un phénomène isolé; il suppose un large renouvellement du lexique. Que cet emprunt se soit donc effectué du persan à l'anglais ou de l'anglais au persan, il faudrait justifier le traitement privilégié accordé à *bad*, seul élément étranger ayant conservé sa forme originelle alors que tous les autres auraient subi une assimilation si profonde qu'elle les aurait rendus indiscernables du fonds indigène. Si *bad* était un mot hérité, il faudrait expliquer pourquoi les formes de ce mot auraient seules évolué parallèlement dans les deux langues, alors que toutes les autres divergeaient au point de perdre toute ressemblance. En réalité on sait très bien que la ressemblance entre anglais *bad* et persan *bad* est tout à fait fortuite. On est sûr, en l'espèce, qu'il ne s'agit que d'un jeu de la nature parce qu'on peut, à travers l'histoire de la langue anglaise et de la langue persane remonter aux formes dont chacun des deux mots *bad* est issu et qui sont très différentes l'une de l'autre.

S'il est, en effet, un principe pratique sur lequel on se doit d'insister, c'est celui qui consiste à faire comparer, lorsque c'est possible, les formes les plus anciennes que l'on possède dans les langues en question. Si l'on peut être certain que le malais [*mata*] « œil » n'a rien de commun avec le grec moderne [*máti*] « œil », c'est que la tradition linguistique nous apprend que [*máti*] est issu à date relativement récente du grec classique [*ommátion*] « petit œil », diminutif dérivé du grec [*ómma*] « œil », lui-même issu d'une racine indo-européenne (*ok^w-« voir ») restituée par la comparaison. Au contraire, le mot malais offre dès les plus anciens textes que nous possédons (les populations malaises ont été hindouisées au début de notre ère) à peu près la même forme qu'aujourd'hui. C'est un radical proprement malais alors que [*máti*] résulte de l'usure d'un mot antérieurement plus complexe que l'on connaît. L'hypothèse d'une origine commune est exclue.

Les exemples cités sont, sans doute, des cas limite. Il n'en reste pas moins que l'existence toujours possible de ressemblances fortuites constitue une grave difficulté dans les recherches comparatives. On ne peut entreprendre de démonstration solide qu'après avoir éliminé ces rencontres de hasard. Pour cela, comme on vient de le voir par le dernier exemple, le procédé le plus sûr est de comparer des formes de plus en plus anciennes des mots en question ou de montrer qu'au moins l'un des membres de la paire est issu d'une forme qui ne peut avoir été apparentée à l'autre.

Ce procédé est parfois inapplicable, en particulier lorsqu'il s'agit de langues dont, faute de textes, on ignore le passé. On tire alors argument de la qualité même des ressemblances. Par exemple, ainsi que nous l'avons dit, il est *a priori* étrange et logiquement peu vraisemblable que deux langues qui diffèrent par l'ensemble de leur vocabulaire présentent des ressemblances parfaites sur un seul mot. D'autre part, les cas de convergences non pertinentes les plus fréquents concernent des monosyllabes, plus rarement des dissyllabes mais il est très improbable que des formes longues se ressemblent par hasard. Par conséquent, on évitera, en présence de langues inconnues, de prendre des éléments trop brefs comme base de comparaison. Si l'on travaille sur des radicaux réduits à un ou deux éléments, il y a des chances pour que de telles combinaisons de phonèmes se produisent indépendamment dans des langues différentes et — qui plus est — pour que ces combinaisons portent sur des sens susceptibles d'être rapprochés. Ce n'est pas parce que l'on aura trouvé dans un parler bantu du sud (sotho), en dravidien (canara) et en ancien égyptien un morphème *-is-* ou *-s-* à valeur causative que la parenté de ces langues devra être envisagée. Il faudrait d'autres arguments; nous verrons plus loin comment on peut espérer les fournir.

Les erreurs mêmes qui peuvent être commises dans l'appréciation des ressemblances mettent en évidence leur caractère subjectif et empirique. Pour tenter d'échapper à ce danger, Joseph H. Greenberg a proposé une méthode statistique qui a l'avantage de tenir compte des cas de ressemblance phonique. Elle consiste à prendre un certain nombre de langues dont on sait, parce qu'elles ont été étudiées depuis longtemps, qu'elles ne sont pas apparentées. On évalue le nombre des ressemblances constatées en étant très large sur ce qu'on entend par « ressemblance ». On constate alors que le pourcentage des ressemblances s'établit entre quatre pour cent (si les systèmes phonologiques de ces langues sont très différents) et huit pour cent (si les systèmes phonologiques sont très semblables). On pourra affirmer que si deux langues présentent vingt pour cent de ressemblances, celles-ci ne peuvent être imputées uniquement au hasard et donc que ces langues ont entretenu des rapports au cours de leur histoire. On peut même abaisser ce chiffre à huit pour cent lorsque la ressemblance des structures phoniques n'invite pas à atteindre un haut degré de similitudes fortuites.

Si l'examen doit porter sur trois langues, la situation est plus favorable. En effet les chances que l'on a de trouver une ressemblance fortuite de forme et de sens dans trois langues s'expriment par un nombre qui est le carré de celui qui exprimait les chances de ressemblances entre deux langues. Si ce dernier est par exemple de huit pour cent, les chances de similitude entre trois langues se présentent dans les mêmes conditions s'exprimeront par $\left(\frac{8}{100}\right)^2$, soit $\frac{64}{10\,000}$, c'est-à-dire un peu moins de un pour cent. On voit ainsi qu'un certain nombre de concordances triples doit être tenu pour hautement significatif.

RESSEMBLANCES PERTINENTES

Au point où nous sommes arrivés, nous avons éliminé comme non pertinentes les ressemblances de forme sans ressemblance de sens, les ressemblances de sens sans ressemblance de forme et les ressemblances de forme et de sens dues au symbolisme phonique ou au hasard. Il reste à examiner en quoi consistent les ressemblances pertinentes qui serviront à démontrer la parenté de deux ou plusieurs idiomes sans se laisser égarer par certains mirages.

Des similitudes de forme et de sens peuvent en effet témoigner de rapports historiques entre des langues sans que celles-ci soient pour autant parentes. Il est fréquent qu'une langue dotée de prestige impose une partie de son vocabulaire à une autre langue : nous avons vu plus haut, par exemple, que le bantu a recueilli nombre de formes de hottentot appartenant au lexique magico-religieux. De nombreux mots arabes ont été empruntés par des langues africaines sous l'influence de la civilisation musulmane, de nombreuses formes sumériennes se retrouvent en akkadien. D'une manière générale, les termes qui expriment des aspects d'une culture prestigieuse ou victorieuse s'empruntent aisément : tel fut le cas du vocabulaire français aux XVIIe et XVIIIe siècles dans la plupart des langues de l'Europe ou celui de l'anglais aux XIXe et XXe siècles. En revanche, on emprunte beaucoup moins souvent les procédés grammaticaux. Encore n'est-ce point une règle absolue : nous avons vu que plusieurs langues des Balkans avaient adopté à date récente le même type de futur périphrastique; la morphologie du géorgien a exercé une influence certaine sur la flexion nominale de l'arménien et sur la disparition, dans cette langue, de l'opposition des genres.

Lorsqu'il s'agit de langues dont l'histoire est connue, il est possible d'interpréter les emprunts, mais l'inverse n'est pas vrai : on ne peut déduire d'un emprunt linguistique la nature du contact historique qui l'a provoqué. Ainsi la langue d'un peuple conquérant peut laisser son empreinte sur les parlers des peuples conquis (phénomène de « superstrat »), mais elle peut exercer aussi une influence sur ceux des peuples voisins, par simple contagion (« adstrat »). À son tour, il peut lui arriver de subir des modifications imputables au « substrat » ou même, ce qui est plus difficile encore à déterminer, d'être contaminée par des procédés en cours d'expansion dans le domaine où elle a pénétré. On voit donc que les ressemblances observées entre plusieurs langues et qui sont dues à différentes formes d'emprunt sont d'un très faible secours pour reconstituer l'histoire des langues; bien au contraire, elles risquent d'induire en erreur le linguiste historien. Celui-ci se trouve ainsi placé devant un problème méthodologique précis : s'il relève, dans deux langues différentes, deux mots que leurs formes et leurs sens permettent de rapprocher, comment déterminera-t-il s'il y a eu emprunt d'une langue à l'autre, si les deux langues les ont empruntés à une troisième ou s'ils sont tous deux hérités d'un parler antérieur dont ces langues sont issues ?

Lorsqu'il s'agit de termes du vocabulaire technique, l'étude socio-culturelle des peuples qui les parlent peut parfois fournir les éléments d'une hypothèse. Des deux mots latins qui désignent le « char », l'un, *currus,* est conforme à ce que l'étymologie et l'évolution phonétique font attendre; l'autre, *carrus,* est insolite et sa forme dénonce l'emprunt celtique. S'il a été adopté par la langue de Rome, c'est à l'habileté et au prestige des charrons gaulois qu'il le doit. Malheureusement, lorsqu'on quitte l'histoire pour la préhistoire, il devient souvent hasardeux de rechercher de telles preuves comme le montre le problème posé par le nom du « cheval » dans les langues indo-européennes. Les données fournies par les langues italiques, celtiques et germaniques sont ambiguës mais l'indo-iranien et le baltique font postuler un radical **ekwo-* alors que le grec suppose un radical **(h)ikwo-*. Les deux formes se ressemblent partiellement et désignent la même chose. Cependant aucune formule de correspondance ne permet de les ramener à un prototype commun. Deux explications semblent possibles : les deux noms peuvent avoir été empruntés séparément par deux groupes dialectaux de l'indo-européen à un autre groupe de langues parlées par des gens qui auraient domestiqué le cheval avant que les Indo-Européens ne le fassent. Ou bien, l'un des deux termes (probablement celui qui a la plus grande extension *ekwo-) serait hérité de l'indo-européen et l'autre (celui qui est représenté en grec dès le mycénien [*(h)ikwo- devenant *hippo-]) aurait été emprunté par les Proto-Hellènes à une langue dont nous ignorons tout, peut-être une langue du Nord des Balkans comme l'a suggéré P. Kretschmer dans un article de la revue « Glotta » (XXII, p. 120 sqq.). Le mobile de cette substitution d'un terme étranger au terme traditionnel pourrait avoir été l'acquisition de nouvelles techniques d'élevage ou d'utilisation, ou encore d'institutions où le cheval jouait un rôle que les Indo-Européens ne lui reconnaissaient pas. On pourrait enfin penser que le nom grec *(h)ikwo- résulte d'une collision entre un tel nom emprunté à une langue inconnue et le nom hérité de la période de communauté indo-européenne qui aurait pu avoir en grec la forme *eppos ou *epos. Ce nom survivrait peut-être dans des noms propres comme Epeios ou Epeioi.

Lorsque les données socio-culturelles sont peu ou ne sont pas utilisables, la structure phonétique ou morphologique des termes en question fournit souvent de bons renseignements. Le linguiste devra essayer de déterminer dans quelle mesure les mots supposés empruntés sont intégrés au système phonétique et au système morphologique de la langue. Il y a, en grec ancien, nombre de mots à finale -ssos ou -nthos qui ne s'expliquent pas par ce que nous savons de la langue grecque. En revanche, ces finales rappellent celles que l'on trouve fréquemment dans le Sud de l'Asie Mineure (-ssos, -ndos). Il est donc possible que le grec les ait empruntées à d'autres langues anciennement parlées dans le bassin de la Méditerranée orientale. Dans ce cas l'hypothèse linguistique peut encore s'appuyer sur une donnée historique : les Grecs étaient un peuple d'envahisseurs qui a pris, en Europe, la place d'autres populations apparentées à celles que l'on trouve de l'autre côté de la mer Égée.

Si deux mots de deux langues différentes ayant le même sens paraissent étrangers aux systèmes des deux langues dont ils font partie, on pourra présumer que ces langues les ont empruntés indépendamment à une troisième. Le nom *rosa* est insolite en latin en raison de son -s- médian; on ne peut non plus en rendre compte en le considérant comme un emprunt au grec *wródon;* celui-ci ne peut pas davantage expliquer la forme iranienne représentée par le persan *gul,* et de surcroît, sa forme fait supposer que l'ensemble des dialectes grecs l'a emprunté au seul dialecte éolien. Il est donc probable que le mot était « égéen » et qu'il a été adopté séparément par les divers parlers indo-européens entrant en contact avec le monde de l'Egée. Ce n'est, cette fois, qu'une présomption qui ne s'appuie que sur une vraisemblance. Le linguiste n'est donc pas sans recours devant la difficulté posée par les emprunts.

Il ne faut cependant pas sous-estimer le danger qu'ils représentent pour apprécier la parenté des langues surtout lorsqu'on ignore tout, ou presque tout, de la « culture » des hommes qui les parlaient et des événements qui se sont produits à l'époque où elles étaient parlées. C'est l'une des raisons importantes qui mettent en échec les recherches de parenté entre langues préhistoriques restituées, entre l'indo-européen et le sémitique commun par exemple; ainsi l'akkadien (sémitique) a un mot *pilaqqu* « fuseau, stylet » qui ressemble à l'archétype restituable à partir du grec *pélekus* et du sanscrit *paraçú-* « hache ». Malgré les nombreuses recherches faites sur ces mots, on ne sait encore s'il y a eu emprunt de l'indo-européen au sémitique, du sémitique à l'indo-européen ou bien héritage d'un lointain ancêtre commun ou emprunt à un troisième groupe de langues.

Une fois faite, lorsque c'est possible, la part des emprunts et des influences, les ressemblances pertinentes à considérer sont de deux sortes. Il faut distinguer les ressemblances « lexicales » (mots semblables désignant des êtres, des objets, des notions analogues) et les ressemblances « grammaticales » (des fonctions analogues sont assumées par des marques semblables), les ressemblances phoniques étant exclues puisqu'elles ne sont que formelles et que la présence de deux phonèmes semblables dans deux langues différentes ne prouve rien.

En fait, sinon à juste titre, la comparaison porte presque toujours, en premier lieu sur le vocabulaire. C'est lui qui est le plus frappant, et, en particulier quand il s'agit de langues non écrites, le plus facile à recueillir. Le contenu sémantique d'un mot est plus aisé à définir sommairement que la fonction d'un morphème. Pour dresser une liste de lexèmes, l'enquêteur ne doit pas nécessairement connaître la structure de la langue d'où ils sont tirés. En réalité, cette facilité est tout apparente; elle cache de redoutables difficultés liées au principe même de la signification (voir les *Problèmes sémantiques de la reconstruction*, de É. Benveniste, dans « Word »).

Établir des vocabulaires comparatifs peut passer, si l'on ose dire, pour un jeu de société, si les rapprochements ne sont pas rigoureusement critiqués. Lorsqu'on confronte deux mots appartenant à deux langues différentes qui se ressemblent par leur forme et par leur sens, il faut évaluer avec soin la plausibilité sémantique du rapprochement proposé. Malheureusement, les critères restent peu précis. Dans des cas simples, on admettra que la plausibilité est bonne lorsque les deux mots considérés peuvent être traduits par un seul mot dans une troisième langue; par exemple :

allemand *Ochs*, anglais *ox* = français *bœuf*.

Dans les autres cas, elle n'est suffisante que si les différences de sens peuvent être expliquées par des raisons précises. Ainsi le français *bœuf* a pour équivalent sémantique en allemand *Ochs;* mais l'anglais *beef* se traduit en allemand par *Rindfleisch*. Cela n'empêche pas que l'on puisse rapprocher *beef* (mot emprunté en fait au français) et *bœuf* puisque la différence entre leurs sens s'explique par l'existence en anglais d'un second mot *ox* qui désigne l'animal vivant. Le champ sémantique du français *bœuf*, qui, lui, n'a pas de concurrent, est plus vaste que celui de son correspondant anglais. De même, on n'est en droit de rapprocher tel mot désignant *la lune* dans une langue d'un autre mot semblable désignant *le mois* dans une autre langue que si l'on a des raisons de penser que les gens parlant la seconde décomposent ou décomposaient l'année en mois lunaires.

Lorsque les mots présentent de nombreuses variétés d'emploi dans plusieurs langues, il devient très difficile de savoir dans quelle mesure les sens en sont comparables. Si l'on admet que le sens d'une forme linguistique se définit par la totalité de ses emplois, il importera alors de relever et de discuter tous ces emplois pour, en définitive, identifier les acceptions qui ne sont que des variantes et dégager les traits distinctifs qui fondent le sens du mot

(É. Benveniste). Ce n'est qu'après avoir établi, par une analyse philologique des différents champs sémantiques, que grec *póntos,* latin *pōns,* sanscrit *pánthāḥ* avec leurs sens respectifs de « mer », « pont », « chemin » peuvent être expliqués comme les variantes d'une même signification « franchissement » que l'on sera en droit de penser que ces mots sont, sémantiquement, comparables. Comme, d'autre part, on peut établir des correspondances phonétiques et morphologiques très satisfaisantes, on sera en droit de tenir ces mots pour héritiers d'une forme commune de l'indo-européen et de s'en servir, au besoin, pour affirmer la parenté des langues où ils apparaissent et reconstituer un élément lexical de la langue originelle.

Les procédés que l'on doit mettre en œuvre pour parvenir à de semblables résultats sont longs et difficiles en raison de la nature et de la fonction mêmes du vocabulaire, soumis aux exigences de l'expressivité, lié aux transformations culturelles, sujet au renouvellement et à l'usure. En revanche, la grammaire d'une langue constitue un système clos auquel il est impossible de rien ajouter ni de rien retrancher. Sans doute ce système évolue-t-il mais jamais il ne se produit de rupture brutale, de mutation brusque. Si la grammaire française n'est plus la grammaire latine, si la grammaire anglaise diffère si profondément de la grammaire indo-européenne restituée, c'est à la suite d'une série de transformations ou plus exactement d'une série de rajustements internes. En ancien français, les pronoms démonstratifs du latin (cf. *ille*) se sont peu à peu vidés de leur valeur démonstrative pour ne plus servir qu'à marquer la troisième personne du verbe et l'article. Le français *je* continue le latin *ego;* il n'en assume pas néanmoins les seules fonctions puisqu'il a perdu la valeur d'insistance mais a acquis en revanche la fonction assumée par la désinence de première personne du singulier. En grec ancien, la primitive opposition d'aspect entre accompli / non accompli / aoriste s'est peu à peu transformée en une opposition de temps, mais ce sont les anciennes marques d'aspect qui, progressivement vidées de leur contenu, se sont chargées de nouvelles valeurs. Ce remploi constant du matériel morphologique à des fins nouvelles commandées par les modifications qui se produisent dans les rapports existant entre les éléments d'un système, joint au fait que les sujets parlants n'ont pas conscience des modifications que subit le système grammatical, rend improbable l'emprunt des mots « grammaticaux » alors même que les tournures où ils apparaissent sont elles-mêmes imitées d'une langue étrangère. Seuls peuvent faire éventuellement exception quelques monosyllabes, conjonctions ou prépositions dont la fonction démarcative épuise à peu près le contenu.

Lorsque, dans l'évolution d'une langue, certains outils grammaticaux ou lexicaux se révèlent incommodes parce que leur efficacité dans la transmission du message ne justifie plus la dépense d'énergie que leur réalisation impose au sujet parlant et à l'auditeur, ou parce qu'ils sont devenus impropres par usure ou confusion à remplir leur fonction, il arrive que ces éléments disparaissent. Alors normalement la langue y remédie en puisant dans ses propres ressources. Quand la flexion, en ancien français, eut été réduite à deux cas, la perte des désinences nominales a été compensée par l'extension du rôle des prépositions. On peut cependant citer quelques cas où telle langue a emprunté à une autre un élément grammatical. L'organisation de la phrase turque était telle (par le jeu des « propositions verbales ») que l'emploi des conjonctions et des relatifs était inutile. Toutefois, sous l'influence d'une langue indo-européenne voisine, le persan, le pronom *ki* s'est introduit en turc. Cet emprunt, comme l'a montré A. Meillet, se justifie probablement par le fait que les conjonctions, les subordonnants sont surtout utiles à la langue « savante » et que toute langue savante est « particulièrement sujette à emprunter des mots de toutes sortes ».

Dans les langues indo-européennes, de tels faits sont rares. A. Meillet signale que le roumain a également emprunté des conjonctions. On sait aussi que le suffixe germanique *-ărja-* de nom d'agent (allemand *Schreiber*, anglais *fisher*) est, selon toute probabilité, emprunté au latin. L'anglais doit au français le suffixe -*able* (*aim-able, lov-able, spread-able*) qui a remplacé le suffixe germanique *-bāri-* (allemand -*bar* : *frucht-bar* « qui porte fruit »). Mais ces emprunts sont isolés ; les langues en question n'ont pas adopté de système complet. Ce que l'on peut constater en général, ce sont des phénomènes d'influence ou de contagion qui font que le prestige d'une langue pèse sur l'évolution d'une autre au point que celle-ci finit par ressembler sur certains points à la première, sans que l'ensemble de son propre système soit bouleversé pour autant, ni son appareil grammatical renouvelé. Lorsque l'anglais a partiellement renoncé à marquer par *s* la relation génitive *(the king's house)* au profit d'une construction analogue à celle du français *(la maison du roi)*, il l'a fait en recourant à son propre matériel morphologique *(the house of the king)*, et sans modifier l'économie de son système nominal.

Les conséquences de ces faits sont capitales pour le comparatiste; car il en résulte qu'un ensemble cohérent de ressemblances portant sur les formes et les sens dans le domaine grammatical est beaucoup plus probant qu'une accumulation, si importante soit-elle, de ressemblances lexicales. Ainsi, pour reprendre un exemple célèbre de Meillet, il est extrêmement improbable que les ressemblances formelles et les similitudes de fonction que l'on trouve en français, en italien, en espagnol dans le système des pronoms soient dues à l'emprunt :

	français	italien	espagnol
singulier	*je* sujet *me* objet *tu*	*io* *mi* *tu*	*yo* *me* *tu*
pluriel	*nous*	*noi*	*nos*

La forme différente du pronom au singulier et au pluriel, l'opposition entre le sujet singulier et l'objet singulier, l'absence de distinction entre « nous » inclusif et « nous » exclusif constituent autant de singularités trop gratuites pour que l'une des trois langues ait pu les imposer aux autres. Dans un tout autre domaine, on en pourrait dire autant du système selon lequel sontorganisés les préfixes nominaux dans les langues bantu du Sud (voir tableau p. 844).

S'il est peu probable qu'une langue emprunte à une autre du matériel morphologique dont elle n'a pas besoin, il l'est moins encore qu'elle lui emprunte des irrégularités n'ayant plus de justification pour les sujets qui la parlent et présentent pour les étrangers les plus grandes difficultés : ainsi en est-il de l'opposition en français entre

	zulu		tsonga		sotho		venda		shona	
	sing.	plur.	sing.	plur.	sing.	plur.	sing.	plur.	sing.	plur.
	umu-	*-aba-*	*mu-*	*ba-*	*mo-*	*ba-*	*mu-*	*vha-*	*(u)mu-*	*(a)va-*
	umu-	*imi-*	*mu-*	*mi-*	*mo-*	*me-*	*mu-*	*mi-*	*(u)mu-*	*(i)mi-*
	ili-	*ama-*	*[ri-]*	*ma-*	*le-*	*ma-*	*[li-]*	*má-*	*(i)[ri-]*	*(a)ma-*
	isi-	*izi-*	*[si-]*	*si-*	*se-*	*di-*	*tschi*	*zwi-*	*(i)ci-*	*(i)zi-*

Tableau limité aux préfixes des huit premiers groupes, d'après *the Southern Bantu Languages*, de C. M. Doke.

« je suis allé » et « j'ai été », « je mange / que je mange » et « je fais / que je fasse ». Aussi considère-t-on comme particulièrement démonstratifs les cas où des « absurdités » semblables se retrouvent dans des langues différentes. À cet égard, un jeu comme celui que l'on observe dans la conjugaison du verbe « être », entre la troisième personne du singulier et la troisième personne du pluriel dans quelques langues indo-européennes est tout à fait significatif :

français	italien	allemand
est/sont	*e/sono*	*ist/sind*

Dans les langues indo-européennes, un type archaïque de flexion nominale comporte une alternance entre des cas directs bâtis sur un thème en *-r-* (grec *hêpar*, sanscrit *yákr̥-t* « foie », grec *húdōr*, ombrien *utur*, anglais *water* « eau »), et les cas obliques bâtis sur un thème en *-n-* (grec *hêpatos* [où *a* est le traitement d'un ancien *-n-*], sanscrit *yaknáh* « foie », grec *húdatos*, ombrien *une*, gotique *watins* « eau »). Aussi, lorsqu'on a découvert en hittite un nom de l'« eau » de forme alternante *wadar / wetenas* on pouvait être assuré qu'il s'agissait d'un mot indo-européen, conforme à la morphologie indo-européenne.

Il est également possible de tirer de sûrs indices de variations analogues d'un radical dans des contextes semblables. La ressemblance entre l'adjectif anglais *good* et l'allemand *gut* risquait de n'être due qu'au hasard. Mais le degré comparatif s'obtient dans les deux langues en ajoutant la marque *-r*, le superlatif en ajoutant la marque *-st*. La ressemblance des marques, parce qu'il s'agit de matériel grammatical, est plus probablement due à un héritage commun qu'à un emprunt. La preuve devient irréfutable lorsqu'on considère que devant *-r* le radical anglais *good* est remplacé par le radical *bet-* (comparatif : *better*) comme, en allemand, le radical *gut* est remplacé par *bes-* (*besser*). Devant *-st* on obtient respectivement l'anglais *best* et l'allemand *best*. On doit ajouter à cela que ces formations sont également irrégulières dans les deux langues. Le comparatif se forme, généralement, en anglais comme en allemand, par adjonction du morphème *-er* à la forme de l'adjectif positif (anglais *old, old-er,* allemand *alt, alt-er*) et le superlatif par adjonction de *-est* (anglais *old-est,* allemand *alt-est*). Seule la contrainte de l'usage maintient des formes aussi singulières que l'anglais *better, best* et l'allemand *besser, best.*

Nous avons vu que, lorsque deux formes lexicales paraissent se ressembler, il faut encore pouvoir rendre compte d'éventuelles divergences de sens. On en pourrait dire autant des ressemblances grammaticales : il est nécessaire de rendre compte, le cas échéant, de différences dans la fonction. Par exemple, le suffixe *-(i)yē- / -ī-* sert en grec ancien à marquer l'optatif (*eíēn* « puissé-je être ») mais en latin on le retrouve comme marque du subjonctif (vieux latin *siem, siēs, sīmus*). On n'aura le droit de présumer qu'il s'agit du même élément que si l'on peut expliquer par l'évolution du système de l'une ou de l'autre langue comment a pu s'opérer le glissement. En l'espèce, la différence de fonction du suffixe *-(i)yē-* tient au fait que le verbe latin est organisé autour d'une seule opposition de mode entre l'indicatif et le subjonctif et que ce dernier assume ainsi un rôle tout différent à la fois de celui du subjonctif et de celui de l'optatif grecs.

Ces ressemblances grammaticales, comme les ressemblances lexicales, doivent évidemment s'appuyer sur des correspondances phonétiques strictes, correspondances dont nous avons vu que, d'après la loi de constance des changements phonétiques, elles sont le plus sûr des garde-fous pour le linguiste. Les seules exceptions que l'on doive admettre sont dues à des influences extra-linguistiques, c'est-à-dire étrangères au système de la langue. Telles seront par exemple les influences dues à l'analogie : par suite de l'effacement de toutes les voyelles finales autres que *a,* latin *cantō* « je chante » devait aboutir à français **chant,* alors que *cantar* passait à *chante;* il a été remplacé par « (je) chante » fait en partie sur le modèle de « tu chantes, il chante », en partie sous la pression d'autres paradigmes verbaux comme « je vends, il vend » où la première et la troisième personnes étaient phonétiquement semblables. Les mots empruntés peuvent également fournir d'apparentes exceptions : tel, en français, un mot comme « proue » qui aurait dû conserver son *-r-* médian s'il était issu de l'évolution directe du latin *prora* mais qui a été, en fait, emprunté, au XVIIIe siècle, au provençal *proa.* On trouve aussi dans les mots acces-

Or, même si l'on ignorait l'histoire des formes précitées, le caractère même des correspondances les rendraient suspectes; elles ne rendent compte que d'une petite partie du lexique et se trouvent en contradiction avec d'autres, beaucoup moins probables, donc beaucoup moins suspectes. Ainsi voit-on que le français $š$ correspond le plus souvent à l'anglais h (cf. *chanvre/hemp, chien/hound, chef/head*).

On pourrait, évidemment, supposer qu'un son *x devenu $š$ en français est devenu $č$ ou h en anglais; mais cette hypothèse soulève des difficultés. Alors qu'on peut décrire les conditions dans lesquelles *x est devenu $š$ en français, on ne saurait donner de règle cohérente pour justifier, en anglais, le passage de *x à $č$ d'une part, et à h de l'autre. En outre, le fait même que le $š$ français ressemble beaucoup au $č$ anglais doit éveiller la méfiance. Enfin et surtout, les formes reconstruites à partir de ces correspondances se révéleraient très proches de l'état ancien reconstruit à partir des langues romanes mais très différentes de celles du germanique commun reconstruit à partir de l'anglais, de l'allemand, du suédois, du danois, du néerlandais.

PROBLÈMES ET LIMITES DE LA RECONSTRUCTION

En résumé, malgré ses difficultés inévitables d'application, la méthode qui permet au linguiste d'établir la parenté de deux langues s'appuie sur les principes simples que nous avons passés en revue : arbitraire du signe linguistique, continuité de la tradition, constance des changements phonétiques, préférence à accorder aux structures grammaticales. Mis au point dès la fin du siècle dernier, ils continuent à diriger les recherches de la linguistique génétique et ont permis d'obtenir de remarquables résultats.

La comparaison des langues à des fins généalogiques oblige le linguiste, nous l'avons vu, à remonter le cours du temps pour comparer entre elles des formes les plus anciennes possibles. S'appuyant sur les systèmes de correspondances établis qui supposent une réalité commune, il se trouve amené à instituer des symboles qui expriment, en raccourci, ces correspondances. Il établira autant de symboles qu'il aura pu obtenir de séries de correspondances distinctes dans le domaine des phonèmes, des morphèmes et des lexèmes. Il sera conduit par conséquent à recréer en partie la langue commune ancestrale. Chaque élément ainsi reconstruit est, dans l'usage, précédé du signe typographique de l'astérisque.

Supposons que l'on ait établi le tableau suivant :

1. grec *patḗr* « père »   grec *beltíōn* « meilleur »
   latin *pater*   latin *dē-bilis* « faible »
2. grec *trēs* « trois »   grec *déka* « dix »
   latin *trēs*   latin *decem*
3. grec *he-katón* « cent » grec *génos* « race »
   latin *centum*   latin *genus*

On constate que le grec et le latin connaissent tous deux des occlusives sourdes et des sonores *(p, t, k* en face de *b, d, g)* dans les trois ordres labial, dental, vélaire. Il y a donc toutes chances pour que la langue commune ait également connu cette opposition et l'on restituera donc pour l'indo-européen le système :

*p, *b, *t, *d, *k, *g.

Si l'on compare entre eux deux mots entiers, on parviendra, dans les meilleurs cas, à restituer l'archétype. Ainsi une fois établi, grâce à la collection de nombreux exemples, le système de correspondances entre

sanscrit *j* = grec *g* = latin *g*
sanscrit *ă* = grec *ĕ* = latin *ĕ*
sanscrit *ă* = grec *ŏ* = latin *ŏ* (devenant *u* en syllabe
sanscrit *n* = grec *n* = latin *n*   [finale)

la comparaison entre sanscrit *jánas-* « race », grec *génos* « race », latin *genus* « race » permet de supposer que les trois noms désignant tous « la race, la descendance » sont les représentants d'une forme plus ancienne que l'on peut représenter sous l'aspect **génos-*. Le rapport que l'on peut établir entre ce nom et la racine reconstituée selon les mêmes procédés **gen-* « naître » permet en outre d'analyser **génos-* en deux morphèmes, l'un **gen-*, l'autre **-os-* que l'on assignera à la langue d'où sont issus le sanscrit, le grec, le latin. De même l'existence du verbe « être » sous les formes sanscrites *as-ti* « il est », *s-anti*

« ils sont », latines *es-t(i), s-unt(i)*, gotique *is-t, s-ind*, autorise à postuler que l'indo-européen avait pour ce verbe une flexion ˟*es-ti, s-onti* fondée sur un radical **es-*, et sur des marques personnelles, **-ti* à la troisième personne du singulier, **-onti* au pluriel, morphèmes désinentiels. On parvient ainsi à reconstruire pour la langue commune, des mots de forme définie et de sens précis.

Mais il ne faut pas se dissimuler que les exemples que nous venons de citer constituent des cas simples et même simplifiés, par conséquent fallacieux. Les formes restituées (telles que **génos-*) ne sont à comprendre que comme des symboles algébriques, des formules exprimant de manière commode un ensemble de correspondances, mais non comme des formes réelles. On a abandonné l'illusion des premiers chercheurs qui, comme A. Schleicher en 1868, ont cru pouvoir écrire en « indo-européen » le texte entier d'une fable. Une forme restituée ne permet guère de présumer de la substance phonique des éléments qui la composent. Le cas du vocalisme indo-européen est, à cet égard, très significatif. Avant les recherches des néo-grammairiens, on supposait que l'indo-européen avait, comme le sémitique, trois voyelles, *a, i, u*, mais que le *a*, conservé intégralement par le sanscrit, avait été affaibli, diversifié en *e* et *o* par les autres langues. En 1876, K. Brugmann pensait que les voyelles qui apparaissent comme *e* et *o* en latin et en grec (cf. grec *génos*, latin *genus*, vieux latin *genos*) représentaient des voyelles déjà distinctes en indo-européen, mais confondues en *a* par le sanscrit (cf. *jánas-*). Brugmann les représentait par de purs symboles a_1 et a_2 que F. de Saussure employa lui aussi. Cependant Brugmann fut amené à modifier son système de notation en remplaçant a_1 et a_2 par *e* et *o* pour tenir compte de l'influence exercée par ces voyelles. Mais cette notation n'est en fait acceptable que si l'on considère *e* et *o* comme des symboles algébriques et non comme des réalités phonétiques ainsi que le rappelait E. G. Pulleyblank dans un récent article (« Word », 1965), reprenant sur ce point ce qu'écrivait A. Meillet en 1922 : « Les correspondances sont les seuls faits positifs, et les "restitutions" ne sont que les signes par lesquels on exprime en abrégé les correspondances ».

On a cherché bien souvent à déterminer cette réalité

phonique cachée sous les phonèmes restitués. Cela peut être fait dans des circonstances favorables et seulement dans une faible proportion, en examinant les modifications subies par l'entourage. Ainsi l'indo-européen avait connu des phonèmes appelés conventionnellement « laryngales » (anglais *laryngeals*) et représentés par divers symboles parmi lesquels $ə_1$, $ə_2$, $ə_3$ sont les plus souvent employés en France. Or, on a constaté que, par exemple, lorsqu'on était amené à poser un $ə_2$ dans une forme restituée, la consonne simple qui précédait pouvait se trouver transformée en aspirée en sanscrit : par exemple indo-européen *$pḷtə_2ú$-« large » ⟩ sanscrit $pṛthú$-. D'une série d'exemples analogues, on a déduit que le phonème représenté par $ə_2$ devait avoir parmi ses composants un élément « aspirant » ou avoir pris au cours de son histoire la valeur [h]. On peut aussi tirer argument de l'évolution constatée dans les langues historiquement attestées. Par exemple, d'un point de vue phonétique, le passage d'une occlusive sourde à une aspirée est plus probable que le processus inverse : *p* passe à *h* plus souvent et de façon plus explicable que *h* ne passerait à *p*. Ce raisonnement sur le sens probable de l'évolution d'un phonème peut se révéler entièrement faux dans certains cas. Si l'on ignorait tout de l'influence de la langue franque sur l'évolution du roman en Gaule, on dirait que le [u] initial du latin dans *uadu(m)* ou dans *uespa* s'est transformé en [g] dans le français *gué, guêpe* alors qu'il s'agit en l'espèce de la substitution au phonème latin d'un son germanique qui a évolué selon ses lois propres.

On essaie également de tirer parti de la répartition géographique des sons. Si l'on constate par exemple que seuls le bantu du Sud et le bantu de l'Ouest possèdent des *clicks* là où, au Nord et à l'Est, il y a des occlusives, on pourrait interpréter la présence des uns comme le résultat de l'évolution des autres. Mais si l'on observe que c'est précisément dans le Sud et l'Ouest que le bantu est au contact de langues à *clicks,* on sera en droit de penser que ces sons ont été introduits en bantu par emprunt.

En tout état de cause, il est assez rare que l'on puisse déterminer la qualité phonique des éléments restitués pour une langue préhistorique. De ce point de vue, le bantu commun, l'indo-européen restent encore de froids répertoires. Cependant les analyses phonologiques ouvrent actuellement d'heureuses perspectives, car la recherche des traits pertinents des phonèmes permet d'aller au-delà des « lettres » des formes restituées.

Il s'en faut également de beaucoup que l'on puisse restituer le système grammatical de la langue ancestrale. Que saurions-nous de la grammaire latine si nous ne la connaissions qu'à partir des formes reconstituées grâce aux grammaires française, italienne, espagnole, roumaine et romanche ? En particulier comment pourrions-nous nous faire une idée de la flexion verbale si complexe du latin ?

Cette difficulté tient aux conditions mêmes de l'évolution des langues. Tout système linguistique hérite des déséquilibres internes qui tendent à se résoudre en créant d'autres déséquilibres sur d'autres points : ainsi en latin vulgaire, la ruine des finales vocaliques qui va de pair avec le renforcement de l'accent d'intensité a provoqué celle de la déclinaison, qui a été compensée par le développement des prépositions et la fixation de l'ordre des mots. De surcroît toute langue peut subir, même dans son système grammatical, le contre coup de certaines pressions extérieures, telles que la modification du genre de vie par la révolution agricole, le contact avec d'autres cultures, les migrations. Le linguiste qui n'a à sa disposition qu'une langue restituée, sans histoire connue, se trouve très démuni pour apprécier l'importance de tels accidents. Le plus grand danger peut-être qu'il court tient à la nature des systèmes mêmes qu'il compare. Supposons, en effet, que deux langues aient en commun un trait morphologique remarquable. On devrait, d'après les principes généraux de la méthode comparative, admettre que ces langues sont parentes et reporter à la langue originelle le trait ainsi mis en évidence. Ce n'est pas toujours légitime. En effet, des langues issues d'une même origine divergent parce qu'elles sont soumises à des pressions différentes ; mais étant originellement de même structure, il arrive qu'elles répondent de façon analogue à certaines pressions par des développements parallèles quoique indépendants les uns des autres.

Le germanique commun avait pour marque de la deuxième personne du singulier au présent, une désinence

-s; au parfait, la deuxième personne était -t ou -st dans les radicaux terminés par -t ou -d (voir. v.h.a. *weist* « tu sais » 〈 *weid-t). Il possédait, d'autre part, un pronom personnel de deuxième personne issu de l'indo-européen **tū̆*. Enfin, l'interrogation y était marquée par l'inversion du pronom sujet placé après le verbe. Le vieil anglais et le vieil allemand ont hérité de tous ces procédés par l'intermédiaire du germanique occidental. Mais ces deux groupes dialectaux ont, indépendamment l'un de l'autre, généralisé la construction à pronom post-posé, plus claire et plus expressive que celle à simple désinence (type : « tu viens, toi »), au lieu de la limiter à l'interrogation :

vieil anglais   *þinkes-þu « tu penses »
vieil allemand *denkes-du « tu penses »

Dans les deux langues, le pronom s'est soudé à la forme verbale (vieil anglais *þinkest*, vieil allemand *denkest*), puis, dans les deux langues également, les formes ont été réinterprétées par analogie avec la deuxième personne du parfait en -st et le pronom personnel a été rétabli devant. Il est certain que, de toute façon, la ressemblance sur ce point entre anglais et allemand peut servir à prouver la parenté des deux langues parce qu'elle s'ajoute à beaucoup d'autres. Mais la reconstruction de la langue originelle serait fausse si l'on attribuait au germanique commun (dont l'anglais et l'allemand sont des formes diversifiées) une désinence de deuxième personne du singulier caractérisée par -st alors qu'elle a été créée (comme le montrent les documents que nous possédons en vieil anglais et en vieil allemand) indépendamment dans chacune des deux langues, par suite du parallélisme de leurs développements.

Ces faits de convergence sont connus des linguistes mais il n'est pas toujours aisé d'en évaluer le juste poids surtout lorsqu'on examine, comme c'était le cas pour l'exemple cité, des langues qui sont effectivement apparentées, dans lesquelles le départ entre les innovations semblables mais indépendantes et les témoignages d'un héritage commun est très difficile à faire. Pour procéder aux restitutions, on ne doit donc utiliser les correspondances, même celles qui portent sur le matériel grammatical, qu'après en avoir fait une critique sévère car « une forme d'une langue historiquement attestée ne peut passer pour sûrement ancienne que si elle n'est pas susceptible d'avoir été faite en vertu du système général de la langue où elle est attestée » (A. Meillet).

Ces difficultés ne doivent pas faire oublier cependant que les comparatistes ont obtenu de bons résultats sur le plan grammatical. Puisque par leur nature, les faits grammaticaux sont les plus démonstratifs en matière de parenté linguistique, il en résulte à peu près nécessairement qu'ils sont par prédilection l'objet de la recherche. Une fois connus les traits de la structure grammaticale d'un groupe de langues apparentées, le linguiste peut les employer à une double fin. Ils lui serviront, le cas échéant, à reconstruire le système de la langue originelle, non pour en faire un exercice de haute école plus ingénieux qu'utile, mais parce qu'une fois clarifié le point de départ, il sera plus aisé de mesurer l'originalité des diverses langues qui en sont issues et de mieux comprendre le sens dans lequel chacune d'entre elles a innové. Ce pourra être le moyen de dominer l'ensemble des phénomènes propres à chaque idiome, de préciser la position qu'il occupe au sein de la famille, de discerner les influences qu'il a subies et qui ont infléchi son évolution. Sur le plan de la linguistique générale, la reconstruction d'une langue originelle équivaut toujours à définir un certain type de structure et la confrontation des archétypes ainsi obtenus est d'un grand intérêt pour la théorie générale du langage.

L'étude du lexique apporte parfois au chercheur plus de satisfactions immédiates que l'étude grammaticale et justifie plus souvent l'enthousiasme des premiers comparatistes. En prenant les rigoureuses précautions dont nous avons parlé plus haut, on arrive à déterminer avec une précision satisfaisante le contenu sémantique des formes restituées et à se faire ainsi une idée de la culture partagée par les peuples qui avaient en commun telle langue restituée. C'est ainsi que Meillet pouvait terminer le premier volume de *Linguistique historique et linguistique générale* par un chapitre consacré à la religion indo-européenne ou que, plus récemment, Paul Thieme essayait de déterminer où a été parlée la langue reconstruite que l'on appelle indo-européen. On peut donc, de l'étude du lexique, tirer des conclusions qui outrepassent le domaine de la linguistique et contribuent à notre connaissance de la préhistoire. D'une façon plus générale, l'économie de la langue restituée devrait pouvoir nous apporter de précieux enseignements. Selon qu'on est amené à concevoir l'archétype soit comme un ensemble de dialectes proches mais non identiques, soit comme un idiome unique, on en déduira des conséquences différentes. Dans un cas il y aura des chances pour que les individus qui parlaient cette langue aient appartenu à une communauté fortement organisée, à un « État », dans l'autre cas pour qu'ils aient constitué des groupes plus ou moins indépendants, liés seulement par le sentiment de former une communauté linguistique. Ce dernier problème a été encore peu étudié. Il n'est pas insoluble comme en témoignent les recherches de M. Guthrie sur l'origine des Bantu.

Partant du fait qu'il existe une famille dite « bantu » caractérisée par des traits communs lexicaux et grammaticaux et par un réseau de correspondances phoniques qui permettent de restituer des radicaux originels, il a recherché les attestations de ces formes « bantu-communes » (environ deux mille trois cents) dans un assez grand nombre de langues (deux cents). Il a obtenu une carte de leur distribution géographique qui met en évidence l'existence de deux groupes. Certaines formes bantu-communes ne sont représentées qu'à l'Ouest (premier type), d'autres le sont seulement à l'Est (deuxième type), certaines (vingt-trois pour cent) sont représentées partout (troisième type). D'autre part, dans un échantillon de vingt-huit langues choisies dans toutes les parties du domaine bantu, il a recherché quelle était la proportion des radicaux bantu-communs du troisième type et il a constaté que les proportions les plus fortes se trouvaient sur une aire losangique située au sud de la forêt équatoriale, la médiatrice coïncidant à peu près avec la ligne séparant les zones Ouest et Est. Le même calcul fait pour les radicaux du premier et du deuxième types a donné le même résultat. À partir de ces faits, M. Guthrie formule l'hypothèse qu'il a existé un proto-bantu situé probablement au centre de l'aire en question, à peu près à mi-chemin de la côte orientale et de la côte occidentale du continent. À lui appartiendraient les radicaux communs partout représentés. En s'étendant vers l'Est et vers l'Ouest, il se serait différencié en deux dialectes principaux *A* et *B*, chacun innovant pour son propre compte tout en conservant une partie de l'héritage ancestral. Le contenu des radicaux communs suggère que les Proto-Bantu étaient des éleveurs en même temps que des chasseurs et des pêcheurs bien outillés, sachant cuire la poterie et forger le fer. D'autre part, on décèle dans de nombreuses langues non bantu d'Afrique occidentale que n'unissent apparemment aucun lien de parenté, des « bantuismes » manifestes. L'hypothèse d'une influence directe des langues bantu sur ces parlers n'est guère admissible à cause de la distance qui sépare leurs aires respectives et parce que ce sont précisément les idiomes les moins typiques, ceux où l'archétype bantu est le moins reconnaissable, qui se trouvent au contact des langues occidentales. L'explication proposée par M. Guthrie est la suivante : une langue pré-bantu a été parlée dans une zone de savane, au nord de la forêt équatoriale, par une population dont l'unité a été brisée par un choc venu du Nord-Est. Une partie de cette population aurait émigré vers le Sud, descendant jusqu'au Congo puis remontant le cours des fleuves qui traversent la forêt équatoriale : le nom du canot, celui de la pagaie appartiennent au vocabulaire du proto-bantu. D'autres groupes auraient essaimé vers l'Ouest et auraient été absorbés par les populations locales, laissant pour tout témoignage de leur existence les « bantuismes » précités.

L'intérêt de telles reconstructions est considérable ; leur valeur historique n'en demeure pas moins limitée. En principe, les découvertes du linguiste et celles du préhistorien sont complémentaires ; alors que ce dernier décrit les vestiges matériels des cultures disparues et éventuellement les caractères somatiques des hommes qui en ont été les usagers, le comparatiste restitue, à travers les mots qu'il ressuscite, les conceptions sociales, économiques et religieuses des communautés linguistiques du passé. La difficulté réside dans le fait qu'il est souvent impossible de faire coïncider les images ainsi obtenues par le préhistorien et par le linguiste. Le premier peut arriver à dater, par des procédés éprouvés, ses découvertes. Le linguiste ne le peut pas. Lorsqu'il a établi la parenté de plusieurs langues et partiellement reconstitué leur archétype à travers des unités intermédiaires, il est, en général, incapable de dire quel temps s'est écoulé entre les données historiques dont il dispose et la langue préhistorique originelle. Ses évaluations chronologiques sont toujours relatives. Il peut dire par exemple que l'italique et le celtique, à l'Ouest du domaine indo-européen, présentent des traits communs remarquables, tant dans le lexique que dans la morphologie, avec l'indo-iranien à l'extrême Est ; il y a donc chance pour que ces deux groupes se soient séparés les premiers du noyau commun. De même, il peut considérer que le protogermanique a commencé par se scinder en deux groupes, l'un du Nord-Est et l'autre du Sud-Ouest avant qu'interviennent d'autres subdivisions (W. P. Lehmann). Cependant les tentatives de paléontologie linguistique faites récemment dans le domaine indo-européen n'ont pas apporté de grandes précisions chronologiques ; elles se sont bornées à associer les différenciations linguistiques à des mouvements de population. On sait seulement que la culture correspondant à la langue indo-européenne était celle de peuples connaissant l'agriculture et certains animaux domestiques, définition qui s'applique à beaucoup.

Certains linguistes ont cru pouvoir substituer à ces méthodes des procédés mathématiques permettant d'introduire plus de précision dans l'établissement des chronologies grâce à la lexico-statistique. Cette méthode, inaugurée en 1950 par Morris Swadesh, propose un nouveau moyen d'apprécier la parenté des langues et de déterminer approximativement le moment où des langues parentes se sont séparées de leur commun ancêtre. Sans entrer ici dans le détail des procédés, il faut rappeler que la lexico-statistique ou glottochronologie est fondée sur un postulat : toutes les langues auraient en commun un certain « vocabulaire fondamental » groupant les mots qui désignent des concepts ou des objets communs à tous les hommes, vocabulaire qui se renouvellerait à un rythme à peu près constant dans toutes les communautés linguistiques : tous les mille ans, des langues apparentées perdraient, par substitution, quinze pour cent de leur vocabulaire de base. L'hypothèse présente deux avantages : tout d'abord, il suffirait, pour établir la parenté généalogique de deux langues, de relever dans chacune les deux cents vocables « fondamentaux » énumérés par M. Swadesh ; si dans les deux langues de tels mots désignant la même chose se ressemblent, on dira que ces langues sont apparentées. Puis, on pourra déterminer depuis combien de temps *(d)* elles se sont séparées en appliquant la formule $d = \dfrac{\log c}{2 \log r}$ *d,* étant le temps pendant lequel la divergence a eu lieu, *c* étant le pourcentage des éléments de vocabulaire fondamental apparentés dans les deux idiomes et *r* l'indice de rétention, soit le pourcentage de mots apparentés normalement conservés après un millénaire de séparation (soit environ quatre-vingt-cinq pour cent).

Par comparaison avec les longs détours des méthodes classiques, ce procédé simple et direct paraît extrêmement séduisant. Appliqué à des groupes de langues déjà analysées selon les méthodes classiques ou à des groupes pour lesquels nous disposons de données archéologiques ou historiques, il a donné parfois des résultats conformes à ce que l'on attendait : c'est le cas pour le néerlandais et l'afrikaans (E. Polomé), les dialectes germaniques (W. Arndt), l'eskimo et l'aléout, le huaxtèque et le yucatèque (M. Swadesh). Parfois, en revanche, les résultats chronologiques obtenus sont surprenants ou incompatibles avec les données dont on dispose par ailleurs. Ainsi en est-il pour la date de dispersion des dialectes celtiques ou pour celle de la séparation du bobangui (langue bantu de la région du Congo) d'avec le zulu (bantu du Sud). Dans ce dernier cas, il faudrait reculer la dislocation jusque vers 2800 avant notre ère, comme l'admet A. E. Meeussen, ce qui ne concorde guère avec les autres faits archéologiques ou ethnographiques connus. D'autre part, des efforts très intéressants ont été faits pour trouver une formule de calcul applicable aux données lexicales non synchroniques. Mais les difficultés d'application sont nombreuses ; bien que l'on ait proposé différents « coefficients d'ajustement » pour tenir compte des contacts et des échanges survenus entre les langues postérieurement à leur séparation, les résultats sont parfois contradictoires (E. Polomé).

On ne peut donc dire que la lexico-statistique soit dès maintenant capable de fournir à coup sûr les renseignements chronologiques que la linguistique comparative classique ne pouvait donner. Sans doute la glottochronologie est-elle perfectible en ses applications ; sans doute permet-elle d'obtenir des résultats là où la linguistique classique était impuissante, en particulier dans le domaine des langues sans passé connu. Il n'en reste pas moins que, d'une manière générale, le postulat sur lequel elle se fonde demeure contestable. Même si l'on peut établir une liste de mots communs à toutes les langues, il n'est pas vrai que le contenu de ces mots soit toujours le même, car les mots s'appliquent non aux choses mais aux notions que les hommes en ont : *a word is a microcosm of human consciousness* selon une formule de L. S. Vygotsky. D'autre part, si rigoureuse soit-elle en ses démarches, la glottochronologie n'échappe pas au danger des appréciations subjectives. Lorsqu'il s'agit de langues sans passé connu, le lexico-statisticien qui compare deux formes de deux langues supposées parentes en est souvent réduit à se fier à des ressemblances tout extérieures parmi lesquelles il est difficile de démêler les faits d'emprunt, de hasard, de convergence. Lorsqu'il s'agit d'un groupe linguistique bien connu comme celui des langues indo-européennes, il lui faut choisir entre les hypothèses qui concernent l'étymologie et la formation de certains mots pour savoir s'ils sont apparentés; lorsqu'un concept a, dans une langue, plusieurs expressions, il lui faut décider lequel de ces mots servira à la comparaison (H. G. Lunt). La lexico-statistique ne semble donc pas pouvoir se substituer aux techniques classiques; du moins fournit-elle, sous forme d'hypothèses de travail, une base à la réflexion critique et à la recherche.

Établir la parenté généalogique de langues met donc en œuvre des techniques difficiles. Le linguiste doit, chaque fois qu'il est aux prises avec de nouveaux faits, sans renoncer aux principes que nous avons passés en revue, adapter les méthodes à leur objet. Les résultats ont parfois été très brillants, et, sans partager tout à fait l'enthousiasme lyrique des premiers comparatistes, il faut reconnaître que nous avons maintenant une bonne connaissance des relations génétiques existant entre les langues indo-européennes. Nous détenons d'autre part la preuve que les mêmes principes et des méthodes analogues sont souvent applicables à d'autres groupes linguistiques. Dans le domaine africain, on est parvenu, depuis C. Meinhof, à reconstruire un proto-bantu par rapport auquel les travaux de M. Guthrie tentent, avec succès semble-t-il, de situer les différentes langues actuelles. En établissant des correspondances phonétiques régulières, L. Bloomfield est arrivé à restituer un proto-algonquin. Il a donné de l'efficacité de la méthode un témoignage éclatant en reconstruisant un phonème dont il n'avait aucune preuve immédiate, mais que la discrépance entre certaines concordances l'avait amené à postuler, et dont il devait découvrir plus tard le témoignage dans un dialecte jusque-là non étudié.

Ces glorieux succès ne doivent cependant pas faire oublier les insuffisances et parfois les échecs rencontrés par les tentatives de classification génétique. Les langues indo-européennes, qui ont fourni la réussite la plus satisfaisante à cet égard, ne sont pas toutes classées de façon sûre. Comme nous le verrons dans un chapitre ultérieur, la position de certains idiomes est loin d'être exactement déterminée : tels sont les cas du hittite ou de l'étrusque. Pour d'autres unités linguistiques, la méthode s'est révélée mal applicable lorsque les documents anciens font défaut. Fondée sur l'histoire, la classification génétique a besoin de l'histoire. Ainsi les langues « négro-africaines » (autres que le bantu formé de groupes distincts mais restés en contact les uns avec les autres) n'ont-elles pu faire l'objet d'aucun classement de ce genre qui soit indiscutable. L'économie du groupe ouralien demeure matière à controverses et plus encore l'existence d'une famille ouralo-altaïque. L'unité du groupe chamito-sémitique que Th. Benfey avait affirmée a été récusée par C. Brockelmann pour qui les ressemblances que l'on constate entre ces langues sont dues à des phénomènes de contagion.

Nous touchons dans ce dernier cas à l'un des obstacles majeurs auxquels se heurte l'institution de liens de parenté. Nous avons vu plus haut combien il était difficile de préciser la nature des ressemblances constatées entre plusieurs langues et de faire la part des faits d'emprunt, de contagion, d'affinité. Or, les dangers sont d'autant plus grands que nous connaissons mal, faute de documents, certains groupes linguistiques, ce qui est précisément le cas pour l'ensemble chamito-sémitique dans lequel seul le sémitique est bien connu.

Ces difficultés, nées de la contiguïté des langues, n'avaient pas été ignorées des premiers comparatistes. Alors même que triomphait l'école de Leipzig, H. Schuchardt avait insisté sur l'importance qu'il fallait accorder aux considérations géographiques. Il rejoignait ainsi la doctrine de J. Schmidt connue sous le nom de *Wellen-Theorie* (théorie des ondes), selon laquelle les innovations linguistiques se répandraient comme des « ondes »; chacune partirait d'un centre différent et toucherait un nombre plus ou moins grand de communautés selon les cas, sans que les domaines de ces innovations se recouvrent exactement : *A, B* et *C* étant trois langues contiguës, un trait de la langue *A* peut gagner les langues *B* et *C*, un autre ne toucher que *C*, un autre peut ne pas franchir les frontières de *A*.

À dire vrai, on aurait tort d'opposer radicalement les deux théories, celle de « l'arbre généalogique » et celle des « ondes ». Nous avons vu que le comparatiste, qui avait pour tâche de regrouper les langues en familles à partir de ressemblances constatées, se devait d'évaluer avec soin la qualité de ces ressemblances et qu'il était amené, de ce fait, à étudier la dispersion des traits communs. Les deux méthodes, loin de s'opposer, sont en réalité complémentaires. Le « généalogiste » se doit d'envisager tous les types de relations susceptibles d'expliquer les rapports qu'il reconnaît entre des langues avant de choisir, parmi eux, ceux qui établiront la parenté de ces langues. C'est à ce prix seulement qu'il pourra prétendre à être ce « magicien » dont parlait G. Perrot (avant-propos à *la Science du langage* de M. Müller, traduction française 1864) grâce auquel nous retrouverons « comme un livre perdu de l'histoire de notre espèce ».

Jacqueline MANESSY-GUITTON.

BIBLIOGRAPHIE

W. ARNDT, *Germanic Dialect Evolution*, dans *Lexicostatistic Time Perspective*, Université de la Caroline du Nord, 1956.

E. BENVENISTE, *Structure des relations de personne dans le verbe*, « Bulletin de la Société de Linguistique de Paris », 1946, 1, n° 126 (*Problèmes de linguistique générale*, Paris, 1966, p. 225).

E. Benveniste, *Problèmes sémantiques de la reconstruction*, dans « Word » X, 1954 (*Problèmes de linguistique générale*, p. 24).

E. Benveniste, *La Classification des langues*, « Conférences de l'Institut de Linguistique de l'Université de Paris », XI, 1952-1953 (*Problèmes de linguistique générale*, p. 99).

K. Bergsland et H. Vogt, *Validity of Glottochronology*, dans *Current Anthropology*, avril 1962, pp. 115-153.

L. Bloomfield, *Language*, Chicago, 1933.

F. Bopp, *Über das Conjugationssystem der Sanskritsprache in Vergleichung mit jenem der griechischen, lateinischen, persischen und germanischen Sprache*, Frankfurt a. M., 1816.

K. Brugmann, *Zur Frage nach den Verwandschaftverhältnissen der indogermanischen Sprachen*, dans *Int. Zeit. für allg. Sprachwissenschaft*, I, 1883, pp. 225-256.

C. M. Doke, *The Southern Bantu Languages*, Londres, 1954.

J. H. Greenberg, *Historical Linguistics and Unwritten Languages*, dans *Anthropology to day, an Encyclopaedic Inventory*, Chicago, 1953.

J. H. Greenberg, *Essays in Linguistics*, Chicago, 1957.

Sarah C. Gudchinsky, *The ABC's of lexicostatistics*, dans « Word » XII, 2, août 1956, pp. 175-210.

M. C. Guthrie, *Bantu origins : A Tentative New Hypothesis*, dans « Journal of African Languages », I, 1, 1962, pp. 9-21.

A. G. Haudricourt et A. G. Juilland, *Essai pour une histoire structurale du phonétisme français*, Paris, 1949.

L. Hjelmslev, *Essai d'une critique de la méthode dite glottochronologique*, dans *Proceedings of the 32nd Intern. Congress of Americanists*, pp. 658-666.

Ch. F. Hockett, *A Course in Modern Linguistics*, New York, 1956.

D. H. Hymes, *Lexicostatistics so far*, dans *Current Anthropology* I, pp. 3-44.

M. Ivić, *Trends in Linguistics*, trad. anglaise La Haye, 1965.

R. Jakobson, *Essais de linguistique générale*, trad. N. Ruwet, Paris, 1963.

W. P. Lehmann, *Historical Linguistics : an Introduction*, New York, 1962.

W. P. Lehmann, *Grouping of the Germanic Languages*, dans *Ancient Indo-European Dialects*, Berkeley-Los Angeles, 1966, pp. 13 sqq.

H. G. Lunt, *Discussion de I. Dyen* (« *On the Validity of Comparative Lexicostatistics* »), dans *Proceedings of the 9th Intern. Congress of Linguists*, Cambridge (Mass.), 1962, p. 247 sqq.

L. F. Maingard, *The Linguistic Approach to South African Prehistory and Ethnology*, dans « South African Journal of Science », nov. 1934, pp. 117-143.

A. Martinet, *La Linguistique synchronique*, Paris, 1965.

A. Meillet, *Sur la méthode comparative en linguistique historique*, Oslo, 1925.

A. Meillet, *Sur le degré de précision qu'admet la définition de la parenté linguistique*, dans *Festschrift Meinhof*, Hamburg, 1927.

A. Meillet, *Introduction à l'étude comparative des langues indo-européennes*, Paris, 1937.

A. Meillet, *Linguistique historique et linguistique générale*, I et II, Paris, 1938, réédition 1948.

A. E. Meeussen, *Lexicostatistik van het Bantoe-Bohangi en Zulu*, dans *Kongo Overzee*, XXII, 1, 1956, pp. 86-89.

E. Polome, *Considérations sur la valeur des données lexicostatistiques*, dans « Premier Congrès international de dialectologie générale » Louvain, 1964, pp. 29-30.

E. Pulgram, *Family-tree, Wave-theory and Dialectology*, dans « Orbis », II, 1953, pp. 67-72.

E. Sapir, *Language, an Introduction to the Study of Speech*, New York, 1921.

F. de Saussure, *Cours de linguistique générale*, Paris, 1949.

A. Schleicher, *Die Sprache Europas*, Bonn, 1850.

M. Swadesh, *Archeological and Linguistic Chronology of Indo-European*, dans « American Anthropologist », LV, 3, août 1953, pp. 349-352.

P. Thieme, *Die Heimat der indogermanischen Gemeinsprache*, Wiesbaden, 1954.

S. Ullmann, *Précis de sémantique française*, Berne, 1952.

J. Vendryes, *Le Langage, introduction historique à l'histoire*, Paris, 1921.

U. Weinreich, *Languages in Contact*, La Haye, 1963.

B. L. Whorf, *Language, Thought and Reality*, MIT., Cambridge (Mass.), 1956.

LA GLOTTOCHRONOLOGIE

La glottochronologie se donne pour tâche d'étudier le rythme de changement du vocabulaire dans les langues. A l'encontre de la lexicostatistique (l'ensemble des études statistiques de vocabulaire à des fins d'inférence historique) dont elle dérive, la glottochronologie n'a affaire qu'au vocabulaire dit de base. En étudiant le rythme auquel les éléments de ce dernier se remplacent, elle vise à déterminer l'ancienneté des divergences entre certaines langues et, par là, à établir les rapports qui ont pu exister à l'intérieur d'une même famille de langues.

On sait de longue date que les langues sont en transformation constante. D'autre part on sait que deux langues, remontant à une même langue mère, tendent à se différencier l'une de l'autre dans le temps, comme l'a souligné Edward Sapir : « Plus grand est le degré de différenciation à l'intérieur d'une famille de langues, plus grande est la période de temps qu'on peut présumer pour son développement ». Mais si personne ne remet en cause cette constatation, il s'est avéré extrêmement difficile de soumettre le matériel linguistique à des critères statistiques sûrs, et donc de pouvoir déterminer les rapports exacts entre le degré de changement, d'un côté, et le temps, de l'autre. En face des influences historiques multiples auxquelles sont soumises les langues, peu nombreux sont ceux qui ont estimé que de tels rapports puissent se maintenir dans les mêmes proportions au-delà de la langue et de l'époque étudiées. En effet, la linguistique historique n'offre que trop de témoignages de la variabilité du changement surtout dans le domaine le plus ouvert à l'emprunt, le vocabulaire.

Rien d'étonnant donc si la constatation énoncée par le linguiste américain Morris Swadesh, en 1952, « le fait que le vocabulaire de base — par opposition au vocabulaire dit culturel ou spécialisé — change dans toutes les langues selon un rythme relativement constant », apparut comme une découverte. S'inspirant de la datation de restes organiques par le carbone 14, Swadesh avait cherché un domaine linguistique dans lequel un changement pourrait être mesuré statistiquement sans trop de difficultés. Le lexique s'y prêtant plus que les sons ou la syntaxe, il s'était efforcé de cerner un noyau de vocabulaire dont les notions simples et fondamentales seraient, d'un côté, relativement stables, de l'autre, susceptibles d'être traduites par un seul mot dans la plupart des langues. C'est ainsi qu'il aboutit à la liste, que l'on trouvera plus bas, de deux cent quinze notions universelles comportant, comme on le verra, des noms de parties du corps, des couleurs, des gestes et fonctions de l'homme, des phénomènes météorologiques, etc.

LISTE DES DEUX CENT QUINZE NOTIONS

*all	tout
and	et
animal	animal
*ashes	cendres
at	à (lieu)
back (person's)	dos (humain)
bad	mauvais
*bark (tree)	écorce (arbre)
because	parce que
*belly	ventre
berry	baie (fruit)
*big	grand (taille)
*bird	oiseau
*bite	mordre
*black	noir
*blood	sang
blow	souffler
*bone	os
breathe	respirer
brother	frère
*burn (intransitive)	brûler (intransitif)
child (young person rather than kin)	enfant (jeune personne plutôt que parent)
clothing	habillement

GLOTTOCHRONOLOGIE 867

*cloud	nuage
*cold (of weather)	froid (le temps)
*come	venir
cook (prepare food by boiling)	cuire (en bouillant)
count	compter
cry (weep)	pleurer
cut	couper
dance	danser
day	jour
*die	mourir
dig	creuser
dirty	sale
*dog	chien
*drink	boire
*dry (substance)	sec (une substance)
dull (knife)	émoussé (couteau)
dust	poussière
*ear	oreille
*earth	terre
*eat	manger
*egg	œuf
eight	huit
*eye	œil
fall	tomber
far	loin, distant
*fat (grease)	graisse
father	père
fear	peur
*feather	plume
few (opposite many)	peu de (nombre)
fight	se battre
*fire	feu
*fish	poisson
five	cinq
float	flotter
flow	couler
flower	fleur
*fly	voler (oiseau)
fog	brouillard
*foot	pied
four	quatre
freeze	geler
*give	donner

*good	bon
grass	herbe
*green	vert
guts	boyaux
*hair (of head)	cheveux
*hand	main
he	il
*head	tête
*hear	entendre
*heart	cœur
here	ici
hit (deliver blow strike with fist)	frapper (donner un coup de poing)
hold (in hand)	tenir (dans la main)
how?	comment?
hundred	cent
hunt (game)	chasser (gibier)
husband	mari
*I	je
ice	glace
if	si (supposition)
in	dans
*kill	tuer
*know (facts)	savoir (des faits)
lake	lac
laugh	rire
*leaf	feuille
left (side)	gauche (côté)
leg	jambe
*lie (on side)	être étendu (sur le côté)
live (be alive)	vivre (être en vie)
*liver	foie
*long (in space)	long (dans l'espace)
*louse	pou
*man (male human)	homme (sexe masculin)
*many	beaucoup de (nombreux)
*meat (flesh as body part)	viande (chair comme partie du corps)
mother	mère
*mountain	montagne
*mouth	bouche
*name	nom (d'une personne)
narrow	étroit

near	près de
*neck	cou
*new	nouveau, neuf
night	nuit
nine	neuf (9)
*nose	nez
*not	ne pas
old (thing)	vieux (chose)
*one	un (numéro)
other	autre
*person (human being)	personne (être humain)
play (games)	jouer à
pull	tirer
push	pousser
*rain	pleuvoir
*red	rouge
right (side)	droit (côté)
right (correct)	juste (correct)
river	rivière (fleuve)
*road (path)	chemin
*root	racine
rope	corde
rotten (esp. log)	pourri (spécialement le bois)
rub	frotter
salt	sel
*sand	sable
scratch (to relieve itch)	gratter (à cause de démangeaison)
sea (ocean)	mer (océan)
*see	voir
*seed	graine
seven	sept
sew	coudre
sharp (as knife)	aiguisé
shoot	tirer (arme)
short	court
sing	chanter
sister	sœur
*sit	être assis
six	six
*skin (person's)	peau (humaine)
sky	ciel

*sleep	dormir
*small	petit
smell (perceive odor)	sentir (percevoir une odeur)
*smoke (of fire)	fumée (de feu)
smooth	lisse
snake	serpent
snow	neige
some (more than a couple not some of a group)	quelques (plus de deux, non pas certains parmi)
speak	parler
spear (war)	lance
spit	cracher
split	fendre
squeeze (with hand)	serrer (avec la main)
stab (stick, pierce)	percer (d'un coup de bâton, d'épée, etc.)
*stand (like person)	être debout (comme un homme)
*star	étoile
stick (wood, staff)	bâton
*stone	pierre
straight	droit (ligne)
suck	sucer
swell	enfler
*sun	soleil
*swim	nager
*tail (of land animal)	queue (animal de terre)
ten	dix
*that	cela
there	là (éloigné)
they	ils
thick (not thin, for solid objects)	épais
thin	mince
think (cogitate)	penser (cogiter)
*this	ceci
*thou	tu
*three	trois
throw	jeter
tie	lier
*tongue	langue (partie du corps)
*tooth	dent
*tree	arbre

Comme le remarquait l'auteur lui-même dans son article,

> Pour mieux étudier les causes de variations, il serait souhaitable d'obtenir des taux pour un nombre beaucoup plus élevé de langues. Mais la liste de langues donnée ici est déjà suffisante pour éliminer la possibilité d'une coïncidence tout à fait fortuite dans la correspondance étroite entre les taux de rétention.

Partant donc de ces premiers résultats, le linguiste américain jeta les bases d'une méthode que nous pouvons résumer de la manière suivante : ayant obtenu les taux de rétention par millénaire pour un certain nombre de langues selon une liste donnée, on peut calculer le taux moyen propre à cette liste exprimé en pourcentage de vocabulaire de base persistant après, par exemple, mille ans. Sous cette forme le taux moyen peut servir au calcul du temps écoulé entre deux états de langues pour lesquels il existe une documentation suffisante au remplissage de la liste employée : le pourcentage des mots persistant d'un état à l'autre est simplement comparé au taux de la liste au moyen d'une formule que nous verrons plus loin. Si, comme c'est le cas le plus fréquent, il ne s'agit pas de déterminer le temps révolu entre deux états de langue mais plutôt le temps pendant lequel deux langues ont divergé l'une de l'autre — c'est-à-dire d'une même langue mère —, une deuxième formule peut être dérivée de la première.

La méthode glottochronologique ainsi ébauchée part donc de la supposition qu'il existe certains secteurs du vocabulaire de n'importe quelle langue qui sont moins sujets à des changements que d'autres. D'autre part, elle suppose également que, d'un côté, le pourcentage des éléments conservé à l'intérieur du secteur relativement stable reste constant dans le temps et, de l'autre, le rythme auquel le vocabulaire de base change est approximativement le même dans toutes les langues.

Le lecteur ne sera pas étonné de savoir que la glottochronologie n'est pas sans présenter de sérieuses difficultés méthodologiques. En effet, il faut constater qu'elle a été plus souvent l'objet de critiques que d'encouragements et qu'aujourd'hui encore elle est loin d'être acceptée comme valable par un grand nombre de linguistes.

Il y a donc lieu d'examiner de plus près quelques-uns des problèmes qui se rencontrent dans chaque partie de la méthode et de résumer les grandes lignes de son application.

Comme les bases de la glottochronologie et leur application à des langues sous étude présentent souvent les mêmes problèmes, nous les présenterons ensemble. En ce qui concerne l'élaboration des méthodes, il y a lieu de faire remarquer qu'il s'agit uniquement de la comparaison de deux états d'une même langue, alors que, pour l'application, il s'agit le plus souvent de deux langues contemporaines. Certains des problèmes seront donc propres à l'une ou à l'autre des deux étapes, spécialement lorsqu'il s'agira du remplissage et de la comparaison des listes.

LA LISTE

S'il est assez facile de concevoir dans l'abstrait l'existence d'un vocabulaire « de base » (distinct d'un vocabulaire « culturel » ou « spécialisé »), il est difficile, voire impossible, d'un côté d'en distinguer les limites, et de l'autre, d'en déterminer le contenu en se référant à des critères sûrs. Nombre de linguistes ont protesté contre une conception bipolaire du vocabulaire en faisant remarquer que n'importe quelle notion est plus ou moins culturelle du fait même qu'elle participe à un système linguistique. En ce qui concerne le choix d'éléments d'une liste de « vocabulaire de base », Swadesh lui-même fut amené dès le début à reconnaître l'impossibilité d'établir une liste qui puisse servir parfaitement pour toutes les langues. C'est d'ailleurs en voulant perfectionner sa méthode que Swadesh a réduit la liste à deux cents mots, une première fois, en éliminant notamment les noms de nombre au-dessus de trois, puis à cent mots, une deuxième fois.

De ces premières recherches, cependant, trois critères se sont dégagés. Pour faire partie du vocabulaire de base, une notion doit être : commune (d'usage courant), universelle (existant dans toutes les sociétés connues) et historiquement persistante (résistante à l'emprunt) (Hymes, 1960). On remarquera que la fréquence d'un mot n'est pas en elle-même un des critères bien qu'elle soit impliquée dans chacun des trois ci-dessus. En effet, la comparaison des trois listes avec des listes de fréquences lexicales de certaines langues modernes montre un accord considérable (Hymes, 1960). Plus de 90 % des notions se trouvent parmi les premiers deux mille mots de la liste de Eaton, plus de 80 % parmi les premiers deux mille mots de celle de Rinsland.

Des trois critères, le troisième est à la fois le plus difficile à satisfaire et, par la raison d'être même de la liste, le plus important. Plusieurs problèmes se posent.

La liste doit être, dans son ensemble, relativement résistante à l'effet causé par les tabous et l'emprunt. Non seulement la liste doit être résistante, mais la persistance relative de ses notions individuelles doit être sensiblement du même niveau. En effet, chaque mot a, à un moment donné, une certaine probabilité de changement (Hymes, 1960). Si, à l'intérieur d'une liste, il existe un manque d'homogénéité entre notions cela aura un effet considérable sur les résultats. Les notions les plus résistantes persisteront en plus grand nombre que les autres et ce fait tendra à faire monter la résistance de la liste dans son ensemble. Soit une liste de cent notions dont cinquante ayant une persistance de 75 % et cinquante de 25 % par période de temps donnée. A la fin d'une première période il restera un vocabulaire commun aux deux langues étudiées de cinquante mots dont 37,5 d'une résistance de 75 %, et 12,5 de 25 %. A la fin d'une deuxième période, le vocabulaire commun s'élèvera donc à 31,5 mots au lieu de 25 (50 % de 50) qu'on attendrait si tous les éléments de la liste avaient été d'une résistance homogène.

Certaines études ont mis en cause pour cette raison les listes des deux cents et des cent notions. Il est apparu que non seulement les mots de la liste n'étaient pas homogènes individuellement mais que certaines catégories entières résistaient plus ou moins bien dans leur ensemble. De plus, il a été démontré que la résistance d'une catégorie peut varier beaucoup selon la langue et la civilisation en question. Ainsi une étude de trois langues esquimaudes montre qu'un tabou portant surtout sur les noms de parties du corps dans l'une des trois était à l'origine de résultats qui, comparés à d'autres témoignages historiques, ne pouvaient être valables (Bergsland et Vogt, 1962). D'autre part, les cinq noms de couleurs persistent tous en anglais, allemand et suédois alors qu'ils ont été remplacés intégralement par emprunt en grec athénien et en grec cypriote.

Ces faits nous mènent à conclure que, pour le moment, les listes glottochronologiques sont certainement perfectibles. Des recherches sur la résistance d'éléments lexicaux et de catégories de notions, ainsi d'ailleurs que sur les causes de variabilité de la résistance, ont jusqu'ici fait défaut. Il est à espérer qu'un effort dans ce sens sera entrepris par les chercheurs futurs.

LE REMPLISSAGE DES LISTES

Une fois qu'une liste de notions est établie suivant les critères dégagés ci-dessus, le linguiste est à même de déterminer le taux de résistance propre à celle-ci. Cela implique d'abord qu'il la remplisse selon le vocabulaire de chacun de deux états de plusieurs langues différentes. Il peut ensuite calculer le taux de résistance de chaque langue envisagée, puis le taux moyen de toutes les langues. Dans la mesure où le remplissage de la liste, effectué pour établir son taux moyen, présente les mêmes problèmes que le remplissage au niveau de l'application de la méthode, nous pouvons les présenter ensemble.

Pour remplir la liste selon une langue donnée, Swadesh (1952) a recommandé trois critères :

1) essayer de trouver un équivalent simple pour chaque notion, en ne tenant pas compte de formes spécialisées ou liées, et le moins commun de deux équivalents;

2) employer un seul mot ou élément plutôt qu'une phrase, même si le sens est plus large que celui de la notion de la liste;

3) là où il est impossible de trouver un seul équivalent, omettre la forme.

A la suite de l'application de la méthode par d'autres linguistes, d'autres critères sont venus s'ajouter à ceux-ci. Repoussant le troisième énoncé ci-dessus, Hymes et Gudschinsky (Hymes, 1960) recommandent le choix d'un équivalent pour chaque notion selon quelque critère explicite, le hasard s'il est besoin. De son côté, Hoijer (1956) ayant rencontré un grand nombre de problèmes soulevés par la distribution sémantique dans les langues qu'il étudiait, conseilla l'addition de deux autres conditions :

1) si une forme convient à plus d'une notion de la liste mais constitue le seul équivalent possible pour l'une d'elles, elle est à choisir pour cette dernière ;

2) dans le cas de deux équivalents dont l'un chevauche en partie une autre notion de la liste, choisir celui qui ne chevauche pas.

Malgré l'existence de ces critères, le remplissage de la liste peut présenter plusieurs difficultés. La première vient tout naturellement du fait que pour l'état ancien d'une langue on est obligé de se fier aux documents survivants de l'époque en question. Or, ceux-ci sont rarement nombreux et complets. Il n'est donc pas toujours possible de remplir entièrement la liste. Il en résulterait bien sûr que le taux de rétention calculé ne vaudrait que pour la partie de la liste ayant pu être remplie.

D'autre part, il est évident que la nature des documents peut jouer un rôle important. Comme il s'agit nécessairement de documents écrits, on doit supposer que, dans la grande majorité des cas, la langue des documents est celle de gens d'une certaine érudition, et cela d'autant plus que, pour beaucoup de langues, il ne reste guère que des textes religieux ou littéraires. Le vocabulaire de ces documents peut-il être considéré comme celui de la langue populaire de l'époque ?

De même — référons-nous à l'exemple du français médiéval — beaucoup de documents ne représentent qu'un dialecte parmi d'autres. Si l'on envisage les documents d'un seul parler on risque de fausser la liste. Cependant, si l'on retient plusieurs dialectes différents ne risque-t-on pas de s'imposer un choix plus que difficile parmi plusieurs équivalents dialectaux ?

Il peut arriver aussi qu'il existe deux équivalents exacts dans la même langue ou dialecte. Nous avons vu que Swadesh recommande le choix du plus commun. Mais cela est souvent très difficile d'après les textes. La seule fréquence de l'un ou de l'autre peut être due, en effet, soit au sujet traité, soit à la préférence individuelle de l'auteur et rester sans rapport avec l'usage réel du mot.

Dans le cas où il existe deux équivalents, le sens de l'un étant plus large, l'autre étant plus étroit, que celui de la notion en question, le choix peut être très important pour le résultat final. Si l'autre langue, ou état de langue, à comparer partage les deux, aucun problème ne se présente. Si, pourtant, elle n'en possède qu'un, la comparaison finale sera affectée dans un sens ou dans l'autre.

Il apparaît donc que des connaissances philologiques approfondies sont indispensables pour le remplissage de la liste qui ne peut être confié qu'à un expert de la langue étudiée. Ce fait, précisément, nous fait voir une deuxième série de problèmes. S'il est possible de faire remplir une liste de chaque langue par un philologue spécialisé, il n'est guère pensable qu'un seul linguiste ait les connaissances nécessaires au remplissage de la liste pour toutes les langues de contrôle employées. Il faudrait donc que les philologues remplissant les listes appliquent tous les mêmes critères, tant pour la sélection de l'équivalent de chaque notion que pour la sélection préalable de documents représentant l'époque envisagée. Or cela est extrêmement difficile à réaliser. Même si les mêmes problèmes de choix se présentent dans chaque langue, il y aura toujours un certain élément de subjectivisme qui jouera. Pour prendre un cas réel, trois linguistes, employant virtuellement la même liste et appliquant en principe les mêmes critères, ont trouvé pour le seul cas de l'anglais des taux de rétention de 67,8 % (Arndt, 200 mots) 76,6 % (Lees, 215 mots) et 85 % (Swadesh, 215 mots) par millénaire. Si on considère que la liste pour l'état moderne était nécessairement identique dans chacun des trois cas (la liste de notions étant en anglais), même en supposant une légère différence au niveau de l'identification des cognats, on ne peut s'empêcher d'y voir une preuve assez remarquable du défaut de critères suffisamment sûrs. A cet égard il est regrettable que les listes pour les douze langues de contrôle employées à l'établissement des taux des trois listes originales n'aient jamais été publiées.

COMPARAISON DES LISTES

Une fois les listes remplies pour chacun des deux états de langues, ou des langues, en question, on peut procéder à la comparaison des listes entre elles. Il s'agit de déterminer si les deux mots correspondant à une seule notion de la liste sont ou non cognats, c'est-à-dire génétiquement le même mot et, pour la glottochronologie, de parenté directe, sans l'intervention de l'emprunt.

Cette opération n'est pas toujours facile. L'identité phonétique a été souvent oblitérée, au point que l'on risquerait de conclure négativement au premier examen. Ici encore il nous faut des critères solides pour aboutir. Ceux qui ont été prônés par Sarah Gudschinsky (1956) nous semblent les mieux fondés, puisqu'ils sont entièrement basés sur la structure phonologique et morphologique des mots à comparer.

Mais si ces critères sont d'une rigueur admirable pour identifier des éléments d'origine commune, il est évident que seule l'histoire peut nous permettre de dépister, dans le cas de deux langues contemporaines, d'une part des non-cognats qu'une langue a empruntés à la seconde, et d'autre part ceux que les deux langues ont empruntés à une troisième.

Dans le cas particulier de la comparaison de deux états de langue, il peut arriver qu'un mot de l'état ancien ait été remplacé par un autre, puis réemprunté par la suite à une langue qui l'avait conservé. De nouveau, l'histoire seule peut nous renseigner et il faudrait évidemment conclure à la non-identité de la paire en question.

TAUX DE RÉTENTION DE LA LISTE

En ce qui concerne les langues de contrôle, la comparaison des listes pour les deux états de chaque langue aboutit à l'établissement d'un pourcentage de mots retenus pendant la période de temps écoulé entre les deux états. Les pourcentages pour toutes les langues doivent alors être ramenés à une base commune et arbitraire, comme le millénaire, selon une fonction logarithmique. La nécessité d'une telle fonction sera évidente si l'on considère que, pour une première période donnée, le taux de persistance sera de β %, alors qu'il sera de β % × β % dans une deuxième période, et non de β % comme on pourrait être tenté de le croire.

On cherche ensuite la moyenne des taux individuels, celle-ci représentant ainsi le taux de rétention de la liste pour l'intervalle de temps choisi comme base. A ce pourcentage moyen doit s'ajouter un pourcentage d'erreur qui est calculé selon la divergence des taux individuels et selon le degré de confiance (ou de probabilité) voulu (Lees, 1953).

Pour les trois listes que nous publions ici, les taux sont les suivants :

Liste de 215 notions }
Liste de 200 notions }   81 % ± 2 %
Liste de 100 notions   85,4 % ± 0,4 %

avec un degré de confiance de 9/10, c'est-à-dire que neuf cas sur dix se placeront entre les limites exprimées par l'erreur. Nous pouvons noter en passant que, la liste de cent notions comportant un pourcentage très élevé (92 %) de notions qui se trouvent dans les deux autres listes, son taux relativement plus élevé met en cause l'homogénéité des notions dont nous avons eu l'occasion de parler ci-dessus.

Ce premier taux représente la résistance de la liste par millénaire pour une langue donnée. Le temps écoulé entre deux états de cette langue sera donc calculé en employant la formule

$$t = \frac{\log c}{\log r}.$$

où t représente le temps écoulé exprimé en millénaires, c est le vocabulaire commun aux deux états de langues exprimé en pourcentage, et r indique le taux de résistance propre à la liste exprimé en pourcentage aussi (Swadesh, 1952).

S'il s'agit de calculer le temps pendant lequel deux langues ont divergé l'une de l'autre, une deuxième formule peut être dérivée de la première :

$$d = \frac{\log c}{2 \log r};$$

où c = vocabulaire commun des deux langues et d = le temps pendant lequel la divergence a eu lieu.

Vocabulaire de base (M) commun à deux langues divergentes									
Millénaires	1	2	3	4	5	6	7	8	9
Vocabulaire commun r = 81 %	66	43	29	18	12	8	5	3	2
Vocabulaire commun r = 85 %	72	52	37	27	19	14	10	7	5

Bien entendu, le résultat obtenu en appliquant l'une ou l'autre de ces formules n'est valable que dans la mesure où toutes les conditions requises à l'établissement de la liste, à son remplissage et à sa comparaison avec une deuxième liste ont été satisfaites. Or, nous avons déjà vu que de nombreux facteurs jouent dans chaque partie de la méthode. Il y aura donc lieu, au fur et à mesure que l'on arrive à déterminer les causes de certaines variations, d'ajouter à ces formules des éléments nécessaires à leur perfectionnement.

Notons que le hasard lui-même peut jouer un rôle important puisque dans deux langues divergentes le résultat de l'enquête variera selon que les deux langues remplacent intégralement les mêmes notions de la liste ou chacune des notions différentes. A cet égard le *drift,* c'est-à-dire la tendance de deux langues à remplacer les mêmes éléments chacune de son côté fera que les résultats de la deuxième formule seront moins grands qu'en réalité. Pour cette raison ces résultats devraient être considérés comme des minimums.

Jusqu'ici nous avons examiné les différentes étapes de l'élaboration des bases de la glottochronologie et quelques-unes des conditions de leur application. Certaines de ces conditions ne se rencontrent que dans une seule partie de la méthode, mais il en est d'autres qui s'appliquent à l'ensemble.

En ce qui concerne les bases de la méthode, il s'agit toujours d'une comparaison entre deux états de langue alors que pour son application il s'agit le plus souvent de deux langues contemporaines pour lesquelles il n'existe aucun document représentant un état antérieur. Or, ce fait pose une question essentielle : peut-on soumettre des langues qui n'ont aucune tradition littéraire aux normes de langues qui, dans presque tous les cas, ont joui de deux mille ans de tradition écrite ? Tout indiquerait que non. Sans parler d'autres preuves de l'effet conservateur que la tradition écrite peut avoir, citons une étude consacrée à l'islandais où l'on constate une persistance presque intégrale du vocabulaire de base à travers plus de six cents ans d'histoire qui ne peut être attribuée qu'à une tradition littéraire forte et continue et à l'absence de contact avec d'autres langues (Bergsland et Vogt, 1962).

Un autre problème du même ordre concerne l'application à des langues d'origines diverses d'une méthode qui est presque uniquement fondée sur des normes indo-européennes. Sur les douze langues employées par Swadesh pour déterminer le taux de rétention des trois premières listes, trois seulement appartiennent à d'autres familles de langues. Il serait naturellement souhaitable qu'une plus grande variété soit utilisée, d'autant plus que certaines études récentes tendent à indiquer que la persistance du vocabulaire de base varie en fonction de la famille de langues en question (Hymes, 1960). Si cela était prouvé, on pourrait envisager la possibilité de plusieurs listes différentes, ou de taux différents pour une même liste selon l'appartenance à une famille ou à une autre. Il faut remarquer cependant que pour les langues d'Amérique indienne ou celles de l'Afrique noire pour lesquelles il n'existe pas de documents historiques, il y aurait quelque difficulté à établir des normes propres à la famille.

Enfin un dernier problème concerne la validité des taux pour des périodes de temps de plus de deux mille ans ou de moins de cinq cents. Nous avons déjà vu quel peut être l'effet d'un manque d'homogénéité des notions de la liste à l'égard de la persistance. Sur une période de temps très longue, celui-ci aurait un effet grandissant. D'autre part, l'effet des perturbations que peut subir une langue pendant une certaine période de son histoire ne se trouve neutralisé qu'à la longue. En outre, un contact plus ou moins grand entre deux langues pendant les premiers temps d'une lente divergence tendrait à fausser les données pour cette période.

En ce qui concerne donc la méthode elle-même, nous avons vu que de nombreux problèmes se posent. Certains linguistes y voient les raisons supplémentaires d'une plus grande méfiance. D'autres, portés par un enthousiasme trop violent vers tout ce qui pourrait nous livrer les secrets du passé, n'en voient pas assez les inconvénients. La vérité se trouve, bien entendu, entre les deux positions.

Pour l'instant, beaucoup de recherches sont encore à faire, car celles qui furent entreprises jusqu'à présent ont été trop souvent superficielles et mériteraient d'être approfondies. L'un des mérites de la glottochronologie a été précisément d'indiquer un large champ d'action qui s'ouvre aux recherches statistiques sérieuses. Un jour viendra peut-être où la méthode sera définitivement écartée par la linguistique, mais seules des connaissances plus profondes de la nature et des causes de changements lexicaux détermineront une décision rationnelle à cet égard.

Quel peut être l'usage des résultats? Comme nous l'avons vu, ils peuvent servir à la datation approximative de documents dont l'époque est inconnue. C'est là un cas qui se présente très rarement. Plus importante est la possibilité de déterminer l'ancienneté de divergences entre des langues ou dialectes d'une même langue mère. Dans la mesure où une comparaison de plusieurs langues peut être entreprise, les résultats peuvent donner des indications sur la chronologie de divergences à l'intérieur d'une famille de langues et, parfois, sur la disposition géographique et les contacts culturels des langues divergentes. Il faut noter pourtant que les résultats ne peuvent en aucun cas renseigner sur la langue parlée des gens qui abandonnèrent en un lieu les objets trouvés ultérieurement. Enfin, dans tous les cas, ces résultats doivent être employés en conjonction avec les autres données anthropologiques.

La glottochronologie est une méthode nouvelle, momentanément peu perfectionnée. Elle n'est pas une branche de la linguistique et ne doit pas être confondue avec l'une ou l'autre de celles-ci. C'est peut-être d'ailleurs pourquoi elle n'a pas encore suscité de sérieuses recherches. Se trouvant en marge de la linguistique et entre celle-ci et l'anthropologie, elle ne s'est pas encore constitué une existence à part. Il n'y a pas encore de glottochronologistes, il n'y a qu'un certain nombre de linguistes et d'anthropologues qui, dans le cadre d'autres recherches, ont l'occasion de se servir d'elle.

Thomas PENCHOEN.

BIBLIOGRAPHIE

Knut BERGSLAND et Hans VOGT, *On the Validity of Glottochronology,* dans « Current Anthropology », **3**, pp. 115-153, Chicago, 1962.

Sarah GUDSCHINSKY, *The abc's of Lexicostatistics,* dans « Word », **12**, p. 175, New York, 1956.

Harry HOIJER, *Lexicostatistics : a Critique,* dans « Language », **32**, pp. 49-60, Baltimore, 1956.

D. H. HYMES, *Lexicostatistics So Far,* dans « Current Anthropology », **1**, pp. 3-44, Chicago, 1960.

D. H. HYMES, *More on Lexicostatistics,* dans « Current Anthropology », **1**, pp. 338-345, Chicago, 1960.

Robert B. LEES, *The Basis of Glottochronology,* dans « Language », **29**, pp. 113-127, Baltimore, 1953.

Morris SWADESH, *Lexicostatistic Dating of Prehistoric Ethnic Contacts,* dans « Proceedings of the American Philosophical Society », **96**, pp. 452-463, Philadelphie, 1952.

QUELQUES TYPES DE LANGUES

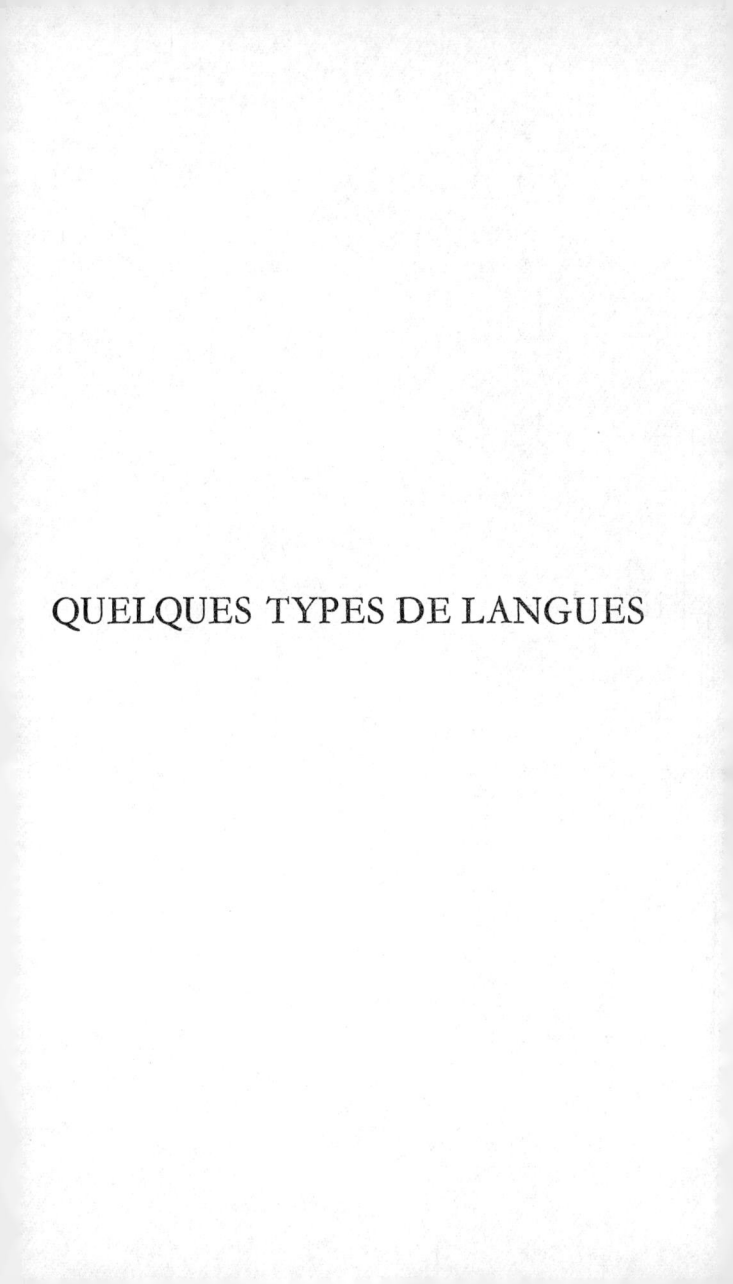

L'ESPAGNOL

L'ESPAGNOL est la langue officielle de l'Espagne (péninsule Ibérique — sauf le Portugal —, Baléares, Canaries et territoires africains) et de plusieurs pays américains : Mexique, Guatemala, Honduras, Salvador, Nicaragua, Costa Rica, Panama, Cuba, Porto Rico, république Dominicaine, Venezuela, Colombie, Équateur, Pérou, Chili, Bolivie, Paraguay, Argentine, Uruguay. L'espagnol est également parlé aux Philippines (où l'anglais tend à se généraliser), dans le Sud des États-Unis, et chez les minorités juives du Proche-Orient (Roumanie, Bulgarie, Turquie, Grèce). Près de cent trente millions de personnes parlent l'espagnol, dont un certain nombre est bilingue (avec une langue amérindienne, principalement au Pérou, au Paraguay et au Mexique, avec le catalan, le basque ou le galicien dans la Péninsule, avec l'anglais, le roumain, le turc ou une langue slave dans les autres cas cités ci-dessus).

L'espagnol fait partie des langues romanes issues du latin. Il est donc apparenté au portugais, au catalan, au provençal, au français, à l'italien, au roumain, au rhéto-roman, au sarde. On trouve quelques mots « espagnols » dans des textes latins, dès le VIIIe siècle, et des groupes de mots au Xe siècle. Des phrases apparaissent au XIe siècle, et des textes suivis au XIIe. Sous le nom d'espagnol, on comprend aujourd'hui un ensemble de parlers de types voisins, à traits linguistiques fondamentaux communs, mais présentant des variations parfois assez sensibles. Cette différenciation, qui n'atteint pas le degré de non-intercompréhension, résulte des conditions historiques du développement : exil des juifs à la fin du XVe siècle, conquête de l'Amérique au XVIe siècle, substrats indigènes dans de nombreux lieux, bilinguisme de millions de sujets, etc. A l'heure actuelle le développement des moyens de communication et de diffusion tend à rapprocher les variétés américaines et européennes. Les différences qui subsistent portent surtout sur le domaine lexical (« américanismes »), phonétique (intonation), phonologique (phonèmes disparus ou innovés) et assez peu morphosyntaxique. La variété décrite ici est le castillan, c'est-à-dire le parler de la région nord-centrale de la péninsule Ibérique. C'est le parler le plus répandu dans les régions monolingues, et c'est lui qui justifie la graphie officielle de la langue. Le castillan subit, comme beaucoup d'autres langues européennes, l'influence du français et de l'anglais. La première surtout agit très fortement sur son lexique, et c'est souvent la voie par où pénètrent les anglicismes ou les latinismes. La morphosyntaxe espagnole n'est que légèrement influencée par le français, et la phonique reste en dehors de cette action.

La graphie officielle du castillan est valable pour toutes les variétés d'espagnol écrit. Les réformes séparatistes américaines ont échoué. La graphie est très proche de la réalité phonologique. On note cependant des doubles représentations pour un même phonème, soit qu'il s'agisse d'alternances automatiques dépendant de l'entourage ($qu + $ e, i $= c + $ a, o, u; $c + $ e, i $= z + $ a, o, u; $g + $ a, o $= gu + $ e, i), soit que la répartition corresponde à des soucis plus ou moins étymologiques (v/b : *beta* « cordage » et *veta* « veine »; g/j : *gira* « il tourne » et *jira* « lambeau »). On trouve aussi des représentations uniques pour deux phonèmes ($c + $ e, i $= /\theta/$ et $c + $ a, o, u $= /k/$; $g + $ e, i $= /x/$ et $g + $ a, o, u $= /g/$). Le *h* n'a de valeur qu'après *c,* le groupe *ch* représentant le phonème /č/. En 1952 a eu lieu une réforme orthographique réduite, simplifiant notamment la distribution de certains accents écrits.

PHONOLOGIE

CARACTÉRISATION PROSODIQUE

Pris isolément, tout mot espagnol de plus d'une syllabe a un accent d'intensité, qui peut, secondairement, être accompagné de variations de hauteur ou de longueur. A remarquer que les voyelles accentuées ne sont pas plus longues que les voyelles inaccentuées, ce qui distingue l'espagnol du portugais, par exemple. Dans la chaîne parlée, les monosyllabes peuvent être accentués ou non : *más tengo* /más teŋgo/, « j'en ai davantage », et ¡ *mas tengo* ! /mas téŋgo/, « mais j'en ai ! ». Dans les mots de plus d'une syllabe, s'il y a une mise en valeur accentuelle, elle ne peut se manifester qu'en augmentant la force de l'accent d'intensité, mais non en modifiant sa place comme en français : épou*van*table est une variante emphatique de épouvan*ta*ble mais *espan*toso est impossible à côté de espan*to*so.

Il ne s'agit pas en espagnol d'un accent de mot, car un mot peut avoir deux accents, dans la mesure où existe le sentiment d'une composition. Les formes adjectivales en -*mente* ont l'accent sur le lexème de l'adjectif et sur la terminaison : *lentamente* / léntaménte /. Cette cadence binaire a entraîné dans plusieurs cas la conservation du vocalisme fort de l'adjectif devant la terminaison accentuée d'un suffixe : *viejezuelo* / biéxeθuélo /, « petit vieux », avec *ie*, mais *vejete* / bexéte /, *idem*, avec *e*, etc. Lorsqu'on a affaire à de véritables composés, chacun des éléments conserve son accent : *verdinegro* / bérdinégro /, « vert-noir », *taparrabo* / tápar̄ábo /, « cache-sexe ».

La place de l'accent connaît une limitation : seules les trois dernières syllabes peuvent être intéressées; c'est pour cette raison que *régimen* / r̄éximen /, « régime », fait au pluriel *regímenes* / r̄exímenes /, car la conservation de la place de l'accent, de règle en espagnol, créerait un type accentué avant l'antépénultième, rejeté par la langue. Rien dans la forme phonique du mot ne peut laisser prévoir la place de l'accent : *útil* / útil /, « utile », mais *sutil* / sutíl /, « subtil »; *árbol* / árbol /, « arbre », mais *caracol* / karakól /, « escargot ». La même suite phonique peut recevoir les trois types d'accentuation : *cántara* — *cantara* — *cantará*, « cruche » — « il chantât » — « il chantera »; on peut même rencontrer deux types de paroxytons à côté de l'oxyton : *continuo* — *continúo* — *continuó* / kontínuo — kontinúo — kontinuó /, « continu » (adjectif) — « je continue » — « il continua ». Par suite d'agglutinations graphiques officielles, on peut trouver des formes écrites telles que *diéramoselo*, « nous le lui aurions donné », ou *dígamelo*, « dites-le-moi » : il s'agit alors de syntagmes et non plus de mots.

CARACTÉRISATION PHONÉMATIQUE

Le système vocalique du castillan est parmi les plus simples. Il se compose de cinq unités, qui s'opposent de la façon suivante : série d'avant / série d'arrière, à deux niveaux d'ouverture; en plus un phonème central, indifférent à la série, au plus grand niveau d'ouverture.

	Série d'avant (palatale)	Série d'arrière (vélaire)
Ouverture 1	i	u
Ouverture 2	e	o
Ouverture 3	a	

Dans une même suite phonique, ces voyelles ont une valeur distinctive : *piso*, « étage », ou « je foule », *peso*, « poids » ou « je pèse », *paso*, « pas » ou « je passe », *poso*, « marc », ou « je loge », *puso*, « il mit ». Ces cinq voyelles peuvent apparaître dans toutes les positions quand elles ont valeur syllabique : *ama, catar, arte, baúl*. Les deux voyelles les plus fermées (ouverture 1) peuvent perdre leur valeur syllabique, [i] et [u] devenant [i̯] et [u̯] : *país* [país], « pays », mais *sepáis* [sepái̯s], « sachiez », *hacía* [aθía], « il faisait », mais *hacia* [áθi̯a], « vers ». On peut toujours interpréter une diphtongue comme une suite de deux voyelles, dont l'une est asyllabique; de même pour les triphtongues. Le contexte phonique conditionne des variantes combinatoires d'ouverture : /e/ = [e] ou [ɛ], etc., mais en castillan ces caractères ne sont pas pertinents puisqu'ils ne servent jamais à distinguer deux mots. On note quelques tendances à la neutralisation des distinctions entre /e/ et /i/, et entre /o/ et /u/, à l'inaccentué, en poésie (assonances admises de *Venus* et *tiempos,* par exemple).

L'espagnol possède dix-neuf consonnes. Pour chaque type d'articulation, trois phonèmes sont régulièrement distingués : un phonème occlusif sourd (labial /p/, dental

/t/, palatal /č/, vélaire /k/), un phonème fricatif sourd (respectivement /f/, /θ/, /ś/, /x/, le « s » castillan étant légèrement palatal), et un phonème sonore qui est occlusif à l'initiale de mot, ou de syllabe après certaines consonnes, et fricatif dans les autres cas (/b/ = [b] dans *valor* ou *bola*, = [ƀ] dans *favor* ou *caber;* /d/ = [d] dans *andar* ou *dolor*, = [đ] dans *hado;* /y/ = [ŷ] dans *yo* ou *cónyuge,* = [y] dans *mayo;* /g/ = [g] dans *gato* ou *tengo,* = [ǥ] dans *haga*).

Il existe en outre des réalisations nasales : /m/, /n/ et /ṉ/; il n'y a pas de phonème nasal vélaire. Les liquides forment un ensemble à part. Elles sont toutes sonores, non nasales, fricatives et centrales (dentales ou palatales). On trouve une latérale dentale et une latérale palatale : /l/ et /ḷ/, dans *vale* et *valle,* « il vaut » et « vallée ». À côté du /r/ faible, il existe un /r̄/ fort ou tendu, qui, en certaines régions, tend vers une réalisation palatale [r] : *para* et *parra,* « pour » et « treille ».

Il ne semble pas utile d'inclure /w/ parmi les phonèmes espagnols : il n'existe pas de [w] intervocalique comme il existe des [y] — ([awa] ne peut être qu'une réalisation de [agua], *agua,* « eau »,) — et lorsqu'un [w] est à l'initiale, il tend à passer instinctivement à [gw] : huele = [gwele], donc /guele/. Ce point est cependant discutable.

On peut résumer les faits ainsi :

			Labiales	Dentales	Palatales	Vélaires
Nasales			m	n	ṉ	
Orales	Sourdes	Occlusives	p	t	č	k
		Fricatives	f	θ	ś	x
	Sonores	Occlusives fricatives	b/ƀ	d/đ	ŷ/y	g/ǥ
				l	ḷ	
		Liquides		r r̄		

Les oppositions consonantiques permettent de distinguer des mots : *cata — gata — pata — bata — rata*, etc. Dans certains cas, cette distinction ne peut jouer, car la situation phonique n'admet pas telle ou telle consonne ; il y a alors neutralisation de l'opposition. Ainsi à l'initiale de mot, /r/ ne peut apparaître ; on a toujours /r̄/. En fin de syllabe ou de mot, les neutralisations sont plus nombreuses. Dans la série des nasales, seul le caractère nasal devient pertinent, et les trois phonèmes sont en distribution complémentaire selon la nature du phonème suivant *(antes, ámbar)*, ou bien apparaissent tous sous la forme de la dentale *(con,* « avec », issu de *cum, cantan,* « ils chantent », issu de *cantant,* et *don,* issu de **doñ)*. Il existe donc des positions où l'on trouve le maximum de différenciation consonantique, et d'autres où seul un minimum se manifeste :

	Intervocalique	Initiale de mot	Initiale de syllabe après consonne	Fin de syllabe interne	Fin de mot
Nombre de valeurs distinctives	m n ṇ 3	m n (ŋ) 3	m n 2	m n 2	n 1

Dans la série des liquides, seuls /l/ et /r/ peuvent être en fin de syllabe ou de mot. Dans les autres séries, c'est l'opposition de sonorité qui est neutralisée en fin de syllabe.

UTILISATION DES UNITÉS DISTINCTIVES

D'après les statistiques établies par E. Alarcos, on constate que, dans le discours, les consonnes apparaissent légèrement plus souvent que les voyelles : 52,70% contre 47,30%. Parmi les voyelles, les plus ouvertes sont les plus fréquentes : /a/ 13,70%, /e/ 12,60%, /o/ 10,30%. Le /i/ (avec sa variante [i̯]) atteint 8,60%, tandis que /u/ (avec sa variante [u̯]) ne représente que 2,10%.

Parmi les consonnes, on est frappé du peu de fréquence des palatales : /ɲ/ 0,2%, /č/ 0,4%, /y/ 0,4%, /ḷ/ 0,5% (et /r̄/ 0,6%, auquel il faut ajouter certains cas de neutralisation estimés ci-après). Les autres consonnes s'échelonnent entre 0,7 et 4,6% : /x/ 0,7%, /f/ et /g/ 1%, /θ/ 1,7%, /p/ 2,1%, /b/, /m/ et /r/ (ces deux derniers sans ce qui leur revient des cas de neutralisation) 2,5%, /n/ (sans les cas de neutralisation) 2,7%, /k/ 3,8%, /d/ 4%, /t/ 4,6%, /l/ 4,7%. Pour les cas de neutralisation, où l'attribution est difficile, on a 3,7% pour /N/ (= /m — n/ surtout) et 4,5% pour /R/ (= /r̄ — r/). Le phonème /s/ occupe une place à part avec 8%, étant donné son grand emploi dans la morphologie (pluriel nominal, seconde personne verbale, au singulier et pluriel, etc.).

Les dix-neuf consonnes peuvent commencer une syllabe interne; dix-huit seulement un mot (/r/ étant exclu au profit de /r̄/). En fin de mot, les emprunts mis à part, les palatales sont exclues (/č/, /ɲ/, /ḷ/, /y/, ainsi que /r̄/), de même que les labiales (/p/, /b/, /f/, /m/) et les vélaires (/k/, /g/, /x/). La langue n'a retenu que les dentales (/d/, /θ/, /r/, /l/, /n/, /s/, à l'exception de /t/). Les groupes consonantiques initiaux ont toujours comme second élément /r/ ou /l/; on ne trouve jamais de groupe consonantique en fin de mot. A l'intérieur d'un mot, les rencontres sont de type très divers, en combinant, dans la plupart des cas, les consonnes fin de syllabe avec les groupes pouvant figurer à l'initiale du mot.

D'après Tomás Navarro, 58% des syllabes sont du type CV *(ca-mi-no)*, 27% du type CVC *(mar-tes)*, 5% du type V ou CCV *(o-dre)*, 3% du type VC *(es)*, etc. Les lexèmes ont un nombre de syllabes très variable : 46% sont des monosyllabes dans un texte suivi, à cause des articles et prépositions, 20% sont des dissyllabes et des trisyllabes, 7% des tétrasyllabes.

EXEMPLE DE TEXTE CASTILLAN

Graphie : *Ante sus ojos cruzábanse las cañas formando apretada bóveda, casi al ras del agua. Delante de él sonaba en la oscuridad un chapoteo sordo como si un perro huyera acequia abajo. Allí estaba el enemigo.*

Transcription phonologique : / ante sus oxos kruθabanse las kaṇas formando apretada bobeda kasi al r̄as del agua. delante de el sonaba en la oskurida(d) un čapoteo sordo komo si un per̄o uyera aθekia abaxo. a ḷi estaba el enemigo /.

Transcription phonétique : [ánte sus óxos kruθábanse las káṇas formándo apretáđa þóbeđa kasị la r̄áz đel água. délante đeél sonába en la oskuriđá un čapotéo sọ́rdo komo sị um pḗr̄o uyéra aθékịa aþáxo. aḷí estáþa el enemígo].

Traduction : Devant ses yeux s'entremêlaient les roseaux formant une voûte touffue, presque au ras de l'eau. Devant lui, dans l'obscurité, un sourd clapotis se faisait entendre, comme si un chien fuyait en descendant le canal. C'était là que se trouvait l'ennemi.

STRUCTURE GRAMMATICALE

LES UNITÉS SIGNIFICATIVES

Pour qu'un énoncé espagnol ait une signification indépendante, il doit se composer d'un sujet et d'un prédicat. Le sujet peut être de nature lexicale (*Pedro come*, « Pierre mange ») ou désinentielle (com-*e*, « il mange »). Lorsque l'énoncé a une signification dépendante, c'est-à-dire en référence à la situation, tout monème peut servir d'énoncé (*¡ callar !*, « taisez-vous », qui est un infinitif, *ahora*, « maintenant », etc.).

Le sujet exprimé est toujours de nature nominale : ce peut être un substantif (*Pedro come*), un pronom (*éste me gusta*), un infinitif (substantivé : *el hablar* fuerte me cansa, ou employé seul : *bailar* no me cansa).

Le prédicat peut apparaître sous la forme du verbe seul (el perro *come*), ou suivi d'un élément nominal qui précise le procès (el perro *come la sopa*). Il s'agit de l'objet du verbe transitif s'il peut être repris par un pronom; sinon il s'agit d'un syntagme autonome (el perro comió la chuleta, *la* comió : « le chien a mangé la côtelette, il l'a mangée »; el perro comió esta mañana, « le chien a mangé / ce matin /»).

Le rapport « sujet → prédicat », qui est la norme sous cette forme, peut être inversé, en mettant le verbe à la voix passive, et en ajoutant le cas échéant un monème fonctionnel devant l'objet : Su padre *realizó* esta labor → Esta labor *fue realizada por* su padre.

On peut considérer comme voix moyenne le cas où le verbe s'accorde avec le sujet, alors que ce sujet est sémantiquement passif : Los coches *se venden* fácilmente ahora, « les voitures se vendent facilement à présent ».

Si l'objet est identique au sujet, on emploie une tournure réfléchie qui est une variante de la voix active : Pedro *se puso* al lado suyo, « Pierre se mit à côté de lui ».

Un énoncé viable ne comporte qu'un seul élément à fonction verbale : el libro *está* en la mesa; el libro *es* rojo; ces éléments peuvent être coordonnés : el libro *es* rojo *y está* en la mesa, « le livre est rouge et il est sur la table ».

Il existe divers procédés de dépendance interne qui ont pour but d'annuler la fonction verbale indépendante d'un verbe. On peut rendre épithétique un prédicat (el libro rojo *está* en la mesa), ou mettre en apposition l'élément introduit par un monème fonctionnel (el libro, en la mesa, *es* rojo), ou annuler la fonction verbale indépendante du verbe *es* ou *está* au moyen du monème fonctionnel, *que* : el libro (que es rojo) *está* en la mesa, ou el libro (que está en la mesa) *es* rojo.

On distingue parmi les monèmes ceux qui appartiennent à des inventaires illimités (par exemple ceux qui peuvent alterner avec *chaises* dans : « les *chaises* sont là ») et ceux qui appartiennent à des inventaires limités (ceux qui peuvent alterner avec *les* dans « *les* chaises sont là »). Les premiers sont dits lexicaux, les seconds grammaticaux.

Les monèmes lexicaux espagnols peuvent être classés en trois groupes : ceux qui sont susceptibles de recevoir les modalités de définition (un, el, este, mi *libro*) : ce sont les substantifs; ceux qui sont susceptibles de recevoir les modalités de mode et de temps (*cant*-a-mos, *cant*-e-mos, *cant*-áb-a-mos...), et de personne (*cant*-o, *cant*-a, ...) : ce sont les verbes; ceux qui ne peuvent recevoir aucune de ces modalités : ce sont les adjectifs. Il convient de distinguer ceux qui se réfèrent aux substantifs (el libro *nuevo*) et ceux qui se réfèrent aux verbes (se publicó *nuevamente*).

Parmi les monèmes grammaticaux, il y a lieu de distinguer les modalités (qui s'attachent à tel type de monème lexical), et les monèmes fonctionnels (qui mettent en relation les divers monèmes lexicaux).

Les modalités peuvent être exprimées au moyen de morphèmes libres ou liés (ces derniers ne pouvant apparaître isolément).

Les morphèmes libres entrant dans la composition du groupe renfermant le substantif (ou syntagme nominal) sont :

les modalités de définition : articles (*un*, qui présente, *el* qui suppose une présentation), possessifs (adjectivation relative à la personne : *mi, tu, su*...), démonstratifs (adjectivation à trois degrés : *este, ese, aquel*, selon le degré de proximité spatiale, temporelle ou personnelle), indéfinis (ceux qui rejettent l'article, comme *cierto*, certain, *todos*, tous), numéraux :

el, mi, este, cierto, dos + *gato(s)*;

les modalités quantitatives : quantitatifs (*muy* grande, « très grand »), comparatifs (es *más* alto que tú).

Exemple de syntagme nominal :

todos   estos   muy   interesantes *libros* nuevos
mod. 1 → mod. 1 [mod. 2 → adj. → subst. ← adj.]
tous   ces   très   intéressants livres neufs

Parmi les morphèmes liés entrant dans la composition du syntagme nominal, le nombre peut être attaché à tous les éléments ci-dessus mentionnés, à l'exception des quantitatifs qui sont invariables : cf. les -*s* de l'exemple précédent.

Les lexèmes des substantifs entraînent un accord en genre, lorsque les déterminants sont susceptibles d'en prendre la marque formelle : l*a* nuev*a* canción presentad*a*, « la nouvelle chanson présentée ». Le genre fonctionne comme un classificateur des substantifs, sans valeur sémantique en soi : il est donc arbitraire (*la frente*, « le front », *el diente*, « la dent »). On peut dégager cependant quelques constantes :

le masculin est le genre non marqué de l'opposition masculin/féminin. Lorsqu'on est obligé de donner un genre (par la présence de l'article, par exemple) à un élément qui n'en comporte pas à l'origine, on aura donc recours au genre qui engage le moins, le masculin, alors que le féminin serait une option caractérisée; d'où les infinitifs substantivés : *el cantar, el placer*.

Lorsqu'un même lexème est doté des deux genres, on remarque que la classe du féminin exprime une extension plus grande que la classe du masculin :

cesto / *cesta* : « panier, corbeille »,
silbo / *silba* : « coup de sifflet, ensemble de coups de sifflet ».

Ces deux classes sont parfois utilisées pour exprimer le sexe : *el gato* / *la gata,* « le chat, la chatte ».

Dans le domaine des pronoms, lorsqu'on se réfère à un élément qui n'est ni masculin ni féminin, on utilise une forme particulière qui est neutre vis-à-vis des deux premières : *él* / *ella* / *ello, éste* / *ésta* / *esto*. Aucun substantif ne pouvant être précédé de la forme *esto,* on peut dire qu'il y a deux « genres » en espagnol, qui ont une forme de neutralisation dans certaines conditions de discours :

el libro y la revista llegaron : *él* me gusta más;
el libro y la revista llegaron : *ella* me gusta más;
el libro y la revista llegaron : *esto* me gusta.

(dans ce dernier cas, *esto* se réfère à l'énoncé tout entier qui, n'ayant pas de genre propre, est repris sous une forme indifférente).

Les morphèmes libres entrant dans la composition du groupe renfermant le verbe (ou syntagme verbal) sont :
les modalités d'aspect, exprimées par les « auxiliaires » de la conjugaison : l'accompli avec *haber* (et sa variante sémantique *tener*), régissant uniquement le participe passé du verbe principal; le duratif avec *estar* (et ses variantes sémantiques *ir, andar, seguir*...), régissant le gérondif ou le participe passé du verbe principal; le potentiel avec *querer, deber, poder*..., régissant l'infinitif du verbe principal. Ces auxiliaires peuvent se combiner suivant une certaine hiérarchie : *hubiera podido querer haber dicho*, « il aurait pu vouloir avoir dit ».

Les modalités quantitatives, exprimées par le morphème *no,* qui peut se combiner avec des monèmes autonomes *(no ... nunca, no ... nadie).* L'adjectif du verbe (généralement marqué par le morphème *-mente*) reçoit les mêmes qualifications que l'adjectif du substantif.

Exemple de syntagme verbal :

	no	pudo *escribir*	muy	rápidamente
	mod. 2 →	[mod. 1 → vb.]	← (mod. 2	→ adj.)
	(il) ne	put écrire	très	rapidement.

Les morphèmes liés entrant dans la composition du syntagme verbal sont attachés aux verbes et aux auxiliaires. Il s'agit d'un indice modo-temporel, suivi d'un indice de personne.

L'indice modo-temporel permet de distinguer, dans la langue usuelle, cinq formes indicatives (seules les valeurs fondamentales sont envisagées) :

niveau II (inactuel, secondaire)	antérieur postérieur coïncident	(*cantara*[1]) *cantaría* *cantaba*
niveau I (actuel, primaire)	passé futur présent	*cantó* *cantará* *... canta...*

trois formes subjonctives :

passé	II	présent-futur	*cant-ara*[2]	*cant-e*
	I		*cant-ase*	

et trois formes infinitives :

infinitif — gérondif — participe passé	*cant-ar* — *cant-ando* — *cant-ado.*

Ces formes, et leurs combinaisons avec les auxiliaires, sont les constituantes du système verbal.

L'indice de personne révèle l'existence de quatre personnes à référence déterminée, et une à référence indéterminée (la « troisième »), qui peut prendre la marque du pluriel :

1 *cant-o*	
2 *cant-as*	3 singulier *cant-a*; 3 pluriel *cant-a-n*.
4 *cant-amos*	
5 *cant-áis*	

Dans la suite « syntagme nominal sujet + syntagme verbal (+ syntagme nominal objet) », les éléments constituants peuvent se suivre directement, leur place souvent, leur signification parfois, révélant les fonctions. Dans un énoncé tel que : *Nuestro muy buen amigo pudo escribir muy rápidamente,* les niveaux de références directes déjà cités peuvent se résumer ainsi :

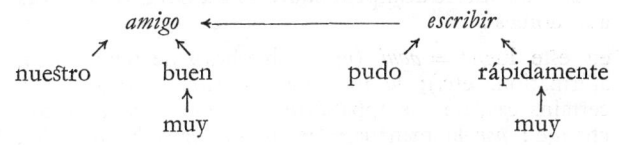

```
            amigo  ←————————————  escribir
           ↗   ↖                  ↗   ↖
  nuestro  buen              pudo      rápidamente
            ↑                            ↑
           muy                          muy
```

En dehors de ces cas apparaissent des monèmes fonctionnels.

On peut distinguer différentes classes de monèmes fonctionnels, d'après le type d'élargissement qu'ils introduisent.

Certains monèmes, *de* et *a* en particulier, introduisent des syntagmes homogènes (nominaux, ou verbaux suivant le cas) : El perro *de* la vecina / va *a* beber / la leche *del* gato (« le chien de la voisine va boire le lait du chat »).

On a parallèlement, dans le domaine de la coordination, l'emploi de *y, o, ni* (et, ou, ni) : Pedro *y* Felipe / están soñando *o* durmiendo (« Pierre et Philippe sont en train de rêver ou dormir »).

Les monèmes de la série *que (quien, cuyo...)* introduisent un énoncé (ensemble de syntagmes nominaux et verbaux) : El perro [*que* me dio Juan] / acaba de romper / la lámpara [*cuya* pant alla era tan preci osa], « le chien que Jean m'a donné vient de casser la lampe dont l'abat-jour était si joli ».

D'autres monèmes introduisent soit des syntagmes, soit des énoncés, l'ensemble ainsi formé pouvant être plus ou moins autonome et à place relativement variable (les « prépositions » et « conjonctions ») :

El perro ladró *hasta las cinco;*
Hasta las cinco ladró el perro ;
El perro, *hasta las cinco* ladró ;
Ladró *hasta las cinco* el perro ; « le chien a aboyé jusqu'à cinq heures ».

Remarques : le monème est suivi de *que* si un énoncé est introduit :

repito eso *para* tu padre (suivi de syntagme); repito eso *para que* lo sepa tu padre (suivi d'énoncé) — « je répète cela pour ton père / pour que ton père le sache ».

un substitut lexical peut équivaloir à des groupements autonomes :

en este lugar = *aquí* (les « adverbes » de temps, lieu, affirmation, etc.); le monème fonctionnel peut, dans certains cas, ne pas apparaître sans que la construction change : *por* la mañana = le matin (dans la matinée), llegó esta mañana = il est arrivé ce matin.

Les monèmes lexicaux peuvent entrer en composition et en dérivation.

La dérivation peut être homogène : la quantification (« diminutifs », « augmentatifs ») ne change pas la partie du discours :

substantif mes-a / mes-*it*-a   « petite table »,
car-o / car-*ísim*-o   « très cher »,
llov-er / llov-*izn*-ar « pleuviner ».

De même dans le cas de la préfixation :

ante-pecho,   « parapet »,
re-bueno,   « très bon »,
des-hacer,   « défaire ».

La dérivation peut être hétérogène : elle sert alors à former des dérivés qui peuvent ne pas appartenir à la même partie du discours que les bases :

ten-er (verbe) : ten-*ed-or,* ten-*ed-er-o,* ten-*ed-ur-ía* (substantifs) ;

impresión (substantif) : impresion*ar* (verbe) : impresion*able* (adjectif) ;

la mano : man-*ej-ar* (verbe) : el manej*o* (substantif), « le maniement ».

Certains morphèmes se spécialisent avec une valeur sémantique particulière (d'où les « péjoratifs », « affectifs », « actifs »...).

La double dérivation (parasynthétique) est assurée lorsqu'un passage par le stade 1 ci-dessus est impossible :

goma : *en-gom-ar,* car ni *engom ni *gomar n'existent.

Un autre type de dérivation hétérogène peut se produire au niveau du discours : la nominalisation momentanée (jamais dans un dictionnaire) au moyen de *el, lo,* et du monème fonctionnel *que* :

el que afirmes esto me extraña (« le fait que tu affirmes ceci m'étonne »),

lo que afirmas me extraña (« ce que tu affirmes m'étonne »).

La composition a lieu entre monèmes lexicaux : *saca-corchos,* « tire-bouchon ». Lorsque les deux éléments sont nominaux, le premier prend souvent la terminaison *-i-* : *boquirrubio* (boca + rubio), *verdinegro* (verde + negro).

FORME DES SIGNIFIANTS

Les signifiants ne sont pas toujours des segments distincts, ni uniques, ni identiques à eux-mêmes. Le pourcentage de leur constance varie sensiblement suivant les catégories auxquelles ils appartiennent.

L'AMALGAME EN LANGUE

Un signifiant représente deux catégories signifiées, le mode et le temps. L'opposition modale se présente seule dans « cant-*a*-mos / cant-*e*-mos » (présent de l'indicatif et du subjonctif), et l'opposition temporelle seule dans « cant-é / cant-*ar*-é » (passé et futur de l'indicatif). La plupart du temps, il n'est pas possible de distinguer les deux composantes : « cant-ó » exprime à la fois l'indicatif et le passé.

La personne et le nombre. Le nombre a une expression indépendante de la personne à la troisième : « cant-a-*n* / cant-a », mais pas à tous les temps. Aux autres personnes, il y a amalgame : « cant-*o* » exprime la première personne et le singulier.

Le genre et le nombre. Ils sont souvent distingués dans l'expression : gat-*o* / gat-*a-s*, buen-*o* / buen-*a-s*. Il peut y avoir invariabilité au pluriel (*el* ou *los lunes*) ou au féminin (*triste*). Après certains suffixes, la marque d'accord en genre peut réapparaître : trist-ísim-*o* / -*a*.

L'AMALGAME DANS LE DISCOURS

Un signifiant est substitué à deux signifiants :
entre préposition et article : *por el, en el*, mais « a + el » = *al*, « de + el » = *del*, ce qui ne fait que reproduire la prononciation ;
entre préposition et personnel : *para mí, a mí*, mais *conmigo*, etc. ;
entre préposition et *que :* il existe des monèmes de substitution dans certains cas syntaxiques et sémantiques.

iré *antes de* las dos	iré *a* las dos
iré *antes de que* llegues	*iré *a que* llegues
	devient : iré *cuando* llegues.

SIGNIFIANTS DISCONTINUS, PAR ACCORD DE SIGNIFIÉS

Les modalités de genre et de nombre ont une expression redondante :

l*a* pequeñ*a* cas*a* tod*a* blanc*a*,
lo*s* principale*s* autore*s* piensa*n* que es así.

DISTRIBUTION COMPLÉMENTAIRE DES SIGNIFIANTS

Par supplétion : ce sont en particulier les formes irrégulières des verbes

ir : *voy, fui, iba,*
ser : *soy, eres, fui, seré,*
hacer : *hago, hice, hecho.*

Le même phénomène se retrouve dans le domaine nominal ; par exemple *nariz* : : *narigudo* (modification du radical, en face de *pelo* : : *peludo*).

Par variantes d'origine combinatoire. L'espagnol s'est constitué un type d'alternance combinatoire fondée sur la place de l'accent : *ié/e, ué/o*, qui donne, dans le domaine nominal, les couples r*ue*da / r*o*daja ou v*ie*jo / v*e*jete, et dans le domaine verbal, t*ie*ne / t*e*nemos ou p*ue*de / p*o*demos ; dans ce dernier cas, un type à trois variantes s'est établi : *ie-ue* sous l'accent, *e-o* en dehors de l'accent s'il y a un *i* accentué dans la désinence, *i-u* s'il n'y a pas de *i* accentué dans la désinence : h*ie*re / h*e*rimos / h*i*ramos, m*ue*re / m*o*rimos / m*u*ramos.

L'EXPRESSION FORMELLE DES FONCTIONS REVÊT DES ASPECTS TRÈS VARIÉS

L'ordre des termes est très peu révélateur en espagnol : « le bateau sillonne la mer » peut se dire aussi bien *surca el mar el barco*, que *surca el barco el mar*. Dans les cas de véritable ambiguïté, le monème fonctionnel *a* apparaît devant l'objet du verbe : *A* Pedro venció Pablo, « Paul a vaincu Pierre ». Ce monème *a* en est venu à s'employer assez régulièrement devant les objets représentant une personne déterminée, et après les verbes qui expriment une action agissant fortement sur l'objet. Il est à noter que dans une partie de l'Amérique de langue espagnole, le *a* devient le signe de la fonction objet, indépendamment de la nature de cet objet.

En dehors des fonctions sujet ou objet, les autres fonctions sont généralement introduites par un monème fonctionnel :

	ti	
doy 1 ⟶		⟵ doy 2
PARA		POR

lo doy *para* ti
« je le donne pour toi »
(en te le destinant)

lo doy *por* ti
« je le donne à cause de toi »
(c'est pour toi que je fais cela).

Certains des groupes introduits dans un monème fonctionnel peuvent être remplacés globalement par un seul signifiant nouveau, dans les cas où le groupe présente une grande fréquence d'emploi : cela représente une économie de l'expression (ce sont les adverbes de lieu, de temps, etc.) :

    en este momento = *hoy, ahora;*
    en ese momento = *entonces;*
    este día = *hoy;*
    *hace un día = *ayer;*
    hace dos días = *anteayer;*
    todas las veces = *siempre;*
    ninguna vez = *nunca.*

ANALYSE D'UN ÉNONCÉ ESPAGNOL

El polvo había puesto ya una sutil capa sobre la cubierta de este tan precioso libro, « la poussière s'était déjà déposée en une fine couche sur la couverture de ce livre si précieux ».

Syntagmes nominaux :

este	tan	precioso	*libro*
la			*cubierta*
una		sutil	*capa*
el			*polvo*
(déf.)	(qu.)	(adj.)	(sb.)

Syntagme verbal : habia *puesto*
       (aux.) (vb.)

Monème autonome : *ya,* dont la place est variable (El polvo *ya* habia puesto / había puesto una sutil capa *ya*...).

Monème fonctionnel de type 1, introduisant un syntagme homogène : *de.*

Monème fonctionnel de type 3, introduisant des ensembles plus ou moins autonomes : *sobre.* L'ensemble « sobre la cubierta de este tan precioso libro » peut commencer l'énoncé.

Aucun monème fonctionnel n'indique quel est le syntagme nominal sujet ou objet : l'ordre suggère que *el polvo* est sujet, mais seul le sens lève complètement l'ambiguïté.

On peut représenter ainsi la structure générale de cette phrase :

monème
fonctionnel : / ya /

énoncé
central :   el polvo + había puesto (+ una sutil capa)

élargissements :   sobre ⟶
                              la cubierta
                              de ⟶
                                    este tan precioso libro.

Bernard POTTIER.

BIBLIOGRAPHIE

E. ALARCOS *Fonología española*, 3ᵉ éd., Madrid, 1961.

W. BEINHAUER, *El Español coloquial*, Madrid, 1963.

S. GILI Y GAYA, *Curso superior de sintaxis española*, 8ᵉ éd., Barcelone, 1961.

Ch. E. KANY, *American-spanish Syntax*, 2ᵉ éd., Chicago, 1951.

R. LAPESA, *Historia de la lengua española*, 4ᵉ éd., Madrid, 1959.

T. NAVARRO, *Estudios de fonología española*, Syracuse, N.Y., 1946.

B. POTTIER, *Introduction à l'étude de la philologie hispanique*, II : *Morphosyntaxe*, 3ᵉ éd., Paris, 1963.

B. POTTIER, *Grammaire de l'espagnol*, Paris, 1968.

LE GREC ANCIEN

CARACTÈRES EXTERNES

Des textes littéraires les plus archaïques (poèmes homériques, des environs du ~ VIIIe siècle) à la langue contemporaine, l'évolution historique du groupe indo-européen dit grec ou hellénique s'étend sur au moins vingt-sept siècles; mais le départ s'en trouve aujourd'hui reculé encore, jusque vers le milieu du second millénaire, grâce à l'identification d'une forme de grec, communément appelée « mycénien », dans la langue des tablettes écrites en « minoen linéaire B » de Crète et de certains points du continent (Pylos, Mycènes) et dont le déchiffrement, depuis une dizaine d'années, enrichit considérablement notre connaissance du groupe hellénique.

On donne conventionnellement comme limite au grec ancien le début de l'époque byzantine (fin du IVe siècle). Il se présente d'abord comme un ensemble de parlers locaux sensiblement différents, répartis en quatre groupes dialectaux selon la classification traditionnelle : ionien-attique (ionien d'Asie, des îles, d'Eubée; attique), éolien (éolien d'Asie ou lesbien, thessalien, béotien), arcado-cypriote (pamphylien, cypriote, arcadien), grec occidental (parlers du Nord-Ouest, divers parlers doriens). Il semble qu'on puisse reconnaître en fait deux grands ensembles dialectaux, l'un, méridional, englobant l'arcado-cypriote et l'ionien-attique, l'autre, septentrional, comprenant les dialectes éoliens, doriens et du Nord-Ouest; mais la position des parlers éoliens, en particulier, reste difficile à préciser.

Les inscriptions constituent, pour la plupart des dialectes, la source essentielle de notre documentation; mais, en plusieurs domaines, des langues littéraires se sont développées, souvent composites. L'ionien-attique est le groupe dont nous avons la connaissance la plus complète, grâce à l'ensemble considérable de documents que constituent une tradition littéraire très riche et de nombreuses inscriptions.

C'est à l'attique que sera consacrée la présente description, c'est-à-dire à la langue qui a été langue officielle de la cité d'Athènes, constituée en Attique à la suite d'un groupement ancien de bourgades qui a fait de l'acropole d'Athènes, dès le ~ VIIIe siècle, le centre de la péninsule attique (environ 2 650 km²). Grande langue littéraire, dont le rayonnement a été considérable, l'attique sera envisagé ici sous la forme qu'il avait vers le milieu du ~ IVe siècle. Façonné par le grand développement littéraire du siècle précédent (théâtre : Eschyle, Sophocle, Euripide, Aristophane ; histoire : Thucydide), l'attique est au ~ IVe siècle la langue de Platon, d'Isocrate, de Démosthène.

Langue d'une cité qui pouvait compter 400 000 habitants, l'attique s'est répandu hors des limites de son petit territoire : la constitution d'un empire athénien dans la première moitié du ~ Ve siècle avait déjà jeté les fondements d'une langue commune, d'une koinè ionienne-attique, et la colonisation avait porté l'attique en Occident, en Grande-Grèce. Centre de résistance des Hellènes contre l'étranger, grand foyer de civilisation, Athènes a exercé sur le monde grec une influence qui a survécu aux revers politiques, et l'attique a été le moyen d'expression normal d'une civilisation grecque qui devait son unité et son prestige à Athènes. Dès le début du ~ IVe siècle, l'attique manifeste sa prépondérance dans le monde grec ; c'est lui qui a été la langue de l'hellénisme durant la période dite hellénistique, qu'on fait partir de la mort d'Alexandre le Grand (~ 323) : c'est la langue de la civilisation athénienne qui a été à la base de la langue commune dite koinè hellénistique.

L'attique a été écrit dès la fin du ~ Ve siècle à l'aide de l'alphabet ionien, qui s'est substitué partout en Grèce aux alphabets locaux. Les signes de cet alphabet seront ici translittérés ; *ei* (ει) et *ou* (ου) notant [ē] et [ō] seront maintenus ; l'iota souscrit sera adscrit ; φ θ, χ seront rendus par *ph*, *th*, *kh*, — ψ, ξ par *ps* et *ks*, — ζ par *z* ; l'esprit rude par *h* (l'esprit doux ne sera pas transcrit) ; les accents par ´ (aigu), ` (grave) et ˆ (circonflexe) ; la quantité longue sera précisée par ¯ pour η[ē] transcrit *ē*, pour ω [ǭ] transcrit *ō* et pour les voyelles longues des autres timbres non distinguées dans l'écriture des brèves correspondantes.

PHONOLOGIE

CARACTÉRISATION PROSODIQUE

La mise en valeur accentuelle est caractérisée par l'existence d'un accent à place variable, les variations n'étant limitées que par l'impossibilité de faire remonter l'accent, dans les polysyllabes, au-delà de la syllabe antépénultième. A la finale, l'accent se combine avec une opposition de tons. L'accent a été noté tardivement; l'invention des signes d'accentuation du grec est attribuée à Aristophane de Byzance (fin du ~ IIIe - début du ~ IIe siècle).

L'unité accentuelle est le mot; les composés ne portent qu'un accent. Les combinaisons de monèmes pourvues d'un accent unique sont d'ordres divers. Aux dérivés, caractérisés par des affixes qui n'ont pas d'existence autonome dans la langue, et aux composés, dont le premier élément est un lexème non actualisé (dépourvu des caractéristiques flexionnelles qu'il présente à l'état autonome) ou un lexème de forme invariable, s'ajoutent des combinaisons d'autres types :

I) Des syntagmes traités comme des composés bien que le premier élément ait la forme d'un mot autonome, avec caractéristiques flexionnelles : *Héllēs póntos* « mer d'Hellè » traité comme une unité accentuelle *Helléspontos* « Hellespont »;

II) Des groupes constitués par l'association d'un mot accentué qui conserve son accent propre et d'un monème inaccentué, mono- ou disyllabique, qui précède ce mot (« proclitique » : négations simples, certaines conjonctions, les principales prépositions) ou le suit (« enclitique » : particules diverses, certains éléments pronominaux ou adverbiaux, certaines formes verbales, du verbe « être » notamment) et qui forme avec ce mot une unité accentuelle (avec développement d'un « accent d'enclise » supplémentaire dans certaines combinaisons incompatibles avec le principe limitatif défini ci-après).

LE GREC ANCIEN

L'accent a, en grec classique, une réalisation à dominante mélodique : la voyelle accentuée est émise sur une note plus élevée que les autres. Le fait qu'il ne comporte pas d'élément dynamique appréciable ni aucun élément quantitatif apparaît bien dans l'absence de toute différence de traitement entre voyelle accentuée et voyelle inaccentuée, et dans l'indépendance de la quantité à l'égard de l'accent. Le rythme de la langue est quantitatif et la versification est fondée sur la quantité des syllabes.

La « loi de limitation » relative au recul de l'accent par rapport à la finale du mot met la place de l'accent sous la dépendance de la quantité brève ou longue de la voyelle de la syllabe finale. Selon la formulation traditionnelle, qui fait intervenir deux variétés d'accent, l'aigu et le circonflexe, la loi est la suivante: si la dernière voyelle est brève, l'aigu ne remonte pas au-delà de l'antépénultième, ni le circonflexe au-delà de la pénultième; si la dernière voyelle est longue, elle seule peut porter le circonflexe, et l'aigu ne remonte pas au-delà de la pénultième. En réalité, le phénomène accentuel est toujours le même, et la possibilité pour une voyelle longue (ou diphtongue) de porter l'aigu ou le circonflexe correspond à la possibilité pour l'accent de la frapper dans sa partie initiale ou dans sa partie finale. Les possibilités sont les suivantes :

Voyelle finale brève :

skoliós	pedíon	dêmos	bíotos / prósōpon	égagon / plérōma

Voyelle finale longue :

sophoús	sophôn	pólei	triérōn

Cette règle appelle deux remarques :

I) Le type |⁻́|˘|, théoriquement possible, est exclu, comme le type |˘|⁻́|⁻| : si la voyelle finale est brève, seul le « circonflexe » est possible sur la voyelle longue de la pénultième, de même que l' « aigu » est seul possible si la voyelle finale est longue. Dans une avant-dernière syllabe à vocalisme long, aigu et circonflexe sont donc des variantes combinatoires liées à la quantité de la voyelle finale.

II) C'est sur la syllabe finale qu'aigu et circonflexe peuvent également se présenter; comme l'accent est un accent de hauteur et frappe dans les deux cas un noyau vocalique de syllabe, on pourrait dire que dans une syllabe finale à vocalisme long, le grec oppose deux tons (montant : aigu, et descendant : circonflexe) sous l'accent. Toutefois, dans la chaîne, l'accent aigu final de mot est transformé graphiquement en accent « grave », ce qui correspond à une réalisation particulière difficile à définir.

Dans la mesure où elle est libre, la place de l'accent peut assumer une fonction distinctive. Il est cependant très rare qu'elle serve seule à distinguer des signifiants : *trókhos* « course », *trokhós* « roue »; *karatómos* « qui tranche la tête », *karátomos* « dont la tête est tranchée ». Le déplacement de l'accent apparaît surtout en liaison avec d'autres variations des signifiants (par exemple dans les formes casuelles) ou bien la position de l'accent caractérise certains types de dérivation. Au total, le rôle joué par le déplacement de l'accent est limité; dans le verbe, notamment, le recul maximum est généralisé dans les formes personnelles.

CARACTÉRISATION PHONÉMATIQUE

VOYELLES

La quantité joue un rôle très important; il y a deux quantités pour chacune des voyelles d'aperture minimale et maximale; quantité et timbre interfèrent pour les voyelles de moyenne aperture.

Il n'y a pas de voyelles nasales.

Le système vocalique ne comporte, pour chaque degré d'aperture, aperture maximale mise à part, que deux types, avec des éléments de décalage :

a) au type e, antérieur non arrondi, répond le type o, postérieur arrondi, mais c'est le type ü, antérieur arrondi, qui répond à i antérieur non arrondi;

b) il y a trois degrés d'aperture pour les voyelles brèves : i - ü, e - o, a, et quatre pour les voyelles longues : ī - ǖ, ẹ̄ - ọ̄, ę̄ - ǭ, ā, mais l'opposition /ẹ̄/ - /ī/, de rendement très faible, est en voie d'élimination.

Les voyelles longues / ẹ̄ / et / ọ̄ / ont une notation de diphtongue ει *(ei)* et ου *(ou)* qui les différencie de / ε̄ / et / ǭ / notés η et ω (une prononciation diphtonguée n'est d'ailleurs pas exclue). Les autres notations de diphtongues, excepté *ui* (à lire [ǖ]) correspondent à de véritables diphtongues : *ai* et *oi* ([ai], [oi]), *au* et *eu* ([au], [eu]). Les diphtongues correspondantes à premier élément long ne se présentent que dans des conditions particulières et alternent en fait avec les voyelles longues qui en constituent le premier élément ou avec les diphtongues normales correspondantes.

CONSONNES

L'opposition d'une série sonore à une série sourde se réalise dans les occlusives, où / b /, / d /, / g / répondent à / p /, / t /, / k /, et tend à s'étendre à la sifflante, par intégration de la sonore complexe qui sera présentée plus loin.

L'aspiration fournit, pour les occlusives également, une série de sourdes aspirées : / ph /, / th /, / kh /.

La nasalité fournit / m / et / n / en face de / b / et de / d /; [ŋ] n'existe que comme variante combinatoire devant une occlusive postpalatale.

En face des occlusives, une seule fricative : la sifflante / s /, mis à part le cas du χ envisagé plus loin.

Les douze consonnes mentionnées se répartissent entre des ordres bilabial (/ p, ph, b, m /), apical (/ t, th, d, n /), sifflant (/ s /, sans doute réalisé légèrement chuintant en l'absence de / š /) et dorsal (/ k, kh, g/).

On constate que le système des occlusives constitue un faisceau à trois termes, avec une corrélation de sonorité et une corrélation d'aspiration :

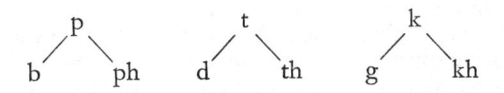

```
      p              t              k
     / \            / \            / \
    b   ph         d   th         g   kh
```

Les autres consonnes sont :

a) Les « liquides » / l / (latérale) et / r / (vibrante apicale d'articulation sans doute assez haute, normalement sonore, mais sourde à l'initiale);

b) « L'aspiration » / h /, débile (elle n'empêche pas l'élision) et qui n'apparaît qu'à l'initiale devant voyelle (avec maintien à l'initiale d'un deuxième terme de composé), où, à côté de la fonction démarcative qu'elle possède ainsi, elle peut être distinctive : *heírgō* « j'enferme », *eírgō* « je repousse »; mais un [h] précède obligatoirement [ü] en début de mot; le signe ' (« esprit rude ») qui note l'aspiration est aussi toujours porté sur un *r* initial, mais il semble n'indiquer que la réalisation sourde de / r / à l'initiale; la géminée *rr* a, elle aussi, une réalisation sourde.

c) Le phonème noté ζ, transcrit ici *z*, sifflante complexe dont la nature exacte est difficile à préciser pour l'époque considérée ici : d'abord combinaison d'un élément occlusif apical sonore et d'une sifflante sonore, ce *z*, au ~ IVe siècle, tendait vraisemblablement vers une réalisation de sifflante sonore géminée [zz], avec variante simple [z] en début de mot; il n'y a pas de *z* final de mot.

Une corrélation de gémination intéresse presque tout le consonantisme; mis à part le cas de *z*, seules les occlusives sonores y échappent (sauf en de rares cas, à des jointures de monèmes); mais les géminées sont relativement peu fréquentes, et les occlusives géminées nettement rares dans nos textes, ce qui doit être mis en rapport avec leur présence dans des formes expressives ou dans des dénominations familières : *kokkúzein* « crier comme le coucou », *átta* « père ». La gémination des aspirées se réalise sous la forme sourde + aspirée : [pph], [tth], [kkh]. Les géminées, qui ne se rencontrent qu'à l'intérieur du mot entre voyelles, peuvent se présenter même après un vocalisme long.

Des cas de neutralisation se présentent soit dans des groupes, soit dans des positions données, essentiellement à la finale du mot. Certaines neutralisations intéressent les oppositions de sonorité des occlusives : en position implosive, il n'y a jamais d'occlusive sonore devant une occlusive sourde ou aspirée, ni d'occlusive sourde devant une occlusive sonore; devant [s], une occlusive est toujours sourde (mais [ts] n'existe pas) et douce (d'où des notations spéciales, avec un seul signe pour le groupe : ψ pour [ps], ξ pour [ks]). L'opposition d'aspiration, pour les occlusives, disparaît devant une aspirée, où l'on ne trouve qu'une sourde douce (notée par le signe de l'aspirée correspondante). Devant la nasale [m], une occlusive labiale est exclue; devant [n], il n'y a de labiale que la nasale [m]. A la finale, la seule nasale possible est [n], la seule liquide [r]. Les occlusives ne se présentent pas dans cette position.

UTILISATION DES UNITÉS DISTINCTIVES

Des statistiques anciennes (milieu du XIXe siècle) fournissent des indications de fréquence assez significatives : voyelles et diphtongues (les voyelles comptant pour environ 95 %) : 46 %; consonnes (les géminées étant comptées comme des simples) : 54 %; phonèmes sonores (voyelles, diphtongues, consonnes sonores) : env. 68 %;
— parmi les consonnes, prédominance des sourdes (59 %), très accusée pour les occlusives (cinq sourdes pour une sonore et une aspirée); forte prédominance des dentales (environ les 3/4, soit plus de 40 % de l'ensemble des phonèmes); la sifflante / s / est la consonne la plus fréquente (21 %), ensuite viennent la nasale / n / (18 %) et le / t / (15 %), ces trois consonnes étant nettement détachées;
— parmi les voyelles, l'ordre de fréquence décroissante est : e (36 %, / ĕ / représentant plus de la moitié, / ē̞ / plus du tiers), o (24 %, / ŏ / représentant plus de la moitié, les deux autres se partageant le reste), a (17 %), i (7 %), ü (6 %).

Les monosyllabes sont rares; la masse du lexique est fournie par les mots de deux, trois et quatre syllabes.

Les groupes de consonnes situés aux charnières de syllabes répartissent leurs éléments entre les deux syllabes consécutives; mais un groupe occlusive + liquide, ou occlusive sourde ou aspirée + nasale, est traité comme explosif. Les groupes de deux ou trois consonnes présentent des combinaisons variées; ceux de quatre consonnes sont très rares. Il n'existe de groupes d'occlusives qu'avec une dentale comme second élément. On rencontre des groupes de deux consonnes dont le premier élément est une occlusive et le second la sifflante (l'occlusive est alors toujours sourde), une nasale, une liquide (mais non [dl]); des groupes dont le premier élément est la sifflante et le second une occlusive, presque toujours sourde, ou un [m]; des groupes liquide + [s]; le groupe [mn]. Les groupes de trois consonnes comprennent une sifflante suivie d'une occlusive (sourde ou aspirée) et d'une liquide ou d'une nasale, surtout [str]. Tous ces groupes (sauf [rs], [lr]) se présentent à l'initiale, qui peut aussi être vocalique, ou comporter [h] devant voyelle.

A la finale, les occlusives, même simples, sont exclues; les seules possibilités sont : voyelle, [r], [n], [s], et des groupes de deux ou trois consonnes dont la dernière est [s].

LES UNITÉS SIGNIFICATIVES

STRUCTURE DES LEXÈMES — CLASSES DE LEXÈMES ET DÉTERMINATIONS GRAMMATICALES

Les unités lexicales simples sont représentées par un nombre restreint d'éléments de vocabulaire généralement hérités : *poús* « pied », *boús* « bovin », *légein* « dire », *didónai* « donner », etc. Les unités lexicales complexes sont constituées par composition ou par dérivation.

La composition, largement représentée, n'appartient cependant pas à la langue courante; si certains composés se sont implantés dans la langue courante, le procédé même de la composition n'est productif que pour la constitution des vocabulaires spéciaux et plus ou moins techniques (philosophie, sciences, littérature : langue noble de la lyrique chorale ou langue parodique de la comédie).

Les composés se rangent en deux types principaux :

a) le type *oikophúlaks* « gardien *(phúlaks)* de la maison *(oîkos)* » ou *teknogónos* « qui engendre (notion d' « engendrer » attachée au radical qui a ici la forme *gon*) des enfants *(téknon* « enfant »)»; type transposable en un énoncé où l'un des composants, généralement le second, serait prédicat verbal, l'autre complément : « il garde la maison »;

b) le type *polúkhrusos* « qui a de l'or *(khrusós)* en abondance *(polús* « nombreux »)», *homopátōr* « qui a le même *(homós)* père *(patēr)* », type transposable en une relation prédicative rapportée à un terme extérieur : « son or est abondant, » « son père est le même ».

Les lexèmes conjoints n'existent pas nécessairement à l'état libre; ainsi, dans *teknogónos*, *gonos* n'est pas le terme désignant le géniteur; c'est un dérivé de la même racine qui fonctionne comme mot autonome avec ce sens.

Un type différent de composition se présente dans les verbes où au lexème verbal est associé un « préverbe », élément qui fonctionne également comme « préposition », c'est-à-dire comme monème fonctionnel, et qui peut encore être disjoint du lexème verbal par l'insertion de l' « augment », indicateur de passé : *baínei* « il marche, il va », *apo-baínei* « il sort, il aboutit », *ap-é-bē* « il sortit » (augment *e*). Ce type de composition est très vivant.

C'est la dérivation suffixale qui constitue le procédé essentiel de fabrication de nouvelles unités lexicales : ainsi de *kheír* « main » a été tiré un verbe à la fois composé (préverbe) et dérivé *epikheireîn* « mettre la main à, entreprendre, argumenter », qui a lui-même fourni un nom *epikheírēma* « entreprise, argumentation », d'où un adjectif *epikheirēmatikós* « qui concerne l'argumentation ». Certains types de dérivation sont très vivants et très productifs : on tire pratiquement de n'importe quel verbe un nom d'action en *-sis* ou un nom en *-ma* désignant le produit de l'action.

Les combinaisons des lexèmes avec les déterminants grammaticaux permettent de reconnaître une classe des noms et une classe des verbes.

Les lexèmes verbaux se combinent avec des déterminations grammaticales ressortissant aux catégories suivantes :

Personne : il y a opposition de six formes se distribuant comme les formes françaises : quatre impliquent les personnes engagées dans la communication (moi, toi, nous, vous), deux s'emploient comme nos troisièmes personnes; il s'agit d'un seul terme de l'opposition, soumis à une distinction complémentaire de nombre (qui donne même une septième forme, moins vivante, pour le duel). Un lexème verbal fournit aussi des formes dites non personnelles ou nominales (infinitifs, participes), qui échappent à ces oppositions, et dont le fonctionnement dans l'énoncé est différent, mais qui restent propres aux lexèmes verbaux.

Voix : opposition entre un ensemble de formes de valeur « active » (terme négatif : en gros, le sujet accomplit le procès) et un ensemble de formes « médio-passives », avec faible différenciation d'un moyen et d'un passif (au futur et à l'aoriste), le premier défini sommairement comme présentant un procès que le sujet accomplit, mais qui l'affecte en quelque manière, le second présentant le procès subi par le sujet. En fait, nombre de fixations établissent un lien entre le lexème et la voix (l'actif peut être exclu).

Aspect : une opposition à trois termes traverse tout le système verbal, affectant chacun des modes; on dit approximativement que l'aoriste présente le procès hors de toute considération de développement, que le présent le pose dans son développement, que le parfait le présente comme ayant été mené à son terme.

Temps : les oppositions de temps se présentent essentiellement à l'indicatif; mis à part le futur (qui existe aussi à l'optatif), l'opposition entre actuel et prétérit se combine avec l'opposition des aspects; le présent comporte un actuel (le temps dit présent) et un prétérit (l'imparfait), l'aoriste n'a qu'une série de formes fonctionnant essentiellement comme prétérit; au temps dit parfait, accompli actuel, s'oppose un prétérit, le plus-que-parfait.

Mode : l'impératif occupe normalement une place spéciale (il fonctionne dans des conditions particulières, et sa forme peut se réduire au signifiant du lexème); le système oppose trois termes : un mode de l'attente (éventualité, objet de volition), le subjonctif, et un mode de l'évocation (possibilité, imagination, souhait), l'optatif, s'opposant à l'indicatif, mode du réel.

Des déterminations qui s'expriment dans des combinaisons de même type caractérisent l'autre grande classe de lexèmes, celle des noms. Mais un procédé d'amalgame associe aux déterminations catégorielles de nombre et de genre les indications de fonctions syntaxiques dans le système des cas de la flexion nominale.

Nombre : l'opposition comporte encore trois termes; singulier, duel, pluriel, mais le duel tend à n'être plus qu'une variante possible du pluriel dans les cas où il s'agit d'une paire d'objets; même en cas de paire naturelle (pieds, yeux), le duel n'est qu'une possibilité, et hors de ces cas, l'emploi du duel non associé au nom de nombre « 2 » suppose une indication de dualité déjà donnée dans le contexte précédent; le duel n'a d'ailleurs pas de formes distinctes pour tous les cas.

Genre : à un mot donné est, en règle générale, attaché un genre grammatical donné, masculin, féminin ou neutre, genre qui se manifeste peu dans les formes (l'essentiel, à cet égard, réside dans certaines caractéristiques flexionnelles propres aux neutres) et qui se marque principalement dans le choix de l'une des séries de formes possibles pour des déterminants grammaticaux comme l'article ou pour d'autres éléments de l'énoncé donnant lieu à des phénomènes d'accord.

Les déterminants grammaticaux considérés jusqu'ici ne sont pas les seuls à mentionner. D'autres ont une existence autonome, peuvent se présenter hors des combinaisons avec les lexèmes. On pourrait considérer comme contribuant à fonder la classe des lexèmes nominaux certains déterminants de ce type, qui s'associent aux noms. Tels sont les « adjectifs possessifs » (associés en général à l'article et capables de fonctionner aussi comme pronoms) qui expriment les relations personnelles affectant un nom, s'il s'agit de la 1re ou 2e personne (*ho emòs híppos* « mon cheval »), à côté du tour « le cheval de moi » *(ho híppos mou)* pratiquement seul usité pour la 3e personne.

L'article défini que possède le grec (nominatif sing. *ho, hê, tó*) appartient à cette catégorie de déterminants. Il fonctionne en union étroite avec le nom et n'a qu'une faible autonomie (il équivaut à un pronom démonstratif dans un nombre limité d'emplois); mais il ne s'associe pas seulement à la classe des lexèmes nominaux; il a une fonction « substantivante » de grande portée dans la langue, fonction qui sera envisagée plus loin, et fonde plutôt une classe syntaxique, qui se définit dans la constitution des énoncés, qu'une classe de lexèmes.

Les déterminations grammaticales qui caractérisent les lexèmes nominaux affectent aussi la classe des adjectifs, qui se distinguent par la coexistence de plusieurs séries (trois, dans certains cas deux seulement) de formes parallèles, chacune correspondant à un genre grammatical et fonctionnant en vertu de l'accord. Elles affectent aussi les pronoms, avec des particularités de détail.

Dans la catégorie des mots invariables, qui échappent aux déterminations grammaticales (adverbes et monèmes fonctionnels), entrent les noms de nombre cardinaux supérieurs à cinq; « deux », traité comme un duel, échappe au genre, mais « un », « trois » et « quatre » ont une flexion normale d'adjectifs.

ORGANISATION DE L'ÉNONCÉ

CONSTITUANTS FONDAMENTAUX

Un énoncé peut se réduire à une forme verbale, qui fournit à la fois le prédicat et le sujet, la référence au sujet étant alors de nature grammaticale (désinence personnelle de la forme verbale). Cette référence grammaticale existe même lorsqu'un élément lexical apparaît dans l'énoncé en fonction de sujet : *trékhei* « il court » (*-ei* joue le rôle de *il*), *ho paîs trékhei* « l'enfant court ».

Un énoncé peut ne pas comporter de verbe. Le rôle du prédicat peut être tenu par une forme de type nominal, nom ou adjectif, comme le rôle de sujet : *tò aiskhròn ekhthrón* « le honteux odieux », c'est-à-dire « ce qui fait honte est odieux ». Ce cas est cependant relativement rare et dans ce type même il y a place pour une forme verbale : les deux termes sont reliés normalement par le verbe « être », porteur nécessaire d'éventuelles déterminations modales, aspectuelles ou temporelles.

Quand le sujet comporte un lexème nominal, il se présente pourvu d'une caractéristique de sa fonction : ainsi *paîs,* dans l'exemple cité, est le « cas-sujet » du nom de l'enfant. Le sujet désigne un participant aussi bien passif qu'actif de l'action : grâce au fonctionnement des voix (active, moyenne, passive), le prédicat verbal s'oriente par rapport au sujet. Le fait qu'un énoncé tel que *lúei tòn híppon* « il délie le cheval » se prête à une transposition par laquelle « cheval » devient sujet (*ho híppos lúetai* « le cheval est délié ») crée une solidarité particulière entre les deux « cas » que représentent ici *híppon* et *híppos,* l'accusatif (cas du complément) et le nominatif (cas du sujet), qui fournissent l'un et l'autre un syntagme autonome; ce sont les « cas directs » de la terminologie traditionnelle.

Leur opposition n'existe d'ailleurs pas pour tous les lexèmes : au neutre, ils se confondent dans une forme unique.

FONCTIONS PRIMAIRES ET FONCTIONS SECONDAIRES

Le verbe apparaît comme le noyau de l'énoncé où il constitue le prédicat : c'est autour de lui que l'énoncé s'organise, par rapport à lui que se marquent les fonctions (fonctions primaires) des constituants directs de cet énoncé.

Mis à part les rares monèmes qui impliquent leur fonction (adverbes qui seront indiqués plus loin), les mots qui ont une fonction primaire sont pourvus d'indicateurs de fonction : pour l'essentiel, ce sont les noms, dont les cas, à caractéristiques désinentielles, expriment la fonction, souvent conjointement avec des monèmes spécifiquement fonctionnels (prépositions).

Le système des cas, mis à part le vocatif, forme d'appel qui ne s'intègre pas à l'énoncé, se réduit à quatre termes : nominatif, accusatif, génitif et datif. Les deux premiers ont été présentés ; le nominatif, cas sujet, est le seul qui suffise toujours à indiquer à lui seul la fonction ; l'accusatif ne se limite pas à la fonction déjà présentée : comme le génitif et le datif, il a des emplois qui correspondent à des relations diverses (extension dans l'espace et dans le temps, but vers lequel tend un mouvement). Le génitif fonctionne comme partitif, mais marque aussi l'origine, le point de départ ; le datif est le cas à la fois de l'attribution, de l'instrument, de la localisation. Les rapports se précisent grâce au jeu des prépositions, qui réduit l'importance des cas eux-mêmes.

Un constituant d'énoncé à fonction primaire peut être lui-même complexe et comporter un monème central auquel se rattachent d'autres monèmes, à fonction secondaire (par ex. cas de l'adjectif rattaché à un nom à fonction primaire). Ici encore interviennent les cas : le génitif joue un rôle important comme marque d'une relation de nom à nom ; dans un syntagme comme *phóbos polemîôn* « peur des ennemis », le génitif transpose aussi bien un nominatif (les ennemis ont peur) qu'un accusatif (on craint les ennemis).

Un examen spécial doit être réservé au cas où au prédicat se relie un syntagme impliquant lui-même une relation prédicative (phrase complexe).

CLASSES DE LEXÈMES ET FONCTIONS

Un même élément peut se présenter en fonction primaire ou en fonction secondaire : un adverbe se relie tantôt au prédicat, tantôt à un autre élément de l'énoncé qui peut lui-même assumer une fonction secondaire (adjectif). Un même monème fonctionnel peut marquer une fonction secondaire aussi bien qu'une fonction primaire : ainsi, on l'a vu, la caractéristique casuelle de génitif.

La distinction du nom et du verbe, qui a été établie sur la base des combinaisons avec les modalités grammaticales, ne se retrouve pas rigoureusement dans la répartition des fonctions à l'intérieur de l'énoncé. Le verbe possède des « formes nominales », et fournit notamment un « nom verbal » qui, sans monème fonctionnel, fonctionne comme le nominatif ou l'accusatif d'un nom : ainsi les infinitifs en *-ein* dans *ethélō légein* « je veux parler », *éksesti légein* « il est possible de parler », et même pour une autre relation, finale : *pémpō (tina) phérein*... « j'envoie (quelqu'un) porter... ». En d'autres emplois nécessitant un monème fonctionnel, intervient l'article, dont la flexion fournit les indicateurs de fonction.

Le grec a en effet la possibilité de « substantiver » des monèmes qui n'entrent pas dans la classe des noms telle qu'elle a été établie ici, et même des syntagmes plus ou moins complexes, grâce au jeu de l'article.

Pour l'adjectif, le fait est banal; mais le jeu de l'article le favorise; l'adjectif neutre, en particulier, est souvent substantivé; ex. : *hoi kakoí* « les méchants » (masc.), *tò kalón* « le beau » (neutre).

Pour le participe : *ho légōn* « celui qui parle, l'orateur »; *tò sumphéron* « ce qui importe, l'intérêt »; pour l'infinitif : *tò légein* « le fait de parler, la parole ».

L'article s'associe encore : à un adverbe : *hoi pálai* « les [gens d'] autrefois »; à un syntagme prépositionnel : *hoi perì autoû* « les [gens qui sont] autour de lui »; *tà eph' hēmîn* » les [choses qui sont] en notre pouvoir »; à un syntagme de type prédicatif : *tò pôs deî légein* « la [question de savoir] comment il faut parler ».

La fonction du syntagme qui se constitue avec l'article est indiquée par la flexion, de type nominal, de l'article lui-même, avec adjonction éventuelle d'une préposition. L'extension de ces cas conduit à poser une fonction syntaxique qu'on peut appeler substantive, assumée par des éléments qui ne se confondent pas avec la classe de lexèmes reconnue comme classe des noms et qui, pouvant comprendre une forme verbale, peuvent présenter en leur sein des fonctions variées.

L'article contribue aussi dans les fonctions secondaires à briser les normes des correspondances entre classes de lexèmes et fonctions syntaxiques : ainsi sa présence conditionne le rattachement d'un adverbe à un nom à la manière d'un adjectif : avec *nūn* « maintenant », *ho nūn khrónos* « le temps présent », et elle favorise au moins le rattachement à un nom d'un complément normalement en relation avec une forme verbale : *tà par' hēmôn dôra toîs theoîs* « les présents (*ta dôra*) [qui viennent] de nous [et qui vont] aux dieux »; *ho bíos ho kath' hēmérān* « la vie au fil des jours » (*ho* est repris devant le complément).

LES FONCTIONS NON PRIMAIRES : TYPE ÉPITHÉTIQUE ET TYPE APPOSÉ

Une relation qu'on peut appeler épithétique se caractérise par le fait que, dans le syntagme où elle se présente et dont le noyau est un substantif, l'épithète, quand le syntagme comporte l'article (quelquefois obligatoire : type *ho nūn khrónos* cité ci-avant), est enclavée entre l'article et le substantif, que cette épithète soit un adverbe, un adjectif, un nom au génitif ou un élément plus complexe : *ho kalòs híppos* « le beau cheval », *hē tôn Persôn arkhḗ* « l'empire des Perses », *tà par' hemôn dôra* (déjà cité).

Le génitif adnominal n'est pas toujours épithète : dans l'exemple cité, *tôn Persôn* peut précéder ou suivre *hē arkhḗ*, au lieu de s'enclaver, et l'enclave est exclue pour certaines valeurs (génitif « partitif »).

Quand l'enclave est exclue, une autre structure apparaît, à laquelle on peut appliquer le terme d'apposition. Ainsi pour les démonstratifs : *hoûtos ho híppos* ou *ho híppos hoûtos* « ce cheval-ci », et pour un petit nombre d'autres éléments dits pronominaux (*hekáteros* « l'un et l'autre », etc.), qui ont en commun une aptitude à fonctionner comme des substantifs sans être accompagnés de l'article (à la différence du possessif : *ho emós* « le mien »). Certains de ces éléments peuvent aussi être épithètes, avec une différence de valeur : *pántes hoi ánthrōpoi* « tous les hommes », mais *hoi pántes ánthrōpoi* « les hommes tous ensemble, pris globalement »; *autòs ho híppos* « le cheval lui-même », mais *ho autòs híppos* « le même cheval ».

De tels cas mis à part, l'élément qui, enclavé, se présente comme épithète peut aussi être apposé, mais avec reprise de l'article devant lui : *ho híppos ho kalós*, *hē arkhḕ hē tôn Persôn*; ceci correspond à une mise en relief dans l'énoncé de l'élément apposé.

LE TYPE ATTRIBUTIF

A l'appellation traditionnelle d'attribut correspond un type de fonction important en grec. Dans un énoncé comme *pollà ékhei tà khrḗmata* « nombreuses il a les richesses », c'est-à-dire « les richesses qu'il a sont nombreuses », l'adjectif *pollá* participe à la fonction primaire du substantif *khrḗmata* au lieu de se limiter à une fonction secondaire comme l'épithète ou l'apposition. L'attribut est un élément essentiel de la prédication et c'est souvent sur lui que repose l'apport de l'énoncé; la phrase à prédicat nominal constitue un cas limite où, l'attribut étant en relation avec le sujet et le verbe étant vide de contenu informatif (« être »), c'est l'attribut qui prend valeur prédicative. Le type attributif se présente quelle que soit la fonction du substantif auquel se relie l'attribut : « si tu veux bien » se dit couramment *ei soi boulomênōi esti* « si c'est pour toi voulant ».

LES PROPOSITIONS SUBORDONNÉES À FONCTION PRIMAIRE : TYPE « COMPLÉTIF » ET TYPE « CIRCONSTANCIEL »

Des syntagmes à noyau de type prédicatif fournissent des « propositions subordonnées » à fonction primaire ou secondaire, avec une hiérarchisation parfois complexe dans le type stylistiquement très élaboré de la « période ».

La distinction traditionnelle entre propositions « complétives » et propositions « circonstancielles » rappelle la distinction établie entre les « cas directs » et les « cas obliques » de la flexion : une fonction de sujet ou de complément impliquant la relation dont l'accusatif est, pour un nom, l'expression normale, est reconnue à ces complétives ; ainsi dans *légousin hóti téthnēken* « ils disent qu'il est mort », la complétive (avec *hóti* « que ») est commutable par exemple avec *pseúdē* « des mensonges » (accusatif). Elle est commutable aussi, pour un même contenu, avec le type dit « proposition infinitive », soit ici *autòn tethnánai* « lui être mort » (pronom à l'accusatif, verbe à l'infinitif, les deux termes étant sentis comme sujet et prédicat d'une proposition subordonnée). Le lien étroit entre complétive avec *hóti* et proposition infinitive apparaît bien dans la « prolepse » qui est comme une contamination des deux types : *légousin autòn hóti téthnēken*. Une concurrence s'établit aussi entre le type conjonctif et une construction comportant, au lieu de l'infinitif, un participe attribut ; *ísasin autòn tethnēkóta* « ils savent lui étant mort (= qu'il est mort) ». L'usage a fixé certaines normes pour le choix entre ces possibilités selon le contenu sémantique du verbe principal.

Les subordonnées dites circonstancielles correspondent à des relations variées, que spécifient des conjonctions et qui entraînent souvent, pour le verbe, le choix d'un mode déterminé (le subjonctif étant par exemple associé à *hína* « afin que »). Parallèlement au phénomène observé pour les complétives, une certaine forme d'association d'un substantif et d'un participe peut fournir un syntagme commutable avec une proposition circonstancielle, et dont la fonction syntaxique est marquée par le choix d'un cas, le génitif, pour les deux termes (« génitif absolu ») ; ainsi pour *oudenòs kōlúontos* « rien ne s'opposant » dans *Kûros anébē epì tà órē oudenòs kōlúontos* « Cyrus arriva sur les montagnes sans obstacle ». Le participe est senti comme prédicat subordonné ; terme essentiel, il est seul présent dans un tour comparable, utilisé pour des verbes à emploi « impersonnel », dont le participe est alors à l'accusatif (neutre) : *parékhon* « alors qu'il est possible... ».

PROPOSITIONS SUBORDONNÉES À FONCTION NON PRIMAIRE :
LES PROPOSITIONS RELATIVES.
FONCTIONS DIFFÉRENTES POUR DES PROPOSITIONS
DE MÊME TYPE

En fonction secondaire, une subordonnée est en général du type relatif, caractérisé par une classe de monèmes fonctionnels spécifiques, les « pronoms relatifs », mais aussi par des éléments invariables qui se présentent comme des adverbes chargés de fonction relative : *ho híppos hòn eîdon* « le cheval que *(hón)* j'ai vu »; *en khrónos hóte...* » il y eut un temps où *(hóte)...* ». Le membre d'énoncé auquel se relie la relative (l'« antécédent ») peut n'être qu'un élément de référence pronominal ou adverbial : *toûto hò eîdon* « ce que j'ai vu », *tóte... hóte...* « au moment où... »; en pareil cas, il peut même manquer *(hò eîdon erō* « [ce] que j'ai vu, je vais le dire ») et c'est alors la proposition relative qui représente à elle seule la fonction dont l'antécédent, s'il était exprimé, porterait la marque; c'est pourquoi en ce cas le relatif est affecté d'un indicateur de fonction qui correspond non à sa propre fonction par rapport au verbe de la relative, mais à la fonction de son antécédent virtuel : *oú moi mélei hôn légei* « je ne me soucie pas de ce (antécédent absent, qui serait au génitif) qu'il dit (que : *hôn*, génitif au lieu de l'accusatif) ». Cette situation se présente facilement si l'antécédent virtuel et l'élément relatif ont dans leurs propositions respectives la même fonction; or c'est le cas des corrélatifs adverbiaux du type *tóte... hóte* : la proposition introduite par l'élément relatif assume alors en fait une fonction primaire et se présente comme une subordonnée circonstancielle. On constate précisément que les propositions subordonnées conjonctives sont en partie introduites par des éléments qui peuvent apparaître soit comme relatifs, soit comme conjonctifs : *hóte* « lorsque », *hōs* « comme ». En revanche, d'autres conjonctions de subordination qui n'ont pas de corrélatif comparable à *tóte* répondant à *hóte* peuvent elles aussi introduire des subordonnées qui apparaissent comme apposées à un membre d'énoncé à fonction primaire : *ei...* « si... » peut « développer » un complément comme *epì toútois* « à ces conditions ». On notera de même, pour le type complétif : *apággelle táde, hóti...* « retourne annoncer ceci, à savoir que... ».

FORME DES SIGNIFIANTS

Les signifiants ont souvent un caractère discontinu dans les paradigmes grammaticaux, et aussi dans les unités lexicales; mais la langue tend à ne conserver comme procédé vivant que la combinaison de monèmes. En revanche, l'amalgame des signifiants et l'existence de variantes nombreuses restent la norme dans les morphèmes constitutifs de la flexion des noms et des verbes.

REMARQUES SUR L'EXPRESSION FORMELLE DES LEXÈMES

Un lexème n'est pas nécessairement représenté, dans les paradigmes grammaticaux, par un segment toujours identique. La comparaison de formes d'accusatifs comme *hēmérān* (« jour », nominatif *hēmérā*), *lúkon* (« loup » nom. *lúkos*), *pólin* (« ville », nom. *pólis*) fait apparaître pour l'accusatif une finale -*n* et pour les lexèmes cités des formes *hēmerā-, luko-, poli-*; mais il suffit de considérer par exemple les génitifs pluriels pour constater que la voyelle finale de ces « thèmes » est instable : *hēmerôn, lúkōn, póleōn*. La situation est plus complexe encore pour des types non productifs comme *patḗr* « père », où *patr-* est la seule partie constante du signifiant. Des faits analogues se présentent dans les verbes, surtout dans les types non productifs : pour *lambánein* « prendre », les thèmes ont, selon les aspects, des formes *lamban-, lab-, eilēph-*; le « suppléisme » donne parfois un rôle complémentaire à plusieurs lexèmes dans la constitution des séries verbales : à *légō* « je dis » correspondent un futur *erô*, un aoriste *eîpon*, un parfait *eírēka*.

De plus, un procédé de redoublement (en général de la consonne initiale) permet de constituer un morphème sur la base d'un élément du signifiant d'un lexème verbal : du lexème *dō-, do-,* « donner », on tire *dídōmi* « je donne », *dédōka* « j'ai donné », à côté de *dṓsō* « je donnerai ». (redoublement *di-, de-*).

Dans la dérivation, si les formations vivantes fournissent des dérivés qui ne sont caractérisés que par l'affixe de dérivation, il reste que les alternances internes affectant le signifiant des lexèmes sont encore bien représentées : *légein* « dire », *lógos* « discours », *phlégein* « enflammer », *phlogmós* « flamme ».

REMARQUES SUR L'EXPRESSION FORMELLE
DES MORPHÈMES

L'amalgame des signifiés est la norme dans les morphèmes casuels : dans *lógōn*, génitif pluriel de *lógos* « parole »,

-ōn implique à la fois génitif et pluriel; dans *dôra* « dons »,
-*a* implique nominatif-accusatif, pluriel et neutre. Parallèlement, la finale -*es* d'une forme verbale comme *éblepes*
« tu regardais» signifie à la fois 2ᵉ personne du singulier,
prétérit (conjointement avec *e*- préfixé), indicatif, actif.

Les variantes sont nombreuses, même à l'intérieur des
grands types formels qu'on reconnaît pour les noms et
pour les verbes. D'autre part, il est difficile de parler d'une
conjugaison grecque; il est vrai que les types les plus
vivants tendent à s'organiser de façon telle qu'à partir du
présent de l'indicatif on puisse établir l'ensemble des
séries paradigmatiques d'un même verbe, mais il subsiste
un nombre considérable de verbes qui échappent à ces
normes : et il existe des variantes même dans des types
vivants. C'est dans la relation entre les formations de
présent, d'aoriste et de parfait que les variantes formelles
se présentent surtout; en revanche, à partir des formes de
ces trois aspects à l'indicatif, les formes correspondantes
des autres modes se constituent selon des normes assez
bien établies.

Les signifiants sont souvent discontinus à l'intérieur
des formes verbales; désinences propres et morphèmes
spécifiques (généralement suffixés aux thèmes) caractérisent ensemble les temps et les modes; et le redoublement
déjà signalé intervient aussi. Soit *lúein* « délier » : dans
élūsan « ils délièrent », l'aoriste est caractérisé par l'association du préfixe *e*- du prétérit et de la finale -*san* (avec une
sifflante -*s*- qui forme un type d'aoriste); dans *lelúkāsi(n)*
« ils ont délié », le parfait est marqué conjointement par
le redoublement *le*-, par le suffixe -*k*- et par la désinence
-*āsi* (ou -*āsin,* avec addition d'une nasale mobile).

Des cas de discontinuité se présentent dans les morphèmes nominaux lorsque des modifications affectent la
forme du lexème au cours de la flexion, dans certains
types flexionnels déjà signalés. Mais la discontinuité
intéresse surtout l'expression des fonctions des noms.

REMARQUES SUR L'EXPRESSION FORMELLE DES FONCTIONS

Le cas du monème impliquant sa fonction dans l'énoncé
est peu représenté : seulement par des adverbes, et rares
sont ceux qui se réduisent à un monème unique : quelques

adverbes de temps (*khthés* « hier ») ou de quantité (*líān* « beaucoup », employé surtout en fonction secondaire, relié à un adjectif ou à un adverbe). En général, les compléments de type adverbial sont analysables : formes casuelles figées, dérivés d'adjectifs à suffixe adverbialisant (*-ōs* : *alēthôs* « véritablement », de l'adj. *alēthés*).

En règle générale, la fonction d'un nom est indiquée soit par le cas, soit conjointement par le cas et par une préposition. Les cas sont en nombre restreint et la fonction de chacun ne se laisse pas ramener à l'unité : si le nominatif a, comme cas-sujet, une fonction nette, l'accusatif, même non associé à une préposition, correspond à des relations variées, et de même les autres cas. Le rôle des prépositions est alors important, mais comme il arrive souvent qu'une préposition puisse s'associer à plusieurs cas, c'est en fait l'association du cas et de la préposition qui assure en général l'expression de la fonction.

Certains éléments qui peuvent être à la fois prépositions et préverbes, comme on l'a vu, peuvent avoir les deux fonctions dans un même énoncé, mais la présence du préverbe peut aussi suffire à marquer la relation : *apalláttesthai apò toû andrós* « se séparer du (de son) mari », mais *apalláttesthai toû bíou* « — de la vie » (sans *apó*).

L'usage d'indicateurs de fonction laisse une grande liberté à l'ordre des mots ; il s'établit seulement des normes, avec exploitation stylistique des écarts.

Les conjonctions, associées éventuellement aux caractéristiques modales, jouent dans la phrase complexe le rôle des prépositions dans la phrase simple. Une structure syntaxique particulière implique parfois, en l'absence de conjonction, une relation donnée : c'est le cas pour la « proposition infinitive » ou le « génitif absolu ».

Les phénomènes d'accord au sein des énoncés, forme particulière de discontinuité, sont solidement établis. Ils traduisent une solidarité étroite soit entre deux constituants (sujet et prédicat : accord en nombre du substantif et du verbe), soit entre termes d'un constituant complexe traités comme participant tous à la fonction de l'élément central (accord en cas du substantif et de l'adjectif qui s'y relie).

Une certaine forme d'accord se présente dans la phrase complexe : la dépendance de la subordonnée peut s'exprimer, lorsque le verbe principal est au passé, par un signifiant dont le verbe subordonné est porteur: il se présente (facultativement) à l'optatif, dit alors oblique ou de subordination secondaire; cette possibilité existe pour la plupart des subordonnées.

Jean PERROT.

BIBLIOGRAPHIE

On dispose, en langue française, de manuels qui associent histoire et description :

pour le matériel phonique,

M. LEJEUNE, *Traité de phonétique grecque,* Paris, Klincksieck, 2e éd., 1955, réimpr. 1961, XVI-374 p. (3e éd. prévue 1968).

pour le matériel grammatical,

P. CHANTRAINE, *Morphologie historique du grec,* Paris, Klincksieck, 2e éd., 1961, XIV-380 p.

pour la syntaxe,

J. HUMBERT, *Syntaxe grecque,* Paris, Klincksieck, 3e éd., 1960, 470 p.

L'ouvrage de référence fondamental, pour l'ensemble des données, est la grande *Griechische Grammatik,* de E. SCHWYZER, en trois volumes (deux tomes plus un index); la première partie (deuxième édition, Munich, 1953) étudie les sons, les formes et la formation des mots, la deuxième, réalisée par A. DEBRUNNER (Munich, 1950), comporte une syntaxe et une stylistique.

Pour le mycénien, essais de description :

A. THUMB et A. SCHERER, *Handbuch der griechischen Dialekte,* II, Heidelberg, 1959, pp. 314-361 (appendice donnant un aperçu du mycénien).

E. VILBORG, *A Tentative Grammar of Mycenaean Greek,* Göteborg, 1960.

Pour le grec moderne, il faut signaler, entre autres ouvrages d'A. MIRAMBEL, son étude intitulée *la Langue grecque moderne, description et analyse,* Paris, Klincksieck, 1959, 474 p.

LE TURC

La langue appelée communément « le turc » *(türkçe)*, ou, si l'on veut préciser, pour la distinguer d'idiomes voisins et étroitement apparentés, « le turc de Turquie », est parlée présentement sur l'ensemble du territoire de la République de Turquie. Les diverses minorités linguistiques de cet État sont, en effet, presque toujours bilingues à l'heure actuelle. En dehors du territoire de la Turquie, le turc est parlé par des minorités restreintes dans les Balkans et à Chypre, et par des Arméniens turcophones (originaires de Turquie) essaimés de par le monde. Au total, on peut compter, en 1967, environ 30 millions de personnes parlant cette langue.

Le turc de Turquie fait partie d'un vaste ensemble de « langues turques » (on disait autrefois « turco-tatares »), dont l'expansion géographique est considérable: Caucase et Iran du Nord-Ouest (azerbaïdjanais), Turkestan soviétique (turkmène, uzbek, kazakh, kirghiz), moyenne Volga et monts Oural (tatar de Kazan et bachkir; tchouvache), Sibérie moyenne (parlers tatars) et méridionale (parlers de l'Altaï, touva, khakas), Grand Nord sibérien (yakoute), Turkestan chinois (ouïgour moderne). Sauf le tchouvache et le yakoute, qui ont subi des évolutions très « aberrantes », toutes ces langues, en dépit de leur dispersion géographique, forment un ensemble encore très cohérent. Leurs grammaires et le fonds de leurs vocabulaires sont très semblables. Les divergences sont surtout d'ordre phonétique.

Si l'on excepte le tchouvache (forme moderne de la langue des *Bulgar* pré-slaves de la Volga), qui constitue un groupe à part, les langues précitées paraissent bien toutes provenir, au terme d'évolutions diverses poursuivies pendant environ quinze siècles, d'un état ancien commun, dit « turc commun », qui ne devait pas être très différent de la langue « paléoturque » des inscriptions de Mongolie et du Haut-Iénisséï. Ces textes épigraphiques, dont les plus importants comme les plus anciens sûrement datés (inscriptions de l'Orkhon notamment) sont du VIIIe siècle de l'ère chrétienne, présentent, à quelques nuances près, une grande unité linguistique. Ils ont été laissés par des populations turcophones nomades, pastorales et guerrières, groupées en tribus et en confédérations de tribus, dont l'histoire est assez bien connue à partir du Ve siècle de l'ère chrétienne, grâce, surtout, aux annales chinoises.

Pour ne s'en tenir qu'à des faits maintenant sûrs, on peut situer, en gros, l'aire linguistique turque dans les régions suivantes, aux Ve et VIe siècles : zone des monts Altaï, bassin supérieur de l'Iénisséï, moitié septentrionale de l'actuelle Mongolie et régions voisines du lac Baïkal. Dès la fin de cette période, des invasions turques se produisent dans les régions d'Asie Centrale (où se parlaient auparavant des langues indo-européennes) qu'on appelle aujourd'hui Turkestans (soviétique et chinois), et qui sont encore peuplées en majorité par des turcophones.

À partir du XIe siècle, des Turcs occidentaux (Oghouz) fraîchement islamisés envahissent l'Anatolie et s'y installent progressivement. On assiste alors, sur le plan linguistique, à l'expansion rapide et continue du turc, aux dépens des langues parlées antérieurement en Anatolie (arménien, grec notamment). Plus tard, avec le développement considérable de l'empire turc ottoman, maître de l'Europe balkanique à partir du XVe siècle, la langue turque s'implantera solidement en Thrace et en Macédoine. À la cour des Ottomans prévaudra une langue turque littéraire unifiée, l'*osmanlı,* que l'influence religieuse et culturelle de l'Islam inondera de vocabulaire arabe et persan, mais qui conservera une phonétique, une morphologie, et une syntaxe typiquement turques.

Avec le déclin, au XIXe siècle, de l'empire ottoman, le turc régresse dans les Balkans. La destruction de l'empire ottoman à la fin de la Première Guerre mondiale, puis la fondation de la République turque (1923), suivie d'échanges de populations avec la Grèce, ont eu pour effet de grouper en Anatolie et en Thrace Orientale, dans un État nationaliste homogène, la presque totalité des populations musulmanes turcophones de l'ancien empire.

Désormais séparés politiquement du monde arabe et tournés résolument vers l'Europe, les Turcs de la

République de Turquie, pourvus d'institutions laïques et s'intégrant à la culture occidentale, ont abandonné la langue écrite traditionnelle des Ottomans *(osmanlı)*, notée en caractères arabes très mal adaptés à la phonologie turque. Ils écrivent dans un alphabet latin, essentiellement phonologique, la langue couramment parlée par les Turcs cultivés des grandes villes (pratiquement, le parler cultivé d'Istanbul), dénommée simplement « turc » *(türkçe)*, épurée le plus possible du vocabulaire arabe et persan.

Ainsi, en turc actuel, à la différence de ce qui se passait à l'époque ottomane, où l'*osmanlı* n'était qu'une langue de savants gorgés d'arabe et de persan, la langue de la littérature est à peu près identique à la langue parlée urbaine. Comme, d'autre part, les parlers turcs ruraux sont assez peu éloignés de cette langue urbaine courante pour que l'intercompréhension soit aisée, le turc écrit actuel (parlé à la radio et de plus en plus répandu) est parfaitement accessible à l'ensemble de la population de la Turquie, qui s'achemine certainement vers l'unité linguistique. Les variétés géographiques et sociales du turc contemporain tendent ainsi à disparaître.

En même temps, l'autonomie du turc s'accroît très rapidement : alors que l'*osmanlı* puisait tout son vocabulaire intellectuel dans les deux grandes langues classiques islamiques (arabe et persan), le turc actuel développe au maximum, par dérivation, calque, ou exhumation de mots turcs anciens, ses ressources proprement nationales. L'intervention officielle et l'activité vigoureuse d'une école linguistique nationaliste tendent vers l'idéal d'un « turc pur » *(öz türkçe)*, débarrassé des mots étrangers. En fait, cette action « purificatrice » frappe presque exclusivement le vocabulaire arabe et persan de l'*osmanlı* et ne s'attaque guère aux termes scientifiques et techniques européens (surtout français, parfois anglais).

La graphie turque latine maintenant en usage (depuis 1928) est, à quelques détails près, le reflet fidèle de la phonologie de la langue parlée cultivée. C'est elle que nous utilisons ici (voir p. 935, caractérisation phonématique).

PHONOLOGIE

CARACTÉRISATION PROSODIQUE

La mise en valeur accentuelle (qui n'est pas indiquée par la graphie et que la plupart des descriptions ont négligée) repose sur une hiérarchie à trois degrés : au centre, constituant, statistiquement, la grande majorité, les unités accentuelles « normales » ont l'accent sur la syllabe finale (avec, à partir de trois syllabes, un accent secondaire sur la syllabe initiale) ; en dessus, certaines unités accentuelles « soulignées », statistiquement les plus rares, ont l'accent sur la syllabe initiale (avec, à partir de trois syllabes, un accent secondaire sur la syllabe finale) ; enfin, en dessous, les unités accentuelles restantes sont « enretrait », sans accent propre, et ont pour effet, par contraste, de renforcer l'accent final (principal, ou, rarement, secondaire) de l'unité accentuelle qui les précède dans la phrase.

La catégorie « normale » contient la grande masse des lexèmes nominaux ou verbaux, auxquels sont éventuellement agrégés des monèmes suffixaux (qui peuvent être nombreux) de statut accentuel « normal » (non enclitiques). Ainsi : *paşá* « pacha », *paşanín* « du pacha » (suff. *-nın*, génitif), *paşalará* « aux pachas » (suff. *-lar*, pluriel, et *-a*, datif) ; *iyi* « bon », *iyilík* « bonté » (suff. *-lik* d'abstraction) ; *evlerinizdekilér* « ceux qui sont dans vos maisons » (*ev* « maison », suff. *-ler* pl., *-in-iz* possessif 2ᵉ pers. pl., *-de* locatif, *-ki* pronom-suffixe relatif, *-ler* pl.) ; *yapışmák* « adhérer, être collé » (suff. *-mak*, infinitif), *yapıştırılanlardán* « parmi ceux qu'on a collés » (suff. *-tır*-factitif, *-ıl*-passif, *-an* participe, *-lar* pl., *-dan* ablatif partitif), *türkleştiril-diğimizdén* « parce que nous avons été turquifiés » (suff. *-le-* de verbe dénominatif, *-ş-* coopératif, *-tir-* factitif, *-il-* passif, *-diğ-* nom d'action, *-im-iz* possessif, première personne du pluriel, *-den* ablatif), etc.

La catégorie « soulignée » contient les vocatifs, les impératifs, les exclamatifs, les interrogatifs, certains dérivés des démonstratifs, certains adverbes et certaines conjonctions : *Méhmet!* (nom propre, vocatif) ; *éşşek!* « âne! » (insulte, de *eşék*, « âne », avec allongement expressif de *ş*), *búyurunuz*, « ordonnez ! = à vos ordres ! »

(-*un-uz,* impératif de la deuxième personne du pluriel), *néden?,* « pourquoi ? » (cause: *-den,* ablatif), *búrada,* « ici » (*bu,* démonstratif de première personne, *-ra-,* suffixe de nom de lieu, *-da,* locatif); *yálnız,* « seulement », *zíra,* « parce que » (du persan), etc.

L'opposition entre les catégories accentuelles « normale » et « soulignée » permet de marquer les différences d'emploi d'un même mot dans la phrase: *Mehmét* ... (sujet), *Méhmet!* (vocatif); *yalnız güldǘ* « il a ri seul (il a été seul à rire) », *yálnız güldǜ,* « il a seulement ri (il n'a fait que rire) »; mais ce procédé est d'un emploi très limité (accentuation « soulignée » pour les vocatifs et certains adverbes).

La catégorie accentuelle « en retrait » se compose de certains monèmes qui jouent essentiellement un rôle grammatical: particules nominales adverbialisantes, postpositions, quelques conjonctions post-posées, particules interrogative et négative, formes enclitiques verbales correspondant pour le sens à notre verbe « être ». Historiquement, ce sont d'anciens mots autonomes (alors d'accentuation « normale »), noms, pronoms, adverbes, verbes, gérondifs, etc., qui peuvent encore, partiellement, subsister comme tels (sous des formes « pleines », phonétiquement moins usées et accentuellement « normales »), mais qui sont devenus des « mots-outils » grammaticaux enclitiques. Ces monèmes atones, s'ils reçoivent comme suffixes d'autres monèmes de statut accentuel « normal », les entraînent dans leur atonie. Ainsi: *dur,* « il est » (forme enclitique et atone de *durúr,* « il est debout »), *kurú dur,* « il est sec », *kurú durlar,* « ils sont secs » (*kurú,* « sec »; cf. *dururlár* « ils sont debout »); *(i)di* « il était » (forme enclitique et atone de *erdí* « il a atteint »), *güzéldi* « il était beau », *güzéldiniz* « vous étiez beaux » (*güzél,* « beau », et suffixe possessif *-niz,* deuxième personne du pluriel; cf. *erdíniz* « vous avez atteint »); le fait qu'on écrit *kurú dur(lar)* en deux mots (facultativement; on lit aussi: *kurudurlar*), mais *güzéldi(niz)* en un seul (autrefois en deux mots: *güzel idiniz,* en graphie arabe) est de pure convention orthographique. Toutefois, si l'élément constitué par le monème atone (et ses suffixes de statut accentuel « normal », s'il en a) est à son tour un monème atone (enclitiques en série), il s'accentue comme un mot de statut « normal »: *güzéldinízse,* « si vous aviez été beaux » (avec la forme hypothétique enclitique *(i)se* du verbe « être »); en graphie arabe, cet exemple s'écrivait en trois mots: *güzel idiniz ise*.

L'opposition entre les catégories accentuelles « normale » et « en retrait » (enclitique) permet de distinguer le sens d'expressions composées de phonèmes identiques et dans le même ordre: *doktorúm* « mon médecin » *(doktor)*, mais *doktórum* « je suis médecin »; *vardí* « il arriva », mais *várdı* « il y avait »; *dil kurumú* « la société de linguistique », mais *díl kurú mu?* « la langue est-elle sèche? », etc.

Il n'y a, en turc, de composés proprement dits (en nombre limité, dans certains cas spécifiques: noms géographiques, titres sociaux, mots techniques notamment) qu'entre des mots ayant isolément un statut accentuel « normal ». Mais, dans ce cas, le premier terme perd son accent final « normal » (que conserve le second terme) et il est remplacé par un accent fort en syllabe initiale, si bien que le composé passe dans la catégorie accentuelle « soulignée », avec accent en première syllabe et accent secondaire en syllabe finale: *Hámanönü*, nom de quartier urbain (*hamam* « hammam », *ön-ü* « son devant »), en face de *hamám önü* « un devant de hammam ». Ce traitement accentuel a pour fonction de distinguer le composé d'une simple juxtaposition. On pourrait se contenter de dire que les composés, en turc, entrent dans la catégorie accentuelle « soulignée », avec accent unique: l'unité accentuelle est le mot, et non pas le lexème.

Dans la réalisation de l'accent turc actuel, l'élément quantitatif paraît négligeable, mais les éléments dynamique et mélodique se combinent de façon variable selon les régions et les groupes sociaux. L'élément mélodique est très atténué dans la plupart des prononciations rurales et, même dans les milieux urbains, dans la prononciation virile. Les femmes (et les enfants) des milieux urbains (grandes villes) donnent la prédominance à l'élément mélodique. Il y a peut-être là une influence du substrat hellénique (les langues turques ont habituellement un accent dynamique).

Le rôle, en turc, de l'intonation proprement dite n'a rien de bien caractéristique: on pourrait en dire à peu près la même chose que de l'intonation en français (nuances psychologiques, en marge de la linguistique).

CARACTÉRISATION PHONÉMATIQUE

LES VOYELLES

L'opposition de quantité n'existe que pour trois timbres vocaliques sur huit: *a/ā, i/ī, u/ū*, (*e, ı, o, ö, ü* sont toujours « brefs »), et seulement dans la langue littéraire traditionnelle, dans les emprunts, relativement nombreux, à l'arabe et au persan. C'est là un emprunt phonologique au système vocalique arabe et persan, pour distinguer entre eux des mots qui, de toute façon, font figure de corps étrangers dans la langue (*kātil*, assassin / *katil* meurtre = arabe *qātil* / *qatl*). Les parlers populaires et le « turc pur » *(öz türkçe)* de l'école linguistique nationaliste ignorent cette opposition qui tend à disparaître dans le langage des jeunes générations.

Les huit voyelles du système proprement turc se définissent par trois types d'opposition formant un système d'une parfaite symétrie: opposition postérieure/antérieure, opposition rétractée/arrondie, opposition ouverte/fermée. Le premier type d'opposition (palatalité: *a/e, ı/i, o/ö, u/ü*) joue un rôle fondamental dans la définition du mot, toutes les voyelles d'un mot turc (emprunts et composés non compris) devant être, soit postérieures *(a, ı, o, u)*, soit antérieures *(e, i, ö, ü)* : *oturamadı* « il n'a pu s'asseoir », *balıklarınız* « vos poissons », *öldürmedi* « il n'a pas tué », *evlerimizin* « de nos maisons ». C'est ce qu'on appelle habituellement l'harmonie vocalique (palatale). Non seulement des lexèmes, mais des mots entiers avec leurs morphèmes s'opposent de la sorte: *olacaklar* « ils deviendront », *ölecekler* « ils mourront »; *evde* « à la maison » (locatif), *avda* « à la chasse » (locatif). La fréquence statistique des postérieures et des antérieures est à peu près la même, avec une légère prédominance des postérieures (51% environ).

Le second type d'opposition (labialité: *a/o, ı/u, e/ö, i/ü*) et le troisième (aperture: *a/ı, e/i, o/u, ö/ü*) n'aboutissent pas à une répartition statistique égale, les rétractées *(a, ı, e, i)* et les ouvertes *(a, e, o, ö)* totalisant respectivement à peu près 80% et 63% de l'ensemble.

Dans les nombreux mots étrangers (arabes, persans, français surtout) empruntés par le turc littéraire, les huit voyelles ci-dessus définies (auxquelles il faut ajouter les trois longues arabo-persanes *â, î, û*) peuvent apparaître en toute position dans le mot, mais dans les mots qui appartiennent au fonds turc il n'y a qu'en première syllabe du mot possibilité de choisir entre ces huit voyelles. En effet, en syllabe non initiale d'un mot turc proprement dit, les oppositions postérieure/antérieure et rétractée/arrondie sont neutralisées. Il ne subsiste alors que l'opposition d'aperture (ouverte/fermée), avec deux archiphonèmes *A* et *I,* dont les réalisations dépendent uniquement de l'entourage (essentiellement, de la nature de la voyelle de la syllabe précédente: assimilation progressive). *A* est réalisé *a* après voyelle postérieure, *e* après voyelle antérieure. *I* est réalisé *ı* après voyelle postérieure rétractée, *i* après voyelle antérieure rétractée, *u* après voyelle postérieure arrondie, *ü* après voyelle antérieure arrondie (rares exceptions dues à l'entourage consonantique, purement combinatoires, sans valeur distinctive). Exemples: *gelecek* « il viendra », *kalacak* « il restera », *bölecek* « il divisera », *bulacak* « il trouvera »; *sıcaklık* « chaleur », *soğukluk* « froid », *iyilik* « bonté », *kötülük* « méchanceté » (respectivement: suffixes *-ecek* et *-lik,* ou, plus exactement, *-AcAk* et *lIk,* avec les archiphonèmes *A* et *I*).

LES CONSONNES

Le type d'opposition voisée/non voisée est le plus largement représenté (six couples, dont quatre d'occlusives et deux de continues): *b/p d/t, g/k, c/ç; v/f, z/s* (les affriquées *ç* = « tch » français, et *c* = « dj » français ont dans la langue un statut d'occlusives et seront classées comme telles). Les six couples sus-mentionnés appartiennent, successivement, aux ordres bilabial, apical, dorsovélaire, dentopalatal, labiodental, sifflant.

Il y a deux nasales, l'une d'ordre bilabial, *m,* et l'autre d'ordre apical, *n*.

Il y a, en outre, cinq consonnes non intégrées: *r* et *l,* l'expirée *h;* la chuintante *ş* (= « ch » français; on ne peut l'opposer phonologiquement à la chuintante voisée *j* = « j » français dans « jeu », qui n'apparaît que dans un petit nombre d'emprunts, au français ou au persan, non intégrés organiquement dans la langue; la phonologie populaire ramène ce *j* à *c*, « dj »); enfin, *y*, d'ordre palatal, qui, comme phonème, est toujours consonne (jamais voyelle).

Il faut d'ailleurs distinguer, au sujet de *y*, entre les cas où cette consonne apparaît dans les lexèmes (où elle est authentiquement un phonème: *yay* « arc », *boya* « teinture », *duy-* « ressentir », etc.), et ceux où elle apparaît après la voyelle finale d'un radical et avant la voyelle initiale d'un suffixe, comme simple élément de réalisation (évitant l'hiatus) des archiphonèmes suffixaux *A* et *I*. En effet, ces archiphonèmes sont normalement respectivement réalisés *ye*/*ya* et *yı*/*yi*/*yü*/*yu* après un radical terminé par une voyelle. Par exemple, le suffixe de datif -*A* et le suffixe d'accusatif -*I* sont réalisés de la façon suivante après les radicaux *av*, « chasse », *ev* « maison », *kul* « esclave », *göl* « lac », *baba* « père », *dede* « grand-père », *koru* « bosquet », *sürü* « troupeau »: *av-a, av-ı; ev-e, ev-i; kul-a, kul-u; göl-e, göl-ü; baba-ya, baba-yı; dede-ye, dede-yi; koru-ya, koru-yu; sürü-ye, sürü-yü.*

L'opposition de type voisée/non voisée tend à se neutraliser dans les occlusives *(b/p, d/t, g/k, c/ç)*. Elle était toujours neutralisée à l'initiale des mots turcs anciens (réalisations: *b-, t-, k-, ç-* seulement), mais ce n'est plus le cas aujourd'hui. Citons, par exemple, les oppositions: *but* « cuisse » / *put* « idole », *dere* « ruisseau » / *tere* « cresson », *gül* « rose » / *kül* « cendre », *can* « âme » / *çan* « cloche ». Elle reste toutefois neutralisée au début des monèmes non lexicaux (suffixes de dérivation ou grammaticaux), la réalisation voisée suivant automatiquement un phonème voisé final du radical, et vice versa; ainsi, le suffixe -*CI* (deux archiphonèmes!) formera les noms dénominatifs de métier: *top-çu* « artilleur », *şeker-ci* « confiseur », *kola-cı* « blanchisseur », *süt-çü* « laitier », etc. (deux fois quatre = huit réalisations de ce suffixe -*CI*). La réalisation voisée est statistiquement la plus fréquente (plus de 80%).

Pour les occlusives précitées, l'opposition voisée/non voisée semblerait être neutralisée en finale de mot et, plus généralement, en fin de syllabe; la réalisation est alors toujours non voisée. Mais il y a quelques exceptions: un très petit nombre de monosyllabes, comme *ad* « nom » / *at* « cheval ».

En position intervocalique, après deux voyelles ou plus, l'opposition *g/k* est neutralisée, et l'alphabet turc latin note par le signe *ğ* (*yumuşak ge*, *g* doux), l'archiphonème qui résulte de cette neutralisation. Cet archiphonème, dans les mots à voyelles postérieures *(a, ı, o, u)* est réalisé comme une occlusion glottale faible, tendant vers zéro: *ağa*, agha, prononcé [a^{ʔ}a]; mais dans ceux à voyelles antérieures *(e, i, ö, ü)*, il est réalisé exactement comme *y*: *eğe* « lime », prononcé [eye].

Dans les monosyllabes, où il n'apparaît qu'en finale de lexème, la même lettre *ğ* note, non plus cet archiphonème, mais simplement le phonème *g,* dont les réalisations sont alors très semblables à celles de l'archiphonème en question: occlusion glottale tendant vers zéro (avec, ici, allongement compensatoire de la voyelle précédente, qui n'est pas pour autant une longue phonologique: *dağ* « montagne », prononcé [dā^ʔ] ou [dā]) après voyelle postérieure seulement; *y* après voyelle antérieure (*eğ-* « courber », prononcé [ey-]); dans ces cas, l'opposition *g/y* est neutralisée, et c'est seulement pour des raisons historiques, étymologiques, qu'on écrit *ğ* (ancien *g*).

Les oppositions *v/f* et */z/s* sont, chez la plupart des sujets, neutralisées en fin de syllabe non première: *manav* « marchand de légumes », est prononcé *manaf*; on écrit indifféremment *papas* ou *papaz* « pope ».

Les neutralisations d'oppositions consonantiques se produisent seulement pour les oppositions voisée/non voisée. Les autres types d'oppositions consonantiques sont stables.

UTILISATION DES UNITÉS DISTINCTIVES

La fréquence globale des phonèmes vocaliques est de trois sur sept: autrement dit, on a en moyenne trois voyelles pour quatre consonnes.

Pour cent voyelles, on a environ: 27 *a;* 22 *e;* 21 *i;* 10 *ı;* 7 *o;* 7 *u;* 4 *ü;* 2 *ö*.

Pour cent consonnes, on a environ: 13 *n;* 10,5 *r;* 8,7 *l;* 7,8 *d;* 7,8 *k;* 7 *b;* 7 *m;* 6,1 *s;* 6,1 *y;* 5,3 *t;* 3,5 *ş;* 2,6 *ç;* 2,6 *ğ;* 2,6 *z;* 2,6 *h;* 1,7 *g;* 1,7 *c;* 1,7 *v;* 1 *p;* 0,7 *f*.

L'ordre décroissant de fréquence des phonèmes (en

comptant à part l'archiphonème noté par ğ et en mettant entre parenthèses les *ex aequo*) est le suivant:

a, e, i, n, r, l, (d, k), (ı, b, m), (s, y), (o, u, t), ş, *(ü, ç, ğ, z, h), (ö, g, c, v), p, f.*

Les lois qui, en turc actuel, régissent les groupements de phonèmes, concernent pour la plupart la syllabe.

Chaque syllabe a pour sommet une voyelle unique; il n'existe pas de diphtongues en turc, et celles des mots étrangers sont dissociées par une consonne intermédiaire ou transformées en « voyelle + consonne », la consonne, en ce cas, étant *y* ou *v: kruvazör* « croiseur », *miliyö* « milieu (social) », *aysberk* « iceberg », *pilav* = persan *pilau* « pilaf », etc. Les mots dans lesquels apparaissent deux voyelles consécutives (séparées par une occlusive glottale) sont des emprunts à l'arabe (l'occlusion glottale intermédiaire représentant le *hamza* ou le *'ayn* arabe): *sair* « autre », *itaat* « obéissance »; ou, plus rarement, des emprunts à d'autres langues étrangères: *teokrasi* « théocratie ».

À l'initiale de chaque syllabe ne peut figurer qu'une consonne unique (les consonnes doubles ou triples des mots étrangers sont, ou disjointes par des voyelles intermédiaires, ou rendues prononçables par prothèse d'une voyelle: *sıpor* « sport », *istasyon* « gare, station »; le français « structure » est prononcé *sütürüktür*). Seule la première syllabe du mot peut commencer par une voyelle. Exemples: *ayrıldı* (syllabé: *ay-rıl-dı*) « il s'est séparé »; *borçlar* (syllabé: *borç-lar*) « les dettes »; *arada* (syllabé: *a-ra-da*), « dans l'intervalle ».

Les fins de syllabes peuvent être: ou bien une voyelle, ou bien une consonne unique, ou bien un des groupes de deux consonnes suivants: *nt, nç; rp, rt, rç, rk, rs; lp, lt, lç, lk; st*. Certains autres groupes *(nk; rf, rz, rş; lf; sp; şk, şt; ft)* n'apparaissent en fin de syllabe que dans des emprunts; les autres groupes consonantiques en fin de syllabe des mots empruntés sont dissociés par une voyelle: *fikir* « pensée » (arabe *fikr*), *silindir* « cylindre ». On remarquera qu'aucun groupe d'occlusives n'est possible en fin de syllabe.

Les lexèmes d'étymologie turque non dérivés (radicaux nominaux ou verbaux) sont en majorité monosyllabiques et ne dépassent pas deux syllabes. Les monèmes de dérivation ou grammaticaux peuvent ne comprendre qu'un phonème (voyelle ou consonne) et n'ont jamais plus de deux syllabes, mais ils peuvent se cumuler jusqu'à former des mots assez longs. Exemples de lexèmes radicaux: *el* « main », *baş* « tête », *at-* « jeter », *git-* « partir », *kara* « noir », *bırak —* « laisser ». Exemples de monèmes (suffixaux) accumulés : *az-al-t-acak-lar* « ils diminueront » (*az* « peu »; *-al-*, suffixe de verbe dénominatif; *-t-*, factitif; *-acak,* intentionnel; *-lar,* pluriel).

En dépit de la possibilité de former des mots assez longs (rarement plus de huit syllabes, toutefois), le turc, où les monosyllabes et les dissyllabes sont très nombreux, présente, dans le style courant, une longueur moyenne du mot très voisine de trois syllabes (légèrement inférieure).

LES UNITÉS SIGNIFICATIVES

Alors que l'énoncé incomplet, se référant à la situation, peut n'être formé que d'un prédicat, nom ou verbe (*tilki !* « c'est un renard »; *gelir* « (il), (elle), (cela) vient », désinence personnelle zéro), la structure de l'énoncé minimum complet exige la présence d'un sujet et d'un prédicat.

Le sujet peut être, ou bien lexical (lexème nominal ou pronominal: *at gelir* « le cheval vient », *at güzel* « le cheval est beau »; *sen gelirsin* « tu viens », *sen güzel* ou *sen güzelsin* « tu es beau (ou : belle) »), ou bien désinentiel (*gelir-im* « je viens », *gelir-siniz* « vous venez »). La désinence de la troisième personne étant « zéro » (*gelir,* ci-dessus, aoriste en *-ir* de *gel-* « venir »), on pourra bien avoir un énoncé *gelir* « il vient, elle vient, cela vient », sans sujet, mais cet énoncé sans sujet (de la troisième personne) sera nécessairement incomplet, le sujet non exprimé ne pouvant être connu que d'après la situation (expérience concrète ou contexte). La nécessité formelle de la présence d'un sujet dans l'énoncé turc complet apparaît clairement dans la façon dont le turc présente des énoncés dont le sens n'exigerait pas, en toute logique, l'expression d'un sujet; ainsi, pour dire « il pleut », on dit nécessairement, en turc, *yağmur yağıyor,* « la pluie pleut » (*yağ-mur* « pluie », nom déverbatif, et *yağ-* « pleuvoir », avec suffixe *-i-yor* d'actuel). *Yağıyor* seul n'est pas employé dans ce cas, et ne peut apparaître que dans un énoncé incomplet, par exemple dans la réponse à la question *yağmur yağıyor mu?* « est-ce qu'il pleut ? » : *-yağıyor* « oui ! = (elle) pleut ».

Si l'on met de côté des interjections (et si, comme il se doit, on ne compte pas comme lexèmes les particules grammaticales, même de statut formel indépendant), on constate qu'il n'y a, en turc, que deux classes de monèmes lexicaux : classe du nom et classe du verbe. Elles se définissent formellement par le fait que certains suffixes (déterminants grammaticaux) ne peuvent apparaître qu'après un lexème nominal, et certains autres qu'après un lexème verbal. Ainsi, le locatif *-de/-da/-te/-ta* (= *-DE*, deux archiphonèmes *d, t* et *e, a*), n'apparaît jamais après un monème lexical verbal tel que *gel-* « venir », *ver-* « donner », *gör-* « voir » ; pour exprimer, par ce suffixe, une idée de localisation portant sur la notion exprimée par ces verbes, on est obligé de les pourvoir au préalable d'un suffixe de dérivation qui en fait des noms déverbatifs : *gel-mek-te* « en venant », *ver-iş-te* « dans le don », *gör-dük-te* « pendant qu'on voit ». D'autre part, le suffixe d'aoriste *-Ir* (I archiphonème *i, ı, ü, u*), qui apparaît normalement après les lexèmes verbaux précités (*gelir* « il vient », *verir* « il donne », *görür* « il voit »), ne peut pas s'ajouter directement à des lexèmes nominaux tels que *baş* « tête, début », *türk* « Turc », *kara* « noir » ; il peut seulement apparaître après des radicaux verbaux dérivés, à partir de ces noms, par des suffixes de verbe dénominatif : *baş-la-n-ır* « on commence », *türk-le-ş-ir* « il se turquifie », *kara-la-n-ır* « cela s'obscurcit ».

La classe du nom, du point de vue formel, est unitaire, et les divisions qu'on y a voulu introduire, sous l'influence des grammaires occidentales traditionnelles (nom, pronom, adjectif, adverbe), ne se réfèrent qu'à des différences d'emploi ou de sens, présentées souvent de façon spécieuse. Le pronom turc n'est qu'un nom de signification spéciale (personne, chose désignée) mais il fonctionne partout comme un nom dans la langue : *ben-de* « chez moi », locatif de *ben* « je, moi », fonctionne exactement comme *ev-de* « dans la maison », locatif de *ev* « maison » ; dans l'énoncé : *Mehmet, ben* « Mehmet, c'est moi », *ben* est un prédicat nominal au même titre que *doktor* « médecin », dans l'énoncé : *Mehmet, doktor* « Mehmet est médecin », etc. Le soi-disant « adjectif » est un nom de qualité, qui peut sans aucune addition ni modification formelle être employé comme substantif: *güzel at* « le beau cheval », *güzel, ata bindi* « la belle monta à cheval ». Le nom « substantif » lui-même peut être employé comme épithète préposée, en fonction « adjective »: dans *doktor kadın* « la femme médecin », *doktor* a la même fonction, la même désinence zéro d'épithète, et la même antéposition, que *güzel* « beau », dans *güzel kadın* « la belle femme ». Quant aux adverbes, ils peuvent être déclinés comme les substantifs: *karşı* « en face », *karşı-dan* « (venant) d'en face », (ablatif, cf. *ev-den* « (venant) de la maison »), et de nombreux substantifs, sans addition d'aucun suffixe, peuvent fonctionner adverbialement: *gece* « nuit » aura la même fonction adverbiale que *çabuk* « vite », dans l'énoncé: *Ali, gece geldi* « Ali est venu nuitamment », en face de *Ali, çabuk geldi* « Ali est venu vite ». Ajoutons que tout nom de qualité (adjectif) peut fonctionner comme adverbe sans addition ni modification formelle: *bunu güzel yaptı* « il a fait cela joliment ».

De même, la classe du verbe est, du point de vue formel, strictement indivisible.

Notons qu'un nombre très restreint de lexèmes paraissent fonctionner à la fois comme nom et comme verbe. Ainsi, *boya* « couleur », à côté de *boya-*, « colorer, teindre ». Mais il n'existe, dans ces cas, aucune forme du lexème, compte tenu de la prosodie, ni aucun emploi, qui ne le caractérise exclusivement, soit comme nom, soit comme verbe, avec les différences de signification que cela comporte. Même dans leur forme affectée du suffixe zéro (cas absolu, notamment celui du sujet, pour le nom; impératif de la deuxième personne du singulier pour le verbe), ils ne se confondent pas entièrement, puisqu'ils diffèrent par l'accent: *boyá* « la couleur », *bóya !* « colore! ». Ce sont donc deux lexèmes différents, en dépit de leur homophonie et de leur étymologie commune.

Alors que le prédicat peut être ou nom, ou verbe, le sujet de l'énoncé turc ne peut être qu'un nom, lorsque, du moins, il est exprimé (énoncé complet). Ce nom-sujet, qui peut être précédé de déterminants parfois nombreux, est toujours suivi d'une pause permettant, précisément, de l'identifier comme sujet: noter, par exemple, la différence entre *gece geldi* « il est venu nuitamment », et *gece, geldi* « la nuit est venue ». Cette pause est souvent notée dans l'écriture par une virgule. Elle est, en tout cas, parfaitement audible dans le parler.

Le prédicat, qui est toujours placé en fin d'énoncé, peut être précédé de compléments qui sont nécessairement des noms. Un monème lexical nominal quelconque peut ainsi faire fonction d'expansion de premier degré d'un prédicat verbal. Il est alors complément d'objet direct, avec une valeur indéterminée (collective ou partitive). Ainsi les monèmes *süt* « lait », ou *çiçek* « fleur », dans les énoncés suivants (sujet, complément, verbe): *kedi, süt içti* « le chat a bu du lait »; *kız, çiçek kopardı* « la jeune fille a cueilli des fleurs ». Pour que le complément prenne une valeur déterminée, il faut nécessairement y ajouter le suffixe *-I* d'accusatif: *kedi, süt-ü içti* « le chat a bu le lait »; *kız, çiçeğ-i kopardı* « la jeune fille a cueilli la fleur ».

Un prédicat nominal n'a pas, en principe, de compléments d'objet de ce type, sauf en un cas: celui où le prédicat est une forme nominale du verbe (infinitif ou nom d'action, nom d'agent ou participe), par exemple dans l'énoncé: *işi, çiçek kopamark* « son travail, c'est de cueillir des fleurs ».

En dehors du complément direct, le prédicat peut être affecté de divers compléments (indirects, circonstanciels) qui sont forcément nominaux: noms simples ou dérivés, suivis ou non de suffixes grammaticaux ou de particules grammaticales (notamment de postpositions qui jouent le même rôle que les prépositions des langues indo-européennes).

Il faut d'ailleurs observer que, par l'addition de suffixes formant des noms déverbatifs (noms d'action ou d'agent), un radical verbal peut être transformé en un nom qui peut remplir toutes les fonctions (sujet, complément du prédicat) réservées au nom. Ainsi, des verbes: *yürü-* « marcher », ou *gel-* « venir », on peut dériver les noms *yürü-yüş* « façon de marcher », ou *gel-dik* « fait de venir », qui entreront dans les énoncés: *yürüyüş-ü, ağır* « sa façon de marcher est pesante », ou: *ben, geldiğ-iniz-i bildim* « j'ai su que vous étiez venu » (« j'ai su votre fait de venir »).

L'orientation du prédicat verbal turc est variable: divers suffixes, en partie cumulables, transforment automatiquement un radical verbal actif en passif, réfléchi, contributif ou factitif. Exemple: *çiçekler, kopar-ıl-dı*, les fleurs ont été cueillies (suffixe *-Il-* de passif).

Parmi les expansions ultérieures, l'apposition est, en turc, celle qui a le moins de faveur. En dehors du cas de la juxtaposition d'éléments jouant dans l'énoncé des rôles parallèles (cas différents de l'apposition proprement dite; par exemple, suite de sujets, ou suite de verbes-prédicats), le turc évite l'apposition et la remplace par une construction « déterminant + déterminé ». Ainsi l'équivalent turc normal du français: « Bolou, petite ville d'Anatolie », sera: *Anadolunun küçük bir şehri olan Bolu* (mot à mot: « Bolou, qui est une petite ville de l'Anatolie »), avec une construction épithétique formée grâce au participe *olan* « étant, qui est ».

L'emploi épithétique du nom (épithète toujours préposée, en vertu du principe fondamental de la syntaxe turque qui veut que le déterminant précède le déterminé) est très fréquent, notamment avec des noms de qualité (adjectifs) et avec certains dérivés nominaux spécialisés du verbe (participes ou pro-participes), qui permettent d'exprimer des relations que les langues indo-européennes expriment, elles, par des propositions relatives (le turc n'a pas de propositions relatives proprement dites). Le nom *adam* « homme », pourra ainsi avoir pour épithètes les noms *büyük* « grand », *gelen* « venant » (participe de *gel-* « venir »), *gördüğümüz* « notre fait de voir » (pro-participe en *-DIK-* du verbe *gör-* « voir », avec suffixe *-ImIz* de première personne du pluriel), dans les expressions: *büyük adam* « le grand homme », *gelen adam*, « l'homme qui vient » ou « l'homme qui est venu », *gördüğümüz adam* « l'homme que nous voyons » ou « l'homme que nous avons vu ». Ces épithètes peuvent elles-mêmes être précédées de déterminants divers: *dün Bolu'dan Ankara'ya gelen adam* « l'homme qui, hier, est venu de Bolou à Ankara », etc.

Une des particularités de la construction épithétique en turc, c'est qu'une proposition, avec sujet et prédicat nominal, peut fonctionner comme épithète complexe. Ainsi, l'énoncé: *evi, büyük* « sa maison est grande », pourra devenir épithète de *adam* « homme » (avec, en ce cas, disparition de la pause): *evi büyük adam* « l'homme dont la maison est grande ».

Les propositions subordonnées (placées, normalement, avant la principale, puisqu'elles en sont les déterminants) ne sont guère développées en turc: la langue leur préfère généralement des constructions formées à l'aide de formes nominales du verbe (noms d'action, gérondifs); les conjonctions de subordination du turc proviennent presque toutes d'emprunts littéraires à l'arabe ou au persan, et le parler populaire en fait très peu usage.

De même, pour les conjonctions de coordination (une notion qui peut paraître aussi importante que celle de « et » s'exprime par un mot d'origine arabe, *ve,* plus littéraire que populaire. Le parler courant juxtapose sans coordonner, ou bien il exprime un des termes (considéré comme le déterminant, donc antéposé) sous une forme nominale adverbiale (gérondif). Là où nous dirions: « Il est venu et il est reparti », le turc dira, soit: *geldi, gitti* (« il est venu, il est parti »), soit: *gelip gitti* (« étant venu » — gérondif en *-ip-* « il est parti »); mais la tournure *geldi ve gitti* (avec *ve* « et ») sera insolite ou livresque.

Ainsi, le style turc, selon les auteurs et les genres, oscille entre deux pôles; d'un côté, des phrases courtes, juxtaposées sans lien; de l'autre, de longues phrases complexes, avec accumulation de gérondifs précédant un prédicat principal unique. Ce type à « une phrase » avait la prédilection des écrivains ottomans en prose, et subsiste encore chez quelques lettrés contemporains. Mais l'autre type, « haché », qui prédomine dans le parler, est de plus en plus usité chez les auteurs contemporains.

La composition des mots, dont nous avons examiné, plus haut, les particularités prosodiques, est très peu productive. En revanche, la langue turque possède des ressources très vastes dans le domaine de la dérivation, qui se fait toujours par addition de suffixes cumulables, lesquels, à partir d'un nom ou d'un verbe, forment un mot nouveau, nominal ou verbal; ces suffixes, qui ont chacun des fonctions bien précises, se répartissent ainsi en quatre catégories, selon la nature nominale ou verbale du radical auquel ils s'ajoutent et du nouveau mot formé: suffixes de noms dénominatifs (*ekmek-çi* « boulanger », de *ekmek* « pain »), de noms déverbatifs (*kork-u* « peur », de *kork-* « craindre »), de verbes déverbatifs (*sev-in-* « se réjouir », de *sev-* « aimer ») et de verbes dénominatifs (*el-le-* « manier », de *el* « main »). Des combinaisons complexes sont possibles: *kırıkçılık* « le métier de rebouteux » (*kır-* « casser », *kır-ık* « fracture », *kırık-çı* « spécialiste des fractures », *kırıkçı-lık* dérivé nominal abstrait en -*lIK* du précédent); *karşılaştırılma* « confrontation » (*kar-* « mélanger »; *kar-ış-* « s'entre-mélanger »; *kar(ı)ş-ı* « en s'entre-mélangeant », « en se trouvant en contact », « contre », « face à face »; *karşı-la-* « venir en face, rencontrer »; *karşıla-ş-* « s'entre-rencontrer, se rencontrer » (réciproquement); *karşılaş-tır-* « faire se rencontrer »; *karşılaştır-ıl-* (passif du précédent), « être amené (par des tiers) à se rencontrer »; *karşılaştırıl-ma* nom d'action dérivé du précédent; *anlattırıl-* « être amené à expliquer » (*anla-* « comprendre »; *anla-t-* « faire comprendre, expliquer »; *anlat-tır-* « faire expliquer »; *anlattır-ıl-* passif du précédent), etc.

FORME DES SIGNIFIANTS

À de très rares exceptions près, on peut considérer qu'en turc les signifiants sont des segments distincts, uniques, et phonologiquement identiques à eux-mêmes (les variations apparentes de forme n'étant que combinatoires). En effet, d'une part, les lexèmes restent stables (rares variations combinatoires de sonorité d'une occlusive radicale finale, type: *git-* « partir », *gid-er* « il part »); d'autre part, les divers suffixes qui peuvent en modifier le sens ou en préciser la fonction grammaticale ont presque toujours une forme distincte et unique pour une signification donnée; tout au plus peut-on citer quelques exceptions: dans une quinzaine de verbes, la voyelle du suffixe de l'aoriste en -*r* est un *I* (archiphonème) au lieu d'un *E* qu'on attendrait « régulièrement »; quelques factitifs (vestiges de formes anciennes) sont « irréguliers » (suffixes -*t*- ou -*r*- au lieu de -*DIr*-); on a, seulement dans la langue écrite, une ébauche d'accord (signifiant discontinu, ou plus exactement répété de façon superfétatoire) pour le seul pluriel en -*lEr*, et seulement en ce qui concerne le verbe à la troisième personne, dont le sujet est un pluriel *(kız-lar gitti-ler,* « les filles sont parties »; langue parlée: *kız-lar gitti);* il n'y a jamais d'accord en cas, ni en genre (la langue n'ayant pas de genre grammatical).

Mais, par exemple, le suffixe -*DE* exprime le locatif de tous les noms, simples ou dérivés; le suffixe -*mIş* forme un parfait indéterminé pour tous les verbes, etc. (presque tous les suffixes pourraient être pris pour exemples).

L'expression formelle des fonctions, en turc, se fait d'une part par position, d'autre part par monèmes distincts (suffixes, particules postposées, rares conjonctions) nettement séparables (jamais amalgamés). Très rares sont les mots turcs dont la fonction est exprimée par leur sens même: ce sont surtout des adverbes empruntés à l'arabe et qui gardent un caractère littéraire (*hâlâ* « présentement », *mütemadiyen* « constamment »); autrement, la fonction adverbiale est remplie par des noms au cas absolu (suffixe zéro) ou à l'un des trois cas adverbiaux (datif, locatif, ablatif). Ces trois cas ont un sens concret, de référence spatiale (datif: direction vers quelque chose; locatif: situation; ablatif: éloignement ou traversée). Les suffixes de cas à valeur purement grammaticale sont seulement le génitif, *-(n)In*, et l'accusatif, *-I;* encore ne sont-ils employés que si le nom au génitif ou à l'accusatif est défini (autrement, pas de suffixe, mais syntaxe de position seule). L'expression des fonctions par position obéit à une loi unique: le déterminant est placé devant le déterminé (le sujet avant le verbe, une pause marquant en outre la fin du groupe du sujet; le complément avant le complété, etc.). Exemple: *küçük kedi, getirdiğim sütü içti* « le petit chat a bu le lait que j'avais apporté » (*küçük* « petit »; *kedi* « chat », *getir-* « apporter », *-DIK-,* nom d'action; *-m* possessif de la première personne du singulier, *süt* « lait », ici à l'accusatif en *-I* parce que défini; *iç-* « boire », *-DI,* suffixe du parfait défini, où le suffixe zéro indique la troisième personne); si l'on ajoute *dün* « hier, la journée d'hier », on a, selon la place de ce mot (au cas absolu, sans suffixe), les énoncés suivants, avec des sens différents: *küçük kedi, dün getirdiğim sütü içti* « le petit chat a bu le lait que j'avais apporté hier »; et: *küçük kedi, getirdiğim sütü dün içti* « le petit chat a bu hier le lait que j'avais apporté ».

L'expression des modalités, en turc actuel, pose des problèmes très complexes; contentons-nous, ici, de signaler les faits les plus importants: le suffixe *-lEr* (par opposition à zéro) forme un pluriel défini (non collectif); le suffixe zéro est la marque, indistinctement, du singulier et du collectif; le singulier défini se caractérise, comme on l'a vu, par des suffixes spéciaux d'accusatif et de génitif (tandis que l'indéfini, même en fonction de complément direct du verbe ou de complément du nom, reste au « cas absolu » : suffixe zéro) ; le singulier indéfini se marque par l'emploi épithétique du numéral *bir* « (un) » (comme en français).

L'expression formelle des lexèmes est, au contraire, des plus claires : le lexème se présente toujours au début du mot, sous forme d'un radical (généralement d'une ou deux syllabes) de structure phonologique constante, auquel s'ajoutent éventuellement des suffixes de dérivation ou grammaticaux ; le lexème nominal sans aucun suffixe a valeur d'un « cas absolu » (sujet, notamment) ; le lexème verbal sans aucun suffixe, d'un impératif (deuxième personne du singulier).

Louis BAZIN.

BIBLIOGRAPHIE

La description grammaticale des diverses langues du groupe turc, l'étude de leurs rapports et de leur histoire, ainsi que la bibliographie linguistique du domaine turc, sont présentées dans un travail collectif récent qui constitue le meilleur ouvrage de référence :

Philologiae Turcicae Fundamenta, tome I (édité par Jean DENY, Kaare GRONBECH, Helmuth SCHEEL, Zeki Velidi TOGAN), XXIII + 810 pages, grand in-8°, carte hors-texte, Mainz, 1959.

On y trouvera notamment, aux pages 182-239, une description d'ensemble du turc de Turquie, avec une bibliographie du sujet pratiquement exhaustive, par :

Jean DENY, *L'Osmanli moderne et le türk de Turquie.*

Une description phonologique et morphologique détaillée, avec de nombreux exemples, est donnée dans un ouvrage antérieur du même auteur :

Jean DENY, *Principes de grammaire turque (türk de Turquie),* 179 pages, Paris, 1955.

L'état du turc (osmanli) de Turquie dans les dernières années de l'empire ottoman est, d'autre part, décrit dans un travail magistral, que son auteur estimait vieilli mais qui garde une grande valeur documentaire (et même théorique, sous réserve des améliorations qu'apportent, précisément, les deux ouvrages précités) :

Jean DENY, *Grammaire de la langue turque (dialecte osmanli)*, 1216 pages, Paris, 1921.

En dehors de ces travaux de Jean Deny, la meilleure grammaire du turc moderne de Turquie actuellement publiée, particulièrement riche en informations syntaxiques, est la suivante (en russe) :

A. N. KONONOV, *Grammatika sovremennogo Tureckogo literaturnogo jazyka*, Moscou-Leningrad (Académie des Sciences de l'U.R.S.S., Institut d'Orientalisme), 1956.

LE CHINOIS

CARTE

Il s'en faut que les limites géographiques du chinois coïncident avec celles de la Chine : à côté de la majorité dite Han — du nom de la grande dynastie impériale (~ 206 à 220 ap. J.-C.) — on trouve en Chine diverses « minorités nationales », plus ou moins importantes, qui appartiennent à d'autres ensembles linguistiques. Les Han comptent à eux seuls près de 92 % de la population ; mais le territoire qu'ils occupent ne représente même pas la moitié de la Chine politique. Ce territoire, qui s'étend du nord au sud jusqu'aux frontières d'État, et vers l'est jusqu'à l'Océan Pacifique, formerait cependant une zone continue sans quelques groupes non-Han établis dans le Centre et le Sud du pays.

Ainsi délimité, le domaine du chinois proprement dit — c'est-à-dire de la langue des Han — peut être divisé sommairement en deux parties d'importance inégale, selon une ligne N.N.E.-S.S.W. passant entre Shanghai et Nankin : la zone côtière, beaucoup moins importante par la population et la superficie, est caractérisée au point de vue linguistique par la diversité et la fragmentation ; alors que dans la zone principale, qui groupe environ 70 % de la population Han pour les trois quarts du territoire correspondant, l'intercompréhension est très largement assurée. A la première de ces deux zones se rattachent les colonies d'outre-mer, qui prolongent la carte du chinois au delà des frontières de la Chine.

C'est principalement sur des différences d'ordre phonologique que l'on fait reposer les divisions de cette carte : les faits de première articulation ne seraient guère utilisables à cet égard, en raison d'une diversité excessive en matière de lexique, et, à l'inverse, d'une grammaire par trop uniforme.

LA « LANGUE COMMUNE »

Les linguistes de Chine ont provisoirement renoncé à parler de « langue nationale » à propos du chinois d'aujourd'hui. Toutefois, un usage relativement homogène s'est d'ores et déjà institué à l'échelon national à raison de la diffusion d'une « langue commune » *(pŭtōnghuà)*. C'est uniquement de cette langue qu'il sera ici question. Pour la deuxième articulation — y compris les réalisations phonétiques — la « langue commune » est identifiée officiellement au pékinois, qui apparaît, pour des raisons historiques, comme le meilleur représentant de l'ensemble linguistique connu naguère sous le nom de « mandarin » : c'est-à-dire de la plus grande zone du schéma ci-dessus. Mais ce n'est que principalement — non exclusivement, ni intégralement — que la langue de Pékin inspire les travaux de codification dont la grammaire et le lexique sont actuellement l'objet.

ÉCRITURE

L'écriture traditionnelle, « idéographique » — mais « logographique » est parfois préféré — demeure en vigueur. Cependant, par l'effet d'un système de notation officiel, adopté le 11 février 1958 dans sa dernière version sous le nom d'« Alphabet Phonétique Chinois », l'écriture alphabétique (latine) est employée accessoirement : elle est employée avant tout comme instrument de l'unification linguistique — pour la propagation de la « langue commune » — mais aussi comme « béquille » pour l'apprentissage de l'écriture traditionnelle. S'agissant de celle-ci, le seul changement notable est constitué par l'adoption de nombreuses formes simplifiées; mais certaines de ces formes étaient connues de longue date comme des variantes manuscrites, spécialement en calligraphie, et, dans cette mesure, c'est au fait que désormais elles servent exclusivement pour tous les usages, y compris l'imprimerie, que tient l'innovation.

MONOSYLLABISME

Le monosyllabisme revient à postuler une triple correspondance, qui met en cause le plan graphique outre les deux domaines de la langue : le caractère d'écriture, le monème et la syllabe coïncideraient régulièrement. Dès lors, la description phonologique s'engagerait dans des conditions particulièrement favorables, puisque le cadre syllabique s'imposerait, et que la nature signifiante des formes orales serait toujours assurée.

PHONOLOGIE

Ces formes, dont le nombre est d'environ 1 250 en chinois commun, se répartissent d'abord en quatre séries parallèles entre les termes du système tonal. Exemple : *mā* « maman », *má* « chanvre », *mǎ* « cheval », *mà* « injurier ».

TONS

La fonction distinctive des tons serait assurée par des oppositions d'ordre mélodique, les inflexions étant représentées comme ceci (avec les conventions de Y. R. Chao) : ┐ (55), ╱ (35), ╲╱ (214), ╲ (51). Toutefois, des différences notables apparaissent dans les réalisations de formes segmentales phonologiquement identiques, qu'il paraît justifié d'attribuer à la quantité : par exemple, [wI, yU] aux tons 1 et 2, à côté de [wei, you] aux tons 3 et 4. De ce fait, il serait possible d'envisager une organisation où les tons s'opposeraient deux à deux — 1/2 et 3/4 — à la façon des termes d'un système ponctuel, l'opposition des deux couples étant assurée par la longueur (moindre dans le premier).

Dans l'usage occidental, les tons sont désignés par des numéros d'ordre (comme ci-dessus). Les termes chinois correspondants sont d'allure descriptive : « égal *yin* (femelle) », « égal *yang* (mâle) », « montant », « partant »; mais ils ne s'appliquent pas aux réalisations de la langue moderne. Les termes « égal » *(ping)*, « montant » *(shǎng)* et « partant » *(qù)* appartiennent à une tradition que l'on fait remonter au Vᵉ siècle de notre ère; ils semblent avoir été choisis pour qualifier les trois tons fondamentaux du chinois ancien et en même temps les illustrer. Quant aux termes *yin* et *yang*, « femelle » et « mâle », ou « obscur » et « clair », ils correspondent à une différence de registre qui, dans cette langue, était déterminée par la qualité sourde ou sonore de l'« initiale », et n'était donc pas pertinente.

Les formes quasi syllabiques (segmentales : qui font abstraction du ton) sont, à une unité près, au nombre de 400 en chinois commun. Il est au moins commode de se réclamer d'une tradition bien vivante pour faire précéder l'analyse phonématique de ces formes par le contraste de deux parties : initiale et finale.

INITIALES

L'« initiale » ne comprend qu'un segment phonématique; les unités paradigmatiques correspondantes, de nature consonantique, sont représentées dans l'usage officiel par 21 signes empruntés à l'alphabet latin :

b   d   z   zh   j   g
p   t   c   ch   q   k
f   s   sh   x   h
m   n
*   l   r*

Il suffit d'indiquer ici tout d'abord que l'opposition des deux premières séries repose sur l'aspiration, non sur la voix : le terme marqué de la corrélation serait donc le second *(p, t, c...)* ; ensuite que dans chacun des ordres de *z*, *zh*, et *j*, qui sont utilement décrits comme « alvéolaire », « rétroflexe » et « palatal », mais dont le statut phonologique est réservé, les deux premières unités se réalisent comme des affriquées.

FINALES

La « finale » est en principe une unité complexe; c'est ainsi que dans *huan* sont reconnus pour la « finale » trois phonèmes successifs : *u a n*. Et il suffit de faire abstraction des huit formes quasi syllabiques notées *zi, ci, si, zhi, chi, shi, ri* et *er* pour pouvoir présenter le système de ces « finales » à partir du triple inventaire que suggère cette analyse :

I — *(-ua*n*)* Quatre unités s'établissent en cette position (en fin de syllabe), qui sont représentées par *n, ng, i, u* (*o* après la lettre *a*); ex. : *lan, lang, lai, lao*. Ce système s'organise manifestement selon deux dimensions : nasal/oral, antérieur/postérieur. Les syllabes ouvertes telles que *la* représentent un cinquième terme pour ce paradigme : ∅.

II — *(-uan)* Les trois phonèmes *i, ü, u*, seuls susceptibles de figurer en tête de la « finale », s'organiseraient ainsi : antérieur (non arrondi) / moyen (ou antérieur arrondi) / postérieur (arrondi); ex : *yan, yuan, wan*, où *y, yu* et *w* sont des variantes graphiques de *i, ü* et *u* pour l' « initiale » ∅. Un quatrième terme s'établit à partir de formes comme *lan*, qui, là encore, est ∅.

Sur les 20 combinaisons (5 × 4) qui devrait résulter en arithmétique de ces deux inventaires partiels, 16 sont effectives; les 4 combinaisons impossibles étant : *i-i, *u-u, *ü-i, et *ü-u. Les formes de ces termes exclus suggèrent d'une part que les identifications impliquées par l'usage des mêmes lettres sont de nature organique, et non simplement phonétique; d'autre part, que l'unité représentée par *ü* possède un caractère complexe : cette unité pourrait dès lors être notée comme une séquence /iu/, l'ordre des éléments étant déterminé par les faits de distribution indiqués au paragraphe suivant. Cette interprétation ferait l'économie d'une unité paradigmatique *(ü)*, mais au prix d'une complication du syntagme : le système se dédoublerait en deux oppositions binaires successives, /i/∅/ (antérieur/non antérieur) et /u/∅/ (arrondi/non-arrondi); l'interprétation des quatre termes primitifs étant alors celle-ci : /i∅/ pour *i;* /iu/ pour *ü;* /∅u/ pour *u;* et /∅∅/ pour ∅. Entre les termes de la première opposition, les 16 combinaisons présentées au début de ce paragraphe se répartiraient ainsi : /∅/ : 9 combinaisons; /i/ : 7 combinaisons.

Ce mode d'analyse a sans doute le mérite de simplifier, en première approximation, la description des latitudes combinatoires du système des « finales » avec celui des « initiales » : les distributions de *ü* et de *u* sont en effet comprises dans celles, respectivement, de *i* et de ∅. Ainsi, pour la première série, choisie à titre indicatif :

	b	d	z	zh	j	g	∅
/i/	×	×			×		×
(∅)	×	×	×	×		×	×

Diverses théories ont été proposées pour rendre compte de la complémentarité de l'avant-dernier ordre *(j)* avec ceux de *z, zh* et *g;* mais aucune n'est suffisamment simple pour s'imposer dans un exposé comme celui-ci. Dans les limites qui sont admises ici, il n'y a place que pour deux solutions : traiter les palatales comme des variantes combinatoires des phonèmes de l'un des trois ordres complémentaires, cet ordre étant choisi arbitrairement, ou alors comme des réalisations d'un ordre d'archiphonèmes correspondant à l'ensemble de ces trois ordres phonématiques.

Si le tableau ci-dessus était représentatif, il impliquerait que 12 « initiales » — en comptant Ø — sont compatibles avec les 7 combinaisons en /i/ (soit 84 = 12 × 7), et 19 avec les 9 combinaisons en /Ø/ (soit 171 = 19 × 9). Mais le total de 255 est beaucoup trop élevé. Pour une meilleure approximation, il suffit de retrancher les incompatibilités suivantes : des 4 labiales et des quatre dentales avec les 3 combinaisons en /iu/ *(ü) :*   24
de f avec les 4 combinaisons en /i/ :   4
enfin, bien que ce ne soit pas entièrement vrai,
des 4 labiales avec les 4 combinaisons en /Øu/ *(u) :*   16
                                                    —
                                     Total   44

III — *(-uan)* Le rapprochement du reste (211) avec le nombre qui avait été indiqué pour le total des formes quasi syllabiques (400) suffit à faire apercevoir l'extrême simplicité du système qui se réalise en position centrale. Dans la grande majorité des cas, les trois quarts environ, il n'y a place ici que pour deux possibilités; et 7 fois sur 8 l'opposition tient de toute évidence au degré d'aperture vocalique : dans l' « Alphabet Phonétique Chinois », l'un des termes est régulièrement représenté par *a*, et l'autre, selon le contexte, par *e, o* ou Ø; exemples : *mǎi / měi* « acheter / joli »; *hào / hòu* « numéro / épais »; *lián / lín* « joindre / forêt ».

Pour les autres cas, la répartition approximative est celle-ci : 1 possibilité : 15 %; 3 possibilités : 10 %. Dans cette dernière situation, deux des termes sont toujours identifiés à ceux de l'opposition précédente; par exemple : *za / ze, gua / guo, jia / jie*. Quant au troisième terme, il est représenté à raison de 2 cas sur 7 par l'une des sept formes qu'il avait fallu réserver : *zi, ci, si, zhi, chi, shi, ri*. C'est comme le prolongement vocalique de l'initiale que sont généralement décrites les réalisations de l'élément qui est ici représenté par *i,* l'utilisation de cette lettre étant rendue possible par les faits de distribution exposés ci-dessus; mais il est intéressant de remarquer que dans certains usages, et notamment dans une version provisoire du système de Pékin, cette finale n'était rendue par aucune lettre, chacune des formes en question étant notée sans ambiguïté par l'« initiale » seule (*z, c, s* etc.). De fait, dans la mesure où il faut considérer ce « prolongement vocalique » comme une « finale » pour l'opposer à l'ensemble des combinaisons qui possèdent ce statut, c'est bien comme une finale ∅ qu'il y a lieu de l'interpréter.

Une interprétation similaire peut être proposée pour les cinq autres cas qui relèvent de cette situation, et où le troisième terme est représenté par des formes telles que *gu* ou *ji :* là encore, il serait posé une forme ∅ avec un statut supérieur au phonème, mais, à la différence du cas précédent, inférieur à la « finale »; il s'agirait alors du segment correspondant aux deux paradigmes décrits aux paragraphes 3 et 1, et auquel pourrait convenir le terme de « rime », ou de « rime minimum ».

Les couples de finales qui, pour des raisons phonétiques, échappent à la première interprétation (opposition de degré d'aperture), sont traités, au moins implicitement, comme des cas de réalisation défective du système qui vient d'être décrit, et où la différenciation est au maximum, par exemple, *du | duo | *dua; bi | bie | *bia; ju | jue | *jua*. Mais c'est au système le plus simple, dont ils représenteraient de même des réalisations défectives, que sont généralement référés les cas qui ne comportent qu'une possibilité : *a | *e (o, ∅)*, par exemple *bao, dian, biao;* ou **a | e (o, ∅)*, par exemple *dui, zui, ding, dong, qiong, yong* (dans les « finales » *ong* et *iong, o* et *io* s'interprètent comme des variantes graphiques de *u* et *ü*).

C'est seulement pour un inventaire partiel, limité aux « finales » monophonématiques, qu'il pourrait être fait état d'un système vocalique plus complexe. En tout, six unités seraient alors en cause : *i, u, ü, a, e* (ou *o*) et ∅ (représentant la finale de *zi* etc.), mais avec un maximum de cinq — les cinq premières — pour un même paradigme: en combinaison avec les initiales *n, l* et ∅. Pour le reste, les faits s'ordonneraient de la façon suivante :

LE CHINOIS

4 unités *(a, e, i, u)* pour les initiales *b, p, m, d, t;*
4 unités *(a, e, ∅, u)* pour les alvéolaires et les rétroflexes;
3 unités *(a, e, u)* pour les vélaires et *f;*
2 unités *(i, u)* pour les palatales.

En marge du système qui vient d'être décrit pour les formes quasi syllabiques, et participant de ce statut, se situe la forme notée *er* (exemple : *èr* « deux »).

Dans son ensemble, cette description ne porte que sur les formes qui correspondent régulièrement, dans le syntagme, à un seul caractère d'écriture. Cette règle, qui procède du monosyllabisme, comporte cependant une dérogation: c'est à deux caractères que correspondent les formes telles que *zhuōr* « petite table ». Pour la première articulation, elles s'interprètent le plus souvent comme des séquences de deux monèmes, le second étant identifié à un suffixe diminutif *(ér)*. Mais pour la deuxième articulation, c'est assurément d'un segment monosyllabique qu'il s'agit. Le système secondaire de « finales » que fondent ces formations s'établit en relation avec le système primaire comme un paradigme moins différencié où les oppositions tonales se trouvent parfois en cause. On se contentera de retenir qu'il n'est pas tenu compte de ces faits dans l'usage officiel de Pékin, où les formes en question sont notées simplement par l'addition de la lettre *r* aux formes primaires.

Enfin, il convient d'indiquer que seules sont considérées ici les formes monosyllabiques réalisables dans les conditions optima : c'est-à-dire soit isolément, soit dans des conditions d'accentuation favorables. A propos de l'accent dynamique, il suffira de signaler que, d'une part, il en résulte une unité prosodique supérieure à la syllabe; et d'autre part que cet accent détermine par contraste une situation d'atonie, qui conduit à reconnaître au système tonal une unité supplémentaire : un ton « neutre » ou nul.

GRAMMAIRE

(1) *nǐ shi 'xuésheng* « tu es étudiant »
(2) *tāmen yǒu 'chē* « ils ont une (des) voiture »
(3) *chē 'kuài* « la (les) voiture est rapide »

(4) *tā 'lái* « il vient »
(5) *xià 'yŭ* « il pleut » (tomber pluie)
(6) *wŏ măi 'shū* « j'achète un (des) livre(s) »
(7) *tā gĕi wŏ 'qián* « il me donne de l'argent »
(8) *wŏ yào măi 'shū* « je veux acheter un (des) livre(s) »
(9) *wŏ jiào ta măi 'shū* « je lui fais acheter un (des) livre(s) ».

PHRASE

Tous ces énoncés constituent des phrases simples. A ce titre, et malgré une diversité dont ils sont censés donner un aperçu, ces énoncés doivent être d'abord référés à un système paradigmatique commun : dans la mesure où elles participent des mêmes options, ces phrases représentent des solutions identiques.

NÉGATION

Ces phrases sont toutes affirmatives : les formes négatives correspondantes seraient :
(1) *nĭ bú shi xuésheng;* (3) *chē bú kuài;* (8) *wŏ bù măi shū*. L'affirmatif s'établit donc ici comme le terme non marqué d'un rapport privatif : V / *bu* V. Il est cependant un cas (phrase 2) où ce rapport présente une forme particulière, *yŏu / méi(yŏu)*, avec deux variantes pour le négatif; et ce n'est alors qu'avec la variante longue *(méiyŏu)* que l'affirmatif apparaît comme un terme non marqué. Quant aux autres phrases du répertoire, elles illustrent toutes des contextes qui donnent lieu à deux formes négatives, et où *bu* et *méi(yŏu)* sont en opposition; ainsi, (phrase 4) *tā* bù *lái / tā* méi (yŏu) *lái* « il ne vient pas / il n'est pas venu ». Le rapport des deux négations est proportionnel à celui qui existe entre les deux formes affirmatives *tā lái / tā lái-le* (soit ∅ / *-le*), et dont le contenu est généralement référé à l'aspect : *méi (yŏu)*, avec ses deux variantes, est une forme cumulative qui s'établit dans cette proportion comme le terme doublement marqué. Mais l'aspect, à la différence de celles qui font l'objet de ces trois paragraphes, est une catégorie qui ne peut être rapportée à la phrase, puisqu'elle n'intervient pas dans tous les énoncés qui possèdent ce statut. Autrement dit, il convient de s'en tenir, à ce niveau, aux formes non marquées du point de vue de l'aspect : soit, pour la

forme (a). Un premier degré d'expansion paraît donc constitué ici par *yi-liàng, sān-běn, wǔ-ge,* où l'on distingue habituellement deux éléments successifs : le « numéral » et le « nom auxiliaire » (parmi les synonymes du dernier terme, on retiendra : « classificateur », « numérateur » et « particule numérale » qui appartiennent à un usage traditionnel). Mais le seul cas représenté ici, où le « numéral » ne comprend qu'un monème, est en fait un cas limite. Voici une illustration d'un cas quelcônque :

sān-qiān wǔ-bǎi èr-shí wǔ-ge xuésheng
3 1000 5 100 2 10 5   étudiants

NUMÉRAL

Le « numéral » s'interprète comme un polynôme, dont les termes (en coordination : à additionner) correspondent aux ordres successifs de la numération décimale. A présenter chacun de ces termes comme une multiplication (3 × 100, 5 × 100...) on est sans doute amené à rattacher cette opération, comme un cas particulier, à la « détermination » (trois milliers, cinq centaines.) Mais il est clair, en tout état de cause, que *sān* et *qiān*, *wǔ* et *bǎi*, *èr* et *shí*, enfin *wǔ* et *ge* se trouvent dans une relation identique, où *qiān, bǎi, shí* et *ge* sont des formes « substantives » correspondant respectivement aux unités du quatrième, du troisième, du deuxième et du premier ordre. Le « nom auxiliaire » ne peut donc être mis en contraste avec le « numéral », puisqu'il en fait partie.

« CLASSIFICATEUR »

L'originalité de cet élément tient cependant à la diversité des formes qui lui correspondent, et le terme de « classificateur » est fait pour suggérer qu'il en résulte des distinctions comparables au genre. Mais les classes génériques qu'il invite à considérer présentent des disproportions d'effectif singulières : c'est ainsi que la classe correspondant à *ge* accapare près du tiers des formes nominales, alors que *liàng* ne convient qu'à *chē* et à ses composés. D'autre part, le nombre de ces classes serait considérable et peut-être indéterminé. Au demeurant, il n'est guère possible de s'en tenir à la présentation des « classificateurs » qu'implique cette théorie, et qui revient à traiter ces formes comme des variantes combinatoires : avec *gŏu* « chien », *tiáo* et *zhī* sont apparemment des variantes libres; et inversement, c'est en vertu d'une véritable opposition que s'établit la forme *bĕn* « volume » (comp. *yí-bù shū* « un ouvrage »). Or cette dernière situation n'est nullement exceptionnelle : chacune des formes considérées commute en tout cas avec *zhŏng* « sorte » (exemple : *yí-liàng chē* « un véhicule » / *yí-zhŏng chē* « une sorte de véhicule ») et de ce fait procède au moins d'une opposition significative. Une seule forme fait exception : *zhŏng* en combinaison avec les « noms abstraits » (p. ex. *guānxi* « relation »), qui ne peut faire l'objet d'aucune commutation. A propos de cette forme, on retiendra qu'elle peut servir à définir une classe « nominale », tout en faisant apparaître une organisation dichotomique de cette classe du type « abstrait » / « concret »; dans la seconde sous-classe figureront notamment les « noms personnels », dont il sera question plus loin.

En marge de ce système s'établit une classe de formes « quasi nominales », très peu nombreuses, qui correspondent à la fois, dans le syntagme, au « nom auxiliaire » et au « nom » (exemple : *yí tiān* « un jour », *yí nián* « un an »; mais *yí-ge yuè* « un mois »).

Dans les expansions présentées ci-dessus, la seconde forme (b) ne diffère de la première que par la présence d'un monème supplémentaire. En raison de sa position, et aussi du fait qu'il correspond à une classe fermée, ce monème sera désigné par le terme purement descriptif de « préfixe ». La forme préfixée suppose donc la forme non préfixée; et cependant elle ne peut être considérée comme une expansion de celle-ci : (a) commute avec *chē* dans la phrase (2) *(tāmen yŏu yí-liàng 'chē)*, mais non dans la phrase (3); inversement, (b) n'est guère susceptible de commuter dans la phrase (2), du moins avec la seule formule d'accentuation *(zhèi-liàng 'chē)* qui permette de rattacher directement cette forme à *chē* au titre de l'expansion (pour une démonstration de ce fait il faudrait faire intervenir les formes de l'interrogation secondaire).

Autrement dit, (a) et (b) commutent toujours avec la forme de base, sans que l'inverse soit vrai. Deux fonctions bien distinctes s'établissent donc pour les formes nominales, avec une différence de contenu qui est sans doute celle de l'actuel et du virtuel, mais que, pour la traduction en français, il paraît plus commode de référer à la relation du défini et de l'indéfini. Le préfixe en tant qu'élément — au-delà des valeurs particulières — serait la marque de l'actuel; et serait de même actualisée la forme nominale de base dans les contextes où elle commute avec la forme préfixée.

PERSONNE

Les « noms personnels » ont ceci de caractéristique qu'ils participent dans certains cas de l'opposition de nombre qui intervient dans le système des pronoms personnels, et correspond à l'emploi du suffixe *men :* 1. *wǒ / wǒmen* (exclusif) / *zámen* (inclusif); 2. *nǐ / nǐmen*; 3. *tā / tāmen;* et de même : *xuéshengmen* « les étudiants »; alors que pour les formes nominales non personnelles, qui sont incompatibles avec ce suffixe et que le pronom pluriel *tāmen* ne peut pas représenter, le nombre n'est jamais qu'une affaire de contexte. Toutefois, il n'est pas possible d'étendre purement et simplement l'opposition de nombre à la paradigmatique du nom personnel : car si la forme suffixée correspond toujours à un pluriel, ce n'est pas nécessairement comme un singulier, contrairement au pronom, que s'interprète la forme non suffixée; ainsi, *xuésheng(men) dū lái le* « voilà que viennent tous les étudiants », en face de *tāmen dōu lái le* « voilà qu'ils viennent tous ». D'autre part, il convient de remarquer qu'avec un nom personnel, le suffixe *men* n'est jamais employé en dehors de contextes qui impliquent le défini (ou si l'on préfère, l'actuel); autrement dit, parmi les expansions de *xuésheng*, seules commutent avec *xuéshengmen* les formes préfixées (comme *zhèi-sān-ge xuésheng* « ces trois étudiants »), encore que celles-ci ne soient pas elles-mêmes susceptibles de recevoir le suffixe du pluriel (**zhèi-sān-ge xuéshengmen* est impossible). On peut observer dans la langue commune, et plus particulièrement dans les usages littéraires, une tendance à employer ce suffixe chaque fois que la chose est possible. Mais dans la mesure où cette tendance n'aboutira qu'à normaliser un usage jusque-là facultatif, il n'en résultera une différenciation supplémentaire que pour l'une des deux fonctions (« défini »); soit un système de trois termes : défini sing. / défini plur. / indéfini.

D'autres éléments que ceux de (a) et (b) participent à l'expansion du nom; notamment :

(c) *hǎo chē* « bonne voiture »; *hěn hǎo de chē* « très bonne voiture »;

(d) *lái de xuésheng* « étudiant(s) qui est venu »; *zuótian lái de xuésheng* « étudiant(s) qui est venu hier »;

(e) *wǒ de chē* « ma voiture »; *wǒ péngyou de chē* « la voiture de mon ami ».

Dans la plupart de ces formes, qui s'interprètent sans peine comme des déterminations, les éléments (« constituants immédiats ») sont démarqués par *de*. Dans le premier exemple de (c) l'emploi du démarcatif est également possible, sans qu'une différence de contenu en résulte de façon certaine. Mais il est bien certain qu'aucune différence n'en résulte pour la seconde forme de (e) — quand le déterminant est constitué lui-même par une détermination : *wǒ (-de) péngyou de chē* « le véhicule de mon ami » — ni d'ailleurs pour la première forme dans des cas qui évoquent la possession inaliénable, lorsque le déterminant est représenté par un pronom personnel (exemples : *wǒ (-de) shǒu* « ma main », *tā (-de) fùqin* « son père »); le démarcatif est alors rarement employé.

Le mode d'agencement des divers éléments de l'expansion nominale dans les formes qui les combinent s'établit aisément à partir d'exemples comme ceux-ci :

wǒ de yì-běn hěn hǎo de shū
wǒ de zhèi-liàng-běn hěn hǎo de shū

Soit, (e)-(a ou b)-(c). Mais la forme non préfixée comporte une variante :

wǒ hěn hǎo de yì-běn shū, soit (e)-(c)-(a).

NOMS COMPOSÉS

Parmi les noms composés, ceux qui relèvent de la détermination sont à coup sûr les plus nombreux; par exemple : *huǒ-chē* « train » (véhicule à feu), *diàn-chē* « tramway » (véhicule électrique), *qì-chē* « automobile » (véhicule à gaz) qui donne à son tour *gōnggòng-qìchē* « autobus » (automobile publique). Les composés de ce type participent en principe des propriétés de la forme de base — ils requièrent notamment les mêmes « classificateurs » dans les deux premiers types d'expansion — et pour l'économie de la communication, ils sont d'ailleurs, comme les trois formes de l'expansion décrites en dernier, remplacés par la forme de base aussi souvent que le permet la situation (et non seulement le contexte linguistique).

PRONOMS DÉMONSTRATIFS

Les seuls pronoms démonstratifs dont on puisse faire état sont représentés par les formes *zhè* (~ *zhèi*) « ceci » et *nà* (~ *nèi*) « cela » lorsqu'elles apparaissent en début de phrase devant la copule *shi* (phrase 1); exemple : *zhèi shi shū* « c'est un livre » ou « ce sont des livres ». Ces formes sont celles des préfixes démonstratifs; et c'est sans doute comme des variantes économiques des adjectifs marqués par ces préfixes (dans l'expansion (b) : par exemple, *zhèi-ge*, *nèi-sān-běn*) qu'il convient de les interpréter pour cet emploi: comme tous les adjectifs (par exemple *yì-běn*, *hǎo-de*), ceux-ci alternent régulièrement, dans les contextes qui permettent l'ellipse du nom, avec les formes de l'expansion qu'ils caractérisent.

LOCATIFS

En revanche, un système de pronoms locatifs (*zhèr* ~ *zhèli* « ici », *nàr* ~ *nàli* « là, là-bas », *nǎr* ~ *nǎli* « où ? ») s'établit dans tous les contextes qui admettent les formes nominales correspondantes, celles-ci étant généralement suffixées : par exemple, *chē-shang* « sur la voiture », *chē-li* « dans la voiture » etc. Les suffixes locatifs s'organisent par couples en une classe fermée : *qián / hòu* « devant / derrière », *lǐ / wài* « dans / hors de », *shàng / dǐxia* « sur / sous ». Mais chacun de ces suffixes alterne avec des formes composées (*qiántou*, *qiánbian*; *hòutou*, *hòubian*, etc.) dont les noms locatifs apparaissent en même temps comme des expansions : *chē-li* « dans la voiture » alterne avec *chē-lǐtou*; mais *chē-lǐtou* peut s'interpréter comme une expansion de *lǐtou* « dedans » (cf. *lǐtou yǒu xuésheng* « dedans il y a des étudiants »). Aussi la meilleure solution consiste-t-elle sans doute à faire l'économie du « suffixe locatif » en tant que classe distincte, et à traiter les formes simples comme des variantes des formes locatives composées. Cette solution paraît d'autant mieux justifiée qu'il n'existe pas de variante simple pour certaines de ces formes, comme *zuŏbianr* « gauche », *yòubianr* « droite » ou *dĭxia* « dessous ».

Les formes locatives ne sont pas représentées au répertoire. Mais elles conviennent aux deux premières phrases en remplacement du pronom personnel. Par exemple :
nàr shì xuésheng « là, ce sont des étudiants »
nàr yŏu xuésheng « là, il y a des étudiants ».

VERBES D'EXISTENCE

La situation qu'illustrent ces deux phrases est intéressante à plus d'un titre. Il faut retenir, en premier lieu, qu'elle permet d'opposer les deux formes verbales *shì* et *yŏu*. Le plus souvent, comme dans les phrases (1) et (2), celles-ci ne commutent que de façon fortuite; elles se traduisent alors respectivement par les verbes « être » et « avoir ». Mais dans ce nouveau contexte, après une forme locative, *shì* et *yŏu* commutent régulièrement; il semble même que le paradigme soit constitué uniquement par ces deux formes et leurs expansions. Elles évoquent alors l'une et l'autre la notion d'existence, avec une différence qui serait à peine accentuée dans des traductions comme celles-ci : « il n'y a que... / il y a notamment... » Le contexte qui résulte de la permutation des éléments nominaux n'admet qu'une forme verbale : *zài* (par exemple : *xuésheng zài zhèr* « l'étudiant est ici »); et à propos de la relation qui s'établit ainsi entre cette forme et les deux verbes d'existence, on serait tenté de faire appel à la notion de neutralisation. Dans le sens de cette interprétation, on peut retenir qu'en face des formes négatives *bú-shì* et *méi(yŏu)*, dont il a déjà été question, on trouve pour *zài* au négatif aussi bien *bú-zài* que *méi(yŏu)-zài*, et cela comme de simples variantes; alors qu'en règle générale, avec toutes les formes verbales qui les admettent l'un et l'autre, les deux adverbes du négatif sont en opposition.

SUJET

Cette situation peut servir d'autre part à rendre manifestes les conditions d'application de la notion de sujet à une langue comme celle-ci. Dans l'enseignement élémentaire du chinois, il est d'usage de réserver ce terme aux cas, comme dans les phrases du répertoire, où il s'applique à l'élément correspondant de la traduction. Mais formellement, rien ne permet d'analyser différemment deux phrases comme *tāmen yŏu shū* « ils ont des livres » et *nàr yŏu shū* « là-bas il y a des livres ». Autrement dit, il n'y a que deux solutions à envisager : ou bien renoncer à parler de sujet dans un cas comme dans l'autre; ou bien présenter *nàr* comme le sujet de la seconde phrase, quitte à réviser cette notion et à ne l'utiliser à propos du chinois qu'avec certaines réserves. Mais on peut se demander s'il est possible de conserver un terme comme celui de sujet sans lui faire perdre tout contenu, pour désigner un élément dont on sait qu'il n'est pas nécessaire à la phrase, et que, pour rendre compte de l'ensemble des faits (pause virtuelle, contenu défini...) on est amené à ne considérer que comme une référence explicite au contexte : comme un élément marginal, c'est-à-dire extérieur à la communication proprement dite, et en principe redondant.

ERGATIF

L'introduction (par Frei) de la notion d'ergatif dans la grammaire chinoise n'a guère entamé ce problème, dans la mesure où elle a servi uniquement à expliquer une construction exceptionnelle, qui n'existe que concurremment avec la forme non marquée, et que presque jamais on ne trouve à l'état pur : c'est-à-dire en l'absence d'un élément nominal considéré comme le sujet. Dans cette construction, l'objet direct est placé avant le verbe, et il est introduit par la préposition *bă;* ainsi (phrase 7), *tā bă qián gĕi wŏ* « il me donne de l'argent » en face de « *tā gĕi wŏ qián* « il me donne de l'argent ».

Comme le montre la traduction, l'objet direct est alors actualisé. Mais l'actualisation est le fait de la position (avant le verbe), puisqu'elle s'effectue également lorsque l'objet direct est placé en tête de la phrase et sans préposition (*qián, tā gĕi wŏ le* « l'argent, voilà qu'il me le donne »). Le régime de *bă* n'est pas seulement actualisé : il posséderait en outre, et en propre, les particularités de contenu qui sont celles du complément « inerte » de la construction ergative, et le fait que parfois — très rarement il est vrai — le sujet d'un verbe intransitif puisse également être marqué par la préposition *bǎ* permettrait effectivement de le présenter comme tel (exemple : *bǎ tā fùqin bìng le* « voilà que son père tombe malade »). Mais s'agissant de ce dernier cas, on peut se demander s'il est raisonnable de faire reposer tout le poids d'une distinction aussi importante que celle de l'ergatif et du non ergatif sur l'emploi d'une forme comme *bǎ,* dont on comprend fort bien qu'en l'absence d'autres éléments nominaux elle soit presque toujours omise.

A la vérité, ce n'est pas seulement dans la construction ergative qu'on observe une similitude de traitement entre l'objet du verbe transitif et le sujet de l'intransitif. De même que celui-là — dont la place « normale » est après — précède le verbe dans certaines conditions, celui-ci est toujours susceptible d'être placé après le verbe. Quant au contenu, il est alors, si l'on peut dire, désactualisé, c'est-à-dire que, comme l'objet après le verbe, il présente une virtualité : ainsi, *rén lái le* « voilà que vient la personne (attendue) », en face de *lái rén le* « voilà qu'il vient quelqu'un » ; et de même, car la phrase (5) ne peut s'expliquer autrement que dans cette relation : *xià yǔ le* « voilà qu'il pleut » en face de *yǔ bú xià le* « la pluie ne tombe plus ».

Mais il existe un autre procédé pour rendre le sujet virtuel. Ce procédé, qui consiste à l'introduire par le verbe *yǒu* « y avoir » (ainsi, *yǒu rén lái* « il y a quelqu'un qui vient »), et donc à en faire le régime de ce verbe, est d'ailleurs le seul qui convienne au sujet d'un verbe transitif (par exemple, *yǒu rén gěi wǒ qián* « il y a quelqu'un qui me donne de l'argent » ou *yǒu rén dǎ wǒ le* « il y a quelqu'un qui m'a frappé »). Or, dans le cas d'une construction ergative, le verbe *yǒu* peut être remplacé par l'une des deux formes *ràng* ou *jiào,* qui d'autre part sont tantôt des verbes transitifs et tantôt des causatifs (par exemple dans la phrase 9), mais que dans cet emploi il faut classer parmi les prépositions, et interpréter comme des variantes (*ràng,* plus fréquent, serait la forme fondamentale) servant à marquer l'agentif dans la construction ergative. Sans doute serait-il abusif de traiter *yǒu* dans le cas présent comme une autre variante de *ràng :* à l'inverse de *yǒu, ràng* ne figure pas nécessairement en tête de la phrase (ainsi, *tā ràng rén dǎ le* « il a été frappé par quelqu'un ») ;

d'autre part, ces deux formes ne sont pas toujours exclusives l'une de l'autre; par exemple, *yŏu rén ràng ta dă le* « quelqu'un a été frappé par lui ». En fait, et c'est ce qui ressort de la même phrase, *yŏu* peut aussi servir, dans la construction ergative, à marquer l'élément nominal qui correspond au complément « inerte » (comparez : *(ràng) tā bă rén dă le* « il a frappé l'homme »). Mais s'il est bien certain que jamais *yŏu* et *bă* ne sont équivalents, c'est parce que le régime est toujours actuel avec *bă,* et toujours virtuel avec *yŏu*. Au contraire, il semble bien que le choix soit libre lorsqu'il porte sur *yŏu* et sur *ràng* (~ *jiào*) ; mais s'il en est ainsi, il faut considérer que comme celui de *yŏu,* le régime de *ràng* est virtuel, ou tout au moins que l'opposition du virtuel et de l'actuel n'intervient pas dans le contenu de cette forme.

VERBE

L'unité de la classe verbale est démontrée par l'existence de divers modes d'expansion qui lui sont propres, et qu'il est commode de grouper sous le titre traditionnel d'adverbe.

ADVERBE

A dire vrai, ce n'est pas au verbe seul qu'il convient de rapporter l'adverbe, mais à un élément plus important de la phrase, qu'il y a lieu, peut-être, de reconnaître comme le prédicat, et qui, généralement, comprend une forme verbale. Toutefois, certains adverbes peuvent être employés en l'absence d'un verbe avec un prédicat nominal : par exemple : *tā yĕ sì-shi suì* « lui aussi a quarante ans ». Mais il n'en va pas de même pour la négation : en effet, la forme négative d'une phrase comme *tā sì-shi suì* fait toujours apparaître un verbe : *tā bú-shì sì-shi suì* « il n'a pas quarante ans » ou *tā méiyŏu sì-shi suì* « il n'a pas encore quarante ans ».

S'il faut reconnaître à la négation *bu* une place privilégiée parmi les formes adverbiales, c'est parce qu'elle peut servir à définir la classe verbale. *Kuài* « rapide », dans la phrase (3) — et de même *dà* « grand », *hăo* « bon » — a sans doute des propriétés bien différentes de celles que l'on a reconnues à *lái* « venir » dans la phrase (4); et c'est ce que suffit à montrer la comparaison de *kuài chē* « voiture rapide » et de *lái rén* « il vient quelqu'un ». Mais il reste que le négatif de *kuài* est *bú-kuài*, de même que le négatif de *lái* est *bù-lái*, et c'est là une raison suffisante pour classer *kuài* parmi les verbes.

SHI ADVERBIAL

La forme *shi*, qui figure parmi les adverbes, mérite qu'on s'y arrête, ne serait-ce qu'en raison de l'identification avec le verbe d'existence dont elle fait l'objet dans le lexique. Cette forme est toujours susceptible de deux emplois, qu'il convient de bien distinguer, sinon de dissocier : tantôt elle est atone, comme le verbe d'existence (par exemple, phrase (4) *tā shi lái*, phrase (6) *tā shi mǎi shū*), et tantôt accentuée (*tā 'shì lái, tā 'shì mǎi shū*). Dans le second cas, *'shì* s'interprète comme la marque emphatique d'une réponse qui contredit l'attente de l'interlocuteur (par exemple, *tā bù mǎi shū ba?* — *tā 'shì mǎi shū* « n'est-ce pas qu'il n'achète pas de livres ? — mais si, il en achète »); alors que la forme atone, qui est propre à l'interrogation alternative, sert à marquer d'abord les deux éléments de la question et ensuite la réponse : *tā shi mǎi shū shi mǎi zhǐ?* « est-ce qu'il achète des livres ou du papier ? ». En raison d'une variante, *háishi*, qui est propre à la forme atone, on peut être conduit à dissocier les deux emplois malgré la similitude des fonctions; malgré aussi l'identification avec le verbe d'existence qui les concerne ensemble, et qui s'effectue non seulement dans le lexique, mais parfois aussi dans le syntagme : c'est ainsi que dans la première phrase, ces distinctions sont assurées exclusivement par le jeu de l'accent : *tá 'shì xuésheng / tā shì xuésheng*, la seconde forme étant donc ambiguë.

L'inventaire ordonné de la classe adverbiale ferait apparaître une organisation des plus complexes. On retiendra cependant la possibilité de dégager deux sous-classes symétriques, en se fondant sur l'incompatibilité avec l'un des deux termes marqués de la catégorie modale (sinon sur l'implication du terme opposé). C'est ainsi qu'avec *yǐjing* « déjà » ou *kuài* « bientôt » la présence de la particule modale *le* serait assez probable; et de même celle de *ne* avec *hái* « encore ». En tout état de cause les énoncés suivants paraissent impossibles : **tā yǐjing gěi wǒ qián ne* ou **tā hái gěi wǒ qián le*.

ASPECT

En relation avec le mode s'établit d'autre part un système d'oppositions attribué souvent à l' « aspect », et où l'on reconnaît d'une part une classe fermée de formes suffixales, et d'autre part une classe ouverte de « compléments résultatifs ».

SUFFIXES

C'est généralement sur la suffixation que l'on fait reposer la dichotomie fondamentale de la classe verbale; les verbes « suffixables » sont représentés au répertoire par les phrases (4) à (7). Quatre termes s'établissent pour ce paradigme : ∅ (*mǎi*), *le* (*mǎile* « avoir acheté »), *guo* (*mǎiguo* « avoir acheté antérieurement »), *zhe* (*mǎizhe* « être en train d'acheter ») que l'on peut organiser commodément selon deux dimensions : l'une (∅, *zhe* / *guo, le*) paraît évoquer l'opposition classique de l'infectum et du perfectum; l'autre (∅, *guo* / *le, zhe*) peut être utilement référée à l'opposition de l'actuel et de l'inactuel. A propos de la forme non marquée, on peut noter qu'elle s'interprète généralement comme un présent d'intention ou d'habitude. Les relations d'implication qui s'établissent entre ce système et le mode sont essentiellement celles-ci : dans certaines conditions (qui sont réalisées dans les phrases du répertoire), *le* et *zhe* impliquent respectivement les particules modales *le* et *ne* (*mǎile shu le* et *mǎizhe shū ne*), tandis que *guo* est simplement incompatible avec *ne*. De sorte que sur les douze termes théoriques qui résulteraient de la combinaison de ces deux paradigmes, il ne s'en réalise que sept. Une remarque peut être faite à propos de l'ambiguïté (résolue par le contexte) des formes où le verbe figure en fin de phrase : *tā láile* « il est venu » (le signifiant discontinu *le… le* étant alors représenté par une forme unique), et *tā lái le* « voilà qu'il vient ».

RÉSULTATIF

Le composé résultatif s'établit formellement par identification avec un couple de formes dites potentielles; par exemple : *măi-zháo* « se procurer par achat » (objet rare) : *măi-de-zháo* / *măi-bu-zháo* « arriver à » / « ne pas arriver à se procurer etc. »; *kàn-jiàn* « voir » (regarder-percevoir) : *kàn-de-jiàn* / *kàn-bu-jiàn*. Les éléments composants correspondent l'un et l'autre à des classes ouvertes, encore que pour le second — le « complément résultatif » — l'effectif soit relativement moins important (avec une structure statistique assez différenciée), et qu'il y ait lieu d'y reconnaître deux systèmes partiels fermés : d'une part *shàng* / *xià* / *jìn* / *chū* / *huí* / *guò* / *qǐ* « lever / baisser / entrer / sortir / retourner / passer / lever », et d'autre part *lái* / *qù* « venir / aller ».

Le premier paradigme implique généralement le second (par exemple, *ná-jin shū lái* « apporter les livres en entrant »), les formes obtenues par combinaison n'étant cependant qu'au nombre de treize : **qǐ-qù* est en effet exclu. Mais l'inverse n'est pas vrai : *lái* et *qù* sont utilisés d'autre part comme des composants autonomes dans des formes comme *ná-lai* « apporter » ou *sòng-qu* « envoyer », qui s'interprètent indifféremment comme des composés résultatifs (cf. *ná-de-lái* « arriver à apporter », *sòng-bu-qù* « ne pas arriver à envoyer ») ou comme des formes verbales discontinues et non-résultatives (*ná shū lai* « apporter des livres », *sòng xìn qu* « envoyer des lettres »).

C'est dans la mesure où les suffixes verbaux d'une part et les compléments résultatifs d'autre part, se trouveraient dans un rapport d'exclusion mutuelle qu'il y aurait lieu d'envisager une catégorie commune (provisoirement l' « aspect ») avec une différence relative de spécificité entre les deux systèmes partiels. Cette catégorie se trouverait alors englobée dans une organisation plus vaste qui s'établirait principalement en fonction du mode et mettrait également en cause les formes adverbiales mentionnées en dernier. Quoi qu'il en soit, l'affinité des composés résultatifs et des formes verbales suffixées paraît bien démontrée par la forme de la négation appropriée, qui est (exclusivement) *méi(yŏu)* dans tous ces cas; par exemple : *măi-zhảo / méi mai-zhảo* de même que *măiguo / méi măiguo* et *măile / mei măi,* où cette forme est cumulative.

À propos des « potentiels » dont il a déjà été question, il importe de remarquer que la forme affirmative coïncide avec un cas particulier de la construction suivante, qui évoque également la notion d' « effet » ou de « résultat » : *păo-de kuài* « courir vite », où *kuài* apparaît comme le prédicat (mais comparez le « potentiel négatif » : *păo-bu-kuài* et l'expansion de l'autre forme : *păo-de bu kuài*). C'est bien d'un cas particulier qu'il s'agit ici, puisque, dans cette nouvelle construction, le prédicat peut être constitué par une forme quelconque, notamment par une proposition; par exemple : *tā nào-de wŏ shuì-bu-zhảo jiào* « comme il fait du tapage je n'arrive pas à dormir ».

Alexis RYGALOFF.

BIBLIOGRAPHIE

Yuen Ren CHAO, *Mandarin Primer,* 2 vol., Cambridge (Mass.), 1948.

Maurice COURANT, *La Langue chinoise parlée,* Paris-Lyon, 1914.

Paul DEMIEVILLE, *Le Chinois,* Cent cinquantenaire de l'École des Langues Orientales, Paris, 1948.

A. A. DRAGUNOV, *Recherches sur la grammaire de la langue chinoise contemporaine. I : Parties du discours,* Moscou-Leningrad, 1952 (en russe).

Henri FREI, *Un système chinois des aspects,* in « Acta Linguistica », Copenhague, 1941.

Henri FREI, *The Ergative Construction in Chinese : Theory of Pekinese pa,* in « Gengo kenkyû (Journal of the Linguistic Society of Japan) », pp. 31-32, 1956-1957.

M. A. K. HALLIDAY, *Grammatical Categories in Modern Chinese,* in « Transactions of the Philological Society », 1956.

Lü SHUXIANG, *Zhōngguó wénfă yàolüè,* « Éléments de grammaire chinoise », 3 vol., Shanghai, 1941, 7e éd., 1954 (en chinois).

Henri MASPERO, *La Langue chinoise,* in « Conférences de l'Institut de Linguistique de l'Université de Paris », 1933, Paris, 1934.

Henri MASPERO, *Modern Chinese Reader,* 2 vol., Pékin, 1958.

Alexis RYGALOFF, *La Phonologie du pékinois* in « T'oung-pao », XLIII/3-4, Leyde, 1956.

Alexis RYGALOFF, *La Classe nominale en chinois : déterminé / indéterminé,* in « Bulletin de la Société de Linguistique de Paris », LIII/1, 1957-1958.

H. F. SIMON, *Two Substantival Complexes in Standard Chinese,* in « Bulletin of the School of Oriental and African Studies », University of London, XV/2, 1953.

H. F. SIMON, *Some Remarks on the Structure of the Verb Complex in Standard Chinese,* ibid., XXI/3, 1958.

WANG LI, *Zhōngguó xiàndài yǔfǎ,* « Grammaire du chinois contemporain », 2 vol., Shanghai, 1943, 3e éd., 1950 (en chinois).

WANG LI, *Zhōngguó yǔfǎ lǐlùn,* « Théorie de la grammaire chinoise », 2 vol., Shanghai, 1944, 3e éd., 1951 (en chinois).

L'HÉBREU CONTEMPORAIN

PRÉLIMINAIRES

Au recensement de mai 1961, deux millions deux cent mille personnes ont déclaré avoir leur domicile stable en Israël. Du point de vue linguistique, on peut les répartir en trois groupes : deux cent mille personnes environ, dont l'arabe autochtone est la première et principale langue; cinq cent mille personnes environ dont l'hébreu est la première et principale langue; un million cinq cent mille n'ayant ni l'hébreu ni l'arabe autochtone comme première langue. Parmi ces derniers, certains emploient l'hébreu comme principal moyen de communication et d'expression. Ce sont surtout des personnes qui ont immigré en Palestine vers les années 30 et 40, alors qu'elles étaient encore dans la catégorie des enfants ou adolescents. Leur usage est plus ou moins marqué d'un « accent » dû à leur première langue. D'autres se servent d'une langue autre que l'hébreu comme principal moyen de communication. Il s'agit surtout de nouveaux immigrés dont l'usage, cela va sans dire, est caractérisé par des déviations portant sur la phonie, la sémantique et même la syntaxe. Une minorité, enfin, composée surtout de femmes âgées d'immigration récente, ne parle pas du tout l'hébreu.

Les Israéliens de langue hébraïque considèrent leur usage comme la dernière étape dans l'histoire de la langue hébraïque. Un aperçu très sommaire de cette histoire, fût-il extra-linguistique, s'impose donc.

En 1887, on découvrit à Tel-Amarna, en Égypte, un certain nombre de lettres adressées par les chefs cananéens au roi d'Égypte. Ces lettres, datées du ~ XIVe siècle et rédigées en babylonien, présentent certaines particularités qui ont permis aux sémitisants de conclure que la langue parlée par les auteurs de ces lettres n'était qu'une forme ancienne de l'hébreu biblique. Il paraît donc que l'hébreu était parlé au pays de Canaan avant la conquête des Israélites (∼ XIIIᵉ siècle). La variété littéraire de cette langue nous est connue par une partie considérable de l'*Ancien Testament*. Ce texte, de même qu'un nombre relativement grand d'inscriptions et de lettres mises au jour au cours de fouilles archéologiques en Palestine, ont permis aux spécialistes de conclure qu'à l'époque du premier Temple de Jérusalem (∼ 967/960- ∼586) la population faisait un usage constant de l'hébreu et que le menu peuple en faisait probablement un usage exclusif (cf. II *Rois*, XVIII, 26).

S'il est certain que l'hébreu biblique a cessé d'être parlé pendant la captivité de Babylone (∼586/∼538), les spécialistes ne sont pas d'accord sur la langue effectivement en usage parmi les exilés qui, depuis ∼538, retournaient par groupes en Judée pour reconstruire le Temple. Il est possible que pendant la période persane la communauté juive ait été trilingue, et se soit servie de l'araméen pour la communication avec l'extérieur et pour un nombre limité de genres littéraires, de l'hébreu biblique pour la composition littéraire et, probablement, d'une variété de l'hébreu, autre que l'hébreu biblique, dans la langue parlée. En effet, la colonie militaire juive d'Éléphantine, au ∼ Vᵉ siècle, rédigeait ses actes publics et ses lettres en araméen. Mais les solécismes, les corrections dans le texte et les hébraïsmes ont amené à conclure qu'ils auraient parlé l'hébreu entre eux. Si une partie des livres d'*Esdras* (∼ IVᵉ / ∼ IIIᵉ siècle), et de *Daniel* (∼ IIᵉ siècle) est écrite en araméen, les livres de *Jonas*, d'*Esther*, l'*Écclésiaste* et plusieurs *Psaumes*, rédigés eux aussi pendant la période du deuxième Temple, ont été écrits en hébreu biblique. Ces textes bibliques d'après l'exil présentent cependant des traits linguistiques qui nous permettent de supposer que leurs auteurs parlaient une variété de l'hébreu autre que l'hébreu biblique. Cette variété serait une forme ancienne de l'hébreu qui nous est connu dans sa forme littéraire par ce vaste ensemble de lois et de contes qu'est la littérature michnaïque (IIᵉ siècle après Jésus-Christ). Enfin, les rouleaux de la mer Morte, dépouillés depuis 1947, et que la plupart des philologues placent entre ∼ 190 et 100 après Jésus-Christ, sont en majorité rédigés en hébreu. L'étude détaillée du

Rouleau d'Isaïe nous révèle une structure à trois composantes principales : l'hébreu michnaïque, l'hébreu biblique fondamental, et l'hébreu biblique d'après l'exil.

À la fin de la période du second Temple, les Juifs résidant hors de Palestine, ainsi qu'un nombre assez important de ceux qui y vivaient, parlaient l'araméen et le grec. Ainsi les premiers évangélistes écrivaient leurs livres en araméen, et Jésus citait le texte biblique selon une traduction araméenne. Quoi qu'il en soit, les guerres de l'an 70 et la destruction de la Judée qui en fut la conséquence mirent fin à l'hébreu comme langue courante. Si d'un côté les lettres de Bar-Kosba, le chef militaire de l'insurrection de l'an 132, dépouillées tout récemment, attestent un emploi répandu de l'hébreu michnaïque, d'autre part un passage du *Talmud* de Babylone nous apprend que les docteurs du IIe siècle ne comprenaient plus les mots du verset d'*Isaïe,* XIV, 23, équivalant aux vocables français « je balaierai », et « le balai », alors que les servantes de ces mêmes docteurs s'en servaient encore dans leur langage usuel.

Le lexique de la linguistique n'offre pas de terme scientifique adéquat pour désigner l'état dans lequel l'hébreu a subsisté entre les années 200 et 1880, et le changement qui s'y est produit dans les quatre-vingts dernières années. Faute d'un terme scientifique, les linguistes, suivant en cela l'usage des historiens, se servent d'expressions métaphoriques comme « la reviviscence d'une langue assoupie », « la renaissance de l'hébreu », etc. Une esquisse de la réalité que désignent ces expressions métaphoriques nous paraît s'imposer.

Pendant dix-sept siècles l'hébreu n'a été d'usage oral que dans le rite et dans l'enseignement des Juifs. Pour les rapports journaliers, ils empruntaient le parler de leur entourage : ils se servaient du grec en Égypte hellénistique, de l'araméen au Moyen-Orient pré-islamique, des différentes variétés de l'arabe dans les pays arabes, des langues ou dialectes romans dans la Romania médiévale, et de l'allemand médiéval dans les pays rhénans.

Comme langue écrite, l'hébreu, plus ou moins pénétré d'araméen, se retrouve à l'école, dans la littérature, dans les lettres d'affaires et dans les archives des communautés. La littérature en hébreu comprend une gamme nuancée de genres : chants liturgiques, et, sur des modèles arabes, poèmes laïques et romans en prose rimée; grammaires, dictionnaires et commentaires de la *Bible,* traités de philosophie, de mathématiques, de médecine et de sciences naturelles; traités d'éthique et de mystique; dictionnaires de synonymes et traités de rhétorique; récits de voyage, chroniques et livres d'histoire; testaments moraux et, évidemment, *Responsa* et commentaires talmudiques. Cette littérature, riche aussi de quelques centaines d'ouvrages traduits surtout de l'arabe, n'a pas été inférieure en quantité ni, selon l'avis des spécialistes, en qualité, à celles des principales langues de la civilisation européenne à la même époque.

Vers la fin du XVIIIe siècle, le « mouvement des Lumières », écho lointain de l'humanisme européen et reflet affaibli des encyclopédistes français, adopta l'hébreu pour la propagation de son idéologie et créa ainsi une véritable renaissance de la littérature hébraïque laïque qui avait connu un grand essor au Moyen âge en Espagne musulmane. C'est alors (1783-1811) que parut en Allemagne la première revue hébraïque. L'hébreu s'imposait aux éditeurs pour porter à la connaissance de la population juive des nouvelles comme, par exemple, la lettre qu'avait adressée la communauté juive de Paris à l'Assemblée nationale (26 août 1789), et l'intervention de l'abbé Grégoire au sujet de l'affranchissement des juifs en France. En 1856 parut le premier hebdomadaire hébraïque, en Prusse orientale, où l'on pouvait lire entre autres des reportages d'actualité et des nouvelles commerciales.

Vers 1880, dans le cadre du mouvement national, s'esquisse une « renaissance de l'hébreu » en tant que moyen de communication et d'expression orales. L'initiateur de ce mouvement fut E. Ben-Yehuda. Originaire de Russie, il fit ses études à Paris et c'est là qu'il eut sa première conversation en hébreu (dans un café, boulevard Montmartre), son interlocuteur étant un juif d'Alger. Ben-Yehuda s'établit ensuite en Palestine et fit vœu de ne plus s'exprimer qu'en hébreu. Son fils, né en 1882, est la première personne qui ait reparlé l'hébreu comme première langue. En 1888, l'école de Richon-le-Sion, un des premiers villages établis par les pionniers juifs de l'Est de l'Europe, au sud de Jaffa, institua un enseignement complet en hébreu. En 1904, un groupe de grammairiens, d'écrivains et de représentants de différentes professions fonda le « Comité pour la langue hébraïque », en vue de faciliter et de diriger le mouvement d'adaptation de l'hébreu classique aux besoins d'une société moderne en voie de formation. Le premier lycée de langue hébraïque fut fondé en 1906. Dès 1913 l'hébreu fut introduit comme langue d'enseignement à l'École technique supérieure d'Haifa. Au recensement de 1916-1918 en Palestine, trente-quatre mille individus déclarèrent parler l'hébreu. Ils formaient 40% de la population juive résidant hors de Jérusalem. Le même recensement montre que 54% de la population parlaient l'hébreu à Tel-Aviv, et 77% dans les villages fondés par les pionniers.

Le mandat palestinien de 1921 reconnut l'hébreu comme une des langues officielles du pays, à côté de l'anglais et de l'arabe. L'hébreu fut désormais employé par l'administration mandataire en ce qui concernait la population juive, ainsi que dans les institutions juives autonomes (l'Agence juive, les mairies, les syndicats, etc.) qui s'y développaient. Un théâtre régulier en hébreu fut fondé en 1928, et des émissions radiophoniques hébraïques furent diffusées de Jérusalem dès 1934 à raison de trois heures et demie par jour, et depuis 1939 à raison de cinq heures et demie par jour.

En mai 1948, avec la création de l'État d'Israël, l'hébreu devint en fait la langue principale de l'État, l'arabe y étant surtout réservé à l'enseignement dans les écoles arabes, et aux affaires publiques concernant la population arabe du pays. Au recensement de 1948, 80% de la population juive déclarait savoir l'hébreu, et 54% déclarait s'en servir comme principale langue. En 1953, le Comité pour la langue hébraïque, déjà mentionné, reçut le statut légal d'Académie de la Langue hébraïque, ses décisions faisant autorité dans les institutions officielles. Un dictionnaire usuel, achevé en 1957, compte 28 185 articles principaux et 20 996 sous-articles.

La « renaissance de l'hébreu » a fait l'objet d'une étude statistique, en 1954, d'où il ressort que le nombre de ceux qui parlent l'hébreu était passé de trente-quatre mille en 1918 à huit cent soixante et un mille en 1954. Les trois décennies 1882-1914 ont produit trente-quatre mille personnes parlant l'hébreu, les trois décennies du gouvernement mandataire (1918-1948) quatre cent quatre-vingt mille personnes (c'est-à-dire à peu près seize mille personnes par an). Au cours des six premières années suivant la création de l'État s'y sont ajoutées trois cent cinquante mille personnes parlant l'hébreu, c'est-à-dire cinquante-huit mille par an. Dans la même étude nous trouvons des données numériques sur le tirage des quinze quotidiens hébraïques et des dix journaux non hébraïques paraissant en mai 1954. La veille du samedi, jour de repos hebdomadaire, il s'élevait à deux cent soixante-quinze mille exemplaires pour les quotidiens hébraïques et à cent trente-cinq mille pour les autres.

Selon l'Annuaire gouvernemental pour 5721 (1960-1961), cinq cent cinquante mille élèves étudiaient cette année-là dans les écoles hébraïques à tous les degrés, dont trois mille trois cents dans les écoles normales d'instituteurs, et dix mille dans les universités. De la liste des livres publiés en hébreu que reproduit le même Annuaire, il résulte qu'entre avril 1959 et mars 1960, 3 466 livres en hébreu ont été imprimés en Israël. Les 457 ouvrages consacrés aux belles-lettres qui y figurent se partagent entre 251 traductions et 206 originaux. Sur les 334 livres d'enfants, 187 sont des textes originaux et 147 des traductions. Dès 1963 des émissions en hébreu étaient radiodiffusées au poste de Kol Israël seize heures et demie par jour. En outre, les postes émetteurs de la B.B.C., de Damas et du Caire ont cru nécessaire d'introduire des émissions en langue hébraïque afin d'atteindre par la voie radiophonique le public israélien.

La « renaissance de l'hébreu » a commencé, il y a quatre-vingts ans, comme un processus normatif de résurrection de l'hébreu classique. Si ce processus a réussi, c'est qu'il répondait aux besoins, aux possibilités et aux aspirations de la communauté juive contemporaine de Palestine dès ses débuts. En effet, les différentes vagues d'immigration, de même que les autochtones juifs de la Palestine ottomane, n'avaient en commun aucune langue parlée. Les parties de la population juive de la fin du siècle précédent se servant du judéo-allemand, du judéo-espagnol et des différents types du judéo-arabe ne chevauchaient pas. Seule la connaissance de l'hébreu, langue de l'enseignement juif traditionnel (dispensé surtout aux garçons) pouvait leur fournir un moyen de communication commun. Enfin, le mouvement national, animé par l'idéal du retour à la terre et à la langue nationales, choisit à cet effet l'hébreu des textes classiques.

L'hébreu israélien présente trois composantes essentielles.

Chacune d'elles continue à jouer son rôle avec vigueur, et doit être considérée comme d'importance à peu près égale à celle des autres. La première consiste dans la grammaire et le vocabulaire fondamentaux des textes hébreux classiques (*Ancien Testament* et littérature post-biblique), que les professeurs et les grammairiens s'astreignent à enseigner au public, en veillant à ce que les formes nouvelles s'y conforment également. La seconde se confond avec l'activité linguistique surtout inconsciente de ceux qui pratiquent la langue, et avec la création de formes nouvelles, sans en référer aux classiques ou aux institutions officielles chargées de surveiller cette évolution. La troisième est l'influence envahissante d'éléments non hébraïques, provenant du fonds linguistique originel des anciens immigrants, aussi bien que des nouveaux (H. Blanc, *The Growth of Israeli Hebrew*).

L'hébreu israélien s'est largement éloigné de l'hébreu classique sur le plan phonologique comme sur le plan sémantique et, dans une certaine mesure, sur le plan syntaxique. Pas moins de 30% des mots d'un dictionnaire usuel sont des créations du dernier siècle, dont un bon nombre d'emprunts à différents degrés d'intégration. Mais l'hébreu contemporain a gardé le trait fondamental de la structure morphologique de l'hébreu classique : tous les verbes et la grande majorité des noms sont constitués de monèmes à signifiants croisés. Ces noms et tous les verbes sont, pour ainsi dire, « le point d'intersection » d'une racine ayant un signifiant formé tout entier ou en partie de consonnes non contiguës et un signifié lexical et d'un schème à signifiant vocalique et signifié grammatical. L'inventaire des 3 466 racines comprises dans le dictionnaire déjà mentionné présente, à 12,4%, des racines de formation contemporaine dont 1,06% d'origine étrangère, intégrées à la structure morphologique de l'hébreu. Appliquant donc au plan diachronique l'affirmation de A. Meillet concernant l'impénétrabilité des systèmes grammaticaux, on est justifié de considérer la langue actuellement en usage en Israël comme répondant à la notion admise de l'hébreu non seulement du point de vue du sentiment de la communauté qui s'en sert, mais aussi d'après ce critère linguistique objectif.

Seul l'usage des personnes ayant l'hébreu comme première et principale langue retiendra notre attention dans cette description. Ces personnes forment deux groupes dialectaux : l'un comprend dans l'inventaire des phonèmes consonantiques un /r/ « vibrant » (réalisé phonétiquement comme vibrant-apical), un /x/ « fricatif vélaire », un /ḥ/ « pharyngal sourd », et un /ɕ/ « pharyngal sonore », ces deux derniers étant phonétiquement fricatifs. L'autre ne connaît pas les phonèmes /ḥ, ɕ/, et possède le phonème « vibrant » /R/ sous forme uvulaire. Il présente également le phonème /x/ « fricatif vélaire ». Dans le premier dialecte (désigné comme le dialecte /ḥ/), on a constamment [roš], « tête », dans l'autre (désigné désormais comme le dialecte /x/), on a constamment [Roš], « tête ». De même, d'un côté, /mahar/, « demain », et /maxar/, « il a vendu », sont distincts; de l'autre, les formes /maxaR/, « demain », et /maxaR/, « il a vendu », sont identiques. Enfin, dans le dialecte /ḥ/, /hu meir/, « il éclaire », se distingue de /hu meɕir/, « il réveille, il fait une remarque »; dans le dialecte /x/, par contre, /hu meiR/ veut dire « il éclaire, il réveille, il fait une remarque ». Cette différence dans l'inventaire des traits pertinents (« la pharyngalité ») et partant, dans l'inventaire des phonèmes entraîne, cela va sans dire, une foule de différences portant sur différents plans de la structure linguistique : la distribution des phonèmes et leur fréquence; les alternances morpho-phonologiques et, enfin, l'homonymie des signifiants.

Ce ne sont pas des considérations d'ordre géographique à l'intérieur d'Israël qui entraînent cette division dialectale; elle dépend de la première langue des parents ou des grands-parents de nos sujets. Les parents ou les grands-parents des sujets à dialecte /ḥ/ sont — *grosso modo* — originaires de pays qui, avant la première guerre mondiale, faisaient partie de l'Empire ottoman, Palestine incluse. Leur première langue était le judéo-arabe ou le judéo-espagnol, et parfois les deux. Par contre, les parents des sujets à dialecte /x/ sont originaires de l'Europe orientale et centrale. Leur première langue était le judéo-allemand et, parfois, une des langues européennes. Cette division en dialectes et sa corrélation avec les langues premières des parents ou des grands-parents est bien entendu une généralisation schématique, mais les exceptions dans les deux sens ne sont pas nombreuses. À défaut de données numériques exactes sur cette répartition en dialectes, on admet généralement que dans la couche des moins de quatorze ans les deux groupes sont en nombres égaux.

Dans l'état actuel de la recherche, toute assertion concernant le « dialecte de prestige » serait prématurée. Les *ulpanim* (écoles d'enseignement de l'hébreu aux adultes récemment immigrés) emploient en fait le dialecte /x/; à la radio on exige des annonceurs l'usage du dialecte /ḥ/, au moins dans les parties les plus sérieuses du programme (bulletins d'informations, lecture, par les *speakers,* des conférences diffusées par le poste émetteur, etc.), alors qu'on y admet le dialecte /x/ dans les programmes de divertissement. Au théâtre, dans le personnel gouvernemental aux postes dits de prestige, aux tribunaux, à l'Université, au lycée, etc., les personnes parlant l'hébreu comme première langue forment une minorité relativement peu nombreuse. Parmi les ministres actuels, trois ont l'hébreu comme première langue, et deux d'entre eux parlent le dialecte /x/. Si l'on admet avec Weinreich que le dialecte de prestige est le dialecte pourvu de valeur pour l'ascension sociale, il serait indiqué de conclure que des deux dialectes en question aucun n'est le dialecte de prestige : aucune personne de langue hébraïque n'est sommée de réformer son hébreu afin de pouvoir occuper un poste dit de prestige.

Cette étude se limitera à la seule description du dialecte /x/, pour la simple raison que la structure de ce dialecte a déjà fait l'objet de recherches, pour insuffisantes qu'elles soient, alors que le dialecte /ḥ/ n'a pas été soumis jusqu'à présent à une étude synchroniquement valable.

PHONOLOGIE

CARACTÉRISATION PROSODIQUE

L'hébreu israélien est une langue à un seul trait prosodique, l'accent, /'/, réalisé comme un renforcement, perceptible à l'oreille, de l'intensité expiratoire. Il se réalise également comme un prolongement, visible au kymographe, de la durée mesurée des segments vocaliques que l'on considère.

L'unité accentuelle est le mot, et c'est la place de l'accent qui est pertinente : /'tova to'va/, « Tova (est) bonne ». L'accent a une fonction contrastive-culminative, et non démarcative. Ainsi, étant donné une séquence [ma'xaʀti'kaxšlo'šasfa'ʀim], le nombre d'accents équivaut au nombre de pauses, réelles ou virtuelles, dans cet énoncé, sans que l'identité des mots en soit changée. Mais sans introduire dans l'inventaire phonologique de ce dialecte une « jointure ouverte extérieure », notée par un espace, nous ne saurions représenter la distinction que font les usagers entre /ma'xaʀti' kax šlo'ša sfa'ʀim/, « j'ai vendu ainsi trois livres », et /ma'xaʀ ti'kax šlo'ša sfa'ʀim/, « demain tu prendras trois livres ».

Dans la chaîne on rencontre également un accent phonétiquement « faible », par exemple dans [xagi,gat: almi'dim], « une fête d'élèves », [,mad'zman], « chronomètre », [,xaddzda'di], « unilatéral », [,ʀavdzda'di], « multilatéral ». Mais on peut considérer cet accent secondaire comme la variante combinatoire de l'accent dans un contexte particulier qu'on peut désigner comme « la jointure ouverte interne », notée au moyen de /+/. Ainsi les exemples cités seront représentés phonologiquement comme /xagi'gat+talmi'dim/, « fête d'élèves », /'mad+'zman/, « chronomètre », /'xad+cda'di/, « unilatéral », et /'ʀav+cda'di/, « multilatéral ».

Comme on l'a vu, la place de l'accent est libre, mais cette liberté est limitée à l'une des trois dernières voyelles devant la jointure : /ma'xaʀ/, « demain » (désormais non noté), /ma'xaʀti/, « j'ai vendu », /yʀu'šalmiyot/, « des Jérusalémites », /uni'veʀsita/, « Université ».

Une bonne partie des mots monosyllabiques sont des monèmes grammaticaux (actualisateurs, indicateurs de fonction) ou des monèmes autonomes, par exemple : /hu/, « il », /hi/, « elle », /gam/, « aussi », /al+/, « sur », /šel+/, « de, à », /kan/, « ici », /šam/, « là-bas », etc. Ils sont peu nombreux dans le lexique (6,6 %) et excessivement nombreux dans le texte (31 %). Les mots accentués sur l'avant-dernière syllabe forment 24,1 % dans le lexique et 20,7 % dans le texte, alors que les mots accentués sur la dernière syllabe forment 68 % dans le lexique et 46,6 % dans le texte. La plupart des formes du paradigme verbal du passé sont accentuées sur l'avant-dernière syllabe, par exemple : /ma'xarti/, « j'ai vendu », déjà cité ; les pronoms et les noms de lieux, surtout dans le langage familier, sont du même type accentuel, par exemple : /'tova/, nom de fille, déjà cité, /xa'deRa/, nom de lieu. Enfin, les mots accentués sur l'antépénultième sont, d'une part, pour la plupart, des mots d'origine étrangère, mal intégrés à la structure morphologique de l'H.I. et, généralement non productifs, d'autre part des mots qui sont limités à quelques catégories sémantiques et au langage familier, /'Raxamin/, prénom masculin, /'xayale/, « chère petite, /'xaya/ ». Il va sans dire que leur fréquence est infime (1,3 % dans le lexique, ou 1,7 % dans le texte).

CARACTÉRISATION PHONÉMATIQUE

LES CONSONNES

Dans les positions de différenciation maxima, vingt-trois segments consonantiques s'opposent les uns aux autres et à zéro. Les segments définis et classés en termes de phonétique articulatoire sont donnés dans le tableau de la page suivante.

Ayant soumis au test de commutation les complexes phoniques représentés par ces segments, nous avons établi l'inventaire de phonèmes consonantiques de ce dialecte, et défini leur contenu phonologique en termes de traits pertinents :

/p/ « labiale » /p :t, .../, « sourde » /p :b, m/, « occlusive » /p :f, .../.

	bilabiale	labio-dentale	apicale	sifflante	chuintante	pré-palatale	dorso-vélaire	uvulaire	glottale
occlusive sour.	p		t				k		ʔ
occlusive son.	b		d				g		
affriquée sour.				c	č				
affriquée son.					ǧ				
fricative sour.		f		s	š		x		h
fricative son.		v		z	ž			ʀ	
nasale	m		n						
latérale			l						
vibrante									
spirante						y			

/b/ « labiale » /b : d, .../, « sonore » /b : p/, « non nasale »
/b : m/, « occlusive » /b : v, .../.
/f/ « labiale » /f : s, .../, « sourde » /f : v/, « fricative » /f : p/.
/v/ « labiale » /v : z, .../, « sonore » /v : f/, « fricative » /v : b/.
/m/ « labiale » /m : n/, « nasale » /m : p, b/.
/t/ « apicale » /t : p, k, .../, « sourde » /t : d/.
/d/ « apicale » /d : b, g, .../, « sonore » /d : t/, « non nasale » /d : n/.
/n/ « apicale » /n : m/, « nasale » /n : t, d, .../.
/l/ « latérale » /l : t, d, n, .../
/c/ « sifflante » /c : t, č, k, .../, « occlusive » /c : s, z/.
/s/ « sifflante » /s : f, š, .../, « sourde » /s : c, z/
/z/ « sifflante » /z : v, ž, .../, « sonore » /z : c, s/
/č/ « chuintante » /č : t, c, k, .../, « sourde » /č : ǧ/, « occlusive » /č : š/
/ǧ/ « chuintante » /ǧ : d, g, .../, « sonore » /ǧ : č/, « occlusive » /ǧ : ž/.
/š/ « chuintante » /š : s, x, .../, « sourde » /š : ž/, « fricative » /š : č/
/ž/ « chuintante » /ž : z, v, .../, « sonore » /ž : š/, « fricative » /ž : ǧ/.
/y/ « prépalatale » /y : š, z, .../
/k/ « vélaire » /k : t, ?, .../, « sourde » /k : g, x/.
/g/ « vélaire » /k : d, ?, .../, « sonore » /g : k/.
/x/ « vélaire » /x : š, h, .../, « fricative » /x : k, g/
/R/ « vibrante » /R : x, k, g, .../
/?/ « glottale » /? : k, .../, « occlusive » /? : h/
/h/ « glottale » /h : x, .../, « fricative » /h : ?/

L'établissement de cet inventaire de phonèmes consonantiques, de même que la définition de leur contenu phonologique, sont justifiables en termes de pratique courante en phonologie. Trois cas sont mentionnés dans les paragraphes suivants.

/c/, qui est une sifflante affriquée, est distincte de la succession /ts/ comme le montre l'opposition de : /'comet+libam/, « jonction de leurs cœurs », /'tsomet+libam/, « leur attention ». On ajoutera que, dans la morphologie, /c/ se comporte comme les consonnes dont il ne fait pas de doute qu'elles soient simples. Ce même raisonnement vaut aussi pour les deux autres affriquées, phonétiques, /č/ et /ǧ/.

La consonne /y/ est bien distincte de la voyelle /i/,

comme le montrent les mots distincts /ykum/, « univers », et /ikum/, « courbure ».

/h/ est un phonème dont les réalisations ne figurent dans la chaîne que d'une façon intermittente : /(h)/. Ainsi le mot qui veut dire « aujourd'hui » est parfois prononcé [ha'yom] et parfois [a'yom], cette dernière réalisation étant linguistiquement identique à [a'yom], « affreux ». Ce qui nous empêche de considérer [ha'yom], « aujourd'hui », et [a'yom] « aujourd'hui; affreux » comme deux formes phonologiques différentes est le fait que /h/ ne figure nulle part dans la chaîne de façon constante, c'est-à-dire dans toutes les réalisations d'un mot supposé linguistiquement identique. Dans la parole suivie, les sujets réalisent généralement [ayom], « aujourd'hui », mais ils peuvent restituer la forme [hayom] s'il le faut, par exemple si on leur demande de répéter ou si on les soumet au test d'homonymie.

LES VOYELLES

L'hébreu israélien présente, dans les positions de différenciation maxima, un système de six voyelles : /i, u, e, o, a, ə/, opposées les unes aux autres et à zéro. Ainsi, entre /b/ initial et consonne non finale, on trouve : /biRa/, « capitale »; /buRa/, « ignorante » : /beRuR/, « éclaircissement » : /boRot/, « fosses » : /baRuR/, « claire » : /bəRoš/, « en tête »; /bRoš/, « cyprès ».

Nous avons donc le système vocalique triangulaire à trois séries et à trois ordres suivant :

```
    i         u
      e  ə  o
         a
```

Les cinq voyelles /i, u, e, o, a/ sont attestées dans toutes les positions. Ainsi on les retrouve en position accentuée et non accentuée, en position initiale et finale absolues et en position médiane; précédées de n'importe quel type de consonne et suivies de toute consonne à l'exception de /ʔ/. La distribution de /ə/ par contre est toute particulière. En effet, ce phonème occupe dans les paradigmes vocaliques une « place » analogue à celle qu'occupe /ʔ/ dans les paradigmes consonantiques, l'un et l'autre ne faisant fonction distinctive que dans des positions très particulières : pour /ʔ/ cette position est entre consonne et voyelle, pour /ə/ cette position est en syllabe non accentuée entre /b, t/ ou /k/ initiaux et consonne, de même qu'entre deux consonnes contiguës et /ʀ/.

La durée des voyelles n'est pas phonologiquement pertinente, et les réalisations allongées ou diphtonguées sont à considérer comme des successions de deux phonèmes : [na'ta: t], « tu as planté », distinct de /na'tat/, « tu as donné » et de /na'tašt/, « tu as quitté », est donc à interpréter comme /na'taat/.

[eʸ] qui varie librement avec [e :] sera représenté comme /ey/. Ainsi ['teʸlma'gen] « barbelé de défense », distinct de [telma'gen], « colline de défense », seront représentés respectivement comme /teyl+magen/ et /tel+magen/; de même, /eynav/, « ses yeux », est distinct de /enav/, « raisin » et de /ešnav/, « vasistas ».

FRÉQUENCE DES PHONÈMES

Dans un fragment de 20 000 phonèmes successifs d'un *Corpus* dûment constitué, les pourcentages s'établissent comme suit :

1.	/a/	17,4 %	15.	/u/	2,84 %
2.	/e/	8,1 %	16.	/k/	2,81 %
3.	/i/	7,3 %	17.	/b/	2,31 %
4.	/m/	6,1 %	18.	/ə/	1,9 %
5.	/l/	5,88 %	19.	/d/	1,81 %
6.	/t/	5,84 %	20.	/s/	1,66 %
7.	/o/	5,4 %	21.	/z/	1,11 %
8.	/ʀ/	5 %	22.	/g/	1,1 %
9.	/h/	4,2 %	23.	/f/	1,01 %
10.	/x/	3,69 %	24.	/c/	0,97 %
11.	/y/	3,2 %	25.	/ʔ/	0,64 %
12.	/š/	3,16 %	26.	/p/	0,37 %
13.	/n/	3,08 %	27.	/č/	0,1 %
14.	/v/	2,92 %	28.	/ž/	0,06 %
			29.	/ǧ/	0,04 %

100,00 %

Dans le texte, les voyelles représentent 42,94 % des phonèmes successifs, et les consonnes 57,06 %.

Les phonèmes /č, ğ, ž/ de fréquence plus basse que 0,1 % ne figurent que dans des emprunts non intégrés ou faiblement intégrés à la structure morphologique de la langue en question, et en tout cas dans des monèmes généralement non productifs. La basse fréquence de /ʔ, ə/ est due à leur distribution lacunaire. Les phonèmes /s, g, f, c, p/ sont faiblement représentés dans le texte, car ils ne figurent que dans les monèmes lexicaux alors que /m, l, t, h, x, y, š, n, v, k, b/ figurent aussi bien dans les monèmes lexicaux que dans les monèmes grammaticaux (schèmes, modalités, monèmes fonctionnels). Pour comprendre la haute fréquence de /t, x, k/ et la très basse fréquence de /p/, il faudrait ajouter des considérations d'ordre diachronique, mais ceci dépasserait les limites de cet article.

LES UNITÉS SIGNIFICATIVES

Les classes de monèmes dégagés par la segmentation morphologique sont : 1. *R* (Racine); 2. *S* (Schème); 3. *N* (Monème lexical nominal); 4. *D* (Monème de dérivation); 5. *M* (Modalité); 6. *C* (Monème de composition); 7. *Rp* (Monème régi pronominal); 8. *F* (Monème fonctionnel); 9. *A* (Monème autonome); 10. *Ac* (Monème d'actualisation).

D'après la structure de leurs signifiants, les monèmes peuvent être répartis en deux grandes classes : monèmes dont le signifiant est constitué de phonèmes croisés et monèmes dont le signifiant est constitué de phonèmes non croisés, généralement contigus.

Les monèmes à signifiant aux phonèmes croisés se divisent en deux types : *R (Racine)* et *S (Schème)*. Est *Racine* tout monème dont le signifiant est susceptible de figurer croisé avec un signifiant exclusivement vocalique, par exemple : /š—b∼v—r/, « casser », littéralement « le concept de casser », dans /šavaʀ/, « il a cassé », /s—t—m/, « boucher », dans /satam/, « il a bouché ». Est *Schème* tout monème dont le signifiant est susceptible de figurer croisé avec un signifiant exclusivement consonantique, par exemple : /—a—a—/, « non passif passé », qui peut s'opposer dans un contexte *R* à /—a—i—/, « susceptible de subir l'action de R (d'être dans l'état de R, d'avoir la qualité exprimée par R) », dans /šaviR/, « cassable, fragile ».

Les vingt-trois consonnes peuvent donner des milliers de signifiants de racines. Il s'ensuit que leur inventaire est pratiquement illimité. En effet, les R sont des monèmes lexicaux. Par contre, les cinq voyelles participant à des signifiants de S offrent un nombre relativement restreint de combinaisons théoriquement possibles. Elles forment donc un inventaire limité et sont des monèmes grammaticaux.

D'après leurs latitudes combinatoires, les S se répartissent en trois sous-classes distinctes : les schèmes nominaux (Sn), les schèmes verbaux (Sv) et les schèmes ni verbaux ni nominaux (S°). Croisés avec les R, les Sn sont susceptibles de faire partie d'une même unité accentuelle avec un nombre limité de modalités, par exemple : avec /ha-/ « défini », /-a/ « féminin singulier », /-im/ « pluriel », etc. Ainsi, /ta— —i—/ dans /talmid/ « élève (masculin) », (/l—m—d/ « étudier ») peut, croisé avec R, figurer dans la même unité accentuelle avec ces modalités ; dans /hatalmid/ « l'élève », /talmida/ « élève (féminin) », /talmidim/ « élèves (masculin) », etc. Croisés eux aussi avec les R, les Sv (schèmes verbaux) ne figurent jamais avec les modalités mentionnées plus haut, mais ils figurent obligatoirement avec un autre groupe de modalités (dans la même unité accentuelle) : ainsi le RSv /šavaR-/, ne figure jamais avec /ha-/, /-im/, etc., mais avec /-ti/ « le sujet parlant », dans /ša'vaRti/ « j'ai cassé », avec /-ta/ « l'interlocuteur » dans /ša'vaRta/ « tu as cassé » ou avec zéro, « la personne absente de l'acte d'énonciation » dans /šavaR/ « il a cassé ». (Pour les S°, voir p. 994).

Les principaux types de Sv sont : Svv (Sv « de voix »), Svt (Sv « de temps »), Svm (Sv « de mode »). L'« aspect » est généralement exprimé par des moyens autres que les Sv, pourtant on trouve sporadiquement des Sva (Sv « d'aspect »).

On compte sept Svv différents et l'on ajoute généralement que leur emploi est partiellement « lexicalisé ». Les traits de signifié des Svv sont le trait « causatif » et le trait

« passif ». Dans le contexte R de différenciation maxima, par exemple /š—l—t/ « dominer », on aura une série à cinq membres *Svv* : /—a—a—/ « non causatif et non passif », /šalat/ « il a dominé », /ni— —a—/ « non causatif et passif », /nišlat/ « il a été dominé », /hi— —i—/ « causatif et non passif », /hišlit/ « il a fait dominer », /hu— —a—/ « causatif et passif », /hušlat/ « il a été rendu dominant », littéralement « il a été fait dominer », /hi—ta—e—/ « causatif et non marqué comme passif » (/hi—ta—e—/ est la variante de /hit—a—e—/ dans tout contexte R ayant le signifiant /s, š—C—C/), /hištalet/, « il s'est rendu dominant » (par « non marqué comme passif » on entend que le choix de l'« agent » et du « patient » n'est pas libre). Dans d'autres contextes R on aura des séries partielles à quatre, à trois ou à deux membres et dans certains contextes R on aura un *Sv* non marqué du point de vue « de la voix ».

Dans le contexte R de différenciation maxima, les *RSv* où figurent /hi— —i—/ « causatif et non passif » seront sur le plan syntaxique doublement transitifs, et alors les *RSv* où figurent /hu— —a—/ « causatif et passif », /hit—a—e—/ « causatif et non marqué comme passif », /—a—a—/ « non causatif et non passif », seront transitifs. Enfin, les *RSv* où figurent /ni— —a—/ « non causatif et passif » seront intransitifs.

Les *Svt* (*Sv* de temps) ont des signifiants amalgamés avec les signifiants des *Svv*, et, exception faite des cas rares de supplétion, on a les paradigmes suivants :

« passé » selon les voix	« présent » selon les voix	« futur » selon les voix
/hi— —i—/	/ma— —i—/	/a— —i—/
/hu— —a—/	/mu— —a—/	/u— —a—/
/hit—a—e—/	/mit—a—e—/	/it— a—e—/
/—i—e—/	/m—a—e—/	—/a—e—/
/—u—a—/	/m—u—a—/	/—u—a—/
/ni— —a—/		/i—a—e—/
/—a—a—/	/—o—e—/	/i— —o/a—/

Les *Svm* (*Sv* de mode). Il n'y a ici que l'opposition « injonctif » : « non injonctif » qui soit exprimée par des *Sv*. Le signifiant du signifié « injonctif » figure toujours accompagné de l'intonation /!/ et amalgamé avec les *Svv*. Les *Svv* dont le signifié comprend le trait « passif » sont incompatibles avec l'injonctif. On a les oppositions suivantes :

« injonctif »   : « non
                                                                    injonctif »
/— — o —!/ variant librement avec /ti— — o —!/ : /ti— — o —/
/hi—a—e—!/ variant librement avec /ti—a—e—!/ : /ti—a—e—/
/—a—e—!/   variant librement avec /tə —a—e—!/ : /tə —a—e—/

et ainsi de suite.

Exemples :

/ktov!/, /tixtov!/, « écris! » : /tixtov/, « tu écriras »,
/hikanes!/, /tikanes!/ « entre! » : /tikanes/ « tu entreras »
/šalem!/, /təšalem!/, « paye! » : /təšalem/, « tu paieras ».

Les *Sva* (*Sv* d'aspect). L'« aspect » est généralement exprimé par des moyens autres que les *Sv* (par exemple /haya holex/ « il allait », répétitif ou duratif, : /halax/ « il est allé », non répétitif ou non duratif). Néanmoins, certains des sept *Sv* qui, dans un contexte R donné, ne fonctionnent pas comme *Svv,* peuvent contracter des fonctions de *Sva* (*Sv* « d'aspect »). Ainsi on a /ni— —a—/ « inchoatif », : /—a—a—/ « non inchoatif », dans /š—k∼x—v/ où l'on retrouve /šaxav/ « il était couché », : /niškav/ « il s'est couché »; de même /hit—a—e—/ « inchoatif » : /—i—e—/ « non inchoatif », dans /g—mg—m/ « bégayer », où l'on a /hitgamgem/ « il s'est mis à bégayer » : /gimgem/ « il a bégayé ». En outre, dans certains contextes R, l'opposition « intensif » : « non intensif » peut être exprimée par des *Sv* : dans /n—š—m/ « respirer », on a /hitnašem/ « il a respiré fortement » : /našam/ « il a respiré », dans /k—p∼f—c/ « sauter », on a /kipec/ « il a sautillé, a fait des bonds » : /kafac/ « il a sauté ».

On compte une bonne centaine de signifiants de *Sn;* on fait généralement remarquer que leur emploi est largement « lexicalisé ». Si l'on prend des contextes R séparément, on établit des séries fermées. Ainsi dans le contexte /š—b~v—R/ « briser », on trouve cinq Sn :

/'—e—e—/ « état de » /'ševeR/ « cassure »,
/— —i—a/ « action de » /šviRa/ « bris »,
/—a—u—/ « ayant subi l'action de » /šavuR/ « brisé »,
/—a—i—/ « susceptible d'être dans l'état de » /šaviR/ « cassable, fragile »
/—a— —iC₃/ « diminutif » /šavRiR/, « brisure, fragment ».

Les S^o *(schèmes ni verbaux ni nominaux)*. Croisés avec les R, les S^o figurent sans M. Les RS^o ont une distribution particulière :

précédés de R_1S (R_1 = une sous-classe de R comprenant par exemple /k—v—n/ « avoir l'intention de ») les RS^o constituent à eux seuls une unité accentuelle : par exemple /li— —o—/ « infinitif », dans /hitka'vanti lištok/ « j'avais l'intention de me taire » (/š—t—k/, « se taire »);

ailleurs, les RS^o ne se combinent qu'avec des prépositions et des pronoms personnels; ils forment avec ces derniers une unité accentuelle et constituent un syntagme autonome : /bᵊšuvi/, « lors de mon retour » (/š—v/, « rentrer », /-u-/, « participial », /-i/ « moi »).

Les monèmes à signifiants non croisés, généralement formés entièrement de phonèmes contigus, sont : les monèmes lexicaux nominaux, N, les monèmes de dérivation, D, les modalités, M, les monèmes de composition, C, les monèmes régis pronominaux Rp, les fonctionnels, F, les monèmes autonomes, A et les monèmes d'actualisation, Ac.

Les *monèmes lexicaux nominaux (N)* sont susceptibles d'occuper à eux seuls toute une unité accentuelle; ils sont inanalysables en RS, commutent avec le bloc RSn tout entier et se combinent avec les mêmes M (modalités) que RSn, par exemple : /yam/ « mer », commute avec /mixtav/ « lettre » (dont le signifiant est formé du R /k—x—t—v/ croisé avec Sn /mi— —a—/). Dans les contextes /ha-/ « défini », /-im/ « pluriel », /-xa/ « possessif deuxième personne », le monème /yam/ « mer », commute avec /mixtav/ « lettre ».

Par contre, il n'y a aucune unité inanalysable en RS susceptible de figurer dans les mêmes contextes que RSv. Cette distinction entre le fonctionnement de RSn et celui de *RSv* peut être considérée comme le critère spécifique de la différence entre noms et verbes en hébreu.

Les *monèmes de dérivation (D)* figurent avec *N, RSn* (tous deux notés désormais N) dans une même unité accentuelle. Exemples : /-i/ « adjectival » : /-an/ « personne ayant une qualité essentielle », par exemple : /madai/ « scientifique » : /madaan/ « homme de science », cf. /mada/ « science »; /-ut/ « abstrait » : /-iya/, « lieu de », par exemple : /nagaʀut/ « le métier de menuisier » : /nagaʀiya/ « menuiserie », cf. /nagaʀ/ « menuisier ». Le complexe N*D*, apparaît dans les mêmes contextes grammaticaux que N.

Les monèmes grammaticaux *M (modalités)* ne forment pas une unité accentuelle distincte. Les *M* se répartissent en deux groupes : *Mn (modalités nominales)* et *Mv (modalités verbales)*.

Les *Mn* forment les paradigmes suivants : *Mnd* /ha-/ « défini », opposé à zéro, « indéfini », *Mnn* (modalité nominale de nombre), ayant des signifiants amalgamés avec *Mng* (*Mn* de genre), par exemple : /-ot/ « pluriel féminin » : /-a/ « singulier féminin » : /-im/ « pluriel non féminin » : /-Z/ « singulier non féminin ». Exemples : /talmidot/ « élèves, féminin » : /talmida / « élève, féminin » : /talmidim/ « élèves, masculin » : /talmid/ « élève, masculin ».

Les signifiés des *Mnp (Mn de possession pronominale)* ont les traits suivants : le nombre de l'objet possédé, le nombre, le genre et la personne du possesseur. Ils présentent le système suivant, par exemple avec /talmid/ « élève » :

	Un seul objet possédé		plus d'un objet possédé	
Un possesseur :	masculin	féminin	masculin	féminin
Iʳᵉ personne	/-i/		/-ay/	
IIᵉ personne	/-xa/	/-ex/	/'-exa/	/'-ayix/
IIIᵉ personne	/-o/	/-a/	/-av/	/'-eha/
Plus d'un possesseur :	masculins	féminins	masculins	féminins
Iʳᵉ personne	/'-enu/			
IIᵉ personne	/-xem/	/-xen/	/(')-eyxem/	/(')-eyxen/
IIIᵉ personne	/-am/	/-an/	/(')-eyhem/	/(')-eyhen/

Les modalités nominales de défini, de nombre et de genre ont des signifiants discontinus quand ils figurent dans un syntagme accompagné de certaines expansions, par exemple /tiyalti im + *ha*šxenim *ha*xadašim/, « je me suis promené avec les nouveaux voisins », littéralement « avec les voisins les neufs ». Les modalités de défini et de personne sont incompatibles avec le même $N(D)$: /hatalmid/, « l'élève » : /talmidi/, « mon élève » (*/hatal-midi/ étant impossible). Les syntagmes formés par la combinaison de ND avec une modalité de personne varient librement avec ceux qui résultent de la combinaison de la modalité de défini et de ND suivi d'un fonctionnel et d'un pronom personnel, par exemple /talmidi/, « mon élève », varie librement avec /hatalmid šeli/, « mon élève », littéralement « l'élève à moi ».

Les *monèmes de modalité verbale (Mv)* figurent avec les RSv dans la même unité accentuelle, et tout RSv est automatiquement accompagné de quelque Mv. Ils forment deux systèmes complémentaires :

	Avec Svt « passé »	Avec Svt « futur »
Ire personne sing. masc. ou fém.	/-ti/	/e-/ ou /a-/ /Z-/ selon les Sv (plus exactement : /i/ du Svt→/e/ ; voir p. 992)
IIe personne sing. masc.	/-ta/	/t-/ ou /tə-/ selon les Sv
IIe personne sing. fém.	/-t/	/t-----i/ ; /t-⁀tə-/ selon les Sv
IIIe personne sing. masc.	/-Z/	/y-/ ou /yə-/ selon les Sv

et ainsi de suite.

Le *monème de composition (C)* — (/+/ « composition » ; (pour /+/, voir p. 984), exemple : /beyt + 'sefeR/ « école », littéralement, « maison de livre » ; ce monème figure toujours précédé et suivi de N*(D)*. Le N qui le précède y présente une variante autre que celle qui figure immédiatement avant un arrêt final et qui est celle qui précède une modalité de possession pronominale, par exemple /bayit/ « maison », mais /beyti/ « ma maison », et /beyt + 'sefer/ « école ». Le syntagme NCn commute avec N dans les mêmes contextes Mn, cf. /hamixtav/ « la lettre », /beyt +

ha'sefeR/, variant librement avec /habeyt + 'sefeR/ « l'école », l'un des signifiants étant marqué stylistiquement. De même /batey + 'sefeR/ « écoles », /batey + ha'sefeR/ « les écoles », /beyt + sifRi/ « mon école », /batey + sifRi/ « mes écoles ». Ces derniers varient librement avec /beyt + ha'sefeR šeli/ littéralement « l'école à moi », et /batey + ha'sefeR šeli/ « les écoles à moi », tout comme /mixtavi/ « ma lettre », varie librement avec /hamixtav šeli/ « la lettre à moi » (voir page précédente).

Les *Rp (monèmes régis pronominaux)*, ne figurent que précédés de *Fp (monèmes fonctionnels prépositifs*, voir page suivante), forment avec eux une unité accentuelle laquelle fonctionne comme syntagme autonome. Les *Rp* commutent avec N*(D)Mn* dans le même contexte *Fp*. Exemples : /-o/, « lui », dans /eclo/, « chez lui » (/ecl-/ est dans ce type de contexte la variante de /'ecel+/ « chez »). Dans ce contexte, /-o/ « lui », commute avec /hatalmid/ « l'élève », ou avec /talmido/ « son élève à lui » : /'ecel+hatalmid/ « chez l'élève », /'ecel+talmido/ « chez son élève à lui ». Le syntagme *FpRp* commute évidemment aussi bien avec *A* (monème autonome; voir ci-dessous) qu'avec un syntagme autonome *FpN(D)Mn*. Ainsi dans /ha'yiti —/ « j'étais », le syntagme /eclo/ « chez lui », commute aussi bien avec /etmol/ « hier », qu'avec /bagan/ « dans le jardin ».

Les *Rp* forment deux paradigmes complémentaires, le choix entre eux étant imposé par le *Fp* qui les précède. Ainsi on a :

avec /l-/ « à »	avec /al + ∽ al-/ « sur »	
/-i/	/-ay/	« moi »
/-xa/ [ləxa]	/'-exa/	« toi » (masc.)
/-ax/	/'-ayix/	« toi » (fém.)
/-o/	/-av/	« lui »
/-a/	/'-eha/	« elle »
/'anu/	/'-enu/	« nous »
/-axem/	/(')-eyxem/	« vous » (masc.)
/-axen/	/(')-eyxen/	« vous » (fém.)
/-ahem/	/(')-eyhem/	« eux »
/-ahen/	/(')-eyhen/	« elles »

Les monèmes fonctionnels (F) ne figurent jamais en fin d'énoncé ni seuls avec *M* et s'ils ne finissent pas en /+/ ils sont inaccentués. Ajoutés à des syntagmes non autonomes, ils leur confèrent l'autonomie dans l'énoncé.

Selon leurs latitudes combinatoires on distingue trois sous-types : *Fp* (*F* prépositionnel); ils figurent avec N(*D*) accompagné ou non de *Mn* : /bə∼b-/ « dans », /bəgani/ « dans mon jardin », /bagan/ « dans le jardin » (/-a-/ y est une variante de /ha-/« défini »), /l-/ « vers, à », /al+/ « sur », /bišvil+/ « pour », /lifney+/ « avant », etc.

Les *Fc (F conjonctionnels)* régissent les expansions des syntagmes à fonctions primaires et se combinent avec des syntagmes nominaux ou des syntagmes verbaux, par exemple /še-/, « relatif, complétif » : /ten et+hamaf'teax laiša šebagan/ « donne la clef à la femme qui (est) dans le jardin », /ya'daati šetavo/ « je savais que tu viendrais ». Autres exemples de *Fc* : /mipney+še-/ « parce que », /kəše-/ « lorsque », etc.

Les *Fco* (*F de coordination* : /və-/, « et », /o+/, « ou », etc.) figurent dans les expansions de tous les types de syntagmes : du prédicat, du sujet, du (monème) syntagme autonome. Exemples : /ani vəata talmidim/, « moi et toi (sommes des) élèves »; /hu nasa vəxazaʀ/, « il est parti et rentré »; /ata no' sea ltel+aviv o+'lxayfa?/, « tu pars à Tel Aviv ou à Haïfa ? »

Les *monèmes autonomes (A)* constituent à eux seuls une unité accentuelle et sont incompatibles avec *F* (synchroniquement opératifs) et avec *M*. Leur place dans la chaîne n'étant pas pertinente, ils commutent avec *FpRp*, avec *Fp*N(*D*)*Mn* et avec *Fc(Ac)RSvMv*. Ainsi /kan/ « ici », commute dans /xi'kiti —/ « j'attendais —» avec /eclo/ « chez lui », avec /bagan/ « dans le jardin », avec /šetašuv/ « — que tu rentres », et dans /ani —/ « je » avec /xi'kiti/ « j'attendais ».

Les *monèmes d'actualisation (Ac)* constituent à eux seuls une unité accentuelle et sont susceptibles de constituer à eux seuls un contexte d'actualisation du monème prédicatif. Ils forment un système fermé, /ani/ « je », /ata/ « tu », etc., /mi/ « qui », /ze/ « celui-ci », etc.

STRUCTURES DU SYNTAGME AUTONOME

	STRUCTURES		EXEMPLES	
	Rp	:	/hit'xalti ——/	« j'ai commencé ……… »
Fp	$RS°Rp$	:	/—— itam/	« …… avec eux »
		:	/—— bašuvǐ/	« …… lors de mon retour »
	$(N(D)C)N(D)Mn$	:	/—— im+axi/	« …… avec mon frère »
$RS°$		:	/—— lixtov/	« …… à écrire »
	A	:	/— mipney+šeata kan/	« …… puisque tu (étais) là »
	$(N(D)C)N(D)Mn$	:	/— mipney+šehu xaveRi/	« …… puisqu'il est mon ami »
	$RSvMv$	:	/axaRey+še(ata) na'saata/	« …… après ton départ », littéralement « après que tu étais parti »
$FcAc$	Rp	:	/— mipney+seata iti/	« …… puisque tu (es) avec moi »
	Fp { $(N(D)C(N(D)Mn$	:	/— mipney+šeata bagan/	« …… puisque tu (es) dans le jardin »

Tous ces types de syntagmes commutent avec A, /hit'xalti kan/ « j'ai commencé là ».

L'énoncé minimum complet présente une structure à deux termes : un monème ou syntagme prédicatif et un monème ou syntagme d'actualisation : /hu kotev/ « il écrit ». Néanmoins on trouve des énoncés minima complets à un seul terme : /xam/ « (il fait) chaud », /mʔuxaR/ « (il est) tard ». On retrouve également des énoncés comme /zexam/ « (il fait) chaud », distingué de /ze xam/ « celui-ci (est) chaud ». L'*Ac* /ze-/ a donc une fonction analogue à /sə-/ en judéo-allemand, *it* en anglais et *es* en allemand. Puisque /zexam/ varie librement avec /xam/, nous pouvons considérer /ze-/ comme l'*Ac* zéro, et ces types d'énoncés comme énoncés à sujet zéro.

Comme prédicat figurent les monèmes (syntagmes) suivants :

par exemple dans	/hatalmidim- - -/	« les élèves »
A	/- - - - kan/	« les élèves (sont) là »
(N(D)C)N(D)Mn	/- - - - ktanim/	« les élèves (sont) petits »
RSvMv	/- - - - xazRu/	« les élèves sont rentrés »;

les syntagmes autonomes ayant la structure *FpRp* ou *(Fp*(N(D)C)N(D)Mn*)* (voir page 999), et en outre :

$R_1 \begin{cases} SnMn \\ RS^o \text{ (voir page 994)} \\ SvMv \end{cases}$

/hatalmidim smexim lixtov/ « les élèves (sont) heureux d'écrire »

/- - - - samxu lixtov/ « les élèves étaient heureux d'écrire »

Les (monèmes) syntagmes qui figurent comme sujet sont,

par exemple dans :	/- - - - gadol/	« .... (est) grand » :
Ac	/hu - - - -/	« il (est) grand »
(N(D)C)N(D)Mn	/beyt+ha'sefeR - - - -/	« l'école (est) grande »

Dans les énoncés ayant *RSvMv* comme prédicat, le sujet peut avoir un signifiant discontinu /*(ata)* ka'tav*ta*/, « tu as écrit » et /*(ata)* *t*ixtov/, « tu écriras ». Dans les énoncés ayant *(N(D)C)N(D)Mn* comme sujet, *Mnn* et *Mng* ont des signifiants discontinus : /hatalmidim (hem) gdolim/ « les élèves sont grands », littéralement : « les élèves grands » et « les élèves ils grands » alors que *Mnd* n'a qu'un signifiant non discontinu. Ainsi /hatalmidim gdolim/ « les élèves sont grands » est distingué de /hatalmidim hagdolim/ « les grands élèves », littéralement, « les élèves les grands ».

David TÉNÉ.

BIBLIOGRAPHIE

H. BLANC, *Dialect Research in Israel,* dans « Orbis », pp. 185-190, n° 5, 1956.

H. BLANC, *The Growth of Israeli Hebrew,* dans « Middle Eastern Affairs », pp. 385-392, n° 5, 1954.

J. CANTINEAU, *Racines et schèmes,* dans les *Mélanges William Marçais,* pp. 119-124, Paris, 1950.

E. Y. KUTSCHER, *Modern Hebrew and 'Israeli 'Hebrew,* dans « Conservative Judaism », 10, pp. 28-45, 1956.

S. MORAG, *Planned and unplanned Development in Modern Hebrew,* dans « Lingua », 8, pp. 247-263, Haarlem, 1959.

C. RABIN, *La Renaissance de l'hébreu,* Jérusalem, 1958.

N. H. TUR-SINAI, *The Revival of the Hebrew Language,* Jérusalem, 1960.

Les principales études synchroniques sont :

Z. H. HARRIS, *Methods in Structural Linguistics,* pp. 246-249, 314-324, 339, Chicago, 1951.

H. B. ROSEN, *Notre hébreu considéré selon les méthodes de la linguistique* (en hébreu), pp. 138-245, Tel-Aviv, 1956; et les comptes rendus de H. BLANC dans « Language », pp. 795-802, n° 32, 1956, et de D. COHEN, dans le « Bulletin de la Société Linguistique de Paris », pp. 257-262, n° 53, fasc. 2, 1959.

H. B. ROSEN, *Sur quelques catégories à expression adnominale en hébreu israélien,* dans le « Bulletin de la Société Linguistique de Paris », n° 53, fasc. 1, pp. 316-344, 1957-1958.

H. B. Rosen, *Le Bon hébreu : études syntaxiques sur le langage « correct »* (en hébreu), Jérusalem, 1958; et le compte rendu de G. Fraenkel dans le « Journal of the American Oriental Society », pp. 142-145, n° 80, Boston, 1960.

R. W. Weiman, *Native and Foreign Elements in a Language : Study in General Linguistics, applied to Modern Hebrew*, Philadelphie, 1950; et le compte rendu de H. Blanc dans « Word », pp. 87-90, n° 9, New York, 1953.

LE KALISPEL

INTRODUCTION

La langue kalispel est parlée par une petite tribu indienne vivant dans une réserve située sur la rive droite de Clarke Fork River, à quelques kilomètres au nord de la ville de Newport, dans le Pend Oreille County, État de Washington, aux États-Unis; la population de cette tribu était de quelque quatre cents âmes en 1936, période où l'auteur de ces lignes passa quelques mois dans la réserve pour en étudier la langue.

Le kalispel appartient au groupe des langues dites Salish, qui, au milieu du XIXe siècle, étaient parlées dans les montagnes Rocheuses, depuis le cours moyen du fleuve Columbia jusqu'aux sources du Fraser, et sur la côte du Pacifique, depuis les Coast Ranges du Nord-Ouest de l'État d'Oregon jusqu'au Bute Inlet de Colombie Britannique (Canada), avec la tribu isolée des Bella Coola plus au nord. Actuellement, elles sont parlées par de petits groupes isolés dans les États de l'Idaho, de l'Oregon, du Montana et de Washington, — et au Canada, en Colombie britannique.

Les langues Salish se répartissent en deux sous-groupes: les langues de l'intérieur, qui comprennent, avec le kalispel, les langues des tribus Flathead, Pend Oreille, Spokane, Colville, Cœur d'Alene, Shuswap, Lillooet, Thompson, Okinogan (Okanagan), Sanpoil, Nespelem et Lake; et les langues de la côte, à savoir: Bella Coola, Comox, Squawmish, Cowichan, Klallam, Nootsak, Nisqually, Twana, Chehalis et Tillamook. Le kalispel est presque identique au flathead et ne diffère que peu du spokane et du colville.

Les petites tribus de l'intérieur, auxquelles appartiennent les Kalispel, composées de chasseurs et de pêcheurs connaissant une agriculture rudimentaire (cueillette des herbes et des racines), n'ont jamais développé des civilisations brillantes et la pénétration des Blancs, depuis le milieu du siècle dernier, a sapé les fondements mêmes de leurs activités économiques, l'abondance de gibier et de poisson dans les vastes forêts et les belles rivières de ces régions. Il y a cent ans, le contact avec les missions chrétiennes, surtout jésuites, a introduit le christianisme; une petite église en bois, dans

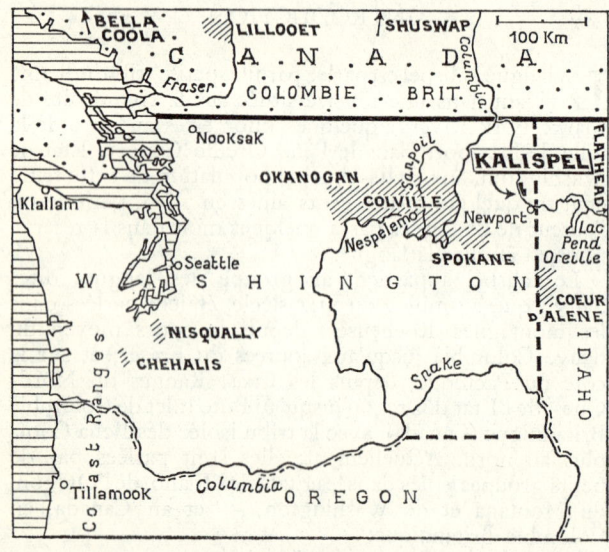

LE KALISPEL.

le petit village de *Sči?é,* sur la réserve, en témoigne. On note avec intérêt qu'un certain nombre de mots empruntés indiquent des contacts avec des trappeurs français, comme *lamanás,* « la mélasse », *leputé,* « bouteille » < « les bouteilles », *li:kók,* « coq » < « les coqs », *lko:só (lqo:só)* < « le cochon », *ḷlpó,* « pot », diminutif de **lpó* < « le pot », et les noms propres *Ma:liyán* < « Marianne », *Piyél* < « Pierre », et sans doute aussi *Pól* < « Paul ». Les mots empruntés à l'anglais sont plus rares. On ne peut guère mentionner que *pús,* « chat » < anglais *pussy,* *kʷəsíxʷ,* « oie », anglais *goose* (avec le suffixe indigène *-íxʷ*) et *séns* < anglais *cents*.

En 1936, la langue était déjà en voie d'extinction. Les vieillards et les enfants au-dessous de l'âge scolaire ne parlaient que le kalispel, les hommes d'âge mûr savaient tous un peu d'anglais, se servant plutôt du kalispel entre eux, mais les jeunes gens qui étaient allés à l'école américaine parlaient souvent anglais entre eux, et les vieux se plaignaient de la pauvre qualité de leur kalispel. Depuis, la situation a sans doute évolué en faveur de l'anglais. Le kalispel, langue sans avenir, est appelé à disparaître, comme tant d'autres de ces petites langues indigènes, — s'il n'a pas déjà disparu.

PHONOLOGIE

Tous les éléments qui, soudés ensemble, se groupent sous un seul accent expiratoire, forment les unités que nous appellerons par la suite « mots ». L'accent est relativement faible, mais sa place dans le mot se laisse facilement déterminer : sous l'emphase, la voyelle accentuée peut être allongée à volonté, et se prononce dans ces cas sur une note très haute. Souvent aussi le pluriel s'exprime par la glottalisation de la voyelle accentuée: *ncqamənusən*, « je le jetai au feu », mais *ncqamənuʔsən*, « je les jetai au feu », où la glottalisation de *u* (et non de *a*) indique bien laquelle des deux porte l'accent.

L'accent est libre dans ce sens qu'il peut frapper la voyelle radicale ou une voyelle suffixale. Les règles de ces déplacements ne se laissent pas établir par l'étude du kalispel seul. On doit le plus souvent se contenter de constater que certaines racines semblent retenir l'accent, quels que soient les suffixes qui suivent, tandis que d'autres racines rejettent l'accent vers la fin du mot. La place de l'accent est décisive pour le vocalisme de la racine et des suffixes.

VOCALISME

Les voyelles sont *i e a o* et *u*, et la voyelle réduite *ə*. Cette dernière ne se trouve qu'en syllabe inaccentuée. Toutes les voyelles peuvent être longues ou brèves. Les voyelles pleines peuvent être coupées, dans leur partie finale, par une occlusion glottale, pour donner *iʔ, eʔ, aʔ, oʔ* et *uʔ*. La partie de la voyelle qui précède l'occlusion glottale est brève, l'occlusion glottale étant suivie d'une voyelle-écho, brève et non syllabique, le plus souvent sourde (chuchotée). Mais cette voyelle glottalisée est moins sujette aux alternances que les voyelles simples. Certaines voyelles initiales peuvent de même être précédées d'une occlusion glottale, pour donner *ʔi, ʔe*, etc.

Sous l'accent il n'y a aucune opposition entre voyelles longues et brèves, toutes étant ou bien longues, — prononcées avec une intonation descendante caractéristique, — ou bien glottalisées. C'est seulement dans la syllabe prétonique, celle qui précède immédiatement la voyelle accentuée, que nous trouvons une opposition entre voyelles longues et brèves.

Le vocalisme est fortement influencé par les consonnes qui précèdent et qui suivent. Sous l'accent, *e* et *u* passent à *a* et *o* si la syllabe suivante commence par une vélaire: à côté de *i-qᵘéc*, « il est chaud », nous avons, avec le suffixe *-qən*, « tête », *i-qᵘác-qən*, « il a la tête couverte », littéralement: « il est chaud par rapport à la tête ». De même si un suffixe contenant les voyelles *i* ou *e* fait tomber la voyelle radicale *a*, les voyelles suffixales passent à *a*. De *çál-t*, « il est froid », nous obtenons ainsi, avec le suffixe *-étkᵘ*, « eau », la forme : *i-n-çal-átkʷ*, « l'eau est froide »; de *i-pás*, « il a peur », avec le suffixe d'aspect déterminé *-ép, i-ps-áp*, « il prit peur », et avec le suffixe de l'aspect duratif *-əmi* surajouté, *es-pəsp-əmá*, « il prend peur » < **es-pas-ap-əmí*.

L'interprétation phonologique du système vocalique semble être la suivante; si un suffixe attire sur lui l'accent, toute voyelle non glottalisée tombe, si le groupe consonantique résultant de la syncope est toléré par le système de la langue. S'il ne l'est pas, la voyelle radicale laisse une trace sous la forme de la voyelle réduite *ə*, qui, suivant le contexte phonétique, prend le timbre *i e a o u*, ou bien reste *ə*. Les voyelles longues qu'on trouve en syllabe prétonique semblent toutes provenir de contractions de voyelles en hiatus. Ainsi le mot *țeíp* (dissyllabique), « il tomba », devient avec le suffixe *-étkᵘ*, cité ci-dessus, *n-ți:pétkᵘ*, « il tomba dans l'eau », *naʔás*, « il se mouilla » devient avec le suffixe d'aspect duratif *-əmí, esənaʔsəmá*

contiennent deux occlusives ou mi-occlusives glottalisées. Ainsi le pluriel de *páq̓əmən*, « lampe électrique (de poche) », littéralement : « outil d'éclairage », est *pq̓páq̓əmən* < *paq̓-páq̓əmən*. C'est dans ces conditions que peut apparaître la mi-occlusive latérale non glottalisée ƛ, par exemple dans le pluriel *člpƛpƛamétk* de *člpƛamétk*, « mer, océan ».

MORPHOLOGIE

L'examen des unités indépendantes de l'énoncé que nous avons appelées « mots » nous permet de distinguer deux classes, une petite classe de mots invariables qui se présentent toujours sous la même forme et qui ne se combinent pas avec d'autres unités pour former des mots plus complexes, et une grande classe de mots, les mots variables, qui admettent des suffixes et des préfixes ou des modifications internes. Parmi ces mots variables il y en a relativement peu qui ne se laissent pas analyser en unités significatives plus petites, qui, en d'autres mots, nous montrent une racine nue. On peut signaler des formes verbales dites complétives, comme *ménxᵘ*, « il fuma »; *ʔítš*, « il dormit »; *ʔiƚn*, « il mangea »; *xúi*, « il alla », etc., et un petit nombre de « noms » comme *lʔéu*, « père » (homme parlant), *túm*, « mère » (femme parlant), *čélš*, « main », *cítxᵘ*, « maison », *lúkʷ*, « bois » (la matière) et peut-être une dizaine d'autres. La grande majorité des mots variables se composent d'une racine et d'un ou de plusieurs affixes. Mais l'affixation n'est pas le seul procédé morphologique; la racine peut elle-même subir des modifications internes, pour exprimer des catégories morphologiques définies, comme la réduplication totale ou partielle et la glottalisation des sonantes, plus rarement des voyelles. L'alternance vocalique que nous avons mentionnée n'est par contre pas un procédé morphologique, c'est une phénomène uniquement déterminé par les déplacements d'accent, par conséquent un phénomène secondaire.

Par le jeu des procédés morphologiques, l'affixation, la réduplication et la glottalisation, on exprime en kalispel ls catégories les plus diverses. Les plus importantes sont la prédication (relation entre sujet et attribut), la possession, la localisation, le nombre, l'aspect, le mode et la diminutivité.

Les mots variables correspondent, dans leur ensemble, à peu près aux formes nominales et verbales des langues indo-européennes. Dans ces langues la définition formelle de ces deux classes de formes est assez aisée: les catégories des cas et des genres, la détermination par l'article définissent souvent le nom, les catégories des temps et des aspects, des modes et des personnes définissent en général le verbe. Nous sommes même disposés à croire que ce classement n'est pas uniquement formel, c'est-à-dire dérivé de la structure de la langue, mais qu'il s'impose à la pensée humaine comme une nécessité logique. Or les choses se présentent autrement dans la langue qui nous occupe. Une grande partie des mots qui, dans une traduction française, seraient rendus par des noms, sont en kalispel des verbes. Ainsi de la racine *šit̲*, « se tenir debout, en parlant d'un objet long », nous formons la forme verbale, d'aspect duratif, *es-šit̲,* « quelque chose de long est debout, est dressé », en parlant par exemple d'un arbre ou d'un pieu fiché en terre. Mais dans certains contextes, nous devons traduire simplement par « pieu, arbre ». En effet, le concept « arbre en général » ne s'exprime pas autrement en kalispel. Au même type appartiennent des formes verbales que nous devons traduire par des noms français: île, montagne, ruisseau, lac, vagues, route, tente, etc. La plupart des autres noms du kalispel sont des formes verbales transformées en noms par le préfixe nominalisateur *s-*. Des formes verbales déjà mentionnées, *méṇx^u*, « il fuma », *ʔitn*, « il mangea », *ʔitš*, « il dormit », nous formons ainsi les noms *saméṇx^u*, « tabac », *saʔitn*, « nourriture », *saʔitš*, « sommeil », et pour prendre un exemple plus compliqué, mais tout aussi typique: de la racine *k^{u}il*, « rouge, rougir », nous avons la forme dérivée *s-k^{u}kulil̲*, « soleil », avec réduplication initiale et finale, avec glottalisation et avec le préfixe *s-*. Dans ces cas l'analyse des mots est évidente, parce que la racine du mot est connue par d'autres formes plus simples de la langue, dans d'autres cas l'analyse nous conduit à une racine ou à des affixes hypothétiques, qui ne peuvent s'expliquer par le seul kalispel. Les mots *sqêlix^u*, « être humain, Indien » (par opposition à *suyápi*,

« homme blanc, Américain »), *sqaltəmíx^u*, « homme, mari », *sqéltč*, « corps, chair », peut-être aussi *qalispé(l)*, « Indien kalispel », supposent sans doute une racine **qel-* avec suffixes divers et le préfixe *s-*, mais qui est par ailleurs inconnue dans la langue, et dont par conséquent le sens ne se laisse pas préciser.

Le parallélisme entre les formes traduites en français par des noms et celles qui sont traduites par des verbes se remarque aussi dans les affixes de référence pronominale. Nous avons ici deux séries d'affixes pronominaux qui, dans la plupart des cas, sont bien distinguées. La première série comprend les affixes pronominaux qui désignent le sujet grammatical, l'autre comprend les affixes qui désignent le possesseur.

Les premiers affixes pronominaux s'emploient lorsqu'il s'agit d'exprimer le rapport de prédication, c'est-à-dire le rapport qui existe entre un sujet et son attribut (rapport souvent exprimé par la copule « être » dans d'autres langues, verbe inconnu en kalispel). Ainsi *čin-iləmíxum*, « je suis chef », *k^u-iləmíxum*, « tu es chef », avec les préfixes *čin-*, « moi », et *k^u-*, « toi ». Comme le préfixe de la troisième personne du singulier est zéro, *iləmíxum* signifie à la fois « chef » et « il est chef ».

Les affixes pronominaux de la deuxième série désignent le possesseur, ainsi *in-iləmíxum*, « (c'est) mon chef », *an-iləmíxum*, « (c'est) ton chef », et avec des suffixes: *iləmíxum-s*, « (c'est) son chef ». Si nous combinons les affixes des deux séries, nous obtenons des syntagmes du type *kuʔan-iləmíxum*, « je suis ton chef » (où *ku-* est une variante de *čin-*), *k^u-in-iləmíxum*, « tu es mon chef », etc; en laissant de côté quelques complications qui résultent de la rencontre de deux préfixes, télescopages et contractions. Or ces deux séries d'affixes pronominaux désignant le sujet et le possesseur se retrouvent dans des formes que nous traduirions par des constructions verbales avec sujet et régime direct. Nous avons ainsi de la racine *kup*, pousser, des formes telles que *čin-es-kúp-i*, « je pousse » (où *es-* et *-i* caractérisent l'aspect duratif) et *čin-kúp-əm*, « je poussai » (où *-əm* caractérise l'aspect complétif), *k^u-es-kúp-i*, « tu pousses », *k^u-kúp-əm*, « tu poussas », en tout parallèles, à part les affixes d'aspect, aux formes citées *čin-iləmíxum*, *k^u-iləmíxum*. À côté de ces formes « unipersonnelles », nous avons des formes « bipersonnelles », c'est-à-dire avec deux références pronominales, comme *kuʔ-as-kúpəm* (où *as-* < *-an-es-*), « tu me pousses », *ku-yes-kupəm* (< *kʷ-in-es-*), « je te pousse », *kᵘ-es-kúpəm-s*, « il te pousse », où la comparaison avec les formes citées ci-dessus: *kuʔ-an-iləmíxum*, « je suis ton chef », etc., nous impose l'interprétation: « moi — (objet de) ton action de pousser, toi — (objet de) mon action de pousser, toi — (objet de) son action de pousser ». Les syntagmes « je suis ton chef » et « tu me pousses » ont par conséquent la même structure formelle (abstraction faite des affixes d'aspect et des accidents phonétiques qui résultent de la rencontre de plusieurs affixes), que, en d'autres termes, dans les formes verbales bipersonnelles, correspondant à nos verbes transitifs, l'agent de l'action (sujet en français) est conçu comme le possesseur de l'action, et que l'objet de l'action, la personne ou la chose affectée par l'action (régime direct en français) est conçu comme le sujet.

D'après ce qui vient d'être dit, on voit que les termes « nom » et « verbe » couvrent en français et en kalispel — si un tel classement se laisse établir dans cette langue — des réalités très différentes. Le parallélisme des séries paradigmatiques citées suggère que la délimitation entre « noms » et « verbes » en kalispel est malaisée. Elle est cependant possible. En choisissant certains critères formels, nous pouvons délimiter et définir formellement des classes de formes que nous appellerons, arbitrairement, formes nominales et verbales. Ces classes ne correspondront que de loin aux classes des noms et des verbes dans nos langues indo-européennes. Les critères que nous choisirons pour cette délimitation sont l'expression formelle des catégories de l'aspect et de la localisation.

Nous pouvons distinguer trois aspects fondamentaux en kalispel, l'aspect duratif, qui présente l'action dans sa durée, sans considération d'un terme, l'aspect résultatif, qui semble se rapprocher du parfait indo-européen en présentant l'action comme un état résultant d'actions antérieures, et l'aspect complétif, qui présente l'action « nue », sans aucune spécification ni de durée ni de terme, ni de rapports avec des événements antérieurs. Dans une certaine mesure il peut être comparé avec l'aoriste grec. Comme on le voit, la notion du temps, passé, présent, futur, n'entre pas dans la définition sémantique des aspects. Les formes de tous les aspects peuvent rendre des passés, des présents et des futurs du français. Si nous traduisons, dans cette esquisse, les formes duratives par un présent français, les formes complétives par un passé simple, et les formes résultatives par un parfait, c'est uniquement pour les distinguer d'une façon commode.

Les deux premiers aspects, l'aspect duratif et l'aspect résultatif, sont, entre autres, caractérisés par le préfixe *es-*, et nous avons déjà signalé le parallélisme entre ces formes et les formes « nominales ». Les formes d'aspect complétif sont, sous ce rapport, à part, à la fois par l'absence du préfixe *es-* (qui doit désigner l'état) et par des suffixes personnels qui sont absolument isolés dans le système, n'apparaissant que dans ces formes complétives. Si *kuʔ-as-kúpəm*, « tu me pousses », présente un parallèle frappant avec *kuʔ-an-iləmíxum*, « je suis ton chef », des formes complétives comme *kúpəntx^u*, « tu le poussas », *kúpənčt*, « nous te poussâmes », n'ont aucun parallèle dans les formes nominales. C'est aussi au complétif que nous rencontrons des formes inanalysables : *ménx^u*, « il fuma », *x̣ék^u*, « il partit », *ʔítš*, « il dormit ». Toutes ces formes peuvent d'ailleurs être nominalisées par le préfixe *s-*. C'est ce qui arrive toujours dans les phrases négatives et intentionnelles ; *tá s-kúpənt*, « tu ne le poussas pas », *qskúpəntx < qł-s-kúpəntx*, « tu le pousseras, tu veux le pousser ». Il est naturel, pour nous, de considérer ces formes complétives comme des formes verbales, parce que nous les traduisons par des formes verbales en français. Une traduction tout aussi exacte serait « son action de fumer », « son départ », « son sommeil ».

Quoi qu'il en soit de la traduction (guide trompeur!), l'analyse des mots, dans tous les cas où elle se laisse faire, nous conduit à une racine indifférente à la distinction entre nom et verbe, mais qui entre dans des séries paradigmatiques que nous pouvons, selon des critères formels, arbitrairement appeler formes nominales et formes verbales. Nous pouvons ainsi définir les formes verbales comme celles qui admettent l'expression de l'aspect. Ces formes se distinguent d'ailleurs par d'autres propriétés, par exemple celle de renvoyer à une troisième personne, nous donnant ainsi des formes « tripersonnelles ». Si *askúpəm* signifie « tu le pousses », la forme *askúpłtəm* avec le suffixe *-łt-* signifie « tu le pousses pour lui ». L'expression de la distinction entre références définies et indéfinies est aussi caractéristique des formes que nous avons appelées verbales: *askúpšəm,* « tu le pousses pour quelqu'un (personne indéfinie) », *askúpštəm,* « tu pousses quelque chose (d'indéfini) pour lui (défini) », de même *x{^u}íčaštəm* (*-čəš-* < *-çəš-*), « je lui donnai quelque chose », en face de *x{^u}íçəłtam,* « je le lui donnai ».

Une conséquence de cette analyse purement formelle, c'est que les noms de nombre et les adjectifs en kalispel sont à interpréter comme des formes verbales, ou plutôt comme une sous-classe de la classe des verbes. Les adjectifs-verbes forment une sous-classe par leur faculté de distinguer entre qualité inhérente et qualité accidentelle (la qualité étant considérée comme un procès): de la racine *x̌es,* « bon », nous avons, avec le suffixe *-t,* que d'ailleurs nous retrouvons dans certaines formes verbales proprement dites d'aspect complétif, la forme *x̌és-t,* « il est bon », où la bonté est considérée comme une qualité permanente, qui tient de la nature même du sujet, tandis que, avec le préfixe *i-* (dont le sens primitif semble être l'actualisation, il se retrouve dans certaines formes duratives), nous avons *i-x̌és,* « il est bon », dans le sens: « il se sent à l'aise pour le moment, il se porte bien », où, par conséquent, la bonté est considérée comme une qualité temporaire, accidentelle. De même *k{^u}túnt,* « il est grand, de grande taille », — qualité qu'on ne change guère —, mais *i-nás,* « il est mouillé », qualité accidentelle.

L'autre catégorie qui est essentiellement verbale est celle de la localisation, qui s'exprime par des suffixes. La suffixation joue un rôle énorme en kalispel, dans le vocabulaire comme dans l'articulation de l'énoncé. Tous les suffixes de caractère lexical, c'est-à-dire les suffixes qui ne sont pas uniquement morphologiques (de référence pronominale, de prédication, d'aspect fondamental, etc.) sont propres aux formes verbales et n'apparaissent que secondairement dans les formes nominales, ainsi par exemple *pulštuvéx{^u},* « ils s'entre-tuent », d'une racine *pulšt-* avec le suffixe de réciprocité *-uvéx{^u}* peut être nominalisé, comme toute forme verbale, par le préfixe *s-*: *spulštuvéx{^u},* « guerre ».

Les suffixes expriment les concepts les plus divers. Un certain nombre d'entre eux (une douzaine) expriment ce qu'on pourrait appeler des concepts modaux, ou aspectuels, comme la réflexivité, la réciprocité, le fait de devenir ce qu'exprime la racine, le fait de réussir à faire ce qu'exprime la racine, le fait qu'une action se fait sans intention, sans effort, etc. Dans cette grande masse de suffixes il y a, cependant, un groupe de quelque soixante à soixante-dix suffixes qu'il faut signaler particulièrement, à savoir ceux que l'on peut appeler, par un terme conventionnel, les suffixes de localisation. Ce sont des suffixes qui indiquent le champ de l'action verbale. La plupart d'entre eux désignent les parties du corps comme « tête, chevelure, poil, œil, nez, bouche, dent, cou, nuque, poitrine, main, bras, côtes, intestins, ventre, derrière, pied, peau, etc. », ou bien des localisations extérieures comme : « ciel, eau, route, sol, maison » ; ou bien des concepts comme : « objet long, objet creusé, couverture, vêtement, gens, bétail, enfant, etc. ». Beaucoup de ces suffixes apparaissent dans les noms qui désignent la chose en question, par exemple le suffixe *-áx̌an,* « bras », est présent dans le mot *sčuwáx̌an,* « bras » ; dans d'autres cas, le nom et le suffixe n'ont rien en commun, comme *es-qáx* « route », mot qui, au point de vue formel, est une forme verbale d'aspect duratif, et le suffixe *-(á)qs,* « route ». Beaucoup de ces suffixes n'apparaissent, dans nos matériaux, que dans des formes isolées, de sorte que leur sens ne se laisse pas préciser. Certains suffixes ont des sens multiples. Souvent l'un des sens peut être considéré comme le sens primitif, dont dérivent les autres. Le suffixe *-éčst* signifie « main », mais aussi « travail en général ». Ce dernier sens est certainement secondaire, parce qu'il se laisse facilement dériver du sens concret de « main », le travail chez les Kalispel étant essentiellement manuel. On s'explique également bien que le suffixe *-cín (-cən)* qui signifie « bouche » soit arrivé, avec d'autres racines, à prendre les sens de « lèvres, langue (organe), nourriture, langue (parole) ». La situation est un peu différente avec le suffixe très fréquent *-ús,* qui a les sens « œil, figure, cou, et feu ». Le premier sens doit être le sens fondamental, et l'on conçoit que, dans certains cas, il soit arrivé à signifier « visage, figure », mais on ne voit pas bien comment en dériver les sens de « feu » ou de « nuque ». On peut penser que des suffixes de ce type dont les sens ne se laissent pas facilement ramener à un sens fondamental sont des suffixes d'origines différentes, mais qui, par suite d'accidents phonétiques, ont fini par prendre la même forme, qu'il s'agit, par conséquent, de suffixes homonymes. Quoi qu'il en soit, cette polyvalence de la majorité des suffixes rend souvent assez malaisée l'interprétation des formes à suffixes.

Ces suffixes donnent naissance à un nombre quasi illimité de dérivés verbaux, et peuvent, en se combinant entre eux et avec des préfixes différents comme *n-*, « dans », *čł-*, « sur », *ḳuəł-*, « sous », *č-* « la direction vers », *t-*, « éloignement », — préfixes qui d'ailleurs peuvent se combiner entre eux: *t-n-*, *č-n*, etc. —, exprimer les nuances les plus variées. Ces formations suffixales et préfixales se présentent à nous comme autant de métaphores, souvent ingénieuses, parfois très inattendues. Pour donner une idée du fonctionnement de ces suffixes et du rôle qu'ils jouent, nous donnerons ci-dessous quelques exemples. Avec la racine *cuʔ*, « frapper », nous avons, avec le suffixe *-áqs*, « nez » (homonyme du suffixe *-áqs*, « route ») et le préfixe *n-*, la forme *n-cuʔ-áqs-ən*, « je le frappai au nez », avec le même préfixe et le suffixe *-ús*, « œil », avec réduplication de la racine, *n-cuʔcuʔúsən*, « je le frappai dans les yeux », avec les deux suffixes *-ép*, « cheveux », et *-qən*, « tête », *cuʔ-áp-qən*, « je le frappai sur la tête ». De la racine *ʔemút*, « s'asseoir » (en parlant d'une seule personne), nous avons par exemple: *n-ʔemt-áqs*, « il s'assit sur la route », *čłʔemt-éneʔn*, « il s'assit sur lui », avec un suffixe *-éneʔ* qui signifie « oreille » et avec le préfixe *čł*, « la surface de quelque chose »; avec le préfixe *č-* et le suffixe *-éʔus*, « milieu, entre, chevauchement », *čəmt-éʔus* (<*č-ʔem-*), « il s'assit en haut, à califourchon », par exemple sur la branche d'un arbre, sur un cheval, mais avec le préfixe *n-*: *nʔemt-éʔusen*, « je l'attendis », avec le suffixe *-úleʔxᵘ ʔemtúleʔxᵘ*, « il s'assit sur le sol », et avec le préfixe combiné *ḳuəł-n-* et le suffixe *-ép*, « la partie inférieure de quelque chose, pied » (au sens figuré) *ḳuəł-n-ʔemt-ép*, « il s'assit dans la porte »; de la racine *quł*, « poussière, couvrir de poussière », avec le suffixe *-(á)qs*, « route », le préfixe *n-* et la particule *i-*, qui désigne des qualités accidentelles non permanentes, *i-n-qół-qs*, « la route est couverte de poussière ». Un exemple de métaphore inattendue est le suivant: de la racine *púi*, « ride », nous avons, avec le préfixe *-šən* qui signifie « jambe, pied », la forme *i-púi-šən*, « son pied a des rides », d'où avec rejet de la particule *i-* : *púi-šən,* « pneu d'auto », littéralement « pied ridé », et avec réduplication : *i-pi :-púi-šən,* « ses pieds ont des rides », d'où *pi :púišən,* « automobile », littéralement, « qui a les pieds ridés ». Toute la terminologie de l'auto était créée sur ce patron, sans emprunts à l'anglais.

La catégorie du nombre se présente un peu autrement que dans les langues indo-européennes. Dans une phrase française comme : « les hommes construisent une maison » c'est, selon notre mode de penser, la même notion de pluriel qui est exprimée dans le nom et dans le verbe; en kalispel une telle phrase serait ambiguë, parce que le kalispel distingue assez rigoureusement entre le pluriel distributif et le pluriel collectif. Dans les noms on n'exprime pas, en général, le nombre; une forme telle que *sqaltəmíx*^{u} signifie, selon les contextes, « homme » ou « hommes ». Nous avons, il est vrai, la forme à réduplication *sqalqaltəmíx*^{u}, qui serait le plus souvent à traduire par le pluriel. Mais le sens n'est pas « une pluralité d'hommes », mais « des hommes dispersés, un homme dans tel endroit, un autre homme dans tel autre endroit », et ainsi de suite. C'est ce que nous appelons un pluriel distributif. Dans les formes verbales, par contre, on a un vrai pluriel : *kúʔləm,* « ils travaillent », dérivé du singulier *kúləm* par la glottalisation de la voyelle. Cette forme signifie : « des hommes (ou les hommes) travaillent ensemble, collectivement, à la même tâche, au même endroit », tandis que la forme à réduplication *k*^{u}*əlkúləm* signifie « des hommes travaillent » dans le sens de « un homme travaille dans cet endroit, un autre dans cet autre endroit », etc. et, en combinant les deux procédés, nous obtenons *k*^{u}*əlkúʔləm,* qui signifie qu'un travail collectif se répète en plusieurs endroits. À la forme du pluriel, « ils travaillent », du français correspondent ainsi trois formes différentes du kalispel.

Cette réduplication au sens distributif se fait par la réduplication totale de la racine. La réduplication partielle a d'autres fonctions, très importantes, dont nous signalerons quelques-unes. La réduplication finale désigne, dans les formes verbales, le développement d'une action vers un terme : de la racine *tíx*^{u}*əl,* « différent, être différent », nous avons, à l'aspect duratif, la forme *es-tíx*^{u}*əl-i,* « c'est un étranger », littéralement « il est différent », mais le complétif déterminé *tíx*^{u}*x*^{u}*ələm* signifie: « il changea ». De même, du composé suffixal *es-čłóqᵘ-qən,* « il est chauve », littéralement « il est nu par rapport à la tête », nous avons le complétif déterminé *čłóqᵘq̓ᵘ-qən,* « il devint chauve ».

La réduplication initiale, par contre, combinée le plus souvent avec le préfixe *ł-*, et la glottalisation des sonantes (plus rarement des voyelles), exprime la diminution. Les diminutifs jouent, dans les formes verbales comme dans les formes nominales, un rôle considérable. De la forme verbale *es-čsúnkᵘ* « (c'est) une île », nous avons le diminutif *es-č-ł-súʔsənkᵘ,* « une petite île, îlot », formation qui d'ailleurs nous montre que dans *es-čsunk,* le phonème *č* est un préverbe: le préfixe *ł-* précède, en effet, toujours la racine. De même de *xᵘíšt,* « il alla », le diminutif *łxᵘíxᵘšt,* « il marcha à petits pas », ou « le petit marcha », de *es-ku̓ḷ-i,* « il travaille », le diminutif *es-ku̓k̓ᵘəḷ-i,* « il travaille, bricole un peu ». Du mot *pí:-púisən,* « auto », nous avons *łpiʔpuʔišən,* « auto-jouet ». Les diminutifs se créent librement même à partir d'emprunts récents. Nous avons mentionné dans l'introduction le mot *łpó,* « pot », qui est évidemment un diminutif de **lpó* < le pot, qui n'est pas attesté. De même de *pús,* « chat », le diminutif *łpús,* « petit chat, chaton ».

SYNTAXE

Sans essayer de délimiter d'une façon rigoureuse syntase et morphologie, nous dirons que la syntaxe est l'ensemble des règles qui gouvernent l'agencement des mots, variables et invariables, pour former des unités complexes, que nous appellerons phrases. Les pharses sont marquées par une modulation particulière qui en marque la fin. Or toute forme verbale ou nominale — des termes pris dans le sens que nous leur avons donné ici — peut à elle-même suffire à faire un enoncé complet, une phrase. Un conte commence ainsi par les deux phrases suivantes : *tiʔe xᵘiʔxᵘeỷuł. tiʔmuleʔxᵘ.* littéralement : « les animaux. Printemps ». La première phrase est composée de deux termes indépendants, dont le premier est un composé de la particule *luʔ* et la particule démonstrative *yé* qui désigne ce qui se trouve près de celui qui parle ; le

deuxième est une forme verbale qui dérive de la racine
*$x^u ei$ qui semble signifier « bouger (en parlant d'êtres
vivants), vivre ». La forme à réduplication, avec un
suffixe de sens incertain, -*út*, signifie « (il y a) du gibier,
des animaux ». La première phrase peut être traduite :
« Voici les animaux, grouillant partout ». La deuxième
phrase est une forme verbale à l'aspect complétif, constituée par la racine *ti?im,* « fondre, en parlant de la neige ».
Le suffixe -*úle?x^u* signifie « sol ». Il se retrouve, sans
doute, avec un vocalisme un peu différent, dans le nom
stulix^u, « sol, terre, pays ». La forme verbale désigne par
conséquent « la neige fondit sur le sol » et s'emploie pour
désigner le commencement du printemps. Ces deux
phrases sont juxtaposées et forment chacune un énoncé
complet. Mais la particule *lu?* qui entre dans le terme *li?é*
de la première phrase, apporte un élément d'articulation,
en indiquant un rapport particulier entre les deux phrases.
Elle sert à indiquer la situation dans laquelle se produit un
événement qui représente l'élément nouveau, intéressant,
sur lequel on désire attirer l'attention. Une traduction
plus libre, comme par exemple : « Voici que les animaux
vivaient (un peu partout quand) brusquement, vint le
printemps (la fonte des neiges) », rendrait mieux cette
nuance. Qu'il ne s'agisse pas ici d'une subordination dans
le sens formel du mot, se voit à l'énoncé complexe
lu?ˣalíp u k^uənčstəmíšt. La racine du premier terme,
déterminée par *lu?* est *x̄al-*, « lumière du jour », qui se
retrouve dans le nom à réduplication s-*x̄əl-x̄ăl-t*, « jour ».
Ici nous sommes en présence d'un complétif avec le
suffixe -*íp,* indiquant un procès venant à son terme, « il
fut matin, le matin vint ». Le dernier terme qui signifie
« il s'habilla », contient la racine *k^uen*, « se mettre en relief,
se montrer à l'inspection », le suffixe -*(e)čšt*, « main », et
le suffixe réfléchi -*míšt*. Les deux formes verbales sont
reliées par la conjonction *u*, « et », qui montre à l'évidence
qu'il s'agit d'une juxtaposition, d'une parataxe. Mais la
particule *lu?* attribue au premier terme le rôle d'indicateur
de la situation — le deuxième terme se détache sur ce fond
comme l'événement essentiel. On pourrait peut-être dire
que, dans un énoncé complexe de ce type parataxique, le
terme déterminé par *lu?* indique le sujet psychologique, le
deuxième fonctionne comme son attribut. Cette valeur de
lu?, si difficile à préciser, parce qu'il n'y a rien dans nos

langues qui lui corresponde, permet de distinguer entre les deux syntagmes, composés des mêmes termes : *púlšts luʔ-iləmíxum* et *iləmíxum luʔpúlšts*. Le mot *iləmíxum* signifie, nous l'avons déjà vu, « chef ». Le terme *púlšts* est un complétif, à deux références pronominales, qui signifie « il le tua », ou plutôt « il fut tué par lui ». La première phrase signifie donc : « le chef fut tué par lui », le concept « chef » est, pour ainsi dire, le concept dont on part pour lui attribuer la qualification : « il fut tué (par lui) » ; la deuxième phrase, au contraire, signifie : « celui qui fut tué, c'était le chef ». Le fait connu, dont on part, c'est l'homme tué, le fait nouveau sur lequel on attire l'attention, l'attribut psychologique, c'est que cet homme tué était le chef.

Les hypothèses se présentent de la même manière parataxique : une première forme verbale est introduite par la particule complexe *kʷłu*, c'est l'hypothèse, la situation posée, la deuxième forme verbale est introduite par les deux particules *kuné ú*, le tout signifiant littéralement : voici telle situation (les préfixes modaux peuvent nuancer la présentation de la situation, comme une hypothèse contraire à la réalité, comme seulement possible, etc.) et alors tel fait se produit.

Ce caractère parataxique de toutes les combinaisons de formes verbales et nominales se voit peut-être encore plus nettement quand on examine les expressions prépositionnelles. Il y a quelques préfixes que nous pourrions comparer à nos prépositions, très peu nombreux d'ailleurs : *l-*, « dans », *č-*, « à », (mouvement), *t-*, « par », *təl-*, « de » (éloignement) et *x̌ʷəl-*, « pour ». Avec le pronom indépendant de la deuxième personne du singulier, *anuí*, nous aurions ainsi : *lanuí, čanuí*, « dans toi », « à toi », etc., mais l'insuffisance de ces traductions se voit à l'exemple suivant : *lcítxʷs u ʔemút*, « il se trouva dans la maison ». Le premier terme est composé de *cítx*, « maison », avec le suffixe possessif de la troisième personne du singulier *-s*, et déterminé par la « préposition » *l-*, « dans ». La forme verbale est un complétif : « il fut assis, il se trouva ». Mais ces deux termes, « dans la maison » et « il se trouva », sont reliés par la conjonction de coordination *u*, « et ». Exactement de la même façon : *x̌ʷəlanuí u kúləm*, « je le fis pour toi », littéralement : « (c'était) pour toi et je le fis ». Même un « adverbe de temps » comme *kʷémt,* qui dans les contes revient si souvent dans le sens de « et alors, et puis », peut, à l'occasion, être détaché pour former un terme de phrase sur le même plan que les formes verbales et nominales. À côté de *kʷémt cúntəm,* « et alors quelqu'un lui dit », littéralement : « et alors il lui fut dit », nous trouvons en effet *i-kʷémt u cúntəm,* où *kʷémt* a reçu la particule d'actualisation *i-* que nous avons déjà signalée dans certains adjectifs, et qui se trouve aussi dans des formes verbales duratives proprement dites, et où cette forme verbalisée de *kʷémt* a été reliée à la forme verbale *cúntəm* par *u,* « et ». La traduction d'un texte en kalispel peut bien rendre le sens, — en principe avec le degré d'exactitude voulue —, mais il est à peu près impossible de rendre par une traduction la structure interne de la phrase dans son originalité propre.

Hans VOGT.

BIBLIOGRAPHIE

A Dictionary of the Kalispel or Flat-Head Language, by the Missionaries of the Society of Jesus, publié en Montana dans les années 1877-1879; l'auteur était le Père J. GIORDA; transcription très insuffisante, matériaux lexicaux précieux.

Gregorio MENGARINI, S. J., *Grammatica Linguae Selicae,* New York, 1861 ; entièrement conçue sur le patron de la grammaire latine, elle ne donne aucune idée de la structure du kalispel.

Verne F. RAY, *The Sanpoil and the Nespelem,* dans « University of Washington Publications in Anthropology », vol. 5, Seattle, 1932; l'auteur donne une excellente vue d'ensemble sur la civilisation indigène de la région.

Gladys A. REICHARD, *A Comparison of five Salish Languages,* études publiées dans l'« International Journal of American Linguistics », New York, vol. 24, pp. 293-310, 1958; 25, pp. 8-15, 90-96, 154-167, 239-253, 1959; 26, pp. 50-61, 1960, qui, sur certains points, suppléent et corrigent l'ouvrage suivant.

Hans VOGT, *The Kalispel Language. An Outline of the Language with Texts, Translations and Dictionary,* Oslo, 1940 ; seule description systématique de la langue que nous possédions.

LE CRÉOLE DE LA DOMINIQUE

SITUATION GÉNÉRALE

Des quelque soixante mille habitants de la Dominique (754 km², une des Petites Antilles, très montagneuse, située entre la Guadeloupe et la Martinique), presque tous ont pour première — et dans bien des cas, comme seule — langue un créole français. Étroitement apparenté au créole de la Martinique, d'où venaient, au cours du XVIIIe siècle, la plupart des premiers esclaves introduits dans cette île, le créole dominicain est néanmoins divisé en un nombre indéterminé de variétés locales, mutuellement intelligibles certes, mais différant phonologiquement entre elles tant par la distribution de certains phonèmes que par le nombre total de ces unités distinctives.

Bien qu'il s'y trouve des commerçants, une classe professionnelle et quelques grands propriétaires, la Dominique est essentiellement un pays de culture paysanne; et aucun adulte parmi les deux ou trois cents Blancs qui l'habitent aujourd'hui n'y est né. Or, ne pouvant se renouveler depuis près de cent cinquante ans que par des emprunts au vocabulaire anglais, le créole dominicain ne connaît pas de variétés sociales. Mais, resté très conservateur dans les localités rurales un peu éloignées de la ville, il subit chez la population urbaine un appauvrissement et des « interférences » qui vont jusqu'à la redondance et à des substitutions parfaitement inutiles; ainsi, par exemple : *pa ... djè moc* (avec introduction de l'anglais *much*), au lieu de *pa ... djè* « ne ... guère », *bikoz* (de l'anglais *because*) au lieu de *pâs* « parce que », ou de *pis* « puisque ».

LE CRÉOLE DE LA DOMINIQUE

PHONOLOGIE

CARACTÉRISATION PROSODIQUE ET PHONÉMATIQUE

La mise en valeur accentuelle est largement au choix du locuteur. Et bien que ce créole ait souvent recours à des intonations de grande étendue, inusitées en français, il n'est pas une langue à tons.

Ses phonèmes comprennent, selon la variété, de sept à neuf voyelles orales à quatre degrés d'ouverture et trois voyelles nasales, deux semi-voyelles (qui se comportent dans la morphologie comme des consonnes), de vingt à vingt-deux consonnes réparties en cinq séries et quatre ordres principaux. Cet inventaire sera mieux compris en consultant le tableau suivant, où les phonèmes qui n'appartiennent pas à toutes les variétés paraissent entre parenthèses.

```
m   n   (ɲ)   ŋ              y                w
p   t   č     k          i         (ɨ)    u
b   d   ǧ     g          ẹ              ọ        ẽ   õ
f   s   š     h          ę              ǫ            ã
v   z   ž   (γʷ)              a    (α)
    l   r
```

Pour faciliter la typographie aussi bien que la lecture, quelques-uns de ces signes seront remplacés orthographiquement : les nasales palatale et vélaire /ɲ/ et /ŋ/, par *ny* et *ng* (/ŋg/ sera noté *ngg*), les affriquées chuintantes sourde et voisée, /č/ et /ǧ/, par *c* et *dj*, les chuintantes simples sourde et voisée, /š/ et /ž/, par *sj* et *j*, la spirante labiovélaire /γʷ/ (voisée sauf après consonne sourde), par *hw*, les voyelles à demi ouvertes et ouverte postérieure /ę/, /ǫ/ et /α/, par *ê, ô* et *â*, les voyelles à demi fermées /ẹ/ et /ọ/ par *e* et *o*.

En syllabe libre et en syllabe couverte par l'une des semi-voyelles *(y, w)*, les oppositions des dix voyelles hors parenthèses sont communes à toute variété de ce créole. Exemples : *pi*, « puis, puits », et *bi* (« bille de bois »); *pe*, « se taire », *pê*, « avoir peur, Père (prêtre) » et *bê*, « beurre », *pẽ*, « pain », et *bẽ*, « bain », *pa*, « pas » et *ba*,

« bas », *pã*, « paon » et *bã*, « banc », *bô*, « bord », *bo*, « embrasser, baiser » (nom), et *po*, « pot » (mesure de capacité), *bõ*, « bon » et *põ*, « pont », *bu*, « bourre », et *pu*, « pour, pou », *i le-y* [ileį̃], « il le veut » et *i le-w* [ileu̯], « il te veut », mais *i lê-y* [ilɛį̃], « il est son heure » et *i lê-w* [ilɛu̯], « il est ton heure », *lo-y* [loį̃], « son lot (portion) » et *lo-w* [lou̯], « ton lot », mais *lô-y* [lɔį̃], « son or » et *lô-w* [lɔu̯], « ton or ».

En syllabe couverte par une consonne, les voyelles *i, u, e* et *o* ont un moindre degré de fermeture et de tension; et les oppositions des demi-ouvertes aux demi-fermées ne se maintiennent que dans quelques variétés conservatrices, où l'on peut enregistrer, par exemple : *nef* [nĕf], « neuf », mais *nêf* [nɛ̆f] « nerf », *sot* [sŏt], « sot(te) » mais *sôt* [sɔ̆t], « sorte(s) », *pot* [pŏt], « pot, (vase) » mais *lapôt* [lapɔ̆t], « porte ». Ici les voyelles de *nef* et de *sot* sont nettement plus ouvertes et plus relâchées que celles de *ne*, « nœud », et de *so*, « saut (chute) »; sans toutefois se confondre avec les voyelles de *nêf* et de *sôt*, qui sont pareilles, phonétiquement aussi bien que phonologiquement, à celles de *nê*, « heure (espace de temps) » et de *sô*, « saur ». Cette distinction, qui sera toujours notée ici, est pourtant loin d'être générale, surtout chez les jeunes, qui ont pour la plupart une même voyelle /e/ dans *nef* et *nêf*, une même voyelle /o/ dans *sot* et *sôt* (fig. 1).

Il y a dans la plupart des variétés une voyelle centrale fermée et non arrondie, notée *i̇* comme dans : *f i̇ jê* (du français dialectal *feugère*), « fougère », *hw i̇ põn*, « repondre » (pondre de nouveau), *hw i̇ s i̇ vwê*, « recevoir », *s i̇ me*, « semer ». L'identification de cette voyelle (peu fréquente et dont le rendement fonctionnel est pratiquement nul), et des variantes d'un autre phonème semble exclue du fait de l'existence, chez les mêmes locuteurs, d'oppositions quasi minimales telles que : *hwujê*, « rougeur », et *lizyê*, « lisière », *hwepõn*, « répondre », *hwusi*, « roussir » et *hwisi*, « reçu (quittance) », *gume*, « se battre » et *fime*, « fumer ». De plus, son remplacement dans les variétés sans *i̇* n'est pas uniforme; car on entend *fujê*, *fwijê* et *fijê*, aussi bien que *f i̇ jê*.

Dans les variétés conservatrices ayant deux voyelles ouvertes orales, l'*a* d'avant est opposé à l'*â* d'arrière aussi bien en syllabe libre qu'en syllabe couverte par une consonne : *la*, « là », mais *lâ*, « lard », *pak*, « Pâques », mais *pâk,* « parc (clôture) », *mas,* « mascarade (carnaval) », mais *mâs,* « mars », *kat kât,* « quatre cartes ». Dans les variétés n'ayant qu'une seule voyelle ouverte orale, celle-ci peut être rétractée devant une pause (*elâ* [elɑ], « hélas! »), mais partout ailleurs elle est antérieure.

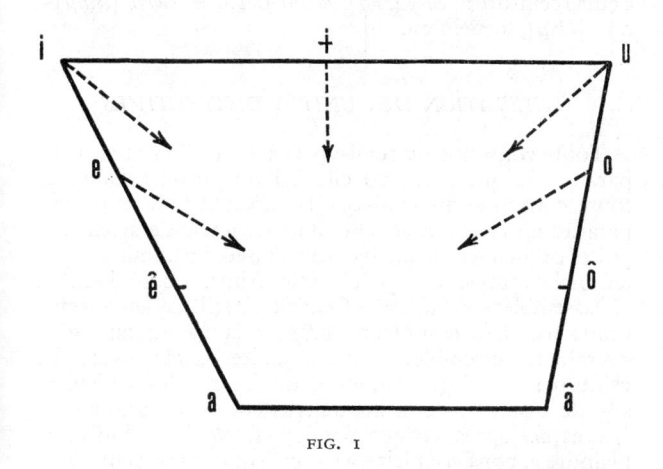

FIG. 1

En syllabe couverte par une consonne nasale *(m, n, ny* ou *ng),* les voyelles à demi fermées et ouverte antérieure *(e, o* et *a)* maintiennent, soit leurs oppositions aux voyelles à demi ouvertes et ouverte postérieure *(ê, ô* et *â),* soit — dans les variétés où *nêf, sôt* et *kât* se confondent avec *nef, sot* et *kat* — leurs oppositions aux voyelles nasales *(ẽ, õ* et *ã),* mais non pas les unes et les autres. Ainsi, *têm,* « terme », *bôn,* « borne », et *sjâm,* « charme », ne se confondent jamais avec *tẽm,* « timbre », *bõn,* « bonde », et *sjãm,* « chambre »; quoique ces oppositions puissent se réaliser, selon la variété, de façons différentes : par exemple *sjâm* [šām] contre *sjãm* [šă̄m], ou bien *sjâm* [šam] contre *sjãm* [šăm].

Les groupes vocaliques sont restreints à deux voyelles, et sont toujours dissyllabes : *au* ou *aut,* « août », *hai,* « haïr », *kai,* « sprat » (poisson; cf. *kay,* « maison; rocher à fleur d'eau »). Quelques-uns d'entre eux (mais non pas *au)* peuvent être interrompus ou non par une semi-voyelle : *pe(y)i*, « pays », *pwi(y)e*, « prier », *i(y)ê*, « hier », *klo(w)izõ*, « cloison », tandis que *no(w)el* « Noël » peut se réduire à *nwel*.

Le statut phonologique des semi-voyelles *y* et *w* paraît clairement dans les oppositions suivantes : *cwi* [tšu̯i], « cuir, ceinture », *cu-y* [tšu̯i̯], « son cul », et *cwiyi* [tšu̯i̯i̯]~ *cuyi* [tšu̯i̯i], « cueillir ».

UTILISATION DES UNITÉS DISTINCTIVES

Toute consonne ou semi-voyelle, excepté *ny* et *ng*, peut paraître devant toute voyelle à l'initiale de syllabe; et toute consonne ou semi-voyelle, excepté *h*, *hw* et *r*, peut paraître après toute voyelle orale en finale de syllabe.

Les occlusives distinctivement voisées ne paraissent pas en finale après une voyelle nasale. Ainsi, à côté de *sãble*, « (r)assembler », *cu-sãdhwõ*, « Cendrillon » (littéralement cul-cendron), *sãgle*, « sangler », et *lãgaj*, « langage », on a *sãm*, « sembler, ressembler », *sãn*, « cendres », *sãng*, « sangle, ceinture », et *lãng*, « langue », où les nasales labiale et apicale résultent de la neutralisation des oppositions de *b/m* et *d/n* après voyelle nasale; cf. *plẽn*, « plaindre, se plaindre », et *plẽn*, « pleine » (= enceinte, en parlant d'une bête), qui sont parfaitement homophones. Mais la nasale dorso-vélaire ne peut être considérée comme une variante combinatoire de /g/, car elle paraît non seulement après *ẽ*, *õ*, et *ã*, mais aussi après *i* et *y*, qui ne sont jamais distinctivement nasaux : *ling*, « ligne », *tizing* « (un) tout petit peu, (un) soupçon », *linggwez*, « (sorte de) fouet », *maynggwẽ*, « maringouin, moustique ». Ni l'une ni l'autre des affriquées, *c* et *dj*, ne paraît en finale après une voyelle nasale; mais ceci est un fait de parole, puisque ces phonèmes ne paraissent en fin de syllabe que dans des mots empruntés à l'anglais, tels que *pic* (anglais *pitch*), « route goudronnée », et *badj* (anglais *badge*), « insigne ».

La nasale palatale *(ny)* et la spirante labio-vélaire *(hw)* n'appartiennent plus qu'à quelques variétés conservatrices de ce créole, où leur rendement est faible. Ainsi la première peut servir à distinguer *pẽny*, « peigne », d'avec *pẽ-y*, « son pain »; la deuxième à distinguer *hwahwa*, « crécelle », et *khwi*, « cru (pas cuit) » d'avec *wawa*, « igname sauvage » *(Rajana cordata)* et *kwi*, « coui » (calebasse sectionnée servant de plat). Mais aujourd'hui, aucun locuteur ne fait valoir ces oppositions pour plus de quelques paires de mots.

La perte de la nasale palatale est généralement compensée par la nasalisation de la syllabe suivante, lorsque celle-ci est libre; et c'est ainsi que *pẽny*, « peigne », *pẽnye*, « peigner », *pãnye*, « panier », *põnyet*, « poignet », *ghwafinye*, « grafigner » (égratigner), *ghwinye*, « grigner » (faire des grimaces) et *ghwinyote*, « grignoter », passent à *pẽy* (homonyme de *pē-y*, « son pain »); voir *pẽy-li*, « son peigne »), *pẽyẽ*, *pãyẽ*, *põyet*, *ghwafiyẽ*, *ghwiyẽ* et *ghwiyõte*. Exceptionnellement, *sinye*, « signer », et *linye*, « aligner », deviennent *si(y)e*, homonyme de *si(y)e*, « scier », et *li(y)e;* et puisque ce créole n'a pas de voyelle nasale fermée, *n* ou *ng* (selon les cas) remplace *ny* dans les formes telles que *sin*, « signe », et *ling*, « ligne ».

Dans le cas de la spirante labio-vélaire (dont le modèle était évidemment l'*r* grasseyé du français), la perte s'effectue par voie de confusion (avec *w*) plutôt que par la disparition de l'élément vélaire; et c'est ainsi que beaucoup de locuteurs prononcent indifféremment *hwi* ou *wi* pour « oui », aussi bien que pour « rire », *dhwet* ou *dwet* pour « doigt », aussi bien que pour « droit(e) ». Mais le phonème *hw*, qui semble être en voie d'élimination, ne se confond jamais avec l'*r* (apical) : *bhwav* ou *bwav*, « brave », mais *braf*, « (sorte de) court-bouillon au poisson », *hwãm* ou *wãm*, « rame », mais *ram* (anglais *ram*), « enfoncer », *hwive* ou *wive*, « arriver », mais *ribote*, « riboter », *hwul* ou *wul*, « roue », mais *rul* (anglais *rule*), « coutume ».

Le phonème *h* — qui, de même que *hw* et *r*, ne paraît ni en finale ni devant une autre consonne — est toujours aspiré, et correspond en général à l'*h* dit aspiré du français : *dehô*, « dehors », *hâd*, « vêtement(s) », *hai*, « haïr », *hahwã*, « hareng », *hasj*, « hache », *hazâ*, « hasard », *haz ye* (du français dialectal *hasier*), « hallier, buissons, plantes sauvages quelconques », *hãni*, « hennir », *hãsj*, « hanche », *hãyõ*, « haillon », *hele*, « crier, héler », *ho*, « haut », *hõt*, « honte », *humâ*, « homard », *lahal*, « halle », *lahẽn*, « haine ». Mais quelquefois sa présence ne s'explique pas ainsi : *legohin*, « égoïne », *halẽn*, « haleine » (cf. *alẽn*, « alène »).

Excepté *h*, *hw* et *r*, toute consonne pouvant paraître à l'initiale de syllabe peut être suivie de *w;* et, de ces dix-sept consonnes, onze peuvent être suivies de *y*, huit de *hw* ou *r*, une *(s)* de *p, t* ou *k*. Il est à noter que *y* ne peut suivre ni *m* ni *n : miet*, « miette », a deux syllabes (*tyed*, « tiède », n'en a qu'une), *manié*, « manière », a trois syllabes (*matyê*, « matière », n'en a que deux).

PREMIER ÉLÉMENT DE GROUPE	DEUXIÈME ÉLÉMENT DE GROUPE
s	p, t, k
p, b; t, d; k, g	
f, v	l
z	hw, r
l	
sj, j; c, dj	y
m, n	w

Le groupe *sl*- ne se trouve, probablement, que dans des mots empruntés à l'anglais, tels que *slup*, « sloop », et *slak* (cf. anglais *sack, slack*), « congédier (un employé) ». Il y a en outre trois groupes de trois consonnes constitués par *sp-, st-*, ou *sk-* plus *r :* par exemple *spre* (anglais *spray*), « pulvériser (bananiers ou autres plantes) », *strik*, « strict », *skrip* (anglais *script*), « billet (communication écrite quelconque) ». Enfin *w* peut suivre *y* (mais non pas l'inverse) bien que *ywit*, « huit », semble être l'unique exemple de ce groupe initial.

En fin de syllabe ne sont admis que des groupes de consonnes plus *s* (mais non pas *z*), et de semi-voyelles plus consonne : *mêls*, « merle(s) », *bins* (de l'anglais *beans*), « haricot(s) », *bowl* (de l'anglais *ball*), « balle à jouer; jeu de balle » (cf. *bal*, « balle pour armes à feu; bal »), *keys* (anglais *case*), « procès, cause », *cayk*, « bon(ne) ami(e) », *ciwp* — mot désignant un bruit implosif que font les Antillais pour exprimer l'incrédulité ou bien le mépris. Les autres groupes finals du modèle sont changés ou réduits : *deks* (anglais *desk*), « pupitre ou bureau », *flim*, « film », *hwis*, « risque », *kataplam*, « cataplasme ».

Les groupes internes compris entre deux voyelles d'un même signifiant sont toujours analysables en une succession de phonème ou de groupe final et de phonème ou de groupe initial; mais tant s'en faut que toutes ces combinaisons soient réalisées. Ainsi *-p* (*tap*, « tape ») plus *lw-* (*lwil*, « huile »), se réduit à *-pl-* (*lapli*, « pluie ») et *-d* ou *-t* se change en *-l* devant *b-* ou *p-* (*kat*, « quatre » + *pat*,

« patte » → *kalpat*, « à quatre pattes »). Exemples : *e(k)sthwôdinê*, « extraordinaire », *maynggwê*, « moustique », *linggwez*, « rigoise (sorte de fouet) », *esplice*, « expliquer », *lesklavaj* ou *lestravaj*, « esclavage », *ceksyõ*, « question », *kudzye*, « coup d'œil », *pulbwa*, « pou de bois (termite) », *malpwopte*, « malpropreté », *takte*, « tacheté », *hwivesjte* (cf. français « revêche »), « rudoyer », *jãntõ*, « hanneton », *hwõnmã* (du français « rondement »), « constamment », *glinse*, « glisser », *lajle*, « gelée », *pishet*, « pisquette (sorte d'alevin) », *gulhowp*, « Good Hope », nom de village.

Les géminées, peu fréquentes, sont de trois sortes quant à leurs origines : expressives (*ẽmme*, « aimer »), assimilantes (*kõmmẽ*, « combien ») et d'occasion (*hwob blã*, « robe blanche »); *yõ liv vyãn*, « une livre (de) viande », et *yõ liv yãn*, « un livre (de) Yann », ne se distinguent, normalement, que par la durée du *v*.

On pourrait vouloir tenir les affriquées, *c* et *dj*, pour des groupes composés d'une occlusive apicale *(t, d)* plus une chuintante *(sj, j)*; ou bien d'une occlusive apicale ou dorsale *(t, d* ou *k, g)* plus la semi-voyelle *y*. La première solution semble exclue du fait que, en dehors de ces cas, aucune chuintante et aucune consonne distinctivement voisée ne paraissent comme deuxième élément d'un groupe consonantique initial. La deuxième solution serait surtout séduisante, si elle était possible, à cause de l'existence de variantes et d'alternances qui parlent en sa faveur : *cwizin* ou *twizin*, « cuisine », *zedjwi* ou *zedwi*, « aiguille », *puci* ou *puki*, « pourquoi », *bece* ou *beke*, « Blanc », *pice*, « piquer » à côté de *pikã*, « piquant (épine) ». Ainsi, *twizin* proviendrait de la réduction d'un groupe initial, **tyw-*, qui serait présent dans [tsṇizin] (cf. *yw-* de *ywit*, « huit »). Mais elle est rendue impossible par l'existence de groupes composés de ces occlusives suivies — phonétiquement aussi bien que phonologiquement — de la semi-voyelle palatale : *kyap* (de l'anglais *cap*), « casquette », *kyãn* (anglais *can*), « bidon, boîte de conserves », et *kyasj* (anglais *cash*), « (payer) comptant », à côté de *cak*, « pépie (maladie des poules) », *tyed*, « tiède », à côté de *(la)cet*, « quête », *gyal* (anglais *girl*) et *gogyo*, « bonne amie », à côté de *djel* ou *djol*, « gueule », *dyẽt*, « diantre » et *dye*, « Dieu », à côté de *dje*, « gai ».

LES UNITÉS SIGNIFICATIVES

STRUCTURE DE LA PHRASE

L'énoncé minimum complet (sauf pour l'injonctif, où le sujet est rarement exprimé) comprend nécessairement un sujet et un prédicat (dans cet ordre), dont chacun peut se réduire à un seul monème, ou bien s'accompagner de différentes modalités (déterminants grammaticaux). Le prédicat d'un tel énoncé, non accompagné de déterminant grammatical autre que le sujet, indique que ce dernier a, au moment du discours, effectivement atteint l'état, acquis la qualité ou accompli les processus qu'il désigne. Le sujet lexical non accompagné de déterminant grammatical a un sens général ou partitif. Exemples : *soley kusje*, « le soleil est couché », *lapli pase*, « la pluie est passée », *zetwel dehô*, « les étoiles ont paru » (littéralement, « sont dehors »), *mun sot*, « les gens (en général) sont bêtes »; ou bien, avec un sujet non lexical : *mwẽ las*, « je suis fatigué », *nu la*, « nous sommes là », *u thwavay*, « tu as travaillé », *zot hwive*, « vous êtes arrivés », *i lê (pu nu ale)*, « il est temps (que nous partions), il est l'heure (de s'en aller) », *yo swef (fẽ, pê, hõt, sõmey)*, « ils ont soif (faim, peur, honte, sommeil) », *yõn (di nu) kuhwi*, « l'un (de nous) a couru », *adã (di yo) dakô*, « quelques-uns (d'entre eux) sont d'accord ». Bon nombre de syntagmes autonomes peuvent aussi servir de prédicat : *yo lakay* (de *kay*, « maison »), « ils sont à la maison », *yo ã jâdẽ*, « ils sont dans le jardin », *nu asu tab*, « nous sommes à table », *tut mun kõ sa*, « tout le monde est ainsi ».

Dans les énoncés positifs où le prédicat ne fait qu'identifier le sujet, la prédication est transférée, en l'absence de tout autre déterminant grammatical, à une « copule » *se* (du français « c'est ») : *neg se mun*, « les nègres sont des hommes », *kopye se vole*, « copier c'est voler », *mwẽ se yõ nõm*, « je suis un homme », *u se yõ fãm*, « tu es une femme », *i se fwê mwẽ*, « il est mon frère » (cf. *i kõnet fwê mwẽ*, « il connaît mon frère »), *sa se kay-la*, « ça c'est la maison (dont il est question) ». Cependant, dans les énoncés négatifs de ce genre, *se* peut être omis, et il doit l'être là où le temps ou le mode est autrement déterminé : *thwoce (se) pa vole*,

« troquer n'est pas voler », *mwẽ te yõ nõm*, « j'ai été un homme », *u ke yõ fãm*, « tu seras une femme », *i te ke fwẽ mwẽ*, « il serait mon frère ».

Un lexème (composé, dérivé ou monème simple) appartient à la classe nominale s'il peut être précédé, dans un énoncé minimum complet, du déterminant indéfini *yõ*, « un(e) », ou de *cek*, « quelque(s) », qui l'implique : *yõ lapli pase*, « une pluie a passé », *yõ zetwel dehô*, « une étoile a paru », *yõ mun vini*, « une personne est venue », *yõ kay pwi dife*, « une maison a pris feu », *yõ lafime mõte*, « une fumée a monté » ; *mi yõ nwit ki long*, « voilà une nuit qui est longue ».

Un lexème, ou un syntagme autonome ailleurs, appartient à la classe prédicative s'il peut tenir seul la place du prédicat dans un énoncé minimum complet : *i fime (pip-li)*, « il a fumé (sa pipe) », *i pê (lamô)*, « il a peur (de la mort) », *i mô (lapêhwez)*, « il est mort (de peur) », *i las (mwẽ)*, « il est las (de moi) », *i lasi mwẽ*, « il m'a fatigué », *i ã cwizin*, « il est dans la cuisine », *i esit* (ou *isi*), « il est ici », *i ni tô (hwezõ, laj)*, « il a tort (raison, l'âge) ». Il n'y a aucune différence formelle entre *i ni*, « il (ou elle) a », et *i ni*, « il y a (actualisateur) » : *i ni zõbi*, « il y a des démons », *i pa ni zõbi*, « il n'y a pas de démons », *i ni lâjã*, « il a de l'argent » ou « il y a de l'argent ». Mais *mi*, « voici, voilà », qui sert d'actualisateur pour attirer l'attention sur la présence de quelqu'un ou de quelque chose, n'est pas un prédicatif : *mi mwẽ*, « me voici ! ».

Il y a aussi une classe de lexèmes « adverbiaux » qui n'ont pas d'autre emploi que celui d'expansion du prédicat. Tels sont, par exemple, *ãkô*, « encore », *acwelmã*, « maintenant », *dabô*, « d'abord », *espwe*, « exprès », *hwõnmã*, « constamment », *jamẽ*, « jamais », *osi* et *tu* (cf. français *itou*, anglais *too*), « aussi », *pitet*, « peut-être », *siltâ*, « sur le tard », *suvã*, « souvent », *talê*, « tout à l'heure », *tãzãtã*, « de temps en temps », *tuju*, etc.

Dans la plupart des cas, un monème ou un syntagme ne peut appartenir qu'à l'une des deux premières d'entre ces trois classes ; ainsi *lapli*, *mun*, *kay*, *lãvi* et *lafime* sont toujours nominaux, *kuhwi*, *pê*, *lasi*, *ãvi* et *fime* sont toujours prédicatifs. Mais il y a bien des exceptions ; et le même monème peut alors paraître dans différentes classes, selon le contexte. Par exemple, *lê* est un nom régi dans *yõ lê pu i vini pôkô fikse*, « une heure pour sa venue n'est pas encore fixée », et dans *lê pu i vini ja passe,* « son heure de venir est déjà passée »; mais il est prédicatif dans *i lê pu i vini* « il est temps qu'il vienne », fonctionnel dans *lê i vini (mwẽ pa te la),* « lorsqu'il est venu (je n'étais pas là) », et constitue avec *yõ* un syntagme autonome dans *tut mun ni pu mô yõ lê,* « tout le monde doit (littéralement : a pour) mourir un jour ». Et de même, *labitil* est un nom régi dans *i ni yõ move labitil,* « il a une mauvaise habitude », un monème autonome dans *i pa ka fê sa labitil,* « il ne fait pas cela d'habitude »; *ba* est employé d'abord comme lexème prédicatif et puis comme monème fonctionnel dans *ba mwẽ pôte-y ba-w,* « donne-le-moi à porter pour toi ».

Ou bien il peut s'agir de différentes unités homophones et de sens apparentés. Ainsi *lakle,* « clef », et *lakle,* « fermer à clef », *mãje,* « manger (nom, aliments) » et *mãje,* « manger » (verbe), semblent se confondre dans *lakle-y ã didã,* « sa clef est en dedans », ou « enferme-le », *mãje yo fwet,* « leur manger est froid » ou « mange-les froids »; mais il suffit d'y introduire la négation pour faire ressortir la distinction : *lakle-y pa ã didã,* « sa clef n'est pas en dedans », et *pa lakle-y ã didã,* « ne l'enferme pas », *mãje yo pa fwet,* « leur manger n'est pas froid », et *pa mãje yo fwet,* « ne les mange pas froids ». Le nom *lakle* n'est commutable qu'avec un autre nom tel que *lafime,* « fumée »; le prédicatif *lakle* ne l'est qu'avec un autre prédicatif tel que *fime,* « fumer ».

Sauf pour des tournures elliptiques telles que *nuvo lãne, nuvo lwa,* « (une) nouvelle année (comporte une) nouvelle loi », le prédicat comprend nécessairement un monème ou un syntagme prédicatif. Mais le sujet n'est pas toujours nominal ou pronominal; car un monème ou un syntagme prédicatif peut aussi tenir ce rôle : *la ni yõ layvyê,* « là, il y a une rivière », *thwo pwese pa ka fê ju uvê,* « (être) trop pressé n'oblige pas le jour à poindre » (littéralement : « à ouvrir »), *hwãn sêvis ka bay mal do,* « rendre service donne mal au dos ».

Une des fonctions du complément non interrogatif est marquée par sa postposition constante, quel que soit le déterminé : *zãfã êmme mãje thwop ghwên balata,* « les enfants aiment à manger trop de fruits du balata *(Manilkara nitida)* »; où *mãje, thwop* et *ghwên* sont à la fois déterminants (du mot précédent) et déterminés (par le mot suivant). Cette fonction « directe » peut être remplie par un nom *(ghwēn, balata)*, par un prédicatif *(mãje, thwop)* ou par un pronom : *zãfã ēmme yo*, « les enfants les aiment », *yo ēmme zãfã yo*, « ils aiment leurs enfants ».

Une autre fonction est marquée par postposition alternant avec emploi du fonctionnel *ba*, « à, pour », et par la première position en cas de deux compléments sans fonctionnel. Cette fonction « attributive » peut être remplie par un nom ou par un pronom : *i ba fwê-y bef-la*, « il a donné la vache à son frère », *yo ba mwē (fé)-y*, « ils me l'ont donné (à faire) », *i ba yo-i*, « il le leur a donné », *i di mwē sa*, « il m'a dit cela », *i mãde mwē kesjóy*, « il m'a demandé quelque chose »; mais : *i vãn bef-la ba fwê-y*, « il a vendu la vache à son frère », et *yo fé-y ba mwē*, « ils l'ont fait pour moi » (ou *ba mwē yo fé-y*, « pour moi ils l'ont fait »).

Les autres compléments consistent dans des monèmes et des syntagmes (avec ou sans fonctionnel) autonomes, qui comportent en eux-mêmes l'indication de leur fonction, bien que la plupart d'entre eux soient normalement postposés. Exemples (dont plusieurs comprennent plus d'une sorte de complément) : *yo ka jwe epi zo*, « ils jouent avec des os » (cf. *yo ka jwe zo*, « ils jouent aux osselets »), *mwē tãn pâle di-y*, « j'ai entendu parler de lui », *i pôte plēt kõt madãm-li*, « il a porté plainte contre sa femme », *i di sa asu mwē*, « il a dit cela de moi », *yo mô laswef*, « ils sont morts de soif », *mwē fé-y bõ cê*, « je l'ai fait de bon cœur », *i vini lãnwit*, « il est venu la nuit », *mwē pa ke fé-y ãkõ*, « je ne le ferai plus », *mwē pôkô ke fé-y*, « je ne le ferai pas encore », *yo suvã vini lakay nu yõ dimãsj bõmatē*, « ils sont souvent venus chez nous le dimanche matin », *mwē te kay ba-w pôte yo vihwe lakay-li*, « j'allais te les donner à rapporter chez lui » (cf. *pôte … vini*, « apporter », *pôte … ale*, « emporter », *kuhwi ale*, « partir en courant », etc.).

Le prédicat n'a qu'une seule orientation dans ce sens que l'agent ne peut être exprimé en dehors du sujet; ainsi, « il est aimé de tout le monde » se dit : *tut mun ēmme-y*, « tout le monde l'aime ». Mais en l'absence d'un agent, le sujet peut indiquer un patient : *mwē oblije fé-y*, « je suis obligé de le faire », et *dite-a ja dusi*, « le thé a déjà été sucré », aussi bien que *i oblije mwē fé-y*, « il m'a obligé à le faire », et *mwē ja dusi dite-a*, « j'ai déjà sucré le thé ». Quelques prédicatifs comme *di*, « dire », *fé*, « faire », et *sjofe*, « chauffer » (verbe transitif), ne paraissent pas normalement sans complément direct; et quelques autres comme *fet*, « se faire, être fait, naître », et *sjo*, « chauffer » (verbe intransitif), « être chaud », ne peuvent régir que des compléments autonomes : *sa pa ka fet (ã de minit)* « cela ne se fait pas (en deux minutes) », *(acwelmã) dlo ka sjo*, « (maintenant) l'eau est en train de chauffer ».

Lorsque l'agent et le patient sont identiques, ce dernier s'exprime par le nom *kô*, « corps », suivi du pronom personnel approprié : *es u fê kô-w mal?*, « est-ce que tu t'es fait mal ? », *mwẽ kay lave kô mwẽ*, « je vais me laver » (cf. *mwẽ kay lave*, « je vais laver », — s'entend : « du linge »). Mais souvent un prédicat sans complément direct implique la nature réfléchie de l'action : *bômatẽ mwẽ bẽyẽ*, « ce matin je me suis baigné », *mwẽ leve bônê*, « je me suis levé de bonne heure ».

L'apposition est peu usitée. Toutefois, on peut citer : *mwẽ, zãfã de mun!*, « moi, enfant de deux personnes! » (protestation), *mwẽ, Odjis Fwãswa, sjef Khwaib, ...*, « moi, Auguste François, chef des Caraïbes » ...

On peut distinguer : (A) une classe de prédicatifs « qualificatifs », susceptibles de prendre un des déterminants de degré, *mwẽ*, « moins », *pli*, « plus », *thwo*, « trop » (anglais *too*), préposés en tant que modalités; et (B) les autres prédicatifs, qui ne sauraient prendre que les contreparties lexicales de ces modalités, *mwẽs*, *plis*, *thop*, « trop » (anglais *too much, too many*), postposés en tant que compléments, et qui ont elles-mêmes des emplois prédicatifs. Ainsi : *i thwo led* ou *i led thwop*, « il est trop laid », *i thwo ẽmme jwe* ou *i ẽmme jwe thwop*, « il aime trop à jouer »; mais seulement : *i pâle thwop*, « il a parlé trop », et *i ni thwop*, « il (en) a trop ». A quelques exceptions près, seuls (mais pas tous) des prédicatifs de la première classe peuvent remplir la fonction d'épithète.

Il y a trois sortes d'épithètes : celles qui suivent d'ordinaire le mot régi (par exemple : *ãgle, fwãse, blã, nwê, sjo, fwet, malad, pôtã, hwõ, kahwe*), celles qui le précèdent d'ordinaire (par exemple : *bõ, move, bel, led, jẽn, vye, ghwo, ghwã* et *piti*) et celles qui peuvent — soit indifféremment, soit en prenant différents sens — ou bien le suivre ou le précéder : *yõ sot mun* ou *yõ mun sot*, « une personne sotte », *yõ pov nõm*, « un pauvre homme », et *yõ nõm pov*, « un homme pauvre ». Toutes, en plus de leurs emplois prédicatifs et épithétiques, ont des emplois complémentaires : *i ka fê (mwẽ) sjo*, « il fait (moins) chaud », *i ka gâde (thwo) led*, « il a l'air (trop) laid », *i vini (pli) pov*, « il est devenu (plus) pauvre » ; mais seulement quelques-unes ont aussi des emplois nominaux : *yõ piti ke ase*, « un petit suffira », *yõ blã debâce*, « un Blanc a débarqué » ; et puisque *yõ sjo, yõ fwet, yõ bõ, yõ move*, etc., seraient sentis comme des ellipses peu ordinaires, il semble impossible de voir dans une construction telle que *yõ move labitil*, « une mauvaise habitude », autre chose que le type déterminant-déterminé. D'autre part, on peut noter que *piti*, en particulier, s'emploie rarement comme épithète (peut-être pour éviter une confusion avec le préfixe diminutif *ti-*) : *piti hasj ka bat ghwo bwa*, « de petites haches abattent de gros arbres », *piti maniê*, « de petites manières (parcimonie ou parcimonieux) ».

Le seul pronom relatif, *ki*, « qui », est toujours sujet de la proposition qu'il introduit, et n'est jamais absolu : *sa ki ke viv ke (v)wê*, « celui qui vivra verra ». La proposition relative qui ne se rapporte pas au sujet est signalée comme expansion simplement par la place qu'elle occupe dans l'énoncé ; *se ba u mwẽ ka pâle*, « c'est à toi (que) je parle », *tut sa mĩve te (v)wê te malad*, « tous ceux (que) j'ai vus étaient malades » ; mais *mwẽ (v)wê tut sa ki te malad*, « j'ai vu tous ceux qui étaient malades ». La proposition subordonnée peut être introduite par une conjonction, ou bien n'être signalée que par sa place dans l'énoncé : *mwẽ ke vini sãmdi si se pa lapli*, « je viendrai samedi s'il ne pleut pas », *u te ka dômi lê mwẽ hwive*, « tu dormais lorsque je suis arrivé », *mwẽ (v)le yo vini*, « je veux (qu') ils viennent », et, avec ou sans *kõmkwe*, « comme quoi », *i di mwẽ (kõmkwe) u ka dwe-y*, « il m'a dit que tu lui dois », — s'entend : « de l'argent ».

Les énoncés à proposition subordonnée, tels que *mwẽ sav i ka etidye*, « je sais qu'il étudie (en ce moment, ou en général) », et *mwẽ tãn i ka jwe flit*, « j'apprends (littéralement « j'ai entendu ») qu'il joue de la flûte », se distinguent des énoncés à complément direct « progressif », tels que *mwẽ jwēn-li ka etidye*, « je l'ai trouvé en train d'étudier », et *mwẽ tãn-li ka jwe flit*, « je l'ai entendu en train de jouer de la flûte » ; car l'enclitique *-li* n'est jamais sujet (avec les autres personnes la distinction est signalée par des différences prosodiques). Un complément en *ka* a toujours le sens progressif, « en train de … » ; et s'il fait suite à un noyau de prédicat également en *ka,* ce dernier ne peut avoir qu'un sens itératif (habituellement, souvent, quelquefois) : *cek fwa nu ka jwẽn-li ka thwavay,* « quelquefois nous le trouvons en train de travailler », *yo ka asid ã cwizin ka pâle,* « elles restent assises en train de parler dans la cuisine ». Ceci nous permet de distinguer deux autres classes de prédicatifs : (1) ceux qui ne se combinent avec *ka* que dans des contextes et des situations exigeant le sens itératif, tels que : *ãvi,* « avoir envie », *ẽmme,* « aimer », *la,* « être là » — et tous les autres prédicatifs de lieu —, *ni,* « avoir », *sav,* « savoir », *(v)le,* « vouloir », et *ye,* « être »; (2) et ceux qui se combinent librement avec *ka* en prenant un sens itératif ou progressif selon le contexte, tels que : *bay,* « donner », *fê,* « faire », *las,* « se fatiguer », *mô,* « mourir », *sjo,* « chauffer » (intransitif) et *(v)wê,* « voir ». Le complément progressif ne comporte que des prédicatifs de la deuxième classe; mais il faut noter que ces deux classes 1 et 2 ne coïncident pas avec celles, A et B, dégagées plus haut; ainsi, *ãvi* et *ẽmme* seraient A1, *bay* et *fê* B2, *las* et *sjo* A2, *ni* et *sav* B1.

La plupart des conjonctions de coordination ont les mêmes emplois que leurs modèles français : *mwẽ pa te ni tã fê-y, pis mwẽ te malad,* « je n'ai pas eu le temps de le faire puisque j'ai été malade », *mwẽ te ke vudhwe fê-y, mẽ mwẽ pa pe,* « je voudrais le faire mais je ne peux pas », *yõn o lot,* « l'un ou l'autre », *bwê-y, o-sinõn u ke malad,* « bois-le, sinon tu seras malade », *ni yõn ni lot pa vini* « ni l'un ni l'autre n'est venu ». Cependant, *ni...ni* sans la négation *pa* équivaut à « et ... et » : *ni yõn ni lot vini,* « l'un et l'autre sont venus ». Le syntagme *kõ sa,* « comme ça », peut être conjonctif avec le sens de « donc » : *i gãyẽ, kõ sa i kõtã,* « il a gagné, donc il est content ». Le plus commun de tous les coordinatifs, *epi,* « et, puis » (ou, comme fonctionnel, « avec = en compagnie de »), peut exprimer l'addition de deux membres de proposition, de deux propositions, ou de deux phrases : *u epi mwẽ,* « toi et moi » (ou, selon le contexte, « tu es avec moi »), *mwẽ sãti-y epi mwẽ tãn-li,* « je l'ai senti et je l'ai entendu », *sete yõ vye-kõ ki pa te ni ẓãfã, epi madãm-li vini mô,* « c'était un vieillard qui n'avait pas d'enfants, et sa femme a fini par mourir ». L'auxiliaire *vini,* « en venir à, finir par », indique qu'il s'agit d'un processus qui, à partir du futur, est devenu présent.

Dans les conditions où cette langue s'emploie aujourd'hui, de nouvelles unités créées par les procédés de composition et de dérivation n'auraient qu'une faible chance de survivre, de s'étendre et de l'emporter sur leurs équivalents empruntés à l'anglais. Pourtant l'analogie a dû jouer un rôle dans le temps; et il est peu probable que les formes suivantes remontent à des modèles français : *hal-ho* et *hal-ba* (*hale*, « haler, tirer »; *ho*, « haut », *ba*, « bas ») désignent les positions respectives prises par deux scieurs de long au travail; *lõngvie* (*lõngvi*, « longue-vue »), « regarder en fermant à demi les yeux (comme le font les myopes) », *hwivesjte* (cf. français : revêche), « rebuter », et *rofté* (anglais *rough*), « rudoyer », *sipe* (cf. anglais *sip*), « siroter », *hos-tottot* (*hose*, « hausser », *tottot*, « sein », dans le langage des enfants), « soutien-gorge », — ce dernier de création récente.

Rien que la signification de *blã-balẽn*, « bougie », qui ne peut s'expliquer par l'adjonction de ses éléments, *blã*, « blanc », et *balẽn*, « baleine », oblige à y voir un composé. Mais souvent la composition est signalée par des variantes qui n'existent pas ailleurs que dans des composés. Et puisque le locuteur créole reconnaît *cek*, « quelque », et *sjôy*, « chose », dans *kesjôy*, « quelque chose », *kat*, « quatre », et *pat*, « patte », dans *kalpat*, « à quatre pattes », il n'est pas étonnant qu'il ne voie que des variantes de *avã*, « avant », *ã*, « en », *bô*, « bord », *bwa*, « bois », *ku*, « coup », *lãmẽ*, « main », *lãmê*, « mer », *mal*, « mal », *-mê*, « mère » (seulement en composition), *pu*, « pou », *vã*, « vent », *zafé*, « affaire », et *z ye*, « œil, yeux », dans *ãnafê*, « intrigant, curieux, en affaire », *ãnavã*, « en avant », *bôdlãmé*, « au bord de la mer », *kudmẽ*, « coup de main », *kudz ye*, « coup d'œil », *kudvã*, « cyclone (coup de vent) », *maldimé*, « douleurs utérines (mal de mère) » et *pulbwa*, « termite (pou de bois) ». Mais il est peu probable que *kõmkwe*, « comme quoi », ait conservé un monème en commun avec *dukwe* (du français « de quoi »), « aisance, moyens suffisants », bien que *kõm-* soit reconnu comme une variante de *kõ*, « comme ».

A part quelques particularités qui sont propres au créole, la dérivation suit assez fidèlement celle du français, — ou plutôt des français qui ont servi de modèles pendant la formation du sabir d'où est issu ce créole. Exemples : *sjo*, « être chaud », *sjofe*, « chauffer » (verbe transitif), *sjofé*, « chauffeur », *sjode*, « échauder », *sjodyê*,

« chaudière, chaudron, marmite », *sjalê*, « chaleur »; *so*, « saut », *sote*, « sauter », *sotê*, « sauteur »; *vol*, « vol », *vole*, « voler », *volê*, « voleur »; *du*, « doux », *dusi*, « sucrer, adoucir », *dusé*, « douceur », *dusmã*, « doucement »; *su*, « (être) soûl, se soûler » (verbe transitif), *sulâ*, « soûlard », *sulezõ*, « ivresse »; *sale*, « saler », *salezõ*, « salaison »; *fule*, « fouler », *fulezõ*, « entorse »; *gume* (du français « se gourmer »), « se battre », *gumezõ*, « pugilat »; *bel*, « beau », *belte*, « beauté », *ãbeli*, « embellie »; *nuvo*, « nouveau », *nuvelte*, « nouveauté », *nuvelmã*, « nouvellement »; *move*, « mauvais », *movezte*, « méchanceté », *mesjã*, « désobligeant », *mesjãste*, « désobligeance »; *bwê*, « boire, (quelque chose) à boire », *bwesõ*, « boisson »; *pise*, « pisser », *pisa*, « pissat »; *kakatwê*, « latrines »; *pase*, « passer », *pasay*, « passage »; *guvêne*, « gouverner », *guvênaj*, « gouvernail », *guvêlmã*, « gouvernement ».

Relativement peu nombreuses sont les formations analogiques telles que *lusé*, « lourdeur », et *lasi*, « lasser », à partir de *lu*, « lourd », et *las*, « las », ce dernier voulant une confusion possible avec *lase*, « lacer ». (Voir aussi : *cêbe*, « saisir, empoigner », que beaucoup de locuteurs créoles font dériver de *cên*, « tenir »). La productivité du suffixe *-mã* semble garantie par des créations telles que *malmã*, « d'une manière quelconque, médiocrement », et *vitmã*, « d'une manière pressée », à partir de *mal*, « mal », et *vit*, « vite »; mais *acwel-* n'existe pas en dehors de *acwelmã*, « maintenant », et *hwõnmã*, « constamment », n'a plus de rapport sémantique avec *hwõ*, « rond ».

Du prédicatif qualificatif *piti* on a tiré un préfixe diminutif *ti-*, dont l'emploi est très étendu : *tikay*, « maisonnette », *tibef*, « veau », *tipul*, « poussin », *timun*, « enfant »—, *yõ ghwã timun*, « un grand enfant »; mais pour indiquer une personne de petite taille, on dira : *yõ mun ki piti*, « une personne qui est petite ». Un autre préfixe, *l(a)-*, qu'il ne faut pas confondre avec le fonctionnel homophone de *lakay*, « chez, ou à la maison », est ajouté à certains prédicatifs pour en faire des noms : *lãvi*, « envie », *lafimé*, « fumée », *lafẽ*, « faim », *laswef*, « soif », etc., à partir de *ãvi*, « avoir envie », *fime*, « fumer », *fẽ*, « avoir faim », *swef*, « avoir soif », etc.

de « avec = en compagnie de » —, *la-*, « à », ne se trouve que dans quelques syntagmes du genre de *lakay,* « à la maison de », *lasjas,* « à la chasse à » (cf. *ã-sjas,* « en rut »), *la* et *li,* « par (unité) » — *kõmmẽ la liv ? li pye ?,* « combien la livre, le pied ?, » et *li* dans les dates, *li cẽz au,* « le 15 août » —, *le* (du français « les »), « à », se trouve dans quelques locutions pour exprimer un rapport temporel *(le cek fwa,* « quelquefois », *le swê,* « le soir », *le momã,* « à certains moments »), *o-,* « à », ne paraît que dans *(iyê) o-swe,* « (hier) au soir », et dans *o-swê-a,* « ce soir » (futur ou présent). Créole *lãnwit,* « (la) nuit », peut être nominal ou, bien plus souvent, adverbial, tandis que *nwit,* « nuit », est toujours nominal.

Deux monèmes fonctionnels sont spécifiquement créoles ; l'un, *o,* « en quête de », vient évidemment du français « au(x) », dont seul un des sens marginaux (aller aux provisions) a été retenu : *mwẽ sôti o dlo, epi a pwezã mwẽ ni pu ale o bwa,* « je viens de querir de l'eau et maintenant je dois (littéralement : « j'ai pour ») aller querir du bois ». L'autre, *oti* (cf. français « où est-il »), « à ou vers (une personne) », s'emploie comme dans *i vini oti mwẽ,* « il est venu à moi, il s'est adressé à moi ».

La liste suivante contient la plupart des autres fonctionnels : *apwe,* « après », *avã,* « avant », *depi,* « depuis » (conjonctifs, prépositifs et adverbiaux) ; *adã,* « dans, là-dedans », *dêyê,* « derrière », *duvã,* « devant », *hwõ,* « (en faisant) le tour de », *lwẽ,* « loin (de) », *otu,* « autour (de) », *pwe,* « près (de) », *silõ,* « selon », *vizavi,* « vis-à-vis (de) » (prépositifs et adverbiaux) ; *kõ,* « comme », et *puki* ou *puci* « pourquoi » (conjonctifs et adverbiaux) ; *maghwe,* « malgré », *pãdã,* « pendant », *pu,* « pour », *sã,* « sans » (conjonctifs et prépositifs) ; *asu,* « sur, à, de », *hôd,* « hors de, hormis », *jik* ou *jis,* « jusque (à) », *kõt,* « contre », *pâ,* « par », *pâmi,* « parmi », *sof,* « sauf » (prépositifs) ; *a-koz,* « à cause que », *aselfẽ,* « afin que », *kãmẽm,* « même si », *kõmkwe,* « comme quoi, que », *olye,* « au lieu de », *osito,* « aussitôt que », *pâs* et *pâs-puci-koz,* « parce que », *pis,* « puisque », *si,* « si », *swe,* « soit que » (conjonctifs) ; *ki,* « que » (corrélatif : *u pli hwisj ki mwẽ* ou *u hwisj pase mwẽ,* « tu es plus riche que moi »), *ki,* « qui » (pronom relatif).

Les pronoms personnels sont : au singulier, 1 *mwẽ,* 2 *u* ou *w,* 3 *li, i* ou *y;* au pluriel, 1 *nu,* 2 *zot,* 3 *yo.* A part *li,* qui n'est jamais pronom sujet, toutes ces formes peuvent servir, soit comme pronoms sujets devant un monème ou un syntagme ayant fonction de prédicat, soit comme complément direct ou attributif après certains mots et syntagmes prédicatifs, après un nom ou un syntagme nominal, ou après le pronom démonstratif *sa*. Les formes semi-vocaliques, *w* et *y*, ne se produisent qu'après une voyelle précédente, avec laquelle elles forment diphtongue; et ne sont obligatoires que là où, de l'emploi d'une forme vocalique, *u* ou *i*, il s'ensuivrait un groupe de trois voyelles, inadmissible dans cette langue. En tant que complément, *-li* remplace *-i* après une consonne ou une semi-voyelle. Exemple : *u ale*, « tu es allé », *lê w ale*, « lorsque tu es allé », *i ale*, « il est allé », *lê y ale*, « lorsqu'il est allé », *mwẽ tãn-u*, « je t'ai entendu », *mwẽ (v)wê-w/u* (le phonème entre parenthèses peut être omis; -/- indique l'emploi facultatif de l'un ou l'autre), « je t'ai vu », *mwẽ tãn-li*, « je l'ai entendu », *mwẽ (v)le-y*, « je le veux », *tet-li*, « sa tête », *zôhwey-li*, « ses oreilles », *pye-y/i*, « ses pieds », *tet-u-a*, « ta tête (en particulier), cette tête à toi », *zôhwey-u-a*, « tes oreilles (en particulier) », *pye-w-la*, « ce(s) pied(s) à toi », *i ba nu-y/i*, « il nous l'a donné », *nu ba-y-li*, « nous te le lui avons donné », *nu ba-w-li*, « nous te l'avons donné ».

Le seul pronom démonstratif, *sa*, « cela », a les mêmes emplois que les pronoms personnels : *sa hwive*, « cela est arrivé », *u ke pwã sa*, « tu prendras cela », *nõm sa-a*, « cet homme-là/ci » (littéralement : « homme cela ce »), *sa nõm-la*, « ce (qui est à) l'homme (dont il est question) », *sa mwẽ*, « le mien », *sa lezot*, « ce (qui est aux) autres », *sa kuzẽ mwẽ-a*, « celui/ce (qui est à) ce mien cousin ».

Il y a deux pronoms interrogatifs, *kiles* et *sa* (ce dernier remplaçable par le syntagme *ki sa;* voir ci-dessous). Normalement, ils viennent en tête de l'énoncé, suivis du sujet ou bien du pronom relatif *ki* : *kiles ki hwive ?*, « qui est-ce qui est arrivé ? », *sa ki hwive*, « qu'est-ce qui est arrivé ? »; *kiles u ke pwã ?*, « lequel prendras-tu ? », *sa u ke pwã ?*, « qu'est-ce que tu prendras ? », *kiles* (ou *sa*) *ki di-w sa ?*, « qui est-ce qui t'a dit ça ? »; mais *kiles* peut, néanmoins, suivre le prédicat en tant que complément : *u ke pwã kiles ?*, « tu prendras lequel ? ».

Il faut distinguer : *yõ*, « un(e) », déterminant indéfini et numéral, *yõn*, « (être) sans compagnie », lexème prédicatif, et *yõn,* « un(e), l'un(e) », pronom indéfini et numéral; (*de,* « deux », *dez yêm,* « deuxième », et les autres numéraux ont des emplois déterminants et pronominaux). Tout à fait exceptionnels sont : *(yõ) lot,* « (un) autre », *(de) lezot,* « (deux) autres », et *(mwẽ pa ni) dot,* « (je n'en ai pas) d'autre(s) »; et dans des constructions telles que les suivantes, on saurait les regarder, soit comme déterminants, soit comme déterminés : *yõ lot fwa,* « une autre fois », *mwẽ pa ni dot sigahwet,* « je n'ai pas d'autres (ou je n'ai plus de) cigarettes », *lezot fwa,* « à d'autres fois, ou autrefois » (*yõ fi lezot fwa,* « une fille d'autrefois »).

Les autres pronoms indéfinis sont : *adã,* « quelques-uns, en », *tut,* « tout », *pêsõn,* « personne », *ocẽn,* « aucun », *pyes,* « (pas) du tout », *ãyẽ* ou *hak,* « rien ».

Le déterminant interrogatif *ki,* « quel », a un emploi très étendu : *ki initil ?,* « à quoi bon ? », *ki kote ?* (ou *o-la ?*), « où ? », *ki lê,* « quelle heure ? », *ki mun ?,* « qui ? », *ki sa ?,* « quoi ? », *ki tã ?,* « quand ? », *ki yõn ?,* « lequel ? » (*ki yõn u ke sjwezi ?,* « lequel choisiras-tu ? »).

Les déterminants indéfinis sont : *yõ,* « un(e) », *cek,* « quelque(s) » (cf. *cek fwa,* « quelquefois », mais *kesjôy* « quelque chose »), *sjak,* « chaque » (*sjak yõn,* « chacun »), *tut,* « tout(e) », *ocẽn* et *pyes,* « aucun, nul » : *(mwẽ pa ale) ocẽn pâ* ou *pyes kote* « (je ne suis allé) nulle part », *(mwẽ pa we) pyes mun* ou *pêsõn* « (je n'ai vu) personne ».

Le déterminant défini, *la* après consonne ou semi-voyelle, *a* après voyelle, est enclitique. Indifférent au genre et au nombre, et incompatible, évidemment, avec les déterminants indéfinis *yõ, cek* et *sjak,* il ne sert qu'à particulariser le monème ou le syntagme qu'il détermine : *kay-la,* « la ou les maisons (dont il est question) », *mun-la,* « la ou les personnes (que l'on sait) », *jôdi-a,* « ce jourd'hui, aujourd'hui même », *mwẽ-a,* « moi en particulier », *(yõn) sa-a,* « celui-ci, celle-là ». La pluralité du nom ainsi déterminé peut être marquée en y préposant *se* (du français : « ces »), souvent traduisible par « ces »; mais il faut se garder de croire que *se* ait le pouvoir démonstratif de l'adjectif français. Exemple : *(tut) se kay-la* « (toutes) ces maisons-là », *se kay sa mwẽ-a,* « ces maisons-là (qui sont à) moi », *se sjimiz nõm-la,* « ces chemises d'homme », *sjimiz se nõm-la,* « les chemises de ces hommes ». Le syntagme nominal ne comporte qu'un seul déterminant défini, qui est toujours final; de sorte qu'il y a quelquefois ambiguïté : *sjimiz nõm-la*, « la chemise de cet homme, ou cette chemise d'homme ».

Parmi les modalités de degré, *ase*, « assez », *mwẽ*, « moins », *pli*, « plus », *thwo*, « trop » et *tu*, « tout », déterminants des prédicatifs qualificatifs, la première *(ase)* est la seule à avoir la même forme que sa contrepartie lexicale (cf. *mwẽs, plis, thwop, tut*).

Les modalités d'aspect, de mode et de temps, sont marquées par la présence — ou indiquées négativement par l'absence — de trois morphèmes, *ka, ke* et *te*, qui se placent, seuls ou en combinaison, devant le prédicatif. Il y a donc huit possibilités :

		Aspect			
		non continuatif	continuatif		T
M	non prospectif	(zéro)	*ka*	non-passé	e
o		*te*	*te ka*	passé	m
d					p
e	prospectif	*ke*	*ke ka*	non-passé	s
		te ke	*te ke ka*	passé	

L'aspect continuatif indique, selon le contexte, soit la progression, soit l'itération. Le mode prospectif indique le futur, la contingence, l'intention ou la volonté. Exemples : *mwẽ kuhwi, mwẽ las*, « j'ai couru, je suis las », *mwẽ pê-y*, « j'ai peur de lui », *mwẽ khwie-y pu i vini jwẽn mwẽ*, « je l'ai appelé pour qu'il vienne me rejoindre » (sa venue est prévue pour l'avenir), *mwẽ te kuhwi, mwẽ te las*, « j'avais couru, j'étais las », *mwẽ te pê-y*, « j'avais peur de lui », *mwẽ khwie-y pu i te vini jwẽn mwẽ*, « je l'ai appelé pour qu'il vînt me rejoindre » (sa venue devait avoir lieu dans le passé), *si mwẽ kuhwi, mwẽ ke las*, « si je cours, je serai las », *si mwẽ pa las, mwẽ ke kuhwi*, « si je ne suis pas las, je courrai », *si mwẽ pa te las, mwẽ te ke kuhwi*, « si je n'étais pas las, je courrais », *si mwẽ te kuhwi, mwẽ te ke las*, « si j'avais couru, je serais las », *lê mwẽ ka kuhwi, mwẽ ka las*, « lorsque je cours, je me fatigue », *mwẽ ka pê se mun-la*,

« je commence à avoir peur », — ou, selon le contexte, « il m'arrive d'avoir peur » — « de ces personnes », *lê mwẽ te ka kuhwi, mwẽ te ka las*, « quand je courais, je me fatiguais », *yõ lê kõ sa demẽ, mwẽ ke ka thwavay ã jâdẽ mwẽ*, « à cette heure-ci demain, je serai en train de travailler dans mon jardin », *si mwẽ pa te oblije, mwẽ pa te ke ka thwavay jôdi-a*, « si je n'y étais pas obligé, je ne serais pas en train de travailler aujourd'hui ».

Avec quelques prédicatifs tels que *bel, bõ, lê*, etc., l'emploi de l'aspect continuatif est inusité ou très rare; et avec d'autres (y compris tous les prédicatifs de lieu), il ne peut avoir qu'un sens itératif : *(labitil) mwẽ ka ni-y*, « (d'habitude) je l'ai (ou j'en ai) », et *mwẽ ka la (le swê)*, « j'ai l'habitude d'être là (le soir) », mais : *mwẽ ni-y*, « je l'ai (maintenant) » et *mwẽ la*, « je suis là (en ce moment) ». D'autre part, on entend assez rarement des prédicats en *ke ka*, auxquels on préfère un noyau de prédicat en *ke*, suivi d'un complément en *ka* : *mwẽ ke ã jâdẽ mwẽ ka twavay*, littéralement : « je serai en jardin (à) moi travaillant ».

Plusieurs prédicatifs ont, en dehors de leurs emplois ordinaires, une valeur spéciale comme auxiliaires d'aspect ; par exemple : *mwẽ kay (< ka + ale) di-w kesjôy*, « je vais te dire quelque chose », *mwẽ sôti hwive*, « je viens d'arriver » (*sôti*, « sortir »), *i mãce tôbe*, « il a failli tomber » (*mãce*, « manquer »), *i te vini hai mwẽ*, « il avait fini par me haïr » (*vini* a ici le sens de « en venir à »), *i pwã plehwe*, « elle s'est prise à pleurer », *i mete kuhwi*, « il s'est mis à courir à toutes jambes » (*mete* auxiliaire implique toujours un grand effort), *i sa fê-y*, « il se peut qu'il le fasse » (qui s'oppose à *i sav fê-y*, « il sait le faire »).

Le morphème interrogatif *es*, « est-ce que », qui peut être remplacé par la montée mélodique seule, se place toujours devant l'énoncé assertif correspondant : *es u di sa?*, « est-ce que tu as dit ça? », *es i vini?*, « est-ce qu'il est venu? », *es u ke la?*, « est-ce que tu seras là? », *es i te lê?*, « est-ce qu'il était l'heure? », *es se sa? / mwẽ? / sa mwẽ?*, « est-ce que c'est ça? / moi? / le mien? », *es sa se yõn?*, « est-ce que cela en est un? », *es u byê?*, « est-ce que tu es (ou vas) bien? », *es u se jã Vye Kaz?*, « est-ce que tu es de Vieille Case? » — littéralement : « (de la) gent Vieille Case ».

Les monèmes et les syntagmes d'interrogation spécifique se placent ordinairement (mais pas obligatoirement) en tête de la question : *kumã u vini ?*, « comment es-tu venu ? », *puci yo las ? / pê ?*, « pourquoi sont-ils las ? / ont-ils peur ? », *(a) ki lê i vini ?*, « à quelle heure est-il venu ? » *kõmmẽ i mãde ?*, « combien a-t-il demandé ? », *o-la u ke ale ?*, « où iras-tu ? », *sa (= ki sa) u di ?* ou *u di ki sa ?*, « qu'est-ce que tu as dit ? ». Avec la plupart des prédicatifs, cet ordre n'entraîne aucun changement dans le reste de l'énoncé; mais un tel interrogatif ne peut être lui-même prédicatif dans cette position (comme le sont, par exemple, *ki lê* et *o-la* dans *i te ki lê ?*, « il était quelle heure ? », et *u ke o-la ?*, « tu seras où ? »); et la prédication est alors transférée au morphème prédicatif *ye*, « être », qui, dans les mêmes conditions, remplace la « copule » *se* : *ki lê i te ye ?*, « quelle heure était-il ? », *o-la u ke ye ?*, « où seras-tu ? », *kumã u ye ?*, « comment vas-tu ? », *ki yõn sa ye ?*, « lequel est-ce ? » (cf. *sa se ki yõn ?*, « ça c'est lequel ? »), *sa sa ye (sa) ?*, « qu'est-ce que c'est (que ça) ? » (cf. *sa se ki sa ?*, « ça, c'est quoi ? »), *ki jã u ye ?*, « de quel pays (endroit ou nation) es-tu ? » (cf. *mwẽ se fwã Khwaib*, « je suis « franc » Caraïbe »).

La mise en relief du prédicat pour des fins expressives, explicatives ou autres s'effectue en préposant *se* suivi du lexème prédicatif à un syntagme sujet-prédicat dans l'ordre normal : *se kuhwi mwẽ kuhwi*, « c'est que j'ai couru » (littéralement : « c'est couru j'ai couru »), *se mô i ka mô*, « c'est qu'il se meurt », *se su u ke su*, « c'est que tu seras (certainement) soûl », *se las mwẽ te las*, « c'est (parce) que j'étais las ». Mais au lieu de se répéter, un prédicatif de lieu, d'heure ou de manière d'être est remplacé par *ye* dans la proposition relative ou subordonnée : *se la mwẽ ka ye (le swê)*, « c'est là (où) je me trouve (d'ordinaire le soir) », *se lê sa i te ye*, « c'est cette heure-ci (qu') il était », *se kõ sa u tuju te ye*, « c'est ainsi (que) tu as toujours été » (cf. *u te tuju kõ sa*, « tu as toujours été ainsi »), *se fwã Khwaib mwẽ ye*, « c'est franc Caraïbe (que) je suis ». Quelquefois, par une ellipse sentie comme telle, *se* peut être omis : *bô funet i ke ye*, « (c'est) auprès de la fenêtre qu'il doit se trouver ». Où qu'il se trouve, *ye* sert à rattacher le sujet à un « attribut » préposé qui, ailleurs, peut être lui-même prédicatif; mais il n'a aucune valeur lexicale; (le plus près que l'on puisse venir, en créole, de « je pense, donc je suis », serait *mwẽ ka sjõje, kõ sa mwẽ la*, « je pense, ainsi je suis là »). Si l'on substitue *tut* « tout » à la place du *se* « c'est » d'un énoncé tel que *se kuhwi mwẽ kuhwi*, on obtient une proposition subordonnée : *tut kuhwi mwẽ kuhwi, (mwẽ hwiwe thwo tâ)*, traduisible par « j'ai eu beau courir, (je suis arrivé trop tard) ». Mais la première partie de cet énoncé équivaut, grammaticalement, plutôt à : malgré tous mes efforts en fait de courir, (je ...).

Dans les énoncés du type *se mwẽ*, « c'est moi », où sujet et prédicat se confondent, *se* reste au négatif *(se pa mwẽ)* et se combine avec *te* pour former un passé positif, *sete mwẽ*, « c'était moi ». Mais au négatif du passé, et devant *te, ke* ou *te ke* (les énoncés identificatifs ne se mettent pas à l'aspect continuatif), *sa*, « cela », reprend la place du sujet : *sa pa te mwẽ*, « ce n'était pas moi », *sa te ke mwẽ*, « ce serait moi ». La postposition de la négation *pa* à un monème prédicatif est exceptionnelle; mais *se* et *sa* se distinguent clairement dans *sa se mwẽ*, « ça c'est moi », à côté de *se sa mwẽ*, « c'est le mien (c'est ça moi) »; et le caractère prédicatif de *se* semble démontré par ses alternances avec *ye*.

A part sa combinaison avec *se*, la négation *pa*, « ne (... pas) », vient toujours en tête du prédicat : *mwẽ pa te ke fẽ sa*, « je ne ferais pas cela ». Mais *jamẽ*, « jamais » (ou, au positif, *tuju, suvã*), peut se mettre dans toute position marquée par un *X : X mwẽ pa X te X ke X fẽ sa X*, c'est-à-dire, n'importe où dans l'énoncé sinon entre le sujet et *pa*, ou entre le prédicatif et un complément dépendant. Le créole *ãni* (cf. anglais *only*) remplace souvent *selmã*, « seulement », dans les sens de « rien que » (*ãni nõm*, « rien que des hommes »), « ne ... que » (*se ãni mwẽ i ni pu cẽn-li kopãni*, « il n'a que moi pour lui tenir compagnie ») et dans la locution conjonctive : *ãni pu di*, « sauf que » (littéralement, « seulement pour dire »).

Le sujet ne s'exprime pas d'ordinaire à l'injonctif : *kuhwi !*, « cours/courez ! », *las fẽ thwẽ !*, « assez (littéralement : « sois las ») de faire du bruit ! », *pe (la/busj u) !*, « tais-toi ! », *pa pê !*, « n'aie pas peur ! », *ni labôte*, « aie la bonté », *ale !*, « va ! », mais *ãnu !*, « allons ! ». En préposant *ãnu* à d'autres prédicatifs, on obtient d'autres injonctifs à la première personne du pluriel : *ãnu mãje !*, « mangeons ! », ou « allons manger ! », et même : *ãnu ale*, « allons », ou « allons-nous-en ! ». Plusieurs prédicatifs tels que *pe* ou *sa* « pouvoir », *sav*, « savoir », et *ye*, « être », sont inusités à l'injonctif, dont la fonction est remplie par des paraphrases : *u ni pu sav,* « tu dois » (littéralement : « as pour ») savoir », au lieu de « sache! », *cēbe cê,* « prends cœur », au lieu de « sois courageux! », *kōpôte kô-w byē,* « comporte-toi bien », ou (plus souvent), *bihev!* (de l'anglais *behave*), au lieu de « sois sage! », *pa fê cê-w sote,* « ne sois pas étonné » (littéralement : ne fais pas sauter ton cœur).

L'avertissement *abōnê (i kay tōbe),* « il y a toute apparence (qu'il va tomber) » vient peut-être d'une locution archaïque : « il y a bon heur que » ..., où « heur » avait conservé le sens de « augure ». Le défi *latē (u fê-y),* « je te défie (de le faire) » vient évidemment du français « tu y perdrais ton latin ».

Les signifiants du créole sont pour la plupart des segments distincts, uniques et toujours identiques à eux-mêmes; mais il y a nombre d'exceptions, dont peut-être les plus frappantes sont le cas de *lot, lezot, dot* et celui de la distinction sémantique faite entre le composé *pôkô,* « pas encore », et le signifiant discontinu *pa ... ãkô,* « ne ... plus ».

Le prédicatif *bay,* « donner », devient *ba* devant un complément attributif, y compris tous les cas où il s'emploie comme fonctionnel. Dans ses emplois comme auxiliaire, *ale* a une variante facultative *ay* qui se combine avec *ka* pour former *kay : i ay dômi,* « il est allé dormir », *i kay dômi,* « il va dormir » (cf. aussi *mwē + pa > ma,* comme dans *ma sav,* « je ne sais pas »). La consonne parenthétique de *(v)le,* « vouloir », et de *(v)wê,* « voir », est le plus souvent omise; et *(v)le* a, dans ses emplois comme auxiliaire, une variante *vudhwe* qui ne paraît qu'après *te ke : mwē te ke vudhwe dômi,* « je voudrais dormir »; mais : *mwē te ke (v)le sa,* « je voudrais (avoir) cela ». Voir en outre : *mete,* « mettre », et *met-ba,* « mettre bas », *môde,* « mordre » et *môd,* « prendre l'amorce », *pwã,* « prendre », et *pwi,* « allumer (une lampe, une allumette), prendre (feu), être pris », et des variantes locales telles que *asiz* ou *asid,* « s'asseoir, être assis ».

Les numéraux *yō, de, thwa, kat, sēk, sis, set, ywit, nef, dis, wōz, duz, ..., vē, ... sã,* sont en général invariables, quel que soit le phonème initial du déterminé suivant, et bien que, pour quelques locuteurs, *sēk, sis, ywit* et *dis* perdent leurs consonnes finales devant *fwa, ju* et *mwa;* ainsi : *yō (bō) avi,*

« un (bon) avis » comme *yõ (bõ) kay*, « une bonne maison », et *vẽ ak*, « vingt acres » comme *vẽ kay*, « vingt maisons ». Mais avec *lê*, « heure = moment déterminé du jour » (cf. *nê*, « heure = vingt-quatrième partie du jour »), les numéraux se combinent en formant les composés : *yõnê, dezê, thwazê, kathwê, sẽcê, sizê, setê, ywitê, nevê, dizê, wõzê, duzê = midi* ou *menwit;* et les mêmes variantes, excepté *sẽc-*, entrent en composition avec *-ã*, qu'on peut regarder comme une variante de *lãne*, « année, an » : *dezã, kathwã, sẽkã*, etc., avec, en plus, d'autres composés tels que *vẽtã*, « vingt ans », *vẽteyẽnã*, « vingt et un ans » (*vẽteyẽ*, « vingt et un », est déjà composé), et *sãtã*, « cent ans ».

Douglas Rae Taylor.

BIBLIOGRAPHIE

Douglas Taylor, *Phonemes of Caribbean Creole*, dans « Word », 3, pp. 173-179, New York, 1947.

Douglas Taylor, *Structural Outline of Caribean Creole*, dans « Word », 7, pp. 43-59, New York, 1951.

Douglas Taylor, *New Languages for Old in the West Indies*, dans *Comparative Studies in Society and History*, vol. III, pp. 277-288, La Haye, 1961.

Douglas Taylor, *Remarks on the Lexicon of Dominican French Creole*, pp. 402-411 dans « Romance Philology », XVI, Berkeley, 1963.

Douglas Taylor, *The Origin of West Indian Creole languages: Evidence from grammatical Categories*, dans « American Anthropologist », vol. 65, pp. 800-814, 1963.

LE CAMBODGIEN (KHMAER)

La langue que nous avons l'habitude en Europe de désigner sous le nom de cambodgien est exactement le khmaer. Elle fait partie avec le môn d'un groupe de parlers disséminés à travers une vaste région qui, partant du Sud de la presqu'île indochinoise (khmaer, chrau, stieng), remonte sur les Hauts Plateaux et la Chaîne Annamitique (srê, bahnar, pheng, dialectes moi et kha), puis s'étale par îlots de la Birmanie à l'Assam (môn, wa, palaung, riang, khasi). En outre, les affinités que présente ce groupe avec le nikobar et quelques dialectes de la Malaisie (sakai, semang), ont conduit W. Schmidt et J. Przyluski à la conception d'une famille austro-asiatique englobant aussi le cham, le vietnamien et même les langues munda.

Le khmaer est le plus illustre de ces idiomes. Il est le seul avec le môn à posséder une écriture et à servir de véhicule à une brillante civilisation. C'est la langue nationale du Cambodge où plus de cinq millions de personnes l'utilisent. En dehors des frontières de l'État, le khmaer continue à être parlé et écrit par les minorités cambodgiennes de Thaïlande et surtout du Sud-Vietnam (environ six cent mille Cambodgiens vivent en Cochinchine).

Son alphabet, emprunté à l'Inde du Sud, a donné naissance aux écritures siamoise et laotienne et, indirectement, à celles des Tai-noirs et des Tai-blancs du Nord-Vietnam.

On dispose, pour l'étude historique du khmaer, de plusieurs centaines d'inscriptions lapidaires dont les premières remontent au début du XIIe siècle de l'ère chrétienne.

C'est une langue en plein développement, surtout depuis que le Cambodge est un État souverain lui-même en plein essor politique et économique. Actuellement, le cambodgien s'est substitué au français comme langue de l'administration, de la presse et de l'enseignement du premier degré.

Cette accession brusque du vernaculaire à un domaine qui, sous le protectorat, était à peu près exclusivement réservé au français, a donné lieu à la création massive de néologismes tirés du sanskrit et surtout du pâli, qui est la langue religieuse du pays. Il s'est ainsi trop rapidement façonné une langue technique et savante difficilement accessible à la partie non cultivée de la population.

De surcroît, le cambodgien était déjà formé de la coexistence de trois langues particulières correspondant aux trois divisions sociales fondamentales du royaume. On ne peut s'adresser aux princes et au roi ou exprimer ce qui se rapporte à ces personnages qu'en utilisant un vocabulaire spécial, le *rājasabd* [riečsap] emprunté essentiellement au sanskrit. Un autre langage est réservé aux bonzes, qu'il est obligatoire d'employer quand on leur adresse la parole ou qu'on parle d'eux.

Il ne s'agit pas d'une différence de style mais de langues spéciales et d'usage réservé.

Le cambodgien ayant connu de bonne heure l'écriture, l'écart entre le parler de tous les jours et la langue littéraire est considérable. Cette dernière a une prédilection pour le fonds sanskrit et pâli du vocabulaire; elle use volontiers de tournures archaïques et de constructions qui rappellent que le sanskrit a d'abord été, pendant plusieurs siècles, cultivé comme langue de civilisation.

PHONOLOGIE

L'orthographe cambodgienne est étymologique et historique. Excessivement conservatrice, elle ne correspond plus du tout au système phonétique actuel de la langue en dépit de l'addition de signes diacritiques et de figures modifiées ou nouvelles.

CONSONNES

Le fait caractéristique du cambodgien moderne est, d'une part l'assourdissement des anciennes occlusives sonores, d'autre part le passage dans certaines conditions de *t* à [d] et de *p* à [b].

En outre, l'écriture indienne masque un caractère important du système consonantique cambodgien. Contrairement à ce qui a lieu en vietnamien où les aspirées tendent à la spirantisation, en cambodgien les aspirées sont en réalité des combinaisons d'occlusives sourdes plus *h*. L'examen de la dérivation le prouve, car le groupe est toujours dissocié par l'infixe: ex. *dhaṁ* [thom] « grand »; *daṁhaṁ* [tomhom] « grandeur ».

Entre deux occlusives l'aspiration *h* n'a pas de valeur phonologique. Ce n'est alors qu'un simple coussinet phonétique qui disparaît dans les dérivés où sa présence n'est plus nécessaire, exemple: *čhkār* « défricher », *čaṁkār* « plantation ». A l'inverse, *čuk* [čɔᵘk] « boucher », *čhnuk* [čhnɔᵘk] « bouchon ».

En dépit de l'orthographe où se retrouvent trente-quatre consonnes de l'alphabet indien, le système consonantique du cambodgien actuel ne comprend que dix-huit phonèmes, qui s'ordonnent selon le tableau suivant:

Occlusives	{p b	t d	č̃ y	k	ʔ
Nasales	m	n	ñ	ŋ	
Spirantes	{f v	s			h
Latérale		l			
Vibrante		r			

/f v/ sont des bilabiales. /f/ spirante bilabiale sourde est notée orthographiquement par la combinaison *hv*. Ce phonème est assez insolite en cambodgien. Il provient de l'adaptation de trois ou quatre mots d'emprunt siamois, *hvūṅ*, [voːŋ] « troupeau ».

/č̃, y, ñ/ sont des palatales mouillées. Initial de syllabe, /y/ doit être considéré comme la sonore de /č̃/. En cette position, son articulation comporte une trace d'occlusion.

L'occlusion glottale /ʔ/ est l'attaque vocalique obligatoire en l'absence de toute autre consonne initiale indiquée par l'écriture: *ar* [ʔaː] « être joyeux ». A la finale, ʔ dans la prononciation populaire se réalise comme *k*: *Sīhānu* [Si:ha:nuk], nom propre de personne.

Le tableau des consonnes ci-dessus ne figure pas au complet à la finale. L'orthographe mise à part, les seules consonnes qui peuvent fermer la syllabe sont les suivantes:

p t č k m n ñ ŋ h v l y (r)

Les semi-voyelles /v/ et /y/ qui, à l'initiale, ont le caractère de fricative et d'occlusive, se réalisent à la finale comme des voyelles et forment diphtongue avec la voyelle précédente: *aṅguy* [aŋkui] « s'asseoir », *lev* [leu] « bouton d'habit », *kæv* [kæo] « cristal ».

/r/ final est dialectal. A Phnom-Penh, cette consonne ne se fait plus entendre en fin de mot. Sa chute a pour effet l'allongement de la voyelle précédente.

Comme en sanskrit, *s* final se réduit à l'aspirée sourde *h*: *mās* [mieh] « or », *čā's* [čah] « vieux ».

VOYELLES

Le système vocalique cambodgien est certainement l'un des plus originaux par sa richesse et sa complexité. Les voyelles normales s'ordonnent en un tableau quadrangulaire comprenant trois séries et sept degrés d'ouverture. Ce vocalisme est en outre caractérisé par la corrélation quantitative.

Les voyelles longues sont les plus fréquentes et forment le système le plus complet. La quantité est fortement accusée, sa durée est nettement perceptible à l'audition double de la brève correspondante: /slap/ [slaap] « aile »; /slăp/ [slap] « mourir ».

VOYELLES LONGUES

Les voyelles longues peuvent se trouver en toutes positions.

Antérieures non arrondies	Médianes non arrondies	Postérieures arrondies
i	ɯ	u
ie	ɯə	uo
ɪ		ʊ
e	ə	o
ɛ		ɔ
æ (ᵃɛ)	ʌ (ᵃɔ)	ao (ᵃo)
a		ɑ

VOYELLES BRÈVES

Le système des voyelles brèves est réduit aux deux séries extrêmes, quoique certaines réalisations de /ĭ/ tendent à rapprocher ce phonème de [ɯ] ou [ʌ] très rapidement articulés. Sauf pour a, ɑ et u, il n'y a pas identité complète de qualité entre les voyelles longues et les brèves correspondantes. La réalisation des brèves est complexe et multiple. La plupart sont des diphtongues brèves à second élément accentué.

Aucune voyelle brève ne peut terminer le mot ou la syllabe: *tu* /tɔ̆/ « table », se prononce [tɔᵘk], *devatā* /tĕvăda/ « dieu, génie », [te:va'da:] et populairement [tepda:].

ACCENT

Bien que formant une enclave entamée sur toutes ses frontières par des langues à tons, le cambodgien n'en possède pas. Il présente par contre un fort accent d'intensité frappant la dernière syllabe du mot quand c'est un dissyllabe. Le mot khmaer n'a jamais plus de deux syllabes. La première syllabe, étant inaccentuée, est d'ordinaire altérée par les phénomènes d'amuïssement, de neutralisation ou d'aphérèse, *pārāṁṅ* /baræŋ/ « français », est dans la langue journalière réduit au monosyllabe [praeŋ].

Généralement, la voyelle de la syllabe inaccentuée tend

vers une articulation centrale, *dansay* /tənsay/ « lièvre », est couramment prononcé [ansa:j], [ənsa:j].

Pour les mots d'emprunt qui ont plus de deux syllabes, un accent secondaire placé sur la première syllabe contribue à son maintien : *devatā* « dieu », ['te:va''da:]. Ce mot emprunté au sanskrit possède un doublet plus conforme à la norme cambodgienne *debtā* [tepda:] et qui ne compte en versification que pour deux syllabes.

STRUCTURE DU MOT

Dans le vocabulaire cambodgien, le fonds khmaer se compose de mots-racines monosyllabiques et de dérivés dissyllabiques. Les mots de plus de deux syllabes sont tirés du sanskrit et du pâli.

Le canon phonologique du mot cambodgien peut être ainsi représenté : [C(c)V(c)] C(c)V(c). Il faut préciser que la syllabe cambodgienne ne peut avoir plus de deux consonnes à l'initiale et qu'elle ne peut être fermée par plus d'une consonne : *ar* [ʔa:] « être content », *dūk* [tu:k] « barque », *prabandh* [prap:ᵘon] « épouse », *paṅgrap* [bəŋ-krɔ:p] « couvrir ».

Par contraste encore avec les langues thay et le vietnamien qui ignorent la dérivation, le cambodgien possède l'avantage de pouvoir exprimer certains concepts dérivationnels au moyen de quelques procédés d'élargissement propres aux langues affixantes : les préfixes, les infixes et le redoublement.

Le plus usité des préfixes est *p(h)-* souvent élargi en *pam- (pan-, paṅ-)*. Ce préfixe a valeur causative : *ṅūt* [ŋu:t] « se baigner », *phṅūt* « faire prendre un bain » ; *pau* [bau] « téter », *pampau* [bambau] « donner à téter ».

A l'aide de ce préfixe on peut attribuer un sens verbal à un mot qui se présente normalement comme un nom : *jwr* [čuo] « ligne, sillon », *phjwr* [phčuo] « labourer », *bul* [pul] « poison », *pambul* [bampul] « empoisonner ».

Le préfixe *ra* [rɔ:] a une valeur intransitive ou passive : *hæk* « déchirer », (sens actif), *rahæk* « être déchiré » ; *pak* [ba:k] « peler », *rapak* [rɔba:k] « se peler ».

Les infixes, suffisamment nombreux, permettent de

former des noms d'agents, d'instruments, des noms d'action et des noms abstraits. L'infixe s'insère après la première consonne :

m, formation des noms d'agents, *sūm* [soːm] « demander », *smūm* [smoːm] « mendiant » ; *jwñ* [čuoñ] « faire du commerce », *jhmwñ* [čhmuoñ] « commerçant » ; *n,* noms d'objets et d'instruments : *kos* [kᵃoh] « racler, râper », *khnos* « racloir, râpe ».

Les infixes *p* et *am (aṁn),* notent le résultat de l'action ou de l'abstraction : *leñ* « jouer », *lpeñ* [lᵊbæɲ] « jeu », *gūr* [kuː] « dessiner », *gaṁnūr* [komnuː] « dessin », *dhaṁ* [thom] « grand », *daṁhaṁ* [tomhom] « grandeur ».

L'infixation a été un procédé morphologique qui devait correspondre à un réel besoin d'expression de la langue khmaer, car il fut appliqué aussi à des mots d'emprunt étrangers. Ainsi le substantif sanskrit *kāvya* « poème », ayant abouti par usure en cambodgien au monosyllabe *kāb(y)* [kaːp], a été traité comme une racine verbale d'où fut tiré le substantif *kaṁnāb(y)* « poème ».

Le redoublement marque l'intensif ou le fréquentatif : *kāy,* « creuser », *kakāy* « creuser en grattant » ; *srák* [srak] « couler », *sasrák* « tomber goutte à goutte ».

Grâce à ces différents types d'élargissement, le khmaer offre de véritables familles de mots : *pæk* [bæːk] « casser, se casser », *pæṅ* [baeːŋ] « partager » *pambæk* [bɑmbæːk] « faire casser, séparer », *phnæk* « part, division », *paṁnæk* [bɑmnæːk] « fragments, débris ».

NOM ET VERBE

Ce bref aperçu de la dérivation nous a permis en même temps de constater que le cambodgien a la possibilité de distinguer au moyen d'un trait formel les différents aspects verbaux et nominaux d'un concept.

Outre ces indices matériels, « noms » et « verbes » sont encore particularisés, comme nous le verrons, par les rôles différents qu'ils jouent dans la phrase, par la latitude combinatoire propre à chaque catégorie de mots. C'est par sa syntaxe que le cambodgien rejoint les langues isolantes. Sa syntaxe est essentiellement une syntaxe de position.

LA PHRASE

Une des caractéristiques du cambodgien est la possibilité de s'exprimer par monorèmes, autrement dit par phrases d'un seul terme : *la°a* « c'est beau, c'est bien » ; *bhlieṅ* [phlieŋ] « il pleut ».

Les circonstances qui provoquent l'énonciation fournissent le sujet et l'objet non énoncés. Si un homme couché dit : « *gruṅ* [kruŋ] », on comprend « J'ai la fièvre » ; mais si c'est un tiers qui prononce ce mot unique en désignant le malade, il aura dit : « Cet homme a la fièvre ». A une question telle que : « Est-ce que je peux emporter cet objet ? », la réponse affirmative habituelle sera seulement : « *pān* » [ba:n] « Vous le pouvez ». Le sens lexical du mot *pān* est « pouvoir », mais dans cette circonstance il équivaut à toute une phrase.

Il est probable qu'à l'origine tout mot khmaer simple avait une valeur prédicative. On peut en voir une confirmation dans l'emploi particulier de certains mots normalement sentis comme des substantifs, par exemple : *kūn* [ko:n] et *mā't* [moat].

Le sens normal de *kūn* est « enfant, petit d'animal » : *kūn chmā* « petit de chat, petit chat » (*chmā,* chat) ; mais si quelqu'un s'approche d'une chatte qui se montre menaçante, le propriétaire de la chatte pourra lui donner cet avis : *chmā kūn* « la chatte a des petits ». Dans cette acception, le mot *kūn* peut se construire avec un morphème verbal. Ainsi, *hœy* étant la marque de l'accompli, l'énoncé *chmā kūn hœy* signifie : « la chatte a fait ses petits ».

Le mot *mā't* [moat] désigne la bouche. Pourtant l'énoncé suivant : *kūn*[1] *min*[2] *mā't*[3] (« enfant »[1] particule négative[2] « bouche »[3]) ne signifie pas : « l'enfant sans bouche », mais « l'enfant ne dit mot, ne parle pas ».

On peut encore citer : *baṅ* [pɔ:ŋ] « œuf » et « pondre », *baṅ māṅ* « œuf de poule » (*māṅ* [mᵒan] « coq, poule »), *māṅ baṅ* « la poule pond ».

Il faut s'empresser d'ajouter que, à part une catégorie de mots mentionnés plus bas, des exemples aussi caractéristiques ne sont pas nombreux. On les rencontre surtout dans les formules toutes faites, le langage des locutions et proverbes. Ils paraissent bien être des vestiges du passé.

On ne saurait opérer ce type de transposition à volonté et avec n'importe quel « substantif » ou « verbe ».

Il existe cependant une catégorie de mots, assez peu nombreux d'ailleurs qui possèdent normalement cette ambivalence fonctionnelle. Ce sont quelques termes se rapportant à des techniques généralement empruntées au dehors. Le même mot désigne à la fois l'instrument et l'exécution. Ainsi, *svān* est le nom d'une sorte de vrille, mais il signifie également percer avec cet outil; *cæv* « ramer debout », et aussi la grande rame appropriée.

ORDRE DES MOTS

La phrase cambodgienne suit un ordre direct: sujet, verbe, objet. *kūn*[1] *sralā'ñ*[2] *mtāy*[3] *vā*[4] (enfant[1] aimer[2] mère[3] lui[4]), « l'enfant aime sa mère ». Le déterminant suit le déterminé: *kūn*[1] *prus*[2] *neḥ*[3] *slūt*[4] *ṇås*[5] (enfant[1] mâle[2]-ci[3] doux[4] très[5]), « ce garçon est très doux ». Il en est de même lorsque le déterminant est un interrogatif: *rapás*[1] *neḥ*[2] *hau*[3] *rapás*[4] *ī*[5] ? (chose[1]-ci[2] être nommée[3] chose[4] quelle[5]), « comment se nomme cette chose-ci ? »; *srūv*[1] *mwy*[2] *hāp*[3] *thlai*[4] *ṗunmān*[5] ? (riz[1] un[2] picul[3] coûter[4] combien[5]), « combien coûte un picul de riz ? ».

La détermination possessive est indiquée soit par la postposition du nom complément: *kūn*[1] *khñuṁ*[2] (enfant[1] moi[2]), « mon enfant »; soit par l'emploi grammaticalisé du mot *rapás* « chose », « bien »: *kūn*[1] *rapás*[2] *khñuṁ*[3] (enfant[1] chose[2] moi[3]) « mon enfant ».

CLASSES DE MOTS

Exception faite, comme nous l'avons vu, pour quelques dérivés, aucun signe morphologique discriminatif ne différencie les espèces de mots. Cependant, l'analyse sémantique et syntaxique de la langue permet de distinguer, dès le prime abord, dans l'économie des phrases normales, les principales classes suivantes de mots: nom, verbe, interjection, mot grammatical. Dans cette dernière classe, par l'examen des combinaisons syntagmatiques, nous retrouvons facilement et sans équivoque les morphèmes essentiels habituels: démonstratif, indéfini et interrogatif, auxiliaire aspectif, préposition, adverbe, conjonction. Dans cette courte étude, nous ne pouvons que passer rapidement en revue les principales catégories que nous avons reconnues.

GENRE ET NOMBRE

Les mots khmaer d'origine sont invariables. Le genre et le nombre sont ignorés. Quand il est nécessaire d'indiquer le sexe on a recours à l'addition de termes différents, selon qu'il s'agit d'êtres humains, d'animaux ou de plantes. Le sexe masculin, pour les personnes, est marqué par le mot *prus* [prɔᵘh], du sanskrit *puruṣa* « homme, mâle », le féminin par *srī* [srɛi] du sankrit *strī* « femme ». Ex. *kūn* [ko:n] « enfant », *kūn prus* « fils », *kūn srī* « fille ». Cependant il convient de noter que, par les emprunts sanskrits, la notion du genre a pénétré dans la langue littéraire: *kumār* « jeune garçon », *kumārī* « fillette ». Le vocabulaire actuel, qui tire ses néologismes presque uniquement du sanskrit et du pâli, s'enrichit de plus en plus de substantifs doublés d'une forme féminine: *kārī* « opérateur », *kārinī* « opératrice ».

En l'absence du nombre grammatical, de multiples termes permettent au cambodgien de noter les différents degrés de pluralité. Le pluriel général est d'ordinaire marqué par le contexte, souvent aussi par le mot *bwk* [puok] « catégorie, espèce », *bwk*[1] *kmeṅ*[2] (catégorie[1] enfant[2]), « les enfants ». La langue populaire exprime volontiers le pluriel général par la réduplication du nom: *kmeṅ*[1] *kmeṅ*[2] *vā̃*[3] *kāc*[4] (enfant[1] enfant[2] il [eux][3] être méchant [difficile][4]), « les enfants sont difficiles ».

CLASSIFICATEURS

Pour exprimer le nombre et la quantité des êtres et des choses, le cambodgien, d'une manière générale, fait suivre le nom de nombre d'un classificateur générique qui fait en quelque sorte office d'unité numérique pour la catégorie des objets dont on indique le nombre ou la quantité. Ainsi *nā'k* [næk] étant l'un des classificateurs pour les êtres humains, « deux garçons » se dit en cambodgien : *kūn[1] prus[2] bīr[3] nā'k[4]* [ko:n prɔᵘh pi: næk], littéralement : « enfant[1] mâle[2] deux[3] personne[4] ». « Deux filles » se traduit : *kūn[1] srī[2] bīr[3] nā'k[4]* [ko:n srɛi pi: næk], littéralement : « enfant[1] femme[2] deux[3] personne[4] ».

En principe, il y a un classificateur pour chaque catégorie d'êtres ou de choses. Les classificateurs sont donc très nombreux. Pour les personnes ils sont hiérarchisés : on emploie *nā'k* [næk] pour le commun des mortels, mais pour les princes, le classificateur est *aṅg* [ɟ:ŋ] (du sanskrit *aṅga*, « corps ») ; pour les religieux, *aṅg* ou *rūp* (du sanskrit *rūpa*, « forme ») : *ksatr[1] bīr[2] braḥ[3] aṅg[4]* (prince[1] deux[2] auguste[3] corps[4]) « deux princes ».

Le maniement des classificateurs constitue une des difficultés de la langue : *paṇḍaḥ* [bantæh] pour les objets plats : *ktār[1] bīr[2] paṇḍaḥ[3]* (planche[1] deux[2] « classificateur »[3]), « deux planches ». Cela paraît bien simple. Malheureusement, les objets aplatis ont un autre classificateur que les objets plats. Pour les galettes, les tablettes, on emploie *phæn : skar[1] tnot[2] bīr[3] phnæn[4]* (sucre[1] palmier[2] deux[3] « classificateur »[4]), « deux pains de sucre de palmier ». Cependant pour le sucre de canne on fait usage d'un autre classificateur : *ṭuṁ* [dɔm] « morceau, motte » : *skar[1] sa[2] bīr[3] ṭuṁ[4]* (sucre[1] blanc[2] deux[3] morceaux[4]).

Par cette particularité de sa syntaxe, le cambodgien rejoint encore le siamois et le vietnamien.

TEMPS ET ASPECT

Aucun élargissement du mot ne permet au verbe cambodgien d'exprimer le temps ni la personne. Le contexte et les adverbes suffisent à situer l'action dans le temps : *kāl[1] bī[2] ṭæm [3]mān[4] puras[5] bīr[6] nā'k[7]* (temps[1] depuis[2] commencement[3] avoir[4] homme[5] deux[6] personne[7]), « il y avait jadis deux hommes ». *Khñuṁ[1] mak[2] sa²æk[3] brik[4]* (je[1] venir[2] demain[3] matin[4]), « je viendrai demain matin ».

Les Cambodgiens sont moins soucieux de préciser le temps que les différents aspects de l'action. Ils disposent pour cela d'un choix nuancé de mots auxiliaires. Certains sont de pures particules qui ne sont pas employées indépendamment ; d'autres sont des verbes occasionnellement convertis en auxiliaires d'aspect ou de mode, comme nos verbes avoir, devoir, aller.

Sans épuiser la question, voici quelques exemples. La particule *hœy* marque l'achèvement: *velā*[1] *ṭál*[2] *hœy*[3] (temps[1] arriver[2] « morphème de l'accompli »[3]) « le moment est venu ».

Les différentes modalités de l'action éventuelle sont indiquées par les particules: *niṅ, sim, sam. Sa˒œk*[1] *khñuṁ*[2] *niṅ*[3] *dau*[4] *phdaḥ*[5] *lok*[6] (demain[1] je[2] « morphème »[3] aller[4] maison[5] vous[6]), « demain j'irai chez vous ». *Niṅ ... hœy* marque l'imminence: *vā*[1] *niṅ*[2] *slā'p*[3] *hœy*[4] (il[1] « morphème »[2-4] mourir[3]), « il va mourir ». *Sim* s'emploie au lieu de *niṅ* dans une proposition dépendante pour indiquer une éventualité certaine: *cāṁ*[1] *khœ*[2] *ṭā'ć*[3] *sim*[4] *pān*[5] *prā'k*[6] (attendre[1] mois[2] révolu[3] « morphème »[4] obtenir[5] argent[6]), « attends la fin du mois, tu auras de l'argent ». On emploiera *sam* à la place de *sim* lorsqu'il y a seulement probabilité: *pœ*[1] *kūn*[2] *min*[3] *mak*[4] *sam*[5] *mtāy*[6] *slā'p*[7] (si[1] fils[2] ne pas[3] venir[4] « morphème »[5] mère[6] mourir[7]), « si le fils ne vient pas, la mère en mourra (pourrait en mourir) ».

L'aspect duratif et ses différents degrés s'expriment par: *kambuṅ (tœ), nau, tœṅ (tœ)*: *khñuṁ*[1] *kambuṅ*[2] *saser*[3] (je[1] « morphème »[2] écrire[3]), « je suis en train d'écrire ». *Tœṅ (tœ)* note une action habituelle: *Khmœr*[1] *tœṅ*[2] *ṭut*[3] *khmoc*[4] (Cambodgien)[1] « morphème »[2] brûler[3] cadavres[4]), « les Cambodgiens incinèrent les morts ».

TRANSITIF ET INTRANSITIF

En étudiant la structure du mot, nous avons pu constater que le cambodgien possède la notion du transitif et de l'intransitif, alors que, faute d'indice formel, on hésite en général à reconnaître ces catégories pour le siamois et le vietnamien. Nous avons vu comment, partant d'un mot-racine, dont la signification verbale est active, on peut lui conférer, par un élargissement de la forme, un sens intransitif ou passif: *lát* [lᵘot] « éteindre », *ralát* « être éteint, s'éteindre »; *lát*[1] *bhlœṅ*[2] « éteindre le feu » *bhlœṅ*[1] *ralát*[2] *hœy*[3] « le feu[1] est éteint[2] » (*hœy*[3] morphème de l'accompli), *lát*[1] *bhlœṅ*[2] *min*[3] *ralát*[4] (éteindre[1] feu[2] ne pas[3] être éteint[4]), « ne pas parvenir à éteindre le feu ».

L'opération contraire est possible aussi. On peut dériver, d'une racine intransitive, une forme transitive: *slāp* « mourir », *saṁlāp* « tuer »; *srāl* « être léger », *saṁrāl* « alléger ».

Certains verbes peuvent renforcer la transitivité d'une nuance factitive: *krāp* « se prosterner » (intransitif), *kaṁrāp* « abaisser, vaincre », *paṅkrāp,* [baŋkra:p] « faire prosterner, vaincre ».

NÉGATION ET PROHIBITION

Pour nier l'action, le cambodgien dispose de deux particules: *buṁ* [pum] et *min* [muun]. La première est d'usage littéraire. Ces particules sont d'ordinaire renforcées par d'autres éléments. La particule prohibitive est *kuṁ* [kɔᵘm], *kuṁ pœk dvār* [kɔᵘm bʌ:k thvie] « n'ouvrez pas la porte » (*pœk* « ouvrir », *dvār* « porte »).

« ADJECTIF »

A la classe verbale appartient l'adjectif cambodgien. Le prédicat de qualité se construit directement avec le sujet sans l'intermédiaire d'une copule: *kmeṅ*[1] *kāc*[2] signifie aussi bien: « l'enfant[1] est difficile[2] », que « l'enfant[1] difficile[2] ». Cette particularité explique la fréquence de la construction avec rappel du sujet par un « pronom » ou plutôt par un terme anaphorique, car nous verrons qu'il n'y a pas de véritable pronom en cambodgien. L'équivoque est levée avec la tournure *kmeṅ*[1] *vā*[2] *kāc*[3], ce qui correspondrait à « l'enfant[1], il[2] est méchant[3] ». La distinction entre l'attribut et l'épithète peut aussi être précisée par la présence d'un élément démonstratif et sa position; par exemple, *noḥ* « ce ... là »: *kmeṅ*[1] *noḥ*[2] *kāc*[3] « cet[2] enfant[1]-là[2] est méchant[3] ». Mais avec le déplacement du démonstratif *noḥ* le sens est différent: *kmeṅ*[1] *kāc*[2] *noḥ*[3] « ce[3] méchant[2] enfant[1]- là[3] ».

Ici s'accuse d'une manière notable la différence entre le « verbe » et le « substantif ». Pour dire: « le chien est méchant », nous venons de voir qu'il suffirait d'apposer les deux termes *chkæ* « chien », et *kāc* « méchant », *chkæ kāc*. Mais on ne pourrait, pour signifier « le chien est un animal », construire de la même manière en apposant simplement le mot *satv* « animal », au mot *chkæ* « chien ». Comme le mot *satv* est un substantif, il ne peut être employé comme attribut sans l'aide de la copule *jā* [čie] « être ». Il faut dire : *chkæ*[1] *jā*[2] *satv*[3] (chien[1] être[2] animal[3]).

MOTS FONCTIONNELS

Le cambodgien ne possède pas d'article. Dans certains cas le démonstratif en tient lieu. Les trois démonstratifs *neh, noh, hmïn,* indiquent respectivement, le premier les objets proches, le second les objets éloignés, le troisième une situation intermédiaire. Ils se placent après le nom : *kmeṅ neh* « cet enfant-ci ». Ce ne sont que des particules déictiques qui ne peuvent s'employer comme pronoms.

Il n'y a pas de pronoms démonstratifs ; on répète le nom : *kmeṅ*[1] *neh*[2] *kāc*[3], *kmeṅ*[4] *noh*[5] *slūt*[6] (enfant-[1] ci[2] être mauvais,[3] enfant-[4] là[5] être doux[6]), « cet enfant-ci est mauvais, celui-là est doux ». Des noms du lexique tiennent lieu de pronoms personnels : *khñuṁ* « serviteur », pour « je, moi » ; *ᵓnak* [næk] « homme (ou) femme » pour « vous », *paṅ* [baːŋ] « aîné(e) », *paᵓūn* [phaɔoːn] « cadet-(te) », pour « vous » ou « tu » ; *khlwn* [khluon] « corps », employé comme pronom réfléchi, « soi » : *tæṅ khlwn* [tæːŋ khluon] « se parer ». On fait surtout usage d'appellatifs et de termes honorifiques qui équivalent à nos mots : seigneur, maître, excellence, prince, etc.

Les particules marquant l'indétermination ou l'interrogation sont nombreuses : *sabv* « tout, tous », *rā'l* [rəal] « chaque », *khlah* « quelque », *diet* « autre », etc ; *ṇā* est enclitique : *æ-ṇā* « en quel lieu, où » ?, *kāl-ṇā* « en quel moment, quand ? », *nar ṇā* « quel homme, qui ? ».

Des particules spécifiques correspondent aux prépositions et aux adverbes : *læ* « sur », *krom* « sous », *knuṅ* « dedans », *niṅ* « avec », *bī* [piː] « de » (origine), etc.

Nombreux sont les adverbes : de manière, de quantité, de lieu, de temps : *mtec* [mdeč̃] « comment », *ṇáś* « très », *cræn* [črʌn] « beaucoup », *bek* [piːk] « trop », *chṅāy* « loin », *iḷūv* [ɛiləu] « maintenant », *saᵓæk* « demain », etc.

MORPHÉMATISATION DU VERBE

Le trait le plus original à souligner sous cette rubrique et que le cambodgien partage avec le vietnamien et le siamois, c'est l'emploi morphématisé de certains verbes en fonction de prépositions ou d'adverbes. L'un des plus employés est le verbe *nau* [nəu] « demeurer, être situé », et selon le contexte, « à, en » : *nau*[1] *raṭūv*[2] *vassā*[3] («être situé »[1] saison[2] pluie[3]), « pendant la saison des pluies »; *nau*[1] *thṅai*[2] *ādity*[3] (« être situé »[1] jour[2] soleil[3]), « lundi (complément circonstanciel) ».

Les verbes de mouvement sont particulièrement aptes à jouer le rôle de prépositions et d'adverbes; *dau* [təu] « aller », *mak* [mɔ:k] « venir », *ḷœṅ* [lʌ:ŋ] « monter », *tām* « suivre ». *Kūn*[1] *pæ*[2] *bhnæk*[3] *dau*[4] *mtāy*[5] (enfant[1] tourner[2] œil [yeux][3] « aller »[4] mère[5]), « l'enfant tourne les yeux vers sa mère ». *Kūn*[1] *pæ*[2] *bhnæk*[3] *mak*[4] *khñuṁ*[5] (enfant[1] tourner[2] yeux[3] « venir »[4] moi[5]), « l'enfant tourne les yeux vers moi ». *Ṭa'l* [dɑl] « arriver à, atteindre », s'emploie aussi comme préposition marquant le but: *kūn*[1] *nik*[2] *ralik*[3] *ṭɑl*[4] *mtāy*[5] (enfant[1] penser[2-3] « atteindre »[4] mère[5]), « l'enfant pense à sa mère ». Ces verbes de mouvement s'emploient encore pour préciser le sens d'un autre verbe, à la façon des adverbes anglais: *in, out, up, down,* etc.: *tœr* [dʌ:] « marcher », *tœr dau* (marcher-aller), « partir »; *tœr mak* (marcher-venir), « venir, arriver »; *tœr čeñ* (marcher, sortir), « aller dehors, sortir »; *tœr ṭa'l* (marcher-atteindre), « arriver à ».

Le mot *oy* « donner », est particulièrement intéressant. Il fournit le plus instructif des exemples de morphématisation de certains verbes cambodgiens. Normalement, *oy* a valeur prédicative: *oy prā'k* « donner de l'argent ». Dans certains contextes, ce terme se vide de sa signification pour devenir un simple élément fonctionnel de valeur attributive, finale ou consécutive. *Dhvœ*[1] *puny*[2] *oy*[3] *ge*[4] (faire[1] bienfait[2] « donner »[3] autrui[4]), « faire du bien à autrui »; *duk*[1] *oy*[2] *sa'æk*[3] (réserver[1] « donner »[2] demain[3]), « réserver pour demain »; *khñuṁ*[1] *dhvœ*[2] *ī*[3] *oy*[4] *lok*[5] *khiṅ*[6] (je[1] faire[2] quoi[3] « donner »[4] vous[5] être irrité[6]), « qu'ai-je fait pour que vous soyez en colère ? »; *khñuṁ*[1] *mak*[2] *oy*[3] ṭin̊[4] kār[5] (je[1] venir[2] « donner »[3] savoir[4] affaire[5]), « je suis venu pour savoir l'affaire ».

Le fonctionnement de « donner » comme morphème consécutif ou final a logiquement entraîné les emplois suivants:

1° — marque injonctive ou précative: *oy*[1] *ruḥ*[2] *phdaḥ*[3] *ceñ*[4] (« donner »[1] démolir[2] maison[3] sortir[4] [en fonction adverbiale]), « que l'on démolisse la maison! »; *oy*[1] *mtāy*[2] *jwy*[3] *khñum̊*[4] (« donner »[1] mère[2] aider[3] moi[4]), « que ma mère me vienne en aide! »;

2° — attache verbale dans les constructions du type: *sūm*[1] *oy*[2], « demander[1] que[2] », *gwr*[1] *oy*[2], « il convient[1] de[2] », *bum̊*[1] *mān*[2] *oy*[3], « ne pas[1] donner l'occasion[2] de[3] », *prœ*[1] *pāv*[2] *oy*[3] *yak*[4] *būthau*[5] (commander[1] serviteur[2] « donner »[3] prendre[4] hache[5]), « il commanda au serviteur de prendre une hache »;

3° — l'addition de *oy* transforme un verbe de sens intransitif en verbe transitif: *ralam̊* « tomber à terre »; *oy ralam* « renverser à terre, abattre »; *jā* « exister, être sain », *oy jā* « guérir quelqu'un ». Le dictionnaire cambodgien définit le mot *samlāp* « tuer », en partant du mot-racine *slāp* « être mort »: *samlāp = dhvœ*[1] *oy*[2] *slāp*[3], littéralement: faire que soit mort, faire mourir (mot à mot: faire[1] « donner »[2] être mort[3]). De là les constructions du type: *añ*[1] *samlāp*[2] *ā œn*[3] *oy*[4] *slāp*[5] (moi[1] tuer[2] toi[3] « donner »[4] être mort[5]), « je vais te tuer »;

4° — *Oy*, équivalent d'un indice adverbial. En effet, le syntagme *oy* + adjectif doit être traduit par un adverbe: *chāp* « vite, rapide », *oy chāp* « rapidement », *cpās* [čhbah] « clair », *oy cpās* « clairement »; *khlām̊m̊* [khlaŋ] « fort(e) », *oy khlām̊m̊* « fortement »; *jūt*[1] *oy*[2] *saʔāt*[3] (nettoyer[1] « donner »[2] être propre[3]), « nettoyer proprement ».

CONJONCTIONS

Bien que d'ordinaire le discours cambodgien procède plus volontiers linéairement par juxtaposition et coordination, la phrase cambodgienne n'ignore pas la subordination. Il s'agit bien de subordination grammaticale et non pas seulement logique, car il existe en cambodgien de véritables subordonnants: particules spécifiques et locutions conjonctives, *ṭpit, broḥ, bī broḥ* « parce que »; *pān jā*

« c'est pourquoi », *dœp* « alors, en conséquence », *ṭœmpī* « afin que », *pœ* « si », etc.

En général, mais surtout dans le style écrit, lorsqu'il y a subordination, les propositions sont fortement rattachées les unes aux autres par des éléments conjonctifs : *bī broh*[1] *khñum*[2] *ghœñ*[3] *pān jā*[4] *khñum*[5] *tiṅ*[6] (parce que[1] je[2] voir[3] c'est pourquoi[4] je[5] savoir[6]), « je sais parce que j'ai vu ». Le plus souvent, la principale est amorcée par un mot de liaison tel que *ka*[?], *noh* (et, alors) *dœp* (alors seulement), ou par un des morphèmes aspectifs *sim, sam, hœy,* etc., que nous avons déjà rencontrés : *Pœ*[1] *mtāy*[2] *slāp*[3] *dau*[4] *kāl nā*[5] *sim*[6] *tām*[7] *tœ*[8] *citt*[9] *kūn*[10] (si[1] mère[2] mourir[3] aller [en fonction adverbiale][4] quand[5] *sim* [morphème de l'éventualité][6] suivre[7] seulement[8] sentiment, volonté[9] fils[10]) « lorsque ta mère mourra, tu feras à ta volonté, mon fils ».

Pour introduire la complétive après les verbes déclaratifs on se sert du mot *thā* « dire », vidé de sa signification et ne jouant plus que le rôle d'un subordonnant : *niyāy*[1] *thā*[2] « conter[1] que[2] », *git*[1] *thā*[2] « penser[1] que[2] », *ghœñ*[1] *thā*[2] « voir[1] que[2] ». Le relatif *ṭæl* [dæ:l] n'est jamais employé dans ce cas. Ce relatif, qui n'a qu'une seule forme pour le sujet et pour le complément, sert surtout à introduire un adjectif syntaxique : *jāṅ*[1] *ṭæl*[2] *dhvœ*[3] *kār*[4] (artisan[1] qui[2] faire[3] ouvrage[4]), « l'artisan qui fait l'ouvrage » ; *kār*[1] *ṭæl*[2] *jāṅ*[3] *dhvœ*[4] (ouvrage[1] que[2] artisan[3] faire[4]), « l'ouvrage que fait l'artisan ».

Les exemples précédents montrent que la phrase cambodgienne peut être solidement construite. Par contre, elle manque de souplesse et l'abus des subordonnants entraîne une certaine lourdeur de style qui n'est pas pour déplaire aux lettrés. Mais ces caractères ne sont sensibles que dans la prose écrite dont nous avons déjà signalé le grand écart avec la langue populaire. Car, tout à l'opposé, l'élocution orale est remarquablement concise et rapide. Elle obtient cette vivacité par l'économie des éléments relationnels. La plupart du temps, le contexte vivant et la logique tiennent lieu de précision grammaticale.

François MARTINI.

BIBLIOGRAPHIE

G. Coedès, *Les Langues de l'Indochine,* Conférences de l'Institut linguistique de l'Université de Paris, t. VIII, 1940-1948.

J. U. A. Gorgoniev, *Khmerskij jazyk,* Moscou, 1961.

E. Henderson, *The Main Features of Cambodian Pronunciation,* dans « Bulletin of the School of Oriental Studies », vol. XIV, Londres, 1952.

G. Janneau, *Étude de l'alphabet cambodgien,* Saigon, 1869.

F. Martini, *Aperçu phonologique du cambodgien,* dans BSL, t. XLII, Paris, 1946.

F. Martini, *De la création actuelle des mots en cambodgien,* dans BSL, t. LVII, 1962.

G. Maspero, *Grammaire de la langue khmère (cambodgienne),* Paris, 1915.

H. Maspero, *Les Langues mon-khmer,* dans *les Langues du monde,* 2ᵉ éd., Paris, 1952.

W. Schmidt, *Die Mon-Khmer Völker, ein Bindeglied zwischen Völkern Zentralasiens und Austronesiens,* Braunschweig, 1906 (traduction française par Mme J. Marouzeau, dans « Bulletin de l'École française d'Extrême-Orient », VII, 1907).

T. A. Seabok, *A Bibliography of Mon-Khmer Linguistics,* dans *Studies in Linguistics,* I-II, Oklahoma, 1942.

MANUELS POUR L'ÉTUDE PRATIQUE DE LA LANGUE

G. Cambefort, *Introduction au cambodgien,* Paris, 1950.

L. Manipoud, *Cours de langue cambodgienne,* Phnom-Penh (sans date).

E. Ménétrier et Ch. Pannetier, *Éléments de grammaire cambodgienne appliquée,* Phnom-Penh, 1925.

Tiw-Oll, *Le Cambodgien sans maître,* Phnom-Penh, 1957.

LE PEUL

Pasteurs de bovidés, les Peuls — ou comme ils se nomment eux-mêmes les *fulBe* (singulier: *pullo*) — sont actuellement dispersés en communautés d'importance variable à travers le continent africain, des rives de l'Atlantique au Nil, dans les steppes et les savanes qui s'étendent entre le 15e et le 8e degré de latitude Nord. Leur nombre total, compte tenu des minorités intégrées à la société peule, est estimé à cinq millions environ. Ici nomades méprisés, là aristocrates ayant imposé leur domination sur des populations allogènes, ils présentent naturellement, selon les contrées et selon les fractions considérées, de sensibles différences de genre de vie, lesquelles n'altèrent pas cependant les traits essentiels de leur culture ni l'unité de leur langue.

L'origine et l'apparentement génétique de celle-ci ont donné lieu, au cours des soixante dernières années, à de nombreuses controverses. La majorité des spécialistes est aujourd'hui d'accord pour voir dans le peul un membre de l'ensemble linguistique parlé principalement dans la partie la plus occidentale de l'Afrique tropicale (« famille sénégalo-guinéenne » de Delafosse, *West-Atlantic Family* de Westermann et Bryan, *West-Atlantic Branch* de Greenberg).

Comme il est naturel pour une langue parlée sur une aire aussi étendue, le peul comporte de nombreux dialectes dont beaucoup n'ont d'ailleurs pas encore été étudiés. On s'accorde traditionnellement à les ranger en deux groupes, « occidental » et « oriental », dont la limite se situe dans la région qui s'étend à l'ouest de la frontière occidentale du Nigeria, du Dallol Bosso au Moyen Dahomey. L'appartenance d'un dialecte à l'un ou l'autre groupe est essentiellement déterminée par le morphème utilisé pour la formation de l'« infinitif », *-de* pour le groupe occidental, et *-go* pour le groupe oriental. Ce critère n'a bien entendu qu'une valeur relative et bien des dialectes classés ainsi dans le même groupe présentent entre eux des divergences lexicales et morpho-syntaxiques plus grandes que celles existant entre des dialectes relevant de groupes différents. Pour tenir compte de ces divergences, on a été amené à subdiviser chaque groupe en sous-groupes. Ce classement présente dans l'insuffisance actuelle de nos connaissances une large part d'incertitude, voire d'arbitraire. La distinction généralement faite dans le groupe « occidental » entre quatre sous-groupes (« Sénégalo-Mauritanien », « Guinéen », « Macinien », « Voltaïque »), pour justifiée qu'elle apparaisse en ses grandes lignes, laisse de côté nombre de parlers pratiquement inconnus, tandis que le classement en trois sous-groupes (« États Hausa », « Adamawa » et « Baguirmi ») des dialectes orientaux paraît encore moins satisfaisant. Malheureusement, il semble impossible, faute de matériaux suffisants, de reprendre pour l'instant un travail de classement qui, pour être utile, devrait se dégager des considérations géographiques et reposer sur un ensemble de critères purement linguistiques.

Dans la plupart des dialectes existe, à côté de la langue parlée, une langue littéraire plus « conservatrice », attestée par des œuvres poétiques religieuses ou profanes, et parfois aussi une langue « vulgaire », utilisée par des locuteurs d'origine non peule comme langue de communication. La langue littéraire présente sur le plan lexical de nombreux emprunts à l'arabe classique, emprunts qui sont sensiblement moins fréquents dans la langue parlée et qui d'ailleurs se sont souvent introduits en peul par l'intermédiaire d'une autre langue, mandingue dans l'Ouest, kanouri et surtout haoussa dans l'Est. Les *fulBe* ont pris en outre aux populations avec lesquelles ils sont ou ont été en contact des termes ressortant au vocabulaire de techniques qui leur étaient primitivement inconnues ; de ce fait, les emprunts au wolof sont assez abondants dans les dialectes du Sénégal, ainsi que les mots empruntés au mandingue dans ceux du Soudan et de la Guinée et que ceux d'origine haoussa ou kanouri dans les dialectes de l'Est.

Le dialecte qui sera pris ici en considération est celui du Diamaré (région de Maroua, Cameroun septentrional). On le range en général dans le sous-groupe de l'Adamawa ; ayant conservé néanmoins un plus grand nombre de traits communs à l'ensemble des dialectes orientaux que les parlers méridionaux de cette zone, il nous paraît constituer un bon exemple de « peul type ».

Dans les sociétés peules les plus profondément islamisées du Sénégal, de Guinée, du Nigeria et du Cameroun, les œuvres émanant des milieux de lettrés sont écrites à l'aide des caractères de l'alphabet arabe dans sa forme dite maghrébine. Dans cette transcription, un certain nombre de signes reçoivent une valeur différente de celle qui est la leur en arabe, afin de pouvoir noter des phonèmes peuls n'existant pas en arabe; c'est ainsi que par exemple le *tâ* est généralement employé pour représenter le /D/. Étant donné l'importance des éléments vocaliques en peul, la *scriptio plena* est de règle, un signe particulier (point sous le *ductus*) indiquant le /e/ inexistant dans la graphie arabe. Cette adaptation de l'écriture arabe au peul ne va pas sans difficultés, difficultés inhérentes aux structures différentes des systèmes phonologiques des deux langues, mais aussi difficultés dues au fait que les règles de transcription n'ont jamais été unifiées et varient, non seulement d'une région à une autre, mais encore entre scribes d'une même région, voire à travers les textes écrits par un même scribe. Aussi les africanistes et, dans certains États à fort peuplement peul, la presse et les services de l'enseignement, utilisent-ils de préférence les signes des alphabets phonétiques empruntés ou dérivés de l'alphabet « romain ». Ces transcriptions présentent entre elles quelques divergences mais tendent actuellement à s'uniformiser.

PHONOLOGIE

CARACTÉRISATION PROSODIQUE

La position de l'accent varie selon la composition syllabique et, secondairement, la nature des unités accentuelles que constituent les formes, verbales ou nominales, marquées comme telles. Le caractère d'unité accentuelle qui leur est dévolu se dégage particulièrement bien dans les composés prédicatifs, où on voit un accent unique se substituer aux accents des différents éléments entrant en composition: *Bér~de máako yóori,* « son cœur

SYSTÈME CONSONANTIQUE

Les phonèmes occlusifs, c'est-à-dire ceux caractérisés phonétiquement par une fermeture suivie d'une ouverture brusque du chenal articulatoire comprennent, outre la fermeture glottale /ʔ/, plusieurs séries: une série non voisée (« sourde »), caractérisée par l'absence de vibrations des cordes vocales et formée des phonèmes /p/, /t/, /c/, /k/; une série voisée (« sonore »), avec vibrations des cordes vocales. Elle comporte également quatre phonèmes, /b/, /d/, /j/, /g/; une série glottalisée, groupant des unités dont la réalisation fait intervenir à la fois une occlusion au niveau de la bouche et une occlusion au niveau de la glotte. Plus réduite que les précédentes, cette série n'est représentée que par trois phonèmes, /B/, /D/, /Y/; une série nasalisée comportant des phonèmes dont l'articulation présente un élément nasal suivi d'une réalisation buccale, par exemple [m_b], [n_d]; on y trouve /~b/, /~d/, /~j/, /~g/; une série nasale dont les phonèmes sont réalisés luette baissée, donc avec vibrations nasales; y figurent /m/, /n/, /ɲ/, /ŋ/.

Les phonèmes non occlusifs, à savoir ceux dont la réalisation ne comporte pas occlusion du chenal articulatoire mais un ou plusieurs rétrécissements en un même point du chenal, sont en nombre moins grand. Ils ne comprennent, en effet, qu'une série « constrictive », avec /f/, /s/ et /h/, un phonème latéral /l/ et un phonème vibrant /r/. Classés selon leur point d'articulation, phonèmes occlusifs et non occlusifs peuvent être groupés dans les ordres suivants:

« labial » (réalisation au niveau des lèvres): /p/, /b/, /B/, /~b/, /m/, /f/;

« apical » (mettant en jeu la pointe de la langue et la région alvéolaire supérieure): /t/, /d/, /D/, /~d/, /n/, /l/;

« dorso-palatal » (dos de la langue en contact avec la partie antérieure du palais dur): /c/, /j/, /Y/, /~j/, /ɲ/, et la semi-voyelle /y/;

« dorsal » (dos de la langue en contact avec la partie postérieure du palais dur): /k/, /g/, /~g/, /ŋ/, et la semi-voyelle /w/;

« glottal » (au niveau de la glotte): /ʔ/, /h/.

/s/, unique sifflante du système, dont le point d'articulation (pointe de la langue en contact avec les incisives supérieures) ne correspond à aucune des zones ci-dessus considérées, doit être rangé à part. Les phonèmes /c/, /j/ et /~j/ ont le plus souvent une réalisation affriquée, [tš] (cf. français, « tchèque »), et [dj] (cf. anglais *job*). Chez certains informateurs toutefois, l'articulation est, comme dans les dialectes occidentaux, plus antérieure, avec une forte « mouillure » : [tʸ], [dʸ].

Les séries glottalisée et nasale présentent des particularités qu'il convient de signaler. Les trois phonèmes glottalisés sont « injectifs », c'est-à-dire que la marque glottale précède légèrement dans leur réalisation l'occlusion buccale. Ces unités, de par leur articulation complexe, se conservent souvent de façon défectueuse. Cela est particulièrement net pour le plus postérieur des trois qui ne se rencontre en ce dialecte qu'à l'initiale, contrairement à ce qui se passe dans les dialectes de l'Ouest (Sénégal, Mali) où il est aussi attesté à l'intérieur d'un mot.

Le faible rendement de l'opposition /ŋ/-/~g/ semble devoir entraîner à brève échéance sa totale élimination. Celle-ci est déjà un fait acquis en position intervocalique où tous nos informateurs réalisent /ŋ/ comme [~g] ; à l'initiale, la majorité d'entre eux ont gardé une articulation [ŋ], mais la nasalisée correspondante s'entend également souvent. La situation de /ŋ/ contraste avec celle des autres phonèmes de la même série, et en particulier de /n/, lequel entraîne la réalisation nasale de l'occlusive orale, labiale ou apicale, qui la précède dans une même unité : *jaB-*, « flamber », *jaB-n*, « allumer » > *jamn-*, *moD-*, « ramper », **moD-n-*, « faire ramper » > *monn-*, *fooD-*, « fumer », *fooD-n > **foonn-* > *foon-*, « faire fumer ».

Les semi-voyelles présentent de par leur nature certains traits particuliers. Devant voyelle, /w/ a une articulation fermée [ẅ] devant /e/ et /i/, ouverte [w] devant /a/, /o/ et /u/. Devant consonne /w/ et /y/ ont tendance à se diphtonguer avec la voyelle précédente, *rewBe*, « femmes », s'articulant [reᵘBe] et *gaynaako*, « berger », [gaⁱnaako].

Les exemples donnés ci-dessus ont révélé la possibilité de géminations consonantiques. La pertinence de ce trait est mise en valeur par des oppositions du type : *ʔo woni*, « il est » — *ʔo wonni*, « il abîma » ; *jaBugo*, « accepter » — *jaBBugo*, « souhaiter la bienvenue ». À l'exception des nasalisées, de /h/ et de /y/, toutes les consonnes peuvent se présenter en gémination. Il est à noter à ce propos que la succession [voyelle longue + consonne géminée], relativement fréquente dans les dialectes occidentaux, constitue ici l'exception. Quand le processus de formation de « mots » par suffixation entraînerait l'apparition d'un tel segment phonématique, la gémination ou l'allongement disparaissent, reconstituant un schéma CVCC ou CVVC: cf. ci-dessus *foon-* pour *foonn-et*, en sens contraire, *haaD-*, « être amer », *kaDDam*, « (lait) aigre ».

UTILISATION DES UNITÉS DISTINCTIVES

Les voyelles longues apparaissent moins fréquemment que les mêmes phonèmes à l'état bref. En fréquence lexicale, la proportion des premiers par rapport aux seconds varie de 13 à 47% selon le contexte. Le phonème /e/ a une fréquence sensiblement plus faible que les autres voyelles, contrairement à /a/ qui est le plus utilisé de tous. Les occlusives sourdes, à l'exception de /t/, sont nettement moins fréquentes que leurs correspondantes sonores. Une semblable dissymétrie s'observe, à l'intérieur cette fois d'une même série, entre nasales antérieures /m/ et /n/ et postérieures /ɲ/ et /ŋ/, les seconds étant rares tant dans le lexique que dans la chaîne.

À part la majorité des emprunts, les unités signifiantes non grammaticales se présentent comme formées d'une « racine » qui constitue l'élément lexical au sens strict et d'un morphème suffixé précédé, le cas échéant, d'affixes de dérivation. Le radical présente toujours un schéma CVC (avec variantes CVVC ou CVCC); l'élément suffixé étant au minimum constitué par un phonème, ces unités comprennent au moins quatre phonèmes, nombre que le jeu de suffixations plus nombreuses ou phonématiquement plus complexes peut accroître sensiblement, bien que la plupart d'entre elles ne dépassent pas sept phonèmes. Un sondage réalisé sur un *corpus* d'environ sept mille « mots » a donné sur ce point les pourcentages suivants: unités à 4 phonèmes, 19,2%; à 5 phonèmes, 27,1%; à 6 phonèmes, 26,2%; à 7 phonèmes, 18,4%; à 8 phonèmes, 7%, au-dessus, 1,1%. Quant aux unités en inventaire limité, elles présentent soit la forme CV, soit la forme CVC, la première étant dans l'usage plus fréquente que la seconde.

LES UNITÉS SIGNIFICATIVES

« Racine » ou thème + suffixe, tels sont donc, à de rares exceptions près, les composants des unitéslexicales. Certaines modalités confèrent à la base à laquelle elles sont suffixées une fonction prédicative, précisant par leur opposition réciproque les particularités du procès — *war-*, concept de « venir »; *war*I, accomplissement de l'action de venir; *war*A, inaccomplissement de cette action —, mais ne modifiant pas le sens de la racine ou du thème. Par ce trait, elles s'opposent dans leur ensemble aux autres suffixations possibles qui ne confèrent pas *a priori* de fonction prédicative à la base, mais en infléchissent beaucoup plus largement le sens. De ce fait, il est possible de distinguer, selon les suffixes utilisés, des « formes verbales » et des « formes nominales ».

Les formes verbales offrent la possibilité d'une expression affirmative et d'une expression négative du procès, trois « voix », deux aspects, accompli et inaccompli, comportant chacun des formes de détermination et d'indétermination, d'« habitude » et de « duratif », ainsi qu'une forme d'antériorité-postériorité permettant de situer le procès dans une perspective temporelle. Quelques remarques s'imposent au sujet des « voix »:

Tous les verbes ne sont pas susceptibles d'être conjugués aux trois « voix », certains ne se rencontrent qu'avec les marques propres à une seule, active ou « moyenne » (VA: *mawn-*, « grandir »; VM: *dar-*, « s'arrêter, être debout »), tandis que d'autres excluent l'utilisation de l'une des trois (VA et VP: ~*bar-*, « tuer », VP, « être tué »; VA-VM: *saal-*, « passer », VM, « traverser »).

L'utilisation du passif entraîne une inversion de l'orientation du prédicat — le sujet grammatical devenant l'objet du procès — mais il apporte aussi une indétermination beaucoup plus grande dans l'énoncé puisqu'il ne permet pas de mentionner l'agent: on peut dire (VA), *muusa fiʔi*, « Moussa frappa », ou *muusa fiʔi ʔisa*, « Moussa frappa Issa », alors que le passif exprimera seulement que

« Issa a été frappé », *?isa fi?aama*, sans préciser par qui (mais avec possibilité d'extension instrumentale, temporelle ou locative: *~bee sawru*, « avec (un) bâton », ... *keɲa*, « ... hier », ... *~der luumo*, « ... au marché »).

La voix traditionnellement dénommée « moyenne » confère à l'énoncé une orientation centripète, reportant sur l'agent le résultat de l'action: *mi daro*, « je suis debout » (l'action me concernant au premier chef). Cette nuance n'est d'ailleurs pas toujours nettement saisissable pour les Peuls eux-mêmes et, de ce fait, l'opposition « actif-moyen » tend à disparaître, au moins chez certains informateurs, premier indice d'une réduction déjà pratiquement réalisée dans la koinè de Ngaoundéré.

Les suffixes marquant les « nominaux » sont assez nombreux (vingt-trois). Ils ont reçu le nom de « morphèmes de classe », « classe » étant l'appellation traditionnelle de l'ensemble des formes marquées par le même suffixe, lequel, sous sa « forme pleine », peut dans la chaîne se présenter comme une variante combinatoire du « nominal » qu'il détermine: *ɲaam~du*, « nourriture », *ɲaam~du ~du*, « cette nourriture », *~du weeli*, « elle (nourriture) est agréable », *gorko ɲaami ~du*, « homme mangea elle (nourriture) ». L'unité signifiante « nominal » apparaît donc constituée par la coexistence de deux termes, un élément proprement lexical qui n'a pas d'existence en tant qu'élément isolé et n'est porteur que d'un signifié latent, et un suffixe classificateur qui l'explicite et le détermine. À l'examen il apparaît possible de distinguer parmi ces divers suffixes de « classe » des classificateurs primaires, marquant les formes de base des nominaux, c'est-à-dire celles désignant l'unité collective ou l'unité propre et son éventuel correspondant pluriel, et des classificateurs secondaires, marques de diminutif ou d'augmentatif, en inventaire plus restreint que les premiers (six pour dix-neuf). On peut observer aussi: tout d'abord que les classificateurs primaires de pluralité sont également en réduction par rapport à ceux du singulier et que de ce fait des formes de singulier marquées par des morphèmes différents ont des correspondants du pluriel utilisant le même déterminant: *rawaa~du*, « chien », *~geelooba*, « chameau », pluriel: *dawaaDi* et *gelooDi;* ensuite, qu'inversement, des nominaux appartenant au singulier à une même « classe » peuvent avoir des correspondants pluriel dans deux classes différentes: ~*jam*~*di,* « fer », ~*dam*~*di,* « bouc », pluriel: *jamDe* et *damDi* ; enfin, qu'un même morphème est parfois susceptible de figurer dans des couples d'opposition différents, jouant tantôt le rôle de classificateur primaire, tantôt celui de classificateur secondaire (*ko,* unité collective ou pluriel d'augmentatif; ~*ga,* unité ou unité augmentative). Cela permet d'avancer qu'un classificateur n'a de valeur fonctionnelle qu'à l'intérieur de systèmes d'oppositions dont il ne constitue qu'un des pôles. Il ne convient donc pas de raisonner seulement en termes de « classes », mais aussi et surtout en termes de « genres », c'est-à-dire de faisceaux opposant à un nominal de signifié singulier son correspondant pluriel, ses diminutifs Sn et Pl et ses augmentatifs Sn et Pl. Dans cette optique, nous ne considérons plus ~*jam*~*di* et ~*dam*~*di* comme appartenant à une « classe », mais comme ressortant de deux genres différents, respectivement caractérisés par les couples primaires ~*ga*/*Di* et ~*ga*/*De*. L'inventaire du stock nominal propre à chaque « genre » incline à penser que la répartition des unités entre ces diverses catégories s'est originellement fondée sur des données conceptuelles encore perceptibles pour certains genres ou totalement indiscernables pour d'autres.

L'énoncé minimum complet peut faire appel à une forme « verbale » ou « nominale ». Dans les deux cas il comporte deux éléments, un prédicat et un « sujet » qui l'actualise. L'actualisateur de l'énoncé « verbal » peut être soit un nominal, soit un classificateur ou un pronom *stricto sensu.* Il convient néanmoins de noter l'existence de quelques verbes de signifié « météorologique » qui, utilisés à l'accompli, n'exigent pas d'actualisateur, la situation en tenant lieu: *toBi,* « (il) pleut ». Les mêmes éléments peuvent jouer le rôle de sujet dans l'énoncé nominal, ainsi: *laamiiDo boDDo,* « (le/un) souverain (est) bon », *ʔo boDDo,* « il (est) bon », *Dum yiide,* « c'(est) amour ». La fréquence de prédicats nominaux est toutefois moins grande que celle des prédicats « verbaux » et les énoncés qu'ils caractérisent apparaissent en général dans un état de dépendance plus grand vis-à-vis de la situation.

Nominaux et classificateurs sont susceptibles de constituer ainsi que les pronoms les expansions de premier degré du prédicat: *mi hokki nagge,* « je donnai (la/une) vache », *mi hokki ~ge,* « je donnai elle (vache) », *mi fi?i ma,* « je frappai toi », *mi hokki debbo nagge,* « je donnai (à la/une) femme (la/une) vache », etc. Il est aussi possible de trouver en cette fonction des formes verbales dépourvues d'actualisateur; *seera hosita naa Dum yiide,* « divorce reprend pas cela amour », où les deux formes inaccomplies *seera* et *hosita* ne sont que des expansions de premier degré du prédicat *yiide* actualisé par *Dum,* comme le montre le fait qu'elles peuvent commuter avec des nominaux sans modifier l'énoncé : *seerugo hositugo naa Dum yiide,* « divorcer reprendre pas cela amour ».

Les éléments remplissant une fonction primaire peuvent être déterminés par apposition d'un nominal ou d'une modalité. Il existe ainsi : une détermination relative, *nagge debbo,* « (la/une) vache (de la/une) femme », *nagge maako,* « sa vache », *~ge debbo,* « la (vache) de (la/une) femme »; une détermination épithétique, le nominal à fonction épithéthique étant alors marqué du classificateur du déterminé, *nagge raneeye,* « vache blanche », *debbo daneejo,* « femme blanche »; une détermination numérale (cardinale) : *na i tati,* « trois vaches »; enfin, et pour les seuls nominaux, une détermination référentielle exprimée par le morphème de classe, en apposition sous sa « forme pleine » : *nagge~ge,* « cette vache ». Aux déterminations par modalités ou nominaux s'ajoute une détermination par un syntagme de forme prédicative dans des énoncés du type : *nagge mi soodi teeti,* « vache j'ai achetée s'est échappée », dans lequel *mi soodi* doit être considéré comme un élément subordonné à *nagge,* le véritable prédicat étant constitué par la forme verbale qui vient à la suite. Dans ce cas, le nominal objet du prédicat peut être sujet de la forme prédicative déterminante sans être formellement répété : *?o mukki kuroori sondi mo,* « il mit (de la) farine dans sa bouche (qui) fit tousser lui ».

Si la coordination est formellement exprimée entre monèmes non autonomes (*min ?e muusa* ou *m. bee muusa,* « Moussa et moi »), elle ne se rencontre pratiquement jamais dans l'expansion coordinative affectant un énoncé prédicatif, l'élément coordinateur étant alors représenté par un actualisateur unique : *gorko yehi luumo fotti bee bandiiko,* « homme alla (au) marché se rencontra avec son parent ». La phrase peule se présente donc comme imbriquant étroitement ses différents éléments sans éprouver le besoin de mettre en valeur leur articulation réciproque par l'emploi de monèmes fonctionnels, sauf bien entendu dans le cas où doivent être exprimées explicitement des relations de causalité ou de finalité, le déroulement de l'action dans le temps ou une opposition : *ʔo ʔummi haa ʔo soodoya ɲaam~du gam weelo naŋgi mo ʔamma ~de ʔo yotti luumo ʔo tawi gawri cooretee~di jinni*, « il partit pour aller acheter nourriture parce que faim saisit lui mais quand il arriva il trouva mil à vendre (devant être vendu) était terminé ».

Nous n'avons considéré jusqu'ici que les cas où les unités lexicales se présentent sous le schéma le plus simple, laissant de côté les « extensions » possibles. Celles-ci permettent la formation à partir de la racine de dérivés endocentriques : *war-*, « venir », *war-t-*, « revenir », qui sont mutuellement en rapport syntagmatique (*war-t-*, « revenir », *war-d-*, « aller ensemble », *war-t-d-*, « revenir ensemble ») et ne gouvernent pas le choix des modalités, *mi warti*, « je revins », *gartol*, « retour ». Comme le montre l'exemple choisi, l'extension se manifeste le plus souvent par la présence d'un affixe placé entre la racine et la modalité, mais elle peut aussi se marquer conjointement par le redoublement de l'élément radical, *fiʔ-*, « frapper », *fifin-*, « frapper violemment ».

Le système de formation des nominaux est sur le plan de l'économie d'un excellent rendement puisqu'il donne la faculté d'une part de former à partir d'un seul lexème une série d'unités de signifié différent en faisant simplement varier le classificateur (racine *suuD-*, concept de « couvrir, cacher » → *suudu*, « maison », *cuu~de*, « secret », *cuddal*, « caparaçon », *cuDDi*, « brume sèche »), et d'autre part, en suffixant à un lexème la marque d'un autre nominal, de créer une unité dont le signifié connote à la fois le signifié de ce lexème et celui du nominal représenté en elle par son classificateur : *yeeD-*, « partager » → *geeDal*, « part », *kosam*, « lait », d'où *geeDam*, « part de lait ». Procédé identique à celui utilisé dans la détermination épithétique mais qui fait ici l'économie d'un monème. Cette grande souplesse de construction jointe aux possibilités expressives offertes par chaque genre autorise la création d'un nombre assez élevé de formes nominales sur un même radical, faculté qui se trouve encore élargie du fait qu'elle peut s'appliquer également aux divers thèmes constitués par la racine et les extensions.

Des possibilités de dérivation aussi étendues expliquent peut-être le rôle relativement restreint dévolu à la composition, laquelle fait d'ailleurs intervenir pour une part un processus formatif semblable à celui que nous venons d'exposer. Les composés comprennent en effet deux lexèmes, déterminé et déterminant, auxquels s'ajoute un classificateur du genre de l'être ainsi précisé: *jam-cirga*, « guib harnaché » (*jam-*, idée de possession, *sir-*, concept de « bande, rayure », ~*ga*, classificateur des nominaux désignant les diverses antilopes). Plus souvent les éléments entrant en composition forment un énoncé prédicatif avec une forme verbale — invariablement marquée pour chaque composé — suivi d'un nominal objet, l'ensemble étant marqué d'un classificateur: *mawna-reedujo*, « homme au gros ventre » (*mawna*, « est grand », *reedu*, « ventre », *jo*, classificateur singulier du genre propre aux êtres humains). De semblables formations sont assez nombreuses et de fréquence d'emploi élevée. Toutefois, on doit remarquer que dérivation et composition ne jouent qu'un faible rôle dans la création d'unités nouvelles. Celles-ci sont pour la plupart empruntées à d'autres langues (hausa, français ou anglais) et intégrées plus ou moins bien dans le système.

FORME DES SIGNIFIANTS

Les fonctions imparties aux différents éléments de l'énoncé sont exprimées selon les cas de trois façons différentes, soit par amalgame avec l'élément signifié, soit par la position, soit par l'emploi d'éléments distincts (monèmes de fonction). La première emploie à la fois des unités spécialisées dont le caractère demeure identique à travers tous les énoncés: *law*, « vite », *tum*, « toujours », *tan*, « seulement », et d'autres qui, dans un contexte différent, ne présentent pas cet amalgame du sens et de la fonction : *ʔo wari Baawo*, « il vint après », *ʔo wari Baawo maako*, « il vint après lui », *Baawo maako ju Boŝli*, « tout son dos *(Baawo)* est écorché ». Dans la plupart des cas, les fonctions sont exprimées par position, et, secondairement, à l'aide de monèmes fonctionnels. Le sujet est, en règle générale, antéposé au prédicat, sauf dans le cas de formes verbales à sujet pronominal suffixé, tournures particulières, formellement différenciées, apparaissant surtout dans des énoncés introduits par une particule interrogative: *toy ~jahDaa*, « où as-tu été ? ». L'objet, sauf mise en évidence au début de l'énoncé, suit immédiatement le prédicat. Si celui-ci comporte deux compléments, l'ordre est en principe: attributif-objet: *mi hokki debbo nagge*, « j'ai donné (à) femme vache », *mi hokki mo ~ge*, « j'ai donné (à) elle la (vache) ». Quand toutefois l'objet est un classificateur ou un pronom et l'attributif un nominal, cet ordre est inversé: *mi hokki ~ge debbo*, « j'ai donné la (vache) (à) femme ».

Les diverses catégories d'expansion déterminatives se postposent à l'élément qu'elles précisent. Quand plusieurs d'entre elles sont subordonnées à un même segment de l'énoncé ou quand une détermination est elle-même précisée par ce qui pourrait être appelé une détermination tertiaire, la hiérarchie entre ces différents éléments est la suivante:

détermination relative + détermination épithétique: *nagge debbo mange*, « vache femme grande » = « grande vache (d'une/de la) femme »;

détermination relative + détermination numérale + détermination épithétique + détermination référentielle: *na?i debbo tati mawDi Di*, « vaches femme trois grandes ces » = « ces trois grandes vaches (de la/d'une) femme ».

Pour éviter la saturation de l'énoncé par une trop longue succession de déterminatifs, un classificateur de la classe du déterminé est souvent utilisé en rappel: *na?i tati mawDi Di Di debbo mawDo*, « ces trois grandes vaches, celles (de la/d'une) femme grande », procédé également utilisé dans la combinaison détermination relative + détermination référentielle: *nagge ~ge ~ge maako*, « cette vache, cette sienne », entendue au moins aussi fréquemment que *nagge maako ~ge*, « vache sienne cette ». On peut remarquer d'après ces exemples que les rapports entre déterminés et déterminants épithétiques, référentiels et — dans une beaucoup plus faible mesure — numéraux, sont à la fois marqués par la position et par le classificateur.

La position indiquant les principales fonctions primaires et secondaires entraîne une fréquence restreinte et un inventaire peu fourni des monèmes fonctionnels. La plupart d'entre eux se caractérisent par une potentialité signifiante large que précise le contexte. Formellement ils se présentent presque tous comme des monosyllabes CV ou CVC, la seconde consonne pouvant alors avoir valeur significative: ~de, « quand », ~den, « alors », ~der, « dans ».

Formes verbales et nominales paraissent dans certains cas être non seulement marquées par un suffixe, et, pour quelques formes verbales, par une particule préposée, mais également par un conditionnement particulier de la consonne initiale de leur radical. Nous voulons parler ici des faits habituellement dénommés « alternances » ou « permutations consonantiques », consistant dans le passage en position initiale de certains phonèmes non occlusifs à des réalisations occlusives ou occlusives-nasalisées et de quelques phonèmes occlusifs sonores à des réalisations correspondantes nasalisées selon le tableau suivant:

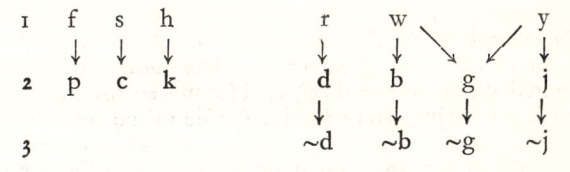

1	f	s	h		r	w		y
	↓	↓	↓		↓	↓	↘ ↙	↓
2	p	c	k		d	b	g	j
					↓	↓	↓	↓
3					~d	~b	~g	~j

Ce phénomène se constate tout d'abord dans les formes du pluriel et du singulier à sujet suffixé des verbes; il affecte alors tous les phonèmes permutables, non occlusifs (passage de 1 à 3) et occlusifs (passage de 2 à 3): *mi haari,* « je suis rassasié », *min kaari,* « nous sommes rassasiés », *mi reeni,* « j'attendis », *min~deeni,* « nous attendîmes », *mi jaBi,* « j'acceptai », *min ~jaBi,* « nous acceptâmes »; on constate encore le même phénomène dans les formes nominales affectées de certains classificateurs dont les uns entraînent réalisation occlusive des phonèmes non occlusifs permutables (1 à 2) et les autres leur réalisation occlusive et nasalisée (quand la nature des phonèmes permet la nasalisation) (1 à 3): *cuuDi,* « maisons », radical *suuD-,* ~*gaska,* « trou », rad. *was-.* Ce phénomène n'est d'ailleurs pas réversible, un radical à initiale occlusive n'étant jamais susceptible de présenter une réalisation non occlusive. Bien qu'elle soit en rapport étroit avec des faits morphologiques puisque conditionnée par eux, l'alternance n'a en ce domaine aucune valeur discrète, les éléments à initiale non permutable n'étant en rien touchés par elle. L'alternance n'est pas une marque de pluriel des verbes, puisqu'il existe, à côté de *min kaari min laati*, « nous devînmes », dont la réalisation initiale est identique au singulier *mi laati*, « je devins »; elle n'est pas non plus significative dans les nominaux puisqu'à côté de *cuuDi, tonDi,* « lèvres », ne comporte pas permutation. Tout semble donc indiquer que ce phénomène nous met en présence de vestiges formels dépouillés dans l'état actuel de la langue de toute valeur fonctionnelle.

Les modalités verbales s'expriment, nous l'avons dit, par un élément suffixé, lequel ne marque que l'aspect, la personne étant exprimée par le sujet. À ces désinences s'ajoute pour les prétérits le suffixe *no* : *mi dilli*, « je partis », *mi dillino,* « j'étais parti ». La conjugaison fait aussi appel à deux particules préposées au verbe: *ʔe*, pour les deux formes de l'« habituel », et *Don* pour celles du « duratif », ces modalités se combinant avec celles, suffixées, de l'accompli et de l'inaccompli (*gorko ʔe yaha*, « (l'/un) homme va (habituellement), *mi Don yaha*, « je suis en train d'aller », *mi Don Borni,* « j'ai (et suis encore) revêtu », etc.). La conjugaison négative fait de même appel à des désinences suffixées (*mi windi*, « j'écrivis », *mi windaay*, « je n'écrivis pas »), sauf pour les formes de l'impératif qui font usage d'une particule *ta(a)* antéposée : *ta(a) windu,* « n'écris pas ». Dans l'énoncé nominal, l'expression de la négation utilise un élément du même type *na(a)* : *na(a) goDDo boDDo,* « (ce n'est) pas (une) personne bonne ».

Nous venons de voir que les rapports existant entre un nominal et ses déterminants sont marqués au premier chef par la suffixation aux éléments subordonnés du classificateur de ce nominal. Le classificateur est susceptible de se présenter sous une forme phonétiquement variable dans les diverses unités. Ces variantes sont traditionnellement classées en degrés: 1er degré, [-V (C)], 2e degré, [-C (non occlusive) V (C)], 3e degré, [-C (occlusive) V (C)], 4e degré, [-C (occlusive nasalisée) V (C)]; troisième et quatrième degrés étant naturellement confondus pour les classificateurs à consonne initiale non nasalisables (injectives par exemple). Ainsi dans *puccu ~daneewu cooretee~gu* le nominal déterminé est porteur d'un suffixe du 1er degré (*-u*), le premier élément subordonné étant marqué par le 2e degré (*-wu*) et le second par le 4e degré (*-~gu*) du classificateur. En isolation, le classificateur se présente toujours au quatrième degré («forme pleine»), *puccu ~gu*, « ce cheval ». En suffixation les quatre degrés sont utilisés sans qu'il soit possible, sauf pour certaines catégories de monèmes d'emploi ou d'origine plus particulièrement épithétique (participes, adjectifs de couleurs, notamment) de dégager les principes qui déterminent l'utilisation de tel degré du classificateur pour tel lexème ou groupe de lexèmes.

L'existence d'une suffixation du premier degré, sans élément consonantique initial, entraîne la neutralisation fréquente de l'opposition existant entre plusieurs classificateurs, puisqu'aux vingt-trois formes du quatrième degré correspondent seulement douze marques du premier degré (ainsi la marque *-e* se trouve être commune aux classificateurs *~de, ~ge* et *De*). De ce fait l'appartenance d'un nominal ainsi marqué à tel genre n'est pas absolument évidente, d'où parfois un flottement chez les locuteurs — on entend par exemple *~gesa ~ga* pour *~gesa ka* — surtout quand il s'agit d'unités de fréquence peu élevée. Ces hésitations se traduisent notamment par l'utilisation dans les variantes combinatoires de tels nominaux de formes du classificateur *Dum,* élément neutre qui, en cet emploi, peut relayer tout autre morphème de classe. Ces neutralisations ont aussi pour résultat d'accroître le nombre des cas où un même élément suffixé appartenant à plusieurs couples d'opposition entraîne la formation, pour des signifiés dissemblables, de signifiants non différenciés : *~gesa (ka)*, « champ », et *~gesa (~ga)*, « grand champ », *gorko,* « homme », *(?o)* et *gorko (ko)*, « gros hommes ». C'est vraisemblablement pour remédier à ces confusions que sont nées des formes « aberrantes », construites par suffixation du classificateur, non plus à un radical ou à un thème mais à un nominal préexistant : *gorkoho,* « gros hommes », *~gesawa,* « grand champ ». Ces constructions de type nouveau sont également usitées, d'une part pour créer ou recréer à l'intérieur d'un genre des oppositions que ne marquent pas ou plus des formes régulières: ~*diyam*, « eau » ~*diyamji* » (pluriel) ~*diyamwa* (augmentatif); *worBe*, « hommes », *worBeji*, « beaucoup d'hommes » (pluriel d'abondance), etc., et d'autre part dans des cas de détermination où la construction relative est renforcée par une formation épithétique: *kosam fulBe*, « lait des Peuls », → *kosam fulBejam* (au lieu d'une épithète *k.* *pulfulam). La souplesse d'emploi des formes aberrantes permet en outre d'intégrer dans les paradigmes des emprunts étrangers dont beaucoup s'insèrent mal dans le système: *kamioŋ*, « camion », *kamioŋji* (pluriel). Soulignant formellement de façon plus nette que les formes régulières la relation entre l'objet signifié et les caractères secondaires (pluralité, dimensions non communes, etc.), qu'il peut présenter, les formes de ce type semblent se développer au détriment des premières et paraissent susceptibles d'amener à plus ou moins longue échéance un réaménagement total des structures nominales.

Pierre-Francis LACROIX.

BIBLIOGRAPHIE

OUVRAGES GÉNÉRAUX SUR LES FULBE

H. LABOURET, *La Langue des Peuls ou Foulbé*, II, Dakar, 1955.
L. TAUXIER, *Mœurs et histoire des Peuls*, Paris, 1937.

SUR L'HISTOIRE ET L'ORGANISATION SOCIALE DES PEULS ORIENTAUX

M. ELDRIDGE, *La Chronique de Bouba Njidda Ray*, « Abbia », 4, 1963.

M. ELDRIDGE, *Un manuscrit sur l'histoire de Garoua*, « Abbia », 6, 1964.

M. ELDRIDGE, *L'Histoire des lamidats foulbé de Tchamba et Tibati*, Youndé, 1965.

M. ELDRIDGE, *Introduction historique à l'étude des sociétés du Nord-Cameroun*, « Abbia », **12-13**, 1966.

J. C. FROELICH, *Le Commandement et l'organisation sociale chez les Foulbé de l'Adamaoua*, « Études Camerounaises », **45** et **46**, 1960.

C. E. Hopen, *The Pastoral Fulbe Family in Gwandu*, Londres, 1958.

A. H. Kirk-Greene, *Adamawa Past and Present*, Londres, 1958.

P. F. Lacroix, *Matériaux pour servir à l'histoire des Peuls de l'Adamawa*, « Études Camerounaises », 37 à 40, 1952-1953.

P. F. Lacroix, *Poésie peule de l'Adamawa*, Paris, 1965.

M. G. Smith, *Government in Zazzau*, Londres, 1960.

D. J. Stenning, *Savannah Nomads*, Londres, 1959.

SUR LA PLACE DU PEUL DANS LES LANGUES AFRICAINES

J. H. Greenberg, *The Classification of Fulani*, « Southwestern Journal of Anthropology », V, 3, 1949.

L. Homburger, *Le Sérère-Peul*, « Journal de la Société des Africanistes », IX, 1, 1939.

M. Lavergne de Tressan, *Inventaire linguistique de l'A.O.F.*, Dakar, 1954.

H. Mukarovsky, *Die Grundlagen des Ful und das Mauretanische*, Vienne, 1963.

SUR DIFFÉRENTS DIALECTES

Dialecte du Diamaré

A. Dauzats, *Éléments de langue peule du Nord-Cameroun*, 2ᵉ éd., Albi, 1952.

A. Dauzats, *Petit lexique peul-français et français-peul*, 2ᵉ éd., Albi, 1952.

L. H. Stennes, *An Introduction to Fulani Syntax*, Hartford Studies in Linguistics, 1961.

Autres dialectes de l'Adamawa

R. M. East, *Stories of Old Adamawa*, Zaria, 1934.

A. Klingenheben, *Die Sprache der Ful (Dialekt von Adamaua)*, Hamburg, 1963.

P. F. Lacroix, *Observations sur la koiné peule de Ngaoundéré*, « Travaux de l'Institut de Linguistique », IV, 1959.

P. F. Lacroix, *Distribution géographique et sociale des parlers peuls du Nord-Cameroun*, « L'Homme », II, **3**, 1962.

P. F. Lacroix, *Quelques aspects de la désintégration d'un système classificatoire (peul du sud de l'Adamawa)*, « Actes du Colloque d'Aix-en-Provence », C.N.R.S., Paris, 1967.

F. W. Taylor, *A First Grammar of the Adamawa Dialect of the Fulani Language*, 2ᵉ éd., Oxford, 1953.

F. W. Taylor, *A Fulani-English Dictionary*, Oxford, 1932.

F. W. Taylor, *A First Fulani Reading Book*, Oxford, 1921.

F. W. Taylor, *A Second Fulani Reading Book*, Oxford, 1921.

F. W. Taylor, *A Third Fulani Reading Book*, Oxford, 1930.

Dialecte du Baguirmi

H. Gaden, *Note sur le dialecte foul parlé par les foulbé du Baghirmi*, « Journal Asiatique », X, **2**, 1908.

Dialectes dits « des États Hausa »

D. W. Arnott, *The Middle Voice in Fula*, Bulletin de la « School of Oriental and African Studies », XVIII, **1**, 1956.

D. W. Arnott, *Some Features of the Nominal Class System of Fula in Nigeria, Dahomey and Niger*, « Afrika und Übersee », XLIII, 1959.

D. W. Arnott, *Sentence Intonation in the Gombe Dialect of Fula*, « African Languages Studies », VI, 1965.

D. W. Arnott, *The Tense System in Gombe Fula*, « Afrika und Übersee », XLIX, 1965.

D. W. Arnott, *Nominal Groups in Fula*, « Neue Afrikanistische Studien », V, 1966.

S. Leith-Ross, *Fulani Grammar*, Lagos, 1922.

Dialectes occidentaux

L. Arensdorff, *Manuel pratique de langue peule*, (Fouta-Djalon), Paris, 1913.

J. Cremer, *Dictionnaire français-peul*, (Voltas), Paris, 1923.

H. Gaden, *Le Poular* (Sénégal), Paris, 1912-14.

D. P. Gamble, *Firdu Fula Grammar*, (Gambie), Londres, 1958.

D. P. Gamble, *Fula-English Vocabulary,* (Gambie), Londres, 1958.

LE PEUL EN GÉNÉRAL

A. Klingenheben, *Die Präfixklassen des Ful,* « Zeitschrift für Eingeborenen Sprache », XIV, 1924.

A. Klingenheben, *Die Laute des Ful,* « Beihefte zur ZEF », 9, Berlin, 1927.

A. Klingenheben, *Die Inversion in Ful,* « Africa und Übersee », XLC, 1961.

H. Labouret, *La Langue des Peuls ou Foulbé,* I et II, Dakar, 1952-55.

(Aucun des ouvrages étrangers cités n'a fait l'objet d'une traduction française.)

LES LANGUES DANS LE MONDE D'AUJOURD'HUI

LA SITUATION LINGUISTIQUE DU MONDE CONTEMPORAIN

SI on compare deux planisphères terrestres, l'un indiquant les frontières politiques de chaque État et l'autre les aires géographiques des différentes langues parlées sur la Terre, on s'aperçoit qu'il n'y a aucune correspondance régulière entre les deux types de découpage du monde. C'est ainsi que l'on pourra noter à l'intérieur d'un même État l'existence de plusieurs langues génétiquement apparentées ou pas. En France, par exemple, coexistent le français, le basque, le breton et le catalan; dans les Pays Scandinaves, langues germaniques et langues finno-ougriennes; en Union Soviétique, de multiples idiomes appartenant à trois ou quatre familles différentes. Par ailleurs, on constatera qu'une langue, historiquement liée à un groupe ethnique bien déterminé, se trouve utilisée comme principale langue bien au delà des frontières de son pays d'origine. L'anglais, le français, l'espagnol, servent aujourd'hui de langues nationales à des pays politiquement indépendants depuis longtemps et dont la vie sociale et culturelle actuelle n'est pas nécessairement celle de la France, de l'Angleterre ou de l'Espagne. Le jeu des expansions de tous ordres a profondément modifié à travers les siècles une situation linguistique dont nous savons, il est vrai, peu de chose si ce n'est qu'elle était foncièrement différente de celle que nous connaissons aujourd'hui. Certaines langues, parlées par des groupes ethniques relativement importants, ont connu une fortune exceptionnelle alors que d'autres ont disparu. Nous ne savons ainsi presque rien du parler de peuples qui nous ont cependant laissé le témoignage d'un haut degré de civilisation, alors que, à travers les siècles, des tribus dites « primitives » ont sauvegardé leur parler propre jusqu'à nos jours. Dans les mouvements de population qui ont constamment marqué l'histoire de l'humanité, dans ces poussées de prestige et ces décadences fatales qui font et défont les civilisations, les outils de communication que sont les langues se sont trouvés atteints non seulement dans leur vie mais aussi dans ce que l'on pourrait appeler leur « situation sociale ». En bref, c'est un complexe de facteurs politiques, économiques et culturels qui a déterminé et continue de déterminer la situation socio-linguistique du monde contemporain et ceci aussi bien sur le plan international que sur le plan national. Il appartient à l'historien plus qu'au linguiste de dégager les facteurs qui ont déterminé à l'intérieur d'un même pays l'hégémonie politique et linguistique d'un groupe ethnique au détriment des autres. On sait, en effet, que là où coexistaient des langues différentes l'une d'elles a généralement fini par reléguer les autres au rang de « langues secondaires ». C'est ce qui s'est passé dans un pays comme la France où le breton, le basque, les parlers d'Oc ne font plus figure que de « patois » en face du français triomphant. Les pouvoirs publics, sous la pression des élites locales ou universitaires, reconnaissent souvent à ces langues une valeur culturelle et admettent leur enseignement à certains niveaux des études, mais les dites langues ne peuvent jamais prétendre rivaliser avec la langue officielle et nationale. Par ailleurs, la place faite aux « dialectes » dans les programmes officiels est rarement en rapport avec la place qu'ils tiennent effectivement dans la vie courante des populations. Il en résulte une tendance assez nette à la disparition de ces idiomes. La fréquentation de plus en plus régulière des établissements scolaires, l'influence grandissante de la radio, de la télévision et de la presse en langue officielle, une certaine forme de « nomadisme » créant un va-et-vient, — souvent quotidien — de la main-d'œuvre entre la campagne et la ville sont parmi les facteurs déterminants du recul des langues secondaires dans des pays à économie fortement développée. A titre d'exemple, dans la France actuelle, les milieux urbains sont pratiquement tous francophones alors que pour les milieux ruraux la situation paraît plus complexe. Dans certains cas, pour des raisons d'isolement géographique, de particularisme culturel plus ou moins affirmé et reconnu, la langue locale résiste encore assez bien à la concurrence du français. Ailleurs, en revanche, pour les raisons que l'on vient d'évoquer, on en est à un stade où le « patois » est encore compris des jeunes qui ne le parlent cependant presque plus et l'on tend à une situation d'unilinguisme. Quoi qu'il en soit, les langues locales font toujours figure de parlers sans prestige dans tous les cas où l'équilibre politique, culturel, voire démographique, est rompu en faveur d'un seul groupe ethnique dont la langue s'impose à l'échelon national.

Lorsque, en revanche, un certain équilibre s'est maintenu entre les différents groupes ethniques ou lorsque un ou plusieurs groupes minoritaires se sont révélés particulièrement dynamiques et résistants à une absorption totale, c'est un système de plurilinguisme qui a triomphé. En d'autres termes, deux ou plus de deux langues sont alors reconnues comme langues officielles et jouissent ainsi, du moins théoriquement, d'un même statut sur le plan national. C'est ce que l'on observe en Suisse, par exemple. Les heurts plus ou moins violents qui opposent parfois, sur la question linguistique, des groupes différents de la population d'un même pays, témoignent de la vitalité des parlers et de la conscience qu'ont les locuteurs de l'originalité de leur culture.

Entre ces deux types de situation sur le plan national, il en existe évidemment d'autres plus ou moins complexes, plus ou moins représentatives, mais dans tous les cas révélatrices. On pense en particulier aux États qui, sans aller jusqu'à reconnaître aux langues des minorités ethniques une égalité totale avec la langue officielle, assurent toutefois aux populations en cause la liberté linguistique au niveau de leur groupe particulier. Ceci est vrai surtout pour les États formés par une fédération de multiples entités ethniques, l'Union Soviétique par exemple. Le cas des États nouvellement venus à l'indépendance et qualifiés parfois de francophones ou d'anglophones est également typique. Il s'agit, on le sait, de pays ayant adopté comme langue officielle à leur accession à l'indépendance une langue vernaculaire tout en conservant un rang privilégié à une langue imposée par la colonisation, donc étrangère aux ethnies en cause. Cette situation quelque peu paradoxale s'explique du fait que les élites locales constituant, aux différents niveaux, les cadres de ces jeunes nations ont été formées dans les écoles et les universités européennes et qu'elles continuent d'utiliser, par exemple, le français ou l'anglais.

Ceci est dû sans doute au prestige particulier assuré à ces langues mais surtout à l'efficacité qu'elles assurent dans les rapports multiples du monde moderne. Il faut en effet admettre qu'il est pratiquement impossible aux nombreuses langues qui ont été brusquement et récemment promues au rang de langues nationales de prétendre, du moins dans l'immédiat, à une audience internationale dans tous les domaines. Du point de vue linguistique, il est assurément faux d'affirmer que le français et l'anglais sont des langues « meilleures » que le malgache, le tagalog ou l'arabe maghrébin, mais sur le plan de la promotion culturelle, scientifique et technique, comme sur celui des échanges internationaux, le français et l'anglais sont incontestablement des outils de communication polyvalents beaucoup plus efficaces. Ces langues sont en effet dans le monde d'utilisation plus courante et liées depuis des siècles au développement des civilisations techniquement le plus avancées. Ce dernier phénomène est évidemment à rapprocher du fait que, après des siècles de colonisation, certaines langues européennes se sont imposées dans la plupart des pays américains comme langue nationale à l'exclusion de tout autre idiome. Les situations diffèrent en ce sens que l'accession à l'indépendance, remontant à une date déjà ancienne, n'a pas eu, dans le dernier cas, de conséquence sur le plan linguistique puisque aucune langue vernaculaire n'aura été adoptée comme langue nationale et officielle. Il est certain que l'intérêt que l'on portait à cette époque à l'étude des civilisations dites « primitives » ne risquait pas de permettre une telle promotion. Ces langues autochtones auront en particulier souffert de n'avoir pas été systématiquement transcrites, ce qui aurait pu assurer leur conservation et leur diffusion. Par ailleurs d'aucuns avanceront, avec quelque raison, que les langues vernaculaires ayant survécu à la conquête ne pouvaient s'imposer parce qu'elles n'étaient pas ou plus l'instrument d'expression d'une civilisation demeurée assez vivante et originale en marge de celle introduite par les conquérants. On sait, par l'expérience contemporaine, quelles richesses se sont perdues et continuent de se perdre dans les conflits entre civilisations profondément différentes, au cours de tous les processus d'acculturation.

Il convient enfin de noter que certaines langues jouissent

dans les relations internationales d'un privilège particulier en ce sens qu'elles sont pratiquement seules, parfois d'ailleurs conjointement, à être utilisées pour l'établissement de actes instrumentaires : traités, accords économiques ou culturels. C'est là un état de fait qui s'explique aisément sans pour autant être parfaitement justifié sur le plan linguistique. Le français et l'anglais ont en ce domaine longtemps joui d'une quasi-exclusivité. Depuis la dernière guerre mondiale la montée spectaculaire de certaines nations, telle l'Union Soviétique, a modifié la situation et l'on peut penser que dans un avenir plus ou moins proche des langues comme le chinois ou le japonais brigueront les mêmes privilèges.

C'est l'ensemble de tous ces facteurs de promotion ou d'éclipse qu'on doit avoir à l'esprit si l'on veut essayer de s'expliquer la situation socio-linguistique dans le monde actuel.

AMÉRIQUE

L'Amérique comporte, du point de vue linguistique, un fond généralement appelé amérindien sur lequel sont venues se plaquer, à partir du XVIe siècle, des langues de la grande famille indo-européenne. Le continent américain, du nord au sud, s'est trouvé ainsi divisé en un certain nombre de zones linguistiques caractérisées par la dominance de l'une ou de l'autre de ces langues étrangères introduites par la colonisation européenne. A un certain niveau et de ce point de vue, on peut considérer qu'il existe aujourd'hui deux zones essentielles : d'une part, la zone septentrionale et la zone insulaire atlantique où dominent, dans des proportions très différentes, l'anglais, le français et l'espagnol; d'autre part, la zone centrale et méridionale où l'espagnol constitue l'élément non amérindien domi nant, avec l'importante enclave lusitanophone du Brésil.

Dans l'Amérique du Nord, l'anglais s'est imposé de l'Alaska au Mexique; le français demeure, au Canada, la langue de trente pour cent environ de la population formant l'élément dominant du Québec.

Dans les îles, alors que le hollandais n'est que faiblement représenté dans les Petites Antilles et à Surinam, l'anglais et l'espagnol sont, avec le français, les langues de beaucoup les plus répandues. Il faut cependant noter que l'élément ethnique d'origine africaine est largement responsable ici d'un type particulier de distorsions linguistiques ayant déterminé l'apparition de créoles divers, réalisations locales des langues de colonisation. D'après les dernières estimations, on compterait une douzaine de millions d'hispanophones, trois millions environ d'anglophones et autant environ de francophones, surtout à Haïti et dans les Petites Antilles.

Du Mexique à la Terre de Feu, dans cette Amérique qualifiée de « latine », l'espagnol est aujourd'hui la langue officielle de tous les États à l'exception du Brésil où le portugais est parlé par soixante-quatre millions d'individus.

On peut dire que, d'une façon générale, les langues européennes ont fini par supplanter les langues amérindiennes sur l'ensemble du continent. Il serait toutefois erroné de croire que ces dernières ont pour autant disparu. Bon nombre d'entre elles subsistent avec des fortunes diverses. Les unes, fortement ancrées dans la conscience nationale des populations qui les parlent, paraissent définitivement à l'abri de la disparition qui en menace d'autres. Ici encore il convient de faire une distinction entre la situation socio-linguistique en Amérique du Nord et en Amérique latine.

Le développement économique qui a spectaculairement marqué l'évolution du continent dans sa partie septentrionale, essentiellement au Canada et aux États-Unis, s'est traduit sur le plan linguistique par une tendance irréversible à la réduction progressive des groupes indianophones. Seules les populations de la zone arctique sont demeurées relativement à l'abri et monolingues alors qu'ailleurs, après une période de bilinguisme, on voit disparaître les dernières langues indiennes. À l'heure actuelle, des communautés, numériquement réduites, vivant au Groenland et au Canada, quelques groupes dispersés à travers les États-Unis, de l'Alaska à la frontière mexicaine, ont conservé leur langue maternelle. Les quelque cinq cent mille indianophones, soit monolingues, soit bilingues de l'Amérique du Nord, se répartissent en une vingtaine de familles linguistiques. Certaines d'entre elles comptent jusqu'à cent mille usagers alors que d'autres ne sont plus utilisées que par quelques dizaines de personnes, ce qui rend certaine leur prochaine disparition.

Dans les régions arctiques, du Groenland à l'Alaska et aux îles Aléoutiennes, les langues de la famille esquimo-aléoute sont parlées par cinquante mille usagers environ, plus ou moins nomadisants, vivant de la pêche et de la chasse. Dans cette même zone, réparties entre l'Alaska et le Canada (Yukon, Mackenzie, Colombie britannique), seize mille personnes parlent des langues de la famille athabascan qui se prolonge aux États-Unis. On compte cinq autres familles linguistiques amérindiennes représentées au Canada : na-dene, salish, algonquin, wakashan et iroquois. Si on laisse de côté l'Alaska et les îles Aléoutiennes où se retrouvent des langues des familles athabascan, esquimau et na-dene, c'est surtout dans les États du Nord-Ouest, du Sud-Ouest et du Centre de l'Union qu'ont subsisté aux États-Unis des communautés indianophones, généralement bilingues. Les études les plus récentes font état d'une quinzaine de familles, plus ou moins nettement différenciées. La famille athabascan est principalement représentée par le navaho qu'utilisent cent mille usagers environ, localisés dans les États de l'Arizona, du Nouveau-Mexique, de l'Utah et du Colorado. Les familles siou et muskogean se maintiennent avec environ vingt-cinq mille usagers. Le groupe le plus important après la famille athabascan, aux États-Unis, est celui des langues utoaztèques que l'on retrouve au Mexique où elles sont parlées par un million de personnes, suivant les dernières estimations. Aux États-Unis, quarante mille individus utiliseraient encore des langues de cette famille.

La situation linguistique de l'Amérique latine, pour les langues amérindiennes, est caractérisée par la multiplicité des idiomes appartenant à des familles apparemment plus nombreuses que dans l'Amérique du Nord; et aussi par le fait que les indianophones, soit monolingues, soit bilingues, sont ici plus nombreux. Ceci paraît en rapport direct avec un type de colonisation différent, un développement économique bien moins spectaculaire, une civilisation surtout agraire et bon nombre de facteurs sociologiques qui ont rendu les rapports entre les communautés autochtones et les colonisateurs très différents de ceux qui se sont établis dans le Nord du continent. On constatera aussi que, d'une façon générale, c'est dans les régions montagneuses et les grandes étendues forestières que les langues amérindiennes ont le mieux résisté à l'unification linguistique. Dès lors les petites communautés isolées ont conservé leur langue propre jusqu'à nos jours et on s'explique que certains parlers puissent n'être représentés que par quelques centaines d'usagers, parfois moins.

De la frontière septentrionale du Mexique à la Colombie, c'est-à-dire dans cette zone généralement appelée Amérique Centrale, on peut considérer, suivant les dernières estimations, que cinq millions et demi d'individus monolingues ou bilingues sur quarante-sept millions parlent encore des langues indiennes qui se répartissent en une vingtaine de familles. La proportion d'indianophones varie largement d'un pays à l'autre. Salvador, Nicaragua et Panama sont pratiquement hispanophones à quelques milliers d'individus près; au Costa-Rica, on ne compte guère que quatre mille usagers du talamanca sur un peu plus d'un million d'habitants. En revanche, au Guatemala plus de la moitié de la population parle des langues de la famille maya; au Mexique, sept et demi pour cent, soit environ trois millions (principalement nahuatl et maya) et au Honduras, six pour cent, soit cent vingt mille. Les principales familles linguistiques amérindiennes de cette zone mésoaméricaine sont, par ordre d'importance : le maya (Mexique, Honduras, Guatemala); l'utoaztèque (Mexique); l'otomi (Sud du Mexique); le zapotèque (Mexique).

En Amérique du Sud, c'est-à-dire de la Colombie à la Terre de Feu, la situation linguistique rappelle celle de l'Amérique centrale. Ici toutefois, la fragmentation linguistique est considérablement accrue du fait que des communautés indianophones sont dispersées tout au long de l'interminable chaîne andine et dans les immensités amazoniennes. Les données les plus récentes dont nous disposions font état d'une quarantaine de familles linguistiques regroupant un nombre plus ou moins important de langues et, en outre, d'une soixantaine de langues isolées. Ce serait donc en face de plus de deux cents langues diverses que l'on se trouve ici. Les données à leur propos demeurent fragmentaires. On estime à environ neuf millions le nombre des indianophones en Amérique du Sud. La proportion des usagers de langues amérindiennes par rapport à la population est parfois très importante. Le cas le plus remarquable est celui du Paraguay où l'on estime que plus de gens (un million) parlent le guarani que l'espagnol. Cette dernière langue, dans de nombreux cas, ne commence à être étudiée qu'à l'âge scolaire et ne paraît pas sentie par la population comme la véritable langue nationale, faisant figure de seconde langue malgré son statut officiel.

De même, plus de gens parleraient le quechua que l'espagnol au Pérou et en Équateur, l'ensemble des usagers s'élevant à six millions dans les Andes. Au Chili, sur une population de plus de sept millions d'habitants, on compte deux cent mille personnes parlant des langues de la famille araucan. Enfin l'aymara est parlé par six cent mille personnes réparties entre le Pérou et la Bolivie. En revanche, l'Argentine est pratiquement hispanophone dans sa totalité. Seuls quelques petits groupes des frontières Nord-Ouest et Ouest utilisent encore des langues indiennes.

PRINCIPALES FAMILLES LINGUISTIQUES AMÉRINDIENNES

(Les données présentées ici sont empruntées à l'ouvrage des Voegelin *Anthropological Linguistics,* auquel nous renvoyons le lecteur pour plus de détails.)

AMÉRIQUE DU NORD

Algonquin (100 000)	: Canada.
Athabascan (120 000)	: Canada, États-Unis.
Esquimo-aléoute (50 000)	: Groenland, Canada, Alaska, îles Aléoutiennes.
Iroquois (18 000)	: Canada, États-Unis.
Muskogean (20 000)	: États-Unis.
Siou (25 000)	: États-Unis.

AMÉRIQUE CENTRALE

Maya (2 000 000)	: Mexique, Guatémala, Honduras.

Mixtèque (175 000)	: Mexique.
Otomi (300 000)	: Mexique.
Penuti (65 000)	: Mexique, États-Unis.
Popolak (95 000)	: Mexique.
Tarasque (50 à 60 000)	: Mexique.
Totonaque (90 000)	: Mexique.
Utoaztèque (1 000 000)	: Mexique, États-Unis.
Zapotéque (200 000)	: Mexique.

AMÉRIQUE DU SUD

Araucan (200 000)	: Chili, Argentine.
Arawak (100 000)	: à travers toute l'Amérique du Sud.
Aymara (600 000)	: Pérou, Bolivie.
Choco (20 à 25 000)	: Panama, Colombie, Équateur.
Goajiro (40 000)	: Colombie, Vénézuéla.
Jivaro (20 000)	: Équateur, Pérou.
Paez-coconuco (20 000)	: Colombie.
Quechua (6 000 000)	: Colombie, Équateur, Pérou, Bolivie, Argentine, Chili.
Tacana-pano (15 000)	: Brésil, Pérou.
Tupi-guarani (1 000 000)	: Brésil, Paraguay, Bolivie, Argentine.
Waican (25 000)	: Brésil, Vénézuéla.

AFRIQUE

La situation linguistique de l'Afrique contemporaine est largement déterminée par un ensemble de facteurs historiques, démographiques, économiques et ethniques dont certains ne sont pas sans rappeler ceux relevés pour l'Amérique. Ici comme là, il s'agit d'un continent aux proportions gigantesques caractérisé par l'extrême diversité de ses zones climatiques, de ses groupes ethniques, de ses langues. Comme l'Amérique, l'Afrique aura connu l'occupation des colonisateurs européens avant d'accéder à l'indépendance aujourd'hui presque généralisée. Toutefois, la colonisation européenne en Afrique et les conséquences qu'elle a entraînées sur le plan linguistique

LA SITUATION DANS LE MONDE

La partie septentrionale du continent africain située au nord du 15ᵉ parallèle, comprenant toute la zone méditerranéenne, une partie du front atlantique, du Sahara et du Soudan, ainsi que de l'Éthiopie actuelle et enfin les Somalies, est occupée par des populations parlant presque exclusivement des langues du groupe afro-asiatique (ou chamito-sémitique). L'arabe se répandit en Afrique du Nord, à partir du VIIᵉ siècle, avec la conquête musulmane. Sous sa forme classique, il est la langue de culture de tout le monde islamique. L'arabe classique est toutefois assez éloigné de l'arabe moderne parlé actuellement en Afrique. Très diversifié du point de vue dialectal, l'arabe est la langue nationale et officielle des États du Maghreb, de la Mauritanie, de la Libye, de l'Égypte et du Soudan. Il est pratiquement la seule langue non européenne parlée dans les villes de ces différents pays, mais hors des agglomérations urbaines, et plus particulièrement dans les régions montagneuses, il est souvent en concurrence avec le berbère, la plus ancienne langue locale du groupe, qui forme des îlots linguistiques plus ou moins importants. De l'Égypte aux Canaries et à travers le Sahara, les communautés berbérophones représentent environ onze millions d'individus au total. Les groupes les plus importants vivent au Maroc (4 800 000) et en Algérie (5 000 000). En Tunisie, on en compterait cinquante à soixante mille; en Libye et en Mauritanie, une quarantaine de mille pour chaque pays. Certains linguistes estiment qu'il n'y a qu'une seule langue berbère au sein de laquelle on compterait plusieurs dialectes. D'autres considèrent, au contraire, qu'il existe environ vingt-quatre langues berbères qu'ils répartissent en six groupes : zenati (Égypte, Libye, Tunisie, Algérie); tamaright (Riff); kabyle (Algérie, Maroc); shilha (Maroc); zenaga (Mauritanie et Sénégal); twareg (Algérie, Libye, Nigéria, Niger, Mali), et enfin guanche des îles Canaries. La majorité des berbérophones habitent les zones montagneuses (Kabylie, Rif, Aurès, Atlas) et sont pasteurs. Les hommes sont fréquemment bilingues (berbère — arabe) alors que les femmes demeurent monolingues.

En Éthiopie, six langues sémitiques se rattachent au groupe afro-asiatique. On estime qu'elles sont parlées par sept millions et demi de personnes. La plus importante d'entre elles, l'amharique, est la langue officielle du royaume éthiopien. Elle n'est cependant utilisée que par le quart environ de la population (6 000 000 sur 22 500 000). On s'efforce actuellement de la généraliser dans tout le pays. Viennent ensuite le tigrinya (1 000 000), le gurage (350 000) et le tigré (250 000).

Les langues couchitiques sont parlées sur les côtes africaines de la mer Rouge et de l'océan Indien, de l'Érythrée à la République de Somalie incluse. À l'intérieur, on les retrouve en Éthiopie proprement dite, au Soudan, au Kenya et en Tanzanie. Elles forment géographiquement un ensemble assez bien délimité, mais se différencieraient en près de quatre-vingts langues différentes. La plus importante d'entre elles, le somali, est la langue de trois à cinq millions de pasteurs vivant surtout en République de Somalie, en Éthiopie, au Kenya et sur le territoire de la côte française des Somalis. Il a été adopté comme langue officielle en République de Somalie. Viennent ensuite : le galla (2 000 000 ?), l'afar (30 000), le beja (190 000), l'iraqw (110 000). D'une façon générale, les langues couchitiques sont parlées par des populations de pasteurs, plus ou moins nomades, vivant dans des régions de steppes désertiques et de brousses.

Quant aux langues tchadiennes, elles forment au centre de l'Afrique, dans les différents États groupés autour du lac Tchad, et en République Centrafricaine, un groupe d'une centaine d'idiomes. On estime à sept ou huit millions le nombre d'individus ayant une langue de ce groupe comme langue maternelle. Le hausa (ou haoussa), langue officielle des provinces du Nord du Nigeria, est de loin le parler le plus important puisqu'il compte à lui seul six millions d'usagers dont il est la langue maternelle au Niger et au Nigeria. Mais le hausa sert aussi de langue véhiculaire à quelque trois millions de personnes, principalement au Nigeria et dans les pays avoisinants : Dahomey, Togo, Ghana, Cameroun et Tchad. Les Hausas sont des agriculteurs islamisés, régis par une forte organisation tribale. Les parlers les plus importants semblent être ensuite : le bura (180 000) et le marghi (200 000) également au Nigéria ; le bulahai, au Cameroun ; le somrai (50 000), en République Centrafricaine, et le buduma (45 000) autour du lac Tchad.

Le groupe nilo-chamitique, assez discuté en tant que groupe indépendant, se compose de onze langues parlées dans le Sud du Soudan, le Nord et l'Est de l'Ouganda, l'Ouest du Kenya, le Nord de la Tanzanie et l'angle nord-est du Congo-Léo. Un million huit cent mille personnes utilisent une langue de ce groupe dans cette zone équatoriale voisinant le lac Victoria. Les communautés les plus importantes parlent le teso (500 000), le nandi (430 000), et vivent en Ouganda et au Kenya. Le masaï (200 000) est la langue de tribus de même nom du Kenya et du Nord de la Tanzanie. Les autres langues sont utilisées par des groupes moins importants : bari (35 000) et kakwa (85 000) au Soudan; turkana (85 000) au Kenya; le tatoga (64 000) en Tanzanie. Il s'agit, dans les zones de steppe et de brousse, d'éleveurs nomades, tels les Masaïs; dans les zones plus humides, aux abords des lacs Victoria et Kioga, d'agriculteurs sédentaires, tels les Tesos. Certains africanistes rattachent le groupe nilo-chamitique au nilotique, importante famille linguistique de la vallée du Nil qu'ils considèrent comme faisant partie du groupe nilo-charien. Les autres langues de cette famille nilotique, dont l'aire s'étend par ailleurs sur le Sud du Soudan et le Nord de l'Ouganda, débordant à l'ouest sur le Congo et à l'est sur le Kenya, sont parlées par quatre millions d'individus. Les plus importants idiomes sont : le dinka (1 000 000) au Soudan, langue de pêcheurs et d'éleveurs de la vallée du Nil blanc; le luo (environ 1 000 000), surtout au Kenya; le nuer (350 000) dans la région de Bahr-el-Ghazal au Soudan et sur les confins soudano-éthiopiens. Les autres langues nilo-chariennes, avec quelque trois millions d'usagers, peuvent être réparties en deux grands ensembles d'importance à peu près égale. D'une part le groupe soudanais central (1 250 000) intéresse surtout le Tchad, la République Centrafricaine, le Nord du Congo et de l'Ouganda et la frange occidentale du Soudan. Les principaux parlers sont : le sara (285 000), Tchad et République Centrafricaine; le lugbara (200 000) et le lendu (160 000), Congo et Ouganda; le mangbetu (100 000), Congo. D'autre part, le groupe soudanais oriental qui intéresse presque exclusivement le Soudan, avec toutefois quelques avancées en Éthiopie, est constitué surtout par les langues nubiennes (1 000 000) dans le Nord et l'Est du Soudan, ainsi que des zones frontalières soudano-égyptiennes.

Les populations qui parlent les langues de ce groupe nilo-charien sont composées en partie de pasteurs dans la zone de climat semi-aride de type sénégalien et d'agriculteurs dans la zone tropicale plus humide de type soudanien. Les premiers nomadisent dans les steppes herbacées alors que les seconds forment des communautés plus stables dans les pays de savanes boisées.

Le groupe nilo-saharien (ou saharien) s'intercale au centre de l'Afrique entre le groupe afro-asiatique au nord et à l'est, le groupe nigéro-congolais et nilo-soudanais à l'ouest et au sud. Il forme un ensemble de cinq familles, relativement réduit, puisqu'on estime à un peu plus de deux millions seulement le nombre de personnes parlant ces langues. D'ouest en est, on a d'abord le songhai (400 000) dans les États du Mali, de la Haute-Volta, du Dahomey, du Niger et du Nigéria. Ensuite une famille dite saharienne comportant cinq parlers différents utilisés par un million quatre cent cinquante mille personnes vivant au Tchad et dans les territoires avoisinants. Les langues les plus connues sont ici le kanuri (1 000 000) parlé au Nigéria et au Niger; le tubu, ou daza (200 000) au Tchad. À l'est des langues sahariennes, les familles maban, fur et koman s'étendent du Tchad à l'Éthiopie en communautés de faible importance, avec au total trois cent cinquante mille usagers.

Le groupe linguistique africain incontestablement le plus important est le groupe Niger-Congo, ou nigéro-congolais, qui s'étend sur la majeure partie de l'Afrique occidentale, tout au long du golfe de Guinée et sur l'ensemble du continent au sud de l'Équateur. On le divise en de nombreuses branches dont les trois plus importantes sont : la branche ouest-atlantique, la branche mande, ou mandingue, et la branche orientale, formée pratiquement par les langues bantues proprement dites. Il convient d'y ajouter entre autres les branches kwa et gur, et peut-être une branche « centrale » dont l'autonomie est assez discutée. Les populations de ce vaste ensemble nigéro-congolais s'adonnent aux cultures caractéristiques du climat équatorial très humide et du climat tropical de type soudanien plus sec. Les langues de la branche ouest-atlantique, la plus occidentale du groupe nigéro-congolais, occupent la zone côtière de l'Afrique, du Sénégal au Liberia. Cet ensemble de langues réunit environ six millions d'individus. Le peul est parlé à lui seul par quatre millions et demi de personnes groupées en communautés éparses du Sénégal au Nigéria, dans la zone de savanes boisées qui s'étire vers le Centre de l'Afrique. Le wolof (640 000), adopté comme langue nationale au Sénégal, sert de langue commerciale dans toute cette région atlantique. Viennent ensuite le kemne (525 000), le serer (300 000) au Sénégal et en Gambie, le kissi (200 000) et le bulom (200 000) en Sierra Leone, le balante (170 000) en Guinée portugaise.

La branche mande ou mandingue, qui compterait à elle seule une vingtaine de langues, est avec ses sept millions d'usagers d'une importance équivalente à celle de la branche ouest-atlantique. Son aire s'étend, à l'est de cette dernière, de la Mauritanie au Nigéria. Il est fréquent qu'une même langue soit parlée dans six ou sept États avoisinants par des tribus apparentées, comme c'est d'ailleurs le cas pour bien des langues africaines, surtout dans cette région. Le malinké (1 200 000), parlé surtout au Mali et en Guinée, s'étend au Sénégal et à la Côte d'Ivoire, dans les régions frontalières, ainsi qu'à la Gambie et à la Guinée portugaise. Le malinké forme avec le bambara (environ 1 000 000) du Mali un ensemble de « dialectes » mande assez homogène. Viennent ensuite par ordre d'importance : le mendé (1 000 000) au Libéria et au Sierra Leone; le soninké (500 000) en Sénégal, Mali et Haute Volta; le loma, Nord du Libéria et Guinée; le kpelle (250 000) au Nigéria, et le kweni (210 000) en Côte d'Ivoire. Les autres langues sont celles de communautés moins importantes.

La branche kwa réunirait onze familles, comportant chacune plusieurs langues et représentant treize millions d'individus environ. Ces langues sont parlées dans la partie méridionale des États africains du golfe de Guinée, du Libéria au Nigéria, immédiatement à l'est du groupe ouest-atlantique. Les familles les plus importantes sont : l'ibo (3 000 000) au Nigéria; le yoruba (4 000 000) au Nigéria, au Dahomey et au Togo; l'akan (1 500 000 ou 2 000 000) avec les parlers twi, fante et guang au Ghana, baoule en Côte d'Ivoire ; l'ewe (1 000 000) au Togo, au Dahomey et au Ghana avec les parlers fon et adja (830 000), et ouatchi (125 000). Les langues krou (650 000) apparaissent au Libéria et en Côte d'Ivoire ; un groupe dit « des lagunes » (150 000) en Côte d'Ivoire.

Les langues de la branche gur se situent toutes au nord des précédentes. Moins bien connues, leur classement fait encore l'objet de discussions. L'aire linguistique qu'elles forment s'étend à travers le Mali, la Haute Volta, la Côte d'Ivoire, le Ghana, le Togo, le Dahomey et le Nigéria. Elles regroupent environ six millions de personnes. Le mossi est sans doute la langue la mieux connue et celle qui joue le rôle le plus important dans cette région, il est parlé en Haute Volta par environ deux millions de personnes ; il y voisine avec le lobi, également parlé en Côte d'Ivoire, et le dogon que l'on retrouve au Mali, respectivement parlés par trois cent cinquante mille et cent cinquante mille individus.

Enfin la branche la plus importante de toutes, celle des langues bantues, recouvre une aire qui s'étend du Cameroun au Mozambique sur tout le Sud de l'Afrique avec une enclave, celle du groupe khoisan dans le Sud-Ouest africain. On estime à trois cent soixante-dix ou quatre cents le nombre de langues bantues que l'on répartit en quinze zones différentes, dont chacune englobe plusieurs États. Les principales langues, d'ouest en est et du nord au sud, sont : le losengo (1 000 000) dans les deux Congo ; le ruanda (2 285 000) et le rundi (2 185 000) au Ruanda-Urundi ; le ganda (800 000), le lunya (650 000), le kamba (600 000) au Kenya, en Tanzanie et Ouganda ; le sukuma (800 000) en Tanzanie ; le swahili, la plus importante langue de toute la branche bantue, parlé par sept millions d'individus au Kenya, en Tanzanie et aux Comores ; le kongo et le ngala au Congo ; le luba-lulua (3 400 000) au Congo-Kinshasa ; le nyanga (1 000 000) en Zambie, Malawi et Mozambique ; le makua (1 000 000) surtout au Mozambique ; le mbundu (1 700 000) en Angola ; le sotho (3 000 000), le zulu-ngoni (3 000 000) et le xhosa (2 500 000) au Botswana et au Natal.

Localisé dans la zone Sud-Ouest de l'Afrique australe, le groupe khoi-san, avec le hottentot et le bochiman, réunit des populations vivant dans des régions semi-désertiques. Les Hottentots s'y livrent à l'élevage extensif du bœuf et de la chèvre alors que les Bochimans sont surtout des chasseurs. Le hottentot (80 000) est parlé surtout au Sud-Ouest africain et en République Sud-Africaine, et le bochiman (55 000) en Sud-Ouest africain, Angola, Botswana et Zambie.

En Afrique du Sud, où la colonisation hollandaise remonte à la fin du XVIIIe siècle, à côté des populations autochtones soumises à la politique de l'*apartheid,* une population blanche de trois millions d'individus sur un total de quinze millions utilise l'anglais ou l'afrikan. On estime que soixante pour cent des blancs parlent l'afrikan, dérivé du hollandais, et quarante pour cent l'anglais. Il faut y ajouter un million de métis utilisant l'une ou l'autre langue. Par ailleurs, au Mozambique, en Angola et en Guinée portugaise, environ trois cent mille personnes parlent le portugais. Dans le Maghreb, le français est la langue européenne la plus répandue.

ASIE ET OCÉANIE

L'Asie se présente à la fois comme le continent le plus peuplé et celui dont la population est le plus irrégulièrement répartie. En effet, un milliard et demi d'hommes se massent sur un croissant continental allant de la Corée à l'Inde, auquel s'ajoute le Japon et l'archipel indonésien, soit au total un tiers de la surface totale de l'Asie. En revanche, sur les deux autres tiers de la superficie sont dispersés deux cent quatre-vingt millions d'individus. Cette distribution s'explique par la vocation essentiellement agricole de la zone continentale des moussons qui s'oppose en quelque sorte à celle typiquement pastorale de l'Asie centrale et occidentale, les régions boréales étant par ailleurs vouées à la chasse et à la pêche. On se trouve ainsi en face de deux types essentiels de population : d'une part un ensemble d'agriculteurs sédentaires, de l'autre des communautés de pasteurs et de chasseurs ou pêcheurs nomades. C'est naturellement parmi les premiers que se trouvent les groupes linguistiques numériquement les plus importants. En effet, en face de certaines langues sino-tibétaines ou indo-iraniennes parlées par plusieurs millions d'individus, des langues altaïques ou sibériennes ne connaissent souvent que quelques milliers d'usagers. Il faut toutefois se persuader que malgré l'existence de grands ensembles ethniques ou culturels assez bien reconnus et identifiés, les situations linguistiques sont plus ou moins complexes suivant les zones. Si certaines présentent une incontestable unité linguistique, malgré la diversité des langues ou des dialectes, d'autres en revanche sont beaucoup moins homogènes et l'on voit s'imbriquer alors — souvent sur des aires réduites — des familles linguistiques différentes. D'autre part, s'il existe en Asie des familles linguistiques typiquement asiatiques en ce sens qu'elles ne se retrouvent nulle part ailleurs, quelques autres sont communes aux continents voisins avec lesquels l'Asie forme une certaine continuité géographique. C'est le cas, par exemple, des familles finno-ougrienne et indo-européenne qui ont leur prolongement en Europe et de la famille sémitique qui s'étend sur la partie septentrionale de l'Afrique. À l'autre extrémité, la famille austronésienne recouvre à la fois l'archipel indonésien et la quasi-totalité de l'Océanie, exception faite de l'Australie et d'une partie de la Nouvelle-Guinée. On comprendra que dans ce dernier cas, il soit légitime, du point de vue linguistique, de ne pas dissocier l'ensemble océanien de l'Asie.

Une dernière remarque de caractère général s'impose. On notera que les faits de colonisation européenne en Asie ont, en définitive, laissé assez peu de traces sur le plan linguistique. Toutefois, dans le cadre de l'immense Sibérie, politiquement intégrée à l'URSS, se manifeste au sud de la Taïga une incontestable poussée des Slaves vers l'Est. On admet généralement que ce phénomène d'expansion a provoqué une migration, dans le même sens, des populations locales et, dans une certaine mesure, une modification de la situation linguistique dans cette zone.

Le nombre des langues différentes parlées en Asie paraît au moins aussi important que celui des langues africaines et le classement de certaines d'entre elles prête encore à des discussions entre spécialistes. Bien que l'accord ne soit pas fait sur la répartition entre familles dans le Sud-Est asiatique continental, on admet généralement que les langues asiatiques se répartissent entre neuf groupes linguistiques assez bien identifiés, sur le continent et dans la zone insulaire. Ce sont d'ouest en est et du nord au sud :

1) Au nord-ouest, le groupe finno-ougrien, commun à l'Europe et à l'Asie septentrionale. Ce groupe est représenté en Asie par les communautés samoyèdes, voguls et ostyaks.

2) De l'Ienisseï au Pacifique Nord, le groupe altaïque recouvre la majeure partie de la Sibérie et de l'Asie centrale avec un rameau extrême-occidental en Turquie et un rameau extrême-oriental en Corée et au Japon.

3) En Sibérie orientale, dans la zone Sud, le long de la côte de la mer d'Okhotsk, le groupe paléosibérien, occupe le bassin du fleuve Amour, une partie de l'île Sakhaline et du Kamtchatka.

4) La presqu'île arabique, la côte méditerranéenne et une partie de l'Irak constituent l'aire du groupe sémitique qui a ses prolongements en Afrique.

5) Immédiatement à l'est du groupe sémitique, de l'Iran aux frontières orientales de l'Inde et dans l'île de Ceylan, le groupe indo-européen, représenté par la branche indo-iranienne, forme un des ensembles les plus importants du continent asiatique.

6) Le groupe dravidien occupe la majeure partie du Dekkan et forme un ensemble aussi important que celui des langues indo-européennes. Les principales langues sont ici le telugu et le tamil.

7) De part et d'autre de l'Himalaya, sur l'ensemble de la Chine et de la Birmanie, le groupe sino-tibétain est incontestablement le plus important de tous les groupes linguistiques de l'Asie. On le divise habituellement en trois branches principales : la branche chinoise, la branche miao, et la branche tibéto-birmane.

8) Le groupe austro-asiatique dont la composition n'est pas acceptée par tous mais qui rassemble la plupart des langues du Sud-Est asiatique continental. On y distingue les branches vietnamienne, mon-khmer.

9) Enfin, le groupe austronésien — connu aussi sous le nom de malayo-polynésien — recouvre l'ensemble de l'archipel indonésien, la quasi-totalité de l'Océanie et Madagascar.

À ces neuf groupes linguistiques directement rattachés

à l'Asie, il conviendra d'ajouter celui formé par les langues australiennes, d'une part et celui réunissant les langues papoues de la Nouvelle-Guinée, d'autre part.

Le groupe finno-ougrien est représenté en Asie septentrionale par la branche ougrienne proprement dite dont les langues principales sont le vogul, l'ostyak, autrefois dénommé ougrien, et le samoyède. Ces langues sont celles de communautés de faible importance vivant dans la plaine de Sibérie entre l'Ob et l'Ienisseï. Il s'agit en général de pêcheurs et d'éleveurs de rennes. Les Voguls (6 400) occupent la région autonome de Khanty-Mansisk, sur le cours moyen de l'Ob et les bords des rivières Sosva, Lozva et Tavda. À l'est et au sud des Voguls, les Ostyaks plus nombreux (20 000) ont quelques communautés d'agriculteurs, mais demeurent essentiellement des éleveurs de rennes. Les Samoyèdes, généralement considérés comme des Mongols de langue finno-ougrienne, occupent les steppes bordant l'Arctique. Environ vingt-cinq mille, ils se divisent en quatre communautés différentes ayant chacune son parler propre. La plus importante est celle des Yuraks fixée dans la péninsule de Kanine à l'embouchure de l'Ienisseï, mais on trouve des Yuraks jusqu'à l'embouchure de la Dvina septentrionale, en Russie d'Europe. Les Tavgy forment dans la presqu'île de Taimyr une petite communauté évaluée à un millier de personnes. Un autre groupe également peu important est installé dans la région de Doudinka. Plus au sud les Samoyèdes méridionaux, les Selkoup, forment un groupe de quatre mille personnes environ. Dans le district de Narym ils occupent l'aire comprise entre l'Ob à l'ouest et l'Ienisseï à l'est, les sources de Taz au nord et le cours de la Ket au sud. Cette branche asiatique du groupe finno-ougrien voisine immédiatement avec le groupe altaïque qui la cerne en quelque sorte par le sud et l'est.

Malgré l'immense distension géographique du groupe altaïque qui traverse toute l'Asie par son centre, de la Turquie à la Corée et au Japon, il s'agit d'un ensemble numériquement bien moins important que celui des langues sino-tibétaines ou indo-iraniennes. Ceci s'explique du fait que, le Japon et la Corée exceptés, les langues altaïques sont parlées dans des régions souvent désertiques et en tout cas faiblement peuplées. D'après les dernières estimations, on peut évaluer à environ deux cent millions le nombre d'individus parlant des langues du groupe altaïque, groupe parfois dénommé ouralo-altaïque ou encore turco-mongol. Les langues de ce groupe sont en général réparties entre trois branches qui sont, par ordre d'importance croissante, les branches toungouze, turque et mongole auxquelles il convient d'ajouter le coréen et le japonais.

Les communautés sibériennes parlant les langues toungouzes sont disséminées du Pacifique à l'Ienisseï et de l'Arctique au fleuve Amour. Il s'agit exclusivement de chasseurs et d'éleveurs nomades vivant dans la taïga en petits groupes dispersés. On estime à environ cinquante mille le nombre d'individus parlant encore les langues toungouzes. Ces langues forment deux ensembles, l'un méridional avec le mandchou et le nanaj, l'autre septentrional avec l'evenki. On ne possède que peu de renseignements en ce qui concerne le mandchou proprement dit qui est sans doute encore parlé en Mandchourie et dans le Sinkiang. Le nanaj, avec douze mille individus répartis en plusieurs communautés, est parlé principalement dans le bassin moyen et inférieur du fleuve Amour et dans l'île de Sakhaline. Les principaux parlers sont ceux des Gald (8 000) et des Otcha (2 100). L'evenki, ou toungouze du Nord, compte vingt-huit mille usagers environ. Il s'agit de groupes dispersés le long de l'Ienisseï, du Lena, de l'Ob supérieur et autour du lac Baïkal. On en rencontre aussi à l'embouchure du fleuve Amour dans la région de Nikolaïevsk, dans l'île Sakhaline et en Kamtchatka.

Les langues mongoles parlées par cinq millions d'individus environ recouvrent une aire qui va de l'Afghanistan à la Mongolie à travers le Nord-Ouest de la Chine et le Sud de la Sibérie occidentale, dans les zones voisines de l'Altaï. On considère en général deux ensembles principaux, l'un à l'ouest avec les langues mogoul et oirat, l'autre plus à l'est avec les langues dagour, monguor et khalkha. Ces langues sont parlées d'une façon générale par des communautés nomades se livrant à la pêche et à la chasse ainsi qu'à l'élevage du yack et des ovins.

L'élément le plus occidental des langues mongoles

est le mogoul, parlé en Afghanistan par une petite communauté assez profondément marquée de l'influence turque et iranienne. Plus à l'est, les communautés de pasteurs nomades vivant le long des frontières russes, mongoles et chinoises, parlent des langues oirat. Environ deux cent cinquante mille au total, ils sont dispersés aux environs du lac Issik-Koul, dans la république socialiste de Kirghizie; dans la région montagneuse de T'ien-Shan et la vallée du Tli, en Chine; dans la région de Kobdo, aux environs du lac K'o-la-hou et le long du Koko-Nor, en république de Mongolie. Le groupe oriental des langues mongoles comporte, lui, quatre langues principales sur une aire comprenant le Bouriat, la partie orientale de la république de Mongolie et dans le Nord du territoire chinois, la Mongolie intérieure. Le khalkha, langue officielle de la république de Mongolie, est parlé par environ sept cent mille individus, dont un certain nombre vit dans le Bouriat, autour du lac Baïkal. Le khorein (900 000), l'ordos (350 000) et le pao-an (250 000) occupent les territoires chinois du Nord, le long de la frontière sino-mongole. Il est certain que les langues mongoles subissent la pression, dans les différents pays où elles sont parlées, des langues officielles : russe en Khirghizie, au Bouriat et dans une certaine mesure en république de Mongolie; chinois en Chine du Nord. Dans de nombreux cas on a ainsi affaire à des bilingues.

Les langues turques qui constituent un des rameaux les plus importants du groupe altaïque occupent une partie de l'Asie centrale et occidentale avec des prolongements en Europe, dans le Sud de la Russie et en Bulgarie. Il s'agit d'un ensemble d'une douzaine de langues environ parlées par cinquante millions d'individus au total. La plus importante d'entre elles est sans conteste le turc proprement dit, langue officielle de la Turquie, qui compte à lui seul vingt-quatre millions d'usagers. Mais on retrouve des gens parlant le turc en Bulgarie, à Chypre et en URSS. La langue la plus proche, du point de vue linguistique, du turc parlé en Turquie, est l'azerbaïdjanais qui compte environ trois millions d'usagers dans la république soviétique d'Azerbaïdjan et presque autant en Iran. Le gagauz (123 000) est la langue de communautés vivant en URSS, dans les républiques d'Ukraine et de Moldavie, et dans l'Est de la Bulgarie et de la Roumanie. Il s'agit en général de communautés converties au christianisme et de religion orthodoxe. Dans tous les Balkans se retrouvent ici ou là des communautés de Turcs émigrés parlant des dialectes divers, que ce soit en Grèce, en Bulgarie ou en Yougoslavie. À l'est de la Caspienne et au sud de la mer d'Aral, le turcoman est parlé par plus d'un million d'individus. La très grande majorité d'entre eux vit en Turkménie et Ouzbekistan, groupés dans les oasis se livrant à la culture des arbres fruitiers, mais aussi du coton et des oléagineux ou s'adonnant à l'élevage du cheval et du mouton. Mais on retrouve des populations parlant le turcoman dans le Nord de l'Iran et de l'Afghanistan. On estime qu'il existe environ une douzaine de dialectes turcomans. Parmi les nombreuses autres langues turques de la zone caucasienne et ouralo-caspienne, on citera le koumyk (135 000) au Daghestan, le karachay (80 000) et le nogay (40 000). Mais les quatre langues turques les plus importantes — après le turc proprement dit — sont indiscutablement au nord de la Caspienne, dans le bassin de la Volga, le tatar avec environ quatre millions d'usagers vivant soit dans la république autonome de Tatarie, soit dans les États voisins. Au nord de la dépression aralo-caspienne et à l'ouest de l'Altaï, dans la république de Kazakhastan, environ trois millions d'individus parlent le kazakh qui voisine, au Sud, avec le kirghiz (1 000 000) parlé en Kirghizie et dans tous les États soviétiques de la frontière russo-chinoise ainsi qu'au Sinkiang chinois et dans le Nord de l'Afghanistan. L'ouzbek est la langue de six millions d'individus en Ouzbekistan et de près d'un million en Afghanistan. Enfin on estime à trois millions cinq cent mille le nombre d'individus parlant l'ouïgour, principalement au Sinkiang. Dans la grande forêt de la toundra, en Sibérie centrale les éleveurs du bassin de la Lena parlent le yakout. Ils sont environ deux cent cinquante mille. Quelques autres communautés moins importantes parlant des langues turques vivent sur les rives de l'Ob, de l'Ienisseï et dans l'Altaï.

Certains orientalistes rattachent les langues coréennes et japonaises au groupe altaïque. Il s'agit là en tout cas des deux branches les plus importantes, le coréen ayant environ trente-quatre millions d'usagers et le japonais plus de cent millions. Le coréen, habituellement divisé en sept dialectes, est parlé non seulement en Corée proprement dite (33 000 000), mais en Chine (1 000 000) et au Japon (600 000). De nombreux Coréens sont bilingues parlant soit le japonais et le coréen, soit le chinois et le coréen, surtout en Corée du Nord. En Corée du Sud, l'anglais est une des langues étrangères le plus répandue. Le japonais, parlé en dehors du Japon à Taiwan, aux îles Hawaï (200 000), aux U.S.A. (200 000) et au Brésil (380 000), a trois dialectes essentiels; le kyushu, le seibo et le tobu. Dans l'archipel de Riou-Kiou neuf cent mille personnes parlent l'okinawan considéré lui aussi comme un dialecte japonais. Enfin les Ainous, environ seize mille, sont répartis entre l'île Sakhalin (1 600) Hokkaido (15 000) et Shikotan (90). Il s'agit des derniers représentants d'une race particulière non-mongoloïde ayant vraisemblablement occupé autrefois d'une façon plus dense l'archipel japonais. Ils vivent surtout de pêche.

Reculant devant les langues altaïques les populations de langue paléosibérienne se sont fixées le long du fleuve Amour et de l'île Sakhaline ainsi que dans la presqu'île du Kamchatka, donc dans toute la région qui forme la pointe extrême-orientale de la Sibérie. On ne possède guère de données précises sur le nombre d'individus parlant les langues de ce groupe. Les parlers les plus connus sont le chekchee (11 700) dans la péninsule d'Ichouktche, le koryak (6 000) et le kamchadal au Kamtchtaka où la plupart des gens ne parlent plus aujourd'hui que le russe. Dans l'ensemble les langues paléosibériennes paraissent en voie de disparition, le russe se répandant de plus en plus.

Les langues sémitiques occupent, en Asie une zone homogène limitée au Proche-Orient méditerranéen et à la péninsule arabique. La branche Nord comprend d'une part l'hébreu parlé en Israël par environ deux millions d'individus, d'autre part l'araméen de Syrie et d'Irak. L'araméen occidental est parlé en Syrie par les communautés jacobites et nestoriennes, alors que l'araméen oriental est la langue de communautés de l'Est syrien et du Nord de Mossoul en Irak. En URSS, un dialecte

tude de dialectes — parlées sur le continent asiatique proprement dit. Certaines sont employées par plusieurs dizaines de millions d'individus alors que d'autres n'en comptent qu'un ou deux millions tout au plus. C'est dire combien la notion d'importance est ici d'un ordre tout différent de celui qu'elle peut avoir ailleurs. D'autre part certains idiomes ne sont parlés que sur le territoire indien proprement dit alors que d'autres sont localisés au Pakistan ou au Népal. C'est le cas du lahnda (15 000 000) dans le Nord-Est du Pakistan occidental, du sindhi (5 000 000) également au Pakistan occidental mais qui déborde un peu sur l'Inde voisine; il en va de même du népalais, *lingua franca* du Népal et des territoires himalayens voisins. En revanche le hindi occidental (60 000 000) est commun à l'Inde du Nord-Ouest et au Pakistan où il est baptisé ourdou. Il est dans l'un et l'autre pays la langue officielle. Il en va de même pour le bengali (70 000 000) commun à l'Inde du Nord-Est et au Pakistan oriental. Viennent ensuite par ordre d'importance le bihari avec cinquante millions d'usagers pour les deux tiers dans l'État de Bihar; le kosali (30 000 000) dans la zone indo-népalaise du Nord-Est de l'Inde, le marathi (28 500 000) surtout dans l'État de Maharashtra. Près d'une dizaine des autres langues indiennes comptent entre quinze et vingt millions d'usagers, il n'en est qu'un petit nombre qui tournent autour d'un ou deux millions. Il s'agit en général dans ce cas de communautés montagnardes. Les peuples parlant les langues indiennes sont dans leur quasi-totalité des peuples d'agriculteurs sédentaires partagés entre deux religions : l'hindouisme, surtout en Inde et à Ceylan, mais avec quinze millions d'adeptes au Pakistan, et l'islamisme principalement au Pakistan, mais avec quarante millions d'adeptes en Inde. C'est d'ailleurs le critère religieux et non pas linguistique qui a, en définitive, déterminé le partage du monde indien en deux États distincts, l'un indien et l'autre pakistanais, ce dernier coupé en deux parties.

À côté de l'ensemble indien, rameau asiatique de la famille indo-européenne, on relève en Inde proprement dite l'existence de trois familles linguistiques différentes. Localisées dans le Sud du Dekkan, les langues de la famille dravidienne; au nord-est, des langues tibéto-birmanes, de la famille sino-tibétaine et, formant quelques îlots, des langues que l'on rattache habituellement à une famille austro-asiatique assez mal définie.

Les langues dravidiennes, parlées par les populations mélano-indiennes du Sud, forment un ensemble comparable quant à son importance à celui des langues indiennes. En effet, on estime à plus de cent dix millions le nombre d'individus parlant ces langues, une trentaine au total. La plus importante de toutes est le telugu (ou telinga) avec trente-sept millions d'usagers répartis dans les États de Mysore et d'Andhea Pradesh dans la partie orientale du Dekkan, le long du golfe de Bengale. Viennent ensuite le tamoul, ou tamil (33 000 000), États de Mysore, de Madras et Ceylan; le malayalam, ou malabar (20 000 000); le kannada (16 000 000). Comme on peut le voir ces quatre langues réunissent à elles seules plus de cent millions d'individus, c'est-à-dire la plus grande partie des gens parlant des langues dravidiennes. Les langues du Centre de la péninsule et celles voisinant avec les langues indiennes au nord sont d'une importance bien moins grande. Les plus importantes comptent alors un million d'individus et certaines ne sont plus représentées que par quelques milliers de personnes. C'est le cas, par exemple, du konda (8 000) ou du nahali (1 000?).

Quelques communautés isolées, réunissant au total un peu plus de cinq millions d'individus, parlent des langues khasi et munda rattachées à la famille austro-asiatique. Le khasi, localisé en Assam central, dans les régions montagneuses, compte environ deux cent mille usagers. En revanche, le munda, avec cinq millions d'individus forme un groupe plus important et comporte environ quinze langues différentes dont la principale est le sentali (2 500 000) qui domine tous les autres parlers dans le district de Singbhum, État de Bihar, au nord-est de l'Inde. Le sentali s'étend par ailleurs à l'Orissa et au Bengale occidental. Plus à l'ouest le kharia (110 000) et le juang (13 000), le kurku (200 000) et, au sud, le sora (200 000) s'intercalent entre les zones dravidienne et indienne. La majeure partie des gens sont alors bilingues, utilisant outre leur langue maternelle, le telugu ou le bengali.

Les langues tibéto-birmanes, formant la branche méridionale de la famille sino-tibétaine, occupent une zone qui s'étend du Cachemire au Vietnam. Elles voisinent dans les différents pays où elles sont parlées avec des langues appartenant à d'autres familles. On peut les répartir en trois groupes : un groupe occidental comprenant, entre autre, les langues tibétaines; un groupe central, avec les langues birmanes et un groupe oriental avec les langues kam-thai. Le premier groupe s'étend du Cachemire à la Birmanie. Les données numériques sont assez incertaines en ce qui concerne les langues tibétaines parlées dans la zone himalayenne, le nombre des usagers de ces langues étant évalué à deux ou trois millions. En revanche, les chiffres proposés pour les langues du Nord-Est de l'Inde et de la Birmanie du Nord sont plus précis. Dans la vallée du Brahmapoutre le bodo compte deux cent mille usagers, il voisine en Assam avec les langues ou dialectes naga (400 000). Le kachin (500 000) est parlé surtout dans le Nord de la Birmanie, le long de la frontière chinoise; il forme avec le karen (1 à 2 000 000) le chin (300 000) et le birman proprement dit, l'essentiel du groupe central. D'après les données les plus récentes, le birman grouperait quelque quinze ou seize millions d'usagers représentant quatre-vingt-dix pour cent de la population de la Birmanie, dont il est la langue officielle. Quant au groupe oriental qui s'étend à travers la Thaïlande et le Laos jusqu'au Vietnam il déborde la frontière chinoise et affecte les provinces de la Chine méridionale (Hunan, Kwangsi).

Il s'agit d'une trentaine de langues, subdivisées elles-mêmes en dialectes, dont l'ensemble est parfois appelé kam-thai. Le thai (ou siamois), parlé par onze millions d'individus, comprend plusieurs dialectes en Thaïlande proprement dite où ils voisinent avec le yuan (2 000 000), le shan et le lao. Ce dernier réunit au total quelque six millions d'usagers dont cinq millions vivent en Thaïlande, les autres au Laos. En Chine, dans les provinces méridionales, ces langues sont représentées surtout par le wu-ming ou chuang (7 000 000) dans le Kwangsi et le Kweicheou, le tung (1 000 000) et les langues du rameau miao-yao. Ces dernières, localisées au Kweichou, Hunan, dans le Nord du Kwangsi et le Sud de Seutch'ouan représentent un ensemble de trois millions environ pour les parlers miao auxquels il faut ajouter quelque soixante mille usagers au Laos et peut-être deux cent mille au Nord-Vietnam. Les parlers yao comptent, eux, quatre millions d'usagers.

Immédiatement au nord de la branche tibéto-birmane et recouvrant l'ensemble de la Chine, les langues han, au nombre de six, groupent près de sept cent millions d'individus dont soixante-dix pour cent parlent le mandarin et trente pour cent se répartissent entre les autres idiomes. Le mandarin se subdivise lui-même en trois groupes : un groupe Nord, un groupe Sud et un groupe Sud-Ouest. Le pékinois qui appartient au groupe Nord fait l'objet d'un effort de généralisation. Il tend ainsi à devenir la seconde langue de toutes les communautés pour lesquelles il n'est pas langue maternelle. Le wu, au Kiangsu et au Chekiang, avec seize millions d'usagers, ne vient que loin derrière le mandarin. Les autres langues ont à peu près toutes la même importance réunissant chacune quelque vingt millions d'individus. Ce sont : le cantonais dans le Centre et l'Ouest du Kwantung; le min, au Fukien et à Formose; le hakka, dans les provinces de Kwantung, de Kiangsi et de Seutch'ouan; le hsiang, au Hunan.

Le groupe linguistique qualifié d'austro-asiatique est constitué par un ensemble de langues dont la parenté a été établie de façon plus ou moins sûre mais qui paraissent cependant avoir entre elles quelques points communs. Certaines de ces langues (khasi, munda) se trouvent en Inde, mais la majorité des parlers austro-asiatiques sont localisés dans les différents pays du Sud-Est asiatique continental. On les répartit volontiers entre deux ensembles essentiels, le mon-khmer et le vietnamien, auxquels s'ajoutent un certain nombre de langues isolées. L'aire des langues mon-khmer s'étend de la Birmanie au Sud-Vietnam, à travers la Thaïlande, le Cambodge et le Laos. On n'y relève pas moins de cinquante-cinq langues différentes réparties en une dizaine de groupes. Les plus importants, et ceux pour lesquels on a des données assez précises, sont le groupe mon proprement dit et le groupe cambodgien. Le mon, avec trois dialectes, réunit environ quatre cent cinquante mille individus dont la majorité vit en Birmanie (350 000) dans la zone orientale du delta de l'Irawadi, le reste en Thaïlande à l'ouest de Bangkok. Le groupe cambodgien qui comporte six langues différentes, compte à lui seul quatre millions d'usagers. La langue la plus importante est ici le khmer (3 500 000) parlé surtout au Cambodge mais aussi dans les zones frontières de la Thaïlande et du Sud-Vietnam. Les autres langues mon-khmer réparties en différents groupes (mnong, bahnar, sedang, brao...) sont celles de communautés montagnardes et forestières du Laos, du Cambodge et du Vietnam. D'une façon générale il s'agit de populations vivant pauvrement d'une agriculture traditionnelle où domine le riz. Les langues vietnamiennes sont au nombre de deux, le vietnamien et le muong. Le vietnamien compte à lui seul une vingtaine de millions d'usagers dont la quasi totalité vit aux deux Vietnam. On n'en compte en effet que cinq cent mille à l'extérieur. On distingue ici un dialecte Nord, un dialecte Sud et, entre eux, un dialecte du Centre. Quant au muong il est parlé par quelques milliers d'individus localisés dans les montagnes centrales du Nord-Vietnam.

Dans les forêts de la Malaisie vivent des communautés comportant chacune quelque dix mille individus et qui parlent des langues rattachées à l'austro-asiatique. Il s'agit des tribus jakun, sakai et semang. En outre les parlers des îles Nicobar et Adaman sont, eux aussi, inclus dans ce groupe.

Parmi les langues de l'Asie méridionale qui ne paraissent pas devoir être rattachées à l'une des familles précédentes, on citera, en particulier, le burushaski (27 000), parlé au Pakistan dans les États de Hunza et de Nagir, ainsi que dans le district de Jasin. Cette langue est aussi dénommée par les communautés voisines khajuna ou kunjuti.

Les langues austronésiennes, parfois encore appelées malayo-polynésiennes, recouvrent une aire linguistique des plus vastes puisqu'elle s'étend de Formose à la Nouvelle-Zélande et de Madagascar à l'île de Pâques, n'épargnant que l'Australie et une partie de la Nouvelle-Guinée. Sur le continent proprement dit, le malais occupe pratiquement toute la Malaisie et quelques communautés austronésiennes subsistent au Vietnam en groupes isolés.

On distingue habituellement trois branches essentielles à l'intérieur de la famille austronésienne. La branche indonésienne recouvre l'ensemble des îles de la Sonde, Formose et Madagascar ; la branche polynésienne, les archipels du Pacifique de Fidji à l'île de Pâques et de Hawaï à la Nouvelle-Zélande ; la branche mélanésienne, les îles de l'Océanie occidentale entre la Nouvelle-Guinée et Fidji. On notera que l'on a de plus en plus tendance à distinguer à l'intérieur du polynésien un rameau micronésien, localisé dans les archipels de la Micronésie au nord-ouest de l'Océanie. Du fait de leur dispersion à travers un archipel aux îles multiples, les langues indonésiennes constituent un ensemble très différencié où langues et dialectes se multiplient d'une île à l'autre. À côté de langues réunissant plusieurs millions d'usagers, certaines sont strictement limitées à une toute petite île et ne comptent qu'un ou deux milliers d'individus. La plus importante de toutes les langues indonésiennes quant à la masse des usagers est le javanais (45 000 000) parlé non seulement à Java même mais dans le Sud de l'île voisine de Sumatra, à Bornéo et à Célèbes. Il n'est suivi que de loin par le malais (10 à 12 000 000), langue de la Malaisie proprement dite, de la côte Ouest de Sumatra et de la région de Djakarta à Java. Mais, le malais, qui se différencie en un grand nombre de dialectes, sert depuis des siècles, sous une forme véhiculaire, de *lingua franca* pour tout l'archipel de la Sonde et les communautés côtières des îles utilisent presque toutes cette forme de malais. Le soundanais est d'une importance numérique comparable à celle du malais. Il est parlé dans la partie occidentale de Java par environ treize millions d'individus. À l'autre extrémité de cette même île, le madourais compte quelque six millions d'usagers dont la majorité réside dans l'île de Madoura et un million environ dans la partie orientale de Java. À Sumatra les deux langues principales à côté du malais sont le batak et le minangkabau avec chacune deux millions d'usagers environ. Le batak est localisé à l'intérieur de l'île, dans sa partie Nord et le minangkabau dans la zone médiane de la côte Ouest. À Célèbes, c'est le bugis (2 500 000) qui est la langue la plus importante. Il est parlé, ainsi que le macasar (900 000) dans la partie Sud-Ouest de l'île. Le bugis sert aussi de langue commerciale aux navigateurs indigènes de cette région, les communautés bugis émigrées à Bornéo y ont introduit leur langue. Les tribus de cette île énorme utilisent une douzaine de langues différentes, plus ou moins bien connues, dont le dayak et le njakju. Aux Philippines, où le nombre de langues est au moins aussi important, c'est le tagalog (4 000 000) qui est devenu la langue nationale en 1946, au moment de l'indépendance. À peu près aussi nombreux sont les individus parlant le bisayan. Viennent ensuite le bikol et l'ilongo avec deux millions de personnes chacune. À l'exception de la Malaisie, du Nord-Ouest de Bornéo et des Philippines où l'anglais a toujours été la langue européenne dominante, c'est le hollandais qui pendant toute la période coloniale a servi de lien entre les différentes îles de l'archipel. Depuis que l'Indonésie s'est constituée, après la seconde guerre mondiale, en État indépendant, on tend à y imposer comme langue nationale le bahasa indonesia (lit. « langue indonésienne »), formé sur la base du malais véhiculaire. Mais, comme pour les autres territoires du monde indonésien, l'anglais et, secondairement, le hollandais restent les langues des échanges internationaux. Une place à part doit être faite à Madagascar qui, géographiquement africaine, est strictement indonésienne sur le plan linguistique et culturel. Le malgache, différencié en une quinzaine de dialectes très proches les uns des autres, est parlé par six millions d'individus et, depuis l'indépendance du territoire, est devenu la langue nationale, le français restant la langue des relations extérieures. Bien que la Nouvelle-Guinée occidentale appartienne dans son ensemble à la famille des langues papoues, un certain nombre de petites communautés fixées sur la côte Nord-Ouest et dans les îles proches de cette côte parlent des langues que l'on rattache au rameau oriental des langues indonésiennes. On peut penser qu'il s'agit de points où se sont installés des immigrants venus des îles indonésiennes voisines. Les parlers les mieux connus sont le biak, le waropen, le tobati. Enfin au Vietnam sont parlées une dizaine de langues austronésiennes. Les communautés qui les représentent sont d'importance inégale. Le cham compterait cinquante mille usagers au Vietnam et environ cent mille au Cambodge; le rade, soixante mille; le jorai, vingt mille, alors que le bih n'en compte que mille. Les populations indonésiennes de l'archipel sont en majorité musulmanes en Malaisie, à Sumatra et à Java ainsi que dans les zones côtières des principales îles, les populations de l'intérieur restant animistes dans l'ensemble. Aux Philippines, en revanche, c'est le christianisme qui domine, les musulmans ne représentant que quatre pour cent de la population.

La branche micronésienne des langues austronésiennes fait en quelque sorte le lien entre le monde linguistique indonésien et le Pacifique. Elle est constituée par un ensemble de langues localisées dans les îles que l'on regroupe sous des noms divers : îles Caroline, Marshall, Gilbert et qui constituent la Micronésie.

Il est à noter que le chamoro (20 000) parlé dans les îles Marianne est une langue indonésienne bien que située en Micronésie. Il en est de même du palau dans l'Ouest des Caroline. On estime qu'il existe environ une demi-douzaine de langues dans cette zone, dont les mieux identifiées sont le ulithi, le tobi et le sonsoral. L'anglais demeure la langue véhiculaire par excellence.

Le domaine mélanésien s'étend au sud de la Micronésie, sur les îles et sur une partie des zones côtières de la Nouvelle-Guinée orientale. Les communautés les plus importantes sont celles qui vivent en Nouvelle-Calédonie, aux îles Salomon, dans l'archipel Bismark et en Nouvelle-Guinée. Les estimations récentes font état de quarante-cinq langues différentes que l'on regroupe parfois en une dizaine d'ensembles distincts. On ne dispose à leur sujet que de rares données démographiques. Les parlers les plus importants sont le banoni (13 000) à Bougainville, l'areare (15 000) aux Salomon, le tanna (7 000) aux Nouvelles-Hébrides, le lifou (6 000) à Lifou et le houaïlou à la Nouvelle-Calédonie, le fidjien à Fidji. L'extrême diversité des langues dans cette zone et la nécessité des contacts entre communautés différentes a déterminé l'apparition d'un « pidgin » à base de mots anglais, mélanésiens et autres langues, dans la Nouvelle-Guinée orientale et les îles voisines. Il s'agit du néo-mélanésien parlé strictement dans les zones côtières et qui sert de langue véhiculaire entre Papous et Mélanésiens d'une part et entre Mélanésiens de langues différentes d'autre part.

Tout le reste du Pacifique est le domaine des langues

polynésiennes dispersées à travers îles et atolls de l'Océanie, d'Hawaï à la Nouvelle-Zélande et de Fidji à l'île de Pâques. On estime qu'il existe une vingtaine de langues polynésiennes différentes se subdivisant chacune en un nombre plus ou moins important de dialectes. La plus importante de toutes est sans conteste le maori. En Nouvelle-Zélande, sur une population de deux millions sept cent mille hommes environ, on compte cent trente-cinq mille individus, presque exclusivement des ruraux, parlant le maori. Étroitement liée à un nationalisme maori, cette langue jouit d'un certain prestige et a, dans une certaine mesure, droit de cité à l'Université. Elle est par ailleurs enseignée dans certaines écoles. Partout ailleurs en Océanie ce sont l'anglais et le français qui sont les langues officielles.

L'Australie et la Nouvelle-Guinée forment deux blocs linguistiques tout à fait à part dans cette partie du monde. Bien que très proches voisines on n'a pu jusqu'ici établir l'existence d'une famille linguistique qui réunirait les langues de l'une et l'autre. On considère donc qu'il existe d'une part des langues australiennes parlées par les autochtones de l'Australie et d'autre part des langues papoues en Nouvelle-Guinée.

En Australie la colonisation anglaise a considérablement modifié la situation linguistique et ethnique en ce sens qu'aujourd'hui quatre-vingt-dix-neuf pour cent de la population est d'origine européenne et parle l'anglais. D'autre part l'Australie présente cette particularité d'avoir un nombre étonnamment élevé de langues vernaculaires parlées par un nombre infime d'individus. Si les estimations les plus récentes sont valables, il y aurait deux cent vingt-huit langues australiennes réparties en une trentaine de groupes, la majorité d'entre elles localisées dans la partie Nord du continent. Parmi celles qui ont été le mieux étudiées on citera : le gagadju, le jiwadja (55) et le dalabon dans la Terre d'Arnhem au nord du continent; le djerag, le waljbiri (1 400) et le garadjari dans l'Ouest. Il s'agit de communautés très primitives, vivant de chasse et de cueillette, se déplaçant constamment dans des régions sub-désertiques et formant un total de cinquante mille hommes environ.

En Nouvelle-Guinée la situation est différente. L'élément autochtone y est plus important puisqu'on l'estime, pour l'ensemble de la Nouvelle-Guinée, à deux millions huit cent mille personnes dont un million cinq cent vingt-deux mille pour la seule partie Sud-Est, ce qui demeure évidemment très faible compte tenu de l'immensité du territoire.

Bien que l'appellation de « papou » soit sujette à discussion, elle peut être maintenue à condition de préciser que sont regroupées sous cette étiquette toutes les langues non austronésiennes de la Nouvelle-Guinée et de quelques îles voisines : Timor, Halmahera et quelques autres de l'archipel mélanésien. D'autre part rien ne permet d'affirmer jusqu'ici qu'il s'agisse d'une famille linguistique au sens strict du terme, c'est-à-dire d'un ensemble dont les langues sont génétiquement apparentées. On estime à quelques centaines le nombre de langues différentes, certaines comptant à peine une centaine d'usagers. Parmi les langues connues jusqu'ici : le kobon qui avec le karam et le gants compte dix mille usagers; le mikaru (4 000) dans les Hautes-Terres orientales; le sentani et le nimboram sur la côte Nord-Ouest; le puragi et le kapaur sur la côte Sud du Vogelkop à l'extrémité occidentale de l'île.

Les communautés, sous forme de clans, vivent surtout sur le relief montagneux couvert de forêts denses. Les plaines littorales marécageuses et malsaines sont en effet peu hospitalières. Vivant de chasse et de cueillette les autochtones pratiquent par ailleurs une culture itinérante sur brûlis de rendement extrêmement faible.

EUROPE

La superficie de l'Europe comparée à celle des autres continents paraît singulièrement réduite puisque, avec ses dix millions de kilomètres carrés, elle ne représente que le quart de la superficie de l'Amérique, de l'Asie ou de l'Afrique. À cette exiguïté relative correspond sur le plan linguistique une remarquable unité. En effet, l'Europe est le domaine quasi exclusif de la famille linguistique indo-européenne et plus spécialement de la branche européenne de cette famille dont l'aire s'étend sans discontinuité de l'Oural aux Açores et de l'Islande aux îles grecques. Seules quelques petites zones, ici ou là, sont occupées par des familles linguistiques qui ont leur prolongement en Asie ou qui sont localisées en des aires limitées. Il s'agit en somme de quelques langues européennes des familles finno-ougrienne et altaïque d'une part, et d'autre part des langues basque et caucasiennes occupant respectivement la zone atlantique des Pyrénées et les régions situées au nord du Caucase, avec quelques avancées au sud de la chaîne.

Les langues finno-ougriennes parlées en Europe occupent deux régions différentes et assez éloignées l'une de l'autre. D'une part une région septentrionale comprenant une partie des Pays Scandinaves et quelques zones de l'URSS orientale. D'autre part, au cœur de l'Europe, une région que l'on qualifiera de magyar. L'ensemble des parlers finno-ougriens en Europe se répartit en cinq branches principales. Le lapon qui compte trente cinq mille usagers environ est la langue des communautés les plus septentrionales de l'Europe vivant le long de l'océan Arctique en Norvège (20 000) en Suède (10 000) en Finlande (2 500) et en URSS, dans la presqu'île de Kola. On distingue en général plusieurs dialectes, mais l'intercompréhension paraît générale. La plupart des Lapons sont bilingues parlant, outre leur langue maternelle, la langue nationale du pays où ils vivent. Traditionnellement nomades, vivant de pêche et de chasse, ils tendent aujourd'hui à se sédentariser. Leurs voisins immédiats, environ quatre millions, vivant en Finlande, parlent le finnois proprement dit; quatre-vingt-dix mille individus ayant le finnois pour langue maternelle, vivent aujourd'hui en URSS. Le carélien (173 000) est la langue de la république autonome de Carélie, en URSS, entre la frontière finlandaise et la mer Blanche. Dans les pays baltes, et plus particulièrement en Estonie, l'estonien est parlé par environ un million d'individus. Dans le cours moyen de la Volga, les langues voltaïques, au nombre de quatre, forment le rameau européen le plus oriental des langues finno-ougriennes; le mordvin (1 000 000), le tchérémisse (500 000), le votyak (500 000) et le zyriam. En Europe centrale, les communautés magyars vivant surtout en Hongrie et en Roumanie (Transylvanie) parlent une langue finno-ougrienne, qui semble assez proche du vogoul parlé dans le bassin de l'Ob en Sibérie. On estime à treize millions environ le nombre des usagers actuels du hongrois. Beaucoup d'entre eux sont bilingues, l'allemand étant le plus souvent la seconde langue qu'ils utilisent.

Les langues caucasiennes formeraient à elles seules une famille. Elles sont parlées de part et d'autre de la chaîne montagneuse qui, s'étendant de la mer Noire à la Caspienne, sépare l'Europe et l'Asie, entre l'URSS et la Turquie. On a dénombré trente-quatre langues différentes réparties en trois groupes géographiques : Nord-Ouest, Nord-Est et Sud. Les langues du Nord-Ouest au nombre de trois sont parlées par plus d'un demi-million d'individus dans les régions voisines de la mer Noire. L'abkhaz est la langue de quatre vingt-cinq mille personnes en URSS et d'une dizaine de mille en Turquie; l'oubykh parlé uniquement en Turquie tend à disparaître; le circassien est la plus importante des langues du rameau Nord-Ouest avec plus de trois cent mille usagers vivant surtout en URSS dans la république autonome de Kabardie (205 000). On en compte environ soixante-dix mille en Turquie, et des petits groupes vivant par ailleurs dans les différents pays du Proche-Orient.

Les langues caucasiennes du Nord-Est, au nombre de vingt-sept, réparties en quatre groupes, sont parlées par un million deux cent cinquante mille individus dans les régions proches de la mer Caspienne et plus particulièrement au Daghestan. Parmi les plus importantes on citera le tchètchène (420 000) en Kazakhie, l'avar (270 000) au Daghestan et en Azerbaidjan; le lakk (65 000) et le dargwa (160 000) au Daghestan; le lesghien (223 000) Daghestan et Azerbaidjan. Quant au groupe Sud des langues caucasiennes il est numériquement le plus important. La langue la plus connue est ici le géorgien qui, entre la république autonome de Géorgie, d'Azerbaidjan et les territoires limitrophes turcs et iraniens, groupe deux millions sept cent mille individus. Beaucoup moins important est le zan (350 000) parlé en Géorgie (300 000) et en Turquie (50 000). La plupart des langues caucasiennes de quelque importance sont reconnues comme langues littéraires en URSS, mais avec l'extension de plus en plus grande du russe les communautés de langue caucasienne tendent à devenir bilingues.

Certains linguistes considèrent que, sur la base d'un

certain nombre de convergences, il serait possible de réunir au sein d'une même famille les langues caucasiennes dont il vient d'être question et le basque des régions pyrénéennes atlantiques, de part et d'autre de la frontière franco-espagnole. On estime qu'environ sept cent mille individus parlent le basque; la majorité d'entre eux vivent dans les provinces du Nord-Ouest de l'Espagne et quatre-vingt dix mille dans le département des Basses-Pyrénées dans le Sud-Ouest de la France. Les Basques forment une communauté dont l'originalité s'est maintenue malgré les rapports séculaires avec des groupes ethniques différents. C'est ce qui explique un certain nationalisme qui se manifeste surtout en Espagne et qui s'appuie en grande partie sur une réalité linguistique évidente.

Les langues européennes actuelles à l'exception de celles que l'on vient d'examiner appartiennent toutes à la famille indo-européenne qui se subdivise en huit branches différentes : italique, grecque, albanaise, arménienne, slave, germanique, celtique et balte.

La branche italique rassemble les langues dites romanes qui, à l'exception du roumain, occupent le Sud-Ouest de l'Europe. On distingue à l'heure actuelle douze langues différentes réparties en trois ou quatre rameaux. Un rameau ibérique qui occupe toute la péninsule du même nom et comprend d'ouest en est : le portugais, l'espagnol (avec différents dialectes) et le catalan. Le portugais, langue nationale du Portugal et du Brésil, est également parlé dans les territoires africains dépendant du Portugal et dans l'Est de Timor (archipel indonésien). Au Brésil le portugais est la langue de soixante-quatre millions d'individus alors qu'au Portugal même il ne compte que neuf millions d'usagers et environ un million quatre cent mille dans les autres possessions portugaises, principalement la Mozambique et l'Angola. Mais dans la province espagnole de Galice, au nord du Portugal, on estime que deux millions d'individus parlent le portugais sous la forme d'un dialecte galicien.

L'espagnol compte cent quarante millions d'usagers dont vingt-sept millions seulement vivent en Espagne, tous les autres étant des ressortissants des pays hispanophones d'Amérique centrale et d'Amérique du Sud, auxquels il convient d'ajouter environ cinq cent mille Philippins. La forme castillane est celle qui est reconnue pour langue officielle de l'Espagne, elle sert également de seconde langue aux quatre millions huit cent mille Catalans vivant dans le Nord-Est du pays et qui sont très vivement attachés à leur langue. Là encore l'originalité linguistique est un des facteurs déterminants du mouvement nationaliste qui se manifeste davantage en Espagne qu'en France où, dans le Roussillon, deux cent mille personnes ont le catalan comme langue maternelle. Les îles Baléares font linguistiquement partie du domaine catalan.

Immédiatement au nord du rameau ibéro-roman, s'étend l'aire linguistique que l'on pourrait qualifier de gallo-roman et qui comprend au sud les parlers d'oc, ou occitans, et plus au nord les parlers d'oïl, dont le français proprement dit. En France même, le français, qui s'est répandu à partir de l'Île-de-France, est la langue des cinquante millions d'habitants dont un certain nombre sont bilingues. En effet au pays basque, en Bretagne, en Alsace et dans la plupart des régions méridionales les Français utilisent non seulement la langue nationale mais ce que l'on peut à juste titre considérer comme leur langue maternelle, et que l'on qualifie vulgairement de « patois », parfois de « dialectes ». Hors de France, cinq millions de Canadiens, surtout au Québec, et quatre millions de Wallons en Belgique ont le français pour langue maternelle. Dans les territoires d'Outre-Mer rattachés à la France (Antilles, Réunion, Océanie), le français est toujours la langue officielle. Il est réalisé par les populations locales sous la forme de créoles. Enfin, en Afrique, les anciennes colonies françaises, aujourd'hui pays indépendants, ont gardé le français comme langue officielle tout au moins pour leurs relations internationales. On rattache au rameau gallo-roman, le rhéto-roman, parlé dans les Alpes : Suisse sud-orientale, Tyrol et Frioul où il est parlé par quatre cent cinquante mille individus. On distingue le romanche (48 000) dans les Grisons, en Suisse, où l'allemand forme le second élément d'un bilinguisme quasi général; le ladin (12 000) dans le Tyrol du Sud (Haut-Adige et Dolomites) et le frioulan (400 000) dans la province d'Udine, dans le Nord de l'Italie.

L'italien, principale langue du rameau italo-roman, avec ses quarante-neuf millions d'usagers est la langue de toute la péninsule italique, de la Sicile et de la Sardaigne. Mais au delà des frontières dans les territoires voisins de la Suisse, de la Yougoslavie et de la France, on compte encore un million cinq cent mille italophones. En outre, à la suite de l'émigration vers l'Amérique, il s'y est constitué des groupes d'italophones assez importants qui ont toutefois adopté en général la langue du pays comme seconde langue. On en compte plus de trois millions aux U.S.A., un million trois cent mille en Argentine et cinq cent mille au Brésil. Le nombre de dialectes italiens est assez élevé. Ils paraissent assez différenciés pour que des ressortissants des différents groupes ne puissent pas toujours se comprendre. Aussi peut-on, du point de vue linguistique, considérer qu'il s'agit souvent de langues différentes plutôt que de dialectes. C'est le cas pour le sarde parlé en Sardaigne.

Le roumain, en Europe orientale, est la langue maternelle d'environ dix-neuf millions d'individus dont seize millions vivent en Roumanie, deux millions cinq cent mille en URSS et huit cent soixante-quinze mille dans les pays balkaniques. On distingue quatre dialectes, le dacoroumain de Valachie étant la forme officielle. L'aroumain, encore connu sous le nom de roumain de Macédoine (macédo-roumain), est parlé en Yougoslavie du Sud, Grèce du Nord et Albanie par environ trois cent cinquante mille personnes.

Le grec moderne constitue à lui seul le rameau grec des langues indo-européennes. Parlé dans l'ensemble de la péninsule hellénique et les îles avoisinantes ainsi qu'à Chypre, le grec compte aujourd'hui sept millions cinq cent mille usagers. Sur le territoire grec proprement dit, il voisine avec des idiomes turcs parlés par des communautés musulmanes en Thrace occidentale et dans les îles du Dodécanèse. Par ailleurs quelque quarante mille individus utilisent une langue slave et l'albanais. À Chypre, quatre cent vingt-cinq mille Grecs constituent la grosse majorité de la population à côté de cent cinquante mille Turcs. Enfin en Italie du Sud, dans les provinces de Calabre et d'Apulie, environ trente mille individus parlent un dialecte grec. C'est le parler de la région de Corinthe qui représente la forme officielle de la langue nationale. Il existe par ailleurs plus d'une dizaine de dialectes dont l'ionien (200 000) et l'égéen (300 000) sont parmi les plus importants avec le cypriote et le crétois. Le tsaconien, sur la côte orientale du Péloponnèse, est considéré souvent comme une langue plus que comme un dialecte. Il est parlé par dix mille personnes environ. Les communautés grecques sont dans la très grande majorité orthodoxes et vivent de l'élevage, de la culture fruitière et du tourisme qui tend à se développer de plus en plus, constituant pour le pays une importante source de revenus.

L'albanais, comportant deux dialectes (le geg et le tosk), forme le rameau albanais. Il déborde assez largement le territoire de l'Albanie proprement dite puisque dans tous les territoires voisins on rencontre des communautés dont l'albanais est la langue. On estime au total à deux millions cinq cent mille ou trois millions le nombre d'usagers de cette langue dont un million cinq cent mille pour l'Albanie, un demi-million pour la Serbie en Yougoslavie et pour l'Italie du Sud et la Sicile. En Grèce, dans l'Attique, il y aurait deux cent mille personnes dont l'albanais est la langue maternelle, peut-être cent mille en Macédoine (Yougoslavie). Les communautés albanaises sont dans leur majorité musulmanes. Dans les zones montagneuses domine l'élevage. Dans la frange côtière plus fertile se pratique une agriculture de type traditionnel où les arbres fruitiers se mêlent au blé et au maïs.

Le domaine des langues slaves s'étend sur une large partie de l'Europe à l'est d'un axe allant du golfe de Poméranie, en mer Baltique, à Trieste sur l'Adriatique. Le centre de cette zone est toutefois coupé d'ouest en est par les domaines hongrois et roumain qui font directement suite à l'aire des langues germaniques. Le domaine slave apparaît ainsi comme divisé en deux parties d'importance inégale; l'une au nord, avec la Pologne, la Russie et la Tchécoslovaquie; l'autre au sud, avec la Yougoslavie et la Bulgarie. L'ensemble des langues slaves représente deux cent cinquante millions d'individus. Au groupe Nord appartiennent, à l'est : le russe, le biélorusse et l'ukrainien ; à l'ouest, le polonais, le cassubien et le tchèque. Au groupe Sud : le slovène, le serbo-croate, le macédonien et le bulgare. Chacune de ces langues, caractérisée par une littérature originale, se subdivise en un nombre plus ou moins important de dialectes. Elles utilisent presque toutes de façon traditionnelle l'écriture cyrillique, le polonais ayant lui, adopté l'écriture latine.

Le russe avec cent trente-six millions d'usagers est incontestablement la plus importante langue de la branche slave. Il est parlé non seulement dans la partie européenne de l'URSS, mais aussi en Sibérie où il tend à gagner du terrain au détriment des langues locales. La très grande majorité des russophones vit dans la République Socialiste Fédérative Soviétique (112 000 000), huit millions en Ukraine et les quelque treize autres millions dans le reste de l'URSS. Les émigrés vivant dans les différents pays d'Europe ou d'Amérique sont au nombre de trois millions environ.

Le biélorusse, langue des Russes Blancs, compte trente huit millions d'usagers dont trente trois millions en Biélorussie même, les autres dans les différents territoires de l'URSS. On estime à environ un million le nombre des émigrés.

L'ukrainien est d'une importance comparable à celle du biélorusse. Plus des trois quarts des Ukrainiens vivent en Ukraine même, les autres ayant émigré en Yougoslavie, au Canada, aux U.S.A. ou en Amérique latine.

La plus importante des langues du groupe Nord occidental est le polonais avec trente-deux millions d'individus vivant en Pologne et quatre millions environ dans différents pays d'Europe ou d'Amérique. La plus importante communauté d'émigrés (3 000 000) se trouve aux U.S.A., quelque cinq cent mille vivent en URSS, une centaine de mille en Tchécoslovaquie, en Allemagne et au Canada. Sur le territoire polonais proprement dit, deux cent mille personnes parlent le cassubien, sur le cours inférieur de la Vistule, aux environs de Gdansk. Ce territoire ayant été longtemps sous l'influence de l'Allemagne, la langue cassubienne est fortement marquée de germanisme. Depuis qu'il a été réintégré à la Pologne, une certaine place est faite au parler local dans la vie intellectuelle du pays mais le polonais est généralisé comme langue nationale. Il s'agit dans l'ensemble de populations catholiques fortement attachées à leurs croyances religieuses.

C'est en Allemagne de l'Est, dans le territoire de Lusace, le long de la frontière polonaise et de la frontière Nord-Ouest de la Tchécoslovaquie que cent cinquante mille personnes parlent le lusacien, principalement dans les zones rurales, mais le bilinguisme est généralisé, l'allemand ayant d'ailleurs fortement marqué la langue locale.

Le tchèque forme avec le slovaque une seule et même langue malgré quelques faibles divergences. Le tchèque parlé dans la partie occidentale de la Tchécoslovaquie (Bohême, Moravie et Silésie) groupe une dizaine de millions d'individus. On compte plusieurs dialectes, la forme praguoise ayant été retenue comme officielle. Le slovaque, lui, avec quatre millions d'usagers, occupe dans la partie orientale du pays, les régions voisines de la Hongrie. Bien que la division linguistique soit en définitive assez peu marquée, les communautés tchèque et slovaque constituent des entités qui tiennent fermement à leur originalité.

Le groupe Sud des langues slave forme un ensemble de vingt-cinq millions d'individus répartis entre la Yougoslavie, la Bulgarie et le Nord de la Grèce. La langue la plus importante est le serbo-croate qui regroupe douze millions d'individus dans les républiques autonomes de Serbie, de Monténégro, de Bosnie-Herzégovine et de Croatie. Il sert en outre de deuxième langue aux communautés slovènes et macédoniennes, comme aux minorités ethniques non-slaves du pays. On distingue en général trois groupes principaux de dialectes serbo-croates. Le štokavien dans le Centre et l'Est, le čakavien, dans l'Ouest et les îles, le kajkavien dans le Nord. Les Serbes et les Croates sont opposés par un nationalisme parfois ombrageux plus que par la langue qui, tout au moins en littérature, s'est unifiée sous la forme du štokavien. Toutefois les Croates catholiques ont adopté l'écriture latine alors que les Serbes orthodoxes utilisent l'écriture cyrillique. Le slovène (1 700 000) dans le Nord-Ouest de la Yougoslavie est, par son importance numérique, la seconde langue du pays; le macédonien (1 000 000) déborde au delà des frontières de la république autonome de Macédoine sur les territoires voisins de Bulgarie et de Grèce. À l'unité ethnique slave s'oppose en Yougoslavie la diversité des cultes. En effet, à côté des catholiques, des orthodoxes et des protestants, de fortes communautés musulmanes vivent en Bosnie, Herzégovine et Macédoine. Dans les régions où vivent des minorités ethniques, les inscriptions et les actes administratifs sont bilingues, mais seul le serbo-croate est reconnu comme langue de commandement dans l'armée.

A l'ouest de l'axe Trieste-golfe de Poméranie et immédiatement au nord du domaine roman, s'étend l'aire des langues germaniques qui recouvrent d'une façon quasi exclusive tout le Nord-Ouest européen continental et insulaire.

La branche germanique comporte sept langues principales, elles-mêmes subdivisées en un nombre plus ou moins important de dialectes. Ce sont par ordre d'importance numérique et compte tenu du nombre d'usagers dans le monde entier : l'anglais (300 000 000), l'allemand (95 000 000), le néerlandais (16 000 000), le suédois (7 000 000), le danois (4 700 000), le norvégien (3 600 000), le frison (300 000) et le scandinave insulaire comprenant les parlers d'Islande et des îles Féroé (55 000).

En Europe, la Grande-Bretagne, y compris la partie anglaise de l'Irlande du Nord, réunit cinquante-cinq millions d'anglophones répartis en un grand nombre de dialectes écossais ou anglais, le plus important de tous quant à son rayonnement étant la forme londonienne qui représente en quelque sorte l'anglais standard. Hors d'Europe, on compte cent quatre-vingt-seize millions d'anglophones en Amérique, dont cent soixante-dix-neuf millions aux U.S.A. et treize millions au Canada; vingt-trois millions dans le Pacifique, quinze millions en Afrique et huit millions en Asie.

L'allemand est la langue officielle de l'Allemagne et de l'Autriche où il est parlé respectivement par soixante-dix millions et sept millions d'individus, mais il est aussi la langue des cantons alémaniques de Suisse et on le retrouve en Alsace, en Moselle, au Luxembourg, en Belgique (Eupen et Malmedy) et en Italie, dans la région de Bolzano. L'allemand est diversifié en une multitude de dialectes que l'on regroupe en deux grands ensembles :

le haut-allemand et le bas-allemand. Le haut-allemand recouvre le Sud de l'Allemagne, l'Autriche, la Suisse alémanique et les régions voisines ; c'est ce groupe qui a fourni l'allemand standard qui, par ailleurs, est la langue étrangère la plus utilisée pour les relations internationales dans toute l'Europe centrale. Un groupe important de germanophones vit aux U.S.A. (7 000 000) et un autre, d'importance plus faible, en Pologne (1 400 000).

Le néerlandais, couramment appelé hollandais, forme avec le flamand un des rameaux du germanique continental de l'Ouest. Douze millions d'individus parlent le néerlandais aux Pays-Bas et cinq millions de Belges parlent le flamand, au nord d'une ligne allant de Mouscron, sur la frontière française, à Visé, sur la frontière hollandaise. Ils représentent en face des Wallons francophones une communauté numériquement plus importante. Les conflits linguistiques en Belgique ont sur la vie politique du pays les répercussions les plus profondes et tournent souvent à l'émeute, aucune des branches de l'activité nationale n'étant épargnée. En outre, dans l'Union Sud-Africaine, on estime que quatre millions d'Afrikaans parlent une langue directement liée au néerlandais et introduite dans le pays par la colonisation des Boers. Dans le Nord de la Hollande et l'île d'Helgoland, sur la côte du Slesvig, trois cent-cinquante mille personnes parlent le frison, surtout dans les zones rurales ; en ville la langue officielle est presque seule à être utilisée. On peut estimer que le frison est en voie de régression.

Les langues scandinaves forment le rameau septentrional des langues germaniques. Le suédois, langue officielle de la Suède, est aussi parlé par quatre cent mille Finlandais et quelques Estoniens. On estime à près d'un million les usagers du suédois aux U.S.A. On distingue deux dialectes : le svea et le göta. Le danois (4 700 000) compte dix mille usagers en Allemagne et environ quatre cent mille aux U.S.A. On oppose des dialectes avec stød (Sud du Danemark) et sans stød (Nord). Le norvégien est parfois subdivisé en « dialectes ruraux » et « dialectes urbains », ces derniers tendant à s'unifier en un norvégien standard. Quant au scandinave insulaire il est représenté par l'islandais et le parler des îles Féroé.

La branche celtique des langues indo-européennes a eu autrefois une extension bien plus grande que celle que nous lui connaissons aujourd'hui. Les différentes langues qui la représentent encore apparaissent comme des îlots témoins dans des territoires plus ou moins marginaux. Seule l'Eire par souci de nationalisme a conservé une langue celte comme langue nationale. Partout ailleurs on s'efforce de sauvegarder le patrimoine culturel des communautés en cause et maintenant l'enseignement des parlers celtes qui, dans la pratique, recule devant la pression de l'anglais ou du français. On distingue trois groupes principaux de parlers celtes ; l'irlandais, le gallois et le breton. L'irlandais, langue officielle de l'Eire avec l'anglais, y est parlé par un peu plus d'un demi-million d'individus pour une population totale de près de trois millions d'hommes, mais le bilinguisme est général ou presque. Le gallois, parlé en Grande-Bretagne dans le Pays de Galles, est d'une importance comparable à celle de l'irlandais avec six cent cinquante mille usagers dont cent mille seraient toujours monolingues. En France, seule l'extrémité occidentale de la Bretagne connaît encore une langue celte. Le breton (900 000) se divise en quatre dialectes : le trégorois et le léonais dans la partie Nord de la péninsule ; le cornouaillais et le vannetais dans le Sud. C'est surtout dans les milieux ruraux que le breton est resté vivant, mais des efforts ont été faits pour assurer l'enseignement de la langue en Bretagne ; même si on ne peut penser à une « reconquête » linguistique, du moins peut-on espérer voir sauvegarder ainsi ce qui reste du patrimoine culturel breton et susciter quelque renouveau littéraire. Les différents mouvements autonomistes qui se sont manifestés considèrent le breton comme la langue nationale de la péninsule armoricaine.

Les langues arméniennes de la péninsule indo-européenne sont parlées par des communautés vivant dans le Sud de l'URSS principalement dans la république fédérative d'Arménie et par d'autres communautés dispersées dans les différents pays du Moyen-Orient. En Arménie soviétique, deux millions de personnes environ ont pour langue l'arménien et hors de l'URSS, un million quatre cent mille environ. On distingue un arménien oriental et un arménien occidental, chaque groupe comprenant plusieurs dialectes. Les ressortissants du groupe oriental vivent surtout en URSS, dans le Nord de l'Iran, dans l'Inde et aux U.S.A. Le dialecte de l'Ararat est ici la forme fondamentale et c'est elle qui est la langue officielle de la république d'Arménie. Les ressortissants du groupe occidental vivent en Turquie et dans les autres pays du Moyen et du Proche-Orient.

La dernière branche des langues indo-européennes en Europe est constituée par deux langues baltes : le letton et le lituanien parlés respectivement en Lettonie et en Lituanie où elles ont le statut de langue officielle, mais aussi par des communautés d'émigrés fixés soit en Europe centrale et orientale, soit en Amérique. Sur un total de quelque cinq millions d'usagers, trois millions parlent le lituanien et deux millions le letton. Le lituanien se subdivise en deux dialectes : le shamait et l'aukshtait, ce dernier servant de base à la langue officielle. Le letton, lui, a trois formes dialectales : orientale, centrale et occidentale, cette dernière servant de langue officielle.

Au terme de l'examen de la situation linguistique en Europe, on s'aperçoit que certains groupes linguistiques des langues indo-européennes ont connu un développement extraordinaire au point de recouvrir à eux seuls la plus grande partie du continent. D'autres, en revanche, ont régulièrement régressé à travers les siècles (celtique) ou bien n'ont connu qu'une extension restreinte (balte, albanais, arménien). D'autres enfin, comme le grec, malgré une glorieuse civilisation, n'occupe plus aujourd'hui qu'un rang secondaire. Fait assez remarquable par ailleurs, ces langues sont géographiquement reléguées dans des zones marginales du continent, assez pauvres en général, comme si la poussée de leurs voisines les y avaient cantonnées, sinon refoulées.

Joseph Verguin.

BIBLIOGRAPHIE

A. Capell, *Un inventaire linguistique du Pacifique sud-ouest*, Nouméa, Commission du Pacifique Sud, 1954.

B. Collinder, *Survey of the Uralic Languages*, 1957.

J. H. Greenberg, *The Languages of Africa*, Mouton, La Haye, 1966.

L. Krader, *Peoples of central Asia*, Mouton, La Haye, 1966.

A. Meillet et M. Cohen, *Les Langues du monde*, Champion, Paris, 1952.

CF. et FM. Voegelin, *Anthropological Linguistics. Languages of the World*, Indiana University, 1966.

LA SITUATION LINGUISTIQUE EN FRANCE

LE FRANÇAIS ET LES AUTRES IDIOMES PARLÉS EN FRANCE

LA PLACE ET LE RÔLE DU FRANÇAIS

Actuellement le français est la langue commune de la presque totalité des personnes vivant en France: langue unique de l'administration et de la presse écrite et orale (sauf en Alsace), langue de culture, langue quotidienne des trois quarts de la population. Le haut degré de scolarisation tend à augmenter constamment cette proportion.

Cela ne veut pas dire que la notion de « français » recouvre partout la même réalité. Il existe des habitudes régionales de réalisation linguistique, dont les aires d'extension coïncident rarement, si bien qu'on ne peut pas parler de « français régionaux » mais de variétés infinies de français. Voici quelques exemples de réalisations qui se distinguent de celles de l'Ile-de-France, prise pour référence (ou « norme »).

PHONIQUE

Le phonème õe *(brun)* tend à disparaître chez les jeunes générations, en dehors de Paris où l'évolution est très avancée; de même, le *r* apical est remplacé peu à peu par le *r* grasseyé déjà dominant géographiquement. Les Méridionaux sont souvent caractérisés par la façon de faire sonner les nasales implosives, comme le *n* de *chanter,* de donner une valeur vocalique au « e muet » dans « *je te le dis petite* », ou d'ouvrir le *o* fermé *(chaude,* prononcé comme *ode).* Dans les zones de bilinguisme intense, où deux systèmes phonologiques interfèrent, les variations sont plus sensibles. L'Alsacien a une prononciation plus tendue de certaines occlusives sonores, qui sonnent sourdes pour une oreille non-alsacienne alors qu'inversement, il entend comme *b* ce que le non-alsacien prononce *p*. L'intonation varie également suivant les régions : on décèle aisément un Marseillais ou un Parisien, plus difficilement un Lyonnais ou un Lorrain.

MORPHOSYNTAXE

Les particularités régionales proviennent soit d'une conservation de traits dialectaux, soit de calques du dialecte local en français. Des constructions telles que « il s'est perdu le chapeau » ou « sentir à l'ail » révèlent une origine méridionale. Dans le Nord et l'Est, et à Paris de plus en plus, se répand le tour « donnez-moi du vin pour mon mari emporter ». En Alsace, par calque germanique les restaurants sont « fermés chaque jeudi » (fr. commun « tous les jeudis »), et au pied de l'escalier roulant en panne, on lit « pas de montée ». En Corse, on note quelques italianismes : « quelle heure sera-t-il ? ». En domaine basque, on signale la transposition en français de la mouillure à fonction diminutive : « tyu me dyonnes » pour « tu me donnes », lorsqu'on s'adresse à des enfants par exemple.

LEXIQUE

C'est dans ce domaine que les usages locaux sont le plus différenciés, car le lexique est l'élément le plus lié aux modes de vie régionaux. Citons entre d'autres : *carte* « cartable » (Normandie, et sporadiquement sur le pourtour de l'Ile-de-France), *étrennes* « pourboire » (Midi), *brave, fier* « bien vêtu » (Auvergne), *collée* « charge portée sur le cou » (Champagne), *bourriers* « ordures » (Poitou), etc. Dans de nombreuses régions, d'oïl notamment, c'est la seule marque dialectale, sur le plan non phonique, qui soit observable.

POLITIQUE LINGUISTIQUE

La politique linguistique de la France mérite d'être signalée. Pendant des années, des groupements culturels ou politiques ont tenté de faire admettre l'enseignement des parlers régionaux dans les écoles publiques. Ces efforts ont abouti à la loi du 11 janvier 1951, dont voici les passages essentiels :

> Des instructions pédagogiques seront adressées aux recteurs en vue d'autoriser les maîtres à recourir aux parlers locaux dans les écoles primaires et maternelles chaque fois qu'ils pourront en tirer profit pour leur enseignement, notamment pour l'étude de la langue française. Tout instituteur qui en fera la demande pourra être autorisé à consacrer, chaque semaine, une heure d'activités dirigées à l'enseignement de notions élémentaires de lecture et d'écriture du parler local et à l'étude de morceaux choisis de la littérature correspondante... Dans les lycées et collèges, l'enseignement facultatif de toutes les langues et dialectes locaux, ainsi que du folklore, de la littérature et des arts populaires locaux, pourra prendre place dans le cadre des activités dirigées... A Rennes, un Institut d'Études celtiques organisera un enseignement des langues et littératures celtiques et de l'ethnographie folklorique ; à l'Université de Bordeaux, un enseignement de la langue et de la littérature basques sera organisé ; un enseignement de la langue et de la littérature catalanes sera organisé à l'Université de Montpellier, à l'Université de Toulouse, à l'Institut d'études hispaniques de Paris et à l'Institut d'études ibériques de Bordeaux ; un enseignement de la langue, de la littérature, de l'histoire occitanes sera organisé dans chacune des Universités d'Aix-en-Provence, Montpellier, Toulouse et Bordeaux.

Ces prescriptions sont applicables « dans les zones d'influence du breton, du basque, du catalan et de la langue occitane ». Aux examens de fin d'études primaires et secondaires, ces quatre idiomes peuvent faire l'objet d'une interrogation facultative, liberté étant laissée au candidat pour le choix du dialecte utilisé. L'alsacien n'est pas enseigné, mais un décret du 18 décembre 1952 prévoit l'enseignement de l'allemand dans les classes terminales des écoles primaires des communes dont la langue usuelle est le dialecte alsacien.

Avant 1936, les instituteurs ont, dans leur ensemble, lutté vigoureusement contre l'emploi du dialecte, susceptible de retarder l'apprentissage du français. Sur le plan proprement pédagogique, les discussions se poursuivent. À l'heure actuelle, les offensives pour l'enseignement des langues et dialectes locaux reprennent. Les zones bretonne et occitane sont à la pointe du combat. Le catalan et le basque, appuyés tous deux sur l'aire linguistique espagnole, posent un problème d'ensemble, et cette double appartenance politique semble être une garantie de survie: tout au moins les revendications sont-elles moins nettement posées.

Plusieurs organisations ont pour but le développement des cultures régionales. En 1958 a été fondé le « Mouvement laïque des cultures régionales », centré sur l'Institut d'études occitanes de Toulouse, et Ar Falz de Brest.

Pour le domaine « occitan » particulièrement, se pose le problème de l'unité linguistique, qui passionne les intéressés. Les publications de l'Institut d'études occitanes proposent elles-mêmes des exercices en languedocien, en gascon et en provençal. Quant au problème de la graphie officielle, son aspect linguistique disparaît souvent devant des préoccupations particularistes étrangères à la question. Il n'en reste pas moins qu'un fort mouvement, appuyé par plusieurs universitaires du Midi, de tous les degrés d'enseignement (on ne saurait évidemment parler d'unanimité), se manifeste, et fait prendre conscience, à une partie de la jeune génération, des richesses de ses traditions locales. On rappelle le rôle de F. Mistral et du Félibrige, et des concours littéraires en langue d'oc sont organisés régulièrement.

En Bretagne, la question du bilinguisme est plus délicate. La réaction devant la tendance unificatrice de Paris a pris des formes diverses. Quelques éléments bretons (séparatistes) ont établi pendant la guerre des liaisons avec l'occupant allemand (voir la réforme orthographique de 1941), cependant qu'un nombre important de Bretons, poussés par le sentiment d'une collectivité bretonne, souhaitent un règlement amiable de ce problème (régionalistes). On distribue de nos jours des tracts bilingues où il est dit: « Parents, parlez breton à vos enfants à la maison... Nous voulons le breton à l'école primaire ».

À noter qu'il ne se pose pas de problème dans les régions où le sentiment d'un parler lié à une certaine collectivité n'a pas été entretenu (le domaine franco-provençal, et la zone d'oïl en particulier). Ce sentiment de « petite nation » justifie encore de nos jours des survivances patoisantes dans des aires isolées (par exemple le val Saugeais, dépendant de l'abbaye de Montbenoît, dans le Doubs).

Malgré tout, la scolarisation de plus en plus longue et démocratisée, le service militaire également long, la radio, la presse, les spectacles, les mouvements de population, font du français le véhicule commun de tous les habitants du pays.

CARACTÈRES GÉNÉRAUX DU BILINGUISME EN FRANCE

Les unilingues sont de langue française à 95%. Seules quelques vieilles personnes ou de jeunes enfants ont comme langue unique un autre idiome (le cas de l'Alsace étant traité à part).

Les dialectologues donnent généralement une idée très optimiste de la vitalité dialectale, par le fait qu'ils recherchent les survivances et les points extrêmes d'attestation. La réalité diffère sensiblement de ces descriptions, car à l'intérieur d'une même zone, la densité interne de l'emploi du dialecte varie énormément. Il est en conséquence difficile de donner des indications chiffrées sur le degré de bilinguisme dans les zones vastes soumises de plus en plus au rayonnement du français.

De nombreux facteurs interviennent dans la caractérisation du bilinguisme.

LES CIRCONSTANCES D'EMPLOI DU PARLER LOCAL

Il est d'usage dans les activités quotidiennes: le travail des champs, la pêche pour les gens de mer, la chasse (même chez des citadins), au marché pour les femmes. Par contre, le français est d'emploi régulier dans les dialogues avec l'administration, et avec les Français unilingues.

Bien souvent, chez les bilingues, se réalise un compromis linguistique. Le patois adopte des mots français (technique, objets nouveaux, politique, sports), et le français parlé par le bilingue est parsemé de calques. Lorsqu'on a affaire à de véritables bilingues usant indifféremment de deux idiomes, on entend fréquemment des phrases commençant dans une langue et finissant dans une autre, sans qu'il soit toujours aisé de déceler les motivations du changement (cas du basque, de l'alsacien...).

À titre documentaire, on peut indiquer que dans l'édition mi-allemande mi-française du quotidien « Le Nouvel Alsacien », les rubriques concernant les informations régionales et les problèmes agricoles sont traitées la plupart du temps en allemand, tandis que les sports, les spectacles, apparaissent en français.

LA SITUATION GÉOGRAPHIQUE

D'une façon générale, le bilinguisme augmente à mesure que la population des agglomérations diminue : c'est le cas de la zone d'oc en particulier. L'opposition ville-campagne est significative dans toutes les régions. Il est évident que Perpignan, Cherbourg, Lorient, Bastia ou Nice connaissent beaucoup moins de bilingues que la campagne voisine. En outre, les zones montagneuses, ou à habitat dispersé, sont plus conservatrices (Corse, Haut-Béarn...). Par contre, les bourgs situés sur des voies de communication, ou jouissant d'un développement industriel récent sont rapidement francisés (Lacq, dans les Basses-Pyrénées, à cause de l'exploitation du gaz, les villes de la vallée du Rhône...). L'Alsace offre une situation spéciale, le bilinguisme à Strasbourg étant de l'ordre de 85 % (seuls quelques quartiers neufs sont à dominance francophone).

LES CLASSES SOCIALES

Dans sa majorité, le peuple (ruraux, bergers, artisans) a mieux conservé le parler local que la bourgeoisie. On note cependant une nette prise de conscience régionaliste chez une élite intellectuelle ou dans la bourgeoisie de différentes régions : en zone catalane, où les conservateurs et les marxistes se rejoignent dans le désir de développer la langue nationale, appuyée par le vaste domaine

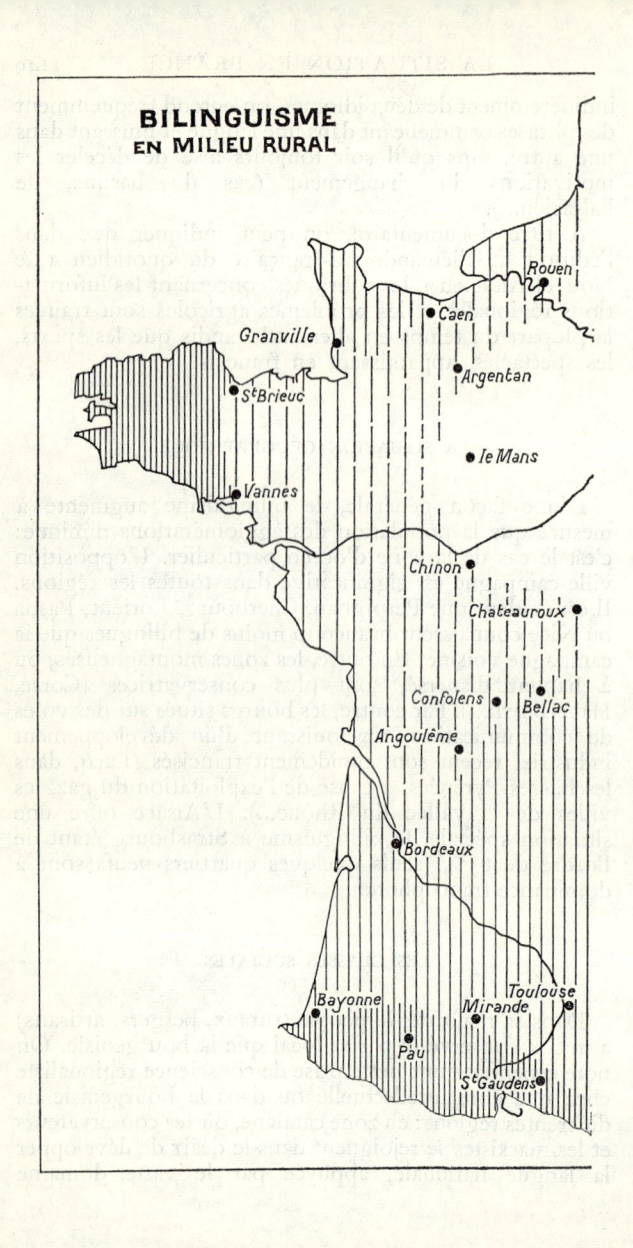

BILINGUISME EN MILIEU RURAL

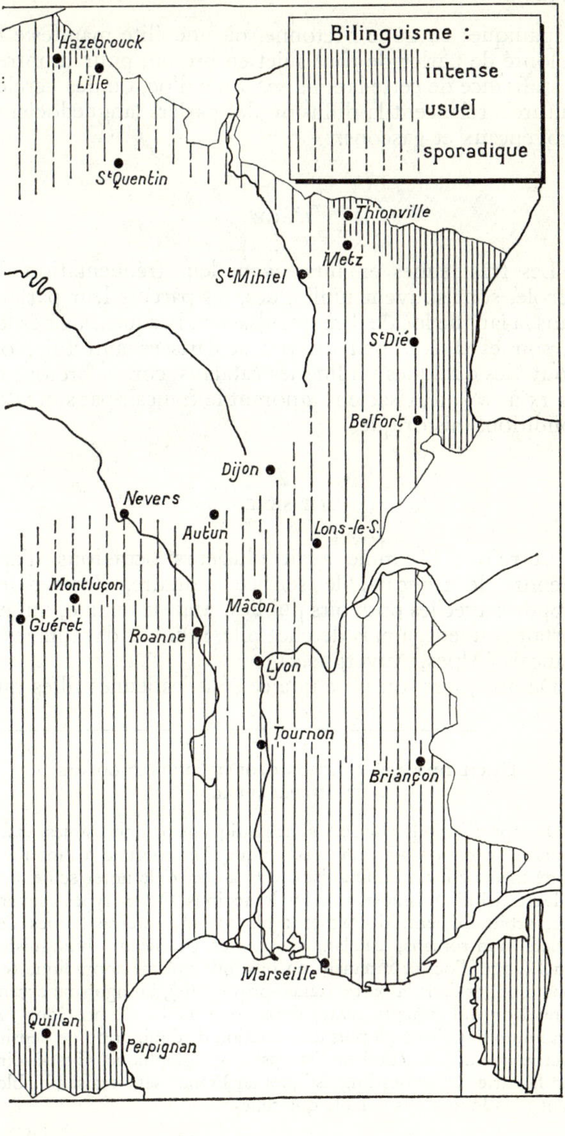

Bilinguisme :
intense
usuel
sporadique
Hazebrouck
Lille
St Quentin
Thionville
Metz
St Mihiel
St Dié
Belfort
Dijon
Nevers
Autun
Lons-le-S.
Montluçon
Guéret
Roanne
Mâcon
Lyon
Tournon
Briançon
Marseille
Quillan
Perpignan

hispanique; en zone bretonne, où une élite manifeste la volonté de parler de tout sujet en breton, pour montrer la suffisance de cette langue; en zone d'oc, où des cercles culturels relancent la diffusion des parlers languedociens, provençaux et gascons.

L'ÂGE

Les très jeunes enfants, avant leur fréquentation de l'école, sont souvent unilingues, les parents leur parlant dans la langue locale (breton, alsacien, basque...). Chez les personnes âgées, peu ou pas scolarisées autrefois, on trouve les quelques unilingues catalans, corses, bretons et les 15 à 20 % d'Alsaciens ignorant le français par suite des conditions historiques.

LE SEXE

Autrefois, l'homme avait plusieurs occasions d'apprendre le français: le service militaire, l'usine, les rapports avec les pouvoirs publics. Mais la femme, qui ne sortait souvent jamais de chez elle, ignorait davantage le français (Alpes, Auvergne...).

De nos jours, on note que ce sont les jeunes filles qui

Carte de l'appréciation globale du bilinguisme en milieu rural.

Des appréciations chiffrées sont pratiquement impossibles, étant donné la variation souvent énorme que l'on constate à l'intérieur d'une même zone de bilinguisme. On a essayé de noter seulement le degré de bilinguisme usuel selon les régions. Quatre types peuvent être, arbitrairement, distingués : bilinguisme intense (zones des parlers non-romans, catalan, toscan, et pyrénéen), bilinguisme usuel (zone d'oc, et rarement en oïl), bilinguisme sporadique (en zone d'oïl, et dans la partie franco-provençale), bilinguisme exceptionnel ou nul (tout le centre de la zone d'oïl). De nos jours, le recul du bilinguisme est plus une question de diminution de densité interne que de réduction de l'extension géographique. C'est-à-dire que la carte des zones linguistiques en France sera vraisemblablement plus longtemps valable que celle-ci.

délaissent le plus rapidement l'usage du parler local, car elles éprouvent plus facilement un certain sentiment de honte à l'employer; ces faits sont attestés, entre autres, en zones basque, alsacienne, languedocienne, dans le Forez, la Franche-Comté.

LA SITUATION PARTICULIÈRE DE L'ALSACE

Les circonstances historiques ont voulu que l'Alsace ait eu à changer de langue officielle, alors qu'elle possédait déjà un dialecte propre, réservé à la langue orale.

Actuellement, 80% des Alsaciens sont trilingues : connaissance active du dialecte alsacien et du français, et connaissance passive de l'allemand, qui sert de langue écrite au dialecte. En effet, le journal « Les Dernières Nouvelles » tire plus de 200 000 exemplaires en allemand, et 25 000 en français. Le prêche se fait fréquemment en allemand. Plusieurs cinémas sont spécialisés dans les films parlant allemand. Il existe des émissions radiophoniques en dialecte, ainsi qu'un théâtre et un cabaret en dialecte. Tous les écrits administratifs sont bilingues : les affiches électorales, les pièces de sécurité sociale, les déclarations d'impôts, et les discours du Président de la République sont distribués dans les deux langues.

En Lorraine de langue germanique, on tend vers le monolinguisme français par suite de la forte industrialisation de la région.

Le problème scolaire est délicat. On demande aux élèves de ne pas parler le dialecte à l'école, de façon à ne pas gêner l'apprentissage du français. L'allemand tient naturellement une grande place parmi les langues vivantes enseignées en Alsace : les réticences de l'administration après la guerre ont à peu près disparu. Le renouvellement des générations peut être un facteur déterminant dans l'évolution linguistique de l'Alsace.

LES GRANDES ZONES LINGUISTIQUES EN FRANCE

LES PARLERS ROMANS

LES PARLERS D'OÏL

Les parlers d'oïl comprennent un certain nombre de dialectes s'opposant globalement aux parlers d'oc, selon des critères linguistiques nombreux. La frange nord-ouest (le normano-picard) forme un ensemble caractérisé par la conservation du *k* devant *a*. Le pourtour de l'aire est constitué par des dialectes qui sont tous, à des degrés divers, en voie de disparition. Leur délimitation devient de plus en plus arbitraire. On peut distinguer, en allant de l'Ouest à l'Est : les parlers de l'Ouest (Maine-Anjou), du Sud-Ouest (Poitou, Aunis et Saintonge), du Centre (Touraine, Berry), du Sud-Est (Bourbonnais, Nivernais, Bourgogne, Franche-Comté), de l'Est (Lorraine, Champagne), et le wallon de quelques localités frontalières des départements du Nord et des Ardennes. Au Centre une vaste zone, qui prend de plus en plus d'extension, ignore tout autre parler constitué que le français.

LES PARLERS D'OC

Sous le nom de parlers d'oc on groupe un certain nombre de dialectes romans présentant des traits linguistiques communs.

La limite nord de cette zone est constituée surtout par la conservation du *a* accentué latin en syllabe ouverte. D'autres limites internes permettent de distinguer utilement, dans une caractérisation générale: le domaine franco-provençal (Loire, Rhône, Isère sauf la pointe sud, Savoie, Haute-Savoie, Ain, Sud-Est du Jura et du Doubs); le domaine d'oc du Nord (Limousin, Auvergne, Gévaudan, Provence alpine); le domaine d'oc du Sud (Languedoc, Provence méditerranéenne); le domaine gascon (au sud-ouest de la Garonne en gros).

À l'intérieur de la zone ainsi définie, la situation

linguistique réelle est très différente selon les lieux. Du point de vue dialectal proprement dit, le franco-provençal a subi une très forte influence française. La plupart des grandes villes ou des bourgs importants de la zone d'oc représentent des îlots à grande dominance française. Les bourgs de moyenne importance et les villages sont constitués par une population bilingue.

On ne peut préciser combien de sujets parlent un idiome d'oc: sept ou huit millions semble un chiffre raisonnable. La tendance à la francisation est générale, surtout dans les agglomérations moyennes et le long des grandes voies de communication. Les régions montagneuses (Massif Central, Pyrénées) sont plus conservatrices.

LE CATALAN

La variété de catalan parlé en France est le roussillonnais. Le domaine catalan comprend en France le département des Pyrénées-Orientales, excepté au nord le canton de Sournia (sauf Arboussols), le canton de Saint-Paul-de-Fenouillet, et l'ouest du canton de Latour-de-France (la limite passe entre ce dernier bourg et Estagel).

Cette zone est linguistiquement assez homogène. Il faut excepter les Français de l'administration, les réfugiés de l'Afrique du Nord, et les Espagnols parlant castillan. On peut estimer à 170 000 environ le nombre de personnes parlant le catalan dans ce département; les trois quarts sont bilingues (catalan-français). La conscience d'appartenir à une grande communauté catalane liée au vaste domaine hispanique aide fortement au maintien du catalan comme langue familière et aussi comme langue littéraire.

LES PARLERS CORSES

Les parlers corses font partie du groupe linguistique italien. Au nord de l'île, on parle le toscan; au sud également, mais avec des marques d'influence sarde.

ZONES LINGUISTIQUES EN FRANCE

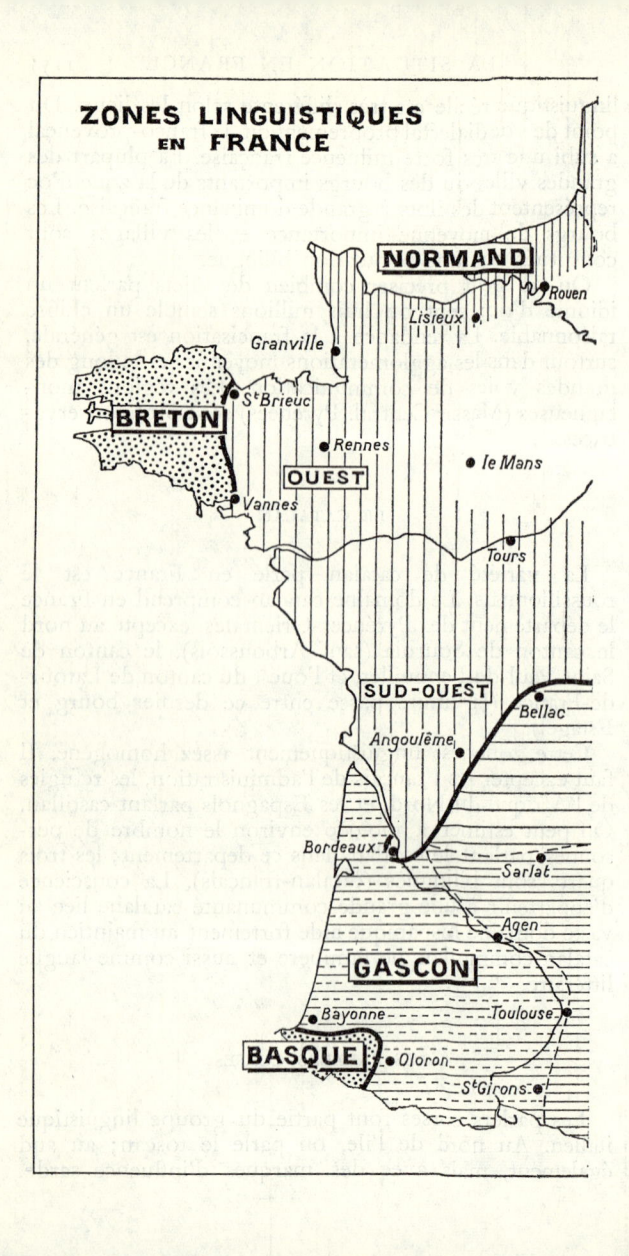

NORMAND
Rouen
Lisieux
Granville

BRETON
St Brieuc
Rennes
Vannes

OUEST
le Mans
Tours

SUD-OUEST
Bellac
Angoulême
Bordeaux
Sarlat
Agen

GASCON
Bayonne
Toulouse

BASQUE
Oloron
St Girons

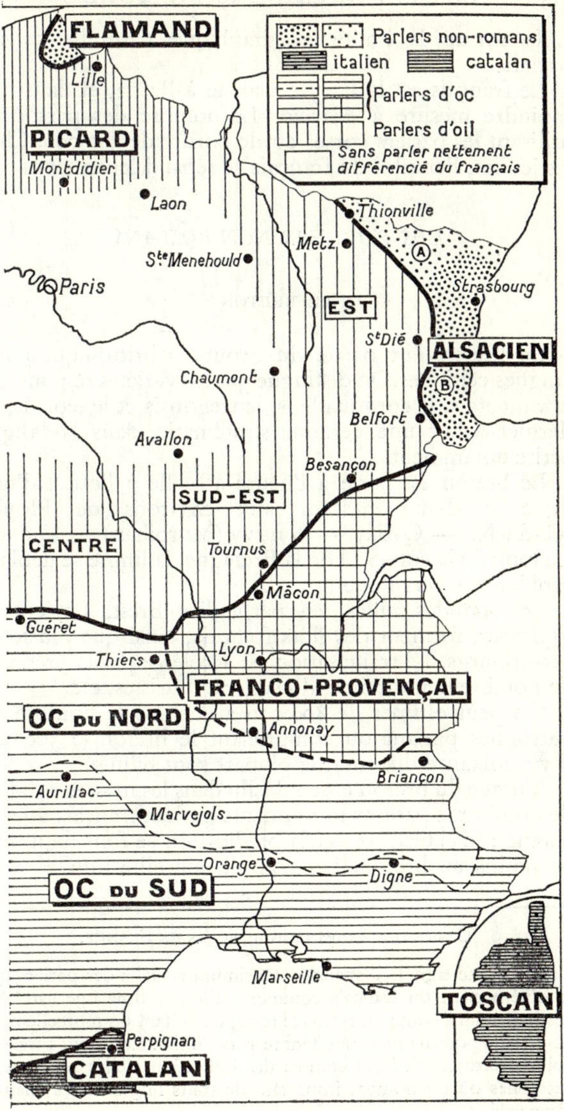

Parlers non-romans
italien
catalan
Parlers d'oc
Parlers d'oil
Sans parler nettement différencié du français
FLAMAND
Lille
PICARD
Montdidier
Laon
Thionville
Metz
A
Ste Menehould
Paris
Strasbourg
EST
St Dié
ALSACIEN
Chaumont
B
Belfort
Avallon
Besançon
SUD-EST
CENTRE
Tournus
Mâcon
Guéret
Lyon
Thiers
FRANCO-PROVENÇAL
OC du NORD
Annonay
Briançon
Aurillac
Marvejols
Orange
Digne
OC du SUD
Marseille
TOSCAN
Perpignan
CATALAN

L'île forme la limite géographique naturelle de ces parlers.

Le français est la langue usuelle à Bastia, et dans une moindre mesure à Ajaccio. Le nombre des personnes utilisant les parlers corses est de l'ordre de 200 000. Chez les jeunes, l'emploi du français se répand lentement.

LES PARLERS NON-ROMANS

LE BRETON

Le breton fait partie du groupe « brittonique » des langues celtiques. On distingue quatre variétés régionales ; le vannetais, le cornouaillais, le trégorois et le léonais, ce dernier ayant une certaine suprématie, dans la langue écrite notamment.

Le breton est parlé à l'heure actuelle à l'ouest d'une ligne nord-sud passant aux environs de Plouha (C.-du-N.) — Corlay — Pontivy (Morbihan) — Vannes. Le long de la côte Sud de la Bretagne, la limite se déplace rapidement vers l'ouest.

Les grandes villes, en particulier Brest, Lorient et Quimper, forment des îlots français, ainsi que plusieurs gros bourgs. La francisation est accélérée par la présence de nombreux militaires, douaniers, touristes, etc.

On peut estimer de 800 000 à 900 000 le nombre de personnes parlant ou comprenant le breton (1 300 000 il y a soixante-dix ans) ; la plupart sont bilingues.

L'usage du breton est en déclin dans les masses rurales ; de nombreux parents bretonnants parlent français à leurs enfants ; le catéchisme et la prédication se font de moins en moins en breton. Par contre, une élite intellectuelle

---

CARTE DES ZONES LINGUISTIQUES EN FRANCE.

Cette carte signale l'extension maximum actuelle des parlers qui se différencient du français commun. Elle constitue une synthèse des indications contenues dans le texte, en évitant un morcellement linguistique qui ne peut que tendre vers l'infini. Les limites tracées doivent être considérées comme des indications ; elles recouvrent des zones où un nombre important de traits linguistiques change d'expression.

milite en faveur du breton et un certain renouveau est attesté dans l'enseignement et dans les milieux culturels.

LE BASQUE

Le basque est une langue non indo-européenne. Le basque de France se divise en trois zones : le labourdin (ouest), le bas-navarrais (centre), le souletin (est).

L'aire d'extension du basque évolue peu en France. Cette langue est parlée au sud-ouest d'une ligne partant du sud de Biarritz-Bayonne, et passant au nord de Saint-Palais, à l'est de Mauléon et de Tardets ; toutes ces localités sont situées dans le département des Basses-Pyrénées.

Le français pénètre de plus en plus le long de la côte (tourisme) et dans les villes (Mauléon). Le nombre de sujets français parlant basque est d'environ 85 000.

Le basque reste bien vivant dans les milieux ruraux et les petites villes. Les Basques français ont le sentiment d'appartenir à une communauté les unissant aux Basques espagnols.

LE FLAMAND

Le flamand fait partie du groupe linguistique néerlandais (germanique occidental). Il s'est sensiblement différencié du hollandais littéraire.

Le flamand est parlé au nord-est d'une ligne passant à l'est de Dunkerque et Saint-Omer et au sud de Bailleul, en touchant les localités de Petite-Synthe, Cappellebrouck, Clairmarais, Lynde, Steenbecque, Vieux-Berquin.

Dunkerque, et plus récemment des villes telles que Bergues, Cassel, Hazebrouck et Bailleul sont acquises au français. L'installation d'un sanatorium ou d'usines accélère la francisation (ainsi à Leffrinkhoucke et Zuydcoote par exemple). Ces mêmes facteurs peuvent agir en sens inverse : ainsi dans les grands centres industriels de Lille, Roubaix et Tourcoing, des colonies d'ouvriers belges de langue flamande sont installées, et forment des îlots linguistiques en zone francophone.

Les chiffres établis il y a trente ans semblent encore valables : 150 000 sujets parleraient flamand dans la zone principale, et 50 000 dans la région industrielle lilloise.

Le flamand disparaît assez rapidement des villes, les deux causes principales étant l'administration uniquement française, et le mélange des populations par suite de la forte industrialisation actuelle. Il se maintient mieux dans les campagnes et lorsque la main-d'œuvre belge est importante.

L'ALSACIEN

On comprend généralement sous le nom d'alsacien les parlers germaniques de l'Est de la France. Au nord de cette zone (Moselle et frange nord du Bas-Rhin), un dialecte franconien; à l'extrême sud du Haut-Rhin, un dialecte haut-alémanique; dans le centre, un dialecte bas-alémanique.

Les dialectes alsaciens sont parlés à l'est d'une ligne passant par Thionville, ouest de Boulay et Faulquemont, Sarrebourg, est de Schirmeck, ouest de Villé, est de Sainte-Marie-aux-Mines et Lapoutroie, La Schlucht, col de Bussang, Ballon d'Alsace, et la limite du département du Haut-Rhin jusqu'à la frontière suisse.

Les grandes villes (Strasbourg, Mulhouse, Colmar) possèdent quelques milliers de sujets ne connaissant que le français. On peut évaluer à 1 300 000 le nombre de personnes connaissant l'alsacien. Parmi eux, 80% savent le français à l'heure actuelle, et une grande partie lit l'allemand. On doit signaler une petite communauté parlant le judéo-allemand (de l'ordre de 10 000).

La tendance actuelle est à la généralisation du français. Les parents continuent cependant d'une façon générale à parler le dialecte à leurs enfants même à l'âge scolaire.

LES ÉTRANGERS EN FRANCE

Près de deux millions d'étrangers réside en France. Citons les principaux qui, lorsqu'ils apprennent le français, deviennent bilingues : les Italiens, employés dans le bâtiment, les mines, le commerce (Midi, Nord et Est); les Espagnols, ouvriers de l'industrie, petits exploitants, les femmes comme bonnes à tout faire (Midi, Paris, et extension actuelle vers l'Est); les Nord-Africains de langue arabe, manœuvres dans toute la France; les Flamands, travailleurs dans les départements du Nord; des groupes divers, tels les Polonais (mines du Nord et de l'Est), les Russes blancs, les Catalans, les Gitans (Midi surtout). Ces étrangers forment souvent de petits îlots linguistiques dans plusieurs villes. Au bout d'un certain temps, ils connaissent tous un peu le français, mais de nouveaux arrivages rétablissent le nombre des unilingues temporaires.

Bernard POTTIER.

Nous remercions les collègues suivants de leur collaboration : Mmes ou Mlles Dondaine, Dubuisson, Durdilly, Escoffier, Gonon; MM. Allières, Camproux, Debrie, Falch'un, Gardette, Garneret, Guillaume, Guiter, Haritschellar, Jeanroy, Lafon, Lechanteur, Mazaleyrat, Metz, Moguet, Palu-Laboureu, Pée, Pignon, Rostaing, Schenker, Séguy, Stéphanini, Tuaillon.

LA SITUATION LINGUISTIQUE
EN ALLEMAGNE

Décrire la situation linguistique en Allemagne actuellement (1963) présente des difficultés particulières, du fait des déplacements de population causés par la guerre, et, plus encore, de la rapidité de l'évolution causée par l'accélération des communications, l'urbanisation et l'industrialisation.

Les incidences linguistiques de la division du pays entre deux organisations politiques, république fédérale à l'Ouest, république démocratique à l'Est, ne semblent pas très importantes : les divergences portent sur un groupe limité de faits de vocabulaire, le fait que les mêmes évolutions générales se poursuivent parallèlement des deux côtés d'une frontière pourtant peu perméable domine, et nous pourrons ici parler constamment de l'ensemble formé par les deux républiques comme d'une unité. D'autre part, il n'y a pas de limite précise entre la situation que nous trouvons en Allemagne du Sud et celle que nous trouvons en Autriche. Par contre, en ce qui concerne le partage de l'expression entre la langue littéraire commune ou koinè, et le parler dialectal local, la Suisse alémannique et le Luxembourg, qui reconnaissent l'allemand comme langue officielle, présentent des situations tout à fait différentes de ce qu'on observe en Allemagne, et qui ne seront pas étudiées ici.

La régression du parler dialectal devant la langue commune, langue de l'école et de l'administration, l'emploi toujours plus étendu de la langue commune même dans l'usage oral quotidien, jusqu'à la disparition du dialecte dans certains cas, ce type d'évolution s'observe dans tous les pays européens. Mais pour des raisons historiques, il a pris en Allemagne des formes très particulières, et soulève des problèmes spécifiquement allemands.

LA SITUATION EN ALLEMAGNE

Un premier fait remarquable est qu'on n'observe pas en Allemagne ce qu'on observe en France autour de Paris, en Angleterre autour de Londres : une vaste aire continue où le dialecte a pratiquement disparu, et où il n'y a qu'un moyen d'expression, la langue commune, qu'il s'agisse

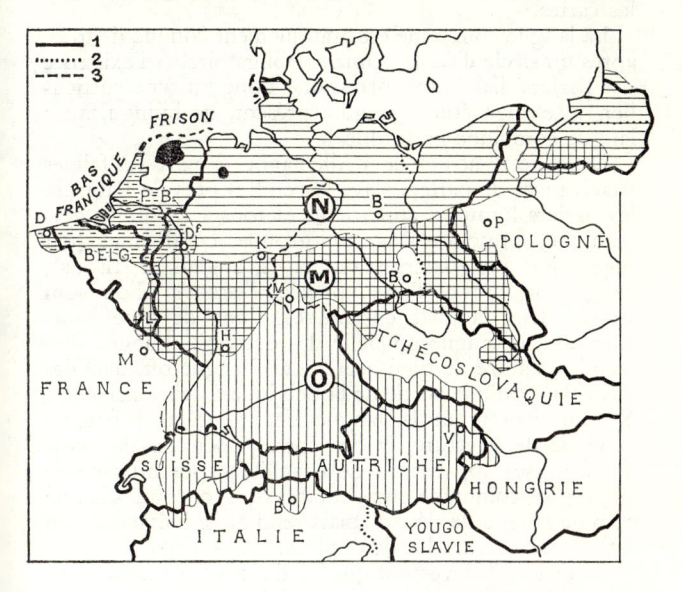

La Teuthonia avant la deuxième guerre mondiale.

Les initiales et les grisés correspondent aux dialectes : bas-allemand (N, *niederdeutsch*), avec le bas-francique et le frison, et haut-allemand subdivisé lui-même en moyen-allemand (M, *mitteldeutsch*) et sud-allemand (O, *oberdeutsch*). Les frontières sont celles du 1er janvier 1938 (1) ; on a indiqué les limites actuelles quand elles en diffèrent (2) et la ligne de démarcation entre les deux Allemagne (3).

des activités intellectuelles les plus hautes ou de l'usage oral le plus familier. On peut encore faire des cartes dialectales de l'Allemagne sans blanc apparent. Récemment encore (1955-59) une campagne d'enregistrements magnétophoniques des dialectes allemands a pu être faite sans lacunes pour la république fédérale, à raison d'une localité-témoin par carré de seize kilomètres de côté. Les bobines sont conservées au *Deutsches Spracharchiv* de Münster, dirigé par E. Zwirner. En fait, la langue commune est devenue pratiquement le seul moyen d'expression dans les grandes villes, mais cela ne ressort pas sur les cartes.

La langue commune est pratiquement connue de tous, après un siècle d'école primaire obligatoire. A l'existence des parlers dialectaux correspond donc un type particulier, assez peu étudié jusqu'à présent, de bilinguisme : langue commune-parler local.

Dans l'état actuel de l'Allemagne, à part de faibles survivances de parlers slaves (wendes) près de Bautzen, les parlers locaux y appartiennent tous à la famille germanique, presque tous au groupe continental (par opposition aux parlers scandinaves, anglais et frisons); ce groupe couvre l'aire appelée *Teuthonia,* d'où sont sorties deux langues communes, l'une de type haut-allemand, la langue officielle des deux républiques allemandes, l'autre de type néerlandais, langue officielle des Pays-Bas et d'une partie de la Belgique. Il y a ainsi, entre chaque dialecte et la langue commune, une parenté générale de structure, et des correspondances de vocabulaire assez apparentes. Cela facilite l'apprentissage de la langue commune aux enfants qui ont un dialecte comme langue de départ, mais rend aussi inévitables les interférences entre les deux plans.

Rappelons brièvement que les dialectes situés en territoire allemand se divisent en trois groupes, séparés par des lignes qui vont de l'Ouest à l'Est. Il y a un groupe des dialectes du Nord, le bas-allemand *(niederdeutsch),* au nord d'une ligne Cologne-Berlin approximativement. Au sud de cette ligne, on trouve le type haut-allemand, qui comprend deux groupes : les dialectes de la moyenne Allemagne *(mitteldeutsch)* et ceux de l'Allemagne méridionale *(oberdeutsch).* Le gros de ces derniers est formé par les dialectes alémanniques d'une part, qui s'étendent aussi sur l'Alsace et la Suisse et, plus à l'Est, les dialectes austro-bavarois.

La base de la langue commune correspond à la partie orientale de l'Allemagne moyenne (Thuringe, Saxe), avec des influences bavaroises.

Du fait des complexes interférences entre la langue

commune et les dialectes, l'existence des deux plans doit être constamment évoquée.

Les variantes de la langue commune se situent entre deux extrêmes : une langue idéale, tout à fait exempte de caractères localisables, entièrement soustraite à l'espace *(überlandschaftlich)*, plus souvent écrite que parlée, et une variété observée dans l'usage oral quotidien, fortement influencée par le substrat dialectal, surtout dans sa forme phonique, mais aussi dans sa syntaxe et son lexique. Le premier type est appelé *Hochsprache,* le second *Umgangssprache.*

Quant au dialecte, ce sont des problèmes de résistance à l'avance de la langue commune qui se posent à propos de lui, soit que les situations dans lesquelles il s'emploie deviennent plus rares, soit que le dialecte lui-même soit envahi par les formes de la langue commune.

LES VARIÉTÉS DE LA LANGUE COMMUNE

L'ALLEMAND CULTIVÉ (HOCHSPRACHE)

La forme écrite de l'allemand, langue de culture, est aussi exactement fixée que celle du français et de l'anglais.

En ce qui concerne l'orthographe et la flexion, le dictionnaire orthographique de Konrad Duden fait autorité; il était fondé à l'origine sur la codification des décisions prises par les chefs d'administration en cas de doute (*Regelbücher* prussien, bavarois, autrichien); cela est assez caractéristique : il n'y a pas eu une capitale, un centre, où l'usage de la « bonne société » aurait été pris comme référence.

En ce qui concerne l'emploi et la valeur des tours syntaxiques et du vocabulaire, une masse d'œuvres littéraires permet de définir l'usage des bons écrivains, et de le donner en modèle. Il faut remarquer toutefois que l'écrivain allemand de valeur tend à montrer son originalité non seulement par le contenu de son œuvre, mais par la création d'une langue individuelle, et qu'il est plus difficile qu'en France de dégager une norme linguistique à laquelle tous se conforment. Trouver des textes de prose *exemplaire* est une tâche délicate, et ce n'est pas toujours chez les écrivains les plus connus qu'on les trouve.

L'allemand écrit n'en est pas moins, dans sa forme littéraire et scientifique, une langue de culture parfaitement définie. Cette fixation de la forme écrite contrastait, du moins jusqu'à une date très récente, avec l'absence de norme généralement reconnue de l'usage oral de cette même langue. On peut donc rencontrer des hommes cultivés, parfaitement maîtres des ressources de la langue littéraire et de sa correction, qui parlent cette langue de façon régionalement marquée; ainsi un Hanovrien prononcera *s* et non *sch* à l'initiale de *Stein, spitz,* un Saxon n'essaiera pas de différencier *k* et *g*. Non seulement cela est admis, mais certains peuvent avoir le sentiment qu'il ne faut pas renier ses origines, et qu'une prononciation qui ne serait celle d'aucune région nuirait à la spontanéité de l'expression, serait artificielle, ou prétentieuse. On remarquera qu'il ne s'agit pas ici seulement d'accent, au sens d'un modelé d'intonation et d'intensité, d'un mouvement rythmique, mais de l'articulation même des consonnes et voyelles.

Un essai pour définir une norme phonique de la langue cultivée a été fait relativement tard, à la fin du XIXe siècle, et seulement pour la scène, où le mélange des prononciations régionales est difficilement tolérable. Œuvre d'une commission mixte d'hommes de théâtre et de linguistes, cet essai est connu par le livre de Th. Siebs, *Deutsche Bühnenaussprache* (*la Prononciation de l'allemand à la scène*).

Le conflit entre ceux qui veulent s'en tenir à la « nature », et ceux qui veulent « parler d'après Siebs » reste ouvert. Cependant l'idée d'une uniformisation de l'usage de la langue de culture, dans le sens de ce qui existe pour le français et l'anglais, a fait du chemin, dans l'enseignement et la société cultivée. Il est caractéristique que la dernière édition du livre de Siebs porte désormais le titre de *Deutsche Hochsprache*.

On entend définir ainsi un usage oral de niveau élevé, aussi bien fixé que l'usage écrit de même niveau, pour tous les usagers de l'allemand cultivé.

Il faut reconnaître que les normes proposées ont un caractère assez artificiel. Pour le choix entre la forme ouverte et la forme fermée de *e* long, on se réfère à la graphie : ce qui est écrit *ä* sera prononcé ouvert, ce qui est écrit *e* sera prononcé fermé. Or l'emploi de *ä* n'a pas de valeur phonétique : il indique l'appartenance à une racine contenant un *a;* ainsi *er trägt,* forme du verbe *tragen;* il s'agit ici d'un *e* fermé ancien, qui reste fermé pour beaucoup d'Allemands.

Un singulier compromis consiste à recommander, pour que la distinction des séries, *p, t, k* et *b, d, g* soit bien assurée, la prononciation qu'on entend en domaine bas-allemand (alors que la base de la langue commune est le type haut-allemand).

De telles recommandations restaient abstraites et ne correspondaient pas à une expérience acoustique vivante; elles ne concernaient que des faits isolés. La radiodiffusion est venue transformer profondément la situation. Elle doit transmettre, dans toute l'étendue du pays, le modèle concret d'une langue de bonne tenue, parlée. L'uniformisation de la diction des *speakers* progresse rapidement, en même temps que s'élargit l'élite cultivée qui attache du prix à une prononciation non marquée régionalement.

Il faut souligner qu'historiquement il n'y a pas eu, à l'origine de l'allemand commun, la langue parlée d'un centre déterminé, comme il y a, derrière le français, l'anglais ou le danois, la langue de Paris, de Londres ou de Copenhague. Au départ, il y a eu des traditions graphiques uniformisées couvrant une région, intelligibles par rapport à une famille de dialectes, les *Schriftdialekte*. C'est par un texte imprimé, la traduction de la Bible par Luther, qu'une de ces langues écrites a été largement connue; elle a été adoptée dans une aire de plus en plus étendue, et a finalement éliminé les autres.

Beaucoup d'Allemands emploient, pour désigner la langue commune, le terme de *Schriftsprache* « langue écrite »; pour eux, c'est la forme écrite qui est primaire, et la forme parlée est l'énoncé de la forme écrite; que la forme écrite puisse être la transposition en symboles graphiques d'une parole vivante est un problème qui reste dans l'ombre.

Le linguiste suisse W. Henzen a montré comment, dans chaque région, la lecture du texte écrit, à l'école, revenait à assembler des consonnes et des voyelles du dialecte local — à peu près comme nous prononçons le latin et le grec avec les sons et les intonations du français. Il y avait ainsi, en l'absence de modèle vivant, une

Lesesprache par région. C'était une énonciation (des signes écrits) plutôt qu'une prononciation, si l'on entend par prononciation la reconstitution de la parole dont les signes écrits ne sont que la représentation symbolique.

En somme, si l'allemand peut se comparer aujourd'hui au français et à l'anglais comme langue de culture de forme graphique et phonique parfaitement définie, il y est arrivé malgré des circonstances historiques particulièrement défavorables, en l'absence d'un centre dominant; et par des voies qui lui sont propres. Deux techniques de diffusion à leur naissance auront joué ici un rôle décisif, l'imprimerie à l'époque de Luther, la radiophonie aujourd'hui.

L'ALLEMAND DES RELATIONS ORALES QUOTIDIENNES (UMGANGSSPRACHE)

Des variantes de la langue commune, très marquées régionalement, s'emploient aujourd'hui dans les situations de la vie familière, surtout dans les villes.

Dans les grandes villes et certaines villes moyennes, la langue commune, sous cette forme régionale, est le seul moyen d'expression qui a supplanté le dialecte. Ailleurs l'allemand régional et le dialecte coexistent, les habitants sont bilingues : ils usent de l'un ou de l'autre moyen d'expression selon la situation; le dialecte s'emploie si tous les interlocuteurs appartiennent à la même petite communauté patoisante; si des interlocuteurs étrangers à cette communauté sont présents, la langue commune sert de langue véhiculaire.

Il y a certes des types de français régional; mais la diversité des types régionaux et les écarts entre eux sont nettement plus marqués en ce qui concerne l'allemand.

Un autre caractère de l'allemand régional est son instabilité, au moins en ce qui concerne le parler des grandes villes *(Stadtsprache)*. On a vu combien l'allemand cultivé peut être exactement décrit; et par ailleurs, le parler dialectal d'un village peut être l'objet d'une monographie précise. L'allemand régional s'encadre, de façon flottante, entre deux limites :

I) une langue commune correcte du point de vue de la syntaxe et du lexique, avec une prononciation régionale, de même base que le dialecte, ce qui ne veut pas dire

LA SITUATION EN ALLEMAGNE 1169

que le mot désignant une notion donnée coïncide avec celui du dialecte : ainsi, dans telle localité de la moyenne Allemagne, le mot *wagen* (Bühnendeutsch [vaːgən]) sera prononcé [vå : χŋ] avec un *a* vélaire (tendant vers *o*), et un *g* fricatif, voisin de *ch* dans *doch, auch* de l'allemand commun. Ce sont les sons les plus voisins qu'offre la base dialectale. Mais dans le dialecte, le nom de la voiture est [voin].

II) une langue dont la syntaxe et le vocabulaire contiennent de nombreux traits régionaux, venus des dialectes; on emploiera par exemple *da denk ich an* au lieu de *ich denke daran;* on appellera le pied *baen,* parce qu'on l'appelle en dialecte *bēn,* cela faute d'un mot correspondant à *Fuss* de la langue commune.

Voici un exemple des extrêmes dans l'allemand local de Leipzig : Schriftsprache : *jetzt müssen wir aber zu arbeiten anfangen.*

(1) jedst müsən wiːr aːbər ånfaŋn dsu aːrbaetən (sujet « cultivé »)

(2) χäds mismər awər anfaŋ mid aːrweːidn (populaire)

L'ouvrier pourra, hors de son milieu, remplacer le pronom *mər* par *wer, mid* par *dsə,* prononcer *åwer* avec *a* long, et atteindre ainsi un niveau plus « élevé », intermédiaire entre (1) et (2).

Un peu d'habitude permet l'intercompréhension entre ces niveaux, plus ou moins éloignés de la limite supérieure, la koinè prononcée sur base régionale.

Il y a là une forte dialectalisation de la langue commune, et la situation a quelque analogie avec celle qu'on observe pour l'anglais des États-Unis, sur lequel on peut faire des études de géographie linguistique.

De façon à peine consciente, le sujet parlant varie ce qu'on pourrait appeler le niveau social de l'expression; il s'agit d'une part d'option de formes, d'autre part d'un effort pour réaliser plus nettement les distinctions indiquées dans la graphie de la *Schriftsprache*. Le réseau d'habitudes rythmiques, dynamiques est commun.

Cette situation permet aux Allemands d'englober dans l'attachement sentimental à l'expression spontanée acquise dès l'enfance la langue littéraire commune, de couvrir du concept flottant de *Muttersprache* « langue maternelle » une gamme qui va du dialecte proprement dit à ce qu'on pourrait appeler la forme orale de la langue écrite, les degrés intermédiaires étant couverts par une *Umgangssprache* à niveau variable.

LES DIALECTES ET LEUR SORT

Le bilingue capable de se servir, pour les mêmes fins pratiques, soit du dialecte local, soit de la variante régionale de la koinè, se trouve encore partout dans les petites agglomérations. (On remarquera qu'il existe un autre bilinguisme, qui est un partage du champ de l'expression entre langue commune et dialecte, avec une faible marge de chevauchement, de sorte que le sujet ne peut dire certaines choses familières qu'en dialecte, d'autres qu'en langue commune).

Le premier type de bilinguisme est celui qui produit le plus de contaminations d'une expression par l'autre, et de fait les dialectes allemands reçoivent par l'intermédiaire de l'allemand parlé régional du vocabulaire, des tournures de la langue commune. Les observateurs allemands sont unanimes à signaler cet envahissement. L'allemand régional accueille de son côté des termes « locaux », l'écart diminue et le dialecte est menacé de n'apparaître plus que comme une variante superflue de l'allemand régional, de la *Umgangssprache*. Cette dégradation semble particulièrement rapide dans l'aire du moyen-allemand, d'où est sortie la koinè.

Un autre facteur de recul du dialecte est la multiplication des occasions qui appellent le recours à la langue commune comme langue connue de tous, et il suffit pour cela que l'une des personnes présentes soit étrangère à la communauté locale. Or ici intervient un fait d'un poids exceptionnel; douze millions de réfugiés ont été dispersés sur ce qui restait de territoire, et ce jusque dans les petites agglomérations. La communication se fait avec eux naturellement dans la langue commune, celle-ci se généralise sur les lieux de travail, chez les commerçants. Les parents renoncent à transmettre à leurs enfants le dialecte de leur pays d'origine, qui serait sans utilité. Ou bien ces enfants sont unilingues, s'adaptent à la variété régionale de la langue commune, ou bien, si le dialecte local est particulièrement vivant, ils l'apprennent, dans la communauté des enfants, et s'intègrent dans le bilinguisme koinè-dialecte du lieu. La première situation domine dans l'aire du moyen-allemand, la seconde s'observe dans de petites localités de Bavière.

Dans un pays comme le Luxembourg, où la population est très attachée à l'expression dialectale, et où le domaine des deux langues écrites (français et allemand) est limité, il tend à se créer un luxembourgeois commun, supra-régional. Un tel processus est exclu en Allemagne, où la place est occupée par le *Umgangssprache*.

L'élimination des dialectes en Allemagne apparaît maintenant comme un développement inévitable. Une certaine tradition culturelle tendait à leur conserver le prestige de ce qui est singulier, original, produit du peuple dans sa sève première *(Volkssprache)*; elle n'a pas suffi à contrebalancer une évolution du genre de vie commun à toute l'Europe, qui tendait à l'uniformisation, au nivellement.

C'est probablement d'abord dans la moyenne Allemagne que l'on aura une aire sans dialecte continue, après une évolution actuellement encore ponctuelle, c'est-à-dire allant des grandes villes vers des villes de plus en plus petites.

L'Allemagne présentera ainsi un état comparable à celui qu'on observe en France et en Angleterre, par exemple, mais elle y sera arrivée par d'autres voies, et selon un autre rythme de développement, d'abord relativement lent, puis soudain très rapide.

Jean Fourquet.

BIBLIOGRAPHIE

Adolf Bach, *Geschichte der deutschen Sprache,* 7ᵉ éd., Heidelberg, 1961.

K. Duden, *Rechtschreibung der deutschen Sprache und der Fremdwörter,* 15ᵉ éd., Mannheim, 1960.

Walther Henzen, *Schriftsprache und Mundarten,* Zurich, 1938.

Hugo Moser, *Deutsche Sprachgeschichte,* 3ᵉ éd., Stuttgart, 1957.

Hugo MOSER, *Annalen der deutschen Sprache,* Stuttgart, 1961.

Hugo MOSER, *Umgangssprache,* « Zeitschrift für Mundartforschung », XXVII, pp. 215-232, Bonn, 1961.

Theodor SIEBS, *Deutsche Hochsprache, Bühnenaussprache,* 16e éd. procurée par H. de Boor et P. Diels, Berlin, 1957.

Ernest TONNELAT, *Histoire de la langue allemande,* 6e éd., Paris, 1962.

LA SITUATION LINGUISTIQUE EN ÉGYPTE

La langue nationale de l'Égypte est l'arabe. La simplicité de cette affirmation ne rend toutefois pas compte d'une situation extrêmement complexe.

En premier lieu il y a, en effet, une multitude de dialectes arabes non écrits, uniquement parlés et compris par les seuls Égyptiens d'une même région du pays. Il y a ensuite un dialecte parlé et écrit, celui du Caire, qui, par son prestige, marque non seulement les autres dialectes arabes d'Égypte, mais même l'arabe littéraire. Il y a enfin un arabe littéraire, écrit et non parlé, véritable koinè internationale, compris des lettrés de tous les pays arabes.

LA LANGUE ARABE LITTÉRAIRE

La langue littéraire conserve la morphologie de l'arabe classique, une syntaxe légèrement assouplie, une phonétique fortement marquée par le parler du lecteur. Le vocabulaire seul a nettement évolué depuis le Moyen âge et s'est chargé de nombreux emprunts aux langues étrangères, termes de civilisation, concepts etc. Cette langue est absolument incompréhensible pour un public arabe illettré. Même un lecteur dont le niveau d'études aurait atteint le baccalauréat serait en général incapable de lire une page de journal sans commettre de grossières fautes de grammaire, tant cette langue à l'écriture sténographique, qui ne marque que les consonnes en omettant les voyelles, est extérieure à la vie et peu populaire. Elle reste pourtant un précieux moyen de communication car la littérature écrite en cette langue est accessible aux lettrés arabes du monde entier. Elle a donc accès à un vaste marché qu'une littérature en dialecte local ne pourrait satisfaire. Cette langue littéraire, en

Égypte, est elle-même pénétrée par le dialecte arabe du Caire.

LE DIALECTE ARABE DU CAIRE

Le dialecte arabe du Caire, — dialecte parmi les autres dialectes d'Égypte — a aujourd'hui un prestige et une diffusion qui semblent devoir lui faire acquérir l'importance du langage de l'Île-de-France dans la formation du français. Ce parler sous toutes ses formes, les plus populaires comme les plus bourgeoises, influe en effet sur la littérature « parlée »: cinéma, radio, théâtre. Les films le font connaître dans le monde arabe entier. Il pénètre la presse, voire la littérature où l'école des novateurs prône l'emploi de ce dialecte vivant, souple, alerte.

Il se caractérise, dans sa phonologie, par rapport à la langue littéraire, par la réalisation ['] (coup de glotte) de l'occlusive post-vélaire pressée, appelée *qāf* dans l'alphabet, et la réalisation [g] post-palatale occlusive de la prépalatale spirante sonore appelée *ǧīm*. Le dialecte possède deux voyelles longues supplémentaires *ō* et *ē* qui correspondent respectivement aux diphtongues *-aw-* et *-ay-* du classique. L'accent est très bien marqué. Il est presque toujours prévisible et automatique, sa place étant déterminée par la structure syllabique du mot. Mobile, il frappe différentes syllabes d'un mot, selon que celui-ci est autonome ou muni d'affixes. Il se caractérise par le fait qu'il ne remonte jamais au-delà de la troisième more du mot, d'où une accentuation *yeḍrábu*, « ils frappent » d'un mot trissyllabique où l'accent ne remonte pas jusqu'à la syllabe fermée ainsi qu'il le ferait dans d'autres dialectes. Ailleurs, en Haute-Égypte, ou dans divers pays arabes (Syrie, Liban) on aurait : *yéḍrabu*.

Le dialecte arabe du Caire se caractérise, dans sa morphologie, par la richesse de ses schèmes verbaux, richesse due en partie à la conservation des schèmes à initiale *hamza* ('), contrairement à ce qui se passe dans la plupart des autres dialectes.

Alors qu'en classique le système verbal ne connaît pas les temps mais uniquement les aspects, la syntaxe du dialecte se distingue par la faculté des verbes à se situer dans le temps avec une relative précision, due à l'emploi de plus en plus fréquent et complexe d'auxiliaires, et par la position du sujet en tête des phrases, avant le verbe.

Ce sont surtout les caractéristiques syntaxiques de ce dialecte qui affleurent dans la langue écrite des journaux et qui gagnent la littérature la plus conservatrice. Le verbe classique inaccompli y prend de plus en plus la valeur du présent et perd sa valeur aspective d'inaccompli. On peut lire : *yaṭīru l-ra'īs ẓuhr al-yawm 'ila Belgrade* « le Président s'envole aujourd'hui à midi pour Belgrade », où l'inaccompli, avec un sens de présent, est utilisé à la place qu'aurait occupée, en classique médiéval, un accompli. En règle générale, les titres des journaux placent de même le sujet en tête de la phrase, avant le verbe, quitte à le replacer après le verbe dans le corps même de l'article par respect pour la syntaxe traditionnelle.

Le parler du Caire tend également à infléchir les autres dialectes arabes, ceux de Basse-Égypte surtout, en y propageant l'usage de la laryngale ['] et de l'occlusive [g] comme réalisation du *qāf* et du *ǧīm* classique (réalisés respectivement [g] et [ǧ] dans de nombreux parlers de Basse-Égypte).

DIALECTES ARABES DE BASSE-ÉGYPTE

En mettant à part le dialecte du Caire qui tend à se propager dans le pays, les dialectes d'Égypte sont extrêmement variés. En fait on serait tenté de dénombrer autant de parlers que de villes et de provinces. On peut toutefois établir des délimitations plus générales. On peut diviser l'arabe d'Égypte en familles de dialectes de Basse-Égypte, de Haute-Égypte, des nomades et des oasis du désert occidental, des nomades et des points d'eau du désert oriental.

En Basse-Égypte, on distingue trois groupes : Le Caire, avec les campagnes avoisinantes : la Menufeyya, la Dah-'aleyya, la Ġarbeyya ; Alexandrie et ses campagnes : Beḥēra et Ḍamanhūr, toutes deux partagées entre les influences du désert et celles d'Alexandrie ; la Šar'eyya et la zone du Canal dont le parler se rapproche de celui des nomades du désert oriental.

Ce n'est pas ici le lieu de faire une analyse linguistique de ces dialectes. Il faut toutefois souligner que celui d'Alexandrie se caractérise par un très grand nombre d'emprunts, surtout italiens : *kalsāt*, « chaussettes » (de l'italien *calzette*), *sāko*, « manteau » (de l'italien *sacco*, vêtement d'étoffe rugueuse et de forme grossière), *rešetta*, « ordonnance » (de l'italien *ricetta*).

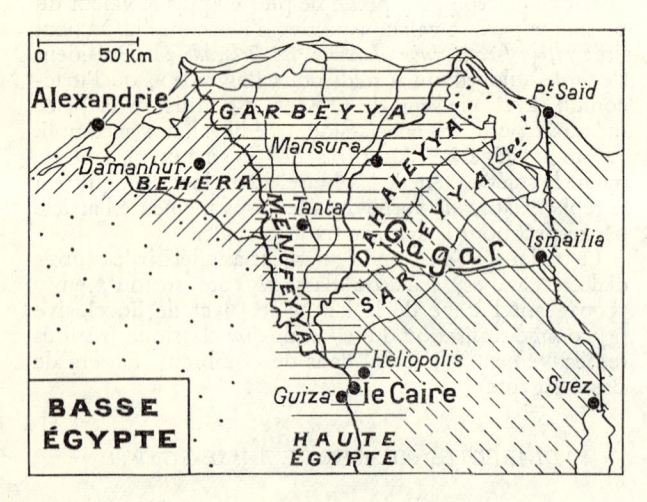

LES DIALECTES DE BASSE-ÉGYPTE.

Du point de vue morphologique il se distingue des dialectes arabes d'Orient par une particularité : la première personne du singulier se rapproche fréquemment, dans l'usage, de la première personne du pluriel à l'inaccompli : *ha-neḏrab* « je vais frapper » et *ha-neḏrabu* « nous allons frapper ». Aussi pour éviter des confusions de personnes les sujets parlants ont-ils tendance à ajouter au pluriel *kollena* « nous tous »; exemple : *ha-naklu kollena*, qui signifie plus précisément « nous allons manger ».

DIALECTES ARABES DE HAUTE ÉGYPTE ET DU DÉSERT

En Haute-Égypte on peut distinguer trois groupes : de Guiza (en bordure de la Basse-Égypte) à Minya, le dialecte conserve le vocabulaire et de nombreuses caractéristiques du parler du Caire; après Minya, à Assiout, à Gerga et Kena, on emploie le dialecte de Haute-Égypte; de Kena à Assouan, il se mêle au dialecte nubien.

Cette région se distingue de la Basse-Égypte par une

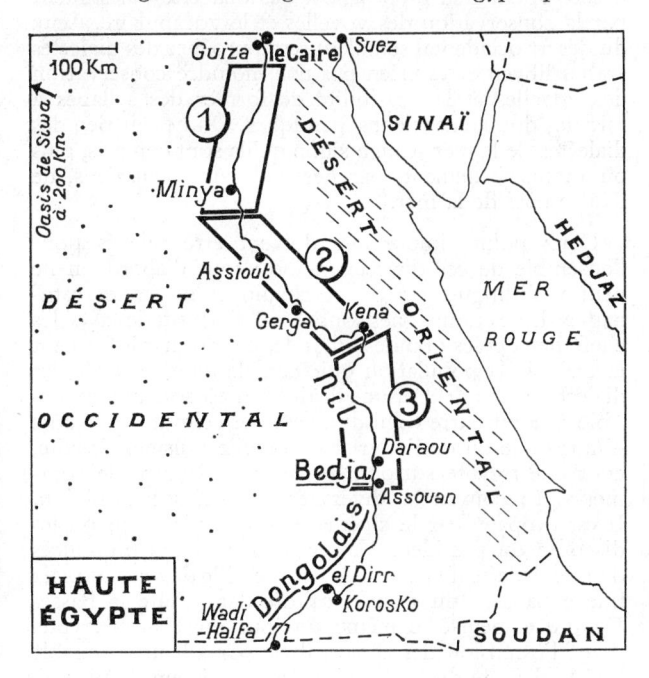

DIALECTES DE HAUTE-ÉGYPTE ET DU DÉSERT.

réalisation [g] du *qāf* et [dʸ] du *ǧīm* classique. Cette dentale peut d'ailleurs perdre sa palatalisation et l'on peut entendre plus souvent encore *damal* que *dʸamal* « chameau » (classique: *ǧamal-*). Le dialecte se caractérise également par une emphase beaucoup plus sensible qu'en Basse-Égypte et par un vocabulaire assez différent dont les variantes atteignent les mots-outils les plus usuels:

’*eš kān* (Haute-Égypte), pour *fi'ē* (Basse-Égypte), « qu'y a-t-il? »;

wāṣel (Haute-Égypte), pour *'abadan* (Basse-Égypte), « jamais ».

Les dialectes arabes des déserts et des oasis n'ont pas encore été étudiés. On peut seulement dire que ceux du désert oriental se rapprochent des dialectes palestiniens par la conservation des voyelles et le vocabulaire. Ceux du désert occidental semblent se rapprocher des dialectes arabes libyen et tunisien par une moindre conservation des voyelles et la possibilité de former des syllabes à initiales doublement consonantiques. On ne sait rien des dialectes de la mer Rouge sinon qu'ils sont compris, plus ou moins facilement, par des auditeurs hedjaziens, de l'autre côté de la mer.

Deux points importants doivent être relevés pour l'ensemble de ces dialectes arabes : tout d'abord on ne peut y distinguer un parler citadin et un parler campagnard. Les campagnes sont en relations suivies avec les chefs-lieux et les grandes villes, les campagnards forment la base de la population qui travaille dans les cités, les dialectes se fondent et une distinction est souvent impossible à noter entre celui du paysan et celui du concierge d'immeuble ou de l'ouvrier de la ville voisine. Ensuite, en Basse-Égypte surtout, le parler de la capitale commence à recouvrir les diversités dialectales de la région. Il est propagé par le cinéma et surtout la radio où les discours du président Nasser sont toujours prononcés dans le dialecte du Caire. L'avenir semble devoir favoriser une expansion du dialecte cairote dans toute la Basse-Égypte et peut-être même un jour en Haute-Égypte. Avec l'extension des écoles, il est par ailleurs probable que le dialecte du Caire lui-même se laissera de plus en plus pénétrer d'influences littéraires, non sans assouplir la syntaxe du classique et en simplifier la morphologie.

Dans le cadre de cette diversité de dialectes, on pourrait également souligner des différences très nettes entre classes sociales : le langage, au vocabulaire plus riche, à la syntaxe plus complexe, de la bourgeoisie et de l'élite, le langage aux richesses moindres de la majorité ouvrière et paysanne. Le parler arabe des Coptes est sensiblement moins vélarisant que celui des Musulmans. Outre leur vocabulaire religieux qui diffère du vocabulaire musulman, ils usent de certaines expressions arabes que n'emploient pas les autres collectivités en Égypte. Exemples : une injure : ʾel-maḏrūb ʿala ʾalbu, « le maudit » (mot à mot, sens optatif : puisse-t-il recevoir un coup sur le cœur) ; une question : be-tnayyel ʾē ? « qu'est-ce que tu fais ? » ; une invitation : besmélla, pour inviter quelqu'un à partager le repas qu'on est en train de faire. Un non-Copte dirait : ʾetfâḍḍâl. Par l'accent qui porte sur la deuxième syllabe, l'invitation besmélla se distingue de besmellâ, « au nom de Dieu », qui peut être employé par tous les sujets parlant arabe.

LE DIALECTE ARABE DES JUIFS D'ÉGYPTE

Soulignons surtout ici quelques caractéristiques très générales qui distinguent, partout en Égypte, le dialecte des Israélites. Jusqu'en 1948 environ, on pouvait dénombrer près de quatre-vingt-dix mille Juifs groupés presque en totalité en Basse-Égypte, dans les villes. Là, on trouve jusqu'aujourd'hui la trace d'anciens ghettos, sous le nom de Ḥâṛât el-yahūd, « quartier des Juifs ». C'est le quartier de Ḥōḥa à Meḥalla l-Kobra, faubourg du Caire, où ne vivent plus qu'une quarantaine d'Israélites. C'est le quartier juif du Caire (Mousky), où, jusqu'en 1948, on comptait onze mille Juifs et onze synagogues. C'est, au Vieux-Caire, le ghetto groupé autour de la célèbre synagogue de Ibn ʿEzra (où fut découverte la Geniza : la Geniza, dans une synagogue ou ailleurs chez les Israélites, est une salle où tout papier portant le nom de Dieu et ne pouvant donc être détruit est enterré. On a découvert celle du Vieux-Caire dans la synagogue, fondée en 616 et reconstruite en 1024, et qui contient des documents importants sur l'histoire administrative, économique et sociale des pays musulmans au Moyen âge. Le 6 octobre 1961, toutefois, la synagogue était fermée et les derniers Israélites quittaient leur quartier), et qui ne fut pas détruite lors de la guerre de Palestine (1948) parce que les Coptes montaient la garde pour protéger le saint qu'ils vénèrent autant que les Israélites.

À Alexandrie, Manṣūra, Ṭanṭa, Suez, Port-Saïd, Ḍamanhūr, les quartiers juifs, en voie de réduction, se groupent autour de leurs synagogues dont certaines sont placées sous l'égide de saints que révèrent également et dans le même temps Coptes, Musulmans et Israélites. La minorité israélite, dont les vestiges étaient évalués, en 1965, à trois mille individus, avait, dans son dialecte, certaines caractéristiques qui se retrouvaient aussi bien à Alexandrie qu'au Caire et à travers toutes les provinces où les Israélites étaient dispersés.

Dans sa morphologie, ce dialecte partage la particularité que nous avons relevée à Alexandrie et qui rapproche la première personne du singulier et la première personne du pluriel des verbes à l'inaccompli.

Dans sa phonétique, il se caractérise par une absence de vélarisation qui contraste avec les dialectes des Musulmans, mais qui le rapproche du langage des Coptes. On constate curieusement dans les dialectes juifs d'Égypte une désemphatisation générale de toutes les consonnes réalisées comme emphatiques *ṭ, ḍ, ṛ,* chez les Musulmans d'Égypte, mais le maintien d'une certaine vélarisation du *ā̊* prononcé assez proche du *ō*, alors que la dentale qui l'accompagne est prononcée très « avant » : *tå̄r* (proche de *tōr*), « il a volé » (en l'air), sans emphase des consonnes, alors que partout ailleurs en Égypte on entend un *ṭå̄ṛ* entièrement emphatique. De même, on a *tīr*, « vole », impératif masculin, et *tīri*, impératif féminin, sans la moindre trace d'emphase alors que les Musulmans disent *ṭīṛ* et *ṭīṛi*.

Le vocabulaire est également assez particulier. Il contient de très nombreux emprunts aux diverses langues étrangères et même aux divers dialectes d'Égypte, refondus dans une unité qui recouvre le langage des groupes juifs des diverses provinces d'Égypte:

lēš, « pourquoi? » (Basse-Égypte: *lē?*); *'ēš,* « quoi? » (Basse-Égypte, *'ē?*); *kīf,* « comment? » (Basse-Égypte: *'ezzāy?*); *bors,* « sac » (Basse-Égypte: *kīs*);

des expressions caractéristiques, empruntées au ladino-espagnol et qu'aucun Arabe ne comprendrait s'il ne les connaissait déjà: *'eš del-kodiādo,* « quelle importance? » *kodiādo negro,* « ça n'a aucune importance »; des expressions que les Musulmans n'emploient jamais, mais qui sont de vrais clichés chez les Israélites d'Égypte: *mōti fadā,* mot à mot « ma mort pour son rachat », *'ala 'add el-'addᵊ,* « le strict nécessaire », *ḥaddar senīnak,* mot à mot: « que verdissent tes années », c'est-à-dire « puisses-tu être heureux », *'etīdak,* « cinq », contraction de *'eddᵊ-īdak,* « compte (les doigts de) ta main ».

AUTRES DIALECTES ARABES

À ces parlers arabes se mêlent d'autres dialectes également arabes et importés par des colonies d'origine étrangère réparties surtout dans les villes: le maltais, le palestinien, le libanais.

Les Maltais sont les plus anciens immigrés en Égypte où, arrivés dès le XVIIe siècle, ils conservent encore leur dialecte. Les Libanais, installés surtout depuis le XIXe siècle, représentent une forte minorité, le plus souvent naturalisée égyptienne. Ils conservent leur dialecte d'autant plus facilement qu'ils ont l'habitude de faire de fréquents séjours dans leur pays d'origine. Les Palestiniens au nombre de deux cent mille réfugiés groupés à Gaza sont arrivés très récemment, à la suite de la guerre entre l'Égypte et Israël, en 1948.

DIALECTES NON ARABES

À ces dialectes arabes se mêlent aussi quelques dialectes non arabes, uniquement parlés par des groupes ethniquement non arabes mais égyptiens: le dongolais, le bedja, le ġagar, le siwi.

Le dongolais (ou nuba), appelé aussi « barbarin » en Égypte, est la langue des Nubiens noirs du Sud, aux frontières soudanaises. C'est actuellement la langue de plus de quatre cent mille Nubiens dont cent mille vivent et travaillent au Caire. Le dongolais a été classé parmi les langues soudanaises ou négro-africaines et il aurait subi des influences couchitiques. D'après Reinisch et Armbruster toutefois, ce serait plutôt une langue d'origine couchitique qu'une langue nègre. On en connaît en Égypte deux formes: le kunrīzi (parlé d'Assouan à Korosko environ) et le mahass (entre el-Dirr et Wadi Halfa).

Le bedja, langue couchitique, est attesté en Haute-Égypte. Il est surtout parlé par « les Bišarīn établis à Assouan, à Daraou et en d'autres localités de la Haute-Égypte » (L. Keimer).

Le ġagar est parlé par les tziganes (ġagar) d'Égypte. Leur capitale semble être Sombāṭ, dans la province de la

Dah'aleyya, en Basse-Égypte. En fait, ils se retrouvent dans trois mudireyya mitoyennes : la Daḥ'aleyya, la Šar'eyya et Muḥāfaẓat el-'anāl (le gouvernorat du Canal de Suez). Aucun recensement n'a jamais pu jusqu'ici fixer le chiffre de ces groupes de nomades. Les évaluations ont oscillé entre quatre mille et quarante mille (Annuaire Massignon), selon que l'on y comprend les bédouins de certaines tribus ou les seuls romanichels.

Ces nomades s'expriment tous en arabe avec les populations locales. Entre eux, ils reviennent au ġagar, dialecte dont on a souligné la parenté avec celui des tziganes de Moldavie.

On connaît relativement bien le sīwi, parler de l'oasis de Siwa, dans le désert occidental, depuis que parut en 1932 la magistrale étude d'E. Laoust. C'est un dialecte berbère offrant des caractères communs avec les parlers libyens et sud-tunisiens, géographiquement les plus proches, et s'apparentant donc aux parlers zénètes, mais très fortement arabisé.

Le copte a cessé d'être une langue vivante. Quelques rares Coptes ont souvenir d'un aïeul qui le parlait encore. Aujourd'hui c'est surtout une langue liturgique, encore que de grands efforts soient faits au sein de la minorité pour en diffuser l'enseignement. Elle a laissé de nombreux mots dans le vocabulaire paysan. Tous les noms de mois qui régissent le cycle agricole sont coptes et un proverbe illustre chacun des moments de la vie agricole : *barmahāt rōḥ el-gēṭ we ḥāt,* « au mois de Barmahat va au champ et moissonne »; *basans yeknos el-gēṭ kans,* « au mois de Basans (le vent) balaie le champ avec violence », etc. Des noms de poissons : *melūḥa* (sardine salée), de fromage : *mešš*.

LES LANGUES ÉTRANGÈRES D'ÉGYPTE

La diversité des parlers arabes et non arabes égyptiens recouvre également une mosaïque de langues non arabes et étrangères utilisées dans le pays, surtout avant 1952, date à laquelle la révolution égyptienne a aboli la royauté.

On peut distinguer plusieurs groupes parmi ces langues non arabes, et qui ont leurs journaux et leur littérature : une langue de relation, une langue administrative (jusqu'à la révolution égyptienne), un ensemble de langues de groupes sociaux, et des langues qui sont étudiées dans les écoles mais qui n'ont pas encore pris racine dans le pays.

LE FRANÇAIS, LANGUE DE RELATION

La langue de relation a été, dans certaines classes sociales, le français jusqu'à la révolution de 1952, voire jusqu'à l'affaire de Suez en 1956, et dans une certaine mesure encore aujourd'hui. Ce fait se retrouve ailleurs : à Tunis, au Liban ou en Algérie, pays qui étaient sous mandat ou sous occupation française, ce qui n'a plus été le cas de l'Égypte après la brève occupation de Bonaparte en 1798. Indépendamment donc de la situation politique, le français était un pur instrument de communication. Il était parlé non seulement par les ressortissants français, (le recensement officiel dénombrait 18 821 Français en 1937 et 9 717 Français en 1947, par suite de nombreux départs après la seconde guerre mondiale), mais également par l'aristocratie turque, par la plupart des Italiens, des Grecs, des Arméniens, tous les Libanais et absolument tous les Juifs d'Égypte. Même les mendiants juifs des quartiers populeux mendiaient en français. Approximativement, et plutôt en deçà de la réalité qu'au-delà, on pouvait estimer à sept cent mille le nombre de sujets parlant le français. Cette remarquable diffusion du français était due au réseau d'écoles. En Basse-Égypte : lycées français du Caire, de Méadi, d'Héliopolis, d'Alexandrie, écoles et collèges de Port-Saïd, Ismaïlia, Suez, Manṣūra ; écoles et collèges jésuites du Caire (deux écoles gratuites), Héliopolis, Méadi ; innombrables écoles des frères de Saint-Jean-Baptiste de la Salle au Caire, Héliopolis, Zeitun, Alexandrie, Manṣūra, Ṭanṭa, et des religieuses ; écoles de la communauté israélite (une école gratuite). En Haute-Égypte, le nombre d'écoles françaises était beaucoup plus réduit, sauf à Minia : école professionnelle des Jésuites, écoles privées, pensionnat des sœurs de Saint-Joseph de l'Apparition (fermé en 1960). La langue ainsi parlée n'était pas toujours très pure. Le français des Libanais, par exemple, se caractérisait par de nombreuses expressions calquées sur l'arabe et même sur l'anglais, et une phonétique très particulière, surtout dans le domaine des voyelles. Le *r* y était fortement roulé. La littérature et le théâtre locaux ont souvent reproduit ce parler avec des intentions comiques.

L'ANGLAIS, LANGUE ADMINISTRATIVE

La langue administrative, avec l'arabe, jusqu'en 1952 environ, était l'anglais. Le pays étant encore occupé par des troupes britanniques, l'anglais était la langue imposée aux fonctionnaires, aux étudiants et dans tous les examens du cycle secondaire. Aussi est-il difficile d'indiquer le nombre de sujets parlant cette langue. Beaucoup de personnes la connaissaient, mais très peu — en dehors du cercle des Anglais proprement dit — s'en servaient autrement que par obligation. D'après les recensements officiels, il y avait 31 523 Britanniques en 1937 et 28 246 en 1947, chiffre qui comprenait les Maltais.

LES GROUPES ASSIMILÉS

Il y avait enfin les langues de petits groupes assimilés à la vie égyptienne.

Le grec était parlé par une colonie grecque ancienne et prospère de plus de soixante mille ressortissants, surtout groupée à Alexandrie.

L'italien était également surtout parlé à Alexandrie où résidait la plus grande partie de la colonie italienne d'Égypte, près de trente mille ressortissants.

L'arménien était parlé par une colonie de près de dix mille ressortissants.

L'espagnol était surtout parlé par des Israélites qui, après avoir fui l'inquisition espagnole et séjourné à Salonique et à Smyrne, étaient arrivés en Égypte. Il y avait plusieurs milliers de personnes parlant cette langue très proche du ladino des deux villes grecque et turque. Notons que C. M. Crews (*Recherches sur le judéo-espagnol dans les pays balkaniques*) ne signale pas le ladino parlé en Égypte et que M. L. Wagner pense que les Israélites espagnols d'Égypte ont absolument perdu leur parler d'origine et qu'ils l'ont remplacé par l'arabe : *sie gaben bald ihr Spanisch gegen das Arabische auf,* ce qui est inexact. Il s'appuie sur un renseignement fourni par Abraham Galante (*la Langue espagnole en Orient et ses déformations*).

Le turc était parlé par cinq à six mille ressortissants de la haute aristocratie et la famille royale elle-même qui manifestait une grande fierté de ses origines turques. La plupart d'entre eux toutefois parlaient également le français très couramment et parfois l'allemand.

Le persan, enfin, était parlé encore en 1956 par une colonie iranienne de dix-neuf à vingt mille sujets. L'épouse du président Nasser est aujourd'hui une de ces Iraniennes ši'ites qui parlent très bien leur langue maternelle.

Notons que toutes ces langues étaient surtout parlées en Basse-Égypte, rarement en Haute-Égypte. Encore moins depuis 1955.

La situation des groupes étrangers — même les plus assimilés — s'est en effet modifiée depuis cette date.

Le français a beaucoup perdu depuis le départ de ses ressortissants, des Israélites, de bon nombre de Libanais et des diverses minorités européennes. En dépit de cela, il n'est encore supplanté, semble-t-il, par aucune langue étrangère. Si un grand nombre de jeunes gens n'ont plus le français pour langue de culture, la génération des trente-cinq ans et au-delà, formée dans les lycées et les écoles français, continue à maintenir notre langue. L'anglais a subi des dommages beaucoup plus sensibles depuis qu'il n'est plus langue obligatoire de l'administration. Italiens, Grecs et Maltais sont dispersés, et, avec les communautés, ce sont les langues qui se meurent. Il en va de même de l'espagnol depuis l'exode des Israélites.

Les sujets arméniens, pour la plupart excellents artisans, ont commencé à partir en masse vers 1957, en direction de leur patrie d'origine devenue république soviétique. Après six mille départs environ, le mouvement d'émigration s'est arrêté, pour reprendre plus lentement mais en direction des pays d'Afrique et d'Europe. Avec eux, leur langue disparaît. Quelques rares Turcs fortunés ont trouvé refuge en Europe. Mais la grande majorité, de nationalité égyptienne d'ailleurs, n'a pas quitté le pays et continue à s'exprimer dans sa langue originelle.

Depuis la révolution de 1952, certaines langues commencent à être activement étudiées dans le pays. En premier lieu se place l'allemand. De nombreuses missions égyptiennes sont envoyées en Allemagne: cinq mille étudiants partaient chaque année en Allemagne fédérale, jusqu'en 1966, pour une mission d'étude de trois ans. Tous les six mois — et pour six mois — des groupes de six cents professeurs allaient améliorer leurs méthodes d'enseignement de la langue allemande. Deux fois par an, mille techniciens et experts égyptiens étaient envoyés pour des stages de formation de six ou neuf mois dans les usines allemandes. À ce rythme que n'avaient jamais atteint la France, la Grande-Bretagne ni les États-Unis, la langue allemande ne semblait pas devoir tarder à déraciner la langue française.

Le russe et le tchèque, parlés surtout par les experts et techniciens tchèques et russes, se répandent beaucoup moins parmi les autochtones. Les missions semblent actuellement se ralentir en direction de ces pays. Il en va de même du chinois.

L'extrême complexité de la situation linguistique en Égypte semble devoir s'atténuer à l'avenir avec la disparition des minorités locales, et avec la diffusion par le cinéma, la radio et l'instruction publique, d'un parler cairote poli par la langue littéraire.

Nada TOMICHE.

BIBLIOGRAPHIE

Annuaire statistique, Département de la statistique et du recensement; religions, p. 13; nationalités, p. 22; Le Caire, 1960-1961.

J. AQUILINA, *The Structure of Maltese,* Valetta, 1960.

Ch. H. ARMBRUSTER, *Dongolese Nubian. A Grammar,* Cambridge, 1960.

L. BAUER, *Das Paläftinische Arabisch,* 4ᵉ éd., Leipzig, 1926.

J. BLOCH, *Les Tziganes,* p. 19, Paris, 1953.

M. A. BRYAN, *The Distribution of the Semitic and Cushitic Languages of Africa. An Outline of Available Information,* Oxford University Press, 1947.

C. M. Crews, *Recherches sur le judéo-espagnol dans les pays balkaniques*, Paris, 1935.

Abraham Galante, *La Langue espagnole en Orient et ses déformations*, dans le « Bulletin de l'Institut égyptien », V[e] série, t. I, pp. 15-23, (voir en particulier p. 16), Le Caire, 1907.

H. Hajje, *Le Parler arabe de Tripoli*, Paris, 1956.

P. Kahle, *The Cairo Geniza*, Londres, 1947.

L. Keimer, *Notes prises chez les Bišarīn et les Nubiens d'Assouan*, dans le « Bulletin de l'Institut d'Égypte », 33, p. 85, Le Caire, 1950-1951.

E. Laoust, *Siwa*, Paris, 1932.

Gertrud von Massenbach, *Eine grammatische Skizze des Dongolawi*, dans « Mitteilungen des Instituts für Orientforschung », VIII, pp. 229-323, Berlin, 1961.

N. Tomiche, *Les Parlers arabes d'Égypte. Matériaux pour une étude de géographie dialectale*, dans *Études d'orientalisme dédiées à la mémoire de Lévi-Provençal*, t. II, Paris, 1962.

M. L. Wagner, *Los Judiós de Levante, Kritischer Rückblick bis 1907*, dans la « Revue de dialectologie romane », t. I, p. 477, Bruxelles, 1909.

W. H. Worrell, *Popular Traditions of the Coptic Language*, dans le « Journal of the American Oriental Society », 57, p. 242, Baltimore, 1937.

W. H. Worrell et W. Vycichl, *Popular Traditions of the Coptic Language: Coptic Texts*, University of Michigan Collection, pp. 295-342 et textes pp. 343 et suiv., 1942.

LA SITUATION LINGUISTIQUE EN COLOMBIE

La Colombie a toujours présenté une extrême diversité et une grande complexité linguistiques et culturelles, car la structure physique du pays et sa position géographique particulière favorisent fortement l'isolement et la dispersion des populations.

Son territoire est largement ouvert au sud et à l'est mais se resserre entre les côtes atlantique au nord et pacifique à l'ouest, en direction de l'isthme de Panama (Darien) difficile à traverser. Elle a une superficie de 1 138 355 km² et est irriguée par trois des quatre grands systèmes fluviaux de l'Amérique du Sud : celui du Magdalena, celui de l'Orénoque et celui de l'Amazone. Le pays est divisé par trois cordillères, plus ou moins parallèles, orientées nord-sud, et jusqu'à une époque récente difficilement franchissables, formant quatre grandes régions naturelles, isolées entre elles.

Zone de contacts et de mélanges de nombreux groupes humains venus du nord, de l'est et du sud, la Colombie présente une inextricable mosaïque de langues, de cultures et de races. La population totale est d'environ quatorze millions d'habitants mais la minorité qui conserve l'usage d'une langue amérindienne n'atteint pas le demi-million. Le nombre de ces langues actuellement parlées dépasse cependant largement la centaine. Le dixième d'entre elles seulement est d'ailleurs connu de façon plus ou moins satisfaisante.

L'ESPAGNOL, LANGUE OFFICIELLE

La langue officielle de la République de Colombie est une variété de l'espagnol d'Amérique, diversifiée en patois régionaux dont les faibles différences structurales permettent, sauf dans un cas, une compréhension totale entre tous les usagers.

La prédominance absolue de l'espagnol s'est imposée, dès l'époque coloniale, à cause de la diversité linguistique et de l'absence d'une langue qui, par son prestige ou son extension territoriale, aurait pu servir, comme le quichua plus au sud, pour l'administration et surtout pour l'évangélisation. À l'époque des guerres d'Indépendance, l'usage de l'espagnol s'était déjà étendu à toutes les régions les plus peuplées, c'est-à-dire à la plus grande partie du territoire compris entre la côte pacifique et la cordillère orientale. À l'heure actuelle, ses progrès sont plus lents et liés à l'avance de la colonisation dans les régions périphériques, ou de l'acculturation des enclaves indigènes.

L'influence profonde de l'Église catholique a joué un rôle primordial dans l'expansion et l'unification de l'espagnol, principalement par l'intermédiaire de ses missionnaires qui, jusqu'à une époque récente, étaient presque tous originaires d'Espagne.

L'absence d'un substrat indigène uniforme, sur de grandes extensions, a permis une égalisation rapide des variations locales les plus importantes et la formation de grandes zones dialectales qui correspondent assez exactement aux régions naturelles du pays et dont les caractéristiques sont restées fort peu différenciées.

Les seules régions où l'espagnol ait subi une influence plus profonde et plus uniforme d'un substrat assez varié, d'origine africaine, sont les deux zones côtières : atlantique et pacifique, où sur une profondeur appréciable la densité de la population indigène, déjà faible à l'arrivée des Espagnols, fut encore affaiblie par les premiers contacts, souvent belliqueux, avec les conquérants ; cette population, insuffisante pour le développement économique et l'exploitation systématique de ces régions, fut complétée peu à peu par un apport d'esclaves noirs qui présentaient, en outre, l'avantage de ne pas être inclus dans les lois de protection indigène promulguées par les rois d'Espagne.

C'est encore aujourd'hui dans ces zones littorales que l'espagnol est parlé sous sa forme la plus différenciée et où l'on trouve, à Palenque de San Basilio (département de Bolívar), le seul créole espagnol de Colombie : le palenquero. Ce dialecte complètement incompréhensible

PROVIDENCIA
SAN ANDRÉS
MER DES CARAÏBES
OCÉAN
ARUBA
CURAÇAO
GUAJIRA
VÉNÉZUÉL
Baranquilla
ATLANTICO
Carthagène
MAGDALENA
BOLIVAR
Palenque de San Blio
ZONE DU CANAL
PANAMA
Golfe de Darien
CORDOBA
Magdalena
SANTANDER DU NORD
Cucuta
Cauca
Atrato
Arauca
Bucaramanga
ANTIOQUIA
SANTANDER
ARAUCA
CHOCO
Medellin
BOYACA
CASANARE
Orénoque
Meta
CALDAS
Manizales
CUNDINAMARCA
Bogota
VICHADA
Ibague
DEL CAMA

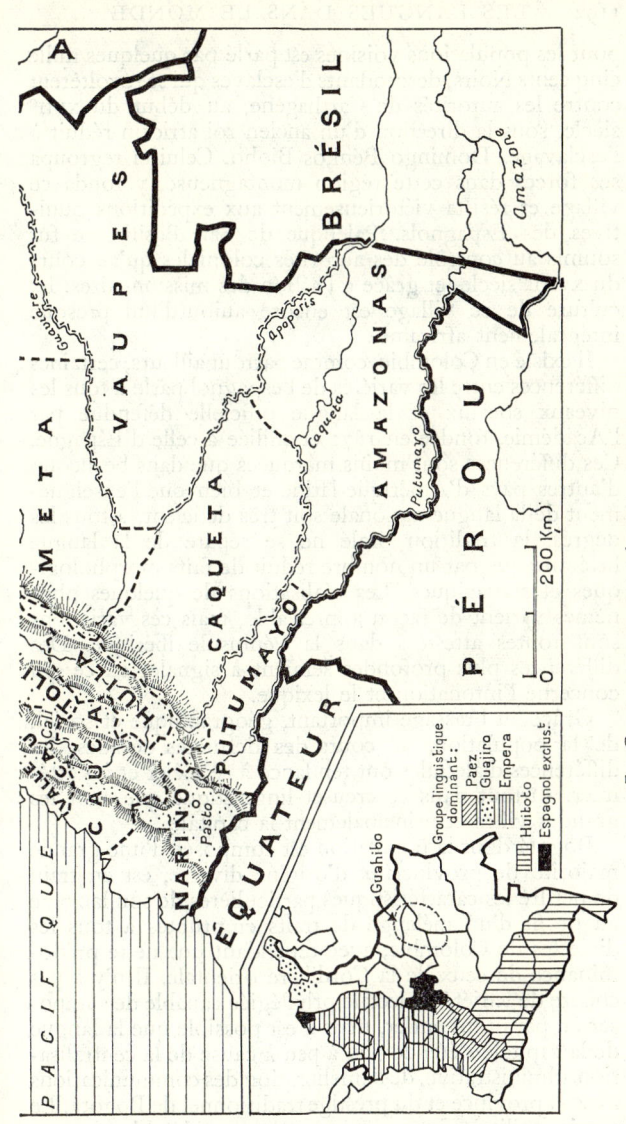

LA COLOMBIE : RELIEF, RÉGIONS ET LANGUES.

pour les populations voisines est parlé par quelques mille cinq cents Noirs, descendants d'esclaves qui se révoltèrent contre les autorités de Carthagène, au début du xviie siècle, sous la direction d'un ancien roi africain réduit à l'esclavage, Domingo Benkos Bioho. Celui-ci regroupa ses forces dans cette région montagneuse, y fonda ce village et résista victorieusement aux expéditions punitives des Espagnols. Palenque de San Basilio ne fut soumis au contrôle des autorités coloniales qu'au cours du xviiie siècle, et grâce à l'action des missionnaires. La culture de ce village est encore aujourd'hui presque intégralement africaine.

Il existe en Colombie, comme partout ailleurs, certaines différences entre les variétés de l'espagnol parlé à tous les niveaux sociaux et la langue officielle défendue par l'Académie, fondée en 1872 et affiliée à celle d'Espagne. Ces différences sont moins marquées que dans beaucoup d'autres pays d'Amérique latine et bien que l'enseignement de la langue nationale soit très déficient, à tous les degrés, la tradition orale ne se sépare de la langue littéraire que par un nombre réduit de faits morphologiques et syntaxiques. Les réalisations de quelques phonèmes varient de façon appréciable, mais ces variations sont toutes attestées dans la Péninsule ibérique. Des différences plus profondes seraient à signaler en ce qui concerne l'intonation et le lexique.

Grâce au brassage important, géographique et social, de la population, au cours des dernières décades, les différences dialectales ont tendance à se mêler et à s'atténuer, surtout dans ce creuset linguistique que sont les grandes villes et principalement la capitale.

Bogotá dont la population est composée d'une grande majorité de provinciaux d'origine diverse, est en train de perdre les caractéristiques particulières de son langage au profit d'un mélange de traits empruntés à tous les dialectes de Colombie, avec cependant une nette prédominance de ceux de la Cordillère orientale. Il n'y a pas encore de variété dialectale privilégiée capable de s'imposer au pays tout entier, mais il est possible que la langue de la capitale s'étende peu à peu à cause de la centralisation administrative, de l'amélioration des communications avec la province et du prestige traditionnel de Bogotá. Le service militaire joue aussi un rôle considérable, dans ce processus d'unification de la langue nationale, en produisant un mouvement et un mélange réguliers de populations rurales venues des régions les plus isolées.

L'espagnol est actuellement la seule langue de l'enseignement officiel, à tous les degrés et sur tout le territoire national. Quelques écoles libres, primaires et secondaires, utilisant d'autres langues: anglais, allemand, italien, français, hébreu, se sont développées, principalement pour les étrangers résidant dans le pays, mais ne sont reconnues officiellement que dans la mesure où elles appliquent intégralement les programmes colombiens et seulement lorsque les examens de fin d'études sont présentés en espagnol. L'enseignement supérieur est fait exclusivement en espagnol.

Les efforts méritoires de l'Académie colombienne n'ont pas encore porté leurs fruits en ce qui concerne l'amélioration de l'enseignement de la langue nationale. Le problème de l'alphabétisation ne pourrait être résolu qu'avec un personnel nombreux et entraîné, qui fait défaut. La moitié de la population de langue espagnole est encore illettrée.

Les régions indigènes étant soumises à une réglementation particulière qui les place sous l'autorité absolue des missions catholiques, l'espagnol seul y est enseigné, mais là aussi, les résultats obtenus sont limités en extension et en qualité, et les écoles ne reçoivent généralement qu'un infime pourcentage de la population d'âge scolaire.

LE BENDÈ ET L'ANGLAIS

Les îles de San Andrés et Providencia, seules occupées de façon permanente, dans l'archipel du même nom, situé face à la côte orientale du Nicaragua, appartiennent à la République de Colombie. Elles sont peuplées par environ sept mille Noirs, de langue maternelle bendè. Le bendè est un créole anglais qui s'est développé dans ces îles au cours du XVIIIe siècle, parmi une population venue en grande partie de la Jamaïque.

Les habitants de l'archipel sont protestants dans leur presque totalité et ne veulent généralement pas envoyer leurs enfants dans les écoles colombiennes de langue espagnole, où la pratique de la religion catholique est obligatoire. Il s'est donc créé, autour des églises réformées, plusieurs écoles libres, de langue anglaise, organisées et dirigées, à l'origine, par des pasteurs, le plus souvent nord-américains. L'efficacité de cet enseignement est tel qu'aujourd'hui encore, et bien que ces écoles aient à subir une persécution systématique de la part des autorités, San Andrés et Providencia sont les seuls territoires colombiens où l'alphabétisation soit presque complète. Cet enseignement qui se limite actuellement aux classes primaires suit le modèle des écoles élémentaires américaines et est complété par les écoles bibliques dominicales, qui utilisent la traduction anglaise de la *Bible,* connue dans le monde anglo-saxon sous le nom de *King James Version.* Le résultat est la formation d'une population bilingue: bendè-anglais, dont l'anglais présente les mêmes caractéristiques fondamentales que les autres dialectes de la région des Caraïbes, mais auxquelles s'ajoutent d'une part de nombreux archaïsmes de la langue biblique et d'autre part des mots et expressions américains introduits par les pasteurs venus des États-Unis.

Une partie importante de la population masculine est même trilingue, l'espagnol étant indispensable à tous ceux qui veulent obtenir un travail lucratif, surtout depuis une époque récente avec le développement du tourisme.

Malgré la réticence officielle des autorités colombiennes, l'anglais est reconnu de fait langue administrative. Toutes les résolutions concernant l'intérêt de l'archipel, bien que rédigées en espagnol, sont aussi transmises à la population en anglais.

Le service militaire obligatoire a stimulé de deux façons différentes la connaissance de l'espagnol parmi la population masculine de l'archipel. D'une part il provoque chaque année la fuite de nombreux jeunes gens, ayant atteint l'âge du recrutement, vers la République de Panama, la zone du Canal ou la côte orientale de la République de Costa Rica, où une certaine connaissance de cette langue est indispensable pour trouver du travail; d'autre part, ceux qui acceptent de remplir leurs obligations militaires sont envoyés sur le continent où ils sont mêlés à leurs compatriotes monolingues et entraînés par des officiers de langue espagnole. L'armée est souvent, pour les hommes de famille pauvre, le moyen le plus efficace et le plus commode d'apprendre la langue nationale, ce qui leur permettra ensuite de se fixer définitivement en Colombie continentale où les débouchés sont plus nombreux. Si la grande majorité des jeunes gens préfèrent l'émigration temporaire, c'est principalement à cause de leur religion, la pratique du culte catholique étant obligatoire dans l'armée colombienne. Bien que culturellement tout sépare cette population de la Colombie continentale, elle reste cependant, et malgré toutes les humiliations qu'elle doit subir, profondément attachée et extrêmement fidèle à la nation colombienne.

Depuis quelques années l'immigration de commerçants de Colombie continentale et le passage de nombreux touristes attirés par les beautés naturelles de l'archipel ont augmenté l'importance pratique de l'espagnol. Actuellement, environ deux pour cent de la population scolaire des îles fréquentent les écoles officielles, grâce aux bourses d'études obtenues en échange de leur conversion au catholicisme. Cette minorité que le reste de la population qualifie de *job catholics* (catholiques par intérêt) est victime de moqueries amicales, mais n'est guère censurée par ceux qui restent strictement fidèles à leur foi. L'accroissement progressif dû aux efforts considérables déployés dans ce sens par le gouvernement colombien, de ce qui est encore une infime minorité, pourrait produire dans un proche avenir un développement croissant de l'usage de l'espagnol, comme langue de culture, au détriment de l'anglais.

LES LANGUES AMÉRINDIENNES

Nombreuses sont les langues amérindiennes existant à l'époque de la conquête et qui ont disparu, soit par l'extermination voulue ou accidentelle des groupes qui les parlaient, soit par un changement au profit de l'espagnol enseigné par les missionnaires, soit par un apport considérable d'émigrants de la Péninsule ibérique ou d'esclaves africains qui submergèrent la population autochtone.

Aujourd'hui, le nombre des langues amérindiennes encore en usage en Colombie dépasse la centaine. Elles sont réparties sur une superficie égale à presque la moitié du pays, dans les régions périphériques et dans quelques enclaves dispersées sur tout le territoire. Leurs concentration et variétés maxima se rencontrent dans le bassin de l'Amazone. Le nombre exact de ces langues est très difficile à déterminer pour deux raisons principales, — d'abord les différentes méthodes qui servent à séparer des dialectes d'origine commune en langues distinctes, — ensuite le recensement proprement dit, rendu parfois impossible par l'hostilité des indigènes ou les difficultés de pénétration dans certaines zones inexplorées du pays.

En ce qui concerne la séparation de dialectes proches en langues distinctes, nous avons toujours utilisé le critère d'intercompréhension, basé sur le témoignage et l'observation des indigènes et sans aucune considération d'ordre strictement linguistique, ce qui, dans la majorité des cas, fournit un résultat parfaitement précis, car l'indigène est généralement très sensible aux variations dialectales de sa langue et affiche un comportement peu équivoque, — moquerie ou hostilité — à l'audition d'une langue qu'il ne comprend pas parfaitement.

Malheureusement, ce critère d'intercompréhension est loin d'être absolu et divers degrés de communication sont souvent possibles bien que les langues parlées soient parfois très divergentes, ou bien la compréhension est pratiquement nulle alors que les langues en contact sont très semblables. Cela rend, dans certains cas, le témoignage des indigènes incertain et même contradictoire. Nous avons pu constater des cas de compréhension unilatérale chez les Indiens huitoto, répartis sur un immense territoire s'étendant du Rio Caquetá au Pérou, et dont la dispersion, certainement récente, fut encore augmentée, pendant le premier quart du XXe siècle, par le déplacement systématique de ces populations livrées à l'exploitation brutale des *caucheros*. Certains groupes affirment ne pas pouvoir communiquer avec un groupe voisin alors que ce dernier est capable de les comprendre, même sans l'aide de langage gestuel. Les différences objectives entre les dialectes sont telles qu'un linguiste les classerait facilement comme variantes d'une même langue

Les classifications généalogiques des langues de Colombie doivent être consultées avec beaucoup de précautions. Les langues qui y figurent sont généralement très mal connues et les documents qui ont servi à les comparer et à les classer se limitent à de courtes listes de mots.

Ces groupements se basent le plus souvent sur un simple « air de famille » entre quelques langues dont la structure reste inconnue.

Les travaux d'analyse linguistique en cours ont montré la complexité de structure de quelques-unes de ces langues. Le manque de documents sur leurs formes anciennes, et la valeur toute relative des matériaux rapportés par les missionnaires et les ethnologues, rendent difficile, sinon impossible pour le moment, tout travail comparatif précis. Seule une analyse synchronique exhaustive des langues encore en usage peut servir de base solide à de futures recherches comparatives scientifiques. Dans l'état actuel encore fragmentaire de nos connaissances, toute classification généalogique ne doit être considérée que comme une hypothèse de travail. Il y a d'abord, non seulement en Colombie mais dans toute l'Amérique latine, une œuvre gigantesque à accomplir: la description synchronique de plusieurs centaines de langues dont la structure est très éloignée de celle des langues européennes, et ce travail est d'autant plus urgent que la plupart de ces langues sont en voie de disparition rapide.

Jean CAUDMONT.

BIBLIOGRAPHIE

SUR L'ESPAGNOL DE COLOMBIE

Rufino José CUERVO, *Apuntaciones críticas sobre el lenguaje bogotano,* œuvres complètes, tome I, Instituto Caro y Cuervo, Bogotá, 1954.

Luis FLÓREZ, *La Pronunciación del español de Bogotá,* Instituto Caro y Cuervo, Bogotá, 1951.

Pedro María REVOLLO, *Costeñismos colombianos o Apuntaciones sobre el lenguaje costeño de Colombia,* Barranquilla, 1942.

Adolfo SUNDHEIM, *Vocabulario costeño,* Paris, 1922.

SUR LES LANGUES AMÉRINDIENNES

Classification généalogique

Norman A. McQuown, *Indigenous Languages of Native America,* dans « American Anthropologist », vol. 57, **3**, part. I, pp. 501-570, Menasha, Wisconsin, 1955.

Paul RIVET et C. LOUKOTKA, *Langues d'Amérique du Sud,* dans *les Langues du Monde,* pp. 1099-1160, CNRS, Paris, 1952.

Julian H. STEWARD, *Handbook of Southamerican Indians,* spécialement l'article de J. Alden MASON, *The Languages of South American Indians,* tome VI, Smithsonian Institution, Bureau of American Ethnology, bulletin nº 143, Washington, D. C., 1946-1950.

Julian H. STEWARD et L. C. FARON, *Native People of South America* (classification des langues par Joseph GREENBERG, pp. 22-23), New York, 1959.

Sol TAX, *Aboriginal Languages of Latin America,* dans l'« Encyclopaedia Britannica » et « Current Anthropology », vol. I, **5** et **6**, pp. 430-436, Chicago, 1960.

Distribution géographique

Jean CAUDMONT, *Languages of Colombia,* dans « The Ethnologue », W B T, pp. 15-20, Glendale (Californie), 1958.

QUELQUES PROBLÈMES PARTICULIERS

Jean CAUDMONT, *El Bilingüismo como factor de transformación de un sistema fonológico,* dans la « Revista Colombiana de Antropología », tome II, Bogotá, 1953.

Paul RIVET, *La Influencia Karib en Colombia,* dans la « Revista del Instituto Etnológico Nacional », tome I, **55-93**, pp. 283-295, Bogotá, 1943-1944.

LA SITUATION LINGUISTIQUE AUX ÉTATS-UNIS

Les langues autres que l'anglais parlées aux États-Unis d'Amérique sont généralement classées en trois groupes : les langues indigènes, les langues coloniales et les langues des immigrants.

Les langues indigènes sont parlées par les diverses tribus indiennes que rencontrèrent les colonisateurs blancs et les colons. Aujourd'hui on évalue la population des Indiens au même nombre, sinon plus, qu'au début de la colonisation européenne. Cependant, bien des tribus primitives ont disparu entièrement (que ce soit à la suite de guerres, de maladies ou de l'assimilation) et, à quelques exceptions près, elles ont été toutes fixées dans des réserves éloignées des terres ancestrales. Dès la première moitié du XIXe siècle, le gouvernement américain a oscillé entre une politique de détribalisation forcée et d'autonomie des tribus. Ce procédé de va-et-vient a considérablement affaibli les possibilités et l'intérêt des tribus indiennes à maintenir leurs langues. À peu près tous les Indiens américains parlent maintenant l'anglais ; un nombre important d'entre eux sont encore bilingues, et un petit nombre seulement sont unilingues dans leur langue maternelle. Actuellement, les organisations des Indiens d'Amérique et leurs alliés intellectuels, les anthropologues de métier, joignent leurs efforts dans une nouvelle tentative pour sauvegarder les territoires et l'autonomie de l'Indien tribal. Bien que ce mouvement reflète le désir de maintenir une identité culturelle et sociale, il n'inclut pas dans son programme de donner une importance particulière au côté linguistique.

Les langues dites coloniales sont celles que parlaient les colonisateurs européens aux XVIe et XVIIe siècles, les groupes qui, pendant l'hégémonie des colonisateurs, arrivèrent sur les côtes d'Amérique, ou les groupes indigènes qui finirent par adopter les langues des colonisateurs. Ce sont l'anglais, l'espagnol, le français et l'allemand de Pennsylvanie d'une part, le russe, le suédois et le hollandais d'autre part. Excepté dans quelques communautés isolées, les langues coloniales de ce dernier groupe ne survécurent pas longtemps telles quelles, après que les métropoles eurent perdu le contrôle de leurs possessions coloniales en Amérique. Si l'on continue de les parler à l'heure actuelle aux États-Unis, c'est qu'elles furent importées à nouveau beaucoup plus tard par des immigrants.

Des quatre langues coloniales qui se sont maintenues de façon ininterrompue, l'anglais est devenu la langue officielle du pays et des institutions publiques. Cette langue seule est reconnue et a une valeur officielle, bien que parfois d'autres soient employées par des organismes publics ou privés, sans caractère ethnique, qui cherchent à communiquer directement avec des groupes de population non familiarisés ou peu à l'aise dans l'emploi de l'anglais.

Parmi les autres langues coloniales, l'espagnol continue à être parlé par le plus grand nombre de sujets. Ils sont concentrés principalement à Porto-Rico et dans certains États du Sud-Ouest : Texas, Nouveau-Mexique, Colorado, Utah, Arizona, Nevada et Californie. La majorité de cette population de langue espagnole n'est pas elle-même d'origine hispano-européenne, mais descend d'autochtones mexicains, car l'empire colonial espagnol fut appuyé principalement par l'armée et les missionnaires, à la différence des empires coloniaux anglais ou français soutenus par les fermiers. Ainsi, après trois cents ans de domination, l'espagnol devint la langue de nombreuses populations indigènes (de même que le catholicisme devint leur religion) et continue de l'être à ce jour. Actuellement, la plupart des Hispano-Américains sont bilingues. Rebuts de la société, misérablement payés, mal intégrés, ils ont constitué pendant longtemps une main-d'œuvre non spécialisée fort bon marché. En même temps qu'ils tentent d'améliorer leur condition économique et sociale, un grand nombre d'entre eux abandonnent la langue espagnole. Le nombre des unilingues espagnols dans le Sud-Ouest des États-Unis diminue constamment, alors que celui des unilingues anglais de souche hispanique augmente de façon constante, à cause de

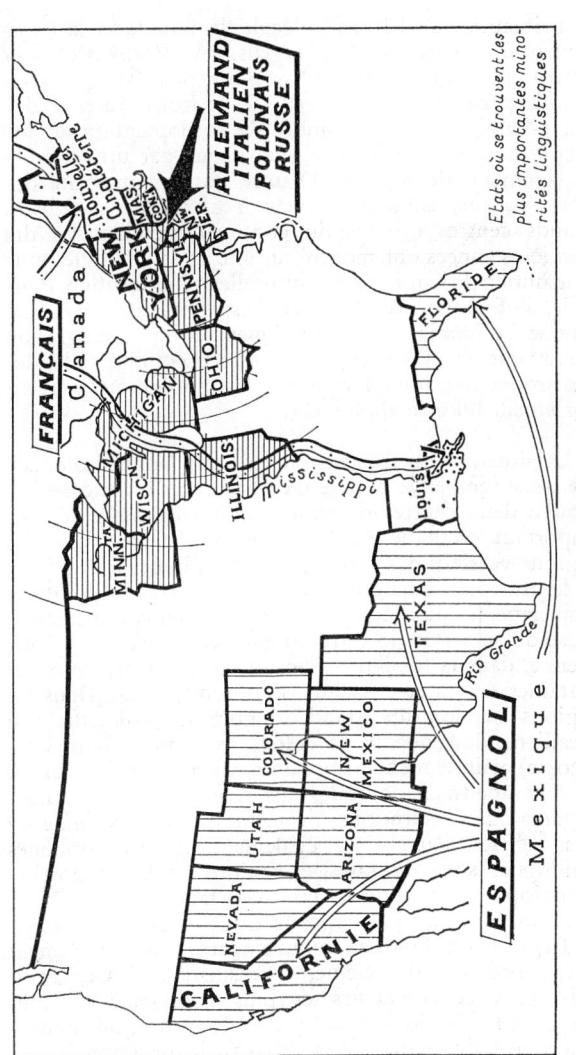

SITUATION LINGUISTIQUE AUX U.S.A.

la primauté que l'Église, l'école, la famille et la communauté accordent à l'anglais. À Porto-Rico, la situation de l'espagnol est quelque peu favorisée; en grande partie parce que c'est une île isolée du reste des États-Unis, et que le nombre de sa population anglo-saxonne est assez peu élevé, plutôt que par un véritable engagement idéologique. D'autre part, la majorité des Porto-Ricains émigrés à New York et dans d'autres grands centres urbains du continent pendant les dix dernières années ont montré un intérêt assez limité pour le maintien de leur identité culturelle et linguistique. Pour finir, il faut encore dire que l'espagnol est aussi une langue d'immigrants (conséquence de l'émigration d'Espagne et d'Amérique latine) et comme telle, les remarques que nous ferons sur les immigrants peuvent également lui être appliquées.

La situation du français en tant que langue coloniale est assez semblable à celle de l'espagnol. Là encore, on trouve deux centres de concentration distincts: le plus important est situé en Nouvelle-Angleterre, dans des régions voisines des provinces francophones du Canada, et le plus petit en Louisiane. Dans les grandes villes de Louisiane, les descendants de Français ont complètement cessé de se servir de cette langue d'une manière quotidienne, dans la famille et dans la communauté, quoique certaines écoles et des clubs l'utilisent encore. Dans les régions rurales, un grand nombre de Cajouans (ou Acadiens, descendants de colons français de Nouvelle-Écosse) maintiennent encore une variante non formalisée, comme une tradition orale, sans avoir du reste le soutien organisé des institutions, des écoles, des *mass media* ou des Églises. Parmi eux également, les francophones unilingues sont de rares exceptions et la proportion d'anglophones unilingues croît constamment.

Parmi les Franco-Américains de Nouvelle-Angleterre, le français est favorisé moralement et matériellement par la présence des éléments voisins du Canada français, plus conservateurs et plus conscients de leur intégrité linguistique et culturelle. En outre, un nombre important de publications actives, de programmes de radio, et d'organisations culturelles travaillent au maintien du français parmi les Franco-Américains de

Nouvelle-Angleterre. Un autre facteur d'importance est que les préjugés contre le français et l'origine franco-américaine sont beaucoup moins forts en Nouvelle-Angleterre que ceux qui visent l'espagnol et l'origine mexicaine dans le Sud-Ouest. Bien qu'il n'y ait pratiquement pas de Français unilingues dans les communautés françaises de Nouvelle-Angleterre, et bien que la proportion d'Anglais unilingues augmente constamment (ce qui va de pair avec l'urbanisation et l'emploi décroissant du français dans les écoles et les églises catholiques), la proportion des bilingues est toujours très importante quoiqu'en voie de diminution.

« Pennsylvania Dutch », ou allemand de Pennsylvanie, est un terme populaire qui sert à désigner aussi bien la langue que les individus qui la parlent. En vérité c'est une variante de l'allemand, et la plupart de ceux qui l'utilisent descendent de colons originaires de l'Allemagne du Centre et de la Basse-Allemagne, débarqués aux États-Unis pendant la période coloniale, mais ne provenant pas eux-mêmes d'une puissance coloniale. Ils représentent, de ce fait, un groupe de transition entre le type colonial et le type immigrant. Les Allemands de Pennsylvanie, dont un certain nombre se sont déplacés, du reste, vers d'autres États, se sont isolés volontairement de leurs voisins pour des raisons d'ordre religieux et culturel. Ils appartenaient à des sectes religieuses qui prêchaient le mépris des biens terrestres ; beaucoup étaient piétistes, et ils se sont séparés des autres groupes sociaux par leur rigueur vestimentaire et le refus de presque tous les aspects du confort matériel. Quoique leur langue ait fait partie intégrante de leur culte, l'une et l'autre ont été anglicisés peu à peu au cours des siècles, en même temps que les schismes sont réduit le nombre des « Plain Dutch », c'est-à-dire de ceux qui restaient « purs » à l'égard des biens terrestres et autres frivolités de ce monde. Leur langue n'a jamais atteint à la dignité de mode d'expression littéraire, et les nombreux emprunts lexicaux et grammaticaux sont l'objet de plaisanteries aussi bien à l'extérieur qu'au sein des communautés. Néanmoins, elle est employée et même favorisée par un certain nombre d'individus encore aujourd'hui, bien qu'elle soit devenue une véritable curiosité linguistique, autant par l'absence quasi totale d'unilingues que par la diminution constante des bilingues qui pourraient en avoir une connaissance précise. Certes, les Allemands de Pennsylvanie n'ont jamais représenté qu'une petite minorité parmi les locuteurs allemands des États-Unis, qui sont à considérer pour la plupart comme les usagers d'une langue d'immigration.

Une étude, aussi succincte soit-elle, de la situation linguistique aux États-Unis doit insister surtout sur les langues des immigrants, d'abord parce qu'elles sont plus nombreuses et d'apparition récente et ensuite parce qu'elles ont été étudiées plus fréquemment par les éducateurs, les linguistes et les spécialistes des sciences sociales américains. Selon les résultats du recensement, les plus grands groupes linguistiques existants sont en ordre de grandeur décroissante: l'allemand (4 949 780), l'italien (3 766 820), le polonais (2 416 320), le yiddish (1 751 100), le suédois (830 900), le norvégien (658 220), le russe (585 080) et le tchèque (520 400), sur un total de près de 22 000 000 d'individus de langue maternelle autre que l'anglais. (D'après les chiffres publiés en 1940. Les chiffres donnés par le recensement de 1960 ne concernent que les éléments de la population nés à l'étranger. Le recensement de 1940 indiquait en outre 1 861 400 hispanophones et 1 412 060 francophones).

La raison la plus importante du maintien des langues des immigrants aux États-Unis est qu'il n'existe pas dans ce pays de « question linguistique », au sens où l'expression fut employée au siècle dernier par la plupart des historiens, des sociolinguistes ou par les mouvements nationalistes populaires en Europe, Asie ou Afrique. Il est certain que les États-Unis, aujourd'hui encore, sont constitués de plusieurs pays à l'intérieur d'un seul, et que les héritages et les legs du Vieux Monde y seront et seront pendant longtemps des sujets d'intérêt général. Néanmoins, très peu nombreux sont les groupes qui s'intéressent assez à ce patrimoine ancestral et qui prennent les mesures nécessaires pour le maintenir et pour en favoriser l'usage dans la vie quotidienne. Étant donné les aspirations exprimées ou non exprimées (et les forces de pression) qui agissent en faveur d'une plus grande participation des Américains de souche d'immigration récente aux affaires générales de ce pays, la facilité et l'intérêt à parler une langue autre que l'anglais s'évanouissent après quelques années de confrontation avec les multiples aspects du système américain : éducation, profession, loisirs, courants culturels. Le fait de savoir que les vagues successives d'immigrants ont été assimilées et que désormais elles sont devenues des parties intégrantes du corps politique est l'une des sources de la conscience nationale des Américains. Puisqu'ils ne possèdent pas de passé national aux racines millénaires comme tant d'autres peuples du monde, le processus d'américanisation lui-même tient un rôle central dans la formation de l'identité et du sentiment national de la plupart d'entre eux. Les immigrants ont subi partout dans le monde, au cours de l'histoire moderne, un processus de naturalisation ; mais il est assez rare qu'une culture nouvelle et qu'une nation aient été créées de la sorte. Ainsi, le fait de s'interroger sur la sagesse, le besoin ou l'opportunité d'abandonner la culture des populations immigrantes pourrait paraître choquant à beaucoup d'Américains qui verraient là une remise en question de l'existence culturelle et nationale de leur pays.

Tout en reconnaissant l'intérêt central, dans l'histoire et la conscience nationales, d'un idéal de culture homogène, il faut toutefois remarquer que la tendance opposée, celle de maintenir et de perpétuer les particularités et les identités du Vieux Monde, n'a jamais cessé de se manifester. Bien que la société américaine dans son ensemble ait ignoré les efforts des minorités linguistiques pour se maintenir intactes dans son sein, de tels efforts ont toujours été tentés. Qui plus est, ces tentatives se sont situées dans un contexte plus large de différences religieuses et culturelles, lesquelles appuyaient souvent les idéologies des communautés en question, plus que ne le faisaient leurs langues.

Jusqu'à une date relativement récente, les immigrants qui débarquaient sur les côtes américaines, dans leur majorité, étaient issus du milieu social, économique ou culturel le plus bas dans leurs sociétés. Cela était particulièrement vrai des immigrants du Sud et de l'Est de l'Europe, quoiqu'en général ce fût également plus ou moins vrai de ceux qui arrivaient du Nord, du Centre et de l'Ouest. Leur nationalisme était assez peu conscient et dépourvu d'idéologie. Quant à leurs attaches linguistiques, elles étaient aussi rudimentaires que les connaissances qu'ils possédaient de leurs langues. Nombre d'entre eux débarquèrent en Amérique avant que l'éducation publique fût établie dans leurs pays d'origine et ils ignoraient ainsi la forme littéraire écrite de leur langue maternelle. D'autres arrivèrent avant que leur langue fût officiellement reconnue et par conséquent avant que son statut dans la vie nationale fût complètement défini ou ratifié. Le résultat en fut que la plupart des premiers immigrants n'attachèrent pas une importance particulière à leur langue maternelle ou à l'héritage culturel de leurs aïeux. Cela se passa sans heurts: ils parlaient comme on respire, sans y penser et sans défendre particulièrement leur outil de communication. L'air de l'Amérique n'est certes pas le même que dans les vieux pays, mais il est aussi respirable quand les considérations idéologiques susceptibles de créer des complications sont absentes. C'est pourquoi les efforts du vieil immigrant pour préserver sa langue et ses traditions ancestrales étaient exempts de contenu idéologique ou symbolique. Il préférait, cela va de soi, sa propre langue, plus familière, mieux connue, comme il préférait les coutumes, les fêtes, la cuisine du pays d'où il venait. Néanmoins, il s'en fit très rarement le champion, l'apôtre ou le défenseur. Il ne se doutait pas que la pureté de ce parler maternel, ou de ce patrimoine culturel, pouvait être menacée, et que son devoir solennel était de les défendre. Aussi longtemps qu'il en éprouva le besoin ou la nécessité, il s'accrocha à ses traditions, puis progressivement il en abandonna certains aspects; il en arriva ainsi, peu à peu, à admettre que la société exigeait de lui certains changements comme prix de sa mobilité sociale et de celle de ses enfants.

Dans de rares occasions seulement, l'Amérique prit des mesures pour accélérer l'affaiblissement linguistique et culturel de ses groupes d'immigrants. Aux XIXe et XXe siècles surtout, pendant les périodes de débâcle économique, les mouvements xénophobes, et parfois plus particulièrement anticatholiques, atteignirent des proportions importantes. Ce fut le cas du « Know-nothingism » au début du XIXe siècle (« Know-Nothing Party », parti politique secret qui dénonçait l'influence croissante des immigrants de fraîche date, et en particulier des catholiques romains, dans les affaires politiques américaines), du Ku-Klux-Klan après la guerre civile et pendant les premières années du XXe siècle, des campagnes politiques « anti-hyphenation » (« Hyphenated-American », étranger naturalisé resté foncièrement attaché aux intérêts de sa première patrie) et « pro-melting pot » (mouvements nationalistes en lutte contre une allégeance patriotique partagée et qui réclamaient le « brassage » ethnique et l'intégration complète à l'Amérique) pendant et après la Deuxième Guerre mondiale, et même du populisme et de l'agitation en faveur des impôts élevés sur les produits d'importation à la fin du XIXe siècle et au commencement du XXe siècle. Il est indéniable que ces mouvements ont exercé des pressions sur tous les groupes minoritaires pour tenter de briser leurs ambitions séparatistes. Les deux guerres mondiales portèrent également, à deux reprises, des coups sévères aux partisans de la langue et de la culture germaniques en Amérique, comme aucun autre héritier du Vieux Monde n'en reçut jamais. Mais ces quelques exemples de pression d'un genre spécial sont, dans l'histoire, des exceptions liées à des circonstances particulières du contexte politique national et international. L'usure, non concertée, des cultures minoritaires est un phénomène beaucoup plus normal, qui se produit nécessairement dans une société modérément ouverte qui demande et accueille tous les nouveaux venus dans ses écoles, ses affaires industrielles et commerciales, ses organisations. En fin de compte, un plus grand nombre de trésors linguistiques et culturels ont été enterrés par la passivité et l'apathie réciproques, que n'auraient pu le faire l'opposition et la répression. Les minorités immigrantes ne se sont jamais vu interdire de créer et de conserver leurs propres écoles, leurs communautés, leurs organisations et leurs journaux. Au cours de ces dernières années seulement dans plusieurs États, les ministères de l'Éducation ont commencé à exiger une instruction de base en anglais dans toutes les écoles privées qui se proposent de fonctionner dans le cadre du programme d'éducation officiel. L'expansion de la vie américaine était elle-même assez irrésistible pour dompter les tendances séparatistes et traditionalistes que des groupes ou des élites particulières auraient pu entretenir.

La conséquence de l'attitude tolérante du milieu

américain jointe à la volonté de participation de la part des immigrants fut que les langues maternelles de ces derniers commencèrent fréquemment à péricliter dès la première génération. Beaucoup d'idées générales et d'éléments de la vie américaine étaient inconnus des immigrants car ils n'en possédaient pas la contrepartie dans leurs milieux sociaux d'origine. Les termes et les expressions de l'anglais américain s'incorporèrent assez vite et de manière continue dans leurs langues maternelles sans contrecarrer leurs convictions linguistiques ou ethniques. Le processus accéléré d'emprunts et de calques approximatifs donna lieu à une confusion de langues que les immigrants eux-mêmes commencèrent à tourner en dérision. La mobilité sociale, l'identification aux institutions et aux idéaux américains, les contacts quotidiens avec des individus, des groupes, les *mass media* de langue anglaise, contribuèrent de surcroît à un amalgame linguistique chez les immigrants. Finalement, l'interférence passa du simple niveau lexical au niveau grammatical. En fin de compte, aussi bien la langue maternelle que l'anglais, parlés par les nouveaux venus, se trouvèrent enrichis par des formes composites et assurément légitimes. On peut considérer ces emprunts et ces interférences comme des indices révélateurs du manque d'intérêt (et certainement de l'absence de nationalisme linguistique) que manifesta la première génération des plus anciens groupes à l'égard du fonctionnement de la langue maternelle. Assurément nombreux furent ceux qui rejetèrent rapidement et de façon définitive leur langue dans leur profond désir d'intégration complète. Mais ce ne fut pas le cas de tous les immigrants de la première génération; pour la plupart d'entre eux, l'idiome maternel émaillé d'américanismes continua d'être préféré dans les rapports quotidiens de la famille et de la communauté.

Il ne faut certes pas minimiser le rôle de la religion dans le maintien ou l'abandon de la langue. L'installation dans le Nouveau Monde impliquait non seulement un changement de milieu linguistique mais encore la dislocation, pour ainsi dire, de toutes les structures sociales traditionnelles, et la religion ne fut pas épargnée. Nombre d'Églises (entre lesquelles se situent d'abord l'Église catholique, plusieurs protestantes, les Églises nationales de certains pays du Vieux Monde, luthérienne de Norvège, par exemple, ou russe orthodoxe, etc.) réussirent à sauvegarder la foi et les rites religieux traditionnels des immigrants, essentiellement par l'intermédiaire de la langue. S'ils n'avaient pas eu l'avantage de se servir de leurs parlers habituels dans cette circonstance, il est probable que les immigrants auraient afflué, avec trop de précipitation, vers les sectes protestantes américaines. Mais, grâce aux prêches, à l'instruction religieuse et en général aux activités séculières qui avaient lieu en langue maternelle, les Églises mirent un frein à l'américanisation accélérée et empêchèrent les fidèles de s'éloigner du bercail. Elles utilisèrent les habitudes linguistiques des immigrants, le besoin d'amitié et d'appartenance au groupe, pour préserver leur intégrité et pour garder leurs paroissiens. Néanmoins, les mots vernaculaires non anglais furent rarement, sinon jamais, valorisés en soi. Lorsque les Églises ne réussirent plus à attirer, à retenir et à conserver leurs fidèles par l'emploi de ces langues, elles abandonnèrent de plus en plus leur usage; c'est ce qui se passa, par exemple, quand elles essayèrent d'exiger la fidélité de la deuxième génération ou des générations suivantes. Il arriva donc que les Églises, qui avaient contribué initialement au maintien des langues maternelles, participèrent grandement, en fin de compte, à leur abandon. Bien qu'il y ait encore aujourd'hui un grand nombre de paroisses qui fonctionnent officiellement dans des communautés particulières, leur rôle linguistique est quasi nul, à moins que la communauté ne soit composée d'immigrants récemment arrivés.

Pour en revenir à notre analyse par ordre de générations, il faut remarquer que la deuxième génération fit preuve d'un désir encore plus vif et d'une volonté plus délibérée de s'incorporer à la vie américaine que ne l'avait fait la première. Ils reçurent, avec une aversion très nette, la langue maternelle des parents, autant à cause de son niveau de développement insuffisant, que par la faute de ses associations d'immigrants. Bien qu'elle fût souvent leur propre langue maternelle, ils en limitèrent l'usage aux hypocoristiques, aux exclamations, aux injures et à tout le vocabulaire dérivé des expériences enfantines (aliments, relations familiales, etc.). Ils en gardèrent aussi une certaine familiarité par la pratique de l'humour (plus d'une plaisanterie n'était compréhensible qu'à condition de connaître la forme abâtardie de la langue), et par le moyen des distractions (beaucoup de chansons et de refrains populaires étaient enregistrés dans la version altérée, et vendus par des magasins spécialisés qui s'adressaient surtout à une clientèle de la deuxième génération). On peut encore ajouter quelques rares contacts, dans cette langue, avec les *mass media* ou les cérémonies religieuses, et les relations, qui diminuaient de plus en plus, avec la famille, au sens large, ou les amis appartenant à la génération précédente. Il y a peu d'exemples de manifestations d'un véritable intérêt linguistique pour cette génération. Encore ont-ils été interprétés comme des indices révélateurs d'un manque d'adaptation psychologique au système de vie américain. Par ailleurs, il semble que la vie rurale et l'état d'isolement qui en découlait nécessairement (coupure des *mass media* et des groupes de langue anglaise) ont été des facteurs qui ont contribué au maintien de la langue à ce niveau de la descendance.

La troisième génération est à la fois plus sûre de son enracinement en Amérique et moins gênée par ses origines immigrantes. La langue des grands-parents paraît plutôt pittoresque et pleine d'attraits, la plupart du temps, que barbare et embarrassante. On considère qu'elle fait partie de l'héritage familial, et celui-ci, même connu de façon tout à fait superficielle, est valorisé (au sens abstrait) en tant que principal élément de formation de la conscience communautaire, et comme un déterminant des attaches du groupe. En outre, la mobilité sociale, et cette tolérance si vantée, qui caractérisent l'Amérique, sont moins totales qu'on ne veut bien le croire, et cessent souvent de se manifester avant l'adaptation et l'amalgame complets. Il en résulte que la troisième génération redécouvre fréquemment son héritage (du moins sur un mode intellectuel ou sentimental, sinon pour le vivre) et qu'elle le trouve empreint d'une noblesse et d'une distinction inconnues ou introuvables dans le reste de la société américaine. Elle ne préserve que les connaissances les plus fragmentaires de la langue maternelle des parents ou des grands-parents. Cependant, elle montre d'ordinaire un vif intérêt pour les enregistrements et les cours de la langue, et même pour la littérature traduite, au niveau des études supérieures ou de l'université.

La description des générations que nous venons de faire est présentée simplement comme une esquisse valable en général. Elle s'avérera nécessairement infidèle pour des groupes particuliers ou des individus. Ainsi, on trouvait toujours dans les sectes allemandes du début des immigrants qui voulaient assumer le rôle de défenseurs zélés de la langue et du patrimoine de leurs ancêtres. Ces individus ou ces groupes adoptaient pour la plupart des positions philosophiques séparatistes et non intégratrices, en rapport avec celles des sectes allemandes. D'autres immigrants arrivèrent avec un idéal nationaliste plus élaboré du point de vue intellectuel et symbolique. Leur position n'était plus non intégratrice en soi. Mais ils n'en étaient pas moins particularistes au plus haut degré, et par là même nécessairement traditionalistes et séparatistes. Ces groupes fondèrent des écoles, des colonies de vacances, des chorales, des associations d'art dramatique, des sociétés littéraires. Ils créèrent des publications d'un niveau intellectuel plus élevé que celui de la presse ordinaire des immigrants. Ils fondèrent des instituts et des sociétés, organisèrent des congrès dans le seul but de maintenir leur culture et leur langue. Ils excitaient leurs compatriotes moins consciencieux et moins préparés, et réussirent souvent à soulever chez eux un intérêt général, fût-il temporaire, pour la défense et le maintien de leurs traditions. Mais en fin de compte, leur influence sur les groupes qui arrivèrent avant la Deuxième Guerre mondiale est sans doute négligeable. Chaque vague consécutive d'immigration, depuis l'époque coloniale, apporta cependant un certain nombre de personnes imbues de ces idées. On peut donc dire que la lutte traditionnelle pour la conservation des langues et des cultures est ancienne sur la terre d'Amérique, même si elle ne fut pas couronnée de succès.

Alors que les partisans de la non-intégration étaient exceptionnels parmi les immigrants arrivés avant la Deuxième Guerre mondiale, leur nombre devint bien plus élevé après la guerre, surtout parmi ceux qui venaient des pays « derrière le rideau de fer ». Ceux-ci se différenciaient par plusieurs traits de leurs compatriotes précédents. Tout d'abord, ils avaient bénéficié, avant de venir en

PRESSE ÉTRANGÈRE PUBLIÉE AUX ÉTATS-UNIS

	Total	Journal (1)	Bi-hebdomadaire (2)	Hebdomadaire	Bi-mensuel (3)	Mensuel	Autre (4)
Albanais	3	—	—	2	—	1	—
Allemand	60	3	2	33	8	13	1
Arabe	10	1	3	6	—	—	—
Arménien	14	2	3	3	—	3	3
Bulgare	5	—	—	3	—	—	2
Biélorusse	7	—	—	—	1	1	5
Carpato-russe	10	—	—	3	2	3	2
Chinois	15	12	—	2	—	—	1
Coréen	1	—	—	1	—	—	—
Croate	9	—	—	4	—	4	1
Danois	5	—	—	1	3	1	—
Espagnol	52	7	—	21	6	11	7
Estonien	3	—	—	1	—	2	—
Finnois	13	1	5	4	—	3	—
Flamand	1	—	1	1	—	—	—
Français	18	1	—	7	3	1	5
Gallois	1	—	—	—	—	1	—
Géorgien	2	—	—	—	—	1	1
Grec	17	2	—	6	—	7	2

LA SITUATION AUX U.S.A.

Hébreu	8	—	—	—	—	—	5
Hollandais	4	—	—	2	1	2	2
Hongrois	38	2	1	20	3	10	2
Italien	45	4	—	22	3	12	4
Japonais	9	6	2	1	—	—	—
Lette	3	—	1	—	—	—	—
Lituanien	35	3	3	6	2	15	7
Norvégien	12	—	—	6	1	4	1
Polonais	45	7	—	21	1	4	5
Portugais	6	1	—	3	8	1	1
Roumain	7	—	1	1	—	4	1
Russe	40	5	1	2	2	17	15
Serbe	5	—	1	6	1	1	1
Slovaque	25	1	1	1	2	9	6
Slovène	10	2	—	10	2	3	1
Suédois	12	—	—	—	—	2	—
Tchèque	32	2	3	6	4	13	4
Ukrainien	39	2	—	7	1	15	14
Yiddish	34	4	—	4	2	12	12
Totaux	655	68	28	217	55	178	109

(1) Y compris les publications paraissant sept fois, six fois et cinq fois par semaine.
(2) Y compris les publications paraissant trois fois par semaine.
(3) Y compris les publications paraissant tous les quinze jours.
(4) Y compris les publications paraissant tous les deux mois, trois mois, six mois, annuellement, et autres publications de périodicité irrégulière ou inconnue.

Amérique, d'une instruction régulière dans leur langue maternelle; de celle-ci, ils avaient étudié les normes formelles et la littérature. Ils ont, d'autre part, des sentiments nationaux clairs et conscients; ils connaissent bien l'histoire, les coutumes, les fêtes traditionnelles et les aspirations de leur pays d'origine. Enfin, ils sont conscients de la diaspora, et se sentent chargés d'une mission.

LISTE DES LANGUES RADIODIFFUSÉES ET NOMBRE DE STATIONS ÉMETTRICES DANS CHAQUE LANGUE

Albanais	4	Langues scandinaves	23
Allemand	117	(Cf. aussi danois,	
Arabe	12	norvégien, suédois)	
Arménien	11	Lette	3
Basque	2	Lituanien	25
Chinois	6	Maltais	1
Danois	2	Norvégien	6
Espagnol	343	Polonais	167
Estonien	1	Portugais	41
Finnois	28	Roumain	5
Français	94	Russe	25
Grec	71	Samoan	1
Hollandais	4	Serbo-croate	21
Hongrois	32	Slovaque	27
Hindoustani	1	Slovène	9
Italien	181	Suédois	13
Irlandais gaélique	13	Tagal (Malayo-	
Japonais	19	Polynésien)	6
Langues indiennes	21	Tchèque	32
d'Amérique		Ukrainien	23
(Apache, Hopi, Navaho,		Yiddish	31
Teingit, Ute, Zuñi)		Yougoslave	6
		(Cf. aussi Serbo-croate)	

Leurs pays natals subissant une pression antireligieuse et souvent antinationale, ils se sentent, ainsi que leurs compagnons d'exil, les dépositaires de la liberté et les gardiens de la « vraie culture » pendant le temps que durera la persécution ou le joug étranger. Ces sentiments ont des conséquences immédiates sur leur attitude linguistique et sur leur comportement. La langue est fréquemment considérée comme la clé de voûte du maintien de l'identité nationale, culturelle et religieuse, surtout quand elle est elle-même menacée. Non seulement ces immigrants connaissent infiniment mieux leur langue que leurs prédécesseurs, mais ils sont beaucoup plus pénétrés du rôle qu'elle joue dans l'existence nationale, et sont bien plus conscients de leurs responsabilités que ne l'avaient jamais été leurs aînés.

Ces immigrants débarqués après la Deuxième Guerre mondiale ont organisé leurs sociétés et leur *mass media,* ou puissamment renforcé celles qui existaient auparavant, pour maintenir la culture sous ses aspects linguistiques et extra-linguistiques. Leurs organisations fonctionnent d'ores et déjà avec une intensité naguère inusitée. Mais il est difficile de dire combien de temps il en sera ainsi, et de prévoir les résultats de l'arrêt d'une immigration continue de masse. Finalement, l'impossibilité de retourner au pays natal peut éteindre l'enthousiasme qui suscite d'ordinaire les activités séparatistes. L'attitude tolérante de l'Amérique, sous tous ses aspects, social, économique ou culturel, peut affaiblir une fois de plus les activités ou les tendances séparatistes qui ne seraient pas solidement ancrées dans une philosophie non intégratrice. Il faut signaler néanmoins qu'un nouveau facteur vient d'apparaître dans le tableau que nous avons présenté : la prise de conscience progressive par les responsables du gouvernement et de l'instruction publique de l'insuffisance des connaissances en langues étrangères, qui sont pourtant indispensables au maintien de fructueuses relations diplomatiques, culturelles et commerciales avec le reste du monde. On commence donc à considérer les ressources linguistiques des groupes d'immigrants en Amérique comme un immense et inestimable trésor qu'il faudrait exploiter et protéger des ravages causés par l'apathie, voire l'antipathie. Il semble indéniable que l'appui officiel, plus encore que la simple tolérance, offrirait de nouvelles perspectives à la communauté américaine. Cette attitude par rapport à la situation linguistique pourrait bien être décisive, tant pour les groupes minoritaires que pour la société américaine elle-même.

Joshua A. Fishman.

BIBLIOGRAPHIE

On trouvera le nom des publications périodiques non anglaises et leur tirage dans :

(Annual) Directory (of) Newspapers and Periodicals, Philadelphie, N. W. Ager and Son, Inc.

(Annual) Foreign Language Press Lists, New York, American Council for Nationalities Service.

E. HUNTER, *In Many Voices,* une analyse récente du rôle et des perspectives de la presse non anglaise, Norman Park, Norman College, 1960.

Les programmes de radio-télévision non anglaise et les heures d'émission sont donnés par :

Broadcasting Yearbook, Washington, D. C., Broadcasting Publications, Inc.

(Annual) Foreign Language Radio Lists, New York, American Council for Nationalities Service.

Il est possible d'obtenir les noms et les adresses des organisations des plus importants groupes ethniques des États-Unis auprès de l'American Council for Nationalities Service, 20 W. 40th Street, New York 13, N. Y. On peut trouver des listes locales pour quelques villes, voir par exemple :

T. ANDRICA et A. J. SUSTER, *All Nationalities Directory,* 1961, Cleveland, Public Service Bureau, Cleveland Press, 1961.

Quelques études plus récentes sur les minorités culturelles en Amérique et sur les efforts pour maintenir les langues :

F. BOLEK, *The Polish American School System,* New York, Columbia Press Corp., 1948.

J. BURMA, *Spanish Speaking Groups in the United States,* Durham, Duke University Press, 1954.

E. HAUGEN, *The Norwegian Language in America,* I, Philadelphie, University of Pennsylvania Press, 1953.

B. SHERMAN, *The Jew within American Society. A Study in Ethnic Individuality,* Detroit, Wayne State University, 1961.

G. E. SIMPSON et J. M. YINGER, *Racial and Cultural Minorities* (revised edition), New York, Harper and Bross, 1958.

Renseignements donnés par les derniers recensements :
U. S. Bureau of the Census, 16th Census of the United

States (langue maternelle de naissance, origine des parents, pays d'origine, âge, pour les États et les grandes villes), Washington, Government Printing Office, 1943.

Le recensement de 1960 donne des renseignements sur la langue maternelle des éléments de la population nés à l'étranger, exclusivement. Ces données ont été publiées en 1963.

LES FAMILLES DE LANGUES

GÉNÉRALITÉS

Un voyageur français n'hésitera pas à jargonner l'anglais à Londres ou le grec à Athènes parce qu'il aura le sentiment de pouvoir, tant bien que mal, former une phrase compréhensible même si elle est peu correcte. Si, au contraire, il se trouve un jour au marché d'Ibadan (Nigéria), un dictionnaire ne lui suffira pas pour se faire comprendre parce que l'organisation du yoruba ne ressemble pas à celle du français. Le grec ou l'anglais ont avec notre langue un « air de famille » et nous déconcertent de ce fait beaucoup moins. « Toutes les langues, écrivait Edward Sapir, sont différentes les unes des autres mais certaines diffèrent entre elles beaucoup plus que d'autres ».

Dès le début du XIXe siècle on était arrivé à répartir les principales langues d'Europe et d'Asie en ensembles dans lesquels on distinguait différents sous-groupes. Cette classification, fondée sur des considérations génétiques, était tenue par Max Müller pour la plus parfaite de toutes. Mais elle n'était pas néanmoins la seule en usage. Si Franz Bopp publia, dès 1816, son étude comparée sur la conjugaison du sanscrit, si Rasmus Rask écrivit, en 1818, un mémoire sur la « famille » finno-ougrienne et établit une autre famille plus vaste groupant le finno-ougrien et les langues comme le turc, le samoyède, le mongol, l'eskimo, les langues de l'Amérique du Nord, le basque, les langues caucasiques et le dravidien, August von Schlegel proposa, en 1818, un classement tout différent : en se fondant sur l'étude des traits caractéristiques des langues et non sur leur histoire, il distinguait le type analytique (illustré par le chinois), le type synthétique (latin ou grec) et le type agglutinant (turc ou swahili), répartition qui sera reprise en 1861 par August Schleicher. Depuis lors, et malgré le prestige acquis par la méthode généalogique grâce aux succès remportés dans la description de l'indo-européen, les travaux fondés sur la typologie se sont multipliés, la technique perfectionnée. On a été ainsi conduit à édifier des classifications typologiques des langues dont l'une des dernières, considérée comme la plus élaborée, est celle d'Edward Sapir. Ce mode de classement reste cependant frappé d'un certain discrédit parce que ses méthodes sont encore trop incertaines ou d'un maniement trop difficile. Il semble que seule la classification généalogique, qui a fait ses preuves, permette de mettre un ordre satisfaisant dans la diversité des langues connues, actuellement parlées ou transmises par une tradition littéraire.

Cependant, si l'on appelle famille de langues un ensemble d'idiomes unis par des liens de parenté génétique, et représentant des évolutions différentes d'un même prototype, on constate très vite que peu de familles répondent à la définition.

Le magistral ouvrage *les Langues du monde* ne représente qu'en partie la réalisation du vieux rêve des fondateurs de la « philologie comparée », car il existe bien peu d'ensembles linguistiques auxquels on puisse conférer de plein droit le nom de « famille » au sens étroit que nous venons de définir.

À dire vrai, seul l'indo-européen nous semble constituer une « famille » et cela pour deux sortes de raisons. La première est que, effectivement, la comparaison et les recherches généalogiques ont trouvé dans les langues indo-européennes un champ d'action remarquable. Le linguiste y disposait d'une tradition littéraire suffisamment longue qui permettait de retrouver des formes plus anciennes que les langues modernes. D'eux-mêmes, peut-on dire, les parlers indo-européens fournissaient à l'historien les matériaux dont il avait besoin. Ces conditions ont beaucoup aidé à établir, en particulier, les degrés intermédiaires entre les idiomes actuels et l'unité linguistique primordiale que l'on suppose. De surcroît, la relative homogénéité des différents types linguistiques a permis au comparatiste de retrouver dans les différents groupes les éléments semblables sur lesquels il pouvait asseoir sa comparaison. Enfin l'établissement de la famille indo-européenne a été grandement facilité parce que presque toutes les langues y avaient conservé des formes grammaticales dont la singularité excluait toute convergence de hasard. La deuxième raison est que, par une sorte de cercle vicieux, nous cherchons instinctivement à retrouver ailleurs le modèle indo-européen en appliquant aux autres langues les critères et les méthodes qui ont, une fois, si bien réussi.

Malheureusement l'espoir de retrouver ailleurs des conditions aussi favorables est pure chimère, de sorte que l'on ne s'étonnera guère de voir parfois le nom de « famille » linguistique employé avec un sens moins strict.

Ainsi l'on parle, depuis Theodor Benfey, d'une famille chamito-sémitique groupant avec les langues sémitiques du Proche-Orient, de l'Arabie et de l'Afrique, l'égyptien ancien, les dialectes berbères, les langues couchitiques (corne orientale de l'Afrique et région située entre Nil et mer Rouge) et les langues du Tchad. Plusieurs de ces parlers ont une longue tradition connue (égyptien) et ont été la langue de brillantes civilisations (akkadien). Leur parenté généalogique semble assurée parce qu'aux ressemblances d'ordre phonologique s'ajoutent des ressemblances de structure générale et surtout quelques correspondances morphologiques trop nombreuses, semble-t-il, pour pouvoir être imputées à des emprunts. Pourtant la part des emprunts y est très difficile à déterminer. D'un côté, on connaît mal, faute de documents ou d'études, une partie des membres supposés de cette famille comme le berbère ou le couchitique. De l'autre, les langues sémitiques ont été véhiculées le plus souvent par des nomades, ce qui a pu favoriser grandement les mélanges ou les interférences. L'existence de la famille chamito-sémitique est donc probable mais trop de points restent encore obscurs pour qu'on puisse déterminer le degré de parenté exact de tous les parlers qui la composent.

Employer le mot de « famille » pour désigner l'ensemble des langues euskaro-caucasiennes (*euskara* est le nom de la langue parlée par les Basques) paraît témoigner d'un optimisme encore plus exagéré. Les idiomes parlés sur le versant Sud du Caucase sont unis par des liens de parenté généalogique qui semblent assurés. Mais la situation n'est pas aussi favorable pour les idiomes du Nord dont la comparaison ne permet pas de restituer une morphologie commune en raison, tout particulièrement, de la grande diversité existant entre les dialectes de l'Ouest et ceux du Nord-Nord-Est. De surcroît, même si l'on estime que les différences typologiques entre le groupe Nord et le groupe Sud ne constituent pas un obstacle insurmontable pour démontrer leur unité génétique, la profonde divergence des vocabulaires est très inquiétante. Dans ces conditions, rapprocher de cette unité incertaine un troisième terme paraît bien téméraire à certains, à moins qu'on ne puisse démontrer que le basque est précisément, par les rapports différents qu'il entretient avec le caucasien du Nord et avec le caucasien du Sud, le chaînon manquant qui aide à prouver l'unité de toute la famille. Il n'en demeure pas moins que la famille euskaro-caucasienne n'est, pour l'instant, qu'une hypothèse de travail non vérifiée.

Les difficultés que l'on a à grouper en « famille » les deux ensembles linguistiques chamito-sémitique et euskaro-caucasien tiennent, en résumé, à quelques causes simples qui expliquent les échecs subis par les linguistes en bien d'autres cas. Pour pouvoir élaborer une classification des langues en « familles », le chercheur a besoin de documents solides aussi bien dans le temps que dans l'espace. Là où manque la profondeur de champ que donne une longue tradition linguistique, là où font défaut de bonnes descriptions de tous les éléments susceptibles de faire partie du même groupe, n'y aurait-il pas d'espoir d'atteindre un jour à une classification généalogique ?

Il est évident que les deux difficultés ne sont pas du même ordre et que la seconde pourra disparaître avec le temps si l'on a affaire à des langues vivantes ou accessibles. La première apparaît d'abord comme insurmontable. Pourtant elle a été surmontée, parfois avec succès, grâce à l'emploi conjoint de plusieurs procédés.

En l'absence de documents historiques directs sur le passé d'une langue, on peut parfois « remonter le temps » en procédant à une *reconstruction interne*. Le principe de la méthode est simple : les accidents qui se produisent au cours de l'histoire d'une langue laissent parfois des traces perceptibles dont le linguiste doit pouvoir retrouver la cause comme le chasseur retrouve la piste du gibier en lisant ses empreintes. En examinant avec suffisamment de soin les anomalies apparentes d'une langue, on devrait parvenir à découvrir des traits de son histoire. Si l'on observe, par exemple, que le nominatif du nom de « cheveu » est, en grec ancien, *thríks* mais que son génitif est *trikhós,* la répartition des consonnes aspirées paraît singulière. En réalité, les deux formes s'expliquent aisément par le grec même : *ónukhos* est le génitif correspondant au nominatif *ónuks* « ongle, griffe ». Devant la désinence -*s* le *kh* a perdu régulièrement son aspiration; il n'est donc pas surprenant que l'aspirée ait également disparu devant -*s* dans *thríks.* D'autre part, le grec ne tolère pas la présence de deux aspirées dans le même mot et « désaspire » la première. Donc, si le génitif ancien était *thrikhós,* il a été nécessairement remplacé par *trikhós.* Cette dissimilation n'a pu se produire au nominatif puisque le *k* n'y était plus aspiré. On peut donc expliquer les deux formes *thríks, trikhós* à l'aide des seules ressources du grec et restituer une ancienne flexion :

nominatif : *thríkhs

génitif : *thrikhós

qui représente un état plus ancien que celui que l'on peut atteindre directement par l'examen des formes attestées.

C'est en procédant ainsi que l'on a pu, par l'étude de la distribution des voyelles en potawatomi, contribuer à restituer le système vocalique du proto-algonquin central (Ch. F. Hockett, *A Course in Modern Linguistics,* New York, 1958, p. 463).

Un autre moyen de préciser l'appartenance d'une langue à une famille pourrait être fourni par la « typologie ».

Lorsqu'on établit la parenté généalogique d'un groupe de langues et qu'on en reconstruit le prototype, on institue de ce fait le schéma d'une langue qui représente un certain type linguistique, essentiellement fondé sur les caractères morphologiques. Il serait commode de pouvoir se servir ensuite de cette sorte de toise pour évaluer la mesure dans laquelle il est possible de rattacher au même groupe une langue nouvellement analysée.

Cependant, outre le fait que ce procédé ne vaudrait que dans les cas où l'on connaît déjà une partie suffisante de l'unité linguistique en question et où on a pu en fixer le type, il ne faut pas perdre de vue que des langues appartenant à une même famille peuvent prendre, au cours de leur histoire, un aspect bien différent du type primordial. Il est banal de rappeler que l'anglais ne ressemble guère, à première vue, à une langue indo-européenne, ou que la phrase figée du sanscrit classique est fort éloignée de la luxuriance du sanscrit védique. En revanche, deux langues de familles différentes peuvent très bien présenter des ressemblances typologiques, surtout lorsqu'elles se trouvent parlées sur des aires géographiques contiguës.

On n'a pu, jusqu'à présent, que très rarement faire coïncider une famille de langues et un type linguistique. N. Trubetzkoy a tenté de définir l'indo-européen par six caractères structurels qui le distinguent du sémitique, du caucasien et du finno-ougrien : absence d'harmonie vocalique ; le consonantisme de l'initiale n'est pas plus pauvre que celui de la médiane ou de la finale ; le mot ne commence pas nécessairement par la racine ; la formation se fait non seulement par affixes mais aussi par alternance vocalique à l'intérieur des morphèmes radicaux ; outre les alternances vocaliques, des alternances consonantiques libres jouent aussi un rôle morphologique ; le sujet d'un verbe transitif est traité comme celui d'un verbe intransitif. Mais le résultat n'est que partiellement concluant : Émile Benveniste a montré que cet ensemble de caractères se retrouvait aussi dans une langue de l'Orégon, le takelma. D'ailleurs, Trubetzkoy lui-même reconnaissait qu'on ne pouvait se passer d'établir des correspondances matérielles qui sont, elles, fondées sur l'étude historique de la langue.

Cependant, Malcolm Guthrie a pu démontrer, dans le domaine bantu, la correspondance d'un certain type de structure grammaticale avec un groupe de langues dont la commune origine ne semble guère pouvoir être mise en question. Pour être dite bantu, une langue doit posséder un système de genres grammaticaux (cinq au moins, en général) consistant en l'accouplement d'une classe de singulier et d'une classe de pluriel ; le signe du genre est un préfixe ; un procédé d'accord allitératif manifeste et spécifie le rapport syntaxique entre le substantif et ses différents déterminants. En outre, une partie du lexique de cette langue doit pouvoir être dérivée par des règles précises d'un ensemble de racines communes hypothétiques restituées par la comparaison.

La définition n'est cependant pas pleinement satisfaisante car, en dehors des langues bantoïdes qui n'ont

mandé. Il peut ne s'agir aussi que de parlers caractérisés par un même trait ou par un petit nombre de traits particulièrement saillants, quelles que puissent être, d'autre part, leurs différences : toutes les langues à classes nominales de l'Afrique occidentale, du Cameroun et du Soudan autrefois anglo-égyptien ont été, quelque temps, désignées par le terme « semi-bantu »; c'est l'existence des *clicks* qui a, dès l'abord, justifié l'institution d'une famille khoisan, groupant les langues hottentotes et bochimanes d'Afrique du Sud avec le hadza et le sandawe du Tanganyika.

De même réunit-on sous le nom de « langues sénégalo-guinéennes » (ou « atlantiques occidentales ») quelques idiomes qui connaissent des classes nominales et que caractérisent l'ordre des termes dans le syntagme d'annexion (déterminé — déterminant) et, secondairement, des ressemblances de vocabulaire. Dans d'autres cas enfin, il s'agit de langues unies parce qu'elles présentent entre elles moins de différences qu'elles n'en ont avec les langues de groupes voisins : tel est, par exemple, le cas du groupe kwa dont l'aire s'étend en bordure du golfe de Guinée, de la rivière Sassandra au delta du Niger.

Dans l'usage des africanistes formés à l'école des néogrammairiens comme C. Meinhof ou Dietrich Westermann, on appelle « famille » (famille soudanaise occidentale par exemple) un ensemble de langues dont la commune origine est démontrée par l'existence, en chacune d'elles, de vocables issus de radicaux communs restitués par comparaison des données lexicales. À défaut de cette preuve, toutefois, les ressemblances de structure sont considérées comme témoignant de l'appartenance à la famille. Cette licence est, dans une certaine mesure, justifiée par la difficulté qu'on éprouve, en raison de l'ignorance où l'on est des états anciens des langues considérées, à établir les formules de correspondances phoniques exigées par la démarche comparative classique et à démontrer la pertinence des ressemblances grammaticales constatées. L'entreprise récente de J.H. Greenberg est une tentative très intéressante pour restituer à la méthode sa rigueur en limitant le champ de la recherche au domaine du lexique. Encore ne prend-il en considération que la partie du lexique la moins sujette à l'emprunt, radicaux de mots très usuels, et, en principe du moins, morphèmes grammaticaux; en même temps, il s'entoure de précautions pour éliminer, par un traitement statistique, les pièges que tendent au comparatiste les convergences dues à la similitude des systèmes phonologiques ou les simples rencontres de hasard. On considérera que forment une « famille » des langues qui ont en commun un stock lexical aussi réduit que l'on voudra mais dont la présence ne peut s'expliquer que par un héritage commun. C'est naturellement faire grande confiance à la perennité du vocabulaire fondamental et J.H. Greenberg n'exclut pas, bien au contraire, le recours à la méthode classique des correspondances, mais il ne semble pas qu'il y ait lui-même procédé. Sa classification génétique des langues négro-africaines en deux familles, congo-kordofanienne et nilo-saharienne, se présente donc en fait comme un groupement provisoire, une hypothèse de travail proposée aux comparatistes de stricte observance.

Par l'intérêt qu'il porte aux faits de lexique et le prix qu'il attache à la notion de vocabulaire fondamental, Greenberg rejoint les préoccupations des glottochronologistes. Ceux-ci s'efforcent, par l'application rigoureuse de formules empiriques concernant le taux d'usure ou, plus exactement, de remplacement, des éléments d'un vocabulaire fondamental supposé commun à l'ensemble des langues humaines, de déterminer la date exacte à laquelle deux parlers ont cessé d'être des dialectes d'un même idiome pour devenir des langues distinctes. À la limite, la présence dans deux langues d'un seul élément de vocabulaire fondamental commun suffit à affirmer leur appartenance à une même souche et à fixer la date à laquelle elles se sont séparées. Morris Swadesh s'est ainsi trouvé en mesure de proposer une taxonomie linguistique dont l'ampleur dépasse de beaucoup celle des classifications généalogiques banales : constituent une *langue* des parlers qui ont de cent à quatre-vingt-un pour cent de termes de vocabulaire fondamental apparentés (« cognates »); ceux qui en ont de quatre-vingt-un à trente-six pour cent forment une *famille;* de trente-six à douze pour cent une *souche* (« stock »); de douze à quatre pour cent un *microphylum;* de quatre à un pour cent un *mésophylum;* moins de un pour cent, un *macrophylum.*

À cette terminologie correspond, en stricte application de la méthode, une échelle chronologique : les dialectes d'une même langue ne sauraient avoir subi d'évolution divergente depuis plus de cinq siècles; au delà, ils sont, pendant vingt siècles membres d'une même famille; pendant les vingt-cinq siècles, suivants, ils appartiennent à la même souche, puis, par fraction de vingt-cinq siècles, au même *microphylum,* au même *mésophylum* et enfin, après dix millénaires, au même *macrophylum.*

Cette définition chronologique suscite l'intérêt par son pittoresque plus que par sa rigueur. Elle a cependant le mérite d'indiquer jusqu'où le comparatiste peut se trouver emporté lorsqu'il abandonne les voies frayées par les néo-grammairiens du siècle dernier. Il n'en est que plus remarquable que des linguistes éminents aient accepté de renoncer à la sécurité qu'assure l'usage d'une méthode éprouvée pour tenter de telles aventures; sans doute ne l'auraient-ils pas fait si les données dont ils avaient à rendre compte s'étaient prêtées à son application. On est ainsi conduit à se demander si le concept de parenté linguistique, tel qu'il a été défini par les pionniers de la recherche indo-européenne, est pleinement valide hors du domaine pour lequel il a été forgé. Nous avons déjà vu que dans le domaine chamito-sémitique par exemple, les résultats obtenus n'étaient pas entièrement satisfaisants. La situation est encore plus embarrassante en Extrême-Orient où les grandes unités linguistiques qui s'échelonnent des plateaux tibétains aux archipels de l'Océanie présentent, selon l'expression de Émile Benveniste, « des connexions de caractère sériel telles que chacune ressemble par certains côtés à chacune de ses voisines tout en différant beaucoup des groupes plus éloignés ». Cette « parenté par enchaînement », déconcertante pour le linguiste formé aux disciplines historiques, n'en représente pas moins la transposition, à niveau plus élevé de la classification linguistique, d'un phénomène bien connu des dialectologues. Il est fréquent, en effet, que ce qu'on appelle « langue », en dehors des aires où l'institution d'une norme a relégué les parlers marginaux au rang de variantes régionales, voire de patois de village, consiste en une chaîne d'idiomes dont les éléments contigus sont suffisamment semblables entre eux pour permettre une intercompréhension aisée ou immédiate, mais dont les maillons extrêmes le sont si peu que les gens qui parlent l'un et l'autre mériteraient, en toute équité, la qualificatif de bilingues. Ce qui conduit à regrouper un tel ensemble de dialectes en une unité plus vaste, mis à part le sentiment des sujets parlants fondé sur une communauté de traditions et de mode de vie, est, d'une part, la constatation d'une identité de structure; mais, d'autre part, cette dernière pouvant faire défaut, c'est surtout la constatation d'un réseau de compatibilités qui, tantôt dans le domaine de la phonologie, tantôt dans celui de la grammaire, ou même au niveau du lexique, facilitent le passage d'un système linguistique à un autre. On ne saurait exclure que cet état de choses, observé dans le présent, n'ait également existé dans le passé. Il est non moins manifeste que les méthodes des néogrammairiens, conçues pour des langues issues probablement de l'éclatement d'un idiome originel relativement cohérent, sont inapplicables dans le cas précité des langues d'Extrême-Orient. Tout porte à penser que la société indo-européenne, du moins dans ses classes dirigeantes, a consisté en une aristocratie religieuse et guerrière solidement organisée et que sa langue, à l'égal des autres institutions sociales, devait être, en effet, solidement charpentée. Mais ce type de société comme ce type de langue n'ont jamais dû représenter autre chose que des cas particuliers dans l'histoire de l'humanité et peut-être même des exceptions. Il est donc, dans une certaine mesure, illégitime de constituer en archétype ce qui a pu n'être qu'un cas singulier et de refuser la qualité de « famille » à des groupes de langues dont la parenté est démontrable dans certains domaines, sans qu'on parvienne à restituer un parler ancestral qui a fort bien pu ne jamais exister. Faute pourtant de méthodes adaptées à cette sorte de recherche, la « parenté par enchaînement » demeure, au mieux, une hypothèse vraisemblable. Les progrès de la linguistique historique dans cette voie ne seront possibles que lorsque la linguistique générale aura clairement établi en quoi consistent les « compatibilités » évoquées plus haut, grâce auxquelles la communication peut s'établir, au prix de commutations partielles, entre des idiomes de structure différente.

Jacqueline Manessy-Guitton.

BIBLIOGRAPHIE

Sur les problèmes de classification des langues en familles et sous-groupes, consulter (outre les ouvrages cités dans la bibliographie du chapitre *Parenté généalogique*) :

E. BENVENISTE, *La Classification des langues*, « Conférences de l'Institut de Linguistique de Paris », XI, 1952-1953 (*Problèmes de linguistique générale*, p. 108 sqq.)

J. H. GREENBERG, *The Problem of Linguistic Subgroupings*, dans *Essays in Linguistics*, Chicago, 1957.

H. M. HOENIGSWALD, *Criteria for the Subgrouping of Languages*, dans *Ancient Indo-European Dialects*, Proceedings of the conference on Indo-European linguistics, Los Angelès, avril 1963, Berkeley-Los Angelès, 1966.

A. MEILLET, *Note sur une difficulté générale de la grammaire comparée*, dans *Linguistique historique et linguistique générale*, I, pp. 36 sqq., Paris, 1948.

A. MEILLET, *Différenciation et unification dans les langues*, Ibid., pp. 110 sqq.

A. MEILLET, *Les Dialectes indo-européens*, Paris, 1950.

Sur les différentes familles de langues :

L. BLOOMFIELD, *Language*, chapitre 4: « The languages of the world », Chicago, 1933.

H. A. Jr. GLEASON, *An Introduction to Descriptive Linguistics*, chapitre 28 : « Some Languages and Language Families », nouvelle édition, New York, 1961.

W. P. LEHMANN, *Historical Linguistics : an Introduction*, chapitre 9 : Models of Languages, New York, 1962.

W. SCHMIDT, *Die Sprachfamilien und Sprachenkreise der Erde*, Heidelberg, 1926.

Les Langues du monde, par un groupe de linguistes sous la direction de A. MEILLET et Marcel COHEN, nouvelle édition, Paris, 1952.

Depuis la parution de la dernière édition des *Langues du monde*, des études partielles sur certaines familles de langues ont été publiées ; on les trouvera citées dans les bibliographies concernant les langues qui font l'objet d'une étude dans les chapitres suivants. Parmi les ouvrages généraux récents, on pourra consulter :

M. A. Bryan, *The Bantu Languages of Africa,* Londres, 1958.

A. Capell, *Some Linguistic Types in Australia,* Sydney, 1962.

A. Capell, *Oceanic Linguistics To-Day,* dans *Current Anthropology* III, 4, 1962.

Bj. Collinder, *Comparative Grammar of the Uralic Languages,* Stockholm, 1960.

Bj. Collinder, *Survey of the Uralic Languages,* Stockholm, 1957.

G. Deeters, *Die kaukasischen Sprachen,* dans *Armenisch und kaukasische Sprachen,* Leyde-Cologne, 1963.

I. Dyen, *The Lexicostatistical Classification of the Austronesian Languages,* New Haven, 1963.

M. B. Emeneau, *Dravidian and Indian Linguistics,* Berkeley (Cal.), 1962.

J. H. Greenberg, *The Languages of Africa,* Bloomington, 1963.

M. Guthrie, *The Classification of the Bantu Languages,* Londres, 1948.

N. Poppe, *Vergleichende Grammatik der altaïschen Sprachen,* Wiesbaden, 1960.

B. Pottier, *Les Langues amérindiennes, orientation bibliographique,* dans « Bulletin de la Faculté des Lettres de Strasbourg », XL, 1961-1962, pp. 441-446.

C. Rabin, *The Origin of the Subdivision of Semitic,* dans *Hebrew and Semitic Studies,* présentés par G. R. Driver, Oxford, 1963.

T. A. Sebeok, *Austro-asiatic Language Family,* dans *Language,* XVIII, p. 206.

R. Shafer, *Études sur l'austro-asien,* dans « Bulletin de la Société de linguistique de Paris », 1952, T. 48, 1, pp. 111 à 158.

R. Shafer, *Classification of the Sino-Tibetan Languages,* dans « Word », 1955, XI, pp. 94-111.

R. Shafer, *Bibliography of Sino-Tibetan Languages,* II, Wiesbaden, 1963.

H. L. Shorto, Judith M. Jacob et H. S. Simmonds, *Bibliography of Mon-Khmer and Taï Languages,* Londres, 1963.

M. Swadesh, *Time Depths of American Linguistic Grouping, with Comments by...* dans « American Anthropologist », **56**, 1954, pp. 361-377.

A. N. Tucker, *Neue Wege zur Gliederung der afrikanischen Nichtbantusprachen,* dans « Phonetica », I, 1957, pp. 39-52.

E. Westphal, *A Reclassification of Southern African non-Bantu Languages,* dans « Journal of African languages », I, 1, 1962, pp. 1-8.

L'INDO-EUROPÉEN

« ON appellera langue indo-européenne toute langue qui, à un moment quelconque, en un lieu quelconque, à un degré d'altération quelconque, est une forme prise par [l'indo-européen], et qui continue ainsi, par une tradition ininterrompue, l'usage de l'indo-européen ».

Cette définition proposée par Meillet n'implique rien quant à la localisation présente ou passée des parlers en question; mais elle postule l'existence d'une langue originelle, à laquelle le nom d'indo-européen est, d'une manière toute conventionnelle, communément attribué.

Il se trouve en effet que les travaux des premiers comparatistes ont porté principalement, comme il a été dit dans l'étude consacrée à la parenté généalogique, sur des langues parlées en Europe occidentale et sur l'ancienne langue de l'Inde, le sanscrit. Ils ont permis de restituer l'idiome dont elles étaient issues sans, pour autant, nous livrer le nom par lequel pouvait se désigner la communauté linguistique qui dut en être le véhicule. Aucune tradition directe ne nous l'a, d'autre part, conservé. Il a donc fallu forger de toutes pièces un vocable aussi commode que possible.

Au lieu du terme « indo-européen » on rencontre fréquemment au XIXᵉ siècle celui d'« aryen ». Les anciens textes indiens et iraniens se servent en effet d'un mot qui est dans l'Inde, *ari-*, *arya-* ou *ārya-*, en Iran *airya-* (avestique) ou *ariya-* (vieux-perse), pour désigner tout homme, dieu ou chose appartenant au groupe des peuples envahisseurs et pour en exprimer la solidarité ethnique par rapport au monde barbare des terres asservies. L'emploi de ce terme se justifiait parce que l'on a cru longtemps voir dans le sanscrit le très fidèle reflet de la langue primordiale; mais à partir du moment où l'on sut donner au sanscrit sa place — importante mais non prépondérante — parmi les anciens dialectes, le nom d' « aryen » ne se justifiait plus. Pour pouvoir conserver ou ressusciter le mot, il aurait fallu pouvoir démontrer que le radical indo-iranien *arya-* était l'héritier d'une forme de la langue originelle et l'expression d'un concept ancien commun. Or, les seuls rapprochements que l'on propose avec l'irlandais *aire (*aryak-)* désignant l'ensemble des hommes libres ou avec le gaulois *Ario-(Ariomanus)* ne sont pas considérés comme pleinement démonstratifs (Vendryes). Lorsqu'on emploie de nos jours le mot « aryen » dans l'usage linguistique, il n'est plus qu'un synonyme d' « indo-iranien ».

Von Klaproth, au début du XIXe siècle, se servit du terme de « japhétique », du nom du troisième fils de Noé, père de la race blanche. Il correspondait à « chamito-sémitique » qui qualifie les langues parlées par la postérité de Sem et de son frère maudit Cham. Cette tentative, ruinée par Pott, fut sans lendemain.

En 1814, Thomas Young, dans le compte rendu du *Mithridates* d'Adelung, adopta pour la première fois l'adjectif « indo-européen » pour désigner les langues parlées de l'Inde à l'extrémité de l'Europe, en y incluant le basque, l'étrusque et l'arabe. Un peu plus tard, en Allemagne, Bopp se faisait le défenseur du terme « indisch-europäisch »; ce dernier dut céder toutefois le pas à « indogermanisch » que vulgarisa von Klaproth dans son *Asia polyglotta* (1823) et qui est resté d'usage courant chez les savants allemands. Hors d'Allemagne, on emploie généralement le terme proposé par Young, que les Italiens, à la suite de Pisani, contractent souvent en « indeuropeo ».

Le terme semble avoir une valeur géographique. De fait, sur une aire qui s'étend de l'Inde à l'Islande, se rencontraient, à l'époque où il fut créé, toutes les langues issues de l'indo-européen originel alors connues. Mais dès sa création il était inadéquat dans la mesure où, sur le même domaine, étaient implantées d'autres langues comme le basque, le hongrois ou le turc et où, inversement, des langues du groupe avaient essaimé en d'autres continents. Il ne vaut donc guère mieux que les autres vocables proposés mais il a pour lui le prestige et l'usage.

La définition donnée par Meillet suppose l'existence d'une langue commune dont la restitution plus ou moins complète a été proposée par les comparatistes. Les travaux poursuivis depuis plus d'un siècle sur les langues indo-européennes connues à époque historique ont permis de déterminer parmi elles des degrés de parenté et de les regrouper en unités de plus en plus vastes présentant entre elles des rapports de moins en moins étroits sans que ces sous-groupes cessent cependant de représenter des évolutions différentes mais continues de la même langue. En outre, l'établissement de réseaux de concordances phonétiques, morphologiques et, éventuellement, syntaxiques ont mis les linguistes en mesure de reconstruire non une langue à proprement parler, mais des fragments importants d'un système linguistique dont les éléments sont désignés par des signes à astérisque. Ces éléments restitués sont suffisants pour permettre de ressusciter l'organisation d'ensemble de la langue qu'ils représentent et du type auquel elle appartenait.

LE PHONÉTISME

Les néogrammairiens qui, mieux que tous autres, ont mis l'accent sur la rigueur des lois phonétiques, ont très rapidement pu déterminer l'ensemble des éléments phoniques dont disposait l'indo-européen. En revanche, l'intérêt qu'ils portaient à l'évolution phonétique les a généralement détournés de toute autre recherche, notamment de celle qui porte sur le rôle exact des phonèmes de la langue restituée. Il aura fallu attendre que s'élabore la doctrine phonologique pour que soit remis en question le tableau des sons de l'indo-européen tel qu'on le trouve, à peu de variantes près, chez Brugmann, chez Hirt ou chez Meillet; il sert encore de base à beaucoup de travaux qui, explicitement ou non, se réfèrent à la doctrine des néo-grammairiens. C'est de ce système traditionnel que nous donnons ici une brève description.

Il comportait trois sortes d'articulations : les consonnes (occlusives et sifflante), les voyelles et les sonantes.

Le consonantisme est essentiellement caractérisé par sa richesse en occlusives et par sa pauvreté extrême en spirantes. Alors que cette dernière catégorie n'est représentée que par le seul s (sifflante sourde), le groupe des occlusives est diversifié selon les régions articulatoires et les modes d'articulations.

L'INDO-EUROPÉEN

Modes d'articulation (séries)	Régions articulatoires (ordres)				
	labiale	dentale	« gutturales »		
			palatale	vélaire	labiovélaire
sourde	p	t	k'	k	k^w
sonore	b	d	g'	g	g^w
sonore aspirée	bh	dh	g'h	gh	g^{w}h
sourde aspirée	ph	th	k'h	kh	k^{w}h

Ce tableau, en apparence remarquablement ordonné, appelle néanmoins quelques commentaires. Si les sourdes, les sonores et les sonores aspirées sont nettement établies par des correspondances distinctes qui définissent autant d'éléments phoniques de la langue originelle, il n'en va pas de même du groupe des sourdes aspirées. Les exemples de correspondances sont beaucoup plus rares et limités à quelques langues seulement (sanscrit, arménien, grec et slave surtout); ils appartiennent à la catégorie des mots imitatifs (sanscrit *kakhati* « il rit », grec *kakházō*, arménien *xaxankh* « rire bruyant », vieux-slave *xoxotŭ* « rire »), ou bien ils présentent des caractères tels que l'aspiration pourrait y être considérée comme secondaire, conditionnée par la présence d'une autre articulation : ainsi trouve-t-on *kh* après *s* dans sanscrit *skhalāmi* « je fais un faux pas » (arménien *sxalim*) ou, dans sanscrit *pr̥thú-*, un *th* qui peut devoir son aspiration à la présence, à époque préhistorique, d'un phonème placé entre *t* et *u*, qui aurait disparu par la suite. Enfin une sourde aspirée peut se trouver en alternance avec une sonore aspirée à la fin de certaines racines dans des mots de type « populaire » (sanscrit *nakhá-* « ongle », mais vieux-slave *nogŭtĭ*, vieux haut allemand *nagel*, latin *unguis* — ou bien sanscrit *nā́bhi-* « nombril » en face d'avestique *nāfō*). De son côté, la labiale sonore simple *b* est également rare; elle ne figure dans aucun suffixe important ni dans aucune désinence. Il se peut que, dans quelques cas, elle ait été « conditionnée » par un phonème disparu à époque historique (cf. sanscrit *pibati* « il boit », latin *bibit* où le *b* a chances d'être un ancien *p* sonorisé par la proximité d'une « laryngale »); d'autres fois elle apparaît dans des mots populaires, caractérisés comme tels par d'autres traits : ainsi grec *bárbaros*, latin *balbus* qui comportent un redoublement.

Le problème le plus débattu a cependant été celui des « gutturales », terme traditionnel qu'il vaudrait mieux remplacer par « dorsales ». Le système de correspondances s'établit ainsi en simplifiant les données :

Pour les sourdes :

(1) Latin *c* répond à sanscrit *ç* et supposerait indo-européen *k';
(2) Latin *qu* répond à sanscrit *k* ou *c* et supposerait indo-européen *k^w;
(3) Latin *c* répond à sanscrit *k* ou *c* et supposerait indo-européen *k;

Pour les sonores :

(1) Latin *g* répond à sanscrit *j* et supposerait indo-européen *g';
(2) Latin *gu* répond à sanscrit *g (j)* et supposerait indo-européen *g^w;
(3) Latin *g* répond à sanscrit *g (j)* et supposerait indo-européen *g.

Les concordances (1) (sourde et sonore) définissent deux traitements (le latin oppose une gutturale pure à une prépalatale du sanscrit) et délimitent deux grands groupements à l'intérieur de l'indo-européen : un groupe oriental qui comprend le baltique, le slave, l'indo-iranien, l'arménien et l'albanais et un groupe qui réunit non seulement les langues occidentales comme l'italique, le celtique et le germanique mais aussi d'autres langues comme le grec, le hittite et le tokharien. Les correspondances (2) s'expliquent par le fait que les dialectes orientaux ont éliminé dès l'époque indo-européenne les « labio-vélaires » qui devaient être des éléments phonétiques instables. Mais la coexistence des correspondances (1) et (3) a été fort contestée car on ne rencontre jamais concurremment les trois types dans aucune langue indo-européenne. Le type (3) semble n'apparaître que dans des conditions particulières où le point d'articulation de la gutturale est déterminé par les éléments environnants; aussi Meillet et Hirt ne considéraient-ils pas qu'il fût légitime de supposer une troisième série de gutturales pour la période ancienne. En fait, dans une analyse strictement phonétique de l'indo-européen avant la dislocation, l'hypothèse illustrée par le tableau est parfaitement recevable; c'est seulement en vertu de critères phonologiques qu'on peut réduire à deux le nombre des séries.

Face à cet ensemble imposant d'occlusives orales, le groupe des spirantes indo-européennes paraît avoir été singulièrement réduit à la sifflante dentale sourde *s*, *z* n'en étant que l'altération en contexte sonore. Les néogrammairiens supposaient cependant que l'indo-européen avait connu d'autres spirantes : la dentale sourde *þ* et la sonore *ð* ainsi que leurs formes aspirées *þh* et *ðh;* mais ces articulations ne semblent pas avoir eu d'existence propre car les correspondances qui les mettent en évidence les montrent toujours associées à une articulation gutturale précédente. C'est pourquoi Cuny et Benveniste ont suggéré de reconstruire, dans ce cas, un type particulier de gutturale.

Selon l'analyse classique, l'indo-européen aurait comporté les trois voyelles *e, *o, *a, chacune étant susceptible d'être longue ou brève. Leurs rôles morphologiques n'étaient pas comparables mais, sur le plan phonétique, elles existaient également. Outre ces articulations vocaliques, on admettait la présence d'une voyelle symbolisée par *ə* qui était en alternance régulière avec *ā, *ē, *ō et qui était établie par la correspondance de sanscrit *i*, grec *ă*, latin *ă*, celtique *ă*, lituanien *ă* et slave *ŏ;* on posait encore, avec quelques réserves, une voyelle réduite que Meillet représentait par *○ et qui alternait avec *ĕ* et *ŏ*.

Enfin, la catégorie des sonantes groupe les liquides (*r et *l), les nasales (*n et *m) et les semi-voyelles (*y et *w). Ces articulations se situent, par leur comportement et leur nature phonétique, entre les voyelles (comme les voyelles, elles se caractérisent par la résonance et la continuité) et les consonnes (comme les consonnes, elles comportent un certain degré d'occlusion). Elle peuvent assumer la fonction syllabique comme les premières.

Ainsi peut-on opposer *pet- « voler » et le radical de l'adjectif *plt(h)ú- « large », *dik- (latin dictus « dit ») et *dek- (latin decet « il convient »), *met- (latin metō « moissonner ») et *mṇti- (sanscrit mati- « pensée »). Elles peuvent être employées en valeur asyllabique et fonctionner comme des consonnes : on peut avoir aussi bien *ter- « traverser », *tem- « couper », *tew- « gonfler » que *spek- « regarder » ou *nebh- « nuée ». De ce fait, le nombre des éléments vocaliques se trouvait notablement accru puisque, outre *e *o *a, l'indo-européen disposait de *i, *u (formes syllabiques de *y et *w) et des formes syllabiques de *r, *l, *m, *n (symbolisées par ṛ, ḷ, ṃ, ṇ), qui constituent les « sonantes voyelles ». De surcroît, lorsque ces éléments se trouvaient placés après consonne et devant ə lui-même suivi de consonne, le résultat était une sonante voyelle longue (*ī, *ū, r̄, l̄, m̄, n̄). Ainsi l'indo-européen disposait-il d'une grande variété d'articulations vocaliques : *ĕ ŏ ă ĭ ŭ ř̆ ḽ ṃ̆ ṇ̆. Au total le nombre des éléments phoniques restitués était très important surtout si l'on ajoutait encore les diphtongues formées par la succession des voyelles *e, o, a et des différentes sonantes (ex : *ei, *eu, *er, *el, *em, *en).

Un tel foisonnement était justifié dans une description essentiellement fondée sur des préoccupations phonétiques ; par contre, si l'on se soucie non plus de la réalisation phonétique des divers éléments — au demeurant souvent illusoire dans une langue restituée — mais de leur fonction réelle, une remise en ordre s'impose. Inaugurée très tôt par Ferdinand de Saussure, elle se poursuit de nos jours sans que l'accord souhaité se soit encore fait parmi les linguistes.

Ajoutons enfin que la présence dans diverses langues indo-européennes d'un accent de mot donne à penser que l'indo-européen lui-même tirait parti de traits prosodiques tels que la hauteur au même titre que des distinctions de timbre vocalique ou d'articulation consonantique.

TRAITS MORPHOLOGIQUES ET SYNTAXIQUES DE L'INDO-EUROPÉEN

Mieux que les traits phonétiques, les caractéristiques morphologiques de l'indo-européen dégagées par la comparaison permettent de se représenter le type de langue auquel appartenait la langue restituée. Le caractère qui s'impose dès l'abord est le fait que, excepté pour les mots-outils invariables (adverbes, prépositions, conjonctions), la forme de chaque mot en exprime à la fois le sens et la fonction dans l'énoncé. Ce trait essentiel en implique deux autres : d'une part, l'indo-européen est une langue flexionnelle riche; d'autre part, il fait une distinction très nette entre le nom et le verbe.

Un mot tel que *génesos exprime à la fois l'idée de « naissance » contenue dans le radical nominal *genes-, celle de singulier et celle de génitif, c'est-à-dire, sommairement, de complément de nom (latin *generis*); une forme comme *bheronti* « ils portent » implique en même temps la notion de « porter », l'idée de présent duratif, celle de pluriel et celle de troisième personne (latin *ferunt,* grec *phérousi,* sanscrit *bharanti*). Si l'on oppose *genesos* à *genesa* qui exprime l'idée de « naissance », celle de pluriel et celle de nominatif-accusatif (sujet et complément d'objet), on voit que la seule substitution de *-a* à *-os* suffit à faire passer à la fois de la catégorie du singulier à celle du pluriel et de l'expression du génitif à celle du nominatif-accusatif. C'est donc dire qu'une désinence a valeur cumulative : elle exprime en même temps plusieurs catégories. C'est là un trait essentiel qui différencie l'indo-européen des langues comme les langues ouraliennes qui procèdent par agglutination.

La déclinaison des noms comportait huit cas (nominatif, vocatif, accusatif, génitif, datif, locatif, ablatif, instrumental), marqués par des finales différentes, les désinences, et correspondant aux diverses fonctions propres au substantif : sujet, forme d'interpellation, objet, complément déterminatif, complément d'attribution, complément circonstanciel ou de moyen. Cette richesse de formes est accrue par l'aptitude du nom à exprimer trois nombres et trois genres. Outre le singulier et le pluriel, l'indo-européen a connu le nombre duel affecté à la désignation des paires ou couples; mais dès la fin de la période de communauté, celui-ci semble avoir perdu de son importance car peu de langues en ont gardé trace et l'on ne peut restituer pour lui qu'une flexion réduite à deux cas, un cas direct exprimant à la fois nominatif, vocatif et accusatif et un cas oblique, groupant génitif, datif, ablatif, locatif et instrumental.

D'autre part, la flexion révèle l'existence de trois genres grammaticaux en indo-européen tardif : d'une part, le masculin et le féminin (qui, à l'origine, constituaient un genre unique, le genre animé) et de l'autre, l'inanimé. Dans un grand nombre de cas, les adjectifs distinguent formellement les trois genres : à côté d'un thème de féminin, un autre thème sert de support à la distinction entre masculin et neutre aux trois cas où les désinences sont différentes; au féminin latin *bona* (thème en *-$\bar{a}$-) correspond le masculin *bonus* et le neutre *bonum* (thème caractérisé par la voyelle thématique *-*e*-/-*o*-); au nominatif, au vocatif et à l'accusatif du singulier masculin *(bonus, bone, bonum)* répond une seule forme *bonum* pour le neutre.

L'abondance des désinences, l'existence des nombres et des genres contribuent ensemble à marquer l'indépendance syntaxique des mots, indépendance que l'indo-européen manifeste d'autre part en distinguant très nettement le nom du verbe. Formes verbales personnelles et formes nominales assument dans l'énoncé des fonctions largement complémentaires : les premières sont toujours prédicats, alors que les secondes sont normalement sujets ou compléments, encore que le nom puisse, en certains cas, jouer un rôle prédicatif. À cette différence de fonction correspondent des flexions bien distinctes, tant par leur forme que par leur contenu. Les désinences verbales ne se confondent pas avec les désinences nominales (du moins dans l'analyse synchronique de l'indo-européen tardif) non plus que les catégories qu'expriment les unes et les autres. Contrairement au nom, le verbe n'indique pas le genre, à la différence, par exemple, du verbe sémitique qui distingue aux deuxième et troisième personnes un masculin d'un féminin.

En revanche, comme le nom, le verbe exprime le nombre. Personne et nombre sont marqués par des

L'INDO-EUROPÉEN

désinences verbales variables qui sont, en outre, chargées d'indiquer la « voix » ou mieux la « diathèse » du verbe. Celui-ci oppose l'*actif,* où le procès s'accomplit à partir du sujet et hors de lui (Benveniste), au *moyen* qui sert à préciser que le sujet est le siège du procès, que le sujet est intérieur au procès. On voit par là que « ce qui caractérise en propre le verbe indo-européen est qu'il ne porte référence qu'au sujet, non à l'objet » (Benveniste). L'attitude du sujet vis-à-vis du procès est en outre exprimée par la catégorie verbale du *mode,* indicatif (affirmant ou constatant qu'un procès a lieu ou n'a pas lieu), subjonctif (indiquant un procès qu'on compte voir se réaliser) et optatif (impliquant possibilité ou souhait). Ces trois nuances (affirmation, incertitude, possibilité) sont morphologiquement marquées par des suffixes qui constituent, avec le radical, autant de thèmes modaux différents.

C'est encore par une variation du thème que se réalise dans le verbe la catégorie de l'*aspect* qui paraît avoir été étrangère au nom. En modifiant le radical verbal et en lui adjoignant éventuellement des suffixes, on obtient des thèmes verbaux exprimant diverses manières d'envisager le déroulement d'une action. Pour chaque racine, ces différents thèmes étaient indépendants, aucun d'eux ne supposant nécessairement l'existence des autres :

Exemple :

$léik^w$-e- « laisser » procès qui se développe
lik^w-é- procès pur et simple
li-n-ek^w- procès à son commencement
le-$loik^w$- procès accompli
$loik^w$-eye- aspect « causatif » (« faire laisser »)
$leik^w$-s- aspect désidératif

À partir de certains de ces thèmes à valeur aspectuelle, on pouvait exprimer le temps en employant des désinences particulières sans modifier la structure du thème ; le passé pouvait ainsi être distingué du présent par l'emploi d'autres désinences, accompagnées ou non d'un augment préfixé :

Exemple :

*$leik^w$-o-*nti « ils laissent » *(e)$leik^w$-o-*nt « ils laissaient »

Les considérations précédentes ont laissé paraître, indirectement au moins, le mode de formation des mots. Noms et verbes sont fondés sur des radicaux ou thèmes qui portent la signification et ses modalités :

Exemple :

*men- « penser » *men-te/or- (avec suffixe de nom d'agent *-ter- ou *-tor-)
sanscrit man-tar- « celui qui pense »
grec *Mentor* nom propre

*mṇ-ti- (avec suffixe de nom d'action -*ti-)
sanscrit mati- « pensée »

*pet- « étendre » *pᵒt- latin pat-ē-re « être étendu, ouvert ».

Ils sont, comme on le voit dans les exemples cités ci-dessus, généralement analysables en racine + suffixe; à cette base s'ajoutent les désinences qui expriment de façon synthétique la fonction des mots.

Dans la théorie classique telle qu'on la trouve exposée par exemple par Meillet dans son *Introduction à l'étude comparative des langues indo-européennes*, il était impossible de donner une explication complète des variations de la racine. En revanche, les suffixes nominaux et verbaux étaient bien connus et recensés. Ils constituent un élément essentiel de la morphologie indo-européenne en ce sens que les thèmes ne sont susceptibles d'être modifiés que par adjonction de suffixes et non par préfixation comme c'est le cas en sémitique ou en géorgien. Le redoublement dans les présents (latin *gignō* « engendrer ») ou les parfaits (latin *meminī* « je me souviens »), l'augment dans les imparfaits et les aoristes (grec *é-lipon* « je laissai », *é-leipon* « je laissais ») sont des anomalies dont il faut essayer de rendre compte.

L'indo-européen disposait encore de deux autres moyens pour donner à une forme son autonomie syntaxique : il pouvait faire varier la place du « ton » (c'est-à-dire l'accent) et la quantité de la voyelle.

Tout élément morphologique comprend une voyelle qui, essentiellement, est *e*, *o*, ou voyelle zéro (c'est-à-dire absence de voyelle). L'alternance (quantitative : ĕ, ŏ s'opposant à zéro, ou qualitative : *e* s'opposant à *o*, *ē* à *ō*) est morphologiquement significative. Dans un nom formé de la racine **gen-* et du suffixe nominal **-es-*, le « degré » *o* du suffixe caractérise le nominatif et l'accusatif singulier (**génos-*), le « degré » *e* caractérise les autres cas (génitif : **génesos*). De même, à grec *mén-ō* « je reste » (racine **men-* au degré *e*) s'oppose grec *mi-mn-ō* (même racine au degré zéro) « je tiens tête, je fais face ». Dans ce dernier exemple, la réduction de la racine au degré zéro jointe à la présence du redoublement (*mi-*) permet d'indiquer un aspect particulier de la notion de « rester » : *mimnō* envisage l'aboutissement de l'action. Le degré radical peut servir d'indice à toute une catégorie morphologique; celle des adjectifs verbaux, marquée par la présence d'un suffixe intoné *-tó-*, était en outre caractérisée par la réduction de la racine. Ainsi, en face de la forme à degré plein *e *klew-* « entendre » (grec *kléwos* « renommée », sanscrit *çrávas-*), l'adjectif **klu-tó-* offre le degré zéro **klu-* (grec *klutós*, sanscrit *çrutá-*, latin *-clitus* « célèbre »).

Lorsque la racine avait une voyelle longue *ē*, *ō*, *ā*, le dégré zéro alternant présentait la voyelle réduite symbolisée par *ə*, établie par la correspondance : sanscrit *i*, latin *a*, grec *e*, *o*, ou *a* :

Exemple :

« donner » degré plein **dō-* grec *dídōmi* « je donne »
          degré zéro **də-* dans les adjectifs verbaux du grec *(dotós)* du latin *(datus)* et du sanscrit *(ditá-)*.

Lorsque la racine comportait à la fois une sonante et une voyelle longue, la forme des degrés alternants était parfois obscurcie par le traitement phonétique des éléments en contact. La valeur morphologique de l'alternance n'en est pas moins décelable.

Exemple :

« naître » degré plein *ē *gnē-* grec *gnḗsios* « légitime »
                   ō *gnō-   *gnōtós* « frère »
          degré zéro *ə *gnə->*gn̥-* sanscrit *jā-tá-* « né »
                                        latin *(g)nātus* « fils »

Enfin les variations de la place du ton jouent aussi un grand rôle morphologique. Toute voyelle d'un mot pouvait, en principe, recevoir un « ton » qui consistait en une élévation de la voix. Bien que les diverses langues aient modifié très souvent l'état ancien, les comparatistes (comme Hirt en 1929 ou Kuryłowicz en 1952) ont pu étudier le rôle du ton à époque ancienne grâce au conservatisme du sanscrit védique où l'on ne découvre, selon Kuryłowicz, « aucun trait d'ordre purement prosodique que le grec ou le balto-slave nous obligeraient à considérer comme une innovation ».

Chaque mot ne pouvait recevoir qu'un seul ton et ce ton pouvait occuper dans le mot une place quelconque. Par conséquent il constituait « un moyen de caractériser chaque mot et chaque forme » (Meillet). Ainsi une forme telle que grec *pod-ós* est caractérisée comme génitif par opposition à l'accusatif *pód-a* non seulement par une désinence différente mais encore par le déplacement du ton de la racine sur la désinence. Dans le cours d'une flexion, le ton et l'alternance vocalique se trouvent parfois conjugués pour caractériser un type morphologique. Dans ce cas c'est l'élément qui précède immédiatement la désinence qui présente les degrés alternants et non le thème radical qui est immuable :

Exemple :

« père »	accusatif singulier	*pətér-m̥	grec patér-a
			sanscrit pitár-am
	génitif singulier	*pətr-ós	grec patr-ós
			sanscrit pitr-(úḥ)

Le thème d'aoriste formé avec la voyelle thématique (*likʷ-é/o-* « laisser ») s'opposait au thème de présent (*léikʷ-e/o-*) non seulement par l'alternance vocalique du radical mais aussi par le fait qu'à l'aoriste c'était la voyelle thématique *e/o* qui portait le ton. En grec, nous en avons une survivance dans l'opposition du participe présent *leípōn* au participe aoriste *lipṓn*, ou de l'infinitif présent *leípein* à l'infinitif aoriste *lipeîn*.

La variation du ton sert également dans la dérivation nominale : en face de l'adjectif *leukós* « blanc brillant », le grec a *leûkos* « poisson blanc », en face du substantif *ápas-* « acte », le sanscrit a *apás-* « actif, efficace ».

On voit donc que, si le rôle du ton paraît avoir été négligeable dans l'évolution phonétique des voyelles jusqu'à ce qu'il ait été remplacé par un accent d'intensité dans les langues germaniques, celtiques et néo-latines, il assumait, dans la morphologie originelle, un rôle capital.

Il est, en théorie, possible de recenser tous les phonèmes et tous les morphèmes d'une langue; mais il est impossible de faire le compte de toutes les phrases réalisables car il est impossible de prévoir toutes les situations auxquelles les différents énoncés devront répondre. Néanmoins, dans chaque langue, chaque phrase répond à un certain schéma syntaxique, caractéristique de la langue en question. Ce schéma sera naturellement d'autant plus souple que, comme c'est le cas pour l'indo-européen, la diversité et la complexité des flexions permettra une plus grande liberté dans l'ordre des mots. « L'autonomie du mot, écrivait Meillet, est ce qui commande la structure de la phrase indo-européenne ». On peut trouver en grec, où s'est bien conservé l'état ancien, un même verbe accompagné selon les énoncés de compléments à divers cas. Cela ne signifie pas que le verbe « se construit » — comme on dit dans les grammaires à l'usage des classes — avec des cas différents; les compléments ont simplement la forme qu'exige le sens sans que le verbe y soit pour rien. Une autre conséquence de l'autonomie du mot est que l'indo-européen peut accumuler les termes en apposition (déterminations accolées au sujet ou aux compléments) sans que la phrase cesse d'être compréhensible, la forme permettant de grouper ensemble ceux qui font partie du même syntagme.

L'indo-européen doit donc à sa complexité morphologique une très grande liberté syntaxique; l'ordre des mots y est très souple puisque les éléments de la phrase portent en eux-mêmes toutes les marques de leur fonction; le lien entre les mots est fait par les concordances de formes, par l'accord, accord de nombre entre sujet et verbe, accord de nombre, de cas et de genre entre substantifs et adjectifs ou pronoms. Néanmoins, la plupart des langues indo-européennes attestées ont fixé plus ou moins strictement l'ordre des mots; en procédant à un examen comparatif, on peut retrouver quelques-unes des tendances qui gouvernent l'organisation de quelques types de phrases. Ainsi un schéma fréquent paraît avoir été constitué par une phrase où le pronom objet, enclitique, occupe la seconde position tandis que le verbe est placé à la fin de l'énoncé. On sait aussi que, d'une façon générale, tous les enclitiques occupent la seconde position et que, lorsque sont présents à la fois une particule enclitique et un pronom enclitique, la particule est placée en premier lieu. Un autre trait caractéristique de la syntaxe indo-européenne est le rôle qu'a dû jouer le ton. Lorsque deux mots, unis sémantiquement, se trouvaient juxtaposés, l'un d'eux pouvait comporter une élévation de la voix, l'autre être atone. Le ton servait donc à indiquer « l'union plus ou moins étroite des mots groupés ensemble » (Meillet); c'est le cas, par exemple, pour le préverbe et le verbe, la « préposition » et le nom, les noms juxtaposés (grec *dṓ-deka* « douze », c'est-à-dire « deux-dix », *kunósoura* « queue de chien » nom de la Petite Ourse).

On n'a pas de raison de penser que l'indo-européen a connu les procédés de subordination qu'offrent les langues historiques. Beaucoup d'énoncés qui se présenteraient en latin ou en grec comme des propositions introduites par des conjonctions (quand, si, que, etc.) s'exprimaient par des participes. Ces adjectifs, constitués sur différents thèmes verbaux, avaient la souplesse de construction des formes personnelles du verbe tout en indiquant, par leurs désinences et grâce au phénomène d'accord, à quel élément nominal de la phrase ils se rattachaient. Le sanscrit védique, le grec homérique ont conservé de nombreuses traces de cet état. L'importance du rôle des formes nominales apposées se marque également par l'emploi des composés qui équivalent souvent à des propositions : telles sont par exemple les épithètes homériques comme *dēmo-bóros* « qui dévore le peuple » ou *phthīsímbrotos* « qui détruit les hommes ».

L'indo-européen paraît cependant avoir connu, au moins dans sa dernière période, la phrase relative annoncée par un connectif. Le procédé se retrouve en effet dans toutes les langues historiques dès les plus anciens textes. Toutefois la forme prise par l'outil connectif est variable; elle est **yo-* en indo-iranien, en slave et sur une partie du domaine grec. Mais on trouve aussi bien, dans la même fonction, d'autres thèmes tels que

*to- (grec éolien, arcado-cypriote) ou *kʷo- (italique commun). Souvent il est repris ou annoncé dans la phrase principale par un corrélatif qui est fréquemment le thème *so- (par exemple : sancrit védique *yó no dvéṣṭy ádharaḥ sáḥ padīṣṭa* « celui qui nous veut du mal, qu'il tombe en bas »; *yó* = *yáḥ* = indo-européen *yos; *sáḥ* = indo-européen *sós).

TENTATIVES D'ANALYSE DE L'INDO-EUROPÉEN

Telles sont les grandes lignes de l'indo-européen traditionnel reconstruit en application des principes et des méthodes de la linguistique comparative. Cependant, si, à une certaine époque, une telle langue a existé, elle a dû subir, comme toute langue vivante, instrument de communication entre hommes, une insensible mais incessante évolution. La forme de latin qui a donné naissance aux langues romanes était le résultat d'une longue histoire que, par chance, nous pouvons suivre depuis au moins le IIIᵉ siècle avant l'ère chrétienne. Mais lorsqu'il s'agit d'un idiome reconstruit, pour lequel nous n'avons aucun document historique, l'enquête est plus difficile. La technique comparative peut encore apporter une aide efficace pour permettre d'établir, à l'intérieur de l'indo-européen, une chronologie relative. Ainsi on rencontre en italique et en celtique une désinence verbale médio-passive *r*; mais le déchiffrement du hittite et du tokharien a montré que ces langues la connaissaient aussi alors qu'elle est ignorée des parlers occupant le centre du domaine indo-européen (à l'exception de quelques traces en arménien et en phrygien). De plus, cette désinence tend à disparaître à époque historique en italique et en celtique. Il s'agit donc là, probablement, d'un élément archaïque de la langue, conservé seulement dans les parlers des tribus qui se sont détachées les premières de l'ensemble indo-européen pour aller coloniser les territoires de l'Est et de l'Ouest, tandis qu'il disparaissait dans le noyau central. Ainsi les langues des tribus qui se sont détachées ultérieurement l'ignorent-elles. Comme l'écrivait Meillet en 1932, « la comparaison des langues indo-européennes laisse [...] apparaître que, dans le domaine où demeuraient groupés les Indo-Européens, la langue a évolué après le départ des plus anciennes expéditions dont les langues conservées attestent l'action ». C'est pourquoi les linguistes modernes tentent de retrouver les grandes lignes de cette évolution et l'organisation des systèmes successifs : « Il paraît clair, écrivait Kuryłowicz dans l'avant-propos de ses *Études indo-européennes,* qu'une chronologie relative de faits aussi bien phonétiques que morphologiques doit former le programme central de toute recherche qui se pose le but de décrire la langue mère indo-européenne ».

Cette remontée dans le temps se fait essentiellement par reconstruction interne. Cette méthode de restitution est fondée sur le fait que tout élément linguistique fait partie d'un ensemble auquel il est étroitement lié; toute transformation subie par lui doit avoir des conséquences pour les autres et, partant, laisser dans le système des traces décelables par un examen attentif. Ce procédé d'analyse fut inauguré avec éclat par F. de Saussure. En 1879, dans son *Mémoire sur le système primitif des voyelles dans les langues indo-européennes,* il démontrait que les voyelles longues du système brugmanien étaient issues de la combinaison de la voyelle /e/ (Saussure a_1) ou de la voyelle /o/ (Saussure a_2) avec des éléments disparus (Saussure A et O) qu'il nommait « coefficients sonantiques » parce qu'ils se comportaient, vis-à-vis de la voyelle, comme les sonantes *i* et *u* dans les diphtongues *ei* ou *eu*. Ainsi **dhē-* « établir » serait comparable à la racine **geu-* « verser » en analysant le *ē* de **dhē-* en *e* + coefficient sonantique comme la diphtongue *eu* de **geu-* est analysable en *e* + *u* sonante; **dō-* « donner » réduit à **de* + coefficient sonantique serait de même structure que **kei-* « gésir ». La découverte et le déchiffrement du hittite par Hrozný puis les travaux de nombreux savants, en particulier ceux de Kuryłowicz et de Benveniste, ont permis d'établir l'existence préhistorique d'une série de phonèmes consonantiques traditionnellement appelés « laryngales » dont seul le hittite conserve un témoignage direct. Les symboles qui les représentent diffèrent selon les écoles; mais si l'on adopte les hypothèses et les notations employées par Kuryłowicz et Benveniste, on peut interpréter les voyelles longues qui ne proviennent

L'INDO-EUROPÉEN

pas d'allongements morphologiques ni de contractions vocaliques en supposant que l'indo-européen a eu trois laryngales représentées par les signes *$ə_1$, $ə_2$, $ə_3$, et entrant dans différentes combinaisons que l'on peut ainsi résumer : lorsque le groupe voyelle + laryngale se trouve devant consonne on obtient :

$$e + ə_1 = \bar{e} \qquad e + ə_2 = \bar{a} \qquad e + ə_3 = \bar{o}$$
$$o + ə_1 = \bar{o} \qquad o + ə_2 = \bar{o}(?) \qquad o + ə_3 = \bar{o}$$

Lorsqu'une laryngale se trouve placée entre voyelles ou entre consonne et voyelle, elle disparaît; lorsqu'elle est située entre deux consonnes, le traitement diffère selon les groupes dialectaux. Lorsqu'un mot indo-européen restitué commence par une voyelle, il a, en réalité, perdu un ə à l'initiale selon les formules :

$$\breve{e} < {*}ə_1 e \qquad \breve{a} < {*}ə_2 e \qquad \breve{o} < {*}ə_3 e$$

Quand un ə était à l'initiale d'une racine devant consonne, il a disparu sauf en grec et en arménien :

*$ə_3$rég-   grec *orégō* « tendre »   mais latin *regō*
*$ə_3$pk^w-tó-   grec *op(p)tós*   mais iranien *puxta-*

Ce n'est pas le lieu d'envisager ici le détail des implications de la théorie laryngaliste; les exemples donnés ci-dessus permettent cependant de se faire quelque idée de la manière dont on a pu rendre compte de l'origine de certains éléments vocaliques postulés par les linguistes du XIXe siècle. D'autres analyses ont été poursuivies et se poursuivent encore dans le même sens.

Grâce à l'introduction des techniques structuralistes et aux progrès de l'analyse phonologique, on est en mesure de préciser, d'aménager ou de compléter le tableau du système phonique de l'indo-européen brugmanien. Ainsi A. Martinet a-t-il pu postuler l'existence d'un phonème représenté par /A^w/, constituant « un complexe phonologique qui comprend rétraction [de la langue] et arrondissement des lèvres ». Cette hypothèse a un double avantage; d'une part elle permet d'expliquer pourquoi un nombre important de racines se terminant en *$ə_3$ montrent une tendance à développer un [w] devant voyelle subséquente (par exemple : cypriote *dowenai*, sanscrit *dāváne* de la racine *de$ə_3$- « donner »). Plus précisément, devant consonne (-*t*, par exemple) : *eA^w

donnerait en latin et en grec -ōt- parce que les traits distinctifs de /Aʷ/ (rétraction de la langue et arrondissement des lèvres) seraient transférés à la voyelle *e* que la disparition de la laryngale allongerait de surcroît. Devant voyelle, l'arrondissement des lèvres se traduirait par l'apparition d'un [-w-] de glissement tandis que seules la rétraction et la durée seraient transmises à la voyelle /e/ : -eAʷ- + e/o > -āwe/o- (latin *octāuus* « huitième » en face de *octō* « huit », latin *flāuī* « j'ai soufflé » de **bhleAʷ-ai*). L'autre intérêt que présente cette hypothèse est que l'élément /Aʷ/ se trouve bien intégré dans la structure du consonantisme indo-européen puisqu'il est, comme $ə_2$, une articulation à langue rétractée et qu'il comporte, comme les « labio-vélaires » traditionnelles, un arrondissement des lèvres.

Inversement, certains travaux de Kuryłowicz tendraient à réduire le nombre des occlusives du tableau brugmanien qui en comportait vingt. Nous avons vu que les sourdes aspirées se présentaient dans des conditions particulières qui soulevaient des difficultés. Dès 1891, Saussure avait avancé l'hypothèse qu'une partie des /th/ du sanscrit provenaient de la disparition d'un *ə* entre un /t/ simple et une voyelle suivante. Ainsi sanscrit *pṛthú-* « large » viendrait de **pḷtəú-*, *tiṣṭhati* « il se dresse » viendrait de **ti-stə₂-e-ti*. Le jeu de l'analogie expliquerait l'extension de l'aspiration hors des cas où on l'attend légitimement. De même, certains /ph/ et /kh/ s'expliqueraient par d'anciens groupes *p + ə*, *k + ə*. Selon Kuryłowicz, le développement des sourdes aspirées serait propre à l'indo-iranien. Cela revient à dire que l'indo-européen ne connaissait pas /ph/, /th/, /kh/ mais seulement /bh/, /dh/, /gh/ que l'on a coutume d'appeler « occlusives sonores aspirées ». En réalité, dans le système phonologique de l'indo-européen, elles ne s'opposaient pas à des sourdes correspondantes, partageant en cela le sort des sonantes /r, l, m, n, y, w/. Cette hypothèse expliquerait que, dans les langues historiques, /bh/, /dh/, /gh/ apparaissent tantôt comme des sourdes tantôt comme des sonores alors que l'on trouve chez toutes l'opposition sourde simple/ sonore simple : /p/-/b/, /t/-/d/, /k/-/g/. Il ne s'établit d'opposition entre sourde aspirée et sonore aspirée qu'en indo-iranien où /bh/, /dh/, /gh/ se sont conservés et où i.e. /p + ə/, /t + ə/, /k + ə/ sont devenus, les phonèmes /ph/, /th/, /kh/; après *s* initial l'opposition est neutralisée, i.e. /s + bh/ et /s + p + ə/, /s + dh/ et /s + t + ə/, /s + gh/ et /s + k + ə/ étant également réalisés [sph], [sth], [skh]. Rien de tel ne s'est produit en grec où /sbh/, /sdh/, /sgh/ sont représentés par grec [sph], [sth], [skh] (c'est-à-dire que indo-européen /bh/, /dh/, /gh/ y reçoivent le même traitement que dans les autres environnements phonétiques) tandis que /s + p + ə/, /s + t + ə/, /s + k + ə/ sont représentés par grec [sp], [st], [sk]. Winfred P. Lehmann, sans approuver tous les détails de la démonstration, montre, de son côté, que la non-palatalisation de /kh/ en sanscrit (contrairement au mouvement général qui veut que les occlusives vélaires soient palatalisées en indo-iranien devant /y i e e/) vient confirmer l'hypothèse que les sourdes aspirées n'ont acquis statut phonologique que bien après la période de communauté indo-européenne et même assez tard dans la période indo-iranienne.

Si l'on admet ces hypothèses, on réduit le nombre des phonèmes consonantiques « aspirés » de l'indo-européen commun; de même, les recherches poursuivies par Hirt, Reichelt, Ribezzo et surtout Kuryłowicz tendent à réduire aussi le nombre des « gutturales » originelles en montrant que les « gutturales labiovélaires » sont issues d'un développement secondaire et dialectal à partir d'un stade où seule était pertinente dans la langue originelle, l'opposition entre palatale et vélaire. En contrepartie, il se pourrait qu'ait existé une série de gutturales d'un type spécial (Benveniste) définies par les correspondances suivantes :

grec *kt*	sanscrit *kṣ*	avestique *š* ou *xš*	irlandais *t*
grec *khth*	sanscrit *kṣ*		irlandais *d*
grec *phth*	sanscrit *kṣ*	avestique *γž*	

On voit, par ces quelques exemples, combien on est encore loin de pouvoir proposer un système phonologique cohérent et complet pour l'indo-européen sur le seul point du consonantisme. Le problème du vocalisme n'est pas mieux résolu. La théorie brugmanienne pose trois voyelles brèves (au sens étroit du terme) : *e, o, a*. Mais ce système ne satisfait pas pleinement; le *a* ne paraît pas, en effet, avoir le même statut que les deux autres voyelles *e* et *o;* il n'entre pas dans les alternances morphologiques régulières (grec : verbe *légō*, « dire », nom *lógos* « discours »; latin *tegō* « je couvre », nom *toga* « ce qui couvre, vêtement »). En revanche, on le trouve fréquemment dans des mots qui appartiennent au vocabulaire familier (latin *acca* « maman », *atta* « grand-papa ») ou technique (latin *carpere* « cueillir », *ganire* « japper »). D'autre part, si l'italique, le celtique et le grec ont les trois timbres, le germanique, le baltique, l'indo-iranien, le hittite ignorent la distinction de *a* et de *o*.

Pour tenter de rendre compte de cet état de choses, plusieurs tentatives ont été faites. Lehmann suppose que la distinction a/o était apparue en indo-européen sous l'action des laryngales et sous l'influence de l'accent, mais qu'elle s'est perdue dans certains dialectes. Kuryłowicz pense que la distinction entre *o* et *a* n'appartient pas à l'indo-européen commun mais seulement au groupe des dialectes du Sud.

Cependant, sur le plan théorique, un système vocalique où s'opposeraient deux voyelles moyennes, une arrondie (/o/), une non arrondie (/e/) a peu de chances d'avoir existé. Lorsqu'un système ne présente que deux voyelles, elles tendent à s'opposer au maximum l'une à l'autre (Martinet) tout en maintenant le maximum de contrastes entre elles et les éléments du système consonantique. Aussi, selon Pulleyblank, on s'attendrait plutôt à trouver, en indo-européen ancien, un système où s'opposeraient ə (voyelle centrale d'aperture moyenne) et *a,* comparable à celui que l'on a dans des langues caucasiques du Nord comme le qabardey.

Les essais d'analyse génétique n'ont pas porté seulement sur les phonèmes. Plusieurs tentatives ont été faites pour donner une histoire du développement de formes de l'indo-européen restitué.

En 1935, Benveniste dans son livre sur les *Origines de la formation des noms en indo-européen,* s'est préoccupé de fixer une chronologie relative de la formation des noms. Au point de départ, il y aurait une racine trilitère, insécable, formée d'une armature consonantique encadrant une voyelle *e, o* ou zéro selon les exigences de la morphologie (par exemple : **ter-* grec *térsetai* « il est sec », **tor-* latin *torrēre* « faire sécher », **tṛ-* sanscrit *tṛṣyati* « il a soif »). Grâce aux résultats obtenus par l'analyse laryngaliste des voyelles, les racines comme **ag-* « pousser » ou **dō-* « donner » ont pu aisément être réduites au schéma Consonne/Voyelle/Consonne (CVC) : *ag- > *ə₂eg-, *dō- > *deə₃-.

Les éléments radicaux plus complexes sont à leur tour analysés. Déjà Meillet faisait observer que nombre de racines à quatre éléments comme *welp- « espérer, désirer », ou *plek- « tresser, plier » pouvaient être simplifiées. Si le grec a welpō « j'espère », le lituanien a viliù « j'espère », le latin uelle « vouloir », le gotique wiljan et le vieux-slave velěti « ordonner ». C'est donc que le point de départ est *wel-, forme simple qui sert de base à des développements divers : *wel-p- dans le grec welpō ou *wel-d- dans le grec wéldomai « désirer ». Meillet faisait également remarquer que, dans les groupes quadrilitères, « on ne pouvait avoir qu'un seul e actuellement présent » : *ter- « trembler » est diversement développé : *trep-: latin trepidus, *ters-: latin *terseō > terreō « faire trembler », *tres-: sanscrit trasati « il tremble », *trek-: lituanien trišu « je tremble », *trem-: latin tremō « je tremble », *trems-: vieux slave tręsǫ « je tremble ». Mais chaque base ne comporte jamais à la fois qu'une seule voyelle e. Cependant, alors que Meillet croyait qu'il était « impossible de donner une théorie complète des variations de la racine », E. Benveniste a montré que l'on pouvait retrouver le mécanisme initial du système des racines indo-européennes.

Ainsi, la coexistence de *werg- (grec wérgon « œuvre ») et de *wreg- (grec *wrégyō > wrézō « je fais ») s'explique-t-elle si l'on part d'une racine trilitère *wer-, développée par un « suffixe radical » *g. Lorsque la racine comporte la voyelle e (degré plein ē), le suffixe ne peut être que -g- non précédé de voyelle (g au degré zéro); inversement, si la racine est réduite au degré zéro (*wr-), le suffixe radical est au degré plein (*-eg-). Ces deux bases, *wer-g- et *wr-eg-, constituent ce que Benveniste appelle les thèmes I et II de la racine. Le principe vaut aussi pour les racines à initiale vocalique (*arg- venant de *ə₂er-g- (thème I dans grec árguros « argent ») s'oppose à *ə₂r-eg- (thème II dans sanscrit rajatam « argent »)), comme pour les racines à voyelle longue. Ces dernières, en effet, coexistent souvent avec ce que l'on appelait des racines « dissyllabiques », qui comportaient deux éléments : ainsi la forme monosyllabique à voyelle longue *gnē- (grec gnēsios « légitime ») alterne avec une forme dissyllabique *genə-* (sanscrit *janitar-*, grec *genétōr*, latin *genitor* « procréateur »). Mais si *gnē-* représente en fait *gn-eə₁-* et si *genə-* est analysé en *gen-ə₁-*, on a là les deux thèmes alternants, fondés sur la racine *gen-* qui aurait pour « suffixe radical » un *-ə₁-*.

Toute racine de type CVC peut donc éventuellement (mais non obligatoirement) recevoir un suffixe qui est avec elle en alternance quantitative, et elle ne peut en recevoir qu'un seul de ce type. En revanche, elle admet des élargissements suivant des modalités différentes selon qu'il s'agit d'un thème nominal ou d'un thème verbal : pour les formes anciennes, un nom indo-européen peut être constitué de la racine seule (on a alors un « nom-racine ») ou d'un état de la racine suivi de plusieurs suffixes ou élargissements; mais un thème verbal n'admet qu'un suffixe et un élargissement, ce dernier étant toujours une consonne (ou sonante) au degré zéro (*-t-*, *-n-*, *-k-*, etc.).

Ces recherches ont amené l'auteur à proposer une histoire de la flexion des mots (en particulier pour le type nominal à alternance *r/n* qui est considéré comme archaïque; par exemple : *ud-or-*, *ud-n̥-tos* : grec *húdōr*, *húdatos* « eau ») à partir d'un état préflexionnel. À ce stade, chaque mot (radical ou dérivé) « pouvait fonctionner en toute position syntaxique » (Benveniste), sans distinction de cas. Lorsque la fonction du mot dans la phrase tendit à être exprimée par des marques constantes (les désinences), donc lorsque s'établit peu à peu la flexion, celle-ci fut constituée par regroupement des différents dérivés anciens, en paradigmes organisés.

Cette tentative pour rendre compte de la formation des mots de la langue commune est l'une des plus rigoureuses qui ait été faites. Mais elle n'est pas la seule. La même année où paraissait l'ouvrage de Benveniste, Kuryłowicz publiait ses *Études indo-européennes*. Il y examinait les problèmes posés par la phonétique et la morphologie du nom et se proposait, de son côté, d'« attribuer aux faits une place déterminée dans la chaîne de l'évolution préhistorique de l'indo-européen ». La reconstruction proposée par Kuryłowicz aboutit au moins en apparence à un résultat inverse de celui auquel parvient Benveniste; les suffixes seraient non des éléments ajoutés peu à peu à une racine de forme simple au départ,

où le mythe tend à devenir histoire, dans le monde germanique où l'antique mythologie se « militarise » très vite.

L'organe directeur de cette société devait être le couple roi et prêtre, le prêtre protégeant le roi contre les risques magiques inhérents à sa fonction, le roi nourrissant et exaltant le prêtre qui était, en quelque sorte, son double. C'est ainsi qu'au *rāj* (roi) et au *brahmán* (prêtre) de l'Inde correspondent le *rēx* et le *flāmen* romains.

Sur le plan social, on entrevoit les grandes lignes d'une organisation probablement assez souple. L'unité la plus grande que l'on connaisse est la tribu (indo-européen *toutā-, irlandais *túath,* osque *touto,* ombrien *tota,* gotique *þiuda*). Dans les groupes orientaux, l'unité correspondante pourrait avoir été désignée par *wik-* (*wik-poti-* « maître du clan » sanscrit *viç-pati-,* avestique *vispaiti-,* lituanien *viéš-pats*). La fraction sociale la plus étroite semble avoir été « la maisonnée » *domo-* (ou *domu-*) dont le chef est désigné tantôt par un dérivé de ce radical (latin *dominus,* lituanien *damūna- > namūna-*), tantôt par un composé (grec *dems-potes > despótēs,* sanscrit *dam-pati-*).

On peut aussi se faire quelque idée des rapports qui unissaient les membres de ce groupe en étudiant les noms de parenté. L'individu ne semble pas avoir eu une appellation à lui propre; il porte le nom de la classe à laquelle il appartient. Ainsi *swesor* (latin *soror,* sanscrit *svasar-,* germanique *svaistar*) désigne l'être féminin de l'ensemble familial mais non la contrepartie féminine du « frère » dans le couple frère/sœur. La fille est désignée simplement par un nom qui indique son appartenance au groupe (*swe-sor-* a chance de signifier « être féminin appartenant au *swe-* » c'est-à-dire au groupe) mais elle n'y joue aucun rôle particulier puisqu'elle est destinée à le quitter au moment de son mariage. Le nom même qui a servi, dans nombre de langues indo-européennes, à désigner le « frère », i.e. *bhrāter-,* désignait encore en grec *(phrātēr)* le membre d'un groupement à valeur religieuse, la phratrie; en ombrien, il servait à désigner les membres d'une confrérie *(frātres Atiediī)*. Le terme ne comportait pas l'idée de consanguinité. Aussi, lorsque le latin a voulu désigner précisément les frères nés d'un même père, il a ajouté à *frāter* l'adjectif *germānus* « qui est de la (même) souche »; de même, lorsque le roi

Darius parlait de son frère au sens étroit du terme, il ajoutait les mots *hamapitā* « né du même père », *hamamātā* « né de la même mère ».

À cette société, hiérarchisée mais souple, correspondait un certain type de culture matérielle dont le vocabulaire commun a gardé les traces. Les hommes de langue indo-européenne connaissaient un métal (**ayes-*, sanscrit *áyas-*, latin *aes* « cuivre » ou « bronze »); ils étaient des pasteurs et pratiquaient l'élevage. Nous connaissons le nom par lequel ils désignaient le mouton, animal nomade (**owi-*). Les particularités mêmes de la flexion de ce mot dans plusieurs langues indiquent assez son antiquité. Le nom **peku-*, **pku-*, a désigné le petit bétail en général, puis le mouton en particulier. L'importance de ce thème se marque par le fait qu'il a fourni souvent le nom de la richesse (latin *pecūnia*, gotique *faihu*). Les Indo-Européens élevaient également des bœufs; le nom **gʷōu-*, quelle que soit son origine lointaine, fait partie de la langue dès l'époque de communauté et se trouve parfaitement intégré dans l'ensemble du système flexionnel et dérivationnel. On le connaît en indo-iranien, en italique, en celtique, en arménien, en tokharien.

On sait aussi que les Indo-Européens savaient atteler des animaux de trait à des chariots; le nom du joug est, sans conteste (Thieme), l'un des plus anciens mots du vocabulaire technique de leur langue : indo-européen **yugom*. Mais ces pasteurs, nomades ou semi-nomades, étaient aussi des hommes du cheval. Ils ont su le domestiquer; il est probable qu'ils se sont servis de lui d'abord pour aider à garder et à mener leurs troupeaux. Peut-être à l'école des civilisations citadines de l'Asie antérieure qui connaissaient le char (char lourd et char léger) attelé d'équidés, ils ont, semble-t-il, rapidement développé l'art de se servir du char léger pour la guerre. Le char allait « décupler la puissance de l'arme de jet en la déplaçant à l'improviste sur le champ de bataille, où les escadrons, par leur force massive, [déblayaient] le terrain » (Delebecque). Ainsi, en ~1293, les Hittites indo-européens purent-ils aligner 3 500 chars à la bataille de Qadesh contre l'Égypte.

L'importance du cheval dans la culture indo-européenne se traduit dans l'anthroponymie par la fréquence et l'antiquité des noms composés qui, dans l'Inde par exemple, contiennent le mot *açva-* « cheval » (*Açva-cakra-, Açva-gupta-, Açva-pati-*) ou, en Grèce, le mot *hippos* (*Hippo-dámeia, Hippo-krátēs, Hippo-lóchos*). De manière plus significative encore, les rituels et les mythes des peuples indo-européens ont conservé fortement le souvenir du rôle primordial joué par le cheval. Au sacrifice indien dit de l'Açva-medha, qui comporte un simulacre de *hieros gamos* entre l'animal et la première épouse du roi, répond, au bord occidental du monde indo-européen, chez les Celtes, l'union du prince et d'une jument blanche.

L'élevage des ovins ou même des bovins, la pratique du cheval définissent sans doute un peuple de pasteurs; mais on sait, d'autre part, notamment par l'étude des noms corrélatifs du porc (**sū-*) et du goret (**porko-*) que les peuples de langue indo-européenne étaient aussi, au moins partiellement, des sédentaires. Comme en témoigne l'extension de la racine **sē-* (**seə₁-*) « semer » des langues occidentales aux langues orientales, ils pratiquaient aussi une forme d'agriculture et écrasaient le grain à l'aide d'une pierre sur une meule dormante, technique exprimée par la racine **mel-, *mol-* (latin *molere*, gotique *malan*, vieux slave *mlěti*, sanscrit *mṛṇáti*) ou dans un mortier avec un pilon (racine **pei-s-* qui désigne aussi le décorticage : sanscrit *pináṣṭi*, latin *pīnsere* « écraser », slave *pěsta* « mortier »).

En possession de ces connaissances sur les éléments de la civilisation à laquelle participaient les Indo-Européens, les linguistes se sont efforcés de rechercher à quelle culture connue des préhistoriens et des archéologues il était possible de les rattacher. Pour y parvenir il fallait tenter de déterminer quelles conditions devaient être remplies pour que coexistent les notions représentées dans la langue, quels mots du vocabulaire commun supposaient l'existence de certains objets que l'on pourrait localiser avec certitude. Malheureusement le travail s'est révélé difficile, les résultats précaires. Comme le faisait observer Meillet « le procédé ne conduit presque à rien parce que le sens des mots est sujet à varier et parce que les noms des objets qui disparaissent sortent aussi de l'usage ou prennent des sens nouveaux ». Aussi la linguistique ne peut-elle fournir que quelques indices. Ils sont souvent très vagues : elle peut dire que les peuples de langue indo-européenne connaissaient le bateau (**nāu-*

sanscrit *nauh,* grec *naūs,* latin *nāuis*) mais elle ne peut le caractériser avec précision. Elle enseigne qu'ils connaissaient le couteau (**n̥si-* sanscrit *asi-,* latin *ēnsis*) mais elle ne saurait dire quelle en était la matière ni comment il était emmanché. Certains mots toutefois sont liés à des éléments localisables et, de ce fait, peuvent enseigner davantage. En étudiant la distribution des noms d'arbres, on croit pouvoir dire que le bouleau faisait partie du paysage indo-européen à l'époque de communauté parce qu'on retrouve le même radical en sanscrit, en iranien, en balto-slave, en germanique et, peut-être, indirectement, en latin. C'est donc sur un territoire où pousse le bouleau qu'il faudrait chercher à situer le domaine indo-européen d'avant la dispersion. Si, d'autre part, on admet avec Thieme que le nom du saumon appartient aussi au fonds ancien de la langue, le territoire indo-européen devra avoir été non seulement celui où pousse le bouleau, mais aussi celui des fleuves qui se jettent dans les mers du Nord et où seulement peut vivre le saumon.

Les préhistoriens et les archéologues se sont préoccupés de leur côté de localiser ce qu'on appelle parfois « la civilisation indo-européenne ». Mais ils se heurtent à une grave difficulté : alors qu'ils sont à même de décrire des cultures avec une précision suffisante (poteries, armes, ossements) et d'en étudier les mouvements, ils ne peuvent jamais donner le nom ancien que portaient les objets découverts; leurs documents sont muets.

Les deux techniques, celle des linguistes et celle des historiens semblent donc ne jamais pouvoir se rencontrer. Pourtant, depuis plus de cent ans, de nombreuses tentatives ont été faites, diverses solutions ont été proposées. Selon les auteurs, les Indo-Européens seraient originaires d'Asie antérieure (Feist), ou de Scandinavie (Kossinna, Penka, Wilser) ou de la plaine de Germanie du Nord (Hirt) ou de la région située entre le Danube, les Carpathes et le Dniepr (de Michelis).

L'un des derniers essais de synthèse est dû à Bosch-Gimpera. D'une vaste enquête sur les cultures préhistoriques, les mouvements de populations, la constitution de différentes ethnies qui ont pu donner naissance aux peuples de langue indo-européenne, l'auteur conclut qu'il est très difficile de reconstituer le long passé des peuples dits indo-européens avant qu'ils n'entrent dans l'histoire, au début du IIe millénaire avant notre ère. Il croit possible de discerner dès le Ve millénaire, non une unité originaire *(Urvolk)* ni une « patrie » originaire commune *(Urheimat)*, mais plusieurs foyers d'agrégation, un dans la région du Danube, l'autre sur le plateau polonais, en relation avec les régions pontiques. À ces différents foyers ethniques correspondaient des unités linguistiques diverses mais en rapport les unes avec les autres ; « il semblerait qu'on parte de la formation d'un complexe linguistique, ayant des relations en diverses directions et dont les évolutions donneront lieu à d'autres complexes linguistiques ».

DIALECTOLOGIE DE L'INDO-EUROPÉEN ANCIEN

Cette conclusion, très modérée, rejoint les opinions de nombreux linguistes. On admet en effet, sur le plan strictement linguistique, que l'unité première restituée appelée indo-européen, véhiculée par des hommes appartenant à des groupes liés entre eux de façon plus ou moins lâche mais ayant malgré tout le sentiment de leur unité, devait comporter, dès les origines, comme toute langue vivante, des divisions dialectales. L'une des plus nettes et des plus anciennement reconnues est celle qui oppose les langues du groupe occidental où *$^*k$, $^*g$, $^*gh$* sont représentés par des gutturales (grec, italique, celtique, germanique) et les langues du groupe oriental (indo-iranien, slave, baltique, arménien, albanais) où ces phonèmes sont représentés par des mi-occlusives sifflantes ou chuintantes. Ainsi i.e. *$^*k$ṃtom* « cent » est en grec *(he)katón*, en latin *centum* mais en sanscrit *çatam*, en avestique *satəm*, en vieux-slave *sŭto*.

On a donc été amené à distinguer deux grands groupes indo-européens (les langues du type *centum* et les langues du type *satəm*) séparés par une sorte de ligne de démarcation qui partageait le monde indo-européen en deux parties géographiquement distinctes, en deux groupes naturels : les dialectes orientaux seraient en effet caractérisés, selon Meillet, non seulement par le traitement des gutturales mais aussi par l'emploi particulier qu'ils font des désinences en *bh* ou en *m* avec des valeurs précises et par des concordances de vocabulaire. Ces innovations communes remarquables indiqueraient que l'on a affaire à une communauté notable. De leur côté, les dialectes occidentaux (germanique, celtique, italique) présentent des traits communs tels que le traitement de l'ancien groupe *-t- + -t-* qui devient *-s-s-*, la fréquence du parfait sans redoublement, l'existence d'un suffixe verbal de présent alternant *-yo-/-ĭ-*, la rareté du type nominal représenté en grec par *lóg-o-s* et des traits communs de vocabulaire, en particulier dans la terminologie des techniques agricoles.

Cependant cette grande division en deux groupes est loin de la diversité qu'on croit apercevoir dans l'indo-européen commun.

Dans tout ensemble linguistique étendu, des changements se produisent, qui, provenant souvent de causes générales, peuvent survenir indépendamment dans plusieurs centres. Toutefois, pour des raisons diverses, ils peuvent faire tache d'huile et s'étendre à toute une aire géographique. L'extension d'un phénomène ne se confond cependant presque jamais avec l'extension d'un autre phénomène de sorte que, à strictement parler, il n'y a pas d'aires dialectales exclusivement caractérisées par un seul ensemble de traits. Ce que l'on aperçoit en fait ce sont des aires d'isoglosses, c'est-à-dire des régions qui présentent un certain traitement, un phénomène particulier, délimitées par des sortes de frontières dites lignes d'isoglosses. Ces aires se recouvrent rarement de façon complète mais elles peuvent coïncider partiellement et délimiter ainsi une zone, aux limites flottantes, où se reconnaît un dialecte naturel.

L'étude des états anciens des langues indo-européennes semble bien permettre de conclure que l'indo-européen commun présentait une situation de cet ordre. La ligne d'isoglosse qui, nous l'avons vu, semble avoir partagé en deux le monde indo-européen sous le rapport des gutturales, ne signifie pas qu'il y ait eu une pure et simple dichotomie. Le germanique, qui appartient au groupe *centum,* n'en a pas moins un certain nombre de traits communs avec le baltique et le slave du groupe *satəm :* germanique, baltique et slave emploient de la même façon la désinence *m* dans la flexion nominale; de même, en confondant les deux voyelles *a* et *o*, le germanique se rapproche des langues de l'Est. Le grec, lui aussi du groupe *centum*, se rattache par plusieurs traits à certaines langues orientales (traitement de *s*, traitement des sonantes voyelles surtout des nasales, prothèse vocalique devant *r* initial, emploi de l'augment pour caractériser les temps du passé).

D'autres faits semblent encore plus surprenants. Comme Vendryes l'a mis en évidence depuis longtemps, on constate que les langues marginales présentent certains caractères communs. L'indo-iranien partage avec l'italique et le celtique nombre de termes religieux et juridiques qui ont disparu dans les autres langues; tel est le nom du « chef » (latin *rēx*, gaulois *rig-*, sanscrit *rāj-*), celui de la « loi » (latin *lēx*, osque *lig-*, sanscrit *rājáni* « sous la loi de », avestique *rāzan* « loi religieuse »), celui de la « richesse » (latin *rēs, rem*, sanscrit *rayi-, rām*). Ils ont également en commun plusieurs traits morphologiques importants. Ainsi au parfait latin en -*u*- (type *nōuī, amāuī*) correspondent en sanscrit des formes de parfait telles que *iajñau*. La même caractéristique se retrouve d'ailleurs dans d'autres langues situées à l'est du domaine à époque historique (arménien *cnaw* « il est né », tokharien A *prakwā* « j'ai prié »; en hittite, désinence -*un* à la première personne du singulier du prétérit). Alors que ni le germanique, ni le baltique, ni le slave, ni le grec ne les emploient, le tokharien, l'indo-iranien, le hittite à l'Est, et le latin à l'Ouest, se servent d'une désinence en -*r*- pour marquer la troisième personne du pluriel au parfait ou au prétérit (tokharien B *weñāre* « ils ont dit », avestique *ādarə* « ils ont posé », hittite *punuššir* « ils ont interrogé », latin *fēcēre, fēcērunt* « ils ont fait » »). De même, on retrouve un passif et un déponent en -*r* en celtique, en italique comme en tokharien.

Ces concordances sont cependant d'un ordre tout à fait différent de celles dont nous parlions plus haut et qui permettaient de rapprocher par exemple le germanique du baltique et du slave. Dans les derniers cas cités, les rapprochements ne signifient nullement que l'italique, le celtique et l'indo-iranien ont appartenu à un même ensemble dialectal. Si ces langues ont un morphème de parfait en -*u*- ou une désinence en -*r*, c'est qu'elles ont conservé, de façon indépendante et d'ailleurs dans des systèmes organisés différemment, les mêmes archaïsmes. Il est donc possible qu'elles aient été apportées aux extrémités du domaine indo-européen « par des colons qui se sont les premiers détachés du gros de la nation indo-européenne » (Meillet), les uns emportant vers l'Est, les autres vers l'Ouest certains éléments en usage dans la langue commune au moment de cette première dispersion, mais tombés ensuite en désuétude.

Le problème de la dialectologie de l'indo-européen commun se trouve par conséquent compliqué par des problèmes de chronologie sur lesquels nous sommes mal renseignés. Comme on l'a vu, l'archéologie préhistorique est d'un faible secours et les critères linguistiques sont difficiles à établir. Dans l'un de ses ouvrages les plus récents, Kuryłowicz a proposé une nouvelle répartition des groupes linguistiques qui tient compte à la fois des rapports dialectaux proprement dits et des rapports chronologiques, en se fondant sur l'étude des gutturales ainsi que sur les répercussions de la disparition des laryngales et sur la distinction des timbres vocaliques. L'ensemble indo-européen se serait tout d'abord scindé en deux groupes : un groupe oriental indo-iranien et un groupe « européen ». Celui-ci, à son tour, se serait divisé en deux sous-groupes : un *septentrional* comportant le germanique, le baltique, le slave, l'albanais, l'illyrien et un *méridional* constitué par le celtique, l'italique, le grec et l'arménien.

La thèse de Kuryłowicz correspond aux résultats obtenus par Charpentier et Brandenstein; ceux-ci, en étudiant la distribution du vocabulaire sur l'aire indo-européenne, croient pouvoir affirmer que les éléments lexicaux les plus anciens reflètent une vie nomade, fondée sur l'élevage du bétail; au contraire, la couche la plus récente du vocabulaire montrerait l'importance croissante de l'agriculture dans la partie occidentale, entre les Carpathes et la Baltique. Ils en ont conclu que le passage à l'agriculture s'était fait après la première dislocation des Indo-Européens qui vit la séparation de la branche européenne d'avec la branche indo-iranienne.

Kuryłowicz ne se prononce pas sans hésitation sur la position du hittite. Il le considère cependant comme une langue du groupe européen, probablement apportée en Anatolie par une invasion. Telle n'était pas l'opinion de Sturtevant. Selon « l'arbre généalogique » qu'il dressait en 1951 dans sa *Comparative Grammar of Hittite Language,* le hittite et les autres langues anatoliennes (louvite, palaïte, hittite hiéroglyphique, lycien, lydien), auraient appartenu à un rameau proto-anatolien, parallèle au rameau proto-indo-européen, tous deux issus d'une souche commune qu'il appelait proto-indo-hittite.

Proto-indo-hittite

proto-anatolien — proto-indo-européen

hittite — anatolien hiéroglyphique, louvite, lycien, lydien. — indo-iranien, grec, italique, celtique, germanique, baltique, slave.

Si l'on admettait cette hypothèse, il en découlerait que la première dislocation n'aurait pas été celle qui sépara les Indo-Iraniens des Européens, mais celle qui éloigna les Anatoliens des Indo-Européens.

Si les divers scindements ont contribué à accentuer les différences dialectales anciennes en indo-européen, il ne faut pas oublier non plus que, sur les marges de leur domaine, les Indo-Européens étaient en contact avec des hommes de langues différentes. À une époque où il ne saurait être question d'unités politiques fermées et de frontières fixes, le jeu des influences réciproques a dû être extrêmement important. On a relevé par exemple entre l'indo-européen et les langues ouraliennes (finno-ougrien, samoyède) des ressemblances portant non seulement sur des formes nominales isolées mais aussi sur des thèmes pronominaux, sur des morphèmes nominaux ou verbaux. Aurélien Sauvageot a fait récemment observer que les structures morphologiques des deux groupes étaient très difficilement conciliables. Si « le mot indo-européen est essentiellement consonantique, le vocalisme est, au contraire, le noyau du mot ouralien. Une séquence de consonnes n'y acquiert de signification qu'en fonction des voyelles qui la supportent ». Il est, par suite, difficile d'admettre entre les deux groupes un lien de parenté génétique. Les ressemblances pourraient être dues à des rapports de contact, les éléments communs s'expliquer par l'emprunt. Le même problème se pose à propos des rapports qu'entretient l'indo-européen avec les langues caucasiennes et avec les langues sémitiques. Ces rapports se sont établis à des époques très hautes et, par conséquent, le comparatiste qui essaie d'en préciser la nature travaille sur des langues restituées. Or Trubetzkoy a fait observer qu'il était à peu près impossible de savoir si un élément commun à plusieurs parlers appartenait au fonds originel d'une même langue plus ancienne ou s'il avait été emprunté à une langue d'un autre groupe à l'époque de communauté. Entre les deux, il n'y a qu'une différence de chronologie, indiscernable pour les époques préhistoriques. Aussi a-t-il proposé d'éclairer les rapports de l'indo-européen et des autres langues en définissant le type linguistique auquel appartient l'indo-européen par la présence conjointe de six critères : *a)* il n'y a pas d'harmonie vocalique; *b)* le consonantisme de l'initiale n'est pas plus pauvre que celui de l'intérieur ou de la finale; *c)* le mot ne commence pas nécessairement par la racine; *d)* les formes sont constituées par des affixes mais aussi par des alternances vocaliques à l'intérieur des morphèmes radicaux; *e)* les alternances morphologiques libres jouent un rôle morphologique; *f)* le sujet d'un verbe transitif est traité comme celui d'un verbe intransitif. Ces traits ne se retrouvent réunis qu'en indo-européen et non dans les groupes voisins. Toutefois, Trubetzkoy observe que certains d'entre eux *(e et f)* se retrouvent en ouralo-altaïque et que le caucasique et le sémitique présentent les autres *(a, b, c, d)*. Ainsi, sur le plan typologique, l'indo-européen semblerait constituer un pont, un chaînon intermédiaire entre les langues du Nord et celles du Sud.

DISTRIBUTION DES LANGUES INDO-EUROPÉENNES HISTORIQUES

À la diversification dialectale, aux scindements successifs, aux rapports entretenus avec les autres groupes linguistiques que l'on est amené à supposer pour la préhistoire correspond d'ailleurs la fragmentation que l'on peut constater à la période historique. Toutefois, la situation actuelle ne reflète pas exactement celle que l'on croit pouvoir restituer pour la période ancienne.

Entre l'indo-européen commun dont les linguistes ont reconstitué les grandes lignes et les langues historiques, il a dû y avoir des unités intermédiaires dont la dislocation a donné naissance aux langues que nous connaissons. L'établissement de ces sous-groupes (Hoenigswald) pose souvent de délicats problèmes car il est malaisé de déterminer, dans des dialectes étroitement apparentés et très proches les uns des autres, ce qui revient à une commune hérédité, ce qui est dû à des innovations parallèles mais indépendantes et ce qui résulte de simples contacts.

Malgré certaines réticences (Meillet, Senn), on admet (récemment Vaillant, Szemerényi) l'existence d'une unité balto-slave peut-être à peu près contemporaine de l'unité germanique. « L'étude grammaticale révèle entre les deux groupes [le slave et le baltique] des ressemblances nombreuses et qui intéressent tout le système linguistique, la phonétique et l'accentologie, la flexion des noms et des verbes, l'emploi des formes, la dérivation » (Vaillant). Il est certain toutefois qu'il ne s'agissait pas d'une langue unifiée mais, pour reprendre l'expression de Vaillant, « d'un faisceau de parlers », restés très proches les uns des autres tant que les tribus balto-slaves n'ont pas été bousculées par les mouvements des peuples germaniques et par les invasions des Huns et des Avars.

Au début du VIe siècle, les Slaves entrent dans l'histoire et, après avoir conquis puis perdu en partie un vaste empire, ils forment des États distincts. Ces divisions politiques n'ont fait qu'accentuer les diversités dialectales du slave commun. On aboutit alors à une répartition en trois groupes : le groupe de l'Est (grand-russe, ukrainien, blanc russe), le groupe du Nord (polonais, polabe, sorabe, tchèque et slovaque) et le groupe du Sud (bulgare et macédonien, serbo-croate, slovène). La forme de slave la plus ancienne dont nous ayons connaissance (vieux slave ou vieux macédonien) est la langue de Constantin (saint Cyrille) et de Méthode, qui évangélisèrent les Slaves (IXe siècle). Elle était suffisamment proche du slave commun pour qu'elle ait pu servir, hors de son domaine propre, à l'enseignement des Tchèques et des Slovaques. Les autres formes anciennes appartiennent au moyen-slave (vieux slovène X^e, XIe siècles — vieux russe, vieux serbe, vieux croate XIIe siècle — vieux tchèque XIIIe siècle — vieux polonais XIVe siècle — sorabe XVe siècle — polabe XVIIe siècle).

Le baltique comprend deux groupes; le vieux prussien est connu seulement par deux vocabulaires du XVe et du XVIe siècle, par la traduction de deux catéchismes du XVIe siècle et par celle de l'*Encheiridion* de Luther (1561). Il a été néanmoins parlé en Prusse orientale jusqu'au XVIIe siècle; le letto-lituanien est fait de deux dialectes, le lette et le lituanien. Celui-ci, dont le texte le plus ancien (une traduction du catéchisme de Luther) ne date que de 1547, est d'un aspect remarquablement archaïque; certaines formes ressemblent de très près à des formes de sanscrit védique ou de grec homérique malgré les siècles qui le séparent de ces langues. Il est actuellement parlé dans les régions de Memel et de Tilsitt et en Lituanie. Le lette, parlé en Courlande et dans le Sud de la Livonie, est plus évolué. Par leur conservatisme, ces langues, surtout le lituanien, sont aussi précieuses pour le comparatiste que le gotique ou le latin (Meillet).

L'unité dialectale la moins contestée est l'indo-iranien. C'est la seule pour laquelle nous ayons en quelque sorte un témoignage direct : les hommes qui ont apporté l'indien s'appelaient eux-mêmes les Ārya comme les hommes qui ont véhiculé l'iranien s'appelaient *airya* (avestique), *ariya* (vieux perse). Cette concordance suppose qu'existait chez les ancêtres des Indiens et des Iraniens un seul et même nom **arya-* par lequel ils se désignaient. Le nom subsiste encore dans le nom de l'Iran *(Ērān)*, qui représente un ancien génitif pluriel **aryānām*.

L'indien et l'iranien offrent, d'autre part, des traits communs phonétiques et surtout morphologiques originaux qui les unissent étroitement en les distinguant de façon nette des autres ensembles dialectaux : *e* et *o* ont été confondus en *a, ə* aboutit à *i*, une sonore aspirée suivie d'une sourde donne naissance à un groupe de sonores aspirées (par exemple : *dh* + *t* > *ddh*); les thèmes nominaux vocaliques ont, au génitif pluriel, un -*n*- qu'on ne retrouve nulle part ailleurs avec la même fréquence et, d'une manière générale, les flexions indiennes et iraniennes sont étroitement parallèles. Les deux groupes sont si proches l'un de l'autre que l'on peut, en appliquant quelques règles de concordances simples, transposer en védique un passage de l'*Avesta*. Mais ces ressemblances ne signifient pas que l'indien et l'iranien viennent d'un seul et même parler indo-européen. Il y a entre eux quelques différences notables surtout sur le plan phonétique : l'indien pratique peu la désocclusion ou la spirantisation des consonnes, mais il a beaucoup étendu la cérébralisation (articulation de certaines consonnes avec la pointe de la langue relevée); l'indien et l'iranien ont, d'autre part, traité différemment le *ə* en syllabe intérieure (il se conserve dans celui-là, il disparaît dans celui-ci) et le groupe *-wy-* (*-owyo-* subsiste en sanscrit mais devient *-ouyo-* en iranien). Il n'est donc pas impossible que des dialectes indo-européens différents se soient trouvés réunis pendant une certaine période (dite de l'indo-iranien) mais que cette période de vie commune n'ait pas suffi à rapprocher complètement les deux groupes.

Dans l'Inde, les textes les plus anciens sont les textes védiques dont les premiers documents sont des collections d'hymnes parmi lesquelles la plus ancienne est celle du *Ṛg-Veda*. Bien qu'on n'ait aucune certitude à cet égard, on peut dire que ce texte remonte à la seconde moitié du IIe millénaire avant notre ère et qu'il fut composé dans le Nord-Ouest de l'Inde. Le reste de la littérature védique (les autres recueils d'hymnes et les grands commentaires en prose ou *Brāhmaṇa*, les *Upaniṣad*) s'échelonne jusqu'aux VIe-Ve siècles avant notre ère. La langue, dont la grammaire de Pāṇini a donné les règles (Ve siècle avant notre ère), se rapproche de celle des *Brāhmaṇa*. Vers le début de l'ère chrétienne s'élaborent les deux grandes épopées *(Mahābhārata* et *Rāmāyaṇa)*, les plus anciens traités de la tradition mémoriale ou *Smṛti* et les débuts de la littérature purānique. Les premiers textes datables (milieu du –IIIe siècle) sont les inscriptions du roi Açoka le Maurya rédigées en divers dialectes de moyen-indien. Le moyen-indien dérive du sanscrit et plutôt du védique que du classique; il est représenté par le pāli, langue religieuse du bouddhisme méridional, et les divers prācrits qui correspondent en partie à des variations régionales d'une sorte de koiné. Les langues indo-européennes de l'Inde, actuellement parlées par plus de deux cent soixante millions d'hommes, sont au nombre de vingt-sept et dérivent du sanscrit; elles ne semblent pas avoir de connexions précises avec les prācrits parlés auparavant dans les régions où elles sont maintenant en vigueur. Les trois plus grands ensembles sont constitués par le hindī, le bengalī et le marathī (R. Breton).

En Iran, le vieux perse nous est connu surtout par les inscriptions en cunéiforme du roi Darius (522-486 avant notre ère); la langue de la Persis cesse d'être employée après la chute de l'empire achéménide. Une autre langue, celle dans laquelle est écrit l'*Avesta* (bible du mazdéisme) représente probablement un dialecte iranien de l'Est. L'avestique, au moins sous la forme qu'emploient les *Gāthā* (« chants »), présente un aspect aussi archaïque que la langue du Ṛg-*Veda*. À partir de l'ère chrétienne, le moyen-iranien est représenté à l'Ouest par le pehlevi, langue de l'État et de l'Église sassanides, qui comprend le parthe et le moyen-perse; celui-ci, issu du vieux perse, aboutit au persan moderne. À l'Est, le moyen-iranien nous est connu surtout par le sogdien qui fut la langue internationale de toute l'Asie centrale, par le khotanais, par le chorasmien.

On compte actuellement plusieurs groupes de langues iraniennes : les parlers du Sud-Ouest dont le persan est le plus brillant représentant, ceux du Nord-Ouest, ceux de l'Est, parmi lesquels l'afghan, le pašto et divers dialectes pamiriens dont l'ossète, enclave iranienne en territoire caucasien.

En revanche, d'autres unités sont douteuses. Les langues anciennes parlées en Italie (essentiellement le latin et l'osco-ombrien) ont avec les langues celtiques des traits communs que l'on a tenus pour l'indice d'une communauté linguistique antérieure depuis les travaux de Lottner (1861). L'hypothèse a été soutenue puis écartée bien souvent (Watkins) mais il semble cependant que, à la suite d'un examen attentif, les systèmes phonologiques que l'on peut reconstituer pour les deux groupes présentent des différences incompatibles avec la notion d'une unité particulière. Watkins a montré que bien des traits morphologiques que l'on croyait communs aux deux groupes se présentaient en réalité dans des conditions très différentes en italique et en celtique (suffixes de superlatifs ou subjonctifs en *-s-); certains, comme le génitif en *-ī- ou le déponent et le passif en *-r sont probablement le résultat de développements parallèles et indépendants, chacun des groupes s'étant servi d'un morphème préexistant en indo-européen.

L'unité italique elle-même a été mise en doute, en particulier par des linguistes italiens comme Devoto. Le latin et le falisque d'une part, l'osque et l'ombrien de l'autre devraient leurs ressemblances à un phénomène de convergence linguistique relativement tardif et non à une communauté d'origine. Toutefois, les similitudes de structure que l'on observe dans le système vocalique, les ressemblances dans l'organisation syntaxique appuyées par des preuves archéologiques ont conduit Diver à réaffirmer l'unité de l'italique commun. Beeler, après un nouvel examen des données, aboutit à la conclusion modérée et sceptique que les concordances observées entre le latin et l'osco-ombrien peuvent provenir soit d'une communauté d'origine, soit de contacts établis sur une même aire géographique entre des langues non étroitement apparentées au départ.

L'italique est constitué de trois langues principales : osque, ombrien, latin. De l'osco-ombrien nous n'avons que peu de documents. Bien que l'ombrien ait été parlé sur un vaste domaine, nous n'en possédons guère qu'un rituel de sacrifice, les *Tables Eugubines,* auxquelles on ne peut assigner de date précise; elles sont antérieures à l'ère chrétienne. L'ombrien a disparu à une époque indéterminée. L'osque, parlé par les Samnites, qui fut langue officielle à Capoue, Pompeï, Abella, Bantia aux iiie et iie siècles avant notre ère, est représenté par des inscriptions de Campanie et d'Italie méridionale parmi lesquelles les plus longues sont celles du cippe d'Abella et de la Table de Bantia.

L'osque et l'ombrien, comme divers parlers très mal connus (pélignien, volsque, marse), furent absorbés par le latin que fit triompher la fortune de Rome en Italie puis en Occident. Le latin ne nous est connu qu'à partir de l'an ∼ 600 par l'inscription de la fibule de Préneste, puis par celles de la pierre du Forum (∼ ve siècle) et du vase de Duenos (∼ ive siècle). Il faut attendre le iiie siècle pour avoir des documents littéraires de quelque importance avec les drames de Livius Andronicus.

La langue latine, fixée avant la fin de l'époque républicaine, devint l'instrument d'une des plus florissantes civilisations du monde indo-européen et s'étendit sur d'immenses territoires. Après la rupture de l'empire romain succédèrent au latin les langues romanes (italien, sarde, provençal, français, espagnol, catalan, portugais, rhéto-roman, dalmate, roumain). Aux temps modernes, la colonisation européenne et l'émigration apportèrent certaines de ces langues en Amérique du Sud et du Centre (espagnol, portugais), en Amérique du Nord (français), en Afrique (espagnol, portugais, français, italien), en Orient (portugais, français).

Les langues celtiques sont divisées en deux groupes, le celtique insulaire et le celtique continental. Le premier groupe recouvre les langues celtiques de Grande-Bretagne, d'Irlande et de Bretagne française : le gaélique ou goïdélique qui comprend l'irlandais, l'écossais, le dialecte de l'île de Man (manx); le brittonique où l'on distingue le gallois (ou cymrique), le cornique, le breton (ou armoricain) et enfin le picte. Ce dernier n'a laissé que peu de traces mais les autres langues sont bien connues. Le gaélique est attesté depuis le ve siècle de notre ère par de brèves inscriptions dites « ogamiques » en Irlande et au pays de Galles; il est surtout connu dès le viie siècle par de nombreuses gloses irlandaises et par une très riche littérature en Irlande. À partir de 900, on lui donne le nom de moyen-irlandais et, à partir du xviie siècle, d'irlandais moderne. Le gaélique a été introduit dans les Highlands et dans les îles de l'Ouest par des colons irlandais dès le début du vi^e siècle; il y est devenu l'écossais, peu parlé de nos jours. Le manx, jadis parlé dans l'île de Man, est à peu près éteint. Dans le groupe brittonique, le gallois, dans les Pays de Galles, est connu depuis le xie siècle par des textes littéraires; il est demeuré très vivace. On y distingue le vieux gallois puis, à partir du xiie siècle, le moyen-gallois et enfin le gallois moderne depuis le xvie siècle. Le cornique de Cornouailles est éteint depuis le xviiie siècle. Le breton, de Bretagne française, a été introduit par des immigrants venus de Grande-Bretagne à partir du ve siècle. Le brittonique qui, d'ailleurs, a été refoulé par le germanique, est donc représenté à époque plus récente que le gaélique; de plus, les premiers documents que nous en avons montrent que son vocabulaire a fait de nombreux emprunts au latin, ce qui est dû à la persistance de l'occupation romaine (de 43 à 410). Néanmoins, il semble que les ressemblances entre les deux groupes aient été assez étroites malgré certaines différences (le brittonique répond par *p* au *k^w indo-européen tandis que l'irlandais y répond par *q* [ogamique] ou par *c;* la place de l'accent n'est pas la même).

Le celtique continental n'est attesté que par une centaine d'inscriptions en gaulois, bien que la langue ait été véhiculée par des expéditions militaires en Gaule, en Italie du Nord et en Asie Mineure.

Les langues germaniques se présentent chacune avec un système propre. Mais, malgré l'écart considérable qui sépare par exemple l'anglais de l'allemand, elles concordent à tant d'égards et montrent tant de caractères communs originaux (mutation dans l'articulation des occlusives, flexion particulière de l'adjectif, structure caractéristique des verbes) que l'on suppose légitimement qu'a existé une unité antérieure dont elles sont des transformations et qu'on appelle germanique commun. Cette langue ne constituait pas une unité parfaite mais présentait des variations dialectales, en particulier une distinction assez nette entre les dialectes du Nord et de l'Est et ceux de l'Ouest (Lehmann). Cela ne signifie pas que le germanique du Nord et celui de l'Est aient constitué une unité à quelque moment que ce soit; cela implique seulement qu'ils ont entre eux plus de points communs qu'ils n'en ont, séparément, avec le germanique occidental.

Le germanique oriental nous est connu par le gotique grâce à ce qui subsiste d'une traduction de la *Bible* faite par l'évêque Wulfila, à des fragments d'une explication d'*Évangile,* à quelques chartes du IVe siècle écrites en Italie et à quelques mots recueillis en Crimée par le Flamand Busbecq. Malgré l'extension des royaumes ostrogot et wisigot, il nous reste donc fort peu de témoignages directs de cette langue. Pour le germanique du Nord, les plus anciens documents sont des inscriptions runiques du IIIe siècle; ce groupe comprend l'islandais (dont les plus anciens textes datent du XIIe siècle et sont écrits en vieil-islandais), encore parlé de nos jours, le norvégien, tout proche de l'islandais et attesté à peu près à la même époque, le suédois et le danois.

Le germanique occidental ou westique est plus diversifié que le germanique du Nord. Il est essentiellement représenté par l'allemand (haut-allemand, dont les premiers documents datent du VIIIe siècle et du IXe siècle et dont l'un des dialectes, le franconien, sert de base à l'allemand littéraire moderne — bas-allemand, dont le plus ancien texte est le poème du Heliand [vers 833] et dont le néerlandais est aujourd'hui la seule forme officielle) et par l'anglais. Celui-ci a été apporté en Grande-Bretagne par des Angles, des Saxons et des Jutes vers le Ve siècle; leur langue, attestée depuis le IXe siècle, comprenait des dialectes très variés. Au XIVe siècle, le parler de la région londonienne s'est développé en langue commune.

Le groupe grec se distingue des grands ensembles précédents en ce sens que, si, dès les débuts de la tradition, on a affaire à de très nombreux parlers différents selon les cités, les particularités dialectales sont assez minimes pour ne pas voiler l'unité profonde de la langue. Il est de ce fait souvent difficile de classer nettement les dialectes, d'autant plus que les accidents de l'histoire ont contribué à brouiller les frontières linguistiques.

On peut répartir les dialectes grecs en quelques groupes : l'ionien-attique comprend l'ionien écrit dès le début du VIIe siècle avant notre ère dans la Dodécapole d'Asie mineure, dans une partie des Cyclades et dans l'île d'Eubée et l'attique; celui-ci est connu par des inscriptions à partir du VIIe siècle et par la très brillante littérature des Ve et IVe siècles; le dorien (Corinthe, Mégare, la Messénie, la Laconie, la Sicile et les grandes îles de Crète, Rhodes, Cos, Théra), qui fut, en partie, la langue de Pindare; l'éolien (thessalien, béotien, lesbien) au nord-est, qui donna une importante littérature aux VIIe et VIe siècles avant notre ère; l'achéen, langue des premiers envahisseurs helléniques, représenté par l'arcadien, le cypriote, le pamphylien. Il faut ajouter enfin à cette liste le mycénien, langue des documents d'époque mycénienne (vers 1400-1200 avant notre ère) inscrits sur tablettes d'argile ou sur vases et trouvés à Knossos puis à Pylos, Mycènes, Tirynthe, Éleusis, Thèbes. Ces textes, qui ont été déchiffrés récemment (1953), par M. Ventris

L'INDO-EUROPÉEN

et J. Chadwick, sont les plus anciens que nous possédions pour le grec ; ils sont antérieurs de plusieurs siècles au premier monument littéraire grec, les poèmes homériques (∼ IXe ∼ VIIIe siècle) ; mais ils sont constitués essentiellement par des documents comptables. Les problèmes de dialectologie grecque ancienne ne cessent d'être débattus, en particulier pour ce qui est de la position du mycénien vis-à-vis des dialectes déjà reconnus (Cowgill). Ils sont cependant différents de ceux que pose la dialectologie moderne car le grec actuellement parlé provient de l'éclatement de la langue commune (koiné) constituée à partir du IVe siècle avant notre ère et en grande partie fondée sur l'attique. Les survivances des anciens dialectes sont mineures.

Le plus ancien document de grec moderne est le *Nouveau Testament,* mais le grec populaire parlé actuellement (dimotiki ou romaïki) diffère, surtout par le vocabulaire, de la langue plus savante (katharévousa) qui se rapproche davantage de l'ancienne koiné et qu'emploient l'administration et l'Église.

Il n'est pas possible d'intégrer le grec à un groupe plus vaste. Il est aussi indépendant de tous les autres ensembles que l'est par exemple l'arménien. Cette langue est parlée par des populations (connues dès le ∼ VIe siècle dans la région de l'Ararat, du lac de Van, des sources du Tigre et de l'Euphrate) qui vinrent peut-être du Nord de la Thessalie. C'est un parler isolé qui ne partage avec aucun autre d'innovations communes importantes. Il passe pour avoir été fixé au Ve siècle par un homme d'Église et il nous est connu à partir du IXe siècle grâce à des traductions de l'*Évangile*. La langue de ces textes est une langue savante, élaborée pour les besoins de l'évangélisation, le grabar ou langue écrite. Nous n'en connaissons pas de variantes dialectales à époque ancienne.

Également isolé est le tokharien (tokharien A ou agnéen, tokharien B ou koutchéen), découvert au début du siècle dans le Turkestan chinois ; c'est une langue éteinte qui ne subsiste plus que dans des textes d'inspiration bouddhique et dans quelques documents comptables. Bien que le sanscrit ait exercé sur lui une forte influence, le tokharien n'appartient pas à l'ensemble indo-iranien.

Nous avons vu plus haut les difficultés que l'on a à

déterminer l'appartenance du hittite bien que l'on possède maintenant une littérature abondante dans cette langue. À plus forte raison est-il malaisé de préciser les rapports de certains idiomes dont on n'a que des inscriptions peu explicites, des documents difficiles à interpréter ou des témoignages indirects ; c'est le cas de l'illyrien, du vénète, du messapien, du thraco-phrygien, de l'albanais.

L'une des énigmes les plus célèbres est celle que pose l'étrusque dont il n'est même pas certain qu'il appartienne à l'indo-européen (Rix). Outre les inscriptions trouvées en Étrurie ou sur le domaine de l'expansion étrusque, les textes les plus étendus que nous possédions sont les dix lignes de l'inscription de Lemnos (écrite en une langue très proche de l'étrusque sinon identique à celui-ci) et le texte porté sur les bandelettes de la momie de Zagreb. L'alphabet en est connu, les mots sont lus mais, malgré les résultats obtenus par la méthode combinatoire qui a permis de déterminer le sens de bon nombre de termes, on ne peut encore lire les phrases d'une certaine longueur. Au mystère de leur origine les Étrusques ajoutent celui de leur langue.

CONCLUSION

Cette nomenclature, lassante dans son foisonnement, donne une idée de la multiplicité et de la variété des problèmes qui se posent aux spécialistes. Elle contraste de façon frappante avec l'économie assez simple des grands sous-groupes et la relative cohérence attribuée à la langue ancestrale. La stricte application des méthodes comparatives a permis d'atteindre des résultats sûrs et précis pour les langues indo-européennes grâce à d'innombrables recherches de détail, directement fondées sur des faits. Il est indéniable en revanche que les vastes synthèses, les amples reconstructions qui ont été évoquées au début de ce chapitre demeurent du domaine de l'hypothèse. Elles semblent appartenir plus souvent au domaine de la poésie épique qu'à celui de la science et se révèlent parfois d'autant plus séduisantes qu'elles sont indémontrables tout autant qu'irréfutables. Certaines hypothèses ne sont sans doute que des chimères (*man laüft einem romantischen Hirngespinste nach,* écrivait Trubetzkoy), mais elles sont l'expression d'un besoin que les plus sages linguistes partagent avec le Vinci de Valéry : un abîme les fait songer à un pont.

Jacqueline MANESSY-GUITTON.

BIBLIOGRAPHIE

Une bibliographie très abondante sur les diverses langues indo-européennes est donnée dans l'important ouvrage *les Langues du monde,* publié par un groupe de linguistes sous la direction de A. Meillet et M. Cohen, nouvelle édition, Paris, 1952.

M. S. BEELER, *The Interrelationships within Italic,* dans *Ancient Indo-European Dialects,* Berkeley-Los Angeles, 1966.

E. BENVENISTE, *Origines de la formation des noms en indo-européen,* Paris, 1935.

E. BENVENISTE, *Actif et moyen dans le verbe,* dans *Problèmes de linguistique générale,* p. 172, Paris, 1966.

P. BOSCH-GIMPERA, *Les Indo-Européens,* Paris, 1960.

W. BRANDENSTEIN, *Die erste « indogermanische » Wanderung,* Klotho II, 1936.

R. J. L. BRETON, *Langues de l'Inde,* Aix-en-Provence, 1964.

K. BRUGMANN, *Grundriss der vergleichenden Grammatik der indogermanischen Sprachen,* 2ᵉ éd. Strasbourg, 1897-1916.

J. CHADWICK, *The Decipherment of Linear B,* Cambridge, 1958.

J. CHARPENTIER, *The Original Home of the Indo-Europeans,* « Bulletin of the School of Oriental Studies », 1926.

W. A. COWGILL, *Ancient Greek Dialectology in the light of Mycenaean,* dans *Ancient Indo-European Dialects,* Berkeley-Los Angeles, 1966.

E. DELEBECQUE, *Le Cheval dans l'Iliade,* Paris, 1951.

G. DEVOTO, *Storia della lingua di Roma,* Bologne, 1940.

G. DEVOTO, *Origini indoeuropee,* Florence, 1962.

W. DIVER, *The Relation of Latin and Oscan Umbrian,* thèse de Columbia University, 1953.

G. DUMEZIL, *L'Héritage indo-européen à Rome,* introduction aux séries « Jupiter, Mars, Quirinus » et « Les Mythes romains », Paris, 1949.

H. HIRT, *Indogermanische Grammatik,* 7 vol., Heidelberg, 1921-1937.

H. M. Hoenigswald, *Criteria for the Subgrouping of Languages*, dans *Ancient Indo-European Dialects*, Berkeley-Los Angeles, 1966.

B. Hrozny, *Die Sprache der Hethiter*, Leipzig, 1917.

J. Kuryłowicz, *Études indo-européennes*, Cracovie, 1935.

J. Kuryłowicz, *L'Accentuation des langues indo-européennes*, Cracovie, 1952.

W. P. Lehmann, *Proto-Indo-European Phonology*, Austin, 1958.

W. P. Lehmann, *The Grouping of the Germanic Languages*, dans *Ancient Indo-European Dialects*, Berkeley-Los Angeles, 1966.

M. Lejeune, *Traité de phonétique grecque*, Paris, 1955.

A. Martinet, *Économie des changements phonétiques*, Berne, 1955.

A. Meillet, *Introduction à l'étude comparative des langues indo-européennes*, Paris, 1937.

E. G. Pulleyblank, *The Indo-European Vowel System and the Qualitative Ablaut*, dans « Word », XXI, 1, avril 1965, pp. 86-101.

H. Rix, *Etruskisch*, dans « Kratylos », 1963, VIII, 2, pp. 113-158.

O. Szemerenyi, *The Problem of Balto-Slav Unity*, dans « Kratylos », 1957, II, 1.

P. Thieme, *Die Heimat der indogermanischen Gemeinsprache*, Wiesbaden, 1954.

A. Vaillant, *Grammaire comparée des langues slaves*, Lyon, 1950.

J. Vendryes, *Les Correspondances de vocabulaire entre l'indo-iranien et l'italo-celtique*, dans « Mémoires de la Société de Linguistique de Paris, XX », pp. 265-285.

M. Ventris et J. Chadwick, *Évidence for Greek Dialect in the Mycenaenan Archives* dans « Journal of Hellenic Studies », 73, 1953.

C. Watkins, *Italo-Celtic revisited*, dans *Ancient Indo-European Dialects*, Berkeley-Los Angeles, 1966.

REVUES ET PÉRIODIQUES

Le Comité international permanent des linguistes publie régulièrement une *Bibliographie linguistique de l'année* (Utrecht-

Anvers) où l'on trouvera les ouvrages et articles concernant l'indo-européen et toutes les langues indo-européennes.

Les revues les plus accessibles traitant des problèmes de l'indo-européen sont :

« Bulletin de la Société de Linguistique de Paris », Paris.

« Indogermanische Forschungen », Zeitschrift für Indogermanistik und allgemeine Sprachwissenschaft, Berlin.

« Language », Journal of the Linguistic Society of America, Baltimore.

« Orbis », Bulletin international de documentation linguistique, Louvain.

« Die Sprache », Zeitschrift für Sprachwissenschaft, Vienne.

« Word », Journal of the Linguistic Circle of New York, New York.

« Zeitschrift für vergleichende Sprachforschung auf dem Gebiete der indogermanischen Sprachen », Göttingen.

LES LANGUES
CHAMITO-SÉMITIQUES

Pas plus heureux que d'autres noms de groupes de langues, celui de *chamito-sémitique* a au moins le mérite, s'il est arbitraire, de l'être avec éclat. Il n'engage dans aucune localisation géographique inconsidérée. Il ne doit pousser à aucune identification ethnique abusive. La motivation en est biblique : il s'agit des langues parlées par la postérité de Sem et de son frère maudit Cham. Elle n'est pas des plus contraignantes.

Mais la composition double du terme ne doit pas induire à l'erreur courante qui fait poser un « chamitique » à côté du *sémitique*. En fait, *chamito-sémitique* ne peut être entendu que comme le nom d'un ensemble où entrent sur un pied d'égalité le *sémitique* et d'autres groupes apparentés, distincts du sémitique, mais non moins distincts l'un de l'autre : le *libyco-berbère*, l'*égypto-copte*, le *couchitique* et peut-être, d'après une hypothèse encore très discutée, le *tchadien*.

Voici, selon le groupement le plus généralement admis, un tableau des principales langues chamito-sémitiques, avec des indications sommaires sur les lieux où elles sont attestées et les dates limites pour lesquelles nous possédons des documents.

SÉMITIQUE

I. — Oriental : *akkadien* (Mésopotamie, du ∼ IIIe millénaire aux environs de l'ère chrétienne);

II. — Occidental du Nord : *ougaritique* (au nord de la côte syrienne, vers le ∼ XIVe siècle); *cananéen*, constitué par le *phénicien* (Syrie-Palestine, du ∼ IXe siècle aux environs de l'ère chrétienne) avec sa variété *punique* (Carthage, ∼ IVe/IIIe siècle); le *moabite* (sud-est de la mer Morte, ∼ IXe siècle); l'*hébreu* (*ancien*, en Palestine, du ∼ IXe au

~ Iᵉʳ siècle, *israélien,* dans le nouvel État d'Israël); *araméen* (*ancien,* inscriptions en Syrie, ~ IXᵉ/~ VIIIᵉ siècle; d'*Empire,* Mésopotamie et Perse, ~ IXᵉ/IIIᵉ siècle; *palestinien,* ~ IIᵉ/VIᵉ siècle; *nabatéen,* ~ IIIᵉ/début du IIᵉ siècle; *palmyrénien,* ~ Iᵉʳ/IIIᵉ siècle; *néo-araméen de* Ma'loula, dans l'Anti-Liban, parlé encore par quelques milliers d'individus; *syriaque,* parler de la ville d'Édesse, étendu à tout le Proche-Orient, début de l'ère chrétienne, XIIIᵉ siècle; *babylonien* talmudique, du IVᵉ au VIᵉ siècle; *mandéen,* Irak, à partir du VIIᵉ siècle; *néo-araméen oriental,* des régions de Tour 'abdin et du lac d'Ourmia, transféré en partie dans diverses régions de l'Union soviétique).

III. — Occidental du Sud : *arabe* (*ancien,* connu par des inscriptions du Nord de la Péninsule sous les formes *lihyanite, thamoudéenne, safaïtique,* ~ IIᵉ/VIᵉ siècle; *classique,* littérature du VIIᵉ siècle à nos jours; dialectes parlés surtout en Arabie, Irak, Jordanie, Palestine, Syrie, Liban, Égypte, Soudan, Libye, Maghreb, Mauritanie, Malte);

sudarabique (*ancien,* inscriptions du Yemen et du Hedjaz septentrional en dialectes *minéen, sabéen, awsanique, qatabanique, hadramoutique,* au moins du ~ IVᵉ au VIᵉ siècle; *moderne,* entre le Hadramout et l'Oman et dans les îles côtières, représenté par les dialectes *mahri, grawi, harsusi, botahari, soqotri*);

langues éthiopiennes (*guèze* ou éthiopien classique, *tigré* et *tigrigna* au nord, *amharique, gafat, argobba, harari, gouragué* au centre et au sud).

ÉGYPTO-COPTE

Égyptien ancien (du ~ IVᵉ millénaire au VIIᵉ siècle); *Copte* du IIIᵉ au XVIᵉ siècle.

LIBYCO-BERBÈRE

Libyque (Nord de l'Afrique, inscriptions dont la seule datée est de ~ 139);

Berbère (Afrique du Nord, Sahara, Libye, Égypte, dialectes très divers, parlés de nos jours);

Guanche (îles Canaries, jusqu'au XVIIᵉ siècle).

COUCHITIQUE

Groupement de langues très diverses parlées dans la corne orientale de l'Afrique : Somalie, Éthiopie, Érythrée, avec débordement sur le Soudan à l'ouest et sur l'Égypte au nord :

septentrional : *bedja* (surtout dans le Soudan oriental et l'extrémité Sud-Est du désert égyptien);

central : *agaw* (Érythrée et centre de l'Abyssinie);

oriental : *afar-saho* (entre la mer Rouge et le plateau abyssin);

somali (du détroit de Bab el-Mandeb à la frontière du Kenya);

galla (du Nord du Kenya au centre du plateau abyssin);

sidamo et langues proches (au nord du lac Rodolphe);

occidental : *djandjero* (sur la rive droite de l'Omo);

ometo (région de l'Omo);

kafa (au sud-ouest du pays galla).

TCHADIEN

La mieux connue des langues tchadiennes est le *haoussa,* parlé surtout dans le Nord du Nigeria, qu'il déborde très largement comme langue de relation : Nord du Dahomey, du Togo, du Ghana, Afrique centrale et Cameroun, avec quelques enclaves au Soudan et en Afrique du Sud.

D'autres langues vraisemblablement apparentées au haoussa sont parlées dans la vallée inférieure du Logone et du Chari, au sud et à l'ouest du Tchad, et en quelques points du pays Ouadaï. Les principales en sont : le *kotoko,* le *mousgou,* le *nguizim,* le *moubi,* le *yidéma,* le *karékaré,* etc.

Des ressemblances de ces langues, spécialement du haoussa, avec les langues chamito-sémitiques, signalées dès le XIXe siècle, sont frappantes. Mais les traits phoniques ou morphologiques qu'elles concernent ne semblent pas s'insérer dans des structures analogues à celles du chamito-sémitique. Au reste, le haoussa mis à part, les langues tchadiennes sont encore bien trop insuffisamment étudiées pour qu'il soit possible, au stade actuel, d'aboutir à des conclusions définitives. Les arguments en faveur de la parenté du tchadien avec le chamito-sémitique sont rassemblés dans une étude de Joseph H. Greenberg, *Studies in African Linguistic Classification,* New Haven, 1955 et l'on pourra consulter également du même auteur un article paru dans « Word », XIV, en 1958, intitulé *The Labial Consonants in Proto-Afro-Asiatic.*

Dans la présentation qui suit, les faits tchadiens ont été appréciés chaque fois qu'ils semblaient marquer une analogie avec les faits chamito-sémitiques. On verra que la comparaison ne va pas toujours sans imposer des réserves importantes.

LE DOMAINE CHAMITO-SÉMITIQUE

Avec les premiers documents écrits dans une langue chamito-sémitique, les inscriptions hiéroglyphiques d'Égypte, nous remontons de quelque six millénaires dans l'histoire linguistique de l'humanité. Il est difficile de dessiner la carte linguistique du monde à si haute époque. Mais nous savons que le groupe y connaît déjà, à l'est de son domaine, ses limites actuelles, la plaine mésopotamienne, entre Tigre et Euphrate, avec l'akkadien. À l'ouest, l'Afrique du Nord a connu sans doute dès la plus haute antiquité les ancêtres des dialectes berbères d'aujourd'hui. Grâce à la découverte récente des restes de l'antique Ougarit sur le site de l'actuel Ras Shamra, au nord de Lattaquié, nous possédons maintenant l'attestation d'une langue sémitique sur la côte syrienne dès le $\sim$ IIe millénaire. En Éthiopie, les langues de la branche couchitique auxquelles sont venus se juxtaposer des dialectes sémitiques probablement d'Arabie du Sud, ne sont sans doute pas moins anciens. Et si en Égypte, aujourd'hui, la langue des hiéroglyphes n'est plus parlée par personne, c'est néanmoins une autre langue chamito-sémitique, l'arabe, qui fleurit à sa place. Si bien qu'aussi loin que notre documentation nous permette de remonter, les langues chamito-sémitiques s'offrent à nous sur leur domaine actuel, domaine continu et resté pratiquement intangible dans sa masse. En somme dès les débuts de l'histoire, les langues chamito-sémitiques sont les langues des bords méridional et oriental du bassin méditerranéen.

Mais sous cette stabilité globale, quels bouleversements

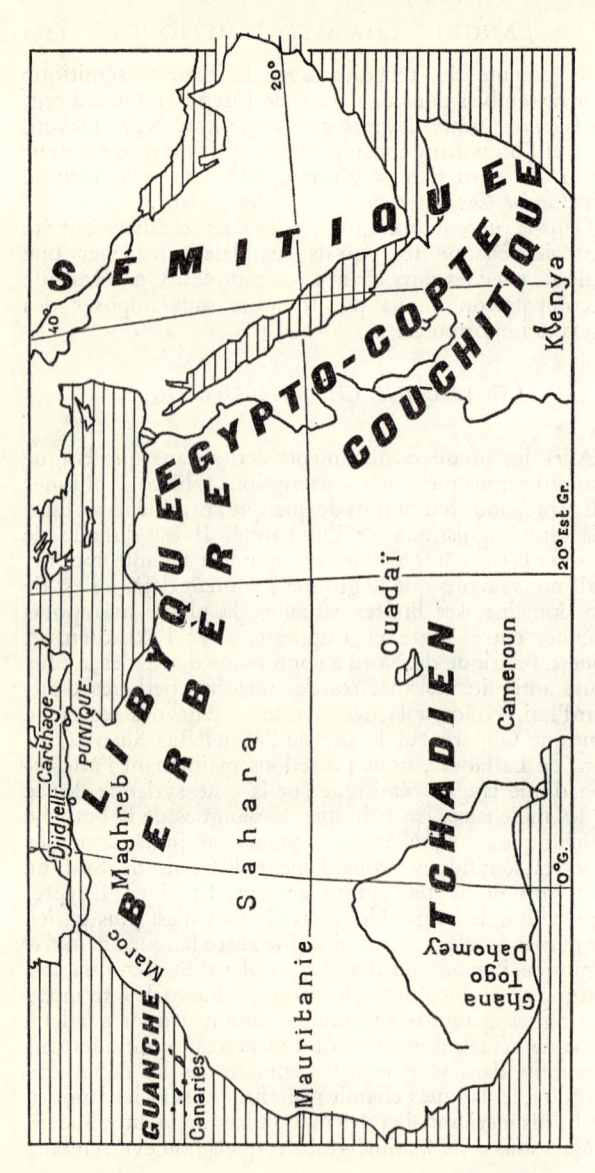

LES LANGUES CHAMITO-SÉMITIQUES

LANGUES CHAMITO-SÉMITIQUES

et quels brassages incessants! Disparition sans postérité des langues de quelques-unes des plus grandes civilisations humaines, comme l'égyptien ou l'akkadien, extension fabuleuse et comme instantanée de petites langues de nomades, comme l'araméen ou l'arabe, déplacement total de dialectes d'un point à l'autre du domaine, comme le sudarabique en Éthiopie... Le groupe connaît même, avec l'hébreu israélien, l'aventure, probablement unique dans l'histoire des langues, d'une résurrection!

De tout ce mouvement fort complexe dans le détail, l'essentiel est dans le dynamisme, encore agissant aujourd'hui, du sémitique par rapport aux autres branches, porté successivement par l'akkadien, l'araméen, et, depuis l'Islam, par l'arabe.

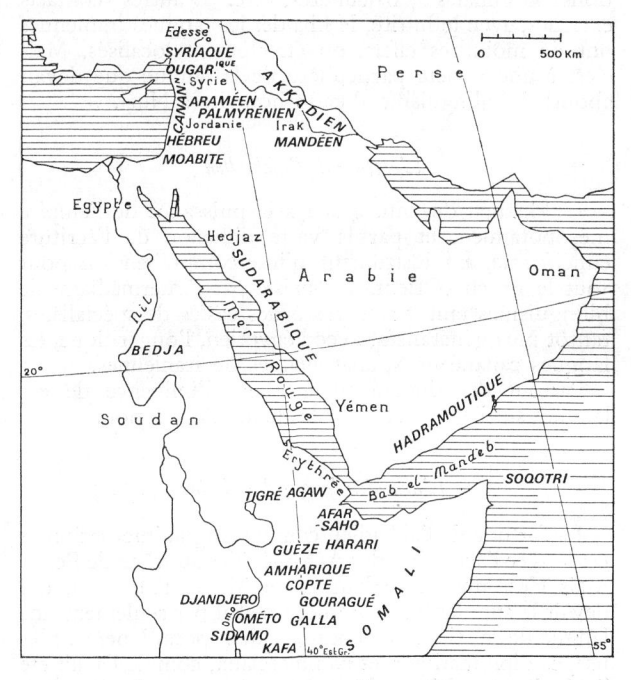

AFRIQUE ORIENTALE ET MOYEN-ORIENT

CONTACTS ET INTERFÉRENCES

Nous sommes documentés, de façon concrète parfois, sur les contacts de langues, permanents ou occasionnels, qui ont abouti, selon des rythmes divers, à la distribution actuelle des langues chamito-sémitiques à l'intérieur de leur domaine.

Au moment où l'akkadien, le plus anciennement attesté des idiomes sémitiques, apparaît dans les textes, il est déjà fortement marqué par sa longue concurrence avec le sumérien non sémitique, auquel il doit probablement certains traits caractéristiques : pauvreté en laryngales, position de l'élément prédicatif en fin de phrase, formations nominales particulières, etc. D'autres contacts externes, avec le hittite, le khalde, les langues iraniennes ont de moindres effets, ou étroitement localisés. Mais c'est à une variété particulière de la langue que devait aboutir le bilinguisme akkado-hourrite à Nuzi.

L'empire de l'akkadien

L'akkadien devenu, grâce à la puissance de l'empire mésopotamien, et par la vaste diffusion de l'écriture cunéiforme, un instrument d'intercompréhension pour tout le Proche-Orient, a coexisté par l'intermédiaire de bilinguismes tantôt réservés à des castes de spécialistes, tantôt plus généralisés, avec l'égyptien, l'ougaritique, les langues cananéennes, anatoliennes ou iraniennes.

Partout des documents attestent l'influence de ces langues sur l'akkadien dans les lieux d'utilisation.

L'araméen langue de relation

La fortune de l'akkadien comme langue internationale cessa avec l'accession des Achéménides au trône de Perse. Mais c'est une autre langue sémitique, l'araméen, qui devait le supplanter. L'araméen ne fut pas seulement une langue de relation, ne débordant que sporadiquement les usages diplomatiques et commerciaux, comme l'avait été l'akkadien en dehors de son domaine propre. En même

moderne » qui est le développement de cette langue littéraire adaptée aux besoins modernes sous l'influence des usages syro-libanais et, maintenant surtout, égyptiens. Mais il faut souligner que l'état ancien, dont le nouveau ne se différencie d'ailleurs que sur le plan lexical (et dans une bien moindre mesure, syntaxique), loin d'apparaître comme un stade révolu, dépassé, demeure souvent la norme dont on cherche à se rapprocher.

L'arabophone est donc toujours plus ou moins bilingue, dans la mesure même où il accède à la culture. Et ce bilinguisme n'est naturellement pas sans effet sur l'évolution des dialectes eux-mêmes et, dans une certaine mesure, sur les usages les plus courants de la langue littéraire.

La concurrence sémito-couchitique en Éthiopie

La situation des langues d'Éthiopie est fort intéressante. Le sémitique a été importé en Éthiopie à une époque relativement récente, peut-être un peu avant l'ère chrétienne. Le point de départ doit avoir été l'Arabie du Sud où se parlait une langue différente mais proche de l'arabe proprement dit, et qui est connue par des inscriptions. Cette langue devait, après l'islamisation, céder la place à l'arabe, pour ne survivre que sous une forme très modifiée sur quelques points marginaux du domaine originel, entre le Hadramout et l'Oman et dans l'île de Soqotra et ses voisines. En Éthiopie le sudarabique a subi des évolutions divergentes selon les lieux, mais qui témoignent toutes de l'influence des langues auxquelles il s'est superposé : les langues couchitiques (également chamito-sémitiques).

L'histoire des langues d'Éthiopie semble bien montrer en gros une avance constante du sémitique par rapport au couchitique. Mais cette avance globale n'exclut pas les reculs sporadiques. Ainsi une même langue couchitique, le biline, recule devant le tigrigna sémitique au sud, mais gagne sur le tigré également sémitique au nord.

La concurrence sémito-couchitique est constante à travers toute la région. Tous les Abyssins sont maintenant tributaires de l'amharique, langue de l'administration impériale. Les chrétiens ou les juifs falachas, qu'ils soient de langue sémitique ou couchitique, ont pour langue religieuse et dans une certaine mesure pour langue littéraire, le guèze sémitique qui n'est plus parlé sans doute depuis plus d'un millénaire.

Le très grand enchevêtrement de langues sémitiques et couchitiques qui caractérise l'Éthiopie se complique par la présence de fortes minorités musulmanes, en particulier dans le Nord parmi les Tigréens, à l'est du Choa, et surtout dans la région de Harar, parmi lesquels l'arabe, langue religieuse, voit ses positions constamment renforcées par des apports de la Péninsule. Il semble qu'il y ait, même à Addis Ababa, des groupes d'arabophones. Mais leurs dialectes n'ont jamais été explorés.

LE PROBLÈME DU CHAMITO-SÉMITIQUE

Ces contacts millénaires, ces interférences constantes sont tels qu'il a été possible à des africanistes d'envisager l'existence de langues « chamitoïdes », de parler de « soudanais chamitisé » ou de « chamitique soudanisé » (consulter N. V. Jusmanov, *Stroj jazyka xausa,* Leningrad, 1937, ainsi que C. H. Armbruster, *The Dongolese Nubian,* Cambridge, 1961). De telles situations expliquent en partie les réticences qui se sont manifestées et se manifestent toujours au sujet de l'unité chamito-sémitique, affirmée dès la première moitié du XIXe siècle par Theodor Benfey et admise depuis par la plupart des égyptologues et des sémitisants. Certains, comme le sémitologue C. Brockelmann (*Gibt es einen hamitischen Sprachstamm?,* dans « Anthropos », Fribourg, 1932), rejettent la notion de parenté en faveur d'une sorte de contagion entre langues géographiquement voisines et ayant entretenu des rapports historiques constants. Pour d'autres (en particulier D. J. Wölfel, *Eurafrikanisches wortschichten als Kulturschichten,* Salamanque, 1955), de telles contagions relieraient entre elles toutes les langues méditerranéennes (Theodor Benfey, *Über das Verhältniss der ägyptischen Sprache zum semitischen Sprachstamm,* Leipzig, 1932).

Ce n'est pas le lieu d'examiner ici toutes les réserves qui ont été exprimées. Elles se justifient fondamentalement par l'état précaire de nos connaissances en dehors du sémitique. En égyptien, relativement bien exploré dans l'ensemble, l'étude souffre gravement des défauts de l'écriture dans laquelle cette langue a été transmise. Les dialectes berbères ont donné lieu à quelques bonnes descriptions mais qui, malheureusement, sont le plus souvent incomplètes. En particulier, nous ne disposons pratiquement pas encore d'analyses phonologiques de systèmes dialectaux particuliers. Et la grammaire comparée en est encore à des balbutiements. Il en va à peine mieux pour le couchitique. La pensée de Meillet selon laquelle « il n'existe pas de grammaire comparée des langues sémitiques comparable à celle des langues indo-européennes » est encore plus vraie pour l'ensemble des langues chamito-sémitiques.

Il n'en demeure pas moins qu'il y a entre les langues sémitiques, couchitiques, le berbère et l'égyptien, des correspondances dans les structures générales, dans les détails du fonctionnement et dans la réalisation des formes, qui réclament peut-être des analyses plus poussées, mais qui semblent tout de même, dans l'état de la recherche, pouvoir appuyer la thèse de l'unité génétique.

PHONOLOGIE

L'ACCENT

Aucun témoignage ne permet de caractériser avec une sécurité totale la nature phonique de la mise en valeur accentuelle dans les langues anciennes, et aucune indication n'oriente vers un état commun. L'égyptien semble l'avoir marquée essentiellement par l'énergie articulatoire de la syllabe affectée. C'est aussi par les effets dynamiques d'une telle proéminence de la syllabe affectée qu'on explique ordinairement certains phénomènes sémitiques : affaiblissement allant jusqu'à l'amuïssement de voyelles en syllabes atones, et en revanche, allongement de voyelles toniques. Et en effet un accent de ce type peut être supposé avec vraisemblance pour tout le sémitique du Nord-Ouest. On le constate aussi aujourd'hui dans une partie des dialectes arabes. Mais déjà pour l'arabe ancien, on avait reconnu pour l'Ouest de la Péninsule ce qu'on a appelé un *drawl* par opposition à l'*expiratory stress* de l'Est (Chaim Rabin, *Ancient Westarabian*, Londres, 1951). De même dans l'Afrique du Nord d'aujourd'hui, une ligne traversant l'Algérois dessine en gros deux zones, celle de l'Est à fort accent « expiratoire », celle de l'Ouest où l'accent est faiblement marqué par la variation de la courbe mélodique. Peut-être une telle situation est-elle liée à l'importance plus grande dans le Maghreb occidental du berbère dont l'accent semble être en général de ce dernier type.

L'Éthiopie semble, tout entière, ne pas connaître d'accent fort, aussi bien pour les langues sémitiques que couchitiques. Cependant parmi ces dernières, on pense reconnaître maintenant quelques langues à tons, spécialement en somali et en motcha, un dialecte marginal de l'ensemble kafa, qui marque lui-même l'extrémité occidentale du domaine couchitique, pour autant qu'il soit bien couchitique.

Le haoussa est également une langue à tons.

Dans les langues à accent fort, la fonction de celui-ci, lié en général à la structure du mot, avec des limites de variation différentes selon les langues, mais toujours déterminées, est purement contrastive.

LES PHONÈMES

LES VOYELLES

L'existence d'une opposition de quantité est assurée en sémitique, où le système est à deux séries et deux degrés d'ouverture pour les voyelles brèves : $ŭ \; \underset{\breve{a}}{} \; ĭ$. L'arabe classique présente en face de ce triangle de brèves un triangle parfaitement symétrique de longues : $ū \; \bar{a} \; ī$.
Mais la question se pose de savoir si un tel système constitue bien l'état commun. On a pu penser, se référant à des traditions de lecture du Coran, que certains dialectes anciens, notamment ceux de l'Ouest de la Péninsule, attestent l'existence d'un $*\bar{e}$ qui continuerait un phonème proto-sémitique. Quelques arguments ont également été produits en faveur de l'existence d'un $*\bar{o}$.

En fait, des langues non sémitiques, à savoir les langues couchitiques, nous offrent bien des systèmes à trois degrés d'ouverture. Mais en aucun cas nous n'avons la certitude qu'il ne s'agit pas, pour *ō* et *ē*, de phonèmes apparus secondairement, en partie à la suite de la réduction des consonnes laryngales (et peut-être aussi labio-vélaires, voir plus bas) du chamito-sémitique commun.

Le vocalisme de l'égyptien ne nous est pas connu directement. Dans la mesure où la comparaison avec le copte permet une reconstruction, nous atteignons avec quelque vraisemblance un double système triangulaire *ŭ, ă, ĭ*, et beaucoup plus hypothétiquement, un *ē*.

Le berbère, si l'on réserve le cas encore mal éclairci du touareg, paraît fonctionner, sans corrélation de quantité, avec trois voyelles : *u, a, i*.

Le sémitique semble donc seul (sous réserve d'une étude diachronique encore à faire de la phonologie des langues couchitiques) attester des anciens *ō et *ē. Leur existence éventuelle à ce stade ne peut cependant pas contraindre à les faire remonter au stade chamito-sémitique, la succession *ŭ, ă, ĭ* → *ŭ, ŏ, ă, ĕ, ĭ* étant attestée sur divers points du domaine (akkadien, dialectes arabes d'Orient, maltais, etc.).

LES CONSONNES

Deux traits structuraux du système des consonnes sont remarquables et caractéristiques : d'une part sa base ternaire, c'est-à-dire le fait qu'il dispose la majeure partie de ses phonèmes dentaux et palataux selon trois séries corrélatives, et d'autre part l'importance numérique, au-delà des palatales, du groupe des phonèmes d'arrière, articulés dans la gorge.

Les séries

I. — Le problème de l'« emphase ». La définition d'une série appelée traditionnellement « emphatique », parallèlement aux séries de sourdes et de sonores, pose des problèmes délicats du fait de l'existence de deux réalisations différentes des phonèmes « emphatiques », dans les langues parlées actuellement. La première, représentée en arabe et en berbère, est celle où l'articulation du phonème s'accompagne d'un mouvement de l'arrière-bouche et d'une constriction pharyngale; dans la seconde, l'articulation comporte une double occlusion, l'une spécifique et l'autre au niveau de la glotte.

Mais le passage d'une glottalisée à une pharyngalisée s'explique phonétiquement de façon claire, comme la conséquence de « l'extension aux organes voisins de la tension nécessaire à la réalisation de l'occlusion glottale » (André Martinet, *Economie des changements phonétiques*, Berne, 1955), tandis que le mouvement inverse n'a été observé nulle part et se conçoit mal. On peut donc admettre pour la plus ancienne l'articulation représentée aujourd'hui dans les seules langues éthiopiennes.

Le haoussa possède lui aussi une série de glottalisées. Certains de ces phonèmes sont d'un type que ne connaissent pas les langues chamito-sémitiques : ce sont des inspirées (M. A. Smirnova, *Jazyka xausa*, Moscou, 1960), c'est-à-dire des sonores préglottalisées. Mais il y a aussi des sourdes postglottalisées comparables aux « emphatiques » éthiopiennes.

Les emphatiques chamito-sémitiques doivent-elles être posées comme des sourdes ou des sonores ?

En sémitique, il s'agit de façon très évidente d'une série de sourdes. Le couchitique présente, sur divers points de son domaine, une dentale emphatique sonore $\underline{d}$. Cette dentale, dans les formes qui possèdent un équivalent sémitique, y correspond toujours à une sourde, *ṭ* ou *ts'*. Que la sourde soit primitive est donc probable. D'ailleurs l'articulation de ce $\underline{d}$ couchitique est cacuminale. Le passage de la sourde à la sonore se conçoit alors comme concomitant à une préglottalisation selon un processus qui s'explique clairement. Le processus inverse, passage d'une sonore ancienne de ce type à la sourde glottale sémitique, paraît plus difficile à admettre.

Pour le berbère, les seules emphatiques communes à tous ses dialectes sont des sonores, à savoir $\underline{d}$ et $\underline{z}$, correspondant également dans des formes comparables à des sourdes sémitiques. Ces emphatiques étant du type pharyngo-vélaire, la sonorité peut y être considérée aussi comme secondaire, aboutissement d'un processus analogue à celui dont pourrait être sorti le $\underline{d}$ couchitique. Il est remarquable que dans les parlers berbères, où l'on semble constater un relâchement général des articulations consonantiques et où les consonnes brèves apparaissent comme des spirantes, celles-ci ont pour correspondantes longues des occlusives normalement sonores quand elles ne sont pas emphatiques, mais normalement sourdes quand elles le sont.

Rien ne s'oppose donc à ce que l'état primitif des emphatiques chamito-sémitiques soit défini comme celui de sourdes à glotte fermée.

II. — La corrélation de voix. Le chamito-sémitique avait une autre série de sourdes. Si les emphatiques se définissaient par l'explosion glottale, c'est par l'absence de cette marque que les sourdes ordinaires se caractérisaient par rapport à elles. Il s'agissait de sourdes articulées avec la glotte ouverte. Cela est confirmé par le fait que les occlusives sourdes des langues chamito-sémitiques apparaissent souvent comme des aspirées. Tel semble bien avoir été l'état des choses en égyptien ; et on est en droit d'y postuler des sourdes aspirées continuant les sourdes chamito-sémitiques et des sourdes non aspirées continuant les sonores. On pourra peut-être voir également une attestation ancienne de cette articulation à glotte ouverte dans les transcriptions grecques de l'akkadien qui rendent les sourdes par φ, θ, χ. Parmi les langues sémitiques encore parlées, l'amharique, entre autres, possède des sourdes aspirées.

III. — Le problème des labiovélaires. En couchitique et dans les langues sémitiques d'Éthiopie, les labiovélaires apparaissent nettement comme des phonèmes de plein statut, mais dans la plupart des cas de formation secondaire. Il est cependant troublant de constater que dans un très petit nombre de formes, la comparaison chamito-sémitique suggère des correspondances de labiales à palatales analogues à celles qu'on pose en indo-européen. Il n'est donc pas possible d'exclure *a priori* la possibilité d'une corrélation de timbre au stade commun, sans pour autant la considérer comme probable.

Il faut signaler, en tout cas, que le haoussa connaît une série de labiovélaires k^w, g^w, $k^{,w}$ (symétriques d'ailleurs des palatales k', g', $k^{,\prime}$), qui ne se présentent pas toujours, ainsi qu'on l'a soutenu, comme des réalisations conditionnées par l'environnement vocalique.

Les ordres

Le sémitique connaît un ordre de dentales occlusives *t‘, d, t’*. Mais la comparaison conduit à poser au moins deux autres ordres, et peut-être trois, de phonèmes dont les points d'articulation sont à situer dans la région antérieure de la bouche.

I. — **Interdentales.** Un problème est celui de l'ordre généralement défini, d'après l'arabe, comme constitué par des interdentales. Mais, en dehors de l'arabe commun, ces phonèmes sont réalisés selon les langues, tantôt comme des chuintantes, tantôt comme des sifflantes et tantôt comme des occlusives dentales ordinaires. De telles correspondances ne peuvent s'expliquer clairement que si l'ordre en question est considéré en chamito-sémitique, et encore en proto-sémitique, comme formé de palatales.

II. — **Sifflantes.** Aux trois phonèmes qui sont maintenant réalisés partout comme des sifflantes continues, il semble bien qu'il faille assigner une réalisation anciennement affriquée. Une telle articulation, au moins pour l'emphatique, est d'ailleurs traditionnelle, chez certains juifs, dans la lecture de l'hébreu biblique. Elle est par ailleurs attestée en éthiopien. Elle a en sa faveur d'importants arguments dont certains d'ordre externe : en particulier l'utilisation par le hittite du signe akkadien interprété comme z pour noter une affriquée.

III. — **Latérales.** Le troisième ordre est le plus difficile à interpréter. Il est représenté en sémitique par une sourde, donnée pour une sifflante dans la tradition hébraïque, réalisée comme une chuintante et intégrée à un ordre de chuintantes dans les parlers arabes. Mais les dialectes sudarabiques modernes y répondent par une latérale. La tradition d'une articulation latérale de l'emphatique correspondante est encore vivante en arabe. Il semble donc logique de poser pour le sémitique un ordre de latérales *tl‘, *tl’*. Faut-il y adjoindre une sonore *dl* qui serait l'ancêtre du phonème, réalisé aujourd'hui partout, *l*? L'existence d'un *dl* a été contestée en se fondant sur le fait que le *l* actuel ne semble pas exclure le contact des autres latérales dans un même radical, alors qu'un tel voisinage de deux phonèmes homorganiques est pratiquement interdit en sémitique. L'argument paraît insuffisant pour un phonème comme *l* qui est, de par sa nature même, l'un des plus propres à entrer dans les groupements consonantiques. Or, il est frappant qu'à côté des autres latérales il apparaît dans les racines sémitiques beaucoup moins souvent (environ trois fois moins souvent) qu'on aurait pu s'y attendre. Il est vrai que les mêmes phonèmes se combinent librement avec les autres liquides *r* et *n*. Mais cela prouverait surtout la grande aptitude des liquides aux combinaisons. La restriction spéciale qui, dans ce cas, pèse sur *l* n'en serait que plus remarquable. Il faut souligner, à titre d'argument positif, que *d* et *l* alternent dans plusieurs racines sémitiques.

IV. — Labiales. L'ordre des labiales est incomplet en sémitique et ne comporte pas de phonème emphatique. Mais il semble bien que le tableau de cet ordre ait dû être plus compliqué en chamito-sémitique. Le point essentiel est qu'au phonème sourd unique (réalisé f sur une grande partie du domaine, *p* ailleurs) l'égyptien répond tantôt par *p,* tantôt par *f,* sans qu'il soit possible d'expliquer cette variation par des rapports conditionnels. Un fait est cependant remarquable : au *p* sémitique peut correspondre sporadiquement *b* dans les autres groupes. Mais jamais, semble-t-il, lorsque le correspondant égyptien est *f*. Les exemples sûrs sont malheureusement trop peu nombreux. S'ils devaient se multiplier, on pourrait penser à un ordre ancien de labiales plus complet, avec évolution de /*p'*/ et /*p'*/ respectivement à *p* et *f* en égyptien, sporadiquement et dans des conditions à déterminer, à *b* et *f* ailleurs.

V. — Laryngales, pharyngales, vélaires. On s'accorde généralement pour poser en proto-sémitique trois ordres de consonnes réalisées dans l'arrière-bouche et la gorge : un vélaire et un pharyngal comprenant chacun deux fricatives, une sourde et une sonore, $ḫ$ et $ġ$, $ḥ$ et $ɛ$, et un laryngal comprenant une fricative sourde *h* et une occlusive glottale ɔ.

L'arabe parmi les langues sémitiques vivantes, le

sudarabique ancien et l'ougaritique semblent être les langues qui ont conservé la plus grande partie de ces phonèmes. Mais partout ailleurs la tendance a été à la réduction de leur nombre. Les autres branches du chamito-sémitique sont beaucoup plus pauvres en phonèmes de cette région. L'égyptien ne connaît pas le ġ, une partie du couchitique ignore aussi bien ʿ que ḥ, et en berbère n'est sûrement attesté comme appartenant à son fonds propre qu'un ġ, dont on ne peut d'ailleurs affirmer qu'il représente un phonème ancien de même articulation.

Qu'il s'agisse là de systèmes réduits, et que, comme l'amharique par exemple au sein du sémitique même, l'égyptien, le berbère ou le couchitique en aient connu de plus riches, une assez grande quantité de correspondances permet de le penser. Mais rien précisément dans ces correspondances ne semble autoriser à poser simultanément pour le chamito-sémitique ʿ et ġ, ḥ et h, lesquels peuvent être en sémitique le produit d'un dédoublement d'une seule paire ancienne.

En résumé, le système commun tel qu'on l'entrevoit aurait comporté, liquides mises à part, huit ou neuf ordres : 1) labial, 2) dental, 3) palatal antérieur, 4) latéral, 5) sifflant (affriqué), 6) palatal postérieur, 7) vélaire, 8) pharyngal (ces deux derniers ordres ayant pu n'en former qu'un), 9) laryngal, disposés selon trois séries : à glotte ouverte, avec voix, à glotte fermée pour tous les ordres jusqu'au 7ᵉ non compris. En outre, l'existence de labiovélaires, si peu vraisemblable qu'elle soit, ne peut pas être entièrement exclue.

L'exposé donné ici dépend sur plusieurs points des vues de Marcel Cohen dans son *Essai comparatif sur le vocabulaire et la phonétique du chamito-sémitique,* ainsi que de celles d'André Martinet telles qu'il les a formulées dans un article du « Bulletin de la Société de Linguistique » (LIX, 1953) qui reprend et complète un travail de J. Cantineau paru dans « Semitica » (IV, 1951-1952). On pourra consulter aussi G. Haudricourt, dans « Comptes rendus du groupe linguistique d'Études chamito-sémitiques » (V, 1948-1951).

LES UNITÉS SIGNIFICATIVES

Dans la plupart des langues chamito-sémitiques, tout syntagme autonome est susceptible de jouer le rôle de prédicat dans un énoncé complet. Cependant il est partout possible de tracer une grande division du point de vue précisément de l'emploi prédicatif, constituant les syntagmes en deux classes : celle des noms et celle des verbes, cette dernière comportant les formes qui ne peuvent être que prédicat.

Les noms, dont une caractéristique est constituée par leur aptitude à la combinaison avec la modalité de possession, peuvent être, eux, sujets ou prédicats. Leur emploi en fonction de prédicat est soumis à une limitation : la présence d'un autre terme en fonction de sujet. Le verbe est donc le seul syntagme susceptible de fournir à lui seul un énoncé complet.

LE SYSTÈME VERBAL — ORGANISATION GÉNÉRALE

Il ne peut être question, dans l'état actuel des connaissances, de reconstruire dans le détail le système verbal commun. Les grandes lignes cependant se laissent dégager de la comparaison, sans excès d'invraisemblance.

Le système était fondé, non sur l'expression du temps situé par rapport au moment de l'énonciation : passé, présent, futur, modalité dont l'expression est toujours secondaire dans la plupart des langues chamito-sémitiques, à quelque stade qu'on les saisisse, mais sur l'aspect intrinsèque de la notion. Le chamito-sémitique connaissait une forme fléchie à l'aide de marques personnelles, dénotant le procès en tant que tel, sans autre détermination, distinguée d'une forme également fléchie, nommant l'état durable. Il s'agissait de l'opposition d'un aspect processif à un aspect statif-duratif.

Cette modalité exprimée par l'opposition de deux formes conjuguées se combine avec une série de thèmes différents, dont l'un était fondamental et les autres formés par dérivation. Ces thèmes secondaires, constitués selon deux procédures radicalement différentes, apportaient à la notion nommée deux sortes de modifications distinctes. La première est une modification de la nature intrinsèque du procès considéré dans son dynamisme. Elle traduit l'intensité, la fréquence, l'amplitude du procès. Elle se rapporte essentiellement au procès en tant que tel, en principe sans référence à aucun de ses pôles, sujet ou objet. Il s'agit de ce qu'on pourrait appeler *ordre,* ou peut-être plus exactement, pour ce qui tient au chamito-sémitique, *manière* du procès.

La seconde concerne le mode de la participation du sujet au procès. Il s'agit essentiellement de « l'orientation du prédicat par rapport aux participants de l'action » (André Martinet).

LA FORME À PRÉFIXES

Des deux formes aspectives qu'on peut supposer pour le chamito-sémitique la comparaison ne permet de restituer que la forme processive. La forme stative-durative ne se prête pas à la reconstruction, du moins dans l'état actuel de l'étude, les diverses branches ayant innové séparément. On peut simplement émettre l'hypothèse qu'il s'agissait d'une formation du type : base nominale + suffixe personnel ou auxiliaire court conjugué lui-même par préfixe, selon une formule qui a été utilisée, dans des conditions et à des fins diverses, par la plupart des langues chamito-sémitiques.

La forme processive est représentée presque partout, à l'état résiduel dans une partie du couchitique, mais de façon parfaitement vivante en sémitique et en berbère. Il n'est pas exclu que l'égyptien en présente des traces.

Au thème le plus simple, le radical comportait au moins une voyelle, mais peut-être deux, entre les deux dernières radicales. Soit, en prenant pour exemple un thème simple de type triconsonantique : $C_1 (\breve{v}) C_2 \breve{v} C_3$.

La caractéristique essentielle de la forme processive est que la marque de la modalité de personne y est constituée par une série de préfixes. Cette série, dont l'identité à travers tout le chamito-sémitique est frappante, est l'un des traits les plus anciennement et les plus constamment invoqués à l'appui de la parenté génétique du groupe. En voici le tableau, tel qu'il peut être aisément reconstitué :

Singulier	Pluriel
1. commun ɔ-	1. commun n-
2. commun t-	2. commun t-
3. masculin y-	3. commun y-
féminin t-	

La généralité de cette série de préfixes est d'autant plus significative qu'elle présente une double asymétrie (différenciation de nombre pour la seule première personne, différenciation de genre à la troisième personne au singulier seulement). Autre particularité remarquable, et dont l'existence dans toutes les branches du chamito-sémitique peut difficilement être un produit du hasard : l'identité au singulier des préfixes masculin de deuxième et féminin de troisième personnes.

Voici comment se présente la forme à préfixe dans les branches qui la possèdent (pour l'égyptien et une partie du couchitique, voir plus loin) :

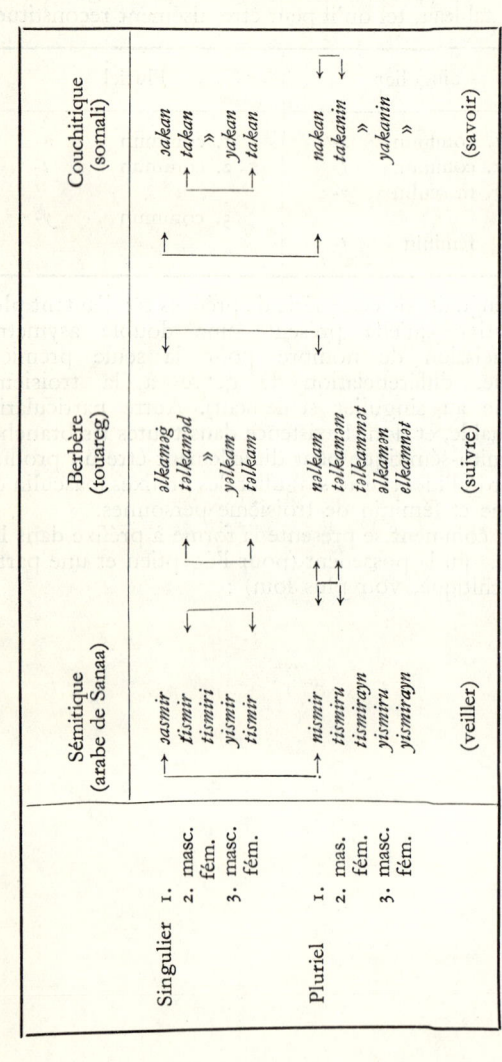

		Sémitique (arabe de Sanaa)	Berbère (touareg)	Couchitique (somali)
Singulier	1.	ʾasmir	alkamaġ	ʾakan takan
	2. masc.	tismir	talkamad	takan
	fém.	tismiri	»	»
	3. masc.	yismir	yalkam	yakan
	fém.	tismir	talkam	takan
Pluriel	1.	nismir	nalkam	nakan
	2. mas.	tismiru	talkamam	takanin
	fém.	tismirayn	talkammat	»
	3. masc.	yismiru	alkaman	yakanin
	fém.	yismirayn	elkamat	»
		(veiller)	(suivre)	(savoir)

Les flèches dans le tableau sont destinées à mettre en relief les asymétries et les correspondances remarquables. On notera spécialement que toutes les langues représentées suppléent par une marque suffixée à l'absence de distinction de nombre dans les préfixes de deuxième et troisième personnes.

LES THÈMES SECONDAIRES

Le thème C_1 (v̆) C_2 v̆ C_3 est, comme il a été indiqué, le thème verbal le plus simple. Les langues chamito-sémitiques disposent d'un certain nombre de formations complexes à valeur expressive, et où à l'intensité de la notion verbale correspond une augmentation, un renforcement du corps phonique du radical, répétition d'un ou plusieurs éléments de ce radical ou, selon un procédé utilisé surtout en sémitique, insertion d'un élément hétérogène. Les formations sont très variées et peuvent jouer de chacune des consonnes radicales. En voici quelques exemples :

répétition totale : berbère (touareg) *əgbət* « couper », *gəbətgəbət* « couper en plusieurs morceaux »; répétition partielle : égyptien *həg* « être joyeux », *həgəg* « exulter »; augmentation par un élément hétérogène : arabe *ḥadiba* « être convexe », *ɔiḥdawdaba* « être bossu », etc.

Certains de ces procédés, ou d'autres semblables, se sont en quelque sorte morphologisés pour fournir une expression régulière à des notions verbales précises, comme le factitif par exemple, surtout dans les dialectes arabes modernes.

Le morphème d'orientation externe attesté dans tous les groupes est l'affixe *s* ~ *š* employé sous forme de préfixe partout, sauf dans une partie du couchitique où il est suffixé :

Sémitique (akkadien)	Égyptien	Berbère (kabyle)	Couchitique (djandjero)
kanasu (se soumettre)	*nfr* (être beau)	*ban* (paraître)	*kem* (voir)
šaknasu (soumettre)	*snfr* (rendre beau)	*sban* (manifester)	*skem* (montrer)

Le sémitique connaît un autre préfixe (peut-être relié étymologiquement à ce dernier) qui se présente sous la forme *h* dans certaines langues et sous la forme *ɔ* dans d'autres.

L'orientation interne est exprimée au moyen de deux suffixes au moins, dont l'un est constitué par une occlusive dentale et l'autre par une nasale. L'affixe dental *(t* partout ailleurs que dans une partie du couchitique où il est *d/ḍ)* n'est pas représenté en égyptien. Un affixe *n,* qui apparaît partout comme élément expressif, lié le plus souvent à l'angle affectif sous lequel la notion est envisagée, partage sporadiquement avec *t-* l'expression du moyen avec des emplois de réfléchi et de passif proprement dit. En berbère et en couchitique, on rencontre avec des valeurs voisines un affixe *m* dont *n* apparaît comme une variante phonologique. Il est possible que cet *m (n)* berbère-couchitique et le *n* sémitique continuent le même morphème ancien.

LES DIVERS SYSTÈMES

Telles sont les grandes lignes de l'organisation générale du verbe chamito-sémitique que la comparaison permet de dégager. Les formes envisagées ici entrent dans des systèmes évolués différents selon les branches, avec des nuances pour chaque langue. En particulier il convient de ne pas perdre de vue que la forme à préfixes, la seule qui soit vraisemblablement héritée de l'état commun, s'oppose dans chaque système à une ou plusieurs formes caractéristiques, dues à des innovations particulières, et qu'il en résulte des systèmes d'aspects fonctionnant de manières différentes.

En sémitique

Le système verbal constitue le trait essentiel sur lequel se fonde la distinction entre un sémitique oriental constitué par l'akkadien, et un sémitique occidental qui comprend tout le reste du sémitique (la division en sémitique septentrional et méridional étant fondée sur d'autres discriminants).

En sémitique oriental, la forme à préfixe apparaît double, différenciée au moyen du vocalisme interne du radical, pour l'expression d'une opposition aspective (comprise communément comme marquant l'*achèvement* ou le *non-achèvement* du procès, mais qu'on propose d'interpréter maintenant comme l'opposition d'un *constatif* à un *cursif*) entre ce que l'on appelle traditionnellement un « présent » et un « aoriste ». L'aoriste est caractérisé, au thème le plus simple, par une seule voyelle, l'une des brèves ă, ŭ, ĭ, tandis que le présent possède deux voyelles, dont la première est toujours ă, alors que la seconde est généralement en correspondance avec celle de l'aoriste. De plus, la seconde radicale apparaît dans la graphie, tantôt géminée et tantôt, plus rarement semble-t-il, simple, sans qu'on ait pu dégager de façon sûre les raisons de cette alternance en apparence arbitraire.

En même temps qu'elles s'opposent comme « présent » et « aoriste », les deux formes constituent une unité, en tant qu'elles expriment le procès en écoulement par opposition à une forme dite de « permansif », de valeur stative (ou durative), et qui a été définie comme une sorte d'adjectif conjugué. Ainsi le système de la forme prédicative est à deux degrés d'aspect :

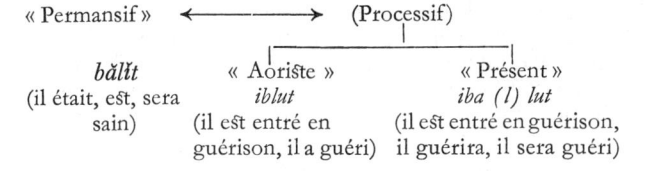

« Permansif » ⟵⟶ (Processif)

bălĭt	« Aoriste »	« Présent »
(il était, est, sera sain)	*iblut*	*iba (l) lut*
	(il est entré en guérison, il a guéri)	(il est entré en guérison, il guérira, il sera guéri)

Telle est la conjugaison du thème le plus simple. L'akkadien a, sur la base des formants communs des thèmes dérivés, développé un système complexe où l'expression de l'intensité d'une part et de l'orientation de l'autre se double de celle de diverses nuances d'insistance. On peut avoir en gros pour chacun des thèmes : fondamental (A), intensif à deuxième radicale géminée (B), causatif à préfixe *š-* (C), passif à préfixe *n-* (D), une forme simple (a), une forme à *-t-* infixé insistant sur la réalité de l'action (b), et une autre sur son caractère habituel au moyen d'un infixe *-tan-* (c). On peut, en laissant de côté quelques formes complexes et rares, en donner le schéma suivant, en prenant comme modèle les thèmes verbaux de la racine *PRS,* « couper » :

	a	b	c
⎡A⎤	*PaRaS-um*	*PitRuS-um*	*PitaRRuS-um* (=*PitanRuS-um)
↓ B	*PuRRuS-um*	*PutaRRuS-um*	*PutanaRRus-um*
C←	*šuPRuS-um*	*šutaPRuS-um*	
↳D	*naPRuS-um*	*nitaPRuS-um*	*(n)itanaPRuS-um*

Le sémitique occidental ne connaît qu'une seule forme à préfixes personnels; celle-ci exprime l'« inaccompli », par opposition à une forme d'« accompli » caractéristique de ce groupe de langues et qui est conjuguée au moyen de suffixes personnels. Cette opposition (qu'on a également proposé d'interpréter comme une opposition de « cursif » à « constatif ») peut être schématisée comme suit pour le thème simple de verbes à radical triconsonantique :

« Accompli » « Inaccompli »
CăCv̆C   yă-CCv̆C-
arabe *kătăbă*, « il a écrit » *yăktŭbŭ*, « il écrit, écrira »

De ce type qui peut être considéré comme le représentant du système sémitique occidental commun, ne s'écartent que quelques langues qui présentent des innovations purement formelles, comme les langues éthiopiennes. Quelques dialectes syriaques cependant ont développé un système totalement différent de conjugaison à l'aide d'auxiliaires et de suffixes qui tend à substituer, dans les stades les plus évolués, l'expression d'oppositions temporelles à celle de l'opposition aspective.

Les thèmes dérivés sont organisés de façons assez diverses selon les langues. Parfois, comme en arabe, les faits sont très complexes. Le tigrigna, langue éthiopienne, présente au contraire un système particulièrement équilibré : trois thèmes (dont deux sont historiquement les dérivés du troisième) constituent des thèmes de fondation pour des causatifs et des réfléchis :

I (1re voyelle *ä*) :
säbärä « rompre », *asbärä* « faire rompre »,
täsäbrä « se rompre »;

II (2ᵉ consonne géminée) :
fäṣṣämä « achever », *afäṣṣämä* « faire achever »,
täfäṣṣämä « être achevé »;

III (1ʳᵉ voyelle *a*) :
baräkä « bénir », *abaräkä* « faire bénir »,
täbaräkä « être béni »;

En berbère

Le berbère ne connaît d'opposition aspective (à la vérité mal définie encore, et dont les valeurs ne recouvrent pas entièrement celles du sémitique) que pour une partie des verbes. Ceux-là opposent deux formes à préfixes comportant, selon les classes verbales, soit une, soit deux voyelles, et différenciées seulement par le timbre de ces voyelles. Ainsi, en kabyle, *yəgrirəb / yəgrarəb,* « rouler » *yinig / yunaġ,* « voyager », où on peut rendre grossièrement les valeurs aspectives du prétérit et de l'aoriste, respectivement par le passé-composé et le futur du français.

Pour les autres verbes, il n'y a aucune expression formelle d'une telle opposition. En revanche, la langue fournit pour tout verbe une forme dite « d'habitude », (et aussi « aoriste intensif ») qui exprime la notion verbale comme continue, prolongée, répétée, etc. Elle est constituée formellement selon un schème déterminé par la composition de la racine : *gər,* « mettre », a pour forme « d'habitude » *yəggar,* « il met habituellement, il est en train de mettre »; *kḳərdəš,* « carder », *yətkərdiš,* « il carde, il est en train de carder », etc.

Le système, tel qu'il se présente dans la plupart des parlers berbères, est donc également à deux degrés :

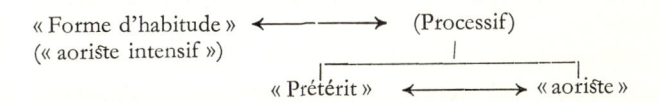

« Forme d'habitude » ⟵⟶ (Processif)
(« aoriste intensif »)
                            |—————————————|
                     « Prétérit » ⟵⟶ « aoriste »

Il n'est pas absolument certain cependant que le système du berbère commun soit celui qui est représenté ici. On a des raisons de penser que la forme d'habitude est une innovation propre au berbère par réemploi de schèmes chamito-sémitiques originellement expressifs. Or certains parlers présentent à côté de la forme d'habitude ordinaire qui, par la vocalisation, est toujours identique à l'« aoriste », une autre forme constituée selon les mêmes procédés, mais avec une vocalisation analogue à celle du « prétérit ». Ces formes sont rares. Il peut s'agir d'innovations analogiques, et le tableau resterait alors valable. Mais on ne peut exclure absolument qu'il s'agisse au contraire de restes fossiles et il faudrait alors poser, pour le berbère commun, un système qui n'aurait connu que l'opposition aspective « aoriste » — « prétérit », chacun des deux aspects pouvant se présenter sous deux formes : la simple et une complexe à valeur expressive, peut-être intensive.

Il faudrait, dans ce tableau qui constitue la base de la conjugaison berbère, tenir compte pour certains parlers, d'une conjugaison à suffixes de verbes de qualité. Exemple (zwawa)*məllul* « il est, ou est devenu, blanc », *məllulət* « elle est, ou est devenue, blanche », *məllulit* « nous sommes, vous êtes, ils, (ou elles) sont, ou sont devenus, blancs (ou blanches) ».

Les thèmes dérivés utilisent, avec leurs valeurs ordinaires, les morphèmes d'orientation communs : *s, t, n-m*. Une caractéristique du berbère est la possibilité très étendue de les combiner pour constituer des formes « surdérivées » de valeurs parfois très complexes. Le touareg, par exemple, présente des causatifs de réfléchis (préfixes *s-* + *m-*) : *səmməklw* (de *əkəl*), « faire prendre le repas de midi »; des passifs de causatifs (*tw-* + *s-*) : *twəsəmɣər* (de *imɣar*) « être considéré comme grand »; des causatifs de causatifs (*s-* + *s-*) : *səssifəl* (de *afəl*) « faire faire être tanné »; des causatifs de réfléchis de causatifs (*s-* + *m-* + *s-*) : *səmməsəskər* (de *əskər*), littéralement « faire être fait se déposer » = déposer sur sa base l'un à côté de l'autre (voir K. G. Prasse, dans « Acta Orientalia », XXIV).

En couchitique

La forme à préfixes n'est représentée que dans quelques langues et pour certains verbes seulement. Elle coexiste alors, selon une répartition lexicale dont les principes ne sont pas encore parfaitement dégagés, avec une conjugaison à suffixes. L'une et l'autre opposent un inaccompli à un accompli différenciés par le timbre des voyelles.

Le caractère résiduel de la forme à préfixes, à la

considérer dans l'ensemble du couchitique, apparaît évident. La forme générale, ou en voie de généralisation selon les langues, est une forme à suffixes, mais qui s'est très vraisemblablement constituée par la suffixation à un radical invariable d'un auxiliaire très court conjugué lui-même au moyen des préfixes verbaux ordinaires (Marcel Cohen, « Bulletin de la Société Linguistique », 1927).

Pour les termes dérivés, toutes les langues couchitiques connaissent divers procédés de formations expressives par renforcement du radical. Exemple : Sidamo, *šaf* « sauter », *šaššaf* « sautiller ». L'orientation interne ou externe est assurée par l'affixation des éléments *t(d)* ou *m(n)* d'une part, et *s* de l'autre, suffixés dans une grande partie des langues: Sidamo : *af-* « trouver », *afiḍ* « avoir »; *il-* « engendrer », *ilam-* « naître »; *hur-* « être sain », *hurs-* « guérir », etc.

En égyptien

C'est la seule branche du chamito-sémitique dans laquelle ne soit pas représentée de façon sûre l'ancienne forme à préfixes. Le système de la conjugaison de l'égyptien est à part dans l'ensemble des groupes (à l'exception peut-être de dialectes néo-syriaques dont les développements récents ont abouti à une organisation comparable). Il est basé sur une série de formes processives à valeurs aspectivo-temporelles constituées par l'adjonction de marques pronominales à un radical augmenté ou non d'affixes. Ainsi on peut analyser des formes comme *sğm-f* « il entend », en « entendu de lui », *sğm-n-k* « tu as entendu », en « entendu par toi ».

Les usages de la première sont généralement décrits comme ceux d'un inaccompli. En fait le procès y est considéré en dehors de toute référence au moment de son accomplissement. La deuxième forme correspond à un accompli ou un résultatif.

Une autre forme de l'égyptien, dite « pseudo-participe », ne peut être mise sur le même plan. Elle dénote une action auxiliaire accompagnant une action principale. Elle est formée par un thème pourvu de suffixes particuliers dans lesquels il ne semble pas impossible de reconnaître un ancien auxiliaire conjugué à l'aide de préfixes.

L'égyptien utilise le préfixe *n-* à des fins expressives :

gsgs, déborder, *ngsgs,* déborder violemment. Le préfixe *s-* fournit un thème à valeur causative : *rḫ,* savoir, *srḫ,* faire savoir.

En haoussa

L'organisation du verbe haoussa ne semble pas pouvoir être ramenée à celle qui a été décrite ci-dessus. Il faut signaler cependant la formation dérivée intensive-itérative par redoublement : *buga* « frapper », *bubbuga* « rouer de coups »; et surtout une formation apparemment causative par suffixation de *-s* (mais aussi *-r* ou *-d⟨s⟩*) : *karanta* « lire », *karantas (da)* « enseigner ». Mais ces formes entrent dans une série qui ne présente pas d'analogies évidentes avec celles que connaissent les langues chamito-sémitiques.

LES MARQUES PERSONNELLES

La modalité de personne est exprimée dans les langues chamito-sémitiques par deux formes en distribution complémentaire. La première variante, qui est formellement autonome, a des emplois de sujet ou de prédicat (et fréquemment, pour la troisième personne, de copule entre un sujet et un prédicat nominal).

La deuxième variante est en général une forme courte qui le plus souvent se suffixe à un lexème avec lequel elle constitue une unité accentuelle. Suffixée à un verbe, elle en constitue une simple expansion à titre de complément direct, alors que son annexion à un nom constitue l'expression normale de la relation de « possession ». Ainsi en arabe *daraba-hu* signifie : « il l'a frappé » (littéralement : il a frappé lui) et *kitābu-hu* « son livre » (mot à mot : livre-lui).

Pour l'ensemble des personnes, ces deux variantes, bien qu'il soit possible d'en apercevoir les liens étymologiques, apparaissent, aux stades où nous les connaissons, assez dissemblables. Cela n'empêche pas que chacune des séries se présente dans les diverses langues chamito-sémitiques sous des formes si proches l'une de l'autre que le paradigme personnel constitue l'un des indices les plus frappants de leur unité génétique.

Voici à titre d'exemple la série des formes courtes dans une langue de chacune des branches :

	Sémitique (akkadien)	Égyptien	Berbère (kabyle)	Couchitique (bedja)
Singulier				
1	*-ya/-i*	*-y*	*-i/-w*	*-u*
2 masc.	*-k(a)*	*-k*	*-k*	*-u-k(a)*
fém.	*-k(i)*	*-č*	*-m-km*	*-u-k(i)*
3 masc.	*-s(u)*	*-f*	*-s/-t*	*-u-s*
fém.	*-s(a)*	*-s*		
Pluriel				
1	*-ni*	*-n*	*-nəġ*	*-u-n*
2 masc.	*-kun(u)*	*-čn*	*-wən*	*-u-kn-a*
fém.	*-kin(a)*	*-čn*	*-kənt*	*-u-kn-a*
3 masc.	*-sun(u)*	*-sn*	*-sən*	*-u-sn-a*
fém.	*-sin(a)*	*-sn*	*-sənt*	*-u-sn-a*

C'est essentiellement sur la forme des marques personnelles dans les langues tchadiennes qu'on fonde généralement l'hypothèse de son appartenance au chamito-sémitique. La ressemblance de ces marques avec celles que connaissent toutes les langues de ce groupe est indéniable. Voici la série des éléments pronominaux de base en haoussa : 1re personne singulier, *in;* deuxième masculin, *ka,* féminin, *ki;* troisième masculin, *ya,* féminin, *ta;* 1re pluriel, *mu,* 2e, *ku,* 3e, *su.*

Les mêmes distinctions de genre sont faites aux deuxième et troisième personnes et selon des procédés largement attestés en chamito-sémitique : opposition de la voyelle seulement *a-i* pour la deuxième personne au singulier, opposition de la forme pronominale tout entière pour la troisième : *ya-ta* (comparer ces dernières formes à celles des préfixes personnels de verbe en chamito-sémitique).

L' « ÉTAT D'ANNEXION »

La double construction objective et possessive des marques pronominales est générale dans les langues chamito-sémitiques et en constitue une caractéristique. Elle découle de la nature de la subordination des éléments non prédicatifs qui s'exprime par la simple adjonction de l'élément subordonné à l'élément qu'il caractérise. Ainsi de même qu'un nom subordonné à un verbe en constitue le complément d'objet, subordonné à un nom il en constitue le complément de nom. La structure de l'ensemble obtenu n'est cependant pas absolument identique puisque, dans le second cas (pour lequel on parle traditionnellement d'« état d'annexion » ou « état construit), on aboutit à une sorte de « composé occasionnel » avec un seul accent principal.

Cet état d'annexion par lequel subordonnant et subordonné nominaux forment un composé occasionnel, généralement sans l'intermédiaire d'un élément connectif, est d'usage dans toutes les branches du chamito-sémitique.

En sémitique, la juxtaposition pure et simple peut être illustrée par des exemples comme en akkadien : *šarrani mātim* « les rois du pays » (littéralement, rois-pays), ou en harari : *gey gigol* « le mur de la ville » (littéralement, ville-mur). Cependant, en sémitique même, cette juxtaposition s'accompagne le plus souvent de modifications internes du premier terme : hébreu : *bēt ha-meleḫ* « palais royal » (littéralement, maison-le roi); état indépendant : *bayit;* guèze : *ɔagbərta nagašt* « les esclaves du roi »; état indépendant : *ɔagbərt*.

En égyptien, il est probable que les voyelles du subordonnant s'abrégeaient comme en témoigne encore le copte : *gab žoyit* « feuille d'olivier » (état indépendant : *goobe*).

En couchitique : sidamo, *hando anna* ou, avec modification vocalique, *handu anna* « le maître des bœufs » (littéralement, bœufs-maître).

En berbère, la juxtaposition pure et simple est employée pour certaines formes; voir kabyle : *azal ikərri* « la valeur d'un mouton ». Mais dans la plupart des cas il y a modification vocalique du terme subordonné : *afriwn uzəmmur,* feuilles d'olivier (état indépendant : *azəmmur*). Il faut noter cependant que l'opposition des deux états : « état libre » et « état d'annexion » n'a pas, en berbère, un fonctionnement strictement parallèle à celui que connaissent les autres branches.

Des langues tchadiennes utilisent pour le rapport de subordination un élément connectif *n* suffixé au subordonnant; haoussa : *gidan uba* « la maison du père » (*gida* « maison »). Or le berbère connaît également un élément *n* de connexion, et on a invoqué cette analogie en faveur d'une parenté spéciale. On peut se demander cependant s'il s'agit d'autre chose que d'une rencontre fortuite. Le *n* haoussa est un terme d'un couple de type pronominal — masculin *n*, féminin *r* — sans doute issu de *t. Ainsi on a avec un nom féminin comme *gona* « champ », *gonar uba* « le champ du père ». En berbère, *n* apparaît seul, et comme un pur indicateur de fonction. Par ailleurs, les usages ne sont pas parallèles. En haoussa, *n-r* marque toute sorte d'expansion : *babban gida* « la grande maison », ce que ne saurait faire le *n* berbère. Dans l'impossibilité de faire l'étymologie de ces éléments, il ne semble pas prudent de les identifier.

LE NOMBRE ET LE GENRE

Le stade commun connaissait, comme on l'a vu, une distinction de nombre et de genre pour les marques personnelles. Deux suffixes principaux apparaissent à l'analyse pour le pluriel.

Pour le nom, ce qui semble ressortir le plus clairement, c'est plutôt l'existence, à côté de formes désignant des unités, d'autres qui désignent des collections d'êtres ou d'objets, considérés non pas comme des pluralités d'individus mais comme des totalités prises dans leur masse.

De ces collectifs il est en général possible de tirer un singulier par l'intermédiaire d'un suffixe et de former alors un accord du féminin. Le suffixe singulatif lui-même, qui en sémitique, en égyptien et en berbère a la forme -*t*, est d'ailleurs employé pour marquer l'accord du féminin. On a pensé pour les stades les plus anciens à une classification dans laquelle ce suffixe aurait marqué les êtres et les objets considérés comme secondaires ; quoi qu'il en soit d'une telle interprétation sociologique, -*t* apparaît, du point de vue linguistique, comme une marque polarisatrice d'un terme dérivé par rapport au terme de base.

Dans les stades attestés, l'expression du nombre et celle du genre sont diverses et souvent complexes. Un exemple intéressant est celui de l'arabe où le collectif subsiste à côté d'un véritable pluriel. Ce pluriel peut être lui-même soit un thème particulier de la même racine que le singulier (et qui est en fait une ancienne forme de collectif), soit un dérivé du singulier au moyen des indices de nombre décelés dans les formations personnelles. Par exemple le singulier *kalb*, « chien », a pour pluriel un ancien collectif *kilāb*, tandis que *kaddāb* « grand menteur », a pour pluriel une forme à suffixe *kaddābūna*.

Par ailleurs, d'un collectif comme *naml* « fourmis », on peut tirer un nom d'unité, *namlat*, dont l'accord est au féminin.

Quelques langues tchadiennes connaissent un élément *t* formatif de noms féminins.

STRUCTURE DU LEXÈME

RACINES ET SCHÈMES

Les langues chamito-sémitiques ont été définies comme des langues « à racines senties ». On pourrait dire également que ce sont des langues à structure apparente du mot, comme on parle de poutres apparentes pour un édifice. En effet, dans toute forme linguistique (mis à part les monèmes grammaticaux), quelle que soit la complexité actuelle de sa construction, il est toujours possible de repérer une succession d'éléments phoniques qui en définissent la base lexicale, et par laquelle elle se rattache immédiatement à tout un faisceau d'autres formes linguistiques. C'est la racine. En disant qu'elle est « sentie », on veut en souligner avant tout l'aspect vivant. La racine chamito-sémitique ne constitue pas une sorte de vestige historique, accessible seulement à l'investigation scientifique, mais la réalité constante sur laquelle se fonde le fonctionnement actuel de la langue. C'est précisément à cause de cette réalité de la racine que la structure du mot dans les langues chamito-sémitiques est apparente. La racine y apparaît en effet comme le véritable squelette qui sous-tend l'ensemble des éléments par lesquels une forme linguistique s'actualise; squelette par sa nécessité mais aussi par sa solidité, car la racine se détermine généralement comme une suite de phonèmes dont le nombre, la nature et l'ordre sont constants.

L'exemple de l'arabe

Voici une série de formes qui constituent le développement en arabe d'une seule et même racine. Cette racine, constituée par la suite des trois consonnes ḤML qui apparaissent dans cet ordre dans chacune des formes, exprime la notion générale « porter » :

ḤaMaLa « il a porté »; ḤaMMala « il a chargé quelqu'un d'un fardeau »; ɔaḤMaLa « il a aidé quelqu'un à porter un fardeau »; taḤaMMaLa « il s'est chargé de quelque chose »; ɔinḤaMaLa « il a été porté vers quelque chose »; (ɔi)ḤtaMaLa « il a supporté quelque chose »; (ɔi)staḤMaLa « il a prié quelqu'un de se charger de quelque chose »; ḤaML « portage, grossesse »; ḤiML « charge, fardeau »; ḤaMaL « nuage chargé d'eau »; ḤaMLat « ce qu'on porte en une fois »; ḤuMLat « transport d'un lieu à un autre », ḤiMaLat « profession de portefaix »; (ɔi)ḤtiMaL « patience, tolérance »; ḤaMMāL « portefaix »; ḤaMūL « patient »; ḤaMūLat « bête de somme »; ḤawāMiL « jambes »; maḤMiL « utérus »; taḤMīL « le fait de charger quelqu'un », etc.

Cette série illustre bien les traits essentiels de la constitution du mot dans la langue arabe, prise ici comme exemple pour la grande pureté avec laquelle s'y manifestent les phénomènes caractéristiques. La racine y apparaît sous son double aspect : d'une part elle est formée uniquement de consonnes; d'autre part elle est discontinue, et ne peut s'actualiser que par l'insertion entre ses éléments d'au moins une voyelle.

Cette discontinuité n'est pas caractéristique de la seule racine. Ainsi ḥiml se caractérise par la présence de la voyelle i après la première radicale, et l'absence de toute voyelle entre la deuxième et la troisième, s'opposant de la sorte à ḥaml qui n'en diffère que par le timbre de la voyelle, tandis que ce dernier se différencie de ḥamal par la présence d'un second a. La voyelle i ou a après la première radicale, la voyelle a répétée après la première et la deuxième radicales, constituent donc des morphèmes d'actualisation, souvent discontinus eux-mêmes, insérés entre les éléments radicaux.

On observera dans le tableau que ce jeu de voyelles ne constitue pas le procédé exclusif de formation des syntagmes. En fait quelques affixes apparaissent, dont certains jouent un rôle des plus importants. Cependant dans la plupart des cas, les affixes ne constituent par eux-mêmes qu'un élément d'un morphème discontinu. En effet des formes comme *maḥmil* ou *taḥmīl* ne sont pas formées respectivement sur des thèmes **ḥmil* ou **ḥmīl* qui n'ont aucune réalité dans la langue et aucune valeur. Ils sont directement formés sur la racine *ḤML*, et il faut les définir comme l'adjonction à cette racine des morphèmes discontinus *ma- -i* et *ta- -ī-*. Le préfixe *ma-* n'a pas de réalité. Ce qui est significatif, ce sont les morphèmes *ma- -ū-*, qui fournirent des participes passifs (d'où, avec la racine *KTB*, idée d'écrire : *maKTūb-* « écrit ») et *ma- -i-* qui sert à fournir des noms de lieu (avec la racine *NZL*), idée de « descendre, mettre pied à terre » : *manzil* « lieu où on descend, gîte d'étape » etc. La dérivation est donc en général un amalgame d'une racine avec une entité actualisante. C'est cette entité qu'il est convenu de nommer schème. Dans une telle structure de langue, tout mot peut donc, en principe, s'analyser fondamentalement en une racine et un schème, le second constituant une sorte de moule dans lequel se coule le premier pour accéder à l'existence linguistique.

On peut schématiser ces faits par une figure, dans laquelle R symbolise toute racine et S tout schème de la langue :

	R_1	R_2	R_3	R_4	R_n
S_1					
S_2					
S_3					
S_4					
S_x					

Les cases ainsi déterminées ne sont naturellement pas toutes remplies. Mais tout mot constitué normalement se trouvera obligatoirement dans une de ces cases et toute case est habilitée formellement à en recevoir un. La notation R_n d'une part et S_x de l'autre a pour but de montrer une asymétrie véritable et fondamentale que le schéma tel qu'il est risque de faire oublier. C'est que la série des R est une série ouverte, tandis que la série des S est fermée. L'inventaire complet de ces S peut être fait. Dans une langue comme l'arabe classique, il est inférieur à 150. L'inventaire des racines, au contraire, n'est limité que par les latitudes combinatoires des phonèmes.

En fait cela est bien illustré par la manière dont se comportent les emprunts dans une langue comme l'arabe. La forme étrangère est en principe naturalisée par sa réduction à l'un des schémas existants, et par conséquent introduite dans une des cases à la ligne S convenable. Par sa seule présence dans une case, elle détermine une racine qui est prégnante par nature et peut donner naissance à une série d'autres formes, en principe autant qu'il y a de schémas dont la valeur est compatible avec le sens de la nouvelle racine. En fait, bien sûr, ces possibilités théoriques restent inexploitées tant qu'elles ne sont pas nécessaires.

On voit combien une telle structure risque d'être fermée.

C'est en sémitique, observe Louis Massignon, que la résistance des structures morphologiques aux contaminations étrangères du lexique et de la syntaxe est maxima... (*Arabica*, I, Leyde, 1954).

En fait, si la résistance était totale, la langue se trouverait rapidement étouffée. L'arabe lui-même a cédé à diverses périodes de son histoire. Bien des dialectes modernes d'Afrique du Nord, par exemple, en contact permanent avec d'autres langues porteuses de civilisations efficaces, sous l'afflux des termes étrangers, ont laissé s'obscurcir la conscience de cette structure. Cet obscurcissement peut aller de pair avec des transformations phonétiques qui sont une nouvelle cause de bouleversement des structures. D'autres langues sémitiques que l'arabe, comme l'hébreu, le syriaque ou l'amharique par exemple, présentent ainsi une organisation beaucoup moins rigoureuse.

Racines et schèmes dans les autres branches

Les autres branches du chamito-sémitique ne nous en offrent pas, non plus, des illustrations aussi éclatantes. On la retrouve cependant pour l'essentiel en berbère et en égyptien. En couchitique, par contre, la dérivation apparaît fondamentalement du type base + affixe, et la flexion interne n'apparaît que de façon résiduelle.

En haoussa, des pluriels comme *k'iraga* en face du singulier *k'irgi* « peau de bête », ou *fusaka,* singulier *fuska* « visage », etc., sont des indices de l'existence d'une flexion interne.

FORMES DE LA RACINE

L'exemple qui a été donné plus haut est celui d'une racine de type triconsonantique. C'est de loin le plus fréquent dans les langues sémitiques. Ce n'est pourtant pas le seul. Il y a des racines à deux consonnes seulement, et d'autres qui en comportent quatre. Mais on peut en mesurer l'importance dans une langue comme l'arabe par exemple par les chiffres suivants : les lexèmes à deux consonnes sont au nombre de trente-sept pour un vocabulaire qui, dans le dictionnaire ancien le plus complet, approche de quatre-vingt-quatorze mille mots (Henri Fleisch, *l'Arabe classique,* dans « Mélanges de l'Université Saint-Joseph », XXXIII, Beyrouth, 1956). Les racines à quatre consonnes n'ont pas été dénombrées, mais on peut s'en faire une idée par leur fréquence dans le *Coran :* quinze racines sur mille cent soixante-quinze, à peine plus de 1%.

Ce triconsonantisme remarquable des racines est un trait prévalent dans tout le chamito-sémitique. Cependant sur aucun point du domaine il n'a un tel caractère de généralité qu'en arabe. Dans cette langue même, c'est l'état classique, connu exclusivement par des textes, qui a été considéré. Déjà les dialectes modernes connaissent un grand nombre de racines à quatre consonnes. Les langues sémitiques modernes d'Éthiopie, l'égyptien et surtout le berbère et le couchitique, présentent de telles formes en quantité plus grande encore.

Le problème historique

En sémitique, l'existence de ces racines ne semble pas orienter vers un quadriconsonantisme ancien, mais elle

triconsonantique semble la plus courante. Mais aucun stade accessible ne semble avoir ignoré totalement les biconsonnes.

Il ne peut être question, dans l'état actuel de nos connaissances, de formuler des hypothèses chronologiques et de situer, même très grossièrement, la période unitaire du chamito-sémitique. Ce que l'on peut affirmer, c'est qu'un stade commun, s'il a jamais existé, ne peut que remonter très haut dans l'histoire de l'humanité, puisque nous savons avec certitude que l'égyptien et le sémitique au moins sont constitués dans leur individualité depuis plus de cinq millénaires. Une telle distance chronologique entre les diverses branches peut expliquer aisément le nombre et l'importance des divergences. Il peut même sembler remarquable qu'on puisse encore y trouver tant de traits susceptibles d'être comparés et rapprochés. Mais à la vérité, différences et ressemblances portent sur des faits encore trop peu nombreux pour être aussi pleinement significatifs qu'on le désirerait. Il est à craindre, tant que l'exploration de l'ensemble du domaine n'aura pas été poussée aussi loin que celle du sémitique proprement dit, que la préhistoire chamito-sémitique ne demeure pratiquement impénétrable.

David Cohen.

BIBLIOGRAPHIE

CHAMITO-SÉMITIQUE EN GÉNÉRAL

Marcel Cohen, *Essai comparatif sur le vocabulaire et la phonétique du chamito-sémitique* (dont la première partie constitue une histoire des études comparatives avec bibliographie critique), Paris, 1947.

Les Langues du monde, sous la direction de A. Meillet et M. Cohen, *Langues chamito-sémitiques,* pp. 82-181, 2e éd., Paris, 1952.

SÉMITIQUE

Gotthelf BERGSTRÄSSER, *Einführung in die semitischen Sprachen,* Munich, 1928.

Carl BROCKELMANN, *Grundriss der vergleichenden Grammatik der semitischen Sprachen,* t. I, Berlin, 1908; t. II, 1913.

Carl BROCKELMANN, *Semitische Sprachwissenschaft,* 2ᵉ éd., Berlin-Leipzig, 1916; traduction française par W. MARÇAIS et M. COHEN : *Précis de linguistique sémitique,* Paris, 1910.

Henri FLEISCH, *Introduction à l'étude des langues sémitiques* (bibliographie spéciale pour chaque langue sémitique), Paris, 1947.

Giovanni GARBINI, *Il Semitico di Nord-ovest,* Naples, 1960.

Jerzy KURYŁOWICZ, *L'Apophonie en sémitique,* Wroclaw, 1962.

S. MOSCATI et coll., *An Introduction to the comparative grammar of the Semitic Languages,* Wiesbaden, 1964.

ÉGYPTO-COPTE

Alan H. GARDINER, *Egyptian Grammar,* Oxford, 1927.

Gustave LEFEBVRE, *Grammaire de l'égyptien classique,* Le Caire, 1940.

Alexis MALLON, *Grammaire copte,* 3ᵉ éd., Beyrouth, 1926.

Walter TILL, *Koptische Dialektgrammatik,* Munich, 1931.

LIBYCO-BERBÈRE

André BASSET, *La Langue berbère,* Oxford, 1952.

Encyclopédie de l'Islam, sous l'article *Berbères,* pp. 1208-1222, mises au point complètes et concises de Lionel GALAND et de Charles PELLAT, 2ᵉ éd., Leiden, 1959.

COUCHITIQUE

Enrico CERULLI, *Studi etiopici,* vol. 2 à 4, Rome, 1938 et 1951.

Martino Mario MORENO, *Manuale di Sidamo,* avec aperçu général sur les langues couchitiques, Milan, 1940.

L'OURALIEN

Le caractère indo-européen homogène de l'Europe occidentale, où seul le basque ne se laisse pas rattacher aux langues qui l'entourent, ni du point de vue de sa structure ni de son histoire, diffère de celui des parties orientales du continent, où nous trouvons des enclaves plus ou moins vastes de langues non indo-européennes. Ces langues, parlées généralement au contact de langues slaves ou iraniennes, appartiennent à d'autres grandes familles linguistiques (caucasienne, altaïque et ouralienne), qui sont situées sur la ligne qui sépare l'Europe de l'Asie et forment donc un lien entre ces deux unités géographiques, culturelles et linguistiques.

Les peuplades de langue ouralienne occupent des territoires plus ou moins étendus partant de la Hongrie à l'ouest, jusqu'à la Norvège septentrionale et la presqu'île de Taïmyr (au nord des embouchures des fleuves Ob et Iénisséi) en Sibérie. Du point de vue géographique (qui n'est qu'en partie analogue à la répartition purement linguistique), les plus grands îlots de langue ouralienne sont : la Hongrie et les pays voisins (hongrois); la partie orientale de la côte baltique et les parties orientales et septentrionales de la Fenno-Scandie, y incluse la presqu'île de Kola (langues balto-finnoises et lapon); le territoire du Volga central et de ses affluents (volgaïque, votiak et zyriène du Sud); et la Sibérie occidentale, y inclus les confins septentrionaux de la Russie européenne, du fleuve Dvina jusqu'à Taïmyr (zyriène du Nord, ougrien de l'Ob et samoyède). La table qui suit contient des données plus détaillées sur la démographie et la répartition exacte de ces langues.

La place du lapon dans le cadre des langues ouraliennes n'est pas encore exactement définie : il est ou une langue balto-finnoise qui s'écarte considérablement des autres membres de ce groupe, ou bien, à lui seul, une troisième branche de l'ouralien à côté du finno-ougrien et du

LES FAMILLES DE LANGUES

RÉPARTITION GÉNÉTIQUE				NOM RUSSE	DÉSIGNATION INDIGÈNE	NOM DE LA LANGUE	
OURALIEN	finno-ougrien	finnique	(lapon)	lopary	sabme, same-	lapon	33 000
			balto-finnois	finny karely užory vepsy ljudy éstoncy vod', čudy livy	suomi, (suomalaise-) karjala karjala vepsä, lüd lüd'köi eesti vad'd'alaize- rāndalis-	finnois carélien ingrien vepse lude estonien vote live	4 000 000 170 000 1 100 16 000 10 000 1 000 000 700* 1 000*
			volgaïque	mordva marijcy	erźa; mokša mari	mordve tchérémisse	1 285 000 504 000
			permien	komi udmurty	komi ud-murt	zyriène votiak	431 000 623 000
		ougrien	ougrien de l'Ob	xanty mansi	xanti mánsi	ostiak vogoule	19 000 6 000
			(hongrois)	vengri	mad'ar	hongrois	13 000 000
	samoyède		samoyède-Nord	nency ency nganasany	nēnec? enete? nganasan	yourak iénisséi tavgui	25 000 400* 700
			samoyède-Sud	sel'kupy	śol-qup	selkoup	4 000

Les chiffres renvoient aux nombres approximatifs de sujets parlants. Les chiffres pourvus d'un astérisque sont d'avant 1940.

samoyède. Il y a accord général en ce qui concerne les autres groupements : les langues balto-finnoises, volgaïques (avec réserves), permiennes, ougriennes et samoyèdes forment des branches attestées par la comparaison systématique et des critères typologiques.

Sanctionnée par l'usage et plus fréquemment employée que le terme plus compréhensif d'ouralien, la désignation finno-ougrien se retrouve parfois même lorsqu'il s'agit de la famille entière. Cela résulte, en partie, de l'asymétrie entre finno-ougrien et samoyède, ce dernier étant moins connu, moins important du point de vue de l'histoire et de la culture et plus éloigné du centre culturel européen. En outre, les données sont de date plus récente que les données finno-ougriennes.

A l'exclusion du hongrois, du finnois et de la plupart des parlers lapons, toutes les langues ouraliennes sont parlées par des populations de l'Union soviétique et correspondent généralement à des unités politiques. Ainsi l'estonien correspond à l'une des quinze républiques de l'U.R.S.S.; la république carélienne a cessé d'exister depuis 1956; les Mordves, les Tchérémisses et les Votiaks occupent des territoires qui coïncident plus ou moins avec les républiques autonomes (dans le cadre de la République fédérative russe socialiste soviétique) qui portent leurs noms. Les Ob-Ougriens et les Samoyèdes occupent des « territoires nationaux » (khanty-mansi, yamalo-nenets et nenets).

La partie la plus importante des matériaux dont se servent les ouralisants pour leurs études sont des données recueillies par des chercheurs depuis cent vingt ans. Parmi les langues ouraliennes, seuls les trois idiomes occidentaux ont des traditions littéraires, donc des documents susceptibles d'être soumis à un traitement philologique : le hongrois, attesté à partir du XIIe siècle, l'estonien et le finnois, dont les littératures commencent au XVIe siècle. Il va sans dire que l'étude philologique de ces langues a beaucoup profité à la linguistique ouralienne en général, surtout en matière de lexicographie et de dialectologie. Signalons que saint Étienne de Perm, l'apôtre des Zyriènes (vers 1335-1396), a créé une écriture pour servir à la conversion des Zyriènes à l'orthodoxie, mais seuls quelques fragments dans cet alphabet ont survécu jusqu'à nos jours. D'autres tenta-

LES FAMILLES DE LANGUES

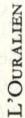

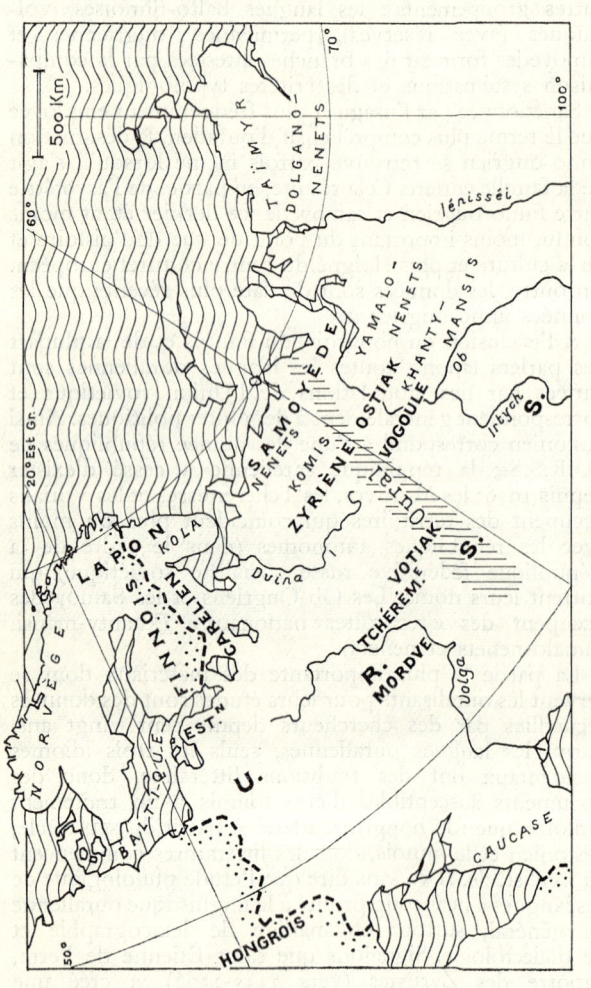

tives de conversion de la part de l'Église orthodoxe russe ont eu comme conséquence la création de quelques documents religieux dans les autres langues ouraliennes de l'Empire russe (des psautiers, catéchismes, évangiles, et même une grammaire votiake et une grammaire tchérémisse en 1775) qui ont toujours une certaine valeur pour le linguiste. Quelques autres chercheurs ont tenté de réunir des renseignements sur les langues autochtones de la Russie, sans souci de prosélytisme religieux; mentionnons seulement P. J. Strahlenberg (1675-1747), officier dans l'armée suédoise de Charles XII, qui, fait prisonnier au cours de la bataille de Poltava (1709), recueillit de nombreuses données lexicales sur les langues ob-ougriennes et samoyèdes pendant sa captivité en Sibérie.

On trouvera plus loin des renseignements sur les langues samoyèdes disparues; la langue mentionnée sous le nom *mordens* par Jordanès, historien des Goths (VIe siècle), pourrait être le mordve, ou un idiome apparenté.

PARTIE DESCRIPTIVE

Dans cette section nous décrirons d'un point de vue strictement synchronique les principaux types de langue ouralienne. Le finnois et le hongrois seront traités de façon plus détaillée; les sections consacrées au mordve, au zyriène et à l'ostiak contiendront des aperçus des caractères fondamentaux, ainsi que de brefs spécimens de textes; les autres langues seront discutées seulement dans la mesure où elles présentent des traits ignorés ailleurs.

Pour faciliter la description des faits phonologiques et grammaticaux, nous aurons recours à des transcriptions exclusivement phonologiques, même dans le cas de l'estonien, du finnois, du hongrois et du lapon, langues qui possèdent des orthographes fondées sur des traditions littéraires. On se bornera aux faits fondamentaux et caractéristiques : dans les descriptions phonologiques, par exemple, les phonèmes qui n'existent que dans des emprunts récents seront ignorés.

LE FINNOIS

Les phonèmes du finnois sont : *m n ŋ, p t k, s h, v d, r l, j; i e ä ö ü a o u*. Voyelles et consonnes (sauf *v d* et *h*) peuvent être longues (géminées) ou brèves (simples) : *rüüppü*, « goutte (à boire) » et *rüppü*, « pli, ride »; *tukki*, « tronc, billot », et *tuki*, « appui, support ». Le trait d'union marque les désinences flexionnelles et des particules conjointes. Le double trait d'union signale les suffixes dérivatifs; le signe plus sépare les membres des mots composés; par exemple en français, *le frã+tir = œr-z as-i la*, « les francs-tireurs assis là »).

La quantité a donc une valeur distinctive. Le phonème *ŋ* est toujours géminé entre voyelles, simple devant *k*. Sauf dans les mots étrangers et dans une dizaine d'exceptions, *d* n'existe qu'en alternance paradigmatique avec *t*. L'accent tombe sur la première voyelle du mot. Dans les mots composés, un accent secondaire caractérise le deuxième membre (*kòulu=lais+kùri*, « discipline d'écoliers »; *kòulu+làisk = uri*, « un paresseux » [quant à l'école]). Dans les mots non composés à plus de trois syllabes, l'accent tend à tomber sur les syllabes impaires : *kòulu= ttà-misè-sta-kìn*, « aussi au sujet de l'enseignement » (*koulu = tta-*, « faire fréquenter l'école »).

Du point de vue des alternances morphologiques, les voyelles se répartissent en :

aiguës :	*ü ö ä*	
neutres :		*i e*
graves :		*u o a*

Voyelles aiguës et graves ne peuvent coexister dans le mot simple (fléchi ou dérivé mais non composé) : les types *savu* « fumée » et *sävü* « nuance » sont possibles, tandis que *sävu* et *savü* sont exclus (*ä*, voyelle plus ouverte que ε français de « lumière »; *ü* = *u* français), sauf évidemment pour les emprunts récents, comme *broššüüri* (la provenance étrangère du mot est d'ailleurs marquée par les sons étrangers *b* et *š*, et par le groupe consonantique initial, interdit dans les mots autochtones). Les voyelles neutres *i* et *e* peuvent coexister avec toute autre voyelle : *hella*, « poêle »; *hellä*, « affectueux »; *süsi*, « charbon ligneux », *susi*, « loup ». Chaque suffixe flexionnel qui ne contient pas *i* ou *e* a donc deux formes, l'une aiguë et l'autre grave, par exemple les cas adessifs des mots cités ci-dessus : *hellä-llä, hellä-llä, süde-llä, sude-lla*. Les deux formes de l'adessif sont donc *-lla* et *-llä*, et le choix de l'une ou de l'autre dépend de la distribution de voyelles dans la racine. Cela s'appelle harmonie vocalique. Son pendant consonantique est le changement de degré, c'est-à-dire l'alternance de consonnes, qui dépend elle aussi dans une grande mesure des lois de distribution, surtout de l'entrave, à savoir :

Alternance	Degré fort	Degré faible (génitif)	Sens
p : *v*	*lupa*	*luva-n*	permission
t : *d*	*sota*	*soda-n*	guerre
k : zéro	*aika*	*aja-n*	temps
k : *j*	*taika*	*taija-n*	sorcellerie
k : [ṷ]	*tauko*	[*tauṷon*]*	pause
k : *v*	*suku*	*suvu-n*	parents ; tribu
pp : *p*	*rüppü*	*rüpü-n*	pli
tt : *t*	*hattu*	*hatu-n*	chapeau
kk : *k*	*takka*	*taka-n*	foyer ; âtre
mp : *mm*	*kampa*	*kamma-n*	peigne
nt : *nn*	*lanta*	*lanna-n*	fumier
ŋk : *ŋŋ*	*laŋka*	*laŋŋa-n*	fil
ŋkk : *ŋk*	*aŋkka*	*aŋka-n*	canard
rt : *rr*	*virta*	*virra-n*	courant

* [ṷ] n'est pas phonème et n'existe que comme degré faible de *k* d'après *u*. On pourrait le noter par *j* car le son *j* n'existe pas dans le contexte *au-o*. Le nombre de mots dans cette classe d'alternance est réduit.

Une autre alternance est *s : t*, où la voyelle *i* exige qu'elle soit précédée par *s*, par exemple : *susi*, « loup » (nominatif), *sute-en* (illatif), *sut-ta* (partitif). Lorsque le *t* du thème *sute-* se trouve en syllabe brève et fermée, il alterne aussi avec *d* selon les règles générales : *sude-n* (génitif) ; *hirsi*, « tronc de bois » : *hirte-en* (illatif) : *hirre-n* (génitif). Notons aussi l'alternance de voyelles *e / i* (*susi / sute-*).

Nous noterons par *Q* un élément latent, qui n'a aucune

valeur phonique dans la langue standard, mais provoque le sandhi à la frontière entre unités lexicales qui entrent dans un syntagme : *tarveQ*, « besoin, nécessité », + *kalu*, « article » = *tarvek* + *kalu*, « accessoire, outil » *(Q / k)*. Il peut en résulter des géminées autrefois non existantes à l'intérieur du mot, par exemple *menev͡veteen,* « va dans l'eau! » (ou *v* alterne avec le signe de l'impératif *Q* dans *mene-Q,* prononcez [mene]). Dans les dialectes, *Q* paraît parfois comme [?], une occlusive glottale.

Le nom se décline à douze cas productifs et quatre cas moins productifs, au singulier et au pluriel. Les désinences de nombre et de cas peuvent être suivies de suffixes possessifs. Les douze cas productifs se rangent selon le modèle suivant :

		Stati ue	Dynamique	
			« vers »	« à partir de »
Cas grammaticaux		Nominatif	Accusatif	Génitif
Cas à moitié grammaticaux		Essif	Translatif	Partitif
Cas locaux (concrets)	« chez »	Adessif	Allatif	Ablatif
	« dans »	Inessif	Illatif	Élatif

Le total des fonctions de ces cas présente un état de choses très compliqué. D'une manière très générale on retrouvera ces fonctions dans le tableau qui suit, illustrées au moyen d'exemples français.

N : *Le vin* est ...	A : Il boit *le vin*	G : Couleur *de vin*
E : ... *en qualité de vin*	T : Mûrir *en vin*	P : Il boit *du vin*
Ad.: *A côté du vin*	Al.: Donner *au vin*	Ab.: Partir *du vin*
In. : *Dans le vin* il y a ...	Il. : Il met ... *dans le vin*	El.: Le bouquet est sorti *du vin*

Les cas moins productifs sont : le comitatif, qui exige la présence de suffixes possessifs, par exemple : *kaikk-ine laps-ine-en*, « avec tous ces enfants », le nom étant généralement accompagné d'une épithète au même cas (sans suffixe possessif); l'instructif, qui ne paraît jamais avec des suffixes possessifs, par exemple : *käs-in*, « à main », *jala-n*, « à pied »; l'abessif, borné à quelques locutions (mais productif lorsqu'il se rattache à des noms verbaux), par exemple : *raha-tta*, « sans argent », *luke-ma-tta*, « sans lire »; et le prolatif, *post-itse*, « par poste ».

Sur le plan formel, le génitif est identique à l'accusatif au singulier, tandis qu'au pluriel c'est le nominatif qui est identique à l'accusatif :

```
         Singulier              Pluriel
G ─────────────── A    N ─────────────── A
        │                       │
        N                       G
```

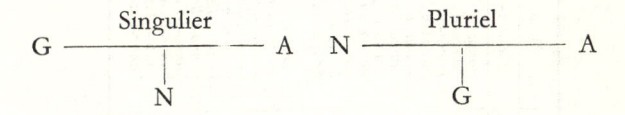

Dans le système des pronoms personnels, l'opposition tripartite N : G : A est maintenue conséquemment, par exemple, *sinä*, « tu » : *sinu-n*, « ton », *sinu-t*, « toi »; *te*, « vous », *teidä-n, teidä-t*.

Le tableau qui suit contient des exemples de la flexion du nom, y compris des exemples d'harmonie vocalique et de changement de degré. On constatera qu'il y a des cas dont les désinences sont invariables et d'autres (partitif, illatif; au pluriel aussi le génitif) qui varient selon le type de thème auquel elles se rattachent. Les thèmes aussi sont de divers types, dont *maa-* représente l'extrême du côté presque invariable, et *kante-* et *tarpee-* l'extrême d'une variabilité maximum. Constatons aussi que le *-i-* du pluriel tend à écraser la voyelle finale du thème, bien qu'il y ait un type de nom dont le thème reste constant même avant le *-i-* du pluriel (*koulu-i-na*, partitif pluriel de *koulu*, « école »). La trace que laisse le *Q* de *tarveQ* au partitif est le thème consonantique par assimilation à la désinence du partitif, *-ta*.

Les suffixes possessifs du nom spécifient la personne et le nombre du possesseur en négligeant le nombre des possessions. A la troisième personne se syncrétise même le nombre du possesseur.

LES FAMILLES DE LANGUES

SENS	Pays, terre	Porte	Trou	Base	Couvercle	Besoin
THÈME	maa-	ove-	reikä-	kanta-	kante-	tarpee-
Sing. N	maa	ovi	reikä	kanta	kansi	tarveQ
G	maa-n	ove-n	reijä-n	kanna-n	kanne-n	tarpee-n
E	maa-na	ove-na	reikä-nä	kanta-na	kante-na	tarpee-na
T	maa-ksi	ove-ksi	reijä-ksi	kanta-ksi	kanne-ksi	tarpee-ksi
P	maa-ta	ove-a	reikä-ä	kanta-a	kant-ta	tarvet-ta
Ad	maa-lla	ove-lla	reijä-llä	kanna-lla	kanne-lla	tarpee-lla
Al	maa-lleQ	ove-lleQ	reijä-lleQ	kanna-lleQ	kanne-lleQ	tarpee-lleQ
Ab	maa-lta	ove-lta	reijä-ltä	kanna-lta	kanne-lta	tarpee-lta
In	maa-ssa	ove-ssa	reijä-ssä	kanna-ssa	kanne-ssa	tarpee-ssa
Il	maa-han	ove-en	reijä-än	kanta-an	kante-en	tarpee-seen
El	maa-sta	ove-sta	reijä-stä	kanna-sta	kanne-sta	tarpee-sta
Plur. N	maa-t	ove-t	reijä-t	kanma-t	kanne-t	tarpee-t
G	ma-i-den	ov-i-en	reik-i-en	kanto-j-en	kans-i-en	tarpe-i-tten
E	ma-i-na	ov-i-na	reik-i-nä	kanto-i-na	kans-i-na	tarpe-i-na
T	ma-i-ksi	ov-i-ski	reik-i-ksi	kanno-i-ksi	kans-i-ksi	tarpe-i-ksi
P	ma-i-ta	ov-i-a	reik-i-ä	kanto-j-a	kans-i-a	tarpe-i-ta
Ad	ma-i-lla	ov-i-lla	reij-i-llä	kanmo-i-lla	kans-i-lla	tarpe-i-lla
Al	ma-i-lleQ	ov-i-lleQ	reij-i-lleQ	kanno-i-lleQ	kans-i-lleQ	tarpe-i-lleQ
Ab	ma-i-lta	ov-i-lta	reij-i-ltä	kanno-i-lta	kans-i-lta	tarpe-i-lta
In	ma-i-ssa	ov-i-ssa	reij-i-ssä	kanno-i-ssa	kans-i-ssa	tarpe-i-ssa
Il	ma-i-hin	ov-i-in	reik-i-in	kanto-i-in	kans-i-in	tarpe-i-siin
El	ma-i-sta	ov-i-sta	reij-i-stä	kanno-i-sta	kans-i-sta	tarpe-i-sta

| Possesseur | |
au singulier	au pluriel	
maa-ni, « mon / mes pays »	*maa-mme,* « notre / nos pays »	1ᵉ
maa-si, « ton / tes pays »	*maa-nne,* « votre / vos pays »	2ᵉ
maa-nsa, « son/ses/leur(s) pays »		3ᵉ

Cette tendance vers le syncrétisme ressort de façon encore plus frappante dans les noms qui portent des désinences de cas. Dans certains types de noms l'illatif est ainsi rendu indistinct du partitif, par exemple *kanta-a-ni*, de *kanta*, « base ». D'après des désinences de cas, la forme de la troisième personne peu[t ...] côté de *-nsa/-sä* (adessif *kanna-lla-an* = *ka[...]*

Le verbe finnois a deux temps (présent et prétérit) à l'indicatif, et trois autres modes. Schéma de *luke-*, lire :

		Présent	Prétérit	Impératif	Conditionnel	Potentiel
S.	1	*lue-n*	*lu-i-in*	—	*luk-isi-n*	*luke-ne-n*
	2	*lue-t*	*lu-i-t*	*lue-Q*	*luk-isi-t*	*luke-ne-t*
	3	*luke-e*	*luk-i*	*luke-koon*	*luk-isi*	*luke-ne-e*
Pl.	1	*lue-mmeQ*	*lu-i-mmeQ*	*luke-kaa-mme*	*luk-isi-mme*	*luke-ne-mme*
	2	*lue-tteQ*	*lu-i-tteQ*	*luke-kaa*	*luk-isi-tte*	*luke-ne-tte*
	3	*luke-vat*	*luk-i-vat*	*luke-koot*	*luk-isi-vat*	*luke-ne-vat*

Les temps composés se forment avec *ol-*, « être » : *ole-n luke-nut,* « j'ai lu » ; *ol-isi-n luke-nut,* « j'aurais lu ». Le futur s'exprime par le présent ou par une périphrase (avec *tul-*, « venir »). On remarquera la similarité des désinences verbales et des suffixes possessifs du nom.

Un trait qui caractérise bien mieux le système verbal est le verbe négatif qui se conjugue à six personnes :

Singulier 1 *e-n,* « je ne ... pas »   Pluriel 1 *e-mmeQ*
          2 *e-t,*   2 *e-tteQ*
          3 *ei*   3 *ei-vät,*

et qui, au présent, précède le thème négatif du verbe à nier dont le suffixe est *-Q/-ko*, donc : *e-n mene-Q,* « je ne vais pas », *e-n lue-Q*, « je ne lis pas », *ei-vät ole-Q*, « ils ne sont pas ». Le verbe négatif opère dans tous les modes et temps : *e-n luk-isi*, « je ne lirais pas », *e-t luke-nut* (participe), « tu n'as pas lu ». Seulement à l'impératif y a-t-il une forme supplétive :

älä-Q lue-Q, « ne lis pas! » (prononcez [älällue]),
äl-köön luke-ko, « qu'il ne lise pas! »
äl-kääQ luke-ko, « ne lisez pas! », etc.

Le « passif » sert à exprimer un sujet impersonnel dans la langue écrite mais paraît plus fréquemment au lieu de la première personne du pluriel, surtout dans les styles moins élevés (exemple français, on va = nous allons). Les signes du passif sont *-ta-* (et *-tta-*) et *-Vn* (*V* = voyelle précédente), les deux parties étant interrompues par le signe du mode. La deuxième partie du signe du passif [...] négatif et dans les participes et

	Affirmatif	Négatif
Présent	*lue-ta-an*	*ei lue-ta-Q*
Prétérit	*lue-tt-i-in*	*ei lue-ttu*
Conditionnel	*lue-tta-isi-in*	*ei lue-tta-isi*
Potentiel	*lue-tta-ne-en*	*ei lue-tta-ne-Q*

Le système indéfini du verbe, c'est-à-dire un système productif de formes dérivées nominales, adjectivales et adverbiales, est très ramifié et sert en finnois à remplir des fonctions que remplissent les phrases prépositionnelles et subordonnées dans d'autres langues, par exemple : *luke-a-kse-ni*, « pour que je lise » (infinitif *-aQ*, translatif *-kse*, première personne du singulier *-ni*).

Les catégories grammaticales que nous avons discutées jusqu'ici sont de nature syntagmatique, c'est-à-dire que les diverses cases du paradigme nominal et verbal renvoient à certains endroits sur l'axe syntagmatique. C'est ce qui fait que toutes les formes du verbe et presque tous les cas du nom sont productifs. La productivité des suffixes de dérivation est beaucoup plus réduite, les formes dérivées renvoyant au lexique aussi bien qu'à la structure de la phrase. Malgré cela, il y a des formes dérivées qui, dans une certaine mesure, renvoient à l'axe syntagmatique (par exemple le causatif) et ce sont précisément les formes qui ont un index de prédictabilité plus élevé que les formes dérivatives en général.

Les suffixes de dérivation se rattachent à des mots déjà élargis par d'autres suffixes dérivatifs selon les règles morphologiques qui régissent la flexion. Pourtant ces règles sont mises en vigueur d'une manière plus faible lorsqu'il s'agit de certains suffixes comme, par exemple =uri, qui, malgré sa voyelle postérieure (u), se prête à des thèmes contenant *i* et *e* (tandis qu'un thème contenant *i* ou *e* exigerait toujours des désinences flexionnelles en ü et non u). C'est ainsi, par référence donc à la différence entre la morphologie de la flexion et la morphologie des suffixes dérivatifs, que l'on doit expliquer l'existence des formes comme *vet=uri*, « locomotive » de *vetä-*, « tirer » (thème à voyelles antérieures) et *itk=u*, « pleurs, vagissements », de *itke-*, « pleurer », en lieu des formes non existantes **vet=üri* et **itk=ü*.

Les suffixes dérivatifs facilitent le transfert des thèmes d'une partie du discours à l'autre. En finnois, c'est généralement la catégorie résultante qui révèle la nature d'un suffixe, puisqu'un suffixe comme =uri se rattache à des mots appartenant à des classes différentes :

kulk=uri, « vagabond » :   *kulke-*, « aller, cheminer » (verbe);
pürk=üri, « arriviste » :   *pürki-*, « aspirer à » (verbe);
laisk=uri, « un paresseux » :   *laiska*, « paresseux » (adjectif);
nahk=uri, « tanneur » :   *nahka*, « peau, fourrure » (nom);
part=uri, « barbier » :   *parta*, « barbe » (nom);

Les suffixes dérivatifs tendent eux aussi à s'accumuler, par exemple : *pu=i=m=uri*, « batteuse (machine pour battre le blé) », forme qui présuppose le nom *puu*, « arbre, bois », le verbe *pu=i-*, « battre (du blé) », le nom d'action de ce verbe *pu=i=ma* tel qu'il existe dans le mot composé *ɋu=i-ma* + *koneQ*, « batteuse » (*koneQ*, « machine ») et le suffixe =*uri*. L'ordre de suffixes identiques peut varier : *lu=ise=va*, « osseux, décharné, squelettique » (de *luu*, « os », =*ise*-, et =*va*); *katu=va=ise*-, « pénitent, contrit » (de *katu*, « regretter », =*va* et =*ise*-). Voir aussi les numéros 6 et 7 dans le modèle qui suit.

Ce modèle souligne l'abondance de suffixes dérivatifs et les dimensions les plus primitives qu'exploite le système dérivatif d'un verbe donné. Les deux axes principaux sont « fréquentatif : momentané » (verticale, numéros 1 et 3) et « réflexif : causatif » (horizontale, numéros 2 et 4) :

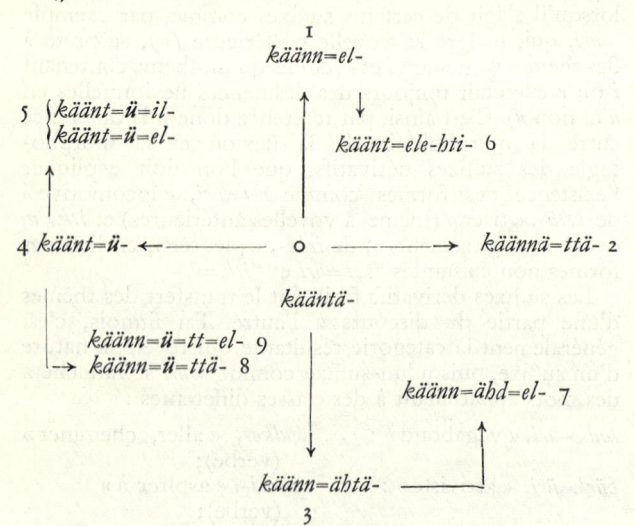

```
                          1
                     käänn=el-
                          ↑         ↓
5 { käänt=ü=il-
    käänt=ü=el-                käänt=ele-hti- 6
   ↑
4 käänt=ü-  ←─────── o ───────→ käännä=ttä- 2
   |
   |                käänta-
   |    käänn=ü=tt=el- 9
   └─→  käänn=ü=ttä- 8
                              käänn=ähd=el- 7

                     käänn=ähtä- ────┘
                          ↓
                          3
```

0 (origine, zéro); « tourner (trans.); convertir (à une religion) »;
1 Fréquentatif : « s'agiter (en tournant) »;
2 Causatif : « faire tourner, faire traduire »;
3 Momentané : « se tourner rapidement »;
4 Réflexif : « se tourner, se convertir à »;
5 (4 + 1) identique au n° 6; le n° 5 est plus poétique; la forme en =*il*- est plus « agreste »;
6 (1 + 3), identique au n° 7; le n° 6 est plus inquiet (agité);

7 (3 + 1), « tourner (intrans.) continuellement (s'agiter en dormant) »;
8 (4 + 2), « renvoyer, convertir »;
9 (4 + 2 + 1), « faire des petites tentatives pour convertir quelqu'un ».

Il y a en finnois six particules enclitiques; nous en signalerons deux qui, en effet, forment une opposition affirmative-négative : *-kin* et *-kaan/-kään*. Elles s'ajoutent à presque toutes les parties du discours pour leur prêter de l'emphase :

maa-ssa-mme-kin, « aussi dans notre pays »;
ei maa-ssa-mme-kaan, « dans notre pays non plus »;
vielä-kin, « encore, toujours » = *vielä;*
ei vielä-kään, « pas encore » = *ei vielä-kään;*
lue-n-kin, « mais je lis »;
e-n lue-Q-kaan, « mais je ne lis pas »;
aina-kin, « au moins »;
ei aina-kaan, « au moins ... ne ... pas » (*aina,* « tout le temps, toujours »);
nüt-kin, « même à ce moment » (*nüt,* « maintenant »).

Quelques traits importants de la syntaxe : une abondance de types de phrases subordonnées, due à la richesse d'infinitifs et de participes, fait qui contribue à la tendance à construire des propositions complexes d'une longueur qu'on ne retrouve qu'en allemand; un degré relativement élevé de liberté en ce qui concerne l'ordre des mots dans la phrase, fait qui rehausse les possibilités de l'emphase; l'accord entre épithète et nom en cas et en nombre (mais non pas en personne) : *vanho-j-a tarpe-i-ta-mme,* « nos anciens besoins » (*-i-, -j-,* pluriel; *-a, -ta-,* partitif); le fait que l'impératif et le passif exigent le nominatif (et non pas l'accusatif) comme cas régi (d'objet); et que tout verbe négatif exige l'objet dans le partitif.

TEXTE

Ce texte est tiré d'un traité populaire et scientifique sur le bain (étuve à pierres chaudes) typiquement finlandais, de H. J. Viherjuuri (1936); (s = singulier, p = pluriel; majuscules = cas).

on	vaikea-ta	anta-aQ	niin	täsmä=llis-tä
il est	pénible	donner	tellement	exacte
s3	sP	infin.		sP

määr=itel=mä-ä	sii-tä,	mikä	suo=alainen	sauna on,
définition	de ça	quoi	finlandais	sauna est
sP	E1	N	N	N

että	se-n	per=immäinen	ole=mus	se-n	avu-lla
afin que	sa	essentielle	nature	de cela	à l'aide
	N	N	N	G	Ad

selv=iä-isi,	ei-kä	se	aina-kaan	suom=alaise-n
s'éclaircisse	et non	ça	au moins	du Finlandais
cond., s3	verbe nég.			G

oma-lta	kanna-lta	lie-ne-Q	tarpee=llis-ta-kaan,
propre	point de vue	soit	(non) pas nécessaire
Abl.	Abl.	potentiel	sP (-ta)

sillä	suom=alaise-t	o-vat	aina-kin	tuhanne-n	vuode-n
car	les Finlandais	(s)ont	au moins	mille	an
	pN	p3		sG	sG

aika-na	käü-nee-t	sauna-ssa	rühtü-mä-ttä	si-tä
pendant	fréquenté(s)	dans le sauna	sans aborder	à ça
sE	part. prét.	sIn	Inf., Abessif	P

määr=ittele-mä-än	tai	sel=ittä-mä-än	ja silti	se-
définir	ou	expliquer	et néanmoins	ça
Inf. I1		Inf., I1		

aina-kin	se-n	vielä-kin	üleinen	muoto	savu+sauna
au moins	sa	toujours	générale	forme	le sauna à fumée
G		sN	sN	sN	sN

— on	ühä	kautta	vuosi+sato-j-en
est	toujours	à travers	les siècles
			pG

per=us+om=inais=uuks-i-lta-an
en ce qui concerne ses particularités fondamentales
pAbl, s3 (*per=us*, base; *oma* (son) propre)

püsü-nüt	sama-n=laise-na.
resté	pareil
part. prét.	sG (-n) et sE (-na).

Il est difficile de proposer de ce qu'est le *sauna* finnois une définition assez exacte pour que sa nature essentielle en ressorte. Et ce n'est guère tellement important, du moins du point de vue d'un Finlandais, car les Finlandais ont fréquenté le *sauna* au moins depuis mille ans sans commencer à le définir ou l'expliquer. Et malgré cela, il (le *sauna*) est resté — au moins dans sa forme encore commune du *sauna* à fumée — identique en ce qui concerne ses particularités essentielles, à travers les siècles.

L'ESTONIEN

L'aspect général du phonétisme de l'estonien littéraire présente le même cadre fondamental que celui du finnois mais un certain nombre de différences profondes prêtent à l'estonien un caractère tout à fait distinct : une voyelle postérieure non arrondie (*ə*), des consonnes mouillées (*l, ń, t*) et, éternel sujet de polémiques, trois degrés phonétiques de longueur vocalique et consonantique qui se prêtent à une diversité d'interprétations phonologiques,

1. *lina*, « lin, toile »;
2. *liña*, « château » (génitif);
3. *linña*, « château » (illatif).

Ces trois degrés de quantité participent dans un système de consonnes beaucoup plus compliqué que celui du finlandais. Ce qui est très remarquable et qui est en partie la source de beaucoup de polémiques, c'est le fait que dans un paradigme donné ne peuvent figurer que deux des trois degrés de quantité.

L'estonien ignore l'harmonie vocalique. Au contraire, dans le mot estonien ne peuvent figurer dans une syllabe, au-delà de la première syllabe, que les voyelles *i u e* et *a* (à l'exclusion de *o ü ö ä* et *ə*).

Le nom a quinze cas qui forment un système semblable au finnois, contenant aussi un abessif (« sans ») et un comitatif (« avec ») productifs, et un terminatif (« jusqu'à »).

A côté du mode narratif (qui n'exige pas de désinences personnelles et se réfère à une action vérifiée par le locuteur), la structure du verbe estonien est parallèle à celle du finnois.

Les autres langues balto-finnoises occupent, quant à leurs structures phonologiques et grammaticales, diverses positions de similarité vis-à-vis du finnois et de l'estonien.

LE LAPON

Des diverses langues lapones, c'est le parler dit « lapon de Norvège » qui est le plus répandu et le mieux connu. C. Nielsen en a établi une orthographe plus ou moins adaptable à une partie des autres parlers.

Le consonantisme du lapon se distingue par une série de clusils (et affriquées) sourdes aspirées et une série de sourdes non aspirées correspondante *(p : b)* et par une paire de fricatifs dentaux qu'on ne retrouve que rarement parmi les langues ouraliennes. Dans le vocalisme on constatera trois degrés d'aperture dans deux dimensions (antérieure et postérieure) :

```
m  n  ń        ŋ
p  t     c  č  k              i  u
b  d  d' ӡ  ӡ̌ g      r  j  h  e  o
f  θ     s  š                 a  ɔ
v  δ           γ
   l  l'
```

L'harmonie vocalique est absente en lapon. L'alternance de consonnes est, pourtant, très complexe et affecte non seulement les clusils mais aussi les combinaisons de consonnes et les fricatives (par exemple, *kt : vt, ss : s, δδ : δ*).

Le nom a sept cas productifs, dont un locatif qui correspond, du point de vue du contenu, à l'élatif et à l'inessif du finnois. Les deux nombres se syncrétisent à l'essif.

Le lapon se distingue de toutes les autres langues ouraliennes occidentales en ce que les pronoms personnels, les suffixes possessifs et le verbe connaissent la catégorie du duel. Dans le paradigme des suffixes possessifs, le possesseur est exprimé à trois nombres et trois personnes alors que le possédé n'est exprimé qu'à deux nombres. Cela correspond au fait que les pronoms ont un duel mais que les noms l'ignorent.

Le verbe est caractérisé par les mêmes modes et les mêmes temps que le finnois, par un passif personnel et par le paradigme négatif. Le système dérivatif du lapon, surtout déverbal, est extrêmement productif et capable d'exprimer de nombreuses nuances.

| | Possession ||
	Singulier	Pluriel
Possesseur s 1	mon X	mes Xs
2	ton X	tes Xs
3	son X	ses Xs
d 1	l'X de nous deux	les Xs de nous deux
2	l'X de vous deux	les Xs de vous deux
3	l'X d'eux deux	les Xs d'eux deux
p 1	notre X	nos Xs
2	votre X	vos Xs
3	leur X	leurs Xs

LE MORDVE

La phonologie du mordve, représentée ici par le dialecte erza, parlé surtout à l'est de la courbe du fleuve Volga, rappelle à maints égards celle du russe, parallélisme qui a inspiré la fameuse étude de N. S. Trubetskoy :

```
m  n  ń
p  t  t́  c  ć  č  k       r  ŕ
b  d  d'          g       l  l'           e  o
      s  ś  š         j                a
v     z  ź
```

On remarquera que la corrélation de palatalisation se borne à la zone articulatoire apico-dentale, tandis qu'en russe elle comprend aussi les labiales. En général l'accent tombe sur la première syllabe des mots à deux syllabes, et sur la pénultième des mots à trois ou quatre syllabes. Or l'on constate des alternances d'accent dans les polysyllabes qui n'ont pas pas encore été éclaircies.

Le mordve connaît l'alternance *e/o,* qui correspond à une espèce d'harmonie vocalique. Mais il y a aussi une espèce d'harmonie des consonnes qui tend vers la fin du mot : la palatalisation, qui a lieu lorsque deux consonnes se trouvent en succession immédiate; par exemple :

Nominatif : *sur*, « doigt » *veľe*, « village » *kaŕ*, « chaussure d'écorce »
Inessif : *sur-so* *veľe-se* *kaŕ-śe*
Ablatif : *sur-do* *veľe-de* *kaŕ-de*

Le trait le plus frappant de la morphologie mordve est la présence d'une déclinaison déterminée, à l'article défini postposé (analogue à celui du roumain ou du suédois). Le mordve est la seule langue ouralienne qui ait un tel article.

Nominatif	*kudo*, « maison »	*kudo-ś*, « la maison »
Génitif	*kudo-ń*	*kudo-ńt́*
Allatif	*kudo-ńeń*	*kudo-ńt́-eń*
Ablatif	*kudo-do*	*kudo-ńt́*
Inessif	*kudo-so*	*kudo-so-ńt́*
Élatif	*kudo-sto*	*kudo-sto-ńt́*
Illatif	*kudo-s*	*kudo-zo-ńt́*
Prolatif	*kudo-v(a)*	*kudo-va-ńt́*

Au pluriel, l'opposition « déterminé : non déterminé » n'existe qu'au nominatif. En dehors des cas indiqués ci-dessus, il y a un translatif *(-ks)*, un comparatif *(-ska)*, un abessif *(-vtomo/-tomo/-teme)*, et un latif textuellement fréquent bien que non productif *(-v/ -j)*.

Le paradigme possessif du nom contient plus de catégories que le système analogue finnois :

				Possesseur		
	Singulier			Pluriel		
	1	2	3	1	2	3
Possession s	*-m*	*-t*	*-zo*	*-mok*	*-nk*	*-st*
p	*-n*	*-nt*	*-nzo*	*-nok*		

Les cas de syncrétisme se multiplient lorsque le nom porte des désinences de cas.

A côté de la conjugaison normale, dite subjective, il y a, en mordve, un paradigme de conjugaison dite objective, dans lequel les désinences indiquent non pas seulement la personne de l'acteur (sujet) mais aussi la personne de l'objet. Ainsi, *pala-n*, « j'embrasse » : *pala-ta-n*, « je t'embrasse ». Selon la règle générale, n'importe quelle personne peut être ainsi exprimée dans l'objet, sauf la personne du sujet lui-même (c'est-à-dire que la conjugaison objective n'est pas une conjugaison réflexive). Or la troisième personne, qui peut avoir un objet de troisième personne non réflexif (exemple français : il se, il le), n'observe pas cette restriction. Les manuels négligent en général d'indiquer le calcul des syncrétismes; voici le schéma des formes de conjugaison objective avec l'objet en première et deuxième personne (présent) :

	Objet en		
Première Personne		Deuxième Personne	
Pluriel	Singulier	Singulier	Pluriel
	-*samak* (sujet : s 2)	-*tan* (sujet : s 1)	
	-*samam*	-*tanzat*	
	(sujet : s 3)		
-*samiź* (sujet : s, p,: 2, 3)			-*tadiź* (sujet : s, p: 1, 3)

Donc, il n'y a pas une forme pour chaque permutation de sujet et objet, mais un paradigme dont le syncrétisme, surtout au pluriel, ressort d'une manière frappante : par exemple, *pala-tanzat*, « elle t'embrasse », *pala-samiź* « n'importe quelle personne du pluriel) m'embrasse ». Le mordve connaît aussi la conjugaison des noms à la première et deuxième personne (« je suis un ... », etc.).

L'infinitif du verbe est identique à l'illatif du nom (-*s*) d'action : *čačo-m-s*, « cp. » *čačo-ma* « (l'acte de) vivre ».

Exemples de dérivations : *čačo-m-s*, « vivre » : *čač=to-m-s*, « faire naître » : *čač=to-ma-ń*, « tribal, hérité, relatif à la parturition ». L'élément *-ń* de la dernière forme citée est identique au génitif (exemple français, de champs = champêtre).

Dans le texte suivant, tiré de Paasonen, *Mordwinische Chrestomathie*, 1909, pages 10-11, on notera certaines particularités syntaxiques : l'objet partitif formé avec l'ablatif (« son œil »); l'emploi de l'illatif (« [mouvement] dans l'eau ») = « pour chercher de l'eau »); l'inessif employé comme instrument *(karamìsla-so);* l'objet du verbe dans la conjugaison objective, qui est au génitif *(óvto-ń)*. L'accent grave indique l'accent du mot.

ŕiveś	*mèŕ-i*	*ovtò-ńeń*	*sel'me-m*	*tàrg-ija*	*toń-ś*
renard	dit	à l'ours :	« mon œil,	je l'ai tiré	le tien
sN	prét.	alat.	sL	conj. obj.	sN

tàrg-ik	*óvto*	*targ-ì-źe*	*sel'me-de-nze*	*jàrc-i*
tire-le! »	ours	le tira	(et) de son œil	il mange
impér. conj. obj.	sN	conj. obj.	abl., s3	prés.

ruz+àva	*mol'-ś*	*vet-s,*	*karamìsla-so*	*òvto-ń*
une Russe	vint	(pour chercher)	(et) avec (le)	ours
sN mot comp.	prét.	de l'eau illat.	bâton iness.	G

jaž-i-źe.
elle tua.
conj. obj.

LE TCHÉRÉMISSE

Le tchérémisse se divise en deux grands groupes dialectaux, occidental et oriental. Les remarques qui suivent se réfèrent au dialecte de Koz'modemiansk (groupe occidental). Dans le vocalisme, on remarquera l'opposition « voyelle réduite antérieure : postérieure »; dans le consonantisme, la série de fricatives sonores qui s'oppose à une série d'occlusives et affriquées sourdes. Phonologiquement sourde, cette série contient aussi des variantes conditionnées sonores, comme dans [*pìδä-š*], « lier, nouer, tricoter » et [*jàlx-m+bidä-š*], « se chausser ».

```
m  n     ń  ŋ
p  t  c  č  k                          i  ü  u
v  ð  z  ž              l  l'  r  j    e  ö  o
                                       ä     a

         s  š                          ə     ɒ
```
(réduites).

La diversité dialectale se manifeste surtout dans les correspondances interdialectales des affriquées, des sifflantes et chuintantes et, dans d'autres dialectes, des palatales, ainsi que dans l'existence de deux sortes de voyelles réduites. L'accent écarte les syllabes à voyelle réduite, mais en général semble pouvoir tomber sur n'importe quelle syllabe du mot.

Le nom a treize cas :

Nominatif	Génitif	Accusatif	Cas grammaticaux
Inessif	Ablatif	Allatif	Cas locaux
	Élatif	Illatif	
Comitatif	Abessif	Instructif	Cas purement adverbiaux
Modal	Circonstanciel		

D'après la nature des thèmes, on répartit les verbes en deux groupes : consonantique et (à thème) vocalique. Le défectif (ou sollicitatif), qui n'existe qu'à la deuxième personne, mis à part, il y a quatre autres modes : indicatif, impératif, conditionnel et désidératif.

LE PERMIAK OU ZYRIÈNE

Nous présentons dans cette section le dialecte permiak ou zyriène (parler du Yousva). Dans l'Union soviétique,

1354   LES FAMILLES DE LANGUES

le permiak jouit du statut d'une langue littéraire (zyriène permiak) à côté du zyriène proprement dit (zyriène komi).

```
m n ń
p t t́ ć č    k           i y u
b d d' ź ž   g           e ə o
  s ś š                    a
  z ź ž          r j
(l) l'
```

Dans le système phonologique, on remarquera surtout les séries sonores complètes, l'opposition *ə* : *č*, (mais l'absence d'un *c* non palatalisé et non chuintant), la présence de *l'* mais l'absence de *l* (qui ne paraît que dans des mots étrangers), et l'opposition *y* : *ə* (*ə* est voyelle pleine). L'accent tombe sur la première syllabe du mot mais tend — dans les mots de plus de deux syllabes — à se fixer sur des suffixes dérivatifs situés vers la fin du mot. Les mots russes préservent d'habitude leur accent.

Le permiak ignore l'harmonie des voyelles et l'alternance des degrés de consonne, mais connaît en échange des alternances consonantiques qui affectent surtout les séries dentale et apicale, par exemple : *veź-*, « laisser » (« aller, tomber », etc.) : *več=ć-*, « descendre », dont =*ć-* est un suffixe réflexif qui existe, ailleurs, sous les formes =*ś-* et =*iś-*, exemples : *puk=àv-*, « être assis », *puk=ś-*, « s'asseoir », *vept-*, « lever », *vept=iś-*, « se lever, s'élever ».

1	nominatif		*ki*, « main »	*ki-ys*, « sa main »	*me*, « je »
2	accusatif		*ki-əs*	*ki-s-ə*	*me-nə*, « moi »
3	adessif		*ki-vən*	*ki-ys-vən*	*me-nam*
4	allatif		*ki-və*	*ki-ys-və*	*me-nym*
5	ablatif		*ki-viś*	*ki-ys-viś*	*me-nćim*
6	inessif		*ki-yn*	*ki-a-s*	*me-yn*
7	illatif		*ki-ə*	*ki-a-s*	*me-y*
8	élatif		*ki-iś*	*ki-ś-iś*	*me-iś*
9	approximatif,	« à, vers »	*ki-vań*	*ki-ys-vań*	*me-vań*
10	égressif	« de chez »	*ki-śań*	*ki-ys-śań*	*me-śań*
11	terminatif	« jusqu'à »	*ki-əǯ*	*ki-əǯ-is*	*me-y'ʒ*
12	prosécutif	« le long »	*ki-ət'*	*ki-ət-is*	*me-at*
13	comitatif	« avec »	*ki-kət*	*ki-ys-kət*	*me-kat*
14	caritif	« sans »	*ki-təg*	*ki-ys-təg*	*me-təg*
15	préclusif	« sauf »	*ki-śa*	*ki-ys-śa*	*me-śa*
16	instrumental	« à »	*ki-ən*	*ki-na-s*	*me-ən*
17	consécutif	« pour »	—	—	*me-və*

Le système nominal comprend seize cas et deux nombres. A remarquer : le syncrétisme de l'inessif et de l'illatif (6, 7) dans la déclinaison à suffixes possessifs et l'inversion de l'ordre des suffixes casuels et personnels dans les mêmes cas, ainsi que dans l'élatif, le terminatif, le prosécutif, et l'instrumental (8, 11, 12, 16). Le paradigme pronominal connaît quatre cas (2-5) qui diffèrent considérablement du paradigme nominal; il contient aussi un cas (17) qui n'existe pas dans le paradigme du nom.

Désinences verbales (les voyelles entre parenthèses sont facultatives) :

		Présent	Prétérit	Parfait	Verbe négatif Présent	Verbe négatif Prétérit
S.	1	-a	-i	—	o-g	e-g
	2	-an	-i-n	-əma-t	o-n	e-n
	3	-ə	-i-s	-əm(a)	o-ẓ	e-ẓ
P.	1	-am(ə)	-i-m	—	o-gə	e-g(ə)
	2	-at(ə)	-i-t(ə)	-əma-ś	o-d(ə)	e-d(ə)
	3	-ən(y)	-i-sə		o-ẓ(ə)	e-ẓ(ə)

Le futur ne se distingue du présent qu'à la troisième personne : singulier, -as, pluriel, -asə. Il y a aussi un impératif, un conditionnel et des temps composés (imparfait, plus-que-parfait, négatif de l'impératif). Le verbe négatif à l'imparfait est *abu* (deuxième et troisième personne, singulier et pluriel).

Exemples de dérivation : (permiak) *guśàv-*, « voler », *guśàv=iś*, « voleur » (en zyriène on trouve : *gu-*, « voler », *gu=ś*, « voleur », *gu=ś-ən*, « en secret »).

Dans l'échantillon de texte (de T. E. Uotila, *Syrjänische Chrestomathie mit grammatikalischem Abriss und etymologischem Wörterverzeichnis*, p. 28, Helsinki, 1938), on notera les mots empruntés au russe : *myžỳk, d'eṅga, i, tokon, šapka, že.*

eš-emaś	myžỳk-ven	d'eṅga-jez	i	àbu
furent perdus	à (un) homme	de l'argent	et	ne pas
parf., p3	adess.	plur.		

verm-əma-ś	àžž-yn	guśàv=iś-əs. ...	'tòkon
pouvaient	trouver	le voleur	seulement
imparf. (vb. nég.)	infin.	acc.	

viẓ=ət-ə	guśàv=iś-vən. ...	šapka	ənì	že
regardez	au voleur	le bonnet	maintenant	voilà
impér., p2	adess.			

pònd-as	sòć-ć-yny".	ətik	myž ỳk	i	kuć=ćìś-i-s
commencera	à brûler	un	homme	et voilà	saisit
futur, s3	infin.				prét., s3

às-va-s	šàpka	bèrd-ə ...
son	bonnet	vers ...
pron. refl.		illat. (postposition)

Les dialectes du zyriène se rangent d'après les correspondances de *l en position initiale et finale :

Groupe dialectal	« être »	« cheval »	initiale	finale
I	lo-	vəv	l-	-v
II	lo-	vəl	l-	-l
III	vo-	və	v-	zéro
IV	vo-	vəv	v-	-v

Le permiak appartient donc au groupe IV. Cela explique aussi l'absence de *l* dans le vocabulaire autochtone.

LE VOTIAK

La structure grammaticale du votiak rappelle celle du zyriène. De manière générale cela vaut aussi pour la phonologie, sauf en ce qui concerne l'accent qui est rattaché à la dernière voyelle du mot en votiak.

L'OSTIAK

Le vocalisme de la première syllabe du dialecte ostiak de Cherkaly (d'après W. Steinitz) a la corrélation « pleine :

réduite », une corrélation d'arrondissement *(u, o : e, a)*, et une corrélation de hauteur vocalique.

	Pleines	Réduites
Rétrécies	*e* *u*	*ĭ* *ŭ*
Ouvertes	*a* *o*	*ă* *ŏ*

Dans les syllabes non initiales, on ne rencontre qu'un système limité :

        pleines : *a e*
        réduites *ə ĭ*

où *ə* fonctionne analoguement à *a*. Dans le consonantisme

    m n   ń   ŋ
    p t   t́   k   r
        s ś š x
    w   j   γ
      l   ĺ

on pourrait considérer la série *w j γ* comme des semi-voyelles. Lorsque l'accent ne tombe pas sur la première voyelle du mot, il caractérise généralement une voyelle pleine entourée de voyelles réduites (par exemple : *ńar=èmə-s*, « il poussa »).

Les cas d'alternances vocaliques sont exceptionnels dans la flexion, mais plus répandus — sans être productifs — dans la dérivation, par exemple : *num-*, « se souvenir », *nŏm=əs*, « une pensée », *ŭm-*, « caver », *um=pə*, « louche, puisoir ». Une alternance de consonnes, *l : t*, affecte le suffixe possessif de la troisième personne du singulier : *xot-əl*, « sa maison », *xop-ət*, « son canot »; elle est entraînée par la finale *t* de *xot*, « maison ».

Dans ce dialecte, les noms ont trois cas et trois nombres :

	Singulier	Duel	Pluriel
Absolu	*xot*, « maison »	*xot-ŋən*	*xot-ət*
Latif	*xot-a*	*xot-ŋen-a*	*xot-ət-a*
Locatif	*xot-na*	*xot-ŋen-na*	*xot-ət-na*

Le temporel (*sŭs-ən*, « en automne ») et le vocatif (*aś-ija* « père ! ») ne sont guère productifs.

Système des suffixes possessifs :

			Possession		
			Singulier	Duel	Pluriel
Possesseur	s	1	*xop-em*	*xop-ŋət-am*	*xop-t-am*
		2	*xop-en*	*xop-ŋət-an*	*xop-t-an*
		3	*xop-ət*	*xop-ŋət*	*xop-t-at*
	d	1	*xop-emən*	*xop-ŋət-amən*	*xop-t-amən*
		2, 3	*xop-ən*	*xop-ŋət-ən*	*xop-t-ən*
	p	1	*xop-ew*	*xop-ŋət-əw*	*xop-t-əw*
		2	*xop-ən*	*xop-ŋət-ən*	*xop-t-ən*
		3	*xop-at*	*xop-nət-at*	*xop-t-at*

On remarquera que la deuxième personne du duel est homonyme à la deuxième du pluriel, à noter également : *xop-t-at*.

Le verbe connaît les catégories suivantes : passif, actif ; dans l'actif : conjugaison subjective, objective ; deux temps (présent et prétérit) ; trois personnes à trois nombres ; et l'impératif. Dans la conjugaison objective, le nombre de l'objet est indiqué à côté de la personne et du nombre du sujet. Le tableau suivant met en relief les morphèmes qui se rattachent aux catégories verbales. (On remarquera que le signe de l'opposition « présent : prétérit » est *t : s*. L'impératif n'a que des suffixes de personne : 2ᵉ singulier, *-a*, 2ᵉ duel et pluriel, avec objet duel et pluriel, *-ata*.

Formes nominales du verbe : deux participes (présent et prétérit), infinitif et gérondif.

Pour la dérivation, Steinitz donne trente-neuf suffixes pour la formation de verbes (par exemple : *ńăr-*, « déchirer », *ńăr=èmə* [momentané], « pousser ») et vingt et un suffixes pour former des noms et d'autres parties du discours (par exemple : *šuk*, « misère » : *šuk-*, « misérable »).

ainsi que dans le consonantisme; *a* bref est toujours arrondi, [*ɔ*]. (Certains dialectes distinguent deux phonèmes, *ä* et *e,* qui correspondent à *ä* dans le système présenté ici).

L'harmonie des voyelles opère selon des règles analogues mais non identiques à celles du finnois : ne peuvent coexister dans le mot non composé les voyelles antérieure arrondies avec les voyelles postérieures. Les voyelles non arrondies antérieures sont « neutres » : *titok,* « secret », *cäruza,* « crayon ». Des groupes de deux *(ä : a, u : ü)* ou trois *(o : ö : ä,* harmonie d'arrondissement) voyelles peuvent participer aux alternances suffixales :

deux	trois
vār-ra, « sur le château » 1.	1. *vār-hoz,* « au château »
vēr-rä, « sur le sang » ⎱ 2.	2. *vēr-häz,* « au sang »
bŏr-rä, « sur la peau » ⎰	3. *bŏr-höz,* « à la peau »

La phonologie du mot exige que deux consonnes juxtaposées qui participent à la corrélation de sonorité (c'est-à-dire toute consonne, sauf les nasales, *r, l,* et *j*) doivent être ou bien sonores ou bien sourdes. Cette règle entraîne des assimilations régressives : *fok,* « degré » : *fog-ban,* « dans le degré » (*k : g* devant la sonore *b*) mais *fok* « dent » : *fog-ban* « dans la dent »; *fok-tōl* « du degré; *fog-tōl* « de la dent ». La consonne initiale du suffixe peut donc être considérée comme l'agent conditionnant la présence de sonorité ou son absence dans la consonne finale du thème. La consonne *h* opère, à cet égard, comme consonne sourde : *fog,* « dent » : *fok-hoz,* « vers la dent ». Une règle semblable exige l'assimilation des affriquées et des fricatives sifflantes aux chuintantes : *igaz,* « vrai », + *-šāg* (suffixe dérivatif abstrait) = *igaš-šāg,* « vérité », dont *z : s* devant sourde, et *s : š* devant chuintante. Une règle similaire exige l'assimilation des occlusives dentales et apicales : *kēt,* « deux », + *-šēg* (suffixe abstrait) = *kēč-čēg,* « doute, désespoir » (par voie de **kēt=čēg* en sens progressif — assimilation de clôture — et *kēč=čēg* en sens régressif — assimilation d'affrication).

Sur les dix-sept cas productifs du hongrois, dix (numéros 8 à 17) forment un système locatif ainsi ordonné :

	Repos	Mouvement	
		à partir de	vers
dans	Inessif 8	Élatif 9	Illatif 10
à	Adessif 11	Ablatif 12	Allatif 13
sur	Superessif 14	Délatif 15	Sublatif 16
		(jusqu'à) Terminatif 17	

		Singulier	Pluriel	Pronom personnel (1re pers. singulier)
1	nominatif	*fog*, « dent »	*foga-k*	*ēn*
2	accusatif	*foga-t*	*foga-k-at*	*ängämä-t*
3	datif	*fog-nak*	*foga-k-nak*	*näkä-m*
4	causatif	*fog-ērt*	*foga-k-ērt*	*ērtä-m*
5	formel	*fok-kēnt*	*foga-k-kēnt*	—
6	factitif	*fog-ga*	*foga-k-ka*	
7	instrumental	*fog-gal*	*foga-k-kal*	*välä-m*
8	inessif	*fog-ban*	*foga-g-ban*	*bännä-m*
9	élatif	*fog-bōl*	*foga-g-bōl*	*bälōlä-m*
10	illatif	*fog-ba*	*foga-g-ba*	*bälē-m*
11	adessif	*fog-näl*	*foga-k-näl*	*näla-m*
12	ablatif	*fok-tōl*	*foga-k-tōl*	*tōlä-m*
13	allatif	*fok-hoz*	*foga-k-hoz*	*hozzā-m*
14	superessif	*fog-on*	*foga-k-on*	*rajta-m*
15	délatif	*fog-rōl*	*foga-k-rōl*	*rōla-m*
16	sublatif	*fog-ra*	*foga-k-ra*	*ra-m, räam*
17	terminatif	*fog-ig*	*foga-k-ig*	—

Les latitudes combinatoires des sept autres cas sont limitées et se lient à certaines catégories sémantiques : (18) l'essif, par exemple *franciā-ul,* « en français », n'existe que rarement au pluriel mais il peut se combiner avec des suffixes possessifs : *kēm-ünk-ül,* « comme notre espion, en espion pour nous ». Les autres désinences n'apparaissent jamais après un thème pluriel ni après des suffixes de personne. Plus ou moins productifs sont : (19) le distributif, par exemple : *foga-nkēnt,* « (ration) par (chaque) dent » et, (20) le sociatif, par exemple : *foga-štul,* « (formant un ensemble) avec la dent ». Quatre cas sont pratiquement improductifs et frisent le statut de suffixes dérivatifs : (21) le modal, par exemple *vēg-läg,* « définitivement » (de *vēg,* « fin »); (22) le temporel, par exemple *öt-kor,* « à cinq (heures) »; parfois on rencontre ce suffixe *-kor* après un suffixe possessif, par exemple *mäg+ērkäz=ēš-äm-kor,* « au temps de mon arrivée »; à noter aussi l'absence de l'harmonie des voyelles, le seul phénomène de ce genre dans la suffixation; (23), l'itératif, par exemple *hav-onta,* « par chaque mois » (comparer avec *hō/hava-,* « mois »); et (24) le locatif (restreint à des noms de lieu, mais se retrouvant dans certains adverbes, par exemple *itt,* « ici », *ott,* « là »), comme : *d'ōr-t* ou *d'ōr-ött,* « à Győr (ville de Raab) ». Il y a trois autres cas (un multiplicatif, un modal-essif, et un autre formel) que l'on pourrait considérer comme des suffixes dérivatifs.

Les suffixes possessifs spécifient le nombre des possesseurs aussi bien que celui des objets possédés; le pluriel de ces derniers est exprimé par le suffixe *-ai-*, qui précède le suffixe possessif proprement dit et représente le deuxième suffixe de pluralité que nous rencontrons (voir *-k* dans le paradigme des cas).

Singulier	1	*karo-m,* « mon bras »	*karj-ai-m,* « mes bras »
	2	*karo-d*	*karj-ai-d*
	3	*karj-a*	*karj-ai*
Pluriel	1	*kar-unk,* « notre bras »	*karj-ai-nk,* « nos bras »
	2	*karo-tok*	*karj-ai-tok*
	3	*karj-uk*	*karj-ai-k*

Les voyelles thématiques (*kar*, « bras » : *karo-*, *fog*, « dent » : *foga-*) présentent certaines difficultés d'analyse. Cela ressort surtout des noms comme *kar*, « faculté (d'une université) », qui se distingue de son homonyme « bras » à la troisième personne du singulier *(kar-a)* et dans le paradigme entier du pluriel-possédé.

La dichotomie qui affecte le paradigme entier du verbe est celle de l'« objet défini de troisième personne : absence d'un tel objet ». Elle est analogue à l'opposition entre la conjugaison objective et subjective que nous avons rencontrée dans l'ostiak; par exemple : *sabač=čāgo-t akaro-k*, « je désire de la liberté », : *sabač=čāgo-m-at akaro-m*, « je désire ma liberté » (*akar*, « vouloir, désirer »; voir le tableau suivant). Seule la première personne du singulier prétérit ne connaît pas cette distinction systématique (mais voir aussi le présent et l'impératif). La première personne du singulier distingue aussi l'objet de deuxième personne (singulier ou pluriel) : *akar-lak*, « je te veux ». Ayant un paradigme entier, on pourrait considérer l'impératif comme directif : *akar-j-ak*, « (quelqu'un veut) que je désire ».

	Présent	Prétérit	Conditionnel	Impératif	
S 1	akaro-k	akar-t-am	akar-n-ēk	akar-j-ak	Conjugaison indéfinie (« subjective »)
2	akar-s	akar-t-āl	akar-n-āl	akar-j, akar-j-āl	
3	akar	akar-t	akar-n-a	akar-j-on	
P 1	akar-unk	akar-t-unk	akar-n-ānk	akar-j-unk	
2	akar-tok	akar-t-atok	akar-n-ātok	akar-j-atok	
3	akar-nak	akar-t-ak	akar-n-ānak	akar-j-anak	
S 1	akaro-m	akar-t-am	akar-n-ām	akar-j-am	Conjugaison définie (« objective »)
2	akaro-d	akar-t-ad	akar-n-ād	akar-j-ad, akar-d	
3	akar-ja	akar-t-a	akar-n-ā	akar-j-a	
P 1	akar-juk	akar-t-uk	akar-n-ōk	akar-j-uk	
2	akar-jātok	akar-t-ātok	akar-n-ātok	akar-j-ātok	
3	akar-jāk	akar-t-āk	akar-n-āk	akar-j-āk	
S 1	akar-lak	akar-t-alak	akar-n-ālak	akar-j-alak	Objet à la deuxième personne

La troisième personne (singulier, présent, indéfini) étant caractérisée par le suffixe zéro, la forme est identique à celle de la racine. Il y a néanmoins une série de verbes dont le signe de cette personne est *-ik*, par exemple :

fāz-ik, « il a froid ». Dans la langue littéraire, les verbes de cette classe se conjuguent selon le modèle de la conjugaison définie (donc : *fāzo-m,* « j'ai froid », etc.), bien que la plupart soient intransitifs (ou médio-passifs). Formes nominales du verbe : infinitif *-ni;* participe présent *-ō* (homonyme au nom d'agent, un suffixe dérivatif); participe passé *-t* (qui, aussi, fonctionne dans la dérivation); et participe futur *akar-andō,* « à désirer », et deux gérondifs : *-va* et *-vān,* « en …-ant ».

Le schéma ci-dessous, greffé sur l'adjectif *igaz,* « vrai, véritable, authentique, exact », servira à illustrer quelques procédés dérivatifs du hongrois, surtout la dérivation verbale et la dérivation des noms issus de verbes; les traductions françaises sont empruntées au *Dictionnaire général français-hongrois,* par Aurélien Sauvageot, Budapest, 1937.

Les suffixes déverbaux les plus productifs sont =*hat* (possibilité et aptitude), toujours le dernier d'une série de suffixes et complètement productif, =*tat* (ainsi que =*at,* causatif), et =*gat* (fréquentatif). Les suffixes peuvent paraître dans des ordres divers : *olvaš,* « lire » :

olvaž=gat=tat=hat, « il peut (=*hat*) faire quelqu'un (=*tat*) lisotter »,

olvaš=tad=gat=hat; « il peut faire des tentatives (=*gat*) à faire lire (=*tad*) quelqu'un ».

D'autres procédés, qu'on pourrait désigner par « protodérivatifs », se prêtent moins facilement à l'analyse et se lient d'habitude à des racines descriptives. Dans les exemples choisis ici, le cadre constant est une racine **Cor/Cör* (où C = toute consonne). Le corpus ainsi limité est complet; le trait marque la frontière de l'élément « proto-dérivatif ».

Les deux membres de la paire *-og* : *-dul* sont inséparables; l'un n'existe jamais sans l'autre. D'autre part, l'opposition « voyelle antérieure : voyelle postérieure » dans la racine est presque toujours complémentaire : lorsqu'un mot existe à voyelle antérieure, son pendant à voyelle postérieure manque; la seule exception en est *čor/čör*.

Cette série de racines se retrouve en partie sous une forme en *ng* [ŋg] qui remplace le *r* final. La série qui en résulte forme un nouveau point de départ pour d'autres procédés dérivatifs :

	VERBES	NOMS	ADJECTIFS
i g a z	*igaz=gat*, « diriger un établissement »	*igaz=gat=āš*, « direction, administration » *igaz=gat=ō* « directeur » *igaz=gat=ō=šāg*, « (personnes) de l'administration »	*igaz=gat=āš=i*, « de direction » *igaz=gat=ō-i*, « de directeur » *igaz=gat=ō=šāg=i*, « directorial »
	igaz=od-ik, « se régler d'après quelque chose »	*igaz=od=āš*, « action de se régler d'après quelque chose; (militaire) alignement »	
	igaz=īt, « rectifier, remettre en ordre » *igaz=īt=hat*, « être capable de rectifier »	*igaz=īt=āš*, « rectification, réglage »	*igaz=īt=ō*, « de réglage » *igaz=īt=hat=ō*, « rectifiable, réglable »
	igaz=ol, « justifier », certifier, vérifier » *igaz=ol=tat*, « vérifier l'identité de quelqu'un » *igaz=ol=hat*, « pouvoir justifier »	*igaz=ol=āš*, « légitimation, justification » *igaz=ol=vāń*, « carte d'identité » *igaz=ol=tat=āš*, « vérification d'identité »	*igaz=ol=āš=i*, « de justification » *igaz=ol=ō*, « justificatif, certificatif » *igaz=ol=atlan*, « injustifié, invérifié » *igaz=ol-t* (pcp.) « justifié » *igaz=ol=hat=ō*, « justifiable, vérifiable » *igaz=ol=hat=atlan*, « injustifiable »
	igaz=ul, « se justifier, se vérifier »	*igaz=ul=āš*, « justification »	

igaz : *igaš=sāg*, « vérité » ⟶ *igaš=šāg=oš*, « juste, équitable »,
igaš=šāg=oš=šāg, « justice, équité »,
igaš=šāk=talan, « injuste, inique »,
igaš=šāk=talan=šāg, « injustice, iniquité »,

: *igaz=i*, « authentique »
: *igazā=n*, « vraiment, pour de vrai » ⟶ *igazā=n=di* (lit.), « véritable »
: *igas=talan*, « inexact, contraire à la vérité ».

pör : *pöng* = *päng*, « sonner, tinter » (d'où *päng=ō̄*, unité monétaire);
dör : *döng*, « résonner, vibrer »;
čör : *čöng* = *čäng*, « bourdonner, sonner »;
zör : *zöng* = *zäng*, « retentir, résonner » (d'où *zong/ora*, « piano »).

Signalons enfin que cette analyse peut être poursuivie encore plus loin, par exemple :

fordul, « tourner »
ford=īt, « traduire »
forog, « tournoyer »
forg=at, « faire tourner »
} *forr*, « bouillir (de l'eau, la rage) »

forr=ad, « se cicatriser, se souder (un os) »,
forr=āz, « ébouillanter, infuser (du thé) »,
forr/ong, « être en effervescence »,
forr=al, « faire bouillir »,
forra=s, « soudure » ⟶
forra=s=t, « souder ».

	VOYELLE ANTÉRIEURE		VOYELLE POSTÉRIEURE	
LABIALE	*pör/ög*, « rouler » —	*pör/dül*, « faire un tour sur soi-même »	— *mor/og*, « gronder » *for/og*, « tournoyer »	— *mor/dul*, « rabrouer » *for/dul*, « tourner »
APICALE	*dör/ög*, « gronder » *čör/ög*, « croasser » *zör/ög*, « crisser »	*dör/dül*, « retentir » *čör/dül*, « cliqueter » *zör/dül*, « craquer »	*čor/og*, « couler » —	*čor/dul*, « couler » —
VÉLAIRE	— *gör/ög*, « rouler » *hör/ög*, « râler »	— *gör/dül*, « rouler » *hör/dül*, « râler »	*kor/og*, « grouiller » —	*kor/dul*, « bruit » —

La composition (*vaš+ut*, « chemin de fer », de *vaš*, « fer », et *ūt*, « voie »), est un procédé fréquent en hongrois. Encore plus caractéristique est la fusion de certains éléments adverbiaux à des verbes pour former des unités dont les membres sont séparables, par exemple : *idä+hos-t-a*, « il l'a apporté ici » (*idä*, « ici »), *ki hos-t-a idä*, « qui l'a apporté ici ? » (*ki*, « qui ? »). Les exemples qui suivent sont construits sur *hoz*, « apporter, amener, entraîner »; à la place des traductions littérales (*bä+hoz*, « apporter vers le dedans ») seront cités des sens plus figuratifs, donc moins évidents :

bä+hoz, « introduire »   – *bä*, « vers le dedans », cp. l'illatif;
ki+hoz, « produire »   – *ki*, « vers le dehors »;
lä+hoz, « publier, dériver »   – *lä*, « en bas »;
fäl+hoz, « mentionner »   – *fäl* = *föl*, « en haut »;
mäk+hoz, « amener une conséquence » – *mäg*, signe perfectif, cp. *mögē*, « derrière quelque chose »;
āt+hoz, « passer (quelque chose à la frontière) » – *āt*, « par, à travers ».

Le hongrois a un article (*a* devant mots à voyelle initiale, *az* devant consonnes) qui ressort aussi dans des oppositions adverbiales et pronominales « interrogatif : relatif »; *ki*, « qui ? » : *a/ki*, « qui »; *hol*, « où ? » : *a/hol*, « où »; *mi*, « quoi ? » : *a/mi*, « qui, que ».

L'échantillon du texte suivant est la première strophe d'un poème de Dezső (Désiré) Kösztolányi (1885-1936). Le texte en orthographe précède la version analysée, suivie d'explications :

> New York, te kávéház, ahol oly sokat ültem,
> hadd nyissam ki az ajtód, leülni még szabad tán,
> csak mint a koldusnak, aki pihen a padkán
> s megnézni, mi maradt belőlem és körültem.
> E nyári koraestén, hogy még mind vacsoráznak,
> meginnék asztalomnál egy langyos, esti kávét
> és mint hívő keresztény elmondanék egy ávét,
> multán az ifjúságnak, s multán a régi láznak.

1 *nujork, tä kāvē+hāz, a/hol oj šoka-t ül-t-äm,*
2 *had ńiš-š-am ki az ajtō-d, lä+ül-ni mēk sabattān,*
3 *čak mint a kolduš-nak, a/ki pihän a patkā-n*
4 *š mäg+nēz-ni, mi marat-t bälölä-m eš kŏr-ül=te-m.*
5 *ä ńār=i kora+äštē-n, hod' mēg mind vačorā=z-nak,*
6 *mäg+in-n-ēk astalo-m-nāl äd' land'oš, äšt=i kāvē-t*
7 *eš mint hīv-ö kärästēń äl+monda-n-ēk äd' āvē-t,*
8 *mul=tā-n az ifjū-šāg-nak, š mul=tā-n a rēg=i lāz-nak.*

1. New York, ô toi café, où j'étais assis bien des fois,
2. laisse-moi ouvrir ta porte, est-ce qu'il serait permis de s'asseoir encore ?
3. Comme le mendiant qui se repose sur la banquette
4. et (serait-il permis de) regarder ce qu'il y a encore de moi et autour de moi.
5. De bonne heure ce soir d'été, comme ils soupent tous encore,
6. je boirais à ma table un café tiède du soir
7. et comme chrétien croyant, je dirais un *Ave (Maria)*
8. au-delà de la jeunesse et au-delà de la vieille fièvre.

(1) *nujork* (nom du local); *kāvē*, « café », *hāz*, « maison », *kāvē+hāz* = « café (local) »; *a/hol*, « où »; *oj*, « tellement » = *ojan*, *šok*, « beaucoup », *-t*, accusatif; *ül*, « être assis » (prétérit, 1ʳᵉ pers. singulier);

(2) *hadd*, *had* (devant un mot à consonne à l'initiale), « eh bien, laisse-moi » (cp. *had'*, « laisser »; *had'd*, « laisse-le ! »); *nit*, « ouvrir », thème *niš-* devant *-š-* de l'impératif (conjugaison définie, 1ʳᵉ pers. singulier); *ki*, « en dehors », d'où *ki+nit*, « ouvrir (une porte), etc.); *az*, article défini; *ajtō*, « porte », *-d* suffixe possessif, 2ᵉ pers. singulier (le nominatif sert en objet ici); *lä+ül*, « s'asseoir », d'où *ül* (voir [1]), *-ni*, infinitif; *mēg*, « encore »; *sabad*, « libre, permis »; *tān = talān*, « peut-être »;

(3) *čak*, « seulement, uniquement »; *mint*, « comme »; *a*, article; *koldus̆*, « mendiant », *-nak*, datif; *a/ki*, « qui » (relatif); *pihän*, « se repose », 3ᵉ pers. singulier; *patka*, « banquette » (de *pad*, « banque »; *=ka/kā-* pourrait être considéré comme suffixe diminutif);

(4) *š = ēš*, « et »; *mäg+nēz*, « regarder » (*nēz*, « voir »), *-ni*, infinitif; *mi*, « quoi ? »; *marad*, « rester, demeurer », *-t*, prétérit (3ᵉ pers. singulier); *bālolä-m*, « de moi » (élatif de *ēn*, « je », où *-m* est suffixe de la 1ʳᵉ personne du singulier); *ēš*, « et »; *kör*, « cercle », *kör-ül*, « autour », *=t*, élément locatif, *-m*, 1ʳᵉ pers. singulier;

(5) *ä*, « ce »; *nār*, « été », *nār=i*, « estive »; *kora+* (seulement dans les mots composés) = *kora=n*, « tôt, de bonne heure »; *aštä*, « soir », *aštē-n*, superessif qui a souvent un sens adverbial; *hod'*, « comme, comment »; *mēg*, « toujours, encore »; *mind*, « tous, tout »; *vačorā=z-ik*, « souper, dîner », de *vačora*, « dîner » (nom), *-nak*, 3ᵉ pers. pluriel.

(6) *mäg+is-ik*, « boire » (complètement), *is-ik*, « boire », *in-n-ēk*, conditionnel, 1ʳᵉ pers. singulier, conjugaison indéfinie (thème *is/in-*); *astal*, « table », *-m*, suffixe possessif, 1ʳᵉ pers. singulier, *-nāl*, adessif; *äd'*, « un »; *land'oš*, « tiède »; *kāvē-t*, accusatif (voir [1]);

(7) *ēš*, « et »; *mint*, « comme, en, en qualité de »; *hiv=ö*, « qui croit », forme identique au participe passé de *his*, « croire »; *kärästēn*, « chrétien » (usage catholique; usage protestant : *käräst'en*); *äl+mond*, « raconter, relater, réciter », *mond*, « dire », *-n-ēk*,

conditionnel, 1ʳᵉ pers. singulier, conjugaison indéfinie; *äd'*, « un(e) »; *āvē-t,* accusatif pour : « Ave Maria »;

(8) *mul=tā-=n,* « après » (de : *mūl-t,* « passé, écoulé », participe passé de *mūl,* « passer [du temps] »), *=t/tā-* est un élément dérivatif (voir [4]) et *=n* un élément adverbial; *az*, article défini; *iffū=šāg,* « jeunesse », de : *iffū,* « jeune, jeune homme »; *-nak,* datif; *rēg,* « il y a longtemps », *rēg=i,* « d'antan, d'il y a longtemps »; *lāz,* « fièvre », *-nak,* datif; (*mul=tā=n* exige ici le datif).

LES LANGUES SAMOYÈDES

Pour des raisons généalogiques, on partage les langues samoyèdes entre un complexe septentrional (samoyède yourak, samoyède de l'Iénisséi, et samoyède tavgui) et un complexe méridional dont tous les membres, sauf le selkoup (autrefois samoyède-ostiak), sont aujourd'hui éteints. Les langues éteintes, le kamasse, motor (mator), koïbal, soyote, taïgui, sagaï, et le karagasse (probablement identique au kamasse), sont connues d'après les documents du XVIIIᵉ et du XIXᵉ siècle. Kai Donner a recueilli des données sur les derniers locuteurs kamasses en 1912-1914. Les populations qui parlaient ces langues se sont fondues avec des populations russes et altaïques de la région du Sayan dans la Sibérie méridionale.

Dans une thèse non publiée, E. K. Ristinen-Hagström a récemment examiné le phonétisme des langues samoyèdes du point de vue de leurs systèmes internes. On propose ainsi, pour le yourak :

```
m  ḿ  n  ń         ŋ
                              i           u
p  ṕ  t  t́  c  ć  k  ʔ        e     o
                                 a
b  b' d  d'       r  l  j
v        s  ś  x
```

et pour le selkoup :

```
m  n  ń  ŋ                 i  ü  y  u
p  t  t́  k  q     r  j     e  ö  ə  o
v  s  ś                     ä     a  ɔ
   l  l'
```

Les deux langues ont une occlusive à côté de l'occlusive vélaire (ʔ glottale, *q* post-vélaire). Le yourak, qui distingue une série forte d'une série douce, est remarquable à cause de son système de palatalisation qui semble être le plus développé parmi les langues ouraliennes, seule la série vélaire n'y étant pas soumise. Dans le vocalisme, c'est le selkoup qui est le plus riche. La corrélation d'arrondissement s'étend au vocalisme presque entier. La quantité vocalique est distinctive dans les deux langues.

Le yourak connaît l'harmonie des voyelles et, dans la flexion, quelques alternances de consonnes (par exemple, $m\,|\,w, n\,|\,d\,|\,t, x\,|\,g\,|\,k, x\,|\,\acute{s}, k\,|\,\acute{c}, \acute{s}\,|\,\acute{c}$).

Le nom yourak a trois nombres, sept cas productifs, neuf suffixes possessifs, une série de suffixes prédicatifs, et un suffixe qui se rattache au thème pour indiquer que les suffixes possessifs qui le suivent se réfèrent au but d'un complément indirect. Le nom non dérivé peut donc être un nom datif, un nom pur et un nom prédicatif :

Thème	Signe du complément indirect : « à, pour »	Suffixes possessifs	Nombre et cas	(1)
	Nombre et cas			(2)
	Suffixes prédicatifs			(3)

Le selkoup distingue le genre animé du genre inanimé au locatif et au datif. (Le ket, langue paléosibérienne avoisinante, se sert d'une distinction semblable dans le verbe).

Le verbe yourak a des conjugaisons subjective (formellement identique à la conjugaison prédicative du nom), objective et réflexive. Son système des temps se lie à l'opposition d'aspects duratif : momentané. Nos données sur les modes sont incomplètes : on en a signalé de cinq à dix.

TYPOLOGIE

Jetons un coup d'œil sur les traits les plus représentatifs des langues ouraliennes contemporaines, afin de préciser ce qui les distingue les unes des autres, d'une part, et ce distingue le groupe entier des autres familles linguistiques, d'autre part.

PHONOLOGIE

Nous rencontrons d'habitude un consonantisme où la corrélation de sonorité dans les occlusives joue un rôle secondaire. Ce n'est que dans les langues permiennes et dans le hongrois que l'opposition *p t k / b d g* est de nature purement phonologique. Le lapon et certains parlers samoyèdes, et peut-être l'estonien, connaissent une opposition *fortis / lenis*. Par contre, la corrélation de palatalisation (ou du moins l'existence d'une série palatale) se manifeste dans une grande partie des langues; par opposition, son absence est remarquable en finnois. En ce qui concerne la distribution des consonnes dans le mot, on constate, en général, l'absence des combinaisons de consonnes à l'initiale et à la finale. Dans le vocalisme, on reconnaît une tendance à la formation de systèmes ou de sous-systèmes « symétriques » où les voyelles postérieures tendent à faire pendant aux voyelles antérieures. Il y a des langues où les oppositions de quantité vocalique sont distinctives, tandis que les consonnes géminées résultent généralement de l'agglutination des morphèmes, c'est-à-dire qu'elles sont liées aux frontières morphémiques, bien que les thèmes — et même les suffixes — à consonnes géminées soient fréquents en finnois et en hongrois. Dans certaines langues ouraliennes, la corrélation d'arrondissement des voyelles antérieures joue un rôle essentiel; dans certaines autres, la même corrélation existe dans les voyelles postérieures *(u/y, o/ə)*. Il est intéressant de noter qu'il n'y a pas de langue ouralienne, sauf peut-être le selkoup, qui ait une série arrondie antérieure *(ü, ö)* et une série non arrondie postérieure *(y, ə)* à la fois, c'est-à-dire qu'il n'y a pas de langue ouralienne à vocalisme « turc ».

ALTERNANCES MORPHOLOGIQUES

Nous avons vu que l'harmonie des voyelles, — un trait dont l'importance a été exagérée par les manuels — n'existe pas dans toutes les langues ouraliennes et n'est,

	Finnois	Lapon	Mordve	Tchérémisse	Zyriène	Ostiak	Vogoule	Hongrois	Samoyède
Verbe négatif	+	+	+	+	+				
Conjugaisons objective : subjective			+			+	+	+	+
Duel		+				+	+		+
Accusatif chez le nom	(+)	(+)		+	+		(+)	+	+
Article défini			+					+	
Génitif	+	+	+	+					+

à vrai dire, qu'une règle qui restreint l'occurrence des voyelles dans la racine et dans les suffixes (qui se rattachent à la racine). L'alternance de consonnes se rencontre dans les langues balto-finnoises et dans le lapon; on l'a signalée aussi pour le samoyède. Ce phénomène résulte aussi de règles de distribution.

MORPHOLOGIE

Le tableau de gauche donne des renseignements sur des traits morphologiques qu'on ne rencontre pas dans toutes les langues ouraliennes. (Le signe (+) signifie : existe, avec réserves).

Les langues ouraliennes en général sont caractérisées surtout par les traits suivants : agglutination comme procédé grammatical primaire; suffixes possessifs chez le nom; système de cas locaux (minimal en ostiak); trois personnes au singulier et au pluriel; système développé de noms verbaux; systèmes ramifiés et productifs de dérivation.

D'autre part, les langues ouraliennes ignorent en général : les préfixes et les infixes, le genre grammatical (à noter pourtant la dichotomie animé : inanimé, en finnois, hongrois et selkoup,) le vocatif, et la distinction formelle entre adjectif et substantif. Les prépositions sont rares.

Le type de syntagme préféré est nominal, où le modifiant précède le modifié et où les complexes dépendants (subordonnés) se résolvent dans un verbe à personne qui, en général, paraît à la fin de la proposition. Les phrases adverbiales formées à l'aide de cas adverbiaux et des participes remplacent ce que nous considérons comme des phrases prépositionnelles et relatives (coordonnées). Les conjonctions sont rares ou empruntées. Un exemple de proposition « ouralienne » : « Faisant-la-chasse chasseur, dans-la-forêt se-promenant du-miel mangeant ours, tua », « le chasseur qui fit la chasse tua l'ours qui se promena dans la forêt et mangea du miel ».

Sur le plan du contenu, il y a des traits qui pourraient être considérés comme caractéristiques de l'ouralien. Nous n'en signalerons qu'un seul, qui ne se retrouve que très rarement dans les langues de l'Europe occidentale mieux connues : les termes de parenté. Le hongrois, par exemple, distingue l'âge du frère et de la sœur non pas à l'aide d'épithètes du genre de « aîné » et « cadet », mais dans la racine même :

bāt'ā-d, « ton frère aîné »   *nēnē-d,* « ta sœur aînée »

toi

öčē-d, « ton frère cadet »   *hūgo-d,* « ta sœur cadette »

La langue possède un terme général qui signifie « frère et sœur », sans spécification de sexe ou d'âge relatif : *täšt+vēr* (cf. l'allemand *Geschwister*) où l'on reconnaît les éléments *täšt,* « corps », et *vēr,* « sang ». Aussi y a-t-il *fi+vēr,* « frère », et *nö+vēr,* « sœur », dont le premier est rare et le deuxième s'emploie surtout à la place de *nēnē-* pour éviter la mention, même relative, de l'âge d'une femme. Ce système affecte les sphères les plus éloignées du parentage : *unoka+bāt'ā-d,* « ton cousin aîné » (*unoka,* « petit-fils, petite-fille »). Mais *nad'+bātā-d,* « ton oncle », se réfère à un frère aîné et à un frère cadet du père (ou de la mère ; *nad',* « grand »). Le mot n'a pas de pendant en **kiž+bāt'ā-d* (*kiš,* « petit »), et le jeu du système s'arrête ici. Le système de l'ostiak et du yourak expriment des relations encore plus compliquées, à l'aide d'un stock lexical plus riche. Le système de parentage finnois se rapproche du système « général européen », mais il connaît lui aussi l'opposition *setä-si,* « ton oncle paternel » : *eno-si,* « ton oncle maternel » (*-si* « ton »).

Le lexique ouralien est exceptionnellement riche en mots onomatopéiques et expressifs, un trait bien exploité dans les poésies populaires et littéraires des cultures de langue ouralienne.

PARTIE HISTORIQUE

C'est une typologie du genre de celle que nous venons d'esquisser — bien entendu, dans un cadre beaucoup plus élaboré — qui forme le point de départ de toute comparaison des langues ouraliennes. Les correspondances régulières de consonnes présentées dans le tableau qui suit sont généralement attestées par d'autres étymologies, quoique sur bien d'autres points les experts ne soient pas toujours d'accord.

Le tableau se limite aux langues finno-ougriennes, étant donné que les reconstructions samoyèdes et ouraliennes ne sont pas du même degré de certitude que celles des langues finno-ougriennes. Les formes devant le point-virgule proviennent des dialectes étudiés plus haut dans la partie descriptive, tandis que les autres proviennent d'autres dialectes. Le trait / sépare le nominatif du thème oblique (finnois et hongrois). Le point d'interrogation signale des correspondances incertaines.

PHONOLOGIE

Ainsi on a aussi proposé des phonèmes *δ, *δ', *ć, *č et *ś' (chuintante palatale, opposée à la sifflante palatale *ś et à la chuintante non palatale *š) pour reconstruire des formes qui ne se laissent pas facilement expliquer à l'intérieur du cadre primitif finno-ougrien :

nasales		m	n		ń		ŋ
obstruantes (sourdes)		p	t	s	ś	š	k
demi-voyelles		w			j		γ
liquides			r	l	l'		

D'une manière générale, il résulte des huit étymologies présentées que les langues ougriennes ont subi plus de

1376   LES FAMILLES DE LANGUES

TABLE DES CORRESPONDANCES DES CONSONNES

Reconstruction	*p-, *-ŋ(k)	*t-, *-tw-	*k-1, *-ŋk-	*k-2, *-l-
Finnois	pii	talvi/talve-dallve	kivi/kive-	kuole
Lapon	(?)		kev	—
Mordve	pej; peŋ, pev	tel'e	küi; küj	kulo-, kole-
Tchérémisse	püi; püj	tel; telv	...+ki	kuwə-; kul-
Zyriène	piń	tev, tel	kə	kul-
Votiak	piń	tol	kevə	kul-
Ostiak	peŋk	tåta	kaw; küw	xȯt-; kȧl-
Vogoule	poŋk, puyk; beŋ	tăl; tål	kō̇j/kȯvä-	xōl-; kȧl-
Hongrois	fog/foga-	tēl/tălā-		hal-(/hol-)
Sens	« dent, pierre à feu »	« hiver »	« pierre »	« mourir »

Reconstruction	*s-, *-n-	*š-, *-l-	*š-, *-ŋk-, *-r	*w-, *-ŋ-
Finnois	suomi/suone-	sata	hiiri/hiire-	väwü
Lapon	suodnə	čuoti	čejer; šejer (?)	vivv
Mordve	san	šado		ov (dialecte Mokcha)
Tchérémisse	šün; šin, šün	šüðə	šyr	viŋγə
Zyriène	san	šo	šyr	—
Votiak	san	šu	teŋkər	weŋ
Ostiak	ton	sot	taŋkar	—
Vogoule	tån	sāt; šåt	āgėr/āgėrä-	vōj/våjä-
Hongrois	in/ina-	száz/száza-		
Sens	« tendon, nerf, veine »	« cent »	« souris »	« beau-fils, gendre »

changements que les autres : *p- > f- en hongrois, *k- + voyelle postérieure > h- en hongrois et x- dans une partie des langues ougriennes de l'Ob (mais la conservation de *k- + voyelle antérieure), la chute de *s- et *š- en hongrois mais d'autres changements en ostiak et vogoule (voir aussi le *š en ougrien). Le mordve et les langues permiennes préservent mieux l'ancienne opposition *s : *š : *ś qui s'est simplifiée dans les autres langues. Les semi-voyelles (ou plutôt demi-consonnes) *w, *j et *γ à l'intérieur du mot ainsi que certains aspects de *η ont suivi des développements divers et présentent encore certaines difficultés. Les combinaisons « nasale-occlusive » *(mp, nt, ηk)* ont donné des séries sonores de clusils en permien et hongrois à l'intérieur du mot.

Quant à la reconstruction du vocalisme finno-ougrien primitif, les études se trouvent à un stade moins avancé, comme l'attestent les exemples dans le tableau plus haut. Les deux tendances les plus importantes et qui ont le plus contribué à cet aspect de la phonologie comparée sont : l'hypothèse de W. Steinitz suivant laquelle l'alternance vocalique (semblable aux langues germaniques), sporadique dans les langues ouraliennes de nos jours, caractérisait le finno-ougrien primitif, l'examen des vestiges de ces alternances permettant la reconstruction d'une série d'alternances plus ou moins régulières; et l'hypothèse contraire d'E. Itkonen, qui met en doute la régularité supposée de ces alternances et qui propose de reconstruire le vocalisme primitif du finno-ougrien en se basant sur une méthode plus conservatrice, appliquée à des sous-groupes (volgaïque, balto-finnois, lapon primitif, etc.) à leur tour. La polémique qui en a résulté est l'un des aspects les plus séduisants des études finno-ougriennes contemporaines.

MORPHOLOGIE

On a beaucoup débattu sur la chronologie et l'origine de l'alternance des consonnes et de l'harmonie des voyelles sans arriver à une solution unanime. Il est probable que celle-là s'est produite indépendamment en balto-finnois et en lapon d'un côté et dans certains parlers samoyèdes de l'autre (si elle existe en samoyède), et que

celle-ci n'est qu'une extension aux *suffixes* de l'opposition
« voyelle antérieure : postérieure » qui dominait assez
strictement la racine du mot finno-ougrien (comparer avec
l'existence de cette opposition dans les voyelles réduites
du tchérémisse d'aujourd'hui).

SYSTÈME GRAMMATICAL

La grammaire comparée nous donne une idée du
système grammatical finno-ougrien primitif; il en ressort,
par exemple, que les langues qui possèdent aujourd'hui
un grand nombre de cas ont formé leurs systèmes en
synthétisant des éléments déjà existants.

Mais, jusqu'à un certain point, on peut reconstruire
une partie du système des cas finnois sans avoir recours
aux autres langues, c'est-à-dire d'une manière purement
interne. Ainsi nous trouvons dans le finnois contemporain
deux séries de constantes :

	I	II
1	inessif : -*ssa*	adessif : -*lla*
2	élatif : -*sta*	ablatif : -*lta*

dont les éléments à dégager sont : *-s-*, signe de location
interne et *-l-*, signe de location externe. Au cours de
l'histoire, se sont rattachés à ces deux signes : un suffixe
signifiant l'absence de mouvement (repos) et un suffixe
signifiant mouvement d'écartement :

	I	II
1	*-s-na*	*-l-na*
2	*s-ta*	*-l-ta*

Or les suffixes -*na* et -*ta* sont identiques à l'essif et au
partitif du finnois contemporain.

C'est la comparaison de ces formes avec leurs pendants

dans les autres langues qui révèle que *-*na* et *-*ta*
signifiaient, en proto-finno-ougrien, respectivement un
état (essif, locatif, modal) et la séparation (ablatif, mouvement d'écartement). L'histoire de *-*s*- et de *-*l*- est plus
compliquée : on a suggéré qu'à l'origine celui-là était un
latif (mouvement vers) et celui-ci un suffixe dérivatif
indicateur de lieu.

A côté de *-*na* et *-*ta,* le proto-finno-ougrien connaissait un nominatif (signe zéro), un génitif *(*-*n)* et un
accusatif (*-*m,* devenu -*n* en finnois et donc syncrétisé
avec le génitif au singulier) :

Fonction syntaxique	État	Dépendance, séparation	But, mouvement vers
Cas grammaticaux	Nominatif (zéro)	Génitif (*-*n*)	Accusatif (*-*m*)
Cas adverbiaux	Essif, Locatif (*-*na*)	Ablatif, Séparatif (*-*ta*)	

La case vide est occupée par une variété de cas latifs de
nuances multiples qui varient de langue à langue (illatif,
allatif, terminatif, translatif, prolatif, consécutif, etc.; voir
la partie descriptive). Ce sont surtout des éléments
adverbiaux, probablement d'origine dérivative, qui ont
participé à leur formation.

On affirme généralement qu'il y a un rapport intime
entre les pronoms personnels et la série des désinences
indiquant la catégorie de personne (dans le verbe ainsi
que dans le nom). L'opposition « je, tu : nous, vous »
étant primitive et, du point de vue formel, supplétive, on
est tenté de considérer la catégorie du nombre comme
plus ancienne dans la sphère verbale que dans la sphère
nominale. Cela est d'autant plus plausible que : dans le
tchérémisse et dans les langues permiennes, le pluriel du
nom s'est probablement développé à partir de formes
lexicales (mots); que le nom mordve ne connaît de pluriel
qu'au nominatif, et que le finnois, le lapon et le hongrois

ont deux formes du pluriel *(*-t, *-k : *-i-)*. Il est donc probable que les catégories de nombre et de personne se sont répandues du verbe au nom, à partir des pronoms de première et de deuxième personne, singulier et pluriel. Notons que le signe de la troisième personne des verbes est souvent zéro ou le réflexe d'une forme nominale.

ÉVOLUTION

La position géographique des langues ouraliennes et la mesure dont les diverses langues de cette famille diffèrent dans leurs structures lexicales grammaticales ont suggéré une « généalogie binaire », dont la branche qui « survécut » est le balto-finnois. Cette généalogie, soutenue récemment par E. Itkonen (1960), prend donc la forme d'un arbre. (L'arbre « pousse » ici de gauche à droite. Les chiffres renvoient à la date, très approximative, de la cessation de l'unité du groupe respectif, avant Jésus-Christ; voir le tableau, page 1381).

A l'exception du lapon qui présente des problèmes à part (voir la typologie), cet arbre représente une hypothèse vraisemblable dont seul le détail a eu besoin de retouches. On pourrait pourtant aborder le problème de la parenté des langues ouraliennes à l'aide d'une hypothèse moins exacte, susceptible d'expliquer (pour le moment d'une façon très vague) certains chevauchements internes de l'ouralien.

Une telle hypothèse (« ondulatoire ») se fonderait sur la notion d'une série d'ondes émanant d'un noyau central, dont la première serait représentée par le lapon, le samoyède et le proto-ougrien, la seconde par le proto-permien, et la dernière par le complexe des langues volgaïques et balto-finnoises. On garderait ainsi la possibilité de justifier les chevauchements sus-mentionnés, et peut-être aussi certains autres problèmes que l'arbre généalogique rend moins manifestes.

C'est la collaboration entre linguistes, ethnologues (et, jusqu'à un certain point, aussi paléontologues) qui a fourni les dates des cessations supposées d'unités; cette collaboration nous a permis également d'aborder la reconstruction de quelques traits culturels des peuplades qui parlaient des langues ouraliennes pendant les périodes antérieures. L'étymologie comparative nous a fourni des données sur la pêche, la chasse, le logement et, en partie, sur les systèmes sociaux d'époques plus éloignées, sur les vêtements et sur le folklore, et même sur la religion de diverses périodes. En se basant sur des traits qui leur paraissent archaïques, les linguistes et les folkloristes ont abordé la question des origines et du développement des genres, mètres et tropes des poésies populaires ouraliennes. Des recherches musicologiques analogues ont été entreprises, surtout en Hongrie.

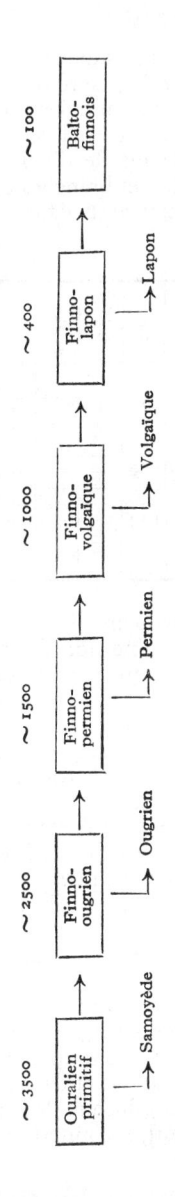

Mais c'est surtout l'étude des mots d'emprunt, qui ont pénétré dans l'ouralien à diverses époques qui a fourni des données incomparablement plus importantes pour dater certains points dans l'histoire de l'ouralien. Prenant pour modèle l'œuvre de pionnier d'A. Pictet (*les Origines indo-européennes ou les Aryas primitifs*, 1859 et 1877), l'examen du terrain, de la flore et de la faune de l'Europe du Nord-Est a révélé aux chercheurs des points d'appui pour spécifier une chronologie relative des contacts entre groupes ouraliens et groupes d'autres langues. A cet égard, les contacts les plus anciens furent pris entre le finno-ougrien primitif et une langue aryenne d'où dérive un groupe important de mots finno-ougriens (« cent », « abeille », etc.) que les langues samoyèdes ignorent. C'est ainsi qu'on peut proposer un terminus après lequel le proto-samoyède s'était déjà écarté de l'ouralien primitif.

Toute langue ouralienne contient des mots empruntés au slave (en général de date plus récente à mesure qu'on avance vers la partie orientale du terrain ouralien), et la plupart des langues ouraliennes (y compris les langues samoyèdes) ont des emprunts turcs datant de diverses périodes et provenant de diverses langues et branches de la famille turque. Voici le schéma des emprunts dans les langues finno-ougriennes :

	Finnois	Lapon	Mordve	Tchérémisse	Zyriène	Votiak	Ostiak	Hongrois
Slave en général	+	+	+	+	+	+	+	+
Vieux-iranien (aryen)	+	+	+	+	+	+	+	+
Proto-baltique	+	(+)	?	—	—	—	—	—
Proto-germanique	+	(+)	?	—	—	—	—	—
Vieux-norse	+	+	—	—	—	—	—	—
Scandinave en général	+	+	—	—	—	—	—	—
Tchouvache ancien	—	—	—	—	—	—	—	+
Tchouvache	—	—	—	+	(+)	+	—	—
Turc du Volga et Irtych	—	—	+	+	—	+	+	—
Autres langues turques	—	—	—	—	—	—	—	+

Parmi les emprunts que le lapon a reçus du finnois, il y en a beaucoup qui, à leur tour, sont d'origine non finno-ougrienne (baltique, germanique). Le hongrois comporte aussi des emprunts iraniens de date plus récente (remontant au séjour des Hongrois dans le Nord du Caucase, vers le VIIIe siècle), des emprunts de l'allemand et un certain nombre d'emprunts faits aux langues romanes (latin médiéval, italien, français, roumain).

A leur tour, les langues ouraliennes ont été également la source de mots d'emprunts dans d'autres langues. Il va sans dire qu'il y a des contacts entre des langues avoisinantes, qu'elles soient apparentées ou non. Ainsi le zyriène a enrichi l'ostiak et le samoyède yourak d'une quantité de mots ; l'ostiak a également emprunté des mots au yourak ; et des mots yourak ont pénétré et dans l'ostiak, et dans le zyriène. A part ces cas d'emprunts « en famille », il y a le cas du mot finnois *poika*, « fils, garçon », qui a donné le suédois *pojke*, « garçon » ; et une quantité de mots hongrois ont pénétré dans le roumain et dans les langues slaves voisines (slovaque, croate), jusque dans le polonais où l'on trouve : *hajnał* [haĭnau], « sonnerie du clairon au château de Cracovie », du hongrois *hajnal*, « aube, petit jour ». C'est principalement le hongrois qui est la source de quelques mots (mots qui ne sont pas, eux-mêmes, toujours d'origine ouralienne), généralement répandus en Europe, comme l'attestent les formes françaises « h(o)ussard » et « coche », du hongrois *husār* et *koči*. Un mot samoyède a pénétré jusqu'en anglais sous la forme *parka*, « vêtement extérieur (prototype en peau ou fourrure) ».

STANDARDISATION

A différentes étapes de leur histoire plus récente, les langues ouraliennes ont dû s'adapter d'une manière systématique au développement culturel et technique européen. Toutes les langues ouraliennes ont réagi à ce stimulus extérieur de deux façons : par des emprunts aux langues culturelles étrangères, et par des créations internes, basées sur le stock lexical existant (formation de calques plus ou moins exacts, emprunts aux dialectes et création spontanée).

En Hongrie, une période de plus d'un demi-siècle, marquée par des créations internes, commença à la fin du XVIIIe siècle et se développa avec une rapidité tellement exagérée que la création des mots a dû dépasser la cote normale d'absorption. Néanmoins il y a dans la langue de nos jours environ dix mille mots qui proviennent de cette période et des périodes successives (par exemple *aňag*, « matière », cp. *aňa*, « mère » : latin *mater : materia*).

En Finlande, une certaine aversion pour les mots d'origine étrangère, résultant en partie du mouvement nationaliste de la deuxième moitié du XIXe siècle, a toujours été renforcée par la structure phonologique de la langue elle-même qui, grâce au nombre réduit de consonnes et aux règles rigoureuses de distribution, n'est pas hospitalière aux emprunts directs. Ainsi, même un mot aussi « international » que « téléphone » a été remplacé par une forme autochtone finnoise, *puh=el=in* (de *puhu-*, « parler », *=el-*, suffixe dérivatif fréquentatif, *=in*, suffixe dérivatif d'instrument), bien que des formes comme *telefooni, telehvooni* aient existé. Un Bureau national d'orthoëpie s'occupe jusqu'à nos jours de l'introduction de terminologies nouvelles.

En Estonie, un bureau semblable existait entre les deux guerres mondiales, qui a enregistré les dernières phases de la naissance de la langue littéraire estonienne.

Le vocabulaire ecclésiastique lapon a été très enrichi par des modèles norvégiens, suédois et finnois.

Les textes mordves et zyriènes d'aujourd'hui contiennent souvent des phrases entières, presque dans leur forme originale, tirées du russe. Il va sans dire que de nos jours c'est le russe qui est la source des néologismes des langues ouraliennes de l'Union soviétique, bien que pendant la période initiale, après 1917, les langues autochtones de l'U.R.S.S. aient eu la liberté de se développer consciemment d'elles-mêmes. Aujourd'hui un dictionnaire russe-yourak (1948) contient le mot-tête : « *medal'*, fém. (traduit), *medal'* (médaille) », illustré d'une médaille. Cette tendance se laisse expliquer par la grande diversité linguistique de l'U.R.S.S.

Depuis 1917, toutes les langues ouraliennes de l'Union soviétique ont donné naissance à des langues littéraires qu'on a cherché à baser sur les dialectes de compréhension maximum. Elles se servent de l'alphabet cyrillique (sauf l'estonien), parfois adapté aux besoins des diverses langues.

RAPPORTS AVEC D'AUTRES FAMILLES

Signalons qu'on a cherché à établir des correspondances de genre génétique entre l'ouralien d'un côté et l'indo-européen, l'altaïque (turc-mongol-toungouze), le youkaghir (langue paléosibérienne en Sibérie orientale) et des langues encore plus éloignées comme l'eskimo, les langues tchouktches (région du Kamtchatka et Nord de la Sibérie), et le dravidien de l'autre. Quelques-unes de ces tentatives ont donné des résultats qui pourraient entraîner une reclassification des familles linguistiques de l'Eurasie septentrionale. Ainsi, les correspondances entre les systèmes pronominaux ouralien et indo-européen sont frappantes, et les traits typologiques (phonologiques et morphologiques) que l'ouralien partage avec les langues altaïques méritent d'être examinés plus en détail. Les obstacles qui ont empêché le progrès des recherches pourraient être formulés ainsi : les comparaisons indo-ouraliennes (langues indo-européennes et ouraliennes) et ouralo-altaïques sont dépourvues de la rigueur systématique qui est l'une des exigences les plus fondamentales de la linguistique comparative; d'autre part, les similarités qu'on peut observer entre ces groupes de langues peuvent être des vestiges de contacts datant de périodes pour lesquelles nos méthodes comparatives sont insuffisantes.

Pourtant, en considérant les constellations de complexes typologiques, on pourrait avancer la proposition que l'ouralien prend une position intermédiaire entre l'altaïque et l'indo-européen dans le vaste *continuum* linguistique eurasien qui se fond avec l'Afrique à un extrême (chamito-sémitique) et avec l'Amérique de l'autre (athabasque).

Robert Austerlitz.

BIBLIOGRAPHIE

B. Collinder, *Fenno-Ugric Vocabulary,* Stockholm, 1955.

B. Collinder, *Survey of the Uralic Languages,* Stockholm, 1957.

B. Collinder, *Comparative Grammar of the Uralic Languages,* Stockholm, 1960.

L. Hakulinen, *Structure et développement de la langue finnoise,* traductions russe (Moscou, 1953), anglaise (Bloomington, 1962) et allemande (Wiesbaden, 1957-1960, édition revue) de l'original finnois, Helsinki, 1941-1946, 2ᵉ éd. finnoise, Helsinki, 1961.

R. T. Harms, *Estonian Grammar,* Bloomington (Indiana), 1962.

E. Itkonen, *Zur Geschichte des Vokalismus der ersten Silbe im Tscheremissischen und in den Permischen Sprachen,* Helsinki, 1954.

E. Itkonen, *Die Vorgeschichte der Finnen aus der Perspektive eines Linguisten,* dans « Ural-altaische Jahrbücher », XXXII, pp. 2-24, Wiesbaden, 1960.

J. Lotz, *Das ungarische Sprachsystem,* Stockholm, 1939.

H. Paasonen, *Beiträge zur finnischugrisch-samojedischen Lautgeschichte*, Budapest, 1917.

A. Raun, *Über die sogenannte lexikostatistische Methode oder Glottochronologie und ihre Anwendung auf das Finnisch-ugrische und Türkische*, dans « Ural-altaische Jahrbücher », XXVIII, pp. 151-154, Wiesbaden, 1956.

A. Saareste, *Die estnische Sprache*, Tartu, 1939.

A. Sauvageot, *Esquisse de la langue finnoise*, Paris, 1949.

A. Sauvageot, *Esquisse de la langue hongroise*, Paris, 1951.

A. Sauvageot, *Langues ouraliennes*, dans *Les Langues du monde*, 2ᵉ éd., pp. 279-318, Paris, 1952.

I. N. Sebestyén, *Zur Frage des alten Wohngebietes der uralischen Völker*, dans « Acta Linguistica Academiae Scientiarum Hungaricae », I, pp. 273-346, Budapest, 1952.

S. Simonyi, *Die ungarische Sprache*, Strasbourg, 1907.

W. Steinitz, *Geschichte des finnisch-ugrischen Vokalismus*, Stockholm, 1944.

W. Steinitz, *Geschichte des finnisch-ugrischen Konsonantismus*, dans « Acta Instituti Hungarici Universitatis Holmiensis », B, I, pp. 15-39, Stockholm, 1952.

J. Szinnyei, *Finnisch-ugrische Sprachwissenschaft*, 2ᵉ éd., Berlin, 1922.

Cette bibliographie se borne à une partie des œuvres les plus importantes de date récente, d'une langue accessible.

Signalons ici, à titre de bibliographie supplémentaire, les domaines de la linguistique ouralienne et quelques-uns des auteurs les plus représentatifs. Une grande partie des travaux de ces auteurs ont paru en langues estonienne, finnoise, hongroise, norvégienne et russe.

Pour le finnois : A. Penttilä, E. N. Setälä.

Estonien et balto-finnois : P. Ariste, L. Kettunen, L. Posti, A. Saareste.

Lapon : K. Bergsland, K. Nielsen, P. Ravila, W. Schlachter.

Mordve : P. Ravila, H. Paasonen.

Tchérémisse : Ö. Beke, Y. Wichmann.

Permien : D. Fokos-Fuchs, V. I. Lytkin, B. Munkácsi, T. Uotila, Y. Wichmann.

Ostiak : K. F. Karjalainen, W. Steinitz.

Vogoule : B. Kálmán, A. Kannisto, M. Liimola, B. Munkácsi.

Hongrois : G. Bárczi, Z. Gombocz, D. Paizs.
Samoyède : P. Hajdú, A. Joki, T. Lehtisalo, N. M. Terechtchenko.

Ouvrages sur l'étymologie : Y. H. Toivonen et E. Itkonen; et grammaire comparée : P. Ravila, B. A. Serebrennikov et J. Szinnyei.

Signalons enfin l'ouvrage de l'Académie des Sciences hongroise : *A mai magyar nyelv rendszere. Leiró nyelvtan (la Structure de la langue hongroise de nos jours. Grammaire descriptive)*, en deux volumes, sous la rédaction de J. Tompa, 1961 et 1962.

LE BANTU ET SES LIMITES

Faut-il le redire ? Il le faut. Il le faudra sans doute encore longtemps. Redisons-le donc : il n'y a pas de race bantu. Il n'y a pas non plus de civilisation bantu, de coutumes bantu, d'art bantu... Il y a seulement des langues bantu, comme il y a des langues sémitiques ou des langues indo-européennes. « Bantu » est un terme technique linguistique, inventé par des linguistes pour les besoins de leur discipline, qui ne peut être utilisé qu'accessoirement en anthropologie sociale, et pas du tout en anthropologie physique. Il n'y a pas de « matriarcat bantu » : il y a des groupes sociaux de langue bantu à parenté matrilinéaire —, et d'autres, aussi nombreux, à parenté patrilinéaire. Il n'y a pas de « type bantu » : les langues bantu sont parlées par des dolichocéphales et par des brachycéphales, par des gens de très grande taille et par des gens de très petite. Il y a des agriculteurs de langue bantu, des éleveurs de langue bantu, des chasseurs de langue bantu, dans les montagnes comme dans les plaines côtières, dans la forêt dense comme dans les savanes présteppiques. Le nombre des parlers bantu — qui ne sont pas forcément coextensifs avec des entités sociales distinctes — varie, selon les auteurs, entre trois cent cinquante et près de sept cents, avec cinquante à soixante millions de locuteurs, répartis sur le tiers environ de la superficie totale de l'Afrique. L'ensemble ressortit au domaine négro-africain et c'est dans une perspective négro-africaine qu'on doit d'abord apprécier, puis tenter d'organiser en systèmes les faits ethnologiques et les caractères anatomiques observables. Le facteur linguistique n'intervient que dans la mesure, encore mal définie, où il existe un rapport entre les structures linguistiques et les modes de pensée: les recherches dans ce domaine n'ont encore obtenu que des résultats trop incertains pour justifier que l'on baptise, par exemple, « philosophie bantu », ce qui, jusqu'à preuve du contraire, n'est sans doute qu'*une* philosophie négro-africaine.

LE BANTU

Le domaine des langues bantu est limité au nord par une ligne allant du mont Cameroun (environ 4° Nord) sur l'Atlantique, à l'embouchure de la Tana (2° Sud), sur l'océan Indien. Le relevé exact de cette limite a été fait de

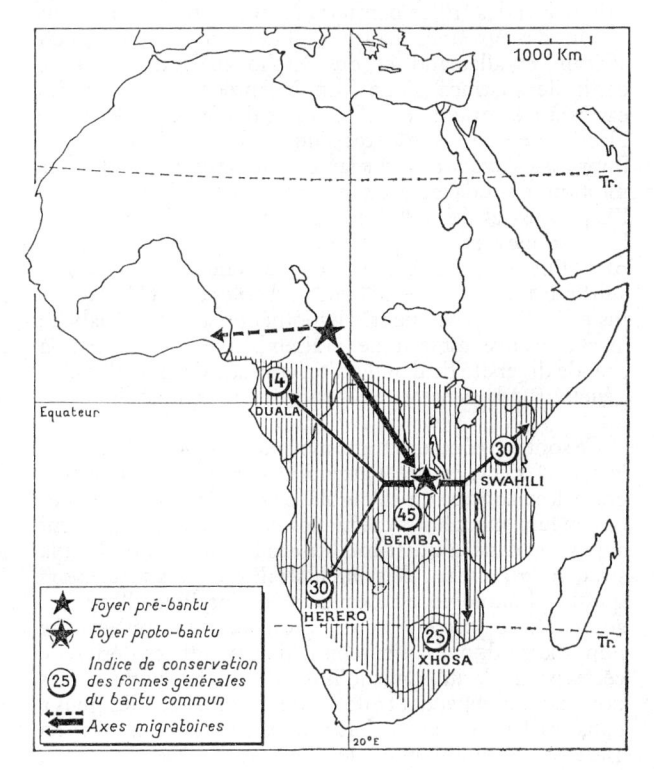

CARTE DU DOMAINE DES LANGUES BANTU

1949 à 1951, sous l'égide de l'Institut international africain, par des équipes qui ont parcouru les pays traversés par la *Bantu line* ou proches d'elle: Cameroun, Oubangui-Chari, Nord-Est de l'ancien Congo belge, Sud du Soudan, Ouganda, Kenya et Sud de la Somalie britannique.

La limite méridionale est plus floue. *Grosso modo*, elle

contourne la partie la plus sèche du Kalahari jusqu'à Walfish Bay à l'ouest, jusqu'au fleuve Orange à l'est, suivant ensuite la frontière de la province du Cap jusqu'à l'océan Indien ; mais de nombreux « Cafres » du Cap sont originaires des tribus bantu du Nord, tandis que l'imbrication des groupes bantu et khoi-san du Sud-Ouest africain ex-allemand et du Betchouanaland ôte toute certitude au tracé d'une frontière précise, sauf sur des cartes à très grande échelle. Au vrai, d'ailleurs, la limite Nord, vue de près, est très sinueuse et parfois, elle aussi, imprécise, avec des enclaves importantes de parlers nilotiques, soudanais (au sens large) et couchitiques. Entre l'Équateur et le 20º Sud, par contre, l'homogénéité linguistique est totale, phénomène qu'on ne retrouve nulle part ailleurs en Afrique sur une telle superficie. Les substrats possibles, les adstrats probables ont été bantuisés jusqu'à n'être plus que très hypothétiquement décelables : leur existence est rendue vraisemblable surtout par la grande diversité de détail qu'on constate derrière l'homogénéité fondamentale des structures morphologiques.

Ce sont, en effet, des traits morphologiques qui ont, dès le XVIIIe siècle, attiré l'attention sur les ressemblances entre les langues de l'Angola et du Mozambique. Les opérateurs morpho-syntactiques sont tout spécialement apparents dans la quasi-totalité des langues bantu dont la structure grammaticale saute littéralement aux yeux, alors que la phonologie est beaucoup moins immédiatement accessible et pose encore des problèmes non résolus. Le nom même donné à l'ensemble de ces langues dérive de cette particularité, puisqu'il s'agit de la synthèse des nominaux indépendants de classe 2 signifiant « les gens » dans les langues du Sud-Est. Mais ce terme, inventé en 1862 par le philologue allemand W. Bleek (1837-1875), « père de la linguistique bantu », s'il comprend l'opérateur *ba,* déjà utilisé par l'explorateur Barth pour désigner la famille, utilise aussi la racine lexicale *ntu :* il est par là conforme aux deux principes fondamentaux de la bantuistique actuelle sur lesquels on reviendra plus loin.

Les voyageurs et commerçants arabes de l'océan Indien sont les premiers hommes blancs à s'être intéressés aux langues bantu de l'Est africain, cela dès le Moyen âge. Sous leur influence, le swahili (de l'arabe *sahil* = littoral),

précieuses monographies sur les langues sud-africaines, mais il a contribué aussi à la bantuistique générale, introduisant dans l'étude et la description grammaticales un fonctionnalisme qui, en fait, est plutôt une grammaire notionnelle (*Bantu Linguistic Terminology,* 1935; *Outline Grammar of Bantu,* 1943), dérivant elle aussi des travaux des néo-grammairiens allemands.

Pendant la deuxième guerre mondiale et immédiatement après, enfin, Malcolm Guthrie, de Londres, commence à appliquer aux langues bantu les méthodes de la linguistique structurale et présente un bantu commun, fondé non plus sur la reconstitution diachronique d'une évolution phonétique en partie hypothétique, mais sur une sorte de mise en facteurs communs des systèmes linguistiques totaux actuels. On lui doit également la définition la plus récente et la moins discutable des critères permettant de déterminer si une langue donnée doit ou non être considérée comme bantu.

C'est sans doute l'allure très caractéristique de ces langues, et surtout de celles de l'Afrique centrale et orientale, les plus étudiées et les mieux connues, qui avait jusque-là plus ou moins écarté ou déformé le problème de la critériologie. Les auteurs se divisaient à ce point de vue en trois catégories: ceux qui, comme Bleek et Meinhof, n'ont ni défini le terme « bantu », ni proposé de critériologie expresse; ceux qui, comme Torrend et même Doke, ont voulu étendre à toutes les langues bantu l'ensemble des traits typiques des groupes qu'ils avaient plus particulièrement étudiés; ceux, enfin, qui, comme le professeur A. N. Tucker, ont proposé des critères différentiels, distinguant le bantu des familles voisines (des « groupes » voisins, selon J. Greenberg). La critériologie de Guthrie a l'avantage d'être à la fois exclusive (rien que le bantu) et exhaustive (tout le bantu). C'est cette critériologie, telle qu'elle est présentée dans la *Classification of the Bantu Languages* (1948) qui va servir à présenter ici les traits essentiels des langues bantu.

Le professeur Guthrie divise ses critères en deux catégories: critères principaux, dont la présence est la condition *sine qua non* du classement d'une langue comme bantu, critères subsidiaires, dont l'importance n'est pas moindre mais qui ne sont pas obligatoirement tous présents dans toutes les langues bantu.

CRITÈRES PRINCIPAUX

Le premier est d'ordre morpho-syntactique, le second lexical.

CRITÈRE MORPHO-SYNTACTIQUE

C'est l'existence d'un système de genres grammaticaux, généralement au nombre d'au moins cinq, présentant les traits suivants :

I. — Les morphèmes indicateurs de genre sont des préfixes, permettant de ranger les mots en un certain nombre de classes, variant entre une dizaine et une vingtaine, suivant les langues.

II. — Les classes s'associent par paires régulières en opposition *singulier* / *pluriel,* selon les genres; il existe en outre des genres à une seule classe, sans opposition de nombre, et, plus rarement, des genres à trois classes avec une opposition *singulier* / *pluriel défini* / *pluriel indéfini* (par exemple, en mbɛnɛ, genre *li : ma : bi, libám,* « une, la planche » : *mabám,* « des planches » : *bibám,* « les planches »); le préfixe caractéristique d'un genre à une classe peut être de la même classe que le préfixe singulier d'un autre genre et parfois que celui d'un pluriel.

III. — Quand un mot a un préfixe indépendant comme indicateur de classe, tous les mots qui dépendent de lui s'accordent en classe avec lui au moyen de préfixes de dépendance.

IV. — Les genres n'ont ni connotation sexuelle, ni implication sémantique clairement définie, sauf parfois par opposition entre eux.

Ces points méritent d'être repris avec exemples à l'appui. Il faut noter, tout d'abord, que le terme de « genre » n'est pas d'emploi universel, certains auteurs utilisant, à la place, le terme de « classe » que, pourtant, son inventeur, W. Bleek, employait avec la même acception que Guthrie. Bleek reconnut seize de ces classes, nombre porté à vingt et un par ses successeurs.

ci-dessus, certaines classes contiennent des mots à environnement sémantique analogue dans les diverses langues: l'exemple cité pour le genre 1/2 a un sens identique dans les trois, les exemples du genre 6 — désignent tous des noms de liquides, etc. Des faits de ce genre ont donné naissance à la théorie, aujourd'hui révisée, de la valeur sémantique des genres bantu: 1/2 = êtres humains, 3/4 = arbres, 6 — = liquides, etc. En réalité, tout ce qu'on peut dire c'est que dans certaines langues on trouve dans certaines classes une proportion relativement forte de mots ressortissant à une certaine catégorie notionnelle, la répartition variant d'une langue à l'autre. De même les classes augmentatives ou diminutives n'existent que dans certaines langues et seulement en opposition avec d'autres classes; il serait même plus exact de dire que certains mots de certaines classes s'opposent à des mots d'autres classes dans un rapport *normal / petit* ou *normal / grand* par exemple. Ainsi en swahili: ⁵*pande* = morceau, ⁷*kipande* = petit morceau, alors qu'en bulu,
⁷*efus* = morceau, ¹¹*ofus* = petit morceau.

On ne saurait donc poser en principe que « la classe 7 est diminutive en bantu »; même en n'envisageant qu'une seule langue, on ne saurait se montrer aussi affirmatif que très rarement: ⁷*kilima* (swahili) veut dire « montagne », ¹¹*oban* (bulu), « grande bataille ». Là où existe un mécanisme régulier de diminution, il utilise souvent un procédé supplémentaire s'ajoutant au changement de préfixe: infixation en swahili (³*mto*, « rivière », ⁵*kijito*, « ruisselet »), reduplication du radical en faŋ (¹*mur*, « personne », ¹¹*omumur*, « nain »), etc. Il en va de même pour les augmentatifs, péjoratifs, laudatifs, etc. Les classes sont des catégories essentiellement grammaticales, et sémantiquement hétérogènes. Le préfixe ne doit pas être analysé séparément, mais être considéré exclusivement en combinaison avec le radical, l'ensemble étant replacé dans le système du genre.

Par exemple il est faux de dire que le préfixe bulu *mə*- « est pluriel » ou « veut dire liquide ». Son analyse correcte est: « morphème indicateur de la classe 6; celle-ci comprend les pluriels des genres 5/6 et 9/6 d'une part, et, d'autre part, les nominaux du genre 6- qui ignore les distinctions de nombre ».

CRITÈRE LEXICAL

Une proportion suffisante du vocabulaire doit pouvoir être rattachée, selon des règles fixes et rigoureuses, à un catalogue de racines communes hypothétiques. De tels catalogues ont été établis par Meinhof et Bourquin, selon les méthodes de la linguistique historique allemande, par Mlle Homburger, sur les principes de Meillet, et par le professeur Guthrie, d'une façon qui lui est propre et se distingue des précédentes par son caractère essentiellement synchronique. Alors, en effet, que ses prédécesseurs s'efforçaient de retrouver les sons de la langue ancêtre présumée, en utilisant les « lois » de la phonétique historique, Guthrie se borne à établir des schémas de correspondance entre les matériaux contemporains, utilisant six symboles de correspondances vocaliques (*$i̧$, *i, *e, *a, *o, *u, *$u̧$) et treize de correspondances de consonnes :

*p	*t	*k	*c	
*b	*d	*g	*j	
*m	*n	*n	*ny	*y (= zéro).

Les formes communes *(starred forms)* ainsi obtenues rappellent parfois l'aspect de celles de l'urbantu (exemple : *-ntù, « personne »), mais cette similitude dissimule une différence radicale, en ce sens que ces formes de Guthrie ne sont pas censées représenter directement la prononciation restituée des racines-ancêtres, mais symbolisent seulement, il faut y insister, des correspondances régulières entre des racines contemporaines à signifiés rigoureusement identiques, rassemblées en séries comparatives comprenant au minimum trois signifiés-étiquettes différents ressortissant à au moins trois zones géographiquement éloignées (cela afin d'éviter les similitudes accidentelles et les interférences et emprunts). Le bantu commun de Guthrie comprenait, en 1959, près de deux mille cinq cents formes communes dont certaines *(double starred forms)* symbolisent des correspondances régulièrement constatées dans toute l'étendue du domaine bantu. La proportion de ces formes dans le vocabulaire des diverses langues varie, en gros, de 15 à 50%, avec une chute brutale du chiffre minimum dès qu'on franchit la *Bantu line* (emprunts?). L'auteur utilise actuellement (1960) ces proportions pour établir, au moyen de calculatrices électroniques, les indices d'apparentement de vingt-huit langues-témoins. On reviendra plus loin sur la signification de ses recherches en ce qui concerne la préhistoire bantu et la position du bantu dans l'ensemble négro-africain.

Avant, toutefois, de passer aux critères secondaires, il convient de traiter rapidement du cas des langues qui se trouvent répondre à un seul des critères principaux. Deux situations peuvent se produire:

Ou bien une langue donnée possède une proportion importante de racines correspondant régulièrement à celles du bantu commun, tout en ne présentant qu'une partie des traits caractéristiques du système des genres bantu: le professeur Guthrie la considère alors comme sub-bantu;

Ou bien elle possède un système de genres régulier, comprenant notamment des séries de préfixes de dépendance correspondant à des préfixes indépendants, mais son vocabulaire ne présente que peu ou pas de correspondances avec celui du bantu commun: elle est alors classée comme bantoïde.

Le premier cas est, en particulier, celui de langues véhiculaires comme le « swahili de brousse » ou kingwana; on peut considérer qu'il s'agit alors de langues bantu en quelque sorte « détériorées », dont le système morpho-syntactique s'est simplifié pour des raisons en partie extra-linguistiques, dont l'étude oblige à avoir recours aux méthodes de la sociologie et de l'anthropologie sociale. Le second cas est plus complexe: c'est celui des langues du Nigeria et du Cameroun, géographiquement proches de la *Bantu line,* celles que Johnston classe comme semi-bantu. Mais ces langues présentent également des rapports étroits avec les langues à classes du Soudan et de la Guinée, langues sans contacts géographiques ou sociaux avec le monde bantu: se pose ainsi le problème des relations d'ensemble des langues négro-africaines.

Il faut cependant préciser que la critériologie de Guthrie et la classification fondée sur elle n'ont guère modifié, sauf sur quelques points de détail, les cartes antérieures de l'extension du bantu. Les divergences portent surtout sur quelques langues bordières du Nord : d'accord avec Meinhof, par exemple, le professeur Guthrie considère, contrairement à Mlle Homburger, que les langues du groupe Faŋ (ou Pahouin) sont bien bantu, alors que, à la différence du R. P. Van Bulck, il rejette le groupe Bamiléké-Bamun dans les langues bantoïdes (pour Meinhof et Westermann, il s'agit de langues semi-bantu). Les critères secondaires viennent d'ailleurs, sur ce point, recouper les critères principaux.

CRITÈRES SECONDAIRES OU SUBSIDIAIRES

Ce sont des traits phonologiques et morphologiques qui se rencontrent dans l'ensemble du domaine bantu, mais ne sont pas toujours obligatoirement tous présents dans toutes les langues.

CRITÈRE MORPHOLOGIQUE

Il a trait à la structure des mots qui se forment presque tous par agglutination à partir de radicaux invariables présentant les caractéristiques suivantes :

a) ils sont de type - CVC - ;

b) par adjonction de suffixes grammaticaux, ils forment des bases verbales ;

c) par adjonction de suffixes lexicaux, ils forment des thèmes nominaux ; quand un tel thème appartient à un genre à deux classes, sa prononciation (sons et tons) est identique dans les deux classes ;

d) un radical peut être complété par un morphème d'extension, de type -V- ou -VC-, s'insérant entre lui et le suffixe ;

e) le seul cas où l'on rencontre un radical non préfixé est celui d'un verbal employé comme interjection.

Tout cela est très sagement illustré par des séries comme :

LINGALA : *-sal-* (bantu commun *-*cad*-), d'où : *mo-sal-a*, « travail », *mo-sal-i*, « travailleur », *e-sal-el-i*, « outil », *e-sal-el-o*, « lieu de travail », *ko-sal-a*, « travailler », *na-sal-i,* « j'ai travaillé », *sal-a,* « travaille! », *ko-sal-am-a,* « se faire, être faisable » (en parlant d'un travail), *ko-sal-el-a,* « travailler pour », *ko-sal-is-a,* « aider (à travailler) », etc.

Mais il arrive très souvent que cette régularité soit absente et que le radical apparaisse réduit à -CV-, -VC-, -C ou -V-; ainsi de radicaux swahili : *-ᵑd-,* « aller », *-ib-,* « voler, dérober », *-f-,* « mourir », *-le-,* « éclaircir », ou bulu : *-ot,* « personne », *-óm,* « chose », *-ó,* « membre », *-ú,* « pleurs », *-i,* « foyer », etc. (Les traductions sont données comme étiquettes ou échantillons, les radicaux n'ayant pas, en fait, de sens par eux-mêmes).

Dans ces cas une étude comparative indique souvent qu'il s'agit d'aphérèse de C_1 par coalescence avec le préfixe, ou de tout autre type de réduction phonétique; ou encore C_1 peut correspondre à zéro pertinent étymologique (*y dans la symbolique du bantu commun). De même C_2 est-elle également susceptible d'amuïssement, non point selon les règles générales communes à tout le domaine bantu que postulait Meinhof, mais bien plutôt selon des modalités locales plus ou moins variables et pour lesquelles il paraît difficile d'invoquer d'autres « lois » que les principes généraux de la phonétique diachronique.

Ces réductions sont spécialement remarquables dans les langues du Nord-Ouest où les thèmes bantu « classiques » en — CVCV sont souvent l'exception, remplacés par des thèmes à syllabe unique fermée, où des auteurs comme Mlle Homburger et, plus récemment, Greenberg ont reconnu une influence soudanaise. On peut, toutefois, se demander si l'amuïssement de V_2 est aussi complet qu'on pourrait le penser au premier abord. En fait la succession régulière CVCV reste observable dans la chaîne, grâce à l'emploi systématique entre deux consonnes successives de voyelles épenthétiques qui servent de support aux tons étymologiques caractéristiques des secondes syllabes des thèmes communs, ou encore grâce à l'apocope des consonnes finales en jonction directe avec une consonne initiale. Ce n'est qu'isolée ou avant une pause que l'allure — CVC est conservée sans modification.

La disparition fréquente des suffixes rend cependant difficile dans de telles langues l'application des critères formels utilisés par Guthrie pour distinguer les parties du discours. La division qu'il propose pour celles-ci appelle d'ailleurs un bref commentaire. Là où, par exemple, Doke, se fondant sur des critères grammaticaux en partie notionnels, en distingue douze, réparties sous six en-tête, Guthrie, ne retenant que des critères formels, en compte trois : *nominaux* (à suffixes lexicaux), *verbaux* (à suffixes grammaticaux) et *particules* (insécables). Les nominaux, à leur tour, se divisent en *indépendants* (à série préfixielle brève) et *dépendants* (à série préfixielle longue). Cette approche (récemment critiquée par N. V. Okhotina, *On Parts of Speech Classification in Zulu,* communication au XXV⁰ Congrès des orientalistes, Moscou, 1960) a l'avantage d'éviter le recours aux catégories grammaticales, formelles ou notionnelles, de la linguistique européenne. Elle n'est cependant pas directement applicable aux langues du Nord-Ouest, où les parties du discours doivent être distinguées au moyen de critères fonctionnels autant que morphologiques.

Il en est de même des extensions, elles aussi fortement réduites et fréquemment amalgamées soit au radical, soit au suffixe, au point que, dans certains cas, il est impossible, sans recours à la comparaison avec d'autres langues, de distinguer, par exemple, une base verbale simple d'une base étendue. Il en suit une sorte de paralysie des processus de dérivation, considérablement réduits dans les langues du Nord-Ouest, où ils se présentent parfois comme une pseudo-flexion plutôt que comme une agglutination. On aura ainsi, en face de

Lingala : *káta* = « traverser » / *kátisa* = « faire traverser »,

Bulu : *day /daa,* où seule l'opposition de sens révélera la dérivation.

Enfin le dernier des critères morphologiques subsidiaires appelle lui aussi des observations du même genre. A côté des cas où l'on constate non pas une absence de préfixe, mais un préfixe zéro, souvent dû à une aphérèse ou à une assimilation à C_1 du radical (classes 1, 9 et 10 de nombreuses langues), on observe, toujours dans le Nord-Ouest, un infinitif verbal sans préfixe, nettement distinct du nomino-verbal qui sert d'infinitif dans les autres langues.

CRITÈRE PHONOLOGIQUE

Le système vocalique du radical est équilibré, avec un /a/ médian et des voyelles antérieures en nombre égal (deux ou trois de chaque catégorie). Il y a trois types principaux de systèmes vocaliques :

```
i       e           a           o       u
i̧  i    e           a           o    u̧
i̧  ẹ    ɛ           a           ɔ    ọ   u̧
```

le premier étant le plus répandu. Meinhof les ramenait à un système urbantu /i a u/, mais la méthode de comparaison synchronique de Guthrie implique plutôt un système ancêtre à sept timbres, avec des oppositions pertinentes de quantité.

Il s'agit là, il faut le souligner, d'un critère phonologique et valable pour le seul radical. Les systèmes vocaliques du préfixe, des suffixes et des extensions sont généralement moins complets. Dans la majorité des langues, les réalisations phonétiques des voyelles permettent de retrouver facilement le système phonologique (il est fréquent de trouver deux voyelles phonétiques supplémentaires, variantes de position des voyelles phonologiques); l'harmonie vocalique est répandue, mais obéissant la plupart du temps à des règles assez simples. Ici encore les langues du Nord-Ouest (zones A et B de la classification Guthrie) sont spécialement atypiques : les sytèmes phonétiques sont soumis à des mutations multiples, aux variantes de position s'ajoutant des variantes combinatoires relevant non seulement de l'harmonie vocalique, mais aussi de l'influence des consonnes voisines, avec des centralisations et des nasalisations, des phénomènes d'*Umlaut* et de yodisation, qui aboutissent à l'apparition de nombreuses variantes sub-phonologiques dans certaines positions, à des neutralisations dans d'autres, rendent souvent indispensable le recours au comparatisme pour identifier les phonèmes d'un morphème donné.

Les autres « critères » proposés par divers auteurs ne peuvent être considérés que comme des traits fréquents dans les langues bantu, mais nullement caractéristiques de ces langues. Les plus sérieux sont : la prédominance des syllabes ouvertes (mais il existe des syllabes fermées même en dehors des langues du Nord-Ouest), la rareté des séquences de consonnes sans voyelle intermédiaire (mais on trouve des géminées et des séquences comme /bg/ ou /sxwf/), la fréquence des infixes d'objets et des infixes relatifs dans les formes verbales (assez rares dans les zones A et B), l'importance des tons (mais le swahili, le nyikyusa et d'autres langues importantes n'ont pas de tons significatifs), l'ordre sujet-verbe-complément d'attribution-complément d'objet dans les énoncés finis (non constant, même au sein d'une même langue). Inversement des traits considérés, par exemple, comme « soudanais » (labio-vélaires /kp/, /gb/, parfois dorsalisées) ou bushman-hottentot (clics), se rencontrent dans certaines langues bordières qui n'en sont pas moins bantu.

Une fois admis ces critères de « bantuité », il reste à examiner le double problème de l'origine des langues bantu et de leurs relations avec les autres langues négro-africaines, questions étroitement connexes et qui n'ont, à vrai dire, pas encore trouvé de solution certaine. Le fait historique que l'exploration linguistique se soit faite, *grosso modo,* en suivant deux axes de pénétration, l'un partant de la côte Sud-Est, l'autre de la côte atlantique et allant à la rencontre l'un de l'autre en direction de l'Afrique centrale, le fait, aussi, que beaucoup des premiers chercheurs aient été ethnologues — et parfois géographes et administrateurs — autant que linguistes, a longtemps tendu à cristalliser certaines opinions, de même que, d'ailleurs, et à une date plus récente, la spécialisation de leurs successeurs dans tel ou tel domaine particulier. On peut espérer que la multiplication des matériaux linguistiques, statistiques en particulier, permettront d'ici quelques années de formuler des hypothèses plus fondées que la plupart de celles qu'on a avancées jusqu'ici.

La distinction, ou plutôt l'opposition, entre une famille bantu et une ou plusieurs familles soudanaises apparaît dès la première moitié du XIXe siècle, complétée par la reconnaissance d'une famille hamitique qu'on estime alors n'être pas proprement négro-africaine, à la différence des deux précédentes, dont la « négritude » avant la lettre constitue déjà un caractère commun. Dans la seconde moitié du siècle, la pénétration coloniale permet de constater l'existence en Afrique occidentale de plusieurs groupes de langues possédant des systèmes de classes plus ou moins développés, allant de la simple répartition des seuls substantifs en paires d'opposition *singulier / pluriel* marquées par des affixes à des schèmes d'accord parfois aussi complets que ceux du bantu. Delafosse est amené ainsi à distinguer entre « langues soudanaises à système de classes complet » et « langues soudanaises à système de classes incomplet ». De son côté Westermann distingue dans sa sous-famille soudanaise occidentale un groupe Bénoué-Cross River que Meinhof et ses disciples, puis Johnston, baptisent semi-bantu, appellation qui restera en faveur jusqu'à ces toutes dernières années. En 1895, Christaller constate que le domaine semi-bantu s'étend beaucoup plus à l'Ouest qu'on ne l'avait d'abord soupçonné (Johnston l'étendra jusqu'à la Sénégambie) et émet l'hypothèse que les langues à classes du Togo sont des langues bantu dégradées sous l'influence des envahisseurs de langue soudanaise; à quoi son compatriote Krause répond qu'il s'agit, au contraire, de bantu en formation.

Cependant, en 1911 et 1912, Mlle Homburger et Delafosse arrivent séparément à la conclusion d'une unité fondamentale — ou plutôt d'une ascendance génétique commune — des familles soudanaises et bantu, thème développé par Mlle Homburger dans sa thèse *les Préfixes (sic) nominaux dans les parlers peul, haoussa et bantous* (1929), et qui la conduira par la suite à rattacher toutes les langues négro-africaines à l'égyptien ancien, puis au dravidien, et finalement à un indo-africain commun hypothétique. De son coté Westermann, en 1927, signale des ressemblances entre ses racines « Ur-soudanaises » et les racines Urbantu de Meinhof. Certes, ces formes proto-soudanaises restituées appellent, de l'aveu même de leur auteur, d'assez sérieuses réserves. Il reste que, au plan des parlers actuels, même, et peut-être surtout, pour un observateur attentif mais non spécialisé, un sentiment de ressemblance, de parallélisme est très vite ressenti, fondé sur des exemples aussi connus que la fréquence dans les deux domaines de classificateurs rappelant invinciblement **ba* et **ma* du bantu, et auxquels on peut, jusqu'à un certain point, donner les mêmes supports notionnels « être humain » (pluriel) et « liquide, chose de genre » (sans opposition de nombre) : ethniques comme *be*cam*ba*, *ba*ule, *ba*sari, tem*ba,* etc., ou les termes pour « eau » : llі*m* (tem), *ma*mal (gola), ndox *ma* (wolof), ndya*m* (fulfulde), etc.

On oppose à ces rapprochements, parfois un peu ingénus, des arguments de divers ordres : emprunts, interférences de contact, et aussi hasard. En effet, beaucoup de listes de concordances ne contiennent pas d'allusion à la proportion du vocabulaire total retenu pour chacune des langues comparées. On constate, si l'on tient compte de cette proportion, que certains vocabulaires comparatifs font ressortir, entre deux langues africaines données, un taux de concordance inférieur à celui que donnerait la comparaison d'une de ces langues avec une langue européenne ou asiatique prise au hasard. Par ailleurs les éléments retenus pour les listes comparatives sont trop fréquemment choisis en quelque sorte *in abstracto,* sans référence de part et d'autre aux structures particulières des langues en cause, phonologiques ou même morphologiques, ou bien, tout au contraire, les rapprochements sont faits au nom de prétendues « lois » phonétiques qui restent souvent à démontrer (voir, à titre d'exemple, Tastevin : *Petite clef des langues africaines,* 1946).

La solution de ce problème de l'apparentement et de la diffusion des langues négro-africaines présente un intérêt capital pour deux disciplines étrangères à la linguistique pure, l'ethnologie et l'histoire, en partie confondues dans ce continent archéologiquement pauvre ou mal exploré, et ignorant largement l'écriture : c'est beaucoup sur des arguments linguistiques que se fondent les plus récentes tentatives de synthèse ethnologique (Baumann, Westermann et Thurnwald, *Völkerkunde von Afrika,* 1940) ou ethno-historique (Murdock, *Africa,* 1959). Les deux classifications les plus utilisées actuellement, qui divergent d'ailleurs assez sensiblement, sont d'une part celle du *Handbook of African Languages,* de l'Institut international africain, œuvre collective où la famille bantu a été traitée par Van Bulck, Doke, Guthrie, Jacquot, Tucker, Richardson et Miss Bryan, et, d'autre part, celle des *Languages of Africa* (1963) de Greenberg où le bantu est réduit à la position de simple sous-groupe d'une famille linguistique Niger-Kordofan.

Ce point de vue de Greenberg n'est, au fond, pas, tellement éloigné de celui de Delafosse, Homburger ou Westermann : à ses yeux le terme « semi-bantu »

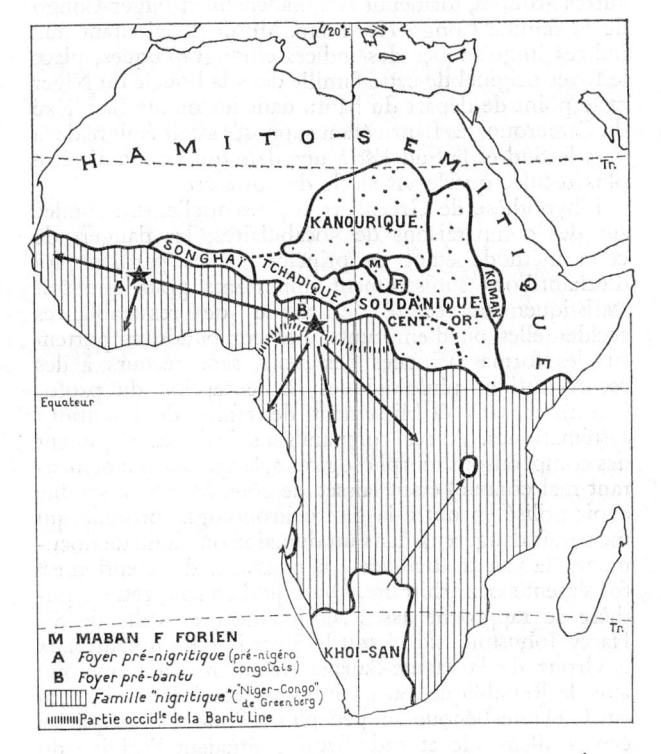

CARTE DE LA RÉPARTITION DES FAMILLES LINGUISTIQUES NÉGRO-AFRICAINES (d'après Murdock et Greenberg).

ne se justifie pas plus que ne le ferait celui de « semi-anglais » appliqué à l'allemand ou de « semi-français » à l'italien. Les langues à classes du Nigeria présentent non seulement une ressemblance morphologique mais aussi un stock lexical commun, avec le proto-bantu d'une part, avec les langues sans classes du Soudan occidental d'autre part. Le point focal de divergence se situerait quelque part dans l'Est du Nigeria ou l'Ouest du Cameroun, le bantu devenant le sous-groupe méridional de la « branche centrale » d'un groupe Bénoué-Congo qui, avec cinq autres groupes, formerait l'embranchement Niger-Congo de la famille Congo-Kordofan. Murdock, ajoutant aux indices linguistiques des indices ethnographiques, place le foyer original de cette famille dans la boucle du Niger et le point de départ du bantu dans les monts Bamiléké du Cameroun, les Bantu étant supposés avoir émigré de là vers le Sud et le Sud-Est à une date qui ne saurait être plus reculée que le VIe siècle de notre ère.

L'hypothèse de Greenberg est essentiellement fondée sur des comparaisons de vocabulaires, les dangers de cette méthode étant en principe palliés par l'emploi d'échantillons suffisamment importants pour que soit statistiquement écarté le risque de ressemblances accidentelles ou d'emprunts. Les comparaisons portent sur les formes actuelles des mots, sans recours à des reconstitutions philologiques (à l'exception du proto-bantu) et sans établissement de tables de mutations systématiques. A ces comparaisons lexicales s'ajoutent des comparaisons morphologiques, la syntaxe (au demeurant mal connue) étant laissée de côté. Murdock semble avoir utilisé en outre la glottochronologie, procédé qui me paraît dangereux dans un domaine où, faute de documents, la valeur attribuée à la constante de rétention est forcément assez arbitraire. Quoi qu'il en soit, cette hypothèse se rapproche assez sensiblement de celle de Sir Harry Johnston, qui plaçait le foyer initial du bantu aux environs de la Haute-Sanaga (frontière du Cameroun avec la République centrafricaine) et celui du semi-bantu sur la Haute-Bénoué, un peu plus à l'ouest, alors que les écoles allemande et sud-africaine situaient l'origine du bantu beaucoup plus à l'est, sur le Haut-Nil ou au nord de la région des Grands Lacs.

Malcolm Guthrie fonde sa propre hypothèse sur une méthode de lexicostatistique synchronique assez différente : l'analyse distributionnelle des séries comparatives systématiques symbolisées par les formes du bantu commun. Pour 2 300 séries il aboutit à la distribution suivante : 23 % réparties sur la totalité du domaine bantu,

21 % particulières à une zone allant, *grosso modo,* des Grands Lacs à l'Atlantique, et 41 % particulières à la zone allant des Grands Lacs à l'océan Indien. Étudiant ensuite la distribution des diverses catégories dans vingt-huit langues caractéristiques de chacune des zones géographiques bantu, il dégage pour chacune d'elles un indice de conservation des formes générales, variant entre 14 et 50 %. Reportés sur la carte, ces chiffres font apparaître une bande médiane Est-Ouest caractérisée par des indices de conservation avoisinant une moyenne de 45 %, et deux doubles bandes latérales, septentrionale et méridionale, où les indices tombent à 14 % (Nord-Ouest) et 30 % (Nord-Est), et 30 et 25 % (Sud-Ouest et Sud-Est). Il en déduit que la langue mère devait se parler à peu près au centre géographique du domaine actuel, probablement en Rhodésie du Nord, et a dû donner naissance initialement à deux dialectes, l'un oriental, l'autre occidental, diffusés ensuite vers le Nord et le Sud.

Reste à rendre compte des indéniables ressemblances entre bantu et langues soudanaises à classes. Le professeur Guthrie, se fondant notamment sur des analyses de contenu sémantique du vocabulaire commun, conclut à l'existence d'une population de langue pré-bantu installée primitivement dans les savanes entre Oubangui et Chari. Pour une raison quelconque cette population aurait été contrainte à émigrer, la majorité se dirigeant vers le Sud et traversant la forêt équatoriale en pirogue, pour aller s'établir approximativement sur le territoire actuel de la tribu des Bemba, autour du lac Moero, à la limite de la Rhodésie du Nord et du Congo ex-belge. C'est dans ce nouvel habitat que se serait formé le proto-bantu, diffusé par la suite comme il a été indiqué ci-dessus, la limite Nord-Ouest de cette diffusion se situant aux environs du mont Cameroun, avec la possibilité que quelques groupes isolés, aventurés au nord de l'actuelle *Bantu line,* aient donné naissance à des langues bantoïdes très proches du bantu, comme le tiv de la Basse Bénoué.

Une autre fraction de la communauté linguistique pré-bantu se serait séparée lors de la migration initiale et disséminée vers l'ouest par petits groupes de faible importance numérique, dont les traces subsisteraient aujourd'hui sous la forme des éléments bantuiformes observables dans les langues du Soudan occidental. Dans la zone bordière (semi-bantu selon Johnson et Westermann), on pourrait ainsi rencontrer dans une langue donnée deux séries d'éléments bantuiformes : les uns, susceptibles d'insertion dans le système régulier de correspondances phonétiques servant de base au bantu commun, représenteraient un apport proprement bantu, relativement récent et venu du Sud par-delà la *Bantu line;* les autres, d'allure plus ou moins fortement bantu, mais sans corrélation régulière avec le bantu commun, représenteraient des formes pré-bantu ayant subi une évolution autonome, séparées qu'elles étaient du stock proto-bantu.

Plus à l'ouest, dans les langues à système de classes rudimentaire et syntaxe très différente de celle du bantu, les éléments bantuiformes observables actuellement relèveraient soit de coïncidences fortuites, soit d'adstrats pré-bantu. Il n'y a plus, dans cette optique, ni « preuve », ni même nécessité d'une origine commune des langues soudanaises et bantu, ni, *a fortiori,* d'un négro-africain commun, dont l'existence, si elle n'est pas obligatoirement à exclure, reste néanmoins à démontrer.

La tendance actuelle de l'école française est de concilier les deux hypothèses : la famille Niger-Kordofan de Greenberg correspondrait à la famille négro-africaine de Delafosse, à quelques détails près (rattachement du hausa et des langues voisines au négro-africain plutôt qu'au hamito-sémitique). Le bantu se serait bien développé initialement dans les conditions suggérées par Guthrie, mais à partir d'un noyau-ancêtre négro-africain commun. L'expansion récente des Bantu vers le Nord aurait, dans certains cas, abouti à ce qu'on pourrait appeler une « re-bantuisation » — ou à une « bantuisation »? — de langues ayant évolué séparément depuis la migration initiale pré-bantu.

Il faut bien avouer, d'ailleurs, que ces théories restent encore, les unes et les autres, assez largement impressionnistes, fondées presque autant sur l'intuition de leurs auteurs que sur un raisonnement inductif rigoureux. En dépit de la multiplication récente des enquêtes, en effet, presque tout reste à faire, si l'on considère combien est faible le nombre des langues adéquatement décrites. Au surplus, on connaît extrêmement mal — le sujet est à peine exploré — la sociologie des transformations et interférences linguistiques en Afrique, et à peine mieux la géographie linguistique du continent noir. La création récente (1965) de la Société de Linguistique de l'Afrique Occidentale, héritière du *West African Languages Survey* (1960), ouvrant pour la première fois la voie à des confrontations périodiques systématiques entre linguistes africanistes, devrait faciliter la résolution de certains de ces problèmes.

Pierre ALEXANDRE.

BIBLIOGRAPHIE

PRINCIPAUX OUVRAGES CITÉS

W. BLEEK, *A Comparative Grammar of the South-African Languages,* Londres, 1862-1869.

G. VAN BULCK, *Manuel de linguistique bantoue,* Bruxelles, 1949.

G. VAN BULCK, article sur les langues bantu, dans *les Langues du monde,* de MEILLET et COHEN, 2e éd., Paris, 1948.

M. DELAFOSSE, *Esquisse générale des langues de l'Afrique,* 2e éd., Paris, 1930.

M. DELAFOSSE, article sur les langues soudanaises, dans *les Langues du monde,* de MEILLET, Paris, 1924, revu et mis à jour par A. CAQUOT dans la deuxième édition, Paris, 1948.

C. M. DOKE, *Bantu Linguistic Terminology,* Londres, 1935.

C. M. DOKE, *Outline Grammar of Bantu,* Johannesburg, 1943 (voir aussi, ci-dessous, *Handbook*..., et articles dans les périodiques cités).

J. GREENBERG, *Studies in African Linguistic Classification,* New Haven, 1955.

J. GREENBERG, *Languages of Africa,* La Haye, 1963.

M. GUTHRIE, *Bantu Word Division,* Londres, 1948 (voir aussi, ci-dessous, *Handbook*..., et périodiques).

L. HOMBURGER, *Étude sur la phonétique historique du Bantu,* Paris, 1914.

L. HOMBURGER, *Les Préfixes nominaux dans les parlers peul, haoussa et bantous,* Paris, 1929.

L. HOMBURGER, *Les Langues négro-africaines et les peuples qui les parlent,* Paris, 1941.

L. HOMBURGER, article sur les langues bantu dans *les Langues du monde*, de MEILLET, 1re éd., Paris, 1924.

International African Institute, *Handbook of African Languages*, Londres, 1948, en cours : M. GUTHRIE, *The Classification of the Bantu Languages*, 1948; *The Bantu Languages of Western Equatorial Africa*, 1953; C. M. DOKE; *Bantu, Modern ... Studies since 1860*, 1945; *The Southern Bantu Languages*, 1954; Miss M. A. BRYAN, *The Bantu Languages of Africa*, 1959; A. JACQUOT, I. RICHARDSON, A. N. TUCKER et M. A. BRYAN, *Linguistic Survey of the Northern Bantu Borderland*, 1956, en cours.

Sir H. H. JOHNSTON, *A Comparative Study of the Bantu and Semi-Bantu Languages*, Londres, 1919-1922.

C. MEINHOF, *Grundriss einer Lautlehre der Bantusprachen*, Leipzig, 1899 (traduction anglaise de l'édition de Berlin, 1910, s.t. *Introduction to the Phonology of the Bantu Languages*, Londres, 1932).

C. MEINHOF, *Grundzüge einer vergleichenden Grammatik der Bantusprachen*, Berlin, 1906.

G. P. MURDOCK, *Africa, its Peoples and their Culture History*, New York, 1959.

J. TORREND, *Comparative Grammar of the South-African Bantu Languages*, Londres, 1891.

Alice WERNER, *The Language Families of Africa*, Londres, 1915.

D. WESTERMANN, *Die westlichen Sudansprachen und ihre Beziehungen zum Bantu*, Berlin, 1927.

D. WESTERMANN, R. THURNWALD et H. BAUMANN, *Völkerkunde von Afrika*, Essen, 1940.

PÉRIODIQUES

« Bulletin of the School of Oriental and African Studies », Londres.

« Africa », Londres.

« Zaïre », Louvain.

« Kongo Overzee », Gand.

« African Studies », Johannesburg.

« Rhodes-Livingstone Journal », Lusaka, Rhodésie du Nord.

« Zeitschrift für Eingeborenensprachen », Hambourg.

« Bulletin de l'Institut Français d'Afrique Noire », Dakar.

« Bulletin de la Société de Linguistique de Paris », Paris.

« Travaux de l'Institut de Linguistique », Paris.

« Journal de la Société des Africanistes », Paris.
« African Language Studies », Londres.
« Journal of African Languages », Londres.

Les exemples cités ont été choisis dans trois langues géographiquement bien séparées, et faciles à transcrire. On peut consulter sur elles :

E. Ashton, *Swahili Grammar,* Londres, 1944.

M. Guthrie, *Grammaire et dictionnaire de Lingala,* Léopoldville, 1954.

G. Tronje von Hagen, *Lehrbuch der Bulu Sprache,* Berlin, 1914.

L'EUSKARO-CAUCASIEN

LA RECONSTRUCTION LINGUISTIQUE

Une langue, instrument de communication, est aussi, à quelque moment qu'on l'envisage, un système qui retient une certaine quantité d'information sur son passé, sur ses stades plus anciens. La masse de cette information est naturellement variable et dépend du hasard des changements survenus ; on ne peut pas prévoir non plus combien de temps cette information demeurera enregistrée sans s'effacer. En tout cas, c'est un fait qu'une langue, ainsi que l'a souligné maintes fois E. Sapir, est un produit historique extrêmement complexe qui recouvre, sous les éléments actifs et productifs de sa structure, plusieurs couches de date très diverse. On peut par suite arriver, à l'aide des méthodes de la reconstruction interne, non seulement à établir la distribution ancienne de certains traits, mais aussi à deviner quelque chose du rôle que jouaient autrefois des procédés réduits désormais à l'état de résidus isolés et sans rapport avec le reste du système.

La situation est beaucoup plus favorable lorsque nous ne sommes plus limités aux seules ressources de la reconstruction interne — c'est-à-dire, en pratique, à des états de langue peu différenciés —, et que l'on peut faire appel à des dialectes assez divergents, issus de l'évolution d'une langue commune. Chacun de ces dialectes porte alors témoignage des faits anciens et l'on peut s'attendre à ce que, par le jeu du hasard, les traits, autrefois distinctifs, aujourd'hui brouillés et confondus, ne soient pas toujours les mêmes. Qui plus est, la quantité d'information conservée ne sera pas la simple addition des données sauvées par l'ensemble des dialectes en question : on pourra en tirer, en les comparant, plus que chacun d'eux pris séparément n'est capable de nous révéler.

PARENTÉ ET AFFINITÉ

On suppose dans ce qui suit qu'on peut distinguer, dans certaines limites et dans certaines conditions, la parenté génétique des langues qui forment une famille issue d'une souche commune, de l'affinité d'une « association de langues », somme des coïncidences dues à la contiguïté et, en dernier ressort, à des faits de bilinguisme. Il est probable que, si l'on pouvait remonter assez haut dans le temps, ces distinctions viendraient à s'effacer, mais elles gardent tout leur sens dans la plupart des cas, dans les limites de notre documentation, qui ne renferme qu'une fraction infiniment petite du passé du langage humain.

Il faut en effet souligner, avec E. Benveniste, l'importance décisive du temps dans toute comparaison : « Une classification génétique ne vaut, par la force des choses, qu'entre deux dates ». Au-delà d'un certain point, très variable mais qu'on semble avoir déjà atteint dans plusieurs domaines, on est réduit à croire plutôt qu'à savoir : on peut ébaucher des lignes d'évolution vraisemblables, mais dépourvues ou presque de valeur probante. Au fur et à mesure que le point idéal de convergence — la langue commune postulée — s'éloigne dans le temps, le champ des composants d'une langue qu'on parvient à expliquer par l'unité primitive se rétrécit aussi.

Dans une démonstration de parenté, les similitudes de structure n'auront qu'une valeur d'indice (Deeters, 1955), tant positif que négatif, si les coïncidences matérielles font défaut. L'établissement de correspondances phonétiques précises n'est non plus qu'une condition préalable : on en trouve d'excellentes, dans une partie du vocabulaire, entre l'italien et le basque par exemple. Les correspondances devront s'établir entre des mots appartenant au lexique de base, expression du reste assez vague que les méthodes lexico-statistiques aideront peut-être à préciser, et entre des exposants grammaticaux : la rigueur de la preuve augmente lorsque ces correspondances sont étayées par des faits complexes de flexion. Mais, s'il s'agit de langues à morphologie pauvre ou peu caractéristique, le poids de la démonstration portera sur des morphèmes lexicaux. En tout cas, entre la parenté prouvée, admise par tous les spécialistes, et la divergence trop grande pour que personne n'ait songé à une relation génétique prochaine, s'étale une foule de cas limites qu'on peut expliquer des façons les plus diverses, sans qu'aucune de ces possibilités puisse l'emporter sur les autres dans l'état actuel de nos connaissances ou de notre ignorance.

BASQUE, AQUITAIN ET IBÈRE

On a formulé depuis longtemps, de façon plus ou moins vague, l'hypothèse d'une parenté génétique euskaro-caucasique. Il était naturel de penser que les dialectes basques d'un côté et les langues parlées au Caucase de l'autre, exception faite de celles qui se rattachent à des groupes linguistiques bien établis, ne sont que des îlots témoins d'une aire linguistique, autrefois vaste et continue, dont plusieurs langues asianiques et méditerranéennes anciennes auraient aussi fait partie. A. Trombetti et N. Marr, dont les idées linguistiques ne jouissent pas — pour des raisons diverses — de la faveur générale, ont proposé des rapprochements euskaro-caucasiques. L'hypothèse, reprise dès 1923 par C. C. Uhlenbeck, a fait l'objet de plusieurs travaux de G. Dumézil, de R. Lafon et de K. Bouda, qui ont essayé de la prouver à l'aide de nombreux rapprochements d'éléments lexicaux et grammaticaux.

Il faut ici, avant tout, décrire sommairement les deux termes de la comparaison, dont la complexité est fort inégale. En Occident, il s'agit des dialectes basques modernes, parlés sur les territoires français et espagnol au fond du golfe de Gascogne. Le premier livre basque ne date que de 1545 mais on connaît, depuis le Xe siècle, quelques phrases, des listes de mots et surtout une foule de noms propres de lieux et de personnes. Il faut encore mentionner, à date plus ancienne, plusieurs noms de personnes et de divinités qui figurent dans des inscriptions latines d'Aquitaine, dont quelques-uns sont semblables, identiques même, à des mots basques : leur nombre vient de s'accroître du fait d'une inscription découverte en 1960 à Lerga, dans la Navarre espagnole. Il ne fait donc pas de doute que dans ces contrées — près des Pyrénées et dans les régions d'Auch et d'Aire-surl'Adour —, on parlait, aux débuts de l'époque romaine, des dialectes étroitement apparentés aux parlers basques actuels. Il est aussi probable que des dialectes de la même famille ont été en usage sur le versant méridional des Pyrénées bien à l'est du Pays basque historique, ainsi que J. Corominas a essayé de le prouver par l'analyse de la toponymie. Il est donc juste d'employer le terme « euskarien » (du basque *euskara,* langue basque), pour désigner l'ensemble basque-aquitain.

Le travail de reconstruction a fait des progrès dans ce domaine, mais avec des résultats assez maigres : c'est à peine si l'on peut arriver à *ardano, « vin », à partir de *ardao, arno,* etc., ou à *senbe, « fils », sur la foi de l'aquitain, car il n'y a que *seme* en basque. La raison en est, H. Vogt (1955) l'a bien vu, que « le basque commun — origine commune des parlers basques actuels — ne doit pas être très différent de ce que ces parlers sont de nos jours ».

Dans le lexique, on peut reconnaître, à peu d'exceptions près, les mots, très nombreux, et quelques suffixes de dérivation empruntés au latin et aux langues romanes ; l'apport indo-européen prélatin semble être par contre assez réduit, incertain et peu caractéristique, sauf peut-être pour une poignée de noms de lieux. Pour ce qui est de la grammaire, on peut arriver à ébaucher, en écartant les traits jugés d'introduction récente et en tâchant de découvrir le rôle des éléments qui sont en voie de disparition à date historique, ce que devait être sur certains points le système ancien. Toutes ces présomptions, bien entendu, attendent une confirmation qui ne peut venir que du dehors.

L'ibère, attesté à date ancienne sur la côte méditerranéenne de l'Espagne et du Sud-Est de la France, ainsi que dans la vallée de l'Èbre, n'a fourni jusqu'ici, à cet égard, que très peu de chose. Depuis qu'on lit assez bien les inscriptions rédigées dans cette langue, on ne peut plus y voir, avec Schuchardt, une forme ancienne du basque : il est décisif que celui-ci n'ait guère contribué à leur interprétation, qui en est encore aux tout premiers stades. Néanmoins, dans la mesure où l'on est arrivé à les lire et à les diviser en segments, on y croit entrevoir avec le basque un ensemble de coïncidences : des ressemblances dans l'inventaire des phonèmes et dans leur distribution, dans la forme canonique des thèmes nomi-

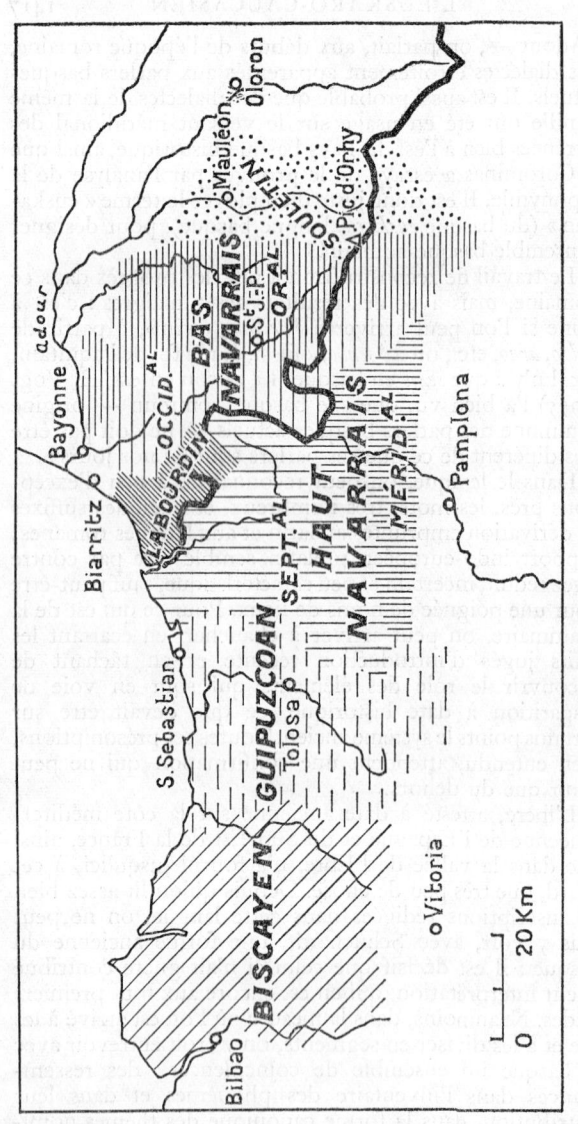

LES DIALECTES DE LA LANGUE BASQUE

naux, des identités matérielles dans certains éléments lexicaux et même, à ce qu'il semble, grammaticaux. On hésitera à voir dans tout cela, les caprices de l'homonymie mis à part, le seul effet de la proximité dans l'espace. En tout cas, si l'ibère n'est pas une forme ancienne du basque, il n'a rien non plus, malgré Schuchardt, qui porte à le rattacher aux langues chamitiques.

CAUCASIQUE DU SUD

À l'isolement et à l'uniformité de l'euskarien s'oppose, du côté de l'Est, une multiplicité et une complication extrêmes. Les langues caucasiques (dans le sens précis défini ci-dessus), les langues « ibéro-caucasiques » des

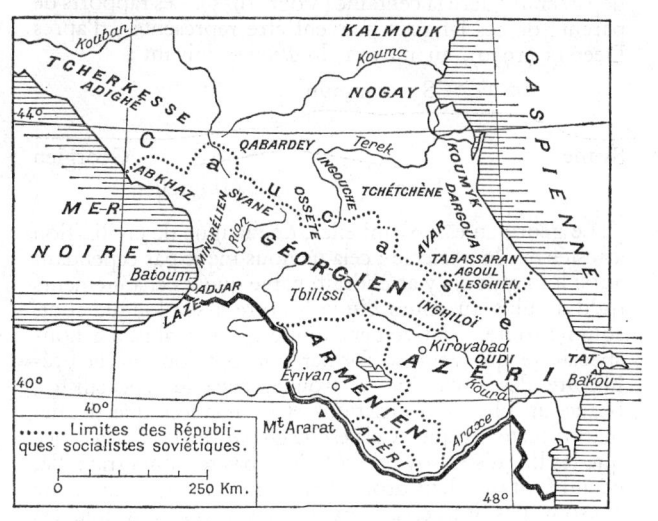

Les Langues du Caucase

linguistes géorgiens, sont nombreuses et constituent plusieurs groupes et sous-groupes dont les rapports mutuels sont souvent de nature peu claire. Il est naturel de les grouper dans deux grandes divisions : langues du versant Nord (CN), et langues du versant Sud (CS) dites aussi kartvéliennes. Cette classification, imposée par des raisons linguistiques évidentes, se trouve en accord avec la distribution géographique.

On s'est efforcé, naturellement, de rattacher aux langues caucasiques d'autres langues encore, surtout des langues asianiques anciennes (hatti, hurri, halde, etc.). On ne fera pas état ici de ces rapprochements, attendu que l'intervention de ces langues, pas toujours bien déchiffrées, ne ferait que brouiller les lignes d'un tableau déjà fort obscur. Il en va de même du bourouchaski, langue isolée du Pakistan, qui a été rapprochée du caucasique et du basque.

L'unité du CS (géorgien, mingrélien, laze, svane) est assurée. La filiation du membre le plus aberrant, le svane, ne fait même pas de doute, encore que le lexique en soit si divergent que le nombre des bonnes identifications n'y dépasserait guère la centaine (Vogt, 1955). Les rapports de parenté de ces langues peuvent être représentés, d'après Deeters (1930), au moyen du *stemma* suivant :

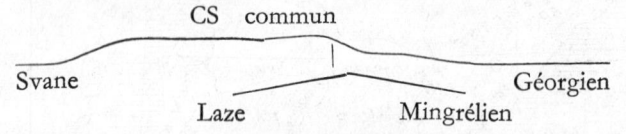

```
              CS   commun
_____|_____
Svane                              Géorgien
           Laze        Mingrélien
```

Le géorgien est, parmi elles, une langue de civilisation attestée dès le ve siècle : cela ne nous mène pas cependant aussi loin qu'on s'y attendrait, parce que les changements qu'il a subis au cours d'une histoire assez longue sont, somme toute, relativement limités. Il y a plus. Le non-spécialiste qui veut se former une opinion sur la préhistoire des sons du CS trouve, chez les spécialistes, beaucoup plus de restrictions et de nuances que d'affirmations catégoriques. Cela est dû en partie à la circonstance que les linguistes soviétiques n'ont pas toujours travaillé, ce qui était bien leur droit, avec les mêmes méthodes et ne se sont pas intéressés aux mêmes problèmes que les Occidentaux. Mais il faut en chercher encore la raison dans le fait que le sujet d'étude, sous des dehors très simples, est remarquablement difficile. Ainsi, si l'on envisag par exemple le vocalisme du sous-groupe géorgien-mingrélo-laze, on peut expliquer par la syncope les accumulations de consonnes, très variées et très complexes, du géorgien, mais on a pensé aussi à une innovation du mingrélo-laze, qui aurait allégé les groupes par de fréquentes épenthèses. Certaines correspondances (géorgien : *e*, mingrélo-laze : *a;* géorgien : *a*, mingrélo-laze : *o, u*), qui sautent aux yeux, sont de nature à combler de joie le linguiste par le caractère phoniquement inattendu des termes rapprochés : elles prouveraient, soit dit en passant, l'archaïsme du géorgien. Mais on trouve souvent, à leur côté, des correspondances plus banales (*e : e; a : a*, etc.) qu'on hésite à interpréter; faut-il postuler, par des correspondances croisées, un système vocalique beaucoup plus riche dans la langue commune ou s'agirait-il plutôt du résultat d'emprunts en masse? Ce qui a été dit du vocalisme s'applique à plus forte raison au consonantisme.

CAUCASIQUE DU NORD

Sur le versant Nord, il y a aussi deux groupes de complexité fort inégale : les langues du Nord-Ouest (CNO) et celles du Centre-Nord et Nord-Est (CCNE) ou langues tchétchéno-daghestaniennes. Le CNO (abkhaz, oubykh, tcherkesse), pour lequel il faut se rapporter à la situation antérieure à 1864, est assez homogène, et son unité primitive semble assurée, bien que la richesse des systèmes phonologiques à comparer, mal déterminés encore sur plusieurs points, empêche souvent l'établissement des correspondances phonétiques.

Le CCNE est beaucoup plus varié et, dans certains cas, mal connu. Le caucasique du Nord-Centre (CNC) comprend trois langues peu différenciées (tchétchène, ingouche, bats), dont la phonétique comparée a été étudiée par A. Sommerfelt. Au Daghestan, c'est le fourmillement des langues du Nord-Est (CNE), qu'on peut classifier de la façon suivante : (1) le groupe avar-andi-dido dans le Daghestan septentrional; (2) dargwa, lakk et artchi, dans le Daghestan central; (3) le groupe samourien (kuri, tabassaran, agoul, etc.) et (4) l'oudi, parlé dans deux hameaux qui forment l'extrême Sud de tout le CNE.

On s'accorde à penser que la parenté du CCNE — c'est-à-dire de l'ensemble du CNC et du CNE — est déjà démontrée. De bonnes équations étymologiques, qui portent sur de nombreux termes du vocabulaire de base, pronoms personnels et noms de nombre compris, ont été proposées et l'on est même parvenu à ébaucher, sur un ample réseau de correspondances phonétiques, le système phonologique de la langue commune. Il ne faut pas passer sous silence que c'est N. Trubetzkoy, dont on sait qu'il avait le souci de mettre en valeur les similitudes acquises, aux dépens des ressemblances héritées, qui a frayé le chemin avec succès à cette nouvelle application des méthodes comparatives classiques (Deeters, 1957). Il a même réussi à établir, toujours dans le domaine du vocabulaire de base, des correspondances phonétiques, en nombre naturellement plus court, pour l'ensemble du CN. Quoique les rapprochements proposés visent plutôt des racines que des mots, ce qui était inévitable du fait des divergences qui séparent les deux groupes, on dirait donc que la probable unité primitive du CN est déjà un fait acquis.

LES CLASSES NOMINALES

Tout n'est pas dit pour autant. Malgré les correspondances et les rapprochements de vocabulaire, la restitution des grandes lignes de la morphologie du CN commun paraît encore très lointaine.

Il faudrait, semble-t-il, travailler les détails sur les différents niveaux : au sein de chaque sous-groupe, puis de chaque groupe, jusqu'au stade plus ancien accessible à la reconstruction. On ne saurait le faire, selon V. Polák (1950), à cause de la continuité géographique des concordances morphologiques. Nous nous trouverions en face de deux phénomènes difficiles à concilier dans l'hypothèse du développement divergent d'une langue commune : la hiérarchie des parentés qui sépare le CNO et le CNC, et la continuité qui les relie l'un à l'autre.

Nous aurions donc affaire à des « connexions de caractère sérial » (Benveniste), qu'on retrouve ailleurs dans des aires linguistiques où chaque zone se définit « par rapport à la zone voisine plutôt que par référence à une structure commune ». Il n'est cependant pas démontré, tant s'en faut, qu'il faille faire appel à des faits de convergence, en renonçant à la parenté génétique, dans le cas

En tout cas, il découle de tout cela qu'il y a un contraste troublant entre le verbe polypersonnel du CNO, fort compliqué, où les formes pourvues de deux ou trois indices personnels sont absolument normales, et celui du CCNE, beaucoup plus simple, qu'on pourrait appeler impersonnel, dominé par la catégorie de classe. Le contraste est si frappant que des auteurs intéressés à la caractérisation typologique des langues ont pu y voir (H. Wagner) l'une des principales isoglosses qui divisent les langues de l'Eurasie : le CNO marche avec le basque, tandis que le CCNE s'alignerait sur les langues de l'Extrême-Orient.

Ce serait sans doute aller trop loin que de dire qu'une telle diversité typologique n'est pas compatible avec l'hypothèse d'une origine commune, fondée sur d'excellentes concordances matérielles. Rappelons par exemple que le système verbal extraordinairement touffu et nuancé de l'indo-iranien ancien a donné le pas à des conjugaisons bâties en bonne partie sur des formes nominales. Mais on comprend aussi sans peine que la divergence constatée au Nord du Caucase ne favorise guère la reconstruction des grandes lignes de la structure grammaticale de la langue commune.

CAUCASIQUE DU NORD ET *CAUCASIQUE DU SUD*

Pour ce qui est des rapports génétiques du CS avec le CN, on en est encore à ce stade où il est permis de croire à leur unité primitive, qu'il faudrait placer dans une époque fort reculée. Il est aussi permis, cela va sans dire, de n'y point croire. Les raisons linguistiques qui appuient cette hypothèse se sont pas décisives, et les connaissances archéologiques ou historiques n'excluent pas d'autres possibilités.

Deeters a souvent exprimé l'avis que le CS, dont l'unité interne ne fait pas de doute, a l'air d'être une langue de type caucasique occidental qui aurait changé d'aspect sous l'influence (pré-arménienne et pré-iranienne) de quelque langue indo-européenne mal définie, car elle n'a guère laissé d'empreinte, à l'encontre de ce qui est arrivé en finno-ougrien par exemple, dans le lexique du CS. Le verbe en est aussi polypersonnel, mais l'emploi simultané de préfixes et de suffixes fait, par un jeu subtil d'oppositions, l'économie de bon nombre d'indices pronominaux, dont la présence matérielle n'est pas nécessaire pour marquer sans ambiguïté les personnes grammaticales intéressées au procès. L'existence de trois thèmes verbaux (de présent, souvent dérivé, d'aoriste, de parfait), accompagnée cependant d'une inversion très caractéristique des cas grammaticaux, l'alternance vocalique, les préverbes à valeur locale et aspectuelle, comparables à ceux du grec ou du slave, et surtout l'hypotaxe très développée au moyen de conjonctions et de pronoms relatifs, rappellent, quelquefois de très près, des faits bien connus dans le domaine des langues indo-européennes.

Le CS ne connaît pas de distinctions de genre, sous quelque forme que ce soit. Des linguistes géorgiens (Tschikobava, etc.), qui tiennent à l'unité des langues caucasiques, ont essayé, bien sûr, d'y trouver des restes d'un ancien système de classes nominales, semblable à ceux du CCNE, dans certaines consonnes initiales, qu'elles appartiennent ou non à des préfixes productifs à date historique. Or il est clair que cette idée, si plausible soit-elle, est née avant tout du parti pris de la parenté de toutes les langues caucasiques et qu'elle est plus apte, par son origine même, à étayer la foi des croyants qu'à convaincre les incrédules. Les préfixes du CS ont une tout autre fonction et l'on n'a pas démontré numériquement (ce qu'on peut aisément faire pour le basque *b-* dans les dénominations des parties du corps) que la fréquence de certaines consonnes soit anomale dans des noms appartenant à des champs sémantiques déterminés.

Le fait décisif se trouve cependant ailleurs : aux différences de structure, qu'on peut estimer surmontables, s'ajoute la divergence des vocabulaires. Abstraction faite des coïncidences qu'on attribuera à l'emprunt, dans un sens ou dans l'autre, il ne reste que peu de chose. On a signalé par exemple les noms du « cœur » (tcherkesse : $g^wə$, *gu*; tchétchène : *dog*; avar : *rak*; géorgien : *guli*) et du « feu » (tcherkesse : $maṣ^we$; lak : *çu*, comparer au géorgien *çv-*, « brûler »), qu'on hésite à considérer empruntés, et qui seraient aussi attestés en basque (*gogo*, « esprit, pensée, volonté », forme à redoublement, et *su*, « feu »).

Même si l'on ne conteste pas le bien-fondé de ces rapprochements, il n'en reste pas moins vrai que leur nombre ne surpasse pas clairement la somme des concordances qu'on peut s'attendre à trouver, pour des raisons diverses, en comparant les langues les plus variées. Il en découle donc que le lien de parenté qui unit le CS au CN, si parenté il y a, est si éloigné qu'il se trouve au-delà du champ qu'on peut atteindre avec les méthodes comparatives en usage. Les concordances ne semblent pas en tout cas plus frappantes que celles qu'on trouve, par exemple, entre indo-européen et ouralien.

CAUCASIQUE ET BASQUE

À en croire quelques linguistes, le basque, si éloigné dans l'espace, pourrait être le pont qui aiderait à combler la distance qui sépare les deux groupes caucasiques.

À ne regarder que le verbe, on serait tenté tout d'abord de rapprocher le basque du CNO. Sans traces d'incorporation nominale, sans connaître les préverbes — c'est-à-dire, avec une formation beaucoup plus simple du complexe verbal —, on retrouve en Occident le même soin minutieux de noter matériellement, en ne recourant que rarement aux signes zéro, les personnes intéressées au procès (abkhaz, *i-z-gweyt,* basque, *d-arama-t,* « je le porte » etc.). Un trait spécifiquement basque est la place toujours croissante qu'on y donne aux périphrases verbales (la *Flexions-* ou *Bedeutungsisolierung,* d'E. Lewy et son école). Les formes composées à l'aide d'auxiliaires l'emportent dès les premiers textes sur les synthétiques, et cela non seulement dans les temps où cet usage est exclusif (parfait, etc.), mais aussi là où les deux types de formation se trouvent en concurrence (présent, imparfait). Dans *ematen diot,* « je le lui donne », opposé à *eman diot,* « je le lui ai donné », par exemple, l'expression des personnes (et celle du temps) est réservée à l'auxiliaire pourvu de trois indices personnels, tandis que seule la forme nominale est chargée de manifester la « signification » (et l'aspect) du verbe.

Le basque, typologiquement plus proche du CNO (Dumézil, 1933), montre pourtant nombre de coïncidences remarquables avec le CS. Tout d'abord dans le domaine de la déclinaison, où personne ne niera la ressemblance des deux systèmes. En basque comme en géorgien (selon Vogt, 1947), on entrevoit « un état de langue où la catégorie du nombre était inconnue dans le système nominal », tandis qu'elle était déjà soigneusement notée dans le verbe. Ici comme là, il y a trois cas fondamentaux « constituant avec la forme verbale le squelette de la proposition », c'est-à-dire que les éléments essentiels de la phrase, exprimés par des formes nominales pourvues de suffixes casuels, sont repris par les indices personnels du verbe, tandis qu'en abkhaz les noms apparaissent comme des blocs isolés (Bouda, 1960), dont la fonction syntaxique n'est précisée que par les affixes verbaux.

En dehors de ces trois cas (nominatif ou cas neutre, ergatif, datif), le génitif géorgien et les deux génitifs basques sont plutôt des formes à suffixes dérivatifs, parce qu'ils peuvent recevoir à leur tour de nouvelles désinences casuelles. Les postpositions, dans les deux langues, suivent surtout le génitif, commutable en général avec le nominatif.

Il serait à la rigueur possible de trouver une certaine analogie entre les « voyelles de version », si caractéristiques du CS, et les voyelles *a/e* qui précèdent la racine dans certaines formations verbales basques pour y opposer des formes bipersonnelles à des tripersonnelles. À côté des nombreux préfixes nominaux du CS, le basque, langue nettement suffixante dans le domaine du nom, conserve quelques restes de préfixes qui ont cessé d'être productifs à date plus ou moins ancienne : *e-* dans les indéfinis et dans les substantifs et adjectifs verbaux, *b-* (voir ci-dessus), qui exprimait peut-être la possession inaliénable.

On n'a pas fait état de la prétendue passivité du verbe caucasique et basque. On ne sait pas en effet quel sens précis on peut attribuer aux mots actif et passif là où la catégorie de diathèse n'existe point, ce qui est le cas du CN et du basque : tant que la construction sera à sens unique, on se bornera à discuter sur des faits de traduction. Le CS qui possède de vraies formes passives, opposées aux actives correspondantes (géorgien : *vc̣er, scrībō / vc̣erebi, scrībor*) est à écarter à cet égard du CN et du basque. Celui-ci est pareil à la plupart des langues caucasiques en ce qu'il connaît la « construction ergative » : *ni nator*, « je viens », *ni ikusi nau*, « il m'a vu », mais *nik ikusi dut*, « je l'ai vu ».

On ne devra pas non plus exagérer la portée du

caractère polypersonnel du verbe en CNO, en CS et en basque. L'intégration des références personnelles au prédicat verbal peut être le résultat d'une simple inertie (A. Martinet), dont on constate les commencements (reprise non obligatoire des termes nominaux par des pronoms) dans des langues aussi diverses que l'espagnol et le gascon, voisins du basque, et le lointain araméen.

LA DÉMONSTRATION DE LA PARENTÉ LINGUISTIQUE

Les arguments typologiques, on l'a déjà dit, ne seront tout au plus que des indices quand on cherchera à démontrer des parentés génétiques. Si l'on n'est pas arrivé à l'établir pour le CN et le CS, l'introduction d'un nouveau terme de comparaison, en l'espèce le basque, aura d'emblée l'effet de compliquer le tableau. Il reste à voir si des résultats plus heureux pourront s'ensuivre.

Pour certains linguistes, des rapprochements convaincants établis entre le basque et le CN d'un côté, et le basque et le CS de l'autre, aideront à prouver que CN et CS sont à leur tour des groupes apparentés. Pour Vogt, au contraire, la comparaison avec le basque n'aura de succès que si l'on a réussi au préalable à prouver la parenté du CN et du CS : « L'hypothèse de la parenté du basque avec une ou plusieurs langues caucasiques est, telle qu'elle a été formulée, solidaire de l'hypothèse de l'unité de toutes les langues caucasiques ».

La force démonstrative d'un rapprochement croît rapidement avec le nombre des langues qui portent témoignage du trait commun (Greenberg). Mais lorsque les rapprochements se répartissent entre plusieurs langues et que l'on peut comparer chaque fois l'une d'elles avec n'importe quelle autre, la comparaison devient vite dénuée de tout sens. C'est un péché souvent commis par des comparatistes à échelle mondiale que d'étayer des hypothèses inconsistantes avec d'autres hypothèses de plus en plus dépourvues de fondement jusqu'à ce qu'ils aient bâti des échafaudages gigantesques qui, malgré leur apparence spécieuse, ne sont que des châteaux en Espagne. Le discrédit a toujours suivi les tentatives de ce genre : prouver n'importe quoi équivaut à peu près à ne rien prouver du tout.

On pourra, à l'avenir, essayer de prouver la parenté du basque avec les seules langues CN ou avec celles du CS, prises séparément. Mais, si l'on veut rapprocher le basque conjointement aux deux groupes, il faudra s'astreindre à la règle formulée par Vogt : on devra se borner aux seuls éléments pancaucasiques.

RAPPROCHEMENTS EUSKARO-CAUCASIQUES

Personne ne doit se laisser tromper par le nombre des rapprochements euskaro-caucasiques proposés. Ce n'est pas une affaire de quantité, mais de qualité, comme on peut le montrer par quelques considérations quantitatives du caractère le plus rudimentaire.

Le nombre des langues comparées, on l'a vu, peut réduire à rien la valeur des coïncidences, si l'on n'opère pas avec des prototypes uniques restitués par l'accord de plusieurs langues. Il serait étonnant qu'un mot basque ne puisse trouver de pendant, avec les licences phonétiques et sémantiques que l'on sait, en tcherkesse ou en ingouche, ou en dargwa ou en svane, etc. Il faudrait démontrer, ce que personne n'a fait et, probablement, ne fera jamais, qu'on ne peut pas tirer du basque, comparé avec un ensemble équivalent de langues indo-européennes (plus de trente), un nombre sensiblement égal de « bonnes » étymologies.

Quant aux outils grammaticaux (désinences, affixes, thèmes pronominaux) dont la coïncidence est souvent jugée décisive, Vogt (1955) a bien montré qu'elle vaut beaucoup moins qu'on ne croit d'ordinaire, si la coïncidence n'est pas accompagnée de faits complexes d'alternance. La raison en est que ces morphèmes sont d'habitude très courts, or les phonèmes qui les composent sont nécessairement sujets à revenir avec des fonctions pareilles dans plusieurs langues. Il y a un peu partout des suffixes de pluriel ou d'ergatif en -*k*, de pluriel ou de datif en -*i*, de génitif en -*n*, ou -*s*, de latif en -*a*, etc. Ainsi l'accord du basque *gu*, « nous » (préfixe verbal *g*-), avec le géorgien *gv*-, préfixe objectif de la première personne du pluriel, n'est pas plus étonnant que celui de l'irlandais *mé,* « je, moi », avec le géorgien *me* (idem) : cf. irlandais moyen : *ni-m-thá,* géorgien *ara m-akvs, non est mihi.* Il en est de même du basque *-antz,* etc., « vers », qui peut être rapproché de l'abkhaz *-(a)ndza,* etc., « jusqu'à », mais aussi, tout aussi bien, de l'indien ancien *-añc-,* « vers ».

CORRESPONDANCES PHONÉTIQUES

R. Lafon a établi quelques correspondances phonétiques euskaro-caucasiques, ce qui donne un certain poids à une partie des rapprochements proposés. Il est douteux, néanmoins, que cela suffise. Quelques langues du Caucase ont des systèmes phonologiques d'une opulence extraordinaire, tel celui de l'oubykh qui comprend, avec un vocalisme rudimentaire, soixante-dix-huit consonnes (Dumézil, 1959). Les langues du versant Sud ne sont pas si riches (quelque trente consonnes en vieux géorgien), mais il est sûr qu'ici même, bien qu'il faille éliminer dès l'abord quelques phonèmes d'introduction récente (tel ž en géorgien), on doit postuler un système beaucoup plus complexe pour le CS commun, à cause de l'enchevêtrement des correspondances et de la complication des groupes consonantiques, surtout en géorgien. A leur côté, le basque (comme l'espagnol moderne et aussi, à ce qu'il semble, l'ancien ibère) est très pauvre, si l'on fait abstraction des phonèmes mouillés probablement secondaires, on peut expliquer les faits attestés à partir d'un système ancien de moins de vingt-cinq phonèmes, voyelles et consonnes. Il y a partout au Caucase trois séries d'occlusives et de mi-occlusives (sonores, sourdes aspirées, glottalisées) à côté des sonores et sourdes basques, les aspirées n'étant à l'origine que des variantes de ces dernières. La distinction caucasique des ordres post-palatal et vélaire n'a pas non plus de pendant en basque. On ne nie pas que le système de l'euskarien commun puisse être issu de l'appauvrissement d'un autre beaucoup plus riche : le tokharien, pour n'en citer qu'un parallèle, a confondu en une seule trois séries anciennes d'occlusives. Nous tenons seulement à remarquer que, à cause de l'inégalité des inventaires en présence, les correspondances devront forcément être assez vagues.

Les correspondances établies portent sur les sifflantes,

où les dorsales basques correspondraient aux aspirées caucasiques, et les apicales basques aux glottalisées des langues du Caucase. Les sifflantes caucasiques qui ne sont ni aspirées ni glottalisées (en géorgien : s et z par exemple) restent en l'air, et il semble qu'on n'ait trouvé au Caucase rien de précis qui fasse pendant à l'opposition spirante / affriquée, qui est distinctive en basque au moins à l'intervocalique à l'intérieur des unités signifiantes. Il en est de même de l'opposition basque $r/\bar{r}$, qu'on a déclarée secondaire (Bouda) et due à l'action du substrat ibérique.

Pour tout le reste, les travaux d'identification n'ayant encore été qu'entamés, on se fie au gros bon sens : tout ce qui est physiquement identique est censé remonter au même prototype. À l'initiale, plusieurs consonnes sont tombées en basque, ont subi des changements ou ont été protégées par des prothèses; les groupes consonantiques du CS, qu'on semble juger presque toujours primitifs, ont été simplifiés d'une façon brutale. C'est tout. On s'attendrait pourtant, vu la date reculée qu'il faut attacher à la langue commune, à des correspondances souvent compliquées et malaisées à reconnaître. Correspondance ne veut pas dire nécessairement ressemblance, et des équations telles que celle, proposée par Bouda, de : géorgien *kordzi,* « cal, durillon »; basque *ikorzirin, idem,* où, sauf deux appendices inexpliqués dans le mot basque (qui a toute l'allure d'un composé, dont le premier membre pourrait bien être *bikor,* « grain »), le noyau commun est resté imperméable aux flots du devenir universel, parlent plutôt, à notre avis, contre l'hypothèse euskaro-caucasique.

L'ÉTYMOLOGIE

Tout linguiste qui s'est occupé de langues de longue histoire, dont l'appartenance à une famille bien établie est sûre, sera tenu d'avouer que l'étymologie, loin d'être un art facile, est un exercice plein de pièges que seule une connaissance approfondie des matériaux doublée d'un sens critique inflexible aidera à éviter. Ce sont là des exigences difficiles à remplir dans notre domaine, mais les a-t-on remplies tout au moins dans la mesure du possible ?

Les postulats de base de tout travail comparatif — plus

faciles à énoncer, hélas, qu'à suivre —, sont connus partout : l'explication la plus simple et la plus proche, dans le temps et dans l'espace, doit être préférée à la plus recherchée et à la plus lointaine. À chaque niveau — analyse interne, hypothèse d'un emprunt, rapprochements à l'intérieur de chaque sous-groupe, puis de chaque groupe —, l'ensemble des données doit être soigneusement examiné. Et, avant toute chose, l'histoire de chaque forme en question devra être étudiée exhaustivement, à l'aide de tous les témoignages possibles. L'oubli, ou le mépris, de l'histoire conduiraient à des rapprochements aussi pittoresques que celui qu'on pourrait faire entre français et basque *gogo*, parce que « vivre à gogo » c'est *gogara bizi*, avec *-(a)ra* égal à *à*.

On a vite fait de montrer que tous les rapprochements euskaro-caucasiques ne suivent pas ces règles. Même dans des listes aussi restreintes que celles de Vogt (1955) et de Lafon (1957), on trouve beaucoup à redire : le géorgien *cxovari*, « brebis » (rapproché du basque *azuri*, « agneau ») était à l'origine tout simplement un être vivant, animé (Deeters, *Festschrift Krahe*, page 15); le basque *ezpara*, « taon », doit être un emprunt; le basque *borobil*, « rond » (rapproché du géorgien *borbali*, « roue ») ne peut être mis sur le même plan que *biribil*, qui est sans doute plus ancien (il trouve d'ailleurs en Amérique des parallèles parfaits, du type répandu à redoublement : *wilwiluu*, *wolwol*, etc.; voir M. Swadesh, « Language », 32, p. 31); il est strictement possible que le basque *koroso* — espèce de champignon —, attesté au XXe siècle dans un petit coin du Pays basque, soit ancien et apparenté au svane *koriçŏl*, etc., mais les chances en sont infiniment petites. Pour que le basque *itxadon*, « attendre », soit ancien et apparenté au géorgien *cad-* (idem), il faut : que le basque *tx* vienne ici de *tz* et non de *ts;* que *d* (et *a*) soit primitif, et surtout, que le mot basque ne soit pas ce qu'il semble bien être : un composé (nom + verbe), comme son synonyme oriental *eguriki*, où la limite des signifiants passerait entre *tx* et *d*. On ne peut pas taire non plus que, dans presque tous les travaux, on a systématiquement méconnu le fait historique qu'en basque comme ailleurs les variantes les plus longues sont en général les plus anciennes en déclarant, contre tous les témoignages dont on dispose, que *goldio*, « mousse », est plus ancien que *goroldio*, etc. Bref, il y a quelques rapprochements euskaro-caucasiques dont on ne peut démontrer qu'ils sont impossibles, mais il y en a un grand nombre dont on peut montrer l'extrême invraisemblance.

BILAN DES RÉSULTATS

Le *non liquet* auquel a abouti cet examen n'est sans doute pas fondé sur une critique de détail, qu'on n'a pu qu'entamer ici. Toutefois, le principal argument ne se trouve pas parmi les objections de détail. On peut poser, sans pécher par pragmatisme, que la meilleure preuve d'une hypothèse scientifique est sa fécondité même. En linguistique diachronique il faut, pour qu'une hypothèse de parenté soit admise, qu'elle serve à quelque chose. Autrement dit, il faut qu'elle éclaire d'un jour nouveau des questions que la reconstruction interne et l'histoire de chaque langue ne sont pas à même d'expliquer. Or les énigmes de la linguistique caucasique et de la linguistique basque, et elles sont nombreuses, restent sans explication. La linguistique comparée indo-européenne (et la sémitique, ouralienne, etc.) ne s'est pas bornée à expliquer, si l'on peut ainsi dire, quelques faits isolés de vocabulaire. La parenté euskaro-caucasique sera donc peut-être lourde de conséquences historiques, mais elle s'est trouvée singulièrement inefficace pour éclairer la préhistoire des langues rapprochées.

Un dernier exemple servira à le montrer. Lafon (1951-1952) a rapproché le relatif basque *-en* du mingrélien *ni*, particule enclitique qui, parmi d'autres emplois, peut figurer dans des phrases relatives. Qu'est-ce qu'on a réussi à expliquer ainsi ? On a rapproché une particule mingrélienne d'origine et de valeur inconnue, dont le statut kartvélien est douteux et qui peut entrer dans des phrases qu'on traduit en français par exemple par des tours relatifs, d'un suffixe basque non moins mystérieux. On sait heureusement depuis longtemps, sans sortir du basque, que *-en* « relatif » n'y est autre chose que *-en* « génitif », c'est-à-dire un suffixe qui sert à former des noms dérivés en s'ajoutant soit à des thèmes nominaux soit à des formes verbales finies.

Il faut être reconnaissant aux savants avertis qui ont eu le courage de faire ce travail ingrat et pénible : c'était une exploration qui devait être tentée et dont les résultats, succès et échecs, ont sans doute enrichi la linguistique. On prévoit aussi que la prospection sera poursuivie à l'avenir, tant il est naturel de chercher des liens entre ces deux coins conservateurs de l'Eurasie. On peut douter cependant, avec Vogt, qu'il soit possible de prouver cette parenté, tant qu'on ne disposera pas de méthodes plus puissantes : il reste à voir si les techniques quantitatives, comparatives et typologiques, pourront en fournir. L'âge des grandes découvertes, dans le domaine de la linguistique comparée aussi bien que dans celui de la géographie, est loin de nous. Le fruit mûr, sauf peut-être dans quelques régions mal explorées, n'attend plus la main qui ira le cueillir.

Le fondement fallacieux des grands espoirs qu'ont fait concevoir plusieurs essais comparatifs se trouve probablement dans l'idée d'une ancienne homogénéité linguistique autour du bassin de la Méditerranée, de ce qu'on a appelé la vaste famille des langues méditerranéennes, dont on a essayé de fixer certains traits phonologiques, lexicaux et morphologiques. Or c'est un fait acquis, que des découvertes nouvelles ne font que confirmer, que la situation linguistique de cette région, dans le passé accessible à nos méthodes, était au contraire extrêmement bigarrée. L'expansion des langues indo-européennes n'est pas sans doute la première vague qui a refoulé, isolé et éliminé des langues plus anciennes. En conséquence, même si le basque et les langues caucasiques remontent à une origine commune, le nombre des maillons intermédiaires disparus doit être si grand qu'il est à craindre que, faute de les connaître, on n'arrive pas à rétablir les anciens liens de parenté. La diffusion de quelques termes (tel le nom du « chien », qui semble s'étendre du CS jusqu'au basque, en passant par la Grèce, la Corse et la Sardaigne) n'y suffit pas.

Luis MICHELENA.

BIBLIOGRAPHIE

E. BENVENISTE, *La Classification des langues,* dans « Conférences de l'Institut de Linguistique de l'Université de Paris », XI, 1952-1953.

K. BERGSLAND et H. VOGT, *On the Validity of Glottochrono-*

logy, dans « Current Anthropology », **3**, pp. 115-153, Chicago, 1962.

K. Bouda, *Baskisch-kaukasische Etymologien,* Heidelberg, 1949.

K. Bouda, *Introducción a la lingüística caucásica,* Salamanque, 1960.

G. Deeters, *Das kharthwelis he Verbum,* Leipzig, 1930.

G. Deeters, *Gab es Nominalklassen in allen kaukasischen Sprachen,* dans *Corolla Linguistica,* Festschrift F. Sommer, Wiesbaden, 1955.

G. Deeters, *Die Stellung der Kharthwelsprachen unter den kaukasischen Sprachen,* dans « Bedi Karthlisa », n⁰ 23, Paris, janvier 1957.

A. Dirr, *Einführung in das Studium der kaukasischen Sprachen,* Leipzig, 1928.

G. Dumézil, *Études comparatives sur les langues caucasiennes du Nord-Ouest,* Paris, 1932.

G. Dumézil, *Introduction à la grammaire comparée des langues caucasiennes du Nord,* Paris, 1933.

G. Dumézil, *Langues caucasiennes,* dans *les Langues du monde,* 2ᵉ éd. Paris, 1952.

G. Dumézil, *Études Oubykhs,* Paris, 1959; compte rendu de H. Vogt dans le « Bulletin de la Société de Linguistique de Paris », **55**, 240-244, 1960.

J. H. Greenberg, *Essays in Linguistics,* Chicago, 1957.

R. Lafon, *Concordances morphologiques entre le basque et les langues caucasiques,* dans « Word », **7**, 227-244, 1951 et **8**, 80-94, New York, 1952.

R. Lafon, *Études basques et caucasiques,* Salamanque, 1952.

R. Lafon, *Le Géorgien et le basque sont-ils des langues parentes?* dans « Bedi Karthlisa », n⁰ 26-27, Paris, novembre 1957.

R. Lafon, *La Lengua vasca,* dans l'*Enciclopedia lingüística hispánica,* I, Madrid, 1960.

A. Martinet, *La Construction ergative et les structures élémentaires de l'énoncé,* dans le « Journal de Psychologie normale et pathologique », pp. 377-392, Paris, 1958.

L. Michelena, *Lenguas y protolenguas,* Salamanque, 1963.

V. Polak, *La Position linguistique des langues caucasiennes,* dans « Studia Linguistica », **4**, 94-107, Lund-Copenhague, 1950.

V. Polak, *L'État actuel des études linguistiques caucasiennes,* dans « Archiv Orientální », **18**, 383-407, Prague, 1950.

V. Polak, *Contribution à la grammaire historique des langues khartvéliennes,* dans « Archiv Orientální », **23**, 77-89, Prague, 1955.

K. H. Schmidt, *Studien zur Rekonstruktion des Lautstandes der sudkaukasischen Grundsprache,* Wiesbaden, 1962.

A. Tovar, *The Ancient Language of Spain and Portugal,* New York, 1961.

A. Tovar, *El Metodo lexico-estadistico y su aplicación a las relaciones del vascuence,* dans le « Boletín de la Real Sociedad Vascongada de Amigos del País », **17**, 249-281, Saint-Sébastien, 1961.

A. Tschikobava, *Dictionnaire comparé tchane-mégrélien-géorgien* (en géorgien, résumé en français et en russe), Tbilisi, 1938.

A. Tschikobava, *Problema èrgativnoj konstrukcii v iberijsko-kavkazskix jazykax* (en géorgien, résumé en russe), Tbilissi, I, 1948, II, 1961.

A. Tschikobava, *Iberijsko-kavkazskoe jazykoznanie, ego obščelingvističeskie ustanovki i osnovnye dostiženija,* dans « Izvestija Akademii Nauk SSSR », section de langue et littérature, XVII, 2, 113-129, Moscou, 1958.

A. Tschikobava, *Die ibero-kaukasischen Gebirgssprachen und der heutige Stand ihrer Erforschung in Georgien,* dans « Acta Orientalia Hungaricae », **9**, 109-161, Budapest, 1959.

H. Vogt, *Arménien et caucasique du Sud,* dans « Norsk Tidskrift for Sprogvidenskap », **9**, 321-338, Oslo, 1938.

H. Vogt, *Alternances vocaliques en géorgien, ibidem,* **11**, 118-135, Oslo, 1939.

H. Vogt, *La Parenté des langues caucasiques,* dans « Norsk Tidskrift for Sprogvidenskap », **12**, 242-257, Oslo, 1942.

H. Vogt, *Le Système des cas en géorgien ancien, ibidem,* **14**, 98-140, Oslo, 1947.

H. Vogt, *Structure phonémique du géorgien, ibidem,* **18**, 5-90, Oslo, 1951.

H. Vogt, *Le Basque et les langues caucasiques,* dans le « Bulletin de la Société de Linguistique de Paris », **51**, 121-147, Paris, 1955.

H. Wagner, *Das Verbum in den Sprachen der britischen Inseln,* Tübingen, 1959.

Des travaux plus récents sur les langues caucasiques, parus surtout en Union soviétique, obligeraient à changer, sur plusieurs points, l'image qu'on en a donnée ici. Il faut surtout souligner, pour la reconstruction du kartvélien commun, l'importance de *Sistema sonantov i ablaut v kartvel' skix jazykax,* Tbilisi, 1965 (en géorgien, ample résumé en russe), de T.V. Gamkrelidze et G.I. Matchavariani.

INDEX

INDEX

INDEX DES NOMS

ACHÉMÉNIDES (les), rois de la dynastie perse descendant d'Achéménès (∼ 546/∼ 330) et pharaons de la XXVIIe dynastie (∼ 525/∼ 404) : 544, 1278, 1294.
AÇOKA le Maurya, roi de l'Inde du Nord (v. ∼ 273/∼ 232), de la dynastie des Maurya, ? † v. ∼ 226 : 1277.
ADELUNG (Johann Christoph), philologue et linguiste allemand, 1768 † 1843 : 817, 1241.
AGARD (Frederick Browning), linguiste et hispanisant américain, né en 1907 : 313.
AHIRĀM de Byblos, roi phénicien de Byblos (fin ∼ XIe siècle ?) : 542.
ALAJOUANINE (Théophile), neurologue et psychiatre français, né en 1890 : 394, 397.
ALARCOS LLORACH (Emilio), linguiste espagnol, contemporain : 892.
ALCUZCUZ, personnage de l'œuvre de Calderon : 600.
ALEXANDRE d'Aphrodisias, philosophe grec de l'école péripatéticienne (enseignement à Athènes, entre 198 et 211) : 416.
ALEXANDRE III le Grand, roi de Macédoine (∼ 336), ∼ 356 † ∼ 323 : 578, 907.
ALMKVIST (Herman Napoleon), philologue suédois, 1839 † 1898 : 820.
AMYOT (Jacques), prélat et humaniste français, évêque d'Auxerre, 1513 † 1593 : 751.
ANDREIEV (Nicolas D.), linguiste russe, né en 1920 : 770.
ANDRONICUS (Livius), poète tragique latin du ∼ IIIe siècle (environ entre ∼ 240 et ∼ 205) : 1279, 1280.
ANTOINE (Gérald), critique et historien littéraire français, né en 1915 : 479.
ANU, dieu sumero-akkadien, seigneur des cieux et roi du Panthéon mésopotamien : 533.
APOLLINAIRE (Wilhelm Apollinaris de Kostrowitsky, dit Guillaume), poète, conteur, critique d'art et auteur dramatique français, 1880 † 1918 : 511.
APOLLON, dieu grec de la Lumière, des Arts et de la divination : 467, 497.

APPLEYARD (John William), linguiste (africaniste) anglais du XIXe siècle (enseignement, 1850-1886) : 1392.
ARGONAUTES (les), navigateurs de la mythologie grecque que dirigeait Jason : 621.
ARIANE, princesse de la mythologie grecque, fille du roi de Crète Minos : 481.
ARISTOPHANE, poète comique grec, ∼ 445 † ∼ 386 : 907.
ARISTOPHANE de Byzance, grammairien et philologue grec alexandrin, v. ∼ 257 † ∼ 180 : 815, 908.
ARISTOTE, philosophe grec, ∼ 384 † ∼ 322 : 815.
ARMBRUSTER (Carl Hubert), linguiste et africaniste anglais, né en 1874 : 1181, 1298.
ARNDT (Walter Werner), linguiste et slavisant américain, né en 1916 : 859, 878.
ARTSROUNI, linguiste français (travaux de traduction automatique, vers 1935) : 758.
ARVIEUX (Laurent, chevalier d'), diplomate, voyageur et orientaliste français, 1635 † 1702 : 600.
AŠŠUR, dieu guerrier d'Assur, chef du panthéon assyrien : 533.
ATHALIE, personnage de la *Bible* (reine de Juda, ∼ IXe siècle) et de l'œuvre de Racine : 637.
ATIEDIĨ (Fratelli), membres d'une confrérie sacerdotale ombrienne dont les *Tavole iguvine* (ou *eugubine*) donnent le rituel et les statuts (∼ IVe/∼ IIIe siècle) : 1265.
BACH (Johann Sebastian), compositeur allemand, 1685 † 1750 : 718.

BACHELARD (Gaston), philosophe et historien de la science français, 1884 † 1964 : 441-444, 446, 459, 482, 483.
BAÏF (Jean-Antoine de), poète français, de langues latine et française, 1532 † 1589 : 498.
BAILLARGER (Jules-Gabriel), neurologue et psychiatre français, 1806 † 1891 : 407.
BAʿLAT ou BAʿĀLĀH, déesse phénicienne de la fécondité : 542.
BALLY (Charles), linguiste suisse, l'un des fondateurs de la nouvelle école

« stylistique », 1865 † 1947 : 79, 88, 452-454.

BALZAC (Honoré de), romancier français, 1799 † 1850 : 644, 646.

BARBUSSE (Henri), romancier français, 1873 † 1934 : 644.

BAR-HILLEL (Yehoshua), logicien autrichien, professeur à l'Université de Jérusalem, né en 1915 : 759, 760, 766.

BAR KOSBA (BAR KOZIBA, dit Simon), chef militaire hébreu du IIe siècle, qui dirigea une insurrection contre les Romains sous Hadrien, ? † 132 : 977.

BARTH (Heinrich), explorateur (de l'Afrique) et linguiste allemand, 1821 † 1865 : 1390.

BARTHES (Roland), essayiste et critique français, né en 1915 : 93, 94, 444-446, 456.

BASSET (André), linguiste et sémitisant français, contemporain : 1328.

BAUDELAIRE (Charles), poète français, 1821 † 1867 : 442, 445, 446, 458, 475, 481-483, 485, 486, 499, 751.

BAUDOT (Jean), linguiste français, contemporain : 713.

BAUDOUIN de COURTENAY (Jan Ignacy), linguiste polonais, initiateur de la phonologie, 1845 † 1929 : 194.

BEAULIEUX (Charles), linguiste et grammairien français, contemporain : 617.

BAUMANN (Hermann), africaniste allemand, ethnologue et historien des religions d'Afrique noire, né en 1902 : 1406.

BECKETT (Samuel), romancier et auteur dramatique irlandais, de langues anglaise et française, né en 1906 : 458.

BEELER (Madison Scott), linguiste américain, né en 1910 : 1279.

BENCHLEY (Robert), écrivain américain, 1889 † 1945 : 718.

BENFEY (Theodor), linguiste allemand (indianiste et sémitologue), 1809 † 1881 : 820, 861, 1227, 1298.

BENKOS BIOHO (Domingo), esclave noir de Colombie, révolté contre les Espagnols (début du XVIIe siècle) : 1192.

BENVENISTE (Émile), ethnologue et linguiste français, né en 1902 : 312, 832, 840, 841, 1230, 1235, 1245, 1249, 1256, 1259-1263, 1415.

BEN YEHUDA ou BEN JEHUDAH (Eliezer PEREIMAN, dit), sioniste originaire de Russie, fixé en Palestine, restaurateur de la langue hébraïque (dep. 1880) et lexicographe, 1857 † 1922 : 978.

BERGSLAND (Knut), philosophe et linguiste norvégien, né en 1914 : 876, 882.

BERGSON (Henri), philosophe français, 1859 † 1941 : 406, 459.

BERLITZ (Maximilian D.), pédagogue américain, d'origine allemande, théoricien de l'enseignement « direct » des langues, 1852 † 1921 : 695-697, 702.

BERTRAND (G.), linguiste français, contemporain : 717.

BÉRURIER, personnage de romans de Frédéric Dard : 645.

BINET (Alfred), psychologue et physiologiste français, 1857 † 1911 : 382.

BLAKE (F. R.), linguiste anglais, contemporain : 314.

BLANC (Haïm), linguiste et hébraïsant roumain, né en 1926 : 981.

BLEEK (Wilhelm), philologue et africaniste allemand, 1837 † 1875 : 1390, 1392-1394.

BLOOMFIELD (Leonard), linguiste américain, 1887 † 1949 : XI, 8, 624, 625, 628, 643, 768, 816, 824, 847, 861.

BOILEAU (Nicolas), poète et critique français, 1636 † 1711 : 505.

BOILLOT (Félix), dit Félix de GRAND COMBE, écrivain et linguiste français, 1880 † 1961 : 747.

BONAPARTE, voir NAPOLÉON Ier.

BOOTH (Andrew Donald), physicien et cybernéticien canadien, né en 1908 : 759, 763.

BOOZ, personnage de l'œuvre de Victor Hugo, inspiré par le patriarche biblique (époux de Ruth, et bisaïeul du roi David) : 478, 479, 481, 505.

BOPP (Franz), linguiste allemand, 1791 † 1867 : 819, 1225, 1241.

BOSCH-GIMPERA (Pere), archéologue, historien et linguiste mexicain, d'origine espagnole, né en 1891 : 1268.

BOSSERT (Adolphe), linguiste français, historien de la littérature allemande, 1832 † 1922 : 696.

BOUDA (Karl), linguiste allemand, né en 1901 : 1408, 1428, 1432.

BOUDDHA ou ÇAKYAMUNI, fondateur de la religion bouddhiste, v. ~ 563 † v. ~ 483 : 497.

BOUILLAUD (Jean), médecin et anatomiste français, 1796 † 1881 : 390.

BOURCIEZ (Édouard Eugène), linguiste français, 1854 † 1946 : 778.

BOURCIEZ (Jean), linguiste français, fils du précédent, contemporain : 778.

BOURQUIN (Walther), linguiste et religieux sud-africain, contemporain : 1398.

BOVARY (Charles), personnage de l'œuvre de Gustave Flaubert : 437.

BOYCE (W. Birmington), linguiste anglo-australien, 1804 † 1889 : 1392.

BRAILLE (Louis), pédagogue français, éducateur des aveugles et inven-

INDEX DES NOMS

teur d'un système d'écriture en relief, 1809 † 1852 : 139, 141.
BRANDENSTEIN (Wilhelm), linguiste allemand, né en 1898 : 1272.
BRETON (Roland), linguiste et géographe français, né en 1931 : 1278.
BRITTEN (Roy John), biophysicien américain, né en 1919 : 763.
BROCA (Paul), anthropologue et chirurgien français, fondateur de la Société d'Anthropologie de Paris (1859), 1824 † 1880 : 390, 392, 398, 401-404.
BROCKELMANN (Karl), linguiste et sémitologue allemand, 1868 † 1956 : 861, 1298.
BRONTË (Emily), romancière anglaise, 1818 † 1848 : 753.
BROSNAHAN (Leonard Francis), linguiste anglais, professeur à Cambridge, né en 1922 : 312.
BRUANT (Aristide), chansonnier français, 1851 † 1925 : 644, 645.
BRUEGHEL (Pieter), dit BRUEGHEL le Vieux, peintre et graveur flamand, 1526/1531 † 1569 : 644.
BRUGMANN (Karl), philologue et grammairien allemand, 1849 † 1919 : 706, 821, 851, 1242, 1256, 1257.
BRUSCIOTTO ou BRUGIOTTI, dit GIACINTO de Vetralla, africaniste italien, capucin et missionnaire au Congo, 1601 † 1659 : 1391.
BRYAN (Miss M. A.), africaniste anglaise, contemporaine : 1068, 1406.
BÜHLER (Karl), psychologue allemand, de l'école de Würzburg, fixé en Californie, né en 1879 : 16.
BURGER (Michel), philologue romaniste suisse, né en 1896 : 491, 492, 496, 497.
BUSBECQ (Ogier-Ghislain de), diplomate, naturaliste, écrivain et paléographe flamand, 1522 † 592 : 1281.
BUTOR (Michel), écrivain français, né en 1926 : 458.
BUYSSENS (Eric Jean-Louis), linguiste belge, né en 1900 : 93, 94, 96, 125, 137, 139, 143.

CAGAYOUS, personnage de l'œuvre d'Auguste Robinet, dit Musette, qui s'exprime en sabir d'Algérie : 602.
CAILLOIS (Roger), essayiste français, né en 1913 : 754.
CALDERON de LA BARCA (Pedro), auteur dramatique espagnol, 1600 † 1681 : 600.
CALLOT (Jacques), graveur et dessinateur français, v. 1592 † 1635 : 644.
CANDIDE, personnage de l'œuvre de Voltaire : 748.
CANTINEAU (Jean), linguiste et sémitologue français, 1899 † 1956 : 1306.
CAPELLE (G.), linguiste canadien, contemporain : 698, 722-724.

CARDOSO (le Père Mateus), religieux, théologien et linguiste portugais, 1584 † 1625 : 1391.
CAREY (William), missionnaire, indianiste et philologue anglais, 1761 † 1834 : 819.
CARRÈRE (Marcel), écrivain français, contemporain : 622, 626, 629.
CARROLL (John Bissel), psychologue américain, né en 1916 : 698.
CARTOUCHE (Louis-Dominique BOURGUIGNON, dit), bandit français, 1693 † 1721 : 644.
CARY (Edmond), linguiste suisse, contemporain : 737, 750.
CATHERINE de Médicis, reine de France, femme d'Henri II (1533) et régente (1560), 1519 † 1589 : 644.
CATHERINE II de Russie (d'Anhalt-Zerbst), dite la Grande, impératrice de Russie (1762), femme et successeur de Pierre III, 1729 † 1796 : 817.
CÉLINE (Louis-Ferdinand DESTOUCHES, dit), écrivain français, 1894 † 1961 : 644.
CENDRILLON, personnage de la littérature universelle de contes de fées (notamment de l'œuvre de Charles Perrault, XVIIe siècle) : 1026.
CERRULI (Enrico), linguiste et orientaliste italien, né en 1898 : 1328.
CÉSAR (Caius Julius), dictateur romain (~ 48), ~ 101 † ~ 44 : 590.
CHADWICK (John), archéologue et helléniste anglais, né en 1920 : 1282, 1283.
CHAM, fils cadet du patriarche Noé, dont les descendants peuplèrent l'Afrique : 1241, 1298.
CHAMPMESLÉ (Marie DESMARES, dame), tragédienne française, femme de l'acteur Charles Chevillet, dit Champmeslé, 1641 † 1698 : 510.
CHAO (Yuen Ren), linguiste américain, d'origine chinoise, né en 1892 : 952.
CHARCOT (Jean-Martin), médecin et neurologue français, 1825 † 1893 : 405.
CHARLES XII Vasa, roi de Suède (1697-1709, rétabli en 1715), 1682 † 1718 : 1335.
CHARLES (Julie-Françoise BOUCHAUD des HÉRETTES, Mme), inspiratrice et amie de Lamartine, 1784 † 1817 : 441.
CHARPENTIER (J.), linguiste et orientaliste français, contemporain : 1272.
CHÉNIER (André), poète français, 1762 † 1794 : 698.
CHÉRON (M.), linguiste français, contemporain : 634.
CHOMSKY (Avram Noam), linguiste américain, né en 1928 : 710, 711, 766.

INDEX DES NOMS

CHRÉTIEN de Troyes, poète et « romancier » français de la cour de Marie de Champagne, 1130? † avant 1190? : 777.

CHRIST (le), ou JÉSUS, prophète juif, fondateur du christianisme, ~ 5 † 29? : 21, 497, 977, 1380.

CHRISTALLER (Johann Gottlieb), africaniste et linguiste allemand, 1827 † 1895 : 1405.

CHRISTIE (Agatha), romancière anglaise, née en 1891 : 741.

CHURCHILL (Lord Winston Leonard SPENCER), homme d'État et écrivain anglais, 1874 † 1965 : 749.

CICÉRON (Marcus Tullius CICERO, dit), écrivain, orateur et homme politique romain, ~ 106 † ~ 43 : 590, 815.

CLAUDEL (Paul), poète et auteur dramatique français, 1868 † 1955 : 507.

COHEN (David), philologue et historien (de l'antiquité) hollandais, né en 1882 : 520.

COHEN (Marcel), linguiste français, sémitologue, ethnographe et sociologue, né en 1884 : 518, 521, 524, 1306, 1317.

COINDREAU (Maurice-Edgar), linguiste, philologue et essayiste français, né en 1892 : 754.

COLEBROOKE (Henry Thomas), indianiste et philologue anglais, 1765 † 1837 : 819.

COLETTE (Sidonie-Gabrielle), romancière française, 1873 † 1954 : 88.

CONRAD (K.), neurologue américain, d'origine allemande, contemporain : 410.

COOK (Robin), romancier anglais, contemporain : 620.

COQUILLARDS (les), malandrins français du XVe siècle : 620, 639.

COROMINAS (John), philologue américain, d'origine espagnole, né en 1905 : 1417.

COSERIU (Eugenio), linguiste brésilien, professeur de langues romanes à Tübingen, contemporain : 317, 708.

COWGILL (Warren Crawford), linguiste américain, né en 1929 : 1283.

CRATÈS de Mallos, grammairien grec du ~ IIe siècle (enseignement à Rome, vers ~ 169) : 815.

CREWS (Cynthia M. JOPSON, Mrs.), linguiste et philologue anglaise, née en 1906 : 1184.

CROCE (Benedetto), philosophe et historien italien, 1866 † 1952 : 511.

CUNY (Albert), linguiste et universitaire français, contemporain : 1245.

CURTIUS (Georg), linguiste allemand, 1820 † 1885 : 706, 820.

CUVIER (Georges), naturaliste et paléontologue français, 1769 † 1832 : 818.

CYRILLE (CONSTANTIN, puis saint), apôtre grec des Slaves, 827 † 869 : 1275.

CYRUS II le Grand, roi scythe d'Anshan (~ 558), fondateur de l'Empire perse des Achéménides (~ 550), ? † ~ 528 : 923.

CZERMAK (Wiktor), historien et philologue polonais, 1863 † 1913 : 823.

DANIEL, l'un des grands prophètes hébreux (~ VIIe siècle), déporté à Babylone en ~ 606 et † à Suse : 976.

DARBELNET (Jean-Louis), linguiste français, né en 1904 : 708, 736, 737.

DARIUS Ier le Grand, roi achéménide des Perses (~ 521) et pharaon de la XXVIIe dynastie égyptienne (~ 525), ? † ~ 486 : 515, 1266, 1278.

DARWIN (Charles), naturaliste anglais, 1809 † 1882 : 818, 820.

DAUZAT (Albert), linguiste et écrivain français, 1877 † 1955 : 621, 622, 626, 628, 639, 642.

DAVIS (Mildred Greta), linguiste américaine, née en 1899 : 710.

DAX (Marc), médecin neurologue français (première moitié du XIXe siècle) : 390.

DECROLY (Ovide), médecin, psychologue et pédagogue belge, 1871 † 1932 : 430.

DEETERS (Gerhard), linguiste allemand, spécialiste des langues caucasiennes, né en 1892 : 1415, 1420, 1422, 1424, 1425, 1433.

DE GHEEL (Georges), africaniste flamand, capucin, missionnaire au Congo et martyr, 1617 † 1652 : 1391.

DÉJERINE (Jules), neurologue et anatomiste français, d'origine suisse, 1849 † 1917 : 395, 397, 398, 402, 405.

DELACROIX (Henri), philosophe français, 1873 † 1937 : 80, 422.

DELAFOSSE (Maurice), administrateur colonial français, ethnologue et linguiste (africaniste) français, 1870 † 1926 : 1068, 1405, 1407.

DELATTRE (Pierre), linguiste français, professeur aux États-Unis, né en 1903 : 698.

DELBRÜCK (Berthold), philologue et grammairien allemand, 1842 † 1922 : 821.

DELEBECQUE (Édouard), linguiste français, professeur de littérature grecque à la Faculté d'Aix-en-Provence, né en 1910 : 1266.

DE MICHELIS, anthropologue italien, contemporain : 1268.

DÉMOSTHÈNE, orateur grec et homme politique athénien, ~ 384 † ~ 322 : 907.

DENESH, linguiste anglais, contemporain : 710.

INDEX DES NOMS

DEROCQUIGNY (Jules), linguiste français, contemporain : 706.
DESBORDES-VALMORE (Marceline), poétesse française, 1786 † 1859 : 506.
DESCARTES (René), philosophe, mathématicien et physicien français, 1596 † 1650 : 441.
DEVOTO (Giacomo), linguiste italien, né en 1897 : 1279.
DIDEROT (Denis), philosophe et écrivain français, 1713 † 1784 : 816, 817.
DIEZ (Friedrich), philologue et romaniste allemand, 1794 † 1876 : 820.
DIVER (William), linguiste américain, contemporain : 1279.
DOBROVSKY (Josef), linguiste tchèque, 1753 † 1829 : 820.
DOKE (Clement Martin), missionnaire, philologue et africaniste anglais, né en 1893 : 844, 1392, 1393, 1402, 1406.
DONNER (Kai), linguiste finnois, ? † 1935 : 1370.
DOSTERT (Leon Emile), philologue et linguiste américain, d'origine française, né en 1904 : 759.
DREYFUS-GRAF, linguiste et cybernéticien anglais, contemporain : 710.
DU BELLAY (Joachim), poète français, 1522 † 1560 : 498, 508.
DUDEN (Konrad), linguiste et lexicographe allemand, 1829 † 1911 : 1165.
DUENOS, céramiste probablement étrusque du ~ IVe siècle (auteur d'un vase trouvé à Rome en 1880, portant une inscription votive qui représente l'un des plus anciens textes de langue latine) : 1279.
DUHAMEL (Marcel), traducteur français, directeur de la « Série Noire », né en 1900 : 620.
DU MARSAIS (César CHESNEAU), grammairien et latiniste français, 1676 † 1756 : 643.
DUMÉZIL (Georges), linguiste et historien des religions français, né en 1891 : 1264, 1416, 1423, 1424, 1427, 1431.
DURAND (Marguerite), phonéticienne française, contemporaine : 397.

EATON (Annette Hawkins), linguiste américaine, née en 1908 : 875.
ECCLÉSIASTE (l'), nom donné à l'auteur inconnu (Hébreu de la fin du ~ IIIe siècle) d'un livre de la Bible (groupe des écrits sapientiaux, dit des Hagiographes); pour certains érudits, le roi Salomon : 976.
EDMONT (Charles), linguiste français, 1849 † 1926 : 593, 594.
EISENHOWER (Dwight David), général et homme d'État américain, président des États-Unis (1953-1961), né en 1890 : 693, 742.

ÉLUARD (Paul), poète français, 1895 † 1952 : 507.
ELVIRE, nom de la femme aimée dans les *Méditations poétiques* de Lamartine (personnifiant Mme Charles, ou peut-être d'autres femmes, dont la Napolitaine Antoniella et Marianne Birch) : 441.
ENCYCLOPÉDISTES (les), écrivains français, collaborateurs de *l'Encyclopédie* de Diderot (1751-1777) : 816, 978.
ÉPÉE (abbé Charles-Michel de L'), prêtre et pédagogue français, rééducateur de sourds-muets, 1712 † 1789 : 424-427.
EPEIOS, personnage du cycle homérique, guerrier phocidien qui fabriqua le cheval de Troie : 838.
ESCHYLE, auteur dramatique grec, ~ 525 † ~ 456 : 907.
ESDRAS, prêtre et docteur hébreu du ~ Ve siècle, restaurateur de la nation juive à Jérusalem sous Artaxerxès II (vers ~ 430 ?) : 976.
ESNAULT (Gaston), linguiste et écrivain français, né en 1874 : 623, 625, 630, 634, 635, 639, 641.
ESTHER, héroïne d'un livre de la Bible, Juive de la tribu de Benjamin et femme du roi des Perses dit Assuérus (Xerxès Ier ?) : 976.
ESTIENNE (Henri II), humaniste et grammairien français, 1528 † 1598 : 498.
ESTOUP (Jean-Baptiste), linguiste et sténographe français, fin XIXe-premier quart du XXe siècle : 47, 48, 152.
ÉTIENNE de Perm (saint), moine russe, missionnaire des Permiaks et des Zyriènes, premier évêque de Perm (1383), v. 1335 † 1396 : 1333.
ETKIND (E.), linguiste russe, contemporain : 752.
EURIPIDE, poète tragique grec, ~ 480 † ~ 406 : 907.
ÉVANGÉLISTES (les), nom donné aux quatre apôtres du Christ : Jean, Luc, Marc et Matthieu, auteurs présumés des *Évangiles* au Ier siècle : 977.
EXNER (Siegmund), physiologiste autrichien, spécialiste des organes de la phonation, 1846 † 1926 : 391.

FAIDHERBE (Louis-Léon-César), général français, administrateur du Sénégal (1854-1865), géographe et ethnologue, 1818 † 1889 : 601, 602.
FECHNER (Gustav Theodor), physicien, psychologue et philosophe allemand, 1801 † 1887 : 72.
FEDOROV (A. V.), linguiste russe, contemporain : 752.
FEIST (Sigmund), linguiste et germaniste allemand, 1865 † ? : 1268.

FINCK (Franz Nikolaus), linguiste allemand, 1867 † 1910 : 312.
FIRTH (John Rupert), linguiste américain, d'origine anglaise, né en 1890 : 703.
FLAUBERT (Gustave), romancier français, 1821 † 1880 : 437, 731.
FLEISH (Henri), linguiste et philologue (arabisant) français, né en 1904 : 1326.
FOIX (Charles), neurologue et anatomiste français, 1882 † 1927 : 403.
FORT (Paul), poète français, 1872 † 1960 : 502.
FRANCISCO de San Salvador (Manuel ROBOREDO, en religion), prêtre (1637) puis capucin (métis congolais-portugais), ? † 1665 : 1391.
FRANÇOISE, personnage de l'œuvre de Marcel Proust (*A la recherche du temps perdu*), servante de la famille du Narrateur : 458.
FREI (Émile Henri), linguiste et sinologue suisse, né en 1899 : 642, 645, 779, 780, 810, 811, 967.
FREUD (Sigmund), neurologue et psychiatre autrichien, 1856 † 1939 : 443, 636.
FRIES (Charles Carpenter), linguiste américain, né en 1887 : 698.
FRY (Dennis Butler), linguiste anglais, professeur de phonétique expérimentale, né en 1907 : 710.
FURETIÈRE (Antoine), écrivain français, 1619 † 1688 : 621.

GALANTE (Abraham), égyptologue et orientaliste espagnol, né en 1873 : 1185.
GALICHET (Georges), linguiste et grammairien français, né en 1904 : 735.
GATOV (A.), linguiste russe, contemporain : 752.
GALL (Franz Joseph), médecin et physiologiste allemand, fondateur de la phrénologie, 1758 † 1828 : 390.
GARCIA LORCA (Federico), poète et auteur dramatique espagnol, 1899 † 1936 : 815.
GAULLE (Charles de), homme d'État et général français, né en 1890 : 264.
GELB (Adhemar Maximilian Maurice), psychologue allemand, 1887 † 1936 : 396, 408.
GELB (Ignace J.), linguiste et assyriologue polonais, professeur aux États-Unis, né en 1907 : 517, 523.
GENÊT (Jean), poète et romancier français, né en 1910 : 644.
GHIL (René GHILBERT, dit René), poète et critique français de l'école symboliste, 1862 † 1925 : 486.
GIANCARLI (Gigio Artemio), écrivain, peintre et acteur italien, ? † vers 1560 : 604.

GIDE (André), écrivain français, 1869 † 1951 : 752, 810.
GILLIÉRON (Jules), philologue français, 1854 † 1926 : 587, 593, 594, 781.
GINNEKEN (Jacobus), jésuite et linguiste hollandais, né en 1877 : 312.
GODEL (Robert), linguiste français, contemporain : 93.
GOETHE (Johann Wolfgang von), écrivain allemand, 1749 † 1832 : 697.
GOLDONI (Carlo), auteur comique italien, 1707 † 1793 : 600.
GOLDSTEIN (Kurt), médecin et psychiatre américain d'origine allemande, né en 1878 : 391, 396, 399, 408, 410.
GONCOURT (les), écrivains et critiques d'art français : Edmond de Goncourt (1822 † 1896) et son frère Jules de Goncourt (1830 † 1870) : 455.
GOTTSCHALDT (Kurt), psychologue allemand, né en 1902 : 409.
GOTTSCHALK (Walter), linguiste anglais, né en 1894 : 622.
GOUGENHEIM (Georges), linguiste français, né en 1910 : 283, 698, 722.
GOUIN, linguiste et pédagogue, collaborateur de Berlitz (fin XIXe-début du XXe siècle) : 696, 697, 702.
GRAMMONT (Maurice), linguiste, grammairien et phonéticien français, 1866 † 1946 : 509.
GRASSET (Joseph), médecin, physiologiste et biologiste français, 1849 † 1918 : 405, 406.
GREENBERG (Joseph Harold), linguiste et anthropologue américain, né en 1915 : 312, 314, 835, 1068, 1232-1234, 1291, 1393, 1401, 1406-1408, 1410, 1429.
GRÉGOIRE (abbé Henri), prêtre et homme politique français, 1750 † 1831 : 978.
GRÉVISSE (Maurice), grammairien belge, né en 1895 : 806.
GRIMES (Joseph Evans), linguiste anglais, né en 1928 : 313.
GRIMM (Jacob), philologue et écrivain allemand, 1785 † 1863 : 706, 820, 821.
GRIMM (Wilhelm Carl), philologue et germaniste allemand, frère et collaborateur de Jacob, 1786 † 1859 : 820.
GROUT (Lewis), linguiste sud-africain, XIXe siècle : 1392.
GSELL, linguiste et cybernéticien allemand, contemporain : 710.
GUDSCHINSKY (Sarah), linguiste américaine, contemporaine : 876, 879.
GUICHARD (Étienne), linguiste français, fin XVIe-première moitié du XVIIe siècle : 817.
GUIEYSSE (Georges), linguiste français, ? † 1888 : 639.
GUILLAUME (G.), linguiste et psycho-

logue français, fin XIXᵉ-première moitié du XXᵉ siècle : 318.
GUIRAUD (Pierre), linguiste français, contemporain : 89, 623, 635, 641.
GUTHRIE (Malcolm), missionnaire, africaniste et professeur anglais, né en 1903 : 848, 856, 857, 860, 1230, 1393, 1394, 1396, 1398-1400, 1402, 1403, 1406, 1408-1410.
GYÁRMATHI (Samuel), linguiste hongrois, 1751 † 1830 : 820.

HAECKEL (Ernst Heinrich), naturaliste allemand, 1834 † 1919 : 818.
HAEDO (Fra Diego de), bénédictin, voyageur et historien espagnol, ? † 1608 : 599, 600.
HALL (Robert Anderson Jr.), linguiste et historien littéraire américain, né en 1911 : 606, 614.
HALLE (Morris), linguiste et slavisant américain, d'origine lettonne, né en 1923 : 400.
HAN (les), dynastie d'empereurs chinois : les Han antérieurs, ou occidentaux (~ 206/9 apr. J.-C.) et — branche restaurée — les Han postérieurs ou orientaux (22-220) : 950.
HARPER (Kenneth E.), linguiste et slavisant américain, né en 1918 : 759.
HARRIS (Zellig S.), linguiste américain, d'origine estonienne, né en 1909 : 710, 766, 767.
HARVARD (John), clergyman anglais, fondateur d'une Université aux États-Unis, 1607 † 1638 : 48, 579.
HAUDRICOURT (André-Georges), philologue français, directeur de recherche au C.N.R.S., né en 1911 : 829, 1306.
HEAD (Henry), neurologue anglais, 1861 † 1940 : 391, 398, 408.
HELIAND, nom bas-allemand du « Sauveur » (titre d'une libre adaptation de l'*Évangile* par un moine saxon de Fulda (IXᵉ s.) : 1282.
HELLÈ, princesse de la mythologie grecque, fille du roi de Béotie Athamas, morte dans l'Hellespont à qui on donna son nom : 908.
HENSCHEN (Salomon Eberhard), médecin suédois, neuropathologiste et cardiologue, 1847 † 1930 : 391.
HENZEN (Walther), linguiste suisse de langue allemande, né en 1895 : 1167.
HERCULE POIROT, détective belge, personnage de l'œuvre d'Agatha Christie : 741.
HEREDIA (José Maria de), poète français, du groupe parnassien, 1842 † 1905 : 505.
HERMIONE, personnage de l'œuvre de Jean Racine (*Andromaque*, 1667), et dans la mythologie grecque, fille de Ménélas et d'Hélène : 473.

HÉRODOTE d'Halicarnasse, historien grec, ~ 485 ? † ~ 425 : 515.
HICKES (George), pasteur, grammairien et lexicologue anglais, 1642 † 1715 : 817.
HIRT (Hermann), linguiste et sanscritiste allemand, 1865 † 1936 : 1242, 1245, 1252, 1259, 1263, 1268.
HJEMSLEV (Louis Trolle), linguiste danois, né en 1899 : 188, 189, 211, 612.
HOCKETT (Charles Francis), linguiste et anthropologue américain, né en 1916 : 313, 625, 1229.
HOENIGSWALD (Henry M.), linguiste américain, d'origine allemande, né en 1915 : 1275.
HOIJER (Harry), linguiste et anthropologue américain, né en 1904 : 877.
HOLYBAND (Claude de SAINLIENS, dit Claudius), gentilhomme et pédagogue français, émigré en Angleterre (dernier quart XVIᵉ-première moitié du XVIIᵉ siècle) : 695.
HOMBURGER (Mlle Lilias), ethnologue et linguiste (africaniste) française, née en 1880 : 1392, 1398, 1400, 1401, 1405, 1407.
HOUSIAUX (O. M.), grammairien belge, contemporain : 710.
HOUSMAN (Alfred Edward), poète anglais, 1859 † 1936 : 754.
HROZNÝ (Bedrich), orientaliste et hittitologue tchèque, 1879 † 1953 : 1256.
HUGO (Victor), écrivain français, 1802 † 1885 : 442, 467, 478, 483, 485, 505, 508, 644, 646.
HUMBOLDT (Wilhelm von), linguiste, philosophe et homme politique allemand, 1767 † 1835 : 312, 711.
HUXLEY (Aldous), écrivain anglais, 1894 † 1963 : 732, 747.
HYMES (D. H.), linguiste et anthropologue américain, contemporain : 875, 876, 882.

IBN 'EZRĀ (Abraham), érudit et polygraphe hébreu, astronome, mathématicien et philosophe, né à Tolède 1092 † 1167 : 1179.
INDRA, dieu védique, puis brahmanique, roi de la guerre et de l'orage, fils de la Vérité : 1264.
IONESCO (Eugène), auteur dramatique français, d'origine roumaine, né en 1912 : 458.
ISAÏE, l'un des grands prophètes hébreux, ~ 742 ? † ~ 680 ? : 977.
ISOCRATE, orateur grec, ~ 436 † ~ 338 : 907.
ITKONEN (Erkki Esias), linguiste finnois, né en 1913 : 1377, 1380.

JACKSON (John Hughlings), neurologue et psychiatre anglais, 1834 † 1911 : 391, 407, 408.

INDEX DES NOMS

JACOTOT (Jean-Joseph), pédagogue et linguiste français, 1770 † 1840 : 697.

JACQUOT (André), africaniste français, né en 1927 : 1406.

JAKOBSON (Roman), philologue, linguiste et critique littéraire russe, professeur à Harvard, né en 1896 : 14, 17, 329, 337, 400, 1231.

JAMES ou JACQUES Ier Stuart, roi d'Écosse (1567) et roi d'Angleterre (1603), dont le nom reste attaché à une révision de la *Bible (the Authorized Version*, 1611), 1566 † 1625 : 1194.

JAMMES (Francis), poète et romancier français, 1868 † 1938 : 502.

JAPHET, troisième fils de Noé d'après la *Bible* (livre de la *Genèse*, X) : 1241.

JEAN-BAPTISTE de La Salle (saint), prêtre, pédagogue et fondateur français de l'ordre des Frères des Écoles chrétiennes, 1651 † 1719 : 1183.

JÉRÔME (saint), Père et docteur de l'Église, exégète et historien religieux, d'origine dalmate, v. 331 † 420 : 737.

JESPERSEN (Jens Otto Harry), linguiste danois, 1860 † 1943 : 697, 698, 702.

JESSÉ, personnage biblique, père du roi David (et petit-fils de Booz et de Ruth), ancêtre lointain du Christ : 814.

JÉSUITES (les), religieux (enseignants et missionnaires) de la Compagnie de Jésus, fondée par saint Ignace de Loyola (1534 à nos jours) : 1183.

JÉSUS, *voir* CHRIST (le).

JÉZABEL, reine d'Israël, femme d'Achab et mère d'Athalie, ∼ IXe siècle : 637.

JOHNSTON (Sir Harry Hamilton), administrateur anglais, explorateur de l'Afrique noire, linguiste et lexicographe, 1858 † 1927 : 1392, 1399, 1405, 1408.

JONAS, l'un des douze petits prophètes hébreux — le cinquième —, sous le règne de Jéroboam II (entre ∼ 786 et ∼.746) : 976.

JONES (Daniel), linguiste et phonéticien anglais, né en 1881 : 618.

JONES (Sir William), orientaliste et juriste anglais, fondateur de la « Société Asiatique du Bengale » à Calcutta, 1746 † 1794 : 819.

JOOS (Martin George), linguiste et germaniste américain, né en 1907 : 693.

JORDANÈS ou IORNANDES, historien goth de langue latine (vers 550), probablement † à Constantinople : 1335.

JORGE (le Père), *voir* DE GHEEL (Georges).

JOSEPH (saint), époux de Marie (mère du Christ), descendant du roi David : 1183.

JOURDAIN (Anne-Marie-Louise, dite Élodie, DUJON, Mme Pierre), linguiste et traductrice française, ? † 1954 : 611, 612.

JOYCE (James), écrivain irlandais, de langue anglaise, 1882 † 1941 : 152, 156.

JUILLAND (Alphonse G.), linguiste et philologue français, contemporain : 829.

JUNG (Carl Gustav), psychologue et psychiatre suisse, 1875 † 1961 : 443.

JUNIUS (Franciscus), linguiste allemand, 1589 † 1677 : 817.

JUSMANOV (N. V.), linguiste russe (études sur le couchitique, première moitié du XXe siècle) : 1298.

KACHKINE (Ivan Alexandrovitch), linguiste et traducteur (d'anglais) russe, 1899 † 1963 : 752.

KEIMER (L.), linguiste anglais, professeur d'égyptologie au Caire, contemporain : 1181.

KING (Gilbert), linguiste américain, contemporain : 763-765.

KLAPROTH (Heinrich Julius von), orientaliste allemand, 1783 † 1835 : 1241.

KLEIST (Karl), psychiatre et physiologiste allemand, né en 1879 : 391.

KLINGHARDT (Hermann), linguiste allemand, 1847 † 1928 : 697.

KLOTO, personnage de l'œuvre de Paul Valéry *(la Jeune Parque)*, et dans la mythologie grecque, celle des Parques qui tenait le fuseau : 480.

KNOX (Ronald Arbuthnott), écrivain américain, 1888 † 1957 : 752.

KŒSSLER (Maxime), linguiste français, contemporain : 706.

KOSSINNA (Gustaf), préhistorien et linguiste allemand, 1858 † 1931 : 1268.

KÖSZTOLÁNYI (Dezsö), poète et romancier hongrois, 1885 † 1936 : 1368.

KRAUSE (Gottlob Adolf), linguiste (africaniste) allemand, 1850 † après 1936 : 1405.

KRETSCHMER (Paul), linguiste allemand, 1866 † 1956 : 838.

KRUISINGA (Etsko), linguiste hollandais (auteur d'une grammaire anglaise, éditée en 1925) : 703.

KSATRIYA (les), membres de la seconde des quatre castes védiques, guerriers d'origine divine : 1264.

KUKENHEIM (Louis), linguiste hollandais, né en 1905 : 715.

KURYŁOWICZ (Jerzy), linguiste polonais, né en 1895 : 1252, 1256, 1258-1260, 1262, 1272.

KUSSMAUL (Adolf), médecin et physiologiste allemand, 1822 † 1902 : 391, 405.

INDEX DES NOMS

LADO (Robert), linguiste américain, né en 1915 : 698, 699, 725.
LAFON (René), linguiste français, professeur de langue et de littérature basques, né en 1899 : 1416, 1431, 1433, 1434.
LA FONTAINE (Jean de), poète et fabuliste français, 1621 † 1695 : 507.
LALANDE (André), philosophe et universitaire français, 1867 † 1963 : 468.
LAMARTINE (Alphonse de), poète et homme politique français, 1790 † 1869 : 441, 442, 467.
LANCASTER (Joseph), pédagogue et linguiste anglais, 1778 † 1838 : 697.
LANSON (Gustave), historien littéraire français, 1857 † 1934 : 440.
LAOUST (Henri), linguiste français, orientaliste et arabisant, né en 1876 : 1182, 1296.
LARCHEY (Lorédan), écrivain, linguiste et lexicographe français, 1831 † 1921 : 628, 633.
LAROUSSE (Pierre), grammairien et lexicographe français, 1817 † 1875 : 283, 708, 739, 785.
LA RUE (Jean), linguiste français, historien de l'argot (travaux, début du XXᵉ siècle) : 628.
LA TAILLE (Jacques de), poète lyrique et tragique français, 1542 † 1562 : 498.
LAUBACH, linguiste américain, contemporain : 617.
LAUNAY (Clément), neuropsychiatre français, né en 1901 : 381.
LE BIDOIS (Robert), grammairien, lexicographe et traducteur français, né en 1897 : 704.
LECERF (Yves), linguiste et cybernéticien français, contemporain : 767.
LECONTE (André), éditeur français (de guides, plans et cartes), né en 1898 : 132.
LECONTE (P.), linguiste français, contemporain : 717.
LEES (Robert B.), linguiste américain, né en 1922 : 878, 880.
LEHMANN (Winfred Philipp), linguiste et philologue (germaniste) américain, né en 1916 : 858, 1259, 1260, 1281.
LEIBNIZ (Gottfried Wilhelm von), philosophe, philologue et mathématicien allemand, 1646 † 1716 : 817.
LENZ (Rodolfo), linguiste et philologue chilien, d'origine allemande, 1863 † 1938 : 612.
LÉON (Pierre), linguiste français, contemporain : 698, 715.
LEPSIUS (Karl Richard), égyptologue et linguiste allemand, 1810 † 1884 : 1391.
LEROY (Maxime), sociologue et historien français, 1873 † 1957 : 699.

LESKIEN (Paul), philologue et linguiste allemand, 1840 † 1916 : 821.
LÉVIK (V.), linguiste russe, contemporain : 751, 752.
LEWY (Ernst), linguiste allemand, né en 1881 : 1427.
LICHTENSTEIN (Martin Heinrich Karl), naturaliste, voyageur (en Afrique noire) et linguiste allemand, 1780 † 1857 : 1391.
LICHTHEIM (Ludwig), neurologue et physiologiste allemand, 1845 † 1928 : 405.
LITTRÉ (Émile), philosophe, historien et philologue français, 1801 † 1881 : 621, 622, 626.
LOCKE (William Nash), linguiste américain, né en 1909 : 759.
LOPES (Duarte), navigateur portugais du XVIᵉ siècle, explorateur de l'Afrique, dont Pigafetta publia (1591) la *Relatione del Reame di Congo e delle circonvicine contrade*: 1391.
LORCA, *voir* GARCIA LORCA.
LOTE (Georges), linguiste et philologue français, contemporain : 492, 509.
LOTTNER (C.), philologue (sémitisant) allemand (travaux, première moitié du XIXᵉ siècle) : 820, 1278.
LOUIS XIV, dit le Grand, roi de France (1643, règne personnel en 1654), de la dynastie des Bourbon, 1638 † 1715 : 79.
LOUIS XV, dit le Bien-Aimé, roi de France (1715, règne personnel en 1722), de la dynastie des Bourbon, 1710 † 1774 : 442, 644.
LOUIS XVIII de Bourbon, roi de France (1814-1824), frère de Louis XVI, 1755 † 1824 : 822.
LUNT (Horace Gray), linguiste et slavisant américain, né en 1918 : 860.
LURIA ou LURIIA (Alexandr Romanovitch), psychologue et neuropsychiatre russe, né en 1902 : 399, 400, 409.
LUTHER (Martin), théologien réformateur allemand, 1483 † 1546 : 1167, 1168, 1276.

MACKEY (William Francis), linguiste et philologue canadien, né en 1918 : 699, 715, 724, 725.
Mc CONNELL (H. Ormonde), pasteur et linguiste anglais, contemporain : 617.
MADELEINE ou MARIE de Magdala (sainte), dans le Nouveau Testament, sœur de Lazare (le Ressuscité) et de Marthe : 506.
MAINGARD (L. F.), philologue (africaniste) anglais (travaux, première moitié du XXᵉ siècle) : 830.
MALBLANC (Alfred), linguiste français, contemporain : 708.

INDEX DES NOMS

MALHERBE (François de), poète français, 1555 † 1628 : 508, 816.

MALLARMÉ (Stéphane), poète français, 1842 † 1898 : 441, 458, 486, 511.

MALMBERG (Bertil), linguiste suédois, né en 1913 : 608.

MALRAUX (André), écrivain et homme politique français, né en 1901 : 455, 497.

MANDELBROT (Benoît), mathématicien et épistémologue français, né en 1924 : 50, 152, 155.

MARIE l'Angevine, l'une des inspiratrices de l'œuvre de Ronsard, jeune paysanne angevine, Marie Dupin ou Du Pin : 503.

MARIE (Pierre), médecin français, neurologue et endocrinologiste, 1853 † 1940 : 391, 395, 397, 398, 402, 406, 413.

MARMONTEL (Jean-François), auteur dramatique, romancier et encyclopédiste français, 1723 † 1799 : 498.

MARR (Nikolaj Jakovlevitch), philologue et archéologue russe, 1865 † 1934 : 312, 1231, 1416.

MARSDEN (William), numismate, orientaliste et linguiste irlandais, 1754 † 1836 : 1391.

MARTIN (Edmond), dit Si Kaddour ben NITRAM, administrateur et linguiste français, chansonnier de dialectes sabir et « cagayous », né en 1888 : 602.

MARTINET (André), linguiste français, professeur à la Sorbonne, né en 1908 : 40, 125, 210, 232, 234, 255, 310, 313, 616, 698, 704, 716, 717, 827, 832, 1232, 1257, 1260, 1290, 1302, 1306, 1308, 1429.

MARTY (Fernand), linguiste américain, d'origine française, né en 1920 : 608.

MARUT (les), génies (ou dieux) des Vents dans la mythologie védique, fils de Rudra : 1264.

MASSIGNON (Louis), islamisant français, linguiste et historien religieux, né en 1883 : 1182, 1325.

MATORÉ (Georges), linguiste et lexicologue français, né en 1908 : 295.

MAUPASSANT (Guy de), écrivain français, 1850 † 1893 : 751.

MAUROIS (André), écrivain français, 1885 † 1967 : 751.

MEEUSSEN (A. E.), philologue (africaniste) hollandais, contemporain : 859.

MEILLET (Antoine), linguiste français, 1866 † 1936 : 582, 583, 623, 701, 706, 814, 815, 825, 826, 833, 842, 843, 851, 855, 981, 1241, 1242, 1245, 1250, 1252-1255, 1261, 1267, 1269, 1272, 1275, 1276, 1299, 1398.

MEINHOF (Karl), linguiste et africaniste allemand, 1857 † 1944 : 860, 1232, 1233, 1392, 1393, 1395, 1398, 1400, 1401, 1403, 1405.

MEL'ČUK, linguiste russe, contemporain : 770.

MÉNAGE (Gilles), érudit et poète (de langue latine) français, 1613 † 1692 : 816.

MENTOR, personnage de l'*Odyssée*, compagnon et conseiller d'Ulysse : 1250.

MENZERATH (P.), linguiste américain, contemporain : 301, 303, 305.

MERLEAU-PONTY (Maurice), philosophe français, professeur à la Sorbonne, né en 1908 : 459.

MESCHINOT (Jean), poète français, 1415 ? † 1491 : 501.

MÉTHODE (saint), apôtre grec des Slaves (dep. 864 en Pannonie, Bohême et Moravie), 825 † 885 : 1275.

MEYER-LÜBKE (Wilhelm), linguiste et romaniste suisse de langue allemande, 1861 † 1936 : 440, 706.

MICHAUX (Henri), poète français, né en 1899 : 487.

MICHÉA (René), linguiste et lexicologue français, né en 1891 : 698, 722.

MICHEL (Francisque), érudit et essayiste français, 1809 † 1887 : 628, 643.

MICHELET (Jules), historien et écrivain français, 1798 † 1874 : 444.

MICKLESEN (Lew R.), linguiste américain, professeur à l'Université de Washington, né en 1921 : 765.

MIGEOD (Frederick William Hugh), linguiste et ethnologue (africaniste) anglais, né en 1872 : 612.

MIKLOSICH (Franjo), linguiste slovène, 1813 † 1891 : 820.

MILEWSKI (Tadeusz), linguiste américain, d'origine polonaise, contemporain : 312.

MISTRAL (Frédéric), poète provençal, 1830 † 1914 : 589, 1147.

MITRA, dieu de l'Inde védique, gardien de la vérité et de l'ordre moral universel : 1264.

MITTERAND (Henri), linguiste et écrivain français, contemporain : 624, 631.

MOLIÈRE (Jean-Baptiste POQUELIN, dit), auteur comique et acteur français, 1622 † 1673 : 872.

MOLINET (Jean), poète et chroniqueur français, v. 1435 † 1507 : 501.

MONAKOW (Konstantin Nikolaevic von), neuropsychiatre et anatomiste allemand, d'origine russe, 1853 † 1930 : 391, 408.

MONCRIEFF (Scott), homme de lettres et traducteur anglais, 1889 † 1930 : 752.

MORSE (Samuel Fonley Breese), inventeur (du télégraphe électrique) et peintre américain, 1791 † 1872 : 24, 47, 55, 100, 139, 146, 159.

INDEX DES NOMS

MOULTON (William Gamwell), linguiste américain, né en 1914 : 707.
MOUNIN (Georges), linguiste, essayiste et critique français, né en 1910 : 510, 511, 732, 740.
MOURGUE (Raoul), neurologue français, contemporain : 408.
MÜLLER (Friedrich), linguiste et ethnologue autrichien, 1834 † 1898 : 820.
MÜLLER (Friedrich Maximilian, dit Max), linguiste et historien des religions allemand (fixé en Angleterre), 1823 † 1900 : 862, 1225.
MURDOCK (Georg Peter), anthropologue et linguiste américain, né en 1897 : 1406-1408.
MUSETTE (Auguste ROBINET, dit), journaliste et conteur français, 1862 † 1930 : 602.
MUSSET (Alfred de), poète français, 1810 † 1857 : 442, 467.

NAPOLÉON Ier (Napoléon BONAPARTE), empereur des Français (déc. 1804, abdication en avril 1814 puis en juin 1815), 1769 † 1821 : 40, 1183.
NARCISSE, personnage de la mythologie grecque et des *Métamorphoses* d'Ovide, qui inspira plusieurs œuvres de Paul Valéry : 479.
NĀSATYA (les), ou les Deux ASHVINS, dieux védiques assimilables aux Dioscures, protecteurs célestes des malades et des malheureux : 1264.
NASHE (Thomas), écrivain satirique, auteur dramatique et romancier anglais, 1567 † 1601 : 730.
NASSER (Giamāl 'Abd an-Nā'ṣir, dit), homme d'État égyptien, né en 1918 : 1178, 1185.
NAVARRO (Tomàs), linguiste américain, d'origine espagnole, né en 1884 : 718, 893.
NEWMANN (T. N.), philologue (sémitisant) anglais, XIXe siècle : 820.
NIDA (Eugene Albert), linguiste et anthropologue américain, né en 1914 : 748.
NIELSEN, psychiatre et physiologiste danois, fin XIXe-XXe siècle : 391.
NIELSEN (C.), grammairien et linguiste norvégien, ? † 1964 : 1348.
NIEMANN (Franz Joseph), linguiste allemand, contemporain : 698.
NODIER (Charles), écrivain français, 1780 † 1844 : 621.
NOÉ, patriarche biblique, de la descendance de Seth : 1241.
NORODOM SIHANUK, ancien roi du Cambodge (1941-1955), chef de l'État (1960), né en 1922 : 1053.

OETTINGER (Anthony), physicien et cybernéticien allemand, né en 1929 : 759, 765, 767.
OGDEN (Margaret Sinclair), philologue, lexicographe et essayiste anglaise, née en 1909 : 722, 823.
OKHOTINA (Natalija Veniaminovna), linguiste (africaniste) russe, contemporaine : 1402.
OLIVET (Pierre-Joseph THOULLIER, abbé d'), grammairien, prosateur et poète français, 1682 † 1768 : 498.
OLLENDORF (Heinrich Godefroy), linguiste allemand, théoricien de l'apprentissage d'une langue seconde (travaux vers 1840) : 697.
'OMAR ibn al-KHATTĀB, second des califes successeurs de Mahomet (634), v. 581 † 644 : 1295.
OMBREDANE (André), médecin et psychologue français, né en 1898 : 397, 410, 411.
O'NEILL (Eugene), auteur dramatique américain, 1888 † 1953 : 156.
OSTHOFF (Hermann), linguiste allemand, 1847 † 1903 : 821.
OTTOMANS ou OSMANLIS (les sultans), dynastie turque oghouz d'Anatolie, descendant d'Othman, fixée à Andrinople (1366), puis à Constantinople en 1453 (1326-1922) : 930.

PAASONEN (Heikki), écrivain et linguiste finnois, de langues mordve et ostiak, 1865 † 1919 : 1352.
PALLAS (Peter Simon), naturaliste, voyageur et linguiste allemand, 1741 † 1811 : 817.
PALMER (Harold E.), linguiste anglais, né en 1877 : 698, 713, 722.
PĀNINI, grammairien indien de langue sanscrite (actif, vers ∼ 400/∼ IVe siècle) : 711, 819, 1277.
PANOV (D. I.), linguiste russe, contemporain : 768.
PARIS (Gaston), philologue français, historien de la littérature médiévale, 1839 † 1903 : 573, 576.
PARQUES (les), nom donné par les Grecs aux trois déesses des Enfers qui filaient, dévidaient et coupaient le fil de la vie des hommes (Klotho, Lachesis et Atropos) : 480.
PASCAL (Blaise), mathématicien, physicien et écrivain français, 1623 † 1662 : 731.
PASQUIER (Étienne), jurisconsulte, magistrat et historien français, 1529 † 1615 : 498.
PASSY (Paul-Édouard), linguiste et lexicographe français, 1859 † 1940 : 697, 717.
PAUL (Hermann), philologue et germaniste allemand, 1846 † 1921 : 821.
PAULHAN (Frédéric), philosophe et linguiste français, 1856 † 1931 : 80.
PEDERSEN (Holger), linguiste danois, 1867 † 1954 : 706.
PÉGUY (Charles), écrivain français, 1873 † 1914 : 508.
PEI (Mario A.), philologue et roma-

niste italien, professeur aux États-Unis, né en 1901 : 301.
PÉLISSIER (Pierre), pédagogue français, rééducateur de sourds-muets (milieu du XIXe siècle) : 425.
PENFIELD (Wilder Graves), neurologue et neuro-chirurgien américain, né en 1891 : 403, 404, 693.
PENKA, anthropologue allemand, contemporain : 1268.
PERRET (Jacques), écrivain français, né en 1901 : 723.
PERROT (Georges), archéologue, épigraphiste et historien français, 1832 † 1914 : 862.
PHILÉMON, personnage de l'œuvre d'Eugène Sue : 622.
PICHON (Édouard), médecin et linguiste français, 1890 † 1940 : 369, 382.
PICK (Arnold), neuropsychiatre tchèque, 1851 † 1924 : 391, 407.
PICTET (Adolphe), écrivain et linguiste suisse, historien de la civilisation aryenne primitive, 1799 † 1875 : 1381.
PIGAFETTA (Filippo), voyageur en Égypte, Syrie et Libye), écrivain et compilateur italien, 1533 † 1604 : 1391.
PIKE (Kenneth Lee), linguiste américain, né en 1912 : 698.
PINDARE, poète lyrique grec, ~ 522 ? † ~ 443 : 754, 1282.
PISANI (Vittore), linguiste et indianiste italien, né en 1899 : 1241.
PLATON, philosophe grec, ~ 429 † ~ 347 : 907.
PLAUTE (Titus Maccius PLAUTUS, dit), poète comique latin, ~ 225 ? † ~ 184 : 872.
PLUTARQUE, écrivain grec, 50 † 125 : 751.
POE (Edgar Allan), poète, conteur et critique américain, 1809 † 1849 : 442, 483, 751.
POIRIER (Monsieur), personnage principal de la pièce d'Émile Augier et Jules Sandeau, le Gendre de M. Poirier: 452.
POLÁK (Vaclav), linguiste tchécoslovaque, né en 1912 : 1422.
POLITZER (Robert Louis), linguiste et romaniste américain, d'origine autrichienne, né en 1921 : 699, 705.
POLOMÉ (Edgar), philologue et africaniste belge, né en 1920 : 859.
PONCEAU (de), linguiste français, contemporain : 523.
POTT (Clarence K.), linguiste américain, d'origine hollandaise, né en 1906 : 1241.
POUCHKINE (Alexandre), poète et romancier russe, 1799 † 1837 : 751, 754.
POUTSMA (Hendrik), linguiste hollandais, auteur d'une grammaire anglaise (1904-1926) : 703.

PRASSE (K. G.), linguiste (orientaliste) néerlandais, contemporain : 1316.
PRESSOIR (Charles-Fernand), linguiste français, contemporain : 613.
PRIETO (Louis J.), linguiste argentin, né en 1926 : 43, 276.
PROUST (Marcel), écrivain français, 1871 † 1922 : 458, 752.
PRZYLUSKI (Jean), anthropologue français, 1885 † 1944 : 1050.
PULLEYBLANK (Edwin George), linguiste et sinologue anglais, né en 1922 : 851, 1260.

QUENEAU (Raymond), écrivain français, né en 1903 : 713.

RABELAIS (François), écrivain français, 1494? † 1553? : 644.
RABIN (Chaim Menakem), linguiste, hébraïsant et orientaliste allemand, né en 1915 : 1300.
RACHEL (Élisa FELIX, dite), tragédienne française, 1820 † 1858 : 510.
RACINE (Jean), poète dramatique et lyrique français, historiographe de Louis XIV, 1639 † 1699 : 485, 486, 504, 505, 508, 510, 731.
RAND (Henry James), industriel et ingénieur américain, né en 1913 : 768.
RASK (Rasmus Kristian), linguiste danois, 1787 † 1832 : 820, 1225.
RECKER (J. I.), linguiste anglais, contemporain : 742.
REICHELT (H. R.), linguiste allemand (spécialiste d'iranien), contemporain : 1259.
REIFLER (Erwin), philologue et sinologue autrichien, professeur aux États-Unis, né en 1903 : 759, 765, 769.
REINISCH, linguiste (africaniste), contemporain : 1181.
RENAN (Ernest), philosophe, historien, philologue et archéologue français, 1823 † 1892 : 820.
RENARD (Jules), écrivain français, 1864 † 1910 : 455.
RETZ (Jean-François de GONDI, cardinal de), mémorialiste français, 1613 † 1679 : 166.
RHODES (Mrs. Ida), linguiste et statisticienne américaine, contemporaine : 767.
RIBEZZO (Francesco), linguiste italien, 1875 † 1952 : 1259.
RICHARD (Jean-Pierre), critique et essayiste français, contemporain : 444, 445.
RICHARDS (Ivor Armstrong), psychologue et critique anglais, né en 1893 : 823.
RICHARDSON (Irvine), linguiste (africaniste) anglais, né en 1918 : 1406.
RICHELET, linguiste et iconographe français, XVIIe siècle : 621.

INDEX DES NOMS

RICHENS (Richard Hooks), généticien anglais, né en 1919 : 764.
RICHEPIN (Jean), poète et auteur dramatique français, 1849 † 1926 : 644.
RILKE (Rainer Maria), poète allemand, 1875 † 1926 : 752.
RIMBAUD (Arthur), poète français, 1854 † 1891 : 506.
RINSLAND (Henry Daniel), linguiste américain, né en 1889 : 875.
RISTINEN-HAGSTROM (Eliane K.), linguiste américaine, contemporaine : 1370.
RIVENC (P.), linguiste canadien, contemporain : 698.
RIVERAIN (Jean), écrivain et linguiste français, contemporain : 621.
RIX (Helmuth), linguiste allemand (spécialiste d'étrusque), contemporain : 1284.
ROBERTS (Lewis Malvin), neurologue américain, né en 1912 : 404.
ROCKEFELLER (John Davidson), industriel et philanthrope américain, 1839 † 1937 : 759.
ROGET (Peter Mark), lexicographe anglais, 1779 † 1869 : 769.
ROIS d'Israël (les), souverains des Hébreux, de l'avènement de Saül à la captivité de Babylone (∼ 1030 ?/∼ 587) : 976.
ROLAND, comte d'Anjou, préfet des Marches de Bretagne, † 778 ; devenu le neveu de Charlemagne dans les chansons de geste du Moyen âge français : 493, 802, 803.
ROLANDO (Luigi), médecin, anatomiste et physiologiste italien, 1773 † 1831 : 402.
RONDEAU (Guy), linguiste et pédagogue canadien, contemporain : 699.
RONSARD (Pierre de), poète français, 1524 † 1585 : 467, 501, 503, 508.
ROOSEVELT (Franklin Delano), homme d'État américain, président des États-Unis (1933-1945), 1882 † 1945 : 742.
RUTH, femme biblique, épouse de Booz, héroïne du *Livre de Ruth* et d'un épisode de *la Légende des siècles* de Victor Hugo : 505.

SAGAN (Françoise QUOIREZ, dite Françoise), romancière française, née en 1935 : 777.
SAINT-JOHN PERSE (Alexis LÉGER, dit SAINT-LÉGER ou), poète et diplomate français, né en 1887 : 508.
SANDER (Louis), neurologue américain, né en 1918 : 410.
SAN ANTONIO, personnage de romans (d'aventures) de Frédéric Dard : 645.
SANDRY (Gabriel BLEINAT, dit Geo), écrivain et metteur en scène français, né en 1897 : 622, 626, 629.

SAPIR (Edward), anthropologue et linguiste américain, 1885 † 1939 : 314, 779, 780, 865, 1225, 1226, 1414.
SARTRE (Jean-Paul), philosophe et écrivain français, né en 1905 : 444, 459.
SASSANIDES (les), dynastie iranienne (néo-Empire perse), évincée par les Arabes (222/226-656) : 1278.
SASSETTI (Filippo), commerçant, voyageur et écrivain italien, auteur de notes sur les langues de l'Inde, 1540 † 1588 : 817.
SAUSSURE (Ferdinand de), linguiste suisse, 1857 † 1913 : XI, 21, 22, 93, 125, 128, 177, 229, 293, 585, 704, 732, 775, 782, 822, 851, 1246, 1256, 1258.
SAUVAGEOT (Aurélien), linguiste et lexicographe français, spécialiste des langues ouralo-altaïques, né en 1897 : 1273, 1365.
SAYCE (Archibald Henry), orientaliste et philologue anglais, 1845 † 1933 : 697.
SCHLEGEL (August Wilhelm von), écrivain et critique allemand, 1767 † 1845 : 1225.
SCHLEGEL (Friedrich von), philosophe, écrivain et linguiste allemand, 1772 † 1829 : 314.
SCHLEICHER (August), linguiste allemand, 1821 † 1868 : 314, 818, 820, 851, 1225.
SCHMIDT (Johannes), linguiste allemand, 1843 † 1901 : 862.
SCHMIDT (Wilhelm), prêtre, ethnologue et linguiste (orientaliste) allemand, 1868 † 1954 : 1050.
SCHUCHARDT (Hugo), linguiste allemand, historien des langues romanes, 1842 † 1927 : 598, 614, 862, 1417, 1419.
SCHWAB (Raymond), romancier, essayiste et poète français, 1884 † 1956 : 819.
SCHWOB (Marcel), écrivain français, 1867 † 1905 : 621, 639.
SEEMAN, neurologue américain, contemporain : 381.
SEM, fils aîné du patriarche biblique Noé, père des peuples qui occupèrent l'Asie : 1241, 1278.
SÉNÈQUE (Lucius Annaeus SENECA), philosophe et auteur dramatique latin, ∼ 2 ? † 65 : 815.
SENN (Alfred), linguiste et philologue américain, d'origine suisse, né en 1899 : 1275.
SÉVIGNÉ (Marie de RABUTIN-CHANTAL, marquise de), épistolière française, 1626 † 1696 : 166.
SHAKESPEARE (William), poète dramatique et lyrique anglais, 1564 † 1616 : 730, 748, 749, 754.
SHANNON (Claude Elwood), mathématicien, ingénieur et cybernéticien américain, né en 1916 : 145.

INDEX DES NOMS

SHERRY (Murray Eliot), linguiste américain, contemporain : 767.
SICARD (abbé Roch-Ambroise CUCURRON, dit), prêtre et pédagogue français, successeur de l'abbé de L'Épée (1789) pour la rééducation des sourds-muets, 1742 † 1822 : 424, 425.
SIEBS (Theodor), linguiste et philologue allemand, historien des dialectes frisons et des littératures médiévales germaniques, 1862 † 1941 : 1166.
SIEVERS (Eduard), germaniste et philologue allemand, 1850 † 1932 : 697.
SIHANUK, voir NORODOM SIHANUK.
SI͑ITES ou CHI͑ITES (les), partisans (surtout persans) d'une secte islamique schismatique, opposés aux Sunnites orthodoxes (depuis 680) : 1185.
SKALIČKA (V.), linguiste et orientaliste tchèque, contemporain : 314.
SKINNER (Burrhus Frederic), psychologue américain, né en 1904 : 698, 709.
SMIRNOVA (M. A.), linguiste (sémitologue) russe, contemporaine : 1302.
SOMMERFELT (Alf Axelssön), philologue norvégien, l'un des fondateurs de l'Institut pour l'étude comparative des Civilisations à Oslo, né en 1892 : 1421.
SOPHOCLE, poète tragique grec, ~ 495 : † ~ 405 : 907.
SPECHT (Franz), linguiste allemand, contemporain : 1263.
SPIRE (André), dit A. VOISIN, écrivain et homme politique français, 1868 † 1966 : 474, 511.
SPITZER (Leo), philologue et critique littéraire autrichien, né en 1887 : 441, 442, 444, 446.
STEINITZ (Wolfgang), philologue allemand, professeur à l'Université de Berlin, né en 1905 : 1356-1359, 1377.
STENDHAL (Henri BEYLE, dit), écrivain français, 1783 † 1842 : 166.
STRAHALENBERG (Philip Johan), officier, cartographe et linguiste suédois, 1677 † 1747 : 1335.
STURTEVANT (Edgar Howard), linguiste et philologue américain, 1875 † 1952 : 1273.
SUE (Eugène), romancier français, 1804 † 1857 : 622, 644.
SWADESH (Morris), linguiste américain, né en 1909 : 858, 859, 865, 872, 874, 876-878, 880, 1234, 1433.
SWEET (Henry), philologue et linguiste anglais, 1845 † 1912 : 697, 717.
SWIFT (Jonathan), romancier, poète et écrivain satirique anglais, 1667 † 1745 : 25.

SYLVAIN-COMHAIRE (Suzanne), linguiste, ethnologue et essayiste française, contemporaine : 613.
SYLVIUS (Jacques DUBOIS, dit Jacobus), médecin et anatomiste français, 1478 † 1555 : 402.
SZEMERÉNYI (Oswald John Louis), linguiste hongrois, professeur à l'University College de Londres, né en 1913 : 1275.

TAINE (Hippolyte), historien, philosophe et critique français, 1828 † 1893 : 440.
TARDIEU (Jean), poète et auteur dramatique français, né en 1903 : 458.
TASTEVIN (Constant ou Goustan), missionnaire (de l'ordre du Saint-Esprit) et africaniste français, 1880 † 1962 : 1406.
TAYLOR (Douglas), linguiste anglsia, né en 1901 : 614.
TERRACHER (Louis-Adolphe), philologue et géographe français, 1881 † 1955 : 586.
TEUBER (Hans Lukas), neurologue américain, né en 1917 : 408.
THIEME (Paul), linguiste allemand, né en 1905 : 855, 1266, 1268.
THOMAS d'Aquin (saint), philosophe et théologien italien, dominicain et docteur de l'Église, 1225 † 1274 : 377.
THORNDIKE (Edward Lee), psychologue et linguiste américain, 1887 † 1955 : 722.
THUCYDIDE, historien grec, av. ~ 460 † apr. ~ 399 : 907.
THUMB (Albert), philologue allemand, indianiste et helléniste, 1865 † 1915 : 573.
THURNWALD (Richard), ethnologue allemand, chef d'expéditions en Nouvelle-Guinée et au Tanganyika, 1869 † 1954 : 1406.
TORREND (le Père J.), missionnaire (en Afrique Noire) et linguiste irlandais, XIXᵉ-début du XXᵉ siècle : 1392, 1393.
TOULET (Paul-Jean), poète et romancier français, 1867 † 1920 : 498.
TRIER (Jost), linguiste et philologue allemand, né en 1894 : 295.
TROJANSKIJ (P. P.), linguiste russe, contemporain : 758.
TROMBETTI (Alfredo), philologue et linguiste sémitisant italien, 1866 † 1929 : 1416.
TROUSSEAU (Armand), médecin et chirurgien français, 1801 † 1867 : 390.
TRUBETZKOY (Nikolaj Sergeevic), linguiste et phonologue russe, 1890 † 1938 : 5, 16, 199, 207, 209, 211, 216, 278, 552, 584, 1210, 1232, 1274, 1285, 1349, 1422.
TSCHIKOBAVA (Arnold), linguiste russe, contemporain : 1426.

INDEX DES LANGUES

Abkhaz : 1132, 1419, 1421, 1423, 1424, 1427, 1428, 1431.
Achagua : 1199, 1200.
Achéen (groupe) : 1282.
Adamawa : 1069, 1072.
Adighé : 1419.
Adja : 1110.
Adjar : 1419.
Afar : 1106; afar-saho : 1290.
Afghan : 1119, 1120, 1278.
Africaines (langues) : 218, 610-615, 634, 673, 817, 823, 832, 836, 860, 882, 1068, 1102-1112, 1232-1234, 1388-1391.
Afrikaans ou afrikan : 590, 859, 1111, 1140.
Afro-asiatique (groupe), *voir* chamito-sémitique.
Agaw : 1290.
Agoul : 1419, 1421.
Ainou (dialecte) : 1118.
Aisor : 1119.
Ajaju : 1200.
Akan : 1109.
Akkadien, ou sémitique oriental : 532-535, 538, 540, 542, 836, 839, 1227, 1288, 1291-1295, 1301, 1303, 1304, 1311-1313, 1319, 1320.
Albanais : 662, 663, 1133, 1135, 1136, 1142, 1216, 1218, 1244, 1269, 1284.
Alémaniques (dialectes) : 583, 586, 1164; — d'Alsace : 574, 579, 583, 590, 594, 640, 1139, 1146, 1149, 1152, 1153, 1157, 1160, 1164; (bas-alémanique) : 1160; (haut-alémanique) : 1160; — de Suisse : 574, 583, 594, 658, 661, 1139, 1162, 1164.
Aléout : 859.
Algonquin : 1099, 1101; — central (proto-) : 861, 1229.
Aljamias : 600, 604.
Allemand : 17, 64, 163, 179, 204, 210, 217, 218, 222, 223, 243, 244, 283, 293, 294, 300-302, 304, 307, 308, 310, 315, 317, 525, 551, 552, 554-556, 563, 564, 571-579, 585, 588-593, 595, 606, 640, 641, 656, 657, 659-664, 666, 667, 671, 681, 691, 716, 718, 735, 743, 745, 765, 766, 814, 820, 823-826, 840, 842, 845-849, 854, 872, 876, 977, 1000, 1132, 1134, 1136-1138, 1140, 1146, 1149, 1153, 1160, 1162-1171, 1185, 1186, 1193, 1281, 1282, 1345, 1374, 1382; — (bas-) : 574, 586, 1140, 1163, 1164, 1167, 1282; — (haut-) : 579, 586, 589, 824, 826, 872, 1164, 1167, 1243, 1282; — (haut moyen-) : 579, 592, 1163, 1164, 1170, 1171; — (haut sud-) : 1163, 1164.
Allemand « de Pennsylvanie » : 597, 667, 1140, 1204, 1205, 1207, 1208, 1216, 1218.
Alsacien, *voir* alémanique d'Alsace.
Altaïques (langues) : 929, 1112-1118, 1131, 1331, 1384, 1385.
Américaines (langues) : 1097-1102; — du Nord : 567, 1097-1099, 1101, 1203-1219, 1225; — du Sud : 312, 817, 1097-1102; *voir également* amérindiennes (langues).
Amérindiennes (langues) : 312, 670, 683, 882, 887, 1003, 1097-1102, 1203, 1218; — de Colombie : 1195-1201.
Amharique : 830, 1106, 1289, 1297, 1303, 1306, 1325.
Anatolien : 1273; (proto-) : 1273; anatoliennes (langues) : 1273, 1294.
Andoque : 1200.
Andoquechoje : 1200.
Anglais : 65, 87, 128, 163, 167, 172, 187, 193, 196, 205, 209, 215-217, 219, 222, 223, 226, 234, 235, 294, 301-304, 306-308, 311, 313, 315, 317, 360, 491, 553-556, 558, 559, 561, 562, 564-566, 571, 572, 578-580, 588-592, 605, 606, 608, 611, 614, 615, 640, 650, 655-657, 659-663, 665-672, 677, 678, 686-691, 693, 705, 707, 708, 715-718, 720-723, 730, 732-749, 761, 763, 765, 766, 779, 787-789, 793, 798, 823-826, 833, 836, 840-843, 845-849, 854, 872, 876, 878, 887, 888, 979, 1000, 1017, 1023, 1024, 1026-1029, 1031, 1034, 1037, 1047, 1048, 1064, 1074, 1081, 1093-1098, 1103, 1111, 1118, 1127-1129, 1139, 1141, 1164-1169, 1184, 1185, 1193-1195, 1200, 1225, 1229, 1281, 1282, 1283; (ancien ou vieil-) : 824, 826, 854, 1282.
Anglais d'Amérique du Nord : 567, 580, 592, 678, 686-688, 693, 718, 735, 736, 748, 750, 753, 848, 1004, 1005, 1203-1208, 1211-1215; — d'Australie : 575.
Angliens (dialectes) : 588, 589.

INDEX DES LANGUES

Anglo-saxon : 490, 491.
Annamite : 525, 634.
Apache : 1218.
Aquitains (dialectes) : 1416, 1417; *voir* également basque et gascon.
Arabe : 303, 315, 546, 598, 601, 640, 656, 718, 836, 975, 977-980, 1104, 1173, 1241, 1295-1298, 1300, 1309, 1306; — ancien : 1295, 1296; (lihyanite, thamoudéen, safaïtique) : 1289; (de Sanaa) : 1310; — classique ou littéraire : 175, 543, 598, 817, 930, 931, 933-936, 939, 945, 947, 1069, 1105, 1119, 1173, 1289, 1293, 1296, 1298, 1300, 1311, 1314, 1318, 1321, 1323-1327, 1391; (littéraire moderne) : 1173-1175, 1216, 1218, 1297, 1305, 1325; — dialectal : 175, 602, 641, 1105, 1119, 1160, 1176, 1179, 1181, 1289, 1296, 1299, 1301, 1304, 1305.
Arabe d'Afrique du Nord, ou maghrébin : 598, 601-604, 1070, 1096, 1105, 1119, 1296, 1300, 1325; — libyen, *voir* libyen; — tunisien : 1178, 1182.
Arabes d'Égypte (dialectes) : 210, 1173-1186, 1291, 1296; — de Basse-Égypte : 1175-1180; — du Caire : 1173-1179, 1186; — de Haute-Égypte : 1174-1179; — des déserts et oasis : 1175, 1178; — des Juifs d'Égypte : 1179, 1180.
Arabiques (langues sud-), *voir* sudarabiques.
Araméen : 672, 1118, 1289, 1293-1295, 1429; — ancien : 542, 543, 976, 977, 1289; — d'Empire : 1289; — de Ma' loula (néo-) : 1289; — occidental : 1118; — oriental : 1118; — oriental (néo-) : 1289.
Araucan : 1101, 1102.
Arawak : 1102.
Arcadien : 906, 1282.
Arcado-cypriote : 541, 906, 1255.
Areare : 1128.
Argobba : 1289.
Argots : 174, 463, 620-646; — allemand : 621; — anglais et américain, ou *slang* : 624, 625, 634; — espagnol : 640; — français : 620-646; — italien : 621, 640; — portugais : 621.
Arménien : 576, 819, 836, 848, 930, 1133, 1141, 1142, 1184, 1185, 1216, 1218, 1243, 1244, 1255, 1257, 1266, 1269, 1271, 1283, 1419; — grabar, ou langue écrite : 1283; — occidental : 1142; — oriental : 1142; — (pré-) : 1425.
Aroumain, *voir* roumain (macédo-).
Artchi : 1421.
Arufi : 1199, 1200.
Aryen, *voir* indo-iranien.
Asiatiques (langues) : 1113-1128, 1425.
Assyrien : 532.

Athabascan ou athabasque : 1099, 1101, 1385.
Atlantiques occidentales (langues), *voir* sénégalo-guinéennes.
Attique, *voir* grec.
Australiennes (langues) : 1114, 1129.
Austro-asiatiques (langues) : 1050, 1113, 1122, 1124, 1125.
Austro-bavarois (dialectes) : 583, 1164.
Austronésien (groupe), *voir* malayo-polynésien.
Autrichien (dialecte) : 574, 1165.
Avar : 1132, 1419, 1421, 1423.
Avar - andi - dido (groupe) : 1421.
Avestique : 1240, 1259, 1265, 1271, 1276, 1278.
Aymara : 1101, 1102.
Azerbaïdjanais : 929, 1116.
Azéri : 1419.
Aztèques (idéogrammes) : 520, 527, 534.

Babylonien : 532, 533, 975; — talmudique : 977, 978, 1289.
Bachkir : 929.
Baguirmi : 1069.
Bahasa indonesia, *voir* indonésien.
Bahnar : 1050, 1125.
Balante : 1109.
Balkaniques (langues) : 662, 790, 831, 836, 838, 1137.
Balochi : 1119, 1120.
Baltes (langues) : 1131, 1133, 1142.
Baltique : 837, 1244, 1260, 1269-1273, 1275, 1276, 1382; — (proto-) : 1382.
Balto-finnois (groupe) : 1131-1134, 1347, 1373, 1377, 1379-1381.
Balto-slaves (langues) : 820, 1252, 1268, 1275.
Bambara : 1109.
Bamiléké : 1400.
Bamun : 1400.
Banoni : 1128.
Bantoïdes et bantu (langues) : 1108, 1110, 1230-1233, 1389-1411; — (langues semi-bantu) : 1233, 1392, 1399, 1400, 1405, 1407, 1408, 1410; — (langues sub-bantu) : 1231, 1399.
Bantu ou bantou commun : 315, 317, 829, 830, 835, 836, 843, 844, 848, 852, 853, 856, 857, 859, 861, 1104, 1108, 1388-1411; — (pré-) : 1389, 1407, 1409, 1410; — (proto-) : 857, 860, 1389, 1407-1410.
Baoule : 1110.
Bará : 1200.
Barazana : 1200.
Bari : 1107.
Bas-navarrais, *voir* basque.
Basque, ou euskara : X, 261, 300, 310, 317, 594, 887, 1093, 1094, 1133, 1146, 1147, 1149, 1152, 1153, 1156, 1159, 1218, 1225, 1227, 1241, 1331, 1416-1420, 1425-1435; — bas-navarrais : 1159, 1418; —

INDEX DES LANGUES

biscayen : 1418; — guipuzcoan : 1418; — haut-navarrais : 1418; — labourdin : 1159, 1418; — souletin : 312, 1159, 1418.
Batak : 1126.
Bats : 1421.
Baudó : 1199.
Bavarois (dialecte) : 573, 574, 1164, 1165, 1171.
Beach-la-mar, voir pidgins.
Bedja ou beja : 1106, 1177, 1181, 1290, 1319, 1328.
Bella coola : 218, 1003, 1004.
Bemba : 848, 1389.
Bendè : 615, 1193, 1194, 1200.
Bengali : 1121, 1122, 1278.
Béotien : 906, 1282.
Berbère : 820, 825, 1105, 1289, 1295, 1296, 1299-1302, 1306, 1308-1312, 1315, 1316, 1319-1321, - 1326-1328; — berbères (dialectes) : 1104, 1105, 1182, 1227, 1291, 1299, 1303, 1315.
Biak : 1127.
Biélorusse ou biélo-russe : 1137, 1216.
Bih : 1127.
Bihari : 1121.
Bikol : 1127.
Biline : 1297.
Birman : 211, 218, 1123; — birmanes (langues) : 1123.
Bisayan : 1127.
Bobangui : 859.
Bochiman : 829, 830, 1104, 1110, 1111, 1233, 1391.
Bodo : 1123.
Bora : 1200.
Bourguignon (patois) : 572.
Bourouchaski, voir burushaski.
Brao : 1200.
Brésilien (créole portugais), voir créoles portugais.
Breton ou armoricain : X, 10, 294, 594, 663, 1093, 1094, 1141, 1147, 1152, 1156, 1158, 1159, 1280; — cornouaillais : 1141, 1158; — léonais : 1141, 1158; — trégorois : 1141, 1158; — vannetais : 1141, 1158.
Brittonique (groupe) : 1158, 1280, 1281.
Broken english, voir sabirs.
Buduma : 1106.
Búe : 1200.
Bugis : 1126, 1127.
Bulahai : 1106.
Bulgare : 38, 658, 662, 790, 1137, 1216, 1275.
Bulom : 1109.
Bulu : 1395-1397, 1401, 1402.
Bura : 1106.
Burushaski ou bourouchaski : 1125, 1420; — khajuna ou kunjuti : 1125.
Bushman-hottentot (groupe) : 1391, 1404.

Cabiyari : 1200.
Cafres (langues) : 1392.
Caguan : 1200.
Caime : 1200.
Čakavien : 1138.
Cambodgien ou khmer : 300, 304, 1050-1066, 1124, 1125.
Cananéen : 542, 1288, 1294, 1295.
Canara : 835.
Cantonais, voir chinois.
Caquetá : 1200.
Caraïbe : — dominicain : 872; — moderne : 872.
Carapana : 1200.
Caraparana : 1200.
Carélien : 1131, 1332-1334.
Carijona : 1200.
Carpato-russe : 1216.
Carthaginois, voir punique.
Casamance (créole), voir créoles portugais.
Cassubien : 1137.
Castillan, voir espagnol.
Catalan : 553, 563, 589, 599, 603, 887, 1134, 1280; — français ou roussillonnais : 1093, 1134, 1146, 1147, 1149, 1152, 1155, 1157.
Catio : 1199.
Caucasiennes ou caucasiques (langues) : 1132, 1133, 1225, 1227, 1228, 1230, 1260, 1274, 1331, 1419-1435; — du Nord : 1419, 1421, 1425, 1427-1430; — du Nord-Centre (branche) : 1227, 1228, 1421-1423; — du Nord-Est (branche) : 1132, 1227, 1421, 1423-1426; — du Nord-Ouest (branche) : 1132, 1421-1428; — du Sud ou kartvélien (groupe) : 831, 1132, 1227, 1228, 1419-1421, 1425-1431, 1434, 1435.
Cauyari : 1200.
Celtique : 1244, 1245, 1255, 1260, 1266, 1269-1273, 1278; — continental : voir gaulois; — insulaire : 1141, 1280.
Celtiques (langues) : 584, 589, 614, 789, 819, 820, 837, 858, 859, 1133, 1141, 1142, 1146, 1158, 1253, 1278, 1280, 1281.
Centum (groupe), voir indo-européennes (langues).
Chaldéen : 817.
Cham : 1050, 1127.
Chami : 1199, 1200.
Chamitiques (langues) : 1288, 1298, 1419; — chamitique « soudanisé » : 1298.
Chamito-sémitiques (langues) : 825, 861, 1104, 1105, 1107, 1227, 1228, 1235, 1241, 1288-1329, 1385.
Chamoro : 1128.
Champenois (dialecte) : 574.
Chehalis : 1003, 1004.
Chekchee : 1118.
Chimila : 1199.
Chin : 1123.
Chinois : — classique ou ancien, dit

INDEX DES LANGUES

pékinois : IX, 525-532, 536, 538, 540, 575, 735, 872, 950-973, 1124, 1225; (cantonais) : 1124; (mandarin, ou classique du Nord) : 951, 1124; — commun, moderne ou standard : 226, 303-308, 315-317, 605, 669, 685, 718, 722, 762, 872, 951-973, 1097, 1113, 1116, 1118, 1186, 1216, 1218.
Chinook : 601; — sabir : 600, 601.
Choco : 1102.
Chorasmien : 1278.
Chrau : 1050.
Chypriote, voir cypriote.
Circassien : 1132.
Citará : 1199.
Coaiquer : 1200.
Cocama : 1200.
Coche ou camsa : 1198, 1200.
Coconuco : 1199.
Codes linguistiques : 48, 54, 55, 135, 137-139, 157-161, 167, 517-519, 522.
Codes non linguistiques : 47, 54, 100, 101, 104-107, 109-125, 127-131, 133-137, 139-143, 158, 515-517, 519-521, 527.
Coeruna : 1200.
Cœur d'alène : 1003, 1004.
Cofán : 1200.
Cogui : 1199.
Colville : 1003, 1004.
Comanche : 666.
Comox : 1003.
Congo-kordofanien (groupe) : 1234, 1408.
Conob : 748.
Copte : 547, 872, 1178-1180, 1182, 1289, 1295, 1301, 1320.
Coréen : 204, 525, 530, 540, 1115, 1117, 1118, 1216.
Coreguaje : 1200.
Cornique : 1280.
Cornouaillais, voir breton.
Corses (dialectes) : 1152, 1155, 1158.
Couchitique (groupe) : 830, 1104, 1106, 1181, 1227, 1288, 1290, 1291, 1297-1304, 1306, 1308-1312, 1316, 1317, 1319, 1320, 1326, 1328, 1390.
Cowichan : 1003.
Créoles : IX, 597, 607-618, 664, 673, 1098, 1189, 1198; — anglais : 608, 609, 613-616, 1193; (de la Jamaïque) : 608, 610; voir également bendè et gullah; — français : 309, 310, 327, 608, 609, 613-617, 673, 1022, 1134; (antillais) : 309; (dominicain) : 615, 616, 1022-1049; voir également haïtien, martiniquais, negro-french; — portugais : 609, 614-616; (casamance) : 310, 615, 616; (brésilien) : 611.
Crétois (systèmes) : 540, 541; — minoen « linéaire » B : 906.
Croate : 1216, 1382; (serbo-) : 1137, 1139; (vieux-) : 1276.
Cubeo ou hahanana : 1200.

Cueretu : 1200.
Cuiba : 1200.
Cuna : 1199.
Cunéiformes (écritures) : 525, 531-536, 540, 1294.
Curipaco ou baniwa : 1200.
Cyprio-minoen : 540.
Cyprio-mycénien : 540.
Cypriote : 541, 543, 872, 876, 906, 1257, 1282.
Cyrillique, voir slave.

Daghestaniens (dialectes) : 1132, 1241.
Dagour : 1115.
Dahoméen : 306.
Dalabon : 1129.
Dalmate : 1280.
Danois : 194, 226, 300, 554, 574, 847, 849, 1139, 1140, 1167, 1216, 1218, 1282.
Dargoua ou dargwa : 1132, 1419, 1421, 1430.
Dayak : 1127.
Daza, voir tubu.
Dembea : 1328.
Desana : 1200.
Detuana : 1200.
Diamaré (peul du), voir peul.
Dinka : 1107.
Diona : 1200.
Djandjero : 1290, 1311.
Djerag : 1129.
Dogon : 1110.
Dominicain, voir créoles français.
Dongolais, ou nuba, ou « barbarin » : 1177, 1181; — kunrīzi : 1181; — mahass : 1181.
Dorien (dialecte) : 573, 582, 906, 1282.
Dravidien (groupe) : 830, 835, 1113, 1121, 1122, 1225, 1384, 1405.
Duala : 1389.

Éburnéo-dahoméen (groupe) : 612.
Écossais (dialectes) : 1139, 1280; voir également gaélique.
Égéen : 1136; — égéens (systèmes) : 543, 839.
Égyptien ancien : 587, 825, 835, 872, 1227, 1289, 1293, 1294, 1295, 1299, 1301, 1303, 1304, 1306, 1308, 1311, 1312, 1317, 1319-1321, 1326-1329, 1405; — hiéroglyphique : 517, 525, 534-541, 547, 820, 1291; voir également copte.
Égypto-copte (groupe) : 1288, 1289.
Élamite : — (moyen-) : 540; — (néo-) : 540.
Empera (groupe) : 1191, 1199.
Eno : 1200.
Envuelto : 1200.
Éolien (groupe) : 573, 582, 839, 906, 1255, 1282.
Erza (dialecte), voir mordve.
Eskimo : 300, 301, 859, 1225 1384.

INDEX DES LANGUES

Eskimo-aléoute (groupe) : 1099, 1101.
Espagnol : 178, 192, 208, 221, 300-306, 309, 313, 317, 342, 343, 347, 350, 354, 356, 371, 518, 525, 549, 551, 554, 556, 563, 566, 567, 589, 599-603, 608, 611, 616, 641, 654-657, 706, 718, 720, 721, 735, 814, 815, 825, 826, 843, 853, 872, 887-905, 1093, 1098, 1133, 1134, 1155, 1184, 1185, 1280, 1391, 1429, 1431.
Espagnol d'Amérique latine : 665, 666, 887, 888, 903, 1097, 1098, 1133, 1188, 1189, 1191-1195, 1197-1199; — des États-Unis : 887, 888, 903, 1204-1208, 1216, 1218; — de Porto-Rico : 1206.
Esperanto : 597, 598.
Esquimau, voir eskimo.
Estonien : 1131, 1216, 1218, 1332-1335, 1347, 1372, 1384.
Éthiopien : — classique ou guèze : 546, 1289, 1298, 1304, 1320; éthiopiens (dialectes) : 1289, 1295, 1297, 1300, 1302, 1303, 1314, 1326.
Étrusque : 546, 547, 1241, 1284.
Européennes (langues occidentales ou) : 62, 175, 546, 589, 614, 667, 672, 820, 836, 983, 1102-1104, 1130-1142, 1201, 1209, 1240, 1374, 1383.
Euskarien ou basque - aquitain (groupe), voir basque.
Euskaro-caucasiennes (langues) : 1227, 1228, 1414-1435.
Evenki ou toungouze du Nord : 1115.
Éwé : 225, 316, 612, 613, 1110.

Falisque : 1279.
Fan ou pahouin : 1397, 1400.
Fante : 1109.
Fidjien : 1128.
Finlandais, voir finnois.
Finnique (groupe) : 1332.
Finnois ou finlandais : 219, 286, 300, 301, 303, 310, 313, 563, 667, 668, 721, 824, 1131, 1216, 1218, 1332-1348, 1350, 1361, 1372-1376, 1378, 1379, 1382-1384.
Finno-lapon (groupe) : 1381.
Finno-ougrien (groupe) : 820, 831, 1093, 1112-1114, 1131, 1225, 1230, 1273, 1331-1333, 1375-1379, 1381, 1382, 1425; — (proto-) : 1377, 1379.
Finno-permien (groupe) : 1381.
Finno-volgaïque (groupe) : 1381.
Flamand : 574, 640, 1140, 1157, 1159, 1160, 1216.
Flathead : 1003, 1004.
Fon : 612, 1110.
Fongbé : 612.
Forien (groupe) : 1407.
Franc, ou langue franque ancienne : 852.
Français : 6, 17, 26, 41, 63, 64, 87, 128, 135, 137, 163, 165, 167, 171-173, 178, 192, 196, 197, 199, 201-209, 212, 214-216, 218, 219, 227, 231, 233, 235, 242, 244, 252, 254, 255, 261-263, 268, 272-274, 289, 293, 294, 297, 298, 300-313, 316, 317, 342, 347, 354, 356, 360, 490-494, 496, 511, 512, 518, 551, 553-556, 558-561, 564-567, 573, 575, 578, 579, 585, 587, 589-591, 594-596, 598, 599, 601-604, 608, 611, 613-618, 648, 651-653, 655-657, 659-663, 665, 666, 668, 673, 681, 722, 730, 733-754, 761, 777, 779, 783-790, 792-794, 796, 799-811, 814, 822, 823, 828, 829, 836, 840-843, 845, 846, 848, 852, 853, 872, 888, 935, 936, 939, 1010, 1012, 1013, 1017, 1027-1031, 1037-1042, 1048, 1050, 1051, 1074, 1081, 1093-1098, 1103, 1111, 1127, 1129, 1134, 1141, 1144-1161, 1165, 1167, 1168, 1171, 1183, 1185, 1193, 1204, 1225, 1280, 1315, 1356, 1365, 1382, 1383, 1433.
Français d'Amérique du Nord : — du Canada : 667, 678, 686, 735, 736, 1004, 1097, 1134, 1204-1206; — des États-Unis : 615, 665, 666, 1204-1208, 1216, 1218.
Francique (dialecte bas-) : 1163.
Franconien : — dialecte alsacien : 1160; germanique : 1282.
Franco-provençal (dialecte), voir provençal.
Franque maghrébine (langue) : 327, 598-603.
French patois : 615.
Frioulan : 1134.
Frison : 574, 1139, 1140, 1163, 1164.
Ful ou fulbe, voir peul.
Fulfulde : 1406.
Fur : 1108.

Gaélique ou goïdélique : 1280.
Gafat : 1289.
Gagadju : 1129.
Gagar : 1181, 1182.
Gagauz : 1116.
Galicien : 887, 1133.
Galla : 1106, 1290.
Gallois ou cymrique : 294, 591, 1141, 1280; — moderne : 1141, 1216, 1280; — (moyen-) : 1280; — ogamique : 1280; — (vieux-) : 1280.
Gallo-romans (dialectes) : 574, 582, 593, 831, 1134.
Ganda : 1110.
Gants : 1130.
Garadjari : 1129.
Garu : 1200.
Gascon (dialecte) : 573, 577, 781, 1147, 1152, 1154, 1156, 1429.
Gaulois (celtique continental dit) : 618, 789, 826, 837, 1241, 1271, 1281; — roman : 852.
Geg : 1136.
Génois (dialecte) : 598.
Géorgien : 209, 836, 1250, 1419-

INDEX DES LANGUES

1421, 1426, 1428, 1430-1433; — moderne : 303, 1132, 1216, 1431.
Germanique : 312, 584, 662, 819, 826, 831, 842, 847, 852, 1244, 1260, 1264, 1265, 1269-1273, 1275, 1280, 1382; — commun : 849, 853, 854, 1281; — du Nord : 1281, 1282; — occidental ou westique : 854, 1140, 1159, 1282; — oriental, *voir* gotique; — (proto-) : 583, 858, 1382.
Germaniques (langues et dialectes) : 491, 492, 563, 574, 575, 582, 583, 589, 615, 661, 663, 706, 790, 817-821, 837, 859, 1093, 1133, 1136, 1139, 1140, 1164, 1253, 1281, 1282, 1377; — (runes) : 546, 1281.
Glagolitique ou pré-cyrillique : 547.
Goajiro : 1102.
Gola : 1406.
Got ou goth, *voir* gotique.
Göta : 1140.
Gotique, got ou goth (germanique oriental dit) : 312, 547, 819, 826, 845, 851, 1261, 1265-1267, 1276, 1281.
Gouragué : 1289.
Grec alexandrin, ou koinè hellénistique : 550, 578, 582, 907, 977, 1283.
Grec ancien ou classique : IX, 167, 214, 216, 225, 287, 288, 312, 490, 541, 544-548, 550, 553, 557, 572, 578, 582, 587, 589, 590, 598, 599, 640, 662, 689, 706, 748, 790, 817-819, 824, 828, 837-839, 841, 845, 846, 848, 850, 851, 906-928, 930, 934, 1167, 1229, 1243-1245, 1247, 1250-1254, 1257-1263, 1265, 1267-1273, 1282, 1283, 1295, 1426; — attique ou athénien : 573, 578, 587, 590, 872, 876, 907; — éolien, *voir* éolien; — homérique : 1254, 1276, 1283; occidental : 906.
Grec moderne ou néo-grec : 548, 554, 831, 834, 1133, 1135, 1136, 1142, 1184, 1216, 1218, 1225, 1283.
Guahibo : 1191, 1199, 1200.
Guajiro : 1191, 1197, 1199, 1200.
Guambiano : 1199.
Guanche : 1105, 1289.
Guang : 1109.
Guarani : 300, 302, 306, 308-310, 313, 1101.
Guaya : 1200.
Guayabero : 1200.
Guayaki : 309.
Guayupe : 1200.
Guèze, *voir* éthiopien.
Gullah (créole anglais des États-Unis, dit) : 611, 615.
Gur (groupe) : 1108, 1110.
Gurage : 1106.

Hacha : 1200.
Hadza : 1233.
Haïtien (créole français) : 310, 316, 608, 613, 616, 617.
Hakka : 1124.

Halde : 540, 1420.
Hamitique (groupe) : 820, 1232, 1404.
Hamito-sémitique (groupe) : 1407, 1410.
Han (langues) : 1124.
Haoussa ou hausa : 598, 828, 1069, 1081, 1106, 1290, 1300, 1302, 1304, 1308, 1318-1321, 1326, 1405.
Harari : 1289, 1320.
Hatti : 1420.
Hausa, *voir* haoussa.
Havvaïen ou hawaïen : 204, 670.
Hébreu : 659, 669, 672, 817; — ancien ou biblique : 542, 543, 546, 976, 977, 980, 981, 1288, 1295, 1304, 1305, 1320, 1325; — michnaïque : 976, 977.
Hébreu israélien, ou contemporain : IX, 667, 668, 682, 975-1001, 1118, 1193, 1217, 1289, 1293.
Hellènes (langues proto-) : 838.
Hellénistiques (langues), *voir* grec.
Herero : 848, 1389.
Hindī : 668, 673, 1121, 1278; — occidental : 1121.
Hindoustani : 673, 1218.
Hittite : XI, 845, 1244, 1255, 1260, 1271-1273, 1284, 1294, 1304; — hiéroglyphique : 1273; — (proto-indo-) : 1273.
Hollandais ou néerlandais : 525, 589, 591, 608, 616, 777, 785, 787, 792, 793, 847, 849, 859, 1097, 1111, 1127, 1139, 1140, 1159, 1164, 1204, 1217, 1218, 1282.
Hongrois : 286, 294, 302, 313, 554, 667, 668, 720, 824, 1132, 1136, 1218, 1241, 1331-1335, 1360-1370, 1372-1377, 1379, 1382, 1383.
Hopi : 1218.
Hottentot : 829, 830, 836, 1104, 1110, 1111, 1232, 1233, 1391.
Houaïlou : 1128.
Hourrite ou hurri : 540, 1294, 1420.
Hsiang : 1124.
Huaxtèque : 859.
Huitoto (groupe) : 1191, 1196, 1199, 1200.
Hurri, *voir* hourrite.

Ibère : 543, 544, 1416, 1417, 1419, 1431, 1432.
Ibériques (langues) : 543, 574, 1133, 1134; — ibéro-roman (groupe) : 1134.
Ibo : 1109.
Iénisséi (samoyède de l') : 1332, 1370.
Ificueno ou caimito : 1200.
Igaraparana : 1200.
Ijca : 1199.
Ila : 848.
Illyrien : 1284.
Ilongo : 1127.
Indien : 1276, 1277; — ancien : 1431; — (moyen-) : 1277.
Indiennes d'Amérique (langues), *voir* amérindiennes.

INDEX DES LANGUES

Indiennes d'Asie (langues) : 549, 550, 647, 819, 1052, 1119-1122.
Indo-africain : 1405.
Indo-aryen : 830.
Indo-européen : 311-313, 807, 820, 831, 834, 841, 842, 850-855, 858, 1225, 1231, 1240, 1242-1285 ; — (proto-) : 1273.
Indo-européennes (langues) : XI, 272, 584, 662, 664, 818, 821, 824, 830, 837-839, 842, 845, 858, 860, 861, 906, 930, 944, 1097, 1112, 1113, 1119-1121, 1130, 1133-1142, 1240-1285, 1299, 1304, 1331, 1384, 1385, 1388, 1424, 1425, 1427, 1430, 1434, 1435 ; — groupe *centum :* 1269, 1277 ; — groupe *satam :* 1269, 1270.
Indo-iranien : 1241, 1244, 1254, 1258-1260, 1266, 1269, 1271, 1273, 1276, 1277 ; — ancien : 820, 837, 858, 1245, 1264, 1425.
Indo-iraniennes (langues) : 1112-1114, 1119, 1241, 1283.
Indonésien ou bahasa indonesia : 307, 316, 682, 1127.
Indonésiennes (langues) : 1126-1128.
Inga : 1198-1200.
Inghiloï : 1419.
Ingouche : 1419, 1421, 1430.
Ingrien : 1332.
Ionien (dialecte) : 573, 582, 907, 1136, 1282.
Ionien-attique (groupe) : 906, 1282.
Iranien : 839, 1240, 1257, 1268, 1276-1278, 1382 ; — (ancien-) : 814 ; — (moyen-) : 1278 ; — (moyen occidental, ou pehlevi) : 814, 1278 ; — occidental : 1119 ; — oriental : 1119, 1120 ; — (pré-) : 1425 ; vieux-iranien, ou aryen : 1240, 1382.
Iraniennes (langues) : 1119, 1120, 1240, 1278, 1294 ; — occidentales : 1119 ; — orientales : 1119, 1120, 1331.
Iraquien (dialecte arabe) : 1119.
Iraqw : 1106.
Irlandais : 1141, 1241, 1259, 1265, 1430 ; — (gaélique, ou moyen-) : 1218, 1280, 1431 ; — ogamique : 547, 1280, 1281.
Iroquois : 1099, 1101.
Islandais : 222, 667, 1140, 1281, 1282 ; — (vieil-) : 820, 1281.
Israélien, *voir* hébreu israélien.
Italien : 142, 209, 221, 252, 300-303, 305, 313, 495, 525, 530, 553, 554, 563, 567, 574, 589, 598, 599, 603, 617, 631, 718, 721, 735, 814, 817, 820-825, 843, 845, 853, 872, 887, 1135, 1155, 1157, 1176, 1184, 1193, 1280, 1382 ; — d'Amérique du Nord : 666, 667, 1135, 1205, 1208, 1217, 1218.
Italique : 858, 1244, 1255, 1260, 1264, 1266, 1269-1273, 1278-1280.

Italiques (langues) : 837, 1133, 1279
Italo-roman (groupe) : 1135.

Jairuya : 1200.
Jakun : 1125.
Japonais : 251, 525, 530, 540, 575, 687, 750, 1097, 1115, 1117, 1118, 1217, 1218.
Jargons, *voir* argots.
Javanais : 1126.
Jebero : 1200.
Jivaro : 1102.
Jiwadja : 1129.
Jorai : 1127.
Juang : 1122.
Judéo-allemands (dialectes) : 576, 980, 982, 1000, 1160.
Judéo-arabe : 980, 982.
Judéo-espagnol : 980, 982, 1184.

Kabardien, *voir* qabardey.
Kabba-laka : 748.
Kabyle : 1311, 1315, 1319, 1320.
Kachin : 1123.
Kafa : 1290, 1300.
Kajkavien : 1138.
Kakwa : 1107.
Kalispel : 309, 1003-1021.
Kalmouk : 1419.
Kamba : 1110.
Kamchadal : 1118.
Kam-thai (langues) : 1123.
Kannada : 1122.
Kanouri ou kanuri : 1069, 1108.
Kanourique (groupe) : 1407.
Kapaur : 1130.
Karachay : 1117.
Karam : 1130.
Karékaré : 1290.
Karen : 1123.
Kartvélien, *voir* caucasique du Sud.
Kazakh : 929, 1117.
Kemne : 1109.
Ket : 1371.
Kha : 1050.
Khajuna, *voir* burushaski.
Khakas : 929.
Khalde : 1294.
Khalkha : 1115, 1116.
Kharia : 1122.
Khasi : 1050, 1122, 1124.
Khmaer ou khmer, *voir* cambodgien.
Khoi-san ou khoisan (groupe) : 1104, 1110, 1232, 1233, 1390, 1391, 1407.
Khorein : 1116.
Khotanais : 1278.
Kiawa : 204.
Kingwana : 1399.
Kirghiz : 929, 1117.
Kissi : 1109.
Klallam : 1003, 1004.
Kmer, *voir* cambodgien.
Kobon : 1130.
Koman : 1108, 1407.
Konda : 1122.
Koongo ou kongo : 1110, 1391.
Koryak : 1118.
Kosali : 1121.

INDEX DES LANGUES

Kotoko : 1290.
Koumyk : 1117, 1419.
Kpelle : 1109.
Krou (langues) : 1110; — « des lagunes » : 1110.
Kunjuti, *voir* burushaski.
Kunrïzi, *voir* dongolais.
Kurde : 576, 1119.
Kuri : 1421.
Kurku : 1122.
Kusa : 1104.
Kwa (groupe) : 1108, 1109, 1233.
Kweni : 1109.
Kyushu : 1118.

Labourdin (basque), *voir* basque.
Ladin : 1134.
Ladino-espagnol : 1180, 1184.
Lahnda : 1121.
Lake : 1003.
Lakk : 1132, 1421.
Languedocien (dialecte), *voir* oc (langue d').
Langue franque, *voir* franque.
Lao : 1123.
Laotien : 1050.
Lapon : 1131, 1331-1335, 1348, 1372, 1373, 1376, 1377, 1379-1382, 1384; — de Norvège : 1348-1352.
Latin : 10, 167, 237, 238, 242, 249, 254, 256, 261, 263, 283, 286, 293, 302, 303, 306, 307, 309, 310, 312, 315-317, 488, 490-493, 495, 546-549, 553, 554, 557, 559-564, 571, 582-585, 587, 589, 595, 614, 617, 618, 671, 672, 689, 706, 730, 741, 789, 794, 795, 797, 799, 808, 809, 814-817, 824, 826, 828, 837, 838, 841, 842, 846, 847, 850-853, 872, 887, 931, 951, 953, 1154, 1167, 1225, 1243-1248, 1250, 1251, 1254, 1255, 1257, 1258, 1260-1263, 1265-1269, 1276, 1278-1281, 1383, 1391, 1416, 1417; — médiéval, ou vulgaire : 548, 579, 598, 805, 815, 1382.
Latines (langues néo-) : 1253.
Laze ou tchane : 1419-1421.
L'élé : 316.
Lendu : 1107.
Léonais (breton), *voir* breton.
Lesbien ou éolien d'Asie : 1282.
Lesghien : 1132, 1419.
Letoama : 1200.
Lette ou letton : 226, 1142, 1217, 1218, 1276; — central : 1142; — occidental : 1142; — oriental : 1142.
Letto-lituanien : 1276.
Letton, *voir* lette.
Libanais : 1181.
Libyco-berbère (groupe) : 1288.
Libyen ou libyque : 1178, 1182, 1289.
Lifou : 1128.
Lillooet : 1003, 1004.
Lingala : 1395, 1400, 1402.
Lingua franca, *voir* franque (langue).
Lituanien : 671, 819, 1142, 1245, **1261**, **1265**, 1276; — aukshtait :

1142; — shamait : 1142; — d'Amérique : 671, 1142, 1217, 1218.
Live : 1332.
Lobi : 1110.
Loma : 1109.
Lorrain (dialecte) : 640.
Losengo : 1110.
Louisiana french, *voir* français des États-Unis.
Louvite : 1273.
Luba-lulua : 1110.
Lude : 1332.
Lugbara : 1107.
Lunya : 1110.
Luo : 1107.
Luri : 1119.
Lusacien : 1138.
Lusitanien, *voir* portugais.
Luxembourgeois : 588, 1171.
Lycien : 1273.
Lydien : 1273.

Maban (groupe) : 1104, 1108, 1407.
Macaguaje : 1200.
Macasar : 1126.
Macédonien : 663, 1137, 1138, 1275; — (vieux-), *voir* slave (vieux-).
Macinien : 1069.
Maçú : 1200.
Macuja : 1200.
Macuna : 1200.
Madourais : 1126.
Magyar (groupe) : 1131.
Mahass, *voir* dongolais.
Makua : 1110.
Malais ou malay : 605, 673, 834, 1125, 1126.
Malayalam ou malabar : 1122.
Malayo-polynésien ou austronésien (groupe) : 1112, 1113, 1125-1130, 1218.
Maldivien : 1120.
Malgache : 41, 260, 1096, 1127.
Malinke : 1109.
Maltais : 602, 1181, 1218, 1301.
Mandarin, ou chinois administratif, *voir* chinois classique.
Mandchou : 1115.
Mandé ou mandingue (groupe) : 309, 310, 1069, 1104, 1108, 1109, 1233.
Mandéen : 1289.
Mandingue, *voir* mandé.
Mangbetu : 1107.
Manx : 1280.
Maori : 1129.
Mara : 1200.
Marathī : 1121, 1278.
Marghi : 1106.
Marollien (dialecte) : 597.
Marse : 1279.
Marshallesa : 748.
Martiniquais (créole français) : 310, 611.
Masaï : 1107.
Matapi : 1200.
Maya (groupe) : 1100, 1101; — mayas (idéogrammes) : 520, 527, 534.

INDEX DES LANGUES

Mazatec : 303.
Mbundu ou mbuundu : 1110, 1391.
Meca : 1200.
Mecklembourgeois : 574.
Mélanésien (groupe) : 1126, 1128; — (néo-) : 606, 607, 608, 1128; *voir également pidgin english.*
Mende : 1109.
Meneca : 1200.
Menimeje : 1200.
Menominee ou menomini : 273, 670.
Mésopotamien, *voir* akkadien.
Messapien : 1284.
Miao (langues) : 1113, 1124; — miao-yao (groupe) : 1123.
Micronésiennes (langues) : 1126, 1128.
Mihita : 1200.
Mikaru : 1130.
Min : 1124.
Minangkabau : 1126.
Mingrélien : 1419-1421, 1434.
Minoen « linéaire » B, *voir* crétois (systèmes).
Mirana : 1200.
Mixtèque : 1102.
Mnong : 1125.
Moabite : 1288.
Mogoul : 1115, 1116.
Mohawk : 666, 667.
Moi : 1050.
Môn : 1050, 1124; môn-khmer (groupe) : 1113, 1124, 1125.
Mongoles (langues) : 563, 1115, 1225, 1384; — occidentales : 1115, 1116; — orientales : 1116.
Monguor : 1115.
Mordve ou mordvin : 1131, 1332-1335, 1349-1352, 1373, 1376, 1377, 1382, 1384; — erza : 1349.
Mossi : 1110.
Motcha : 1300.
Motilón : 1199, 1200.
Moubi : 1290.
Mousgou : 1290.
Muinane : 1200.
Munda : 1050, 1122, 1124.
Muong : 1125.
Mura : 1200.
Muriate ou uainumá : 1200.
Muskogean : 1099, 1101.
Mycénien : 838, 906, 1282.
Nabatéen : 543, 1289, 1295.
Na-dene : 1099.
Naga : 1123.

Nahali : 1122.
Nahuatl : 1100.
Nanaj : 1115; — des Gald : 1115; — des Otcha : 1115.
Nandi : 1107.
Napolitain (dialecte) : 598.
Navaho : 38, 1099, 1218.
Ndongo : 1391.
Néerlandais, *voir* hollandais.
Négro-africaines (langues) : 861, 1181, 1232-1234, 1295, 1388, 1399, 1404-1411.

Negro french de Louisiane (créole) : 615.
Négro-hollandais (créole) : 616.
Néogrec, *voir* grec moderne.
Népalais : 1120.
Nespelem : 1003, 1004.
Ngala : 1110.
Ngbaka : 225.
Ngverá : 1199.
Nguizim : 1290.
Nigéro-congolais (groupe) : 1104, 1108-1110, 1407, 1408; — oriental : 1108; — ouest-atlantique : 1108, 1109; — (pré-) : 1407.
Nigéro-kordofanien (groupe) : 1408, 1410.
Nikobar : 1050, 1125.
Nilo-chamitique (groupe) : 1107, 1390.
Nilo-charien (groupe) : 1104, 1107.
Nilo-saharien (groupe) : 1104, 1108, 1234.
Nilo-soudanais (groupe) : 1108.
Nilotique (groupe), *voir* nilo-chamitique.
Nimboram : 1130.
Nisqually : 1003, 1004.
Njakju : 1127.
Noanama : 1199.
Nobeniza : 1200.
Nogay : 1117, 1419.
Nonuya : 1200.
Nootsak : 1003, 1004.
Normand (dialecte) : 64, 573, 586, 640, 1156; — normano-picard : 1154.
Norse (vieux-) : 1382.
Norvégien : 669, 1139, 1140, 1281; — d'Amérique du Nord : 669, 671, 1208, 1213, 1217, 1218.
Nubiennes (langues) : 1107, 1177.
Nuer : 1107.
Nyanga : 1110.
Nyikyusa : 1404.
Nyungwe : 1391.

Ob-ougrien, *voir* ougrien de l'Ob.
Oc (langue d'), ou occitan : 574, 589, 1094, 1134, 1146, 1147, 1149, 1152-1155; — oc du Nord : 1154, 1157; — oc du Sud : 1154, 1157.
Ocaina : 1200.
Océaniennes (langues) : 1112, 1113.
Oïl (langue d') : 589, 1134, 1145, 1147, 1152, 1154, 1157.
Oirat : 1115, 1116.
Ojerón : 1200.
Okinawan : 1118.
Okinogan ou okanagan : 1003, 1004.
Ombrien : 845, 1265, 1279.
Ometo : 1290.
Opaina ou tanimbuca : 1200.
Ordos : 1116.
Orteguaza : 1200.
Osco-ombrien : 1278, 1279.
Osque : 1265, 1271, 1279.
Osmanli, *voir* turc.
Ossète : 1120, 1278, 1419.

INDEX DES LANGUES

Ostiak ou ostyak : 1113, 1114, 1332, 1334, 1335, 1356-1360, 1364, 1373, 1374, 1376, 1377, 1382.
Otomi : 1100, 1102.
Ouatchi : 1110.
Oubykh : 302, 303, 1132, 1421, 1423, 1431.
Oudi : 1419, 1421.
Ougaritique : 542, 1288, 1294, 1306.
Ougriennes (langues) : 1114, 1332, 1333, 1375, 1377, 1381; — ougrien de l'Ob, ou ob-ougrien : 1114, 1331-1335, 1377; — proto-ougrien : 1380.
Ouïgour ou oughours : 929, 1117.
Ouraliennes (langues) : 861, 1247, 1273, 1331-1385.
Ouralo-altaïques (langues) : 861, 1115, 1274, 1385.
Ourdou, *voir* urdu.
Ouzbek, *voir* uzbek.

Paez : 1191, 1197, 1199, 1200; — coconuco : 1102.
Palaïte : 1273.
Palau : 1128.
Palaung : 1050.
Palenquero, ou créole espagnol de Colombie : 1189, 1192, 1199.
Paléosibérien (groupe) : 1113, 1118, 1371, 1384.
Palestinien : 1178, 1181, 1289; — (proto-) : 542.
Pāli : 1051, 1055, 1059, 1277.
Palmyrénien : 1289, 1295.
Pamiriens (dialectes) : 1278.
Pamphylien : 906, 1282.
Pao-an : 1116.
Papiamento ou papiamentu : 310, 615, 616.
Papoues (langues) : 1114, 1127, 1129, 1130.
Parthe : 1278.
Pasarmalay : 598.
Pasé : 1200.
Pashto ou pašto : 1119, 1120, 1278.
Patois : X, 174, 571, 572, 616, 628, 640, 1094, 1134, 1148.
Pedraza : 1200.
Pehlevi, *voir* iranien occidental (moyen-).
Pékinois, *voir* chinois.
Pélignien : 1279.
Pend oreille : 1003, 1004.
Penuti : 1102.
Permiak (zyriène) : 1353-1356.
Permien (groupe) : 1331, 1333, 1372, 1377, 1379, 1381; — (proto-) : 1380.
Persan : 673, 819, 833, 839, 842, 930, 931, 935, 936, 939, 1119, 1185, 1278, 1295.
Perse : — achéménide : 544, 1278; — (moyen-) : 1278; — (vieux-) : 1240, 1276, 1278.
« Petit nègre », *voir* sabirs (pseudo-).
Peul: IX, 1068-1069, 1109, 1232, 1405; — occidental : 1068, 1069, 1074, 1075; — oriental : 1068, 1069; — du Diamaré : 1069, 1072.
Pheng : 1050.
Phénicien : 542, 544, 545, 1288, 1295.
Phrygien : 1255.
Piapoco : 1200.
Piaroa : 1200.
Picard (dialecte) : 573, 574, 1157; — (normano-) : 1154.
Picte : 1280.
Pidgin-english : 327; — d'Australie ou du Pacifique : 605, 606; — du Cameroun : 605; — de Chine : 605; — mélanésien : 605, 606, 1128.
Pidgins : 578, 597, 598, 604-608, 616, 673, 1128.
Piratapuyo : 1200.
Polabe : 1275, 1276.
Polonais : 303, 315, 554, 660, 663, 797, 1137, 1138, 1275, 1382; — des États-Unis : 1205, 1208, 1217, 1218; — (vieux-) : 1276.
Polynésiennes (langues) : 304, 1126, 1129.
Popolak : 1102.
Portugais : 300, 301, 307, 309, 554, 563, 589, 605, 608, 611, 615, 659, 718, 872, 887, 889, 1111, 1133, 1280; — d'Amérique : 659, 667, 671, 1097, 1098, 1133, 1217, 1218; — des Açores : 828.
Potawatomi : 1229.
Prācrits : 1277, 1278.
Proto-germanique, *voir* germanique.
Proto-sinaïtique : 542.
Provençal : 172, 301, 574, 589, 599, 640, 648, 846, 887, 1147, 1152, 1154, 1280; — (franco-) : 1147, 1152, 1154, 1157.
Prussien (dialecte) : 1165; — (vieux-) : 1276.
Puinamo : 1200.
Puinave : 1200.
Punique ou carthaginois : 542, 1288; — (néo-) : 542.
Puragi : 1130.
Pyrénéen (dialecte), *voir* gascon.

Qabardey ou kabardien : 1260, 1419.
Quara : 1328.
Quichua ou quechua : 300, 306-308, 312, 313, 316, 1101, 1102, 1198.

Rade : 1127.
Raségana : 1200.
Resigaro : 1199, 1200.
Rhéto-roman : 887, 1134, 1280.
Riana : 1200.
Riano : 1200.
Riang : 1050.
Rocajana : 1200.
Roe : 1200.
Roman, *voir* gaulois.
Romanche : 589, 658, 661, 681, 853, 1134.
Romanes (langues) : 317, 429, 548, 557, 574, 575, 582-584, 587, 589,

595, 598, 602, 616, 617, 658, 662, 706, 817, 820, 825, 849, 887, 977, 978, 1133, 1139, 1152, 1157, 1255, 1280, 1382, 1417, 1424.
Romani : 1120.
Roumain : 301, 563, 658, 662, 682, 790, 814, 825, 831, 842, 853, 872, 887, 1133, 1135, 1136, 1217, 1218, 1280, 1350, 1382; — (daco-) : 1135; — (macédo-) : 1135.
Ruanda : 1110.
Rundi : 1110.
Russe : 205, 206, 237, 303, 304, 555, 578, 590, 651-653, 656, 659, 660, 665, 667, 668, 671, 689, 715, 718, 720, 721, 763, 765, 785-787, 792, 799, 807, 824, 1116, 1118, 1136, 1137, 1186, 1349, 1354, 1384; — (blanc-) : 1275; — (grand-) : 1275; — (vieux-) : 1276; — des États-Unis : 1204, 1208, 1213, 1217, 1218.
Russenorsk (sabir) : 601.

Sabirs : IX, 174, 578, 597-608, 611, 624, 1037; — (pseudo-) : 40, 604, 612; — *trade motu* (et *broken english*) : 606.
Sahá ou tsahatsaha : 1200.
Saharien (groupe) : 1104, 1108, 1296.
Saho : 1328.
Saixa : 1199, 1200.
Sakai : 1050, 1125.
Salish (groupe) : 1003, 1004, 1099.
Saliva : 1200.
Samaritain : 543.
Sambu : 1199.
Samoan : 1218.
Samourien (groupe) : 1421.
Samoyède (groupe) : 1113, 1114, 1225, 1273, 1331-1335, 1370-1373, 1375, 1377, 1380-1383; — (-Nord): 1332, 1370; — (-ostiak), *voir* selkoup; — (-Sud, langues éteintes : kamasse, motor, koïbal, soyote, taïgui, sagaï, karagasse) : 1332, 1370.
Sanca : 1199.
Sandawe : 1233.
Sanpoil : 1003, 1004.
Sanscrit ou sanskrit : — classique : 301, 312, 668, 673, 814, 817-819, 824, 839, 841, 845, 850-852, 1051, 1053, 1055, 1059, 1060, 1225, 1230, 1240, 1243, 1245-1247, 1250-1252, 1257-1263, 1265-1269, 1277, 1278, 1283; — védique : 814, 815, 1230, 1252, 1254, 1255, 1276, 1277.
Sáparo : 1200.
Sara : 1107.
Sarde : 301, 887, 1135, 1155, 1280.
Satam (groupe), *voir* indo-européennes (langues).
Scandinaves (langues) : 574, 1140, 1164, 1218, 1382; — scandinave insulaire : 1139.
Sedang : 1125.
Seibo : 1118.

Selkoup ou samoyède-ostiak : 1332, 1370-1373.
Semang : 1050, 1125.
Sémitique : 311, 542, 543, 820, 825, 839, 851, 861, 1230, 1231, 1250, 1274, 1288, 1293, 1299, 1301, 1302, 1304-1306, 1308-1311, 1314, 1319-1321, 1326-1328, 1391; — commun ou occidental : 839, 1312, 1314; — méridional : 1119, 1312, 1314; — oriental, *voir* akkadien; — (proto-) : 1304, 1306.
Sémitiques (langues) : 535, 543-545, 817, 1105, 1112, 1113, 1118, 1119, 1227, 1274, 1288, 1289, 1291, 1294-1306, 1325-1327, 1388, 1434; — occidentales : 541, 542, 545.
Sena : 1391.
Sénégalo-guinéen (groupe) : 1068-1070, 1233.
Sénégalo-mauritanien (groupe) : 1069.
Sentali : 1122.
Sentani : 1130.
Serbe : 831, 1217; — (vieux-) : 1276.
Serbo-croate : 303, 658, 1137-1139, 1218, 1275.
Serer : 1109.
Shan : 1123.
Shilba (berbère) : 1105.
Shona : 844.
Shuswap : 1003, 1004.
Siamois, ou thai et thay : 302, 303, 1050, 1052, 1060, 1061, 1064, 1123.
Sibériennes (langues) : 1112.
Sicilien (dialecte) : 577, 602.
Sidamo : 1290, 1317, 1320.
Silésiens (dialectes) : 582.
Sindhi : 1121.
Singhalais : 1120.
Singhalais-maldivien (groupe) : 1120.
Sino-tibétaines (langues) : 1112-1114, 1119, 1123.
Siona : 1200.
Siou : 1099, 1101.
Siwi : 1182.
Slang, *voir* argots.
Slave : 546, 659, 1243-1245, 1254, 1267, 1269-1273, 1282; — commun : 1275; — cyrillique : 546, 553, 563, 1137, 1384; — (moyen-) : 1276; — (vieux-) : 819, 1243, 1261, 1267, 1269, 1275, 1276.
Slaves (langues) : 563, 576, 584, 589, 658, 663, 820, 887, 929, 1133, 1135-1139, 1275, 1276, 1331.
Slavo-allemands (dialectes) : 597, 1164.
Slovaque : 1138, 1217, 1218, 1275, 1382.
Slovène : 1137, 1138, 1217, 1218, 1275; — (vieux-) : 1276.
Sogdien : 1278.
Somali : 1106, 1290, 1300, 1310, 1328.
Somrai : 1106.
Songhaï (groupe) : 1104, 1108, 1407.

INDEX DES LANGUES

Soninke : 1109.
Sonsoral : 1128.
Sora : 1122.
Sorabe : 1275, 1276.
Sotho : 835, 844, 1110.
Souabe (dialecte) : 573, 574, 577.
Soudanaises (langues) : 610, 612, 613, 1181, 1390, 1401, 1404, 1405, 1409, 1410; — centrales : 1107, 1407; — occidentales : 1233, 1405, 1408, 1409; — orientales : 1107, 1407; — (proto-) : 1405; — « soudanais chamitisé » : 1298.
Souletin (basque), *voir* basque.
Soundanais : 1126.
Spokane : 1003, 1004.
Squawmish : 1003.
Srê : 1050.
Stieng : 1050.
Štokavien : 1138.
Sud-arabique ancien (groupe) : — minéen, sabéen, awsanique, qatabanique, hadramoutique : 543, 1289, 1293, 1297, 1306.
Sud-arabique moderne (groupe) : — mahri, grawi, harsusi, botahari, soqotri : 1289, 1305.
Sudète, *voir* tchèque.
Suédois : 303, 828, 847, 849, 876, 1139, 1140, 1204, 1208, 1217, 1218, 1282, 1350, 1382.
Suisse (dialecte germanico-), *voir* alémanique de Suisse.
Sukuma : 1110.
Sumérien : 531-534, 538, 540, 836; — eme-sal : 540; — suméro-akkadien : 537, 543.
Svane : 1419-1421, 1430, 1433.
Svea : 1140.
Swahili : 308, 598, 830, 1110, 1225, 1389, 1390, 1395-1397, 1399, 1401, 1404.
Syriaque : 543, 817, 1289, 1314, 1325; — néo-syriaques (dialectes) : 1317.
Syrien : 587.
Syro-palestinien (dialecte) : 1119.

Tabassaran : 1419, 1421.
Tacana-pano : 1102.
Tadjik : 1119.
Tadó : 1200.
Tagal ou tagalog : 687, 1096, 1127, 1218.
Tahitien : 302, 303, 308.
Tai-blanc et tai-noir : 1050.
Taihuana : 1200.
Takelma : 312, 1230.
Taki-taki : 608, 615, 616.
Talamanca : 1100.
Talysh : 1120.
Tama : 1200.
Tamaright-riff-kabyle (groupe berbère) : 1105.
Tamaui : 1200.
Tamil ou tamoul : 1113, 1122.
Tanimuca ou opaina : 1200.
Tanna : 1128.

Tapuya : 1200.
Tarasque : 1102.
Tat : 1120, 1419.
Tatars (dialectes): 929, 1117; — tatar de Kazan : 929.
Tatoga : 1107.
Tatuyo : 1200.
Tavgui ou tavgy : 1114, 1332, 1370.
Tayuca : 1200.
Tchadien (groupe) : 1104, 1106, 1227, 1288, 1290, 1291, 1319, 1320, 1322, 1407.
Tchèque : 206, 217. 218, 221, 222, 302, 303, 307, 554, 563, 667, 668, 672, 682, 720, 1137, 1138, 1186, 1208, 1217, 1218, 1275; — sudète : 672; — (vieux-) : 1276.
Tchérémisse : 1131, 1332-1335, 1352, 1353, 1373, 1376, 1378, 1379, 1382; — occidental : 1352; — oriental : 207, 1352.
Tcherkesse : 1419, 1421, 1423, 1426, 1430.
Tchétchène : 209, 1132, 1419, 1421, 1423, 1426.
Tchétchéno-daghestaniennes (langues) : 1421.
Tchi : 612.
Tchouktches (langues) : 1384.
Tchouvache : 929, 1382; — ancien : 1382.
Tehrani : 1119.
Teingit : 1218.
Telugu ou telinga : 1113, 1122.
Tem : 1406.
Teso : 1107.
Tetete : 1200.
Thai ou thay, *voir* siamois.
Thessalien : 906, 1282.
Thompson : 1003.
Thraco-phrygien : 1284.
Thuringien (dialecte) : 573.
Tibétaines (langues) : 1123.
Tibéto-birmanes (langues) : 1113, 1121-1124.
Ticuna : 1200.
Tigré : 1106, 1289, 1297.
Tigrigna ou tigrinya : 1106, 1289, 1297, 1314.
Tillamook : 1003, 1004.
Tinigua : 1200.
Tiv : 1409.
Tobati : 1127.
Tobi : 1128.
Tobu : 1118.
Tokharien : XI, 1244, 1255, 1266, 1271, 1283, 1431; — A, ou agnéen : 1283, 1424; — B, ou koutchéen : 1283.
Tonga : 309, 315.
Toscan : 1152, 1155, 1157.
Tosk : 1136.
Totonaque : 1102.
Touareg ou twareg (berbère) : 1105, 1296, 1301, 1309, 1310, 1311, 1316, 1327.
Toungouze (groupe) : 1115, 1384; — du Nord, *voir* evenki.

INDEX DES LANGUES

Touva : 929.
Trégorois (breton), *voir* breton.
Tsakonien (dialecte) : 582, 1136.
Tsimchiane : 209.
Tsonga : 844.
Tubu ou daza : 1108.
Tucano : 1197, 1199, 1200.
Tucuna : 1200.
Tucurá : 1199.
Tunebo : 1199, 1200.
Tung : 1123.
Tupi-guarani : 1102.
Turc : 202, 219, 221, 301, 306, 307, 312, 313, 316, 317, 563, 576, 598, 599, 601-603, 721, 842, 887, 929-948, 1116, 1117, 1135, 1185, 1225, 1241, 1372, 1384; — du Volga et de l'Irtych : 929, 1382; — paléo-turc : 929.
Turcoman : 1117.
Turco-mongoles (langues) : 1115.
Turco-tatares (langues) : 929.
Turkana : 1107.
Turkmène : 929.
Turques (langues) : 1115-1117, 1382.
Twana : 1003.
Twareg, *voir* touareg.
Twi : 1109.
Txuana : 312.
Tzigane de Moldavie (dialecte) : 1182.

Ukrainien : 658, 1137, 1217, 1218, 1275.
Ulithi : 1128.
Umaua : 1200.
Urbantu : 1392, 1395, 1396, 1403, 1405.
Urdu : 673, 1121.
Ute : 1218.
Utoaztèques (langues) : 1099-1102.
Uzbek ou ousbek : 929, 1117.

Vannetais (breton), *voir* breton.
Vedda : 1120.
Védique, *voir* sanscrit.
Venda : 844.
Vénète : 1284.
Vepse : 1332.
Vietnamien : 303, 648, 1050, 1052, 1060, 1061, 1064, 1113, 1124, 1125.
Vogoule ou vogul : 1113, 1114, 1131, 1332, 1334, 1373, 1376, 1377; — du Nord : 1360.
Volgaïque (groupe) : 1331-1333, 1377, 1380, 1381.
Volsque : 1279.
Voltaïque : 307, 316, 1069, 1232.
Vote : 1332.

Votiak ou votyak : 1131, 1331-1335, 1356, 1360, 1376, 1382.
Wa : 1050.
Waican : 1102.
Wakashan : 1099.
Waljbiri : 1129.
Wallon : 574, 1134, 1140, 1154.
Waropen : 1127.
Wende : 1164.
West Atlantic branch, *voir* nigéro-congolais (groupe).
West saxon (dialecte) : 588.
Wolof : 1069, 1109, 1406.
Wu : 1124.
Wu-ming ou chuang : 1123.

Xhosa : 1110, 1389.

Yacaroa : 1200.
Yagua ou peba : 1200.
Yahuna : 1200.
Yakoute : 929, 1117.
Yao (langues) : 1124.
Yapúa : 1200.
Yari : 1200.
Yiddish : 597, 640, 658, 661-663, 672; — américain : 665, 666, 1208, 1217, 1218.
Yidéma : 1290.
Yokuts : 828.
Yoruba : 612, 1109, 1225.
Yougoslave, *voir* serbo-croate.
Youkaghir ou paléo-sibérien : 1384.
Yourak ou yurak : 1114, 1332, 1370, 1371, 1374, 1382, 1384.
Yuan : 1123.
Yucatèque : 859.
Yuco : 1199.
Yucuna : 1200.
Yumana : 1200.
Yupúa : 1200.
Yuri : 1200.

Zan : 1132.
Zapotèque : 1100, 1102.
Zenaga : 1105, 1296.
Zenati (berbère) : 1105.
Zend : 819.
Zénètes (dialectes) : 1182.
Zigeuner : 640, 641.
Zulu : 844, 859, 1402; — (-ngoni) : 1110.
Zuñi : 1218.
Zwawa (berbère) : 1316.
Zyriam : 1105.
Zyriène : 1332-1335, 1355, 1356, 1360, 1373, 1376, 1382, 1384; — du Nord : 1331; — du Sud : 1331; — komi, ou vulgaire : 1354; — permiak, ou littéraire, *voir* permiak.

TABLES

TABLE ANALYTIQUE

LE LANGAGE

LE LANGAGE ET SES FONCTIONS, par Frédéric FRANÇOIS

LA LINGUISTIQUE ET LE LANGAGE: Le langage, phénomène humain universel d'une grande diversité de formes. Le linguiste et le problème posé par le choix de son objet d'étude 3

LE CRITÈRE FONCTIONNEL: Le critère linguistique permettant l'étude d'une langue à partir de ses fonctions. Exemple de la fonction distinctive des phonèmes. Délimitation du sens de « fonction ». 5

LA FONCTION DE COMMUNICATION: Une grande diversité des usages de la parole qui interdit tout relevé systématique. La langue, instrument de communication dont l'objet ou les modalités ne sont que conséquences secondaires 7

COMMUNICATION, ORGANISATION DU RÉEL ET TRANSMISSION: L'impossibilité de la déduction d'un découpage linguistique d'après la réalité qu'entend décrire ou expliquer le langage. Langues naturelles et codes de transmission, phonèmes et monèmes, caractéristiques d'emploi des unités non signifiantes et des unités signifiantes 10

LE LANGAGE ET LA PENSÉE: Rapports entre langue et pensée, indépendance de leur étude sur le plan de la syntaxe comme sur celui du lexique 12

FONCTIONS DE COMMUNICATION ET DIVERSITÉ DES USAGES: Examen d'un rapport possible entre diversité des usages et diversité des organisations de la langue. Essais de classifications linguistiques basées sur l'examen de différences dans l'organisation d'une langue qui dépendraient éventuellement d'une diversité des usages. La classification de Jakobson, fondée sur l'inventaire des éléments nécessaires à toute communication. Les trois niveaux possibles d'une analyse de la communication 15

BIBLIOGRAPHIE: voir p. 44.

CARACTÈRES GÉNÉRAUX DU LANGAGE, par Frédéric FRANÇOIS.

Communication linguistique et communication extra-linguistique . 20

ARBITRAIRE DU SIGNE LINGUISTIQUE: Nécessité du signe; signe naturel et signe artificiel. Signes artificiels motivés, les symboles, et signes immotivés, les signes linguistiques. Caractère arbitraire du signe linguistique malgré certaines valeurs symboliques secondaires; arbitraire absolu ou arbitraire relatif des procédés phoniques, des procédés syntaxiques, de la relation des différents sens d'un même signifiant. Recherche du lien qui unit signifiant et signifié : relations paradigmatiques et syntagmatiques. Les conséquences de l'arbitraire du signe linguistique 20

CARACTÈRE VOCAL DU LANGAGE: Relations de ce caractère avec la linéarité et l'arbitraire. Rapports entre langue orale et langue écrite 25

CARACTÈRE DISCRET DES UNITÉS LINGUISTIQUES: Mise en évidence du caractère discret des unités linguistiques par l'étude des sons; les critères linguistiques de la phonologie; identité du phonème malgré la variété des sons. Relations similaires entre les différences de sens d'une même unité 27

LA PREMIÈRE ARTICULATION (EN MONÈMES): Construction de messages à partir d'une langue articulée. Procédés informatifs présentés par une langue : combinaison de monèmes, ordre des éléments, variations de sens selon la combinaison des éléments . . 29

LA DOUBLE ARTICULATION: Économie due à la double articulation du langage. Rôle privilégié de cette articulation à l'égard d'autres niveaux d'analyse 31

L'ÉCONOMIE PHONOLOGIQUE: Procédés dont la fonction est de rendre la communication plus économique. Les caractères d'une organisation phonologique économique. L'économie comme optimum résultant de tendances opposées 34

L'ÉCONOMIE DE LA PREMIÈRE ARTICULATION: Recherche semblable aux réalisations phonologiques et tendant à diminuer l'effort et à assurer un système. Principe des quatre types d'économie : lexicale, morphologique, syntaxique et sémantique 36

L'économie syntaxique : Procédés de mise en relation entre éléments signifiants et sources d'économie de ces procédés syntaxiques. Les trois procédés qui constituent un fait linguistique universel. Restrictions à la combinaison des unités suivant les différentes langues . . 39

Spécialisation des monèmes 41

Implication 41

Implication réciproque 41

L'économie sémantique : Jeu des différents sens d'une même unité. Polysémie et synonymie. Les rapports possibles entre deux signifiés correspondant à un même signifiant 42

BIBLIOGRAPHIE 44

LES CONSTANTES CHIFFRÉES DU DISCOURS, par *Benoît* MANDELBROT.

Des problèmes technologiques dont l'importance apparaît soudainement et qui bouleversent la linguistique traditionnelle. Cryptographie, sténographie, télégraphie : études technologiques anciennes qui concernent directement le discours. La fréquence des lettres ou des groupes de lettres dans un texte, une évidence pratiquement exploitée depuis longtemps. Les fréquences relatives des mots dans un discours. Relation que l'on peut établir entre le rang d'un mot dans un discours et la fréquence de ses retours dans le même discours.

Étude de la structure du système des fréquences des mots, et esquisse de divers modèles de la loi « rang-fréquence » 46

BIBLIOGRAPHIE 56

LE CIRCUIT DE LA PAROLE, par *Bertil* MALMBERG.

Phonologie et phonétique. Les trois phases du circuit de la parole . . 57

L'APPAREIL PHONATOIRE ET LA PRODUCTION DES SONS DU LANGAGE: Conjugaison des différents organes nécessaires à la formation de la parole humaine; appareil respiratoire, larynx et cavités supraglottiques et définition des types articulatoires utilisés dans la parole; formation des types vocaliques et des types consonantiques, et divisions intérieures dans chaque type . .   57

L'ONDE SONORE: L'onde, porteuse d'informations, et les limites qu'elle doit respecter pour remplir son rôle; vibrations simples et vibrations composées. Les différents types de sons : tons ou bruits suivant la régularité ou l'irrégularité de leur structure. Différences de fréquence et distinctions de hauteur musicale, différences d'amplitude et intensité. La communication orale, une suite de différences acoustiques qui résulte de la variation ou de la combinaison de trois possibilités physiques complémentaires : périodicité, fréquence, intensité. Du ton composé laryngien aux timbres vocaliques; les formants, zones de fréquences, dont le renforcement à l'aide de résonateurs réalise le timbre vocalique. Distinctions de timbre pures et différenciation acoustique, base d'élaboration des langues diverses; monophtongues et diphtongues; consonnes et interruption du mouvement régulier et périodique du timbre vocalique   65

LA RÉCEPTION DE L'ONDE SONORE: Aspect auditif purement physiologique et aspect psycho-linguistique de l'oreille humaine. Limites approximatives des fréquences audibles et conditions dans lesquelles l'oreille perçoit l'augmentation de fréquence et les variations d'intensité sonore. Conditions que l'onde doit remplir pour être « comprise », ou le passage du physiologique au psychologique en passant par la simple identification d'une suite d'éléments connus. De la perception à la compréhension puis à l'interprétation. Rapports entre la faculté d'entendre des nuances acoustiques et l'expérience linguistique ou auditive   71

BIBLIOGRAPHIE   75

LE LANGAGE ET LA LOGIQUE. LE LANGAGE ET LA PENSÉE, par *Eric* BUYSSENS.

Les rapports essentiels existant entre le langage et la logique, d'une part, entre le langage et la vie psychologique d'autre part . . .   76

LE POINT DE VUE SOCIAL: Le langage : transformation d'un rapport de cause à effet en rapport de moyen à but dans l'intention d'influencer l'entourage plutôt que dans un désir d'expression. Définition de la convention linguistique, nécessairement restreinte au regard de l'étendue de la pensée; le fait particulier et le concret, un autre territoire sur lequel ne pénètre pratiquement pas le langage qui ne peut guère prétendre qu'au général et à l'abstrait. De l'intention à l'expression. La science, terrain du général et de l'abstrait, domaine d'élection du langage. Accord verbal et accord des connaissances : recherche d'une vérité générale, sociale, profitable à tous .   77

LE POINT DE VUE DU LOCUTEUR: La parole, moyen d'exprimer des pensées ou de mentionner certains faits de pensée plutôt que moyen d'exprimer la pensée. L'organisation interne du langage : une construction bien souvent en désaccord total avec les processus de la pensée. Le langage mathématique, plus fidèle à la pensée puisque ses symboles demeurent attachés à une idée unique représentée par un signe unique. Le langage, et son complément l'écriture, instrument rétif mais indispensable à la traduction matérielle et tangible de toute élaboration mentale; la mystérieuse soumission de la parole à la pensée   82

LE POINT DE VUE DE L'AUDITEUR: La double interprétation des mêmes sons par un auditeur : recherche du sens du message, recherche de la personnalité du locuteur, cachée dans le message; interpénétration une fois de plus évidente entre linguistique et psychologie. Le langage, un comportement extérieur que l'on peut analyser comme tous les autres comportements et qui justifie la stylistique comme l'écriture justifie la graphologie   88

CONCLUSIONS: Caractère abstrait du langage qui autorise l'objectivation des idées du locuteur et l'ébauche de son portrait psychologique par l'auditeur. Le mensonge, un facteur qui empêche l'assimilation totale du comportement linguistique à la vie psychologique   89

BIBLIOGRAPHIE   90

LA COMMUNICATION

LA SÉMIOLOGIE, par Luis J. PRIETO.

La sémiologie. Sémiologie et linguistique   93

L'ACTE SÉMIQUE, LE SIGNAL ET LE SENS: L'acte sémique défini par la présence d'un signal. Signal et indice. Le sens de l'acte sémique. Nature concrète du signal et du sens   95

LA SITUATION: Composants de la situation : l'emploi d'un code déterminé, les circonstances   99

LE MÉCANISME DE L'ACTE SÉMIQUE: Sens admis et sens exclus par le signal. Rôle des circonstances : sens plus ou moins favorisés par les circonstances   102

RÉUSSITE OU ÉCHEC DE L'ACTE SÉMIQUE: Conditions que le signal employé par l'émetteur doit remplir pour que l'acte sémique réussisse. Échecs qui résultent de la non observance de ces conditions : la mauvaise compréhension, l'ambiguïté   104

LE SIGNIFIÉ ET LE CHAMP NOÉTIQUE: L'indication fournie par le signal ou signifié de celui-ci. Conditions pour qu'il puisse y avoir indication en général : ensemble initial de plusieurs possibilités, élimination par l'indice d'une partie de ces possibilités. Double aspect, l'un positif et l'autre négatif, de toute indication. L'ensemble initial de possibilités auquel se rapporte l'indication fournie par le signal : le champ poétique du code. Facteurs qui déterminent le signifié d'un signal. Signifiés identiques et signifiés différents. Sens et signifié. Les deux indications qui à la rigueur composent le signifié d'un signal. Possibilité qu'il en manque une dans certains codes   107

LES TRAITS PERTINENTS DU SENS: Les traits composant le signifié d'un signal. Traits pertinents et traits non pertinents du sens   115

TYPES DE DIFFÉRENCE POSSIBLES ENTRE DEUX SIGNIFIÉS: Possibilité de distinguer entre plusieurs types de différence entre signifiés : l'opposition, la restriction et l'empiètement . . .   118

LE SIGNIFIANT: L'identité, en tant qu'instruments sémiologiques, de tous les signaux appartenant au même code et au même signifié. Le signifié ou classe de signaux identiques en tant qu'instruments sémiologiques. Le signal, fait concret, et le signifiant, entité abstraite.   121

LES TRAITS PERTINENTS DU SIGNAL: Les traits pertinents et les traits non pertinents du signal. Possibilité de définir le signifiant comme une classe de signaux appartenant au même code et ayant les mêmes traits pertinents   123

LE SÈME: Le sème, entité sémiologique de base. Les deux faces du sème : le signifiant et le signifié. Les termes « sème » et « signe »   125

TABLE ANALYTIQUE

L'ARTICULATION DU SÈME OU PREMIÈRE ARTICULATION: L'articulation du sème en signes. Le signe, entité à deux faces. Première articulation et économie 126

L'ARTICULATION DU SIGNIFIANT OU SECONDE ARTICULATION: L'articulation du signifiant en figures. La figure, entité à face unique. Différente nature de la première et de la seconde articulation. Seconde articulation et économie 131

CLASSIFICATION DES CODES SELON LES TYPES DE DIFFÉRENCE QUI APPARAISSENT ENTRE LES SIGNIFIÉS DE LEURS SIGNAUX: Classification des codes qui intéressent pour l'établissement de la typologie sémiologique. La classification basée sur les types de différence qui apparaissent entre les signifiés des signaux de chaque code : code à sème unique, codes à plusieurs sèmes dont les signifiés sont en opposition et codes à plusieurs sèmes dont les signifiés sont soit en opposition, soit en restriction, soit en empiétement. Place, dans cette classification, des codes traditionnellement appelés « langues ». Intégration des circonstances à l'acte sémique lorsque celui-ci est linguistique et lorsqu'il ne l'est pas 133

CLASSIFICATION DES CODES SELON LES ARTICULATIONS QU'ILS PRÉSENTENT: Indépendance des deux articulations. Classification des codes selon les articulations qu'ils présentent : codes ne présentant aucune articulation, codes présentant seulement la seconde et codes présentant les deux articulations. Place, dans cette classification, des codes appelés « langues » . . . 136

CODES SUBSTITUTIFS. ÉCRITURES. CODES PARALLÈLES: Classification des codes en codes directs et codes indirects. Manque d'importance de cette classification pour la typologie sémiologique. Les codes parallèles. La langue orale et la langue écrite correspondante, codes parallèles. L'écriture syllabique et l'écriture idéographique. Codes parallèles non linguistiques. Raison d'être des codes parallèles : différentes conditions d'emploi de chacun. Raison d'être du parallélisme et économie 137

BIBLIOGRAPHIE 144

LANGAGE ET THÉORIE DE LA COMMUNICATION, par Pierre GUIRAUD.

COMMUNICATION ET INFORMATION: Le langage, moyen de communication par excellence, et ses liens intimes avec l'information. Théorie de la communication et linguistique; la communication : un moyen d'émission, de transfert et de réception d'une substance codée sans référence au contenu sémantique 145

CONNAISSANCE ET INFORMATION: Valeur objective et valeur subjective d'une information souvent liée à la connaissance qualitative et quantitative que le récepteur peut avoir de l'événement annoncé. La connaissance, individuelle ou collective, un corps de probabilités qui se transforme en certitude dès communication de l'échéance d'un événement. Rapport entre la prévisibilité et la certitude et coefficient de la quantité de connaissance acquise . . . 147

CODAGE ET INFORMATION: Définition par probabilité du nombre d'opérations nécessaires pour identifier une forme. La notion d'information : délai d'identification d'un signe que l'on peut mesurer par le logarithme de la probabilité de ce signe 149

LANGAGE ET INFORMATION: Rapports entre statistique du langage et analyse de l'information. La distribution de Zipf montrant que la fréquence d'un mot est inversement proportionnelle à son rang dans la liste 151

INTERPRÉTATION DE L'ÉQUATION DE ZIPF: Le contenu d'information d'un signe est proportionnel au nombre de phonèmes employés. L'hypothèse de Mandelbrot qui rejoint la distribution de Zipf. Implications pratiques de cette distribution qui permet de quantifier le contenu d'information d'un message, d'établir une norme et d'en mesurer les écarts 154

LANGUE ET CODE ; PAROLE ET MESSAGE: Le code, un système de transmutation de la forme d'un message qui aura pour but, dans le cas de l'écriture, de conserver ou de transporter. Établissement obligatoire d'un système de conventions qui associe mots et formes mentales. Les différences fondamentales qui existent entre codes et langues : le code opère sur une substance et sur une forme objective dont la transformation est une opération concrète et véritable, la langue exprime des formes subjectives dont les limites floues sont souvent individuelles et dont la traduction exacte est invérifiable. La convention préétablie, systématique et catégorique du code et l'accord mouvant de la langue qui se déforme, se complète et se modifie au courant des circonstances 157

BRUIT ET REDONDANCE: La redondance : signes inutiles à la compréhension d'un message. L'économie théorique maximum : suppression systématique de toute redondance, suppression possible dans un système de numération, impossible dans un système d'écriture alphabétique qui élimine un grand nombre de combinaisons de lettres. Le bruit, toute perte d'information causée par un trouble dans le circuit communiquant, donc tout préjudice subi par le message; la redondance linguistique, élément indispensable dans la mesure où elle compense le bruit et permet au récepteur de rétablir le sens du message perturbé. Le style, une conséquence directe de la redondance qui se trouve ainsi à la source de l'évolution du système linguistique. Altération de la graphie par redondance orthographique. Redondance graphique, redondance phonique; la parole, un message, la langue, un code ? 161

BIBLIOGRAPHIE 167

LA LANGUE

LA DESCRIPTION LINGUISTIQUE, *par Frédéric FRANÇOIS.*

QU'EST-CE QU'UNE LANGUE ?: Les différentes variations qui peuvent affecter la langue commune à un groupe : variations dialectales, variations sociales, variations dues à une influence extérieure, variations provoquées par l'évolution interne de la langue elle-même, variations individuelles. L'intercompréhension de ceux qui parlent une langue, seul critère véritable d'une réalité linguistique; dialectes, patois, jargons, sabirs et leurs rapports avec la langue véhiculaire commune. Cas du bilinguisme 171

LANGUE ET CORPUS: Référence à un corpus défini pour la description scientifique d'une langue. De l'étude d'un corpus à l'étude de la langue 175

LANGUE ET PERTINENCE FONCTIONNELLE: Les difficultés de la détermination de l'objet de la description linguistique. La distinction langue-parole de Saussure. Phénomènes linguistiquement pertinents et faits non pertinents. Procédés permettant l'établissement des faits pertinents 177

FONCTION LINGUISTIQUE ET SENS: Le sens et la description linguistique; la fonction du phonème : manifester une différence de sens. La notion de signifié et les différences entre signifiés qui intéressent le phonologue. En quoi le refus du sens est un principe de la linguistique. En quoi il ne l'est pas. La syntaxe, étude des combinaisons des classes de monèmes qui n'implique pas dans la définition des classes un recours au sens. Possibilité de relations entre syntaxe et sémantique 182

DESCRIPTION ET EXPLICATION: Description synchronique et explication linguistique. Considérations de linguistique externe qui ne permettent pas de rendre compte de la structure des langues . 186

DANS QUEL ORDRE DÉCRIRE ?: Recherche des différents niveaux éventuels de relations de dépendance entre les faits linguistiques. L'analyse phonologique, point de départ de la description linguistique, et ses rapports avec l'analyse des unités signifiantes . . 188

L'ANALYSE PHONOLOGIQUE

DÉFINITION ET DÉLIMITATION DES PHONÈMES : La plus petite unité distinctive commutable 190

Le Cadre de commutation : Référence au mot phonique pour la mise en évidence des phonèmes. Détermination des phonèmes dans une position donnée. Détermination des inventaires phonologiques en plusieurs positions. Réalisations restreintes des combinaisons de phonèmes, comme obstacle à l'analyse 190

Un ou deux phonèmes ? La démonstration de la réalité d'un phonème : recherche de la preuve qu'il constitue bien un choix indépendant. Valeur de la commutation avec zéro 192

RÉALITÉ PHONÉTIQUE ET RÉALITÉ PHONOLOGIQUE : Les causes de réalisations phonétiques différentes pour un même phonème ou de réalisations phonétiques semblables pour des phonèmes différents. Difficultés rencontrées dans la détermination du statut, divergences dans la conception de son mode d'existence. La réalité du phonème comme terme d'une opposition 193

L'ANALYSE EN TRAITS : Établissement d'un classement des oppositions entre les phonèmes, en fonction du nombre de traits qui servent à les distinguer. Mise en évidence des oppositions de traits ; caractère corrélatif ou non corrélatif des oppositions. Les différentes relations envisageables entre traits 196

LES SYSTÈMES PHONOLOGIQUES : Présentation des systèmes phonologiques sous forme de tableaux exprimant la pertinence des oppositions. Problèmes posés par cette représentation. Degrés divers de complexité des systèmes 201

Phonèmes et variantes contextuelles : Définition des variantes. Cas difficiles 205

La Neutralisation : La neutralisation des oppositions. Archiphonème. Les différentes formes possibles de neutralisation. Distribution lacunaire et neutralisation 206

Les Variantes individuelles : Détermination des traits restant communs à tous les locuteurs malgré des différences individuelles . 208

La Distinction des phonèmes à partir des traits : Interprétation mono- ou biphonématique des successions de sons à partir des analogies avec le reste du système envisagé 208

Voyelles et consonnes : Distinction phonétique entre voyelle et consonne. Les critères sur lesquels baser la différence linguistique entre voyelle et consonne ; critère de distribution. Le rôle joué par la distinction voyelles-consonnes selon les langues étudiées et la définition des voyelles et des consonnes fondée sur l'analyse en traits oppositionnels 210

LE RENDEMENT DES OPPOSITIONS : Recherche de la fréquence des différents phonèmes dans une langue. Rendement des oppositions et relation entre information et redondance. Évaluation du rendement des oppositions : compte brut des phonèmes, fréquence des occurrences, fréquence dans le lexique. Fréquence relative et fréquence théorique d'un phonème 231

TABLE ANALYTIQUE

Les phonèmes dans le syntagme : Règles de groupement des phonèmes et importance des schémas de succession. Des phénomènes de distribution propres aux phonèmes, aux phénomènes caractéristiques des groupes de phonèmes et à l'étude des faits démarcatifs. Définition phonétique de la syllabe. Variations de son rôle dans la description linguistique. Recherche de l'ordre préférentiel de succession des phonèmes. Impossibilités ou restrictions d'emploi de groupes de phonèmes. Finalisme et fonctionnalisme 215

La prosodie : Des faits fonctionnellement et physiquement différents qui n'entrent pas dans le cadre de l'articulation phonématique 219

L'Accent : Définition et modes d'action de l'accent. Accents de mots, de monèmes, fixes ou mobiles. Caractéristiques et places de l'accent de mot ou de monème 221

La Hiérarchie des accents : Accents principal, secondaire voire tertiaire. Diversité des réalisations accentuelles 222

La Fonction distinctive de l'accent : Possibilités de distinction de deux unités de sens différents par le déplacement de l'accent dans les langues où sa place est libre 222

Accent d'insistance et « accent syntaxique » : Mise en valeur d'un élément de l'énoncé par l'application volontaire d'un accent d'insistance. Les différentes variétés de l'accent d'insistance 223

Les Tons : Définition des tons. Les tons ponctuels. Les tons mélodiques. Oppositions de tons et cas dans lesquels les tons assument une fonction contrastive 224

Les pauses : Réalité physique et réalité linguistique de la pause et ses diverses fonctions 226

L'intonation : Une courbe mélodique générale et naturelle. Ses différenciations. L'intonation, un procédé d'appoint. Caractères propres aux faits linguistiques et caractères relevant de la « mimique vocale » 226

LA PREMIÈRE ARTICULATION: Les unités de première articulation : des unités signifiantes potentielles. Définition des unités signifiantes et recherche des critères fonctionnels nécessaires à leur identification. Parallèle entre les procédés d'analyses applicables aux phonèmes et aux unités de première articulation 228

La détermination des unités : Principe de la recherche d'unités correspondant à des choix indépendants minimaux; le monème. Détermination des monèmes par commutation dans un cadre donné; recherche des différences pertinentes minimales 230

Les variantes de monèmes : Réalisations différentes d'un monème unique et conditions qui les régissent. Alternances morphologiques et variations phonologiques. Variantes conditionnées phoniquement; variantes combinatoires et variantes libres 233

Homonymie et syncrétisme : Homonymie totale et homonymie partielle ou syncrétisme 236

Signifiant zéro : Le signifiant zéro : à un signifié dont la présence est syntaxiquement nécessaire ne correspond aucun signifiant dans le cas d'une analogie stricte 237

L'amalgame : Cas dans lequel deux signifiés combinables ont un signifiant unique indécomposable 238

Monèmes discontinus : Monèmes uniques, bien que discontinus, dont les éléments s'impliquent réciproquement ou dont l'un des deux implique obligatoirement l'autre 239

La neutralisation : Réduction corrélative de l'inventaire signifiant et de l'inventaire signifié dans une position donnée 240

La morphologie : Etude de toutes les variations de forme du signifiant ne correspondant pas à des variations du signifié . . . 240

Le mot : Le mot, association de plusieurs monèmes, en particulier de lexèmes et de morphèmes, réalité intermédiaire entre le monème et la phrase. Aspect relatif de la notion de mot. Les critères qui peuvent permettre de déterminer l'unité du mot 241

COMPOSITION ET DÉRIVATION : Composés et dérivés, éléments signifiants polymonématiques jouant le même rôle que des monèmes uniques. Critères de la composition. Principe de l'expansion, caractéristiques comparées de la composition, de la dérivation et de l'expansion 245

LA SYNTAXE: Nécessité de procédés particuliers pour marquer les relations des monèmes entre eux dès l'instant que l'énoncé d'un message demande la combinaison d'un certain nombre de termes. L'économie linguistique et le problème de la relation des éléments. Rapports entre syntaxe et sémantique, rapports étroits qui ne les font cependant pas dépendre l'une de l'autre et n'autorisent pas la définition de l'une par l'autre 249

LE SYNTAGME AUTONOME : Le syntagme autonome, première unité syntaxique supérieure au monème. Monèmes autonomes. Définition de l'autonomie syntaxique ; critère de la possibilité de déplacement d'un syntagme autonome. Détermination de la fonction syntaxique d'un monème et distinction entre procédés proprement syntaxiques et procédés accessoires de décodage 255

L'ÉNONCÉ MINIMUM : Syntagmes autonomes et indépendants pouvant recevoir l'adjonction d'autres éléments : énoncé minimum et expansion. Conditions que doit remplir un énoncé minimum pour n'être pas seulement un énoncé incomplet. Énoncé monomonématique et énoncé bimonématique. Discussion des termes *prédicat* et *sujet*. La distinction entre énoncé minimal et expansion 258

LES ÉNONCÉS COMPLEXES : Parallèle entre les rapports respectifs des monèmes et les rapports des ensembles plus complexes. Procédés essentiels de composition des énoncés complexes 264

L'EXPANSION : Principe de l'expansion. Coordination et subordination, procédés de réalisation de l'expansion 265

La Coordination : L'identité fonctionnelle, caractéristique de la coordination 266

La Subordination : Expansion primaire et expansion secondaire. Critères de la classification. La hiérarchisation des expansions . . . 266

Les Propositions subordonnées : Le statut des subordonnées. Les limites de l'analyse syntaxique 268

LE CLASSEMENT DES UNITÉS: Variété des fonctions des unités, à partir du critère syntaxique, dont il faut tenir compte pour un classement de ces unités. Rapports entre classification syntaxique et classification sémantique qu'il est nécessaire d'établir pour le classement des faits de langue. Mode de détermination de l'appartenance des termes à une classe 271

DESCRIPTION LINGUISTIQUE ET SENS DES ÉNONCÉS: La multiplicité des utilisations d'une seule unité ou d'un seul énoncé, principe de l'économie du langage et obstacle à une analyse sémantique précise. Les possibilités offertes par l'analyse sémantique. Identité, inclusion, intersection et disjonction, les quatre possibilités de relations signifiées des énoncés. L'approche linguistique du sens. Parallèle entre oppositions phonologiques et sémantiques : oppositions concernant les unités et oppositions concernant leurs relations avec l'ensemble du système 274

BIBLIOGRAPHIE 281

LE LEXIQUE, par Jean PERROT.

GRAMMAIRE ET LEXIQUE: Les caractères qui font du lexique un domaine ouvert et perméable s'opposant au système fermé de la grammaire 283

FONCTION PROPRE DU LEXIQUE: LEXIQUE ET SIGNIFICATION: De l'entité expérimentale désignée par un élément lexical particulier aux caractéristiques grammaticales qui correspondent à des modalités conférées à cette entité. Le lexique, élément essentiel pour la communication, sans lequel la grammaire est inconcevable puisqu'elle n'en est que le complément organisateur . . 284

LA GRAMMAIRE DU LEXIQUE: Relative souplesse de certains éléments grammaticaux qui démentent l'inflexibilité de la grammaire et relative rigidité des matériaux à partir desquels se forme le lexique et qui infirment son caractère théoriquement illimité; procédés employés pour la constitution d'une lexie : dérivation et composition 286

LEXÈME ET LEXIE: Le lexème, unité irréductible; la lexie, unité lexicale qui peut être décomposable et dont la réalité linguistique s'impose à l'analyse. La distinction, au niveau de la lexie, entre nom et verbe. Lexies simples et lexies complexes; exemples d'assemblages entre lexies simples et comparaisons avec la formation de lexies complexes 288

LES OPPOSITIONS LEXICALES: L'organisation systématique des moyens d'expression lexicaux dans le domaine où ils sont grammaticalisés; organisation des suffixes dans lesquels chaque terme a une fonction définie déterminant le statut de l'élément de dérivation; détermination de la valeur du suffixe sur la base du syntagme de dérivation. La gamme des situations différentes offerte par le fonctionnement des éléments de dérivation. Dégrammaticalisation et grammaticalisation dans le lexique 291

LES STRUCTURES SÉMANTIQUES: L'analyse que le fonctionnement de la langue fait subir au réel dans la traduction de l'expérience en termes linguistiques. Du matériel linguistique aux implications non linguistiques (essentiellement sociologiques) de la lexicologie. Analyse des structures conditionnées par le matériel lexical; notions de « sème » et de « sémème ». Les difficultés de l'étude sémantique des unités lexicales qui fonctionnent dans des conditions très complexes; polysémie, homonymie, synonymie . . 294

FRÉQUENCE ET DISPONIBILITÉ: Vocabulaire fondamental et vocabulaire disponible 297

BIBLIOGRAPHIE 298

LA TYPOLOGIE, par *Bernard* POTTIER.

Définition 300

INVENTAIRE DES TRAITS TYPOLOGIQUES

LES ÉLÉMENTS NON SIGNIFICATIFS

Les Phonèmes : Les voyelles : inventaire qualitatif; inventaire quantitatif; distribution physiologique; utilisation dans les unités lexicales; comportement fonctionnel; vue diachronique. Les consonnes : inventaire qualitatif; inventaire quantitatif; les occurrences dans le discours; comportement fonctionnel. L'ensemble des phonèmes : le rapport « voyelles-consonnes »; le nombre total des phonèmes. La durée 300
Les Traits prosodiques : Les tons. L'accent, les autres traits prosodiques 303
La Syllabe : La structure syllabique; les réalisations latentes 304
Les Formes des monèmes : Monèmes et syllabes; unités lexicales et syllabes; syncrétismes formels dans le discours 305

LES ÉLÉMENTS SIGNIFICATIFS

Les Classes de monèmes

Lexèmes et morphèmes; nominaux et verbaux; polysémie des monèmes. Les combinaisons de monèmes : combinaisons de lexèmes;

combinaisons de lexèmes et de morphèmes; variations internes ou introflexions. Les catégories sémantico-grammaticales : « genre » et classificateurs, nombre, quantification continue, personne, caractérisants verbaux; l'actualisation nominale et verbale; autres catégories grammaticalisées. Le comportement syntaxique; la congruence interne, transitivité et réfléchi, la construction ergative, les cas, les substituts combinatoires 305

LA CARACTÉRISATION TYPOLOGIQUE

LE TYPE D'UNE LANGUE : Les difficultés de la caractérisation d'une langue par quelques traits particuliers. Nécessité d'une comparaison entre plusieurs langues puis établissement d'une hiérarchie parmi les critères qui permet ensuite de revenir aux problèmes particuliers de chaque langue 310

LES GROUPEMENTS TYPOLOGIQUES

PROBLÈMES GÉNÉRAUX : Méthodes traditionnelles de groupement des langues et méthodes originales souvent peu satisfaisantes 311

Causes possibles des affinités typologiques: Affinités génétiques. Les différents contacts qui peuvent entraîner des rapprochements entre des langues non liées ou peu liées génétiquement. Constantes du langage que l'on retrouve dans un grand nombre de langues différentes 312

Exemples de classements typologiques: Essais de quantification des faits linguistiques 313

Caractérisation par rapport à une norme: Détermination de normes générales et définition de chaque langue par rapport à ces normes . 313

Caractérisation par rapport à un treillis ou grille maximale: Inventaire des possibilités de réalisation d'un phénomène et caractérisation de chaque langue par le nombre, la place et les combinaisons des éléments existants 314

Caractérisation par rapport à une liste finie de critères: Classification de Sapir et de Greenberg, basée sur les critères de comportement d'une langue. Recherche d'une hiérarchie des phénomènes linguistiques, impératif préalable à toute classification typologique. Les cinq grands types de langues proposés par Skalicka : type flexionnel externe, type flexionnel interne, type agglutinant, type polysynthétique, type isolant. Relations entre ces cinq types . . . 314

BIBLIOGRAPHIE 318

L'ACQUISITION DU LANGAGE PAR L'ENFANT, par Emilio ALARCOS LLORACH

LANGAGE ENFANTIN ET DIACHRONIE: Rapports entre le processus d'acquisition de la langue par l'enfant et les états successifs de l'évolution d'une langue 325

LANGAGE ENFANTIN ET LANGUES EN CONTACT: Un problème commun à l'enfant qui doit apprendre et à l'adulte qui doit adopter par force une langue nouvelle : renoncement aux tendances expressives personnelles et adoption de procédés de communication imposés par l'entourage. La différence essentielle entre les deux cas considérés : l'adulte domine les instruments de manifestation du langage, l'enfant doit découvrir peu à peu la technique de la communication. Les parlers transitoires, ou les étapes qui jalonnent l'apprentissage de la langue par l'enfant 326

DÉBUTS LINGUISTIQUES DE L'ENFANT: COMMUNICATION ET LANGAGE: Les deux temps distincts qui marquent l'utilisation d'une langue : l'enregistrement correct des expressions phoniques de l'entourage, puis l'utilisation active de ces expressions. La phrase pré-sémiotique, pendant laquelle l'enfant s'extériorise et communique sans le recours du langage, et les débuts de la phase sémiotique 328

DE LA COMMUNICATION GLOBALE À L'ARTICULATION: Le système phonologique de la langue, première conquête de l'enfant qui aura plus de difficultés pour appréhender puis perfectionner l'articulation des signifiants 329

ÉTAPE PRÉ-SÉMIOTIQUE: Premières manifestations phoniques non intentionnelles, suivies d'une observation des réactions qu'elles provoquent dans l'entourage et de l'établissement d'un rapport de causes à effets. Élaboration du mécanisme d'association de l'image acoustique à l'activité articulatoire 330

APPARITION DU SIGNE: La notion de signe chez l'enfant et les manifestations diverses qu'elle peut susciter. Établissement d'une parenté entre le signe et le signifié qui entraînera vite l'utilisation du signe pour réclamer ou provoquer le signifié; appel, volition et désignation. Le signe pour l'enfant : une unité sans valeur hiérarchique par rapport aux autres mais qui se trouve très vite lié aux oppositions phoniques 333

ACQUISITION DU SYSTÈME PHONOLOGIQUE: Découverte du phonème, soumission au milieu, adaptation à l'entourage puis imitation intentionnelle des phonèmes entendus. Explications possibles d'un ordre chronologique d'apparition des phonèmes dans le parler enfantin. Les quatre aspects de l'apprentissage du système phonologique : perception d'un nombre de plus en plus élevé de traits distinctifs; perception de plus en plus précise de la succession et de l'ordre dans lesquels apparaissent ces traits; reproduction de plus en plus variée des traits distinctifs perçus; groupement et ordination de ces traits pour une imitation de plus en plus exacte du modèle enregistré. Oppositions successivement remarquées puis appliquées : voyelles-consonnes, occlusion-ouverture, labialité-lingualité; étapes de la différenciation dans les systèmes consonantique et vocalique. Analyse des raisons qui peuvent expliquer l'ordre de formation du système phonologique et le cas particulier du bilinguisme qui applique deux fois les processus d'apprentissage du cas général 335

ACQUISITION DE LA PREMIÈRE ARTICULATION: Le signe-phrase et les moyens enfantins de lui conférer différents types intentionnels par la superposition de moyens étrangers au phonème, intonation, mimique, geste. Observation puis analyse et articulation de l'expérience qui déterminent la construction des premières phrases d'abord formées d'une juxtaposition de signes-phrases; la phrase bipartite, premier stade de la syntaxe originelle, ou construction appositive; rôle de l'intonation dans la construction appositive : différenciation en juxtaposition des signes ou en contraste des mêmes signes. Du schème d'apposition au schème de subordination; position nucléaire et position adjacente, deux positions syntaxiques définies et différentes qui constituent pour l'enfant une articulation hiérarchique rudimentaire, préfigurant l'établissement de classes fonctionnelles de signes et la formalisation des signes morphologiques qui permettent l'identification des signes lexicaux. Conditions dans lesquelles s'établissent les premières scissions fonctionnelles; proposition simple, coordination élémentaire, recherche de constructions subordonnées de plus en plus compliquées qui s'arrêteront aux constructions de l'expression hypotaxique dont l'acquisition ne sera possible qu'à l'âge scolaire 347

ACQUISITION DES SIGNES GRAMMATICAUX: Une acquisition particulièrement liée aux caractéristiques de la langue en cause. Les difficultés de l'acquisition des catégories morphologiques et l'ordre approximatif dans lequel l'enfant les surmonte suivant la langue qu'il doit dominer 355

ACQUISITION DU LEXIQUE: Les facteurs qui concourent à l'accroissement du vocabulaire enfantin. Passage du concret à l'abstrait et diminution progressive de l'aire du champ de dispersion sémantique à mesure que de nouveaux signes apparaissent. Rôle de l'adulte et rôle de l'analyse personnelle dans la découverte par l'enfant des possibilités d'application des unités sémantiques. Fluctuation sémantique, problème purement lexical, et fluctuation due à l'homonymie, problème purement phonétique ainsi que la substitution de signifiants. L'acquisition lexicale : une combinaison d'imitation et de création dans laquelle chaque signe est toujours motivé 360

BIBLIOGRAPHIE 364

LES DÉSORDRES DU LANGAGE

LES TROUBLES DE LA PAROLE, par *Suzanne* BOREL-MAISONNY.

POSITION DE LA QUESTION: LES « ÉTAGES »: Les trois formes du discours : langage intérieur, parole, écriture. La parole, acte complexe où le physique et le psychique sont étroitement intriqués 369

PATHOLOGIE DE L'INTÉGRATION DE LA PAROLE ET DU LANGAGE:

Troubles mécaniques : Troubles affectant massivement ou moyennement la réalisation motrice 370

Troubles d'articulation: Erreurs motrices et purement fonctionnelles qui se répètent dans l'exécution du mouvement propre à un phonème. Troubles qui frappent éventuellement les voyelles, plus couramment les consonnes; les sigmatismes, erreurs qui concernent les constrictives; l'assourdissement, une erreur mécanique qui se traduit par l'absence de sonorité laryngée pendant certaines occlusives ou pendant certaines constrictives; anomalies de la nasalisation et anomalies de la voix parlée 370

Troubles de la parole: Altérations qui n'intéressent plus seulement les phonèmes mais la forme du mot elle-même 374

Troubles phonétiques liés à des malformations organiques: bec-de-lièvre, division palatine, insuffisance vélaire: Malformations congénitales entraînant des troubles phonétiques divers 374

Troubles dysarthriques: Manifestations motrices déréglées et non systématiques, résultats d'impotences causées par des états pathologiques du système nerveux. Particularités des troubles d'émission et d'articulation envisagés et possibilités éventuelles de rééducation 375

Troubles psycho-linguistiques : Désordres plus profonds, situés au niveau du langage lui-même, et qui dépendent des aptitudes mentales du sujet ou de son psychisme. Différentes manifestations d'atteinte de la phrase. Retard du langage, cas d'une grande fréquence, et examens consécutifs qu'on doit faire subir à l'enfant . . 376

Troubles d'acquisition de la parole liés à des facteurs psychiques : Refus de parler, cas rares chez les enfants et qui sont toujours liés à un comportement psychique anormal; attitude opposée : surexcitation psychique et bavardage pathologique 379

Le Bégaiement: Un trouble particulier dont l'étiologie demeure controversée; examen des causes possibles du bégaiement. Un désordre complexe où la participation psychique est certaine, ce qui autorise une thérapeutique variée 381

EXPOSÉ SOMMAIRE DE DIVERSES FORMES DE DÉSINTÉGRATION DE LA PAROLE: Désordres qui se manifesteront après une détérioration acquise du langage 385

Dans les surdités précoces : Altération diverses dans la manière de parler sans dommages graves pour le langage lui-même lorsque la surdité frappe un sujet possédant la maîtrise de la langue; détérioration massive du langage si le sujet atteint de surdité ne parle couramment que depuis peu. Ordre temporel des détériorations 385

Dans les lésions neurologiques : *Les Aphasies:* Différentes formes de détériorations possibles suivant la zone cérébrale lésée 386

Dans les états mentaux : Conséquences que peuvent avoir sur la parole des altérations profondes de la personnalité 387

BIBLIOGRAPHIE 389

L'APHASIE, *par Henry Hecaen*

L'aphasie, troubles du langage provoqués par des lésions corticales en foyer 390

HISTORIQUE: Localisation du centre du langage articulé. La description des différents types d'aphasie. Les divers schémas associationnistes. Tendances localisatrices et conception organismique . 390

LES FORMES CLINIQUES: Description des formes cliniques qui soulignent l'exagération de chacune des tendances opposées, localisatrice et organismique 392

L'aphasie d'expression : Signes cliniques, caractéristiques de l'aphasie d'expression, trouble de l'émission du langage oral et graphique . 392

L'aphasie sensorielle : Altération plus ou moins complète de la réception des signes verbaux avec profonde déformation du sens des formes émises. Les différents degrés de l'aphasie sensorielle et les altérations d'autres fonctions intellectuelles parallèles aux troubles du langage 393

L'aphasie de Broca : Deux thèses différentes : association d'une aphasie motrice avec une aphasie sensorielle, ou bien la simple association d'une aphasie sensorielle avec des troubles de l'articulation du langage non aphasique. Signes cliniques 395

L'aphasie amnésique : Profond trouble de l'évocation des mots . . 396

L'aphasie de conduction : Perturbation de la répétition verbale avec intégrité, ou quasi-intégrité, de la compréhension verbale; en fait, déficit global de l'émission 396

Les formes dissociées : Notion actuelle d'aphasie dissociée 397

L'Aphasie motrice pure: Une forme d'aphasie qui ne comporterait que le trouble de l'articulation verbale sans perturbation de l'écriture . 397

L'Alexie pure: Altération de la compréhension du langage écrit . . 397

La Surdité verbale pure: Non reconnaissance des signes sonores du langage 398

L'Agraphie pure: Son existence est très discutée 398

Les classifications: Caractéristiques des principales classifications proposées; classifications de Dejerine et de Marie; les quatre formes d'aphasie selon Head; nomenclature de Goldstein; classifications récentes qui tiennent compte des aspects de la désorganisation du système linguistique : selon Luria, selon Jakobson et Halle . 398

PROBLÈMES ANATOMIQUES: Les trois régions distinguées par Dejerine dans la zone du langage. P. Marie localise l'atteinte causant l'aphasie dans la zone de Wernike, et celle de l'anarthrie au niveau d'un quadrilatère sous-cortical. Les territoires vasculaires de l'aphasie. L'étude des aphasies après traumatisme crânien. Étude de l'aphasie par stimulation de certaines aires corticales, par excision cérébrale. Substitution de la notion de zone fonctionnelle à la notion de centre et détermination de l'importance des diverses zones intéressant le langage 401

PROBLÈMES PSYCHOPATHOLOGIQUES: Théories associationnistes pour lesquelles la fonction langage est une association entre images sensorielles et images motrices sous le contrôle d'un « centre des concepts ». L'aphasie selon P. Marie : le produit de la désorganisation d'un appareil spécifique qui n'est pas seulement un simple appareil sensori-moteur spécialisé dans l'enregistrement et l'émission de mots, mais bien un véritable appareil intellectuel. Le principe de Baillarger et la doctrine de Jackson; langage propositionnel et langage émotionnel. Les thèses de Gelb et de Goldstein; relations entre les troubles des instrumentalités du langage et les atteintes du comportement général. Trouble de la différenciation et de l'intégration de la forme, trouble se rapportant à tous les désordres symboliques et donc trouble global de Conrad. Le problème de l'aphasie selon Ombrédane : dégradation des aspects symboliques, altération des composantes sensori-motrices, modification psychique globale. Étude des relations entre modification du langage et mutilation de l'intelligence. Le point de la connaissance actuelle des troubles du langage, sur le plan anatomique, sur le plan psychopathologique 405

BIBLIOGRAPHIE 413

LES SOURDS-MUETS, par *Daniel* MANDIN.

LA SURDI-MUTITÉ: Une infirmité unique dans laquelle l'appareil auditif est seul intéressé 415

DIAGNOSTIC: Progression de l'enfant normal vers la conquête du langage et signes divers qui peuvent étayer un diagnostic de surdité 416

DEGRÉS DE SURDITÉ: Principes de l'éducation selon les degrés de surdité dont l'enfant est atteint : réadaptation de l'ouïe, labiolecture ou collaboration des deux procédés. Intervention des appareils de prothèse dans l'éducation des sourds profonds 418

COMPORTEMENT DU SOURD

COMPORTEMENT SENSORI-MOTEUR : Bruit dans les déplacements et dans les maniements, réactions vocales inconscientes : caractéristiques du comportement de l'enfant sourd profond marqué par l'absence de contrôle auditif 419

COMPORTEMENT AFFECTIF : Une frustration du langage qui marque profondément le caractère de l'enfant sourd, dont les traits essentiels peuvent être : colère, susceptibilité, manque d'initiative . . . 420

COMPORTEMENT SOCIO-MORAL : Une difficulté de communication qui tend à enfermer le sourd dans une société de sourds 420

L'INTELLIGENCE DE L'ENFANT SOURD: Capacités intellectuelles du sourd identiques à celles de l'entendant. Une difficulté majeure pour le sourd : la perception de toute notion abstraite, difficulté qui freine considérablement l'essor intellectuel 421

LANGAGE D'ACTION: Actes de monstration dont le caractère symbolique est attesté. Rapports entre le signifiant gestuel et le signifié 422

LANGAGE MIMIQUE DES SOURDS: Recherche d'un langage méthodique susceptible de communiquer à l'enfant sourd la notion de concepts abstraits. L'abbé de l'Épée, l'abbé Sicard et les langages mimiques. Du langage d'action des jeunes sourds, invention d'origine personnelle et destinée au seul entourage proche, à la mimique des sourds, langage institué dont le lexique traduit les concepts de la société entendante 423

ENSEIGNEMENT DE LA LANGUE AUX SOURDS: La lecture labiale, moyen de reconnaissance d'énoncés préalablement connus mais dont les images sont trop peu différenciées pour donner accès à la langue. Enseignement méthodique des faits linguistiques : phoniques, lexicaux et grammaticaux 427

BIBLIOGRAPHIE 432

LES FONCTIONS SECONDAIRES DU LANGAGE,
par Pierre GUIRAUD

Expression, connaissance et communication, besoins essentiels dont la langue est l'instrument. Le signe, expression de l'idée signifiée mais aussi de la situation 435

RHÉTORIQUE ET STYLISTIQUE: Le style, fonction secondaire du langage et forme spécifique d'un message déterminée par l'objet, le but ou les circonstances de la transmission. À chaque mode d'expression, une technique différente. La rhétorique grecque, code du métier d'écrivain dans la culture occidentale, traité de composition qui définit les règles de l'invention et de la disposition des idées. Évolution de la fonction littéraire et de la nature du style, provoquée par le refus actuel des règles de la rhétorique. Les rapports de l'auteur et de l'œuvre. L'œuvre, seule dépositaire des secrets de sa forme et l'élaboration d'une critique littéraire moderne qui s'attache à reconstituer l'esprit de l'auteur bien plus que sa vie. Valéry, adversaire de la critique positiviste. Spitzer et la notion de style. Psychanalyse de la pensée scientifique par Bachelard, théorie de l'imagination et transcendance du mot par l'individu en fonction d'une philosophie et d'une expérience personnelles. La critique externe du texte écrit et la stylistique moderne. L'œuvre, un univers verbal autonome, une langue inconnue qu'il s'agit de décoder en déterminant le sens des signes dans le système de leurs relations tel que l'a pensé l'auteur. Rapports entre la forme du discours et ses fonctions tenant compte des moyens de diffusion qui s'offrent à lui et du but qu'il entend atteindre. Les techniques modernes et les idées anciennes de genre et de fonction qu'elles remettent à l'ordre du jour 438

LE STYLE: La manière d'écrire, ou style, une coalition complexe et mouvante qui rassemble le comportement de l'auteur, la structure de l'œuvre autant que les formes matérielles de l'expression. Le style au niveau de l'expression linguistique; les causes qui déterminent l'emploi du langage dans la parole et le choix spontané ou délibéré des signes; objet et but du discours; style de nature et style de fonction, singulier et collectif, motivé et conventionnel. Différents points de vue, base de différentes définitions du style. Style et stylistique, d'après Charles Bally, l'un étant la mise en œuvre des moyens d'expression que la langue fournit, l'autre étudiant les valeurs que les signes ont cristallisées dans la langue; les signes, porteurs de valeurs parasémantiques et d'une signification cristallisée qui devient un concept; le style, une valeur particulière du signe en situation, dans la mesure où cette valeur née du contexte s'écarte de la valeur convenue dont le signe est habituellement porteur dans la langue. Vers un essai de définition de l'écriture, ce code des relations de l'auteur et de l'œuvre avec la société, qui marque la place de l'art et de l'artiste dans une culture. De la lente assimilation d'écarts individuels par le style à partir des temps où institutions, techniques,

REPRÉSENTATION GRAPHIQUE ET LINGUISTIQUE : Le langage, une manifestation phonique normale et primaire dont l'écriture est une manifestation secondaire et qui n'a d'intérêt linguistique que dans ses relations avec lui 519

REPRÉSENTATION GRAPHIQUE INDÉPENDANTE DE LA LANGUE : Les deux types fondamentaux de représentation graphique classées en dehors des systèmes d'écriture : pictographie, utilisant des symboles motivés par la réalité qui sont des indications et non des signes, et codes utilisant des éléments parfois motivés de façon figurative, mais restant rigoureusement conventionnels . . . 520

L'ÉCRITURE ET LES NIVEAUX DU LANGAGE : L'écriture, représentation visuelle et durable du langage qui le rend transportable et conversable et qui, de ce fait, doit tenter de représenter chacun des signes constituant le système linguistique par des expressions graphiques différentes. Les critères selon lesquels l'écriture peut représenter les signes linguistiques et les trois types théoriques d'écriture qui en découlent. Rapports entre langue et écriture suivant le type de représentation graphique et schématisation des trois types : écriture idéographique, écriture sémiographique et schématisation des trois types : écriture idéographique, écriture sémiographique, écriture phonographique 521

ÉCRITURES IDÉOGRAPHIQUES : Emploi d'un graphème différent pour chacun des contenus que la langue différencie : représentation idéographique idéale mais inapplicable à cause du nombre indéfini de graphèmes différents qu'elle implique. Élaboration du système idéographique à partir d'une schématisation conventionnelle des représentations pictographiques primitives ; représentation idéographique des notions concrètes et des notions abstraites. Le système idéographique chinois : référence à la signification et non pas à l'expression ; graphèmes complexes, analysables en éléments graphiques plus petits chargés de signification, montrant que l'idéogramme chinois effectue parfois une analyse du contenu ultérieure à l'analyse de la langue ; exemple d'idéogrammes utilisés avec des sens figurés voisins du sens primitif ; combinaisons de graphèmes simples : procédés de représensation mettant en relation écriture et expression phonique : le rébus à transfert ; combinaison du rébus avec un procédé complémentaire et obtention d'un graphème complexe qui évoque le contenu du signe linguistique par son élément « clé » et le son par son élément « phonétique ». Exemples dans lesquels l'élément phonétique a été choisi autant pour sa valeur sémantique qu'en raison du son pour la formation de l'idéogramme complexe chinois ; exemples dans lesquels le graphème complexe ne présente plus de trace de référence au son, renforçant ainsi le caractèrs purement idéographique du chinois. L'application du procédé phonographique par les Chinois : un simple auxiliaire pour l'apprentissage de la prononciation ou pour la représentation graphique de mots étrangers 524

ÉCRITURES SÉMIOGRAPHIQUES : Écritures qui, à travers les mêmes cheminements de la pictographie à la représentation conventionnelle, ont développé la notation parallèle des deux faces du signe linguistique, contenu et expression, mais sans exclusive pour l'idéogramme ou le phonogramme qui coexistent. Les écritures cunéiformes de Mésopotamie. Évolution du sumérien : représentation idéographique originelle puis ajout de graphèmes grammaticaux de fonction distinctive afin de distinguer les homographes entre eux ; les possibilités de développement d'une écriture phonématique de représentation syllabique qu'eurent les Sumériens qui préférèrent cependant conserver un type sémiographique : évocation du signe linguistique au moyen d'une référence double, quoique partielle, au contenu et à l'expression. Rapports entre akkadien et sumérien et les possibilités particulières à l'akkadien de l'amalgame idéophonographique. Un autre exemple d'amalgame de plusieurs niveaux linguistiques : le système égyptien ; les graphèmes figuratifs : application du procédé phonographique du rébus pour la figuration des éléments grammaticaux; graphèmes consonantiques et graphèmes utilisés comme déterminatifs de catégorie sémantique. Caractéristiques générales des écritures sémiographiques   530

ÉCRITURES PHONOGRAPHIQUES: Développement du procédé de référence phonique qui écarte alors toute allusion directe au contenu. Analyse de la séquence phonique en éléments successifs qui se répètent et à chacun desquels on attribue un graphème différent, de sorte que chaque signifiant du langage puisse être représenté par des combinaisons différentes du petit nombre d'éléments choisis. Vers une analyse de la syllabe qui conduit à l'alphabet   537

REPRÉSENTATION SYLLABIQUE : Raisons qui obligent à classer les systèmes chinois, sumérien, akkadien et égyptien hors des représentations syllabiques pures. Développement d'un système syllabique à partir du cunéiforme sumérien par des communautés limitrophes. Écritures idéographiques d'aspect hiéroglyphique en Méditerranée orientale, et transformation de celles-ci en écritures linéaires   538

REPRÉSENTATION CONSONANTIQUE : Langues sémitiques occidentales dont la structure des systèmes linguistiques s'adapte au système égyptien qui consiste à donner à chaque graphème une valeur consonantique, accompagnée accessoirement d'une voyelle ou pas. Un compromis entre procédé syllabique et procédé alphabétique. Caractéristiques de diverses langues sémitiques occidentales et de l'ibère qui adopte un type de représentation consonantiques parallèle   541

REPRÉSENTATION ALPHABÉTIQUE : Principe de l'écriture alphabétique grecque; attribution aux voyelles de certains graphèmes particuliers qui se rapportaient antérieurement à des consonnes inexistantes en grec et moyens utilisés pour différencier les voyelles; analyse de la deuxième articulation dans l'écriture grecque de principe phonographique qui oblige quelquefois à une représentation arbitraire de l'aspect phonique. Exemples d'écritures qui se transformèrent au contact du système graphique grec et exemples de propagation du procédé alphabétique en Europe occidentale   544

GRAPHIE PHONIQUE, PHONÉMATIQUE ET PHONOLOGIQUE: But idéal de la notation graphique : noter les sons le plus précisément possible au moyen d'éléments différenciés et sans équivoque. But pratiquement recherché par les écritures : analyse de la séquence parlée en phonèmes constituant la deuxième articulation. Les difficultés auxquelles se heurtent les écritures dans la recherche de la représentation des variations phoniques. Notation des signes phoniques de fonction distinctive : démarcation entre les signes, accentuation, ponctuation   548

LES GRAPHÈMES DU POINT DE VUE GRAPHÉMATIQUE: Les problèmes de la graphématique : étude de la structure des systèmes graphiques d'un point de vue graphique immanent . .   551

RELATION ENTRE LES GRAPHÈMES ET LES PHONÈMES: Causes de l'inadéquation partielle qui existe dans la plupart des langues entre les niveaux graphique et phonique   552

GRAPHÈMES SIMPLES ET COMPLEXES : Graphèmes simples : graphies d'une écriture alphabétique qui ne peuvent être décomposées en éléments différents plus petits; graphèmes complexes : graphies constituées par la juxtaposition de plusieurs éléments graphiques dont chacun assure une référence phonique particulière lorsqu'il est combiné à d'autres   553

GRAPHÈMES MONOVALENTS ET POLYVALENTS : Graphèmes monovalents : graphème qui représente un seul et même phonème quelle que soit sa position dans la séquence écrite; graphème polyvalent : graphème qui se réfère à plusieurs phonèmes   554

GRAPHÈMES DE RÉFÉRENCE PHONÉMATIQUE ET GRAPHÈMES DE FONCTION PHONOLOGIQUE : Les diverses utilisations des graphèmes selon qu'ils sont simples ou complexes   554

GRAPHÈMES ÉQUIVALENTS : Graphèmes différents qui peuvent représenter un même phonème et s'insèrent alors dans une notation polygraphique 555

GRAPHÈMES EN FONCTION DIACRITIQUE : Représentation homographique des signes homophones dans les langues phonologiques. Cas particuliers qui nécessitent l'introduction de graphèmes ne comportant aucune référence phonique mais comportant une référence sémantique 556

GRAPHÈMES EN SIGNES HOMOGRAPHES : Graphèmes ayant une seule et même représentation graphique, mais sont différenciés dans le langage parlé 556

HYBRIDITÉ DES ORTHOGRAPHES: Les raisons qui expliquent l'éloignement de l'orthographe du principe essentiel de l'alphabétisme : fossilisation de l'écriture sous forme de son analyse initiale. Tandis que la langue parlée modifie son système phonologique et se trouve ainsi de plus en plus éloignée de sa représentation graphique, adoption d'une orthographe étymologique dans le cas de langues dérivées d'une langue mère. Orthographes de type ancien, orthographes de type moderne et exemples de divorce entre séquence phonique et séquence graphique. Formation de l'ancien français écrit qui élabora une orthographe clairement phonographique malgré certaines anomalies ; augmentation du nombre de graphèmes complexes et prolifération de la polyvalence avec l'introduction savante de formes graphiques calquées du latin, facteurs d'un éloignement de plus en plus grand de la langue parlée et de la langue écrite ; autres raisons qui expliquent l'hybridité totale de l'orthographe française. Tendances conservatrices et formes précieuses empruntées au latin et au français, explication de la sclérose de la langue écrite anglaise, pendant l'évolution suivie par la langue parlée ; exemples des écarts anglais entre représentation phonique et orthographe qui font que l'écriture est un système presque sémiographique 557

ORTHOGRAPHES NOUVELLES OU MODERNISÉES: Cas de langues qui se sont efforcé de maintenir une correspondance précise entre langue écrite et langue parlée et exemples donnés par l'italien, le roumain, l'espagnol. Significants graphiques sans rapports évidents avec les significants phoniques correspondants : les idéogrammes 562

INTERFÉRENCES DE L'EXPRESSION GRAPHIQUE ET DE L'EXPRESSION ORALE: La faute d'orthographe, conséquence de l'inadéquation partielle entre graphie et phonie. L'influence inverse exercée par certains éléments graphiques sans référence phonique et qui introduisent dans la séquence parlée un corrélatif jusqu'alors inexistant. Exemples de restitution ou d'introduction d'éléments phoniques pour des raisons de graphie dans quelques langues. Influence de l'orthographe sur la manière de prononcer dans le cas d'adaptation d'emprunts lexicaux d'une langue à une autre . 564

BIBLIOGRAPHIE 567

LE LANGAGE ET LES GROUPES HUMAINS

LANGUE, DIALECTE, PATOIS, par Jean FOURQUET

Les deux formes d'expérience élémentaire relative au langage ; expérience de la diversité des langues, expérience de variations à l'intérieur d'une même langue. Distinction fondamentale : parlers dialectaux et langues communes. Les parlers dialectaux ne sont pas des formes dégradées de la langue commune 571

LES FAITS DIRECTEMENT OBSERVABLES

LES PARLERS DIALECTAUX : Discussion du terme dialecte. La seule unité nettement délimitable est l'aire dialectale, que l'on peut parcourir sans rupture de l'intercompréhension de proche en proche ; la rupture nette de l'intercompréhension marque la limite de l'aire. Exemples : Teuthonia, Romania occidentale. Difficulté de subdiviser une aire de variation continue en unités régionales ; principe de l'indépendance des isoglosses. Aires d'homogénéité relative et zones de transition où les isoglosses sont plus serrées. Délimitation d'une région par des isoglosses choisies comme frontières conventionnelles. La géographie linguistique, science des variations du dialecte à travers l'espace. Équilibre entre uniformité et diversité, fait social universel 572

LES LANGUES SUPRALOCALES : Les types ; langue véhiculaire, au service d'activités pratiques simples ; pidgins et sabirs ; la koinè, destinée à porter des biens de culture. Adaptation de la koinè à des usages multiples, ou limitation à un champ d'activité (langue religieuse, poétique). Aires unilingues — koinè seule — et aires bilingues — koinè et dialecte. La norme de la koinè est la même en tout lieu ; les variations de fait d'un point à un autre n'ont pas valeur de droit. La koinè moderne « encyclopédique » : son vocabulaire est illimité ; noyau commun et langues spéciales, scientifiques, techniques. Habitude contestable de ne reconnaître la dignité de langue qu'à des langues écrites du type koinè. Tout ensemble organisé de moyens de communication par la parole est une langue 577

PERSPECTIVES HISTORIQUES

LES AIRES DIALECTALES : À l'origine de la diversité dialectale dans une aire actuelle, il peut y avoir : une langue unique du type koinè (latin) ; une multiplicité chaotique ; une aire dialectale antérieure. Des caractères communs ne sont pas toujours l'héritage d'une langue mère unique ; des parlers différenciés ont pu adopter les mêmes innovations 582

Facteurs intra-linguistiques: Les innovations qui ont le plus de chances de se généraliser sont celles qui vont dans le sens de l'économie générale du système 584

Facteurs extra-linguistiques: La propagation des innovations dépend de l'intensité des relations entre groupes, et du prestige du groupe novateur 585

GENÈSE DES LANGUES SUPRALOCALES : Diversité des processus : adoption comme langue commune d'un parler dialectal défini (français de Paris), du parler d'un centre, reposant sur plusieurs dialectes (anglais de Londres), ou d'une langue véhiculaire interrégionale, qui évite les particularités locales (origine de l'allemand, basé sur les dialectes de l'Est de la moyenne Allemagne, région de colonisation). Circonstances historiques qui déterminent la formation d'un nombre déterminé de langues communes, et leur extension géographique. Adaptation d'une langue commune à des usages divers (littéraires, scientifiques, langue d'usage oral courant, etc.) ; niveaux stylistiques à l'intérieur d'une telle langue ; divergence entre l'usage parlé quotidien, et l'usage littéraire, écrit 587

DIALECTALISATION DES LANGUES COMMUNES : L'association de la forme parlée à la vie locale quotidienne s'accompagne de divergences dans le vocabulaire, les tournures, et dans l'accent, surtout si la langue commune a subi l'influence d'un substrat dialectal . . . 591

MÉTHODES ET PROBLÈMES

LES PARLERS DIALECTAUX : Difficulté d'embrasser leur multiplicité. Enquêtes par correspondance (Wenker), enquêtes directes par un observateur qualifié (Gilliéron). Établissement d'atlas linguistiques. Archives magnétophoniques 593

LANGUES COMMUNES : Insuffisance du point de vue normatif, qui tend à donner des règles du bon usage, et du point de vue du philologue, qui commente des textes écrits, dans une perspective historique.

TABLE ANALYTIQUE

INTERFÉRENCES GRAMMATICALES: Cas dans lesquels peut avoir lieu une interférence grammaticale : place d'un mot dans la phrase, formes d'accords, idiotismes, normes arbitraires. Les répercussions d'un système grammatical sur un autre 658

INTERFÉRENCES LEXICALES : Fluctuations constantes du vocabulaire qui doit s'adapter aux besoins des locuteurs et fera souvent appel à une langue de contact pour s'enrichir d'un matériel nouveau. Analyse des emprunts lexicaux selon le mécanisme d'interférence; expansion d'un vocabulaire par établissement de correspondance entre son matériel lexical et les signifiés d'une autre langue; expansion par importation directe d'éléments étrangers sans correspondance avec le matériel de la langue d'origine. Types de modifications que peut subir le mot importé : phonologique, grammaticale, sémantique ou stylistique 664

INTERFÉRENCES, SUBSTITUTION ET NAISSANCE DE NOUVELLES LANGUES: Cas éventuel de la substitution d'une langue à une autre par un bilingue et cas plus fréquent d'un mélange intime des deux langues parlées qui engendre une substitution idiomatique graduelle. Passage de la simple variante influencée au statut de langue nouvelle 672

LE BILINGUE: Le comportement du bilingue, occasion de différences intéressantes pour le psychologue du langage. Détermination de l'importance des dispositions naturelles d'un individu et des conditions dans lesquelles le même individu est soumis aux langues qu'il apprend. Définition de la prééminence psychologique d'une langue suivant un ensemble irréductible de facteurs : compétence relative dans les deux langues, mode d'emploi, ordre d'acquisition et âge, utilisation pour la communication, rôle de la promotion sociale. Circonstance fortuites pouvant avoir une influence passagère sur le comportement verbal d'un bilingue. Les psychologues et le bilinguisme 674

FONDEMENT SOCIO-CULTUREL DU CONTACT DE LANGUES: Examen du comportement linguistique d'un groupe humain qui provoque un contact de langues. Les fonctions de la langue dans un groupe plurilingue. Cas d'une communauté bilingue constituée par deux groupes de langues maternelles. Division d'une communauté en groupes de langues maternelles, et sa répartition en sous-groupes d'un autre type. Influence de la langue sur le comportement du groupe qui l'utilise. Les différentes circonstances qui expliquent l'abandon d'une langue au profit d'une autre. Vers la détermination distincte du destin « interne » et « externe » d'une langue 678

BIBLIOGRAPHIE 684

ENSEIGNEMENT ET APPRENTISSAGE D'UNE LANGUE SECONDE, par Jean-Paul VINAY

Les méthodes modernes de l'enseignement des langues étrangères . 685

APPRENDRE TOUT EN JOUANT: Cas de bilinguisme ou de plurilinguisme imposés par des situations particulières et généralement réglés par des procédés empiriques ne relevant pas de l'enseignement traditionnel. Enseigner une structure pour exprimer une culture, principe essentiel d'une saine pédagogie linguistique . 685

LINGUISTES, BILINGUES ET POLYGLOTTES: La diglossie et l'intérêt pratique de l'apprentissage des langues secondes dans le monde moderne 688

POURQUOI APPREND-ON UNE LANGUE SECONDE ? Les trois options qui s'offrent à l'individu désirant apprendre une langue seconde et le choix des moyens d'apprentissage impliqué par le but à atteindre 690

PLURALITÉ DES MÉTHODES: La réussite, seul critère de l'excellence d'une méthode. Quelques solutions pédagogiques du passé. Élaboration des méthodes nouvelles, véritables sommes des meilleures théories linguistiques des dernières décennies. La linguistique appliquée 694

LES POSTULATS DE LA LINGUISTIQUE APPLIQUÉE: Rapports entre la linguistique et les autres sciences humaines et diversité des tendances qui rendent parfois difficile la compréhension des démarches du linguiste. Les deux directions vers lesquelles la linguistique appliquée peut s'orienter. Les grands postulats de la linguistique actuelle 699

LES GLOBALISTES: La méthode « directe » du globalisme qui, considérant la langue comme un tout, écarte toute analyse par segments ou par niveaux 701

ANALYSTES ET STRUCTURALISTES: L'analyse linguistique des grammairiens. Analyser pour décrire, décrire pour enseigner. L'application structuraliste du processus d'analyse dans l'enseignement d'une langue 703

LES COMPARATISTES: Portée des faits comparatifs en pédagogie; la grammaire; « comparée ». La méthode « différentielle », une exploitation systématique des divergences entre deux langues visant à la construction d'exercices conçus en fonction de ces divergences; les techniques différentielles et leurs applications aux faits stylistiques et culturels 705

LES CYBERNÉTICIENS: Parallèle possible entre les méthodes d'apprentissage du cerveau humain et celles de la machine et examen d'un domaine privilégié : celui des automatismes. Exemples de machines cybernétiques permettant un enseignement limité d'automatismes 708

LES TRANSFORMATIONNISTES: La grammaire générative transformationnelle. Principe de la doctrine de substitution. Structures profondes, structures superficielles et étude des transformations nécessaires pour passer des unes aux autres. Rapports entre les diverses disciplines de l'étude linguistique et les faits de langue 710

LA LANGUE PARLÉE: LA PHONÉTIQUE: Priorité à la langue parlée, tendance actuelle de l'enseignement. La méthode orale intensive et la transcription phonétique complémentaire 715

LA LANGUE ÉCRITE: L'ORTHOGRAPHE: La nécessité d'un ensemble de règles qui rendent compte de la valeur phonique des lettres ou des combinaisons de lettres. Rapports graphie-phonème et phonème-graphie. Étude de l'accent tonique. Procédés pratiques d'apprentissage d'une langue seconde 719

LA MORPHO-SYNTAXE: Le difficile problème de la limitation du vocabulaire à enseigner lors de l'apprentissage d'une langue seconde. Les différents critères qui peuvent être retenus pour l'élaboration des « vocabulaires de base ». Choix des morphèmes grammaticaux. Technique d'analyse des méthodes 722

LES RÉSULTATS: Examen des résultats obtenus en fonction des méthodes utilisées et des buts recherchés 724

BIBLIOGRAPHIE 725

LA TRADUCTION HUMAINE, par *Jean-Paul* VINAY.

La traduction, fonction linguistique indispensable à la communication. Faire comprendre, nature profonde de la traduction au service de laquelle le traducteur doit mettre en œuvre toutes ses ressources sémantiques et stylistiques. L'entropie, conséquence inévitable de toute traduction mais aussi phénomène fréquent dans la simple transmission d'un message. De l'intention de l'auteur à l'interprétation de l'auditeur. Servitudes et arbitraires qui s'imposent à l'auteur et que le traducteur devra plier aux servitudes et arbitraires de la nouvelle langue de communication. L'inévitable malaise et l'amoncellement des pièges causés par le rapprochement de deux langues. Les servitudes de forme qui contredisent, déforment ou alourdissent. La recherche de l'équivalence, seul moyen de rendre le sens . . . 729

L'EMPRUNT: Le mot nouveau qui n'a pas encore d'équivalent dans la langue d'arrivée et les solutions qu'il impose : création ou emprunt. Cas de l'emprunt et les limites précises qu'il faut lui assigner 737

LE CALQUE: Un camouflage de l'impuissance à créer un nouveau terme ou à trouver le mot juste qui peut conduire aux mêmes écueils que l'emprunt 739

LA TRADUCTION LITTÉRALE: Une coïncidence formelle, par identité de mots ou parallélisme des structures, rarement utilisable et possible. Traductions littérales fautives et traductions littérales correctes, ou traductions parallèles et traductions directes . . . 740

LA TRANSPOSITION: Remplacement d'une partie du discours par une autre; transposition des espèces et transposition des successions syntaxiques 743

LA MODULATION: Un changement de point de vue ou d'éclairage qui pénètre dans les profondeurs du message et se situe au niveau de la pensée alors que la transposition reste sur le plan de la langue . 744

L'ÉQUIVALENCE: Une mise en œuvre de moyens stylistiques et structuraux entièrement différents, partant de la situation donnée et non plus des éléments qui la définissent et exigeant une connaissance approfondie des langues en présence 746

L'ADAPTATION: Jugement sur une ressemblance globale entre deux situations dont chacune peut n'exister que dans une seule culture. La connaissance parfaite de la civilisation matérielle et de la conception philosophique des personnes qui parlent la langue de départ, condition essentielle d'une adaptation valable. Rapports entre la traduction et la mise en valeur du texte ou la découverte du sous-entendu. Vers la recréation et l'apparition d'un art qui transforme la traduction en création littéraire. Un dernier obstacle à franchir pour le traducteur : la forme, responsable de la structure sonore du mot 748

BIBLIOGRAPHIE 755

LA TRADUCTION AUTOMATIQUE, par *Émile* DELAVENAY.

Un ensemble d'exigences recouvert par le mot traduction et dans lequel la machine peut avoir un rôle à jouer, au même titre que le dictionnaire. Floraison d'études nouvelles portant sur les problèmes de la communication et de la signification vu sous l'angle du transfert de l'information d'une langue dans une autre. La science, inspiratrice de la traduction mécanique, et ses besoins que les linguistes s'efforcent de satisfaire. Principe de la machine à traduire le « mot à mot » 758

ENTRÉE EN MACHINE : Entrée en machine de type phonique ou de type graphique 762

LA COMPARAISON : LE DICTIONNAIRE : Procédé électronique, procédé optique; les différents supports de « mémoire » utilisés; dimensions et ordonnance d'un dictionnaire électronique 763

L'ANALYSE MORPHOLOGIQUE OU GRAMMATICALE : Séparation automatique de la base de mot et de sa désinence : procédé facilement applicable aux langues pauvres en désinences mais exigeant de très longues recherches pour l'établissement de codes morphologiques concernant des langues à désinences nombreuses 764

LE DÉCOUPAGE DU DISCOURS : MOT, IDIOTISME, CLICHÉ : Comment définir le mot ? idiotismes et clichés mis en mémoire par la méthode de l'« optimum lexicographique »; caractère inadéquat du mot comme base d'analyse linguistique tant au niveau sémantique qu'au niveau syntaxique 765

ANALYSE SYNTAXIQUE : L'ambiguïté syntaxique : un obstacle que la machine ne peut franchir qu'en choisissant entre diverses interprétations du même mot. Calcul syntaxique et analyse prédictive. Méthode suivie par la machine pour la détermination de la structure d'une phrase 766

ANALYSE SÉMANTIQUE : L'information lexicale, problème capital qui s'impose après solution des problèmes de signification grammaticale et de fonction syntaxique des mots. Microglossaire, solution limitée à un sujet scientifique déterminé; affectation d'indices sémantiques aux mots et choix, pour un mot donné, du sens correspondant aux indices les plus fréquents dans le contexte; adoption du terme ayant, parmi les traductions possibles d'un même mot, la plus large connotation. Rapports actuels entre linguistique mathématique et traduction automatique 768

BIBLIOGRAPHIE 770

L'ÉVOLUTION DES LANGUES

LA DYNAMIQUE DU LANGAGE, par Henry G. SCHOGT.

Le problème de la synchronie pure et les conditions à respecter pour une description synchronique exacte : restriction maximum du nombre d'informateurs et des facteurs d'instabilité qui marquent le parler de tout individu. La notion de stabilité linguistique et les facteurs de divergence qui interviennent entre les différents descripteurs. Langage et adaptation; méthode d'étude du changement d'une langue; l'évidente évolution d'une langue et sa non moins évidente lenteur évolutive. Caractéristiques du changement : n'altère pas les possibilités de compréhension, apparaît dans certains cas sans en affecter d'autres qui seraient aussi inexplicables. La phonétique historique, son acquit, ses manques. Le *drift* de Sapir et Frei, force interne provoquant l'évolution d'une langue dont les changements visent à économiser l'effort du locuteur. Déterminations des constantes qui commandent l'évolution d'un langage : rapports entre effort et rendement. L'effort du locuteur et l'effort de l'auditeur, les causes de ces efforts, du type collision homonymique, les moyens utilisables pour en diminuer l'importance. Modification d'une unité et les répercussions de cette modification sur les unités voisines. Procédés employés pour varier les communications et moyens dont le langage dispose : unités de base douées de sens, unités phoniques. Évolution d'un système à inventaire limité; rapports de contraste et rapports d'opposition entre phonèmes voisins dans un énoncé; règles particulières à chaque langue qui régissent ces rapports et confèrent au phonème un pouvoir d'information plus ou moins étendu; les possibilités physiques d'articulation du locuteur et la structure du système phonologique employé, deux facteurs importants dans le jeu d'action et de réaction qui caractérise l'évolution de la phonie du langage; les facteurs de rendement et d'intégration, opposition ou jonction et les tendances de la dynamique du langage à éliminer les oppositions non intégrées à rendement faible. Cas de changements dans le système phonique d'une langue provoqués par son contact avec une autre langue : emprunts lexicaux à une langue étrangère, influence du substrat local sur une langue ultérieurement adoptée, évolutions parallèles de langues qui sont géographiquement voisines sans être apparentées pour autant. Étude des changements qui peuvent affecter les rapports existant entre les unités du lexique et raisons qui rendent difficile cette étude. Changements lexicaux dus à l'emprunt d'une unité étrangère servant à désigner une nouveauté; changements lexicaux internes dus à l'usure de certains termes fréquemment employés et perdant ainsi une partie de leur potentiel d'information. Les commutations pouvant s'appliquer aux éléments flexionnels et grammaticaux et l'observation d'un certain parallélisme entre le système partiel de morphèmes désinentiels et le système phonologique; éléments communs et principales différences existant entre les deux systèmes; analyse syntagmatique et analyse paradigmatique visant à la détermination de la valeur d'un morphème. Rapports entre les changements qui peuvent intervenir dans le système phonologique et les répercussions entraînées par ceux-là dans le domaine des signifiants des morphèmes et détermination de la position de la phonologie en face de la morphologie. Les possibilités de changements présentées par les catégories grammaticales et les différentes causes des changements d'un système; changements de forme des signifiants qui peuvent être conditionnés par un changement du système phonologique; apparition de nouveaux éléments chargés d'exprimer une catégorie existante dont la désinence s'affaiblit; disparition d'une catégorie dont les répercussions dans le système sont considérables : affaiblissement et disparition progressive du passé simple, évolution du passé composé et de l'imparfait; apparition d'une nouvelle catégorie d'oppositions à partir de l'opposition temps simple-temps composé; création d'une nouvelle catégorie par l'utilisation de différences formelles restées sans utilisation jusqu'alors. Les indéniables rapports entre morphologie et syntaxe; substitution de la construction syntaxique, qui fournit des informations précises, au morphème indicateur de fonction tendant à disparaître; étude de la dynamique du système syntaxique dans le langage littéraire et dans le langage parlé familier. Considérations générales sur le développement d'un système linguistique : facteurs d'évolution prévisibles et facteurs extra-linguistiques imprévisibles   775

BIBLIOGRAPHIE   813

LA PARENTÉ GÉNÉALOGIQUE, *par Jacqueline* MANESSY-GUITTON.

Définition linguistique du terme « parenté »   814

HISTORIQUE: Débats plus philosophiques que proprement linguistiques des Grecs classiques à propos de leur langue, tendance normative qui se perpétuera jusqu'au XVIIIe siècle. Premiers essais isolés d'une recherche historique dont la nécessité s'impose aux savants du XIXe siècle. La redécouverte du sanscrit par l'Europe, une occasion de partir vers de nouvelles directions pour les grammairiens. Premières grammaires comparées des langues indo-européennes et des langues d'autres groupes. *Les Junggrammatiker;* épanouissement de la linguistique comparative génétique . . .   815

PRINCIPES: La continuité, principe fondamental de la linguistique historique. Notion d'arbitraire du signe linguistique. Rapports entre mot et sens, entre sens et chose, le rapport entre mot et chose n'étant qu'un rapport non nécessaire. Conséquences de cette notion : les similitudes entre langues différentes et la manière dont il convient d'en tirer parti : le principe de constance des lois phonétiques et les deux articulations du langage 821

MÉTHODES : Les ressemblances non pertinentes. Emprunts qui n'impliquent pas pour autant une origine commune à la langue emprunteuse et à la langue empruntée; ressemblances morphologiques ou syntaxiques provenant d'une simple convergence fonctionnelle ou d'une contamination. Ressemblances des éléments de plusieurs langues par le sens ou la fonction mais entière différence par la forme. Ressemblances fortuites décelables par une comparaison entre les formes les plus anciennes possibles des mots concernés. Moyens de démasquer les ressemblances de hasard lorsque, faute de textes, on ignore le passé des langues 828

RESSEMBLANCES PERTINENTES : Similitudes de formes et de sens qui, témoignant de rapports historiques entre langues, n'en témoignent pas pour autant d'une réelle parenté. Le problème de la reconstitution historique d'une langue et les méthodes offertes au linguiste. Les deux types de ressemblances pertinentes : ressemblances lexicales et ressemblances grammaticales. Méthodes d'établissement de vocabulaires comparatifs et recherche de mots sémantiquement identiques. La grammaire d'une langue, système clos qui se prête facilement à la comparaison avec son équivalent d'une autre langue. Exemples de contagion grammaticale d'une langue par une autre sans réel bouleversement. Examen de faits significatifs pour le grammairien comparatiste. Ressemblances phonétiques strictes, indispensable complément des ressemblances grammaticales pour l'établissement d'une parenté certaine entre langues 836

PROBLÈMES ET LIMITES DE LA RECONSTRUCTION: Méthode de reconstitution de l'ancêtre commun à partir de deux langues dont la parenté est démontrée. Une tentation dangereuse : la détermination de la réalité phonique cachée pour les phonèmes restitués. L'obligation d'une critique sévère, visant à éliminer les phénomènes de convergence, du matériel rassemblé pour la restitution d'une langue ancienne. Avantages linguistiques et historiques de la reconstruction grammaticale et lexicale d'une langue originelle. La lexico-statistique. Les difficultés, les réussites et les échecs rencontrés par les tentatives méthodiques de classification génétique 849

BIBLIOGRAPHIE 862

LA GLOTTOCHRONOLOGIE, par *Thomas* PENCHOEN.

Étude du changement du vocabulaire d'une langue dans le temps et détermination d'un rapport possible entre temps et changement. La liste des notions universelles établie par Swadesh, selon laquelle le linguiste américain constata un rythme relativement constant dans l'évolution du vocabulaire de base de chaque langue. Comparaison entre deux listes semblables établies à deux époques historiques différentes d'une même langue, et établissement d'un pourcentage de mots génétiquement identiques et dont le sens est sensiblement le même dans l'une et l'autre listes; rapprochement des résultats obtenus pour un certain nombre de langues et détermination de la correspondance entre les taux de rétention qui permet le calcul du taux moyen exprimé en pourcentage de mots du vocabulaire de base persistant en un espace de temps donné. Exposé de la méthode glottochronologique élaborée d'après les constatations de Swadesh . 865

LA LISTE: Première étape : le choix du « vocabulaire de base » et les difficultés de l'établissement d'une liste qui servira à toutes les langues indifféremment. Les trois conditions que doit remplir une notion pour être admise dans la liste : d'usage courant, existant dans toutes les sociétés connues, résistante à l'emprunt. La résistance à l'emprunt, critère qui conditionne la liste elle-même 874

TABLE ANALYTIQUE

LE REMPLISSAGE DES LISTES : Les trois critères de base qui doivent être respectés pour remplir une liste suivant une langue donnée et les conditions supplémentaires apparues nécessaires à la bonne application de la méthode. Les difficultés accessoires qui surgissent devant le choix d'une notion : rareté des documents anciens qui, issus d'une classe cultivée, ne reflètent pas, de plus, la totalité du vocabulaire de base populaire; multiplicité des dialectes et par conséquent multiplicité des équivalents possibles; difficultés philologiques qui exigeraient des connaissances approfondies et couvrant toutes les langues de liste de la part du linguiste qui doit la remplir   876

COMPARAISON DES LISTES : Détermination des cognats, mots correspondant à une seule notion de la liste, génétiquement identiques, de parenté directe sans l'intervention de l'emprunt   879

TAUX DE RÉTENTION DE LA LISTE : Établissement d'un pourcentage de mots retenus pendant la période de temps écoulé entre les deux états de chacune des langues introduites dans les listes. Mise des pourcentages, calculés pour toutes les langues, sur une base commune et arbitraire de temps selon une fonction logarithmique et recherche de la moyenne des taux individuels qui représente le taux de rétention de la liste pour l'intervalle de temps choisi. Calcul de la résistance de la liste par millénaire pour une langue donnée et calcul du temps pendant lequel deux langues ont divergé l'une de l'autre. Critique des résultats obtenus et cas particuliers. Quelques problèmes posés par l'application de la méthode à des langues sans tradition littéraire ou d'origines familiales diverses, et par la validité des taux pour des périodes de temps très courtes ou très longues. L'état actuel de la glottochronologie et son apport aux connaissances   879

BIBLIOGRAPHIE   884

QUELQUES TYPES DE LANGUES

L'ESPAGNOL, par *Bernard* POTTIER.

Aire d'expansion de l'espagnol, l'une des langues romanes issues du latin. Un ensemble de parlers voisins, à traits linguistiques fondamentaux communs mais présentant des variations assez sensibles sans aller, toutefois, jusqu'à la non-intercompréhension; le castillan, parler des régions monolingues et prototype de la graphie officielle de la langue   887

PHONOLOGIE

CARACTÉRISATION PROSODIQUE : L'accentuation; conservation de la place de l'accent, règle de l'espagnol qui rejette cependant un type accentué avant l'antépénultième; valeur distinctive de la place de l'accent   888

CARACTÉRISATION PHONÉMATIQUE : Les cinq unités du système vocalique castillan. Les dix-neuf consonnes de l'espagnol, chaque type d'articulation pouvant régulièrement distinguer trois phonèmes; phonème occlusif sourd, phonème fricatif sourd, phonème sonore .   890

UTILISATION DES UNITÉS DISTINCTIVES : Étude statistique de la fréquence des retours pour différents phonèmes : voyelles et consonnes   892

Exemple de texte castillan : Graphie, transcription phonologique, transcription phonétique et traduction   893

STRUCTURE GRAMMATICALE

LES UNITÉS SIGNIFICATIVES : Sujet et prédicat, éléments essentiels qui donnent une signification indépendante à un énoncé espagnol; le sujet, substantif, pronom ou infinitif, toujours de nature nominale; les différentes formes du prédicat et le rapport sujet-prédicat. Caractéristiques de la fonction verbale. Monèmes lexicaux et monèmes grammaticaux. Morphèmes libres ou liés exprimant les modalités qui s'attachent à tel type de monème lexical. Accord en genre lorsque les déterminants sont susceptibles de prendre la marque formelle des lexèmes des substantifs; le masculin, genre non marqué de l'opposition masculin-féminin alors que le féminin est une option caractérisée; forme neutre du pronom. Morphèmes libres entrant dans la composition du groupe renfermant le verbe : modalités d'aspect, modalités quantitatives. Morphèmes liés entrant dans la composition du syntagme verbal dans la phrase. Les différentes classes de monèmes fonctionnels. Exemples de monèmes lexicaux entrant en dérivation homogène, hétérogène, en langue ou dans le discours; la composition 894

FORME DES SIGNIFIANTS
L'Amalgame en langue: Catégories signifiées représentées par un seul signifiant; mode et temps, personne et nombre, genre et nombre . . 901

L'Amalgame dans le discours: Substitution d'un signifiant à deux signifiants 902

Signifiants discontinus, par accord de signifiés 902

Distribution complémentaire des signifiants: Par suppléance, par variantes d'origine combinatoire 902

L'Expression formelle des fonctions revêt des aspects très variés: Rôle du monème fonctionnel *a* dans les cas où l'ordre variable des termes peut causer une véritable ambiguïté; monèmes fonctionnels introduisant d'autres fonctions que les fonctions sujet ou objet; groupes introduits dans un monème fonctionnel et pouvant être remplacés par un signifiant nouveau dans le but d'une économie de l'expression 903

Analyse d'un énoncé espagnol 904

BIBLIOGRAPHIE 905

LE GREC ANCIEN, *par* Jean PERROT.

CARACTÈRES EXTERNES: Le groupe hellénique. Le grec ancien; les dialectes. L'attique : sa formation, son extension, son importance. Principes de translittération 906

PHONOLOGIE

CARACTÉRISATION PROSODIQUE : Généralités sur l'accent. Le mot, unité accentuelle. Combinaisons de monèmes pourvues d'un accent unique : dérivés, composés, syntagmes traités comme des composés, groupes constitués par association d'un mot accentué et d'un monème inaccentué. Réalisation mélodique de l'accent. Position variable de l'accent; loi de limitation relative au recul de l'accent par rapport à la finale du mot. L'opposition de l'aigu et du circonflexe en syllabe finale. Fonction de l'accent 908

CARACTÉRISATION PHONÉMATIQUE
Voyelles: Caractéristiques générales; quantité et timbre. Le système vocalique : voyelles, diphtongues 910

Consonnes: Caractéristiques générales; les séries, les ordres. Le système des occlusives : corrélations de sonorité et d'aspiration. Les liquides, l'aspiration, le *z*. Les géminées. Les cas de neutralisation . 911

UTILISATION DES UNITÉS DISTINCTIVES : Statistiques de fréquence des consonnes et des voyelles. Les groupes de consonnes. Les limitations à la finale 913

LES UNITÉS SIGNIFICATIVES

STRUCTURE DES LEXÈMES, CLASSE DE LEXÈMES ET DÉTERMINATIONS GRAMMATICALES : Unités lexicales simples. Unités lexicales complexes : composition et dérivation. La composition : les deux types principaux de composés, et le type particulier comportant un préverbe. La dérivation suffixale, procédé essentiel de fabrication de nouvelles unités lexicales. La combinaison des déterminants grammaticaux avec les lexèmes : elle permet de reconnaître une classe de noms et une classe de verbes. Les combinaisons caractéristiques des lexèmes verbaux : les déterminations de personne, de voix, d'aspect, de temps, de mode. Les combinaisons caractéristiques des lexèmes nominaux : déterminations de nombre et de genre (amalgamées aux indications de fonctions syntaxiques dans le système des cas). Les déterminants grammaticaux qui peuvent se présenter hors des combinaisons avec les lexèmes; adjectifs possessifs, article défini. Les déterminations grammaticales des lexèmes nominaux s'étendant aux adjectifs et aux pronoms. Les mots invariables. Les numéraux 914

ORGANISATION DE L'ÉNONCÉ
Constituants fondamentaux: La forme verbale, énoncé minimum complet. L'énoncé sans verbe. Le « cassujet » du nom 'et la solidarité des « cas-directs » en relation avec l'opposition des voies active et passive 918

Fonctions primaires et fonctions secondaires: Le verbe, noyau de l'énoncé. Les indicateurs de fonction : cas et prépositions. Le système des cas. Monèmes à fonction secondaire se rattachant au monème central d'un constituant d'énoncé à fonction primaire . . 919

Classes de lexèmes et fonctions: Éléments pouvant se présenter en fonction primaire ou en fonction secondaire. Non-coïncidence des classes de lexèmes et des types de fonctions : le cas des formes nominales du verbe; la substantivation de monèmes, n'entrant pas dans la classe du nom, grâce au jeu de l'article; l'article associé à un adjectif, à un participe, à un adverbe, à divers syntagmes. Rôle de l'article dans les syntagmes qu'il sert à constituer, en fonction primaire ou secondaire 920

Les Fonctions non primaires: type épithétique et type apposé: Le type épithétique : enclave de l'épithète entre l'article et le substantif. Le type apposé, excluant l'enclave. L'élément apposé peut quelquefois être aussi épithète, et inversement 921

Le Type attributif: L'attribut, élément essentiel de la prédication; extension du type attributif 922

Les Propositions subordonnées à fonction primaire: type « complétif » et type « circonstanciel »: La distinction entre propositions complétives et propositions circonstancielles; ce qui peut la justifier. La proposition infinitive; le participe fournissant l'équivalent d'une complétive 922

Les Propositions subordonnées à fonction non primaire; les propositions relatives. Fonctions différentes pour des propositions de même type: Les divers éléments qui caractérisent une subordonnée de type relatif. Le passage de la proposition relative à fonction secondaire à la proposition circonstancielle à fonction primaire. Autres types de propositions à fonction secondaire 923

FORMES DES SIGNIFIANTS : Constatations générales 924

Remarques sur l'expression formelle des lexèmes: Limite indécise des lexèmes dans les paradigmes grammaticaux; le redoublement; variations internes des lexèmes dans la dérivation 925

Remarques sur l'expression formelle des morphèmes: Amalgame des signifiés dans les morphèmes casuels. Nombreuses variantes formelles. Discontinuité des signifiants dans les formes verbales et nominales . 925

Remarques sur l'expression formelle des fonctions: Le cas rare du monème impliquant sa fonction : l'adverbe, en général analysable. Le rôle respectif des désinences casuelles et des prépositions dans l'indication des fonctions des noms; préverbes et prépositions. Rôle des conjonctions. Les phénomènes d'accord 926

BIBLIOGRAPHIE 928

LE TURC, par Louis BAZIN.

Aire d'utilisation du turc de Turquie, l'un des composants du vaste ensemble réunissant les langues turques dont les divergences sont surtout d'ordre phonétique. Le turc commun des origines et son expansion aux dépens de langues antérieurement parlées par les peuples conquis. Déclin de l'Empire ottoman, régression du turc dans les Balkans et regroupement des populations musulmanes turcophones qui abandonnent la langue écrite traditionnelle des Ottomans et adoptent un alphabet latin essentiellement phonologique, favorisant l'unité linguistique de la République turque . . 929

PHONOLOGIE

CARACTÉRISATION PROSODIQUE : Hiérarchie à trois degrés de la mise en valeur accentuelle : unités normales, unités soulignées, unités en retrait. Catégorie normale : la plupart des lexèmes nominaux ou verbaux auxquels peuvent s'agréger des monèmes suffixaux. Catégorie soulignée : vocatifs, impératifs, exclamatifs, interrogatifs, certains démonstratifs, adverbes ou conjonctions. Catégorie en retrait : monèmes qui jouent essentiellement un rôle grammatical. Opposition entre catégories accentuelles. Cas exceptionnels de mots turcs composés. Rôles respectifs des éléments dynamique, mélodique et quantitatif dans la réalisation de l'accent actuel . . . 932

CARACTÉRISATION PHONÉMATIQUE

Les Voyelles: Opposition de quantité existant pour trois timbres vocaliques sur huit et seulement dans les emprunts au persan ou à l'arabe. Les trois types d'opposition du système vocalique proprement turc : postérieure-antérieure, rétractée-arrondie, ouverte-fermée. Positions possibles des voyelles dans les mots d'origine étrangère, dans les mots du fonds national turc 935

Les Consonnes: Voisée-non voisée, type d'opposition le plus largement représenté; les deux nasales et les cinq consonnes non intégrées. Neutralisation d'oppositions consonantiques et types d'oppositions stables 936

Utilisation des unités distinctives: Fréquence globale des phonèmes vocaliques. Pourcentage de retour de chaque unité. La syllabe et les lois qui régissent les groupements de phonèmes 938

LES UNITÉS SIGNIFICATIVES: Sujet et prédicat, unités nécessaires à la structure d'un énoncé minimum complet. Exemples d'énoncés incomplets et conditions de leur emploi. Classe du nom et classe du verbe, les deux seules classes de monèmes lexicaux en turc, les interjections étant exceptées. Quelques cas rares : lexèmes qui paraissent fonctionner à la fois comme nom et comme verbe. Le prédicat, nom ou verbe; le sujet d'un énoncé, obligatoirement un nom. Les compléments du prédicat. Orientation du prédicat verbal. L'apposition, expansion ultérieure peu utilisée en turc. Règle de l'emploi épithétique du nom. Utilisation exceptionnelle de la proposition subordonnée et de la conjonction de coordination. Conséquences stylistiques : phrases courtes, juxtaposées sans lien ou phrases complexes avec accumulation de gérondifs précédant un prédicat unique. Composition de mots peu productive mais dérivation abondante par addition de suffixes cumulables 940

FORME DES SIGNIFIANTS : Les signifiants, segments distincts, uniques, phonologiquement identiques à eux-mêmes, à de rares exceptions près. Suffixes qui peuvent modifier le sens du signifiant ou en préciser la fonction grammaticale. Expression formelle des fonctions : position du mot dans la phrase, addition de monèmes distincts nettement séparables. Expression des modalités, expression formelle des lexèmes 946

BIBLIOGRAPHIE 948

LE CHINOIS, par *Alexis RYGALOFF*.

CARTE : Domaine du chinois proprement dit — la langue des Han — et division en deux parties d'inégale importance 950
LA « LANGUE COMMUNE » : La politique linguistique de la Chine actuelle : apparition d'une « langue commune » et normalisation des usages 951
ÉCRITURE : L'écriture idéographique traditionnelle et l'introduction dans celle-ci de formes simplifiées. Le rôle d'appoint joué par l'écriture alphabétique latine 951
MONOSYLLABISME : La triple correspondance (caractère d'écriture, monème et syllabe) postulée par le monosyllabisme 951

PHONOLOGIE

TONS : Leur fonction différenciative est assurée par des oppositions d'ordre mélodique. Les formes quasi syllabiques et le contraste initiale-finale 952
INITIALES : Les unités paradigmatiques correspondant au segment phonématique unique qui constitue l'initiale 953
FINALES : Le triple inventaire paradigmatique du système des finales 953

GRAMMAIRE 957

PHRASE : Énoncés constituant des phrases simples et qui peuvent être référés à un système paradigmatique commun malgré la diversité dont ils donnent un aperçu 958
Négation: Formes négatives correspondant aux formes affirmatives données en exemple 958
Interrogation: Procédés de l'interrogation secondaire et de l'interrogation primaire 959
Mode: Le mode, une troisième catégorie à laquelle on se réfère généralement à propos du second paradigme de « particules » qui s'établit en fin de phrase mais avant la particule interrogative . 960
NOMS : Formes nominales et pronominales; expansion du nom . . . 960
Numéral : Interprétation du numéral et ses rapports avec le nom auxiliaire 961
« *Classificateur »:* Diversité des classes génériques déterminées par le « classificateur » 961
PERSONNE : Originalité des « noms personnels » ... Mode d'agencement des divers éléments de l'expansion nominale dans les formes qui les combinent 963
NOMS COMPOSÉS : Noms composés répondant aux conditions de l'expansion et représentent le procédé morphologique le plus important 964
PRONOMS DÉMONSTRATIFS : Les formes sont celles des préfixes démonstratifs; possibilité de les interpréter comme des variantes économiques des adjectifs marqués par ces préfixes 965
LOCATIFS : Organisation des formes locatives 965
VERBES D'EXISTENCE : Conditions d'emploi 966
SUJET : La notion de sujet en chinois 966
ERGATIF : Utilité de cette notion pour expliquer une construction exceptionnelle 967
VERBE : Modes d'expansion propres au verbe 969
Adverbe: Emploi général de l'adverbe que l'on doit rapporter au prédicat de la phrase 969
Shi adverbial: La forme *shi*, une forme identifiée au verbe d'existence et susceptible de deux emplois : atone ou accentué. Organisation générale de la classe adverbiale 970
ASPECT : Relation avec le mode 971

Suffixes : La suffixation, qui détermine une division de la classe verbale. 971
Résultatif : Établissement du composé résultatif. Affinité des compléments résultatifs et des suffixes verbaux 972

BIBLIOGRAPHIE 973

L'HÉBREU CONTEMPORAIN, par David TÉNÉ.

PRÉLIMINAIRES : Les trois groupes linguistiques qui composent la communauté israélienne. Aperçu sommaire de l'histoire de la langue hébraïque intimement liée à l'histoire d'Israël : période de la conquête et hébreu biblique, captivité de Babylone, période du Second Temple et hébreu michnaïque, période de la dispersion et relative mise en sommeil de l'hébreu, mouvement des Lumières et renaissance de la littérature hébraïque laïque, réhabilitation de l'hébreu en tant que moyen de communication et d'expression orales, création de l'État d'Israël et adoption de l'hébreu comme principale langue de l'État. Évolution de l'hébreu israélien par rapport à l'hébreu classique. Division « dialectale » de l'hébreu parlé comme première et principale langue 975

PHONOLOGIE

CARACTÉRISATION PROSODIQUE : L'accent et sa place dans l'unité accentuelle qu'est le mot 984
CARACTÉRISATION PHONÉMATIQUE
Les Consonnes : Les segments consonantiques qui s'opposent les uns aux autres et à zéro. Segments définis et classés en termes de phonétique articulatoire. L'inventaire de phonèmes consonantiques et leur contenu phonologique 985
Les Voyelles : Système vocalique triangulaire à trois séries et à trois ordres. Distribution et durée des voyelles 988
Fréquence des phonèmes : Pourcentage des voyelles et des consonnes utilisées dans un texte et fréquences exemplaires de certains phonèmes 989

LES UNITÉS SIGNIFICATIVES : Classes de monèmes. Monèmes dont le signifiant est constitué de phonèmes croisés : les racines ; les schèmes et leurs trois sous-classes : schèmes nominaux, schèmes verbaux, schèmes ni verbaux ni nominaux. Monèmes à signifiants non croisés, généralement formés entièrement de phonèmes contigus : monèmes lexicaux, monèmes de dérivation, modalités, monèmes de composition, monèmes pronominaux, fonctionnels, monèmes autonomes, monèmes d'actualisation 990
STRUCTURES DU SYNTAGME AUTONOME : Structure de l'énoncé minimum complet. Monèmes figurant comme prédicat et comme sujet . 999

BIBLIOGRAPHIE 1001

LE KALISPEL, par Hans VOGT.

INTRODUCTION : Le kalispel, l'une des langues du groupe Salish, et la place des Indiens Kalispel parmi les peuplades formant le groupe 1003

PHONOLOGIE : Principes généraux de l'accentuation 1005

VOCALISME : Voyelles simples, voyelles glottalisées ; influence des voyelles sur les voyelles qui les suivent. Interprétation phonologique du système vocalique 1005

CONSONANTISME : Le système consonantique et ses caractéristiques : absence de corrélation sonore-sourde, présence générale de la corrélation glottalisée-non glottalisée 1007

MORPHOLOGIE : Mots invariables et inaliénables, mots variables admettant suffixes, préfixes ou modifications internes. La difficile

TABLE ANALYTIQUE 1509

délimitation entre noms et verbes en kalispel et la définition de classes de formes, suivant certains critères qui seront l'expression formelle des catégories de l'aspect et de la localisation : aspect duratif, aspect résultatif, aspect complétif 1009

SYNTAXE: Définition de la phrase. Forme verbale ou nominale pouvant suffire à faire un énoncé complet et moyens d'indiquer un rapport particulier entre deux phrases, chacune étant cependant un énoncé complet; caractère parataxique des combinaisons de formes verbales et nominales en kalispel 1018

BIBLIOGRAPHIE 1021

LE CRÉOLE DE LA DOMINIQUE, *par Douglas Rae* TAYLOR.

SITUATION GÉNÉRALE: Origine, expansion et variétés du créole dominicain, langue bien conservée dans les localités rurales mais qui subit appauvrissement et interférences dans les villes . . . 1022

PHONOLOGIE

CARACTÉRISATION PROSODIQUE ET PHONÉMATIQUE : Inventaire phonématique. Les différentes variétés de voyelles et leur emploi 1023

UTILISATION DES UNITÉS DISTINCTIVES : Position des consonnes ou des semi-voyelles dans le mot. Évolution ou perte de certains sons. Emplacement et fréquence d'utilisation des phonèmes 1026

LES UNITÉS SIGNIFICATIVES

STRUCTURE DE LA PHRASE : Sujet et prédicat, éléments nécessaires d'un énoncé complet. Signification d'un prédicat sans autre déterminant grammatical que le sujet et sens du sujet accompagné du seul prédicat. Transfert de la prédication à une « copule » lorsque le prédicat ne fait qu'identifier le sujet. Cas dans lesquels le lexème appartient à la classe nominale, à la classe prédicative, à la classe adverbiale, et cas exceptionnels dans lesquels le monème peut appartenir à plusieurs classes différentes selon le contexte. Unités homophones et de sens apparentés et moyens d'établir la distinction par introduction de la négation ou par commutation. Rôle des compléments, monèmes et syntagmes avec ou sans fonctionnels, autonomes ou non, et indication de leurs fonctions. Règles de l'utilisation du prédicat et exceptions; l'agent et le patient. Les épithètes. Le pronom relatif. Introduction de la proposition subordonnée dans la phrase. L'emploi des conjonctions de coordination. Création de mots par composition, dérivation ou analogie 1030

FORME DES SIGNIFIANTS : Transformation, par le créole, de syntagmes français en monèmes simples ayant des emplois autonomes. Rapport entre les monèmes fonctionnels du créole dominicain et leurs modèles français originels. Pronoms fonctionnels. Pronoms personnels, pronom démonstratif *sa*, pronoms interrogatifs, pronoms indéfinis. Morphèmes dont la présence ou l'absence devant le prédicatif marquent les modalités de mode et de temps : aspect continuatif, aspect prospectif. Emploi et place des monèmes et des syntagmes d'interrogation spécifique. Mise en relief du prédicat à des fins explicatives, expressives, etc. La négation. L'impératif. Quelques exceptions aux règles générales qui régissent l'emploi ou la composition des signifiants ou des prédicatifs. Les numéraux 1039

BIBLIOGRAPHIE 1049

LE CAMBODGIEN (KHMAER), *par François* MARTINI.

Parlers auxquels se rattache le khmaer, le plus illustre du groupe; les territoires où il est utilisé. Antiquité de la langue dont l'évolution a été précipitée par son accession au rôle de langue administrative et d'enseignement après l'éviction du français. Langue parlée et langue écrite 1050

PHONOLOGIE: L'orthographe cambodgienne est étymologique et historique 1051
CONSONNES : Le cambodgien moderne et l'écriture indienne; système consonantique actuel 1051
VOYELLES : Le riche et complexe système vocalique cambodgien . . . 1053
Voyelles longues 1053
Voyelles brèves 1054
ACCENT 1054

STRUCTURE DU MOT: Mots-racines du fonds khmaer : monosyllabiques et dissyllabiques. Structure du mot; préfixation, infixation, redoublement, procédés d'élargissement qui permettent au cambodgien d'exprimer certains concepts dérivationnels 1055
NOM ET VERBE : Distinction des aspects verbaux et nominaux d'un concept 1056

LA PHRASE: Monorèmes, phrases d'un seul terme, l'une des caractéristiques du cambodgien. Sujets et objets non énoncés, déterminés par les circonstances qui provoquent l'énonciation 1057
ORDRE DES MOTS : Construction de la phrase qui suit l'ordre direct sujet, verbe, objet. La détermination possessive 1058
CLASSE DE MOTS : Possibilité de déterminer la classe des mots soit par leur structure, soit par l'analyse sémantique et syntaxique 1058
GENRE ET NOMBRE : Les mots khmaer d'origine sont invariables. Cependant, par les emprunts indiens, la notion du genre pénètre de plus en plus dans la langue 1059
CLASSIFICATEURS : L'emploi des classificateurs dont chacun correspond à une catégorie d'êtres ou de choses et qui fait office d'unité numérique pour la catégorie des objets dans laquelle on veut déterminer le nombre ou la quantité 1059
TEMPS ET ASPECTS : Emploi des adverbes et étude du contexte, seuls moyens de situer l'action dans le temps et la personne qu'aucun élargissement ne permet au verbe d'exprimer 1060
TRANSITIF ET INTRANSITIF : Possibilité de distinguer formellement le transitif de l'intransitif 1061
NÉGATION ET PROHIBITION 1062
ADJECTIF : L'adjectif cambodgien fait partie de la catégorie verbale. Conséquence : construction directe du prédicat de qualité avec le sujet sans l'intermédiaire d'une copule, d'où une différence notable entre adjectif et substantif : celui-ci ne peut être employé comme attribut sans l'aide d'une copule 1062

MOTS FONCTIONNELS: Usage des démonstratifs. Le cambodgien ne possède pas de pronoms proprement dits. Particules marquant l'indétermination ou l'interrogation. Prépositions et adverbes 1063
MORPHÉMATISATION DU VERBE : Verbes qui peuvent jouer le rôle d'adverbes, de prépositions ou de conjonctions 1064
CONJONCTIONS : Propositions grammaticalement subordonnées et éléments conjonctifs utilisés. Les conséquences du mode de construction de la phrase cambodgienne : une langue écrite manquant de souplesse, une langue parlée rapide et concise 1065

BIBLIOGRAPHIE 1067

LE PEUL, *par Pierre-Francis LACROIX.*

Zone d'habitat, origine et apparentement génétique des Peuls. Groupe occidental et groupe oriental, les deux groupes traditionnels auxquels on rattache les différents dialectes peuls, groupes eux-mêmes arbitrairement subdivisés en sous-groupes. Caractéristiques de la langue littéraire et de la langue parlée qui existent l'une et l'autre dans la plupart des dialectes. Le diamaré, dialecte exemplairement choisi. Difficultés soulevées par l'adaptation de l'écriture arabe au peul 1068

PHONOLOGIE

CARACTÉRISATION PROSODIQUE : Position et réalisation de l'accent . . 1070

CARACTÉRISATION PHONÉMATIQUE

Système vocalique : Les cinq voyelles phonologiques et leur réalisation phonétique 1072

Système consonantique : Les différentes séries de phonèmes occlusifs et de phonèmes non occlusifs. Classement des phonèmes selon leur point d'articulation 1073

UTILISATION DES UNITÉS DISTINCTIVES : Fréquence d'utilisation des différents phonèmes. Formation générale des unités signifiantes non grammaticales 1075

LES UNITÉS SIGNIFICATIVES : Composition générale des unités lexicales. Identification possible, selon les suffixes utilisés, de formes verbales et de formes nominales ; possibilités offertes par les formes verbales et remarques qui s'imposent sur la conjugaison des « voix » ; suffixes de classes marquant les formes nominales et circonstances de leur valeur fonctionnelle. Prédicat et sujet, éléments nécessaires à l'énoncé minimum complet. Constitution des expansions de premier degré du prédicat. Détermination d'éléments remplissant une fonction primaire par apposition d'un nominal, d'une modalité, ou par un syntagme de forme prédicative dans certains énoncés. Expression de la coordination entre monèmes non autonomes. Formation des extensions des unités lexicales et système de formation des nominaux. Processus formatif des composés dont le rôle est relativement restreint par rapport aux possibilités étendues de la dérivation 1076

FORME DES SIGNIFIANTS : Détermination des fonctions imparties aux différents éléments de l'énoncé. Les catégories d'expansion déterminatives. Utilisation d'un classificateur de la classe du déterminé pour éviter la saturation d'un énoncé par une trop longue succession de déterminatifs. Alternances ou permutations consonantiques. Expression de la modalité verbale. Rôle du classificateur dans les rapports existant entre un nominal et ses déterminants. Conséquences de la neutralisation fréquente de l'opposition qui existe entre plusieurs classificateurs entraînée par l'existence d'une suffixation du premier degré, sans élément consonantique initial ; formes aberrantes et emprunts étrangers 1081

BIBLIOGRAPHIE 1086

LES LANGUES DANS LE MONDE D'AUJOURD'HUI

LA SITUATION LINGUISTIQUE DU MONDE CONTEMPORAIN, *par Joseph VERGUIN.*

Aire politique et aire linguistique, deux réalités sans correspondance directe. Les facteurs qui déterminent la situation sociolinguistique du monde actuel. Koinè et langues secondaires. Unilinguisme et plurilinguisme. Exemples de situations particulières dans lesquelles cohabitent langues vernaculaires et langues étrangères. Promotion, pour des raisons extra linguistiques, de langues nationales à l'échelon international 1093

AMÉRIQUE: Un fond amérindien sur lequel sont venues se plaquer les langues indo-européennes des colonisateurs. Zone septentrionale, zone insulaire atlantique, zone centrale et méridionale. Dans le Nord, disparition progressive des groupes indianophones malgré le maintien de certains foyers bilingues. Les multiples raisons qui expliquent l'actuelle survivance des langues amérindiennes en Amérique du Centre et du Sud. Familles linguistiques amérindiennes de la zone mésoaméricaine et situation des indianophones en Amérique du Sud 1097

PRINCIPALES FAMILLES LINGUISTIQUES AMÉRINDIENNES 1101

AFRIQUE: La position des Africains vis-à-vis des langues européennes apportées par les anciens colonisateurs. L'extrême variété des idiomes africains, raison d'une situation linguistique complexe. Le groupe afro-asiatique, son aire d'expansion et les branches qu'il comporte : arabe, berbère, couchitique et tchadienne. Groupe nilo-chamitique. Groupe nilo-saharien. Les principales branches du groupe nigéro-congolais, groupe linguistique africain incontestablement le plus important. Le bochiman et le hottentot du groupe khoisan. Langues européennes, portugais et français, ou d'origine européenne, afrikan, encore parlées en Afrique 1102

ASIE ET OCÉANIE: Conditions géographiques et climatiques qui expliquent les extraordinaires différences de densité de population en Asie et les deux types essentiels de population qu'on peut distinguer sur le continent asiatique. Distribution des groupes linguistiques. Les neuf groupes linguistiques, généralement admis et assez bien identifiés, qui recouvrent le continent asiatique et auxquels il convient de rattacher les langues australiennes et les langues papoues de Nouvelle-Guinée. Vogul, ostyak et samoyède du groupe finno-ougrien. Les langues altaïques : toungouze, turc, mongol, coréen, japonais. Les langues paléosibériennes de la pointe orientale de la Sibérie. Aire et familles du groupe sémitique qui se prolonge en Afrique par les langues arabes. La branche indo-iranienne du groupe indo-européen, l'une des plus importantes communautés linguistiques d'Asie; le rameau iranien; l'extrême diversité des langues et dialectes du rameau indien. Langues dravidiennes. Les trois branches principales, tibéto-birmane, miao, chinoise, du groupe sino-tibétain. Les parlers austro-asiatiques, dont la parenté est encore discutée, qui recouvrent presque la totalité du Sud-Est asiatique continental : mon-kmer, vietnamien et langues isolées. Langues austronésiennes : branche indonésienne, branche mélanésienne, branche polynésienne, rôle des langues européennes, en Mélanésie et en Polynésie, véhicules des échanges entre populations de langues différentes; Australie et Nouvelle-Guinée, cas particuliers dont les langues, cependant voisines, ne peuvent être rassemblées en une même famille 1111

EUROPE: Relative exiguïté, comparativement aux autres continents, et remarquable unité linguistique, caractéristiques de l'Europe. Les îlots non indo-européens : langues finno-ougriennes, langues caucasiennes, basque. Les huit branches de la famille indo-européenne : italique, grecque, albanaise, slave, germanique, celtique, arménienne, balte 1130

BIBLIOGRAPHIE 1143

LA SITUATION LINGUISTIQUE EN FRANCE, par Bernard POTTIER.

LE FRANÇAIS ET LES AUTRES IDIOMES PARLÉS EN FRANCE

LA PLACE ET LE RÔLE DU FRANÇAIS : Situation actuelle de la langue sur le territoire français 1144

Phonique: Systèmes phonologiques et prosodiques différents 1144

LA SITUATION LINGUISTIQUE EN COLOMBIE, par Jean CAUDMONT.

Une structure physique et une situation géographique particulières qui entraînent une grande complexité linguistique et culturelle 1188

L'ESPAGNOL, LANGUE OFFICIELLE: Raisons de la prédominance absolue de l'espagnol sur les autres langues du pays : absence d'une langue locale de prestige avant la colonisation, influence de l'Église, facilités d'expansion et d'unification favorisées par l'hétérogénéité des peuplades. Les zones littorales, seules régions où l'espagnol a été altéré par les Noirs qui adoptèrent même à Palenque de San Basilio le seul créole espagnol connu en Colombie. Variétés dialectales peu marquées et qui tendent à s'atténuer pour se fondre ensemble dans les villes. L'effort actuel de diffusion de la langue nationale 1188

LE BENDÈ ET L'ANGLAIS: Les îles de San Andrés et Providencia : territoires occupés par des Noirs dont la langue maternelle est le bendè mais dont l'éducation est assurée en anglais par des pasteurs d'origine nord-américaine. Les efforts faits par le gouvernement pour favoriser l'usage de l'espagnol au détriment de l'anglais 1193

LES LANGUES AMÉRINDIENNES: Les zones dans lesquelles sont encore en usage des langues amérindiennes. Classification des langues selon le critère d'intercompréhension et les réserves que l'on peut faire sur l'emploi de cette méthode. Conditions du plurilinguisme et ses conséquences sociales. Tableau général des langues actuellement parlées en Colombie, à l'exception de l'espagnol. Une complexité de structure et un manque d'information qui rendent difficiles les travaux d'analyse linguistique et les classifications généalogiques des langues 1195

BIBLIOGRAPHIE 1201

LA SITUATION LINGUISTIQUE AUX ÉTATS-UNIS, par Joshua A. FISHMAN.

Emploi actuel des langues indigènes parlées par les diverses tribus indiennes lors de la colonisation. Langues coloniales, primitivement importées d'Europe par les colonisateurs, dont certaines ont résisté à l'hégémonie de la langue anglaise : situation de la langue espagnole parlée dans le Sud-Ouest et à Porto-Rico, et situation à peu près semblable de la langue française encore parlée en Nouvelle-Angleterre et en Louisiane. Le Pennsylvania Dutch, une langue aujourd'hui devenue une curiosité linguistique, parlée par un groupe de transition entre type colonial et type immigrant. Situation des *différentes langues des immigrants* qui tendent à disparaître aujourd'hui, bien que parfaitement tolérées par les diverses communautés qui forment la nation américaine. Comportement général de l'immigrant face à l'américanisation plus ou moins nécessaire à l'équilibre de son nouveau mode de vie, et processus d'évolution des différentes langues d'origine européenne qui accueillirent peu à peu les inévitables américanismes, se transformèrent en amalgame d'abord lexical puis grammatical. Rôle de la religion dans l'abandon ou le maintien d'une langue d'immigration. Rapports des différentes générations avec leur langue d'origine. Quelques cas de particularisme ou de séparatisme : formes qu'ils revêtent, groupes qu'ils intéressent. La nouvelle vague d'immigration qui suivit la deuxième guerre mondiale : masse consciente de sa culture et par cela désireuse de perpétuer la langue dont elle est solidaire. De la tolérance à l'encouragement, évolution possible du gouvernement américain qui découvre l'intérêt de rapports linguistiques directs avec les

autres pays du monde. Organismes de diffusion écrite et parlée des
langues étrangères aux États-Unis 1203

BIBLIOGRAPHIE 1220

LES FAMILLES DE LANGUES

GÉNÉRALITÉS, *par Jacqueline* MANESSY-GUITTON.

Recherche des liens qui unissent les langues entre elles et établissement de différents modes de classification. La classification généalogique et la notion de « famille ». La « famille » indo-européenne, ensemble privilégié qui offre au linguiste l'occasion d'une démonstration difficilement applicable dans le cas des autres familles supposées; l'ensemble chamito-sémitique et l'ensemble euskarocaucasien et les difficultés de leur classement respectif en « familles ». L'absence de documents historiques directs sur le passé d'une langue, premier obstacle à vaincre pour l'établissement d'une classification; principe de la reconstruction interne; ressemblances typologiques et recherches visant à faire coïncider une famille de langues et un type linguistique. Apports de la typologie à la reconstitution d'un état linguistique antérieur. Le contenu souvent peu précis et variable que recouvre le mot « famille »; cas du domaine africain. La parenté par enchaînement et les difficultés que rencontrent les méthodes des néo-grammairiens hors du domaine indo-européen 1225

BIBLIOGRAPHIE 1237

L'INDO-EUROPÉEN, *par Jacqueline* MANESSY-GUITTON.

À propos de la langue originelle. L'aire linguistique recouverte par le terme « indo-européen ». Éléments restitués et organisation d'ensemble de la langue originelle 1240

LE PHONÉTISME: La doctrine des néogrammairiens; tableau des sons de l'indo-européen et les trois sortes d'articulations; le problème des « gutturales » et les correspondances entre langues dérivées; groupe des spirantes; voyelles; sonantes 1242

TRAITS MORPHOLOGIQUES ET SYNTAXIQUES DE L'INDO-EUROPÉEN: La forme du mot, exprimant à la fois le sens et la fonction de celui-ci dans l'énoncé, trait essentiel qui confère à l'indo-européen son caractère de langue flexionnelle riche et établit une nette distinction entre nom et verbe. Désinences, déclinaisons, genres, facteurs d'indépendance syntaxique des mots. Formes verbales et formes nominales. Mode de formation des mots; racine et suffixe. Autres moyens utilisés par l'indo-européen pour donner son autonomie syntaxique à une forme: variation de la place du ton et de la quantité de la voyelle. Schéma syntaxique de l'indo-européen, dont la grande souplesse est due à la complexité morphologique de cette langue. Organisation usuelle de quelques types de phrases . . 1247

TENTATIVES D'ANALYSE DE L'INDO-EUROPÉEN: Les apports de la méthode comparative; la reconstruction interne, *méthode de restitution* basée sur le fait que tout élément linguistique fait partie d'un ensemble auquel il reste étroitement lié. La théorie laryngaliste. Techniques structuralistes et analyse phonologique. Étude du consonantisme et du vocalisme. Essais d'analyse génétique du développement des formes de l'indo-européen restitué . . 1255

L'INDO-EUROPÉEN ET LES INDO-EUROPÉENS: Les grands traits fondamentaux de la culture non matérielle qui peuvent être dégagés par l'étude de la langue. Organisation sociale préhistorique des Indo-Européens et culture matérielle. Tentatives de rapprochement entre les éléments restitués de la civilisation indo-européenne et les cultures connues des préhistoriens ou des archéologues 1263

DIALECTOLOGIE DE L'INDO-EUROPÉEN ANCIEN : Les divisions dialectales de groupes liés entre eux de façon plus ou moins lâche; dialectes occidentaux et dialectes orientaux. Rapports entre dialectes et rapports chronologiques, éléments de l'élaboration d'une nouvelle répartition des groupes linguistiques indo-européens . . . 1269

DISTRIBUTION DES LANGUES INDO-EUROPÉENNES HISTORIQUES : Des groupes linguistiques préhistoriques à la fragmentation linguistique de la période historique. Le groupe balto-slave. L'indo-iranien. L'italique, le celtique et leurs traits communs cependant insuffisants pour les rassembler dans une unité particulière. Les langues germaniques. Le groupe grec. Arménien, tokharien et autres langues isolées 1274

CONCLUSION : Recherches de détails et précision, rêve et vastes synthèses 1284

BIBLIOGRAPHIE 1285

LES LANGUES CHAMITO-SÉMITIQUES, *par David COHEN.*

Délimitation de l'aire linguistique recouverte par les langues chamito-sémitiques ; tableau des principales langues de la famille 1288

LE DOMAINE CHAMITO-SÉMITIQUE : Bouleversements, brassages, disparitions et résurrection à l'intérieur d'un cadre relativement stable depuis les origines les plus anciennes 1291

CONTACTS ET INTERFÉRENCES : Contacts permanents ou occasionnels qui contribuèrent à la distribution actuelle des langues chamito-sémitiques. L'akkadien, langue de l'Empire mésopotamien et l'influence exercée sur lui par les parlers locaux. Extension de l'araméen qui supplante l'akkadien et reprend à son propre compte non seulement le rôle d'instrument d'intercompréhension dans certaines régions mais s'impose souvent en qualité de langue parlée. Araméen, copte, berbère : quelques exemples de dialectes locaux qui s'opposent à l'expansion arabe. Dialectes arabes et arabe littéraire, ou la coexistence de deux états de langue qui imposent un bilinguisme d'un type particulier à tout arabophone accédant à la culture. La concurrence sémito-couchitique en Éthiopie : avance constante du sémitique qui se substitue peu à peu aux langues couchitiques, non sans reculs sporadiques 1294

LE PROBLÈME DU CHAMITO-SÉMITIQUE : Contacts millénaires et interférences constantes, justification de certaines réticences qui se manifestent au sujet du chamito-sémitique et qu'il est difficile de combattre par suite de l'état précaire des connaissances des langues non sémitiques. Les raisons qui militent en faveur de l'unité du groupe 1298

PHONOLOGIE

L'ACCENT : Principes de la mise en valeur accentuelle dans quelques langues anciennes et dans les langues parlées actuellement . . . 1299

LES PHONÈMES
Les Voyelles : Comparaison entre les systèmes vocaliques des diverses branches du chamito-sémitique 1300

Les Consonnes : Traits structuraux caractéristiques du système consonantique. Les séries dites « emphatiques » et les deux réalisations des phonèmes « emphatiques » dans les langues actuellement parlées. État primitif des « emphatiques » chamito-sémitiques : des sourdes à glotte fermée. La corrélation de voix; une autre série de sourdes : la sourde aspirée. Le problème des labiovélaires. Les ordres de phonèmes : interdentales, sifflantes, latérales, labiales, laryngales, pharyngales et vélaires 1301

TABLE ANALYTIQUE

LES UNITÉS SIGNIFICATIVES: Noms et verbes, syntagmes susceptibles de jouer le rôle de prédicats. Le syntagme verbal seul peut constituer par lui-même un énoncé complet 1307

LE SYSTÈME VERBAL, ORGANISATION GÉNÉRALE : Les grandes lignes vraisemblables du système verbal commun : système fondé sur l'aspect; opposition d'un aspect processif à un aspect statif-duratif . 1307

LA FORME À PRÉFIXES : Forme processive, la seule des deux formes aspective du chamito-sémitique que la comparaison permette de reconstruire; la série de préfixes, agent de la marque de la modalité de personne et l'un des traits qu'on peut invoquer en faveur de l'unité du groupe par son identité à travers toutes les langues chamito-sémitiques 1308

Les Thèmes secondaires: Formations variées à valeur expressive qui peuvent jouer de chacune des consonnes radicales; orientation externe et orientation interne, préfixes et suffixes 1311

Les Divers systèmes: Organisation générale du verbe chamito-sémitique et formes particulières des systèmes dans les différentes branches. Le système verbal, élément essentiel de distinction entre sémitique oriental et sémitique occidental; caractéristiques de chacun des deux groupes. « Présent » et « aoriste » en akkadien. Préfixes personnels marquant une forme verbale d'« inaccompli », s'opposant à une forme d'« accompli » conjuguée au moyen de suffixes personnels : type de conjugaison qui représente le système sémitique occidental commun. Exceptions au système commun. Le fonctionnement du verbe en berbère : opposition aspective et « forme d'habitude »; conjugaison à suffixes de verbes d'état et formation des thèmes dérivés. Caractère résiduel de la forme à préfixes dans les langues couchitiques qui utilisent plus généralement des formes à suffixes. Système particulier de la conjugaison de l'égyptien. Organisation verbale en haoussa 1312

LES MARQUES PERSONNELLES : Les deux variantes de distribution complémentaire qui peuvent exprimer la modalité de personne. Éléments pronominaux des langues tchadiennes, base de l'hypothèse d'appartenance de ces langues au chamito-sémitique 1318

L'ÉTAT D'ANNEXION : La double construction objective et possessive des marques pronominales, l'une des caractéristiques des langues chamito-sémitiques. Subordination nominale et composés occasionnels 1319

LE NOMBRE ET LE GENRE : Nombre et genre pour les marques personnelles. Unité et collectif pour les noms et passage au singulier avec accord du féminin, par l'intermédiaire d'un suffixe. Rapports entre collectif et pluriel réel 1321

STRUCTURE DU LEXÈME

RACINES ET SCHÈMES : Langues à « racines senties » dans lesquelles il est toujours possible de repérer une succession d'éléments phoniques qui définissent la base lexicale du mot. L'exemple de l'arabe : développement d'une racine; amalgame d'une racine avec une entité actualisante, le schème, pour constituer une forme linguistique. Racines et schèmes dans les autres branches du chamito-sémitique . 1322

FORMES DE LA RACINE : Le triconsonantisme des racines, trait actuellement prévalent dans tout le chamito-sémitique, bien qu'il souffre des exceptions. Le problème historique : triconsonantisme ou biconsonantisme primitif? Analyse, dans différentes langues du groupe, des divers types de racines et impossibilité de conclure que biconsonantisme et triconsonantisme étaient exclusifs l'un de l'autre à un stade ancien. État actuel des connaissances sur la préhistoire du chamito-sémitique 1326

BIBLIOGRAPHIE 1329

TABLE ANALYTIQUE 1519

L'OURALIEN, *par Robert AUSTERLITZ*.

Domaine indo-européen et domaine des langues caucasienne, altaïque et ouralienne. Limites des zones occupées par des peuplades de langue ouralienne. Données sur la démographie et la répartition des langues ouraliennes. Hongrois, estonien et finnois, seules langues qui, ayant une tradition littéraire, peuvent être soumises à une étude philologique elle-même utile à l'étude du groupe entier 1331

PARTIE DESCRIPTIVE: Principaux types de langue ouralienne à étudier 1335

LE FINNOIS : Les phonèmes du finnois. Voyelles aiguës, neutres, graves. Harmonie vocalique, alternance de consonnes. Déclinaison du nom : cas productifs et cas moins productifs. Exemples de la flexion du nom. Personne et nombre du possesseur marqués par les suffixes possessifs du nom. Le système verbal; temps, modes, négation, forme passive. Morphonologie grammaticale et morphonologie des suffixes dérivatifs. Rôle du suffixe dérivatif. Particules enclitiques finnoises. Principales caractéristiques de la syntaxe 1336

L'ESTONIEN : Cadre fondamental assez semblable au finnois dont il se distingue pourtant par quelques différences très marquées qui confèrent à l'estonien un caractère distinct : une voyelle postérieure non arrondie, des consonnes mouillées et trois degrés phonétiques de longueur vocalique et consonantique. Un fait remarquable : limitation à deux des trois degrés de quantité dans un paradigme donné. Une particularité syntaxique 1347

LE LAPON : Caractéristiques du vocalisme et du consonantisme en lapon de Norvège, la mieux connue des langues lapones, et quelques règles qui distinguent cette langue des autres langues ouraliennes occidentales 1348

LE MORDVE : Parallélisme phonologique entre le mordve et le russe. Alternance e : o, palatalisation des consonnes en succession immédiate. L'article postposé, un trait frappant de la morphologie du mordve. La déclinaison. Conjugaison subjective et conjugaison objective 1349

LE TCHÉRÉMISSE : Remarques à propos du tchérémisse occidental . . 1352

LE PERMIAK OU ZYRIÈNE : Système phonologique du permiak. Déclinaison du paradigme nominal et du paradigme pronominal. Désinences verbales, exemples de dérivation, exemple de texte . . 1353

LE VOTIAK : Structure grammaticale et phonologie comparables à celles du zyriène 1356

L'OSTIAK : Vocalisme, consonantisme et accentuation. Cas et nombre du paradigme nominal. Les suffixes possessifs. Conjugaison verbale, objective, subjective, passive. Suffixes de dérivation 1356

LE VOGOULE DU NORD : Correspondances et différences entre vogoule du Nord et le dialecte ostiak-Nord 1360

LE HONGROIS : Le phonétisme hongrois, le plus riche parmi les langues ouraliennes; opposition de sonorité, harmonie des voyelles et règles de la phonologie du mot. Les dix-sept cas productifs du hongrois et les latitudes combinatoires des sept autres cas. Rôle des suffixes possessifs. Dichotomie du paradigme verbal et conjugaison. Exemples de procédés de dérivation et quelques méthodes de composition. Emploi de l'article. Un texte en hongrois, suivi de son analyse et de son explication 1360

LES LANGUES SAMOYÈDES : Groupe septentrional et groupe méridional. Phonétisme des langues samoyèdes : yourak et selkoup. Quelques données sur la morphologie et la syntaxe 1370

TYPOLOGIE
Phonologie: Rapports des langues ouraliennes entre elles et leurs particularités; la consonne : corrélation de sonorité, distribution de voyelles dans le mot 1372

Alternances morphologiques: Harmonie des voyelles, alternance des consonnes 1372
Morphologie: Traits généraux et traits particuliers des langues du groupe. Les termes de parenté, l'une des caractéristiques de l'ouralien, et le lexique ouralien 1373

PARTIE HISTORIQUE: Correspondances régulières de consonnes pour les langues finno-ougriennes 1375
Phonologie : Évolution phonétique des langues finno-ougriennes. Reconstitution du vocalisme primitif 1375
Morphologie : Hypothèse sur la chronologie et l'origine de l'alternance des consonnes et de l'harmonie des voyelles 1377
Système grammatical : Synthèse d'éléments existants déjà : probabilité de la formation des langues possédant aujourd'hui des systèmes complexes de cas. Comparaison des éléments actuels, autre possibilité de reconstitution du système primitif et de son évolution 1378
Évolution : Une généalogie binaire suggérée par les structures lexicales et grammaticales. Ethnologie et paléontologie, à l'aide de la linguistique, pour l'établissement d'une chronologie de l'évolution. Le mot d'emprunt, un allié précieux qui aide à déterminer avec précision certains points historiques. Tableau des emprunts dans les langues finno-ougriennes; emprunts à des langues du groupe, emprunts à des langues non apparentées; emprunts directs ou indirects; dons des langues ouraliennes à d'autres langues 1380
Standardisation : Les langues ouraliennes devant le développement culturel et technique européen moderne : emprunts massifs aux langues culturelles étrangères et créations internes basées sur le stock lexical existant 1383
Rapports avec d'autres familles : Recherches sur les correspondances de genre génétique entre les différentes familles linguistiques eurasiennes et le groupe ouralien 1384

BIBLIOGRAPHIE 1385

LE BANTU ET SES LIMITES, par *Pierre* ALEXANDRE.

Bantu, un terme technique inventé par les linguistes pour dénommer un ensemble négro-africain dont la langue est le seul point commun. Limites du domaine des langues bantu et caractéristiques de leur unité. Historique de la recherche sur les langues bantu. Vers la classification des traits essentiels qui caractérisent les langues bantu 1388

CRITÈRES PRINCIPAUX

Critère morpho-syntactique : Particularités du système des genres grammaticaux; les préfixes, morphèmes indicateurs de genre permettant de ranger les mots en un certain nombre de classes pouvant varier de la dizaine à la vingtaine suivant les langues; les genres : absence de connotation sexuelle et d'implication sémantique clairement définie sauf, parfois, par opposition entre eux 1394
Critère lexical : Recherches sur les possibilités de rattachement d'une proportion suffisante du vocabulaire à un catalogue de racines communes hypothétiques, selon des règles fixes et rigoureuses. Les schémas de correspondances vocaliques et consonantiques de Guthrie. Examen des langues qui répondent à un seul des critères principaux : langue sub-bantu ou langue bantoïde 1399

CRITÈRES SECONDAIRES OU SUBSIDIAIRES

Critère morphologique : Caractéristiques des radicaux invariables à partir desquels se forment des mots bantu, par agglutination la plupart du temps 1400
Critère phonologique : Les trois types de systèmes vocaliques et leurs particularités. Quelques critères phonologiques considérés comme des traits fréquents dans les langues bantu, mais nullement caractéristiques de ces langues. Étude de l'origine des langues

bantu et de leurs relations avec les autres langues négro-africaines. Intérêt des recherches sur l'apparentement et la diffusion des langues négro-africaines pour l'ethnologie et l'histoire 1403

BIBLIOGRAPHIE 1411

L'EUSKARO-CAUCASIEN, *par Luis* MICHELENA.

LA RECONSTRUCTION LINGUISTIQUE : La reconstruction interne que l'on peut espérer tirer de l'étude d'une langue, qui se trouve être ainsi source d'information sur sa propre évolution; concours des différents dialectes, issus d'une même souche, aux recherches sur les origines de la langue commune 1414

PARENTÉ ET AFFINITÉ : Les facteurs qui pourront appuyer une démonstration de parenté 1415

BASQUE, AQUITAIN ET IBÈRE : L'hypothèse d'une parenté génétique euskaro-caucasique. Aire occidentale de l'euskarien. Les présomptions établies par le travail de reconstruction du basque-aquitain. Rapports et liens possibles entre l'ibère et le basque . . 1416

CAUCASIQUE DU SUD : Groupes et sous-groupes constitués par les langues caucasiques dont les rapports mutuels sont souvent de nature peu claire; langues du versant Nord, langues du versant Sud. Rapports de parenté et unité des langues formant le groupe du versant Sud 1419

CAUCASIQUE DU NORD : Les deux groupes de complexité fort inégale sur le versant Nord 1421

LES CLASSES NOMINALES : Correspondances et rapprochements de vocabulaire qui attestent la parenté des langues du versant Nord mais sont insuffisantes pour restituer les grandes lignes de la morphologie de la langue commune. Caractéristiques du système des classes, élément essentiel du mécanisme grammatical pour les langues tchétchéno-daghestaniennes 1422

DIVERGENCE TYPOLOGIQUE : La notion de personne dans l'ensemble du groupe Nord-Ouest qui donne ainsi un contraste frappant avec le groupe Centre-Nord et Nord-Est 1424

CAUCASIQUE DU NORD ET CAUCASIQUE DU SUD : Comparaisons entre langues du groupe Nord et langues du groupe Sud et leurs rapports génétiques éventuels. Différences de structure auxquelles s'ajoutent des différences de vocabulaire, telles que la parenté des deux groupes ne peut être mise en évidence avec les méthodes comparatives en usage 1425

CAUCASIQUE ET BASQUE : Le basque : trait d'union, selon certains, entre les deux groupes caucasiques; ses rapports avec les langues du versant Nord-Ouest et les langues du versant Sud 1427

LA DÉMONSTRATION DE LA PARENTÉ LINGUISTIQUE : Les arguments typologiques, des indices plus que des preuves pour la démonstration de parentés génétiques entre les langues caucasiques, d'une part, entre celles-ci et le basque d'autre part 1429

RAPPROCHEMENTS EUSKARO-CAUCASIQUES : Valeur relative des conclusions que l'on peut tirer après examen des coïncidences étymologiques ou grammaticales entre langues euskaro-caucasiques . . . 1430

CORRESPONDANCES PHONÉTIQUES : Étude des correspondances phonétiques : imprécise à cause de l'inégalité des inventaires en présence . 1431

L'ÉTYMOLOGIE : Critique de certaines généralisations reposant sur des incertitudes trop nombreuses pour être acceptables sans restriction 1432

BILAN DES RÉSULTATS : Bilan actuel des certitudes acquises par l'étude des langues euskaro-caucasiques et raisons qui font craindre l'impossibilité d'établir la réalité des liens anciens de parenté entre langues euskaro-caucasiques 1434

BIBLIOGRAPHIE 1435

TABLE GÉNÉRALE

Préface VII
Note de l'éditeur XIII
Liste des collaborateurs XV

LE LANGAGE

    Le langage et ses fonctions, par *Frédéric François*   3
    Caractères généraux du langage, par *Frédéric François* 20
    Les constantes chiffrées du discours, par *Benoît Mandelbrot* 46
    Le circuit de la parole, par *Bertil Malmberg* . . 57
    Le langage et la logique. Le langage et la pensée, par *Eric Buyssens* 76

LA COMMUNICATION

    La sémiologie, par *Luis J. Prieto* 93
    Langage et théorie de la communication, par *Pierre Guiraud* 145

LA LANGUE

    La description linguistique, par *Frédéric François* 171
    Le lexique, par *Jean Perrot* 283
    La typologie, par *Bernard Pottier* 300

L'ACQUISITION DU LANGAGE PAR L'ENFANT, par *Emilio Alarcos Llorach* 323

LES DÉSORDRES DU LANGAGE

    Les troubles de la parole, par *Suzanne Borel-Maisonny* 367

TABLE GÉNÉRALE

L'aphasie, par *Henri Hecaen* 390
Les sourds-muets, par *Daniel Mandin* 415

LES FONCTIONS SECONDAIRES DU LANGAGE, par *Pierre Guiraud* 435

LES REPRÉSENTATIONS GRAPHIQUES DU LANGAGE, par *Emilio Alarcos Llorach* 513

LE LANGAGE ET LES GROUPES HUMAINS

Langue. Dialecte. Patois, par *Jean Fourquet* .. 569
Les sabirs, par *Pierre Perego* 597
Les créoles, par *Pierre Perego* 608
Les argots, par *Denise François* 620
Unilinguisme et multilinguisme, par *Uriel Weinreich* 647
Enseignement et apprentissage d'une langue seconde, par *Jean-Paul Vinay* 685
La traduction humaine, par *Jean-Paul Vinay* . 729
La traduction automatique, par *Émile Delavenay* 758

L'ÉVOLUTION DES LANGUES

La dynamique du langage, par *Henry G. Schogt* 773
La parenté généalogique, par *Jacqueline Manessy-Guitton* 814
La glottochronologie, par *Thomas Penchoen* .. 865

QUELQUES TYPES DE LANGUES

L'espagnol, par *Bernard Pottier* 887
Le grec ancien, par *Jean Perrot* 906
Le turc, par *Louis Bazin* 929
Le chinois, par *Alexis Rygaloff* 960
L'hébreu contemporain, par *David Téné* ... 975
Le kalispel, par *Hans Vogt* 1003
Le créole de la Dominique, par *Douglas Rae Taylor* 1022
Le cambodgien (Khmaer), par *François Martini* 1050
Le peul, par *Pierre-Francis Lacroix* 1068

LES LANGUES DANS LE MONDE D'AUJOURD'HUI

La situation linguistique dans le monde contemporain, par *Joseph Verguin* 1093

La situation linguistique en France, par *Bernard Pottier* 1144

La situation linguistique en Allemagne, par *Jean Fourquet* 1162

La situation linguistique en Egypte, par *Nada Tomiche* 1173

La situation linguistique en Colombie, par *Jean Caudmont* 1188

La situation linguistique aux États-Unis, par *Joshua A. Fishman* 1203

LES FAMILLES DE LANGUES

Généralités, par *Jacqueline Manessy-Guitton* . . 1225

L'indo-européen, par *Jacqueline Manessy-Guitton* 1240

Les langues chamito-sémitiques, par *David Cohen* 1288

L'ouralien, par *Robert Austerlitz* 1331

Le bantu et ses limites, par *Pierre Alexandre* . 1388

L'euskaro-caucasien, par *Luis Michelena* . . 1414

INDEX DES NOMS 1441

INDEX DES LANGUES 1457

TABLE ANALYTIQUE DES MATIÈRES 1473

*N° d'édition : 18112 ; dépôt légal : 3ᵉ trimestre 1973.
Imprimé en Belgique.*